최보선의
韓伊辭典

編著者 최 보 선
이탈리아문화연구원장
전 대구 가톨릭대학교 교수

문예림

편저자 최 보 선

  1960년 서울 출생
  한국외국어대학교 서양어대학 이태리어과 학사 학위 취득
  한국외국어대학교 대학원 이태리어학 석사 학위 취득
  이탈리아 볼로냐 국립대학교 인문철학부 외국어문학 Laurea과정 수학
  한국외국어대학교 언어학과 박사과정
  한국외국어대학교, 한국예술종합학교, 경북대학교, 대구효성가톨릭대학교
    강사 역임
  한국외대 부설 외대어학원 이태리어 담당 전임강사 역임
  대구가톨릭대학교 교수 역임
  현재 이탈리아문화연구원장, 충남대 출강

저서

  이한사전(공저) (한국외대출판부, 1991)
  모던이탈리아어 1, 2 (시사에듀케이션, 1993)
  이탈리아문화 (대구효성가톨릭대학교 출판부, 1994)
  쉬운 이탈리아어 (시사에듀케이션, 1998)
  신이탈리아어회화첫걸음 (시사에듀케이션, 2001)
  노래로 배우는 이탈리아어 (문예림, 2001)

논문

  구조분석을 통한 '신곡'의 예술성 연구
  현대 이탈리아어의 형성과 발전 연구
  이탈리아 구조주의의 정체적 발전 연구
  이탈리아어 절 연구
  이탈리아 교육제도
  기호학적 분석을 통한 이탈리아 문화와 언어의 상관성 연구

머 리 말

2003년은 한국외대에 이태리어과가 국내 최초로 개설된지 40년째 되는 해이다. 실로 많은 세월이 흘렀다. 저자가 대학원 시절 허 인 교수님을 비롯하여 많은 동문 대학원생들과 어려운 여건에서도 여러 해를 거쳐 완성한 이한사전이 세상에 나온 지도 벌써 10년이 넘었다.

각고의 노력과 희생이 없으면 불가능한 사전 편찬의 의미를 너무도 잘 알고 있는 본인으로서는 쉽게 한이사전을 집필할 엄두를 못 내고 있었던 것도 사실이다. 그러나 나를 거쳐 간 수많은 제자들의 끊임없는 요구와 격려는 진정한 한이사전을 탄생하게 한 밑거름이 되었다고 할 수 있다. 또한 미완성의 몇몇 기존의 한이사전으로 공부하도록 사랑하는 나의 학생들을 방치시키는 것도 내겐 크나큰 고통이었음도 고백한다.

5년 전부터 틈틈이 준비해 오던 중에 3년 전 어느날 문예림은 내게 결단을 요구했다. 더 이상의 게으름은 용서가 될 수 없었고 진정한 한이사전이 세상 밖으로 나올 때가 되었음을 깨닫고는 집필에 더욱 매진하게 되었다. 5년 동안 세 권의 다른 저술 작업과 이탈리아문화연구원의 경영으로 충분한 시간적 여유가 없는 상황에서 「한이사전」이 집필되었음을 독자들은 충분히 이해해주리라 믿는다.

본 사전은 앞으로 독자 여러분의 질책과 격려로 더욱 견고하게 보완되어 나갈 것이며 3년 내에 집필이 끝나는 이한사전과 함께 합본의 형태로 여러분을 찾아 갈 것이다. 한이사전 집필 중 출판된 쉬운 이탈리아어, 신 이탈리아어 회화 첫걸음, 노래로 배우는 이탈리아어를 사랑해 주시는 독자들의 많은 관심에 더욱 진보된 관련 저술들로 보답할 것을 약속한다.

수정 작업과 표지 디자인을 한 Giovanni Fioretto 선생님, 부록편을 집필해 준 김태은 선생님, 문예림의 편집부 여러분들과, 그리고 특히 서덕일 사장님께 깊은 감사를 드린다.

2003년 5월 15일

편저자 최 보 선

일 러 두 기

1) 가나다순으로 배열된 표제어에 한자를 표기하여 동음이의어를 구분하였다.

   예) 가교(架橋), 가교(假橋)

2) 표제어에 가능한 한 영역별 표기를 하려고 시도하였다.

   예) 간질(癎疾)〈醫〉

3) 표제어는 명사로 하는 것을 원칙으로 하고 동사, 형용사, 부사, 전치사구, 복합어 순으로 배열하였다.

   예) 교육(敎育) l'educazione, l'istruzione / -하다 educare, istruire / -적 istruttivo(a)
   의무- l'istruzione obbligatoria

4) 명사의 성 구분은 정관사로 대신하였다.

   예) 고찰(考察) la considerazione, l'osservazione
   걸작(傑作) il l'

5) 명사의 성과 수에 어미일치를 하는 형용사는 남성과 여성단수 어미를 병기하였다.

   예) 교만한(驕慢-) orgoglioso(a), altezzoso(a), superbo(a)

6) 전문용어가 필요한 표제어에 [用語]를 삽입하여 전문성을 높였다.

7) 〈전문용어목록〉을 통해 바로 필요한 전문용어를 찾도록 하였다.

8) 부록편에 동사변화표, 불규칙동사변화표, 격언, 서신형식, 공식서한, 관용구를 첨가하였다.

전문어 (專門語)

〈動〉	동물	〈宗〉	종교
〈植〉	식물	〈軍〉	군대
〈生〉	생물	〈建〉	건축
〈魚〉	어류	〈氣〉	기후
〈鳥〉	조류	〈圖〉	도형
〈蟲〉	곤충	〈械〉	기계
〈音〉	음악	〈船〉	조선
〈繪〉	회화	〈具〉	도구
〈言〉	언어	〈商〉	상업
〈句〉	구두점	〈銀〉	은행
〈文〉	문법	〈衣〉	의류
〈哲〉	철학	〈食〉	음식
〈史〉	역사	〈路〉	도로
〈法〉	법, 법학, 법률	〈狩〉	수렵
〈地〉	지리, 국가, 도시	〈拳〉	권투
〈醫〉	의학	〈陸〉	육상
〈菌〉	세균	〈輪〉	경륜
〈藥〉	의약	〈操〉	체조
〈疾〉	질병	〈泳〉	수영
〈解〉	해부, 신체	〈族〉	혈연, 혈족
〈數〉	수학	〈演〉	연극
〈理〉	이학	〈映〉	영화
〈彫〉	조각	〈伊〉	이탈리아
〈電〉	전자, 전기	〈車〉	차량
〈物〉	물리	〈鐵〉	철도
〈化〉	화학	〈單〉	단위
〈海〉	항해	〈靴〉	신발
〈空〉	항공, 공항, 항공기	〈器〉	식기, 기구
〈鑛〉	광물		

專門用語 目錄

강약기호(強弱記號)〈音〉18
건축(建築): 23~24 건물의 유형, 건물의 부분, 건축양식, 건축구조의 부분 및 요소, 재료, 건축관련어
경제(經濟): 29~30
계측기(計測器): 32
골격(骨格)〈解〉: 37
공공사업부(公共事業部)〈伊〉: 38
공군(空軍)〈伊〉: 38
공항(空港): 42
과목(科目): 42
광물(鑛物): 45
광물학(鑛物學): 45~47 광물, 결정조직, 보석, 암석
교육부(教育部)〈伊〉: 49
국고부(國庫部)〈伊〉: 54
국방부(國防部)〈伊〉: 54
국회(國會)〈伊〉: 55
권투(拳鬪): 57~58
귀(耳): 58
기보법(記譜法)〈音〉: 66
기상학(氣象學): 67~68
기형(奇形)〈醫〉: 71
내과(內科)〈醫〉: 79~83 전문과, 전문의, 질환, 기형, 증후, 수술, 기구
뇌(腦)〈解〉: 89
대사관(大使館): 99
대장(大將)〈軍〉: 100
등산(登山): 111
로마자(-字): 116
문교부(文教部)〈伊〉: 136~137
물리학(物理學): 138~140 물리량, 단위, 장치, 입자
법률(法律): 158~160 민법, 형법
보석(寶石): 165
보험(保險): 167
사법부(司法府)〈伊〉: 185

상업(商業): 192~194
생물학(生物學): 197~198
선거(選擧): 201
선박(船舶): 202 선박의 종류 및 부분
성당(聖堂): 205
성사(聖事)〈宗〉: 206
성직위계제(聖職位階制)〈宗〉: 207
세균(細菌): 208
수(數): 216~217 기수, 서수, 로마수자, 배수, 소수, 분수, 지수, 수학의 기호, 연산
수술(手術): 219~220
수술기구(手術器具): 220
수영(水泳): 220
수학(數學): 223~225 연산, 특수곡선, 함수, 곡면, 입체도형, 수학적 성질과 개념
순환계(循環系)〈解〉: 227
스포츠: 229~231 종목, 육상경기, 축구, 자전거경기, 체조, 수영, 권투, 스키, 테니스
식물학: 237~238 조직, 식물, 뿌리
신경계통(神經系統)〈解〉: 238
악기(樂器): 250
암석(巖石): 253~254
약학(藥學): 258~259 약물의 형태, 약물, 조작, 기기
언어학(言語學): 264~267 언어아 말, 음성하과 문자, 사전편집, 언어학, 문헌학, 어족
연산(演算): 273
영화(映畫): 278~279
외과(外科): 286~289 전문과, 전문의, 질환, 기형, 증후, 수술, 기구
외무부(外務部)〈伊〉: 290
육군(陸軍): 305
육상경기(陸上競技): 305~306
은행(銀行): 307
음악(音樂): 308~311 음, 기보법, 속도와 강약기호, 장르, 작곡, 악기, 합창과 합주
의학(醫學): 313~317 전문과, 전문의, 질환, 기형, 증후, 수술, 기구
이탈리아: 321~323 국회, 정부, 행정
자전거경기: 335
작곡(作曲): 336
장르: 340~341
전기(電氣): 348~349 전기학, 계측기, 전기공학
전기기계(電氣機械): 349~350
전기학(電氣學): 350
전력(電力): 351
전문과(專門科): 352
전문의(專門醫): 353
전자공학(電子工學): 355~357 전기기계, 전력, 응용, 전자공학

정당(政黨)〈伊〉: 363
정부(政府)〈伊〉: 364
정치(政治): 367~368 정당
조각(彫刻): 371~372 종류, 조각활동 용어, 조각용구와 재료, 조각관계자
종교(宗敎): 376~377 죄, 성사, 신덕, 사대사, 천사, 성직위계제, 전례
증후(症候): 388~389
지리(地理): 390~391
질환(疾患): 398~399
천문학(天文學): 407~408
철학(哲學): 409~412
체조(體操): 413
축구(蹴球): 419
테니스: 433
합주(合奏): 459
합창(合唱): 459~460
항공기(航空機): 460
항해술(航海術): 460~462 선박, 선박의 부분, 항해활동과 조작, 항해관련자
해군(海軍): 462
해부학(解剖學): 463
화학(化學): 471~473 물질과 성질, 무기화학, 조작과 과정, 장치
회계(會計): 475~476
회화(繪畵): 477~479 장르와 기법, 도안과 판화, 활동용어, 용구와 재료, 회화관련자, 회화

ㄱ

가(加) / -하다 aggiungere, sommare, addizionare

가(可) / -하다 leggitimo(a)

가(歌) il canto

가(價) il prezzo ¶ -格 il prezzo / 定- il prezzo fisso / 時- il prezzo corrente / 特- il prezzo di favore → 價格

가(家) la casa; la famiglia

가가호호(家家戶戶) ogni casa, tutte le case

가감(加減) aggiunta e deduzione / -하다 aggiungere e dedurre

가감저항기(加減抵抗器) 〈電〉 il reostato

가건물(假建物) l'edificio temporaneo*provvisorio

가건축(假建築) l'edificio temporaneo*provvisorio

가게(店) il negozio, la bottega / -내다(創業, 開業) aprire una bottega; tenere un negozio

가격(價格) il prezzo, la valuta, (定價) il prezzo fisso, (時價) il prezzo corrente, (特價) il prezzo di favore / -을 정하다 valorizzare, fissare il prezzo / -을 내리다 diminuire il prezzo / -을 올리다 alzare il prezzo / 싼 -으로 a buon prezzo ¶ 小賣- il prezzo al dettaglio*al minuto / -引下 la riduzione, lo sconto / -表 il cartellino

가격(價格) 〈經〉 il prezzo

가격표(價格表) 〈商〉 il listino

가결(可決) l'approvazione, l'assenso, (의회를 통한 법안의 가결) l'iter / -하다 approvare

가결(可決) 〈伊〉 l'approvazione

가결의(假決議) 〈議〉 la decisione temporale

가경(佳景) il paesaggio pittoresco, il bel paesaggio

가계(家計) il bilancio famigliare ¶ -簿 a domestic account book (ing.)

가계(系系) la discendenza, il lignaggio antico*alto

가곡(歌曲) la canzone lirica ¶ -集 la collezione di canzoni

가공(架空) l'irrealtà, l'immaginativa / -의 irreale, immaginario(a), fantasioso(a), fittizio(a) 1 그 영화는 가공의 상황을 묘사하고 있다. Il film descrive una situazione irreale.

가공(可恐) / -할 만한 terribile, pauroso(a), spaventoso(a), formidabile 1 가공할만한 더위로군! Che caldo terribile! 2 가공할 사고가 일어났다. E' successo un pauroso incidente.

가공(加工) l'elaborazione

가공사(假工事) la costruzione provvisoria

가관(可觀) la vista, lo spettacolo

가교(架橋) / -하다 costruire un ponte

가교(假橋) il ponte temporaneo

가구(家具) i mobili 1 우리는 부엌 가구 전부를 바꾸기로 했다. Abbiamo deciso di cambiare tutti i mobili della cucina. / -딸린 원룸 il monolocale arredato ¶ -店 il negozio di mobili, il mobiliere

가구(家口) la casa, la famiglia ¶ -主 il padrone di casa, il*la capofamiglia → 호주

가규(家規) le regole di una famiglia

가그린 〈藥〉 il gargarismo

가극(歌劇) 〈音〉 l'opera (lirica) 1 오늘 저녁 스칼라 극장에서 가극이 공연된다. Stasera alla Scala danno un'opera lirica.

가금(家禽) 〈鳥〉 il volatile domestico 1 새장은 가금들로 가득했다. La gabbia era piena di volatili domestici.

가급적(可及的) appena, possibilmente / - 속히, 빨리 appena possibile / -이면 se possibile

가까스로 con difficoltà, appena, a mala pena

가까운(近) vicino(a), prossimo(a), immediato(a), familiare, intimo(a) 1 프랑스와 스위스는 가까운 두 나라이다.

Francia e Svizzera sono due stati vicini. / ~에 - vicino a, accanto a, presso / - 親戚 il∗la parente prossimo / - 親舊 un amico intimo

가까워지다 (近接) avvicinarsi

가까이 (近接) vicino, a portata di mano, presso 1 가까이 앉아라! Siediti qui vicino! 2 멀리서보다 가까이서 더 잘 본다. Vede meglio da vicino che da lontano. 3 우리들은 피렌체 가까이에 산다. Abitiamo vicino a Firenze. / - 가다 avvicinare / (의자를 테이블에) -하다 avvicinare (la sedia al tavolo) / - 에서 da vicino

가깝다 (近) essere vicino(a), essere intimo(a) 1 바캉스가 가깝다. Le vacanze sono vicine. 2 그는 70세에 가깝다. E' vicino ai settant'anni.

가꾸다 (造景) coltivare, (il proprio aspetto) curare 1 그의 나이에 아직도 땅 가꾸길 사랑한다. Alla sua età ama ancora coltivare la terra. 2 마음 속 깊은 곳에 그는 희망을 가꾸고 있었다. Nel profondo del suo cuore coltivava una speranza.

가끔 qualche volta, spesso, ogni tanto, talvolta [<-> di rado, raramente] 1 가끔 우리는 저녁식사 하러 밖에 간다. Qualche volta andiamo a cena fuori. 2 그는 가끔 우리 집에 저녁 식사하러 온다. Viene spesso a cena da noi. 3 우리는 가끔 본다. Ci vediamo ogni tanto (= di tanto in tanto). 4 가끔 그는 나를 정말 화나게 한다. Talvolta mi fa veramente arrabbiare.

가나다 gli alfabeti coreani 1 전화번호부에는 성이 가나다순에 따라 표시되어 있다. Nella guida del telefono i cognomi sono indicati seguendo l'ordine alfabetico / - 順으로 in ordine alfabetico

가난 (貧) la povertà [<-> abbondanza] 1 그는 젊어서부터 가난을 알았다. Da giovane ha conosciuto la povertà. / -한 povero(a) 1 그의 조부모님들은 대단히 가난하였다. I suoi nonni erano molto poveri. 2 그 가난한(가련한) 소년은 더 이상 병이 낫지 못할 것이다. Quel povero ragazzo non guarirà più. / -하게 하다 impoverire 1 활동하지 않으면 정신을 가난(빈곤)하게 한다. L'inattività impoverisce lo spirito. / -해지다 impoverirsi

가난뱅이 (貧者) il povero, la povera, l'uomo povero / -(貧者)들을 위한 慈善團體 l'istituto di beneficenza per i poveri

가납 (嘉納) l'accettazione, l'approvazione / -하다 accettare, approvare

가내 (家內) la casa, la famiglia ¶ -工業 l'industria domestica

가날픈 magro(a), scarno(a), snello(a), sottile, debole, smilzo(a) [<-> grasso(a)] 1 병을 앓고 난 후 그는 가날파졌다. Dopo la malattia è diventato magro. / - 少女 una ragazza smilza

가누다 (고개, 몸 따위를) controllare

가느다랗게 (薄) a strisce 1 피망을 가느다랗게 썰어라! Taglia a strisce i peperoni!

가는 몽둥이 <彫刻> la stecca

가는 (薄) sottile, fine / - 머리카락 i capelli sottili / - 실(絲) un filo sottile

가늠 (判斷) il giudizio, la stima / -하다 giudicare, stimare

가늠쇠 il mirino

가능 (可能) / -한 possibile / -한 解決策 una soluzione possibile / -한 範圍 內에서 nei limiti del possibile / -한 한 實用的으로 il più pratico possibile / -한 한 빨리 il più presto possibile ¶ -性 la probabilità, la possibilità

가다 (往) andare [pr. io vado, tu vai, lui va, noi andiamo, voi andate, loro vanno], recarsi [<->tornare], dirigersi / 기차(비행기∗자동차∗배∗도보∗말 타고) 로 - andare in treno (in aereo, in macchina, in nave, a piedi, a cavallo) 1 집에 갈 시간이다. E' ora di andare a casa. 2 그는 전차를 탄다. 반면에 나는 걸어서 학교에 간다. Lui prende il tram, io invece vado a scuola a piedi. 3 그녀는 어제 로마에 갔다. Ieri è andata a Roma.

가다듬다 (마음을) essere convinti∗ determinato, (목소리 따위를) chiarirsi la gola

가닥 il filo, la ciocca

가단성 (可鍛性) la malleabilità / - 있는 malleabile [<-> docile (柔順한, 溫順한)] 1 그는 다소 가단성 있는 성격을 소유하고 있다. Ha un carattere piuttosto malleabile.

가담(加擔) la partecipazione / -하다 prendere parte, partecipare a qlco. **1** 그도 항의에 가담했다. Anche lui ha preso parte alla protesta. **2** 행렬에 수많은 假面車輛들이 가담했다. Alla sfilata hanno partecipato numerosi carri mascherati.

가당(加糖) / -하다 zuccherare / -한 zuccherato(a)

가당(可當) il ragione / -한 ragionevole **1** 우리는 가당한 가격에 최고의 호텔을 하나 찾았다. Abbiamo trovato un ottimo albergo a un prezzo ragionevole. [= accettabile, equo(a); ⟨-⟩ eccessivo(a), sproporzionato(a)] / -찮은 irragionevole, irrazionale, assurdo(a), ingiusto(a), improprio(a) **1** 그들은 가당찮은 가격을 나에게 요구했다. Mi hanno chiesto un prezzo irragionevole. [= illogico(a), infondato(a), eccessivo(a)]

가당용액(加糖溶液)⟨藥⟩ la soluzione glucosata

가도(家道) la moralità di una famiglia
가도(街道) la strada (principale)
가동(稼動) l'operazione
가동성(可動性) la mobilità

가두(街頭) la strada / 議員候補의 -演說 l'arringa all'aperto d'un candidato alla Camera / -錄音 la registrazione all'aperto

가두다(束縛) chiudere, chiudersi, rinchiudere, imprigionare / 열쇠로 문 걸어 - chiudere a chiave **1** 그녀는 자신을 집에 가두고 아무도 보려하지 않는다. Si è chiusa in casa e non vuol vedere nessuno.

가드(guard)⟨스포츠⟩ la guardia

가득(滿) / - 채우다 empire, riempire* ricolmare (qlco. di∼) / 책으로 집을 - 채우다 empire una casa di libri / 期ао 을 - 채우다 scadere / -하다*차다 empirsi, essere pieno(a) di qlco. **1** La piazza si empie di gente. 광장은 사람들로 가득하다. / -한 pieno(a), zeppo(a) **1** 이 기차는 (사람들로) 가득하다. Questo treno è pieno. **2** 이 광장은 사람들로 가득했다. La piazza era piena di gente. / -히 pienamente

가든(garden) il giardino ¶ -파티 il garden-party, il ricevimento*la festa in giardino

가들막거리다 pavoneggiarsi **1** 산책은 그에게 있어 새로 산 재킷을 입고 가들막거릴 수 있는 기회다. La passeggiata sul corso è per lui un'occasione di pavoneggiarsi con la sua giacca nuova.

가뜩이나(더욱이) per di più, inoltre, oltre a ciò, in aggiunta a **1** 그는 호감 가는 소년이 아니며, 더욱이 매우 오만하다. Non è un ragazzo simpatico e inoltre è molto presuntuoso.

가뜬한(經) leggero(a), agile

가라사대(曰) dice, dicono ← dire [io dico, tu dici, lui dice, noi diciamo, voi dite, loro dicono]

가라앉다(緩和) (苦痛 따위가) calmarsi

가라앉다(浸) affondare, calare, cedere, sommergersi, abbassarsi, calmarsi **1** 배가 서서히 가라앉는다. La nave affonda lentamente. **2** 열이 가라앉았다. La febbre è calata. **3** 제방이 물의 압력에 가라앉았다. L'argine ha ceduto alla pressione delle acque. **4** 도시가 홍수에 의해 가라앉았다. La città è stata sommersa dall'alluvione.

가라앉은(浸) sommerso(a) **1** 도시는 홍수에 의해 (물에) 가라앉았다. La città è stata sommersa dall'alluvione.

가라앉히다(浸) sommergere, far affondare **1** 제방으로부터 흘러나온 물이 계곡 전체를 가라앉혔다. L'acqua fuoriuscita dalla diga ha sommerso l'intera vallata.

가락(音調) melodia e ritmo, il tono / -이 틀리는 stonato(a)
가락국수 la pastina
가락지(斑指) l'anello

가랑비(-雨)⟨氣⟩ l'acquerugiola, la pioggerella / -내리다 piovigginare **1** 많은 비가 내리지는 않고 겨우 가랑비가 내리고 있다. Non piove molto, pioviggina appena. / -模樣의 piovigginoso(a)

가랑이 l'inforcatura / -가 짧은 바지 한 벌 un paio di pantaloni corto di inforcatura

가래⟨具⟩ la vanga, la pala, il catarro **1** 농부가 가래로 땅을 파헤친다. Il contadino rompe la terra con la vanga.

가래침 lo sputo, la saliva, lo scaracchio (俗) / -을 뱉다 sputare, scaracchiare **1** 땅에 가래침을 뱉는 것은 예의바르지 못하다. E' da maleducati sputare per

가량(假量) circa, più o meno, appro-ssimamente, pressappocco **1** 10분 가량 남았다. Mancano circa dieci minuti. **2** 그는 80 킬로그램 가량 체중이 나간다. Pesa circa ottanta chili. **3** 값이 100유로 가량 한다. Costa più o meno cento euro. **4** 우리는 대략 같은 또래이구나. Siamo pressappoco della stessa età. → 대략(大略)

가려(佳麗) / -한 bello(a), fine, delizioso (a), pittoresco(a)

가려운 essere di prurito

가려움〈醫〉 la prurigine, il prurito

가려움증(-症)〈醫〉 il prurito **1** 그는 등이 엄청 가려웠다. Sentiva un forte prurito alla schiena.

가련(可憐) / -한 povero(a), pietoso(a), triste, infelice, miserabile

가렴(苛斂) / -하다 estorcere ; strappare ¶ -誅求 l'estorsione

가렵다 prudere **1** 내 등이 가렵다. Mi prude la schiena.

가령(假令) se

가로(街路) la via, la strada, (가로수길) il viale ¶ -樹 l'alberata / -燈 il lampione, l'illuminazione stradale

가로〈數〉 la larghezza **1** 나의 침실은 가로 3미터, 세로 4미터, 높이 2미터 70센티이다. La mia camera da letto misura 3 metri di larghezza, 4 metri di lunghezza e 2,70 (due metri e settanta) di altezza.

가로되(曰) dice, dicono ← dire [io dico, tu dici, lui dice, noi diciamo, voi dite, loro dicono]

가로등(街路燈) il lampione, l'illumi-nazione stradale

가로막다(閉鎖) interrompere, bloccare, ostacolare **1** 홍수는 몇몇 지점에서 도로를 가로막았다. L'alluvione ha interrotto *bloccato la strada in alcuni punti. **2** 말하고 있는 사람을 계속해서 가로막는 것은 무례한 것이다. E' da maleducati continuare ad interrompere chi sta parlando! **3** 그는 늘 나의 계획들을 가로막으려 했다. Ha sempre cercato di ostacolare i miei progetti.

가로세로〈數〉 larghezza e lunghezza, oriz-zontalmente e verticalmente

가로수(街路樹) l'alberata / -가 심거진 alberato(a) **1** 역 앞에 아름다운 가로수가 심겨진 길이 있었다. Di fronte alla stazione c'era un bel viale alberato. ¶ -길(道路) il viale alberato

가로지르는(橫斷) trasversale

가로지르다(橫斷) attraversare, incroci-are **1** 강은 도시 전체를 가로지른다. Il fiume attraver-sa tutta la città.

가로질러(橫斷) attraverso, trasver-salmente **1** 그 고양이는 울타리를 가로질러 지나갔다. Il gatto è passato attraverso la siepe.

가로채다(獲得) afferrare, (잡다, 쥐다) cogliere, (훔치다) rubare, (유괴하다) rapire, portar via **1** 그 밧줄을 가로채라! Afferra quel cavo! **2** 그는 책을 떨어드리지 않기 위해 그것을 공중에서 가로챘다. Colsi al volo il libro perche' non cadesse. **3** 그는 여행가방, 지갑, 자동차를 가로챘다. Ha rubato una valigia, un portafoglio, una macchina. **4** 그들은 가족에게 몸값을 요구하기 위해 기업인 한 사람을 유괴했다. Hanno rapito un industriale per chiedere il riscatto alla famiglia. **5** 그들은 나의 지갑을 가로챘다. Mi hanno portato via il portafoglio.

가료(加療)〈醫〉 la medicazione

가루(粉末) la polvere, la cipria **1** 단 과자를 준비하려면 약간의 초콜릿 가루가 필요하다. Per preparare quel dolce occorre del cioccolato in polvere. ¶ -藥 le polveri farmaceutiche, la medicina in polvere / 쌀- la polvere di riso

가르다(分割, 分配) dividere, (쪼개다) spaccare **1** 그녀는 케이크를 6인분으로 가르려 한다. Cerca di dividere la torta in sei porzioni. **2** 벌목꾼이 도끼로 나무를 쪼개고 있었다. Il boscaiolo spaccava la legna con l'accetta

가르치다(敎) insegnare, dare*fare lezione, (敎育) educare, istruire **1** 그는 초등학교에서 가르친다. Insegna nella scuola elementare. **2** 그는 나에게 비디오 사용법을 가르쳤다. Mi ha insegnato ad usare il videoregistratore. **3** 이번 일은 나에게 많은 것을 가르쳤다. Questa faccenda mi ha insegnato molte cose. **4** 부모들은 자녀를 가르칠 의무를 갖는다. I genitori hanno il dovere di educare i loro figli. **5** 교사들은 학생들을 가르칠

가르침 의무를 갖는다. Gli insegnanti hanno il compito di istruire gli allievi. / 차근차근 - inculcare (qlco. a qlcu.)

가르침(敎) l'insegnamento, (敎育) l'istruzione

가름하다(分離) dividere, separare, discriminare **1** 알프스 산맥은 이탈리아를 프랑스로부터 분리한다. Le Alpi separano*dividono l'Italia dalla Francia.

가리개(덮개) la copertura **1** 우리는 지붕 덮개를 다시 했다. Abbiamo rifatto la copertura del tetto.

가리다(까다롭다) pignolo(a), difficile; (낯을) timido(a); (덮개로) coprire; (빛을) riparare; (사실, 실수, 사물을) nascondere **1** 선생님은 훌륭하시지만, 좀 지나치게 까다롭다. Come insegnante è bravo, ma un po' troppo pignolo. **2** 새로운 환경에 처할 때면, 그는 곧 낯을 가리게 된다. Quando è in un ambiente nuovo diventa subito timido. **3** 요란한 파도소리가 우리의 목소리를 가린다. Il fragore delle onde copriva le nostre voci. **4** 파라솔이 태양빛으로부터 우리를 가려준다. L'ombrellone ci ripara dal sole. **5** 제기랄, 저 남이 산의 시야를 가리는군! Che peccato: quel muro nasconde la vista delle montagne.

가리키다(指稱, 指示) indicare, additare **1** 제게 약국을 가리켜 주시겠습니까? Per favore, mi può indicare la farmacia? **2** 온도계가 30도를 가리킨다. Il termometro indica 30 gradi. **3** 적색 신호등은 정지를 가리킨다. Il semaforo rosso indica lo stop.

가마(쌀가마) il sacco di paglia

가마(a hair whirl)〈體〉la chierica

가마득한(까마득한) remoto(a), (먼) lontano(a), distante [<-> recente] **1** 페스트 전염병은 이미 가마득한 시대에 검증되었다. Le epidemie di peste si verificavano in tempi ormai remoti. **2** 우리는 가마득한 사실에 대해 이야기하고 있다. Stiamo parlando di fatti ormai lontani. **3** 봄은 멀지 않다. La primavera non è lontana. **4** 호텔은 여기서부터 1km 먼 곳에 있다. L'albergo è lontano da qui un chilometro.

가마솥 il calderone

가만가만 silenziosamente, in modo sommesso, tranquillamente, per non essere notato, leggermente, lievemente

가망(可望) la probabilità, (가능성) la possibilità **1** 우리 팀의 우승 가능성은 극히 적다. La nostra squadra ha pochissime probabilità di successo. **2** 그들이 우리 집에 저녁 먹으러 올 가망은 없다. Non c'è la possibilità che vengano a cena da noi. / - 없는 impossibile, disperato(a), disastroso(a)

가매장(假埋葬) il seppellimento temporaneo, la sepoltura temporanea / -하다 seppellire temporaneamente **1** 고인은 내일 아침 가매장될 것이다. Il defunto verrà sepolto domattina.

가맹(加盟) l'affiliazione

가면(假面) la maschera **1** 나는 카니발을 위해 가면 하나를 샀다. Mi son comperato una maschera per il carnevale. / -을 씌우다 mascherare / -을 쓰다 mascherarsi 까를로는 곰 모양의 가면을 썼다. Carlo si è mascherato da orso.

가면허(假免許) la licenza temporanea **1** 가면허를 가지고 사냥 갈 수 없다. Non si può andare a caccia con la licenza temporanea.

가명(假名) il falso nome, lo pseudonimo **1** 그것은 여배우의 본명이 아니라 가명일 뿐이다. Quello non è il vero nome dell'attrice, ma soltanto uno pseudonimo. / -으로 sotto falso nome

가무(歌舞) la canzone e la danza

가무스름한(黑) scuro(a) [= buio(a), brillante; <-> luminoso(a)] **1** 그는 거무스름한 옷을 입고 있었다. Indossava un vestito scuro. / - 적색 스웨터 un maglione di color rosso scuro

가무잡잡한(黑) scuro(a)

가문(家門) la famiglia **1** 그는 귀한 가문 출신이다. Discende da una famiglia nobile.

가물가물한(朦朧) (기억 따위가) vago(a) [<-> certo(a), preciso(a), sicuro(a)]; (빛 따위가) debole

가물거리는 tremolante

가물거리다 tremolare

가물다(乾) essere secco(a) [= asciuto] **1** 강이 가물었다. Il fiume è secco. **2** 대지가 가물었다. Il terreno è secco.

가뭄(乾) la siccità [= umidità] **1** 긴 가뭄이 작물재배에 막대한 손해를 입혔다. Il lungo periodo di siccità ha provocato gravi danni alle colture.

가뭇한(黑) scuro(a)

가미(加味) il condimento / -하다 condire **1** 나는 약간의 올리브유와 소금만으로 샐러드를 가미하는 것을 선호한다. Preferisco condire l'insalata soltanto con un po' d'olio e di sale. **2** 소금으로 가미하라! Condisci con sale! ¶ -料 il condimento (es. l'olio, l'aceto, il sale, le salse, le spezie, gli aromi) **1** 주방에서는 많은 가미료를 사용한다. In cucina usa molti condimenti.

가발(假髮) la parrucca, il toupet / -을 쓰다 mettersi una parrucca **1** 카니발 축제 기간에 그는 가발을 썼다. Per la festa di carnevale si è messo una parrucca.

가방(旅行用) la valigia, (一般用) la borsa, (초중고등학생용 어깨가방) lo zaino scolaresco **1** 역에서 가방을 맡길 수 있나요? Posso depositare la valigia alla stazione? / 가죽*천*플라스틱 - la valigia di cuoio*tela*plastica

가벼운(輕) leggero(a) [<-> pesante] / -行動 il comportamento leggero / - 마음으로 a cuor leggero **1** 내가 들게. 가벼운 소포야. Lo porto io: è un pacco leggero. **2** 기름은 물보다 가볍다. L'olio è più leggero dell'acqua. **3** 나는 가벼운 치통이 있다. Ho un leggero mal di denti.

가벼움(輕) la leggerezza [= lievità ; <-> pesantezza]

가벼이(輕) leggermente

가변(可變) la variazione / 가격*기온의 - le variazioni di prezzo*temperatura ¶ -性 l'alterabilità, la variabilità

가변성(可變性) l'alterabilità, la variabilità / -의 mutabile, volubile, incostante, capriccioso(a)

가변저항기(可變抵抗器)<物> il reostato

가볍게(輕) leggermente

가보(家寶) il tesoro di una famiglia

가보타<音> la gavotta

가봉(假縫)<衣> l'imbastitura / -하다 imbastire **1** 재단사는 치마를 가봉했다. La sarta ha imbastito la gonna.

가부(可否) vero o falso

가부장(家父長)<制> il patriarca (pl. patriarchi) **1** 고대인들에게 있어서 가부장은 후손들에 대해 절대적인 권한을 행사하곤 했다. Nelle popolazioni antiche, il patriarca esercitava un potere assoluto sui discendenti. / -의 patriarcale ¶ -制 il patriarcato

가분수(假分數)<數> la frazione impropria

가사(家事) i lavori domestici, i lavori della casa **1** 가사는 그녀에게서 많은 시간을 빼앗아간다. I lavori domestici le portano via molto tempo.

가사(歌詞) il testo di una canzone

가산(加算)<數> (덧셈) la somma, l'addizione **1** 우리는 가산(덧셈)과 감산(뺄셈)에 대한 연습문제들을 풀었다. Abbiamo fatto degli esercizi sulle somme e sulle sottrazioni. / -하다 sommare, fare la somma, addizionare [<-> sottrarre] **1** 결과를 얻기 위해서 너는 이 두 숫자를 가산해야 한다. Per avere il risultato devi sommare questi due numeri. cf. 나눗셈 divisione, 곱셈 moltiplicazione, 뺄셈 sottrazione

가산(家産) la proprietà di una famiglia

가산성(可算性)<數> la numerabilità

가상(假想) l'immaginazione **1** 그는 엄청난 가상(력)을 지니고 있기 때문에 수많은 이야기들을 창조해 낼 수 있다. Riesce ad inventare molte storie perché ha una grande immaginazione. / -하다 immaginare **1** 우리는 우주선에서 만나 길 가상해 본다. Immaginiamo di trovarci su un'astronave.

가색한(假色-)<鑛> allocromatico(a)

가석방(假釋放) la liberazione temporanea **1** 국민들은 그의 가석방을 얻어내기 위해 많은 투쟁을 했다. Quel popolo ha molto lottato per ottenere la sua liberazione.

가설(架設) l'installazione, la costruzione / -하다 (전화, 교량 따위를) installare, costruire **1** 노동자들은 새로운 보일러를 가설했다. Gli operai hanno installato la nuova caldaia. **2** 그들은 강의 양 둑을 연결하는 교량을 가설했다. Hanno costruito un ponte che congiunge le due rive del fiume.

가설(假說)<哲> l'ipotesi **1** 암의 원인에 대한 새로운 가설이 세워졌다. E' stata fatta una nuova ipotesi sull'origine del

가성(假性) il falso / -의 falso(a), pseudo- / - 콜레라 lo pseudo-colera

가성(假聲) il falsetto / -으로 노래하다 cantare in falsetto

가성(苛性) la causticità / -의 caustico(a) ¶ - 소다 la soda caustica

가세(加勢) l'assistenza / -하다 assistere 1 수많은 사람들이 행렬에 가세했다. Numerose persone hanno assistito alla sfilata.

가세(家勢) la fortuna di una famiglia

가소로운 ridicolo(a) 1 자네가 한 일에 대해 받은 보수는 가소롭구나. Rispetto al lavoro che hai fatto, il compenso ricevuto è semplicemente ridicolo.

가속(加速) l'accelerazione / -的 accelerato(a) ¶ -裝置 l'acceleratore / -페달 l'acceleratore

가속기(加速機) l'accelerazione

가속도(加速度)〈物〉 l'accelerazione

가솔린 la benzina, la gasolina 1 가솔린 채워 넣는 것을 잊지 말아라! Ricordati di fare il pieno di benzina!

가수(歌手)〈音〉il*la cantante

가수분해(加水分解)〈化〉 la idrolisi

가수요(假需要) la richiesta immaginaria

가스 il gas ¶ - 計量器 il gassometro, il contatore del gas / -렌지 i fornelli, la cucina a gas / - 통 la bambola (per gas, di gas)

가스계량기(-計量器) il gassometro

가슴(胸)〈解〉il petto, il torace, il cuore 1 가슴은 심장과 폐를 포함한다. Il torace contiene il cuore e i polmoni. 2 그 선원은 가슴 한복판에 문신을 하고 있었다. Il marinaio aveva un tatuaggio in mezzo al petto. / 넓은 - il petto ampio / -이 답답함을 느끼다 sentire un'oppressione al petto / 더위로 인해 -이 답답하다 soffocare*soffocarsi dal caldo

가슴성형술(胸部成形術)〈醫〉 la toracoplastica

가슴앓이〈醫〉 il bruciore / - 병이 있다 avere un bruciore / -하다 intimidirsi [pr. -isco]

가습(加濕) -하다 umidificare ¶ -器 l'umidificatore

가시 (꽃의) la spina 1 장미를 딸 때, 가시에 조심해라! Quando cogli una rosa, fai attenzione alle spine! / -있는 spinoso(a) / -있는 말 le parole pungenti / (손에) -가 박히다 conficcarsi una spina (in un dito), avere una scheggia nel dito ¶ -덤불 la fratta, il cespuglio di spine

가시광선(可視光線) il raggio visibile

가시나무〈植〉 l'agrifoglio

가시다 (입을) sciacquarsi la bocca

가시덤불 il cespuglio di spine

가식(假飾) l'ipocrisia 1 친구들과 함께 있을 때, 그는 부장에 대해 험담을 늘어놓지만, 부장 앞에서는 온통 미소와 칭찬으로 일관한다. 이것이 가식이 아니고 무엇이겠는가! Quando è con gli amici, parla malissimo del direttore; poi davanti a lui, è tutta sorrisi e complimenti; che ipocrisia! / -없는 senza pretese, franco(a) / -的 ipocrita(m. f.), ipocriti(pl.) 1 먼저 나를 공격하고 나서 그는 가식적인 미소를 보냈다. Prima mi ha offeso, poi mi ha rivolto un sorriso ipocrita. / -的으로 ipocritamente

가십(gossip) le chiacchiere, i pettegolezzi

가압(加壓) la pressurizzazione / -하다 pressurizzare

가압류(假押留) il sequestro provvisorio, la confisca provvisoria / -하다 sequestrare, confiscare 1 경찰이 범행에 사용한 무기를 가압류 했다. La polizia ha sequestrato l'arma del delitto.

가약(佳約) la promessa ¶ 百年- la promessa di mantenere l'amore eterno

가언(假言) le parole ipotetiche / -的 ipotetico(a) ¶ -命題 la proposizione ipotetica

가언적 명령(假言的 命令)〈哲〉 l'imperativo ipotetico

가여운 pietoso(a), misero(a), miserabile 1 그는 가여운 눈으로 늙고 가난한 여인을 바라보고 있었다. Guardava la povera vecchia con gli occhi pietosi. 2 그 가난한 사람은 가여운 상태로 살아간다. Quel poveretto vive in condizioni miserabili.

가연성(可燃性) l'infiammabilità / -의 infiammabile, combustibile [<> ignifugo(a)] 1 휘발유는 가연성 액체이다. La benzina è un liquido infiammabile.

가열(加熱) lo scaldamento / -하다

가오리⟨動⟩ la razza

가오리⟨魚⟩ l'occhiata

가옥(家屋) la casa, il domicilio ¶ -主 il proprietario (di casa) [用語] 천창(天窓) l'abbaino, 옥탑 l'attico, 굴뚝 il comignolo, 테라스 il terrazzo, 발코니 il balcone, 주차장 입구(駐車場 入口) l'ingresso carraio, 발코니 새시 la loggia, 계단(階段) la rampa di scala, 일층(一層) il pianterreno, 이층(二層) il primo piano, 지하실(地下室) la cantina, 보일러실 il locale caldaia, 기초(基礎) la fondamenta, 차고(車庫) il box, il garage

가옥(家屋)⟨建⟩ la casa

가외(加外) l'eccezione / -의 eccezionale

가요(歌謠) la canzone (popolare), la canzonetta / -를 부르다 cantare [tr., intr.] (una canzone)

가용(家用) l'uso domestico

가용(可溶) la soluzione / -의, 的 solubile [<->insolubile] **1** 소금은 물에 가용적이다. Il sale è solubile in acqua. ¶ -性 la solubilità

가용성(可鎔性) la fusibilità, la solubilità / -의 fusibile, solubile

가운 (목욕용) l'accappatoio, la vestaglia, la toga.

가운(家運) la fortuna di una famiglia

가운데(中) centro, mezzo, in mezzo a / -손가락(中指) il medio

가위(惡夢) l'incubo **1** 간밤에 난 가위에 눌렸다. 왜냐하면 빌딩에서 추락하는 것으로 믿었거든! Questa notte ho avuto un incubo: credevo di precipitare da un grattaciello!

가위⟨具⟩ (제단용) le forbici, (손톱용) le forbicine / -질하다 dare un colpo di forbici ¶ 裁斷 - le forbici da sarto / 美容 - le forbici da parrucchiere

가으내 (가을 내내) per tutto l'autunno

가을(秋) l'autunno **1** 지금은 가을이다. 바닷가에서의 휴가는 이미 기억으로 만 남는다. Siamo in autunno e le vacanze al mare sono ormai solo un ricordo.

가이드(guide) la guida

가인(佳人) la bella donna

가일층(加一層) molto di più

가입(加入) l'affiliazione, l'iscrizione / -하다 associarsi, affiliare, sottoscrivere, iscriversi a, essere iscritto (ad un'associazione), partecipare a / -된 affiliato(a) ¶ -者 il sottoscrittore (f. -trice) / -金 la quota d'iscrizione / -申請 la domanda per l'ammissione

가자미⟨動⟩ la sogliola

가짜 l'imitazione, la falsificazione

가장(家長) il capo famiglia;

가장 il più, massimo(a) / -좋은 il migliore

가장(假裝) la mascherata, il travestimento, il camuffamento / -하다 camuffarsi, mascherarsi **1** 두 명의 유괴범들은 간호사로 가장하고 있었다. I due rapinatori si erano camuffati da infermieri. **2** 까를로는 곰으로 가장했다. Carlo si è mascherato da orso. / -한 mascherato(a) ¶ -行列 la mascherata, la Buffonata

가장자리 il bordo, la sponda, l'orlo, l'estremità, il margine (del fiume) / 침대*당구대 - le sponde di letto*del biliardo

가재⟨動⟩ il gambero / 바다 - l'aragosta cf. 새우 il gamberino

가전제품(家電製品) gli elettrodomestici

가정(家政) l'andamento della casa

가정(家庭) la famiglia / -집에서 presso una familia / -의 domestico(a), familiare ¶ -教師 l'insegnante privato / -法院 la corte famigliare / -用品 i prodotti per la casa **1** 가정용품만 판매되나요? Si vendono solo prodotti per la casa? / -環境 l'ambiente famigliare / -學 l'economia domestica / -教育 la creanza, l'educazione familiare

가정(假定) la supposizione **1** 그가 떠났는지 확실치 않다. 단순한 가정일 뿐이다. Non sono certo che sia partito: la mia è una semplice supposizione. / -하다 supporre **1** 그가 너에게 그 사실을 말하지 않는다고 가정할 때, 넌 뭘 할 건데? Supponendo che lui non te lo dica, che cosa farai? / -하다 supporre

가정교육(家庭教育) la creanza, l'educazione familiare / -이 좋은 beneducato

(a) / -이 나쁜 maleducato(a) / -시키다 educare

가정용전기기구(家庭用電氣器具)〈電〉 gli elettrodomestici

가제 (gauze)〈醫〉 la garza

가져가다(運搬) portare **1** 당신께 스파게티를 곧 갖다 드리죠. Le porto gli spaghetti subito.

가져오다 portare

가조약(假條約) il trattato provvisorio

가조인(假調印) la firma provvisoria

가족(家族) la famiglia / -的인 familiare **1** 이 장소들은 나에겐 가족적이다. Questi luoghi mi sono familiari. ¶ -會議 il consiglio di famiglia / -性 la familiarità

가족(家族)〈法〉 la famiglia

가주거(假住居) la residenza temporanea

가주소(假住所) l'indirizzo provvisorio

가죽(皮革) la pelle, (무두질한) il cuoio (conciato) / - 가방 una borsa di pelle / -이 두껍다 (비유적) avere la pelle dura / 토끼의 -을 벗기다 spellare un coniglio / 무두질한 - il cuoio conciato ¶ - 잠바 il giubbotto / 人造 - il cuoio artificiale

가중(加重) l'aggravamento / -의〈法〉 aggravante / -시키다, 하다 aggravare **1** 습기는 그의 류마티스를 가중시켰다. L'umidità ha aggravato i suoi reumatismi. / -되다 aggravarsi [= peggiorare, 〈-〉 migliorare] **1** 불행히도 상황이 가중되었다. Purtroppo la situazione si è aggravata.

가증서(假證書) il certificato provvisorio

가증스러운 odioso(a), disgustoso(a), detestabile **1** 가증스러운 사람이야. 모든 사람들에 대해 늘 나쁘게 말하거든! Che persona odiosa; parla sempre male di tutti!

가지 (木의) il ramo / 복숭아나무의 - il ramo di pesco ¶ 잔 - il ramoscello

가지(種類) il tipo, il genere

가지〈植〉 la melanzana

가지가지의(多樣) vario(a), diverso(a) **1** 그 상점엔 가지가지의 상품들이 판매된다. In quel negozio si vendono vari tipi di merce.

가지각색의(多樣) vario(a), diverso(a)

가지다(所有) avere, tenere, possedere **1** 그는 새 차를 가지고 있다. Ha una nuova macchina. **2** 나는 향수*신뢰감*희망*열정을 갖고 있다. Ho una nostalgia*fiducia*una speranza*compassione.

가지치기 la potatura / -하다 potare; tagliare rami / -用 가위 le forbici per potare

가집행(假執行)〈法〉 l'esecuzione provvisoria

가짜(假-) l'imitazione **1** 이 그림은 진짜가 아니라 조잡한 가짜이다. Questo quadro non è autentico, ma una volgare imitazione / -의 imitativo(a)

가차(假借) -없는 spietato(a), implacabile **1** 가차 없는 살인범은 결국 체포되었다. Lo spietato assassino è stato finalmente arrestato.

가책(呵責) il tormento, la tortura, il rimprovero, il biasimo, il senso di colpa **1** 양심의 가책이 그를 괴롭히고 있었다. Lo rodeva il tormento del rimorso. / 良心의 - il rimorso (della coscienza) / -하다 rimproverare, biasimare / -을 지니다 *느끼다 avere*sentire il rimorso

가처분(假處分)〈法〉 la disposizione provvisoria

가처분소득(可處分所得)〈法〉 il reddito disponibile

가청(可聽) / - 거리에 a portata di voce ¶ - 範圍 la portata udibile

가청주파수(可聽周波數)〈電〉 l'audio-frequenza

가축(家畜) gli animali domestici, il bestiame ¶ - 病院 l'ospedale veterinario, dal veterinario

가축절도죄(家畜竊盜罪)〈法〉 l'abigeato

가출(家出) la scappata di casa / -하다 scappare di casa **1** 그는 종종 가출한다. Scappa spesso di casa.

가출옥(假出獄) il rilascio provvisorio

가치(價値) il valore, il merito **1** 경험은 나에게 우정의 가치를 이해하게 해주었다. L'es-perienza mi ha fatto comprendere il valore dell'amicizia. / -있는 degno(a) **1** 이 책은 읽을 가치가 있다. Questo libro è degno d'essere letto. / -없는 indegno(a) / -있게 degnamente / -있다 valere **1** 그의 충고는 내게 대단히 가치가 있다. Uno suo consiglio vale molto per me. ¶ -判斷 la stima, la valutazione / -

가치 觀 il senso del valore / 實用- il valore di utilità / 利用- il valore di utilità
가치(價値)〈經〉 il valore
가치론(價値論)〈哲〉 l'assiologia
가친(家親) mio padre
가칭(假稱) il nome provvisorio
가탄(可歎) / -할 penoso(a), deplorevole
가택수사(家宅搜査)〈法〉 la perquisizione domiciliare / -하다 perquisire una casa ¶ 경찰은 장물을 찾기 위해 아파트를 가택수사 했다. La polizia ha perquisito l'appartamento alla ricerca del bottino.
가택수색(家宅搜索)〈法〉 l'indagine di casa
가택침입(家宅侵入)〈法〉 la violazione di domicilio
가톨릭 ¶ -敎 il catolicismo / -敎會 la chiesa catolica, la catedrale, il Duomo / -信者 il catolico (pl. -ci), la catolica
가톨릭좌파(-左派)〈政〉 la sinistra cattolica
가톨릭행동단(-行動團)〈政〉 l'azione cattolica
가파른(急傾斜) scosceso(a), ripido(a) / - 내리막길 la discesa ripida
가표(可票) la vota affermativa
가풍(家風) la tradizione di una famiglia
가필(加筆) la correzione, il corretto / -하다 correggere ¶ 선생님은 빨간 연필로 주제들을 가필하신다. L'insegnante corregge i temi con la matita rossa.
가해(加害) il danneggiamento / -하다 danneggiare ¶ 충돌이 자동차를 가볍게 가해했다. L'urto ha danneggiato lievemente la macchina.
가향수(加香水)〈藥〉 l'acqua aromatizzata
가호(加護) (神의) la protezione divina
가혹(苛酷) (무참) la crudeltà; (잔인) la brutalità; (엄혹) severità; (격함) l'acutezza / -한 crudele, rigido(a), pesante / -한 운명 il destino crudele / -한 겨울 (嚴冬) l'inverno rigido / -하게 crudelmente, rigidamente
가혹한(苛酷-)〈氣〉 rigido
가훈(家訓) il precetto di una famiglia
각(角)〈數〉 l'angolo, il corno ¶ 傾斜- l'angolo d'inclinazione / -기둥 il prisma / -度 l'angolo / -설탕 il cubetto di zucchero, lo zucchero a quadrati [用語] 평각(平角) il piatto, 직각(直角) il retto, 주각(周角) il giro, 예각(銳角) l'acuto, 둔각(鈍角) l'ottuso, 정점(頂点) i consecutivi, 보각(補角) i supplementari, 여각(餘角) i complimentari, 내각(內角) gli interni, 외각(外角) gli esterni, 동위각(同位角) i corrispondenti

각가지(各-) i vari tipi / -의 vario(a)
각각(刻刻) / (時時) -으로 per un momento
각각(各各) rispettivamente / -으로 rispettivamente / -의 ciascuno(a), rispettivo(a) / -의 책 ciascun libro
각개(各個) ognuno(a), ciascuno(a) / -의 ogni
각고(刻苦) il lavoro forzato / -하다 lavorare forzatamente
각광(脚光) le luci della ribalta / -을 받다 essere sotto la luce dei riflettori
각국(各國) ogni paese, ogni nazione
각기(各其) rispettivo / - 뚜껑이 달린 두 개의 상자 due scatole con i rispettivi coperchi ¶ 제- rispettivamente
각도(角度) l'angolo / -測定 la goniometria / -測定의 goniometrico(a) ¶ -計 il goniometro
각도계(角度計)〈物〉 il goniometro
각력암(角礫岩)〈鑛〉 la breccia
각론(各論) il dettaglio, il particolare / -으로 들어가다 entrare nei dettagli
각료(閣僚) il ministro ¶ -會議 il riunione dei ministri
각막(角膜)〈解〉 la cornea
각막백반증(角膜白斑症) il leucoma
각막염(角膜炎)〈醫〉 la cheratite
각막이식(角膜移植) il trapiano corneale
각목(角木) il legno quadrato
각박(刻薄) / -한 spietato(a), crudele
각반(脚絆) (防寒用) le ghette, i gambali
각방면(各方面) tutte le direzioni
각별(各別) / -한 speciale, particolare / -히 specialmente, particolarmente
각본(脚本)〈劇〉 il copione,〈映〉 lo scenario,〈오페라〉 il libretto,〈TV〉 il copione ¶ -作家 lo sceneggiatore, lo*la scenarista
각본가(脚本家)〈映〉 il*la soggettista
각부분(各部分) ogni parte
각살림(各-) / -하다 abitare separatamente

각색(脚色) la drammatizzazione, la sceneggiatura, l'adattamento (teatrale*cinematografico) / -하다 drammatizzare (una novella), sceneggiare, adattare, fare l'adatt ¶ -者 il sceneggiatore

각색(脚色)〈映〉 la sceneggiatura

각서(覺書) il memorandum **1** 대사가 部處에 각서를 보냈다. L'ambasciatore lasciò un memorandum al Ministero.

각선미(脚線美) la bellezza della linea di gamba

각설(却說) il riassunto / -하다 riassumere [= abbreviare] / 대강 -하다 riassumere per sommi capi

각설탕(角-) il cubetto di zucchero, il zucchero a quadrati, la zolletta

각섬석(角閃石)〈鑛〉 l'anfibolo, l'orneblenda

각성(覺醒) il disinganno, l'eccitazione / -하다 svegliarsi, destarsi disingannare, eccitare / -시키다 svegliare, destare

각양각색(各樣各色) la varietà, la diversità / -의 vario(a), diverso(a)

각오(覺悟) la preparazione, la risoluzione / -하다 preparare, risolvere, prepararsi psicologicamente

각운(脚韻)〈文〉 la rima

각의(閣議) la conferenza di Consiglio dei Ministri

각인(各人) ogni persona, tutte le persone, tutti, tutte

각자(各自) ciascuno, ognuno **1** 각자는 자기 나름대로 한다 Ciascuno fa a modo suo. / -의 ciascuno(a), ogni

각종(各種) tutti i tipi

각주(角柱)〈建*圖形〉 il pilastro,〈數〉 il prisma

각주(脚註)〈文〉 la nota in fondo alla pagina, la nota a pie' di pagina

각지(各地) ogni posto, ogni luogo

각질(角質) la sostanza cornea / -의 corneo(a) ¶ -層 lo strato corneo

각처(各處) ogni posto, dappertutto, ovunque

각추(角錐)〈數*圖形〉 la piramide

각추렴(角-) / -하다 fare*pagare alla romana

각축(角逐) la competizione, la gara, il concorso, la rivalità / -하다 competere

각판사(刻版師)〈繪〉 l'incisore

각하(却下) il rigetto / -하다 rigettare (il ricorso*la domanda), respingere, rifiutare

각하(閣下) Sua Eccellenza

각항(各項) ogni articolo, ogni paragrafo, ogni frase, ogni argomento

각혈(咯血) lo sbocco di sangue,〈醫〉 la emottisi / -하다 emettere sangue dalla bocca

각화(角化)〈藥〉 la cheratinizzazione

간(肝)〈體〉 il fegato / - 때문에 고생하다 soffrire di fegato ¶ -硬化症 la cirrosi epatica / -機能檢査 l'esame del fegato

간간(間間) / -이 occassionalmente, qualche volta

간격(間隔) l'intervallo, lo spazio, la distanza

간결(簡潔) la brevità, la concisione / 문체의 - la brevità di stile / -한 breve, conciso(a) / -하게 brevemente, concisamente

간경화증(肝硬化症)〈醫〉 la cirrosi epatica

간계(奸計) l'inganno, l'insidia / -한 사람 l'ingannatore, l'ingannatrice / -하다 ingannare

간고(艱苦) la sofferenza

간곡(懇曲) / -한 (정중) educato(a), garbato(a); (친절) cortese; (극진함) cordiale, ospitale

간과(看過) la svista / -하다 fare una svista, trascurare / 자신의 건강을 -하다 trascurare la propria salute **1** 내게 편지 쓰는 것을 간과하지 마라! Non trascurare di scrivermi!

간교(奸巧) la furbizia, la furberia **1** 그의 간교를 모든 사람들이 알고 있다. La sua furberia la conoscono tutti. / -한 furbo(a), ingegnoso(a) / -한 사람 il furbo **1** 믿지 마라. 그는 간교한 사람이다. Non fidarti: quello è un furbo.

간극(間隙) lo spazio vuoto, l'apertura

간기능검사(肝機能檢査) l'esame del fegato

간난(艱難) la sofferenza, la privazione

간능(幹能) l'abilità, il talento, la capacità

간단(間斷) / -없는 continuo(a), incessante / -없이 costantemente, incessantemente

간단(簡單) la brevità, la semplicità / -하게 하다 semplificare [<-> complicare] /

간담(肝膽) 〈간과 쓸개〉〈體〉 il fegato e il bile

간담(懇談) la chiacchierata / -하다 chiacchierare ¶ -會 la riunione di conferenze

간동맥(肝動脈)〈解〉 l'arteria epatica

간드랑거리다 dondolare, pendere, penzolare, oscillare

간드러지는 delizioso(a), affascinante

간들간들하게 (태도가) deliziosamente, leggermente, dolcemente, lievemente, con delicatezza

간디스토마(肝-)〈醫〉 il distomatosi

간략(簡略) la simplicità, la brevità / -한 semplice, breve, informale / -히 semplicemente, concisamente, brevemente / -하게 하다 semplificare, abbreviare, omettere

간막이 la divisione, la partizione → 칸막이

간만(干滿) il flusso e il riflusso ¶ 바다의 간만이 해안을 침식한다. Il flusso e il riflusso erodono le coste.

간망(懇望) la supplica, la sollecitazione / -하다 supplicare, sollecitare

간명(簡明) la brevità, la concisione / -한 breve e chiaro, conciso(a)

간밤에 ieri notte, questa notte, stanotte

간병(看病) il personale infermieristico, l'assistenza

간부(幹部) l'esecutore

간비호제(肝庇護劑)〈藥〉 l'epatoprotettore

간사(幹事) il direttore, il segretario

간사(奸詐) la furbizia, l'astuzia, la furberia, la scaltrezza ¶ 그의 간사(함)를 모든 사람들이 알고 있다. La sua furberia la conoscono tutti / -한, 스런 astuto(a), malizioso(a), furbo(a), scaltro(a) / -하게 astutamente

간사(奸邪) la slealtà / -한, 스런 sleale ¶ 그는 한 가지 약속을 했다. 그런데 그와 다른 일을 했다. 이는 간사스런 행동이다! Ha promesso una cosa e ne ha fatta un'altra: è un comportamento sleale!

간선(幹線) la linea principale ¶ -道路 la strada principale

간섭(干涉) l'intervento, l'interferenza, l'intromissione, l'ingerenza / -하다 intervenire ∗ ingerirsi in (faccende altrui), interferire [intr. avere] (negli affari altrui), intromettersi in qlco. (di altri)

간소(簡素) la simplicità / -한 semplice ¶ -化 la semplificazione

간수(看守) il carceriere [= secondino]

간수(保管) la conservazione / -하다 conservare, mantenere, preservare, mettere in conserva

간식(間食) (午後) la merenda, (午前) lo spuntino 1 극장에 가기 전에 우리는 빠에서 간식을 먹었다. Prima di andare a teatro abbiamo fatto uno spuntino in un bar. (= rapido pasto) / - 먹다 fare merenda, merendare, fare uno spuntino

간신(艱辛) / -히 appena, a mala pena, per un pelo, per poco ¶ 간신히 나는 기차를 놓치지 않았다. Per un pelo non ho perduto il treno.

간신(奸臣) il traditore, la traditrice

간악(奸惡) la cattiveria, la malvagità, la malizia, la crudezza, l'iniquità ¶ 그의 간악(함)은 모든 사람들에게 알려져 있다. La sua cattiveria è nota a tutti. / -한 cattivo(a), malvagio(a), malizioso(a), cruento(a)

간암(肝癌)〈醫〉 il cancro di fegato

간언(諫言) il consiglio

간염(肝炎)〈醫〉 l'epatite ¶ -豫防接種 l'inoculazione di anti-epatite / 傳染性- l'epatite infettiva (contagiosa)

간원(懇願) la supplica, la sollecitazione / -하다 supplicare, sollecitare, implorare 1 가여운 여인은 은총을 베풀어 달라고 하나님께 간원드리고 있었다. La povera donna supplicava Dio che le facesse la grazia.

간음(姦淫) l'adulterio / -하다 adulterare ¶ -者 l'adutero, l'adultera

간이(簡易) la simplicità, la facilità / - 2층 il piano ammezzato

간장(肝腸) 〈간과 창자〉〈解〉 il fegato e l'intestino

간장(肝臟)〈解〉 il fegato

간장〈食〉 la salsa di soia

간절(懇切) la serietà, la sincerità / -한 serio(a). sincero(a) / -히 con serietà, sul serio / -히 바라다 aspirare (agli onori)

간접(間接) / -的 indiretto(a) [<-> diretto(a)] / -적인 방법으로 per mezzi indiretti / -적으로 per via indiretta ¶ -話法 il discorso indiretto

간조(干潮)〈地〉 il riflusso, la bassa marea

간주(看做) la considerazione / -하다 considerare, riguardare 1 모두는 그를 친구로 간주한다. Tutti lo considerano un amico. ¶ -된 considerato(a)

간주곡(間奏曲)〈音〉 l'intermezzo, l'interludio

간지(干支) il ciclo sessagenario

간지(間紙) il volantino 1 영화관 출구에서 몇몇 사람들이 광고 간지를 나눠주고 있었다. All'uscita del cinema alcune persone distrivuivano dei volantini pubblicitari.

간지러운 (몸 따위가) che soffre il sollecito

간지럼 il sollecito / - 태우다 fare il sollecito a qlcu, solleticare, titillare 1 그는 누이동생이 해변에서 ㅠ먹ㅠ먹 소는 동안 다리를 간지르며 즐거워 한다. Si diverte a solleticare i piedi della sorellina mentre è appisolata sulla spiaggia! / - 타다 essere sensitivo(a) al sollecito

간직(保存) la conservazione / -하다 conservare; (가슴속에) tenere nascosto 1 그는 이 편지를 소중히 간직한다. Conserva con cura questa lettera.

간질(癎疾)〈醫〉 l'epilessia / -性의 epilettico(a)

간책(奸策) il progetto sinistro, la trama

간척(干拓) la bonifica 1 간척 후에 이 땅은 푸르고 비옥해졌다. Dopo la bonifica, queste terre sono diventate verdi e fertili. / -하다 bonificare, colmare* rinterrare (una palude) 1 한 때 습지였던 그 지역이 개척되었다. La zona che un tempo era paludosa, è stata bonificata. ¶ -地 il terreno colmato*rinterrato, la colmata

간첩(間諜) la spia, l'agente

간청(懇請) la supplica, la sollecitazione, la preghiera / -하다 supplicare, sollecitare, pregare (qlcu. di fare qlco.), chiedere*domandare umilmente il favore, implorare

간추리다(要約) riassumere 1 그처럼 복잡한 이야기를 몇 줄로 간추리는 것은 쉽지 않다. Non è facile riassumere in poche righe un racconto così complicato.

간취(看取) la percezione / -하다 percepire, notare, accorgersi di ~ [= avvertire]

간통(姦通) l'adulterio / -하다 adulterare, commettere un adulterio (con qlcu.) / -의 adulterio(a) ¶ -罪 l'adulterio

간파(看破) / -하다 capire, avvertire [= percepire] 1 나는 이 이야기의 의미를 간파하지 못했다. Non ho capito il significato di questo racconto. 2 경계병은 소리를 간파했다. La sentinella avvertì un rumore

간판(看板) l'insegna, il cartello 1 식당 정면에 밝게 빛나는 간판이 하나 걸려 있다. Sulla facciata del ristorante c'è un'insegna luminosa.

간편(簡便) / -한 conveniente, semplice, comodo(a)

간하다 (소금으로) salare

간행(刊行) la pubblicazione 1 모든 책들은 간행 년도를 새겨 넣는다. Tutti i libri riportano l'anno della loro pubblicazione. / -하다 pubblicare 1 출판사가 새로운 소설을 간행했다. La casa editrice ha pubblicato un nuovo romanzo. ¶ -物 la pubblicazione

간혈(間歇) l'intermittenza / -的인 intermittente / -적인 신호 il segnale intermittente

간헐성 경련(間歇性 痙攣)〈醫〉 il clono

간호(看護) l'assistenza, l'infermiera / -하다 curare, assistere 1 그는 유명 전문가에게 간호를 받고 있다. E' curato da un famoso specialista. ¶ -士 lo infermiere (f. -a)

간혹 spesso, qualche volta, saltuariamente

갇히다(閉鎖) chiudere, chiudersi, chiudere dentro (a chiave), essere imprigionato(a)

갈겨쓰다(惡筆) scribacchiare, scarabocchiare

갈고리 l'uncino, il gancio, il ganghero,

l'uncinello / -에 걸다 appendere all'uncino

갈구(渴求) il desiderio / -하다 desiderare disperatamente

갈그랑거리다 ansimare, far le fusa

갈근거리다 concupire, essere avido(a) di; (음식 따위를) essere goloso(a)

갈기⟨動⟩ la criniera

갈기갈기 a pezzi, a brandelli / - 찢다 strappare*fare a pezzi, fare a brandelli

갈기다(打) (때리다) picchiare, battere; (몽둥이로) bastonare

갈다 (치즈를) grattugiare (formaggio); macinare

갈다(耕作) (땅 따위를) arare, coltivare, scavare **1** 농부들은 파종을 위해 땅을 간다. I contadini arano la terra per la semina.

갈다(磨) lucidare

갈다(變) (바꾸다) cambiare, rinnovare, riprendere, modificare, mutare **1** 엄마가 화병의 꽃을 갈았다. La mamma ha cambiato i fiori nel vaso. **2** 그들은 집의 모든 가구들을 갈았다. Hanno rinnovato tutti i mobili di casa.

갈다(銳) (칼 따위를) affilare (le forbici*una lima*un coltello*il rasoio)

갈대⟨植⟩ la canna, il giunco **1** 호숫가를 따라 수많은 갈대가 자라고 있다. Lungo le sponde del lago crescono numerose canne.

갈등(葛藤) la complicazione, il disacordo; l'incompatibilità; la lotta, il combattimento / 고부간의 - l'incompatibilità fra la suocera e la nuora

갈라서다(分離) separare, separarsi **1** 그들은 결혼한 지 얼마 안 되어 갈라섰다. Si sono separati dopo pochi anni di matrimonio.

갈라지다(分離, 分破) spaccarsi, spaccare; (사람 사이가) andare in pezzi **1** 바람이 창문을 때려 유리가 갈라졌다. Il vento ha sbattuto la finestra e si è spaccato il vetro.

갈래(分派) il ramo, il filiale

갈론(gallon) il gallone

갈륨⟨化⟩ il gallio

갈리아르다⟨音⟩ la gagliarda

갈림길 la diramazione, l'incrocio, il crocicchio

갈망(渴望) l'aspirazione, il voto, il desiderio, la brama, la bramosia **1** 그의 최대 갈망은 연금생활로 들어가는 것이다. La sua massima aspirazione è quella di andare in pensione. / -하다 aspirare [intr. essere] (agli onori), desiderare molto, bramare **1** 그는 깨끗하고 신선한 저녁 공기를 갈망하면서 담배연기로 꽉 찬 그곳에서 나갔다. Uscì da quell'ambiente pieno di fumo, aspirando l'aria pura e fresca della sera.

갈매기⟨鳥⟩ il gabbiano

갈무리하다(終) finire

갈보 la puttana, la prostituta ¶ -집 il bordello

갈비⟨食⟩ il costolato ¶ -대(肋骨) la costola

갈색(褐色) castano scuro / -의 bruno(a), marrone ¶ -人種 la razza marrone

갈수록 sempre di più

갈아내다(變) (바꾸다) cambiare, sostituire con qlco. **1** 그는 오래된 레코드플레이어를 콤퍼넌트 스테레오로 바꿨다. Ha sostituito il vecchio giradischi con un nuovo impianto stereo.

갈아입다 (옷 따위를) cambiarsi, cambiare **1** 엄마는 극장에 가기 위해 옷을 갈아입으러 가셨다. La mamma è andata a cambiarsi per andare a teatro. **2** 마리아는 옷을 갈아입었다. Maria ha cambiato il vestito.

갈아타다 (차 따위를) cambiare (treno, autobus) **1** 너는 볼로냐 역에서 기차를 갈아타야 한다. Alla stazione di Bologna devi cambiare treno.

갈증(渴症) la sete **1** 날씨가 이렇게 더울 땐 나는 늘 갈증이 난다. Con questo caldo ho sempre sete. **2** 갈증 나 죽겠다. Sto morendo di sete! / -이 나다 avere (una) sete / -을 참다 soffrire la sete

갈채(喝采) l'applauso, il grido (di incoraggiamento), evviva **1** 연주가 끝나고 많은 갈채를 보냈다. Molti applausi hanno salutato la fine dell'esecuzione.

갈철광(褐鐵鑛)⟨鑛⟩ la limonite

갈취(喝取) l'estorsione / -하다 estorcere / -한 estorto(a)

갈퀴⟨具⟩ il rastrello (di bambù)

갈탄(褐炭)⟨鑛⟩ la lignite

갈팡질팡 confuso(a), confusamente, in

갉다 uno stato di agitazione*eccitazione / -하다 mettere*fare confusione **1** 너는 정말 갈팡질팡하는구나. Fai una gran confusione.

갉다 (쏠다) rosicchiare, rodere **1** 개가 그의 개집에서 뼈다귀를 갉는다. Il cane rosicchia un osso nella sua cuccia.

갉아먹다 (이빨 따위로) rosicchiare, rodere, mordicchiare, sgranocchiare, sbocconcellare **1** 개가 그의 개집에서 뼈다귀를 갉아먹는다. Il cane rosicchia un osso nella sua cuccia.

갉작거리다 raschiare, grattare **1** 벽돌공은 칼로 외벽의 때와 돌출부를 제거하기 위해 갉작거린다. Il muratore raschia il muro con una lima per eliminare incrostazioni e sporgenze.

감(感) il senso, la sensazione, il sentimento, l'emozione, la sensibilità

감(減) la diminuzione / -하다 diminuire [pr. -isco], ridurre, ribassare, calare **1** 정부는 휘발유 가격을 감(引下)하기로 결정했다. Il Governo ha deciso di diminuire il prezzo della benzina. **2** 강의 수위가 감소되었다. Il livello del fiume è diminuito. **3** 다이어트 덕분에 몇 킬도 감소되었다. Grazie alla dieta, è diminuito di qualche chilo.

감〈植〉 i cachi

감가(減價) la riduzione di prezzo, il prezzo ribassato / -하다 ridurre prezzo ¶-償却〈商〉 il deprezzamento, l'ammortamento / -시키다 ribassare

감가상각(減價償却) il deprezzamento, l'ammortamento

감각(感覺) il senso, la sensazione / -的 sensibile, sensuale / -이 없는 insensato(a), assurdo(a), privo(a) di sensi, senza conoscenza ¶-器官 l'organo di senso

감각론(感覺論)〈哲〉 il sensismo, il sensualismo ¶-者 il sensualista, la sensualista

감격(感激) l'emozione, la commozione, l'impressione **1** 나는 그의 연설에 감격하고 있다. Sono sotto l'impres-sione del suo discorso. / -하다 essere impressionato(a) / -한 impressionato(a)

감관(感官) l'organo di senso

감광(感光) (사진 따위의) la posa; l'esposizione / -하다 esporre ¶-紙 la carta sensitiva

감군(減軍) il disarmo / -하다 disarmare

감귤재배(柑橘栽培) l'agrumicoltura

감금(監禁) la reclusione / -하다 imprigionare, incarcerare, richiudere

감기(感氣)〈醫〉 il raffreddore **1** 나 감기 걸렸어. Ho un raffreddore. ¶기침- il colpo di freddo al petto ¶流行性- l'influenza

감기다 (넝쿨 따위가) attorcigliarsi, (눈 따위가) chiudersi, (머리를) lavare (i capelli)

감내(堪耐) il sopportamento / -하다 sopportare, reggersi

감다 (눈을) chiudere (gli occhi),

감다 (실을) avvolgere (il filo)

감다 (머리를) lavarsi i capelli

감당(勘當) / -하다 essere*sentirsi all'altezza di ∼, essere competente

감도(感度)〈物〉 la sensibilità, la delicatezza, la suscettibilità

감독(監督) (연극, 영화 따위의) il regista, la regia; (경기 따위의) il coach, il direttore, l'allenatore; la sprinten-denza, il controllo, il supervisore / 하다 dirigere, soprintendere, controllare

감동(感動) l'impressione / -시키다 impressionare, commuovere / -하다 commuoversi / -한 impressionato(a) / -的 emozionante

감람석(橄欖石)〈鑛〉 l'olivina

감량(減量) la riduzione di quantità / -하다 ridurre quantità

감리(監理) la supervisione, la sorveglianza / -하다 sorvegliare, soprintendere a ∼

감리교(監理教)〈宗〉 Metodismo ¶-信者 il metodista, la metodista

감마선(-線)〈理〉 i raggi gamma

감면(減免) l'esenzione / -하다 esentare

감명(感銘) l'impresione profonda / -하다 essere impressionato(a) / -시키다 impressionare / -的 impressionante

감미(甘味) la dolcezza / -로운 dolce ¶-料 la dolcificazione

감방(監房) la cella

감법(減法)〈數〉 la sottrazione

감별(鑑別) la discriminazione, il discernimento / -하다 distinguere

감복(感服) l'ammirazione / -하다 ammirare / -할 만한 ammirabile / -시키다 ammirare

감봉(減俸) la riduzione di salario / -하다 ridurre salario

감사(感謝) il ringraziamento, la gratitudine, la riconoscenza, il riconoscimento / -하다 ringraziare qlcu. di*per qlco., gratificare, essere riconoscente a qlcu. per qlco., esprimere*fare i propri ringraziamenti a qlcu., esprimere gratitudine a qlcu. di qlco. **1** 당신의 도움에 감사드립니다. La ringrazio del Suo aiuto. ¶ -狀 la lettera di ringraziamento

감사(監事) l'ispettore (f. -trice)

감사(鑑査) l'ispezione, il controllo, la revisione / -하 다 ispezionare, controllare, verificare

감사인(監査人) l'uditore

감산(減産) la riduzione*la diminuzione di produzione / -하다 ridurre la produzione

감산(減算)〈數〉 la sottrazione / -하다 sottrarre (tre da sei), fare una sottrazione

감상(感想) il sentimento / -하다 sentire

감상(鑑賞) l'apprezzamento / -하다 apprezzare ¶ 音樂- l'apprezzamento della musica / 藝術- l'apprezzamento dell'arte / 詩- l'apprezzamento della poesia

감상(感傷) la sentimentalità / -的 sentimentale ¶ -主義 il sentimentalismo

감색(紺色) blu scuro*marino

감성(感性) la sensibilità

감성(感聲) la voce melliflua

감세(減稅) la riduzione di imposta / -하다 ridurre l'imposta

감소(減少) la diminuzione, la riduzione, la decrescenza / -하다 diminuire [pr. -isco], ridurre, decrescere, scadere / 체중이 -하다 scadere di peso **1** 인구가 감소되지 않고 오히려 증가한다. La popolazione aumenta invece di decrescere. / -시키다 diminuire, ridurre

감속(減速) la riduzione della velocità / -하다 ridurre la velocità

감손(減損)(준) la decrescenza, la diminuzione; (손해) la perdita; (경제적) il deprezzamento

감쇄(減殺) → 감소

감쇠(減衰)〈物〉 l'attenuazione

감수(監修) la supervisione editoriale / -하다 soprintendere

감수(甘受) la prontezza / -하다 essere pronto per

감수(減收) la diminuzione d'entrata*reddito

감수분열(減數分裂)〈生〉 la meiosi

감수성(感受性) la sensibilità / -이 강한 sensibile

감시(監視) l'osservazione, la vigilazione / -하다 osservare, vigilare, sorvegliare **1** 적의 일거수일투족을 감시하다 osservare ogni mossa dell'avversario

감시원(監視員) il girone

감식가(鑑識家)〈繪〉 il conoscitore

감안(勘案) / -하다 prendere in considerazione, tenere conto di qlco.

감액(減額) la diminuzione, la riduzione (della quantità*dell'importo) / -하다 diminuire [pr. -isco] *ridurre (l'importo)

감언(甘言) le parole melate, la pania / -으로 속이다 raggirare, ingannare, adescare, attirare qlcu. con lusinghe*parole melate

감염(感染)〈醫〉 l'infezione, il contagio / -되다 infettarsi, essere contagiato*affetto da, essere prese da una malattia infettiva / -된 affetto(a)

감옥(監獄) la prigione, il carcere, la galera / -에 가다 andare in carcere / -에 가두다 carcere, imprigionare

감원(減員) riduzione, diminuzione / -하다 ridurre, diminuire

감은(感恩) la gratitudine

감응(感應) (전기의) l'induzione

감자(柑子)〈植〉 la patata

감전(感電) la scossa / -되다 sciocccare, prendere la scossa

감정(憾情) il dispiacere

감정(感情) l'impressione, il sentimento **1** 나는 그녀에 대해 좋은 감정을 갖고 있었다. Ho avuto buona impressione di lei. / 어떤 -을 맛보다 provare un sentimento

감정(鑑定) la stima, l'apprezzamento, la valutazione, il giudizio / -하다 apprezzare, valutare, giudicare, identificare 〈

繪〉 autenticare ¶ -家, 人 il conoscitore, l'esperto
감정(鑑定)〈法〉 la perizia
감정마비(感情痲痺)〈醫〉 l'apatia
감정서(鑑定書)〈繪〉 l'expertise
감정인(鑑定人)〈法〉 il perito
감정주의(感情主義)〈哲〉 il sentimentalismo
감죄(減罪) / -하다
감지(感知) / -하다 ¶ -裝置
감지덕지(感之德之) / -하다
감질(疳疾) / -나다
감쪽같다 (수선해서); (꾸민 일이) / -같이
감찰(監察) (행위); (사람) / -하다
감찰(監札) / -을 내주다 ¶ 營業-
감청(監聽) l'intercettazione / -하다 intercettare (una comunicazione telefonica)
감청색(紺青色) / -의
감초(甘草)〈植〉 la liguirizia ¶ -나무 / 약방의-
감촉(感觸) il tatto
감추다 (숨겨두다) nascondere
감축(減縮) la riduzione, la diminuzione / 하다 ridurre, diminuire
감 탄(感歎) l'esclamazione / -하다 ammirare, esclamare / -할 만한 ammirevole, ammirabile ¶ -文 la frase esclamativa / -符號 punto esclamativo / -辭 l'esclamazione
감퇴(減退) la diminuzione, la decrescenza / -하다 decrescere, diminuire
감투(敢鬪) il combattimento / -하다 combattere ¶ -精神 lo spirito combattivo
감투(벼슬) il crine (di cavallo) / -를 쓰다
감행(敢行) la sfida / -하다 sfidare, osare
감형(減刑)〈法〉 l'indulto, la riduzione di pena / -하다, ridurre la pena
감호처분(監護處分)〈法〉 la custodia; la detenzione (preventiva)
감화(感化) l'influenza / -하다 influenzare / -받다 ¶ -力
감회(感懷) l'emozione
감흥(感興) il divertimento; l'interesse; l'ispirazione
감히(敢-) **1** 감히 ~을 하다 osare
갑(匣) (담배 따위의) il pacchetto / 담배 한 - un pacchetto di sigarette

갑각류(甲殼類)〈動〉 il crostaceo
갑갑 / -하다 noioso(a); seccante
갑근세(甲勤稅) l'imposta sul reddito
갑론을박(甲論乙駁) / -하다 litigare; dibattere, discutere
갑부(甲富) il milionario
갑상선(甲狀腺)〈醫〉 la tiroide
갑상선염(甲狀腺炎)〈醫〉 la tiroidite
갑옷(甲-) l'armatura
갑자기 improvvisamente, d'improvviso, inattesamente, in un momento, in un attimo, all'istante, senza avviso, d'un tratto, per caso / - 시작되다 scoppiare, iniziare all'improvviso **1** 북부 지역에 갑자기 여름 날씨가 시작될 것이다. Al Nord scoppierà l'estate. / - 만나다 incontrarsi per caso con qlcu.
갑작스러운 improvviso(a), inatteso(a), repentino(a)
갑작스레 (갑작스럽게) improvvisamente, d'improvviso, inattesamente, senza avviso
갑절(倍) doppio; due volte
갑종(甲種) primo grado
갑판(甲板)〈航海〉 la coperta, la tolda
갑판장(甲板長)〈航海〉 il nostromo
값(價格) il prezzo / -비싼 caro(a), costoso(a) / -싼 a buon mercato
값(値)〈數〉 il valore
갓난아이(新生兒, 乳兒) il bambino appena nato, la bambina appena nata
강(强) / -함 la forza, il vigore / -한 forte, vigoroso(a), energico(a), rigido(a), (體力) rovusto(a) / -한 인상을 받은 impressionato(a) / -한 인상을 주다 impressionare / -하게 per forza, contro la volontà*il desiderio altrui / -하게 하다 rafforzare, rinforzare, fortificare
강(江) il fiume ¶ -가 la sponda / -둑 la riva di un fiume / -어귀 la baia / -바닥 il letto di fiume
강(鋼) l'acciaio
강(綱)〈生〉 la classe
강간(强姦) la violenza / -하다 stuprare, violentare, violare / 여성을 -하다 violentare una donna ¶ - 犯 il violentatore / -罪 lo stupro, la violenza carnale / -未遂 la violenza tentata
강건(强健) la salute di ferro / -한 robusto(a), vigoroso(a)

강건(剛健)〈宗〉 la fortezza

강경(强硬) la fermezza; (不屈) l'inflessibilità / -한 fermo(a), forte, risoluto(a), drastico(a); inflessibile; ostinato(a) / -하게, 히 fermamente, in modo risoluto; inflessibilmente, ostinatamente ¶ -路線 la linea dura

강경증(强硬症)〈醫〉 la catalessi

강고(强固) la fermezza, la saldezza, la solidità / -한 fermo(a), saldo(a), solido(a) / -하다 consolidarsi, rendere fermo(a)*saldo(a)*solido(a) / -하게 하다 consolidare

강관(鋼管) il tubo di acciaio

강국(强國) lo stato forte, la grande potenza, il grande paese, la potenza

강권(强勸) l'autorità / -을 발동하다 esercitare l'autorità statale

강남(江南) il sud del fiume HAN ¶ -地域 il quartiere del sud del fiume HAN

강낭콩〈植〉 i fagiolini verdi

강당(講堂) la sala da conferenza, la sala delle conferenze, (大學의) l'auditorium, l'aula magna, (公會堂) l'auditorio

강대(强大) la potenza, la grandezza / -한 potente, possente, grande

강도(强盗) il rapinatore, il ladro, il ladrone, il ladro di strada, (소매치기) il bosraiolo, lo svaligiatore, la svaligiatrice / -짓을 하다 rubare a mano armata (il portafoglio a qlcu.)

강도(强度)〈物〉 l'intensità / -의 intenso(a)

강력(强力) la grande forza, il facchino alpigiano / -하다 essere potente / -한 potente, possente

강렬(强烈) l'intensità / -한 intenso(a), forte / -한 빛 la luce intensa*forte

강령(綱領) (政府*政堂의) le direttive (politiche), il programma politico

강막(强膜)〈解〉 la sclera

강매(强買) / -하다 costringere qlcu. a comprare qlco.

강매(强賣) / -하다 costringere qlcu. a vendere qlco.

강박(强拍)〈音〉 la battuta

강박관념(强迫觀念) l'ossessione

강박의 이동(强拍, 移動)〈音〉 il contrattempo

강사(講師) il docente universitario, il professore incaricato, il lettore, la lettrice, (講演의) il conferenziere

강세(强勢) l'accento, la enfasi

강수(降水)〈氣〉 la precipitazione

강수량(降水量)〈氣〉 la piovosità, la quantità d'acqua piovana

강습(講習) il breve corso

강습(强襲) l'assalto, l'attacco violento / -하다 assaltare, attaccare violentemente

강심제(强心劑)〈藥〉 il cardiotonico, il tonico cardiaco

강아지〈動〉 il cagnolino

강압제(降壓劑)〈藥〉 l'ipotensivo

강약(强弱) la forza e la debolezza

강약기호(速度*强弱記號)〈音〉 i movimenti [用語] 그라베 grave (莊重한), 그라치오소 grazioso (우아한), 돌렌테 dolente (고통스런, 애석한, 유감된, 슬퍼하는, 애도하는), 돌체 dolce (달콤한, 부드러운, 온화한, 포근한, 온순한), 디미누엔도 diminuendo (점점 약하게 하면서), 라르고 largo (넓은, 광대한, 아다지오보다 느리며 장엄한), 랄렌탄도 rallentando (느리게 하면서), 리타르단도 ritardando (지연시키면서), 마에스토소 maestoso (장엄한, 당당한, 위엄있는), 메노 모쏘 meno mosso (덜 생기있는, 덜 빠른), 메조-포르테 mezzo-forte (조금 강하게), 메조-피아노 mezzo-piano (조금 약하게), 브리오소 brioso (기운찬, 활발한, 쾌활한, 선명한, 명랑한), 브릴란테 brillante (화려한), 비바체 vivace (활기찬, 쾌활한, 신속한, 명랑한), 세리오소 serioso (진지하게), 세코 secco (건조한), 소스테누토 sostenuto (음의 길이를 충분히 유지한), 스모르잔도 smorzando (여리게, 약하게, 온화하게 하면서), 스트린젠도 stringendo (템포를 즉시 빠르게, 점점 빨리), 아 카프리치오 a capriccio (망상, 환상, 변덕), 아 피아체레 a piacere (즐겁게), 아다지오 adagio (천천히, 느리게, 차분하게, 주의깊게, 鎭重하게, 緩慢하게), 아마빌레 amabile (사랑스러운), 아지타토 agitato (興奮된), 아 첼레란도 accelerando (가속시키면서), 아파시오나토 appassionato (열정적으로), 아페투오소 affettuoso (다정다감한, 상냥한, 애정어린), 아프레탄도 affrettando (급히 서두르면서), 안단테 andante (걸음의 속도로), 안단티노 andantino (걸음의 속도보다 조금 느리게), 알라르간도 allargando (템포를 점차 느리고 강하게 하면서), 알레그레토 allegretto (조금 빠르게), 알레그로 allegro (빠르게, 快活하게), 지오코소 giocoso (익살맞은, 우스운, 즐거운, 유쾌한), 카프리치오소 capriccioso (변덕스런, 환상적인, 기상천외한), 칸타빌레 cantabile (노래하듯이), 칼란도 calando (내려가면서), 콘 모토 con moto (생생하게), 콘 에스프레시오네 con espressione (표정 풍부하게), 콘 푸오코 con fuoco (격하게), 크레쉔도 crescendo (점점 강하게 하면서), 포르테 forte (강한), 포르티시모 fortissimo (매우 강한), 푸리오소 furioso (격하게), 프레스토 presto (빠르게), 프레스티시모 prestissimo (매우 빠르게), 피아노 piano (약하게), 피아니시모 pianissimo (매우 약하게), 피아체볼레 piacevole (즐겁게), 피우 모쏘 più mosso (더 생기있는, 더 빠른)

강어귀 la baia

강연 (講演) la conferenza, il discorso / -하다 fare una conferenza ¶ -會 la conferenza / -者 il conferenziere, la conferenziera

강옥 (鋼玉)〈鑛〉 il corindone

강요 (強要) la costrizione, la coercizione, l'estorsione / -하 다 costringere, obbligare, forzare (qlcu. a + inf.) **1** 사나운 호우 때문에 관광객들은 물속에서 버둥거려야 했다. Il violento nubifragio ha costretto i turisti a guazzare nell'acqua. **2** 그들은 그 사실을 말하라고 강요했다. L'hanno forzato a parlare. / -되 다 costringere a inf. / -된 costretto(a), forzato(a)

강우 (降雨) la pioggia ¶ -量 la piovosità / 平均-量 la piovosità media

강의 (講義) la lezione, (대학의) il corso, la lettura, (강연) la conferenza / -하다 dare (le) lezioni, tenere un corso*una conferenza ¶ -室 l'aula / -錄 il corso (della scuola) per corrispondenza

강인 (強靭) la costrizione / -한 tenace, forzato(a), costretto(a) / -하게 per forza / -하게 만들다 forzare*costringere qlcu. a (fare qlco.)

강자성체 (強磁性體)〈電〉 i materiali ferromagnetici

강장제 (強壯劑)〈藥〉 il tonico, il ricostituente

강재 (鋼材) i materiali d'acciaio

강적 (強敵) l'avversario formidabile, il fiero nemico

강제 (強制) la costrizione, la coercizione / -하다 costringere, forzare **1** 사나운 우가 관광객들을 물속에서 버둥거리게 (강제)했다. Il violento nubifragio ha costretto i turisti a guazzare nell'acqua. / -的 obbligatorio(a), costrittivo(a), coercitivo(a), forzato(a) / -적이다 essere forzato(a) (a fare) ¶ -手段 i mezzi coercitivi

강제노동 (強制勞動)〈法〉 la galera

강제징수 (強制徵收)〈法〉 l'espropriazione

강조 (強調) la enfasi / -하다 pronunciare con enfasi, sottolineare, mettere in rilievo qlco. / 중요성을 -하다 sottolineare l'importanza

강좌 (講座) la cattedra, il corso / 영어- il corso d'inglese

강진 (強震) il terremoto violento, le forti scosse di terremoto

강철 (鋼鐵) l'acciaio

강추위 il gelo

강타 (強打) il colpo violento, il forte colpo (della palla lanciata dal lanciatore nel baseball), la percussione / -하다 percuotere **1** 페스트의 열병이 유럽을 강타했다. Una terribile pestilenza percosse l'Europa. ¶ -者 il forte battitore

강탈 (強奪) la rapina, l'estorsione, il ricatto, il saccheggio / -하다 rapire [pr. -isco], rubare con la forza, estorcere, svaligiare ¶ -人 il ricattatore (f. -trice)

강판 (鋼板) la grattugia

강하 (降下) la discesa, la calata, la scesa, la caduta / -하다 discendere, calare, scendere, abbassarsi / -시 키 다 abbassare / 國旗를 -시키다 abbassare una bandiera

강한 (強-) forte

강행 (強行) l'esecuzione per forza / -하다 eseguire*attuare per forza ¶ -軍 la marcia forzata

강호 (強豪) il veterano

강화 (強化) il rinforzamento, il rinforzo / -하다 rafforzare, rinforzare, rinvig-

강화(講和) la pace / -하다 fare*concludere la pace con ¶ -會議 la conferenza di pace / -條約 il trattato di pace

갖고 있다(所有) avere, possedere 1 그는 많은 능력을 갖고 있다. Possiede molte qualità.

갖추다 munire, munirsi; prepararsi, studiare per; attrezzarsi; assortire

갖춰진 munito(a) [<-> privo]

같다(同一) essere uguale

같은(同一) stesso(a), identico(a); avv. come 1 우리는 같은 집에서 살고 있다. Abitiamo nella stessa casa. 2 스무 명의 남자들과 같은 수의 여자들이 있었다. C'erano venti uomini e altrettante donne. 3 난 네가 갖고 있는 만큼의 같은 량의 책을 갖고 있다. Ho altrettanti libri quanti ne hai tu. / - 모양의 altrettanto (a) / - 시간에 alla stessa ora / 같지 않은 dispari

갚다 ripagare

개(個) un pezzo

개(犬)〈動〉il cane, (암캐) la cagna, (강아지) il cagnolino / -가 짖다 fare bau bau, abbaiare ¶ -집 il canile / 들- (野犬) il cane abbandonato*errante

개관(概觀) la vista generale, l'aspetto generale

개괄(概括) il sunto, il riassunto; il sommario; il compendio / -하다 riassumere, compendiare / -的인 generale

개구리〈動〉la rana, la ranocchia

개구쟁이 il birichino, il monello, il diavoletto / -의 birichino(a)

개근(皆勤) la frequenza completa*regolare (a scuola*alle lezioni)

개념(概念)〈哲〉il concetto, l'idea generale; la nozione / 선과 악의 - il concetto di bene e quello di male / -的 concettuale

개념론(概念論)〈哲〉il concettualismo

개다 (손수건 따위를) piegare (un fazzoletto)

개똥벌레〈蟲〉la lucciola

개똥지빠귀〈鳥〉il tordo

개랑(開廊)〈建〉(한쪽에 벽이 없는 복도) la loggia

개략(概略) il sommario, il sunto, il riassunto

개량(改良) la riformazione / -하다 riformare, migliorare

개론(概論) il sommario, il compendio, l'introduzione / 음악 - Introduzione alla musica

개막식(開幕式) l'inaugurazione

개모음(開母音)〈言〉la vocale aperta o larga

개미〈蟲〉la formica

개발(開發) lo sviluppo / (才能을) -하다 sviluppare ¶ -途上國 il paese in via di sviluppo

개방적(開放的) aperto(a)

개별적(個別的) individuale

개별화(個別化) l'individuazione

개복술(開腹術)〈醫〉la laparotomia

개산(概算) il conto*il calcolo approssimativo, la stima / -하다 fare la stima di qlco., stimare

개선(凱旋) il trionfo / -하다 rientrare in trionfo ¶ -門 l'arco trionfale*di trionfo

개선(疥癬)〈醫〉la scabbia

개선설(改善說)〈哲〉il migliorismo

개설(開設) lo stabilimento / -하다 stabilire / 지점을 -하다 stabilire una filiale

개성(個性) l'individualità, la personalità, il carattere individuale / 그는 강한 개성을 지니고 있다. Ha un forte personalità. / -的 caratteristico(a)

개성원리(個性原理)〈哲〉l'eccettà

개시(開始) l'inizio / -하다 iniziare, incominciare

개암나무열매 la nocciola

개업(開業) l'apertura di bottega*negozio / -하다 aprire una bottega; tenere un negozio, aprire un'attività commerciale

개연(蓋然) / -的 probabile / -的으로 probabilmente, non è sicuro ma possibile ¶ -性 la probabilità

개연론(蓋然論)〈哲〉il probabilismo

개요(概要) il sommario, il sunto, il riassunto, lo schema 1 21번 버스 운행 개요이다. E' lo schema del percorso dell'autobus n. 21.

개인(個人) l'individuo / -의 권리 i diritti dell'individuo 1 개인의 이익이 공동체의 이익보다 우선되어서는 안 된다. L'interesse dell'individuo non deve essere posto al di sopra di quello della comunità. / -的, 의 individuale, privato (a), personale / -의 특성(개성) le caratteristiche individuali / -的으로 individualmente, personalmente, privatamente ¶ -主義 l'individualismo / -敎習 la lezione individuale

개인주의(個人主義)〈哲〉l'individualismo

개인추발경기(個人追拔競技)〈競輪〉 la gara individuale

개입(介入) l'intervento / -하다 intervenire

개작(改作) l'adattamento / -하다 adattare

개점(開店) l'apertura 1 개점시간: 평일은 9시부터 19시까지이고 일요일과 휴일엔 9시부터 13시까지. l'orario di apertura: i giorni feriali dalle ore 9 alle ore 19, le domeniche e i giorni festivi dalle ore 9 alle 13

개정(改正) la riformazione / -하다 riformare

개조(改造) la riorganizzazione, il riordinamento, il ristabilimento; l'adattamento / -하다 rimodellare, riorganizzare, riordinare, ristabilire; adattare

개죽음 la morte misera, la morte come quella d'un cane / -하다 morire [intr. essere] miseramente come un cane

개척국(開拓局)〈伊*農〉Bonifica

개척자(開拓者) il pioniere

개천(開川) la fossa

개체(個體) l'individuo

개최(開催) la rappresentazione / -하다 tenere, aprire, avere luogo 1 회합이 서울에서 개최될 것이다. La riunione avrà luogo a Seoul.

개통(開通) l'apertura di ~ ¶ -式 la cerimonia per l'apertura di ~

개평(概評) la critica generale, l'osservazione generale

개폐기(開閉器)〈電〉l'interruttore

개학(開學) l'apertura di studi, l'inizio di scuola ¶ -式 la cerimonia scolastica dell'apertura d'ogni corso di studi

개혁(改革) la riforma / -하다 riformare, rinnovare ¶ 宗敎- Riforma (iniziata da Lutero)

개화(開化) l'incivilimento, lo sviluppo, la civilizzazione / -하다 incivilirsi [pr. -isco], civilizzarsi, avere lo sviluppo / -된 incivilito(a), civilizzato(a), sviluppato(a), modernizzato(a)

개화(開花) lo sboccio / 만개하여 in pieno sboccio / -해서 sul primo sboccio / -하다 sbocciare, fiorire / 갑자기 -하다 sbocciare tutt'a un tratto

개황(概況) la situazione generale, le condizioni generali, l'aspetto generale

개회(開會) l'apertura ¶ -辭 l'allocuzione inaugurale

객(客) lo*la ospite, (招待客) l'invitato, (顧客) il*la cliente, l'avventore, (訪問客) il visitatore (f. -trice), (乘客) il passeggero

객관(客觀) l'oggetto, l'obiettività / -的 obiettivo(a), imparziale / -적 판단 il giudizio obiettivo / -的으로 obiettivamente

객관성(客觀性) l'oggettività

객관주의(客觀主義)〈哲〉l'oggettivismo

객석(客席)〈空〉la cabina

객차(客車) il vagone, la carrozza

객체(客體) l'oggetto

갤러리〈彫〉la galleria

갱내(坑內) l'interno*il pozzo di miniera

갱년기(更年期) la menopausa

갱도(坑道)〈鑛〉la galleria, il passaggio sotterraneo

갱신(更新) il rinnovo, il rinnovamento / -하다 rinnovare (un contratto) / 보험계약을 -하다 rinnovare l'assicurazione

갱신(更新)〈法〉la novazione

거국내각(擧國內閣) il gabinetto formato dagli uomini di stato più influenti (per superare le difficoltà nazionali

거기 là, lì, in quel luogo

거꾸로(逆) inversamente, oppostamente, rovesciamente; al contrario; al rovescio

거담제(祛痰劑)〈藥〉l'espettorante

거대(巨大) l'enormità / -한 gigante, enorme, colossale / -한 몸체 un corpo enorme ¶ -症〈医〉il gigantismo

거대두개(巨大頭蓋)〈醫〉la macrocefalia

거동(擧動) (動作) la condotta, il comportamento, l'atteggiamento, (行動) l'atto, l'azione, il moto, il movimento 1 나는 그의 거동을 좋아하지 않는다. Il suo comportamento non mi piace.

거두(巨頭) il capo, il dirigente, il leader

(del mondo politico), il personaggio*la personalità (del mondo artistico)

거들먹거리다 pavoneggiarsi **1** 산책은 그에게 있어 새로 산 재킷을 입고 거들먹거릴 수 있는 기회다. La passeggiata sul corso è per lui un'occasione di pavoneggiarsi con la sua giacca nuova.

거래(去來)(상품) la trattativa, (은행) l'operazione, (주식거래) i rapporti d'affari / -하다 commerciare, fare la trattativa*l'operazione*i rapporti d'affari

거룻배〈海〉 la chiatta

거류(居留) la residenza (in concessione) / -하다 risiedere (in concessione) ¶ -民 lo*la abitante straniero(a) / -地 la concessione

거르다(식사를) saltare (il pasto del mezzogiorno)

거름(肥料) il concime, il fertilizzante / -을 주다 concimare

거리(距離) la distanza

거리(길) la strada

거만(倨慢) l'arroganza, la superbia, la presuntuosità / -한 arrogante, superbo (a), presuntuoso(a) / -한 態度 l'atteggiamento altero*arrogante / -하게 arrogantemente, presuntuosamente, alteramente, superbamente, con arroganza

거머리〈蟲〉 la mignatta, la sanguisuga

거무스름한 nerastro(a)

거미〈蟲〉 il ragno / -줄 치다 tessere ¶ -집 la ragnatela

거부(拒否) il rifiuto, il rigetto, (否定) la negazione / -하다 rigettare, rifiutare, negare, respingere

거부권(拒否權) il diritto di veto / -을 행사하다 esercitare il diritto di veto

거북이〈動〉 la tartaruga

거북함 il disagio

거석기념물(巨石記念物)〈建〉 il megalite, il megalito

거세(去勢)〈醫〉 la castrazione / -하다 castrare

거수(擧手) l'alzata di mano / -하다 alzare la mano, fare il saluto militare ¶ -敬禮 il saluto militare

거스름돈 il resto **1** 거스름돈은 가지세요! Tenga il resto!

거슬러 올라가다 risalire [intr. essere] / 강을 - risalire un fiume

거실(居室) il salotto, il soggiorno

거액(巨額) la grossa*la gran somma (di denaro), una somma ragguardevole

거울(鏡) lo specchio / -을 보다 guardarsi nello specchio

거위〈動〉 l'oca / 野生 - l'oca selvatica

거의 quasi, pressoché, pressappoco / -매일 quasi ogni giorno / - ~이 아닌 quasi niente*nulla

거인(巨人) il gigante / -의 gigantesco(a)

거절(拒絕) il rifiuto / -하다 respingere, rigettare, ributtare; rifiutare

거절증서(拒絕證書) il protesto

거점(據點) la base (militare), la posizione*il punto strategico

거주(居住) il soggiorno, l'abitazione, la residenza, la dimora / -의 residente / -하다 abitare [intr. avere], risiedere [intr. avere], stabilirsi, dimorare [intr. avere] **1** 나는 이탈리아에 거주한다. Abito in Italia. **2** 그는 로마에 거주했다. Si è stabilito a Roma. ¶ -者 lo*la abitante **1** In Corea ci sono 42.000.000 abitanti. 한국에는 4천2백만이 거주한다. / -地 la residenza, il domicilio / -證明書 il certificato di residenza

거주공간(居住空間)〈地〉 la ecumene

거주지(居住地)〈地〉 il habitat

거즈〈醫〉 la benda, la garza

거지 il*la mendicante

거짓꾸밈 la finta

거짓말 la bugia, la menzogna, la fandonia / -하다 dire bugie*menzogne, mentire [intr. avere; pr. -isco o -o] ¶ -쟁이 il bugiardo (f. -a), il mentitore (f. -trice)

거짓의 falso(a)

거처(居處) il luogo di residenza / -를 정하다 sistemarsi **1** 롯데호텔에 거처를 정했다. Mi sono sistemato all'albergo Lotte.

거치다 transitare, attraversare

거친 (물건의 표면 따위가) ruvido(a), rude; (맛*태도*바람 따위가) brusco(a)

거친(激) (파도 따위가) agitato(a), (言行이) grossolano(a), sboccato(a)

거칠게 ruvidamente; bruscamente

거칠다 (물건의 표면 따위가) essere ruvido(a)*rude; non essere liscio(a)

거품(泡) (면도용) la schiuma da barba, (맥주 따위의) la spuma (della birra)

거행(擧行) (式의) la celebrazione / -하다 celebrare, tenere, essere tenuto(a), avere luogo

걱정(憂) l'ansia, la preoccupazione, il disagio **1** 나는 그 남자 때문에 걱정이다. Sono in ansia per lui. / -스러운 affannato(a) / -하다 preoccuparsi di*per qlcu. o qlco., essere preoccupato(a) di*per, aver cura di / -하게 하다 affannare

건(腱)〈解〉 il tendine / 아킬레스 - il tendine d'Achille

건강(健康) la sanità, la salute / -하다 stare [intr. essere] bene, (la salute) andare bene / -하게 sanamente / -에 좋은 sano(a) / -에 좋은 기후 il clima sano / -한 sano(a), vigoroso(a) [〈-〉 malato(a), = robusto(a)] **1** 그들은 보다 건강하고 여유 있는 삶을 원한다. Vogliono una vita più sana e rilassante. **2** 건강한 육체에 건강한 정신이 깃든다. Mente sana in corpo sano. ¶-診斷 l'esame obiettivo

건너다(渡-) passare*attraversare (il fiume a nuoto*in barca), (얕은 강을 걸어서) guadare il fiume ai piedi, passare a guado

건너뛰다 (글자, 행 따위를) saltare (due righe)

건널목 il passaggio a livello

건넘(渡河) il traghetto, il passaggio (in barca)

건네다(讓渡) consegnare

건달(乾達) il barone

건망증(健忘症) la smemoratezza / -있는 dimenticone, facile a dimenticare, dimentico(a) / -있는 사람 il dimenticone (f. -na)

건망증(健忘症)〈醫〉 l'amnesia

건물(建物)〈建〉 l'edificio, la costruzione, il palazzo, il fabbricato

건반 la tastiera; il tasto

건반악기(鍵盤樂器)〈音〉 a tastiera

건방진 impertinente, capriccioso(a)

건방짐 l'imprudenza

건배(乾杯) alla salute, il brindisi, cin cin / -하다 fare un brindisi, fare cincin **1** 건배합시다! Facciamo cin cin!

건설(建設) la costruzione / -하다 costruire / 고층 건물을 -하다 costruire un grattacielo ¶-資材 i materiali da costruzione

건설자(建設者) il costruttore

건습계(乾濕計)〈氣〉 lo psicrometro

건어물(乾魚物) il pesce secco

건위제(健胃劑)〈藥〉 lo stomachico

건전(健全) la sanità / -한 sano(a) / -한 설교 la dottrina sana

건전지(乾電池)〈電〉 la pila, la batteria

건조(乾燥)〈氣〉 la siccità, 〈藥〉 l'essicazione / -되다 disseccarsi / -시키다 seccare / 손수건을 -시키다 seccare una fazzoletta **1** 태양이 풀을 건조시켰다. Il sole ha seccato l'erba. / -한 asciutto(a), secco(a), arido(a) / 물이 -한 (마른) 샘 il pozzo secco / -한 땅 (不毛地) la terra arida / -室 il seccatoio

건조기(乾燥機)〈化〉 l'essiccatore

건조물풍경화(建造物風景畫)〈繪〉 la veduta

건조물풍경화가(建造物風景畫家)〈繪〉 il* la vedutista

건초(乾草) il fieno

건축(建築) l'architettura, la costruzione / -하다 costruire [pr. -isco], edificare, fabbricare / -되다 essere edificato (a)*costruito(a)*fabbricato(a) / -의 architettonico(a) ¶-會社 la società di costruzione*edificazione / -資材 i materiali da costruzione / 石彫- la costruzione di pietra / -家 l'architetto / -學 l'architettura [用語]〈建物의 類型 Tipi di edifici〉 거석기념물(巨石記念物) il megalite, il megalito, 신전(神殿) il tempio, 원형극장(圓形劇場) l'anfiteatro, 원형투기장(圓形鬪技場) l'arena, l'anfiteatro, 극장(劇場) il teatro, 아크로폴리스 gli acropoli, 공중목욕탕(公衆沐浴湯) le terme, 공회당(公會堂) (재판이나 집회용도) la basilica, 다리(橋) il ponte, 지하묘지(地下墓地) le catacombe, 수도원(修道院) l'abbazia, 세례당(洗禮堂) il battistero, 시청사(市廳舍) (중세도시의) l'arengario, 성(城) il castello, 성채(城砦) la cittadella, 요새(要塞) la cittadella, 대성당(大聖堂) il cattedrale, il duomo, 궁전(宮殿) il palazzo, 저택(邸宅) il palazzo, 분수(噴

水) la fontana, 주택(住宅) la casa, 가옥(家屋) la casa, 건물(建物) l'edificio, 별관(別館) il padiglione, 별장(別莊) la villa, 마천루(摩天樓) il grattacielo, 오벨리스크 l'obelisco, 피라미드 il piramide, 회교사원(回教寺院) la moschea, 탑(塔) la pagoda (in legno*muratura), 예배당(禮拜堂) (유태교의) la sinagoga; 〈**建物의 部分 Parti di edifici**〉 평면도(平面圖) la pianta, 입면도(立面圖) l'alzato, 정면도(正面圖) il prospetto, 모형(模型) il plastico, 단면도(斷面圖) la sezione, 기초(基礎) la fondamenta, 토대(土臺) la fondamenta, 측면(側面) l'ala, 돌출부(突出部) l'avancorpo, 정면(正面) la facciata, 현관 앞의 공간 il vestibolo, 아트리에 (고대로마 주택의 안뜰) l'atrio, 계단(階段) la scala, 대계단(大階段) lo scalone, 회랑(回廊) il ballatoio, 창(窓) la finestra, 발코니 il balcone, 지붕 il tetto, 천창(天窓) l'abbaino, 굴뚝 il camino, 벽난로(壁煖爐) il camino, 안뜰(中庭) il cortile, il cavedio, 개랑(開朗) (한쪽에 벽이 없는 복도) la loggia, 주랑(柱廊) il portico; 〈**建築 樣式 Ordini, stili**〉 도리아식의 dorico(a), 이오니아식의 ionico(a), 코린트식의 corinzio(a), 토스카나식의 tuscanico(a), 혼합식의 composito(a), 고전적인 classico(a), 대그리스 로마식의 classico(a), 비잔틴식의 bizantino(a), 초기그리스도교시대의 paleocristiano(a), 로마양식의 romanico(a), 고딕양식의 gotico(a), 무어식의 moresco(a), 르네상스양식의 rinascimentale, 바로크식의 barocco(a), 로코코양식의 rococo, 신고전주의의 neoclassico(a), 꽃장식의 floreale, 기능주의의 funzionale, 합리주의의 razionale; 〈**建築構造의 部分 및 要素 Membri ed elementi di sistemi architettonici**〉 기반(基盤) la base, 토대(土臺) il basamen-to, 기단(基壇) lo stereobate e lo stilobate, 열주(列柱) il colonnato, 원주(圓柱) la colonna, 아치 l'arco, 각주(角柱) il pilastro, 부분(部分) il membro, 구성요소(構成要素) la membratura, 돌출부(突出部) l'aggetto; 〈**材料 Materiali**〉 석(石) la pietra, 대리석(大理石) il marmo, 사암(砂巖) l'arenaria, 기와(瓦) l'embrice, 연와(煉瓦) il cotto, 타일 la piastrella, 목재(木材) il legno, 철근콘크리트 il cemento armato; 〈**建築關聯語**〉 건축(建築) l'architettura, 건축의(建築-) architettonico(a), 건축가(建築家) l'architetto, 설계(設計) il progetto, 설계하다(設計-) progettare, 설계자(設計者) il*la progettista, 평면도(平面圖) la planimetria, 투시도(透視圖) la prospettiva, 건설(建設) la costruzione, 건축물(建築物) la costruzione, 건설자(建設者) il costruttore, 건설하다(建設-) costruire, 보강(補强) l'armatura, 보강물(補强物) l'armatura, 보강하다(補强-) armare, 복원(復原) il restauro, 복원하다(復原-) restaurare, 복원자(復原者) il restauratore, 고고학(考古學) l'archeologia, 고고학자(考古學者) l'archeologo, 무대장식(舞臺裝飾) la scenografia, 기념구조물(記念構造物) il monumento, 기념비적(記念碑的) monumentale

건축가(建築家) l'architetto
건축물(建築物) la costruzione
건축술(建築術) l'architettura
건축양식(建築樣式) gli ordini, gli stili
건평(建坪) l'area di un edificio / - 100평 un'area di un edificio di cento tubo
건포도 l'uva passa
걷다(步行) camminare, andare a piedi / 비를 맞고 - cam-minare sotto la pioggia
걸다 appendere, sospendere / 벽에 그림들을 - appendere i quadri alle pareti / 전화를 - telefonare
걸레 lo strofinaccio / -로 청소하다 pulire [pr. -isco] con uno strofinaccio (il pavimento)
걸리다(發病) (병 따위에) colpire / 중풍에 - essere colpito da paralisi
걸리다(必要) (時間이) volerci (tempo per fare qlco.), impiegare 1 그것을 완성하려면 많은 시간이 걸린다. Ci vuole molto tempo per completarlo.
걸식(乞食) il mendicante, l'accattone / -하다 mendicare, chiedere per elemosina qlco., accattare
걸어서(徒步) a piedi
걸음 il passo
걸작(傑作) il capolavoro; 역작(力作) il grande opera d'arte
검광자(劍光子) 〈物〉 l'analizzatore

검도(劍道) la scherma giapponese
검류계(檢流計)〈物*電〉 il galvanometro
검사(檢事) l'avvocato dell'accusa, il procuratore
검사(檢査) il controllo, la revisione, l'ispezione, la visita / -하다 controllare, ispezionare, esaminare, visitare ¶ 船舶-la visita delle navi mercantili
검소(儉素) la modestia, la sobrietà / -한 frugale, modesto(a), sobrio(a), umile / -한 生活 la vita modesta / -하게 modestamente, umilmente
검안경(檢眼鏡)〈醫〉l'oftalmoscopio
검약(儉約) economizzare
검은(黑色) nero(a), scuro(a) / -고양이 il gatto nero
검전기(檢電器)〈物*電〉l'elettroscopio
검정색 nero
검증(檢證)〈哲〉 la verificazione / -하다 verificare
검지〈體〉(둘째 손가락) l'indice
검찰(檢察) Pubblico Ministero
검찰관(檢察官)〈法〉 il pubblico ministero
검찰청(檢察廳)〈伊〉 procura generale
검찰총장(檢察總長)〈伊〉 procuratore generale
검토(檢討) la riguardata, l'esame, l'investigazione, la verifica / -하다 riguardare, esam-inare, investigare, verificare
검파기(檢波器)〈電〉il rivelatore
검표(檢票) il controllo ¶ -員 il controllore
겁(恐怖) la paura, la timidezza / -나다 avere paura (di), spaventarsi, atterrirsi, impaurire; temere / -주다 spaventare / -나게 하다 spaventare / -나게 paurosamente, timidamente / -나 는 pauroso(a), spaventoso(a), timoroso(a); terribile, orribile, tremendo(a) / -많은 pauroso(a), vigliacco(a), codardo(a), vile
겁쟁이 il codardo, il vigliacco
것 cosa
겉 la superficie; l'apparenza
겉장(表紙) (책의) il frontespizio
게〈動〉 il granchio
게걸스럽게 먹다 divorare, mangiare avi-damente*golosamente, mangiare con avidità, sgranocchiare

게다가(添言) inoltre, oltre a ciò, per di più dispregiare
게르마늄〈化〉il germanio
게르만어 (-語)〈言〉le lingue germaniche
게릴라전(戰) la guerriglia / -을 行하다 fare una guerriglia
게시판(揭示板) l'albo, la tabella, (小) la tabellina, (大) il tabellone / -에 공고하다 affiggere un avviso nella tabella ¶ 學校- l'albo scolastico
게양(揭揚) (국기 따위의) l'alzabandiera / -하다〈航海〉ghindare / 국기 -式에 참석하다 assistere all'alzabandiera
게우다(嘔吐) (음식 따위를) vomitare
게으르게(怠慢) oziosamente, indolente-mente, pigramente
게으르다(怠慢) essere pigro(a), oziare, trascorrere il tempo in ozio, trascurare
게으른(怠慢) pigro(a), ozioso(a) / - 사람 il fannullone (f. -a), il poltrone (f. -a), il pigro (f. -a), la persona esitante
게으름(怠慢) la pigrizia, l'ozio, l'indolen-za, il poltronaggine 1 게으름은 악덕의 원천(근원)이다. La pigrizia è fonte di vizi. 2 그는 일을 게을리 한다. Lui trasanda il lavoro. / - 피우다 trasandare
게을리하다 trascurare, tralasciare
게임 il game, il gioco 1 운전은 게임이 아니다. Guidare non è un gioco. / -하다 giocare 1 그는 테니스 게임 한다. Gioca a tennis.
게임〈테니스〉il game, il gioco
겨냥하다 mirare
겨드랑이〈體〉l'ascella / - 냄새 l'odore dell'ascella
겨우 appena 1 그에게 겨우 충분할 돈이 다. I soldi gli bastano appena. 2 겨우 보인다. Ci si vede appena.
겨울(冬) l'inverno / 바닷가에서 -을 보내다 passare l'inverno al mare / -에 in inverno, d'inverno / -의 invernale ¶ -放學 (休暇) le vacanze d'inverno
겨자 la senape
격(激) / -함 la violenza, intensità / -하다 arrabbiarsi, incollerirsi [io mi incol-lerisco], montare in collera / -한 violente, severo(a), intenso(a), accanito(a) / -한 論爭 la polemica accanita / -한 苦痛 il dolore intenso / -하게 violentemente, intensamente, accanitamente

격 (格) 〈文〉 il caso ¶ 主- il caso nominativo / 斜- il caso obliqui

격감 (激減) la diminuzione rapida*subitanea / -하다 diminuire [pr. -isco] subitaneamente

격납고 (格納庫) 〈空〉 l'aviorimessa, il hangar

격년 (隔年) / -의 biennale ¶ -祝祭 Festa biennale; (3년마다의) triennale, (4년마다의) quadriennale

격노 (激怒) la collera, l'ira, lo sdegno, la rabbia

격동 (激動) la scossa violenta; (불안한) l'agitazione, l'eccitazione

격려 (激勵) l'incoraggiamento, l'incitamento / -하다 incoraggiare, incitare

격렬 (激烈) la violenza / -한 violento(a), severo(a), impetuoso(a), drastico(a)

격류 (激流) la torrente, la corrente rapida

격률 (格率) 〈哲〉 la massima

격리 (隔離) l'isolamento, la reclusione / -시키다 rinchiudere (in un luogo)

격막 (膈膜) 〈物〉 la diaframma

격멸 (擊滅) la distruzione, l'annientamento / -하다 distruggere, annientare

격변 (激變) il cambiamento*il mutamento repentino, (株價, 價格의) l'oscillazione rapida, (自然의) la convulsione / -하다 cambiare*oscillare rapidamente

격세유전 (隔世遺傳) 〈生〉 l'atavismo

격식 (格式) la formalità / - 차리지 않는 informale

격언 (格言) il proverbio, l'aforisma

격일 (隔日) / -로 a giorni alterni

격전 (激戰) la battaglia sanguinosa, il combattimento accanito

격진 (激震) le violente scosse di terremoto

격차 (格差) la differenza

격침 (擊沈) l'affondamento / -시키다 affondare (con un bombardamento)

격퇴 (擊退) il respingimento / -하다 respingere, rigettare

격투 (擊鬪) la lotta / -하다 lottare

격파 (擊破) la distruzione; l'annientamento / -하다 sconfiggere, dare una sconfitta; annientare

격한 (激-) furioso(a); intenso(a)

격화 (激化) l'intensificazione / -하다 intensificarsi

견고 (堅固) la durezza, la robustezza / -한 duro(a), robusto(a), solido(a) / -하게 fortemente, vigorosamente, saldamente

견디다 (忍) resistere; sopportare; tollerare, comportare 1 나는 추위보다 더위를 더 잘 견딘다. Tollero meglio il caldo che il freddo. / 모욕을 - comportare le ingiurie

견딜만한 sopportabile

견딜 수 없는 irresistibile; intollerabile

견문 (見聞) la propria conoscenza / 여행을 통해 -을 넓히다 allargare*arricchire la propria conoscenza per il viaggio

견본 (見本) 〈商〉 il campione / 無料商品- il campione senza valore

견본대장 (見本臺帳) 〈商〉 il campionario

견습 (見習) l'apprendistato / -하다 imparare qlco. (sotto la guida di qlcu.) ¶ -生 lo*la apprendista (m.pl. -sti, f.pl. -ste) / -期間 l'apprendistato

견습선원 (見習船員) 〈海〉 il mozzo

견신 (堅信) 〈宗〉 la crescima

견인 (牽引) il rimorchio / -하다〈海〉 rimorchiare ¶ -車 il carro attrezzi, il rimorchiatore

견인기 (牽引器) 〈醫〉 il divaricatore

견인선 (牽引船) 〈海〉 il rimorchiatore

견인차량 (牽引車輛) l'autocarro con rimorchio

견적 (見積) 〈商〉 il preventivo, la stima, la valutazione (approssimativa) / -하다 stimare, valutare, fare un preventivo 1 손해가 대략 3천만 원으로 견적된다. La perdita viene valutata a circa trenta milioni di won. ¶ -書 la proforma, il preventivo (scritto), l'invoice

견지 (見地) il punto di vista

견진성사 (堅振聖事) 〈宗〉 la confermazione

견출어 (見出語) 〈言〉 il lemma

견해 (見解) l'opinione, il parere, l'idea, il punto di vista / 政治的 - le idee politiche

결과 (結果) il risultato, la conseguenza, l'effetto, l'esito / -에 따라 per conseguenza 1 원인 없는 결과는 없다. Non c'è effetto senza causa. 2 이것은 게으름의 결과이다. Questo è l'effetto della sua pigrizia.

결국 (結局) insomma, in ogni modo, alla

fine, in conclusione, finalmente
결단(決斷) la decisione, la risolutezza
결론(結論) la conseguenza, la conclusione / -없는 討論 la discussione senza conclusione, il dibattito interminabile / -짓다*내리다 concludere
결막염(結膜炎)〈醫〉 la congiuntivite
결말(結末) la conclusione, la conseguenza, la fine, il termine / -을 짓다 terminare, finire [pr. -isco]
결백(潔白) l'innocenza / -한 innocente
결사적으로 disperatamente
결산(決算) la liquidazione / -하다 〈商〉 quadrare, liquidare
결석(缺席) l'assenza / -하다 essere assente
결석(缺席)〈法〉〈裁判의〉 la contumacia
결석증(結石症)〈醫〉 la calcolosi
결속(結束) il legamento / -하다 legare / 보따리를 - 〈묶다〉 legare un pacco
결손(缺損) lo sbilancio
결손금(缺損金) il disavanzo
결승(決勝) il finale
결승전(決勝戰) la finale, la gara finale
결실(結實)〈식물 따위의〉 l'allegagione, la fruttificazione / -맺다 fruttare
결심(決心) la decisione / -하다 decidere, decidersi
결여(缺如) la scarsità, l'insufficienza / -된 scarso(a), insufficiente 1 그에게 용기가 결여되어 있다. Gli manca il coraggio.
결점(缺點) l'imperfezione, il difetto, il debole
결정(決定) la decisione / -을 내리다 venire a una decisione / -에 따라 행동하다 agire in base a una decisione / -하다 decidere, definire, stabilire, fissare 1 난 이사하기로 결정했다. Ho deciso di cambiare casa. 2 나는 내일 떠나기로 결정했다. Ho stabilito di partire domani.
결정격자(結晶格子)〈鑛〉 il reticolo cristallino
결정론(決定論)〈哲〉 il determinismo
결정조직(結晶組織) i sistemi cristallografici **[用語]** 결정격자(結晶格子) il reticolo cristallino, 단사정형의(單斜晶形-) monoclino, 대칭(對稱) la simmetria, 대칭면(對稱面) il piano, 대칭심(對稱心) il centro, 대칭축(對稱軸) l'asse,

등축정형의(等軸晶形-) monometrico, 사방정형의(斜方晶形-) rombico, 삼방정형의(三方晶形-) trigonale, 삼사정형의(三斜晶形-) triclino, 육방정형의(六方晶形-) esagonale, 입방정형의(立方晶形-) monometrico, 정방정형의(正方晶形-) tetragonale
결정학(結晶學)〈鑛〉 la cristallografia
결정화(結晶化)〈化〉 la cristallizzazione
결정화강암(結晶花崗巖)〈鑛〉 la pegmatite
결제(決濟) il conguaglio, il pareggio, il regolamento
결제(決濟)〈商〉 la liquidazione
결집(結集) il centramento (di truppe)
결코 ~이 아니다 non ~ mai 1 난 결코 피곤해 하지 않는다. Non sono mai stanco.
결투(決鬪) la lotta, il combattimento, il duello / -하다 lottare, combattere
결핍(缺乏) la scarsità / -한·된 privo(a)
결함(缺陷) l'imperfezione, il difetto, la mancanza
결합(結合) il congiungimento, la legatura, l'unione / -하다 congiungere, unirsi, unire / -하는, 의 congiuntivo(a)
결합력(結合力) la coerenza / -이 없는 incoerente
결합체(結合體)〈哲〉 il sinolo
결핵(結核)〈醫〉 la tubercolosi
결핵균(結核菌)〈醫〉 i bacilli della tubercolosi
결핵체(結核体)〈鑛〉 la concrezione
결혼(結婚) il matrimonio / -하다 sposare, sposarsi (con qlcu.), contrarre matrimonio, unirsi in matrimonio, andare a nozze 1 나는 1987년에 결혼했다. Mi sono sposato nel 1987. ¶ -紀念日 l'anniver-sario di matrimonio / -斑指 la fede / -式 la nozze, il matrimonio / -適齡期 l'età nubile
결혼식(結婚式) il matrimonio, la nozze / -을 올리다 celebrare la nozze* il matrimonio / -에 초대하다 invitare a nozze*al matrimonio
결혼적령기(結婚適齡期) l'età nubile
겸손(謙遜) la modestia / -하다 umiliarsi, essere modesto(a) / -한 umile, modesto(a) / -한 태도를 지니다 avere un atteggiamento umile
겸허(謙虛) la modestia / -하다 umiliarsi, essere modesto(a) / -한 umile, modesto(a) / -한 태도를 지니다 avere

경 (經)〈宗〉 la Sacra Scrittura del Buddismo
경 (頃) verso / 月末 - verso la fine del mese / 正午 - verso mezzogiorno / 午後 3時 - verso le tre*le quindici
경 (卿)〈史〉 ciascun ministro degli 8 dicasteri del tempo antico; il titolo spettante agli alti dignitari dell'antica corte imperiale
경가극(輕歌劇)〈音〉 l'operetta
경감(輕減) l'alleggerimento, il mitigamento / -시키다 alleggerire [pr. -isco] (il carico), mitigare (il dolore) / -의 〈法〉 attenuante
경건(敬虔) / -한 devoto(a)
경계(警戒) la guardia, la vigilanza, la custodia / -하다 mettersi in guardia; diffidare; guardare, vigilare, custodire
경계(境界) il limite, (國境) il confine, la frontiera / 地理上의 - il confine geografico / -를 명확히 하다 delimitare (un terreno) ¶ -線 la linea di limite*confine
경고(警告) l'ammonimento, l'ammonizione; il rimprovero / -하다 ammonire [pr. -isco]; rimproverare; avvertire
경골(脛骨)〈解〉 la tibina
경골신경(脛骨神經)〈解〉 il nervo tibiale
경과(經過) il progresso, il corso / -하다 passare, trascorrere / -되다 passare [intr. essere], trascorrere [intr. essere] / 시간이 -되다 passare* trascorrere il tempo ¶ 研究- il corso degli studi
경관(景觀) il panorama
경구(警句) l'aforisma
경구개음(硬口蓋音)〈言〉 la velare
경구의(經口-)〈藥〉 orale
경기(競技) il gioco, lo sport, (試合) la gara (sportiva), la partita, l'incontro, (競爭) la competizione (sportiva) / -하다 giocare (a tennis*baseball*carte), giocare*avere*tenere una partita*un incontro / -에서 승리하다 vincere una partita ¶ 蹴球- la gara di calcio / 國際- la gara internazionale / 漕艇- la gara di canottaggio / -場 lo stadio, il campo da giochi, il campo sportivo, (體育館) la palestra / 陸上- l'atletica leggera

경기(景氣)〈經〉 la congiuntura
경기부진(景氣不振)〈經〉 la stasi
경기순환(景氣循環)〈經〉 il ciclo
경기안정화(景氣安定化)〈經〉 la stabilizzazione
경기장(競技場) la pista, la lizza
경기침체(景氣沈滯)〈經〉 il ristagno
경기후퇴(景氣後退)〈經〉 la recessione
경대(鏡臺) lo specchio da toletta, la specchiera
경도(硬度)〈物〉 la durezza, ¶ -計 il durometro
경도(經度)〈天〉 la longitudine
경동맥(頸動脈)〈解〉 l'arteria carotide
경력(經歷) la carriera, la storia personale ¶ -書 il curriculum
경력서(經歷書) il curriculum ¶ 研究- il curriculum degli studi compiuti
경련(痙攣)〈醫〉 il crampo, le convulsioni / 胃- il crampo allo stomaco
경로(經路) il corso, l'iter, il processo
경륜(競輪) la corsa ciclistica ¶ -選手 il corridore ciclistico
경리(經理) il ragioniere
경리부(經理部) l'amministrazione
경마(競馬) l'ippica, la gara*la corsa ippica
경매(競賣)〈法*商〉 l'asta, l'incanto, la vendita all'asta (dei beni pubblici* statali) / -로 팔다 vendere all'asta i beni pubblici*statali / -에서 낙찰시키다 acquistare qlco. all'incanto ¶ -人 il banditore (d'asta) / -入札者 lo*la offerente
경멸(輕蔑) il disprezzo, il dispregio / -하다 disprezzare
경변증(硬變症)〈醫〉 la cirrosi
경보(警報) l'allarme ¶ -사이렌 la sirena d'allarme / -信號 il segnale d'allarme / -解除 il cessato d'allarme
경보(競步)〈陸〉 la marcia (atletica), il podismo, la corsa podistica ¶ -選手 il podista
경비(警備) la pattuglia, la guardia / -하다 andare [intr. essere] in pattuglia, pattugliare / -員 il pattugliatore
경비(經費) le spese, il costo / -를 줄이다 economizzare le spese
경사(傾斜) l'inclinazione, l'obliquità / -진 obliquo(a), inclinato(a), sbieco(a) / -

지게 obliquamente, di*a sbieco
경사(傾瀉)〈藥〉 la decantazione
경색(景色) il paesaggio
경색(梗塞)〈醫〉 l'infarto
경석(輕石)〈鑛〉 la pomice
경선(經線)〈地〉 il meridiano
경솔(輕率) l'imprudenza, la sconsideratezza, la trascurataggine, la sbadataggine / -한 impetuoso(a), imprudente, sconsiderato(a), spensierato(a), sventato(a), leggero(a), trascurato(a) / -하게 imprudentemente, sconsideratamente, spensieratamente, sventatamente
경시(輕視) il disprezzo, il dispregio / -하다 disprezzare, dispregiare / -하는 disprezzante, dispregiativo(a)
경악(驚愕) la sorpresa
경어(敬語) / -의 allocutivo(a)
경연(競演) il concorso d'abilità artistica
경영(經營) l'amministrazione, l'ecomonia
경영(競泳) la gara del nuoto
경우(境遇) il caso, la posizione, la situazione, le circostanze, la condizione, (環境) l'ambiente ¶ 어떤 경우에도 범쥐야만 한다. Ci si deve fermare in ogni caso.
경위선(經緯線)〈地〉 il reticolato geografico, 〈天〉 le linee coordinate geografiche
경위의(經緯儀)〈物〉 il teodolite
경유(經由) via / -하다 passare per (Parigi)
경의(敬意) il rispetto / -를 표하다 rispettare, ossequiare / -롭게 rispettosamente, con riverenza / -롭게 애도의 뜻을 표하다 fare le sincere condoglianze (per la scomparsa di qlcu.)
경이(驚異) la meraviglia, la maraviglia; il prodigio, il miracolo / -的, 로운 meraviglioso(a); prodigioso(a), miracoloso(a)
경입자(輕粒子)〈物〉 il leptone
경작(耕作) la coltivazione / -하다 coltivare*lavorare (la terra), arare ¶ -者 l'agricoltore, (農民) il contadino / -地 il campo
경쟁(競爭) la gara, il concorso, la concorrenza, la competizione, la rivalità / -的 competitivo(a) / ~와 -하다 essere in concorrenza con qlcu. / -하다 competere con qlcu.*per qlco., gareggiare*rivaleggiare [intr. avere] (in qlco. con qlcu.), concorrere (a qlco. con qlcu.) ¶ -心 lo spirito competitivo / -者 il competitore, il*la concorrente, il*la rivale
경쟁(競爭)〈經〉 la concorrenza
경쟁상대(競爭相對) il concorrente
경적(警笛) il clacson
경전(經典)〈宗〉 i libri sacri, la Bibbia
경정맥(頸靜脈)〈解〉 la vena giugulare
경제(經濟) l'economia / -的, 의 economico(a) / -的으로 economicamente ¶ -危機 la crisi economica / -政策 la politica economica / -構造 la struttura economica / -協力 la cooperazione [用語] 가격(價格) il prezzo, 가치(價値) il valore, 개인주의(個人主義) l'individualismo, 경기(景氣) la congiuntura, 경기부진(景氣不振) la stasi, 경기순환(景氣循環) il ciclo, 경기안정화(景氣安定化) la stabilizzazione, 경기침체(景氣沈滯) il ristagno, 경기후퇴(景氣後退) la recessione, 경쟁(競爭) la concorrenza, 경쟁적(競爭的) competitivo(a), 경제자립정책(經濟自立政策) l'autarchia, 경제적 자급자족(經濟的 自給自足) l'autarchia, 경직성(硬直性) la rigidità, 계획(計劃) il piano, 계획화(計劃化) la pianificazione, 고용(雇用) l'occupazione, 공급(供給) l'offerta, 공산주의(共産主義) il comunismo, 공업화(工業化) l'industrializzazione, 공정가격(公定價格) il prezzo di calmiere, 공황(恐慌) la crisi, 과소고용(過少雇用) la sottoccupazione, 과소소비(過少消費) il sottoconsumo, 과잉생산(過剩生産) la sovrap-produzione, 과잉취업(過剩就業) la sovraoccupazione, 과점(寡占) l'oligopolio, 구매력(購買力) il potere d'acquisto, 국가관리주의(國家管理主義) lo statalismo, 국민소득(國民所得) il reddito nazionale, 국유화(國有化) la nazionalizzazione, 국제수지(國際收支) la bilancia dei pagamenti, 금준비(金準備) la riserva aurea, 기계화(機械化) la meccanizzazione, 긴축정책(緊縮政策) l'austerità, 노동(勞動) il lavoro, 노동력(勞動力) la manodopera, 노동조합(勞動組合) il sindacato, 노동조합주의(勞動組合主義) il cooperativismo, 노동조합활동

주의(勞動組合活動主義) il sindacalismo, 단본위제(單本位制) il monometallismo, 대체성(代替性) la fungibilità, 대체재(代替財) il surrogato, 덤핑 il dumping, 독점(獨占) il monopolio, 동업조합(同業組合) (中世의) la corporazione, 디플레이션 la deflazione, 마르크스주의 il marxismo, 무역수지(貿易收支) la bilancia commerciale, 물가등귀(物價騰貴) il rincaro, 물가상승(物價上昇) la carovita, 물가안정화(物價安定化) la stabilizzazione, 민영화(民營化) la privatizzazione, 발전(發展) lo sviluppo, 법인(法人) la corporazione, 보호무역주의(保護貿易主義) il protezionismo, 보호정책(保護政策) il protezionismo, 복본위제(複本位制) il bimetallismo, 불매동맹(不買同盟) il boicottaggio, 불안정성(不安定性) l'instabilità, 불완전고용(不完全雇傭) la sottoccupazione, 불황(不況) la depressione, 불효용(不效用) la disutilità, 사용자조합(使用者組合) il sindacato, 사유화(私有化) la privatizzazione, 사회주의(社會主義) il socialismo, 사회주의화(社會主義化) la socializzazione, 사회화(社會化) la socializzazione, 산업의 재편성(産業의 再編成) il ridimensionamento, 산업집중(産業集中) la concentrazione, 상부구조(上部構造) la sovrastruttura, 상한가격(上限價格) il calmiere, 생계비의 앙등(生計費의 仰騰) la carovita, 생산(生産) la produzione, 생산물(生産物) il prodotto, 생산수단(生産手段) il mezzo di produzione, 생산요소(生産要素) il fattore di produzione, 성향(性向) la propensione, 소득(所得) il reditto, 소비(消費) il consumo, 소비성향(消費性向) la propensione al consumo, 소비억제정책(消費抑制政策) l'austerità, 수요(需要) la domanda, 수입(輸入) l'importazione, 수출(輸出) l'esportazione, 시영화(市營化) la municipalizzazione, 시유화(市有化) la municipalizzazione, 시장(市場) il mercato, 식량관리기관(食糧管理機關) l'annona, 식량관리제도(食糧管理制度) l'annona, 신자본주의(新資本主義) il neocapitalismo, 실업(失業) la disoccupazione, 쌍무협정(雙務協定) l'accordo bilaterale, 알선(斡旋) l'intermediazione, 암시장(暗市場) la borsanera, 연합(連合) il blocco, 욕망(慾望) il bisogno, 용역(用役) il servizio, 원재료(原材料) la materia prima, 유통(流通) la circolazione, 융자(融資) il finanziamento, 이윤(利潤) il profitto, 이자(利子) l'interesse, 인플레이션 l'inflazione, 임금(賃金) il salario, 잉여가치(剩餘價値) il plusvalore, 잉여금(剩餘金) il surplus, 자금조달(資金調達) il finanziamento, 자기금융(自己金融) l'autofinanziamento, 자동화(自動化) l'automazione, 자본금(資本金) il capitale, 자본주의(資本主義) il capitalismo, 자유무역주의(自由貿易主義) il liberismo, 자유방임주의(自由放任主義) il liberismo, 잔고(殘高) la bilancia, 장원경제(莊園經濟) l'economia curtense, 재(財) il bene, 재투자(再投資) il reinvestimento, 저개발(低開發)의 sottosviluppato(a), 저축(貯蓄) il risparmio, 저축성향(貯蓄性向) la propensione al risparmio, 제3차 산업(第三次産業) l'industria terziaria / -의 terziario(a), 중개(仲介) l'intermediazione, 중농주의(重農主義) la fisiocrazia, 중상주의(重商主義) il mercantilismo, 지대(地代) la rendita, 지지가격(支持價格) il prezzo politico, 집산주의(集産主義) il collettivismo, 축적(蓄積) l'accumulazione, 카르텔 il cartello, 탄력성(彈力性) l'elasticità, 통합(統合) l'integrazione, 통화(通貨) la moneta, 통화절상(通貨切上) la rivalutazione, 통화절하(通貨切下) la svalutazione, 투자(投資) l'investimento, 트러스트 il trust, 프롤레타리아(無産階級) il proletariato, 하부구조(下部構造) l'infrastruttura, 하층무산계급(下層無産階級) il sottoproletariato, 한계(限界)의 marginale, 한계생산력(限界生産力) la produttività marginale, 호황(好況) il boom, 화폐(貨幣) la moneta, 화폐의 불태환성(貨幣의 不兌換性) l'inconvertibilità, 화폐의 태환성(貨幣의 兌換性) la convertibilità, 화폐의 퇴장(貨幣의 退藏) il tesoreggiamento, 회사자본(會社資本) l'infrastruttura, 효용(效用) l'utilità, 후생경제학(厚生經濟學) l'economia del benessere

경제노동국민회의(經濟勞動國民會議)〈伊〉

경제노동국민회의의원 Consiglio nazionale dell'economia e del lavoro ¶ -議長 Presidente / -議員 consiglieri

경제노동국민회의의원 (經濟勞動國民會議議員)〈伊〉consiglieri

경제노동국민회의의장 (經濟勞動國民會議議長)〈伊〉Presidente

경제자립정책 (經濟自立政策)〈經〉l'autarchia

경제적 자급자족 (經濟的 自給自足)〈經〉l'autarchia

경주 (競走)〈陸〉la corsa, la gara ¶ 도로자전거- la corsa ciclistica su strada

경주상대 (競走相對) il competitore

경주선수 (競走選手)〈陸〉(100m) il*la centista, (200m) il*la duecentista, (400m) il*la quattrocentista, (800m) l'ottocentista, (長距離) il*la fondista, (中距離) il*la mezzofondista

경지 (耕地) il terreno coltivato; il terreno arabile ¶ -整理 il riordinamento del terreno coltivabile*arabile / -面積 la superficie coltiva

경지 (境地) la posizione, lo stato d'animo

경직 (硬直)〈醫〉la rigidità / -된 rigido(a)

경직성 (硬直性)〈經〉la rigidità

경질 (硬質) il duro, la durezza / -의 duro(a)

경질 (更迭) il cambiamento (del personale) / 閣僚 - il rimpasto ministeriale / -하다 cambiare, mutare

경찰 (警察) la polizia / -의 poliziesco(a) ¶ -犬 il cane poliziotto / -官 il poliziotto / -力 le forze di polizia

경치 (景致) la veduta, il paesaggio, (全景) il panora-ma / 멋진- un bel panorama*paesaggio

경쾌 (輕快) l'agilità / -한 allegro(a) agile, svelto(a), leggero(a) / -하게 agilmente

경탄 (敬歎) l'ammirazione, la meraviglia / -하다 ammirare, meravigliarsi. gridare al miracolo / -할 만한 meraviglioso(a)

경탄 (驚歎) la meraviglia / -할 만한 meraviglioso(a) / -하다 meravigliarsi

경통 (鏡筒) il tubo

경합 (競合) la competizione, la concorrenza, la rivalità / -하다 competere con qlcu. per qlco. concorrere [intr. avere] con qlcu. a qlco.

경향 (傾向) la tendenza, la predisposizione / -이 있는 propenso*inclina a + inf. 1 그 불량소년 (장난꾸러기)은 항상 나쁜 짓을 하는 경향이 있다. Quel monello è sempre inclina a fare cattiverie. / -이 있다 essere propenso* incline a (credere)

경험 (經驗) l'esperienza / 인생- l'esperienza di vita 1 경험은 과학 (학문)의 어머니다. L'esperienza è madre della scienza. / -있는 esperto(a) ¶ -談 la storia di esperienza

경험론 (經驗論)〈哲〉l'empirismo

경험비판론 (經驗批判論)〈哲〉l'empiriocriticismo

경화 (硬化) l'irrigidimento, l'indurimento / -하다 irrigidirsi, indurirsi ¶ 動脈-〈醫〉la arteriosclerosi

경화 (硬貨) la moneta metallica

곁방 (室) l'anticamera

곁에 두다 affiancare 1 그 기념관 곁에 두 개의 조각상이 나란히 늘어서 있다. Il monumento era affiancato da due statue.

곁에 accanto, al fianco, vicino a (me, te, lui, lei, ···)

계 (界)〈生〉il rogno

계간 (季刊) la pubblicazione trimestrale ¶ -雜誌 la rivista trimestrale

계곡 (溪谷)〈地〉la valle

계곡천 (溪谷川) il fiume*il fiumicello montano

계곡풍 (溪谷風)〈氣〉la brezza di valle

계급 (階級) la classe, il grado ¶ 社會- le classi sociali / 特權- le classi privilegiate / 資本家- le classi capitalistiche / 勞動者- le classi lavoratrici (proletarie) / -鬪爭 la lotta di classe

계단 (階段) le scale, i gradini; la rampa di scala 1 넘어지지 않도록 조심해야겠어. 계단이 있거든. Attento a non inciampare: c'è un gradino. 2 엘리베이터가 작동하지 않아 나는 걸어서 계단을 올라야만 했다. L'ascensore non funziona: ho dovuto salire le scale a piedi.

계단 (階段)〈建〉la scala, le scale

계단식좌석 (階段式座席) le gradinate

계도 (系圖) l'albero genealogico

계란 (鷄卵) l'uovo (pl. le uova) / -形의 ovale / -의 껍질 le pelle d'uovo / -의 牛

熟 l'uovo sodo*bazzotto / 찐- l'uovo bollito / 반쯤 익힌 - (半熟卵) l'uovo bazzotto*alla coque / 삶은- l'uovo sodo

계략(計略) lo stratagemma, il sotterfugio

계량(計量) la pesata, la misuratura / -하다 pesare, misurare ¶ -器 (gas, 水, 電) il contatore (del gas*dell'acqua*della luce)

계량기(計量器)〈物〉il contatore

계량기하학(計量幾何學)〈數〉la geometria metrica

계류(繫留) l'attracco / -하다 〈海〉attraccare, ormeggiare

계모(繼母) (의붓어머니) la matrigna

계몽주의(啓蒙主義)〈哲〉l'illuminismo

계부(繼父) (의붓아버지) il patrigno

계산(計算) il calcolo, il conto / -하다 calcolare, contare, computare / -할 수 없는(무수한) incalcolabile, immisurabile, innumerevole

계산(計算)〈商〉il computo / -하다 contabilizzare

계산기(計算器) la calcolatrice, il calcolatore

계산대(計算臺) la cassa ¶ 12번 계산대에는 줄이 길게 늘어서 있나요? C'è una fila lunga alla cassa 12 ?

계산서 (計算書) il conto; 〈商〉il rendiconto ¶ 계산서 부탁합니다! Il conto, per favore!

계선주(係船柱)〈海〉la bitta

계속(繼續) la continuazione, la durata ¶ 당국들은 이미 호수까지 도로연결을 결정했다. Le autorità hanno già deciso la continuazione della strada sino al lago. / -하다 continuare, proseguire ¶ 우리는 짧은 휴식 뒤에 여행을 계속할 것이다. Continueremo il viaggio dopo una breve sosta. 2 3일 전부터 계속 해서 비가 내린다. Continua a piovere da tre giorni. 3 이 여행은 10일 전부터 계속되고 있다. Questo viaggio dura da dieci giorni. / -되다 continuare [intr. avere], durare [intr. avere, essere], seguire [intr. essere, avere] / -된 continuato (a) / -해서 continuamente; successivamente, di continuo, incessantemente, senza intervallo*interruzione ¶ 그는 계속 해서 담배를 피운다. Fuma continuamente. / -的인 continuo (a)

계수(係數)〈數〉il coefficiente

계수기(計數器)〈電〉il contatore

계승(繼承) l'eredità, la successione / -하다 succedere [intr. essere] a qlcu., ereditare (i beni) ¶ -人 lo*la erede, il successore, la succeditrice

계시(啓示)〈宗〉la rivelazione

계약(契約) il contratto, l'ingaggio / 一方的 - il contratto unilaterale / -하다〈商〉fare un contratto, contrarre ¶ -금(金) la caparra

계약집(契約集)〈商〉il formulario

계열회사(系列會社)〈商〉la consorella

계장(計裝)〈電〉la strumentazione

계절(季節)〈氣〉 la stagione / -의 시작 l'inizio della stagione / -的, 의 stagionale / -잡지 (季刊) una rivista stagionale ¶ -風 il vento periodico

계절풍(季節風)〈氣〉il monsone

계좌(計座) il conto corrente ¶ -番號 conto n.

계측(計測) la misura, la pesa / -하다 pesare, misurare

계측기(計測器) gli strumenti di misura **[用語]** 검류계(檢流計) il galvanometro, 검전기(檢電器) l'elettroscopio, 계수기(計數器) il contatore, 동기전압계(同期電壓計) lo zerovoltmetro, 마이크로암페어 il microampere, 무효전력계(無效電力計) il varmetro, 밀리암페어계(-計) il milliamperometro, 바 il var, 볼트 il volt, 볼트암페어 il voltampere, 암페어 l'ampere, 암페어시(-時) l'amperora, 오실로그래프 l'oscillografo, 오실로스코프 l'oscilloscopio, 오옴 (전기 저항의 단위) l'ohm, 오옴계(-計) l'ohmmetro, 와트 [獨] il watt, 와트시(-時) il wattora, 저항계(抵抗計) l'ohmmetro, 전기진동계(電氣振動計) l'oscillografo, 전력계(電力計) il wattmetro, 전류계(電流計) l'amperometro, 전압계(電壓計) il voltmetro, 전위계(電位計) l'elettrometro, 전위차계(電位差計) il potenziometro, 전자볼트(電子-) il voltelettrone, 전해전량계(電解電量計) il voltametro, 주파수계(周波數計) il frequenzimetro, 쿨롱[佛] (전기의 양의 단위) il coulomb, 킬로볼트 il chilovolt, 킬로와트 il chilowatt, 킬로와트시(-時) il chilowattora, 헤르츠[獨] (진동수의 단위) il hertz

계통(系統)〈生〉il sistema
계통발생(系統發生)〈生〉la filogenesi
계획(計劃) il programma, il progetto, il disegno, il piano, l'idea / -하다 programmare, progettare, pianificare ¶ 作業- il programma di lavoro
계획(計劃)〈經〉il piano
계획화(計劃化)〈經〉la pianificazione
고(告) l'annunzio / -하다 annunziare, informare
고(故) fu, defunto(a) / - 정주영씨 il fu* defunto signor Jeong Ju Young
고(鼓) il tamburino
고가(高價) il caro prezzo, il prezzo alto / -의 caro(a), costoso(a), prezioso(a)
고가도로(高架道路) il viadotto, la cavalcavia
고개 il valico, il passo
고개〈体〉la testa
고객(顧客)〈商〉il cliente, l'avventore / -리스트 la clientela
고객관계(顧客關係)〈商〉la clientela
고객명부(顧客名簿)〈商〉il fascettario
고결(高潔) la nobiltà / -한 nobile, di animo nobile
고고학(考古學) l'archeologia / -的, -上의 archeologico(a) ¶ -者 l'archeologo
고고학자(考古學者) l'archeologo
고공비행(高空飛行) il volo ad alta quota / -하다 volare ad alta quota
고관(高官) l'alto funzionario
고구마〈植〉la patata dolce*americana
고국(故國) il paese nativo, la patria
고귀(高貴) la nobiltà / -한 nobile, alto (a) / -한 가정 la famiglia nobile
고급(高級) l'alto grado, l'alta classe; la buona qualità / -의 di qualità, di alto livello; superiore; migliore
고기(肉類) la carne / 소- il bue / 숫 송아지 - il manzo / 어린송아지- il vitello / 돼지- il maiale / 잘게 썬 - la carne tritata
고기잡이 la pesca / -하다 pescare
고기압(高氣壓)〈氣〉l'anticiclone, l'alta pressione atmosferica
고난(苦難) il dolore, la tribolazione, l'avversità, lo stento
고뇌(苦惱) il tormento, l'afflizione, l'angoscia, la sofferenza / 깊은 - 속에 살다 vivere in una profonda afflizione / -하다 affliggersi, angosciarsi, addolarsi, soffrire di qlco.
고대(古代) il tempo antico, l'antichità / -의 antico(a), dell'antichità
고대그리스 로마식 -의〈建〉classico(a)
고대유적전문화가(古代遺跡專門畵家)〈繪〉il*la rovinista
고대폐허전문화가(古代廢墟專門畵家)〈繪〉il*la rovinista
고도(高度) l'altitudine, la quota / 50미터 -의 건물 l'edificio alto 50m ¶ -測程器 l'altimetro / -測程法 l'altimetria
고독(孤獨) la solitudine / -한 solitario (a); isolato(a)
고동(鼓動) il palpito, il battio del cuore / -치다 palpitare (il cuore), battere, pulsare
고동색(古銅色) bruno / -의 bruno(a), marrone
고된(苦) penoso(a), doloroso(a)
고드름 il ghiacciolo
고등(高等) l'alto grado, la classe superiore / -의, 한 superiore
고등어〈魚〉lo scombro
고등학교(高等學校) la scuola media superiore, il liceo ¶ 人文系 - il liceo classico / 自然系 - il liceo scientifico / 音樂系 - il liceo musicale / 外國語 - il liceo linguistico / (선화)예술- Scuola Media Superiore di Arti SUN HWA / 우신- Scuola Media Superiore WOOSHIN / 선정여자- Scuola Media Superiore Femminile SEON JEONG
고딕양식 (-樣式)〈繪〉il gotico / -의 gotico(a)
고래(鯨)〈動〉la balena ¶ -고기 la carne di balena / -기름 l'olio di balena
고래(古來)로 dai tempi antichi
고량(高粱)〈植〉kaoliang; miglio cinese
고려(考慮) la considerazione, il riguardo / -하여, 해서 in considerazione di / -하다 considerare, tenere conto di qlco., prendere*tenere in considerazione, valutare ¶ 너는 긍정적인 면도 고려해야 한다. Devi valutare anche gli aspetti.
고령(高齡) l'età avanzata / -의 di età avanzata, vecchio(a)
고르다(選擇) scegliere ¶ 너희들은 어떤 디스크를 골랐니? Che disco avete scelto?
고름(化膿) il suppuramento, la suppu-

고리 razione, il pus / -이 나오다 levare il pus (dalla piaga) **1** 상처가 곪기 시작했다. La piaga è venuta a suppurazione. → 곪다

고리 il cerchio

고리(高利)〈法〉 l'usura / -로 돈을 빌려주다*빌리다 prestare*prendere denaro ad usura / -의 usurario(a) ¶ -貸金業者 la mignatta, la sanguisuga

고리대금업죄(高利貸金業罪)〈法〉 l'usura

고릴라〈動〉 il gorilla

고립(孤立) l'isolamento / -된 isolato(a), solitario(a) / -되다 essere isolato(a), isolarsi / -시키다 bloccare **1** 어제의 화재는 몇 시간 동안 지하철을 고립시켰다. Un incendio ha bloccato ieri per alcune ore la metropolitana. ¶ -主義政策 l'isolazionismo

고마움 la gratitudine

고막(鼓膜)〈解〉 la membranza del timpano / -의 timpanico(a)

고만(高慢) l'orgoglio / -한 orgoglioso(a)

고모 la zia

고목(高木)〈植〉 l'albero

고무 la gomma ¶ 合性- la gomma sintetica / 연필용 - la gomma da matita / -印 il timbro di gomma / -줄 l'elastico

고무(鼓舞) l'incoraggiamento, l'incitamento / -하다 incoraggiare, incitare, animare, stimolare

고문(顧問) il consulente, il consigliere, (상담역) il consultore, il commisario ¶ 技術- commisario tecnico / 이탈리아 國家代表팀 技術 - il commisario tecnico della nazionale italiana

고문(拷問) la tortura / 사람을 -하다 mettere qlcu. alla tortura / -하다 torturare / 죄수들을 -하다 torturare i prigionieri

고문서(古文書) i documenti pubblici o privati antichi

고문서학(古文書學)〈言〉 la paleografia / -의 paleografico(a)

고문서학자(古文書學者)〈言〉 il paleografo

고물(古物) l'oggetto*la roba a seconda mano ¶ -商店 l'antiquario / -商 il rigattiere

고미술품(古美術品) le antichità, gli oggetti antichi

고민(苦悶) l'ansia, la preoccupazione, l'agonia, l'angoscia e il tormento / -하다 essere angosciato(a)*tormentato(a) (da qlco.), tormentarsi, struggersi

고발(告發) l'accusa, la denunzia / -하다 accusare (qlcu. di omicidio), denunziare, denunciare

고백(告白) la confessione / -하다 confessare (una colpa) **1** 이 분야에 무지함을 나는 고백한다. Confesso la mia ignoranza in questo campo. ¶ -內容 la confessione / -書 la confessione

고별식(告別式) la festa d'addio

고부(姑婦) la suocera e la nuora / -간의 갈등 l'incompatibilità fra la suocera e la nuora

고분(古墳) la tomba antica

고분자(高分子)〈化〉 la macromolecola

고사(故事) gli accaduti nei tempi antichi, (口碑) la tradizione orale

고사(考査) l'esame, la prova

고사리〈植〉 la felce

고사포(高射砲) il cannone antiaereo

고산(高山) l'alta montagna, la alpe ¶ -病 il mal di montagna / -植物 le piante alpine

고상(高尙) / -함 la raffinatezza, l'eleganza / -한 nobile, elegante, raffinato(a)

고생(苦生) / -하다 soffrire

고소(苦笑) il sorriso amaro / -해 하다 sorridere amaramente, avere un sorriso amaro

고소(告訴)〈法〉 l'accusa, la querela / -를 취하하다 ritirare la querela / -하다 accusare, dare*sporgere querela contro qlcu., querelare qlcu. ¶ -人 l'accusatore, il*la querelante / -取下 la rinunzia a un'azione / 被-人 il querelato (f. -a)

고소인(告訴人)〈法〉 il*la querelante

고속(高速) alta*gran velocità / -의 di alta velocità / -으로 ad alta velocità ¶ -道路 l'autostrada / 2車線-道路 l'autostrada a due carreggiate*corsie

고속도로(高速道路) l'autostrada [用語] 요금징수소(料金徵收所) il casello, 톨게이트 il casello, 풍속계(風速計) l'anemometro, 유입부(流入部) la corsia di accesso*di scorrimento, 차도(車道) la carreggiata, 유출부(流出部) la corsia di uscita, 비상주차대(非常駐車帶) la corsia di emergenza, 중앙분리대(中央分離帶) la cordonata, 주행차선(走行車線) la corsia di marcia normale, 추월차선(追越車線) la corsia di sorpasso, 연결도로(連結道路) la siepe, il pannello antiabbagliante, 휴게소(休憩所) l'autogrill

고속버스 il pullman

고수(固守) la persistenza, la difesa (del proprio punto di vista) / -하다 persistere, difendere ostinatamente

고슴도치〈動〉 il riccio

고시(告示) l'avviso al pubblico, la notifica, l'annunzio / -하다 notificare, annunziare

고식적 의약(姑息的 醫藥)〈藥〉il palliativo

고심(苦心) (努力) lo sforzo / -하다 sforzarsi di*per far qlco., fare ogni sforzo, (著作에) elaborare ¶ -作 l'opera molto elaborata

고아(孤兒) l'orfano (f. -a) / 엄마*아빠 없는 - l'orfano di mamma*padre ¶ -院 l'asilo per orfani, l'orfanotrofio / 戰爭- l'orfano di guerra

고안(考案) l'invenzione; l'idea, il progetto / -하다 inventare; progettare

고압(高壓)〈電〉l'alta tensione, l'alta pressione ¶ -線〈電〉il cavo*la linea ad alta tensione

고압증기소독기(高壓蒸氣消毒器)〈藥〉l'autoclave

고액(高額) la grossa somma / -의 돈 una grossa di denaro

고약(膏藥)〈藥〉il cerotto, l'empiastro

고양(高揚) l'elevamento / -시키다 elevare

고양이〈動〉il gatto / -와 개처럼 (앙숙처럼) 살다 vivere come cane e gatto ¶ 들- il gatto selvatico / 도둑- il gatto abbandonato*errante

고어(古語)〈言〉l'arcaismo, la lingua*la parola antiquata

고역(苦役) il lavoro duro, i lavori forzati

고온(高溫) l'alta temperatura ¶ -計 il pirometro

고온계(高溫計)〈物〉il pirometro

고요(古謠) la tranquillità, la bonaccia, la calma / -한 calmo(a), tranquillo(a), quieto(a)

고요함〈海〉la bonaccia

고용(雇用)〈經〉l'occupazione, l'impiego, l'assunzione / -하다 impiegare, assumere alcu. ¶ 完全- il pieno impiego / -主 il padrone, il datore di lavoro / -人 l'impiegato (f. -a), lo stipendiato (f. -a)

고원(高原)〈地〉l'altopiano, il tavolato, l'acrocoro

고위성직자(高位聖職者)〈宗〉il monsignore

고위해안(高位海岸)〈地〉la costa alta

고유(固有) / -한, 의 proprio(a), tipico (a), peculiare ¶ -名詞〈文〉il nome proprio

고유명사학(固有名詞學)〈言〉l'onomastica

고유어(固有語)〈言〉l'idioma

고율(高率) il tasso alto / -로 a tasso alto

고의(故意)〈法〉il dolo / -의 intenzionale / -로 intenzionalmente, apposta, a bello studio

고인 (물이) stagnante / - 물 l'acqua stagnante

고인(古人) gli antichi

고인(故人) il defunto (f. -a)

고장(故障) (機械의) la mala funzione, il guasto, l'avaria / -난 mal funzionato / -나다 funzionare male

고장 la regione

고저(高低) altezza e bassezza, l'alto e il basso, (音聲의) la modurazione

고전(古典) il classico / -的 classico(a) ¶ -主義 il classicismo / -音樂 la musica classica

고전(苦戰) il duro combattimento, l'aspra battaglia / -하다 combattere disperatamente, combattere una battaglia sanguinosa

고전문헌학(古典文獻學)〈言〉la filologia classica

고전어학(古典語學)〈言〉la filologia classica

고전적(古典的)〈建〉classico(a)

고전주의(古典主義)〈繪〉il classicismo

고정(固定) la fissazione, il fissato / -의 assoluto(a), fisso(a), stabile / -된 fissato(a), fisso(a) / -시키다 fissare, tenere fisso*fermo, attaccare / 벽에 그림을 -시키다 (붙이다) fissare un quadro alla parete / 어떤 것에 시선을 -

시키다 fissare gli occhi su qlco. / 어떤 것에 관심을 -시키다 (기울이다) fissare la mente*l'attenzione su qlco. ¶-觀念 l'idea fissa, la fissazione / -資產 i beni immobili / -資產稅 la tassa immobiliare / -給 lo stipendio fisso

고정자(固定子)⟨電⟩ lo statore
고정자본(固定資本) l'immobilizzo
고정자산국(固定資産局)⟨伊⟩ catasto
고정제(固定劑)⟨繪⟩ il fissativo
고조(高潮) (滿潮) l'alta marea; (極點) il culmine, il punto culminante / -에 다다르다 culminare, giungere al punto culminante
고조파(高調波)⟨電⟩ l'armonica, l'alta frequenza
고주파증폭기(高周波增幅器) l'amplificatore ad alta frequenza
고증(考證) l'investigazione*le ricerche tramite documenti / -하다 documentare, attestare qlco. con documenti antichi
고지(高地) l'altopiano (pl. gli altipiani)
고지(告知) l'annunzio / -하다 annunziare, fare sapere
고지리학(古地理學)⟨地⟩ la paleogeografia
고질적 cronico(a)
고집(固執) l'ostinatezza, l'ostinazione, la persistenza, l'insistenza / -스런, 센 ostinato(a), testardo(a), cocciuto(a) / -부리다 ostinarsi in (un'idea), persistere*insistere in qlco. a + inf ¶-쟁이 l'ostinato, l'ostinata / -불통 il testardo, il cocciuto
고착(固着) l'adesione / -하다 aderire, attaccarsi a qlco.
고착(固着)⟨繪⟩ la fissatura
고착제(固着劑)⟨繪⟩ il mordente
고찰(考察) la considerazione, l'osservazione / -하다 considerare, osservare, riflettere [intr. avere] su vari fatti, pensare a questo o quello
고참(古參) (年長者의) il veterano, l'anziano, il decano, l'anzianità / -의 anziano(a)
고철(古鐵) i ferri vecchi, i rottami di ferro
고체(固體)⟨化⟩ il solido / -의 solido(a)
고체물리학(固體物理學)⟨物⟩ la fisica dei solidi
고체발생(固體發生)⟨生⟩ l'ontogenesi
고추⟨植⟩ il peperoncino ¶-가루 il peperoncino in polvere
고충(苦衷) la lagnanza, il reclamo / -을 말하다 lagnarsi, esprimere il proprio malcontento, reclamare a qlco. ¶-處理 機關 l'organo per i reclami dei consumatori
고층건물(高層建物) il grattacielo
고치(누에의) il bozzolo
고치다(改善, 修正) (습관, 문제 따위를) correggere, riformare 1 선생님은 연습문 제를 고친다. L'insegnante corregge gli esercizi. / 습관을 - riformare i costumi
고치다(修理) (기계, 도구 따위를) aggiustare, riparare / 시계를 - aggiustare un orologio
고치다(치료) curare
고통(苦痛) il tormento, il dolore, la sofferenza, la difficoltà, la pena / -의 삶을 살다 vivere una vita di sofferenze / -스런 doloroso(a)
고통(苦痛)⟨醫⟩ il dolore
고풍(古風) / -스런 antico(a), arcaico(a), antiquato(a) 1 광장이 어때요? 고풍스러워요. Com'è la piazza? E' antica.
고학(苦學) lo studio d'uno studente che si guadagna la vita / -하다 studiare guadagnandosi la vita
고함 il grido / -치다 gridare
고해(告解)⟨宗⟩ la penitenza / -하다 confessare
고해소(告解所)⟨宗⟩ il confessionale
고행(苦行)⟨宗⟩ l'ascetismo
고향(故鄕) il paese nativo
고혈압(高血壓)⟨醫⟩ l'alta pressione sanguigna
고혈압증(高血壓症)⟨醫⟩ l'ipertensione
고형(固形) il solido, il corpo solido / -의 solido(a) ¶-食 l'alimento solido
고환(睾丸)⟨解⟩ i testicoli
고환염(睾丸炎)⟨醫⟩ l'orchite
고희(古稀) l'età di 70 (settanta) anni
곡(曲)⟨樂⟩ la musica, il pezzo*il brano (musicale)
곡괭이⟨具⟩ la zappa, il piccone / -로 파다 picconare
곡류(穀類) i cereali
곡류(曲流)⟨地⟩ il meandro
곡률(曲率)⟨數⟩ la curvatura

곡마(曲馬) l'acrobazia*il circo equestre ¶ -團 il circo equestre*ambulante

곡면(曲面)〈數〉 la superficie curva*incurvata

곡목(曲目) il titolo d'una musica, il programma (d'un concerto)

곡물(穀物) i cereali, i grani

곡선(曲線) la linea curva ¶ -美 la bellezza della linea (corpolare)

곡선(曲線)〈數〉 la curva

곡예(曲藝) l'acrobazia, (줄타기) il funambolismo

곡용(曲用)〈言〉 la declinazione

곡창(穀倉) il granaio

곡해(曲解) l'interpretazione erronea; (誤解) il malinteso / -하다 interpretare erroneamente*male; intendere male qlcu. o qlco.

곤돌라〈海〉 la gondola

곤란(困難) il guaio, la difficoltà / -을 겪다 avere la difficoltà / -한 guaio(a), difficile, duro(a), faticoso(a)

곤봉(棍棒) il manganello, il randello

곤봉(彫) la mazza

곤충(昆蟲) l'insetto ¶ -울기 il ronzio

곤혹(困惑) l'imbarazzo, il disagio / -스럽다 imbarazzarsi, essere in imbarazzo, essere perplesso*imbrogliato

곧 immediatamente, subito **1** 곧 갈께. Arrivo subito.

곧은 diritto(a); rigido(a), inquadrato(a)

곧장 direttamente

골(骨)〈體〉 l'osso, (人骨) le ossa ¶ -格 lo scheletro, l'ossatura / -折 la fatica, la pena, lo sforzo

골〈蹴〉 il goal, la rete

골격(骨格) lo scheletro, l'ossatura [用語] 경골(脛骨) la tibina, 골반(骨盤) il bacino, 대퇴골(大腿骨) il femore, 미골(尾骨) il coccige, 선골(仙骨) il sarco, 쇄골(鎖骨) la clavicola, 종골(踵骨) il calcagno, 지골(指骨) le falangi, 척골(尺骨) l'ulna, 척추(脊椎) la colonna vertebrale, 흉골(胸骨) lo sterno

골동품(骨董品) l'antiquario; le antichità, la curiosità ¶ -店 il negozio delle antichità

골막(骨膜)〈解〉 il periostio

골막염(骨膜炎)〈醫〉 la periostite, la sinovite

골목길(小路) il vicolo, la viuzza, il viottolo, il sentiero / 막다른 - il vicolo cieco

골무(재봉용) il ditale

골문〈蹴〉 la porta

골반(骨盤)〈解〉il bacino, la pelvi

골상학(骨相學)〈醫〉 la frenologia

골석(滑石)〈鑛〉 il talco

골수(骨髓)〈解〉 il midollo

골수염(骨髓炎)〈醫〉 la mielite, la osteomielite

골에어리어〈蹴〉 l'area di porta

골염(骨炎)〈醫〉 la osteite, la otite

골절(骨折) la frattura ossea, la fatica, la pena, lo sforzo

골절도(骨節刀)〈醫〉 l'osteotomo

골조(骨組) l'ossatura, (骨格) lo scheletro; (建物의) l'armatura, (作品의) l'ossatura (di un romanzo), lo schema

골짜기(峽谷) la piccola valle / 눈물의 - la valle di lacrime

골키퍼〈蹴〉 il portiere

골판지(-板紙) il cartone ondulato

골포스트〈스포츠〉 il palo della porta

골프 Il golf / -를 치다 giocarc a golf ¶ 場 il campo da golf

골학(骨學)〈醫〉 l'osteologia

골학자(骨學者)〈醫〉 l'osteologo

곪다(化膿) infiammare, suppurare [intr. avere, essere] **1** 상처가 곪았다. La ferita è suppurata. / -은 suppurativo(a) → 고름

곰(熊)〈動〉 l'orso

곰팡이 la muffa

곱사병〈醫〉 il rachitismo, la rachitide / -의 rachitico(a)

곱셈 la moltiplicazione

곱슬머리 il riccio

곳 il luogo

곱추 il gobbo / -의 gobbo(a)

곱하기〈數〉 per **1** 2 곱하기 2는 4이다. Due per due fa quattro.

공(空) il cielo

공(功) il merito

공(球) (大) il pallone, (小) la palla ¶테니스 - la palla da tennis / 축구*농구*배구*럭비- il pallone da calcio*pallacanestro*pallavolo*rugby

공간(空間) il vuoto, lo spazio / -의

공간(空間)〈數〉 lo spazio spaziale

공갈(恐喝) il ricatto / -치다 ricattare ¶-者 il ricattatore / -狀 la lettera ricattatoria

공갈죄(恐喝罪)〈法〉 l'estorsione

공감(共感) la simpatia / -하다 simpatizzare (con qlcu.*per le idee)

공개(公開) la divulgazione / -하다 aprire al pubblico / -의 pubblico(a), aperto(a) ¶-市場 il mercato libero*aperto / -帳 la lettera aperta

공개투표(公開投票)〈伊〉 il voto palese

공격(攻擊) l'offesa, l'aggressione, l'attacco, l'assalto, l'offensiva / -的 offensivo(a), aggressivo(a) / -적인 성격 il carattere aggressivo / -하다 attaccare, assalire, assaltare; offendere, aggredire ¶-性 l'aggressività

공격(攻擊)〈蹴〉 l'azione di attacco

공격수(攻擊手)〈蹴〉 gli attaccanti

공고(公告) l'avviso*l'annunzio pubblico

공공(公共) / -의 pubblico(a) ¶-建物 il palazzo / -費用 le spese pubbliche / -利益 l'interesse pubblico / -事業 i servizi pubblici

공공건축국(公共建築局)〈伊〉 Edilizia statale e sovvenzionata

공공사업부(公共事業部)〈伊〉 Lavori Pubblici [用語] 도로철도건설국(道路鐵道建設局) Viabilità, 치수전력시설국(治水電力施設局) Acque e impianti elettrici, 항만건설국(港灣建設局) Opere marittime, 도시계획국(都市計劃局) Urbanistica, 공공건축국(公共建築局) Edilizia statale e sovvenzionata, 국영도로공단(國營道路公團) Azienda Nazionale Autonoma Strade

공공연(公共然) / -히 pubblicamente

공공재산(公共財產)〈法〉 il demanio

공과(工科) il corso d'ingegneria* tecnologia, (學部) la facoltà d'ingegneria

공구(工具) gli utensili, lo arnese*lo strumento da lavoro

공군(空軍) le forze aeree [用語] (이탈리아) 공군(空軍) Aeronautica, 공군참모본부(空軍參謀本部) Stato Maggiore, 공군참모본부장관(空軍參謀本部長官) Capo di Stato Maggiore, 공군사령부(空軍司令部) Comandi territoriali di regione aerea, Comando generale della difesa aerea territoriale

공군사령부(空軍司令部)〈伊〉 Comandi territoriali di regione aerea, Comando generale della difesa aerea territoriale

공군참모본부(空軍參謀本部)〈伊〉 Stato Maggiore

공군참모본부장관(空軍參謀本部長官)〈伊〉 Capo di Stato Maggiore

공권(公權) i diritti civili

공금(公金) il denaro pubblico / -을 횡령하다 appropriarsi del pubblico denaro

공급(供給) la fornitura, l'offerta, l'approvvigionamento / -하다 fornire, approvvi-gionare, munire, munirsi / 공장에 원료를 -하다 fornire ad una fabbrica le materie prime / -된 fornito(a), munito(a) [<-> privo(a)] ¶-者 il provveditore, il fornitore

공급(供給)〈經〉 l'offerta

공기(空氣) l'aria, (大氣) l'atmosfera / -의 d'aria, pneumatico(a) ¶壓縮- l'aria compressa / -銃 il fucile ad aria compressa

공기〈食器〉 la ciotola

공기역학(空氣力學)〈物〉 l'aerodinamica

공기연하증(空氣嚥下症)〈醫〉 la aerofagia

공기정력학(空氣靜力學)〈物〉 l'aerostatica

공기취입구(空氣取入口)〈空〉 la presa d'aria

공단(公團) l'ente pubblico, l'azienda autonoma

공덕(公德) la moralita pubblica, la morale collettiva ¶-心 il civismo

공동(共同) (協力) la cooperazione, la collaborazione, (團結) l'unione, (團體) l'associazione / -의 di tutti, della comunità, comune, cooperativo(a); unito(a), associato(a), associativo(a); (集團的) collettivo(a) / -의 생활을 하다 fare vita comune / -으로 comunemente ¶-生活 la vita comune / -体 la comunità / -聲明 il comunicato congiunto (emesso da due governi) / -戰線 il fronte comune

공동방목권(共同放牧權)〈法〉 il compascuo

공동상속인(共同相續人)〈法〉 il*la coerede

공동소유(共同所有)〈法〉 il condominio

공동소유권(共同所有權)〈法〉 la comproprietà

공동운동장애 (共同運動障礙)〈醫〉 la dismetria

공동채무자 (共同債務者)〈法〉 il condebitore

공란 (空欄)〈商〉 la vacazione

공략 (攻略) la conquista / -하다 conquistare, impadronirsi di qlco.

공로 (功勞) il merito ¶-者 l'uomo di meriti

공론 (公論) l'opinione pubblica

공론 (空論) la teoria non pratica*vuota

공률 (工率)〈物〉 la potenza

공리 (功利) l'utilità / -的 utilitario(a) ¶-主義 l'utilitarismo

공리 (公理)〈宗〉 il dogma

공리 (公理)〈哲〉 lo assioma

공리주의 (功利主義)〈哲〉 l'utilitarismo

공립 (公立) / -의 pubblico(a), (市, 邑, 面*꼬무네의) comunale, (道, 州의) provinciale / -學校 la scuola pubblica*comunale / -敎育 l'istruzione pubblica

공매 (公賣) l'asta, la vendita pubblica (al migliore offerente)

공명 (共鳴)〈反響〉 l'eco, la risonanza, la ripercussione; (共感) la simpatia / -하다 risonare

공명 (功名) le geste, le azioni gloriose ¶-心 l'aspirazione d'onore*di potere, l'ambizione

공명관 (共鳴管)〈物〉 il risonatore

공명정대 (公明正大) l'imparzialità, l'equanimità / -한 imparziale, giusto(a), equo(a)

공모 (公募) / -하다 bandire un concorso (di qlco.)

공모 (共謀) la complicità, la collusione; (政治的) la cospirazione, la congiura / -하다 essere complice in un delitto, cospirare (per fare qlco.), congiurare insieme (contro qlcu.), fare una congiura ¶-者 il*la complice; il cospiratore

공모 (共謀)〈法〉 la premeditazione

공무 (公務) gli affari pubblici*ufficiali, i servizi statali*pubblici / -로 per affari pubblici ¶-員 il funzionario (statale*provinciale), l'ufficiale, il dipendente pubblico*statale ¶-員法 la legge relativa ai funzionari di Stato

공무원 (公務員) il funzionario (statale*provinciale), l'ufficiale, il dipendente pubblico*statale ¶-根性 il burocratismo, la burocrazia

공문서 (公文書) il documento*l'atto ufficiale (emesso dalle autorità governative)

공문서 (公文書)〈言〉 il diploma / -의 diplomatico(a)

공문서학 (公文書學)〈言〉 la diplomatica

공물 (貢物) il dono, il tributo

공물 (供物) l'offerta / (神殿에) -을 바치다 porre un'offerta (all'altare)

공방 (工房)〈繪〉 la bottega

공배수 (公倍數)〈數〉 il comune multiplo ¶最小- il minimo comune multiplo

공백 (空白) il vuoto / 정권의 - 시대 il periodo del vuoto del potere / -의 vuoto(a), vaccante

공백 (空白)〈商〉 la vacazione

공범 (共犯) la complicità ¶-者 il complice

공범인 (共犯人)〈法〉 il correo

공병 (工兵)〈軍〉 il geniere ¶-隊 il genio (militare)

공보 (公報) il notiziario, il bollettino ufficiale, le informazioni ufficiali

공복 (公僕) il dipendente pubblico

공복 (空腹) la fame / -을 참다 soffrire la fame / -으로 a stomaco vuoto

공부 (工夫) lo studio / -하다 studiare 1년 어디서 공부하니? Dove studi?

공사 (公使) il ministro ¶特命全權- l'inviato straordinario e ministro plenipotenziario / -館 la legazione

공사 (公社) l'ente pubblico, l'azienda autonoma ¶韓國觀光- Ente Pubblico del Turismo della Corea

공사 (工事) la costruzione, i lavori di costruzione / -를 시작하다 iniziare*cominciare i lavori ¶-費 le spese di costruzione / 土木- i lavori pubblici / 高速道路- la costruzione autostradale / -中 in costruzione, i lavori in corso

공사관 (公使館)〈伊〉 legazione

공산 (共產) la proprietà comune, la comunione dei beni ¶-主義 il comunismo / -主義者 il*la comunista / -黨 il partito comunista

공산주의 (共產主義) il comunismo / -의 comunista, comunistico(a) / - 국가들 i paesi comunisti / 이탈리아-黨 (共產黨) il partito comunista italiano / - 思想 le idee comunistiche / -者 il*la comunista

공상(空想) la fantasia, l'immaginazione, la fantasticheria, il sogno ad occhi aperti, l'idea / -이 풍부한 예술가 l'artista dotato di fantasia / -하다 fantasticare [intr. avere] (di qlco.), sognare, immaginare / -的 fantastico(a), visionario(a), immaginario(a) ¶-小說 il romanzo di fantasia / -家 il sognatore, la sognatrice, il visionario, l'idealista [m. pl. -i] / -과학 la fantascienza

공생(共生)〈生〉 la simbiosi

공석(空席) il posto vacante, il posto disoccupato / -의 vacante

공세(攻勢) l'offensiva / -를 취하다 prendere l'offensiva, passare all'offensiva

공소(控訴)〈法〉 l'appello (a un tribunale superiore), il ricorso / -하다 appellarsi a, presentare un ricorso in appello

공소심재판소(控訴審裁判所)〈法〉 Corte d'Appello

공소재판소(控訴裁判所)〈伊〉 Corti d'Appello

공손한 cortese

공수(空輸) il trasporto aereo / -하다 trasportare per via aerea

공수동맹(攻守同盟) l'alleanza offensiva e difensiva

공술(供述)〈法〉 la deposizione / -하다 deporre

공습(空襲) l'attacco aereo, l'incursione aerea / -敵機의 l'incursione d'aerei nemici / -하다 fare un'incursione aerea

공습경보(空襲警報) l'allarme aereo / -를 발령하다*울리다 suonare*dare l'allarme aereo ¶-解除 il cessato allarme

공시(公示) l'annunzio ufficiale / -하다 notificare*annunziare ufficialmente

공시적(共時的)〈言〉 sincronico(a)

공시태(共時態)〈言〉 la sincronia

공식(公式) la formalità, 〈數〉 la formula / -的, 의 ufficiale, formale 1 공식 언어는 이테리아이며 스페인어나 불어도 자주 쓰인다. La lingua ufficiale è l'italiano; diffuso spagnolo o francese. / 非-的 ufficioso(a) / -的으로 ufficialmente

공안(公安) la pubblica sicurezza ¶-委員 il membro del Comitato della Pubblica Sicurezza

공안국(公安局)〈伊〉 pubblica sicurezza

공약(公約) la promessa (di un partito o di un candidato fatta agli elettori) / -하다 promettere pubblicamente

공약수(公約數)〈數〉 il divisore comune ¶最大- il massimo comun(e) divisore

공양(供養) la messa per un defunto / -하다 celebrare una messa per un defunto, commemorare un defunto

공언(公言) la dichiarazione aperta / -하다 dichiarare apertamente, professare

공업(工業) l'industria / -의 industriale / -用의 per uso industriale ¶-技術 la tecnologia / -化 l'industrializzazione

공업방해(工業妨害) i disturbi industriali

공업용전동기(工業用電動機)〈電〉 i motori industria

공업화(工業化) l'industrializzazione / -하다 industrializzare

공업화학(工業化學)〈化〉 la chimica industriale

공연(公然) / -한 pubblico(a), aperto(a) / -한 비밀 un segreto di Pulcinella / -히 apertamente, pubblicamente

공연(公演) la rappresentazione, lo spettacolo (teatrale) / 첫 회 -을 보러가다 andare al primo spettacolo / -하다 rappresentare (una commedia)

공영(公營) / -의 pubblico(a), (도시의) municipale, cumunale

공예(工藝) le arti industriali / -의 d'arti industriali / -品 il prodotto*l'oggetto d'arti industriali

공용(共用) / -의 di uso comune (con altri)

공용(公用) l'uso pubblico

공원(公園) il parco, il giardino pubblico ¶國立- il parco nazionale

공원(工員) l'operaio*l'operaia (d'officina)

공유(公有) il possesso pubblico / -의 pubblicamente posseduto ¶-財産 la proprietà pubblica

공유(共有) la comunanza (dei beni), la proprietà comune / -의 comune / -하다 possedere qlco. in comune con qlcu.

공유(共有)〈法〉 la comunione

공익(公益) l'interesse pubblico, il bene

공인 (公認) il riconoscimento*l'approvazione ufficiale, l'autorizzazione / -하다 riconoscere*approvare ufficialmente, autorizzare

공임 (工賃) la paga (giornaliera), la giornata

공자 (孔子) Confucio

공짜 il gratis

공작 (公爵) il duca ¶-夫人 la duchessa

공작 (工作) il lavoro manuale*a mano; (廣義의) la costruzione; (政治的) la manovra (politica) / -하다 lavorare a mano; costruire; fare manovre (parlamentari) ¶-器具 gli utensili da lavorazione / -機械 la macchina utensile

공작 (孔雀)〈鳥〉il pavone

공작석 (孔雀石)〈鑛〉la malachite

공장 (工場) la fabbrica, lo stabilimento, l'officina / 自動車 - la fabbrica di automobili / -渡 가격으로 a prezzo di fabbrica ¶-長 il padrone dell'officina, il direttore della fabbrica / -부지 il terreno fabbricabile

공적 (功績) il merito, il valore militare*civile / - 있는 meritorio(a), meritevole

공적 (公的) pubblico(a)

공전 (空前) / -의 inaudito(a), senza precedenti

공전 (空電) i disturbi atmosferici

공전 (公轉)〈天〉la rivoluzione

공정 (公定) / - 의 ufficiale, autorizzato (a), legale; stabilito ufficialmente ¶-價格 il prezzo ufficiale*autorizzato / -割引率 il tasso ufficiale di sconto

공정 (工程) il processo (di lavorazione*produzione), (일의 진척) l'andamento (di lavoro)

공정 (公正) l'imparzialità, la giustizia, la rettitudine / -한 imparziale, giusto(a), ragionevole

공정가격 (公定價格)〈經〉il prezzo di calmiere

공제 (控除) la deduzione, il defalco; l'abbattimento, la ritenuta, il prelievo, la detrazione / -하다〈商〉ritenere, defalcare, detrarre, dedurre defalcare / 급료에서 ~을 -하다 defalcare qlco. dallo stipendio / 급료의 10%를 -하다 ritenere il 10% sullo stipendio ¶基礎- l'abbattimento alla base

공제 (控除)〈商〉la trattenuta

공제회 (共濟會) la società di mutuo soccorso

공존 (共存) la coesistenza / -하다 coesistere

공주 (公主) la principessa

공중 (公衆) il pubblico / -의 pubblico (a) / -의 利益 l'interesse pubblico ¶-沐浴湯 il bagno pubblico / -電話 il telefono pubblico / -電話박스 la cabina telefonica / -衛生 l'igiene*la sanità pubblica / - 化粧室 la latrina pubblica

공중 (空中) mezz'aria / -의 aereo(a) / -에 in aria, nell'aria, nel cielo, tra cielo e terra ¶-爆擊 il bombardamento aereo / -戰 la battaglia aerea

공중목욕탕 (公衆沐浴湯)〈建〉la terme

공중제비 il capitombolo / -하다 capitombolare [intr. essere]

공증인 (公證人) il notaio

공증하다 (公證-) autenticare

공직 (公職) l'ufficio pubblico, la carica pubblica ¶-追放 l'epurazione dall'ufficio pubblico

공진 (共振)〈電〉la risonanza

공차 (公差)〈數〉la differenza comune

공채 (公債) il debito pubblico, il prestito pubblico, i fondi pubblici / -를 발행하다 emettere i buoni (del debito pubblico)

공채 (公債)〈伊〉debito pubblico

공책 il quaderno

공청회 (公聽會) l'udienza pubblica (per ascoltare le opinioni d'alcuni scelti fra i cittadini)

공탁 (供託) il deposito / -하다 depositare, consegnare il deposito ¶-金 il deposito / -者 il*la depositante

공통 (共通) / -의, 的 comune ¶-点 il punto comune / -利害 l'interesse comune

공판 (公判) il giudizio, il processo, l'udienza a porte aperte / -에 붙이다 mettere qlcu. in giudizio (aperto)

공평 (公平) l'imparzialità / -한 imparziale, equo(a), giusto(a) / -하게 imparzialmente, equamente

공포(空砲) (禮砲) lo sparo*il colpo a salve / -를 쏘다 sparare a salve

공포(恐怖) la paura, lo spavento, il terrore, l'orrore / -에 떨다 essere preso dallo spavento, fremere orrore / -를 불러일으키다 suscitare terrore / -스런 pauroso(a), terribile, orribile ¶-感 il sentimento di paura

공포(公布) la promulgazione (d'una legge), l'annuzio ufficiale / -하다 promulgare (una legge), annunziare ufficialmente

공표(公表) la dichiarazione, la pubblicazione / -하다 dichiarare, pubblicare, promulgare, annunziare ufficialmente

공학(工學) l'ingegneria, la tecnologia / -的, 의 tecnologico(a) ¶-士 l'ingegnere / -士의 學位 la laurea d'ingegneria*in ingegneria / -部 la facoltà d'ingegneria / 土木- l'ingegneria civile / 電子- l'ingegneria elettronica

공학(共學) la coeducazione, la classe mista ¶-校 la scuola mista

공항(空港) l'aeroporto [用語] 무선시설(無線施設) gli impianti radio, 활주로등(滑走路燈) le lampade di limitazione pista, 활주로(滑走路) la pista di volo, 유도로(誘導路) la bretella di rullaggio, 풍향기(風向機) la manica a vento, 무선항로표식(無線航路標式) il radiofaro, 공항청사(空港廳舍) l'aerostazione, 관제탑(管制塔) il torre di controllo, 정비공장(整備工場) l'officine, 격납고(格納庫) l'aviorimessa, il hangar

공항청사(空港廳舍)〈空〉l'aerostazione

공항측후소(空港測候所)〈空〉la stazione meteorologica

공해(公害) l'inquinamento

공해(公海) il mare libero*aperto, l'alto mare

공허(空虛) la vacuità / -한 vuoto(a), vacuo(a)

공헌(貢獻) il contributo, la contribuzione / -하다 contribuire a qlco. ¶-者 il contributore

공화(共和) (-政體) il regime repubblicano ¶-國 la repubblica / 이탈리아 -國 La Repubblica Italiana / -黨 il partito repubblicano

공화국(共和國) la repubblica

공황(恐慌)〈經〉la crisi, il panico ; il terrore / -을 일으키다 causare un panico ¶經濟- la crisi economica

공회당(公會堂) il salone per riunioni pubbliche, l'auditorio

공회당(公會堂)〈建〉(재판이나 집회용도) la basilica

공훈(功勳) la benemerenza, il merito

공휴(公休) (法定) la vacanza legale, (一般的) la vacanza (regolare), la festa ¶-日 (il giorno di) vacanza, il giorno festivo, la festa nazionale

과(科) il dipartimento / 이탈리아어- Dipartimento d'Italiano

과(科)〈生〉la famiglia

과(課)〈伊〉la sezione, il servizio

과(그리고) e

과다한(過多-) eccessivo(a)

과당(果糖)〈化〉il fruttosio

과대(誇大) l'esagerazione, l'enfasi / -한 esagerato(a) ¶-妄想症 la megalomania / -妄想家 il*la megalomane

과대망상증(誇大妄想症)〈醫〉la megalomania

과대평가(過大評價) la sopravvalutazione / -하다 dare un'importanza eccessiva a qlco., sopravvalutare

과도(過度) l'eccesso / -한 eccessivo(a) / -한 가격 il prezzo eccessivo / -하게 eccessivamente, troppo, smoderatamente

과로하다(過勞-) strapazzarsi

과망간산염(過度-酸塩)〈藥〉il permanganato

과목(科目) la materia ¶-名 il titolo del corso [用語] 國語 Lingua coreana, 英語 Lingua inglese, 體育 Educazione fisica, 세미나 Seminario, 哲學의 理解 Comprensione della filosofia, 音樂概論 Lineamenti di musica, 피아노레슨 Lezione di pianoforte, 詩唱淸音 Solfeggio e dettato musicale, 專攻實習 Pratica in materia di specializzazione, 合唱심포니 Coro e sinfonia, 教育學基礎 Fondamenti di Pedagogia, 宗教와 圓佛教 Religione e Buddismo Won, 리빙잉글리쉬 Inglese vivo, 文化講演 Conferenza sulla cultura

과반(過半) (투표의) la maggioranza, la maggior parte

과부 la vedova
과산화물(過酸化物)〈化〉il perossido
과세(課稅) la tassazione / -하다 tassare / -할(될) 수 있는 tassabile / -된 tassato(a)
과소고용(過少雇傭)〈經〉la sottoccupazione
과소소비(過少消費)〈經〉il sottoconsumo
과소평가(過小評價) la sottovalutazione / -하다 sottovalutare
과수원(果樹園) il frutteto
과시(誇示) l'ostentazione / -하다 ostentare
과식(過食) il rimpinzamento / -하다 mangiare troppo, rimpinzarsi di (dolci)
과실(果實) il frutto ¶-收穫期 l'abbacchiatura
과실(過失)〈法〉la colpa, l'errore; il fallo, la negligenza
과오(過誤) il fallo / -를 범하다 commettere un fallo / -가 있다 essere in fallo / - 없이 (틀림없이, 확실히) senza fallo
과일(果實) la frutta / - 야채 상점에서 in un negozio di frutta e verdura / 계절- la frutta di stagione ¶-가게 il fruttivendolo / -주스 il succo di frutta
과잉방어(過剩防禦)〈法〉l'eccesso di difesa
과잉생산(過剩生産)〈經〉la sovrapproduzione, l'eccedenza di produzione / -하다 produrre eccessivamente, sovrapprodurre
과잉정정(過剩訂正)〈言〉l'ipercorrettismo
과잉취업(過剩就業)〈經〉la sovraoccupazione
과자 il biscotto
과장(誇張) l'esagerazione, l'enfasi, la smargiassata, la millanteria, la fanfaronata / -하다 esagerare, dire smargiassate, millantare, fare la smargiassata / -된 esagerato(a), enfatico(a) / -되게 esageratamente, con enfasi
과전류(過電流)〈電〉la sovracorrente
과전압(過電壓)〈電〉la sovratensione
과점(寡占)〈經〉l'oligopolio
과정(課程) il corso ¶佛語 - il corso di francese
과정(過程) il processo / 생물체의 老化- il processo d'invecchiamento dell'organismo
과즙(果汁) il succo di frutta

과학(科學) la scienza ¶純粹- la scienza pura / -技術 la tecnologia / -者 lo scienziato
과학기술국(科學技術局)〈伊*敎〉ricerca scientifica
과학주의(科學主義)〈哲〉lo scientismo
관(館) il palazzo
관(管) il tubo ¶鐵- il tubo di acciaio / 水道- il condotto
관(冠) la corona ¶月桂- la corona d'alloro
관(款)〈法〉la sezione
관개(灌漑) l'irrigazione
관객(觀客) lo spettatore, la spettatrice ¶-席 il salone
관계(關係) il rapporto, la relazione, il legame 1 운전할 때 좋지 않은 날씨와 안전 사이엔 어떤 관계가 있나요? Che rapporto c'è tra il cattivo tempo e la sicurezza nella guida? / -해서 in relazione / -없는 estraneo(a) 1 이 여자는 우리 집과 관계가 없다. Questa donna è estranea alla casa. 2 관계없는 사람들에게 출입이 금지 되어있다. (관계자外 출입금지) E' vietato l'ingresso alle persone estranee.
관계문법(關係文法)〈言〉la grammatica relazionale
관계서류(關係書類)〈商〉il dossier, l'evidenza
관공서(官公署) l'amministrazione
관광(觀光) il turismo / -하다 fare del turismo / -의 turistico(a) ¶-客 il*la turista, i turisti (pl.) ¶이탈리아는 여름에 관광객들로 가득 찬다. L'Italia d'estate è invasa dai turisti. → 旅客
관광객(觀光客) il viaggiatore, il*la turista
관념(觀念) l'idea / -的 事實 l'idea / -의*的 ideale / -論的 idealistico(a) ¶固定*强拍- l'idea fissa / -論〈哲〉l'idealismo
관념론(觀念論)〈哲〉l'idealismo
관능(官能) la sensualità / -的 sensuale, voluttuoso(a) / -的인 남자 (好色家) l'uomo sensuale / -的으로 sensualmente ¶-性 la sensualità / -主義 il sensualismo / -主義者 il*la sensualista, il*la sensuale
관대(寬大) l'indulgenza, la generosità; la considerazione / ~에게 -하다 avere la generosità verso qlcu., mostrare l'indulgenza con qlcu. / -한 generoso

(a), indulgente / -한 性品 la natura generosa / -하게 generosamente, indulgentemente
관련어(關聯語)〈繪〉 le voci attinenti
관례(慣例)〈法〉 la prassi / -的 convenzionale
관 리(管 理) l'amministrazione, la direzione / -하다 amministrare, governare, dirigere, regolare, controllare / -의 amministrativo(a) ¶-者*役 l'amministratore, il direttore / -人 (건물 따위의) il*la custode, il guardiano
관목(灌木)〈植〉 il frutice, il cespuglio
관상(觀相) la fisionomia, l'espressione del viso; il volto, la faccia ¶-쟁이 il*la fisionomista
관상대(觀象臺) l'ufficio meteorologico
관상식물(觀賞植物)〈植〉 ornamentale
관성(慣性) l'inerzia
관세(關稅) il dazio doganale, la dogana / -의 doganale ¶-同盟 l'unione doganale
관세와 간접세국(關稅, 間接稅局)〈伊〉 dogane e imposte indirette
관수식세례(灌水式洗禮)〈宗〉 l'aspersione
관습(慣習) l'usanza, l'uso, la consuetudine, la convenzione / -에 따라 secondo l'usanza, come al solito / -의 consueto (a), usuale; regolare
관습법(慣習法)〈法〉 la consuetudine
관심(關心) l'interesse, l'interessamento / -을 보이다 mostrare*avere vivo interesse per qlco.*a v.inf.; interessarsi vivamente a qlco. / -을 갖고 con vivo interesse; volontariamente / -을 갖다 interessarsi
관악기(管樂器)〈音〉 a fiato
관여(關與) la partecipazione / -하다 partecipare [intr. avere] a qlco., prendere parte a qlco.
관용(寬容) la tolleranza, l'indulgenza, la generosità; la considerazione; la magnanimità / ~에게 -을 베풀다 avere la generosità verso qlcu., mostrare l'indulgenza con qlcu.
관용어(慣用語)〈言〉 l'idioma
관용어법의(慣用語法-)〈言〉 idiomatico(a)
관인(官印) il sigillo
관입암(貫入巖)〈鑛〉 la roccia intrusiva
관자놀이〈解〉 la tempia
관장(灌腸)〈醫〉 lo enteroclisma

관장제(灌腸劑)〈藥〉 il clistere
관 절(關 節)〈解〉 l'articolazione, la giuntura / 무릎 - la giuntura del ginocchio
관절염(關節炎)〈醫〉 la artrite
관절증(關節症)〈醫〉 la artrosi
관점(觀點) il punto di vista
관제탑(管制塔)〈空〉 il torre di controllo
관찰(觀察) l'osservazione / -하다 osservare, notare, ispezionare, dare un'occhiata*una scorsa a qlcu.*qlco. / 현상을 -하다 osservare un fenomeno
관철(貫徹) il raggiungimento / (목적을) -하다 raggiungere (una meta*uno scopo)
관측(觀測) l'osservazione / -하다 osservare
관통(貫通) / (총알 따위가) -하다 trafiggere, trapassare (un braccio)
관하여(關) di, su, riguardo a, rispetto a, quanto a, per quanto riguarda a / 그에 - di lui, riguardo a lui / 歷史에 - sulla storia / 나에 - quanto a me, per quanto mi riguarda / 건강에 - 생각하다 pensare alla salute
관해서 → 관하여
관행(慣行)〈法〉 la prassi
관현악단(管絃樂團) l'orchestra
괄호(括弧)〈數〉 la parentesi **1** 괄호 속의 동사들 중에 하나를 가지고 완성하라! Completate con uno dei verbi tra parentesi!
광(光) la luce, il chiarore, l'illuminazione / (靴, 道具를) -내다 lustrare ¶-線 il raggio, il bagliore, il favillo, la scintilla
광(狂) la mania, (熱狂者) lo*la entusiasta, l'appassionato, il fanatico ¶야구- il fanatico del baseball
광(光)〈繪〉 il lume
광견(狂犬) il cane idrofobo ¶-病 la idrofobia
광견병(狂犬病)〈醫〉 la rabbia
광경(光景) lo spettacolo, la scena, la vista, la veduta (di paesaggio)
광고(廣告) la pubblicità, la propaganda, la reclame, l'annuncio pubblicitario / -하다 annunziare, fare pubblicità a qlco. propagare, propagandare / 신문*잡지에 -하다 fare inserire una pubblicità in un

giornale*una rivista ¶-美術 la cartellonistica / -附着 l'affissione / -附着禁止 Divieto di affissione! / -業者 il pubblicitario / -藝術 la cartellonistica / TV*라디오 - la pubblicità televisiva*radiofonica / -欄 la colonna per pubblicità / -料 il prezzo di pubblicità / -代理店 l'agenzia pubblicitaria / -塔 la torre pubblicitaria / -燈 l'insegna luminosa*al neon di pubblicità / -포스터 il cartello pubblicitario / -戰 la campagna propagandistica*pubblicitaria

광고(廣告)〈商〉 la pubblicità; il depliant, il lancio

광고화가(廣告畵家)〈繪〉 il*la cartellonista

광구(鑛區) la zona*l'area mineraria

광기(狂氣) la pazzia, l'insania, la follia / -의 pazzo(a), insano(a), folle

광기(狂氣)〈醫〉 la demenza

광년(光年)〈天〉 l'anno luce

광내다(光-) lucidare

광대(廣大) la vastità, la grandezza, l'immensità, l'enormità / -한 vasto(a), grande, immenso(a), enorme

괄대〈體〉 il pagliaccio

광대뼈〈體〉 lo zigomo

광도(光度) l'intensità luminosa, la luminosità ¶-計 il fotometro

광도계(光度計)〈天〉 il fotometro

광란(狂亂) il delirio, la frenesia

광맥(鑛脈) il filone (d'oro*carbonifero), il giacimento minerario

광명(光明) la luce; la speranza

광물(鑛物) il minerale / -의 minerale [用語] 가색한(假色-) allocromatico, 각섬석(角閃石) l'anfibolo, 각섬석(角閃石) l'orneblenda, 갈철광(褐鐵鑛) la limonite, 감람석(橄欖石) l'olivina, 결핵체(結核?) la concrezione, 골석(滑石) il talco, 광물생성(鑛物生成) la minerogenesi, 광화작용(鑛化作用) la mineralizzazione, 교대작용(交代作用) il metasomatismo, 규산염(硅酸鹽) il silicato, 규석(硅石) la silice, 금(金) l'oro, 납(鉛) il piombo, 녹니석(綠泥石) la clorite, 누대의(累帶-) zonato, 능철광(菱鐵鑛) la siderite, 다색성의(多色性-) pleocroico, 단괴(團塊) il nodulo, 대상의(帶狀-) zonato, 동(銅) il rame, 동형의(同形-) isomorfo, 등방의(等方-) isotropo, 마그네시아 la magnesite, 무수규산(無水珪酸) la silice, 방연광(方鉛鑛) la galena, 방해석(方解石) la calcite, 백금(白金) il platino, 백운모(白雲母) la muscovite, 벤토나이트 la bentonite, 빙구상의(氷丘狀-) mammellonare, 석고(石膏) il gesso, 석면(石綿) l'amianto, l'asbesco, 석석(錫石) la cassiterite, 석영(石英) il quarzo, 섬아연광(閃亞鉛鑛) la blenda, 수은(水銀) il mercurio, 수지상의(樹枝狀-) arborizzato, dendritico, 실리카겔(防濕劑) il gelo di silice, 쌍정의(雙晶-) geminato, 아연(亞鉛) lo zinco, 암염(巖鹽) la salgemma, 엽상의(葉狀-) lamellare, 우라늄 l'uranio, 운모(雲母) la mica, 유황(硫黃) lo zolfo, 은(銀) l'argento, 이극광(異極鑛) la calamina, 이방성의(異方性-) anisotropo, 이산화규소(二酸化珪素) la silice, 이질정동(異質晶洞) la geode, 자철광(磁鐵鑛) la magnetite, la pirrotite, 자형의(自形-) idiomorfo, 장석(長石) il feldspato, 적철광(赤鐵鑛) la ematite, l'oligisto, 정동(晶洞) la drusa, 정장석(正長石) l'ortoclasio, 조장석(曹長石) la albite, 주석(柱石) lo stagno, 중정석(重晶石) la baritina, 진사(辰砂) il cinabro, 철(鐵) il ferro, 층상의(層狀-) lamellare, 크롬철광(-鐵鑛) la cromite, 풍해(風解) l'efflorescenza, 형석(螢石) la fluorite, 황동광(黃銅鑛) la calcopirite, 황철광(黃鐵鑛) la pirite, 휘석(輝石) il pirosseno, 휘석(輝石) la augite, 흑연(黑鉛) la grafite, 흑운모(黑雲母) la biotite

광물생성(鑛物生成)〈鑛〉 la minerogenesi

광물학(鑛物學) la mineralogia [用語] 결정학(結晶學) la cristallografia, 기재암석학(記載巖石學) la petrografia, 암석학(巖石學) la petrologia, 지구화학(地球化學) la geochimica, 〈**광물**(**鑛物**) **Minerali**〉 가색한(假色-) allocromatico, 각섬석(角閃石) l'anfibolo, 각섬석(角閃石) l'orneblenda, 갈철광(褐鐵鑛) la limonite, 감람석(橄欖石) l'olivina, 결핵체(結核体) la concrezione, 골석(滑石) il talco, 광물생성(鑛物生成) la minerogenesi, 광화작용(鑛化作用) la mineralizzazione, 교대작용(交代作用) il meta-

광물학

somatismo, 규산염(硅酸鹽) il silicato, 규석(硅石) la silice, 금(金) l'oro, 납(鉛) il piombo, 녹니석(綠泥石) la clorite, 누대의(累帶-) zonato, 능철광(菱鐵鑛) la siderite, 다색성의(多色性-) pleocroico, 단괴(團塊) il nodulo, 대상의(帶狀-) zonato, 동(銅) il rame, 동형의(同形-) isomorfo, 등방의(等方-) isotropo, 마그네시아 la magnesite, 무수규산(無水珪酸) la silice, 방연광(方鉛鑛) la galena, 방해석(方解石) la calcite, 백금(白金) il platino, 백운모(白雲母) la muscovite, 벤토나이트 la bentonite, 빙구상의(氷丘狀-) mammellonare, 석고(石膏) il gesso, 석면(石綿) l'amianto, l'asbesco, 석석(錫石) la cassiterite, 석영(石英) il quarzo, 섬아연광(閃亞鉛鑛) la blenda, 수은(水銀) il mercurio, 수지상의(樹枝狀-) arborizzato, dendritico, 실리카겔(防濕劑) il gelo di silice, 쌍정의(雙晶-) geminato, 아연(亞鉛) lo zinco, 암염(巖鹽) la salgemma, 엽상의(葉狀-) lamellare, 우라늄 l'uranio, 운모(雲母) la mica, 유황(硫黃) lo zolfo, 은(銀) l'argento, 이극광(異極鑛) la calamina, 이방성의(異方性-) anisotropo, 이산화규소(二酸化珪素) la silice, 이질정동(異質晶洞) la geode, 자철광(磁鐵鑛) la magnetite, 자형의(自形-) idiomorfo, 장석(長石) il feldspato, 적철광(赤鐵鑛) la ematite, l'oligisto, 정동(晶洞) la drusa, 정장석(正長石) l'ortoclasio, 조장석(曹長石) la albite, 주석(柱石) lo stagno, 중정석(重晶石) la baritina, 진사(辰砂) il cinabro, 철(鐵) il ferro, 층상의(層狀-) lamellare, 크롬철광(-鐵鑛) la cromite, 풍해(風解) l'efflorescenza, 형석(螢石) la fluorite, 황동광(黃銅鑛) la calcopirite, 황철광(黃鐵鑛) la pirite, 휘석(輝石) il pirosseno, 휘석(輝石) la augite, 흑연(黑鉛) la grafite, 흑운모(黑雲母) la biotite; 〈**결정조직(結晶組織) Sistemi cristallografici**〉 결정격자(結晶格子) il reticolo cristallino, 단사정형의(單斜晶形-) monoclino, 대칭(對稱) la simmetria, 대칭면(對稱面) il piano, 대칭심(對稱心) il centro, 대칭축(對稱軸) l'asse, 등축정형의(等軸晶形-) mono-metrico, 사방정형의(斜方晶形-) rombi-co, 삼방정형의(三方晶形-) trigonale, 삼사정형의(三斜晶形-) triclino, 육방정형의(六方晶形-) esagonale, 입방정형의(立方晶形-) monometrico, 정방정형의(正方晶形-) tetragonale; 〈**보석(寶石) Gemme**〉 강옥(鋼玉) il corindone, 남옥(藍玉) l'acquamarina, 녹옥수(綠玉髓) il crisoprasio, 다이아몬드 il diamante, 루비 il rubino, 벽옥(碧玉) il diaspro, 비취(翡翠) la giada, 사파이어(靑玉) lo zaffiro, 수정(水晶) il cristallo di rocca, 에메랄드 lo smeraldo, 자수정(紫水晶) l'ametista, 진주(珍珠) la perla, 청금석(靑金石) il lapislazzuli, 청옥(靑玉) lo zaffiro, 카메오 il cammeo, 터키옥(-玉) la turchese, 토파즈(黃玉) il topazio, 호박(琥珀) l'ambra, 홍옥(紅玉) il balascio, 홍옥수(紅玉髓) la corniola, 황옥(黃玉) il topazio, 흑옥(黑玉) il giaietto; 〈**암석(巖石) Rocce**〉 각력암(角礫岩) la breccia, 갈탄(褐炭) la lignite, 결정화강암(結晶花崗巖) la pegmatite, 경석(輕石) la pomice, 공작석(孔雀石) la malachite, 관입암(貫入巖) la roccia intrusiva, 금강석(金鑛石) il brillante, 금괴(金塊) la pepita, 내인암(內因岩) la roccia endogena, 녹주석(綠柱石) il berillo, 다색대리석(多色大理石) l'opale, 단색석(單斜質石) il bardiglio, 대리석(大理石) il marmo, 라테라이트 laterite, 마그마암(-岩) la roccia magmatica, 마조리카도토(-陶土) la maiolica, 무연탄(無煙炭) la antracite, 반려암(斑糲岩) il gabbro, 반암(斑岩) il porfido, 방산충암(放散蟲岩) la radiolarite, 백운암(白雲巖) la dolomia, la dolomite, 백철광(白鐵鑛) la marcassite, 변성암(變成巖) la roccia metamorfica, 보크사이트 la bauxite, la baussite, 분출암(噴出巖) la roccia eruttiva, 비정질암(非晶質岩) la roccia amorfa, 사(砂) la sabbia, 사문석(蛇紋石) il serpentino, 사암(砂巖) l'arenaria, 생물암(生物岩) la roccia organogena, 석(石) la pietra, 석류석(石榴石) il granato, 석반석(石盤石) l'ardesia, 석탄(石炭) il carbon fossile, 석회석(石灰石) il calcare, 석회질암(石灰質片岩) il calcescisto, 설화석고(雪化石膏) l'al-abastro, 섬록암(閃

錄岩) la diorite, 섬장석(閃長石) la sienite, 쇄설암(碎屑岩) la roccia clastica, 수성암(水成岩) la roccia sedimentaria, 숫돌 la cote, 아마존석(-石) l'amazzonite, 알만딘 l'almandino, 알칼리암(-巖) la roccia alcalina, 양기석(陽起石) l'anfibolite, 역암(礫岩) il conglomerato, 엽편상암(葉片狀岩) la roccia laminata, 오커 l'ocra, 옥수(玉髓) il calcedonio, 외인암(外因岩) la roccia esogena, 용암(鎔巖) la lava, la roccia magmatica, 운모대리석(雲母大理石) il cipollino, 운모편암(雲母片巖) il micascisto, 월석(月石) la pietra di luna, 월장석(月長石) la lunaria, 응회석(凝灰石) il peperino, 응회암(凝灰巖) il tufo, 이탄(泥炭) la torba, 인회토(燐灰土) la fosforite, 자갈 il ciottolo, il sasso, la ghiaia, 전기석(電氣石) la tormalina, 점토(粘土) l'argilla, 조면암(粗面岩) la trachite, 조약돌 il ciottolo, 지르콘 lo zircone, 천개석(天蓋石) la lazurite, 천매암(千枚岩) la fillade, 충적암(沖積岩) la roccia detritica, 탄산석회(炭酸石灰) il tufo, 페그마타이트 la pegmatite, 편마암(片麻巖) il gneiss, 편암(片巖) lo scisto, 현무암(玄武巖) il basalto, 혈석(血石) l'eliotropio, 화강암(花崗巖) il granito, 화산자갈(火山-) il lapillo, 화성암(火成巖) la roccia ignea, 황토(黃土) l'ocra, 휘록암(輝綠岩) il diabase, 흑요석(黑曜石) l'ossidiana

광범(廣範) l'ampiezza / -한 ampio(a), esteso(a), vasto(a)
광부(鑛夫) il carbonaio, il minatore
광산(鑛山) la miniera ¶-業 l'industria mineraria
광상곡(狂想曲)〈音〉 il capriccio
광석(鑛石) il minerale
광석검파기(鑛石檢波器) il rivelatore a cristallo
광선(光線) il raggio, la luce, il bagliore, il favillo, la scintilla ¶X- (X 레이) i raggi X*Roentgen / 太陽- i raggi solari
광속(光束)〈物〉 il lumen
광속계(光束計)〈物〉 il lumenometro
광속시(光束時)〈物〉 la lumenora
광시곡(狂詩曲)〈音〉 la rapsodia
광신(狂信) il fanatismo ¶-者 il fanatico
광언(狂言) la farsa; il dramma ¶-自殺 il suicidio finto
광업(鑛業) l'industria mineraria / -의 minerario(a), minerale
광열비(光熱費) le spese di luce e di riscaldamento
광엽수(廣葉樹)〈植〉 la latifoglia, l'albero latifoglio
광원(光源) la sorgente di luce
광의(廣義) / -의 di largo senso
광인(狂人) il pazzo, il matto
광자(光子)〈物〉 il fotone
광장(廣場) la piazza, il piazzale (davanti alla stazione) / (로마의) 스페인 - Piazza Spagna
광적인(狂的) fanatico(a).
광전관(光電管)〈物〉 la fotocellula
광전자증배관(光電子增倍管)〈物〉 il fotomultiplicatore
광채(光彩) lo splendore
광천(鑛泉) la sorgente minerale ¶-水 l'acqua minerale
광택(光澤) il lustro, il lucido, la lucidezza, la lucentezza / -나는, 있는 lustro(a), lucio(a), lucente / -없는 senza lustro / -을 내다 lustrare*lucidare qlco., dare il lustro·il lucido a qlco. / -을 제거하다 togliere il lustro ¶-紙 la carta lucida
광파(光波) l'onda di luce
광폭(狂暴) la furia
광학(光學)〈物〉 l'ottica / -의 ottico(a) ¶-機械 lo strumento ottico
광행차(光行差)〈天〉 l'aberrazione
광화작용(鑛化作用)〈鑛〉 la mineralizzazione
광화학(光化學)〈化〉 la fotochimica
광휘(光輝) lo splendore, la gloria / -로운 splendido(a), brillante, glorioso(a)
광희(狂喜) l'entusiasmo, il trasporto di gioia, l'esaltazione / -하다 essere in un trasporto di gioia, non stare in sè dalla gioia
괴력(怪力) la forza straordinaria
괴로운(苦) sofferente, penoso(a), tormentoso(a), doloroso(a); afflitto(a), amaro(a); insopportabile, intollerabile / - 얼굴을 하다 fare cattivo viso; accigliarsi
괴로움(苦) il tormento, il dolore, la sofferenza, la difficoltà

괴로워하다(苦) soffrire, soffrirsi, contorcersi (dal dolore); essere penoso; essere intollerabile

괴롭히다 (惡靈 따위가) torturare*tormentare qlcu.; portare disgrazia a qlcu.

괴롭히다(苦) affliggere, aggravare, tormentare, travagliare, distrubare, molestare **1** 그의 죽음은 나를 대단히 괴롭혔다. La sua morte mi afflisse molto. **2** 그의 불평 소리는 나를 괴롭힌다. Mi affligge con le sue lamentele. **3** 모기들이 나를 괴롭혔다. Le zanzare mi hanno tormentato. **4** 저 모기가 날 괴롭힌다. Quella mosca mi distruba.

괴멸(壞滅) la schiacciata / -시키다 schiacciare

괴물(怪物) il mostro

굉음(轟音) il rimbombo (del cannone*dell'artiglieria), il gran rumore; il chiasso / -을 내다 rimbombare [intr. avere, essere], rumoreggiare [intr. avere], risuonare in modo cupo, (천둥치다) tuonare [intr. avere, essere] ¶-防止 la prevenzione dei rumori

굉장한(宏壯-) grandioso(a), formidabile

교(橋) il ponte

교가(校歌) l'inno scolastico

교과서(教科書) il libro di testo

교관(教官) il professore (f. -essa)

교구(教區)〈宗〉 la parrocchia

교기(校旗) la bandiera scolastica

교내(校內) l'interno di scuola

교단(教壇) la cattedra, (說教의) pulpito(a)

교대(交代) il turno / -하다 alternare, alternarsi **1** 바람 부는 날과 비오는 날이 번갈아 계속되었다 (서로 교대되고 있었다). Si alternavano giornate di vento e di pioggia. **2** 밤과 낮이 바뀐다 (교대된다). I giorni si alternano con le notti. / 운전을 -하다 alternare alla guida / 근무를 -하다 alternare nel servizio / ~와 -하다 alternare con qlcu. / -로 per turno, a turno / -로 일하다 lavorare a turno*per turno **1** 오늘 그 약국은 교대로 인해 문을 닫았다. Oggi la farmacia è chiusa per turno. / -의 alterno / - 勤務者 il*la turnista / 夜間 - 勤務者들 turnisti di notte

교대작용(交代作用)〈鑛〉 il metasomatismo

교도(教徒) il*la credente, il*la fedele

교도소(矯導所) la prigione

교두보(橋頭堡)〈軍〉 il baluardo

교련(教鍊) le esercitazioni scolastici*militari / -하다 fare esercitazioni militari

교류(交流)〈電〉 la corrente alternata; lo scambio ¶-發電機 l'alternatore / 文化的 scambio culturale, le relazioni culturali (tra l'Italia e la Corea)

교류발전기(交流發電機)〈電〉 l'alternatore

교리(教理)〈宗〉 il dogma

교리(教理)〈哲〉 la dottrina

교만(驕慢) l'orgoglio, l'albagia, l'aterigia / -으로 가득한 인간 una persona piena di albagia / -한 orglioso(a), altezzoso(a), altero(a), superbo(a)

교묘(巧妙) l'abilità, la destrezza, l'astuzia, il talento / -한 abile, esperto(a); astuto(a), furbo(a), accorto(a)

교무(教務) gli affari accademici*scolastici*istruttivi

교무처(教務處) gli affari accademici ¶-長 il direttore degli Affari Accademici

교문(校門) il portone scolastico / -을 따나다 terminare tutti i corsi d'istruzione elementare*secondaria; laurearsi

교미(交尾)〈生〉 l'accoppiamento (sessuale), il coito / -하다 accoppiarsi

교배(交配) l'accoppiamento, l'incrocio / -시키다 incrociare

교배종(交配種)〈生〉 l'incrocio

교부(交付) il rilascio (d'un passaporto) / -하다 rilasciare

교부철학(教父哲學)〈哲〉 la patristica

교사(教師) (一般的) l'insegnante, (初等學校) il maestro (f. -a), (中,高,大) il professore (f. -essa) ¶家庭*個人- il precettore / 新任- il maestro di prima nomina

교사(校舍) l'edificio scolastico

교사(教唆) l'istigazione, l'incitamento / -하다 istigare (qlcu. ad uccidere), incitare (qlcu. al delitto) ¶-者 l'istigatore (f. -trice)

교살(絞殺) lo strangolamento / -하다 strangolare

교서(教書) il messaggio (presidenziale*papale)

교섭(交涉) la trattativa, la negoziazione,

i negoziati / -을 시작하다 iniziare le trattative*i negoziati (con qlcu.), entrare nelle trattative*nelle negoziazioni (con qlcu.) / -하다 aprire*avere le trattive*le negoziazioni, essere in negoziati con qlcu., 〈商〉 mercanteggiare ¶-員 il negoziatore

교수(敎授) il professore(universitario), la professoressa / -하다 insegnare, istruire, fare lezioni ¶-會 il consiglio dei professori / 助- il professore associato / 前- l'ex-professore / -資格者 il*la docente

교수대(絞首臺)〈法〉il patibolo, la forca

교수형(絞首刑) la impiccagione / -에 처하다 condannare all'impiccagione

교실(敎室) l'aula, la classe

교양(敎養) l'istruzione, l'educazione, la cultura / -을 쌓다 farsi un'istruzione / -있는 educato(a), colto(a), istruto(a), beneducato(a), garbato(a) / -없는 maleducato(a), sgarbato(a) ¶-人 l'uomo istruito*colto

교역(交易) il commercio (estero), il traffico / -하다 commerciare qlco., comprare e vendere; commerciare in qlco. ¶-업자 il*la commerciante

교외(郊外) periferia, sobborghi, dintorni / -에 in periferia, nei sobborghi*dintorni di / -의 suburbano(a)

교우(校友) (學友) il compagno scolastico; (大卒者) il laureato (f. -a) ¶-會 Associazione (dei diplomati d'una stessa scuola)

교우(交友) l'amico, l'amica ¶-關係 le relazioni amichevoli

교원(敎員) lo*la insegnante, (初等學校) il maestro (f. -a), (中學校 以上) il professore (f. -essa), (大學講師) il*la docente, il lettore (f. -trice) ¶-資格證 il certificato d'insegnante, il diploma d'abilitazione dell'insegnamento

교원국(敎員局)〈伊*敎〉magistrale

교육(敎育) l'educazione, l'istruzione, l'insegnamento, l'ammaestramento / -을 받다 ricevere l'educazione (scolastica) / -하다 educare, istruire, insegnare, ammaestrare / -上의 educativo(a), istruttivo(a) / -的 istruttivo(a) / -받은 educato(a), istruito(a) ¶義務- l'istruzione obbligatoria / 初等- l'istruzione obbligatoria / 中等- l'istruzione secondaria / 高等- l'istruzione superiore / 大學- l'istruzione universitaria / 才能(英才)- l'educazione dell'ingegno / 性- l'educazione sessuale / 道德- l'educazione morale / -部 Ministero della Pubblica Istruzione / -長官 il ministro della Pubblica Istruzione / -學 la pedagogia / -者 l'educatore, l'istruttore / -心理學 la psicologia educativa / -法 i metodi educativi / 職業- l'insegnamento professionale

교육부(敎育部)〈伊〉Pubblica Istruzione [用語] 초등교육국(初等敎育局) istruzione elementare, 중등교육국(中等敎育局) secondaria di primo grado, 문화국(文化局) classica, 과학기술국(科學技術局) ricerca scientifica, 교원국(敎員局) magistrale, 기술교육국(技術敎育局) tecnica, 직업훈련국(職業訓鍊局) professionale, 대학국(大學局) universitaria, 사적미술국(史蹟美術局) antichità e belle arti, 학술도서관국(學術圖書館局) accademie e biblioteche, 일반국민교육국(一般國民敎育局) educazione popolare, 문화교류국(文化交流局) scambi culturali

교육학(敎育學) la pedagogia

교의(敎義)〈宗〉il dogma, la dottrina / -上의 dottrinale, dogmatico(a)

교의지상주의(敎義至上主義)〈政〉il dottrinarismo

교장(校長) (초*중학교) il direttore, (高校*學部長) il*la preside, (大學) il rettore / 한국여자고등학교 - Preside della Scuola Media Superiore Femminile Hankuk / -職印添加 Apposto il timbro ufficiale del Preside

교재(敎材) i materiali d'insegnamento

교전(交戰) (局部的 戰爭) il combattimento / -하다 combattere (con qlcu.), combattersi ¶-國 il paese*la potenza belligerante, il belligerante / -狀態 la belligeranza, lo stato di guerra

교정(校庭) il giardino di scuola, il campo da giochi sportivi dipendente da una scuola

교정(校正) la correzione (di bozze) / -하

다 correggere le bozze, raddrizzare / 惡習을 -하다 correggere una cattiva abitudine (di qlcu.) ¶-刷 (prima*seconda) bozza in colonna (di stampa)

교정(校訂) la revisione / -하다 rivedere ¶-者 il revisore / -版 (改訂版) l'edizione riveduta e corretta

교정국(矯政局)〈伊〉 istituti di prevenzione e di pena

교정제(矯正劑)〈藥〉 il correttivo

교제(交際) le relazioni d'amicizia, la visita frequente (fra amici), il rapporto d'amicizia / -의 폭을 넓히다 avere una larga cerchia di conoscenze / -하다 essere in (buona) relazione con qlcu., avere le relazioni di amicizia, frequentare qualcuno ¶-家 l'uomo socievole

교조(教條)〈宗〉 il dogma

교직(教職) il professorato, l'insegnamento (universitario*elementare, ecc.)

교차(交叉) l'alternanza, l'intersezione, l'incrocio / 빛과 어둠의 - l'alternanza di luci ed ombre / -하다 intersecarsi, incrociarsi, -된, 한 intersecato(a), incrociato(a) ¶-点 l'intersezione, l'incrocio / -로 l'incrocio

교차(交叉)〈數〉 l'intersezione

교착언어(膠着語言)〈言〉 la lingua agglutinante

교창가(交唱歌)〈音〉 l'antifona

교칙(校則) il regolamento della scuola, il regolamento scolastico

교태(嬌態) la civetteria, l'adulazione, la lusinga / -를 부리다 civettare, adulare, lusingare / -스런 civettuolo(a) / -스런 여자 la civettona

교통(交通) il traffico ¶-部 Ministero dei Trasporti / -手段 il mezzo, il mezzo di trasporto / -大亂 il traffico-caos / -巡警 la polizia stradale / -巡察 il vigile urbano / -量 la quantità di traffico / -整理 il controllo del traffico / -표지판 il segnale stradale / -信號 il semaforo (stradale) / -事故 l'accidente stradale / -障礙 l'intasamento del traffico

교통표지판(交通標識) il segnale stradale

교향곡(交響曲)〈音〉 la sinfonia

교향시(交響詩)〈音〉 il poema sinfonico

교향악(交響樂) la sinfonia ¶-團 l'orchestra sinfonica / -曲 la sinfonia

교향악적(交響樂的)〈音〉 sinfonica

교화(教化) l'educazione, l'ammaestramento, (文明化) l'incivilimento / -하다 educare, ammaestrare, diffondere l'educazione, incivilire, (福音의) evangelizzare ¶-事業 l'opera a fine educazione

교환(交換) lo scambio, il cambio, il ricambio, (物件의) il baratto / -用 部品 i pezzi da ricambio / -하다 scambiare (una cosa con un'altra), cambiare, ricambiare, fare il cambio / 반지를 -하다 scambiare gli anelli / 情報를 서로 -하다 scambiarsi delle informazioni ¶-價值 il valore di scambio / -率 il corso del cambio / (電話)-手 il*la centralinista, l'operatrice / (電話)-局 la centrale telefonica

교환(交換)〈法〉 la permuta

교환(交換)〈商〉 il baratto, lo scambio

교환(交換)〈生〉 il ricambio

교환(交換)〈數〉 la commutazione

교환(交換)〈化〉 lo scambio

교환성(交換性)〈銀行〉 la convertibilità

교환수(交換手) il*la centralinista

교환자(交換子)〈物〉 il commutatore

교활(狡猾) l'astuzia, la furberia, la scaltrezza / -한 astuto(a), malizioso(a), furbo(a), scaltro(a) / -하게 astutamente

교황(教皇) il Papa, il Sommo Pontefice, (敬稱) la Sua santità / -을 選出하다 eleggere il Papa ¶-廳 la Santa Sede, il Vaticano

교황(教皇)〈宗〉 il Papa

교황공사(教皇公使)〈宗〉 l'internunzio

교황대사(教皇大使)〈宗〉 il nunzio

교황사절(教皇使節)〈宗〉 il delegato apostolico

교황선거인(教皇選舉人)〈宗〉 il conclavista

교황청서기(教皇廳書記)〈宗〉 il protonotaro apostolico

교황청서기장(教皇廳書記長)〈宗〉 il protonotaro

교회(教會) la chiesa, la catedrale, il Duomo

교훈(教訓) la lezione, l'ammaestramento, (道義) il morale / -的 morale, didascalico(a), educativo(a)

구(九)(基數) nove; (序數) nono(a) / 第-課 lezione nona

구(求) / -하다 cercare ¶ 너는 집을 구하고 있니? Cerchi una casa?

구(丘) il colle, la collina

구(區) il rione*il quartiere della Capitale ¶-民 gli abitanti (del quartiere di Seocho) / -廳長 il sindaco del rione (di Seocho) / 選擧- la circoscrizione elettorale

구(救) il soccorso, (水難, 火災의 구조) il salvataggio / -하다 salvare (la vita a qlcu.)

구(球) la palla; la sfera, il globo ¶電- il bulbo

구(句)〈言〉la locuzione, (詩歌) il verso ¶副詞- la locuzione avverbiale / 前置詞- la locuzione prepositiva

구(丘)〈地〉il colle

구간(區間) la distanza tra un tratto e l'altro della linea ferroviaria o tranviaria, la tappa

구간(區間)〈數〉l'intervallo

구강과학(口腔科學)〈醫〉la stomatologia

구강병전문의(口腔病專門醫)〈醫〉lo stomatologo

구강병학(口腔病學)〈醫〉la stomatologia

구개(口蓋)〈解〉il palato ¶硬(軟)- il palato duro(molle) / 垂(수) l'ugola

구개수(口蓋垂)〈解〉il velo pendulo

구개수음(口蓋垂音)〈言〉l'uvulare

구개열(口蓋裂)〈醫〉la palatoschisi

구개음(口蓋音)〈言〉la palatale

구걸하다(求乞-) mendicare

구겨지다 (종이) accartocciarsi, (옷) stropicciarsi, sgualcirsi

구경 il giro turistico

구교(舊敎) il cattolicesimo ¶-徒 il cattolico

구구단(九九表) la tavola pitagorica

구균(球菌)〈生〉il micrococco

구금(拘禁) la detenzione / -하다 detenere, trattenere in prigione ¶不法- la detenzione arbitraria

구급(救急) / -하다 accorrere sul luogo (dell'accidente) / -의 di pronto soccorso ¶-箱子 la cassetta di pronto soccorso

구급차(救急車) l'ambulanza / -를 부르다 chiamare un'ambulanza

구기다 (종이를) accartocciare, (옷을) stropicciare, sgualcire

구내(構內) il recinto

구내식당(構內食堂) la mensa ¶ 나는 구내식당에서 밥 먹는다. Mangio alla mensa.

구내염(口內炎)〈醫〉la stomatite

구더기〈蟲〉il verme

구덩이 la cavità, l'incavo

구도(構圖)〈繪〉la composizione

구독(購讀) l'abbonamento (ad un giornale) / -하다 abbonarsi a (una rivista) ¶-者 l'abbonato

구두(口頭) (口述) il verbale / -로 a voce, verbalmente, oralmente / -의 orale, verbale ¶-試驗 l'esame orale*verbale / -約束 la promessa verbale

구두(洋靴) le scarpe / - 한 켤레 un paio di scarpe ¶-가게 il negozio di scarpe / -약 la cera*il lucido da scarpe / -바닥 la suola / -창 la suola

구두기술공〈靴〉il calzolaio

구두끈〈靴〉la stringa

구두유언(口頭遺言)〈法〉il testamento nuncupativo

구두점(句讀點) Il punteggiamento / -을 표기하다 punteggiare ¶-表記 la punteggiatura

구령예정설(救靈豫定說)〈宗〉la predestinazione

구루병(佝僂病)〈醫〉il rachitismo

구류(拘留)〈法〉la carcerazione, l'arresto, la detenzione / -하다 arrestare, detenere

구류해제(拘留解除)〈法〉la scarcerazione

구르다 rotolare, ruzzolare / 계단 밑으로 - rotolare giù per le scale

구름 한점 없는(晴朗-)〈氣〉sereno

구름(雲)〈氣〉la nuvola / -낀 nuvoloso(a), uggioso(a) ¶ 오늘 아침은 날씨가 안 좋군! 하늘엔 구름이 끼어있다. Che brutto stamattina! Il cielo è nuvoloso. / - 낀 날씨 il tempo grigio e uggioso

구릉(丘陵)〈地〉la collina, il colle

구리(銅)〈化〉il rame

구매(購買) l'acquisto, la compra / -하다 comprare ¶-力 il potere d'acquisto / -者 il compratore / -組合 l'associazione cooperativa d'acquisto → 판매

구매력 (購買力)〈經〉 il potere d'acquisto

구멍 (穴) la buca, il buco, il foro / -을 내다 forare, bucare, (터널에~) traforare, (땅을 파다) scavare ¶바늘- la cruna / 단추- l'occhiello / -가게 il negozio piccolo

구멍을 파다 〈彫〉 incavare

구면 (球面) la superficie sferica

구면 (球面)〈數〉 la sfera

구면계 (球面計)〈物〉 lo sferometro

구명 (救命) il salvataggio ¶-보트 la scialuppa di salvataggio / -정(艇) la barca*la scialuppa di salvataggio / -道具 il salvagente, gli strumenti di salvataggio / -벨트 la cintura di salvataggio

구명정 (救命艇)〈海〉 la scialuppa

구미 (歐美) Europa ed America / -의 europeo-americano

구별 (區別) la distinzione / -하다 distinguire / -할 수 없는 indistinguibile

구부러지다 (折曲) curvarsi, incurvarsi

구부리다 (折曲) curvare (un ramo), chinare (la schiena); piegare (una sbarra di ferro)

구부림 (曲) la curva

구분 (區分) la divisione, la suddivisione; (宗派) la setta / -하다 dividere, suddividere

구비 (口碑) la tradizione orale

구사 (驅使) / -하다 esercitare una padronanza su qlcu. / 外國語를 - 하다 padroneggiare una lingua estera

구상 (構想) il progetto, il piano; il disegno

구상명사 (具象名辭)〈言〉 il concreto

구석 l'angolo interno / -에 all'angolo interno

구성 (構成) l'organizzazione, la composizione, la struttura / -하다 formare, organizzare, comporre, strutturare / -되다 consistere ¶ 나의 아파트는 방 5개로 구성되어 있다. Il mio appartamento consiste di cinque stanze. ¶-分子 il*la componente

구성요소 (構成要素)〈建〉 la membratura

구세 (救世) la salvezza del mondo ¶-軍 l'Esercito della Salvezza / -主 il Salvatore, il Redentore

구속 (拘束) la restrizione / -하다 restringere, legare / 사람의 자유를 -하다 (손을 묶다) legare le mani a qlcu., restringere la libertà di qlcu.

구수한 gustoso(a)

구술 (口述) il dettato / -의 orale, verbale / -하다 dettare, dire parola per parola ¶-試驗 l'esame orale, l'orale

구술녹음기 (口述錄音器)〈電〉 il dittafono

구식 (舊式) / -의 antiquato(a); fuori moda*uso; disusato(a)

구실 (口實) il pretesto, la scusa / -을 찾다 trovare un pretesto / ~할 -로 con una scusa*un pretesto di inf., sotto pretesto di ~ / ~의 -로 sotto pretesto di qlco.

구심 (球審)〈스포츠〉 l'arbitro (del baseball)

구심력 (求心力) la forza centripeta / -의 centripeto(a)

구십 (90) (基數) novanta; (序數) novantesimo(a)

구앗초 화법 (-畫法)〈繪〉 il guazzo

구애 (求愛) il corteggiamento / -하다 corteggiare, fare la corte a una donna

구약성서 (舊約聖書)〈宗〉 Vecchio*Antico Testamento

구어 (口語) la lingua parlata, il linguaggio familiare / -의 di lingua parlata ¶-体 lo stile parlato*familiare

구역 (區域) la zona, il quartiere, il settore, il rione

구역질 (嘔吐) la nausea / 임산부의 - la nausea delle donne gravide / -나다 avere la nausea, disgustare, sbalordire a, essere disgustato(a), essere stupefatto(a) / -나게 하다 nauseare / -나는 orribile

구운 (빵 따위를) tosto(a) / - 빵 un pane tosto / - 고기 l'arrosto

구원 (救援) l'aiuto, il soccorso, il sussidio, l'assistenza / -하다 salvare, aiutare, soccorrere, sussidiare, (救急) accorrere sul luogo (dell'accidente)

구월 (九月) settembre ¶ 언제라고? 9월 3일 토요일. Quando? Sabato 3 settembre.

구인 (拘引) l'arresto, la cattura / -하다 arrestare ¶-狀 il mandato d'arresto

구인 (求人) l'offerta d'impiego, (廣告) Cercasi

구입 (購入) la compra, l'acquisto / -하다

구장(球場) il campo da baseball
구적법(求積法)〈數〉la quadratura
구전(口錢) la provvigione, la commissione / 5%의 -을 받다 prendere una commissione del cinque per cento
구제(救濟) l'aiuto, il soccorso, l'assistenza; (人命救助) il salvataggio, la salvezza / -하다 aiutare, soccorrere, prestare assistenza (a qlcu.); salvare la vita (a qlcu.)
구제(驅除) lo sterminio / -하다 sterminare; cacciare via
구조(救助) il soccorso, il ricupero, (물난리*화재의 救命) il salvataggio; l'aiuto / 비행기사고 희생자의 - il ricupero delle vittime di un disastro aereo / -하다 soccorrere, ricuperare, salvare (la vita); aiutare / -를 요청하다 gridare [intr. avere] al soccorso ¶-作業 il salvataggio / -船 la lancia di salvataggio
구조(構造) la struttura, la costruzione / -的 costruttivo(a), strutturale ¶經濟- la struttura economica
구조언어학(構造言語學)〈言〉la linguistica strutturale
구조화학(構造化學)〈化〉la chimica strutturistica
구좌(口座) il conto, il conto corrente / -를 開設하다 aprire un conto (in una banca)
구직(求職) la domanda d'impiego / -하다 cercare un impiego ¶-者 lo*la aspirante (ad un impiego)
구체(具體) / -的 concreto(a) / -的으로 in concreto, concretamente / -化하다 concretare, (商) realizzare
구축함(驅逐艦)〈海〉il cacciatorpediniere, la torpediniera
구출(救出) il ricupero, il salvataggio / 비행기사고 희생자의 - il ricupero delle vittime di un disastro aereo / -하다 ricuperare, salvare qlcu. da qlco., scampare (qlcu. dalla morte) ¶-作業 il salvataggio
구충제(驅蟲劑) lo insetticida (m.pl. -di), il vermifugo, (粉末) il polvere insetticida
구충제(驅蟲劑)〈藥〉l'antielmintico

acquistare, comprare ¶-者 il compratore, la compratrice
구취(口臭) l'alito cattivo
구치(拘置)〈法〉la detenzione
구치소(拘置所) il carcere preventivo
구타(毆打) il colpo, la percossa, la battitura, il picchio, la bussata / -하다 colpire [pr. -isco] col pugno, battere, percuotere, menare le mani
구토(嘔吐)〈醫〉il rigurgito, il vomito, la nausea / -하다 provare nausea, avere la nausea, vomitare, (뱉다) sputare
구토물(嘔吐物)〈醫〉il vomito
구풍제(驅風劑)〈藥〉il carminativo
구하다(救-) salvare, soccorrere; aiutare, cercare
구형(球形) la sfericità, la globosità / -의 sferico(a), globulare
구형(求刑) la domanda*la richiesta d'una pena / -하다 domandare*richiedere una pena (per*contro un accusato)
구호(救護) il soccorso, l'aiuto; (保護) la protezione / -하다 soccorrere, andare al soccorso di qlcu.
구혼(求婚) la proposta di matrimonio / -하다 chiedere la mano, fare proposta di matrimonio ¶-者 il*la pretendente alla mano di una ragazza
구획(區劃) (區分) la divisione, la suddivisione, la ripartizione, (境界) il limite / -하다 dividere, ripartire; limitare ¶-整理 il riordinamento e la pianificazione urbana
국(局) (官廳*會社의) la direzione, il dipartimento, (當局) le autorità (governative) 郵便*電話- l'ufficio (postale* telefonico) / 放送- la stazione della trasmissione radiotelevisiva
국(局)〈伊〉il servizio
국〈食〉la zuppa
국가(國歌) l'inno nazionale
국가(國家) lo Stato, la nazione, il paese / -의 statale, nazionale / 이탈리아 -의 體制 l'ordinamento statale italiano ¶-主義 il nazionalismo
국가관리주의(國家管理主義)〈經〉lo statalismo
국가원수(國家元首) il Capo dello Stato
국가투자부(國家投資部)〈伊〉Partecipazioni Statali
국가회계국(國家會計局)〈伊〉Ragioneria Generale dello Stato

국경(國境) il confine (di uno stato, nazionale), la frontiera / -을 넘다 valicare il confine, sconfinare / -을 通過, 橫斷하다 varcare la frontiera / -을 설치하다 stabilire [pr. -isco] i confini ¶-地域 le zone di frontiera

국고(國庫) Tesoro, l'erario, la tesoreria (dello Stato) / -의 fiscale, erariale ¶-債券 il buono del tesoro, il debito nazionale

국고부(國庫部)⟨伊⟩ Tesoro [用語] 국채(國債) Buoni del Tesoro, 공채(公債) debito pubblico, 상환공채(償還公債) prestito redimibile, 국가회계국(國家會計局) Ragioneria Generale dello Stato, 국고부의 군지국(國庫部, 郡支局) Uffici Provinciali del Tesoro

국고부의 군지국(國庫部, 郡支局)⟨伊⟩ Uffici Provinciali del Tesoro

국교(國交) le relazioni diplomatiche ¶-斷絶 la rottura diplomatica

국기(國旗) la bandiera nazionale

국난(國難) la crisi nazionale

국내(國內) l'interno d'uno Stato*un paese / -의 domestico(a) ¶-空港 l'aeroporto domestico / -生産物 il prodotto nazionale / -産業 l'industria nazionale

국내선수권대회(國內選手權大會) il campionato nazionale

국도(國道) la strada statale

국력(國力) la potenza d'una nazione

국립(國立) -의 nazionale, statale ¶-公園 il parco nazionale / -(私立)大學 l'università statale (privata)

국립고문서관(國立古文書館)⟨伊⟩ archivi di Stato

국면(局面) (段階) la fase, (樣相) l'aspetto, (狀況) la situazione

국무(國務) gli affari dello Stato ¶-總理 Primo Ministro / -省 Dipartimento di Stato / -長官 Segretario di Stato

국무원(國務院)⟨伊⟩ Consiglio di Stato

국문법(國文法) la grammatica della lingua nazionale*coreana

국문학(國文學) la letteratura nazionale*coreana

국물(汁) il brodo, la zuppa, la minestra

국민(國民) il popolo, la nazione / -의 nazionale ¶-性 il carattere nazionale / -所得 il reddito del popolo*nazionale / -大會 la riunione*l'adunanza dei cittadini*del popolo / -投票 il referendum, il plebiscito / -總生産 GNP (prodotto nazionale lordo) / -福祉 il benessere del popolo / -倫理 l'etica nazionale

국민소득(國民所得)⟨經⟩ il reddito nazionale

국민왕당(國民王黨)⟨政⟩ il partito (nazionale) monarchico (PNM)

국방(國防) la difesa nazionale / -의 觀點에서 보면 dal punto di vista della difesa nazionale ¶-部 Ministero della Difesa (nazionale)

국방부(國防部)⟨伊⟩ Difesa [用語] 최고국방회의(最高國防會議) Stato Maggiore della Difesa, 최고국방회의의장(最高國防會議長) Capo di Stato Maggiore della Difesa, 합참본부(合參本部) Consiglio Superiore delle Forze Armate

국법(國法) la legge nazionale

국보(國寶) il tesoro nazionale

국부(局部) la parte, la località / -의 locale, localizzato(a) / -的으로 localmente ¶-痲醉 l'anestesia locale

국부(國富) la ricchezza nazionale

국부마비(局部痲痺)⟨醫⟩ la paresi

국비(國費) le spese statali*erariali

국빈(國賓) l'ospite (m.f.) statale

국사(國事) gli affari di Stato

국사(國史) la storia nazionale*d'una nazione; la storia della Corea

국사변호원(國事辯護院)⟨伊⟩ Avvocatura dello Stato

국산(國産) la produzione*la fabbricazione nazionale ¶-品 il prodotto nazionale

국세(國稅) l'imposta erariale

국소제(局所劑)⟨藥⟩ il topico

국수(國粹) le caratteristiche nazionali ¶-主義 il nazionalismo

국어(國語) la lingua nazionale*coreana

국영(國營) l'azienda nazionale*statale / -의 nazionale, statale ¶-化 la nazionalizzazione

국영도로공단(國營道路公團)⟨伊⟩ Azienda Nazionale Autonoma Strade

국왕(國王) il re / -의 reale, regio(a)

국외(國外) l'estero / -에 all'estero

국외(局外) l'estraneità, la posizione

indipendente ¶-者 l'estraneo, lo straniero / -中立 la neutralità
국위(國威) il prestigio nazionale*dello Stato
국유(國有) / -의 demaniale ¶-財産 il demanio, i beni demaniali
국유공공재산(國有公共財産)〈法〉 il demanio pubblico
국유재산국(國有財産局)〈伊〉demanio
국유철도공사(國有鐵道公社)〈伊〉Azienda Autonoma delle Ferrovie dello Stato
국유화(國有化)〈經〉 la nazionalizzazione / -하다 nazionalizzare
국자(具) la mestola
국장(國葬) il funerale statale / -으로 擧行하다 fare il funerale statale a qlcu.
국적(國賊) il traditore della patria
국적(國籍) la cittadinanza, la nazionalità / -을 取得하다 avere*ottenere*acquistare la cittadinanza / -을 상실하다 perdere la cittadinanza*la nazionalità / -不明의 della nazionalità sconosciuta*incognita ¶韓國- la cittadinanza / 二重- la doppia cittadinanza / -證明書 il certificato di cittadinanza
국정(國定) l'autorizzazione governativa ¶-教科書 il libro di testo autorizzato dal Ministero della Pubblica Istruzione
국정(國情) la situazione nazionale
국제(國際) / -의, 的 internazionale / -的으로 internazionalmente ¶-空港 l'aeroporto internazionale / -法 il diritto internazionale / -公法 il diritto pubblico internazionale / -協定 l'accordo internazionale / -聯合 Organizzazione delle Nazioni Unite (O.N.U.) / -聯合安全保理事會 Consiglio di Sicurezza delle Nazioni Unite / -通貨基金 Fondi Monetari Internazionali / -會議 il convegno*la conferenza internazionale / -管理 il controllo internazionale / -關係 le relazioni internazionali / -情勢 la situazione internazionale
국제 관행(國際慣行)〈法〉 la prassi internazionale
국제선구권대회(國際選手權大會) il campionato internazionale
국제수지(國際收支)〈經〉 la bilancia dei pagamenti
국제어(國際語)〈言〉 l'interlingua, la lingua internazionale
국제혼성어(國際混成語)〈言〉 la lingua franca
국지(局地) la località / -的 locale ¶-解決 la soluzione locale
국채(國債) il debito nazionale
국채(國債)〈伊〉Buoni del Tesoro
국책(國策) la politica nazionale
국철(國鐵) le ferrovie nazionali*statali
국체(國體) il regime dello Stato
국토(國土) il territorio (nazionale) ¶-計劃 il piano*il programma per lo sviluppo del territorio (nazionale) / -保全 l'integrità territoriale (nazionale)
국한(局限) la localizzazione / -하다 localizzare
국화(菊花)〈植〉 il crisantemo ¶野生- il crisantemo selvatico
국회(國會) Parlamento, (미국의회) Congresso, (兩院) due Camere, (衆議院) Camera, Camera dei Deputati, (參議院) Camera dei Consiglieri; (이탈리아 上院) Senato ¶-議員 il membro del Parlamento, il parlamentare, l'onorevole, (衆) il deputato, (參) il consigliere / -議事堂 (Palazzo del) Parlamento [用語] (이탈리아) 가결(可決) l'approvazione, 공개투표(公開投票) il voto palese, 국회경찰(國會警察) i questori, 국회부의장(國會副議長) il vice-presidente, 국회의원(國會議員) il parlamentare, 국회의장(國會議長) il presidente, 기권(棄權) l'astensione, 다수(多數) la maggioranza, 단기투표제(單記投票制) lo scrutinio uninominale, 동의(動議) la mozione, 면책특권(免責特權) l'immunità parlamentare, 반대투표(反對投票) il voto contrario, 법률(法律) la legge, 법안(法案) il disegno di legge, 보통선거(普通選擧) il suffragio universale, 본회의질의(本會議質議) l'interpellanza, 비밀투표(祕密投票) il voto segreto, 사무국원(事務局員) il segretario, 상원(上院) il Senato della Repubblica, 상원의원(上院議員) il senatore, 상임위원회(常任委員會) le commissioni permanenti, 선거(選擧) le elezioni, 선거구(選擧區) il collegio, 선거인(選擧人) gli elettori, 선거집회(選擧集會) i comizi elettorali, 소수(少數) la minoranza, 수정(修正) l'e-

mendamento, 승인(承認) l'approvazione, 신임동의(信任動議) la mozione di fiducia, 심의(審議) la discussione, 우선투표(優先投票) il voto di preferenza, 원로원(元老院) il Senato della Repubblica, 원로원의원(元老院議員) il senatore, 위원회질의(委員會質疑) l'interrogazione, 의사일정(議事日程) l'ordine del giorno, 의석(議席) il seggio, 입법부(立法府) la legislatura, 잠정조치령(暫定措置令) il decreto-legge, 정견연설회(政見演說會) i comizi elettorali, 정족수(定足數) il numero legale, il quorum, 투표소(投票所) la sezione, 표결(票決) la votazione, 하원(下院) la Camera dei Deputati, 하원의원(下院議員) il deputato, 헌법적법률(憲法的法律) la legge costituzionale, 회기(會期) la sessione, 회의(會議) la seduta, 후보자명부투표제(候補者名簿投票制) lo scrutinio di lista

국회개회기간(國會開會期間)〈政〉 la legislatura
국회결석(國會缺席)〈政〉 l'assenteismo
국회경찰(國會警察)〈伊〉 i questori
국회마피아조사위원회(國會-調査委員會)〈政〉 L'antimafia
국회부의장(國會副議長)〈伊〉 il vice-presidente
국회의사방해전술(國會議事妨害戰術)〈政〉 l'ostruzionismo parlamentare
국회의원(國會議員)〈伊〉 il parlamentare
국회의원특권(國會議員特權)〈政〉 l'immunità parlamentare
국회의장(國會議長)〈伊〉 il presidente
국회질의(國會質議)〈政〉 l'interpellanza
군(群) il gruppo; (群衆) la folla, la moltitudine, la calca, la massa; (羊*山羊의) il gregge, (家畜의) la mandra, la mandria, il branco
군(軍) l'esercito, le truppe / 이탈리아 - Esercito Italiano ¶-隊 la truppa, l'esercito / -人 il soldato / -團 l'armata, le forze armate / -機密 la segretezza*il segreto militare / -旗 la bandiera militare, l'insegna / -紀 la disciplina militare
군(郡)〈伊〉 provincia
군(郡)(行政) il circondario
군가(軍歌) i canti di guerra

군국주의(軍國主義) il militarismo / -의 militaristico(a) ¶-者 il militarista
군기(軍旗) la bandiera militare, l'insegna / -를 버리다(投降) abbandonare le insegne
군기(軍紀) la disciplina militare
군단(軍團) l'armata, le forze armate
군대(軍隊) la truppa, l'esercito / -의 militare
군도(軍刀) la sciabola, la spada
군도(群島)〈地〉 l'arcipelago
군무(軍務) il servizio militare
군벌(軍閥) la cricca militare
군법회의(軍法會議) il tribunale militare, la corte marziale
군복(軍服) l'uniforme*la divisa militare
군부(軍部) l'autorità militare
군비(軍備) l'armamento ¶-縮小 la riduzione d'armamenti, il disarmo / -撤廢 l'abolizione degli armamenti, il disarmo
군사(軍事) gli affari militari / -上의 militare, (戰略上) strategico(a)
군사령관(軍司令官) il comandante generale
군사령부(軍司令部) il quartiere generale
군사최고재판소(軍事最高裁判所)〈伊〉 Tribunale Supremo Militare
군상(群像)〈彫〉 il gruppo
군속(軍屬) il civile addetto agli affari militari
군수(郡守)〈伊〉 prefetto
군수품(軍需品) le munizioni
군악대(軍樂隊) la banda militare, la fanfara
군용(軍用) / -의, 으로 per uso militare
군의관(軍醫官) il medico militare
군의회(郡議會)〈伊〉 consiglio provinciale
군의회의원(郡議會議員)〈伊〉 consiglieri provinciali
군인(軍人) il militare, (兵士) il soldato; (將校) l'ufficiale
군인연금(軍人年金)〈法〉 la pensione di guerra
군정(軍政) il regime*l'amministrazione militare
군정부(郡政府)〈伊〉 giunta provinciale
군정부수석(郡政府首席)〈伊〉 presidente della giunta
군정부참사(郡政府參事)〈伊〉 assessori

군주(君主) il sovrano, il monarca ¶-政 la monarchia / -制 la monarchia / 立憲-政 la monarchia costituzionale
군중(群衆) la folla, la moltitudine, la massa, la gente ¶-心理 la psicologia delle masse
군집(群集)〈生〉l'associazione
군청(郡廳)〈伊〉prefettura
군축(軍縮) la riduzione d'armamenti, il disarmo
군함(軍艦) la nave da guerra
군항(軍港) il porto navale
굳게(着) con fermezza
굳은(堅) duro(a); risolto(a) / -살 il callo
굴 l'ostrica; il tunnel, la galleria, la caverna
굴곡(屈曲) l'incurvatura, la flessione, (道路의) il serpeggiamento
굴곡운동(屈曲運動)〈體操〉la flessione
굴곡해안(屈曲海岸)〈地〉la costa frastagliata
굴뚝 il comignolo, il camino
굴뚝〈海〉il fumaiolo
굴러가다 rotolarsi
굴리다(回轉) rotolare, ruzzolare
굴복(屈服) la sottomissione, 〈軍〉(降服) la resa, la capitolazione / -시키다 sottomettere, assoggettare / -하다 sottomettersi, assoggettarsi, arrendersi, capitolare
굴욕(屈辱) l'umiliazione / -的 umilante
굴절(屈折)〈言〉la flessione
굴절(屈折)〈天〉la rifrazione / -하다 rifrangersi / -이 쉬운 flessibile
굴절계(屈折計)〈物〉il rifrattometro
굴절계(屈折計)〈化〉il rifrattometro
굴절률(屈折率)〈物〉l'indice di rifrazione
굴절언어(屈折言語)〈言〉la lingua flessiva
굴지(屈指) / -의 distinto(a), eminente, illustre, perminente
굴착기(窟鑿機) l'escavatore
굶다(虛飢) affamare
굵기 lo spessore
굵은 쇠줄〈彫〉la raspa
굵은 grosso(a)
굶주린 affamato(a)
굽(구두의) il tacco
굽다(빵, 고기를) abbrustolire, tostare, arrostire, fare*cuocere (il pane al forno) / 고기 한 조각을 - arrostire un pezzo di carne
굽다(曲) curvarsi, piegarsi
굽기 la tostatura
굽은 curvo(a)
굽히다(曲) (몸, 허리를) chinarsi
굽히다(曲) curvare, piegare
궁(宮) il tempio sintoista
궁궐(宮闕) il palazzo imperiale
궁술(弓術) il tiro all'arco ¶-家 l'arciere (f. -a)
궁전(宮殿) il palazzo, il palazzo reale 1 시뇨리아 궁전은 피렌체에 있다. Il palazzo della Signoria e a Firenze.
궁전(宮殿)〈建〉il palazzo
궁정(宮廷) la corte (imperiale*reale)
궁중(宮中) la corte (imperiale)
궁지(窮地) la situazione difficile, il dilemma
궁핍(窮乏) l'indigenza / -한 indigente / -한 사람 l'indigente
권(卷) il volume, il tomo, la copia / 잡지 한 - una rivista / 第 1 - il primo volume
권고(勸告) / -하다 consigliare, avvisare; raccomandare; incoraggiare
권능(權能) l'autorità
권력(權力) l'autorità ¶國家- l'autorità dello Stato
권력(權力) il potere
권력의 천사(權天使)〈宗〉i principati
권리(權利) il diritto
권선(捲線)〈電〉l'avvolgimento
권운(卷雲)〈氣〉il cirro
권위(權威) l'autorità / -있는 autorevole
권위주의(權威主義)〈政〉il bonapartismo
권적운(卷積雲)〈氣〉il cirrocumulo
권총(拳銃) la pistola
권층운(卷層雲)〈氣〉il cirrostrato
권태(倦怠) la noia, il tedio, la stanchezza / -롭다 annoiarsi di, sentire noia, soffrire noia / -로운 pesante, noioso(a), tedioso(a) / -롭다 annoiarsi, sentire noia, essere preso dal tedio
권투(拳鬪)〈스포츠〉il pugilato / -선수 il pugile ¶-글러브 i guantoni da pugile [用語] 기권(棄權) l'abbandono, 넉아웃 il knock-out, 라운드 la ripresa, il round, 라이트급 il leggero, 라이트웰터급 il welter leggero, 링 il ring, 미들급 il medio, 밴텀급 il gallo, 블로킹 il

bloccaggio, 스윙 la sventola, il swing, 스트레이트 il diretto, 업퍼컷 il montante, l'uppercut, 웰터급 il welter, 잽 il jab, 플라이급 la mosca, l il gancio

권한(權限) l'autorità

궤도(軌道) l'orbita; il binario, la rotaia / 人工衛星을 -에 올리다 mettere in orbita un satellite artificiale ¶天體- l'orbita celeste

궤도경사(軌道傾斜)〈天〉 l'inclinazione della orbita

궤변(詭辯)〈哲〉 il sofisma

궤양(潰瘍)〈醫〉 la ulcera

궤적(軌跡) il battistrada

귀(耳) (人의) l'orecchio (m.pl. -chi), (動物의) l'orecchia (f.pl. -chie) / -기울이다(傾聽) tendere l'orecchio, prestare*dare orecchio a qlcu.*qlco., ascoltare bene ¶-이개 il pulisciorecchi / -지 il cerume [用語] 고막(鼓膜) la membrana del timpano, 내이신경(內耳神經) il nervo acustico, 달팽이관 la coclea, la chiocciola, 반규관(半規管) il canale semicircolare, 외이(外耳) il padiglione, l'orecchio esterno, 이관(耳管) il canale tubarico, 중이(中耳) il meato acustico, l'orecchio medio, 추골(搥骨) il martello, 침골(砧骨) la incudine

귀가(歸家) il ritorno a casa / -하다 (ri)tornare a casa

귀걸이 gli orecchini (d'oro)

귀결(歸結) la conseguenza, la conclusione, (結果) il risultato / -되다 essere concluso(a)

귀경(歸京) / -하다 rientrare nella capitale*a Seoul

귀국(歸國) / -하다 tornare*ritornare in paese*patria, rimpatriare

귀금속(貴金屬) il metallo prezioso, la pietra preziosa, (寶石) gioiello ¶-商 il gioielliero / -商店 la gioielleria

귀납(歸納)〈哲〉 l'induzione / -하다 indurre / -的 induttivo(a) ¶-法 il metodo induttivo

귀뚜라미(-蟲) il grillo

귀로(歸路) partire per il ritorno (a casa)

귀머거리(難聽)〈醫〉 la sordità, il sordo (f. -a)

귀부인(貴夫人) la dama

귀빈석(貴賓席) il podio

귀선(歸船) / -하다 rientrare nel proprio porto*nel porto di partenza; navigare per la patria

귀성(歸省) / -하다 ritornare al paese nativo*a casa (dopo la lunga assenza)

귀속(歸屬) la dipendenza, l'appartenenza / -하다 dipendere da*essere dipendente da qlcu., appartenere a qlcu.

귀신(鬼神) il fantasma il demone, il demonio

귀여운 agraziato(a), carino(a), amabile 1 무척 귀여운 여자 친구구나! Che amica carina!

귀여움 l'amabilità

귀여워하다 aggraziare, accarezzare

귀이개 il pulisciorecchi

귀저기 il pannolino

귀족(貴族) il nobile [<-> il plebeo], l'aristocrazia / -的 aristocratico(a) ¶-趣味 il gusto aristocratico

귀중(貴重) la preziosità / -한 prezioso (a), caro(a), di gran valore*pregio ¶-品 gli oggetti preziosi

귀지 il cerume

귀착(歸着) l'arrivo / -하다 arrivare*giungere a un punto*a una conclusione

귀찮게 하다 importunare*infastidire [pr. -isco] qlcu. (con richiesta ripetuta)

귀찮은 fastidioso(a), importuno(a), molesto(a)

귀하(貴下) Spettabile (Ditta Tecniwork)

귀한(貴-) nobile; prezioso(a)

귀향(歸鄕) / -하다 ritornare*tornare in paese nativo

귀환(歸還) il rientro, il ritorno, (軍隊, 捕虜, 祖國의) il rimpatrio / -하다 rientrare, rimpatriare ¶-兵 l'ex-combattente rimpatriato nel dopoguerra

귓불(-體) il lobo dell'orecchio

귓속말 il bisbiglio / -하다 bisbigliare, parlare all'orecchio / -하다 mormorare [intr. avere, tr.], bisbigliare [intr. avere]

규격(規格) lo standard

규명(糾明) / -하다 esaminare

규모(規模) la scala / 大-로 su larga scala

규범(規範)〈哲*法〉 la norma

규산염(硅酸鹽)〈鑛〉 il silicato

규석(硅石)〈鑛*化〉 la silice

규소(硅素)〈化〉 il silicio, il silicone
규약(規約) l'accordo, il patto, la convenzione
규율(規律) la disciplina, la regola / -的 disciplinato(a), regolato(a), ordinato(a) / -바르게 disciplinatamente, in buon ordine
규정(規定) la definizione, la prescrizione, il regolamento, la disposizione / 境界의 - la definizione di un confine / -하다 prescrivere, ordinare, regolare, disporre / -의 prescritto(a), ordinato(a), regolamentare
규정(規定)〈法〉 la norma
규제(規制) il regolamento / -하다 regolare
규준(規準) il criterio
규칙(規則) la norma, la regola, 〈法〉 il regolamento / -을 지키다 seguire la norma / 文法的 - la regola grammaticale / -的 regolare, normale / -的인 운동 il moto regolare / -的으로 regolarmente, normalmente ¶ -書 l'opuscolo del regolamento
규탄(糾彈) l'accusa, l'imputanzione, la censura / -하다 accusare, imputare, censurare / 政府를-하다 censurare il governo
규폐증(硅肺症)〈醫〉 la silicosi
규합(糾合) la radunata, la convocazione / -하다 radunare, convocare
균등(均等) l'uguaglianza, la parità / -하다 ugualiare, rendere uguale una cosa ad altra / -한, 의 uguale, pari; simile, stesso(a); (等價의) equivalente **1** A와 B는 균등하다. A è uguale*equivalente a B. / -하게 ugualmente, alla pari, parimente ¶ -化 l'agguagliamento
균열(龜裂) la screpolatura, la spaccatura, l'incrinatura, la fessura / -된 screpolato(a) / -되다 screpolare, screpolarsi, spaccarsi
균일(均一) l'uniformità; (同等) la parità, l'uguaglianza / -의, 한 uniforme; pari, uguale
균형(均衡) la bilancia, l'equilibrio, (對比) la proporzione, (對稱) la simmetria / -을 잡다 equilibrarsi / -을 維持하다 tenere in equilibrio / -을 잃다 perdere l'equilibrio / -된 bilanciato(a), equilibrato(a), simmetrico(a), proporzionato(a) / -잡힌 몸매 un corpo ben proporzionato
귤 il mandarino
그 lui, egli
그것 quello(a), esso(a), ciò
그곳 là, lì
그 당시(當時) allora **1** 그 당시 우리는 자주 만나곤 했다. Allora ci incontravamo spesso. / -의 di quegli anni
그네 (놀이기구의) l'altalena / - 타고 놀다 giocare all'altalena
그녀 lei
그녀의 suo(a)
그늘(陰) l'ombra **1** 나는 그늘에 있다. Sto all'ombra. / 나무 -에 all'ombra d'un albero
그들 loro
그때 allora **1** 그때 우리는 자주 만나곤 했다. Allora ci incontravamo spesso. / -부터 da allora in poi
그라베〈音〉 grave (莊重한)
그라비쳄발로〈音〉 il gravicembalo
그라운드 il campo da giochi
그라운드〈蹴〉 il campo
그나치오소〈音〉 grazioso (우아한)
그랑프리 il gran premio
그래서 perciò, quindi, a questo proposito
그래프 il diagramma, il grafico
그래픽 la grafica
그램 grammo
그러나 però, ma, tuttavia, comunque, eppure, invece **1** 그는 불어를 듣고 이해는 한다. 그러나 말은 못한다. Capisce il francese, tuttavia non lo parla. **2** 나는 좋은 일을 하라고 그를 충고했다. 그러나 그는 여전히 자기식대로 행동했다. L'ho consigliato per il suo bene, eppure ha fatto a suo modo.
그러면 allora, ebbene, dunque **1** 그러면, 도대체 하고 싶은 말이 뭔데? Ebbene, che cosa avete da dire?
그러한 tale / - 類의 di quel genere / - 式의 di quel modo / - 風의 in quel modo, in quella maniera
그런 tale / - 行動 una tale azione / - 式으로 così, in tale modo
그럴듯하게 probabilmente, non è sicuro ma possibile
그럴듯한 verosimile

그럴듯함 la probabilità
그럼 allora
그렇게 così 1 그렇게 말하면서 그는 가버렸다. Così dicendo, se ne andò.
그렇고 말고 certamente, davvero
그렇기 때문에 dunque 1 늦었다. 그렇기 때문에 우리는 서둘러야만 한다. E' tardi, dunque dobbiamo affrettarci.
그렇지 않으면 altrimenti, se no, in caso contrario 1 그렇지 않으면 나는 호루라기를 불어야 한다. Altrimenti io devo fischiare.
그레고리안 성가의 (- 聖歌)〈音〉gregoriana
그로테스크 (奇怪, 奇妙, 異常스런) grottesco(a)
그로테스크양식 (-樣式)〈繪〉la grottesca
그루터기 il ceppo
그룹(集團) il gruppo
그릇 il recipiente
그리니치〈天〉(l'osservatorio astronomico di) Greenwich ¶-標準時 l'ora di Greenwich
그리고 e
그리다〈描〉〈繪〉dipingere
그리다(畵) disegnare 1 그 어린이는 그림을 아주 잘 그린다. Quel bambino disegna molto bene.
그리드〈物〉la griglia
그리스〈國名〉la Grecia / -人, -의 greco(a) / - 女學生 una studentessa greca ¶-語 il greco
그리스도〈宗〉il Cristo / -의 죽음 la Crocefissione ¶-敎 il cristianesimo / -敎徒 il cristiano, la cristiana
그리스어 (-語)〈言〉il greco
그리워하다 sentire la mancanza di, avere nostalgia
그림(畵) il dipinto, il quadro, la pittura, il disegno / -그리다 dipingere 1 거실 벽화를 그렸다. L'artista ha dipinto le parete della sala. ¶-葉書 la cartolina illustrata
그림자 l'ombra
그만 basta!
그만두다〈抛棄, 中止〉smettere 1 금주하고자 한다. Desidero smettere di bere.
그물〈網〉la corda, la rete
그사이에 frattanto
그에 반해서 invece 1 그 반해서 난 커피를 마시겠어. Per me, invece, un caffè.

그와 같은 tale, così, come quello / - 경우에 in tale caso
그와 반대로 al contrario, invece
그을음 la fuliggine / -이 낀 fuligginoso(a)
그저께 l'altro ieri
그처럼 così 1 그처럼 저녁이면 나는 거의 항상 외출한다. Così la sera esco quasi sempre.
그치다〈止〉cessare, smettere / 갑자기 - cessare [intr. essere, avere] d'improvviso
극(劇) il dramma, lo spettacolo teatrale / -的 drammatico(a) ¶牧歌- il dramma pastorale / TV- il dramma televisivo / 歌- il dramma lirico / -界 il mondo*la sfera teatrale / -團 la compagnia (teatrale) / -評 la critica teatrale / -化 la drammatizzazione / -作家 lo scrittore*la scrittrice drammatico(a), il drammaturgo, la drammaturga
극(極)〈數〉il polo
극(極)〈電〉i poli
극(極)〈地〉il polo / -의 polare ¶南- il polo antartico / 北- il polo artico
극거리(極距離)〈天〉la distanza polare
극광(極光)〈氣〉l'aurora
극광(極光)〈天〉l'aurora polare, (北極의) l'aurora boreale; (南極의) l'aurora australe
극권(極圈)〈地〉il circolo polare
극기(克己) il vincere sè stesso ¶-心 la padronanza di sè, lo spirito stoico
극단(極端) il limite estremo, l'estremità; (極度) l'eccesso / -의,-的 estremo(a); eccessivo(a) / -的으로 estremamente; eccessivamente, all'eccesso
극대(極大)〈數〉massimo(a) / -의 massimo(a), grandissimo(a) ¶-量 la massima quantità
극도(極度) l'estremità, l'estremo / -의 estremo(a) / -의 貧困에 빠지다 cadere in miseria estrema / -로 estremamente, all'estremo, all'eccesso / -로 憎惡하다 odiare all'eccesso
극동(極東) l'Estremo Orientale
극락(極樂) il paradiso
극력(極力) / -하게 con tutto il possibile, con ogni sforzo
극복(克服) la conquista / -하다 conquistare, vincere, superare (ogni diffi-

콜타), sormontare (le difficoltà finanziarie)

극비(極祕) la massima segretezza / -로 in tutta segretezza, con la massima segretezza / -로 다루다 trattare (un documento) con la massima segretezza

극빈(極貧) l'indigenza, la misera / -한 indigente, misero(a), povero(a) ¶-者 l'indigente

극성(極性)〈電〉 la polarità

극소(極小) / -의 minimo(a) ¶-量 la minima quantità

극소(極小)〈數〉 minimo(a)

극약(劇藥) il farmaco potente

극우(極右) l'estrema destra ¶-黨 il partito di estrema destra

극작가(劇作家) lo scrittore*la scrittrice drammatico(a), il drammaturgo, la drammaturga

극장(劇場) il teatro; il cinema **1** 너 극장에 가니? Vai a teatro? ¶-廣告 il cartellone

극장광고(劇場廣告)〈繪〉 il cartellone

극적인(劇的-) drammatico(a)

극점(極點) il punto culminante*estremo, il polo, (頂点) il colmo, il culmine / -에 다다르다 culminare, giungere al punto culminante

극좌(極左) l'estrema sinistra ¶-黨 il partito di estrema sinistra

극지(極地) la terra*la zona polare ¶-探險 l'esplorazione polare

극초단파(極超短波) le onde ultracorte

극치(極致) il culmine, lo apice; (完全) la perfezione

극치적(極値的)〈數〉 estremo(a)

극판(極板)〈電〉 l'armature, la piastra

극한(極限) il limite, il punto estremo, l'estremità, l'eccesso

극한(極限)〈數〉 il limite

극화(劇化) la drammatizzazione, l'adattamento teatrale / -하다 drammatizzare, rendere adatta un'opera letteraria alla rappresentazione scenica, adattare un romanzo per il teatro

근(根) la radice

근(根)〈數〉 la radice

근간(近刊) la pubblicazione prossima, l'ultima*la recentissima pubblicazione*edizione / -의 recentemente pubblicato

근간(根幹) la radice e il tronco; il nucleo, la base, il fondamento

근거(根據) la base, il fondamento, il motivo / -하여 in base a ¶-地 la base (militare)

근거리(近距離) la poca*la breve distanza

근검(勤儉) (la diligenza ed) l'economia / -한 (diligente ed) economico / -節約하는 사람 la persona parsimoniosa*economa

근교(近郊) i dintorni, la vicinanza, i sobborghi d'una città / 로마 -에 nei dintorni*sobborghi di Roma, in vicinanza di Roma

근년(近年) in questi ultimi anni

근대(近代) l'evo*il tempomoderno / -의, 的 moderno(a) ¶-化 la modernizzazione

근대화(近代化) la modernizzazione / -하다 modernizzare

근동(近東) il Vicino Oriente

근래(近來) in questi ultimi giorni, di recente, recentemente / -의 ultimo(a), recente

근로(勤勞) (l'assiduità al) lavoro ¶-奉仕 il servizio del lavoro / -階級 la classe lavoratrice, la classe salariata / -所得 il guadagno*il reddito del lavoro / -所得稅 l'imposta sul reddito ricavato dal lavoro

근로자(勤勞者) il lavoratore

근면(勤勉) la diligenza, l'assiduità / -한 diligente, assiduo(a) / -하게 assiduamente, ininterrottamente

근무(勤務) il servizio, il turno / - 時間 l'orario*le ore d'ufficio*servizio / 夜間 - il turno di notte / -하다 impiegarsi a (una ditta), servire, lavorare [intr. avere] in*presso un ufficio*una ditta, prendere servizio presso / - 中이다 essere in servizio; essere in carica

근본(根本) il fondamento / -的 fondamentale / -的으로 fondamentalmente

근사(近似)〈數〉 l'approssimazione

근사치(近似値) il valore*la cifra approssimato(a)

근사한 stupendo(a) **1** 근사한 경치 군 그래! Che stupendo panorama!

근성(根性) il carattere, lo spirito, la natura / -이 나쁜 di cattivo carattere, malizioso(a) / 경박스러운 - il carattere spregevole

근세(近世) l'evo moderno ¶-史 la storia moderna
근속(勤續) il servizio continuo / -하다 lavorare continuamente (presso la stessa ditta) ¶-者 la persona in lungo servizio
근시(近視)〈醫〉 la miopia / -의 miope
근시안(近視眼) la miopia, (人) il*la miope / -의 miope ¶-鏡 gli occhiali da miope
근신(謹愼) la penitenza / -하다 mostrare la propria penitenza restando in casa; fare del proprio meglio per comportarsi bene
근심(根尋) il disagio, l'ansia / -스런 ansioso(a)
근엄(謹嚴) la serietà, la severità / -한 serio(a), severo(a), grave
근원(根源)(起源) l'origine, (源泉) la sorgente, la fonte, (原因) la causa
근육(筋肉) il muscolo / -質이다 essere tutto muscoli / -의 muscolare
근육긴장이상(筋肉緊張異常)〈醫〉 la distonia
근육조직(筋肉組織) il sistema muscolare [用語] 삼각근(三角筋) il deltoide, 전두근(前頭筋) il frontale, 측두근(側頭筋) il temporale
근육주사(筋肉注射)〈藥〉 l'iniezione intra-muscolare
근일(近日) uno di questi giorni / - 중에 prossimamente, fra breve, fra giorni
근일점(近日點)〈天〉 il perielio
근저(根底) il fondo, il fondamento, la base, la radice / -로부터 fondamentalmente, radicalmente
근절(根絕) lo sterminamento, l'annientamento, lo sradicamento, l'estirpazione / -하다 sradicare, estirpare / -시키다 sterminare, annientare, sradicare
근접(近接) l'avvicinamento / -하다 avvicinarsi, venire vicino
근착(近着) / -의 arrivato(a)*giunto(a) di recente
근처(近處) la vicinanza; i dintorni, i sobborghi / -에 in questa vicinanza; nei dintorni di (una citta), nei sobborghi; vicino a, accanto a ¶볼로냐 -에 vicino a Bologna **1** 내 근처에 (옆에) 앉아라! Siediti accanto a me!
근친(近親) il*la parente stretto(a)*prossimo(a)
근친상간죄(近親相姦罪)〈法〉 l'incesto
근하신년(謹賀新年) Buon Anno e Buon Proseguimento, Felice Anno Nuovo, Buon Anno
근해(近海) i mari vicini, i mari costieri ¶-漁業 la pesca nelle acque territoriali / -航路 la navigazione costiera
근황(近況) la notizia, l'attuale*la presente situazione di qlcu.*qlco.
글(書) la lettera / -로서 per iscritto **1** 먼저 말로서, 그리고 글로서 대답해 보라! Rispondete, prima oralmente e poi per iscritto!
글라디올러스〈植〉 il gladiolo
글라이더(glider) l'aliante
글러브(glove) (拳鬪) i guantoni, (野球) il guanto da baseball
글루타민 산(-酸)〈藥〉 l'acido glutammico
글리세린〈化〉 la glicerina
글리코겐 il glicogeno
글씨체(-体) la forma d'un carattere*una lettera, (活字) il tipo
글자 la lettera
긁다 grattare, grattarsi
긁어 그리다〈繪〉 graffire
긁어 그린 그림〈繪〉 il graffito
금 lo screpolo / -가다,(龜裂) screpolare, screpolarsi / -간 screpolato(a)
금(禁) la proibizione, / -하다 proibire [pr. -isco], vietare
금(金)〈鑛·化〉 l'oro / 18- l'oro a diciotto carati / -鍍金된 dorato(a) / -의, 으로 된 d'oro, aureo(a) ¶-니 il dente coperato d'oro / -단추 il bottone dorato / -貨 la moneta d'oro / -塊 la pepita d'oro
금강사(金剛砂) il polvere di smeriglio ¶-유리 il vetro smerigliato
금강석(金剛石) il diamante
금고(禁固)〈法〉 la reclusione, l'imprigionamento; (拘留) la detenzione / -하다 recludere, imprigionare; detenere
금고(金庫)〈銀行〉 la cassetta di sicurezza, la cassaforte / -를 털다 scassinare una cassaforte
금관악기(金管樂器)〈音〉 a fiato ottoni
금광(金鑛) la miniera d'oro
금광석(金鑛石)〈鑛〉 il brillante
금괴(金塊)〈鑛〉 la pepita, la pepita d'oro

금기(禁忌) le controindicazioni

금년(今年) questo anno, l'anno corrente, il presente anno / -에 questo anno / -내로 entro l'anno*questo anno

금년도(今年度) la presente annata ¶-會計 l'annata finanziaria

금니 il dente coperato d'oro

금도금(金鍍金) la doratura / -하다 dorare

금리(金利) (il tasso di) interesse ¶-引上 il rialzo dell'interesse / -引下 il ribasso dell'interesse

금물(禁物) il tabù / -의 tabù, proibito(a)

금박(金箔) la foglia d'oro, l'oro in foglia

금발(金髮) i capelli biondi / -의 biondo(a)

금방 appena; in un attimo

금본위제(金本位制) il sistema*il regime aureo

금붕어〈魚〉il pesce rosso

금색(金色) il colore d'oro*aureo / -의 dorato(a)

금성(金星)〈天〉Venere

금세공하다(金細工-)〈彫〉cesellare

금속(金屬)〈彫*化〉il metallo / -의 metallico(a)

금액(金額) la somma, l'importo

금언(金言) la massima (morale), il motto, il proverbio

금연(禁煙) la proibizione di fumare, "vietato fumare" 1 나는 금연하고 싶다. Desidero smettere di fumare. / -하다 astenersi dal fumo ¶-車 lo scompartimento per non-fumatori

금요일(金曜日) il venerdì

금욕(禁慾) l'astinenza, la continenza, (苦行) la mortificazione (della carne) / -하다 essere astinente*continente di ; astenersi dal bere ¶-生活 la vita ascetica*d'astenenza / -主義 l'ascetismo

금욕주의(禁慾主義)〈宗*哲〉l'ascetismo

금융(金融) (融資) il finanziamento (bancario) ¶-界 il mondo finanziario, i circoli bancari / -機關 l'organo*l'istituto finanziario / -市場 il mercato finanziario

금일(今日) oggi

금전(金錢) il denaro, la moneta / -上의 monetario(a), finanziario(a), pecuniario(a) ¶-登錄器 il registratore di cassa

금주(禁酒) l'astensione dalle bevande alcoliche / -하다 astenersi dalle bevande alcoliche ¶-運動 la campagna anti-alcolica

금주(今週) questa settimana

금준비(金準備)〈經〉la riserva aurea

금지(禁止) la proibizione, l'interdizione, il divieto / -하다 proibire [pr. -isco], vietare, interdire / -시키다 proibire [pr. -isco] / 示威 (데모)를 -하다 proibire una manifestazione / -된 proibito(a), vietato(a) ¶-令 l'ordine*il decreto di proibizione*interdizione

금치산(禁治産)〈法〉l'interdizione giudiziale

금치산자(禁治産者)〈法〉l'interdetto

금혼식(金婚式) le nozze d'oro

금화(金貨) la moneta d'oro

금화합물(金化合物)〈化〉l'aurico

급(急) (緊急) l'urgenza, il bisogno urgente; (危急) la crisi, l'emergenza, (危險) il pericolo / -하다 (성질, 시간 따위가) avere fretta / -한 affrettato(a), urgente, pressante; rapido(a), veloce / -하게 걷다 camminare a passi affrettati / -하게 식사하다 fare un pasto affrettato / -한 용무 la necessità*il bisogno pressante; il dovere urgente; gli affari urgenti / -히, -하게 in fretta, velocemente, a precipizio 1 난 급히 옷을 입는다. Mi vesto in fretta. 2 엄마는 나를 급히 내리게 했다. La mamma mi ha fatto scendere a precipizio.

급(級) la classe, il grado, il rango ¶플라이- peso mosca / 밴텀- peso gallo / 패더- peso piuma / 라이트- peso leggero / 웰터- peso medio leggero / 미들- pesso medio / 라이트헤비- peso medio massimo / 헤비- peso massimo

급강하(急降下) la picchiata / -하다 scendere in picchiata

급격(急激) la rapidità, la subitaneità, l'impetuosità / -한 rapido(a); subitaneo (a); impetuoso(a), improvviso(a) e violento(a) / -하게 rapidamente; subitaneamente; in modo improvviso e violento

급등(急騰) il rialzo improvviso (dei prezzi)

급료(給料) la paga, lo stipendio, il salario ¶-日 il giorno di paga

급류(急流)〈地〉il torrente, la rapida, la

corrente rapida

급박(急迫) l'urgenza, l'imminenza / -하다 essere urgente*imminente / -한 imminente

급변(急變) il cambiamento subitaneo*inaspettato / -하다 cambiare subitaneamente*d'un tratto

급보(急報) l'annunzio*la notizia*il messaggio urgente; (非常의) l'allarme (m.) / -하다 annunziare*avvertire urgentemente*immediatamente; dare l'allarme

급사(給仕) il cameriere, la cameriera; (會社의) il ragazzo / -하다 servire

급성(急性) / -의 〈醫〉 acuto(a) ¶-肺炎 la pneumonia acuta

급소(急所) il punto*la parte vitale; (弱點) (il punto) debole / -를 攻擊하다 attaccare il punto vitale, approfittare del punto debole

급속(急速) la rapidità, la celerità / -한 rapido(a), celere, pronto(a), (卽時의) immediato(a) / -하게 rapidamente, celermente, con prontezza

급수(給水) l'approvvigionamento d'acqua (freca*depurata) / -하다 approvvigionare (la città) d'acqua, fornire (qlcu.) d'acqua ¶-車 l'auto cisterna (per l'acqua potabile)

급수(級數)〈數〉 la progressione ¶等差- la progressione aritmetica / 等比- la progressione geometrica

급식(給食) il provvedimento di pasto leggero, la refezione ¶學校- la refezione scolastica

급여(給與) lo stipendio, il salario, la paga, (手當) l'assegno, l'indennità ¶高額- il buono stipendio, il buon salario / -水準 il livello di stipendi / 現物(現金)- la presentazione in natura (in denaro)

급유(給油) la distribuzione*il rifornimento di benzina,olio, ecc. / -하다 rifornire (un'automobile) di benzina ¶-所 la stazione di servizio

급전(急轉) il cambiamento improvviso*brusco

급정차(急停車) la fermata*l'arresto improvviso*brusco d'un veicolo / -하다 fermare d'improvviso*d'un tratto*bruscamente

급제(及第) il superamento degli esami, la promozione agli esami / -하다 superare gli esami (di promozione), essere promosso (da una classe alla successiva)

급진(急進) il radicalismo / -的 radicale ¶-主義 il radicalismo

급진당(急進黨)〈政〉 il partito radicale

급하다(急-) affrettarsi; precipitarsi; andare in fretta

급한(急-) urgente; impetuoso(a)

급행(急行) (列車) il direttissimo, l'espresso / -하다 andare*recarsi rapidamente, precipitarsi (alla stazione) ¶-券 il supplemento direttissimo*rapido

급환(急患) il malato*l'ammalato in caso d'emergenza

급히(急-) presto, subito, in fretta, senza indugio / -처리하다 sbrigare, sbrigarsi

긍정(肯定) l'affermazione / -하다 affermare / -的 affermativo(a) / -的 몸짓 il gesto affermativo

긍지(矜持) l'orgoglio

기(氣) il coraggio, l'animo, l'energia, il vigore / -가 꺾이다 scoraggiarsi, disanimarsi

기(旗) la bandiera

기간(期間) il periodo, la durata (del tempo); 〈法〉 il termine

기간(旣刊) l'opera già pubblicata / -의 già pubblicato(a) *edito(a)

기갑부대(機甲部隊) la forza di carri armati*blindati

기껏해야 soltanto

기계(機械) la macchina / -의 meccanico ¶-技術者 il meccanico

기계론(機械論)〈哲〉 il meccanicismo

기계체조(器械體操)〈體操〉 la ginnastica con attrezzi

기계학(機械學)〈物〉 la meccanica

기계화(機械化) la meccanizzazione

기고(寄稿) la collaborazione (ad un giornale o una rivista inviando propri articoli*novelle, ecc.) / -하다 scrivere articoli*novelle per un giornale*una rivista ¶(新聞, 雜誌의) -家 il pubblicista, il collaboratore

기공(起工) / -하다 iniziare*cominciare un lavoro*lavori di costruzione

기관(機關) l'ente / 이탈리아政府觀光- Ente Nazionale Italiano per il Turismo

기관(器官) l'organo

기관(汽罐) la macchina, il motore ¶-士(기차) il macchinista, (전차) il manovratore, il guidatore del tram / -紙 l'organo (di stampa) del governo*del partito politico / -車 la locomotiva / (船舶의) -室 la sala macchine / 電氣-車 la locomotiva elettrica, la locomotrice / 交通*輸送- i mezzi di trasporto / 內燃- il motore a combustione interna, il motore a scoppio / 蒸氣- la macchina a vapore

기관(器官)〈生〉l'apparato, l'organo

기관(氣管)〈解〉la trachea

기관지(氣管支)〈解〉i bronchi

기관지염(氣管支炎)〈醫〉la bronchite, la tracheite

기관지절개술(氣管支切開術)〈醫〉la tracheotomia

기관지천식(氣管支喘息) l'asma bronchiale

기관지폐렴(氣管支肺炎)〈醫〉la broncopolmonite

기관총(機關銃) la mitragliatrice, ¶輕- il fucile mitragliatore, il mtra

기구(氣球) il pallone aerostatico ¶氣象觀測- il pallone di sonda meteorologica

기구(機構) la struttura, l'organizzazione; l'organismo / -的 strutturale ¶社會- la struttura sociale / 政治- la struttura politica / -改革 la riorganizzazione

기권(棄權) l'astensione (del voto); la rinunzia / -하다 astenersi (dal voto* dalla votazione); rinunziare a (qlco.)

기권(棄權)〈스포츠〉l'abbandono

기권(棄權)〈伊〉l'astensione

기권(棄權)〈政〉l'astensione

기금(基金) i fondi ¶國際通貨- Fondi Monetari Internazionali / -募集 la sottoscrizione dei fondi

기꺼이 volentieri, di buona voglia, con piacere 1 기꺼이. 커피 한 잔 할께. Volentieri! Un caffè.

기념(記念) la commemorazione, il ricordo / -의 commemorativo(a) / -으로 per ricordo di, a memoria di qlcu.*qlco. / -하다 commemorare ¶-日 l'anniversario / -碑 il monumento / -品 il souvenir / -우표 il francobollo commemorativo / -論文集 la miscellanea

기념구조물(記念構造物) il monumento

기념비적(記念碑的) monumentale

기념상(記念像)〈彫〉il monumento

기념회(紀念會) la riunione per celebrare (la pubblicazione di qlco.)

기능(技能) l'abilità (tecnica), il talento

기능(機能)〈生〉la funzione ¶消化- la funzione digestiva

기능문법(機能文法)〈言〉la grammatica funzionale

기능주의(機能主義) / -의〈建〉funzionale

기다(바닥을) strisciare

기다리다 aspettare, attendere 1 나는 버스를 기다린다. Aspetto l'autobus. / -지치다 essere stanco di attendere

기다림 l'attesa

기단(基壇)〈建〉lo stereobate e lo stilobate

기대(期待) l'aspettativa, l'attesa, la speranza / -에 어긋남 la delusione / -하다 sperare (che + cong.), sperare (di + inf.), stare*essere in aspettiva, avere l'aspettativa, attendere, aspettare / -에 부응하다 rispondere [intr. avere] all'aspettativa*all'attesa / 再會를 하디 sperare*promettere di rivederci / -할만한 desiderabile

기대다 appoggiare, appoggiarsi*sostenersi (al muro, a qlcu.*qlco.)

기도(企圖) il progetto, il piano; la progettazione, la pianificazione, la programmazione / -하다 progettare, pianificare

기도(祈禱) la preghiera, l'orazione / -하다 pregare, recitare le preghiere (alla Divinità) 1 그녀는 가족을 위해 하나님께 두 손 모아 기도한다. Lei prega Dio con mani congiunte per la sua famiglia. ¶-書 il libro di preghiere

기도(祈禱)〈宗〉la preghiera, l'orazione

기독교민주당(基督敎民主黨)〈政〉la democrazia cristiana (DC)

기독교(基督敎) / -의 cristiano(a)

기독교좌파(基督敎左派)〈政〉la sinistra cristiana

기둥(柱) il pilastro, (圓柱) la colonna, il palo / 大理石 - la colonna di marmo ¶-時計 la pendola murale

기득권(旣得權) i diritti*gli interessi

acquisiti

기량(技量) l'abilità (tecnica) il talento

기력(氣力) la vitalità, l'energia, il vigore / -이 없는 inattivo(a), inerte ¶-喪失 la mancanza di vitalità

기로(岐路) la biforcazione, il crocicchio, il bivio / -에 서다 trovarsi ad una biforcazione*ad un bivio (della propria vita)

기록(記錄) la documentazione, il record, la registrazione / 世界(的인) - il record mondiale / -을 깨다 battere un record / -을 破棄하다 conquistare un primato / -을 更新하다 migliorare un primato / -하다 registrare, annotare, notare, registrare ¶ -映畵 il documentario / 世界- il primato mondiale / -保有者 il detentore (f. -trice) d'un primato

기록영화(記錄映畵)〈映〉 il documentario

기록영화작가(記錄映畵作家)〈映〉 il*la documentarista

기류(氣流) la corrente d'aria

기르다(養) (幼兒를) allattare, nutrire [pr. nutro o -isco]; (家畜을) allevare; (耕作*栽培) coltivare; educare

기름(油) l'olio, (脂肪) il grasso / -을 바르다 ungere / -투성이의 unto(a) ¶動物- gli oli animali / 植物- gli oli vegetali / 輕- gli oli minerali leggeri / 重- gli oli minerali pesanti / 潤滑- gli oli lubrificanti / 썬- (썬 오일) l'olio solare / - 찌꺼기 il panello

기린〈動〉 la giraffa 1 기린과 같은 긴 목을 갖고 있다 avere un collo di giraffa

기립(起立) l'alzata / -하다 alzarsi, levarsi ¶-投票 la votazione per alzata e seduta

기마상(騎馬像)〈彫〉 l'equestre

기만(欺瞞) la finta / -하다 fare finta, fingere

기말잔고(期末殘高) il consuntivo

기명(記名) la firma, la sottoscrizione ¶-投票 la votazione*lo scrutinio nominativo

기명식(記名式)〈銀行〉 il nominativo

기묘(奇妙) la stranezza, la stravaganza, la bizzarria / -한 strano(a), bizzarro(a), stravagante / -하게 stranamente, bizzarramente

기문(旗門)〈스키〉 la porta

기민(機敏) la prontezza / -한 svelto

(a) / -하게 sveltamente

기밀(機密) il segreto / -로 하다 tenere qlco. in segreto / -의 segreto(a), confidenziale ¶-費 i fondi segreti / -情報 l'informazione confidenziale*privata*riservata

기반(基盤)〈建〉 la base; (勢力圈) la sfera*la zona d'influenza / -을 얻다 (잃다) ottenere (perdere) la propria base (nella circoscrizione elettorale)

기발(奇拔)〈繪〉 il capriccio / -한 stravagante, brillante

기법(技法)〈繪〉 la tecnica

기보법(記譜法) la scrittura, la notazione [用語] 강박(强拍) la battuta, 강박의 이동(强拍, 移動) il contrattempo, 단전타음(短前打音) l'acciaccatura, 박(拍) la misura, il tempo, 박자(拍子) il tempo, 반복구(反復句) la ripresa, il ritornello, 반복기호(反復記號) il ritornello, 변화기호(變化記號) l'accidente, 부점(附點) il punto, 분산화음(分散和音) l'arpeggio, 소절(小節) la battuta, la misura, 솔페지오 il solfeggio, 시창(始唱) il solfeggio, 아르페지오(分散和音) l'arpeggio, 악장(樂章) il tempo, 연성기호 la corona, 연음(連音) il mordente, 오선지(五線紙) il pentagramma, 오선지의 선(五線紙의 線) il rigo, 음가(音價) il valore, 음부(音符) le note, 음부기호(音部記號) la chiave, 이음줄 la legatura, 장식음(裝飾音) il gruppetto, 전음(顫音) il trillo, 전타음(前打音) l'appoggiatura, 종선(縱線) le sbarre, 종지법(終止法) la cadenza, 트레몰로 il tremolo, 협주곡의 카덴차(協奏曲-) la cadenza, 휴부(休符) la pausa, 휴지(休止) la pausa, 휴지부(休止符) la pausa

기복(起伏) l'ondulazione

기복해안(起伏海岸)〈地〉 la costa incisa

기본(基本) il fondamento / -的 fondamentale / 人間의 -的 權利 i diritti fondamentali dell'uomo

기본요금(基本料金) la tariffa di base

기본요소(基本要素) l'elemento / 決定的인 - l'elemento determinante 1 물은 두 가지 기본 요소, 즉 산소와 수소로 구성되어 있다. L'acqua è composta di due elementi, idrogeno e ossigeno.

기부(寄附) / -하다 contribuire, donare ¶-

기부금(金) il contributo

기부금(寄附金) il contributo / -을 내다 offrire il contributo

기분(氣分) la disposizione, l'umore

기분전환(氣分轉換) / -하다 svagarsi, divertirsi

기뻐하다(喜) rallegrarsi, essere gioioso(a), esultare per la gioia

기쁘게 하다(喜) rallegrare, dilettare

기쁘게(喜) allegramente, gioiosamente; (기꺼이) volentieri, con piacere

기쁘다(喜) rallegrarsi, gioire [intr. avere, pr. -isco] di qlco., felicitarsi (di qlco.); essere lieto(a)

기쁜(喜) lieto(a), felice, contento(a), piacevole, allegro(a) **1** 당신을 알게 되어 대단히 기쁩니다. Sono molto lieto di conoscerLa. **2** 네가 잘 있다는 걸 알게 되어 나는 기쁘다. Sono lieto di sapere che stai bene. cf. <-> spiacente, dispiacente, spiacevole / - 일(事) la cosa* l'avvenimento felice

기쁨(喜) il piacere, la gioia, l'allegria, la felicità, (축하) le felicitazioni, le congratulazioni **1** 법규를 준수하면, 기쁨이 될 수 있다. Se ripetti le regole, può diventare un piacere! / 큰 -을 느끼다 provare*sentire una gioia profonda / 큰 -으로 con gran piacere, con grande gioia

기사(騎士) il cavaliere ¶放浪- il cavaliere errante / -道 la cavalleria

기사(記事) l'articolo ¶報道- la cronaca

기사(技師) l'ingegnere

기상(氣象) il fenomeno atmosferico, il tempo atmosferico ¶-臺 l'osservatorio meteorologico / -通報 il bollettino meteorologico / -學 la meteorologia / -豫報 la previsione della meteorologia **1** 오늘, 내일 그리고 일요일의 기상예보입니다. Ecco le previsioni della meteorologia per oggi, domani e domenica.

기상(起床) il risveglio, la levata / -하다 levarsi, alzarsi

기상도(氣象圖)〈氣〉 la carta meteorologica

기상예보(氣象豫報)〈氣〉 le previsioni del tempo

기상천외(奇想天外) / -의, 한 capriccioso(a)

기상학(氣象學) la meteorologia **[用語]** 가랑비(-雨) l'acquerugiola, 가혹한(苛酷-) rigido, 강수(降水) la precipitazione, 강수량(降水量) la piovosità, 건습계(乾濕計) lo psicrometro, 건조(乾燥) la siccità, 건조한(乾燥-) arido, asciutto, secco, 계곡풍(溪谷風) la brezza di valle, 계절(季節) la stagione, 계절풍(季節風) il monsone, 고기압(高氣壓) l'anticiclone, 구름 한점 없는(晴朗-) sereno, 구름(雲) la nuvola, 권운(卷雲) il cirro, 권적운(卷積雲) il cirrocumulo, 권층운(卷層雲) il cirrostrato, 극광(極光) l'aurora, 기상도(氣象圖) la carta meteorologica, 기상예보(氣象豫報) le previsioni del tempo, 기압(氣壓) la pressione atmosferica, la pressione barometrica, 기압경도(氣壓傾度) il gradiente, 기압계(氣壓計) il barometro, 기온변화(氣溫變化) l'ondata, 기후(氣候) il clima, 기후학(氣候學) la climatologia, 나침반(羅針盤) la bussola, 낙뢰(落雷) il fulmine, 난층운(亂層雲) il nembo, 남극광(南極光) l'aurora australe, 남서풍(南西風) il libeccio, 농무(濃霧) la caligine, 뇌우(雷雨) il temporale, 눈 덮인(雪-) nevoso, 눈 쌓인(雪-) nevoso, 눈(雪) la neve, 눈보라(雪-) la tormenta, 눈사태(雪崩) la valanga, 달무리(月-) l'alone, 대기(大氣) l'atmosfera, 대륙기후(大陸氣候) il clima continentale, 도(度) il grado, 동계계절풍(冬季季節風) il monsone invernale, 동틈(日出) l'alba, 등압선(等壓線) l'isobata, 등온선(等溫線) l'isoterma, 등우량선(等雨量線) l'isoieta, 라디오존데 la radiosonda, 맑게 갠(晴-) rasserenato, 맑게 갠(晴朗-) sereno, 먼지폭풍(-暴風) la tempesta di polvere, 모래폭풍(-暴風) la tempesta di sabbia, 무역풍(貿易風) gli alisei, 무풍대(無風帶) la calma, 무풍의(無風-) calmo, 미풍(微風) la brezza, 바람(風) il vento, 반대무역풍(反對貿易風) i controalisei, 방사(放射) la radiazione, 번개(雷電) il fulmine, 번갯불(電光) il baleno, 변하기 쉬운(變-) incostante, 보라(北比東 季節風) la bora, 북극광(北極光) l'aurora boreale, 북동풍(北東風) la grecale, 북

서풍(北西風) il maestrale, il mistral, 북풍(北風) la tramontana, 불안정한(不安定-) incerto, variabile, 비 내리는(雨-) piovoso, 비 올 듯한(雨-) piovoso, 비(雨) la pioggia, 빙(氷) il gelo, 산풍(山風) la brezza di monte, 상대습도(相對濕度) l'umidità relativa, 새벽(黎明) l'alba, 새털구름(卷雲) il cirro, 서리(霜) la brina, 설(雪) la neve, 설량계(雪量計) il nivometro, 섬광(閃光) la saetta, 소나기(豪雨) il rovescio, il nubifragio, 소용돌이 il mulinello, il turbine, 수빙(樹氷) la galaverna, 습도(濕度) l'umidità, 습도계(濕度計) l'igrometro, l'igroscopio, 습도측정(濕度測定) l'igrometria, 습한(濕-) umido, 신기루(蜃氣樓) il miraggio, la fata morgana, 안개(霧) la nebbia, la bruma, 안정된(安定-) costante, stabile, 암운이 드리운(暗雲-) rannuvolato, 압력(壓力) la pressione, 어름(氷) il gelo, 엄동(嚴冬) l'inverno rigido, 여명(黎明) l'alba, 연무(煙霧) la foschia, 열대기후(熱帶氣候) il clima tropicale, 열대무풍대(熱帶無風帶) la calma tropicale, 열파(熱波) l'ondata di caldo, 열풍(熱風) il ghibli, 온난(溫暖) mite, 온대기후(溫帶氣候) il clima temperato, 온도(溫度) la temperatura, 온도계(溫度計) il termometro, 우(雨) la pioggia, 우박(雨雹) la grandine, 운량(雲量) la nuvolosità, 운해(雲海) la nuvolaglia, 운형(雲形) lo strato di nebbia, 월식(月食) l'eclisse di luna, 육풍(陸風) la brezza di terra, 응결(凝結) la condensazione, 이슬(露) la rugiada, 이슬비(-雨) l'acquerugiola, 일기예보(日氣豫報) le previsioni del tempo, 일몰(日沒) il tramonto, 일식(日食) l'eclisse di sole, 일출(日出) l'alba, 자기기압계(自記氣壓計) il barografo, 자기나침반(磁氣羅針盤) la bussola magnetica, 자기풍속계(自記風速計) l'anemografo, 저기압(低氣壓) il ciclone, 적도기후(赤道氣候) il clima equatoriale, 적도무풍대(赤道無風帶) la calma equatoriale, 적란운(積亂雲) il cumulonembo, 적운(積雲) il cumulo, 전광(電光) il baleno, 전광(電光) il lampo, 전광석화(電光石火) il lampo, 절대습도(絕對濕度) l'umidità assoluta, 조사(照射) l'irradiazione, l'irraggiamento, 존데 la sonda, 증발(蒸發) l'evaporazione, 지상회오리(地上-) la tromba d'aria, 지중해기후(地中海氣候) il clima mediterraneo, 진눈깨비 il nevischio, 찬 바람(寒風) la breva, 청량한(晴朗-) sereno, 청천벽력(青天霹靂) il fulmine a ciel sereno, 층운(層雲) lo strato, 층적운(層積雲) lo stratocumulo, 쾌청한(快晴-) bello, 태양흑점(太陽黑點) le macchie solari, 태풍(颱風) il tifone, 태풍의 눈(颱風-) l'occhio del tifone, 토네이도(大型暴風) il tornado, 폭풍우(暴風雨) la tempesta, 폭풍의(暴風-) burrascoso, 풍(風) il vento, 풍속계(風速計) l'anemometro, 하계계절풍(夏季季節風) il monsone estivo, 한파(寒波) l'aondata di freddo, 한풍(寒風) la breva, 해동(解凍) il disgelo, 해빙(解氷) il disgelo, 해상회오리(海上-) la tromba marina, 해양기후(海洋氣候) il clima marittimo, 해풍(海風) la brezza di mare, 햇무리(太陽-) l'alone, 허리케인 l'uragano, 호우(豪雨) il rovescio, il nubifragio, 홍수(洪水) l'alluvione, il diluvio, 황혼(黃昏) il crepuscolo, 회오리 la tromba, 회오리바람 il mulinello, il turbine, 흐린(曇) coperto, 흙먼지 il pulviscolo

기생(寄生)〈生〉 il parassitismo / -하다 parassitare; vivere a spese altrui ¶-蟲 il parassita, il verme / -植物 la pianta parassita

기생식물(寄生植物)〈植〉 parassita

기생체학(寄生生體學)〈生〉 la parassitologia

기생충(寄生蟲) la parassita

기생충학(寄生蟲學)〈生〉 la parassitologia

기선(機先) l'iniziativa / -을 制壓하다 prendere l'iniziativa, procurare un vantaggio su qlcu

기선(汽船) la nave (a vapore), il piroscafo ¶-會社 la società*la compagnia di navigazione

기성(旣成) -의 già fatto(a), compiuto(a); esistente ¶-政黨 il partito esistente / -服 l'abito già confezionato (per uomo*signora*bambino), i confezioni

기세(氣勢) l'aire, il vigore, il corraggio

기소(起訴)〈法〉 l'accusa / -하다 accusare qlcu. di qlco., processare

기수(騎手) (競馬의) il fantino (professionista), il cavalcatore (f. -trice)

기수(基數) il numero cardinale [用語] 1 uno (una, un, un'), 2 due, 3 tre, 4 quattro, 5 cinque, 6 sei, 7 sette, 8 otto, 9 nove, 10 dieci, 11 undici, 12 dodici, 13 tredici, 14 quattordici, 15 quindici, 16 sedici, 17 diciassette, 18 diciotto, 19 diciannove, 20 venti, 21 ventuno (venti uno), 22 ventidue, 23 ventitre, 24 ventiquattro, 25 venticinque, 26 ventisei, 27 ventisette, 28 ventotto, 29 ventinove, 30 trenta, 40 quaranta, 50 cinquanta, 60 sessanta, 70 settanta, 80 ottanta, 90 novanta, 100 cento, 101 centuno (cento uno), 200 duecento, 210 duecentodieci, 300 trecento, 350 trecentocinquanta, 499 quattrocentonovantanove, 1000 mille, 1001 milleuno, 2000 duemila, 3500 tremilacinquecento, 7777 settemilasettecentosettantasette, 9000 novemila, 10.000 diecimila, 90.000 novantamila, 100.000 centomila, 250.000 duecentocinquantamila, 1.000.000 un milione, 2.000.000 due milioni, 10.000.000 dieci milioni, 100.000.000 cento milioni, 1.000.000.000 un miliardo, 10.000.000.000 dieci miliardi

기수(旗手) il portabandiera

기수(機首)〈空〉 il muso, la parte anteriore d'un aereo

기숙(寄宿) la pensione, il vitto e alloggio / -하다 vivere a pensione (presso di qlcu.) / 學校-舍에서 살다 vivere in convitto ¶-生 il convittore, la convittrice / -者 il*la pensionante / -舍 il convitto, l'internato, il dormitorio

기술(記述) la descrizione / -하다 descrivere

기술(技術) la tecnica; l'artificio (-zio) / -的 tecnico(a), artificioso(a) ¶-院 l'istituto tecnico / -者 il tecnico, l'artigiano

기술감독(技術監督) il direttore tecnico

기술교육국(技術教育局)〈伊*教〉 tecnica

기습(奇襲) (l'attacco di) sorpresa / -하다 sorprendere qlcu.

기아(棄兒) la fame 1 기아의 문제는 세계적으로 아직 해결되지 않았다. Il problema della fame nel mondo non è stato ancora risolto.

기악적(器樂的)〈音〉 strumentale

기압(氣壓)〈氣〉 la pressione atmosferica, la pressione barometrica

기압경도(氣壓傾度)〈氣〉 il gradiente

기압계(氣壓計)〈氣*物〉 il barometro

기어 il congegno; il cambio

기어오르다(등) arrampicarsi, inerpicarsi

기억(記憶) la memoria, il ricordo, il riconoscimento, la rimembranza / -力이 좋다 avere una buona memoria*una memoria di ferro / -하다 ricordare, riconoscere, ricordarsi di qlco.*qlcu., avere in mente qlco.*qlcu., avere una memoria, imparare a memoria 1 그들은 학창 시절을 기억한다. Ricordano la vita di scuola. 2 나는 아직도 기억한다. Mi ricordo ancora. / -나다 ricordarsi*rammentarsi di qlco. o di qlcu. / 내가 -하기에는, 내 -으로는 per quanto ricordo / -에 남아있다 tenere a mente, rimanere impresso in mente*nel cuore / 할 만한 memorabile ¶-力 la memoria

기억력(記憶力) la memoria / -이 없다 avere poca memoria, dimenticare facilmente le cose, essere dimenticone / -이 없는 사람 il dimenticone (f. -na)

기업(企業) l'impresa

기여(寄與) il contributo, la contribuzione / -하다 contribuire [intr. avere, pr. -isco] a qlco., servire [intr. avere, essere] a*per ¶-者 il contributore

기예(技藝) l'arte

기온(氣溫) la temperatura

기온변화(氣溫變化)〈氣〉 l'ondata

기와(起臥) la tegola / 시멘트 - la tegola di cemento

기와(瓦) l'embrice

기왕증(旣往症)〈醫〉 la anamnesi

기용(起用) (任用) la nomina

기운(傾斜) pendente

기운(氣運) l'aire / -나다 prendere l'aire / -찬 dinamico(a) allegro(a) / -없는 fiacco(a), debole

기울기(傾斜) la pendenza, il pendio, il declivio

기울다 (太陽이) declinare, (사람에게로) tendere a qlco., essere inclinato(a), pendere ¶ 太陽이 (西山으로) 기운다. Il sole declina.

기울다(傾斜) pendere

기울어지다 essere propenso*incline a (credere)

기울어진(斜) obliquo(a)

기원(起源) l'origine, il principio, l'inizio / 文明의 - le origini della civiltà / 江의 - l'origine di un fiume

기원(祈願) la preghiera, l'augurio / -하다 pregare; supplicare, augurare

기음(氣音)〈言〉l'aspirazione

기인(起因) / -하다, 되다 causare, essere causato(a) da qlco.; essere dovuto(a) a; essere basato(a) su, dipendere [intr. essere] da / ~에 -하여 a*per causa di, a motivo di

기인(奇人) l'uomo strano*stravagante

기일(忌日) il giorno della morte, l'anniversario della morte di qlcu.

기일(期日) la data (stabilita), il giorno (fissato) / 支拂-을 다음 달로 延長하다 rimandare il giorno di pagamento al prossimo mese.

기입(記入) l'annotazione, la registrazione, l'allibramento / -하다 annotare, iscrivere, registrare, allibrare / 負債를 - allibrare un debito

기입사항(記入事項)〈商〉la partita

기자(記者)(新聞) il*la giornalista, (新聞*雜誌의 寄稿家) il*la pubblicista, (探訪*報道記者) il cronista, (通信員) il*la corrispondente, (特派員) l'inviato speciale, (編輯人) il redattore ¶-會見 Conferenza Stampa

기장(記帳) il registro; la partita, la scrittura / -하다 registrare; iscrivere in un registro; apporre la firma

기재(記載) la notazione, l'annotazione, l'iscrizione / -하다 notare, annotare, iscrivere, menzionare

기재암석학(記載巖石學)〈鑛〉la petrografia

기저(基底)〈數〉la base

기저귀 il pannolino

기적(汽笛) il fischio a vapore, la sirena (della nave) / -을 울리다 suonare il fischio*la sirena, dare un colpo di fischio*sirena

기적(奇蹟) il miracolo, il prodigio / -을 行하다 fare un miracolo / 藝術의 - i miracoli dell'arte / -的 miracoloso(a), prodigioso(a) / -的으로 miracolosamente

기적(奇蹟)〈宗〉il miracolo

기전력(起電力)〈電〉la forza elettromotrice

기절(氣絶) lo svenimento, la perdita momentanea dei sensi / -하다 svenire, tramortire, venire meno / 무더위로 -하다 svenire per il caldo eccessivo

기절(氣絶)〈醫〉la sincope

기점(起點) il punto di partenza

기정(旣定) / -의 stabilito, deciso(a), compiuto(a) ¶-事實 il fatto compiuto

기조(基調) la base; l'idea fondamentale*predominante

기종(氣腫)〈醫〉la enfisema

기준(基準) la base, la norma, la misura, il criterio ¶-給與 lo stipendio base*fondamentale / -点 (測量의) il punto di riferimento

기준(基準) lo standard, il criterio / -을 定하다 determinare lo standard

기중기(起重機)〈造船〉la gru

기증(寄贈) la donazione, l'offerta, l'omaggio / -하다 donare, offrire*dare qlco. in omaggio

기지(基地) la base (militare) ¶航空- la base aerea

기지(機智) lo spirito, la spiritosità, l'umorismo, l'ingegno talento, l'arguzia / -가 豊富한 spiritoso(a), dotato(a) d'umorismo / -가 넘치는 spiritoso(a), arguto(a); faceto(a)

기질(氣質) l'idole (f.), il carattere, il temperamento, la disposizione; la generosità

기차(汽車) il treno, la ferrovia / -로 in treno / -를 타다 prendere un treno / -에 오르다 salire in*su treno / -에서 내리다 scendere dal treno / 10시 -로 col treno delle dieci / 로마행 - il treno per Roma ¶ 밀라노 발 기차가 3번 홈에 도착합니다. Al binario n. 3 (tre) arriva il treno da Milano.

기체(機體) la fusoliera
기체(基體)〈哲〉il sostrato
기체(氣體)〈化〉il corpo gassoso, il gas / -의 gassoso(a)
기체상물질(氣體狀物質)〈化〉l'aeriforme
기초(基礎) il fondamento, la base / ~에 -工事하다 gettare*porre le fondamenta su*a qlco. / - 없는 privo di basi / - 위에 세우다 poggiare su una base / (知識의) -가 튼튼하다 consolidare i fondamenti del sapere / (建設工事의) -가 튼튼하다 consolidare le fondamenta d'un palazzo / -의 fondamentale / -의 elementare, facile ¶-工事 il lavoro delle fondamenta
기초(基礎)〈建〉le fondamenta
기초(起草)〈法〉la stesura, la redazione / 法案의 - la stesura d'un disegno legge / -하다 redigere, stendere (un contratto)
기침(咳) la tosse / -하다 tossire [intr. avere, pr. -isco], avere la tosse / -을 계속하다 tossicchiare [intr. avere, pr. -sicchio] ¶-藥 il rimedio contro la tosse, (드롭스) la pastiglia per la tosse
기타〈音〉la chitarra ¶-演奏者 il*la chitarrista
기타등등 eccetera, ecc.
기탁(寄託)〈法〉il deposito / -하다 depositare, affidare in deposito
기특(奇特) -한 degno(a) di lode, lodevole
기하광학(幾何光學)〈物〉la diottrica
기하학(幾何學) la geometria / -의, 的 geometrico(a) / -的으로 geometricamente ¶平面(立體)- la geometria piana (solida) / 分析- la geometrica analitica / 유클리드- la geometria euclidea / 代數- la geometria algebrica / 畫法(微分)- la geometria descrittiva (differenziale)
기하학(幾何學)〈數〉la geometria
기한(期限) la scadenza, il termine / -이 지난 scaduto(a)
기함(旗艦)〈海〉l'ammiraglia
기항(寄港) -하다 fare scalo, entrare in un porto ¶-地 lo scalo
기행(奇行) la bizzarria
기행(紀行) la descrizione*gli impressioni d'un viaggio

기형(奇形)〈醫〉la malformazione, la deformazione, la deformità, l'anomalia / -의 deforme, deformato(a) [用語] 거대두개(巨大頭蓋) la macrocefalia, 구개열(口蓋裂) la palatoschisi, 기형종(奇形腫) il teratoma, 단두증(短頭症) la brachicefalia, 단안증(單眼症) la ciclopia, 무두증(無頭症) l'acefalia, 불면증(不眠症) l'ablefaria, 사지결손증(四肢缺損症) l'amelia, 소안구증(小眼球症) la microftalmia, 안구왜소(眼球矮小) la microftalmia, 해표상기형(海豹狀奇形) la focomelia
기형종(奇形腫)〈醫〉il teratoma
기호(嗜好) il gusto ¶-食品 il cibo preferibile, la bevanda gradita
기호(記號) il simbolo ¶-論 la simbologia / -體系 la simbologia
기호(記號)〈數〉il simbolo
기호논리학(記號論理學)〈哲〉la logistica, la logica simbolica
기혼(既婚) ¶-男性 il coniugato, lo sposato / -女性 la coniugata, la sposata / -의 coniugato (f. -a), lo sposato (f. -a)
기회(機會) l'occasione, l'opportunità / 집싸게 -를 잡다 prendere l'occasione al volo / -를 놓치다 sfuggire un'occasione / 첫 번째 -에 (가능한 한 빨리) alla prima occasione
기회주의(機會主義) l'opportunismo / -的 opportunistico(a) ¶-者 l'opportunista
기회주의(機會主義)〈政〉l'attendismo, l'opportunismo
기획(企劃) il progetto, il piano; la progettazione, la pianificazione, la programmazione / -하다 progettare, pianificare
기후(氣候) il tempo, il clima **1** 이탈리아의 남부와 북부간의 기후는 다른가요? Il tempo è differente tra Nord e Sud in Italia? / 大陸性 - il clima continentale / 海洋性 - il clima marittimo / 溫暖한*寒冷한 - il clima mite*rigido
기후학(氣候學)〈地〉la climatologia
긴(張) lungo(a)
긴급(緊急) l'urgenza / -한 urgente, pressante / -한 用務 l'affare urgente ¶-事態 l'emergenza
긴급예산(緊急豫算)〈伊〉esercizio provvi-

긴밀(緊密) l'intimità / -한 intimo(a), stretto(a), saldamente unito(a)

긴박(緊迫) la tensione / -하다 essere teso*a un punto critico*in tensione / 情勢가 -하다 La situazione è tesa.

긴요(緊要) / -한 (重要) importante; (重大) grave; (緊急) urgente, pressante; (必要) necessario(a), indispensabile

긴장(緊張) la tensione / 精神的 - la tensione spirituale / 國際的 - la tensione internazionale / -하다 avere i nervi tesi, avere la tensione; (情勢가) essere teso(a)*in tensione **1** 양국 간의 외교 관계는 늘 긴장 상태이다. Le relazioni diplomatiche fra i due paesi sono sempre più tese. / (근육을) -시키다 tendere (i muscoli) / - 풀린 rilassato(a)

긴장(緊張)〈醫〉 la tensione

긴축(緊縮) la riduzione, la diminuzione, la restrizione, (通貨의) la deflazione ¶-政策 la politica restrittiva delle spese

긴축정책(緊縮政策)〈經〉 l'austerità

길(道) la strada, la via **1** 중장비들이 길을 닦는다. I carri pesanti affossano la strada. / -을 잃다 smarrire [pr. -isco]*sbagliare la strada, smarrirsi / -을 가리켜 주다 indicare la strada / -을 양보하다 cedere il passo / -에 per strada

길게 하다(張) allungare / 옷의 길이를 - alungare il vestito / 길을 - (우회하다) allungare la strada / 步幅을 - (발길을 재촉하다) allungare il passo

길들여진 addomesticato(a)

길들이다 domare, addomesticare

길어지다 allungarsi

길이(張) la lunghezza / - 3미터 폭 2미터 lungo tre metri e largo due / ~의 길이를 재다 prendere la lunghezza di ~

길흉(吉凶) la buona o cattiva sorte*fortuna / -을 점치다 predire*indovinare il futuro

김 (수증기) il vapore; (식용) la specie di alga

깃발(旗) la bandiera

깃발을 내리다〈海〉 ammainare

깃봉(旗棒) l'asta della bandiera

깃털〈動〉 la piuma, la penna

깊게 하다(深化) approfondire [pr. -isco], andare*penetrare affondo

깊게(深) profondamente, a fondo / - 잠들다 dormire profondamente, addormentarsi d'un sonno profondo / - 생각하다 riflettere [intr. avere] a lungo su qlco.

깊어지다(深) approfondirsi

깊은(深) profondo(a) / - 한숨을 쉬다 emettere*mandare un sospiro profondo / - (굵은) 목소리 la voce profonda / - 잠(熟眠)에 빠지다 cadere*essere immerso in un sonno profondo / - 고요 (靜肅) il silenzio profondo / - 밤(深夜) la notte profonda / - 關係 i rapporti intimi, la relazione amorosa

깊음(深) la profondità

깊이 la profondità; profondamente

까다 sbucciare; sgusciare

까다로운 fastidioso(a), pignolo(a), scontroso(a), insocievole, complicato(a), difficile / - 사람 la persona scontrosa *insocievole

까마귀〈鳥〉 il corvo

까마득하다 essere lontano*remoto

까지 fino a / 8시- fino alle 8

까치〈鳥〉 l'alca, la gazza

깎다 (털 따위를) tosare / 양털을 - tosare le pecore / 연필을 - temperare / 가격을 - chiedere lo sconto

깐깐한 serio(a), severo(a) / - 모습 l'aspetto severo

깔개(文具의) il sottomano

깔끔(整頓) / -한 ordinato(a)

깔때기〈藥〉 l'imbuto

깔때기〈化〉 l'imbuto / -모양의 imbutiforme

깔보는(蔑視*輕視) disprezzante, dispregiativo(a)

깔보다(蔑視*輕視) disprezzare, dispregiare, guardare giù, guardare dall'alto, guardare dall'alto in basso, guardare qlcu. con disprezzo

깡마른 magrissimo(a) / - 사람 la persona magrissima

깡충깡충 뛰다 saltellare [intr. avere], salterellare [intr. avere]

깡통 la scatola; la lattina

깡패 il*la teppista

깨끗한(淸潔) pulito(a)

깨다 (잠에서) svegliarsi **1** 나는 아침 8시

에 깬다. Mi sveglio all 8 del mattino.
깨다(破損) (달걀, 유리 따위를) rompere ¶ 달걀을 깨라! Rompi le uova!
깨닫다(悟, 認知) rendersi conto di~; capire; (宗教的) essere illuminato(a); riconoscere; intendere, comprendere, apprendere
깨달음(悟) (宗敎的) l'illuminazione (f.)
깨뜨리다(破損) rompere, spezzare / 창을 - rompere la finestra / 얼음을 - spezzare il ghiaccio
깨소금 i semi di sesamo
깨우다 (잠을) svegliare
깨지기 쉬운 fragile
깨지다(破損) essere strappato(a); essere rotto(a), rompersi
깨진 rotto(a)
꺼지다 spegnersi
꺼칠꺼칠 -함 la ruvidezza, la ruvidità / -한 ruvido(a) / -하게 ruvidamente
껌 la gomma, (추잉껌) la gomma da masticare
껍데기 la scoglia, la spoglia
껍데(皮) il guscio; la buccia; la pelle
껍질(皮甲) la corazza / 거북이의 - la corazza della tartaruga
껴안다(抱擁) abbracciarsi ¶ 그들은 서로 껴안는다. Loro si abbracciano.
꼬꼬댁〈擬聲〉 chicchirichì / - 거리다 chicchiriare, fare chicchirichì, (un gallo) cantare
꼬냑〈酒〉 il cognac
꼬다 (실, 끈 따위를) attorcere
꼬다(織造) (새끼를) tessere
꼬리(尾)〈動〉 la coda / -를 흔들다 muovere la coda / -치다 (il cane) scodinzolare [intr. avere]
꼬이다(雲集) affollarsi, accalcarsi, brulicare [intr. avere]
꼬임 la torsione
꼬집기 il pizzico
꼬집다 pizzicare
꼬챙이 lo spiedo / -에 ~를 꿰다 infilare qlco. in uno spiedo, mettere qlco. allo spiedo
꼬치 lo spiedino
꼭대기 la cima, la sommità
꼭두각시 la marionetta
꼭지 il rubinetto
꼴라쥬〈繪〉 il collage

꼼꼼한 pignolo(a)
꽃(花) il fiore / - 한 다발 un mazzo di 꽃 / -피다 fiorire ¶ 복숭아는 3월에 꽃 핀다. Il pesco fiorisce in marzo. ¶-가게 la bottega di fiori, la fioreria / -가게 주인 il fioraio / -병 il vaso / -집 dal fioraio / -봉오리 il bocciolo / -잎 il foglia; il petalo
꽃마차(花輪) la ghirlanda, (弔意의) la corona (funebre)
꽃받침〈植〉 il calice
꽃장식(-裝飾)〈繪〉 l'encarpo, il festone / -의 floreale
꽉 strettamente; pieno, compatto
꽉 짜인 duro(a)
꾀꼬리〈鳥〉 l'usignolo
꾀다(集) (사람, 차량 따위가) brulicare ¶ 그 도로에 사람, 차량, 그리고 청년들이 무리 지어 꾀고 있다. Le strade brulicano di gente, di macchine e di ragazzi.
꾸러미 il pacco
꾸미다(裝飾) ornare*adornare (di gemme), decorare; (거짓을) fingersi
꾸벅꾸벅 졸다 assopirsi [pr. mi -isco], sonnecchiare [intr. avere]
꾸무리다 accoccolarsi
꾸준한 costante
꾸중(叱責) il biasimo / -하다 biasimare / -받는 biasimevole / -듣다 essere sgridato(a) (da mamma)
꾸짖다(叱責) sgridare, rimproverare, ammonire
꾸짖음(叱責) la sgridata, lo sgridamento
꿀(蜜) il miele / -처럼 단 dolce come miele ¶-벌 l'ape
꿀꺽 마시다 bere a garganella; tracannare (una bottiglia di Soju); vuotare un bicchiere
꿇다 (무릎을) inginocchiare
꿈(夢) il sogno, (幻想) la visione, l'illusione / -꾸다 sognare [intr. avere], fare sogni, avere un sogno / -을 꾸다 sognare [tr.], vedere in sogno, sognare [intr. avere] di qlcu. o qlco. / -에서 보다 sognare [intr. avere]
꿩〈鳥〉 il fagiano
꿰뚫는 perspicace, penetrante / -批評 la critica perspicace
꿰매다 cucire (un abito*una ferita)
꿰멘 cucito(a)

끄다(消火) spegnere 1 외출 전에 불 껐니? Avete spento la luce prima di uscire? 2 가스 불을 꺼라! Spegni il fuoco!
끈 il laccio / 구두- i lacci delle scarpe
끈 la fascetta / 신문에 -을 감다 avvolgere la fascetta a un giornale
끈(紐帶) il vincolo, il legame; la connessione
끈기 la pazienza
끈적거리는 appiccicoso(a)
끈질긴 persistente
끊다(禁) (담배, 술 따위를) smettere, astenersi (dal Soju) 1 금주하고 싶다. Desidero smettere di bere.
끊다(斷切) tagliere, rompere, interompere, troncare; (전화를) riagganciare / 쇠사슬을 - rompere la catena / 交涉을 - interrompere le trattative / ~와 관계를 - rompere*interrompere i rapporti con qlcu. / 전화를 - interrompere la comunicazione telefonica*una telefonata
끊임없는 continuo(a)
끊임없이 incessantemente, senza intervallo; continuamente
끌〈彫〉(평평한) lo scalpello, (둥근) la sgorbia / -로 彫刻하다 scalpellare, incidere*lavorare (una statua) con lo scalpello
끌기(牽引) il tiro
끌다 (힘으로, 흥미를) attrarre, attirare
끌다(牽引) tirare, trarre, trascinare / 조각배를 연안까지 - trarre a riva la barca
끌다(引) trascinare, strascinare (una catena)
끌어내리다(引下) fare scendere, abbassare, calare, tirare giù, (旗를) ammainare
끓다(加熱) (空間이) scaldarsi 1 방이 끓기 시작한다. La stanza comincia a scaldarsi.
끓다(加熱) (水) bollire 1 물은 100도에서 끓는다. L'acqua bolle a 100 gradi.
끓이다(加熱) (水) fare bollire (l'acqua), scaldare 1 스파게티를 7, 8분 동안 끓여라! Fate bollire gli spaghetti per 7/8 min.! 2 차 만들 물을 끓여라! Scalda l'acqua per il tè.
끓인(加熱) bolito(a), scaldato(a) / - 물 l'acqua bolita
끔찍한 terribile, tremendo(a)
끝(終, 端) la fine, il cima, la vetta / 나무의 - il cima*la vetta d'albero / -나다 finire [intr. essere; pr. -isco], terminare; essere concluso / -내다*마치다 finire [tr. avere, pr. -isco], terminare (il lavoro) / -까지 fino alla fine, fino all'ultimo / -까지 주장하다 insistere (persistere) nell'opinione / -에 in fondo 1 끝에 빗또리오 광장이 있다. In fondo c'è Piazza Vittorio.
끝난 terminato(a)
끝내다 terminare, concludere
끝없는 infinito(a)
끝으로 infine
끝줄〈테니스〉la linea di fondo
끼다 (반지 따위를) infilare (l'anello nel dito), (안개가) addensarsi, (먼지가) accumularsi
끼어들다(介入, 干涉) intervenire*ingerirsi in (faccende altrui), interferire, intromettersi in qlco. (di altri), essere interposto
끽연(喫煙) / -하다 fumare ¶-家 il fumatore (f. -trice)

ㄴ

나(我) io / -의 mio, miei, mia, mie / -에게 mi, a me / -를 mi, me / -와 con me / -의 것(물건) il mio

나가다 uscire / 전기가- andare via

나귀〈動〉 l'asino, il somaro

나누기(分割)〈數〉 il diviso ¶ 10 나누기 2는 5다. Dieci diviso due fa cinque.

나누다(分配) (財産, 收益을) allottare, 〈數〉 dividere; separare; distribuire

나눌 수 있는(分割可能) divisibile [<->] indivisibile / - 수 il numero divisibile

나눗셈〈數〉 la divisione

나다(태어나다) nascere; (사고가) accadere un incidente; (생각이) venire in mente

나라(國) il paese, la nazione / 나의 - il mio paese

나룻배 la barca

나르다 trasportare

나리꽃〈植〉 il giglio

나막신〈靴〉 gli zoccoli

나머지(餘) il resto, il rimanente, il residuo, l'avanzo / -의 restante, rimanente

나무(木) l'albero / -를 심다 alberare, piantare l'albero ¶ -가지 il ramo / -상자 (과일을 담는) la cassetta ¶ 나무상자 안에는 뭐가 있나요? Che cosa c'è nelle cassette? / -울타리 la siepe

나무〈航海〉 l'alberatura

나무라다(叱責) ammonire

나무주걱〈彫〉 la pettinella

나뭇잎(木葉) la foglia / -처럼 떨다 tremare come una foglia

나병(癩病)〈醫〉 la lebbra ¶ -患者 il lebbroso (f. -a)

나비〈蟲〉 la farfalla / -형태의 매듭 il nodo a forma di farfalla ¶ -넥타이 la cravatta a farfalla

나빠지다(惡化) peggiorare; (評判이) scadere ¶ 그에 대한 평판이 나빠졌다. E' scaduto nell'opinione pubblica.

나쁜 cattivo(a); brutto(a); male ¶ 나는 몸 상태가 나쁘다. Sto male.

나비〈蟲〉 la farfalla

나사〈具〉 la vite / -를 조이다 avvitare; stringere una vite / -를 풀다 allentare una vite ¶ 암- la vite femmina / 수- la vite maschio

나선(螺旋) la spira, la spirale / -形의 spirale / -形 階段 la scala a chiocciola

나선(螺旋)〈海〉 l'elica

나아가다 progredire

나아지다 migliorare

나에게 mi, a me

나열(羅列) (列擧) la enumerazione, (配列) la disposizione (in ordine) / -하다 enumerare, disporre

나오다 uscire; spuntare

나의 mio

나이 l'età, anni

나이든(老) anziano(a)

나이프(knife) il coltello ¶ 잭크- il coltello a serramanico

나중에 più tardi

나체(裸體) la nudità, la persona nuda / -의 nudo(a), spogliato(a) / -로 a nudo ¶ -畫*像 il nudo → 발가벗기다 denudare, spogliare / 발가벗다 denudarsi, spogliarsi

나치즘(獨逸國家社會主義) il nazismo, il nazionalsocialismo

나침반(羅針盤) la bussola, il compasso nautico [用語] 평형축 il bilanciere, 磁針 l'ago

나침판 → 나침반

나타나다 apparire, comparire

나타내다(出現) dimostrare; esprimere; affacciarsi, rappre-sentare, accennare / 발코니에 모습을 - affacciarsi al balcone / 세상에 모습을 - affacciarsi al mondo

나태한 indolente

나트륨〈化〉 il sodio

나팔〈音〉 la tromba, (트럼펫) la trombetta, (트롬본) il trombone, (호른) la cornetta / -불다 suonare la tromba ¶-手 il trombettiere; il suonatore di tromba, il trombettista; il trombonista; il cornettista

나팔관(卵管)〈解〉 l'ovidotto

나팔관염(喇叭管炎)〈醫〉 la salpingite

나폴리 Napoli / -의, 人 napoletano (a) / -方言 il napoletano

나프탈렌〈化〉 la naftalina

낙(樂) (生活의) l'agiatezza, l'agio; (安樂*便安*便利) la comodità; (容易) la facilità

낙관(樂觀) l'ottimismo / -的 ottimistico(a), ottimista / -的이다 essere ottimistico(a)*ottimista ¶-論者 l'ottimista / -主義者 l'ottimista

낙농(酪農) la produzione lattiera, l'industria dei latticini (m.s. -nio) ¶-場 la latteria, la cascina

낙담(落膽) l'abbattimento, lo scoraggiamento, l'avvilimento / -하다 scoraggiarsi, perdere coraggio, avvilirsi / -시키다 abbattere, rattristare

낙뢰(落雷)〈氣〉 il fulmine, la caduta del fulmine / -하다 fulminare [intr. avere], cadere [intr. essere] un fulmine

낙마(落馬) la caduta da cavallo / -하다 cadere [intr. essere] da cavallo

낙서(落書) lo scarabocchio / -하다 scarabocchiare ¶-禁止 Vietato scarabocchiare!

낙선(落選) la sconfitta elettorale / 選擧에서 -하다 essere vinto nelle elezioni / 作品審查에서 -하다 essere respinto dalla giuria ¶-者 il candidato vinto*bocciato

낙성(落成) il compimento (del lavoro) / -하다 compiere, compire [pr. -o 혹은 -isco], portare a compimento / 圖書館-式 l'inaugurazione d'una biblioteca

낙성(落城) la resa del castello / -하다 capitolare [intr. avere], arrendersi

낙심하다(落心-) scoraggiarsi

낙엽(落葉) la foglia morta*secca*decidue; la caduta delle foglie secche*decidue / -지다 cadere [intr. essere] le foglie ¶-松 la larice / -樹 l'albero deciduo

낙오(落伍) l'insuccesso, il fallimento / -되다 non riuscire [intr. essere] a raggiungere un gruppo di colleghi negli studi, non riuscire ad avere il successo nella vita sociale ¶-者 il relitto della società, lo spostato (f. -a)

낙원(樂園) il paradiso

낙인(烙印) il marchio (d'infamia), l'impronta / -을 찍다 improntare il marchio

낙제(落第) la bocciatura / -하다 essere bocciato(a) / -시키다 schiacciare (qlcu. a un esame) ¶-生 lo studente (f. -essa) bocciato / -點 il punto di bocciatura / 大量- la schiacciata

낙지〈魚〉 il polpo

낙착(落着) la risoluzione, la conclusione, la terminazione / -되다 essere risolto, essere concluso, terminare [intr. essere]

낙찰(落札) l'aggiudicazione / -되다 aggiudicarsi / -시키다 aggiudicare **1** 그들은 최고액 입찰자에게 그림을 낙찰시켰다. Hanno aggiudicato un quadro al miglior offerente. **2** 낙찰됐습니다! Aggiudicato! ¶-者 l'aggiudicatario

낙천가(樂天家) lo*la ottimista (m.pl. -isti, f.pl. -iste)

낙천적(樂天的) ottimistico(a)

낙천주의(樂天主義)〈哲〉 l'ottimismo

낙타〈動〉 il cammello

낙하(落下) la caduta, la cascata / -하다 cadere [intr. essere], cascare [intr. essere]

낙하산(落下傘) il paracadute / -으로 투하하다 paracadutare / -로 포위된 부대에 보급물자, 생필품, 무기, 탄약 등을 -으로 투하하다 paracadutare rifornimenti, viveri, armi e munizioni ad un reparto accerchiato / -으로 내리다 paracadutarsi / 적지에 -으로 내리다 paracadutarsi in territorio nemico ¶自動- il paracadute automatico / 手動- il paracadute libero / 減速- il paracadute freno / -降下 il paracadutismo / -兵 il*la paracadutista / -部隊 il reparto di paracadutisti

낙화생(落花生)〈植〉 l'arachide (f.)

낚시 la pesca / -하다 pescare / -하러 가다 andare [intr. essere] alla pesca, andare a pescare ¶-禁止 la pesca proibita / -대 la canna*il bambù da pesca / -꾼 il pescatore / -도구 gli attrezzi per la pesca / -줄 la lenza / -바늘 l'amo

난(亂)(內亂) la guerra civile, (反亂) la ribellione, la rivolta, (暴動) l'insurrezione, il tumulto / -을 일으키다 fare una guerra civile, insorgere [intr. essere]*ribellarsi contro qlcu.

난(蘭)〈植〉 l'orchidea

난간(欄干) (교각의) il parapetto, la balaustra, (계단의) la ringhiera

난관(難關) la barriera, la difficoltà ¶ 모든 난관을 극복할 수 있다 riuscire a superare ogni barriera

난관(卵管)〈解〉 l'ovidotto → 나팔관

난국(難局) la situazione difficile / -을 극복하다 superare*sormontare una situazione difficile / -에 처하다 trovarsi in una crisi, affrontare una situazione difficile

난독(亂讀) la lettura saltuaria / -하다 leggere saltuariamente*senza metodo (molti libri)

난로(煖爐) la stufa ¶電氣- la stufa elettrica / 가스- la stufa a gas / 石油(石炭*나무) - la stufa a petrolio (carbone*legna)

난류(暖流) la corrente calda

난립(亂立) / -하다 essere troppi candidati ¶ 어떤 선거구에 입후보자들이 난립했다. In una certa circoscrizione elettorale sono troppi candidati

난문(難問) il problema*la questione*la domanda difficile

난민(難民) il profugo (pl. -ghi), il rifugiato

난방(暖房) il riscaldamento ¶-裝置 il calorifero, il riscaldamento a (gas, nafta, acqua, ariacalda) / 集中-設備 l'impianto del riscaldamento centrale

난산(難産) il parto difficile

난색(難色) la difficoltà; il malcontento / -을 표시하다 mostrare il malcontento*la disapprovazione

난세(亂世) i tempi inquieti

난소(卵巢)〈解〉 l'ovaia

난숙(欄熟) la piena maturità / -되다 giungere a piena maturità / -된 ben maturato(a)

난시(亂視)〈醫〉 l'astigmatismo / -인 사람 l'astigmatico

난외(欄外) il margine / -의 marginale / -의 注 l'annotazione*la nota marginale*a margine

난이(難易) la difficoltà e la facilità

난입(亂入) l'irruzione / -하다 fare irruzione (in un luogo)

난잡(亂雜) il disordine; la confusione / -한 disordinato(a); confuso(a)

난장이 il nano

난전(亂戰) il combattimento disordinato e violento

난점(難點) il difetto; la difficoltà

난제(難題) la domanda*la questione difficile; la richiesta*la proposta irragionevole

난조(亂調)〈音〉 la dissonanza

난처한 imbarazzante

난청(難聽)〈醫〉 la sordità

난초〈植〉 l'orchidea

난층운(亂層雲)〈氣〉 il nembo

난투(亂鬪) la zuffa

난파(難破)〈海〉 il naufragio, l'affondamento (della nave) / -하다 naufragare (intr. avere, essere) ¶-船 la nave naufragata

난파선(難破船)〈海〉 il naufragio / -의 잔해(難破船의 殘骸) il relitto

난포자(卵胞子)〈生〉 l'ooblasto

난폭(亂暴) la violenza, la brutalità / -한 violente, brutale / -하게 violentemente / -하게 행동하다 comportarsi (agire) violentemente, fare*usare la violenza a qlcu. ¶-者 il violento, il bruto

난항(難航) la navigazione in mare burrascoso

난해(難解) la difficoltà / -한 imcomprensibile, dif-ficile (a capire*comprendere)

난행(亂行) il libertinaggio; la condotta licenziosa

난황질(卵黃質)〈生〉 il vitello

날(칼날) la lama / -을 갈다 affilare (un rasoio*un coltello) ¶兩- la lama a doppio taglio

날개(翼)〈鳥〉 la ala (pl. le ali) / -를 펼치다 spiegare le ali / 상상의 -를 펴고 sulle ali del pensiero / 누구의 -(保護) 하에 sotto le ali di qlcu. / -를 내리다 (의기소침하다) abbassare le ali / -를 올리다 (의기충천하다) alzare le ali / - 짓 하다

날개 battere le ali / -를 펼치다 spiegare le ali / - 달린 alato(a)

날개〈蹴〉 le ali

날것(生) / -의 crudo(a)

날다(飛行) volare

날리다(깃발이) sventolare

날리다(飛行) fare volare

날마다 giorno dopo giorno, ogni giorno

날실(織物의) l'ordito

날씨(氣候) il tempo 1 날씨가 어때요? Che tempo fa? / 화창한 - bel tempo.

날씬한 snello(a)

날이 밝아지다 sorgere l'alba

날인(捺印) il sigillo / -하다 sigillare, apporre

날짜(日字) la data / - 順으로 per*in ordine di data

날치기꾼 lo svaligiatore, la svaligiatrice

날카로운(銳利) acuto(a); affilato(a); (신경이) nervoso(a) / - 칼 il coltello affilato / - 말 (毒舌) la lingua affilata

날카롭게 하다(銳利) aguzzare / 말둑의 끝을 - aguzzare un palo

낡은 logoro(a)

남(南) il sud, il mezzogiorno / -(쪽)의 meridionale, australe / -(쪽)에 a sud ¶-十字星 Croce del Sud / -風 il vento australe

남(男) l'uomo (pl. uomini), il maschio (pl. -chi) / -性 il sesso maschile, 〈文〉 il genere maschile / -性의 maschio(a), maschile → 남자, 남성

남겨두다(殘) lasciare 1 날 내버려두세요! Mi lasci!

남계친족(男系親族)〈法〉 l'agnazione

남극(南極)〈地〉 Polo Sud*antartico / -의 australe ¶-圈 il circolo antartico / -探險隊 la spedizione sud-polare

남극광(南極光)〈氣〉 l'aurora australe

남기다(殘) lasciare, fare rimanere

남녀(男女) uomo e donna, uomini e donne, ambo i sessi ¶-平等 l'uguaglianza dei due sessi / -共學 la coeducazione

남다른 particolare

남동(南東) sud-est

남동생(兄弟)〈族〉 il fratello, il fratello inferiore*minore

남매〈族〉 fratello e sorella

남미(南美) America del Sud, il Sud-America

남발(濫發) l'emissione eccessiva (dei biglietti di banca), l'eccedenza d'emissione / -하다 emettere eccessivamente

남방(南方) il mezzogiorno, il Sud / -의 meridionale ¶-人 il*la meridionale

남부(南部) il mezzogiorno, il sud, la parte*la zona meridionale / -의 meridionale, del sud / - 지방에서 nelle regioni meridionali

남부문제연구자(南部問題研究者)〈政〉 il*la meridionalista

남북(南北) il nord e il sud

남비 il tegame; la pentola

남빙양(南氷洋) Oceano Graciale Antartico

남색(藍色) il colore indaco

남서풍(南西風)〈氣〉 il libeccio

남성(男性)〈文〉 il maschile; il sesso maschile, il maschio / -的, 의 maschile, virile, da uomo / -的으로 virilmente → 남자

남아메리카 America Meridionale, America del Sud, Sud-America

남아프리카어(-語)〈言〉 l'afrikaans

남옥(藍玉)〈鑛〉 l'acquamarina

남용(濫用) l'uso smodato, l'abuso / -하다 abusare [intr. avere] di qlco.

남우(男優)〈映〉 il divo

남위(南緯) la latitudine sud

남유럽(南歐) Europa meridionale, Sud-Europa

남자(男子) l'uomo, il maschio / - 아이 il maschio, il maschietto, il bambino, il ragazzo / -다운 maschile, virile / -다운 la virilità / -답게 virilmente, maschilmente / -다운 氣質 il carattere maschile, la virilità / -의 성격을 지닌 d'un carattere maschile / -다운 얼굴 il viso maschio, le fattezze maschili / 아내 잃은 - il vedovo / -四寸 il cugino / -親舊 l'amico

남장(男裝) vestito(a) da uomo / -하다 vestirsi da uomo; travertirsi da uomo ¶-女人 la donna vestita da uomo

남쪽(南向) il Sud 1 南韓 Corea del Sud

남태평양(南太平洋) Oceano Pacifico Meridionale, Mare del Sud

남편(男便) il marito, lo sposo

남학생(男學生) lo studente, l'allievo

남한(南韓) Corea del Sud

남향(南向) / -의 esposto(a) a sud; che

guarda a mezzogiorno

납(鉛)〈鑛〉 il piombo / -이 함유된 piomboso(a)

납기(納期) il termine di consegna

납득(納得) (理解) la comprensione; (承諾) il consenso, l'approvazione / -하다 comprendere; essere d'accordo, consentire; approvare / -시키다 persuadere, convincere / -할 만한 (una ragione) plausibile

납량(納涼) fresca in estate

납부(納付) (稅의) il pagamento; (物品의) la consegna / -하다 pagare; dare in consegna

납세(納稅) il pagamento dell'imposta su qlco. / -하다 pagare l'imposta su qlco., pagare le tasse ¶-額 la somma dell'imposta

납입(納入) (物品의) la consegna, la fornitura; (稅金의) il pagamento / -하다 consegnare, fornire [pr. -isco], provvedere; pagare

납작한 piatto(a)

납중독(-中毒)〈醫〉 il saturnismo

납치하다(拉致-) rapire; dirottare un aereo

납품(納品) la consegna (delle merci richieste o vendute), il recapito (della merce) / -하다 consegnare, dare in consegna, recapitare ¶-書 la nota della consegna

납화(蠟畫)〈繪〉 l'encausto

낫〈具〉 la falce

낫다(병이) guarire

낭독(朗讀) la lettura ad alta voce; (詩*祈禱 따위의) la recitazione; (낭송*열변*웅변) la declamazione / -하다 recitare, leggere ad alta voce, declamare

낭떨어지 il precipizio

낭만적인(浪漫-) romantico(a)

낭보(朗報) la buona notizia

낭비(浪費) lo sciupio (di denaro), la prodigalità / -하다 dissipare, disperdere, sciupare (tutto il proprio denaro), fare sciupio, prodigare, sprecare, spendere (inutilmente) / 時間을 -하다 spendere il tempo / 돈을 -하다 spendere denaro; sciupare denaro / 財產을 -하다 sciupare *dissipare un patrimonio ¶-家 lo sciupone

낭송(朗誦) la recitazione / -하다 recitare

낭인(浪人) il samurai senza padrone da servire

낭창(狼瘡)〈醫〉 il lupus

낮(日) giorno

낮게 하다(低) abbassare, (態度를) umiliarsi

낮에(日) di giorno

낮은(低) basso(a); inferiore / - 목소리로 말하다 parlare a bassa voce*sottovoce / - 불로 a fuoco basso

낮잠(午睡) la siesta, il sonnellino / -을 자다 fare la siesta, fare un sonnellino, sonnecchiare [intr. avere], dormire leggermente dopo il pasto di mezzogiorno

낮추다(底) abbassare, (態度를) umiliarsi, (몸을) prostrarsi davanti a qlcu.

낯선(異邦) estraneo(a); sconosciuto(a)

낯익은 familiare

낱알 (곡식의) il chicco, il granello / 커피의 - un chicco*un granello di caffè

낳다(出產) (자식을) partorire [pr. -isco], (알을) fare le uova, deporre le uova (nel nido)

내(內) /-의으로 segretamente, di nascosto, privatamente

내각(內角) gli interni

내각(內閣) il gabinetto, il ministero, il governo

내각(內閣)〈伊〉 il Consiglio dei Ministri

내과(內科) la medicina (interna) ¶-醫 l'internista, il medico / -專門醫 il medico specialista di medicina interna [用語]〈**전문과**(專門科) **Branche pecialistiche**〉 골상학(骨相學) la frenologia, 골학(骨學) l'osteologia, 구강과학(口腔科學) la stomatologia, 구강병학(口腔病學) la stomatologia, 내분비학(內分泌學) l'endocrinologia, 노인학(老人學) la gerontologia, 뇌신경외과학(腦神經外科學) la neutrochirurgia, 물리요법(物理療法) la fisioterapia, 미생물학(微生物學) la microbiologia, 방사선의학(放射線醫學) la radiologia, 병리학(病理學) la patologia, 부인병학(婦人病學) la ginecologia, 비뇨기과학(泌尿器科學) l'urologia, 산과학(產科學) l'ostetricia, 생리학(生理學) la fisiologia, 생물학(生物學) la biologia, 생화학(生化學) la biochimica, 세포학(細胞學) la batteriologia, 소아과학(小兒

科學) la pediatria, 식품영양학(食品營養學) la bromatologia, 신경병학(神經病學) la neutrologia, 신경외과학(腦神經外科學) la neutrochirurgia, 심리학(心理學) la psicologia, 심장병학(心臟病學) la cardiologia, 안과학(眼科學) l'oculistica, 약리학(藥理學) la farmacologia, 약물학(藥物學) la farmacologia, 외과학(外科學) la chirurgia, 외상학(外傷學) la traumatologia, 위생(衛生) l'igiene, 유전학(遺傳學) la genetica, 이비인후과학(耳鼻咽喉科學) l'otorinolaringoiatra, 재해외과학(災害外科學) la traumatologia, 정신병학(精神病學) la psichiatria, 정형외과학(整形外科學) l'ortopedia, 조직학(組織學) l'istologia, 증후학(症候學) la semeiotica, 치과학(齒科學) l'odontoiatria, 태생학(胎生學) l'embriologia, 폐결핵학(肺結核學) la tisiologia, 피부과학(皮膚科學) la dermatologia, 해부학(解剖學) l'anatomia, 후두학(喉頭學) la laringoiatria; 〈전문의(專門醫) Medici specialisti〉 골학자(骨學者) l'osteologo, 구강병전문의(口腔病專門醫) lo stom-atologo, 내분비병전문의(內分泌病專門醫) l'endocrinologo, 마취의(麻醉醫) l'anestesista, 미생물학자(微生物學者) il microbiologo, 방사선전문의(放射線專門醫) il radiologo, 병리학자(病理學者) il patologo, 보건사(保健士) l'igienista, 부인과의(婦人科醫) il ginecologo, 비뇨기과의(泌尿器科醫) l'urologo, 산과의(産科醫) l'ostetrico, 생리학자(生理學醫) il fisiologo, 생물학자(生物學者) il biologo, 생화학자(生化學者) il biochimico, 세포학자(細胞學者) il batteriologo, 소아과의(小兒科醫) la pediatra, 식품영양학자(食品營養學者) il bromatologo, 신경외과의(外傷專門外科醫) il neurochirurgo, 심장병전문의(心臟病專門醫) il cardiologo, 안과의(眼科醫) l'oculista, 약물학자(藥物學者) il farmacologo, 외과의(外科醫) il chirurgo, 외상전문외과의(外傷專門外科醫) il traumatologo, 이비인후과의(耳鼻咽喉科醫) l'otorinolaringoiatra, 정신과의(精神科醫) la psichiatra, 정신병의(精神病醫) l'alienista, 정형외과의(整形外科醫) l'ortopedico, 조직학자(組織學者) l'istologo, 치과의(齒科醫) il dentista l'odontoiatra, 폐결핵전문의(肺結核專門醫) il tisiologo, 피부과의(皮膚科醫) il dermatologo, 해부학의(解剖學醫) l'anatomico, 후두과학자(喉頭科學者) la laringoiatra; 〈질환(疾患) Malattie〉 각막염(角膜炎) la cheratite, 간경화증(肝硬化症) la cirrosi epatica, 감기(感氣) raffreddore, 간염(肝炎) la epatite, 감염(感染) l'infezione, 갑상선염(甲狀腺炎) la tiroidite, 개선(疥癬) la scabbia, 결막염(結膜炎) la congiuntivite, 결석증(結石症) la calcolosi, 결핵(結核) la tubercolosi, 경변증(硬変症) la cirrosi, 경색(梗塞) l'infarto, 고혈압증(高血壓症) l'ipertensione, 고환염(睾丸炎) lo orchite, 골막염(骨膜炎) la periostite, 골수염(骨髓炎) la mielite, 골염(骨炎) la osteite, 귀염 la otite, 관절염(關節炎) la artrite, 관절증(關節症) la artrosi, 광견병(狂犬病) la rabbia, 구내염(口內炎) la stomatite, 구루병(佝僂病) il rachitismo, 궤양(潰瘍) la ulcera, 규폐증(硅肺症) la silicosi, 기관지염(氣管支炎) la bronchite, la tracheite, 기관지폐렴(氣管支肺炎) la broncopolmonite, 기절(氣絶) la sincope, 기종(氣腫) la enfise-ma, 나팔관염(喇叭管炎) la salpingite, 난시(亂視) l'astigmatismo, 납중독(-中毒) il saturnismo, 낭창(狼瘡) il lupus, 내심막염(內心膜炎) la endocardite, 노안(老眼) la presbiopia, 녹내장(綠內障) il glaucoma, 농루(膿漏) la piorrea, 농창(膿瘡) l'ascesso, 농포(膿疱) la pustula, 뇌막염(腦膜炎) la meningite, 뇌염(腦炎) la encefalite, 늑막염(肋膜炎) la pleurite, 다발성관절염(多發性關節炎) la poliartrite, 담낭염(膽囊炎) la colecistite, 담석증(膽石症) la colelitia, 당뇨병(糖尿病) la diabete, 대동맥염(大動脈炎) la aortite, 동맥경화증(動脈硬化症) la arteriosclerosi, 디프테리아 la difterite, 말라리아 la malaria, 망막염(網膜炎) la retinite, 매독(梅毒) la sifilide, 맹장염(盲腸炎) la appendicite, la tiflite, 무도병(舞蹈病) la corea, 발작(發作) l'ictus, 발진티푸스 il tifo, 방광염(膀胱炎) la cistite, 방사선피부염(放射線皮膚炎) la radiodermite, 배꼽염(-炎) lo onfalite, 배앓이 la colica, 백내장(白內

障) la cateratta, 백일해(百日咳) la pertosse, 복막염(腹膜炎) la peritonite, 부비강염(副鼻腔炎) la sinusite, 부전마비(不全痲痺) la paraplegia, 브루셀라병(-病) la brucellosi, 비염(鼻炎) la corizza, la rinite, la splenite, 빈혈증(貧血症) l'anemia, 사상균병(絲狀菌病) la micosi, 색맹(色盲) il daltonismo, 선단거대증(先端巨大症) l'acromegalia, 선모충병(旋毛虫病) la trichinosi, 선병(腺病) la scrofola, 성홍열(猩紅熱) la scarlattina, 소모증(消耗症) la tabe, 신경염(神經炎) la nevrite, 신경증(神經症) la nevrosi, 신장변성병(腎臟變性病) la nefrosi, 신장염(腎臟炎) la nefrite, 실신(失神) la sincope, 심근염(心筋炎) la miocardite, 아구창(鵞口瘡) il mughetto, 아메바성 질환(-疾患) la amebiasi, 암(癌) il cancro, 여드름(痤瘡) la acne, 염증(炎症) l'infiammazione, 외음염(外陰炎) la vulvite, 요도염(尿道炎) la uretrite, 위염(胃炎) la gastrite, 위장염(胃腸炎) la gastroenterite, 유행성감기(流行性感氣) l'influenza, 유행성이하선염(流行性耳下腺炎) la parotite epidemica, 이관염(耳管炎) la salpingite, 이앓이(齒齦炎) la gengivite, 이하선염(耳下腺炎) gli orecchioni, la parotite, 인공유산(人工流産) l'aborto, 인후염(咽喉炎) la faringite, 임질(淋疾) la gonorrea, 임파선염(-炎) il bubbone, 장염(腸炎) la enterite, 전립선염(前立腺炎) la prostatite, 전염(傳染) l'infezione, 점액분비(粘液分泌) la blenorragia, 정맥동염(靜脈洞炎) la sinusite, 정맥류(靜脈瘤) la varice, 정맥염(靜脈炎) la flebite, 졸도(卒倒) la sincope, 좌골신경통(坐骨神經痛) la sciatica, 중이염(中耳炎) la otite media, 척추염(脊椎炎) la spondilite, 천식(喘息) l'asma, 천연두(天然痘) il vaiolo, 추골염(椎骨炎) la spondilite, 출혈성 체질(出血性 體質) l'emofilia, 충수염(虫垂炎) la appendicite, 충치(蟲齒) la carie, 췌장염(膵臟炎) la pancreatite, 치수염(齒髓炎) la pulpite, 치은염(齒齦炎) la gengivite, 치질(痔疾) le emorroidi, 탄분증(炭粉症) la antracosi, 탈장(脫腸) l'ernia, 탈저(脫疽) la cancrena, 통풍(痛風) la gotta, 트라코마 il tracoma, 파라티푸스 il paratifo, 패혈증(敗血症) la sepsi, la setticemia, 페스트 la peste, 편도선염(扁桃腺炎) la tonsilite, 폐렴(肺炎) la polmonite, la pneumonia, la pneumonite, 포진(疱疹) il herpes, 표저(瘭疽) il patereccio, 피부균열(皮膚龜裂) la ragade, 피부염(皮膚炎) la dermatite, 혈우병(血友病) l'emofilia, 혈전성정맥염(血栓性靜脈炎) la tromboflebite, 홍역(紅疫) il morbillo, la roseola, 홍진(紅疹) la roseola, 흑사병(黑死病) la peste nera; 〈기형(奇形) Malformazioni〉 거대두개(巨大頭蓋) la macrocefalia, 구개열(口蓋裂) la palatoschisi, 기형종(奇形腫) il teratoma, 단두증(短頭症) la brachicefalia, 단안증(單眼症) la ciclopia, 무뇌증(無腦症) l'acefalia, 불면증(不眠症) l'ablefaria, 사지결손증(四肢缺損症) l'amelia, 소안구증(小眼球症) la microftalmia, 안구왜소(眼球矮小) la microftalmia, 해표상기형(海豹狀奇形) la focomelia; 〈증후(症候) Sintomi〉 가려움 la prurigine, 가려움증(-症) il prurito, 각혈(咯血) la emottisi, 간헐성 경련(間歇性 痙攣) il clono, 간정마비(感情痲痺) l'apatia, 강직증(强硬症) la catalessi, 건망증(健忘症) l'amnesia, 경련(痙攣) il crampo, 경직(硬直) la rigidità, 고통(苦痛) il dolore, 공기연하증(空氣嚥下症) la aerofagia, 공동운동장애(共同運動障礙) la dismetria, 과대망상증(誇大妄想症) la megalomania, 광기(狂氣) la demenza, 구토(嘔吐) il rigurgito, il vomito, 구토물(嘔吐物) il vomito, 국부마비(局部痲痺) la paresi, 귀머거리(難聽) la sordità, 근육긴장이상(筋肉緊張異常) la distonia, 기왕증(旣往症) la anamnesi, 긴장(緊張) la tensione, 난청(難聽) la sordità, 내장탈출(內臟脫出) lo sventramento, 노력(努力) il conato, 노인성 치매(老人性 癡呆) la demenza senile, 능동(能動) il conato, 다혈증(多血症) la pletora, 단백뇨(蛋白尿) l'albuminuria, 당뇨(糖尿) la glicosuria, 두통(頭痛) la cefalea, 둔함(愚鈍) il torpore, 딸꾹질 il singulto, il singhiozzo, 땀 il sudore, 류마티스 il reumatismo, 마비(痲痺) il torpore, 마비(痲痺) la paralisi, 마찰(摩擦) lo sfregamento, 말더듬 la balbuzie, 목이 쉼 la raucedine, 무감각(無感覺) il torpore, 무감동(無感動) l'apatia, 무뇨증(無尿症) l'anuria, 무력증(無力症) l'astenia, 무성증(無聲症) la afonia, 무열(無熱) l'apiressia, 무의지증(無意志症) l'abulia, 무호흡(無呼吸) l'apnea, 무후각증(無嗅覺症) l'anosmia, 밀실공포증(密室恐怖症) la claustrofobia, 박약(薄弱) l'astenia, 발광(發狂) la demenza, 발목 신경통(-神經痛) la tarsalgia, 발작(發作) l'accesso, 발작(發作) l'attacco, la crisi, 발작성 체질(發作性 體質) la spasmofilia, 백대하(白帶下) la leucorrea, 변비(便祕) la costipazione, la stipsi, 병적 다변증(病的 多辯症) la logorrea, 병적 흥분상태(病的 興奮狀態) l'isterismo, 복수증(腹水症) la ascite, 불면증(不眠症) l'insonnia, 불안(不安) l'ansia, 비만(肥滿) la pinguedine, 비만증(肥滿症) l'obesità, 비종(脾腫) la splenomegalia, 비출혈(鼻出血) la epistassi, 산성증(酸性症) la acidosi, 설사(泄瀉) la diarrhea, 성불능(性不能) l'impotenza, 소아마비(小兒痲痺) la paralisi infantile, 소화불량(消化不良) la dispepsia, 시아노제 la cianosi, 식욕부진(食慾不振) la anoressia, la disappetenza, 신경과민증(神經過敏症) il nervosismo, 신경쇠약(神經衰弱) la neurastenia, 신경질(神經質) il nervosismo, 실금(失禁) l'incontinenza, 실어증(失語症) la afasia, 심장마비(心臟痲痺) la paralisi cardiaca, 쑤심 la prurigine, 아세톤뇨증(-尿症) l'acetonuria, 아세톤혈증(-血症) l'acetonemia, 악화(惡化) l'aggravamento, 알러지 l'allergia, 알레르기 l'allergia, 알칼로시스 la alcalosi, 암시(暗示) la suggestione, 역류(逆流) il rigurgito, 완화(緩和) la rilassatezza, 요독증(尿毒症) l'uremia, 요량과다(尿量過多) la diuresi, 우둔(愚鈍) il torpore, 우울증(憂鬱症) la malinconia, 유뇨증(遺尿症) la enuresi, 의지결여(意志缺如) l'abulia, 임종(臨終) l'agonia, 자반(紫斑) la porpora, 장력(張力) la tensione, 재발(再發) la recidiva, la recrudescenza, la ricaduta, 저능(低能) l'imbecillità, 전신감각(全身感覺) la cenestesi, 전조(前兆) il prodromo, 점막염증(粘膜炎症) il catarro, 정신쇠약증(精神衰弱症) la psicoastenia, 정신신경증(精神神經症) la psiconeurosi, 정신착란(精神錯亂) la demenza, 정점(頂点) la acme, 정체(停滯) la ritenzione, 좌골신경통(坐骨神經痛) l'ischialgia, 중독증(中毒症) la tossicosi, 지루(脂漏) la seborrea, 지방축적(脂肪蓄積) la adiposità, 진통(陣痛) il dolore del parto, 질식(窒息) l'apnea, l'asfissia, 징후(徵候) il prodromo, 척추통(脊椎痛) la rachialgia, 천식(喘息) l'asma, 최면상태(催眠狀態) la trance, 충혈(充血) l'iperemia, 취음(吹音) il soffio, 치매(癡呆) la demenza, 치우(癡愚) l'imbecillità, 코피(鼻出血) la epistassi, 파행(跛行) la claudicazione, lo zoppicamento, 팽만(膨滿) la turgidità, 피로(疲勞) la stanchezza, 항문출혈(肛門出血) la proctorragia, 현기증(眩氣症) la aerofobia, il capogiro, la vertigine, 혈뇨(血尿) l'ematuria, 협심증(狹心症) la stenocardia, 호흡곤란(呼吸困難) l'affanno, la dispnea, 혼수상태(昏睡狀態) il coma, la trance, 화농(化膿) la suppurazione, 환각(幻覺) l'allucinazione, 황달(黃疸) l'ittero, 후각결여(嗅覺缺如) l'anosmia, 흑내장(黑內障) la amaurosi, 흥분(興奮) l'agitazione, 히스테리 l'isterismo; 〈수술(手術) Interventi〉가슴성형술(胸部成形術) la toracoplastica, 개복술(開腹術) la laparotomia, 거세(去勢) la castrazione, 관장(灌腸) lo enteroclisma, 기관지절개술(氣管支切開術) la tracheotomia, 동면마취(冬眠痲醉) l'ibernazione, 마취법(痲醉法) l'anestesia, 무감각증(無感覺症) l'anestesia, 무통각(無痛覺) l'analgesia, 방광절개(膀胱切開) la cistostomia, 배액법(排液法) il drenaggio, 베어냄 il raschiamento, 봉합(縫合) la sutura, 부식(腐蝕) la cauterizzazione, 사체해부(死體解剖) l'autopsia, 생체실험(生體實驗) la vivisezione, 생체해부(生體解剖) la vivisezione, 석고깁스(石膏-) l'ingessatura, 수액(輸液) la trasfusione, 신장절제술(腎臟切除術) la nefrectomia, 왁친주사(-注射) la vaccinazione, 이식조직(移植組織) il trapianto, 자궁절제술(子宮切除術) l'isterectomia, 적출(摘出) la enucleazione, l'estrazione, 적출술(摘出術) la resezione, 절개술(切開術) l'incisione, 절단술(切斷術) l'amputazione, 절제(切除) l'ablazione, 절제술(切除術) la resezione, 접종(接種) l'inoculazione, la vaccinazione, 접합술(接合術) la anastomosi, 정맥주사(靜脈注射) la fleboclisi, 제거(除去) l'ablazione, 제왕절개(帝王切開) il taglio cesareo, 조직검사(組織檢査) la biopsia, 조직이식(組織移植) l'innesto, 지혈(止血) la emostasi, 천개술(穿開術) la paracentesi, 천공(穿孔) la trapanazione, 추출(抽出) l'estrazione, 출혈(出血) il salasso, 충수절제(虫垂切除) l'appendicectomia, 통각결여(痛覺缺如) l'analgesia, 편도선절제술(扁桃腺摘除術) la tonsillectomia, 포피절제(包皮切開) la circoncisione, 피하주입(皮下注入) la ipodermoclisi, 해부(解剖) la dissezione, 헤르니아 절개술(切開術) la erniotomia, 회전술(回轉術) il rivolgimento, 후두개구술(喉頭開口術) la laringotomia, 〈기구(器具) **Strumenti**〉 검안경(檢眼鏡) l'oftalmoscopio, 견인기(牽引器) il divaricatore, 골절도(骨節刀) l'osteotomo, 미음청진기(微音聽診器) il fonendoscopio, 방광경검사법(膀胱鏡檢査法) il cistoscopio, 부식제(腐蝕劑) il cauterio, 설압자(舌壓子) l'abbassalingua, 소작기(燒灼器) il termocauterio, 수술용 메스(手術用 -) il bisturi, 심장기록기(心臟記錄器) il cardiografo, 유엽도(柳葉刀) il bisturi, 이경(耳鏡) l'otoscopio, 주사기(注射器) la siringa, 집게 il forceps, 청진기(聽診器) lo stetoscopio, 체온계(體溫計) il termometro, 침(針) l'ago, 타진망치(打診-) il martello, 탐침(探針) la sonda, 투관침(套管針) il trequarti, 현미경(顯微鏡) il microscopio, 혈압계(血壓計) lo sfigmomanometro, 확장기(擴張器) il dilatatore, 후두경(喉頭鏡) il laringoscopio, 흡입기(吸入器) l'inalatore

내구력(耐久力) la durevolezza; la resistenza / -있는 durevole; resistente

내구성(耐久性) la durata, la durevolezza, la durabilità / - 좋은 직물 una stoffa durevole*di lunga durata / -이 좋다 essere di lunga durata

내규(內規) il regolamento interiore (d'un ufficio*una società)

내년(來年) l'anno prossimo / - 봄 la prossima primavera, la primavera dell'anno prossimo

내놓다 mettere fuori; esporre

내달(來月) il mese prossimo / -末 la fine del mese prossimo

내란(內亂) la guerra civile, (反亂) la ribellione, la rivolta, (暴動) l'insurrezione, il tumulto / -을 일으키다 fare una guerra civile, insorgere [intr. essere]*ribellarsi contro qlcu.

내란음모죄(內亂陰謀罪)〈法〉 la cospirazione

내려가다(降) scendere [tr., intr.] (il monte*dal monte*le scale*i gradini), andare giù, discendere; abbassarsi

내려놓다 mettere giù, appoggiare

내력(來歷) (由來) la storia; (起源) la origine; (經歷) la carriera; (履歷) il curriculum vitae

내리다(降) scendere (dal treno*dall'autobus*dal cavallo), smontare (dal cavallo); (물건을) scaricare; calare

내리막길 la strada in discesa

내면(內面) l'intimo, l'interiore / -의 intimo(a); interiore / -的으로 interiormente ¶-生活 la vita intima*interiore

내무(內務) gli affari interni

내밀다 (모습을) affacciare, sporgere, sporgersi da qlco. **1** 나는 셔터 사이로 얼굴을 내밀었다. Ho affacciato il viso fra i battenti.

내방(來訪) la visita / ~의 -을 받다 avere una visita di qlcu., essere visitato(a) da qlcu. / ~를 -하다 visitare qlcu., fare una visita a qlcu. ¶-者 il visitatore (f. -trice)

내버려두다(殘) lasciare (qlco., qlcu.) come si trova, lasciare stare (qlco., qlco.) in uno stato; trascurare / 원하는 대로 하게 - lasciar(e) fare come qlcu. vuole **1** 익게 내버려둬라! Lasciate cuocere! **2** 노래 부르게 날 내버려둬! Lasciatemi cantare!

내보이다 (모습을) affacciare, sporgere **1** 나는 셔터 사이로 얼굴을 내보였다. Ho affacciato il viso fra i battenti.

내복(內服) l'uso interno ¶-藥 il medicamento per uso interno

내부(內部) l'interno, la parte interna,

l'interiore / -의 interno (a), interiore / -에 all'interno, internamente, nell'interno, interiormente, dentro

내분비(內分泌) la secrezione interna ¶-腺 le ghiandole endocline

내분비병전문의(內分泌病專門醫)〈醫〉 l'endocrinologo

내분비학(內分泌學)〈醫〉l'endocrinologia

내빈(來賓) lo*la ospite, l'invitato ¶-席 i posti riservati per gli ospiti*invitati

내세(來世) l'altro mondo, l'altra vita, l'aldilà / -를 믿다 credere nell'aldilà

내신(內申) la relazione*il rapporto confidenziale (studentesco)

내심(內心) l'intimo dell'animo; la vera intenzione

내심막염(內心膜炎)〈醫〉la endocardite

내압가마(耐壓-)〈化〉 l'autoclave

내야(內野)〈野球〉 il diamante del gioco del baseball ¶-手 il giocatore che si trova nel diamante

내역(內譯) la posta

내연(內緣) il matrimonio illegittimo*clandestino, l'unione coniugale illegittima / -의 妻 la concubina

내연기관(內燃機關) il motore a combustione interna

내외(內外) l'interno e l'esterno / -에 dentro e fuori; all'interno e all'esterno, (約) circa, pressappoco / -의 interno ed esterno ¶-政策 la politica interna ed estera

내용(內容) il contenuto /형식과 - forma e contenuto ¶-重視 il contenutismo

내이신경(內耳神經)〈解〉il nervo acustico

내인암(內因岩)〈鑛〉la roccia endogena

내일(翌日) domani / - 밤 domani notte / -부터 (fin) da domani / - 아침 domattina, domani mattina / - 저녁 domani sera / -모레 dopodomani

내장(內臟) i visceri, le interiore/ 닭에서 내장을 제거하다 togliere le interiore al pollo

내장탈출(內臟脫出)〈醫〉 lo sventramento

내재(內在)〈哲〉 immanente

내재성(內在性)〈哲〉 l'immanenza

내재적(內在的) immanente

내적(內的) interiore ¶-戰爭 la lotta interiore

내접(內接)〈數〉 l'inscrizione

내접원의 반경(內接圓 半徑)〈數〉 l'apotema

내정(內定) la decisione ufficiosa / -하다 esser deciso ufficiosamente

내정(內政) la politica interna / - 간섭하다 intervenire nella politica interna (dell'altro Stato)

내정(內情) la situazione interna

내주(來週) la settimana prossima

내지(乃至) da...a, o / 100 - 200 da cento a duecento

내진(耐震)〈醫〉 la resistenza alle scosse sismiche / -의 resistente alle scosse sismiche, antisismico (a) ¶-家屋 la casa antisismica

내출혈(內出血) l'emorragia interna

내측(內側) l'interno, la parte interna / -의 interno, interiore / -에 dentro, in

내측보조날개(內側補助翼)〈空〉 l'ipersostentatore

내통(內通) la tradizione / -하다 comunicare [intr. avere] segretamente con (il nemico); tradire [tr. pr. -isco] ¶-者 il traditore

내핍(耐乏) la privazione, la scarsità, l'austerità (di vita) ¶-生活 la vita di privazioni (nel tempo di guerra)

내화(耐火) / -의 resistente al fuoco, refrattario ¶-煉瓦 il mattone refrattario/-性 la refrattarietà

냄비〈具〉 la pentola, il tegame, (긴 손잡이가 달린) la casseruola

냄새(臭氣) l'odore, (香氣) il profumo, l'olezzo, la fragranza, (惡臭) il puzzo / -가 나다 odorare [intr. avere] (di incenso), sentire un odore di qlco. / -나는 odoroso (a), profumato, fragrante

냅킨 il tovagliolo (di carta)

냉각(冷却) la refrigerazione; il raffreddamento / -하다 refrigerare; raffreddare ¶-器・装置 il refrigeratore

냉기(冷氣) il freddo

냉담(冷淡) la freddezza / -한 freddo (a), trascurato (a), duro (a); indifferente

냉동(冷凍) il congelamento / -된, 한, 의 congelato (a) / -하다 congelare ¶-肉 la carne congelata/-装置 il refrigeratore / -기 il congelatore / -식품 il surgelato

냉방장치(冷房裝置) l'aria condizionata, il

raffreddatore ad aria, l'apparecchio condizionatore, (冷溫房裝置) il condizionatore / -설치하다 installare un condizionatore

냉소(冷笑) il ghigno, il riso ironico *sardonico*beffardo; il disprez-zo, il dispregio / -하다 ridere [intr. avere] sardonicamente di qlcu., ridersi di qlcu.; disprezzare, dispregiare, ghignare [intr. avere] di qlcu. / -하는 disprezzante, dispregiativo(a)

냉소주의(冷笑主義)〈哲〉il cinismo

냉수(冷水) l'acqua fredda ¶-浴 il bagno d'acqua fredda

냉수마찰(冷水摩擦) la fregagione con asciugamano umido d'acqua fredda / -하다 fare una fregagione (sul proprio corpo)*frizionarsi (il corpo) con asciugamano umido d'acqua freddo

냉장(冷藏) il raffreddamento / -하다 rinfrescare; raffred-dare; / 얼음으로 -하다 raffreddare (qlco.) con il ghiaccio ¶-庫 il frigorifero / -車〈道〉il carro frigorifero

냉전(冷戰) la guerra fredda

냉정(冷情) la calma, l'imperturbabilità, il sangue freddo / -한 calmo(a), imperturbabile, freddo(a), indifferente; senza cuore, senza pietà, insensibile / -하게 con calma, calmamente, freddamente, a sangue freddo / -을 유지하다 conservare*mantenere la calma*l'imperturbabilità/ -을 잃다 perdere la calma / ~에게 -함을 보이다 mostrarsi freddo verso qlcu.

냉해(冷害) i danni (agricoli) dal freddo

냉혈(冷血) il sangue freddo ¶-動物 gli animali a sangue freddo

냉혹(冷酷) il cuore di tigre*ghiaccio / -한 spietato, -a, insensibile, crudele / -한 人間 l'uomo spietato / -하다 avere il cuore di ghiaccio, essere spietato(a)*insensibile

너 (人稱代名詞) tu / -를 ti / -에게 ti, a te / -와 함께 con te / -를 위해 per te

너무(過度) troppo, eccesivamente, soverchiamente

너의 tuo(a)

너트(nut)〈具〉il dado

너희(들) voi

너희들의 vostro(a)

넉 아웃 il knock-out, il fuori combattimento / -시키다 mettere qlcu. fuori combattimento

넉넉한 abbondante

넉살 / -좋음 l'audacia / -좋은 audace

넋(魂) l'anima, lo spirito / -이 빠지다 incantare

널다 stendere il bucato

널판지 l'asse, la tavola

넓어지다(廣) estendersi, allargarsi, svilupparsi

넓은(廣) vasto(a), esteso(a), ampio(a), largo(a), spazioso(a); generoso(a) / -平原 la vasta pianura, la pianura estesa / -방 la camera spaziosa

넓음(廣) la vastità, l'estensione, l'ampiezza, la larghezza

넓이(幅) la larghezza /길이와 - lunghezza e larghezza /- 뛰기 il salto in lungo

넓적다리 la coscia (pl. -ce)

넓히다(廣)(道路를) allargare, ampliare, stendere, distendere, estendere, espandere, dif-fondere, propagare / 도로를 - (확장하다) allargare una strada / 見聞을 - allargare*arricchire la propria conoscenza (per il viaggio)

넘다(越) oltrepassare (il limite), varcare, eccedere, sorpassare, superare / 국경을 - oltrepassare*varcare il confine / 예상을 - eccedere la previsione 1 신장 190이 넘으면 넌 안전벨트를 사용할 수 없다. Se superi il metro e novanta non puoi usare le cinture!

넘버 원(第一) numero uno

넘어지다(倒) cadere, crollare, (돌에 걸려) inciampare [intr. avere](in un sasso), incespicare [intr. avere] 1 한 노인이 넘어졌다. Un vecchio è caduto a terra.

넘어트리다(落) fare cadere, abbattere, atterrare; rovesciare

넙치〈魚〉la sogliola

넝마 il cencio, la tela logora

넣다 mettere dentro, inserire

네 sì

네 배(四倍) quattro volte (maggiore), il quadruplo / -의 quadruplo

네덜란드〈地〉l'Olanda, i Paesi Bassi / -人, -의 olandese (m.f.) / -語 l'olandese

네발(四足) quattro zampe, (짐승) il quadrupede
네오라틴어〈言〉/ -의 neolatino(a)
네오리얼리즘(新寫實主義)〈哲〉il neorealismo
네온〈化〉il neon
네온등 l'insegna al neon
네트(net)〈具〉la rete
네트〈테니스〉la rete
네트워크(network) la rete
넥타이(tie) la cravatta ¶-핀 la spilla da cravatta
년 월 일(年月日) la data
년(年) l'anno / 98/99 학-도 l'anno accademico 98/99 (novantotto/novantanove) ¶-末 la fine dell'anno
노(櫓) (배의) il remo / -젓다 remare [intr. avere] / -젓기 la vogata / -젓는 사람 il rematore, il canottiere, il gondoliere
노경(老境) la vecchiaia, l'età declinante / -에 들어가다 entrare [intr. essere] nella vecchiaia
노고(勞苦) la fatica, la pena, lo sforzo, il travaglio, il duro lavoro / ~의 -에 감사하다 ringraziare qlcu. per i suoi sforzi di + inf.
노골(露骨) / -的인 nudo e crudo; franco(a), aperto(a) / -的으로 nudo e crudo; francamente, apertamente / -的으로 말하다 dire*parlare nudo e crudo; parlare alla buona
노끈 la corda
노년(老年) la vecchiaia, la vecchiezza
노동(勞動)〈經〉il lavoro
노동(勞動) il lavoro / -의 대가 il frutto*il risultato di lavoro / -하다 lavorare [intr. avere] / 하루에 8시간 -하다 lavorare otto ore al giorno ¶-組合 il sindacato dei lavoratori / -爭議 la lotta operaia*sindacale, la lotta tra il lavoro e il capitale / -者 il lavoratore (f. -trice), l'operaio (f. -ia) / -部 Ministero del Lavoro / 이탈리아-總同盟 Confederazione Generale Italiana del Lavoro (C.G.I.L.) / -時間 l'orario di lavoro / 時間*日備- il lavoro a ore*giornata / -力 la manodopera
노동력(勞動力)〈經〉la manodopera
노동민주당(勞動民主黨)〈政〉la democrazia del lavoro
노동조합(勞動組合)〈經〉il sindacato
노동조합주의(勞動組合主義)〈經〉il cooperativismo
노동조합활동주의(勞動組合活動主義)〈經〉il sindacalismo
노란 giallo(a)
노란색 il giallo
노래(歌) il canto, (歌謠*民謠) la canzone, la canzonetta / -하다, 부르다 cantare [tr., intr.] (una canzone) / -를 작곡하다 comporre (in musica), musicare (i versi d'una canzone), scrivere in versi
노력(努力) lo sforzo; la fatica / -하다 fare tutti gli sforzi*ogni sforzo per fare qlco., sforzarsi a*per (fare qlco.), cercare di (fare qlco.), fare qlco. con ogni sfori*con l'assiduità
노력(努力)〈醫〉il conato
노련(老鍊) / -한 esperto(a), sperimentato(a), veterano(a) / -한 人 il veterano
노령(老齡) la vecchiaia, la vecchiezza, l'età molto avanzata, l'età declinante / -에 들어가다 entrare [intr. essere] nella vecchiaia ¶-年金 la pensione per la vecchiaia
노루〈動〉il capriolo
노르웨이〈地〉Norvegia / -의, 人, 語 norvegese
노른자위 il tuorlo, il rosso d'uovo
노름 il gioco d'azzardo
노릇노릇하다 dorare ¶ 마늘쪽을 노릇노릇하게 하라! Fate dorare lo spicchio d'aglio!
노리다 spiare / 好機를 - spiare il momento favorevole
노무(勞務) il lavoro ¶-者 il lavoratore (f. -trice), l'operaio (f. -a)
노벨상(Nobel 賞) il Premio Nobel (della letteratura*della fisica*per la pace nel 2001)
노변(路邊) il bordo della strada
노사(勞使) il capitale e il lavoro, i datori di lavoro e i lavoratori ¶-協調 (紛爭) l'accordo (la lotta) fra il lavoro e il capitale
노상강도(路上强盜) il grassatore
노상마차(路上馬車) la vettura*la carrozza di piazza

노새〈動〉 il mulo, il somaro / -처럼 고집 센 ostina-to(a) come un mulo / -를 타고 a dorso di mulo

노선(路線) il percorso, il tragitto

노쇠(老衰) la decrepitezza / -하다 essere *diventare decrepito / -의 decrepito(a)

노숙(露宿) / -하다 alloggiare all'osteria della luna ¶-者 la persona senza dimora fissa, il vagabondo

노안(老眼) la presbiopia / -鏡 gli occhiali da presbite / -의 사람 il*la presbite

노안(老眼)〈醫〉 la presbiopia

노여움 la rabbia, l'ira

노예(奴隷) lo schiavo

노을 il tramonto

노이로제〈醫〉 nervosismo

노인(老人) il vecchio, l'anziano ¶-醫學 la gerontologia

노인성 치매(老人性 癡呆)〈醫〉 la demenza senile

노인연금(老人年金)〈法〉 la pensione di vecchiaia

노인학(老人學)〈醫〉 la gerontologia

노임(勞賃) la paga (giornaliera)

노점(露店) la bancarella / 夜間- la bancarella notturna / -商 il bancarellista

노젓기 la vogata / -하다 fare una vogata

노처녀(老處女) la zitella, la vecchia signorina

노천시장(露天市場) il mercato all'aperto

노총각 lo scapolo

노출(露出) il trapelamento, la rivelazione; (寫眞의) l'esposizione; (地層의) l'affioramento / -하다 trapelare [intr. essere], divulgarsi; esporre; affiorare [intr. essere], mettere in mostra / -시키다 divul-gare [tr.], rivelare [tr.] / 祕密文書의 - la rivelazione di documenti segreti ¶-狂 lo*la esibizionista

노크 la bussata, il picchio / -하다 picchiare [intr. avere]*bussare [intr. avere] (alla porta)

노트〈具〉 il quaderno

노트〈海〉 il nodo **1** 이 배는 시속 20 노트로 달린다. Questa nave fa 20 nodi l'ora.

노파(老婆) la vecchia

노파심(老婆心) la sollecitudine*la premura dei vecchi (verso i giovani)

노한 furioso(a)

노화현상(老化現像) l'invecchiamento

노후(老朽) la decrepitezza / -의 decrepito(a); usato(a)

노후(老後) la vecchiaia / -를 대비하다 pensare [intr. avere]*provvedere [intr. avere] alla vecchiaia

녹내장(綠內障)〈醫〉 il glaucoma

녹니석(綠泥石)〈鑛〉 la clorite

녹다 sciogliersi

녹말 l'amido

녹색(綠色) il verde / -의 verde

녹슨 arrugginito(a)

녹옥수(綠玉髓)〈鑛〉 il crisoprasio

녹음(錄音) l'incisione su disco, la registrazione su nastrino magnetico / -하다 incidere su disco, registrare sui nastri magnetici ¶-放送 la radiotrasmissione di (un discorso) registrato / -機 il registratore (a nastro magnetico)

녹음(錄音)〈映〉 la sonorizzazione

녹음기(錄音器) il mangianastri

녹이다 sciogliere; fondere

녹주석(綠柱石)〈鑛〉 il berillo

녹지(綠地) il terreno*la zona verde, gli spazi verdi ¶-帶 la zona verde

녹차(綠茶) il tè verde

녹청(綠青)〈化〉 il verderame

녹청(綠青)〈繪〉 la patina

녹화(綠化) l'imboschimento / -하다 imboschire [pr. -isco], piantare i sempreverdi ¶-運動 la campagna per allargare la zona verde (in città)

녹화촬영(錄畵撮影) la ripresa registrata

논(論) / -하다 trattare [intr. avere] di qlco.; discutere, argomentare [intr. avere] con qlcu. di qlco.

논(畓) la risaia

논(田) la risaia / 논에 물을 대다 irrigare una risaia ¶아전인수(我田引水) Tirar l'acqua al proprio mulino.

논거(論據) la base d'un argomento*un ragionamento; l'argomento, l'argomentazione

논고(論告)〈法〉 la requisitoria (del pubblico ministero) / -하다 fare una requisitoria

논급(論及) / -하다 riferirsi [pr. -isco] ad un argomento, trattare [intr. avere] di qlco.

논리(論理) la logica / -的 logico(a) / -上

논리학 dal punto di vista logico, logicamente ¶-學 la logica

논리학(論理學)〈哲〉la logica

논문(論文) il saggio, (學術論文) il trattato, (專攻의) la monografia, (卒業, 學位의) la tesi di laurea 1 그 과학자는 핵에너지 문제에 관한 중요 논문을 썼다. Lo scienziato ha scritto un importante saggio sul problema dell'energia nucleare.

논문집(論文集) la miscellanea

논법(論法) il ragionamento, l'argomentazione

논설(論說) (論文) la tesi (di laurea), il saggio; (學術論文) il trattato, (社說) l'editoriale, l'articolo di fondo

논스톱 킥하다〈蹴〉agganciare

논의(論議) la disputa / -하다 disputare (di politica*su un problema) / -할 만한 indiscutibile

논쟁(論爭) la controversa, il dibatitto, la discussione, la lite, la disputa, l'alterco, la polemica / -하다 dibattere*discutere*disputare di qlco.

논쟁술(論爭術)〈哲〉l'eristica

논전(論戰) la disputa, il dibattito / -하다 disputare [intr. avere] di*su qlco, dibattere (una questione)

논제(論題) l'argomento, il soggetto, il tema, l'argomentazione

논조(論調) il tono d'argomento*argomentazione

논증(論證) l'argomento, l'argomentazione / -하다 argomentare, provare qlco. logicamente

논증(論證)〈哲〉la apodissi

논지(論旨) il punto principale d'un argomento

논총(論叢) la miscellanea

논파(論破) la confutazione / -하다 confutare, controbattere

논평(論評) la critica / -하다 criticare

놀다(遊) giocare; oziare; essere disoccupato 1 어린이들이 정원에서 놀고 있다. I bambini giocano in giardino.

놀라게 하다〈驚〉sorprendere; allarmare, spaventare, stupire, meravigliare, impaurire, fare paura a qlcu., (不意에) sorprendere 1 그 소식은 나를 놀라게 하지 못했다. La notizia non mi allarmò.

놀라다(驚) stupire [pr. -isco], spaventarsi (per qlco.), restare*mostrarsi sorpreso, sorprendersi, meravigliarsi

놀라운 sorprendente

놀랄만한(驚) meraviglioso(a)

놀람(驚) la meraviglia; la sorpresa; lo stupore

놀리다 prendere in giro; fare giocare; fare riposare

놀림감 lo scheno (di tutti) / 모든 사람들의 -이 되다 diventare lo scherno di tutti

놀이(娛樂) il gioco 1 운전은 놀이가 아니다. Guidare non è un gioco.

놋쇠 l'ottone (m.)

농가(農家) la casa contadinesca, la casa rustica

농경(農耕) l'agricoltura ¶-地 il terreno coltivabile

농과(農科) il dipartimento*il corso d'agraria

농구(籠球)〈스포츠〉la pallacanestro

농기구(農器具) gli strumenti*gli attrezzi agricoli

농노(農奴)〈史〉il servo della gleba

농담(弄談) lo scherzo, la burla / -하다 scherzzare / -으로 per scherzo, scherzosamente

농담(濃淡)〈繪〉l'ombratura

농도(濃度) la densità

농도(濃度)〈化〉la concentrazione

농락(籠絡) -하다 sedurre, adescare*attirare qlcu. con lusinghe*promesse

농루(膿漏)〈醫〉la piorrea

농림수산(農林水産) agricoltura, foreste e pesca; agricoltura e foreste ¶-部 Ministero dell'Agricoltura, delle Foreste e della Pesca

농무(濃霧)〈氣〉la caligine, la nebbia densa

농민(農民) il contadino, (農業者) l'agricoltore, il coltivatore

농번기(農繁期) la stagione dei lavori agricoli

농부(農夫) il contadino, il lavoratore agricolo, il coltivatore; (農業者) l'agricoltore

농사(農事) l'agricoltura, l'agraria ¶-試驗場 la stazione d'agraria

농산물(農産物) i prodotti agricoli

농산물가격보호국(農産物價格保護局)〈伊

*農> Tutela economica dei prodotti agricoli

농아(聾啞) il sordomuto (f. -a) / -의 sordomuto(a) ¶-學校 la scuola per sordomuti

농업(農業) l'agricoltura / -을 운영하다 esercitare l'agricoltura, occuparsi dell'agricoltura / -의 agricolo(a), agrario(a) ¶-經濟 l'economia agraria / -學校 la scuola agraria / -協同組合 la cooperativa agricola

농업생산국(農業生產局)<伊*農> Produzione agricola

농업화학(農業化學)<化> la chimica agraria

농예(農藝) l'agricoltura, la tecnica agraria ¶-化學 la chimica agraria

농원(農園) il podere, la tenuta

농작물(農作物) i prodotti agricoli, la mietitura, il raccolto

농장(農場) la fattoria, il podere, la masseria ¶-主 il proprietario d'una masseria

농지(農地) il terreno agricolo, la terra coltivata ¶-改革 la riforma agraria, la riforma fondiaria agricola

농지개량공사(農地改良公社)<伊*農> Enti di Riforma Fondiaria

농창(膿瘡)<醫> l'ascesso

농촌(農村) il villaggio (abitato da contadini), il locale rustico / -의 rustico(a), d'un villaggio

농축(濃縮)<化> la concentrazione

농포(膿疱)<醫> la pustula

농학(農學) l'agraria / -의 agrario(a), agronomico(a) ¶-部 la facoltà d'agraria / -科 la facoltà di agraria / -士 il dottore in agraria / -者 l'agronomo

농한기(農閑期) la stagione morta dei lavori agricoli

농후(濃厚) / -한 denso(a); fitto(a); (汁이) ristretto(a), condensato(a)

높은(高) alto(a), elevato(a), nobile, (價格이) caro(a), (音이) acuto(a) / - 목소리로 ad alta voce / - 理想 alto*nobile ideale

높이(高) l'altezza / 30미터 -의 집 una casa di 30 metri d'altezza ¶-뛰기 il salto in alto

높이다(高-) elevare

높이뛰기<陸> il salto in alto ¶장대- il salto con l'asta

놓다 appoggiare **1** 나는 책을 바닥에 놓는다. Appoggio i libri per terra. / 말을 - dare del tu

놓치다 lasciarsi, sfuggire (un'occasione), perdere (un'occasione*il treno), liberare (un pesce pescato)

놔두다(殘) lasciare / 원하는 대로 하게 - lasciar(e) fare come qlcu. vuole **1** 익게 놔둬라! Lasciate cuocere! **2** 노래 부르게 놔 둬라! Lasciatemi cantare!

뇌(腦)<解> (大腦) il cervello, (小腦) il cervelletto ¶-炎 la encefalite [用語] 뇌하수체(腦下垂體) il corpo pituitario, la ipofisi, 대뇌회전(大腦回轉) le circonvoluzioni cerebrali, 소뇌(小腦) il cervelletto, 시신경(視神經) il nervo ottico

뇌관(雷管)<狩獵> la capsula

뇌막염(腦膜炎)<醫> la meningite

뇌물(賂物) la bustarella / -주다 dare una bustarella (a un pubblico ufficiale) ¶-供與者 il corruttore, chi dà una bustarella

뇌수(腦髓)<醫> l'encefalo

뇌수막염균(菌) i bacilli della meningite cerebrospinale

뇌신경(腦神經)<解> i nervi del torace

뇌신경외과학(腦神經外科學)<醫> la neutrochirurgia

뇌염(腦炎)<醫> la encefalite

뇌우(雷雨)<氣> il temporale

뇌일혈(腦溢血)<醫> l'apoplessia / -의 發作 il colpo apopletico

뇌진탕(腦震蕩)<醫> la commozione cerebrale

뇌파(腦波) lo elettroencefalogramma

뇌하수체(腦下垂體)<解> il corpo pituitario, la ipofisi

누계(累計) il totale, la somma

누구 chi **1** 당신은 누구시죠? Chi è Lei? **2** (전화에서) 누구시죠? Con chi parlo? -의 di chi / -에게 a chi

누구든 chiunque; uno, ognuno **1** 누구든 자신의 의무를 다해야 한다. Ognuno deve fare il proprio dovere.

누군가 qualcuno **1** 당신은 런던에 사는 누군가를 아세요? Conosce qualcuno a Londra? **2** 누군가는 너에 대해 나쁘게 생각한다. Qualcuno pensa male di te.

누그러뜨리다(輕減) alleviare / 고통을 -

누그러지다 alleviare una pena
누그러지다(緩和) allentarsi, essere rilassato(a)
누나(妹)〈族〉la sorella (maggiore)
누대의(累帶-)〈鑛〉zonato
누더기 lo straccio
누르다(壓) (버튼을) premere, schiacciare **1** 오른쪽 첫 번째 버튼을 눌러라! Premi il primo bottone a destra!
누명(陋名) l'imputazione
누범(累犯)〈法〉la recidiva
누비이불 la trapunta
누설(漏泄) la divulgazione, la rivelazione, lo svelamento / -하다 mettere in piena luce, (祕密을) svelare; (正體를) smascherare / -되다 essere divulgato*svelato*rivelato
누에(蠶)〈蟲〉il bruco
누이(姊妹) la sorella **1** 나의 누이 루치아를 너에게 소개할게. Ti presento mia sorella Lucia. **2** 빠올라는 까를로의 누이이다. Paola è sorella di Carlo. / -동생 la sorella minore
누적(累積) l'ammucchiamento / -하다 ammucchiare ¶-赤子 il deficit ammucchiato
누전(漏電) il corto circuito, la dispersione elettrica / -되다 disperdersi l'elettricità
누진(累進) la promozione progressiva / -하다 essere progressivamente promosso ¶-課稅 l'imposta progressiva
눈(目) l'occhio (pl. -chi) / 검은 색 - gli occhi neri / -동자 색 il colore degli occhi / - 깜짝할 사이에 in un battere d'ali / -에 띄는 (服裝이) vistoso(a), spiccato(a) / -부시게 하다 abbacinare, abbagliare / -을 뜨게 하다 svegliare ¶-물 la lacrima, la lagrima / -썹 le sopracciglia / -瞳子 la pupilla
눈(雪) la neve / -내림 la nevicata / -내리다 nevicare, cadere [intr. essere] la neve **1** 밤새 눈이 내려, 도시가 온통 하얗다. La città è bianca, è nevicato tutta la notte. / -이 쌓이다 accumularsi la neve **1** 2cm의 눈이 도로에 쌓였다. 2 cm di neve si sono accumulati sulla strada. / -덮인 nevoso(a)
눈(雪)〈氣〉la neve
눈감아주다 chiudere un occhio su qlco.
눈꼽 la cispa
눈대중 la misura ad occhio / -으로 재다 misurare a occhio
눈덮인(雪-)〈氣〉nevoso
눈동자(-瞳子) la pupilla
눈뜨다 aprire gli occhi; svegliarsi
눈물(淚) la lacrima, la lagrima / -흘리다 lacrimare [intr. avere], versare lacrime / -을 삼키다 ingoiare le lacrime / -어린 lacrimoso(a), commovente
눈보라(雪-)〈氣〉la tormenta
눈부신 accecante; splendente, splendido(a), brillante / -게 splendidamente
눈사람 il pupazzo di neve
눈사태(雪崩)〈氣〉la valanga
눈쌓인(雪-)〈氣〉nevoso
눈썹 le sopracciglia
눈송이 il fiocco di neve
눈치빠른 accorto(a); sensibile
눕다 sdraiarsi, stendersi per riposarsi (sul letto)
뉘앙스〈佛〉la nuance, la sfumatura
뉴스 il telegiornale, il tg, l'annunzio, la notizia, la novità, il notiziario ¶-時間 l'orario del notiziario (radiofonico*televisivo)
뉴스영화(-映畵)〈映〉l'attualità, il cinegiornale
뉴욕〈地〉Nuova York
뉴질랜드〈地〉Nuova Zelanda
뉴톤〈物〉il newton
느끼다(感) sentire **1** 너희들 추위를 느끼니? Sentite freddo?
느낌 la sensazione; il tatto
느낌표(感歎符號)〈句〉il punto esclamativo
느리게(徐) adagio, lentamente, con lentezza, tardamente; pigramente / -걷다 camminare lentamente (come una tartaruga)
느린(徐) lento(a); (發育이) tardivo(a)
느슨한(緩) rilassante **1** 그들은 보다 건강하고 느슨한 삶을 원한다. Vogliono una vita più sana e rilassante.
느슨해진(緩) rilassato(a)
늑골(肋骨) la costola
늑대(動) il lupo
늑막(肋膜)〈解〉la pleura
늑막염(肋膜炎)〈醫〉la pleurite
늘(恒常) sempre **1** 그는 늘 피곤하다. E'

sempre stanco.
늘다 aumentare
늘리다 aumentare; allargare; allungare
늘이다(張) allungare, prolungare, tendere, protendere, estendere, distendere
늙다(老) diventare vecchio, invecchiare
늙은(老) anziano(a), vecchio(a) / - 이 (人) il vecchio, la vecchia
늠름한 aitante
능(陵) il mausoleo ¶王- il mausoleo imperiale
능기 (能記)〈言〉 il significante
능동 (能動) l'attività / -的 attivo(a) ¶-態〈文〉 la forma attiva
능동 (能動)〈醫〉 il conato
능동주의(能動主義)〈哲〉 l'attualismo
능력 (能力) l'abilità, la capacità, la facoltà / -있는 abile, capace / -없는 inetto(a), inabile, incapace
능력의 천사(能天使)〈宗〉 le potestà

능률(能率) l'efficienza / -을 올리다 aumentare l'efficienza / -的 efficiente
능변(能辯) la eloquenza / -的 eloquente
능숙한 abile
능철광(菱鐵鑛)〈鑛〉 la siderite
늦게 tardi / - 까지 fino a tardi
늦다 fare tardi, essere in ritardo 1 너 늦었니? Hai fatto tardi?
늦추다(緩和) allentare; rilassare, rallentare / (緊張*束縛*바이올린 현)을 - rilassare / 감시의 눈을 - rilassare la sorveglianza / 速度를 - rallentare
늦춤(緩和) l'allentamento, il rilassamento
늪 la palude, l'acquitrino
늪지 la palude, l'acquitrino
니스 la vernice / - 칠하다 verniciare
니켈〈化〉 il nichel, il nichelio
니코틴〈化〉 la nicotina ¶-中毒 il nicotinismo

다 tutto / -함께 tutti insieme / 둘 - tutti e due
다가오다 avvicinarsi
다각경영(多角經營) le operazioni multiple d'affari, l'azienda di diversi commerci
다각형(多角形)〈數〉il poligono
다감(多感) la sensibilità / -한 sensibile, (感傷的) sentimentale
다과회(茶菓會) il rinfresco con fè e pasticini
다기(多岐) la digressione
다년(多年) molti anni, per anni e anni ¶ -生植物 la pianta vivace
다년생식물(多年生植物)〈植〉perenne
다니다(行) frequentare **1** 나는 대학을 다닌다. Frequento l'università.
다다이스트〈繪〉il*la dadaista
다다이즘〈繪〉il dadaismo
다락방 l'attico
다람쥐〈動〉lo scoiattolo
다랑어〈魚〉il tonno
다량(多量) una gran quantità, l'abbondanza / -으로 abbondantemente, copiosamente / -의 molto; abbondante
다루기 쉬운(柔順, 溫順) docile
다루다 trattare
다른 altro(a), diverso(a), differente, distinto(a) **1** 우리는 다른 길을 택했다. Prendemmo un'altra strada. **2** 다른 천 (원단)을 보고 싶은데요. Vorrei vedere altre stoffe. **3** 다른 대화를 나눌 수는 없겠니? Non potresti fare altri discorsi? **4** 스페인 레스토랑엔 별다른 것이 있나요? Che cosa c'è di diverso nel ristorante spagnolo? **5** 이탈리아의 남부와 북부의 기후는 다른가요? Il tempo è differente tra Nord e Sud in Italia? / - 式으로 altrimenti **1** 너는 다른 식으로 행동해야 한다. Devi agire altrimenti. **2** 난 다른 식으로는 할 수가 없었다. Non ho potuto fare altrimenti **3** 그는 생각하는 것과는 다른 식으로 말한다. Parla altrimenti da come pensa.
다리(脚)〈動〉le zampe, 〈解〉le gambe, gli arti inferiori / 휜 - le gambe arcuate
다리(橋)〈建〉il ponte
다리미 il ferro da stiro
다리젓기〈泳〉la sforbiciata
다림질하다 stirare
다만 soltanto
다망(多忙) l'affaccendamento / -하다 affaccendarsi a (far qlco.), occuparsi assiduamente (di qlco.), essere affaccendato(a)*occupato(a) / -하게 assiduamente, senza interruzione / -한 occupato(a), affaccendato(a)
다면체(多面體)〈數〉il poliedro
다발 (건초, 목재 따위의) l'affastellamento / 꽃 - un mazzo*un mazzetto di fiori
다발성관절염(多發性關節炎)〈醫〉la poliartrite
다방 il bar; la sala da tè
다방면(多方面) (方向) le molte direzioni, (分野) i vari campi d'attività / -의 vario(a), diverso(a)
다부진 (체격이) robusto(a)
다분히(多分-) forse, probabilmente
다사(多事) l'affaccendamento / -한 molto occupato(a) di qlco.; occupato(a)* affaccendato(a) a fare qlco.
다산(多産) la produttività, la fecondità / -의 produttivo(a), fecondo(a); prolifico(a)
다색대리석(多色大理石)〈鑛〉il bardiglio
다색성의(多色性-)〈鑛〉pleocroico
다색화법(多色畵法)〈繪〉la policromia
다성음악의(多聲音樂-)〈音〉polifonica
다세포(多細胞)〈生〉/ -의 pluricellulare
다소(多少) più o meno, alquanto
다수(多數) la numerosità, il gran numero, (投票의) la maggioranza / -의 numeroso(a) / -를 점하다 avere* ottenere la maggioranza ¶ -決 la decisione a maggioranza / 絶對- la maggio-

다수(多數)〈伊〉 la maggioranza
다스 la dozzina
다스리다(行政) amministrare
다시(再) di nuovo, ancora ¶ 텍스트를 다시 읽어라! Leggete di nuovo il testo!
다시하다 ripetere
다양(多樣) / -한 vario(a), diverso(a), di vari generi / -하게 variamente, diversamente, in modo vario ¶-性 la varietà, la diversità
다양체(多樣体)〈數〉 la varietà
다원론(多元論)〈哲〉 il pluralismo
다음(翌) dopo, prossimo(a), seguente, successivo(a) / -에 prossima volta / -날 (翌日) il giorno dopo, il giorno seguente, il giorno successivo / -달(翌月) il mese prossimo / -주(翌週) la settimana prossima / -해(翌年) l'anno prossimo
다이빙 (diving) il tuffo / -하다 tuffarsi
다이아몬드〈鑛*化〉 il diamante
다인〈物〉 la dina
다정(多情) l'appassionamento / -한 affettuoso(a), appassionato(a), di passione amorosa
다치다 ferirsi
다큐멘터리영화(-映畫)〈映〉 il documentario
다투다 bisticciare, litigare; competere
다투며 싸우다(責望) azzuffarsi (reciprocamente) per qlco.
다함께(共同) tutti insieme, in oro
다항식(多項式)〈數〉 il polinomio
다행히 per fortuna, fortunatamente
다혈증(多血症)〈醫〉 la pletora
다혈질(多血質) il temperamento sanguigno / -의 di temperamento sanguigno*pletorico
다형성(多形性)〈生〉 il polimorfismo
닥치는 대로 a caso
닦다(淸) pulire, lucidare, spazzolare **1** 그는 구두를 닦았다. Lui ha pulito le scarpe.
단(甘) (맛 따위가) dolce / -과자 il dolce / -맛 la dolcezza / -맛이 나는 dolciastro(a)
단(團) il gruppo, la comitiva, la squadra, il corpo ¶-長 il capo del gruppo*della delegazione*della missione (d'amicizia all'estero) / 觀光- la comitiva di turisti / 消防- la squadra di pompieri / 外交- il corpo diplomatico / 使節, 代表- la delegazione, la missione
단(端) l'estremità
단가(單價) il prezzo unitario / - 100유로에 a cento euro l'uno
단거리(短距離) la breve distanza ¶-競走 la gara*la corsa a breve distanza / -選手 il*la velocista, il*la scattista
단거리경주(短距離競走)〈陸〉 la gara di velocità
단거리선수(短距離選手)〈輪*陸〉 il*la velocista

단검(短劍) il pugnale, la daga
단결(團結) l'unione / -하다 unirsi, legarsi (d'interesse comune), aggrupparsi
단계(段階) il grado, la scala / 현 -에서 nell'attuale fase / -的 graduale / -的으로 gradualmente, di grado in grado, a passo a passo, a poco a poco
단골손님 il cliente, l'avventore, la clientela
단과대학(單科大學) l'università con una sola facoltà (di giurisprudenza)
단괴(團塊)〈鑛〉 il nodulo
단교(斷交) la rottura d'amicizia ¶經濟- la rottura*la cessazione delle relazioni economiche
단극(單極)〈電〉 / -의 unipolare
단기(短期) il breve termine*scadenza ¶-大學 l'università con corsi di due anni / -貸付 il prestito a breve scadenza
단기투표제(單記投票制)〈伊〉 lo scrutinio uninominale
단념(斷念) la rinunzia, l'abbandono; la rassegnazione / 출세의 - la rinunzia a una carriera / -하다 rinunziare (a qlco.), abbandonare, desistere [intr. avere] da qlco. / -시키다 fare rinunziare (a qlco.), dissuadere qlcu. (dall'andare al cinema), sconsigliare (qlcu. dall'accettare qlco.)
단단(堅固) la rigidità / -한 rigido(a), duro(a), solido(a) / -한 철봉 la rigida sbarra di ferro
단도(短刀) il pugnale, la daga
단도직입(單刀直入) / -的으로 francamente, schiettamente, apertamente, senza reticenza

단독(單獨) /-의 solo(a), unico(a) /-으로 da solo, solamente, indipendentemente, autonomamente

단독(丹毒)〈醫〉la erisipela

단두대(斷頭臺) la ghigliottina

단두증(短頭症)〈醫〉la brachicefalia

단락(段落) il paragrafo

단락(短絡)〈電〉il corto circuito

단련(鍛鍊) l'allenamento, la disciplina, la pratica d'addestramento /-하다 fare allenamento, disciplinare, esercitare*addestare (assiduamente), allenarsi /-시키다 allenare, esercitare (la mente*le forze), addestare, (쇠를) fucinare, forgiare / 젊은이들을 면학으로 -시키다 allenare i giovani allo studio / 심신을 -시키다 esercitare il corpo e lo spirito

단맛 il gusto dolce

단면(斷面) la sezione ¶橫- la sezione traversale /縱- la sezione verticale

단면도(斷面圖)〈建〉la sezione

단명(短命) la breve vita /-의 effimero(a)

단모음(單母音)〈言〉il monottongo

단모음화(單母音化)〈言〉la monottongazione

단백뇨(蛋白尿)〈醫〉l'albuminuria

단백석(蛋白石)〈鑛〉l'opale

단백질(蛋白質)〈化〉la proteina, l'albumina

단본위제(單本位制)〈經〉il monometallismo

단사정형의(單斜晶形-)〈鑛〉monoclino

단상(單相)〈生〉/-의 aploide

단상(單相)〈電〉/-의 monofase

단색 la tinta unita

단색화(單色畫)〈繪〉il monocromato

단세포(單細胞)〈生〉/-의 unicellulare

단속(斷續) l'intermitenza /-하다 essere intermittente, cessare a intervalli /-的 intermittente

단속(團束) l'interruzione

단수(單數) il numero singolare;〈文〉singolare /-의 singolare

단수(斷水) l'interruzione*la sospensione del rifornimento d'acqua /-하다 essere sospesi il rifornimento d'acqua

단순(單純) la semplicità /-한 semplice, ordinario(a) /-하게 semplicemente / 사물을 -하게 판단하다 giudicare semplicemente le cose ¶-未來〈文法〉il futuro semplice /-化 la semplificazione

단순다수제(單純多數制)〈政〉il maggioritario

단순화(單純化) la semplificazione /-하다 semplificare

단시일(短時日) /-內에 in poco tempo, in breve tempo

단식(斷食) il digiuno /-하다 digiunare

단식(斷食)〈政〉il digiuno

단식(單式)〈테니스〉il singolare

단신(短信) il biglietto /-을 쓰다 scrivere un biglietto

단안증(單眼症)〈醫〉la ciclopia

단어(單語) la parola, il vocabolo, la voce, il termine / 새로운 -를 쓰다 scrivere le nuove parole ¶-集 il vocabolario

단언(斷言) l'affermazione, l'asserzione /-하다 affermare, asserire [io asserisco, tu asserisci] 1 그는 자신의 무죄를 단언했다. Ha affermato la propria innocenza sotto giuramento.

단연코(斷然) decisamente; nettamente, definitamente

단원(團員) il membro di una squadra*una organizzazione

단원(單元) l'unità

단위(單位) l'unità, l'unità di misura ¶貨幣- l'unità mone-taria 1 이탈리아의 화폐 단위는 유로이다. L'unità monetaria italiana è euro.

단위(單位)〈物〉l'unità di misura

단위(單位)〈數〉l'unità

단위생식(單位生殖)〈生〉la partenogenesi

단음악(單音樂)〈音〉la monodia

단음절 언어(單音節 言語)〈言〉la lingua monosillabica

단일(單一) l'unità /-의, 한 unico(a), solo(a), unitario(a), singolo(a)

단일성(單一性) l'unità

단일유전자(單一遺傳子)〈生〉/-의 aploide

단일음의(單一音-)〈音〉monodica

단자(端子)〈電〉il morsetto

단자음(單子音)〈言〉la consonante semplice

단적(端的) /-인 franco(a), schietto(a); diretto(a) /-으로 francamente, schiettamente; direttamente /-으로 말하자면 a dirvela schietta

단전타음(短前打音)〈音〉l'acciaccatura

단절(斷絕) la rottura / -하다 venire a una rottura con qlcu.; estinguersi; cessare, interrompersi ¶國交- la rottura diplomatica*delle relazioni diplomatiche

단점(短點) il difetto

단정(斷定) l'affermazione / 성급한 -을 내리다 fare un'affermazione arrischiata / -하다 affermare, decidere, concludere giudicare

단정(端正) la decenza / -한 decente / -한 服裝 il vestito decente / -치 못한 (사람이) sciatto(a), trasandato(a), sregolato(a), (服裝이) malmesso(a) **1** 마리오는 복장이*酒道가 단정치 못하다. Mario è sciatto nel vestire*nel bere. / -치 못한 生活 la vita dissoluta

단조(單調) la monotonia / -로운 monotono(a), noioso(a)

단지(團地) il quartiere nuovo di residenza, l'ubicazione

단지(但只) soltanto, solamente, solo

단지〈具〉(꿀단지 따위의) il barattolo

단체(團體) il gruppo, la comitiva, l'istituto, l'associazione, l'organizzazione, la corporazione (religiosa) ¶慈善- l'istituto di carità /-協商 la negoziazione colletiva / 勞動- il sidacato / -交涉 la negoziazione colletiva / -協約 il contratto collettivo (di lavoro)

단체추발경기(團體追拔競技)〈輪〉 la gara a squadre

단추 il bottone

단축(短縮) l'accorciamento, l'abbreviazione; la diminuzione, la riduzione / -하다 accorciare [intr. essere], abbreviare; ridurre (le ore di lavoro), diminuire [pr. -isco] / -되다 accorciarsi, essere accorciato(a)

단축법(短縮法)〈繪〉 lo scorcio, lo scorto / -으로 그리다 scorciare, scortare

단파(短波) l'onda corta ¶-放送 le radiotrasmissioni a onde corte / -受信機 la radio a onde corte

단편(斷片) il frammento, il pezzo / -的 frammentario

단편(短篇) il racconto (breve), la storiella, la novella

단편소설(短篇小說) la novella, il racconto

단편영화(短篇映畫) il cortometraggio

단항식(單項式)〈數〉 il monomio

단행(斷行) l'azione decisiva / -하다 eseguire*effettuare con pronta decisione

단행본(單行本) il libro (pubblicato*edito non per una collana)

단호(斷乎) / -하게 risolutamente, decisamente, fermamente, assolutamente

닫다(閉) chiudere (a chiave la porta) **1** 나는 창문을 닫는다. Chiudo la finestra.

닫혀진 chiuso(a)

닫히다 chiudersi

달(月) il mese / 한 - 前 un mese fa

달(月)〈天〉 la luna ¶-탐사선(探査船) il veicolo lunare

달걀 lo uovo, le uova (pl.) / 찐- l'uovo bollito / 반쯤 익힌 - (半熟卵) l'uovo bazzotto*alla coque

달다 (단추를) cucire

달다 (甘) (맛이) dolce / -고 씁쓸한 agrodolce

달다 appendere

달다 (무게를) pesare

달라붙다 appiccicarsi

달래다 placare, calmare / 憤怒를 - placare l'ira (di qlcu.)

달러〈貨〉 dollaro

달력(月曆) il calendario ¶陽曆- il calendario solare / 陰曆- il calendario lunare

달리기(競走)〈스포츠〉 la corsa

달리다(走) correre

달무리(月-)〈氣〉 l'alone

달성(達成) il compimento, il conseguimento, il raggiungimento, l'adempimento / -하다 compire [pr. -isco]; (目的을) conseguire [pr. -isco], raggiungere, soddisfare [tr., intr. avere]; (義務를) adempiere, adempire [pr. -isco]

달아나다(逃走) scappare

달인(達人) l'esperto

달콤하게 soavemente, dolcemente

달팽이〈動〉 la chiocciola, la lumaca

달팽이관〈解〉 la coclea, la chiocciola

닿하다(到達) arrivare, giungere; (目的에) raggiungere; (到達) (연령이 ~세에) compiere, compire

닭(鷄) il gallo, la gallina, (總稱的) il pollo / -에게 사료를 주다 allevare polli ¶-장수 il pollaiolo / 암- la gallina / -고

닭다 기 il pollo / -다리 la coscia di pollo / -장 il pollaio

닮다(似) assomigliare [intr. avere, essere] a qlcu. o qlco.; essere simile a, rassomigliarsi, assomigliarsi, somigliare **1** 그 두 사람은 두 개의 물방울처럼 닮았다. Quei due si assomigliano come due gocce d'acqua.

닮은(類似) somigliante, rassomigliante, simile **1** 그들은 매우 닮았다. Sono molto somiglianti.

닳다 consumarsi

담(建) il muro

담낭(膽囊)〈解〉 la vescica biliare

담낭염(膽囊炎)〈醫〉 la colecistite

담다 contenere

담당(擔當) l'incarico / -하다 incaricarsi di ¶-者 l'incaricato

담당관(擔當官)〈伊〉 addetto

담력(膽力) la forza d'animo; il coraggio, l'audacia / -이 있는 coraggioso(a), audace, ardito(a) / -을 기르다 assuefare la forza d'animo (per affrontare ogni pericolo*difficoltà); coltivare il coraggio

담배 la sigaretta, il tabacco; (시가) il sigaro / - 피우다 fumare **1** 난 하루에 담배 열개를 피운다. Fumo 10 sigarette al giorno. / 씹는 - il tabacco da masticare ¶-가게 la tabaccheria, tabacchi / -케이스 il portasigarette / 휴대용(탁상용)-케이스 il portasigarette da tasca (da tavola) / -꽁초 il mozzicone di sigaretta

담백(淡白) (性質) la franchezza, l'ingenuità / -한 franco(a), ingenuo(a); (飮食이) leggero(a)

담보(擔保) il pegno, la garanzia, la cauzione / -로 잡히다 dare qlco. in garanzia, ipotecare (la propria casa) / 부동산을 -로 대출받다 prestare (denaro) a garanzia (ipotecaria) dell'immobile

담보인(擔保人)〈法〉 il garante

담석(膽石) il calcolo biliare ¶-病 la calcolosi biliare / -症 la colelitìa

담석증(膽石症)〈醫〉 la colelitìa, il calcolo biliare

담수(淡水) l'acqua dolce ¶-魚 il pesce d'acqua dolce

담요 la coperta di lana

담임(擔任) l'incarico / -을 맡다 prendere*eseguire [pr. -o, -isco] un incarico ¶-教師 il maestro cui è affidata una classe, il maestro responsabile della classe

담장 나무〈植〉 l'edera

담쟁이(植) la pianta rampicante, il rampicante

담즙(膽汁) la bile / -質의 bilioso(a)

담채(淡彩) la coloritura chiara ¶-畫 la pittura*il quadro dipinto a colori chiari

담판(談判) la negoziazione, le trattative, i negiziati / -하다 (짓다) negoziare (la pace), entrare le trattative, entrare in negoziati con, intavolare i negoziati

담합(談合) l'abboccamento

담홍색(淡紅色) la rosa, il colore rosa / -의 rosa

담화(談話) la conversazione ¶-室 il salotto

담화문(談話文) la dichiarazione ufficiale

답(答) la risposta / 귀하의 -을 기다리며 in attesa della Sua risposta / -하다 rispondere, dare una risposta

답답한 soffocante, oppressivo(a); testardo(a)

답답해지다 intimidirsi

답례(答禮) la risposta al saluto, il contraccambio; (報答) la ricompensa / -하다 rispondere al saluto, dare il contraccambio*la ricompensa / -로 in contraccambio di (il favore dato), in ricompensa di

답변(答辯) la risposta / -하다 rispondere

답사(答辭) il discorso in risposta (alle congratulazioni)

답습(踏襲) il seguimento / -하다 seguire (le orme di qlcu.)

답안(答案) la risposta scritta ad un questionario d'esame

답장(答狀) la risposta / -하다 rispondere **1** 난 편지에 답장을 했다. Ho risposto alle lettere.

당(堂) il partito / -을 창립하다 creare un partito / -을 지지하다 aderire a un partito / -에 입당하다 iscriversi a un partito / -에 탈당하다 abbandonare il partito

당(堂) il tempio

당(糖)〈化〉 lo zucchero

당구(撞球) il biliardo / -치다 giocare al

당국 biliardo ¶-공 la palla da biliardo / -스틱 la stecca (da biliardo) / -대 il tavolo (da biliardo)

당국(當局)(者) le autorità ¶政府- le autorità governative

당근〈植〉 la carota

당기다(張) tirare, (활을) tendere l'arco

당나귀〈動〉 l'asino

당뇨(糖尿)〈醫〉 la glicosuria

당뇨병(糖尿病)〈醫〉 la diabete / -의 diabetico(a) ¶-患者 il diabetico (f. -a)

당당(堂堂) la maestosità, la dignità, la grandiosità / -한 imponente, maestoso (a), dignitoso(a), grandioso(a) / -하게 maestosamente, grandiosamente, imponentemente

당도(當到) il giungimento / -하다 giungere 1 드디어 우리는 집에 당도했구나! Finalmente siamo giunti a casa!

당류(糖類)〈化〉 il saccaride

당면(當面) il giungimento / -의 presente, urgente, immediato(a) / -하다 affrontare (una questione*le difficoltà) / -한 問題 il presente problema, la questione urgente

당번(當番) il turno (del servizio), (人) la persona di turno

당분(糖分) la sostanza zuccherina

당사(當社) la nostra ditta

당사자(當事者) l'interessato (f. -a) (in un'azienda)

당선(當選) / -되다 essere eletto(a); (懸賞에) vincere un premio ¶-者 l'eletto

당시(當時) a quel tempo, allora / -의 di quel tempo, di quei tempi, d'allora

당신 Lei

당신들 Voi

당신들의 Vostro(a)

당신의 Suo

당연(當然) / -히 naturalmente, certamente, giustamente / -한 naturale, giusto(a)

당원(黨員) il membro*il socio d'un partito

당의정(糖衣錠)〈藥〉 il confetto

당의환제(糖衣丸劑)〈藥〉 il granulo

당일(當日) il giorno designato, il giorno stesso*medesimo / 개표가 - 진행되다 avere luogo il giorno stesso lo scrutinio (dei voti)

당일치기(當日-) andata e ritorno in un giorno / - 旅行하다 fare un viaggetto d'un giorno

당장 immediatamente, subito

당좌(當座) / -의 temporaneo(a), provvisorio(a)

당좌예금(當座預金)〈銀〉 il conto corrente

당중견간부(黨中堅幹部)〈政〉 il quadro di partito

당직(當直) il servizio notturno / -서다 essere di servizio durante la notte

당직(當職) il turno ¶-醫師 il medico di turno

당질(糖質)〈化〉 il glucide

당첨(當籤) ¶-者 il*la vincente (al lotto), il vincitore

당파(黨派) il partito, la fazione

당파합류(黨派合流)〈政〉 l'aggregazione

당혹(當惑) la perplessità, la confusione, il disagio, l'imbarazzo / -해 하다 rimanere perplesso, confondersi, essere imbarazzato*perplesso, imbarazzarsi

당황(唐慌) l'imbarazzo, la perplessità / -하는 imbaraz-zato(a) / -하게 하다 imbarazzare / -하다 imbarazzarsi, contondersi

닻〈海〉 l'ancora / -을 감다 disormeggiare / -을 내리다 ancorare / -을 올리다 salpare

닻줄〈海〉 la gomena

닿다 toccare; giungere

대 (초목의) il gambo; (봉, 폴, 축) l'asta

대가(大家) (藝術 分野의) il gran maestro; (權威者) l'autorità / 의학 분야의 - un'autorità nel campo della medicina

대가(對價) il controvalore, il corrispettivo

대각선(對角線)〈數〉 il diagonale, la linea diagonale / -의 diagonale

대강(大綱) il principio fondamentale; pressappoco, circa

대강당(大講堂) l'aula magna

대개(大槪) generalmente, in genere

대결(對決)〈法〉 il confronto / -하다 fare fronte a qlcu. / -시키다 mettere a confronto (un imputato) con (un accusatore*testimone)

대계단(大階段)〈建〉 lo scalone

대 과거 (大過去)〈文〉 il trapassato prossimo

대구(魚) il merluzzo
대구(對句) la antitesi
대구포(魚) la baccalà
대국(大局) la situazione generale
대권항로(大圈航路)〈地〉 l'ortodromica
대규모(大規模) la larga scala
대기(待機) l'attesa (d'ordine) / -하다 essere*stare in attesa (qualche ordine) ¶-室 la sala d'attesa
대기(大氣)〈地〉 l'atmosfera, l'aria / -의 atmosferico(a)
대기권(大氣圈) l'atmosfera
대기방해(大氣妨害) i disturbi atmosferici
대기하다 attendere
대나무(竹) il bambù
대내적(對內的) interno(a), interiore / -인 政策 la politica interna
대뇌(大腦)〈解〉 il cervello
대뇌회전(大腦回轉)〈解〉 le circonvoluzioni cerebrali
대다(觸) toccare, tastare
대다수(大多數) la maggioranza
대단히 molto, tanto, assai; eccessivamente **1** 대단히 감사합니다. Grazie mille.
대담(大膽) l'audacia, l'intrepidezza, la baldanza / -한 audace, intrepido(a), coraggioso(a), animoso(a), intraprendente (con le donne) / -하게 audacemente, intrepidamente, senza badare al pericolo, senza paura*esitanza ¶-男子 il corteggiatore (f. -trice)
대담(對談) la conversazione fra due persone, il colloquio; l'intervista / -하다 avere un colloquio con qlcu. ¶-者 l'interlocutore, l'interlocutrice
대답(對答) la risposta / -하다 rispondere
대대(大隊)〈軍〉 il battaglione
대도(大盜) il ladrone
대도시(大都市) la città grande
대동맥(大動脈)〈解〉 l'arteria aorta
대동맥염(大動脈炎)〈醫〉 la aortite
대들다 slanciarsi*gettarsi contro qlcu.
대들보(梁)〈建〉 le travi del tetto, il travetto, il travicello
대등(對等) l'uguaglianza, la parità / -의, 한 uguale, pari
대략(大略) (假量) circa, più o meno, approssimamente, pressappoco **1** 대략 10분 남았다. Mancano circa dieci minuti. **2** 그는 대략 80 킬로그램의 체중이 나간다. Pesa circa ottanta chili. **3** 값이 대략 10만 리라 한다. Costa più o meno centomila lire. **4** 우리는 대략 같은 또래이구나. Siamo pressappoco della stessa età./ -(的으로) circa, pressappoco, approssimativamente / -的인 approssimativo(a)
대략(大略) (要約) il riassunto, il compendio, il sommario / -적으로 riassuntamente; pressappoco, circa, quasi
대량(大量) la gran quantità / -의 di gran quantità ¶-生産 la produzione in serie
대류(對流)〈理〉 la convezione ¶-圈 la troposfera
대륙(大陸)〈地〉 il continente / 5- i cinque continenti / -的 continentale / -橫斷의 transcontinentale ¶-間彈道彈 il missile balistico intercontinentale / -橫斷鐵道 la ferrovia transcontinentale
대륙기후(大陸氣候)〈氣〉 il clima continentale
대륙붕(大陸棚)〈地〉 la piattaforma continentale
대륙사면(大陸斜面)〈地〉 la scarpata continentale
대리(代理) il sostituto / -하다 rappresentare ¶-人 il*la rappresentante, il rappresentatore, l'agente (di commercio) / -店 il rappresentante di commercio, l'agenzia / -勸 la concessione
대리(代理)〈法〉 la rappresentanza
대리공사(代理公使)〈伊〉 incaricato d'affari
대리대사(代理大使)〈伊〉 incaricato d'affari
대리상(代理商)〈法〉 l'agenzia
대리석(大理石)〈鑛*彫〉 il marmo
대리석공(大理石工)〈彫〉 il marmista, il marmorario
대리석조각가(大理石彫刻家)〈彫〉 il marmista, il marmorario
대리인(代理人) il delegato; il sostituto; l'agente
대리점(代理店) l'agenzia, la filiale
대리하다(代理-) sostituire
대립(對立) l'antagonismo, la rivalità / -하다 scontare, fare fronte a qlco., fronteggiare (il nemico), (競爭) rivaleggiare [intr. avere] (con qlcu. in qlco.)
대립(對立)〈言〉 l'opposizione

대만원(大滿員) esaurito(a)

대망(待望) / -의 sperato(a)*atteso(a) (da tanti anni) / -하다 sperare da anni

대망(大望) il grande desiderio, l'ambizione / -의 ambizioso(a) / -을 갖다 avere ambizione, ambire [pr. -isco], ambire [intr. avere] a qlco.

대매출(大賣出) la grande vendita a stralcio

대맥(大麥) l'orzo / -밭 il campo d'orzo

대머리 il calvo / -되다 incalvire, diventare calvo / -의 calvo(a) / - 男子 il calvo ¶-病 l'alopecia

대명사(代名詞)〈文〉il pronome

대목(代牧)〈宗〉il vicario apostolico

대문자(大文字) la maiuscola, il carattere maiuscolo

대물렌즈(對物-)〈物〉l'obiettivo

대변인(代辯人) il portavoce

대변자(代辯者) il*la rappresentante

대본(臺本)〈音〉il libretto

대본작가(臺本作家)〈音〉il*la librettista

대부하다(貸付-) prestare

대비(對比) la proporzione; (比較) la paragone, la comparazione; (對照) il confronto, il contrasto; (對稱) la simmetria / -하다 paragonare qlco.*qlco. con qlcu.*qlco.; fare il confronto di due persone*due cose / -되다 essere in proporzione a qlco.

대사(大使) l'ambasciatore (f. -trice) ¶-館 l'ambasciata / -官邸 la residenza d'ambasciatore / 特派- l'inviato straordinario / 特命全權- l'inviato straordinario e l'ambasciatore plenipotenziario

대사(臺詞) la battuta / -를 말하다 recitare una parte, pronunciare la battuta / -를 잊다 perdere la battuta

대사관(大使館) l'ambasciata ¶서울 주재 이탈리아 - Ambasciata d'Italia in Seoul / -職員 l'addetto **[用語]** 大使 l'ambasciatore (f. -trice), 領事 il console, 領事館 il consolato, 商務官 l'addetto commerciale, (陸*海*空)軍武官 l'addetto (militare*navale*aereo), 情報擔當官 l'addetto stampa

대사관(大使館)〈伊〉ambasciata

대사면(大赦免)〈法〉l'amnistia / -을 행하다 amnistiare ¶-令 il decreto (imperiale*reale*repubblicano) d'amnistia

대상(對象) l'oggetto / 硏究의 - l'oggetto di studio

대상의(帶狀-)〈鑛〉zonato

대서양(大西洋) l'Oceano Atlantico / -의 atlantico(a) ¶-海岸 la costa atlantica / -憲章 Carta Atlantica*dell'Atlantico / 北-條約機構 Organizzazione del Trattato del Nord Atlantico (NATO)

대서양조약기구외교노선(大西洋條約機構外交路線)〈政〉l'atlantismo

대서양횡단정기선(大西洋橫斷定期船)〈航海〉il transatlantico

대석변론(對席辯論)〈法〉il contraddittorio

대설(大雪) l'abbondante nevicata

대성(大成) l'adempimento, il compimento, il perfezionamento / -하다 compire [pr. -io]*adempiere [pr. -io], perfezionare

대성(大聲) l'alta voce

대성당(大聖堂)〈建〉la cattedrale, il duomo

대세(大勢) la situazione*la tendenza generale; la moltitudine, un gran numero di persone, molte persone / -로 in gran numero

대소(大笑) la grossa risata, lo scoppio di risa / -하다 scoppiare in una risata, fare una bella risata

대수(對數)〈數〉il logaritmo ¶-表 la tavola di logaritmi

대수기하학(代數幾何學)〈數〉la geometria algebrica

대수적 수(代數的 數)〈數〉il nemero algebrico

대수학(代數學)〈數〉l'algebra

대식(大食) la golosità, la ghiottoneria / -의 goloso(a), ghiotto(a) / -하다 mangiare ghiottamente*avidamente ¶-家 il ghiottone, il mangione, il goloso

대신(代身) / -에 anziché, invece di / 4,740리라의 (대신에) 33% 할인된 3,175리라에 판매 lo sconto 33% 3,175 anziché 4,740 / 영화관에 가는 -에 invece di andare al cinema

대안(對岸) la riva*la sponda opposta

대액자화(大額子畫)〈繪〉il telero

대야〈물그릇, 동이〉la conca, la bacinella

대양(大洋) l'oceano / -의 oceanico(a)

대양주(大洋州) l'Oceania

대어(大漁) la pesca abbondante [〈-〉

scarsa]
대언(大言) la fanfaronata, la millanteria / -을 토로하다 fare fanfaronate, millantare
대여금(貸與金)〈法〉 la prestazione
대역(對譯) la traduzione a fronte
대역배우(代役俳優)〈映〉 la contrafigura
대오(隊伍) la fila, l'incolonnamento di soldati (d'un reparto) / -를 형성하다 formare una fila, incolonnare i soldati
대외적(對外的) estero(a), straniero(a), internazionale / - 관계 le relazioni con l'estero
대요(大要) il riassunto, il compendio
대우(待遇) il trattamento, il servizio / -하다 trattare (bene*freddamente) / 특별 - il trattamento preferenziale / 냉정한 - il trattamento freddo / 나쁘게*냉정하게 -하다 trattare male*freddamente
대위(大尉) il capitano; 〈海〉 il tenente di vascello, 〈空〉 il capitano (d'aviazione)
대위법(對位法)〈音〉 il contrappunto
대음극(對陰極)〈物〉 l'anticatodo
대응(對應) la corrispondenza, l'equivalenza; (左右의) la simmetria / -하다 corrispondere [intr. avere]*equivalere [intr. avere] a qlco.; essere simmetrico(a)
대의원(代議員) il rappresentante del popolo
대인(大人) l'adulto (f. -a), la persona adulta / -의 adulto(a) / -이 되다 diventare adulto(a) → 성인(成人)
대입(代入)〈數〉 la sostituzione
대자오선(子午線)〈地〉 l'antimeridiano
대잠초계정(對潛哨戒艇)〈航海〉 il cacciasommergibili
대장(隊長) il capo (d'un gruppo), 〈軍〉 il capitano, il comandante, il generale
대장(大將)〈陸〉 il generale, 〈海〉 l'ammiraglio, 〈空〉 il generale [用語] (准將, 旅團長) il generale di brigata; (少將, 師增長) il generale di divisione, il maggior generale; (中將, 軍團長) il generale di corpo d'armata, il tenente generale; (總司令官) il generale in capo
대저(大抵) generalmente, (通常) di solito
대전(大戰) la grande guerra ¶第二次- la seconda grande guerra, la seconda guerra mondiale

대전(帶電)〈電〉 l'elettrizzazione
대전제(大前提)〈哲〉 la premessa maggiore
대접(待接) l'offerta / -하다 offrire / -이 좋은 ospitale
대조(對照) il confronto, il paragone, (照合) la collazione, (콘트라스트) il contrasto, (比較) il paragone, il confronto / -하다 confrontare (le varie copie con l'originale), collazionare, paragonare (uno con l'altro), mettere a paragone con, fare il confronto di due persone / -的 contrastante / ~과 -하여 a paragone con*di, in confronto a
대졸자(大卒者) il laureato, la laureata
대죄(大罪)〈宗〉 il peccato mortale
대주가(大酒家) l'ubriacone
대주교(大主教)〈宗〉 l'arcivescovo
대중(大衆) la massa, la moltitudine; il pubblico, la gente / -的 popolare ¶-歌謠 la canzone popolare*folcloristica / -湯 il bagno pubblico / -음악 la musica leggera
대중탕(大衆湯) il bagno pubblico
대차(貸借)〈商〉 il credito e il debito ¶-關係 le relazioni fra il creditore e il debitore / -對照表 il bilancio
대차대조표(貸借對照表)〈商〉 il bilancio
대책(對策) la contromisura, i provvedimenti, le misure, (方法*手段) i mezzi, (政策) la politica / -을 강구하다 prendere misure (opportune contro qlco.), prendere provvedimenti (atti a prevenire)
대천사(大天使)〈宗〉 gli arcangeli
대청소(大淸掃) le pulizie generali della casa
대체(大體) / -로 generalmente, in genere
대체(代替) la sostituzione / -하다 sostituire [pr. -isco] (una cosa vecchia a una nuova), sostituire (una parte con un'altra)
대체가능재산(代替可能財産)〈法〉 il bene fungibile
대체불가능재산(代替不可能財産)〈法〉 il bene infungibile
대체성(代替性)〈經〉 la fungibilità
대체재(代替財)〈經〉 il surrogato
대초원(大草原) la prateria
대추〈植〉(木) il giuggiolo, (實) la giuggiola

대출한도(貸出限度)〈銀〉 il fido
대충 circa, approssimativamente
대칭(對稱) (左右) la simmetria, (對比) la proporzione / -的 simmetrico(a)
대칭(對稱)〈鑛〉 la simmetria
대칭(對稱)〈數〉 la simmetria
대칭면(對稱面)〈鑛〉 il piano
대칭심(對稱心)〈鑛〉 il centro
대칭축(對稱軸)〈鑛〉 l'asse
대통령(大統領) il Presidente / 이탈리아 - il Presidente della Repubblica (Italiana)
대통령령(大統領令)〈法〉 il decreto presidenziale
대퇴골(大腿骨)〈解〉 il femore
대퇴신경(大腿神經)〈解〉 il nervo femorale
대패〈具〉 la pialla
대포(大砲)〈軍〉 il cannone, (集合的) l'artiglieria / -를 쏘다 cannoneggiare, sparare un cannone
대포알솟〈蹴〉 la fucilata
대표(代表) il*la rappresentante, il rappresentatore (f. -trice) / -하다 rappresentare ¶-팀 la rappresentativa
대표단(代表團) la rappresentativa ¶外交- il rappresentante diplomatico
대표자(代表者) il*la rappresentante, il rappresentatore (f. -trice), il deputato, il delegato ¶外交- il rappresentante diplomatico
대피(待避) lo scansamento / -하다 scansare, evitare ¶-線 il binario di scansamento
대피소(待避所) (山의) il rifugio alpino
대하여 contro; per; (주제에) di
대학(大學) il collegio / 천안외국어- Collegio Chunan degli Studi Esteri
대학교(大學校) l'università / -의 universitario(a) / -의 학생 (대학생) lo studente universitario / 韓國外國語- Università Hankuk degli Studi Esteri / 梨花女子- Università Femminile Ewha
대학교수(大學敎授) il professore universitario
대학국(大學局)〈伊*敎〉 universitaria
대학살(大虐殺) il massacro, la strage
대학생(大學生) lo studente universitario
대한민국(大韓民國) La Repubblica della Corea, La Repubblica Coreana
대합(對合)〈數〉 l'involuzione
대합실(待合室) la sala d'attesa*d'aspetto

대항(對抗) la competizione, l'antagonismo; la rivalità; l'opposizione / -하다 fare*tenere fronte a qlcu., opporsi a qlcu., rivaleggiare in qlco.
대항각(對項角)〈數〉 l'angolo al vertice
대항자(對抗者) il*la rivale, il*la concorrente
대해서 di, su, riguardo a, rispetto a, quanto a, per quanto riguarda a / 그에 - di lui, riguardo a lui / 歷史에 - sulla storia / 나에 - quanto a me, per quanto mi riguarda / 건강에 - 생각하다 pensare alla salute
대행(代行) la rappresentazione ¶-者 il*la rappresentante
대행주교(代行主敎)〈宗〉 il vescovo apostolico
대형(大型) la grande forma, il grande formato
대형(隊形)〈軍〉 la formazione (in fila*di combattimento)
대형기타〈音〉il chitarrone
대화(對話) la conversazione*il colloquio*il dialogo (fra due persone) / -하다 conversare [intr. avere] di qlco. con qlcu., / -하다 fare*avere conversazione, dialogare
대회(大會) il congresso, il meeting; il raduno
대회(大會) (競技) le gran gare (nazionali*internazionali)
댄스(dance) il ballo, la danza / -를 추다 ballare, danzare ¶-홀 la sala da ballo
댐 la diga
더 나쁜 peggio(a)
더 낫다 essere meglio 1 어떤 식당에 예약하는 것이 더 낫겠습니까? In quale ristorante è meglio prenotare?
더 좋은 migliore, più buono 1 더 좋은 계절은 무엇인가요? Quale è la stagione migliore?
더(욱) più 1 더 천천히 말할 수 있겠니? Puoi parlare più piano? / - 많이 di più / -한층 ancora di più
더듬거림 il brancolamento
더듬다 (말을) balbettare
더듬다 (손으로) tastare, toccare
더듬다 brancolare [intr. avere] / 더듬으며 a tastoni, tentoni / 어둠 속을 더듬으며 가다 andare*camminare [intr.

더러운 essere] tentoni nel buio / 더듬으며 ~를 찾다 cercare qlco. a tastoni

더러운(不潔) sporco(a), sudicio(a), non pulito(a), sordido(a)

더러움(不潔) la sporcizia

더럽혀지다(汚損) imbrattarsi, macchiarsi

더럽히다(汚損) sporcare, imbrattare, macchiare / 잉크로 옷을 - imbrattare un abito d'inchiostro

더럽히다(汚染) violare (una ragazza)

더미 il mucchio

더블베드 il letto matrimoniale

더욱이 inoltre, oltre a ciò, per di più

더운 caldo(a)

더위(暑) il caldo 1 넌 더위를 느끼니? Senti caldo? 2 살인 더위다. E' un caldo da morire.

더치페이(dutch pay) il pagamento alla romana / -로 하다 pagare alla romana, fare alla romana, pagare ciascuno per sè*la propria parte, dividere il conto in ciascuna porzione uguale

더하기(加算)〈數〉(덧셈) più, la somma, l'addizione 1 2 더하기 2는 4이다. Due più due fa quattro. 2 우리는 덧셈과 뺄셈에 대한 연습문제들을 풀었다. Abbiamo fatto degli esercizi sulle somme e sulle sottrazioni.

더하다(加算)〈數〉(덧셈) sommare, fare la somma, addizionare [<-> sottrarre]; aggiungere; aumentare 1 결과를 얻기 위해서 너는 이 두 숫자를 더해야 한다. Per avere il risultato devi sommare questi due numeri. cf. 뺄셈 la sottrazione, 나눗셈 la divisione, 곱셈 la moltiplicazione

덕(德) la virtù / -이 많은 virtuoso(a)

덕성(德性) il carattere morale, la virtù

덕의(德義) la moralità ¶-心 il senso morale, la moralità

덕행(德行) la condotta virtuosa, la virtù

던져지다(投) gettarsi (nel fiume)

던지기 il lancio

던지다(投) gettare, lanciare, tirare

던짐(投) la proiezione, il getto, il lancio

덜다(輕減) (고통, 짐 따위를) alleggerire [<-> appesantire] / 사람의 고통을 - alleggerire un dolore a qlcu.

덤불 il cespuglio

덤프차(dumpcar) l'autocarro a cassone ribaltabile

덤프트럭 l'autocarro ribaltabile

덤핑〈經〉 il dumping / -하다 vendere sottocosto le merci (nel mercato estero)

덥다(暑) caldo / 날씨가 - fa caldo / 나는 - Ho caldo.

덧붙이다(添加) aggiungere / 명부에 이름을 - aggiungere un nome a un elenco

덧셈〈數〉 la somma, l'addizione 1 우리는 덧셈과 뺄셈에 대한 연습문제들을 풀었다. Abbiamo fatto degli esercizi sulle somme e sulle sottrazioni. / -하다 sommare, fare la somma, addizionare [<-> sottrarre] 1 결과를 얻기 위해서 너는 이 두 숫자를 덧셈을 해야 한다. Per avere il risultato devi sommare questi due numeri. cf. 뺄셈 la sottrazione, 나눗셈 la divisione, 곱셈 la moltiplicazione

덧신(靴) le soprascarpe, le calosce

덧없는 invano(a)

덧창 (放光, 防犯用) la persina

덩어리 il pezzo, la massa, la quantità

덫(陷穽) la trappola, il laccio / -에 걸려들다 prendere al laccio

덮개 il coperchio; (소파의) la fodera, il rivestimento

덮다(覆) coprire, velare; (秘密을) nascondere, tenere segreto

덮다(閉) chiudere (il libro)

덮이다 coprirsi

덮치다(打擊) (재해 따위가) colpire, (도적 따위가) aggredire 1 전염병이 대다수의 주민을 덮쳤다. L'epidemia ha colpito la maggior parte della popolazione. 2 로마에 사나운 豪雨가 덮쳤다. Roma è stata colpita da un violento nubifragio. 3 도적들은 갑자기 그를 덮쳤다. I banditi lo aggredirono di sorpresa.

데다 (불에) scottare

데려다 주다(同行) accompagnare, dare un passaggio 1 공항에 나를 데려다주겠니? Mi accompagni all'aeroporto? 2 그는 시내에 날 데려다주었다. Mi ha dato un passaggio al centro.

데리고 가다(同行) portare 1 그녀도 데리고 가지 그러니? Perché non porti anche lei?

데모 la dimostrazione / -하다 fare una dimostrazione ¶-參加者 la*il dimo-

데생〈繪〉il disegno, lo schizzo
데우다(溫) riscaldare, scaldare / 불에 물을 - riscaldare l'acqua al fuoco
데워지다(溫) riscaldarsi, scaldarsi
데이트 l'appuntamento (amoroso) / -하다 fissare*avere un appuntamento con qlcu.
데카르트 철학파(-哲學派)〈哲〉il cartesianesimo
덴마크〈地〉Danimarca
덴마크어(-語)〈言〉il danese
델타(三角洲)〈地〉la delta
도(圖) il disegno, la figura
도(島) l'isola
도(道) la regione ¶ 이탈리아에는 20개의 도가 있다. Ci sono 20 regioni in Italia.
도(度)〈氣*物〉il grado
도가니〈食〉(서서히 끓인 음식) il crogiolo
도가니〈化〉il crogiolo
도교(道敎)〈宗〉il taoismo
도구(道具) l'attrezzatura
도금(鍍金) la placcatura / -하다 placcare, (金-) dorare, (銀-) inargentare, (白金-) platinare, (크롬-) cromare ¶ 金- la doratura
도기(陶器) la ceramica / -를 굽다 cuocere la ceramica*la porcellana -> 磁器
도끼〈具〉l'accetta; (얼음 깨는) la piccozza / -로 자기 발등을 찍다 darsi l'accetta sui piedi
도난(盜難) il derubamento / - 당하다 essere derubato(a)*rubato(a) / - 의 피해자 il derubato ¶-경보기 l'antifurto
도달(到達) l'arrivo / -하다 arrivare [intr. essere]*giungere [intr. essere] a qlco., raggiungere [tr.] ¶-距離 la portata
도대체 insomma
도덕(道德) la moralità, la morale / -的 morale ¶-敎育 l'educazione morale / 公衆- la moralità pubblica
도도한 superbo(a), altero(a)
도독(盜賊) il ladro / -질하다 rubare qlco. a qlcu. / -이 들다 (la casa) essere invasa da un ladro
도둑질 il furto
도랑 (인공으로 판) la fossa, il canaletto

도량(度量) la generosità, la magnanimità / - 넓은 generoso(a), magnanimo(a) / - 좁은 poco generoso(a), di mente ristretta ¶-衡(衡) le misure e i pesi
도로(道路) la strada, la via, il corso / 이차선- il bivio / 삼차선- il trivio / -로 per la strada / -를 확장하다 allargare una strada ¶-標識 il cartello, il segnale stradale, il codice stradale, l'indicatore stradale / 鋪裝- la strada pavimentata / 아스팔트- la strada asfaltata
도로경기(道路競技)〈輪〉la gara su strada
도로경주(道路競走)〈陸〉la corsa su strada
도로교통(道路交通) il traffico stradale
도로철도건설국(道路鐵道建設局)〈伊〉Viabilità
도로표지(道路表紙) il cartello stradale
도료(塗料) la vernice, la tinta / -칠하다 verniciare
도르래 la carrucola
도리(道理) la ragione
도리아식 -의〈建〉dorico(a)
도마(跳馬)〈操〉il cavallo volteggio
도마(具) (부엌용) il tagliere
도마뱀〈動〉la lucertola, la salamandra
도망(逃亡) la fuga, la scappata / -하다* 가다 fuggire [intr. essere], scappare [intr. essere] ¶-者 il fuggiasco (m. pl. -schi), il fuggitivo
도망(逃亡)〈法〉la latitanza
도매(都賣)〈商〉l'ingrosso, la vendita all'ingrosso / -하다 vendere all'ingrosso / -로 all'ingrosso ¶-業 il commercio all'ingrosso / -業者 il*la grossista
도매상점(都賣商店) il negozio*la ditta all'ingrosso
도매업자(都賣業者)〈商〉il*la grossista
도면(圖面) la pianta, il disegno / 아파트의 - la pianta di un appartamento
도미(渡美) la visita in America*negli Stati Uniti (d'America) / -하다 andare [intr. essere] ad America
도미니카〈地〉la Repubblica Dominicana / -人, -의 dominicano(a)
도박(賭博) il gioco (d'azzardo) / -에 돈을 걸다 puntare*scommettere denaro al gioco ¶-場 la casa da gioco, il casino
도보(徒步) la camminata / -로 a piedi ¶-旅行 il viaggio a piedi

도브테일(dovetail) l'incastro a coda di rondine

도산(倒産) il fallimento / -하다 fallire [intr. avere, pr. -isco] in (qualche impresa), cadere in fallimento

도살(屠殺) la macellazione, l'abbattimento / -시키다*하다 macellare, abbattere ¶-場 il macello

도상(圖像)〈繪〉 l'iconologia

도상학(圖像學)〈繪〉 Iconografia

도서(圖書) il libro ¶-館 la biblioteca / -係 il bibliotecario

도서관(圖書館) la biblioteca **1** 나는 도서관에서 책을 찾는다. Cerco un libro in biblioteca.

도서목록(圖書目錄) l'elenco dei libri ¶參考- la bibliografia

도선(導線)〈電〉 la piattina

도수체조(徒手體操)〈操〉 la ginnastica a corpo libero

도시(都市) la città, la metropoli / -의 urbano(a), metropolitano(a); municipale ¶-計劃 il piano d'urbanizzazione / -化 l'urbanesimo

도시계획국(都市計劃局)〈伊〉 Urbanistica

도시락 점심 il pranzo al sacco

도식(圖式) lo schema **1** 그것은 21번 버스 운행도식이다. E' lo schema del percorso dell'autobus n. 21.

도식(圖式)〈數〉 il diagramma, il grafico

도심(都心) il centro della città*della capitale / -에 in centro

도안(圖案)〈繪〉 il disegno / -하다 disegnare, tracciare il disegno ¶-家 il disegnatore (f. -trice)

도안가(圖案家)〈繪〉 il disegnatore

도약(跳躍) il salto, il balzo / -하다 saltare [intr. avere], balzare

도약(跳躍)〈陸〉 il balzo

도약(跳躍)〈操〉 il volteggio

도약경기(跳躍競技)〈陸〉 il salto

도약대(跳躍臺)〈스키〉 il trampolino

도약지점(跳躍地點)〈陸〉 lo stacco

도약판(跳躍板)〈陸〉 la pedana di battuta

도와주다 aiutare, dare una mano

도외시(度外視) / -하다 trascurare, essere indifferente, non fare caso a qlco., qlcu.

도요새〈鳥〉 il beccaccino, la pittima

도움(助) l'aiuto, il soccorso / -을 구하다 gridare [intr. avere] al soccorso, chiedere l'aiuto / 누구의 -으로 con l'aiuto di qlcu. / 누구에게 -을 요청하다 chiedere aiuto a qlcu.

도움닫기〈陸〉 il salto in lungo

도의(道義) la morale, la moralità

도입(導入) l'introduzione, l'importazione / -하다 introdurre ¶技術- l'introduzione tecnica

도입부(導入部)〈音〉 l'introduzione

도자기 흙〈化〉 il caolino

도자기(陶磁器) la ceramica, la porcellana, gli oggetti di ceramica

도장(道場) la palestra (del Taekwondo)

도장(塗裝) la verniciatura / -하다 verniciare ¶-工 l'imbianchino

도장(印) il timbro (di gomma), (書名用) il sigillo / -찍다 timbrare

도장공(塗裝工) l'imbianchino

도적(盜賊) il ladro, il ladrone

도전(挑戰) la sfida / -하다 sfidare, gettare il guanto / -的 provocante, aggressivo(a)

도전율(導電律)〈電〉 la conducibilità

도제(徒弟) lo*la apprendista

도주(逃走) la fuga, la scappata / -하다 fuggire [intr. avere], scappare [intr. essere]

도중(途中) / -에 cammin*strada facendo, per strada, a metà strada / -에 下車하다 scendere [intr. essere] in una stazione intermedia (del viaggio)

도착(倒着) l'arrivo / 기차 -까지 all'arrivo del treno / -하다 arrivare [intr. essere]*giungere [intr. essere] a (un luogo) **1** 나는 조금 전에 이탈리아에 도착했다. Sono arrivato in Italia poco fa.

도착지(到着地) la destinazione / -에 이르다 giungere a destinazione

도착표시(到着標示)〈輪〉 il traguardo

도처(到處) / -에 dappertutto, in tutti i luoghi, in ogni parte

도청(盜聽) l'intercettazione / -하다 intercettare (una comunicazione telefonica*telegrafica)

도체(導體)〈物*電〉 il conduttore

도출(導出) dedurre (una conclusione)

도취(陶醉) (比喩的) l'ebbrezza / -되다 inebriarsi (alla vista della natura), essere inebriato(a)

도크⟨海⟩ il bacino
도태(淘汰) la selezione / -하다 selezionare ¶自然- la selezione naturale / 人爲- la selezione artificiale
도토리⟨植⟩ la ghianda
도파관(導波管)⟨電⟩ la guida d'onda
도표(圖表) il diagramma, il grafico
도피(逃避) la fuga, la scappata / -하다 fuggire [intr. essere], scappare [intr. essere], ripararsi (in un luogo) ¶-處 il rifugio, il ricovero / -路 la scappatoia
도하(渡河) il traghetto, il passaggio (in barca) / -하다 passare*attraversare (il fiume a nuoto*in barca), (얕은 강을 걸어서) guadare il fiume ai piedi, passare a guado
도항(渡航) il viaggio per mare, la navigazione / -하다 viaggiare [intr. avere] per mare, navigare [intr. avere] ¶-者 il viaggiatore (f. -trice) *il passeggero (f. -a) (per mare)
도해(圖解)⟨繪⟩ la grafica, il diagramma, la rappresentazione grafica, l'illustrazione / -하다 diagrammare, illustrare
도형(圖形) la figura
도화선(導火線) la miccia, l'innesco
도화지(圖畵紙) la carta da disegno
독 (항아리) la giara, il vasetto
독(毒) il valeno / -의 velenoso(a), tossico(a), virulento(a), nocivo(a) ¶-性 la virulenza / -가스 il gas venefico*asfissiante / -殺 l'avvelenamento / -藥 il veleno / -蛇 la vipera
독감(毒感) l'influenza 1 나는 독감에 걸렸다. Ho l'influenza.
독단(獨斷) la decisione arbitraria / -的 arbitrario(a); dogmatico(a) / -的으로 a proprio arbitro, arbitrariamente; secondo il proprio giudizio
독단론(獨斷論)⟨哲⟩ il dogmatismo
독립(獨立) l'indipendenza / -하다 diventare indipendente / -의 indipendente / -的으로 indipendentemente ¶-國 il paese*lo stato indipendente
독립영양(獨立榮養)⟨生⟩ l'autotrofo
독립영양식물(獨立榮養植物)⟨植⟩ autotrofa
독립좌파(獨立左派)⟨政⟩ la sinistra indipendente (SI)
독물학(毒物學)⟨藥⟩ la tossicologia

독백(獨白) il monologo, il soliloquio / -하다 parlare da solo*tra sè, fare un soliloquio, recitare un monologo
독법(讀法)⟨言⟩ la lezione
독본(讀本) il libro di lettura
독사(毒蛇)⟨動⟩ la vipera
독살(毒殺) l'avvelenamento / -하다 avvelenare qlcu.
독서(讀書) la lettura (e la scrittura) / -하다 leggere (un libro) ¶-家 chi legge avidamente libri
독서자(讀書者)⟨宗⟩ il lettore
독선(獨善) l'autocompiacimento, l'esclusività, l'esclusivismo / -的 compiaciuto di sè stesso e delle proprie azioni, esclusivo(a) / -的으로 esclusivamente
독성(毒性) la virulenza
독소(毒素)⟨生⟩ la tossina
독수리⟨鳥⟩ l'aquila, l'avvoltoio, il condor
독습(獨習) lo studio da solo / -하다 imparare da sè, istruirsi da sè, studiare senza (aiuto di) maestri ¶-書 il libro autodidattico
독신(獨身) (男性) il celibe, lo scapolo, (女性) la nubile
녹약(毒藥)⟨藥⟩ il veleno / -을 먹다 prendere il veleno, avvelenarsi
독일(獨逸)⟨地⟩ la Germania / -人, -의 tedesco(a) / -語 il tedesco / -학생 uno studente tedesco
독일어적 어법(-的 語法)⟨言⟩ il germanismo
독자(獨自) -的, -의 originale, particolare, individuale / -的으로 indipendentemente ¶-性 l'originalità, l'individualità
독자(讀者) il lettore, la lettrice ¶購- l'abbonato, l'abbonata
독재(獨裁) la dittatura (fascista), l'autocrazia, il dispotismo / -的 dittatoriale, autocratico(a), dispotico(a) ¶-者 il dittatore, l'autocrate, il despota (pl. -i)
독점(獨占) l'esclusività, il possesso esclusivo 1 이 회사는 많은 품목의 독점권을 지니고 있다. Questa ditta ha l'esclusività di molti articoli. / -하다 possedere esclusivamente; monopolizzare / -的 esclusivo(a) / -的으로 esclusivamente
독점(獨占)⟨經⟩ il monopolio

독점(獨占)〈商〉l'incetta
독점권(獨占權) l'esclusività, il diritto esclusivo, 〈商〉 l'esclusiva / -을 지닌 사람 l'esclusivista
독주(獨奏) l'esecuzione strumentale a solo ¶-者 il*la solista
독주음악가(獨奏音樂家)〈音〉 il*la concertista
독주자(獨奏者)〈音〉 il*la solista
독창(獨唱) l'esecuzione vocale a solo / -하다 cantare a solo ¶-者 il*la solista
독창음악가(獨唱音樂家)〈音〉 il*la concertista
독창자(獨唱者)〈音〉 il*la solista
독창적(獨創的) originale, creativo(a)
독촉(督促) la sollecitazione, il sollecitamento / -의 sollecitario(a) / -하다 sollecitare, fare premura ¶-狀 la lettera di sollecitazione*sollecito, la sollecitatoria
독특(獨特) la particolarità, la caratteristica / -한 particolare, caratteristico(a), peculiare
독학(獨學) lo studio da solo / -의 autodidattico(a) ¶-生, 者 lo*la autodidatta
돈(錢) i soldi, il denaro, (銅錢) la moneta, (잔돈) lo spicciolo / 만 원 권 지페를 잔돈으로 바꾸다 cambiare un biglietto di banca da 10.000 (diecimila) won in spiccioli
돈지갑 il portafoglio
돋구다 eccitare, stimolare, suscitare, stuzzicare / 食慾을 - eccitare l'appetito
돌(石) il sasso, la pietra
돌격(突擊) l'assalto, l'attacco, lo slancio / -하다 assaltare, attaccare, assalire [pr. -go o -isco], slanciarsi*gettarsi contro qlcu.
돌고래〈動〉il delfino
돌기(突起) la sporgenza / -되다 sporgere [intr. essere], 〈建〉 aggettare [intr. essere]
돌다(回轉) girare 1 좌회전하세요! Giri a sinistra!
돌로테네〈音〉 dolente (고통스런, 애석한, 유감된, 슬퍼하는, 애도하는)
돌려주다 rendere, restituire
돌리다(回轉) girare; (얼굴을) voltare*volgere (il viso verso qlcu.) 1 오른쪽으로 마개를 돌리세요! Si gira il tappo a destra!
돌발(突發) lo scoppio / -하다 scoppiare [intr. essere]; accadere [intr. essere] (d'im-provviso) / -的 imprevisto(a), repenti-no(a), improvviso(a) ¶-事件 il caso*l'incidente imprevisto
돌보다(保護) badare, curare 1 내 남편이 아이들을 돌본다. Mio marito bada ai bambini.
돌아다니다(巡廻) fare un giro, girare 1 난 자동차로 돌아다니고 싶다. Voglio fare un giro in macchina. 2 그들은 거리를 돌아다녔다. Hanno girato per le vie.
돌아오다(回歸) tornare, ritornare 1 나는 이틀 후에 돌아왔다. Sono tornato due giorni fa. 2 그는 가끔 이탈리아로 돌아온다. Torna spesso in Italia.
돌연(突然) la repentinità / -한 improvviso(a), subitaneo(a), repentino(a), repente / -히 repentinamente, di repente, improvvisamente, d'improvviso, inaspettatamente, d'un tratto
돌연변이(突然變異)〈生〉 la mutazione
돌진(突進) lo slancio / -하다 slanciarsi*gettarsi contro qlcu., precipitarsi
돌체〈音〉 dolce (달콤한, 부드러운, 온화한, 포근한, 온순한)
돌출(突出) la sporgenza / -시키다 sporgere, mettere fuori
돌출(突出)〈地〉la punta
돌출부(突出部)〈建〉 l'aggetto, l'avancorpo, la sporgenza
돌파(突破)〈軍〉 lo sfondamento / -하다 sfondare (il fronte nemico); superare (una difficoltà*un pericolo), 〈蹴〉 bucare
돌팔이 il ciarlatano ¶-醫師 il medicastro
돌풍(突風) la raffica (di vento)
돌핀〈泳〉il delfino
돕다(助) aiutare, dare una mano, soccorrere 1 숙제를 도와주겠니? Mi aiuti a fare l'eser-cizio? 2 우리는 저 가난한 사람을 도와야 한다. Dobbiamo aiutare quella povera gente.
돗자리 la stuoia (di paglia)
동(動) il movimento, la mossa / -하다 muoversi; (마음이) commuoversi / -하게 하다 muovere; (마음을) commuovere
동(東) l'est, l'oriente, il levante / -의 orientale

동(銅)〈鑛*化〉 il rame
동감(同感) lo stesso sentimento, la simpatia; il consenso, l'approvazione / -하다 essere d'accordo, mettersi d'accordo su qlco, avere la stessa opinione, essere dello stesso parere
동거(同居) la coabitazione, la convivenza / -하다 convivere
동격(同格) lo stesso grado, 〈文〉 l'apposizione / -의 di stesso*medesimo*uguale grado; di stessa qualifica, di stessa categoria; pari a (qlco), corrispondente a; 〈文〉 appositivo(a)
동결(凍結) il congelamento / -되다 congelarsi / -시키다 congelare, (價格, 俸給을) bloccare
동경(東經) la longitudine est
동계계절풍(冬季季節風)〈氣〉 il monsone invernale
동계스포츠 gli giochi*gli sport invernali
동공(瞳孔)〈解〉 la pupilla
동굴(洞窟)〈地〉 la grotta, la caverna
동그라미 il cerchio
동급생(同級生) il compagno della stessa classe
동기(動機) il motivo / -로, -때문에 per motivo di qlco.
동기(同期)〈電〉 il sincronismo
동기기(同期機)〈電〉 il sincrono
동기발전기(同期發電機)〈電〉 l'alternatore sincrono
동기전동기(同期電動機)〈電〉 il motore sincrono
동기전압계(同期電壓計)〈電〉 lo zerovoltmetro
동남(東南) il sud-est / -아시아 l'Asia sud-est
동년배(同年輩) il compagno, la stessa età / -이다 essere della medesima età / -의 della stessa età
동등(同等) l'ugualianza, la parità / -한 uguale, pari / -하게 ugualmente, parimente, al pari / -하게 하다 agguagliare / -하다 corrispondere ¶-權 i diritti di uguaglianza / -化 l'agguagliamento
동력(動力) la forza motrice, il motore
동력(動力)〈物〉 la potenza
동력실(動力室)〈電〉 la cabina
동력편차계(動力偏差計)〈物〉 il variometro
동료(同僚) il*la collega (m.f. pl. -ghi), il compagno, la compagna; (戰友) il camerata ¶會社- un collega d'ufficio
동류(同類) la medesima specie*categoria
동맥(動脈) l'arteria ¶-硬化症 l'arteriosclerosi / 輸送- l'arteria del traffico
동맥경화증(動脈硬化症)〈醫〉 la arteriosclerosi
동맹(同盟) l'alleanza, la lega, l'unione / 누구와 -을 맺다 contrarre un'alleanza con qlcu., allearsi a*con qlcu., stringere un'alleanza con qlcu. ¶ 이탈리아는 영국과 동맹을 맺었다. L'Italia si alleò all'Inghilterra. / -을 파기하다 rompere un'alleanza / -의 alleato(a) ¶-軍 le forze alleate / -國 la nazione alleata, il paese alleato
동면(冬眠) l'ibernazione, il letargo invernale / -의 ibernante, letargico(a)
동면마취(冬眠痲醉)〈醫〉 l'ibernazione
동명(同名) il medesimo nome / -의 omonimo(a) ¶-異人 la persona omonima ma differente
동문생(同門生) il condiscepolo
동물(動物) l'animale ¶-園 lo zoo, il giardino zoologico / -學 la zoologia
동물지리학(動物地理學)〈地〉 lo zoogeografia
동반(同伴) l'accompagnamento / -하다 accompagnare, accompagnarsi a qlcu. ¶-者 l'accompagnatore (f. -trice)
동방(東方) l'oriente, il levante, l'est / -의 orientale
동봉(同封)〈商〉 l'allegato / -의, 된 incluso(a), accluso(a), allegato(a) / -하다 includere, accludere, 〈商〉 allegare, compiegare
동부(東部) la parte orientale*d'est / -의 orientale / - 지방에서 nelle regioni orientali
동북(東北) il nord-est
동사(凍死) la morte di freddo, la morte per il freddo / -하다 morire [intr. essere] di freddo*d'assideramento (凍傷)
동사(動詞)〈文〉 il verbo / -의 verbale / -에서 파생된 deverbale || 自- il verbo intransitivo / 他- il verbo transitivo / -活用 la coniugazione del verbo
동산(動産) i beni mobili / -의 mobiliare
동상(凍傷) il congelamento (alle mani),

동상(凍傷) l'assideramento / -에 걸리다 congelarsi / (손에) -이 걸리다 avere geloni (alle mani)

동상(銅像) la statua di bronzo

동생(弟) (男) il fratello minore, il fratellino; (女) la sorella minore

동성(同姓) lo stesso cognome ¶-異人 la persona differente dello stesso cognome

동성애(同性愛) l'omosessualità, (여성간의) il lesbismo ¶-者 l'omosessuale, la lesbica

동소체(同素體)〈化〉l'allotropia

동시(同時) ¶- nel fratempo, intanto, nello stesso*medesimo tempo, in pari tempo, simultaneamente / -的, 의 simultaneo(a), sincronico(a) ¶-通譯 l'interpretazione simultanea

동시녹음(同時錄音)〈映〉la sincronizzazione / -하다 sincronizzare

동시대의(同時代-) contemporaneo(a)

동아시아(東-) l'Asia Orientale / -의 dell'Asia Orientale

동안 la durata; l'intervallo / -에 mentre, durante 1 마리오는 버스를 기다리는 동안에, 그의 옛 은사님을 만난다. Mentre aspetta l'autobus, Mario incontra un suo vecchio professore. / 제2차 세계대전 -에 durante la seconda guerra mondiale

동양(東洋) l'Oriente / -의 orientale / -人 orientale

동양어(東洋語)〈言〉le lingue orientali

동양취미예술가(東洋趣味藝術家)〈繪〉l'orientalista

동어반복(同語反覆)〈哲〉la tautologia

동업(同業) la medesima professione, il medesimo mestiere, la medesima categoria ¶-組合 l'associazione (professionale) / -者 la persona che esercita la medesima professione, il socio

동업조합(同業組合)〈經〉(中世의) la corporazione

동요(童謠) il canto infantile -> 자장가 la ninnananna

동요(動搖) l'agitazione, il turbamento, l'oscillazione / -하는 agitato(a), turbato(a) / -하다 agitarsi, turbarsi per qlco., sconcertarsi, confondersi, perturbarsi, oscillare / 감정이 -하다 eccitarsi / -하는 바다 il mare agitato

동원(動員) la mobilitazione / -하다 mobilitare

동위각(同位角)〈數〉l'angolo corrispondente, i corrispondenti

동위체(同位體)〈化〉l'isotopo

동음이의어(同音異議語)〈言〉l'omonimo

동음이철어(同音異綴語)〈言〉l'omofono

동의(同意) il consenso; l'approvazione / -하다 dare il consenso, acconsentire* consentire (alla proposta), approvare, essere d'accordo, accordarsi, annuire [intr. avere, pr. -isco], fare un segno d'approvazione con la testa 1 함께 떠나기로 우리는 동의했었다. Ci accordammo di partire insieme.

동의(動議) la mozione / -하다 presentare una mozione

동의(動議)〈伊〉la mozione

동의성(同義性)〈言〉la sinonimia

동의어(同義語)〈言〉il sinonimo

동이 트다 albeggiare / 동이 트자마자 appena albeggiato

동일(同一) / -한 stesso(a), medesimo(a), identico(a) / -하게 medesimamente, identicamente / -視하다 identificare, assimilare ¶-性 l'identità

동일률(同一律)〈哲〉il principio di identità

동작(動作) il movimento (del corpo), l'atto, l'azione / -이 느린 pesante ¶몸- il gesto

동적(動的) dinamico(a)

동전(銅錢) la moneta 1 200리라 짜리 동전 갖고 있나요? Lei ha le 200 in moneta? ¶-지갑 il portamonete, il borsellino

동점(同點)〈스포츠〉il pareggio, lo stesso punteggio / -이다 essere in pareggio

동정(動靜) il movimento; lo stato, la situazione

동정(同情) la compassione, la simpatia / -하다 compassionare, avere*mostrare compassione per qlcu.; simpatizzare con qlcu., provare simpatia per qlcu. / -이 많은 compassionevole; simpatico(a) / -이 없는 freddo(a), duro(a); antipatico(a)

동정(童貞) la verginità, la castità

동조(同調)〈電〉la sintonia

동종(同種) lo stesso genere, la stessa specie*sorta / -의 dello stesso genere,

della medesima specie
동지(同志) il camerata (m.pl. -i), le persone unite per lo stesso scopo
동지(冬至) il solstizio d'inverno
동쪽(東) l'Est → 동(東)
동차성(同次性)〈數〉l'omogeneità
동창(同窓) il compagno scolastico, la compagna scolastica, il condiscepolo ¶-會 l'associazione*la riunione dei licenziati*laureati / -생 il compagno di classe
동철이의어(同綴異義語)〈言〉l'omografo
동체(胴體)〈空〉la fusoliera
동치(同値)〈數〉l'equivalenza
동태(動態) il movimento
동틈(日出)〈氣〉l'alba
동판부식판화(銅版腐蝕版畵)〈繪〉l'acquatinta
동판조각(銅版彫刻)〈繪〉la calcografia
동판조각가(銅版彫刻家)〈繪〉il calcografo
동판화가(銅版畵家)〈繪〉l'acquafortista
동판화법(銅版畵法)〈繪〉la puntasecca
동포(同胞) fratelli e sorelle; il*la compatriota, il*la connazionale
동행(同行) l'accompagnamento / -하다 accompagnare qlcu., andare insieme, tenere compagnia a qlcu. durante il viaggio, avere qlcu. come compagno di viaggio, viaggiare in compagnia 1 우리를 자동차로 동행해 주겠니? Ci accompagni in macchina? ¶(여행의) -者, -人 il compagno di viaggio
동향(動向) la tendenza (politica)
동형의(同形-)〈鑛〉isomorfo
동화(動畵)〈映〉i disegni animati
동화(童話) la favola, la fiaba, il racconto favoloso, il racconto*la novella per i ragazzi
동화작용(同化作用)〈生〉l'anabolismo
돛(帆)〈海〉la vela / -을 올리다 alzare la vela / -을 내리다 afforcare / -을 달고 항해하다 veleggiare / -을 올리다 ghindare / -의 위치를 바꾸다 bordeggiare
돛단배 la barca a vela
돛대 l'albero
돼지(豚)〈動〉il maiale, il porco ¶-고기 la carne di maiale, la carne suina / -고기로스 il maiale arrosto, l'arrosto di maiale
되는 대로 a caso

되다(成) diventare [intr. essere], divenire [intr. essere] **1** 법규를 준수하면, 기쁨이 될 수 있다. Se ripeti le regole, può diventare un piacere!; (變形이) trasformarsi; (結果가) risultare [intr. essere] da qlco.
되풀이(反復) la ripetizione, la replica / -하다 ripetere, replicare
되찾다 riprendere
두 배(二倍) / -의 doppio(a), duplice / -로 하다 radoppiare, duplicare
두 번(二回) due volte
두개(頭蓋)〈解〉il cranico
두개골(頭蓋骨)〈解〉il cranio (osseo)
두건(頭巾) il copricapo
두근거리다 palpitare [intr. avere] (di qlco.)
두꺼비〈動〉il rospo
두꺼운 spesso(a), pesante
두께 lo spessore
두근거리다 palpitare
두뇌(頭腦) il cervello
두다(置) porre, mettere; lasciare; conservare
두더지〈動〉la talpa
두드러기〈醫〉l'orticaria
두드러진(顯著) spiccato(a)
두드리기(打) il picchio / 문을 두드리다 picchiare [intr. avere] alla porta
두드리다 (북 따위를) battere, picchiare, percuotere (il tamburo); (문을) bussare
두려운(恐) spaventoso(a), pauroso(a), terribile, orribile
두려움(恐) la paura, il timore, lo spavento; il terrore, l'orrore / -을 갖다 avere paura, temere, fare orrore; impaurirsi di*per qlco., intimidirsi, spaurirsi, spaventarsi per qlco. / ~에 대한 두려움으로 per paura di qlco.
두려워하다 aver paura, temere
두렵게(恐) paurosamente, terribilmente, orribilmente
두목(頭目) il capo, il leader, il dirigente; (暴力團의) il capobanda / 暗黑街의 - il capo della malavita
두문불출(杜門不出) / -하다 rinchiudersi (in camera)
두발(頭髮) i capelli
두부(豆腐) l'alimento crudo e molle come

la mozzarella prodotto da soja
두부(頭部)〈解〉 la testa, il capo
두엣〈音〉 il duetto
두음법(頭音法)〈言〉 l'allitterazione
두터운(重) pesante / - 옷 il vestito pesante
두통(頭痛) mal di testa / -이 있다 (머리가 아프다) avere mal di testa **1** 두통이 있어서 나가지 않았다. Non sono uscito perché avevo mal di testa.
두통(頭痛)〈醫〉 la cefalea
두툼한(重) pesante / - 구두(신발) le scarpe pesanti
둑(堤防) la riva, l'argine / -이 무너지다 rompersi un argine
둔각(鈍角)〈數〉 l'angolo ottuso
둔각삼각형(鈍角三角形)〈數〉 il triangolo ottusangolo
둔감(鈍感) l'ottusità, l'insensibilità / -한 ottuso(a), insensibile
둔주곡(遁走曲)〈音〉 la fuga
둔치〈海〉 la battigia
둔한(鈍) stupido(a), duro(a), pesante, (칼이) ottuso(a); (이해력이) ottuso(a), duro(a) di comprendonio; (음이) sordo(a); (행동이) lento(a)
둔함(愚鈍)〈醫〉 il torpore
둘 다 entrambi
둘도 없는(無二) unico(a), solo(a); senza pari / - 친구 l'amico intimo
둘러싸다 cingere (una città di muro)
둘레 la circonferenza
둘째손가락 l'indice
둥근 rotondo(a), tondo(a)
둥지 il nido / -로 되돌아가다 rientrare nel nido
뒤(後) il dietro / ~의 -에 indietro*dietro a qlco. / -의 di dietro, posteriore / -길 la via di dietro
뒤꿈치〈解〉 il tallone
뒤덮다 coprire **1** 안개가 북부 전역을 뒤덮을 겁니다. La nebbia coprirà tutto il Nord.
뒤로 indietro
뒤바꾸다 invertire
뒤섞다 mescolare, mischiare
뒤에 dietro; dopo
뒤의 posteriore
뒤집다(顚覆) rovesciare, sconvolgere, capovolgere, rivoltare, ribaltare / 옷을 - rivoltare un abito
뒤집어지다(顚覆) rovesciarsi, capovolgersi, ribaltare
뒤집음(顚覆) il rovescio
뒤쫓다(尾行) seguire
뒷골목 il vicolo
뒷굽〈靴〉 il tacco
뒷면 il retro
뒷부분(後部) la parte posteriore
듀랄루민 il duralluminio
드디어 finalmente
드라이기(dryer) l'asciugacapelli
드라이버〈具〉 il cacciavite / -로 나사를 조이다 stringere una vite con un cacciavite
드라이브〈테니스〉 il drive, il diritto
드라이클리닝 il lavasecco, il lavaggio a secco
드러나다 (감정, 생각 따위가) trasparire [intr. essere; pr. -isco o -aio]
드러내다 scoprire, esporre; rivelare mostrare / 자신의 이름· - mostrare i (propri) denti
드러누운 sdraiato(a), disteso(a)
드러눕다 giacere, stare disteso, sdraiarsi
드럼(drum)〈音〉 la batteria
드롭샷〈테니스〉 la smorzata
드롭스〈藥〉 la pastiglia
드리블〈蹴〉 il dribbling, il palleggio
드릴〈彫〉 il trapano
드문 raro(a)
드물게(間間) raramente, di rado, rare volte
득(得) il profitto, il vantaggio, l'interesse / -하다 ottenere
득실(得失) il vantaggio e lo svantaggio, il guadagno e la perdita
득점(得點) i punti riportati*ottenuti / -하다 ottenere (buoni) punti*voti
득점(得點)〈蹴〉 segnare, il punteggio
득표(得票) i voti ottenuti (da un candidato)
듣기 l'ascolto
듣다(聽) ascoltare, sentire, udire **1** 나는 라디오를 듣는다. Ascolto la radio. **2** 나는 음악을 듣는다. Sento la musica.
들 il campo
들 고양이〈動〉 il gatto selvatico
들개(野犬)〈動〉 (버려져 방황하는) il cane abbandonato*errante

들것〈具〉 la barella / -으로 운반하다 barellare qlcu., portare qlcu. con la barella

들다 (문건을) sollevare, alzare

들다(必要) (돈이) volerci (denaro per fare qlco.) **1** 살아가려면 많은 돈이 든다 Ci vuole molto denaro per vivere.

들소(野牛)〈動〉 il bisonte

들어가다(入場) entrare [intr. essere] (nel mondo politico) **1** 들어가도 될까요? Posso entrare?

들어올리다 alzare, levare, innalzare / 旗를 - innalzare la bandiera

듯하다 sembrare, parere

등(背)〈解〉 il dorso; la schiena ¶-뼈 la spina dorsale

등고선(等高線)〈地〉 la curva ipsometrica, l'isoipsa

등골〈解〉 la staffa

등교(登校) / -하다 andare [intr. essere] a scuola

등귀(騰貴) il rialzo, il rincaro / -하다 rialzare [intr. essere], rincarare [intr. essere]

등급(等級) la classe, il grado, il rango, la graduazione, la scala / 온도계의 - la scala termometrica / -化하다 classificare / -을 매기다 graduare

등기(登記) il registro, la registrazione / -하다 registrare ¶-所 l'anagrafe, l'ufficio del registro / -料 la tassa di registrazione / -郵便 la (corrispondenza) raccomandata

등나무 il glicine

등대(燈臺) il faro ¶-지기 il guardiano del faro

등대(燈臺)〈海〉 il faro

등등(等等) eccetera (= ecc.), e così via, e simili

등록(登錄) l'iscrizione, l'immatricolazione, la registrazione / -하다 registrare, iscriversi ¶-證明書 il certificato d'iscrizione / -料 la tassa di registro / -簿 il registro / -制 il sistema di registrazione / -商標(商標) il marchio registrato (di ditta*fabbrica)

등반(登攀) l'alpinismo, l'arrampicata / -하다 arrampicarsi (una parete scoscesa) ¶岩壁- l'alpinismo su roccia

등받이 (의자의) la spalliera, lo schienale

등방의(等方-)〈鑛〉 isotropo

등본(謄本) la copia (autentica) ¶戶籍- la copia del registro anagrafico

등분(等分) la divisione in parti uguali / -으로 ugualmente, pariamenti / -의 uguale, pari

등뼈(脊椎) la spina dorsale

등산(登山) l'alpinismo, l'ascensione, l'arrampicata, la salita / -하다 salire [tr.] una montagna, salire [intr. essere] sul monte ¶-家 lo*la alpinista, l'arrampicatore (f. -trice) [用語] 등산화(登山靴) lo scarpone, la pedula, 배낭(背囊) il sacco da montagna, 빙벽하강(氷壁下降) la discesa su ghiaccio, 로프 la corda

등산화(登山靴) la pedula

등식(等式)〈數〉 l'uguaglianza ¶恒-l'identità

등심(飮食) la lombata (di vitello*manzo)

등심선(等深線)〈地〉 l'isobata

등압선(等壓線)〈氣*地〉 l'isobata

등어선(等語線)〈言〉 l'isoglossa

등온선(等溫線)〈氣*地〉 l'isoterma

등용(登用) la nomina, la promozione / -하다 nominare*promuovere (qlcu.)

등우량선(等雨量線)〈氣〉 l'isoieta

등위원소(等位元素)〈物〉 l'isotopo

등장(登場) l'entrata in scena / -하다 entrare [intr. essere] in scena ¶-人物〈劇〉 il personaggio

등차급수(等差級數)〈數〉 la progressione aritmetica

등축정형의(等軸晶形-)〈鑛〉 monometrico

등한시하다 trascurare

등화관제(燈火管制) l'oscuramento, il controllo della luce nel tempo di guerra

디미누엔도〈音〉 diminuendo (점점 약하게 하면서)

디베르티멘토〈音〉 il divertimento

디스카운트(割引) lo sconto **1** 몇 월에 33% 할인이 있나요? Lo sconto è del 33%, in quale mese è? / -하다 scontare, fare lo sconto

디스코텍(discotec) la discoteca **1** 디스코텍에 가지 않을래 너? Perché non vieni in discoteca?

디스크(disk) il disco ¶-자키(jockey) il disk-jockey

디자이너 il disegnatore, la disegnatrice ¶

디자인 流行衣裳 - il figurinista, la figurinista / 帽子 - il modista, la modista
디자인 il disegno / -하다 disegnare
디저트 il dessert
디젤선(-船)〈海〉 la motonave
디프테리아〈醫〉 la difterite
디플레이션〈經〉 la deflazione
딕션〈音〉 la dizione / 이탈리아어 - la dizione (italiano)
딜레마 il dilemma / -에 빠지다 trovarsi di fronte a un dilemma, trovarsi sui corni del dilemma
따귀 lo schiaffo, la sberla
따다(開) (마개 따위를) aprire
따다(收穫) (果實을) spiccare, staccare, strappare; cogliere / 나무에서 과일을- cogliere una frutta da un albero
따다(嫡) (꽃 따위를) cogliere 1 그는 꽃을 따기 위해 허리를 구부렸다. Si chinò a cogliere il fiore.
따다 (머리를) farsi le trecce
따돌리다 allontanare qlcu. dal gruppo, odiare
따듯한(溫) caldo(a); mite; caloroso(a) / - 옷 il vestito caldo
따라 lungo (la riva del mare)
따라(追) secondo / 보기를 - secondo il modello
따라가다(追從) seguire
따라서 perciò, quindi; per conseguenza / ~에 따라 a secondo di qlco.
따로 a parte, separatamente
따르다 (물*술 따위를) versare acqua* whisky in qlco.
따르다(從) seguire (una dottrina), ubbidire / 法律에 - ubbidire alla legge / 慣習에 - conformarsi alle tradizioni (della località)
따르다 (흉내내다) imitare
따르면 secondo, a seconda di / ~의 보고에 - secondo le relazioni*i rapporti
딱따구리〈鳥〉 il picchio
딱딱소리 (비, 우박, 천둥, 불 따위의) / -냄 il crepitio, (火) lo scoppiettio (pl. -tii) / -내다 crepitare [intr. avere], (火) scoppiettare [intr. avere] 1 그는 지붕 위로 딱딱소리 내며 내리는 빗소리를 듣곤 했다. Si udiva il crepitio della pioggia sui tetti. / -내며 con il crepitio
딱딱한(鈍) duro(a); rigido(a)

딱지떼이다 prendere la multa
딸(女息)〈族〉 la figlia / -외동- la figlia unica
딸기〈植〉 la fragola
딸꾹질〈醫〉 il singhiozzo, il singhiozzio / -하다 singhiozzare [intr. avere]
딸랑딸랑 소리내다 tintinnare [intr. avere]
땀 il sudore / -나다 sudare, traspirare / -흘리다 sudare
땅(地) la terra, il suolo, il terreno / -을 파다 affossare / -을 경작하다 lavorare*coltivare la terra / -에 (바닥에) per terra, a terra 1 욕실 바닥에 물기가 있구나! In bagno c'è dell'acqua per terra! ¶-파기(掘土) l'affossamento
땅콩〈植〉 l'arachide (f.)
땋다 (머리 따위를) intrecciare (i capelli), attorcere
때(時) quando, ora; occassione 1 나는 일하지 않을 때, 수영을 합니다. Quando non lavoro, nuoto.
때 (목욕) sporco
때때로 ogni tanto, qualche volta, di tempo in tempo, saltuariamente
때리다(打*毆打) picchiare; percuotere, (마음을) impressionare, commuovere, toccare il cuore di qlcu. 1 거친 파도가 뱃전을 강하게 때리고 있었다. Ondate furiose percotevano il fianco della nave. 2 날카로운 비명이 그의 귀를 때렸다. Un grido acuto percosse i suoi orecchi.
때림(毆打) la battitura, il picchio, la bussata
때문에 poiché, giacché, siccome, perché, a causa di qlco., per
떠나다(出發) partire, andarsene 1 넌 어디로 떠나니? Per dove parti?
떠돌아다니다(放浪-) errare [intr. avere], vagare [intr. essere], vagabondare
떠들썩 / -하다 (聽衆이) rumoreggiare [intr. avere], fare rumore / -한 clamoroso(a); rumoroso(a) / -한 群衆 una folla rumoreggiante
떠벌이다 smargiassare [intr. avere]
떠벌임 la smargiassata
떠오르게 하다(浮) fare galleggiare [intr. avere]
떠오르다 (마음에) ricordarsi di qlco.* qlcu., venire [intr. essere] in mente a qlco.

떠오르다(跳躍) (地面에서) spiccare
떠오르다(上昇) sorgere **1** 해가 떠오른다. Sorge il sole.
떡 la torta di riso, lo gnocco
떡갈나무〈植〉 la quercia
떨다 fremare [intr. avere] (di freddo*per l'orrore); rabbrividire [intr. essere; pr. -isco] (di paura), tremare [intr. avere]; inorridire [intr. essere, pr. -isco], (나뭇잎이) stormire [intr. avere, pr. -isco] (dal vento); vibrare
떨리다 (가슴이) palpitare [intr. avere] (di qlco.)
떨림 il tremito
떨어뜨리다(落) far cadere, lasciare cadere; (紛失) perdere; (元氣, 力) disanimarsi; (信用) screditarsi; (評判, 名聲) perdere la reputazione; (音聲) abbassare la voce
떨어지다(落) cadere [intr. essere], cascare [intr. essere], (물방울, 땀방울이) gocciolare [intr. essere], (빗물이) grondare [intr.avere], (해, 달이) tramontare [intr. essere] / 試驗에 - essere bocciato all'esame / 人氣가 - perdere la popolarità / 信用이 - perdere il credito
떨어지다(分離) (단추 따위가) staccarsi (un bottone)
떨어지다(消盡) finire **1** 오늘은 신선한 우유가 다 떨어졌다. Oggi è già finito il latte fresco.
떨어진 caduto(a)
떨이 → 품절
떼다 staccare, separare
떼어내다(分離) staccare (un francobollo dalla busta)
뗏목 la zattera

또 altro; di nuovo, ancora
또는 oppure
똑같은(同一) pari; uguale
똑똑한(明確) (發音, 목소리가) chiaro(a) e distinto(a), articolato(a); intelligente
똑바로 diritto; esattamente
똥 la merda, la cacca
뚜껑 (솥, 냄비용) il coperchio
뚫다(掘鑿) (터널을) traforare (la montagna per fare una galleria); perforare
뚱뚱한 grasso(a)
뚱뚱해지다 ingrassare
뛰기〈陸〉 la rincorsa
뛰다(走) correre; saltare; palpitare **1** 난 하루 종일 뛰었다. Ho corso tutto il giorno.
뛰어난 eccellente
뛰어넘다(越) saltare
뛰어들다 (물에) tuffarsi
뛰어오르다 (가격이) aumentare
뜀 il balzo; la corsa
뜨개질 il lavoro a maglia, il lavoro con l'ago / -하다 agucchiare ¶ -바늘 l'uncinetto, l'ago da maglia, il ferro da calza
뜨거운(熱) caldo(a), bollente
뜨다(高) sorgere [intr. essere], elevarsi
뜨다(浮) galleggiare [intr. avere]
뜨다(漂) galleggiare [intr. avere], stare [intr. essere] a galla
뜨다 (눈을) aprire
뜯다 pizzicare
뜰 il giardino
뜻 l'intenzione; il significato
뜻밖의 inaspettato(a); sorprendente
뜻하다 significare
띠 la cintura; la banda, la striscia

ㄹ

라듐 〈化〉 il radio, il radium ¶-療法(放射線療法) la radioterapia

라드 (요리에 사용되는 돼지기름) lo strutto (da cucina)

라디안 〈物〉 il radiante

라디에이터 il radiatore

라디오 la radio / -를 듣다 ascoltare la radio / -에서 ~를 듣다 ascoltare qlco. alla radio / -를 켜다ㅛ끄다 accendere*spegnere la radio ¶- 受信機 la radio, l'apparecchio radiofonico*radioricevente, il radioricevitore / 휴대 - la radio portatile / - 放送局 la stazione radio / - 放送 le trasmissioni radiofoniche, le radiotrasmissioni / -뉴스 il notiziario radiofonico, il giornale radio / -드라마 il radiodramma / - 實況放送 la radiocronaca / - 聽取者 il radioascoltatore (f. -trice)

라디오뉴스 il giornale radio

라디오뉴스해설 (-解說) la radiocronaca

라디오뉴스해설자 (-解說者) il*la radiocronista

라디오방송 (-放送) le radiotrasmissioni

라디오수리공 (-修理工) 〈電〉 il radioriparatore

라디오수신계약 (-受信契約) il radioabbonato

라디오수신계약자 (-受信契約者) il radioabbonato

라디오수신기 (-受信機) l'apparecchio radioricevente, i radioricevitori

라디오시청테스트 (-試聽-) le radioaudizioni

라디오존데 (氣象觀測機械) 〈電*氣〉 la radiosonda

라디오중계방식 (-中繼方式) il ponte radio

라디오청취 (-聽取) il radioutente

라디오청취자 (-聽取者) il radioascoltatore

라디오프로그램 il programma radiofonico

라르고 〈音〉 largo (넓은, 광대한, 아다지오보다 느리며 장엄한)

라마 〈宗〉 / -僧 il lama / -教 il lamaismo / -教徒 il*la lamaista

라면 gli spaghetti coreani, gli spaghetti espresso

라벤나 〈地〉 Ravenna / -의, 市民 ravennate **1** 라벤나에 단테의 묘소가 있다. C'è il sepolcro di Dante a Ravenna.

라벨 il cartellino, l'etichetta / -을 붙이다 attaccare*applicare un'etichetta

라오스 〈地〉 il Laos / -의, 인 laotiano(a)

라운드 〈拳〉 la ripresa, il round

라운지 l'atrio, la sala di ritrovo

라이벌 il*la rivale, il*la concorrente / -의 rivale, concorrente / ~와 -이 다 rivaleggiare con

라이보리 〈植〉 la segala, la segale

라이선스 la licenza, il permesso, il certificato ¶輸入- il permesso d'importazione

라이스카레 〈飮食〉 il riso (cotto) al curry

라이온 〈動〉 il leone (f. -essa)

라이온스클럽 Lions Club

라이터 l'accendino, l'accendisigaro / -를 켜다 accendere

라이트급 〈拳〉 il leggero

라이트웰터급 〈拳〉 il welter leggero

라이트윙 〈蹴球〉

라인강 (-江) il Reno

라인 la linea / -을 긋다 lineare

라인 〈테니스〉 la linea

라일락 〈植〉 la lilla

라조 (-調) 〈音〉 D ¶라장(단) -

라카 l'armadietto a chiave

라켓 〈스포츠〉 la racchetta ¶테니스 - la racchetta da tennis

라테라이트 〈鑛〉 la laterite

라틴 / -語 il latino / -의, 人 latino(a)

라틴아메리카 〈地〉 America latina

라틴어적 어법 (-的 語法) 〈言〉 il latinismo

란 (欄) la colonna, la rubrica ¶文藝- la colonna letteraria / 스포츠- la rubrica sportiva

란(蘭)〈植〉 l'orchidea
랄렌탄도〈音〉 rallentando (느리게 하면서)
랑데부 il rendez-vous, l'appuntamento (amoroso)
래커칠 la laccatura
랜지 il fornello ¶가스- il fornello a gas / 電氣- il fornello elettrico / 石油- il fornello a petrolio
랜턴(燈火) la lanterna
램프 la lampada
랩 (경기의) il giro
랭킹 il posto / -1위 il primo posto
량(量) la quantità
러너 il corridore
러닝메이트 il candidato alla vicepresidenza
러브(愛) l'amore ¶- 레터 la lettera d'amore / -신 la scena d'amore
러셀(除雪車) la spazzaneve
러시아〈地〉 la Russia / -人, 의 russo(a) / -語 il russo
러시아워 l'ora di punta
럭비〈스포츠〉 il rugby, la pallovalle
럭키 fortunato(a)
러닝〈스포츠〉 la corsa
러닝셔츠〈衣〉 la canottiera
런던〈地〉 Londra / -의, 市民 londinese
런치(食事) la (seconda) colazione, il pasto del mezzogiorno
럼주(-酒) il rum
레귤러 regolare
레닌 /-的 leninista¶-주의 il leninismo/-주의자 il*la leninista
레몬〈植〉 il limone ¶-주스 la limonata /-즙 la spremuta*il succo di limone / -차 il tè al limone
레바논〈地〉 Libano / -人 libanese
레베크〈音〉 la ribeca
레벨 il livello / 長官-에서 a livello ministeriale / 事務-會議 la conferenza a livello tecnico*di tecnici
레스토랑 il ristorante 1 너희들 레스토랑에 가니? Andate al ristorante?
레슨 la lezione / 피아노 - la lezione di pianoforte
레슬러〈스포츠〉 il lottatore
레슬링〈스포츠〉 la lotta
레이더〈物*軍〉 il radar
레이디(淑女) la signora, la donna ¶퍼스트- la prima donna

레이스 il pizzo, (끈장식) il merletto / 손으로 짠 - il merletto ad ago / 기계로 짠 - il merletto a macchina / -로 장식하다 merlettare / - 만드는*파는 여성 la merlettaia
레이스(競走)〈스포츠〉 la corsa / - 하다 gareggiare [intr. avere] con qlcu. per una corsa
레이저 il laser
레인코트 lo impermeabile
레일(線路) le rotaie, i binari
레저(模造가죽) il cuoio / -로 만든 di cuoio
레저(餘暇) il tempo a propria disposizione
레즈비언 la lesbica
레지 (다방, 빠의) la cameriera
레지스탕스 la resistenza/-의 resistenziale
레지스터(金錢登錄器) il registratore di cassa
레치타티보〈音〉 il recitativo
레커차(-車) il carro attrezzi
레코드 il disco (fonografico) /-를 돌리다 far girare un disco ¶LP - il disco microsolco / -플레이어 il giradischi
레크리에이션 la ricreazione, il divertimento
레테르 il cartellino, l'etichetta /-를 붙이다 attaccare*applicare un'etichetta
레토루트 증류기(-蒸溜器)〈化〉 la storta
레퍼리(審判) l'arbitro
레퍼터리(上演目錄) il repertorio
렌즈 la lente ¶볼록(오목)- la lente convessa (concava)
렌치〈具〉 la chiave
렌트카 il noleggio / -를 빌리다 noleggiare
력(力)〈物〉 la forza
령(令)〈法〉 il decreto
로 a, da, di, con, in, per / 도보- 가다 andare a piedi / 열쇠- 닫다 (잠그다) chiudere a chiave / 3000 리라- 사다 comprare per tre mila lire / 현찰*카드-사다 comprare a contanti*a credito / 스스- 하다 fare da sè / 벽돌*목재- 지은 집 casa di mattoni*di legno / 펜으- 쓰다 scrivere con la penna / 암으- 죽다 morire di cancro / 비행기*기차*자동차-여행하다 viaggiare in aereo*treno*auto / 이탈리아어- 말하다 parlare in

로(爐) il focolare, (오븐) il forno

로고스〈哲〉 il logos (인간의 理性, 宇宙理性)

로그〈數〉 il logaritmo

로마〈地〉 Roma / -의, 人 romano(a) **1** 로마는 하루아침에 이루어지지 않았다. Roma non fu fatta in un giorno./ -方言 il romano ¶-法 il diritto romano / -가톨릭교 il cattolicesimo romano / -教皇廳 il Vaticano / -숫자 il numero romano / -字 le lettere dell'alfabeto latino

로마네스크 romanesco(a)

로마자(-字) il numero romano [用語] I 1, II 2, III 3, IV 4, V 5, VI 6, VII 7, VIII 8, IX 9, X 10, XI 11, XII 12, XIII 13, XIV 14, XV 15, XVI 16, XVII 17, XVIII 18, XIX 19, XX 20, XXX 30, XL 40, L 50, LX 60, LXX 70, LXXX 80, XC 90, C 100, CD 400, D 500, DC 600, M 1000, MCMLXXXII 1982 → 서수

로마양식 / -의〈建〉 romanico(a)

로망스〈音〉 la romanza

로망스문학(-文學)〈言〉 la romanistica

로망스문헌학자(-文獻學者)〈言〉 il*la romanista

로망스어(-語)〈言〉 / -의 romanzo(a)

로망스어학(-語學)〈言〉 la romanistica, la filologia romanza

로망스어학자(-語學者)〈言〉 il*la romanista

로맨스 il romanzo; la relazione amorosa

로맨티시즘 il romanticismo

로맨틱 romantico(a), sentimentale

로봇 il robot, l'automa

로브〈테니스〉 il pallonetto

로비 (劇場 따위의) il corridoio, il vestibolo

로사리오기도(-祈禱)〈宗〉 il rosario

로서 (地位*身分*資格) / 學者- come lo scolaro / 나-는 per me

로션 la lozione

로스〈食〉 la lombata (di vitello*manzo)

로스트(불고기) l'arrosto

로열 reale

로열리스트 il*la realista

로열티 i diritti d'autore

로이터 Reuter ¶-通信社 Reuter's News Agency

로커빌리〈音〉 rock-a-bily

로컬 locale / -뉴스 la cronaca locale

로케이션〈映〉 gli esterni

로켓 (rocket) il razzo, il missile ¶-砲(彈) i lanciarazzi, i lanciamissili / 3단식 - il missile*il razzo a tre stadi

로코코양식 / -의〈建〉 rococò

로큰롤 rock'n'roll

로터리클럽 il Rotary Club ¶-會員 il socio del Rotary Club, il rotariano

로테이션 la rotazione

로프 la corda, la fune ¶- 웨이 la teleferica, la funivia, la funicolare aerea

로힐 (신발의) i tacchi bassi

론(貸出金) il prestito / -을 받다 prestare, dare in prestito

론도〈音〉 il rondò

롤러 la rotella ¶- 스케이트 il pattinaggio a rotelle / -스케이트(靴) i pattini a rotelle / -블레이드(靴) i pattini rollerblade

롤러스케이팅 il pattinaggio a rotelle

롤링〈海〉 il beccheggio / -하다 rollare

롱패스〈蹴〉 l'allungo

뢴트겐 Wilhelm Konrad Roentgen (1845-1923) ¶- 사진 il radiogramma (x-ray)

루마니아〈地〉 Romania / -의, 人 romeno(a) / -語 il romeno

루멘〈物〉 il lumen

루미니즘〈繪〉 il luminismo (밝은 광선을 강조하는 회화경향)

루브르박물관 (-博物館) Museo di Louvre

루블 (러시아 화폐) ruble

루비〈鑛〉 il rubino

루주 (rouge; lipstick) il rossetto / -를 바르다 darsi il rossetto (per le labbra)

루트 la via, la rotta; 〈數〉 la radice / 외교-로 교섭하다 negoziare qlco. per via diplomatica

루피 (인도 화폐) ruppe

룩셈부르그〈地〉 Lussemburgo / -人, 의 lussemburghese

룩스(照度)〈物〉 il lux

룰(規則) la regola, la norma / -에 어긋나다 contravvenire a una regola

룰렛(到泊) roulette

룸 la camera ¶-서비스 il servizio in

룸펜(浮浪者, 失職者) il vagabondo
류(類) il genere, la specie, la sorta
류마티스〈醫〉 il reumatismo
류머티즘〈醫〉 il reumatismo
류트〈音〉 il liuto
르네상스〈繪〉 il Rinascimento/ -의 rinascimentale
르네상스양식 / -의〈建〉 rinascimentale
르느와르 Pierre Aguste Renoir(佛. 1841-1919)
르포르타주 il reportage, il servizio
릉(陵) il mausoleo ¶王- il mausoleo imperiale
리골레토〈音〉 Rigoletto
리그 la lega, il campionato ¶-戰 il torneo tra le squadre
리놀륨 il linoleum
리더(指導者) il capo, il dirigente, (政治的) il leader
리드〈스포츠〉/ -하다 condurre; avere il vantaggio (sull'avversario) di qlco. ¶ 근소한 차이로 -하다 condurre [intr. avere] con una differenza di pochi secondi
리듬 il ritmo / -에 맞추어 ¶-體操 la ginnastica ritmica
리라 (이탈리아 옛 화폐) lira
리릭 lirico(a)
리모콘 il telecomando
리모트콘트롤 il telecomando
리바이벌 la ripresa, il ripristino
리버럴 / -한 liberale / -리즘 il liberalismo / -리스트 il*la liberale
리버티(自由) la libertà
리벳 il ribattino, il rivetto/ -을 박다 rivettare
리보르노〈地〉 Livorno
리보핵산(-核酸) (=RNA)
리본 il nastro / 타자기용 - il nastro dattilografico
리볼버(連發拳銃) la rivoltella
리뷰 la rivista, lo spettacolo musicale di varietà
리비아〈地〉 Libia/ -의, 人 libico(a)
리비에라(海岸)〈地〉 Riviera
리사이틀 il recital (d'un cantante*un pianista)
리셉션 il ricevimento 1 신임대사를 환영하는 리셉션을 개최할 예정이다. Avrà luogo un ricevimento in onore d'un nuovo ambasciatore.
리스본〈地〉 Lisbona
리스트(list) la lista, l'elenco ¶블랙- la lista nera
리시버 (電話*通信의) il ricevitore telefonico*telegrafico; (머리에 쓰는 헤드폰) la cuffia (telefonica*radiofonica)

리어카 il rimorchietto per biciclette
리얼 / -한 reale/ -리즘 il realismo
리이드 오르간〈音〉 l'armonium
리치 la portata(di mano)
리콜제(-制) il sistema di amovibilità
리타르단도〈音〉 ritardando (지연시키면서)
리터〈物〉 il litro / 우유 1리터 un litro di latte
리턴매치 la partita di ritorno
리투아니아어 (-語)〈言〉 il lituano
리트머스 액〈化〉 il tornasole
리트머스지 il tornasole ¶-試驗紙 la cartina al*di tornasole
리포트 il rapporto, la relazione
리허설〈劇〉 la prova
린네르(la tela di) lino
린치 il linciaggio/ -가하다 linciare
릴 il mulinello ¶- 낚시대 il filatoio
릴〈映〉 la bobina
릴레이〈스포츠〉 la corsa a staffetta, la staffetta ¶-選手 l'inseguitore
릴레이경주(-競走)〈陸〉 la staffetta
림(林) il bosco, (未開發森林) la selva, (大森林) la foresta
립스틱 il rossetto
링〈拳〉 il ring
링〈操〉 gli anelli
링거 주사 la siringa
링크 (스케이트장) la pista da pattinaggio, il pattinatoio; (골프장) il campo per golf

마가린 (margarin) la margarina ¶植物性 - la margarina vegetale

마개 (병의) il tappo, (코르크의) il sughero / -를 끼우다 tappare (una bottiglia), mettere il tappo / -를 뽑다 stappare*sturare (una bottiglia), togliere il tappo ¶-오프너 il cavatappi

마거리트〈植〉 la margherita

마구(馬具) i finimenti (per cavallo)

마구간 la scuderia, la stalla

마굴(魔窟) la casa di meretrici*prostitute, il bordello

마권(馬券) il biglietto di scommessa al totalizzatore

마귀(魔鬼) il diavolo, il demone, il demone

마그네슘〈化〉 il magnesio

마그네시아〈鑛〉 la magnesite

마그마암〈岩〉〈鑛〉 la roccia magmatica

마네킹 il manichino, l'indossatrice

마녀(魔女) la strega, la maga, l'incantatrice

마늘〈植〉 l'aglio / -을 먹다 (조용히 화를 참다) mangiare l'aglio / -과 양파를 먹다 (궁핍한 생활을 하다) mangiare aglio e cipolla ¶-소스 l'agliata / -쪽 lo spicchio d'aglio

마니교(-敎) il manicheismo

마니아 la mania

마닐라〈地〉 Manila

마다(每) ogni; ogni volta che, tutte le volte sempre che / 이틀- ogni due giorni / 우리가 서로 만날 때- ogni volta che ci incontriamo / 해- ogni anno

마당 il cortile

마디 il groviglio; l'articolazione

마라카스〈音〉 la maracas

마라톤〈陸〉 la maratona ¶-選手 il*la maratoneta (m.pl. -ti)

마라톤경주(-競走)〈陸〉 la maratona

마력(馬力) il cavallo-vapore / 30- 짜리 모터 il motore da trenta cavalli (vapore)

마력(魔力) il potere magico*soprannaturale, la magia

마력(馬力)〈物〉 il cavallo

마련하다 preparare

마루 il parquet

마르다 (몸이) smagrire [intr. essere, pr. -isco], smagrirsi (con la malattia), diventare magro; (토지가) diventare sterile*infecondo

마르세이유〈地〉 Marsiglia

마르크스주의(-主義)〈哲〉 il marxismo / -的 marxistico(a) / -者 il*la marxista

마른 (옷 따위가) asciutto(a), (몸이) magro(a), (잎, 꽃이) essiccato(a), (토지가) sterile; secco(a)

마름모 il rombo

마리아〈宗〉 Maria; (聖母) Santa Maria, la Vergine

마림바〈音〉 la marimba

마멸(磨滅) il logorio / -되다 logorarsi, essere logorato(a) *logoro(a)

마법(魔法) la magia, la stregoneria; l'incantesimo / -을 걸다 stregare, affatturare / 마술로 -을 걸다 (홀리다) affatturare con un incan-tesimo

마법사(魔法師) il mago

마부(馬夫) il cocchiere

마비(痲痺)〈醫〉 il torpore, la paralisi, l'intorpidimento / -의 paralitico(a) / -시키다 paralizzare, intorpidire / -되다 essere paralizza-to(a), intorpidirsi ¶小兒- la poliomielite / 心臟- la paralisi cardiaca

마사지 il massaggio / -하다 massaggiare ¶-師 il massaggiatore (f. -trice)

마술(魔術) (마법*요술) la magia, la magia nera, l'incantesimo; il gioco di prestigio / -을 부리다. esercitare la magia ¶-師 il mago (f. -ga)

마술(馬術) l'equitazione

마스코트 la portafortuna, l'amuleto

마스크(mask) la maschera, (手術用) la maschera chirurgica / -쓰다 mascherarsi, mettersi una maschera ¶防毒- la maschera anti-gas

마시다(飮) bere, prendere (un caffè) **1** 그들은 과음했다. Hanno bevuto troppo.

마실 것 (qualcosa) da bere **1** 마실 것 좀 줄까? Ti offro da bere?

마약(痲藥) la droga, le sostanze narcotiche comprendenti morfina, l'oppio, la cocaina

마에스토소〈音〉 maestoso (장엄한, 당당한, 위엄있는)

마왕(魔王) Satana, Lucifero

마요네즈 la maionese

마을(村) il paese, il villaggio ¶民俗- il villaggio folcroristico

마음(心) il cuore, l'animo, la mente / -을 열다 aprire il cuore a qlcu., essere familiare con qlcu. / -을 열고 con familiarità, a cuore aperto, francamente / -편히 하다 mettersi a proprio agio / -대로 liberamente; a discrezione

마이너스 meno; segno di sottrazione / 5 마이너스 3은 2. Cinque meno tre fa due.

마이크 il microfono / - 앞에 서다 trovarsi davanti al microfono, parlare al microfono

마이크로 micro- ¶-필름 il microfilm / -寫眞 la microfotografia

마이크로암페어〈電〉 il microampere

마이크로파(-波)〈電〉 la microonda

마이크론〈物〉 il micron

마일〈單〉 miglio

마조리카도토(-陶土)〈鑛〉 la maiolica

마주르카〈音〉 la mazurca

마주보고 faccia a faccia, a quattr'occhi

마지막(終) l'ultimo **1** 누가 마지막으로 사무실을 나가니? Chi esce per ultimo dall'ufficio? / -의 ultimo(a) / -으로 infine

마지못해 malvolentieri, di malavoglia, senza buona voglia

마진〈商〉 il margine

마차(馬車) la carrozza (a cavallo); il carro / -로 가다 andare in carrozza

마찬가지로(同一) analogamente

마찬가지의 uguale

마찰(摩擦) la strofinata, lo sfregamento, la fregata, il fregamento, la frizione / -하다 frizi-onare, fregare

마찰(摩擦)〈醫〉 lo sfregamento

마찰음(摩擦音)〈言〉 la fricativa

마천루(摩天樓)〈建〉 il grattacielo

마취(痲醉) l'anestesia / -시키다 anestetizzare ¶-劑(藥) l'anestetico

마취법(痲醉法)〈醫〉 l'anestesia

마취의(痲醉醫)〈醫〉 l'anestesista

마취제(痲醉劑)〈藥〉 l'anestetico, il narcotico

마치 come se

마치다(終) finire, terminare **1** 너희들은 언제 일을 마치니? Quando finite di lavorare?

마침 proprio / -지금 proprio ora

마침내 finalmente

마침표(終止符)〈句〉 il punto

마카로니〈料〉 i maccheroni

마크 la marca, il segno, (라벨) l'etichetta, il cartellino / - (라벨, 상표)를 붙이다 marcare, mettere un'etichetta su qlco.

마크〈商〉(品質證明의) il marchio

마하〈物〉 il mach

마호메드〈宗〉 Maometto ¶ 敎 il maomettismo, l'islamismo / -敎徒 il maomettano, il mussulmano, l'islamita

막(幕) (극장의) il sipario, (오페라의) la cortina, la tendina, la tenda, (劇作의) l'atto / -을 올리다 alzare il sipario / -이 오르다 alzarsi il sipario / 제2- 제1장 la prima scena del secondo atto

막(膜)〈解〉 la membrana

막 (막~하자마자) appena

막간(幕間) l'intervallo

막간극(幕間劇)〈音〉 l'intermezzo

막강한 potente

막내아들 il figlio minore

막다 (병의 입구를) turare; tappare; impedire; difendere

막다른 길 il vicolo cieco

막대(莫大) l'enormità, la smisuratezza, l'immensità / -한 enorme, smisurato(a), immenso(a)

막대기 il bastone, la bacchetta

막대한(莫大-) enorme

막상막하하다 essere pari

막연(漠然) la vaghezza / -한 vago(a) / -하게 senza scopo*meta, vagamente / -

하게 독서하다 leggere senza attenzione / -하게 산책하다 passeggiare senza meta
막차 l'ultimo autobus
막힌 intasato(a)
만(萬 10,000) diecimila
만(灣)〈地〉il golfo, (강어귀) la baia / -入口 l'entrata del golfo
만(滿) la pienezza / agg. compiuto(a) **1** 나는 만 20세이다. Ho venti anni compiuti.
만개(滿開) la piena fioritura **1** 벚나무가 만개했다. I ciliegi sono in piena fioritura
만국기(萬國旗) il pavese
만기(滿期) la scadenza, il termine / -를 정하다 fissare*stabilire la data*il termine*la scadenza / -가 되다 scadere ¶-수표 la cambiale scaduta
만기(滿期)〈法〉la scadenza
만끽하다 godere
만나다(遭遇) incontrare (qlcu.), incontrarsi (con qlcu.), fare la conoscenza di **1** 너 카타리나를 만나고 싶니? Vuoi incontrare Caterina? **2** 우리는 비행기에서 만났다. Ci siamo incontrati in aereo.
만남(遭遇) l'incontro
만년(晩年) gli ultimi anni, il tramonto della vita
만년설(萬年雪) il ghiacciaio
만년필(萬年筆) la penna stilografica, la stilografica
만능(萬能) l'onnipotenza / -의 onnipotente ¶-藥 la panacea
만담(漫談) la barzelletta, le chiacchierate umoristiche ¶-家 il chiacchierone comico (davanti al pubblico)
만도린〈音〉il mandolino ¶-演奏者 il*la mandolinista
만돌라〈音〉la mandola
만돌리노〈音〉il mandolino
만두〈食〉i ravioli
만들다 creare, fare, produrre
만들어진 fatto(a)
만료(滿了)〈法〉la scadenza / (효력이) -되다 scadere **1** 귀하의 면허증은 내일 만료될 겁니다. Domani scaderà la Sua patente.
만루(滿壘) (야구) tre basi occupate da corridori-battitori avversari

만사(萬事) tutto, il tutto
만성(慢性) la cronicità / -의 cronico(a) ¶-病 la malattia cronica / -病患者 il malato cronico, il cronico
만세(萬歲) l'evviva, urrà / -를 부르다 mandare un'evviva
만약 se
만연한(漫然-) diffuso(a)
만우절(萬愚節) il pesce d'aprile
만원(滿員) / -이다 essere al completo, essere pieno*gremito di gente / -의 affollato(a) / -인 경기장 lo stadio affollato
만월(滿月) il plenilunio, la luna piena
만유(漫遊) il viaggio di piacere, il viaggio turistico / -하다 fare un viaggio di piacere ¶-客 (관광객) il*la turista
만유인력(萬有引力)〈物〉la gravitazione universale
만인(萬人) l'universale, tutti gli uomini; tutti i popoli
만일(萬一) l'emergenza; il caso imprevisto / -의 경우에 in caso d'emergenza / -의 경우에 대비하다 essere pronto all'evenienza, prepararsi ai bisogni urgenti
만장일치(滿場一致) l'unanimità / -의 unanime / -로 all'unanimità, unanimamente
만재(滿載) / -하다 essere pienamente carico di qlco., caricare (merci) fino alla capacità
만전(萬全) la sicurezza (maggiore), la perfezione (immancabile) / -을 기하다 prendere tutte le misure possibili di sicurezza
만점(滿點) il massimo punto*voto / -을 얻다 ottenere il massimo punto*voto / -으로 졸업하다 diplomarsi a pieni voti
만조(滿潮)〈地〉il flusso, l'alta marea [<> la bassa marea]
만족(滿足) la soddisfazione, la contentezza / -스런·한 soddisfacente, soddisfatto(a), contento(a) / ~대해 -스럽다 essere contento(a) di, contentarsi (di fare qlco.), essere soddisfatto(a) (del buon risultato) / -하게 하다 soddisfare, accontentare / -하다 essere contento(a) di, contentarsi (di fare qlco.), soddisfarsi*accontentarsi (di qlco.), essere

만지기

soddisfatto(a) (del buon risultato) / -할 수 없음 l'insaziabilità / - 할 수 없는 insaziabile, insaziato(a), insoddisfatto(a) / -할 수 없는 욕망 il desiderio insaziabile

만지기(觸) il tocco, il tasto
만지다(觸) toccare, tastare
만찬(晩餐) la cena ¶ -會 il pranzo di gala, il banchetto
만추(晩秋) l'autunno inoltrato
만춘(晩春) la primavera inoltrata
만큼 quanto **1** 네가 원하는 만큼 먹어라! Mangia quanto vuoi!
만화(漫畫) il fumetto, la caricatura, il disegno umoristico ¶ 映畫 i cartoni animati / -作家 l'animatore / -家 la caricaturista
만회(挽回) il riscatto / -하다 riscattarsi (con la diligenza)
많은(多) molto(a), tanto(a), grande; considerevole, notevole; numeroso(a) **1** 그는 공부하느라 많은 시간을 보낸다. Passa tante ore a studiare.
많이(多) molto **1** 그는 공부를 많이 하지만 배우는 것은 적다. Studia molto, ma impara poco.
말(馬) il cavallo / -타다 montare [intr. essere] a*su cavallo, cavalcare / -에서 내리다 smontare [intr. essere]*scendere [intr. essere] da cavallo / -타고 가다 andare a cavallo / -이 울다 nitrire [pr. -isco] ¶ -발굽 l'unghia del cavallo / -타기 la cavalcata / -사육장 la scuderia / -고삐 le redini
말(末) la fine
말(語)〈言〉 la parola, il vocabolo / -하다 dire, parlare **1** 나는 진실을 말했다. Ho detto la verità. **2** 너 영어할 줄 아니? Parli inglese? / -로(서) oralmente **1** 먼저 말로, 그리고 나서 글로 대답해 보라! Rispondere, prima oralmente e poi per iscritto! / -없는 tacito(a), zitto(a) / -없이 tacitamente → linguaggio, lingua
말고삐 le redini, la briglia / -를 늦추다 allentare le redini
말괄량이 il maschiaccio, la maschietta
말굽 il ferro di cavallo
말기(末期) la fine (dell'epoca*del periodo) / 15세기-경 verso la fine del XV (quindicesimo) Secolo / -적 증상 i segni della decadenza*del declino (del Regno)
말다 arrotolare
말다툼 il litigio / -하다 litigare
말단(末端) il punto estremo, l'estremità
말더듬 il balbettamento, il balbettio / -다 balbettare
말더듬(醫) la balbuzie
말둑 il picchetto
말라리아(醫) la malaria
말레이시아〈地〉 Malaysia (Malesia) / -의, 人, 語 malese ¶ -半島 la penisola di Malacca
말리다(乾) asciugare; seccare
말린(乾) (옷 따위를) asciutto(a); secco(a)
말벌〈蟲〉 la vespa
말살(抹殺) (抹消) la cancellazione / -하다 cancellare
말소(抹消) la cancellazione / -하다 cancellare (le ipoteche)
말썽 il guaio, il pasticcio
말없이 in silenzio, senza dire
말일(末日) l'ultimo giorno, la fine del mese / 7월- la fine di luglio
말다디 cavalcare
말총머리 (말의) il crine
말하다(言) dire; parlare
맑게 갠(晴 -)〈氣〉 rasserenato(a), sereno(a)
맑아지다 essere*diventare [intr. essere] limpido

맑은(晴) (날씨, 물 따위가) chiaro(a), sereno(a), limpido(a) **1** 하늘이 맑고 구름 한 점 없다. Il cielo è sereno, non c'è neppure una nuvola. **2** 물이 어찌면 저리도 맑을까! Che acque chiare!
맑음(快晴) c'è sole
맛(味) il sapore, il gusto, il condimento / -을 내다 (양념하다) insaporire, assaporire, condire / -보다 assaggiare, assaporare, mangiare*bere a sazietà, gustare / -좋은 delizioso(a), saporito(a), squisito(a), buono(a), di buon gusto / -좋음 il sapore buono, il buon gusto / -있게 squisitamente, gustosamente, gustevolmente, con appetito, appetitosamente, di buon appetito / -없는 insipido(a), senza gusto, privo di gusto / -없음(無味) l'insipidezza

망(網) la rete, la corda / -을 던지다 gettare le reti ¶漁- la rete da pesca / 鐵道- la rete ferroviaria / 航空- la rete aerea / 道路- la rete stradale

망각(忘却) l'oblio, la dimenticanza / -하다 mettere in oblio, dimenticare, dimenticarsi di qlco.*qlcu., scordare, scordarsi di

망간⟨化⟩ il manganese

망고⟨果⟩ il mango (pl. -ghi)

망국(亡國) la nazione rovinata, il paese rovinato*conquistato

망덕(望德)⟨宗⟩ la speranza

망령(妄靈) il rimbambimento / -나다*들다 rimbambire [pr. -isco] / -난 老人 il vecchio rimbambito

망령(亡靈) lo spettro (del padre), il fantasma, la larva / -이 나타나다 apparire [pr. appaio 혹은 -isco] un fantasma

망막(網膜)⟨解⟩ la retina

망막염(網膜炎)⟨醫⟩ la retinite

망명(亡命) l'esilio / 해외로 -하다 esiliarsi all'estero ¶-者 l'esule

망보다 sorvegliare

망사(網紗) la garza (di seta)

망상(妄想) il capriccio, l'immaginazione / -的 capriccioso(a) / -的으로 capricciosamente

망설(임) l'esitazione / -이다 esitare (a fare), essere rimastoinchiodato da paura, perdere coraggio*animo, perdersi di coraggio / -없이 senza esitazione*ritegno

망원경(望遠鏡) il cannocchiale, il telescopio **[用語]** 대물렌즈(對物-) l'obiettivo, 경통(鏡筒) il tubo, 초점조절(焦點調節) la vite della messa a fuoco, 접안렌즈(接眼-) l'oculare

망원경(望遠鏡)⟨物*天⟩ il cannocchiale, il telescopio

망은(忘恩) l'ingratitudine

망자(亡者) il defunto

망치⟨具⟩ il martello / -질하다 martellare ¶나무- il martello di legno

망치다 viziare, rovinare / 과보호로 아들을 - vizare un figlio con l'eccesiva indulgenza

망토⟨衣⟩ il mantello

망하다(亡-) fallire; perire

망할(亡-) / - 자식! Figlio di buttana!

망향(望鄕) la nostalgia

맞다 essere esatto; essere adatto

맞는(正) vero(a), giusto(a), corretto(a) **1** 맞는 답을 골라라! Scegliete la risposta corretta! **2** 그래, 맞아. Sì, è vero. **3** 읽고 선택하라. 맞나 틀리나? Leggete e scegliete. Vero o falso?

맞서다 opporre

맞서게 하다(對處) affrontare / 죽음에 - affrontare la morte / 위험에 - affrontare un pericolo

맞서서(對-) contro, verso, per, a / 적에 - contro il nemico

맞은 편에 di fronte, opposto

맞춤복 la confezione (d'abito),

맡기다(託) depositare; affidare qlco. a qlcu. **1** 난 그에게 저축금 모두를 맡겼다. Gli ho affidato tutti i miei risparmi. / 아이를 누구에게 - affidare un bambino alle cure di qlcu.

맡다(擔) (책임을) addossarsi (una responsabilità)

매 la frusta, la sferza / -질하다 frustare, sferzare

매(每) (接頭語) ogni, ciascuno

매⟨鳥⟩ il falco, il falcone

매개체(媒介體) / -를 -로 attraverso ~

매국(賣國) il tradimento contro la patria ¶-奴 il traditore della patria

매끄러운 liscio(a)

매끄럽게 lisciamente / -하다 lisciare

매너리즘⟨繪⟩ (이탈리아 16세기 후반의 화풍) il manierismo

매너리즘 il manierismo / -에 빠지다 ripetere senza l'originalità l'imitazione di vecchi modelli

매년(每年) ogni anno, annualmente, d'anno in anno / -의 annuale, annuo(a) / - 계약 il contratto annuale

매니아 la mania

매니저 il manager

매니큐어 la manicure, lo smalto / - 칠하다 fare la manicure

매다 (벨트를) allacciare (la cintura); legare

매달(每月) ogni mese / -의 mensile

매달다 appendere

매달리다 pendere; aggrapparsi, appigliarsi, afferrarsi fortemente / 난간에 - aggrapparsi alla ringhiera / 희망에 -

aggrapparsi a una speranza

매도(賣渡) la consegna del venduto (al suo compratore) / -하다 consegnare il venduto

매독(梅毒)〈醫〉 la sifilide, la malattia venerea

매듭 il nodo / -을 풀다 sciogliere un nodo / -짓다 unire, fare un nodo, annodare

매력(魅力) l'attrattiva, il fascino, l'incanto, la grazia / -的 affascinante, attraente, piacente, incantevole, piacente **1** 매력적인 여자가 버스에 오른다. Sale una ragazza piacente sull'autobus.

매료(魅了) / -시키다 attirare, affascinare, incantare **1** 그녀의 매력이 그를 매료시켰다 (사로잡았다). La sua grazia l'ha affascinato. / -된 attratto(a), affascinato(a)

매매(賣買)〈法〉 la compravendita, il commercio / -하다〈商〉 negoziare ¶-契約 il contratto di commercio

매매계약(賣買契約)〈法〉 il contratto di compravendita

매머드〈動〉 il mammut

매물(賣物) l'articolo da vendere, (광고문구로서 "매물") "Vendesi" / -로 내놓다 mettere in vendita

매미〈蟲〉 la cicala

매번(每番) ogni volta cf. 여러 번 tante* molte volte, più volte; spesso, frequentemente

매부〈族〉 il cognato

매상(賣上) l'incasso, la vendita totale ¶-高 la vendita, l'incasso giornaliero

매서운 pungente, severo(a)

매석(賣惜) la voglia di non vendere / -하다 non vuol vendere (qlco. in atteso di prezzo più caro)

매수(買收) la subornazione, la corruzione (dei testimoni) / -하다 subornare, corrompere un funzionario, dare una bustarella

매식(買食) / -하다 vivere di vendita dei propri averi

매연 lo smog

매우 molto, assai; eccessivamente

매운(辛) (맛 따위가) piccante

매월(每月) ogni mese / -의 mensile / 최대 - 300 유로짜리 아파트 l'appartamento max 300 Euro mensile ¶-刊行物 la pubblicazione mensile

매일(每日) ogni giorno, tutti i giorni / -의 giornaliero(a), quotidiano(a) / -아침 ogni mattina, tutte le mattine / -저녁 ogni sera, tutte le sere / -밤 ogni notte / -매일 di giorno in giorno, tutti i giorni

매장(賣場) (백화점, 슈퍼마켓의) il reparto **1** 우리는 지금 어느 코너(매장)에 있는 건가요? In che reparto siamo? / 貴金屬- il reparto gioielleria ¶-職員 il commesso (f. -a); la signorina addetta ad un reparto (del grande magazzino)

매장(埋葬) il seppellimento / -하다 seppellire [pr. -isco], sotterrare / -되다 essere sotterrato(a)*seppellito(a), seppellirsi

매점(賣店) il botteghino

매점매석(買占賣惜)〈商〉 l'accaparramento, l'incetta

매제(妹弟) il cognato

매주(每週) ogni settimana / -의 settimanale / -日曜日 ogni domenica / -3回 tre volte alla settimana

매진(邁進) lo slancio / -하다 slanciarsi* gettarsi contro qlco.

매진되다 (표가) esaurito(a)

매체(媒體) i mezzi di (comunicazione di massa), il veicolo ¶廣告- il veicolo pubblicitario

매춘(賣春) la prostituzione / -하다 prostituirsi, vendersi / -婦 la meretrice, la prostituta, la puttana

매춘알선죄(賣春幹旋罪)〈法〉 il lenocinio

매출(賣出) / -하다 mettere in vendita

매치 포인트〈테니스〉 il match-ball

매트리스 la materassa, il materasso

매표소(賣票所) la biglietteria ¶-窓口 lo sportello per biglietti

매혹(魅惑) il fascino, l'attrattiva, l'incanto / -시키다 affascinare, attrarre, incantare / -的 affascinante, attraente, attrattivo(a), incantevole

매회(每回) ogni volta

맥(脈) il polso, la pulsazione **1** 맥이 빠르다*약하다 Il polso è frequente* affrettato. / -을 재다 tastare il polso (a qlcu.) / -이 뛰다 pulsare; palpitare

맥동(脈動)〈電〉 la pulsazione

맥락(脈絡) il filo (del discorso*del ragionamento); il rapporto, la relazione, la connessione

맥박(脈搏) il polso, la pulsazione 1 맥박이 빠르다*약하다. Il polso è frequente*affrettato. /-을 재다 tastare il polso (a qlcu.) /-이 뛰다 pulsare; palpitare

맥주(麥酒) la birra /-를 마시다 bere una birra ¶生- la birra alla spina /黑- la birra nera*scura / 캔- la birra latina /-잔 il boccale da birra, il bicchiere da birra /-집 la birreria

맨 먼저 prima di tutto

맨발 i piedi nudi, i piedi scalzi /-로 a piedi nudi*scalzi /-의 scalzo(a)

맨션 (아파트) l'appartamento di lusso

맨손 le mani nude /-으로 전쟁하다 combattere a mani nude

맨홀 (하수도의) la bocca di fogna

맷돌(臼)〈具〉 la macina

맹렬(猛烈) la severità, l'impetuosità /-한 violento(a), furioso(a), severo(a), impetuoso(a), accanito(a) /-하게 violentemente, furiosamente, impetuosamente, accanitamente, arditamente, risolutamente

맹목적인(盲目-) avventato(a), incauto(a)

맹세 il giuramento

맹수(猛獸) l'animale feroce

맹신(盲信) la credulità /-하다 essere credulo(a), credere facilmente a cosa non vera ¶-者 il credulone (f. -a)

맹아(盲啞) il sordomuto

맹위(猛威) l'impetuosità, la furia, la ferocia

맹인(盲人) il cieco /-이 되다 diventare cieco, perdere la vista /-의 cieco(a)

맹장(盲腸)〈解〉 l'intestino cieco, l'appendice ¶-炎 la appendicite

맹장염(盲腸炎)〈醫〉 la appendicite, la tiflite

맹종(盲從) l'obbedienza*l'ubbidienza cieca /-하다 ubbidire [pr. -isco] ciecamente

맺다 (同盟을) stringere (un'alleanza); (結實을) fruttare; (관계를) annodare; (열매를) dare frutti

머그잔 la tazza

머리(頭) la testa; il capo /-땋다 intrecciare i capelli /-빗 pettinarsi /-빗기다 pettinare /-위(에) il colmo della testa /-를 숙이다 chinare il capo /-를 숙이고 자다 dormire bocconi ¶-카락(毛髮) i capelli /-핀 la forcia; il fermacapelli /-빗 la spazzola per capelli

머리띠 il cerchietto

머리말 la prefazione

머리빗 le pettine

머리빗다 pettinarsi

머리카락 i capelli / 흰- i capelli bianchi

머리핀 il fermacapelli

머물다(留) stare, rimanere, fermarsi, restare 1 얼마나 머물거니? Quanto tempo ti fermi? 2 우리는 사무실에 머문다. Restiamo in ufficio.

머플러(衣) la sciarpa

먹게 하다(食) nutrire [pr. -o, -isco], dare qlco. da mangiare

먹구름 il nembo

먹다(食) mangiare 1 우리 스파게티 먹자! Mangiamo gli spaghetti!

먹물색(色)〈繪〉 la seppia

먹이 (동물의) il mangime

먹이다(食) dare da mangiare, nutrire (음식물, 양분 따위를) ali-mentare / 식물에 양분을 - (주다) ali-mentare le piante

먼 곳에(遠) lontano da / 로마에서 - lontano da Roma

먼(遠) lontano(a), distante, remoto(a)

먼저(前) prima, precedentemente

먼지(粉塵) il polvere / 자욱한 - la nube di polvere / 자욱한 -를 일으키다 sollevare una nube di polvere /-가 많은, 투성이의 polveroso(a) /-털다 spolverare

먼지폭풍(-暴風)〈氣〉 la tempesta di polvere

멀리서 da lontano

멀리뛰기〈스포츠〉 lo salto in lungo

멀리하다(遠) allontanare 1 난 의자를 창에서 멀리 두었다. Ho allontanato la sedia dalla finestra.

멀어지게 하다(遠) allontanare qlcu., scostare (la nave dalla riva), tenere lontano (qlcu., qlco.)

멀어지다(遠) allontanarsi, scostarsi (dalla riva), tenersi lontano da qlcu.

멈추다(停) fermarsi, smettere, cessare / 갑자기 - cessare [intr. essere, avere] d'im-provviso **1** 그는 내 곁에 멈추었다. Lui si è fermato vicino a me.

멈춰(停) (군대, 경기의 호령) alt **1** 멈춰라! 이곳으로 지나갈 수 없다. Alt! Di qui non si può passare. **2** 전체, 멈춰 (제자리에 서)! Squadra, alt!

멋부림 il dandismo, la ricercatezza, l'eleganza ricercata

멋있는 squisito(a); elegante

멋장이 il dandy, lo zerbinotto, l'elegantone

멋지게 decentemente, splendidamente

멋진 splendido(a), decente, bello(a)

멍 il livido

멍멍 (개 짖는 소리) bau bau

멍청(愚鈍) / -함 l'allocagine, il ridicolo, la balordaggine, la sciocchezza / -한 ridicolo(a), balordo(a), sciocco(a) / -한 사람 il balordo, lo sciocco, l'imbecile

멍청이 l'idiota, lo stupido

멍한 vacuo(a)

메가톤⟨物⟩ il megaton

메가폰 il megafono

메노 모쏘⟨音⟩ meno mosso (덜 생기있는, 덜 빠른)

메뉴 la lista (delle vivande), il menu

메달 la medaglia ¶金 (銀*銅) - la medaglia d'oro (d'argento*di bronzo)

메두사⟨動⟩ (해파리) la medusa

메뚜기⟨蟲⟩ la cavalletta

메리야스 il tessuto a maglia, (제품의 총칭) la maglieria ¶-工場 il maglificio / -販賣店 la maglieria

메마른(乾) asciutto(a)

메모 l'appunto, la nota / -하다 prendere appunti*nota, notare ¶-帳 il taccuino (per le note) / -노트 il quaderno di appunti

메스⟨醫⟩ il coltello chirurgico

메스꺼운 orribile

메슥거리다 avere la nausea

메슥거림 la nausea

메시지 il messaggio

메신저(傳令) il messaggero, il fattorino

메아리 l'eco / -가 울리다 echeggiare [intr. avere, essere]

메우다 (구멍을) riempire (una buca)

메이크업 il trucco, la truccatura / 두꺼운 - il trucco pesante / -하다 darsi*farsi il trucco, truccarsi (il viso) / -을 지우다 togliersi il trucco / -시키다 truccare

메조 소프라노 il mezzo soprano

메조 포르테⟨音⟩ mezzo-forte (조금 강하게)

메조 피아노⟨音⟩ mezzo-piano (조금 약하게)

메추리⟨鳥⟩ la quaglia

메타언어 (-言語)⟨言⟩ il metalinguaggio

메탄⟨化⟩ il metano, l'etano

메탈 il metallo

메탈로이드 (非金屬)⟨化⟩ il metalloide

메트로놈⟨音⟩ il metronomo

메틸⟨化⟩ il metile ¶-알코올 l'alcool metilico

멕시코⟨地⟩ Messico / -의, 人 messicano(a)

멜로드라마⟨音⟩ il melodramma

멜로디 la melodia / -的 melodico(a); melodioso(a)

멜론(melon)⟨植⟩ il melone

멜빵 le bretelle

멤버(member) il membro

멧돼지⟨動⟩ il cinghiale

멧세지 il messaggio

며느리 la nuora cf. 시어머니 la suocera, 시아버지 il suocero

면(面) (얼굴) la faccia

면(面)⟨數⟩ la faccia

면(免) / -하다 scampare a, sfuggire a / 죽음을 - scampare alla morte / 위험을 - sfuggire a un pericolo / 세금을 - essere esente da tasse

면(綿) il cotone, l'ovatta

면담(面談) il colloquio, l'abboccamento / -하다 avere un abboccamento con qlcu.

면도(面刀) / -하다 radere, radersi (la barba), fare la barba a qlcu., farsi la barba

면도기 (面刀器) il rasoio (pl. -soi) ¶電氣- il rasoio elettrico / -傷處 la rasoiata

면목(面目) il prestigio, la dignità

면밀(綿密) la minuziosità, la scrupolosità / -한 minuzioso(a), scrupoloso(a) / -하게 minuziosamente, scrupolosamente

면사(綿絲) il filo di cotone

면사포(面紗布) il velo

면상(面相) la fisionomia; l'aspetto;

l'espressione

면세(免稅) l'esenzione fiscale, la franchigia (doganale) / -의 esente da dazio ¶-品 gli articoli esenti dal dazio doganale

면식(面識) la conoscenza (di vista)

면양(綿羊) la pecora

면역(免疫)〈醫〉l'immunità / -되다 essere immune*esente (dal contagio) / -의 immune

면장(面長) il Capo d'ufficio di (Gosam-myeon) / 고삼-職印첨부 Apposto il timbro ufficiale del Capo d'ufficio di Gosam-myeon

면적(面積) la dimensione (altezza+larghezza+lunghezza) ¶表- la superficie

면적(面積)〈數〉l'area

면접(面接) il colloquio ¶-試驗 l'esame orale, (大學의) il colloquio

면제(免除) l'esonero, l'esenzione, la franchigia / 수업료를 -받다 ottenere l'esenzione dalla tassa scolastica / -하다 esentare / 세금을 -하다 esentare*dispensare qlco. dall'imposta / -된 esentato(a) ¶關稅- la franchigia doganale

면제품(綿製品) gli articoli di cotone

면직물(綿織物) la cotoneria, il tessuto di cotone

면책특권(免責特權)〈伊〉l'immunità parlamentare

면포(綿布) la tela di cotone

면하다 evitare

면학(勉學) lo studio

면허(免許) la licenza, il permesso, l'autorizzazione, la concessione ¶-證 la licenza, la patente / 自動車運轉-證 la patente di guida

면허증(免許證)〈商〉la licenza

면회(面會) il colloquio, l'abboccamento / -하다 avere un colloquio con qlcu. ¶-人 il visitatore, l'intervistatore / -室 (기숙사, 형무소의) il parlatorio / -謝絶 vietata la visita

면-T(綿T) la maglietta ¶-셔츠 la maglietta di cotone

멸망(滅亡) la rovina, la caduta, il crollo / -하다 essere rovinato(a), cadere in rovina, crollare

멸시(蔑視) il disprezzo, il dispregio / -하다 disprezzare, dispregiare, guardare giù, guardare dall'alto, guardare dall'alto in basso, guardare qlcu. con disprezzo / -하는 disprezzante, dispregiativo(a)

멸종하다(滅種-) sterminare

멸치(魚) l'acciuga

명(命) l'ordine, il comando / -하다 ordinare, comandare

명기(銘記) / -하다 ricordarsi bene di qlco., imprimere*fissare qlco. nella propria mente

명년(明年) l'anno prossimo

명동(鳴動) le scosse (di terremoto) accompagnate da rumore assordante / -하다 scuotersi rumoreggiando / 泰山-에 鼠一匹 Molto fumo e poco arrosto; molto rumore per nulla

명랑(明朗) l'allegria, la vivacità / -한 allegro(a), gaio(a), vivace, (목소리가) chiara, limpida / -한 기질 il temperamento allegro / -한 모습 la faccia allegra / 사람을 -하게 하다 tenere allegro qlcu. **1** 웃으면 복이 와요. Gente allegra il cielo l'aiuta. / -하게 allegramente, gaiamente, vivacemente

명령(命令) l'ordine, il comando, la disposizione,〈軍〉la consegna / -하다 ordinare, dare un ordine, disporre ¶-法〈文〉il modo imperativo

명령(命令)〈法〉il decreto, l'ordinanza

명료(明瞭) la chiarezza, l'evidenza / -한 chiaro(a), distinto(a), evidente, luminoso(a) / -하지 않은 indistinto(a) / -하게 chiaramente, con chiarezza, evidentemente, distintamente / -해지다 chiarire, rendere chiaro

명망(名望) la buona reputazione, la fama (mondiale), la celebrità, (人氣) la popolarità

명명(命名) la denominazione / -하다 denominare, nominare, chiamare; battezzare (qlcu. il nome) **1** 그들은 그를 빠올로라 명명한다. Lo nominano Paolo. / 배의 -式 il battesimo d'una nave

명목(名目) il nome, il titolo / -의 nominale ¶-賃金 la paga nominale

명문(明文) gli articoli prescritti (dalla legge)

명문(名文) la bell'espressione letteraria,

lo stile elevato*elegante ¶-家 il*la stilista

명문(名門) la nobile*rinomata famiglia, l'alto lignaggio

명물(名物) la specialità, il prodotto tipicamente provinciale / 밀라노의 - la specialità di Milano

명민(明敏) l'intelligenza, la perspicacia / -한 perspicace, intelli-gente, (頭腦가) sottile

명반(明礬)〈化〉l'allume (m.)

명백(明白) l'evidenza / -한 evidente, chiaro(a), ovvio(a) esplicito(a), palese, irrefutabile / -한 證據 la prova irrefutabile / -하게 evidentemente, chiaramente, ovviamente, esplicitamente, palesemente

명복(冥福) il requiem / -을 빌다 pregare per il riposo d'un defunto / 누구의 -을 빌며 in suffragio di qlcu.

명부(名簿) l'elenco, la lista ¶會員- l'elenco dei soci*membri

명분(名分) gli obblighi morali, i propri doveri / -있는 giusticabile

명사(名士) la personalità, l'illustre persona / 財界의 - la personalità del mondo finanziario

명사(名辭)〈文〉il sostantivo, il nome / -에서 파생된 denominale ¶女性- il sostantivo femminile / 男性 - il sostantivo maschile / 固有- il nome proprio / 集合- il nome collettivo / 抽象- il nome astratto

명상(瞑想) la meditazione, la contemplazione / -하다 meditare [intr. avere] su qlco., contemplare, raccogliersi (nei pensieri*nella preghiera) / -的 meditativo(a)

명석(明晳) la perspicacia, l'intelligenza / -한 perspicace, intelligente

명성(名聲) la reputazione, la fama, il prestigio, la celebrità, la popolarità / -을 얻다 avere una buona fama, acquistare la popolarità / -있는 famoso (a), rinomato(a), celebre, illustre, popolare, noto(a)

명세(明細)〈商〉il dettaglio

명세서(明細書) la distinta, la nota ¶支出- la nota della spesa

명소(名所) il luogo (storicamente) famoso, la località nota (del bel paesaggio)

명시(明示) l'indicazione (precisa) / -하다 indicare chiaramente, mostrare con evidenza

명실(名實) il nome e il fatto, l'apparenza e la realtà

명심하다(銘心-) tenere in mente

명암(明暗) luce e ombra*oscurità, (繪畵의) il chiaroscuro

명암법(明暗法)〈繪〉il chiaroscuro / -으로 그리다 chiaroscurare

명언(明言) la dichiarazione*la manifestazione esplicita / -하다 dichiarare esplicitamente, manifestare chiaramente

명예(名譽) l'onore, la fama / -와 富 la fama e la ricchezza / -를 더럽히다 disonorare, macchiare l'onore, diffamare, recare offesa alla dignità; intaccare l'onore (di qlcu.) / 他人의 -를 존중하다 rispettare l'onore altrui ¶會員 il membro*il socio onorario / -會長 il presidente d'onore*onorario / -회손(毁損) l'ingiuria / -敎授 il professore onorario / -心 il desiderio di onori / -職 la carica onorifica

명예직(名譽職) la carica onorifica / -의 onorario(a)

명예훼손죄(名譽毀損罪)〈法〉l'ingiuria

명왕성(冥王星)〈天〉Plutone

명의(名義) il nome / -上의 nominale / 누구의 -로 in*a nome di qlcu. ¶-人 la persona registrata / -登錄 la nominatività

명인(名人) il gran maestro, (演奏의) il virtuoso

명일(明日) domani

명작(名作) il capolavoro

명제(命題) la proposizione

명중(命中) il colpo (nel segno) / -시키다 colpire*cogliere il segno*la mira

명증(明證)〈哲〉l'evidenza

명찰(名札) (標札) la targhetta (col nome), la targa

명칭(名稱) il nome, la denominazione, il titolo

명쾌(明快) la lucidità, l'evidenza / -한 lucido(a), chiaro(a), evidente

명품(名品) la specialità, il prodotto tipicamente famoso

명함(名啣) il biglietto da visita
명함판 사진 foto formato tessera
명확(明確) la precisione, l'esattezza / -한 preciso(a), esatto(a); definito(a); <音> chiaro(a) / -하게, 히 precisamente, esattamente; definitamente / 자신의 입장을 -히 하다 definire la propria posizione
몇 달 후 fra qualche mese, fra alcuni mesi
몇 주 후 fra qualche settimana, fra alcune settimane
몇 칠 후 fra qualche giorno, fra alcuni giorni
몇몇의 alcuno(a), qualche ¶ 몇몇의 행인이 그를 구하기 위해 멈췄다. Alcuni passanti si erano fermati per soccorrerlo.
모(母) la madre
모(母)<法> la madre
모교(母校) la propria scuola*università (dove qlcu. fu istruito e conseguì la licenza*la laurea)
모국(母國) la patria, la madrepatria ¶ -語 la madrelingua, la lingua materna
모국어(母國語)<言> la lingua materna o madre, la madrelingua
모금(募金) la raccolta di fondi, la colletta, la sottoscrizione dei fondi / -하다 fare una colletta
모기<蟲> la zanzara
모나코<地> il Monaco
모난 (성격이) angoscioso(a)
모노그램(組合文字)<ус> il monogramma
모던 / -한 moderno(a)
모델 la modella, il modello ¶ 패션- l'indossatrice (m. -tore)
모델<繪><女> la modella
모독(冒瀆) l'ingiuria, l'insulto, la profanità / -하다 ingiuriare, insultare, (神聖을) profanare
모두 tutti / - 함께 tutti insieme
모듈<數> il modulo
모든 것(全體) tutto, il tutto
모든(全) ogni / - 이태리인 ogni italiano / - 사람들 ogni persona, tutti, ognuno
모라토리엄(支拂停止*猶豫) la moratoria
모래(砂) la sabbia ¶ -사장 la spiaggia sabbiosa / -城 il castello di sabbia / -언덕(砂丘) la duna
모래시계(砂時計) la clessidra

모래폭풍(-暴風)<氣> la tempesta di sabbia
모략(謀略) l'intrigo, il complotto, la trama / -를 꾸미다 intrigare [intr. avere], ordire [pr. -isco] una trama / -하다 intrigare / -하는 intrigante
모럴(道德) la morale
모레 dopodomani
모로코<地> Marocco / -人, 의 marocchino(a)
모르다 non sapere; non conoscere; non capire
모르타르 la malta (di cemento), la calcina
모르핀<藥> la morfina ¶ -中毒 il morfinismo
모면(謀免) la salvazione, il salvataggio / -하다 salvarsi (dalla morte), sottrarsi (a un pericolo)
모바일<彫> il mobile
모반(謀反) la ribellione, la rivolta, l'insurrezione, la cospirazione, il tradimento / -하다 ribellarsi, insorgere*sollevarsi contro qlcu. ¶ -者 il ribelle, il cospiratore; il traditore
모발(毛髮) il capello
모방(模倣) l'imitazione, (무언극*판토마임) la mimica / -하다 imitare, copiare, modellare, seguire l'esempio di qlcu.
모방(模倣)<音> l'imitazione
모범(模範) il modello, l'esempio / -的 esemplare / -을 보이다 mostrare un modello, dare buon esempio
모사(模寫) la copia, la riproduzione / -하다 copiare (un'opera d'arte), (行爲를) mimare (una scena d'amore)
모사(模寫)<繪> la copia
모서리 lo spigolo
모선(母線)<數> la generatrice
모세<宗> Mose / -의 十戒 i dieci comandamenti (di Mose)
모세관(毛細管)<物> il capillare
모세관(毛細管)<解> il vaso capillare; il tubo capillare ¶ -現象 la capillarità
모순(矛盾) la contraddizione / -되다 essere contradditorio(a) / -된 contraddittorio(a)
모순율(矛盾律)<哲> il principio di non contraddizione
모스크바<地> Mosca / -의, 시민

moscovita (m.f.)
모슬린〈織〉 la mussola, la mussolina
모습 l'aspetto, la figura; le sembianze
모시다 servire
모양〈模樣〉 la figura, il disegno, la forma
모욕〈侮辱〉 l'insulto, l'affronto / -을 받다 ricevere un affronto / -하다 fare un affronto (a qlcu.), violare, ingiuriare, insultare
모욕죄〈侮辱罪〉〈法〉 la diffamazione
모으다〈收集〉 raccogliere **1** 그들은 버스 안에서의 경험담들을 신문에 모았다. Nel giornale hanno raccolto le storie di loro esperienze in autobus.
모으다 (돈을) risparmiare
모음〈母音〉〈言〉 la vocale **1** "a, e, i, o, u"들은 모음이라 불러 진다. "a, e, i, o, u" si chiamano "vocali". / -의 vocalico(a) ¶半- la semivocale
모음결합〈母音結合〉〈言〉 la sinalefe
모음비결합〈母音非結合〉〈言〉 la dialefe
모음접속〈母音接續〉〈言〉 l'iato
모음조직〈母音組織〉〈言〉 il vocalismo
모음화〈母音化〉〈言〉 la vocalizzazione
모의〈模擬〉 la finzione, la simulazione; l'imitazione ¶-試驗＊考查 l'esame preparatorio
모이다〈群〉 affollarsi, accalcarsi; riunirsi, adunarsi, fare ressa (davanti al cinema) **1** 위원회 구성원 전원이 모였다. Si sono riuniti tutti i componenti della commissione.
모임〈會合〉 la riunione; 〈雲集〉 l'affollamento, la ressa / - 時間 le ore di punta
모자〈帽子〉 il cappello, il berretto
모자라다〈不足〉 mancare **1** 영화가 시작하려면 3시간 모자란다 (남았다). Mancano tre ore all'inizio del film.
모자이크 세공사〈-細工師〉〈繪〉 il*la mosaicista
모자이크〈繪〉 il mosaico
모정〈母情〉 l'affetto materno
모조〈模造〉 l'imitazione, la copia, la riproduzione / -하다 imitare, copiare, riprodurre / -의, 된 imitato(a), falso (a), contraffatto(a) ¶-品 l'imitazione, la copia / -寶石 il gioiello falso, la gemma imitata
모직물〈毛織物〉 il tessuto di lana
모집〈募集〉 il collocamento

모처럼 dopo tanto tempo
모친살인〈母親殺人〉〈法〉 il matricidio
모카시노 구두〈靴〉 i mocassini
모터 il motore ¶-보트 il motoscafo
모터보트〈海〉 il motoscafo / -를 탐 la motonautica
모터보트경기 (-競技) la motonautica
모테토〈音〉 il mottetto
모토 il motto, la massima
모퉁이 l'angolo / -에 all'angolo
모포〈毛布〉 la coperta di lana
모피〈毛皮〉 la pelliccia / -코트 la pelliccia
모험〈冒險〉 l'avventura, l'azzardo, il rischio / -하다 rischiare, avventurare, avventurar-si (in mare burrascoso); arrischiare (la vita), azzardare (una speculazione) / -的 avventuroso(a), azzardoso(a), ris-chioso(a) ¶-談 le storie d'avventura / -小說 il romanzo di avventure
모형〈模型〉 il modello / -을 제작하다 modellare ¶-飛行機 l'aeromodello
모형〈模型〉〈建〉 il plastico
모호〈模糊〉 la vaghezza, l'equivocità, l'incertezza / -한 ambiguo(a) vago(a), equivoco(a), incerto(a), indistinto(a); offuscato(a) / -하 게 vagamente, incertamente
목〈目〉〈法〉 il paragrafo
목〈目〉〈生〉 l'ordine
목〈目〉〈解〉 l'occhio (pl. -chi)
목〈咽喉〉 la gola / -이 마르다 avere sete
목〈解〉 il collo / - 메달아 죽다 impiccarsi
목가〈牧歌〉〈音〉 la pastorale
목가극〈牧歌劇〉〈音〉 la pastorale
목걸이 la collana (di perle) ¶개〈犬〉- il collare (del cane)
목격〈目擊〉 / -하다 vedere qlco. con i propri occhi, assistere (a qlco.) ¶-者 il*la testimone oculare
목공〈木工〉 il falegname
목관악기〈木管樂器〉〈音〉 a fiato legni, i legni
목구멍 la gola
목덜미 la nuca
목도리 la sciarpa
목동〈牧童〉 il pastore
목례〈目禮〉 il saluto con un cenno del capo / -하다 salutare qlcu. con un cenno del capo

목록(目錄) la lista, l'elenco, il catalogo, la nota ¶財産- l'inventario

목마(木馬) il cavallo di legno ¶回轉- il carosello, la giostra (per bambini)

목마르다 avere sete

목면(木綿) (tela di) cotone

목발 la stampella

목사(牧師)〈宗〉il pastore protestante

목성(木星)〈天〉Giove

목소리(音聲) la voce / 큰(높은) -로 a voce alta, ad alta voce / 작은(낮은) -로 a bassa voce / -를 높이다 alzare la voce

목수(木手) il falegname

목쉰 rauco(a)

목요일(木曜日) il giovedì

목욕(沐浴) il bagno / -하다 fare il bagno, bagnarsi ¶-타올 l'asciugamano (da bagno) / -湯 (大衆의) il bagno pubblico

목이 쉰 rauco(a) / -소리 la raucedine

목이 쉼〈醫〉la raucedine

목이 아프다 avere mal di gola

목장(牧場) la fattoria, il prato, il pascolo, la pastura

목재(木材)〈彫〉il legno, (用材) il legname ¶-商 il commerciante di legname (da costruzione)

목적(目的) lo scopo, il fine, la meta, l'oggetto / ~의 -으로 a fine di, a scopo di, allo scopo di ¶-地 la destinazione / -格〈文〉l'accusativo / -補語 il complemento oggetto / 直接(間接)-補語 l'oggetto diretto (indiretto) / -論〈哲〉la teleologia

목적론(目的論)〈哲〉il finalismo, la teleologia

목적지(目的地) (旅行의) la destinazione / -에 도착하다 giungere a destinazione

목전(目前) la vista d'occhi / -에 a vista d'occhi, davanti agli occhi, sotto gli occhi di qlcu., di fronte, in faccia, dirimpetto / -의 imminente 1 선거가 목전에 와있다. Le elezioni sono imminenti.

목제(木製) / -의 (fatto) di legno

목조(木造) / -의 (costrutto) di legno

목차(目次) l'indice, l'elenco dei capitoli

목축(牧畜) l'allevamento di bestiame

목측(目測) la misura*la misurazione ad occhio / -하다 misurare qlco. ad occhio

목탄(木炭) il carbone dolce ¶-畵 (disegno a) carboncino

목탄(木炭)〈繪〉il carboncino

목탄화(木炭畵)〈繪〉il carboncino

목판(木版) l'incisione su legno ¶-術*畵 la silografia*xilografia

목판사(木版師)〈繪〉lo xilografo

목판술(木版術)〈繪〉la xilografia

목표(目標) lo scopo, la meta, l'obiettivo, la mira, il bersaglio, il segno / - 달성하다 dare nel segno, raggiungere lo scopo*la meta

목화(木花) il cotone

몫 la porzione, la quota

몬시뇰(高位聖職者)〈宗〉il monsignore

몰두(沒頭) la dedizione (allo studio) / -하다 immergersi (in studio), darsi*dedicarsi (allo studio)

몰락(沒落) la rovina, la decadenza / -하다 rovinare, andare [intr. essere]*cadere [intr. essere] in rovina

몰래 di nascosto / - 나가다 uscire*andarsene furtivamente*di nascosto

몰려들다(雲集) affollarsi 1 군중이 경기장으로 몰려들고 있었다. Il pubblico si affollava nello stadio.

몰모트〈醫〉la marmotta; (實驗用의) la cavia

몰상식(沒常識) l'assurdità, il nonsenso

몰수(沒收)〈法〉la confisca, il sequestro / -하다 confiscare, sequestrare

몰염치(沒廉恥) l'impudenza, l'impudicizia / -한 impudente / -하게 impudentemente

몰인정(沒人情) l'inumanità / -한 inumano(a), spietato(a), senza pietà, insensibile

몸(身) il corpo

몸동작 il movimento

몸부림치다 contorcersi (per il dolore*dal dolore), dibattersi

몸조심하다 curarsi

몸에 좋은 sano(a) / - 좋은 기후 il clima sano

몸이 처지다 essere a terra 1 오늘아침 난 몸이 처진다. Stamattina sono a terra.

몸져눕다 allettarsi 1 그는 유행성 감기로 몸져 누웠다. Lui si è allettato per un'influenza.

몸짓 il gesto, l'atto / -으로 表現하다

esprimere a gesti / -으로 對話하다 gesticolare / -하다 gestire, fare gesti

못〈具〉 il chiodo / -을 박다 inchiodare, fissare con chiodi, urtare [intr. avere] (contro un muro), conficcare un chiodo in qlco. / -을 빼다 schiodare

못 il callo / 손에 못이 박히다 avere i calli alle mani

못생긴 brutto(a)

몽고(蒙古)〈地〉 Mongolia / -語 il mongolo / -人 mongolo(a) / -의 mongolico(a)

몽블랑 Monte Bianco

몽상(夢想) la fantasticheria, il sogno / -하다 fantasticare, sognare, almanaccare ¶ -家 il sognatore, il visionario, l'almanaccone, l'idealista [m. pl. -i]

몽유병(夢遊病) il sonnambulismo ¶ -者 il sonnambulo

몽타주 il montaggio ¶ -寫眞 il fotomontaggio

묘(墓) il tumulo, la tomba, il sepolcro

묘기(妙技) l'acrobazia, l'abilità meravigliosa

묘령(妙齡) l'età nubile, la nubile / -의 nubile

묘목(苗木) il semenzale, la pianticella, la piantina

묘미(妙味) (味) il sapore squisito, l'ottimo gusto; la delicatezza

묘비(墓碑) la lapide funeraria

묘비명(墓碑銘) l'epitaffio

묘사(描寫) la descrizione, la rappresentazione / -하다 rappresentare, descrivere; dipingere

묘사법(描寫法)〈繪〉 il drappeggio

묘안(妙案) l'idea luminosa

묘약(妙藥) (特效藥) lo specifico, il rimedio efficace

묘음법(描陰法)〈繪〉 l'ombreggiamento

묘지(墓地) il cimitero

묘판(苗板) il semenzaio, il piantonaio, il vivaio

묘한(妙) strano(a), bizzarro(a)

무(舞) il ballo, la danza

무(無) niente

무〈植〉 la rapa

무가치(無價値) / -의 di nessun valore, privo di valore

무감각(無感覺) l'insensibilità, (苦痛의) l'impassibilità, il torpore / -한 insensibile, impassibile, torpido(a), intirizzito(a) / -하다 aggranchiarsi

무감각(無感覺)〈醫〉 il torpore

무감각증(無感覺症)〈醫〉 l'anestesia

무감동(無感動) l'apatia / -한 apatico(a)

무감동(無感動)〈醫〉 l'apatia

무감동(無感動)〈哲〉 l'apatia

무거운(重) pesante; (氣分이) mesto(a), malinconico(a); (病이) grave, serio(a)

무겁게(重) pesantemente; (病勢가) gravemente / -되다 divenire*diventare [intr. essere] pesante*grave / -하다(加重) aggravare / 고통을 - 하다 (가중시키다) aggravare la pena

무게(重量) il peso / -로 팔다 vendere a peso / -를 재다 pesare **1** 이 유아의 무게는 4킬로그램이다. Questo bimbo pesa quattro chili.

무결석(無缺席) la frequenza completa*regolare (a scuola*alle lezioni)

무경고(無警告) / -로 senza avvertimento*preannunzio*preavviso

무경험(無經驗) l'inesperienza, la mancanza di esperienza / -의 inesperto(a), non pratico(a)

무계획(無計劃) / -한 senza*privo di progetto

무관(無關) / -한 indifferente, estraneo(a), che non c'è*non esiste alcuna relazione (con qlcu.), privo di relazione*legame*rapporto / 테마와 -한 생각 l'idea estranea al tema

무관(武官) l'ufficiale militare ¶大使館 陸軍(海軍*空軍)- l'addetto militare (navale*aeronautico) presso l'Ambasciata

무관(武官)〈伊〉 addetto militare

무관심(無關心) l'indifferenza, la noncuranza, il disinteresse, l'insensibilità / -한 indifferente, noncurante, disinteressato(a), estraneo(a), trascurato(a) **1** 그는 정치엔 항상 무관심했다. E' sempre rimasto estraneo alla politica. **2** 그는 복장에 무관심하다. E' trascurato nel vestire. / -하게 indifferentemente

무교육(無敎育) l'ignoranza / -의 ignorante, illetterato(a)

무구(無垢) l'innocenza, la castità / -한 innocente, casto(a)

무궁무진한(無窮無盡-) infinito(a),

eterno(a)

무궤도 전차(無軌道 電車) il filobus

무근(無根) l'infondatezza／-의 infondato(a), privo di*senza fondamento; senza ragione, falso(a)

무급(無給) ／ -의 non stipendiato, senza*privo di retribuzione

무기(無期) l'illimitatezza／-의 illimitato(a), indefinito(a) ¶-延期 il rinvio*l'aggiornamento*il deffinito*il posponimento indefinito

무기(無機) ／-의 inorganico(a) ¶-物 la sostanza inorganica／-化學 la chimica inorganica

무기(武器) l'arma (pl. le armi) ¶核- le armi nucleari

무기력(無氣力) l'inerzia／-한 inerte

무기명(無記名) ／-의 non registrato*iscritto; non firmato; non nominativo ¶-投票 la votazione segreta, lo scrutinio segreto

무기명식(無記名式)〈銀〉al portatore

무기연기(無期延期) il rinvio*l'aggiornamento*il deffinito*il posponimento indefinito ／-하다 rinviare*aggiornare*differire [pr. -isco] indefinitamente ／-되다 essere indefinitamente rinviato*rimandato*differito

무기영양식물(無機營養植物)〈植〉autotrofa

무기한(無期限) ／-의 illimitato(a), indefinito(a) ／-으로 indefinitamente, senza stabilire la scadenza*il termine

무기화학(無機化學)〈化〉la chimica inorganica

무난(無難) la sicurezza／-한 sicuro(a), privo(a) di difetti, inappuntabile／-하게 sicura-mente, senza difetti, in modo inap-puntabile

무너뜨리다 abbattere

무너지다 crollare

무념(無念) il rincrescimento

무뇨증(無尿症)〈醫〉l'anuria

무능(無能) l'inabilità, l'incapacità,〈法〉l'incompetenza／-한 inabile, incapace; incompetente ¶-力 l'inabilità

무늬 il disegno

무단(無斷) ／-으로 senza preavviso, senza permesso

무당벌레〈蟲〉la coccinella

무대(舞臺) il palcoscenico ¶-裝置 la scenografia

무대장식(舞臺裝飾) la scenografia

무대포(無大砲) la temerità, la temerarietà, (無思慮) l'imprudenza ／-의 imprudente, temerario(a) ／-로 imprudentemente, temerariamente

무더기 il mucchio

무더운(暴暑) afoso(a) ／- 하루 una giornata afosa

무더위(暴暑) il caldo afoso

무덤(墓) il tumulo, la tomba, il sepolcro

무뎌지다(鈍) diventare*essere ottuso(a)

무도곡(舞蹈曲)〈音〉il ballabile

무도병(舞蹈病)〈醫〉la corea

무도장(武道場) la pista da ballo

무두증(無頭症)〈醫〉l'acefalia

무두질(無頭症) la conciatura, la concia／-하다 conciare (pr. -isco) ／-한 conciato(a)

무디게 하다(鈍) smussare (un coltello)

무딘(鈍) duro(a), pesante, (칼이) ottuso(a); (이해력이) ottuso(a), duro(a) di comprendonio; (음이) sordo(a)

무뚝뚝한 privo(a) di affabilità, freddo(a)

무력(無力) la mancanza di potere*forza, l'impotenza／-한 impotente, senza forza

무력(武力) le forze militari, le forze armate ／-을 사용하다 usare le forze militari

무력증(無力症)〈醫〉l'astenia

무례(無禮) la scortesia, la sgarbatezza, la malacreanza, l'indiscrezione, l'imprudenza ／-한 scortese, sgarbato(a), incivile; insolente; insultante, indiscreto(a), imprudente, impertinente

무료(無料) il gratis, la gratuità／-의 gratuito(a), gratis; libero(a) ／-로 gratuitamente, gratis ¶-入場 l'ingresso gratis*libero, l'entrata libera ／-入場券 (優待券) il biglietto di favore

무료진료소(無料診療所)〈藥〉il dispensario

무르익다(熟) maturare [intr. avere]

무르익은(熟) maturo(a) 1 행동에 옮길 시기가 무르익었다. I tempi sono maturi per agire.

무릅／(危險을) -쓰다 avventurarsi a (fare qlco.)

무릎〈解〉il ginocchio, (兩무릎) le

ginocchia /- 꿇고 하는 예배〈宗〉 la genuflessione / -꿇다 inginocchiarsi, mettersi in ginocchio / -꿇고 in ginocchio ¶-보호대 la ginocchiera

무리(群)(人의) il gruppo, la folla, la moltitudine, la calca, la massa; (羊의) il gregge, (家畜의) la mandra, la mandria, il branco / -지어 a sciame / -짓다 (人, 車輛 따위가) brulicare [intr. avere] di (insetti*gente) **1** 그 도로에 사람들, 차량들, 청년들이 무리 지어있다. Le strade brulicano di gente, di macchine e di ragazzi.

무리(無理) l'irragionevolezza, l'assurdità / -한 irragionevole, assurdo (a); ingiusto (a); impossibile / -하다 forzare la natura / -하게 a*per forza, di forza, irragionevolmente

무리수(無理數)〈數〉 il numero irrazionale

무면허(無免許) / -의 senza diploma*licenza*autorizzazione

무명(無名) lo sconosciuto, l'ignoto / -의 anonimo (a); sconosciuto (a), ignoto (a) / -의 작가 uno scrittore sconosciuto

무모(無謀) la temerità, la temerarietà, (無思慮) l'imprudenza / -한 imprudente, temerario (a) / -하게 imprudentemente, temerariamente

무미(無味) l'insipidezza / -의 insipido (a), insaporo (a) / 얼음은 -하다. Il ghiaccio è insipido.

무미건조(無味乾燥) l'insipidezza / -한 insipido (a), monotono (a), arido (a), privo di interessamento, asciutto (a)

무반성(無反省) l'irriflessione / -의 irriflessivo (a)

무법(無法) l'illegalità, l'illecito; (亂暴) la violenza, la brutalità / -의 illegale, illecito (a); violente, brutale

무분별(無分別) l'imprudenza, la sconsideratezza, l'irriflessione / -한 indiscreto (a), imprudente, sconsiderato (a), irriflessivo (a) / -하게 imprudentemente, sconsideratamente, senza riflettere, a vanvera

무비올라〈映〉 la moviola

무사(無私) il disinteresse; (公平) l'imparzialità / -의 disinteressato (a), imparziale

무사(武士) il guerriero, il samurai ¶-道 la cavalleria nel periodo feudale in Giappone

무사(無事) la sicurezza; sano e salvo / -한 salvo (a)

무사고(無事故) Non ha avuto mai incidenti

무사고(無思考) la sconsiderazione

무사려(無思慮) la sconsiderazione, la sconsideratezza / -한 sconsiderato (a)

무산계급(無産階級) il proletariato, la classe dei proletari

무상(無償) / -으로 senza ricompensa; gratuitamente, gratis

무상(無上) / -의 supremo (a), massimo (a), sommo (a), altissimo (a)

무상(無常) la mutabilità, l'incostanza, la fugacità / -한 mutabile, fugace, incostante

무색(無色) l'acromatismo / -의 incolore

무생물(無生物) l'essere*l'oggetto inanimato

무서운(恐怖) pauroso; spaventoso; orribile, terribile, tremendo (a) / - 기세로 con la forza formidabile

무서움 la paura; il timore; l'orrore

무서워하다(恐怖) temere, avere paura; atterrirsi

무선기술자(無線技術者)〈電〉 il radiotecnico

무선시설(無線施設)〈空〉 gli impianti radio

무선애호가(無線愛好家) il radioamatore

무선연락(無線連絡) il radiocollegamento

무선원격조종(無線遠隔操縱) il radiocomando, la teleguida / -하다 radiocomandare, teleguidare, radioguidare

무선원격지시계(無線遠隔指示計)〈電〉 il radiotelemetro

무선장치(無線裝置)〈空〉 gli apparecchi radio

무선전신(無線電信)〈電〉 la radiotelegrafia, la telegrafia senza fili / -으로 per radiotelegrafia ¶-電報 il radiogramma / -機 l'apparecchio radiotelegrafico

무선전화(無線電話) la radiotelefonia / -로 전화하다 parlare in radiotelefonia ¶-機 il radiotelefono

무선전화(無線電話)〈電〉 la radiofonia, la radiotelefonia

무선제어(無線制御)〈電〉 il radiocomando

무선주파수(無線周波數)〈電〉 la radiofrequenza

무선통신(無線通信) le radiocomunicazioni

무선통신공학(無線通信工學) radio tecnica

무선항로표식(無線航路標式)〈空〉 il radiofaro

무성(無聲) l'afonia / -의 afono(a)

무성(無性)〈生〉 / -의 asessuale

무성생식(無性生殖)〈生〉 l'agamia / -의 asessuale

무성영화(無聲映畫)〈映〉 il muto

무성자음(無聲子音)〈言〉 la consonante sorda

무성증(無聲症)〈醫〉 la afonia

무소속(無所屬) l'indipendenza (da ogni partito*associazione / -의 indipendente

무수(無數) / -한 numeroso(a), innumerevole, innumerabile, incalcolabile / -하게, 히 innumerevolmente, innumerabilmente

무수규산(無水珪酸)〈鑛〉 la silice

무수물(無水物)〈化〉 l'anidride

무승부(無勝負) la partita con punteggio pari

무시(無視) il disprezzo, il dispregio, l'imprudenza / -하다 disprezzare, dispregiare, trascurare, non badare a qlco. o qlcu., non curarsi di, ignorare, tenere qlcu. in poco conto, non tenere qlco. di conto ¶ 세세한 것들은 무시합시다! Trascuriamo i particolari! / -하는 disprezzante, dispregiativo(a)

무시험(無試驗) / -으로 senza esame

무식(無識) l'ignoranza

무식쟁이 l'ignorante

무신경(無神經) l'insensibilità / -한 insensibile

무신론(無神論)〈宗*哲〉 l'ateismo ¶ -者 lo*la ateista

무심(無心) l'indifferenza, la noncuranza / -하다 chiedere senza esitazione*importunatamente qlco. a qlcu. / -한 indifferente, noncurante

무심코 distrattamente, a bocca aperta ¶ 그는 무심코 책을 떨어드렸다. Lascio cadere distrattamente il libro.

무아(無我) la estasi; (큰 기쁨) l'esultanza / -에 빠지다 andare in estasi / -지경에 이르다 pervenire all'atarassia / -의 estatico(a)

무어식 / -의〈建〉 moresco(a)

무언(無言) il silenzio, lo zitto; (無口) la taciturnità / -의 silenzioso(a), zitto(a), tacito(a); taciturno(a) ¶ -劇 la mimica

무엇 che, che cosa 1 이것은 무엇입니까? Che cosa è questo?

무엇보다 먼저 prima di tutto, in primo luogo, soprattutto, innanzi tutto

무엇이든 qualsiasi cosa

무역(貿易) il commercio / -하다 commerciare, negoziare ¶ 輸出- il commercio di esportazione / 輸入- il commercio di importazione / 外國- il commercio estero / 自由- il commercio libero / -박람회 la fiera

무역(貿易)〈商〉 lo scambio

무역관행(貿易慣行)〈法〉 la prassi commerciale

무역부(貿易部)〈伊〉 Commercio con L'estero

무역수지(貿易收支)〈經〉 la bilancia commerciale

무역업자(貿易業者)〈商〉 il*la mercante, il*la mercantile

무역풍(貿易風)〈氣〉 gli alisei

무연(無緣) / -의 privo di parenti; senza alcuna relazione

무연탄(無煙炭)〈鑛〉 la antracite

무열(無熱)〈醫〉 l'apiressia

무엽식물(無葉植物)〈植〉 l'afilla

무욕(無慾) il disinteresse, la noncuranza del proprio interesse / -의 disinteressato(a)

무용(舞踊) il ballo, la danza / -하다 ballare, danzare ¶ -會 il ballo, la festa di ballo / -가 il ballerino

무용(無用) l'inutilità, l'infruttuosità / -한 inutile, vano(a), infruttuoso(a), privo di*senza utilità / -하게 inutilmente, invano

무용가(舞踊家)〈音〉 il ballerino

무용곡(舞踊曲)〈音〉 il ballabile

무용단(舞踊團)〈音〉 il corpo di ballo

무용지물(無用之物) la roba inutile

무우〈植〉 la rapa

무위(無爲) l'inattività, l'inoperosità, l'inezia, l'ozio; l'oziosità / -한 inattivo(a), inoperoso(a), inerte, ozioso(a)

무위도식(無爲徒食) / -하다 bighel-

lonare / -人 il bighellone (f. -a)
무의미(無意味) / -한 insignificante, privo di denso, assurdo(a)
무의식(無意識) l'incoscienza, l'inconsapevolezza / -의, 的 incosciente; inconsapevole, involontario(a) / -的으로 inconsapevolmente, involontariamente
무의지증(無意志症)〈醫〉 l'abulia
무의촌(無醫村) il villaggio senza medico
무이자(無利子) senza interesse / -의 privo di interesse ¶-貸出 il prestito senza interesse
무이해(無理解) l'incomprensione / -한, 적 incompreso(a), incomprensivo(a)
무익(無益) l'inutilità, l'infruttuosità / -한 inutile, vano(a), infruttuoso(a) / -하게 inutilmente, invano
무인도(無人島) l'isola disabitata*deserta
무임(無賃) / -승차를 하다 viaggiare in treno senza biglietto regolare / -의 gratuito(a), gratis / -으로 gratuitamente, gratis, senza pagare
무임소장관(無任所長官)〈伊〉 il ministro senza Portafoglio
무임승차(無賃乘車) / -하다 salire [intr. essere] senza biglietto (sul treno), viaggiare in treno senza biglietto
무자각(無自覺) l'incoscienza, l'inconsapevolezza / -의 incosciente, inconsapevole
무자격(無資格) l'incapacià, l'inabilità; l'incompetenza / -의 incapace, inabile; incompetente
무자비(無慈悲) la mancanza di pietà*misericordia; la crudeltà / -한 senza pietà, spietato(a), crudele, inumano(a); insensibile (al dolore altrui)
무장(武裝) l'armamento / -시키다 armare / -하다 armarsi / -한, 된 armato(a) ¶-解除 il disarmo / -襲擊 l'aggressione a mano armata
무장(武裝)〈海〉 l'armamento
무장범선(武裝帆船)〈史〉 (14-17세기에 사용) la caracca
무저항(無抵抗) la non resistenza / -의 non resistente ¶-主義 il principio della non resistenza
무적(無敵) l'invincibilità, l'audacia / -의 invincibile, senza rivali, audace ¶-艦隊 Armata invincibile
무전(無錢) senza denaro
무전기(無電機) l'apparecchio radiotelegrafico
무절제(無節制) il disordine / -한 disordinato(a)
무절조(無節操) l'incostanza; l'infedeltà / -한 incostante; infedele
무정(無情) la pigrizia, l'indolenza, la poltroneria, la mancanza di cuore, l'insensibilità; l'inumanità, la crudeltà / -한 pigro(a), indolente, duro(a), senza cuore*pietà, spietato(a), insensibile; inumano(a) / -한 判決 la sentenza spietata
무정부(無政府) (狀態) l'anarchia / -의 anarchico(a) ¶-主義 l'anarchismo
무정부상태(無政府狀態)〈哲〉l'anarchia
무제한(無制限) l'illimitatezza / -의 illimitato(a), senza limite; libero(a) / -으로 illimitatamente, senza limite, senza restrizione
무조건(無條件) l'essere incondizionato / -의 incondizionato(a), senza alcuna condizione / -的으로 incondizionatamente, senza condizioni ¶-降伏 la resa incondizionata
무죄(無罪)〈法〉 l'innocenza / -의 innocente, incolpevole / - 선고를 받은 assolto(a)
무죄방면(無罪放免)〈法〉 il proscioglimento
무지(無知) l'ignoranza, la stupidità / -한 ignorante, stupido(a) / -하다 essere ignorante (di cose del mondo) ¶-蒙昧 l'ignoranza supina
무지개 l'arcobaleno / -가 뜨다 apparire [intr. essere] un arcobaleno
무직(無職) l'inoccupazione / -상태이다 essere*rimanere senza occupazione regolare
무진장(無盡藏) l'inesauribilità / -의, 한 inesauribile / -으로 inesauribilmente
무질서(無秩序) il disordine, la confusione, il caos **1** 이 문장들은 무질서하다. Queste frasi sono in disordine. / -한 disordinato(a), confuso(a), caotico(a)
무질서(無秩序)〈哲〉l'anarchia
무차별(無差別) la mancanza di distinzione / -한 indiscriminato(a) / -하게

indistintamente, indiscriminatamente, senza discriminazione

무착륙(無着陸) ¶-飛行 il volo senza scalo

무책(無策) la mancanza di politica*espedienti

무책임(無責任) l'irresponsabilità/ -한 irresponsabile

무척 molto, tanto

무취(無臭) la mancanza d'odore / -의 inodoro(a), senza odore

무통(無痛) la mancanza d'indolore/ -의 indolore ¶-分娩 il parto indolore

무통각(無痛覺)〈醫〉 l'analgesia

무풍(無風) la calma / -의 calmo(a), senza soffio di vento

무풍대(無風帶)〈氣〉 la calma

무학(無學) l'ignoranza; la mancanza d'istruzione, l'ineducazione / -의 ignorante; incolto(a), ineducato(a), analfabetico(a)

무한(無限) l'infinità, l'immensità, (永久) l'eternità / -한 infinito(a), immenso(a), eterno(a), interminabile / -히 infinitamente, senza fine, immensamente, illimitatamente / -大의 immensamente*illimitatamente grande / -小의 infinitesimale ¶-責任 la responsabilità illimitata

무한(無限)〈數〉 l'infinito

묵도(無限小)〈數〉 l'infinitesimo

무해(無害) l'innocuità/ -한 innocuo(a), inoffensivo(a)

무허가(無許可) /-로 senza permesso

무형(無形) l'invisibilità / -의 (不可視的) invisibile, (非物質的) immateriale, incorporeo(a); (精神的) spirituale, morale; (抽象的) astratto(a) ¶-文化財 i beni incorporei culturali

무형파(無形派)〈繪〉 l'informale

무호흡(無呼吸)〈醫〉 l'apnea

무화과〈植〉 il fico

무효(無效) l'annullamento, l'invalidità, l'inefficacia; la nullità / -의 invalido(a), inefficace; nullo(a) / -가 되다 non essere valido(a) **1** 서명 없는 영수증은 무효가 된다. La ricevuta non è valida senza la firma. / -化하다 invalidare, rendere invalido, annullare ¶-化 l'annullamento

무효(無效)〈法〉 la nullità, l'invalidità

무효전력계(無效電力計)〈電〉 il varmetro

무후각증(無嗅覺症)〈醫〉 l'anosmia

묵고(默考) la meditazione, il raccoglimento (dello spirito) / -하다 meditare, meditare (su un argomento)

묵도(默禱) l'orazione mentale, la preghiera silenziosa

묵묵히(默默) silenziosamente, tacitamente

묵비권(默秘權) il diritto di veto*silenzio **1** 한 피고가 묵비권을 행사한다. Un impu-tato esercita il diritto di silenzio.

묵살(默殺) /-하다 non fare alcun'attenzione a qlco. o qlcu., non aver alcun interesse a qlcu.

묵상(默想) la contemplazione, la meditazione / -하다 contemplare (un problema religioso*filosofico), meditare qlco. ad occhio

묵상기도(默想祈禱)〈宗〉 la preghiera mentale

묵인(默認) il tacito consenso*assenso*accordo / -하다 consentire*riconoscere tacitamente, assentire tacitamente a (qlco).

묵주(默珠)〈宗〉 il rosario, il rosario buddistico

묶다(縛) allacciare [<-> slacciare], legare / 구두끈을 - allacciare le scarpe / 보따리를 - legare un pacco / 머리를 - legare i capelli

묶다(束) affastellare (erbe*legna) / 머리를 - legare i capelli (con un nastro)

묶음(束) la legatura

묶음(束) il fascio; (꽃 따위의) il mazzo / 꽃 한 - un mazzo di fiori

문(門) la porta, (大形) il portone ¶自動車 - la portiera, lo sportello

문(文)〈言〉 la frase

문고(文庫) (도서관, 서고) la biblioteca, una serie, una collona (delle opere letterarie)

문고판(文庫版) l'edizione di formato ridotto, l'edizione ridotta

문과(文科) il corso di letteratura / S 대학교 문학부 이탈리아문학 과정 il corso di letteratura italiana della facoltà di lettere dell'Università S

문관(文官) il funzionario civile

문관(文官)〈伊〉 addetto culturale

문교부(文敎部)〈伊〉 Pubblica Istruzione

[用語] 초등교육국(初等敎育局) istruzione elementare, 중등교육국(中等敎育局) secondaria di primo grado, 문화국(文化局) classica, 과학기술국(科學技術局) ricerca scientifica, 교원국(敎員局) magistrale, 기술교육국(技術敎育局) tecnica, 직업훈련국(職業訓鍊局) professionale, 대학국(大學局) universitaria, 사적미술국(史蹟美術局) antichità e belle arti, 학술도서관국(學術圖書館局) accademie e biblioteche, 일반국민교육국(一般國民敎育局) educazione popolare, 문화교류국(文化交流局) scambi culturali

문구(文具) gli oggetti di cancelleria ¶-店 la cartoleria / -商人 il cartolaio / -書店 la cartolibreria

문구(文句) la frase

문단(文壇) il campo*il mondo letterario

문답(問答) domanda e risposta, il dialogo / -하다 fare un dialogo, dialogare

문둥병(癩病)〈醫〉 la lebbra ¶-患者 il lebbroso (f. -a)

문란(紊亂) la corruzione

문맥(文脈) il contesto

문맥(門脈)〈解〉 la vena porta

문맹(文盲) l'analfabetismo / -의 analfabetico(a), ignorante ¶-者 l'analfabeto, l'ignorante

문명(文明) la civiltà / -의 civile; civilizzato(a) ¶-國 la nazione*il paese civile / -開花 la civilizzazione / 유럽 - la civiltà europea

문민(文民) il civile, il*la borghese

문방구(文房具) la cartoleria

문법(文法) la grammatica / -的 grammaticale ¶-家 il grammatico, la grammatica

문병(問病) / -하다 visitare un malato, domandare della salute

문서(文書) gli archivi, lo scritto, la scrittura, il documento, la nota, la corrispondenza / -로 per iscritto, in scritto

문서위조(文書僞造)〈法〉 il falso

문신(文身) il tatuaggio

문안(文案) la minuta, la brutta copia / -을 작성하다 stendere una minuta

문어(文語) la lingua scritta*letteraria

문어〈魚〉 il polpo, la piovra

문예(文藝) la letteratura e l'arte

문예부흥(文藝復興) il rinascimento

문외한(門外漢) l'estraneo, la persona estranea

문인(文人) lo scrittore, la scrittrice, il letterato, la letterata, l'autore, l'autrice

문자(文字) la lettera, il carattere 1 자네 이름에 "m" 문자가 들어있나? C'è la lettera "emme" nel tuo nome? ¶大- il maiuscolo / 小- il minuscolo

문자(文字)〈言〉 la scrittura

문자소(文字素)〈言〉 il grafema

문자소론(文字素論)〈言〉 la grafematica

문장(文章)〈言〉 la frase, la proposizione

문장(紋章) lo stemma

문장학(紋章學) l'araldica

문제(問題) il problema, la questione; (道德, 法律, 神學上의) il caso / 풀어야 할 -이다 essere una questione (da risolvere) / -를 내다 porre*presentare un problema / 良心의 - il caso di coscienza / 裁判의 - il caso giuridico ¶ 社會 - il problema sociale

문제주의(問題主義)〈哲〉 il problematicismo

문지기(守門將) il portiere, il portinaio

문지방 la soglia / -을 넘다 varcare la soglia

문집(文集) la raccolta d'opere letterarie

문체(文體) lo stile

문필(文筆) il lavoro letterario ¶-家 il letterato, lo scrittore, l'autore → 문인

문하생(門下生) il discepolo, la discepola, l'apprendista

문학(文學) la letteratura, le lettere / -의, 的 letterario(a) ¶-士 il dottore*la dottoressa in lettere / -部 la facoltà di lettere / -者 il letterato, la letterata

문학어(文學語)〈言〉 la lingua letteraria

문헌(文獻) la letteratura, i documenti, gli scritti relativi ad un dato argomento ¶參考- la bibliografia

문헌학(文獻學)〈言〉 la filologia / -的 filologico(a)

문헌학자(文獻學者)〈言〉 il filologo

문호(文豪) il grande scrittore, il sommo autore

문호개방(門戶開放) il principio della porta aperta

문화(文化) la cultura / -的 culturale ¶-國

家 lo Stato di Cultura / -人 la persona di cultura, l'uomo colto / -協定 l'accordo culturale / -會館 Istituto di Cultura

문화관광부(文化觀光部)〈伊〉 Turismo e Spettacolo
문화국(文化局)〈伊*敎〉 classica
문화환경청(文化環境廳)〈伊〉 Beni Culturali e Ambientali
묻다(問) domandare*chiedere (a qlcu.) qualche informazione su qlco., qlcu. **1** 그녀는 정보를 묻는다. Lei chiede un'informazione.
물(水) l'acqua / 짠- l'acqua salata
물가(物價) i prezzi
물가등귀(物價騰貴)〈經〉 il rincaro
물가상승(物價上昇)〈經〉 la carovita
물가안정화(物價安定化)〈經〉 la stabilizzazione
물갈퀴〈泳〉 le pinne
물개〈動〉 la foca
물건(物件) l'oggetto, la cosa, la roba
물결 la crespa / -치다 ondeggiare [intr. avere]
물고기(魚) il pesce ¶-뼈 le spine
물구나무서기 il capitombolo, il salto mortale / -하다 capitombolare [intr. essere], fare un capitombolo
물구나무서기〈操〉 il verticale
물권(物權) il diritto di proprietà
물기(水氣) la umidità, (果實의) la sugosità / -를 빼다 (없애다) scolare / -있는 umido(a) / -없는 (乾燥) asciutto(a)
물다 mordere, (벌레가) morsicare, (물고기가 낚시바늘을) abboccare
물러가다 tirarsi indietro
물러나다(退) arrestare, arrestarsi [<-> avanzare]
물레방아(水車) il mulino d'acqua, la ruota del mulino
물론(勿論) certamente, benintesto, senza dubbio, naturalmente
물리다(返品) (구입한 상품을) riscattare
물리량(物理量)〈物〉 le grandezze
물리요법(物理療法)〈醫〉 la fisioterapia
물리적소외(物理的疎外)〈政〉 l'emarginazione
물리치다(敵을) vincere (il nemico)
물리학(物理學) la fisica, le scienze fisiche ¶-士*碩士 il dottor (f. -essa) in scienze / -博士 il dottorato in scienze (=D.Sc. in America) / -者 lo scienziato, il fisico **[用語]** 고체물리학(固體物理學) la fisica dei solidi, 공기역학(空氣力學) l'aerodinamica, 공기정력학(空氣靜力學) l'aerostatica, 광학(光學) l'ottica, 기계학(機械學) la meccanica, 기하광학(幾何光學) la diottrica, 분광학(分光學) la spettroscopia, 상대성이론(相對性理論) la relatività, 수력학(水力學) l'idraulica, 수리물리학(數理物理學) la fisica matematica, 역학(力學) la meccanica, 열역학(熱力學) la termodinamica, 열학(熱學) la termologia, 운동학(運動學) la cinematica, 유체역학(流體力學) la fluidodinamica, l'idrodinamica, 유체정력학(流體靜力學) la fluidostatica, l'idrostatica, 음향학(音響學) l'acustica, 의료물리학(醫療物理學) la fisica medica, 인공뇌연구(人工腦研究) la cibernetica, 자성체론(磁性體論) il magnetismo, 전기역학(電氣力學) l'elettrodinamica, 전기학(電氣學) l'elettrologia, 전자공학(電子工學) l'elettronica, 전자기학(電磁氣學) l'elettromagnetismo, 전파공학(電波工學) la radiotecnica, 정력학(靜力學) la statica, 탄도학(彈道學) la balistica, 통계학(統計學) la statistica, 핵물리학(核物理學) la fisica nucleare; 〈**물리량(物理量) Grandezze**〉 가속도(加速度) l'accelerazione, 감도(感度) la sensibilità, 감쇠(減衰) l'attenuazione, 강도(強度) l'intensità, 경도(硬度) la durezza, 공률(工率) la potenza, 굴절률(屈折率) l'indice di rifrazione, 동력(動力) la potenza, 력(力) la forza, 밀도(密度) la densità, 반응성(反應性) la reattività, 방사밀도(放射密度) la radianza, 부하(負荷) il carico, 비용량(比容量) la capacitività, 비틀림 la torsione, 속도(速度) la velocità, 스핀 lo spin, 습도(濕度) l'umidità, 시정(視程) la visibilità, 시차(視差) la parallasse, 애드미턴스 l'ammettenza, 에너지 l'energia, 엔트로피 l'entropia, 온도(溫度) la temperatura, 용량(容量) la capacità, 우기성(偶寄性) la parità, 운동량(運動量) il momento, 위상(位相) la fase, 위상차(位相差) lo sfasamento, 유도(誘導)

l'induzione, 유도저항(誘導抵抗) la reattanza, 유량(流量) il flusso, 음색(音色) il timbro, 음조(音調) il tono, 인덕턴스 l'induttanza, 임피던스 l'impedenza, 자기저항(磁氣抵抗) la riluttanza, 장(場) il campo, 장력(張力) la tensione, 저항(抵抗) la resistenza, 적재량(積載量) la portanza, 전기전도력(電氣傳導力) la conduttanza, 전도도(傳導度) la conduttività, 전도성(傳導性) la conducibilità, 전하(電荷) la carica, 점성(粘性) la viscosità, 정수(定數) la costante, 주기(周期) il periodo, 주파수(周波數) la frequenza, 중량(重量) il peso, 진동(振動) la pulsazione, 진동수(振動數) la frequenza, 진폭(振幅) l'ampiezza, 최소가청곡선(最小可聽曲線) l'udibilità, 충전(充電) la carica, 투과성(透過性) la permeabilità, 투과율(透過率) la permeanza, 투명도(透明度) la trasparenza, 하중(荷重) il carico, 휘도(輝度) la brillanza; 〈**단위(單位) Unità di misura**〉 광속(光束) il lumen, 광속시(光束時) la lumenora, 뉴톤 il newton, 다인 la dina, 도(度) il grado, 라디안 il radiante, 루멘 il lumen, 룩스(照度) il lux, 리터 il litro, 마력(馬力) il cavallo, 마이크론 il micron, 마하 il mach, 메가톤 il megaton, 미터 il metro, 바 il bar, 볼트 il volt, 볼트암페어 il voltampere, 분자량(分子量) la gram-molecola, 사이클 il ciclo, 암페어 lo ampere, 암페어시(-時) l'amperora, 암페어횟수(-回數) l'amperspira, 에르그 l'erg, 에르스텟 l'oersted, 오옴 l'ohm, 와트 il watt, 와트시(-時) la wattora, 원자량(原子量) il grammoatomo, 웨버 il weber, 위상(位相) la fase, 자속(磁束) il maxwell, 전기용량(電氣容量) il picofarad, 전자볼트(電子-) il voltelet-trone, 조도(照度) il fot, 지멘스 il siemens, 질량(質量) il grammo massa, 초(秒) il secondo, 촉광(燭光) la can-dela, 칼로리 la caloria, 쿨롱 il coulomb, 큐리 il curie, 킬로그램미터 il chilogrammetro, 헤르츠(周波數) il hertz, 휘도(輝度) il lambert; 〈**장치(裝置) Apparecchi**〉 가변저항기(可變抵抗器) il reostato, 각도계(角度計) il goniometro, 검광자(劍光子) l'analizzatore, 검류계(檢流計) il galvanometro, 검전기(檢電器) l'elettroscopio, 격막(膈膜) la diaframma, 경위의(經緯儀) il teodolite, 계량기(計量器) il contatore, 계산기(計算器) la calcolatrice, 고온계(高溫計) il pirometro, 공명관(共鳴管) il risonatore, 광속계(光束計) il lumenometro, 광전관(光電管) la foto-cellula, 광전자증배관(光電子增倍管) il fotomultiplicatore, 교환자(交換子) il commutatore, 구면계(球面計) lo sferometro, 굴절계(屈折計) il rifrattometro, 그리드 la griglia, 기압계(氣壓計) il barometro, 나침판(羅針板) la bussola, 대물렌즈(對物-) l'obiettivo, 대음극(對陰極) l'anticatodo, 도체(導體) il conduttore, 동력편차계(動力偏差計) il variometro, 레이더 il radar, 망원경(望遠鏡) il cannocchiale, il telescopio, 모세관(毛細管) il capillare, 밀도계(密度計) il densimetro, 박막(薄膜) la lamina, 반도체(半導體) il semiconduttore, 베타트론 il betatrone, 볼로미터 il bolometro, 분광계(分光計) lo spettrometro, 분광기(分光器) lo spettroscopio, 분로(分路) lo shunt, 비교측정기(比較測定器) il comparatore, 비탁계(比濁計) il nefelometro, 사극관(四極管) il tetrodo, 사이클로트론(原子破壞機) il ciclotrone, 삼극관(三極管) il triodo, 상대전류전압계(相對電流電壓計) il varmetro, 소음계(騷音計) il fonometro, 수준기(水準器) la livella, 습도계(濕度計) l'igrometro, 시뮬레이터 il simulatore, 십자선(十字線) il reticolo, 쌍극자(雙極子) il dipolo, 쌍안경(雙眼鏡) il binocolo, 압력계(壓力計) il manometro, 양극(陽極) l'anodo, 열량계(熱量計) il calorimetro, 오극관(五極管) il pentodo, 온도계(溫度計) il termometro, 원자로(原子爐) il reattore, 원자파괴기(原子破壞機) il ciclotrone, 유전체(誘電體) il dielettrico, 음극(陰極) il catodo, 응결기(凝結器) il condensatore di umidità, 이그나이트론 l'ignitrone, 이극관(二極管) il diodo, 이차전지(二次電池) l'accumulatore, 자력계(磁力計) il magnetometro, 자석(磁石) il magnete, 자이로스코프 il giroscopio, 저항계(抵抗計) l'ohmmetro, 전극(電極) l'elettrodo, 전기분(電氣盆) l'elettroforo, 전량계(電量

물리화학 140 미

計) il voltametro, 전력계(電力計) il wattmetro, 전류계(電流計) l'amperometro, 전류전압계(電流電壓計) il voltamperometro, 전압계(電壓計) il voltmetro, 전위계(電位計) l'elettrometro, 전자석(電磁石) l'elettromagnete, 전지(電池) la batteria, 전지(電池) la pila, 전호(電弧) l'arco, 절연체(絶緣體) il coibente, 점도계(粘度計) il viscosimetro, 접안렌즈(接眼-) l'oculare, 정규(定規) il regolo, 정류기(整流器) il raddrizzatore, 정류자(整流子) il commutatore, 조도계(照度計) il luxmetro, 주파수계(周波數計) il frequenziometro, 증기압계(蒸氣壓計) il vaporimetro, 증폭기(增幅器) l'amplificatore, 진공계(眞空計) il vacuometro, 진공관(眞空管) il tubo a vuoto, 진자(振子) il pendolo, 천칭(天秤) la bilancia, 초전도체(超傳導体) il superconduttore, 축전기(蓄電器) il condensatore elettrico, 축전지(蓄電池) l'accumulatore, 측색계(測色計) il colorimetro, 측정기(測程器) lo xilometro, 트랜지스터 il transistore, 팔분의(八分儀) l'ottante, 편광계(偏光計) il polarimetro, 프리즈마 la prisma, 현미경(顯微鏡) il microscopio, 현상약(現像藥) il rivelatore, 회로(回路) il circuito, 회전속도계(回轉速度計) il tachimetro; 〈입자(粒子) **Corpuscoli e particelle**〉 경입자(輕粒子) il leptone, 광자(光子) il fotone, 반중성자(反中性子) l'antineutrone, 삼중자(三重子) il tritone, 알파입자(-粒子) la particella alfa, 양이온(陽-) il cationе, 양자(陽子) il protone, 양전자(陽電子) il positone, 음이온(陰-) l'anione, 이온 l'ione, 자기단극(磁氣單極) il monopolo, 전자(電子) l'elettrone, 중간자(中間子) il mesone, 중력양자(重力量子) il gravitone, 중성자(中性子) il neutrone, 중양자(重陽子) il deutone, 중입자(重粒子) il barione, 초핵자(超核子) l'iperone, 핵자(核子) il nucleone
물리화학(物理化學)〈化〉 la chimica fisica
물림 (구입한 상품의) il riscatto
물망초〈植〉 il nontiscordadimè, la miosotide
물물교환(物物交換)〈法〉 il baratto, lo scambio ¶-制度 il sistema di baratto
물받이 la grandaia
물방울 la goccia [pl. -ce], il gocciolamento / -을 떨어뜨리다 gocciolare, fare cadere a gocciole, stillare, fare cadere a gocciole / -이 떨어지다 gocciolare [intr. essere], uscire fuori a gocce, cadere [intr. essere] a gocciole ¶빗- le gocce di pioggia, lo sgocciolamento piovano
물뿌리다 spruzzare
물소〈動〉 il bufalo
물안개(水煙) gli spruzzi d'acqua
물안경〈水泳〉 la maschera
물약(-藥)〈藥〉 l'elettuario, la pozione, la medicina liquida
물어보다 interrogare
물에 뜨다 galleggiare
물에 빠지다 affogare
물을 퍼내다〈航海〉 aggottare
물음표(疑問符號)〈句〉 il punto interrogativo
물자(物資) le merci, i prodotti
물주다 innaffiare
물주전자 la brocca
물질(物質) la materia, la sostanza / -的 materiale ¶-主義 il materialismo
물질(物質)〈化〉 i corpi, il corpo
물질대사(物質代謝)〈生〉 il metabolismo
물집 la vescica, la bolla
물체(物體) il corpo (solido), l'oggetto, la materia
물체(物體)〈化〉 la sostanza
물탱크 il serbatoio (d'acqua), la cisterna (d'acqua)
물통 la borraccia, il secchio
물품(物品) l'articolo, l'oggetto, la merce
물활론(物活論)〈哲〉 l'ilozoismo
묽게하다 diluire
뭉치다 ammassarsi, unirsi
뮈제트〈音〉 la musetta
뮤즈〈神話〉 (예술, 학술을 관장하는 神) Musa
미(眉) (눈섭) il sopracciglio (pl. -gli, -glia)
미(美) il bello, la bellezza / -的 estetico(a) / -的 觀念 il senso estetico ¶-學 l'estetica / -觀 la bella vista* veduta; il bello spettacolo; la scena magnifica

미(味) il sapore, il gusto, il condimento / -를 가하다 insaporire, condire ¶-覺 il senso di gusto

미개(未開) l'inciviltà, la barbarie / -의·한 incivile, barbaro(a), non sviluppato(a)

미개발(未開發) / -의 non sviluppato(a), arretrato(a)

미결(未決) l'indecisione, la pendenza / -의 non deciso(a), indeciso(a), (문제의) pendente

미경험(未經驗) l'inesperienza / -의 inesperto(a)

미곡(米穀) il riso ¶-商 il commerciante del riso e cereali

미골(尾骨)〈解〉il coccige

미관(美觀) la bella vista*veduta; il bello spettacolo; la scena magnifica

미국(美國) l'America, gli Stati Uniti / -人, l'americano(a) / -語 l'inglese, l'americano

미궁(迷宮) il mistero, il labirinto, il dedalo **1** 사건이 미궁에 빠져있었다. Il caso era avvolto nel mistero

미끄러지다 slittare, scivolare

미끄러짐 la slitta, la scivolata

미끄럼틀 lo scivolo

미끈미끈한 viscido(a)

미끼(誘惑) l'esca / -로 사람을 誘惑하다 mettere un'esca all'amo, prendere qlcu. all'esca / -를 던지다 gettare l'esca

미납(未納) il pagamento in arretrato / -의 non pagato(a), non incassato(a)

미뉴에트〈音〉il minuetto

미니스커트(mini skirt) la minigonna

미니어처〈繪〉la miniatura

미닫이 la porta scorrevole

미담(美談) l'episodio edificante, la storia commovente

미덕(美德) la virtù

미동(微動) la scossa leggera

미드필더〈蹴〉i mezzali

미들급〈拳〉il medio, il peso medio

미라 la mummia

미래(未來) il futuro, l'avvenire,〈文〉il futuro / -의 futuro(a), venturo(a) prossimo(a), avvenire / -에 in futuro*avvenire

미래주의(未來主義)〈繪〉il futurismo

미래파예술가(未來派藝術家)〈繪〉il*la futurista

미량분석(微量分析)〈化〉la microanalisi

미려(美麗) la bellezza / -한 bello(a) (begli; bel, bei; bella, belle)

미련(未練) il rammarico; il ricordo nostalgico / -없이 senza rancore*esitazione

미련한 imbecille

미로(迷路) il labirinto, il dedalo

미리(先) anticipatamente, in anticipo

미립자(微粒子) il corpuscolo / -의 corpuscolare

미만(未滿) meno di, inferiore a, in giù / 50세 - meno di cinquant'anni, i cinquant'anni in giù

미망인(未亡人) la vedova

미모사〈植〉la mimosa

미묘(微妙) la delicatezza, la finezza / -한 delicato(a), fino(a), sottile

미발표(未發表) ¶-作品 la primizia

미분(微分)〈數〉il calcolo differenziale, il differenziale; la derivazione

미분기하학(微分幾何學)〈數〉la geometria differenziale

미비(未備) l'imperfezione, l'insufficienza, il difetto / 書類의 - l'imperfezione di un documento / -한 imperfetto(a), insufficiente, difettoso(a)

미사〈宗〉la messa / -를 드리다 celebrare la messa, fare*dire una messa ¶聖誕-Messa di Natale

미사곡〈音〉la messa

미사일 il missile ¶-兵器 l'arma missile / -誘導 la teleguida dei missili / 對空-il missile antiaereo / 大陸間彈道-il missile balistico intercontinentale / -工學 la missilistica

미생물(微生物) il microbio, il microbo ¶-學 la microbiologia

미생물학(微生物學)〈醫〉la microbiologia

미생물학자(微生物學者)〈醫〉il microbiologo

미성년(未成年) la minorità

미성년자(未成年者)〈法〉il*la minorenne

미세(微細) la minuzia, il minuto / -한 minuto(a)

미세스(Mrs, 婦人) la signora

미소(微小) il minimo / -한 piccolissimo (a); min-imo(a), minuscolo(a)

미소(微笑) il sorriso / 입가의 - il sorriso sulle labbra / -짓는 얼굴 il volto

미수(未遂)〈法〉 il delitto mancato / -의 attentato(a) ¶竊盜(절도)- il furto mancato

미숙(未熟) l'inabilità, la puerilità / -한 inabile, puerile; (文體가) duro(a); (果實이) immaturo(a); (經驗이) inesperto(a)

미숙아(未熟兒) la prematurità di un neonato

미술(美術) l'arte ¶-館 la galleria, la pinacoteca

미술관(美術館)〈繪*彫〉 il museo, la galleria

미술관관리자(美術館管理者)〈繪〉 il*la gallerista

미술관학(美術館學)〈繪〉 la museografia

미술품전시실(美術品展示室)〈繪*彫〉 la galleria

미스(失手) lo sbaglio, l'errore

미스(Miss, 淑女) la signorina

미스터(Mr, 紳士) il signore **1** 미스터 장은 한국인이다. Il signor Jang è coreano.

미스터리(迷宮) il mistero / -한 misterioso(a)

미식(美食) il lauto pranzo, la pietanza ghiotta / -하다 (맛있게 먹다) fare un lauto pranzo, mangiare lautamente

미신(迷信) la superstizione

미안(I'm sorry) (Lei) scusi, (Tu) scusa, mi dispiace

미역 specie di alga

미연(未然) / -에 preventivamente, anticipatamente

미열(微熱) la febbre lieve, la febbricola

미완성(未完成) l'imperfezione, l'incompletezza, l'incompiutezza / -의 incompleto(a), incompiuto(a), scompleto(a) / 건축물이 -의 상태로 남아있다 essere rimasta incompiuta la costruzione ¶交響曲 l'Incompiuta (di Schubert)

미용(美容) ¶-師 la parrucchiera, il parrucchiere / -室 il parrucchiere, il salone / -室에 dal parrucchiere

미운 odioso(a)

미움 l'odio

미음청진기(微音聽診器)〈醫〉 il fonendoscopio

미이라 la mummia

미인(美人) bella donna

미적분(微積分)〈數〉 il calcolo infinitesimale

미정(未定) l'indecisione / -의 indeciso(a), non sta-bilito(a); non risolto(a)

미지(未知) lo sconoscimento / -의 sconosciuto(a), non conosciuto(a), incognito(a) / -의 場所 un posto sconosciuto / -의 사람 lo sconosciuto ¶-數〈數〉 l'incog-nita

미지근 / -함 il tepore / -한 tiepido(a)

미지수(未知數)〈數〉 l'incognita

미진(微震) le scosse lievissime (di terremoto)

미착(未着) / -의 non (ancora) giunto(a)*arrivato(a) ¶-商品 l'articolo non (ancora) giunto, la merce non (ancora) arrivata

미치다(狂) impazzire; (취미, 음식 따위에) andare pazzo*matto per qlco. **1** 난 미치도록 햄버거를 좋아한다. Io vado pazzo per gli hamburger.

미친(狂) pazzo(a), matto(a); fanatico(a) **1** 나는 추리 극에 미쳐있다. Vado pazzo per i gialli. / -짓 la pazzia

미크론〈物〉 (100만 분의 1미터) il micron

미터〈物〉 il metro **1** 내 키는 170이다. Sono alto di 1,70 (un metro e settanta). ¶-法 il sistema metrico

미터기〈具〉 (택시의) il tassametro, (gas, 水, 電) il contatore (del gas*dell'acqua*della luce)

미풍(美風) il buon costume, la bella usanza, begli usi e costumi

미풍(微風)〈氣〉 la brezza, il venticello (fresco)

미학(美學)〈哲〉 l'estetica

미합중국(美合衆國) gli Stati Uniti (d'America) → 미국

미해결(未解決) / -의 non risolto(a)

미행(尾行) il pedinamento / -하다 seguire, pedinare qlcu.

미혹(迷惑) la molestia, il dis-turbo, il fastidio, l'incomodo, l'importunità / -的 molesto(a), fastidioso(a), importuno(a), incomodo(a) / -되다 essere molestato(a)*importunato(a), infastidiarsi, disturbarsi / -하다 dis-trubare, importunare, infastidire [pr. -

미혼(未婚) / -의 （女性） nubile, non maritata, non sposata; （男性） scapolo, non ammogliato, non sposato ¶-男性 il celibe, lo scapolo / -女性 la nubile, la donna non sposata
미화(美化) l'abbellimento / -하다 rendere bello, abbellire [pr. -isco]
미확정성(未確定性)〈法〉la pendenza
믹서〈具〉il frullatore
민(民) il popolo
민가(民家) la casa privata*popolare
민간(民間) / -의 civile, privato(a), popolare ¶-傳承 il folclore / -航空 l'aviazione civile / -事業 l'impresa privata / -人 il civile
민간어원(民間語源)〈言〉l'etimologia popolare, la paretimologia
민간항공국(民間航空局)〈伊〉Ispettorato generale dell'Aviazione civile
민감(敏感) la sensibilità, la suscettibilità; la delicatezza / -한 sensibile, suscettibile; delicato(a)
민법(民法)〈法〉il diritto civile ¶-學者 il*la civilista
민법전(民法典)〈法〉la codice civile
민사(民事) gli affari civili ¶-訴訟 il processo civile / -婚 il matrimonio civile
민사국(民事局)〈伊〉affari civili
민사부(民事部)〈伊〉sezioni civili
민사소송법전(民事訴訟法典)〈法〉la codice di procedura civile
민생(民生) la vita del popolo ¶-安定 la stabilizzazione della vita del popolo
민속(民俗) gli usi e i costumi d'un popolo ¶-學 il folclore / -村 il villaggio folcloristico
민수(民需) la domanda*la richiesta privata*civile*non militare ¶-産業 l'industria civile
민심(民心) i sentimenti del popolo / -을 安定시키다 ispirare fiducia*speranza nel popolo
민영(民營) l'azienda*l'impresa privata / -의 privatamente aziendale
민영화(民營化)〈經〉la privatizzazione / -化하다 privatizzare
민요(民謠) la canzone popolare*folcloristica / -를 부르다 cantare [tr., intr.] (una canzone)

민의(民意) la volontà*l'opinione del popolo, l'opinione pubblica
민정(民政) l'amministrazione civile
민족(民族) la razza; la nazione, il popolo / -的 nazionale; razziale ¶-性 i caratteri della nazione*della razza, la nazionalità / -主義 il razzismo / -意識 la coscienza nazionale / -自決 l'autodecisione
민주(民主) / -的 democratico(a) / -化하다 democratizzare ¶-主義 la democrazia / -主義精神 la democraticità / -黨 Partito Democratico / 自由-黨 Partito Liberal Democratico / 基督敎-黨 Partito Democratico Cristiano / 社會黨 Partito Socialdemocratico / -共和國 Repubblica Democratica / -政治 il governo democratico
민주공화국(民主共和國) la repubblica democratica
민주집중제(民主集中制)〈政〉il centralismo democratico
민중(民衆) il popolo, la massa, la moltitudine / -的 popolare / -의 popolare
민첩(敏捷) l'agilità, la sveltezza, l'alacrità, la prontezza / -한 agile, lesto(a), svelto(a), alacre, pronto(a) 〈-〉goffo(a) 1 나이에도 불구하고 꽤 민첩하다. E' molto agile nonostante l'età. / -하게 agilmente, con agilità, sveltamente
민활(敏活) la vivacità, l'agilità, la prontezza, la sveltezza, l'alacrità / -한 vivace, agile, svelto(a), lesto(a), alacre / -하게 alacremente, sveltamente, lestamente; vivacemente
믿다(信) credere, ritenere, essere convinto di qlco., credere [intr. avere] in qlcu.*qlco., avere fede*fiducia in / 神을 - credere in Dio 1 난 지오르죠의 말을 믿는다. Credo alla parola di Giorgio.
믿음 la fede; la fiducia
밀〈植〉il grano
밀가루 la farina
밀감(蜜柑) il mandarino
밀고(密告) la delazione, la denuncia segreta / -하다 denunciare*denunziare qlcu. segretamente ¶-者 il delatore (f. -trice)

밀다(push) spingere **1** 미세요! Si spinge! *~를 뒤에서 -* spingere qlcu. indietro

밀담(密談) la conservazione privata, il colloquio segreto

밀도(密度)〈物〉 la densità

밀도계(密度計)〈物〉 il densimetro

밀라노〈地〉 Milano / -의, 人 milanese ¶-市民 il*la milanese / -方言 il milanese

밀랍(蜜蠟)〈化〉 la cera / -을 바르다 cerare ¶-人形 la bamboletta di cera

밀렵(密獵) la caccia di frodo / -하다 cacciare di frodo ¶-꾼 il cacciatore di frodo

밀리〈單〉 milli / -미터 millimetro / -그램 milligrammo / -리터 millilitro / -바 millibar

밀리암페어계(-計)〈電〉 il milliamperometro

밀림(密林) il bosco fitto, la foresta densa; (정글) la giungla

밀매(密賣) la vendita illecita

밀물 l'alta marea

밀밭 il campo di grano

밀수(密輸) il contrabbando, il frodo / -하다 vendere illecitamente*di contrabbando

밀수입(密輸入) il contrabbando, il frodo / -하다 importare*introdurre qlco. di contrabbando*frodo, contrabbandare qlco. (dall'estero) ¶-品 la merce di contrabbando / -者 il contrabbandiere

밀수출(密輸出) il contrabbando, il frodo / -하다 esportare*fare uscire (da un paese) merci di contrabbando

밀수출입죄(密輸出入罪)〈法〉 il contrabbando

밀실공포증(密室恐怖症)〈醫〉 la claustrofobia

밀어 올리다(押上) far salire qlcu. (spingendola)

밀어내다(押出) spingere fuori; fare avanzare

밀월(蜜月) la luna di miele / -을 이탈리아에서 보내다 trascorrere la luna di miele in Italia ¶-旅行 il viaggio di nozze

밀의(密議) il consiglio segreto, le consultazioni segrete

밀접(密接) l'intimità, l'intimo / -한 stretto(a), intimo(a) / -한 관계에 있다 essere in strette relazioni*intimi rapporti (con qlcu.) / -하게 strettamente, intimamente

밀조(密造) la produzione*la fabbricazione illecita / -하다 produrre*fabbricare illecitamente

밀집(密集) l'agglomerazione, l'aggruppamento / -하다 agglomerarsi, aggrupparsi

밀짚 la paglia / -모자 il cappello di paglia

밀착(密着) l'aderimento, l'attaccamento / -하다 attaccarsi stretta-mente, aderire

밀크커피 il caffellatte

밀폐(密閉) -하다 sigillare, chiudere ermeticamente / -된 ermeticamente chiuso(a) / -된 화병 il vaso ermeticamente chiuso

밀항(密航) la traversata clandestina, l'imbarco clandestino / -하다 imbarcarsi clandestinamente (su una nave transpacifica) ¶-者 il passeggero clandestino

밀회(密會) l'appuntamento fra gli amanti*amoroso, (비합법적) il convegno clandestino / -하다 incontrarsi segretamente*di nascosto*clandestinamente

밍크 il visone

밑바닥 il fondo / -에 in fondo

밑변(底邊)〈數〉 la base

밑에(下) sotto ¶ 책상 밑에 휴지통 하나가 있다. C'è un cestino sotto la scrivania.

밑에서(下) sotto **1** 반대 의미를 나타내는 문장을 밑에서 찾아라! Cercate sotto la frase che esprime il contrario!

밑줄 la sottolineatura / -긋다 sottolineare, fare una sottolineatura (in rosso) / -그은 sottolineato(a) **1** 밑줄 그은 단어는 남성인가 아니면 여성인가? La parola sottolineata è maschile o femminile?

밑창(靴) la suola

밑천 il capitale

밑칠〈繪〉 l'imprimitura / -하다 imprimere

ㅂ

바 il bar
바〈物*電〉 bar
바구니 (빵의) il paniere, il canesto, il cestino, la cesta, il cesto / 대나무 - il cestino di bambù (da vegetali) / 시장 - la sporta
바깥(外) l'esterno, la parte esterna / -에 all'estero, fuori, al di fuori, esternamente, (屋外) all'esterno / -의 esterno(a)
바꾸다(引換) cambiare; trasformare; scambiare; sostituire / 수표를 현금으로 - cambiare l'assegno bancario in contanti
바께스 il secchio
바나나〈植〉 la banana
바느질(裁縫) il cucito, la cucitura, il lavoro d'ago / -하다 cucire [pr. cucio], aguchiare
바늘(針) l'ago, (蓄音機의) la puntina ¶ 대- l'ago da lana / 짜깁기- l'ago da rammendo / 자수- l'ago da ricamo / 주사- l'ago da siringa, l'ago per iniezione / 뜨개질- l'ago da maglia / -구멍 la cruna dell'ago / 낚시- l'amo / 時計- la lancetta / -箱子 l'astuccio per lavori d'ago
바닐라〈植〉 la vaniglia
바다(海) il mare **1** 너 바다로 휴가 가니? Vai al mare in vacanza? ¶-가재〈魚〉 l'aragosta / -표범〈動〉 la foca / -거북 la tartaruga di mare / -뱀 il serpente di mare
바닥 (방의) il pavimento; (신발의) la suola, (호수, 병의) il fondo **1** 방의 바닥은 대리석으로 되어있을 수 있다. Il pavimento di una stanza può essere di marmo. / -을 깔다 pavimentare
바닷가 la spiaggia
바라다 desiderare, volere; augurare; sperare
바라보다(眺) guardare, contemplare, mirare, (注目) fissare lo sguardo su qlco., stare a vedere
바람(風)〈氣〉 il vento / -에 날리다 (움직이다) muoversi al vento / -을 안고 contro vento / -을 피해 배를 조종하다〈航海〉 poggiare
바람둥이 il civettone, la civettona
바람직한(望) desiderabile [<-> indesiderabile]
바래다 (빛에) scolorire, sbiadire
바래다주다 accompagnare
바로 esattamente, proprio; direttamente; immediatamente
바로미터 (barometer) il barometro
바로크양식 (-樣式)〈繪〉 il barocco / -의 barocco(a)
바륨〈化〉 il bario
바르게 하다(正) correggere, rettificare
바르다 incollare; (젤 따위를) applicare; (잼등을) spalmare / 빵에 잼을 - spalmare una fetta di pane di marmellata / 니스*페인트로 문을 - spalmare una porta di vernice
바르샤바〈地〉 Varsavia
바른(正) giusto(a), corretto(a); diritto(a)
바리톤 (baritone)〈音〉 il baritono
바바리코트 lo spolverino, il soprabito
바보(愚) la stupidità, la sciocchezza; lo scioco, lo*la idiota, lo scemo, lo stupido, l'imbecille, l'asino, lo zuccone / -스런, 같은 sciocco(a), stupido(a), imbecille, ridicolo(a), / -스러움 la stupidità, l'imbecillità, la sciocchezza / -같은 소리 la stupidaggine, la sciocchezza / -같은 소리 하다 dire stupidaggini, dire un sacco di sciocchezze
바쁜(忙) occupato(a), impegnato(a), affaccendato(a), indaffarato(a) **1** 미안해. 나 바빠. Mi dispiace, sono occupato.
바셀린〈藥*化〉 la vaselina

바스켓볼(籠球) il pallacanestro
바스트(bust)〈解〉il busto
바운드 il rimbalzo / -되다 rimbalzare **1** 공이 벽에 바운드된다. La palla rimbalza sul muro. / -시키다 fare rimbalzare
바위 la roccia / -가 많은 roccioso(a)
바이러스(virus)〈生〉il virus
바이어(buyer)〈商〉il compratore (f. -trice)
바이올린〈音〉il violino ¶-奏者 il*la violinista
바자회(bazar) il bazar ¶慈善- il bazar di beneficenza
바지〈衣〉i pantaloni, i calzoni ¶半- i pantaloncini
바치다 dedicare; sacrificare
바퀴(輪) (車의) la ruota / 앞(뒤)- la ruota anteriore (posteriore)
바퀴벌레〈蟲〉lo scarafaggio
바클 l'agganciamento, la fibbia, il fermaglio
바터(barter)〈商〉il baratto, lo scambio ¶-制 il sistema di baratto
바통(baton) il bastoncino (nella corsa a staffetta) / -을 넘기다 consegnare il bastoncino (al prossimo corridore nella corsa a staffetta), cedere il proprio posto (ad un successore)
바티칸시국(-市國) la Città del Vaticano / -의 vaticano(a)
박 (호박) la zucca
박(箔) la foglia, la lamina sottilissima ¶金- l'oro in foglie
박(拍)〈音〉la misura, il tempo
박다 (못 따위를) inchiodare, fissare con chiodi, urtare [intr. avere] (contro un muro), conficcare un chiodo in qlco.
박람회(博覽會) la fiera ¶國際書籍- Fiera Internazionale del Libro
박력(迫力) la forza d'impressionare / -的 poderoso(a), impressionante, potente
박막(薄膜)〈物〉la lamina
박멸(撲滅) l'annientamento, lo sterminio, la distruzione / -하다 annientare, sterminare, distruggere
박물관(博物館)〈繪*彫〉il museo ¶國立- il museo nazionale
박물관학(博物館學)〈繪〉la museografia, la museologia
박물학(博物學) la storia naturale

박봉(薄俸) lo stipendio magro, il salario basso
박사(博士) il dottorato di ricerca, Dr, Ph.D c.f. il dottore, la dottoressa (學士 혹은 碩士)
박수(拍手) l'applauso, il battimento / -치다 applaudire [pr. -isco], battere le mani, levarsi clamorosi battimenti (fra gli spettatori) **1** 청중은 연설자에게 박수를 쳤다. Il pubblico ha applaudito l'oratore.
박스(box) la scatola ¶大形- lo scatolone
박식(博識) l'erudizione / -한 erudito(a), dotto(a) / 이탈리아 문학에 -하다 avere una profonda conoscenza della letteratura italiana / -한 사람 l'erudito(a)
박애(博愛) la filantropia / -의 filantropico(a) ¶-家 il filantropo
박약(薄弱) la debolezza / -한 debole / -한 論據 l'argomento poco convincente
박약(薄弱)〈醫〉l'astenia
박자(拍子) la battuta
박자(拍子)〈音〉il tempo
박정(薄情) il cuore duro*insensibile*di ghiaccio / -한 senza cuore, con durezza (di cuore)
박제(剝製) l'impagliatura (di un uccello morto) / -하다 impagliare (un animale) / -시키다 fare impagliare
박쥐〈動〉il pipistrello
박차(拍車) lo sprone / -를 가하다 spronare (un cavallo); spronare*stimolare qlcu. (a studiare)
박탈하다(剝奪-) privare, destituire
박테리아 il microbio, il microbo, il batterio
박테리아균〈生〉il bacillio
박하(薄荷)〈藥〉il mentolo
박하(薄荷)〈植〉la menta
박학(博學) l'erudizione / -한 erudito(a), dotto(a) / -한 사람 l'erudito(a)
박해(迫害) la persecuzione / -하다 perseguitare
밖에(서) fuori **1** 그는 도시 밖에서 산다. Abita fuori città. **2** 넌 상점으로 들어가고 난 밖에서 기다리겠다. Tu entra nel negozio, io ti aspetto fuori. **3** 날씨 좋다. 오늘 저녁 밖에서 저녁 먹자. Che bello: stasera ceniamo fuori!
밖의 esterno(a)

반(反) anti- ¶-共 l'anticomunismo / -帝國主義 anti-imperialismo

반(班) il gruppo*il nucleo*la squadra*il reparto (formato da pochi componenti); la classe

반(半) il mezzo, la mezza, la metà / 5時- cinque ore e mezzo / -時間 un mezz'ora ¶前(後)- la prima (seconda) metà / -額 la metà d'una somma, la metà prezzo, il prezzo medio / -票 (汽車*劇場의) il mezzo biglietto / -額으로 a metà prezzo / -으로 나누다 dividere a metà, dividere in due

반가(半價) il prezzo dimezzato / -로 a meta prezzo

반가운 piacere **1** 반갑습니다. 최보선입니다. Piacere, io sono Bosun Choi.

반감(反感) l'antipatia, l'avversione / -을 갖다 avere*sentire*nutrire [pr. nutro o -isco] antipatia per*verso qlcu.

반감(半減) la riduzione alla metà / -하다 ridurre alla metà

반갑습니다! essere lieto(a) di~ **1** 반갑습니다, 당신을 알게 되어! Sono lieto d'avere la sua conoscenza!

반격(反擊) il contrattacare / -하다 contrattaccare (il nemico)

반경(半徑)⟨數*幾⟩ il raggio ¶行動- il raggio d'azione

반공(反攻) il contrattaco / -하다 contrattaccare (il nemico)

반공(反共) l'anticomunismo

반구(半球)⟨數⟩ la calotta sferica, l'emisfera

반구(半球)⟨地⟩ l'emisfero ¶南(北)- l'emisfero meridionale*australe (settentrionale*boreale)

반규관(半規管)⟨解⟩ il canale semicircolare

반기(半期) il semestre / -의 semestrale / 上(下)- il primo (l'ultimo) semestre

반기생식물(半寄生植物)⟨植⟩ l'emiparassita

반나절(半日) la mezza giornata

반년(半年) la metà dell'anno

반달(半月) la mezzaluna

반대(反對) l'opposizione, l'opposto, il contrario, la parte opposta / -하다 opporre, opporsi a qlcu.*qlco., essere contrario a qlcu.*qlco. / -로 al contrario, contrari-amente, alla rovescia, all'inverso **1** 그는 양말을 반대로 신는다. Si mette le calze alla rovescia. / 내가 생각하고 있던 것과는 -로 al contrario di quanto (io) pensassi [v. cong. imper.]; oltre*con-tro la propria aspettativa / -의 contrario(a), opposto(a) **1** 난 반대야. Sono contrario. / -경우에 in caso contrario ¶-者 l'oppositore, l'avversario

반대무역풍(反對貿易風)⟨氣⟩ i controalisei

반대칭(反對稱)⟨數⟩ l'antisimmetria

반대투표(反對投票)⟨伊⟩ il voto contrario

반도(半島)⟨地⟩ la penisola ¶韓- Penisola coreana

반도체(半導體)⟨物*電⟩ il semiconduttore

반동(反動) la reazione, (銃의) il rinculo / -的 reazionario(a)

반디⟨蟲⟩ la lucciola

반란(反亂) la ribellione, la rivolta, l'insurrezione, (內亂) la guerra civile, (暴動) l'insurrezione, il tumulto / -을 일으키다 fare una guerra civile, insorgere [intr. essere]*ribellarsi contro qlcu. / -을 일으키다 ribellarsi, sollevarsi contro; insorgere contro qlcu.

반려암(斑糲岩)⟨鑛⟩ il gabbro

반론(反論) la contraddizione / -하다 replicare; contraddire

반리(反理)⟨哲⟩ il paralogismo

반립(反立)⟨哲⟩ l'antitesi

반면(半面) una parte, un lato, una metà, (다른 반면) l'altra parte, l'altro lato

반면에 invece

반모음(半母音)⟨言⟩ la semivocale

반목(反目) l'inimicizia, (對立) l'antagonismo, (反感) l'antipatia, (敵對) l'ostilità / -하다 inimicarsi con, mostrarsi ostile a qlcu.

반바지(半-) i pantaloncini, i calzoncini

반박(反駁) la confutazione, la smentita / -하다 confutare (un'opinione), smentire

반복(反復) la ripetizione, la replica / -하다 ripetere, replicare **1** 듣고 반복하세요! Ascoltate e ripetete!

반복구(反復句)⟨音⟩ la ripresa, il ritornello

반복기호(反復記號)⟨音⟩ il ritornello

반비례(反比例) la proporzione*la ragione

반사(反射) la riflessione, il riflesso / -하다 riflettere (la luce), riflettersi ¶-作用 l'azione riflessa

반사(反射)〈數〉la riflessione

반사경(反射鏡)〈天〉il riflettore

반사작용(反射作用) l'azione riflessa

반성(反省) la riflessione / -하다 riconsiderare, riflettere [intr. avere] su vari fatti, pensare a questo o quello, ripensare

반소매〈衣〉a mezze maniche

반송(返送) il rinvio, il rimando / -하다 rinviare (una risposta), rimandare (un denaro prestato)

반수(半數) la metà del numero

반숙(半熟) la mezza maturità / 계란을 -으로 익히다 cuocere uovo (pl. le uova) bazzotto / -의 mezzo*poco maturo ¶-卵 l'uovo bazzotto

반신(半身) il busto / 上(下)- la metà superiore (inferiore) del corpo umano / -像 il ritratto mezzo busto / -不隨(불수) l'emiplegia

반신반의(半信半疑) lo stato tra il dubbio e la certezza / -로 tra il dubbio e la certezza

반신불수(半身不隨) l'emiplegia

반암(斑岩)〈鑛〉il porfido

반액 metà prezzo

반어(反語) l'ironia / -的 ironico(a)

반역(反逆) la ribellione / -하다 ribellarsi a*contro, sollevarsi contro / -的 ribelle

반역죄(反逆罪)〈法〉il tradimento

반영(反映) la riflessione, il riflesso / -되다 riflettersi (nell'acqua), (거울 따위에) specchiarsi

반월(半月) la mezzaluna

반음(半音)〈音〉il semitono

반음계적 수법(半音階的 手法)〈音〉il cromatismo

반음영(半陰影)〈繪〉la mezzombra

반응(反應)〈化〉la reazione / -하다 reagire ¶核- la reazione nucleare

반응물(反應物)〈化〉il reagente

반응성(反應性)〈物〉la reattività

반자성체(反磁性體)〈電〉i materiali diamagnetici

반자음(半子音)〈言〉la semiconsonante

반작용(反作用)〈電〉la reazione

반장(班長) il capogruppo

반전(反轉) il voltafaccia

반전(反戰) l'anti-guerra ¶-思想 l'ideologia contro la guerra

반점(斑點) la chiazza, la macchia / - 생긴 chiazzato(a), macchiato(a)

반제품(半製品) il semilavorato / -의 semilavorato(a)

반종교개혁(反宗教改革)〈哲〉la controriforma

반주(伴奏)〈音〉l'accompagnamento / -하다 accompagnare (il canto con il pianoforte) ¶피아노- l'accompagnamento di pianoforte / -者 l'accompagnatore

반죽 l'impasto / -하다 impastare / -한 impastato(a) ¶-機 l'impastatrice

반중성자(反中性子)〈物〉l'antineutrone

반증(反證) la prova contraria, la smentita / -하다 smentire, confutare

반지(指輪) l'anello / -를 끼다 portare*mettersi un anello ad un dito

반지름〈數〉il raggio

반직선(半直線)〈數〉la semiretta

반짝(電光) il lampo, il baleno, il bagliore, la scintilla, lo sfavillio / 천재의 -임 il lampo di genio / -이다 lampeggiare, sfavillare [intr. avere], scintillare [intr. avere], luccicare [intr. avere], brillare [intr. avere], risplendere / -이는 brillante, scintillante, luccicante, sfavillante, splendido(a), vistoso(a) / 별처럼 -이다 brillare come una stella, balenare, scintillare / 좋은 생각이 -였다. Mi baleno una buona idea.

반찬〈食〉il contorno

반추(反芻) la ruminazione / -하다 ruminare ¶-動物 i ruminanti

반칙(反則) il fallo, la violazione*la trasgressione (del regolamento); l'atto sleale

반평면(半平面)〈數〉il semipiano

반평생(半平生) la metà della vita

반품(返品) gli articoli*gli oggetti rimandati

반합(金屬製 食器) la gavetta

반항(反抗) la resistenza, l'opposizione / ～에 -하여 in opposizione a / -하다 resistere, opporsi a / -的 ribelle;

provocatorio(a), resistente, disobbediente ¶-心 lo spirito di contraddizione

반향(反響) l'eco, la risonanza, la ripercusione / -하다 echeggiare, risonare, ripercuotersi / -하게 하다 fare risonare

반환(返還) la restituzione, il ritorno, (金額) il rimborso; 〈法〉 la retrocessione / -하다 restituire [pr. -isco], rendere, rimborsare, (權利를) retrocedere

반환(返還)〈法〉 la retrocessione

반흉상(半胸像)〈彫〉 il mezzo busto

받다(受) ricevere 1 난 많은 편지를 받는다. Ricevo molte lettere.

받아들이다(受諾) accettare, accogliere 1 너의 초대를 받아들인다. Accetto il tuo invito.

받치다 sostenere

받침 il sostegno

발 (밀짚으로 된) la stuoia di paglia

발(發) / -하다 (命令을) emettere*dare l'ordine, (光을) irradiare

발(足)〈解〉il piede; (동물의) la zampa

발가락〈解〉le dita del piede

발가벗기다(裸) denudare, spogliare

발가벗다(裸) denudarsi, spogliarsi

발가벗은 nudo(a)

발간(發刊) la pubblicazione / 잡지를 -하다 pubblicare una rivista

발견(發見) la scoperta, lo svelamento 1 아메리카 대륙의 발견은 근대의 시작으로 받아 들여 진다. La scoperta dell'America è considerata l'inizio dell'età modrna. / -하다 scoprire; trovare 1 난 흥미로운 걸 발견했다. Ho scoperto una cosa interessante. ¶-者 lo scopritore (f. -trice)

발광(發光) l'irridiazione / -하다 irradire, emettere raggi

발광(發狂) la pazzia, l'alienazione mentale, la frenesia / -하는 pazzo(a), matto(a), frenetico(a) / -하다 diventare pazzo, impazzire [pr. -isco]

발광(發狂)〈醫〉la demenza

발굴(發掘) l'affossatura, (史蹟) lo scavo / -하다 scavare, mettere in luce (cosa sepolta), (死體를) esumare

발굽〈動〉gli zoccoli

발권은행(發券銀行)〈銀〉l'Istituto di Emissione

발급(發給) il rilascio 1 나는 호적과에 거주허가증 발급을 요구했다. Ho chiesto all'ufficio dell'anagrafe il rilascio del certificato di residenza. ¶-日 la data di rilascio

발기(發起) l'iniziativa / -하다 prendere l'iniziativa, promuovere (un'iniziativa), organizzare ¶-人 il promotore, l'organizzatore

발달(發達) lo sviluppo; l'espansione / -하다 espandersi*allargare (le attività economiche), avere lo sviluppo, svilupparsi, progredire

발동(發動) la messa in moto*azione; (機械의) (法律上) la messa in esecusione / -하다 mettersi in moto; mettere in esecuzione (una legge), eseguire [pr. -isco] ¶-機 il motore (elettrico)

발라드〈音〉la ballata

발레 (ballet) il baletto, il ballo, la danza

발레곡〈音〉il balletto

발레리나 la ballerina, il ballerino

발레스크〈音〉la burlesca

발레화(-靴) le ballerine

발령(發令) l'annunzio ufficiale, la nomina / -하다 annunziare*nominare ufficialmente

발매(發賣) la vendita / -하다 vendere, mettere in vendita / -中 in vendita

발명(發明) l'invenzione / -하다 inventare ¶-家 l'inventore / -特許證 il brevetto d'invenzione

발목 la caviglia

발목 신경통(- 神經痛)〈醫〉la tarsalgia

발병(發病) l'attacco di malattia / -하다 cadere ammalato, essere colto*preso da malattia

발사(發射) lo sparo, il tiro, il lancio / 우주선 - il lancio dell'astronave nello spazio / -하다 sparare (un fucile), fare una scarica di fucili, lanciare*tirare (sassi*granate) ¶-臺 la pista di lancio

발산(發散) (熱氣의) l'esalazione, la dispersione (del calore) (光의) l'irradiazione / -하다 emettere; diffondersi; sprigionare, (香氣를) profumare, esalare*spandere (il profumo), (光*熱을) irradiare, raggiare, spargere (calore) 1 이 물질은 고약한 냄새를 발

산한다. Questa sostanza sprigiona un pessimo odore. / -되다 sprigionarsi **1** 열차의 기관차에서 불꽃이 발산되었다. Le fiamme si sono sprigionate dalla motrice di coda di un convoglio.

발산(發散)〈數〉 la divergenza

발상(發想) l'idea, il concetto

발생(發生)〈生〉 la genesi, la generazione (d'energia) / -하다 generare, accadere [intr. essere] (cose incredibili), avvenire (un incidente), succedere, capitare **1** 큰 사건이 발생했다. E' successo un grave incidente. / -시키다 sollevare (un problema)

발생학(發生學)〈生〉 l'embriologia

발성(發聲) l'articolazione della voce ¶-法〈音〉 la vocalizzazione, il vocalizzo

발성(發聲)〈言〉 la fonazione

발성영화(發聲映畵)〈映〉 il sonoro

발성판(發聲版)〈映〉 il parlato

발송(發送) la spedizione, l'invio **1** 그 소포의 발송 비용은 항공운송의 경우 올라간다. Le spese di spedizione di quel pacco sono elevate trattandosi di trasporto aereo. / -하다 inviare, spedire [pr. -isco], mandare (un pacco) **1** 우리는 당신께 팜플릿을 발송할 겁니다. Le invieremo i depliant. **2** 나는 항공 우편으로 편지를 발송했다. Ho spedito la lettera per posta aerea. ¶-人 il*la mittente, lo speditore (f. -trice) / -日 la data di invio

발송(發送)〈商〉 la spedizione

발송품(發送品) la spedizione

발신(發信) la spedizione*l'invio (di lettere), la trasmissione (di telegrammi) / -하다 spedire [pr. -isco]*mandare*inviare (lettere), trasmettere (telegrammi), telegrafare ¶-人 il*la mittente

발아(發芽) la germinazione, il germoglio / -하다 germinare, germogliare, mettere le gemme

발안(發案) l'idea, (提案) la proposta, (計劃) il progetto, (動議) la mozione, (發起) l'iniziativa / -하다 avere l'idea, presentare una proposta*una mozione, proporre, progettare

발암물질(發癌物質) la sostanza cancerogena

발언(發言) la parola / -을 要求하다 domandare*chiedere la parola / -하다 prendere la parola ¶-權 il diritto di parola

발열(發熱) l'accesso febbrile / -하다 avere la febbre

발열(發熱)〈化〉 esotermico(a)

발육(發育) la crescita, il crescimento, lo sviluppo / -하다 crescere, svilupparsi, avere*fare lo sviluppo

발음(發音)〈言〉 la pronunzia, la pronuncia **1** 영어 발음은 어렵다. La pronuncia dell'inglese è difficile. **2** 그는 나폴리의 특징적인 발음을 지니고 있다. Ha una spiccata pronuncia napoletana. / -하다 pronunciare (-ziare) **1** 이 어휘들은 어떻게 발음됩니까? Come si pronunciano queste parole? / 북부지역- la pronuncia settentrionale / 피렌체 지역 - la pronuncia fiorentina

발의(發議) la proposta; (動議) la mozione, (發起) l'iniziativa / -하다 proporre*presentare una proposta*una mozione; prendere l'iniziativa

발자국(跡) l'orma; la traccia; le vestigia, i vestigi, il vestigio

발작(發作)〈醫〉 l'accesso, l'attacco, l'ictus, la crisi, il parossismo, la convulsione / -을 일으키다 avere accesso, essere preso da attacco / -的 parossistico(a), spasmodico(a) / -的으로 spasimosamente ¶心臟- l'attacco cardiaco

발작성 체질(發作性 體質)〈醫〉 la spasmofilia

발전(發電) la generazione d'energia elettrica ¶-機 il generatore elettrico / -所 la centrale elettrica / 火力 (水力)-所 la centrale termoelettrica (idroelettrica) / 原子力-所 la centrale nucleare

발전(發展) lo sviluppo; l'espansione / -하다, 시키다 espandersi*allargare (le attività economiche), avere lo sviluppo / -的 espansivo(a) ¶-途上國 il paese in via di sviluppo

발전기(發電機)〈電〉 il dinamo, il generatore

발전소(發電所)〈電〉 la centrale elettrica

발전장치(發電裝置)〈電〉 l'elettrogeno

발정(發情) (動物의) la fregola / -期이다

essere*andare [intr. essere] in fregola
발진(發疹)〈醫〉l'esantema
발진기(發振器)〈電〉l'oscillatore
발진티부스(發疹-)〈醫〉il tifo (esantematico)
발진티부스균〈菌〉i bacilli del tifo
발차(發車) la partenza del treno / -하다 partire il treno
발췌(拔萃) l'estratto / -하다 estrarre (un brano della Divina Commedia); citare (un passo di un discorso)
발칸어(-語)〈語〉le lingue balcaniche
발코니 새시 la loggia
발코니〈建〉il balcone
발톱 le unghie dei piedi; (동물의) chela, (鳥의) gli artigli
발틱어(-語)〈言〉le lingue baltiche
발판 l'impalcatura
발포(發布) la proclamazione (della costituzione), (公布) la promulgazione (d'una legge) / -하다 proclamare; promulgare, emanare
발포(發砲) lo sparo / -하다 sparare (un fucile*un colpo di fucile*il cannone)
발포제(發泡劑)〈藥〉il vescicante
발표(發表) la pubblicazione / -하다 annunciare, bandire [pr. -isco] (un concorso), pubblicare
발표회(發表會) il saggio ¶ 그는 피아니스트로서 작은 발표회를 멋지게 해냈다. Ha dato un piccolo saggio della sua bravura come pianista.
발한제(發汗劑)〈藥〉il diaforetico
발행(發行) la pubblicazione, (出版) l'edizione, (貨幣) l'emissione / -하다 pubblicare, emettere 1 학생들이 신문을 발행했다. Gli studenti hanno pubblicato un giornale. 2 출판사는 새로운 소설을 발행했다. La casa editrice ha pubblicato un nuovo romanzo. / -되다 essere pubblicato*emesso, venire in luce / (영수증을) -하다 rilasciare una ricevuta ¶-所 la casa editrice / -人 il pubblicatore (f. -trice), l'editore (f. -trice)
발현악기(撥絃樂器)〈音〉a pizzico
발화(發火) l'infiammazione / -하다 infiammarsi, accendersi, prendere fuoco
발효(醱酵) la lievitatura, la fermentazione / -시키다, 하다 lievitare, fermentare ¶-劑 il polvere lievitante / -酵素 il fermento
발휘(發揮) / -하다 manifestare*mostrare (il proprio coraggio*intelligenza)
밝은(明) chiaro(a), luminoso(a), limpido(a), sereno(a) [<-> buio, nuvoloso, nebbioso, scuro] 1 그는 밝은 계통의 빨간색 옷을 입고 있었다. Indossava un vestito di color rosso chiaro.
밝히다 (犯人을) scoprire, (빛을) illuminare
밟다 schiacciare (un piede a qlcu.), pestare
밤 기차(夜間列車) il treno di notte
밤(夜) la notte / -새 tutta la notte, durante la notte / -의 notturno(a), della notte / -의 여인(거리의 여자) la donna di strada / -에 di notte / -을 새다 vegliare, stare sveglio (fino all'alba)
밤(栗)〈植〉la castagna ¶-나무 il castagno / -송이 il riccio
밤낮 giorno e notte / -으로 일하다 lavorare giorno e notte
밤새 tutta la notte, durante la notte
밤색 il marrone
밤샘 la veglia / -하다 vegliare [intr. avere] fino all'alba, passare una notte senza dormire
밤이슬(夜露) la rugiada notturna
밥(飯) il riso al vapore, il riso cotto*bollito; il pasto / -하다 cuocere il riso
밧줄 la corda, il fune
방(室) (寢臺의) la camera, (普通의) la stanza, (特定의 用途) la sala 1 난 방에서 나간다. Esco dalla stanza.
방계(傍系) la linea collaterale / -의 collaterale ¶-會社 la società (l'azienda) filiale
방공(防空) la difesa antiaerea ¶-壕 il rifugio antiaereo scavato sotterranea
방과 후(放課後) dopo lezioni scolastiche, dopo scuola
방관(傍觀) / -하다 guardare con indifferentemente, essere (rimanere) indifferente ¶-者 l'astante
방광(膀胱) la vescica
방광경검사법(膀胱鏡檢査法)〈醫〉il cistoscopio
방광염(膀胱炎)〈醫〉la cistite
방광절개(膀胱切開)〈醫〉la cistostomia
방귀 il peto, 〈俗〉la scoreggia / -를 꾸다

scoreggiare
방기(放棄) l'abbandono, la rinuncia / -하다 abbandonare, rinunciare a qlco.
방랑(放浪) il vagabondaggio / -하다 vagabondare, vagare [intr. avere], errare [intr. avere] / -하 는 vagabondo(a) ¶-者 il vagabondo; il mascalzone
방만(放漫) la negligenza, la noncuranza, l'irresponsabilità, l'incoscienza / -한 negligente, noncurante; irresponsabile, incosciente
방망이<스포츠> mazza da baseball, il bastone
방면(放免) la liberazione; (無罪의) l'assoluzione / -하다 liberare, mettere in libertà; assovere
방목(放牧) il pascolo / -하다 pascolare ¶-場 il pascolo, il prato
방문(訪問) la visita / -하다 visitare, fare una visita a qlcu.
방문(房門) la visita **1** 까를로의 방문은 나를 대단히 기쁘게 했다. La visita di Carlo mi ha fatto molto piacere. / -하다 fare una visita a qlcu., visitare **1** 나는 피렌체를 방문했다. Ho visitato Firenze. **2** 그는 늙고 병든 숙모를 방문하러 갔다. E' andato a visitare la vecchia zia ammalata. ¶-客, 者 il visitatore (f. -trice) **1** 그 화랑은 방문객들로 꽉 차있다. La pinacoteca è piena di visitatori.
방법(方法) (手段) il mezzo, il modo, (組織的) il metodo, (樣式) la maniera / 온갖 -을 시도하다 tentare ogni mezzo ¶-論 la metodologia
방법론(方法論)<哲> la metodologia
방부제(防腐劑)<藥> l'antisettico
방비(防備) la munizione, la difesa / -하다 munire, munirsi / -된 munito(a) [<-> privo(a)]
방사(放射) l'irradiazione (di luce, emissione) / -하다 irradiare, emettere ¶-能 la radioattività / -性 元素 l'elemento radioattivo / -線 la radiazione, i raggi X / -線療法 la radioterapia
방사(放射)<氣> la radiazione
방사선 사진(放射線 寫眞) la radiografia, la lastra
방사밀도(放射密度)<物> la radianza
방사선생물학(放射線生物學)<生> la radiobiologia
방사선의학(放射線醫學)<醫> la radiologia
방사선전문의(放射線專門醫)<醫> il radiologo
방사선피부염(放射線皮膚炎)<醫> la radiodermite
방산(放散) (光線의) l'irradiazione, l'emanazione, (蒸氣의) l'evaporazione / -하다 irradire, emanare, evaporare
방산충암(放散蟲岩)<鑛> la radiolarite
방석 il cuscino
방송(放送) la radiotrasmissione, (TV) la teletrasmissione, la trasmissione radiofonica*televisiva, la radiodiffusione / -하다 radiotrasmettere, teletrasmettere, trasmettere (per radio*televisione) / -을 듣다 ascoltare una trasmissione della radio / -中이다 essere in onda ¶-드라마 il teledramma, il radiodramma / -스튜디오 lo studio radiofonico / -協會 l'Ente (Pubblico*Nazionale) Radio-Televisione / 民營-局 la società commerciale radiotelevisiva / -局 la stazione radioteletrasmittente / -網 la rete radiofonica / 中繼- la trasmissione diretta radio*TV dal luogo d'avvenimenti
방송국(放送局) la stazione trasmittente*radiotelevisiva
방수로(放水路) il canale di dregnaggio
방수의(放水-) impermeabile
방식(方式) il metodo, il sistema, la formula, lo stile
방심(放心) la distrazione / -하다 essere distratto
방아쇠 (銃의) il grilletto / -를 당기다 premere il grilletto (del fucile*della rivoltella)
방어(防禦) la difesa [<-> offesa] **1** 장군은 도시의 방어를 준비(계획)했다. Il generale organizzò la difesa della città. / -하다 difendere, proteggere **1** 다른 사람들이 나를 비판하고 있었을 때, 그는 나를 방어했다. Mi ha difeso quando gli altri mi criticavano.
방어(防禦)<蹴> la parata
방언(方言)<言> il dialetto, il vernacolo, la parolata paesana / -의 dialettale
방언(放言) le parole*la parlata senza ritegno*senza riflessione / -하다 parlare

방언적 어법(方言的 語法)〈言〉il dialettalismo
방연광(方鉛鑛)〈鑛〉la galena
방울 il sonaglio; il campanellino; (물의) la goccia
방울새〈鳥〉il lucherino
방위(方位)〈天〉l'azimut, l'orientamento, i punti cardinali, (方向) la direzione
방위각(方位角)〈天〉l'azimut
방위기점(方位基点)〈天〉il punto cardinale
방음의(防音-) insonorizzato(a)
방임(放任) /-하다 lasciare fare a qlcu. come vuole senza intromettersi nei suoi affari
방임주의(放任主義)〈哲〉il lassismo ¶-者 il lassista
방전(妨電)〈電〉la scarica /-되다 scaricarsi (la batteria)
방정식(方程式)〈數〉l'equazione
방종(放縱) la licenziosità, la dissolutezza /-한 licenzioso(a), dissoluto(a)
방직(紡織) la filatura e la tessitura ¶-室, 工場 la tessitura
방책(方策) (對策) le misure, i provedimenti, (方法*手段) i mezzi, (政策) la politica
방책(防柵) la barricata
방청(傍聽) l'ascolto, l'audizione /-하다 ascoltare, udire; assistere a qlco.; essere presente ¶-席 la tribuna destinata al pubblico /-客 il pubblico, l'auditore, l'uditore, l'ascoltatore, l'uditorio
방추(紡錘) il fuso
방출(放出) l'eliminazione, il mandare fuori; la distribuzione /-하다 eliminare, mandare fuori; distribuire, sprigionare
방출(放出)〈電〉l'emissione
방취(防臭) la deodorazione /-하다 deodorare ¶-劑 il deodorante
방치(放置) l'abbandono 1 그 집은 완전히 방치된 상태에 있었다. La casa era in uno stato di completo abbandono. /-하다 abbandonare, lasciare stare qlcu. come si trova 1 그들은 가엾은 강아지를 풀밭에 방치했다. Hanno abbandonato quel povero cagnolino in un prato.
방침(方針) (方向) la direzione; (計劃) il progetto, il piano; (施政) il programma politico, la politica; (主義) il principio
방탄의(防彈-) blindato(a)
방파제(防波堤) il molo 1 그 배는 항구로 들어와 방파제에 접근했다. La nave entrò in porto e accostò al molo.
방패(防牌) lo scudo
방편(方便) l'espediente, il mezzo
방학(放學) la vacanza scolastica
방한(防寒) la protezione contro il freddo ¶-具 gl'indumenti per la protezione contro il freddo
방해(妨害) i disturbi, l'ostacolo, l'impedimento, l'impaccio /-하다 disturbare, ostacolare, impedire [pr. -isco], impacciare 1 소음이 나의 공부를 방해한다. Il rumore mi impedisce di studiare.
방해물(妨害物) l'ostacolo
방해석(方解石)〈鑛〉la calcite
방향(芳香) il profumo, la fragranza, l'aroma (m.) /-의 profumato(a), fragrante
방향(方向) la direzione, l'orientamento /-을 바꾸다 voltare; 〈海〉virare 1 우측 첫 번째 도로로 방향을 바꿔라! Volta la prima a destra! /신이 있는 으로 verso un monte
방향식물(芳香植物)〈植〉aromatica
방향전환(方向轉換) il deviamento /-하다 deviare [intr. avere] /-시키다 deviare [tr.] (un fiume)
방향전환(方向轉換)〈泳〉la virata
방향타(方向舵)〈海〉il timone
방화(放火) l'incendio doloso /-하다 dare fuoco (a cosa), incendiare (una cosa), distruggere col fuoco
방화(防火) la difesa contro l'incendio ¶-壁 la paratia parafiamma
방황(彷徨) /-하다 errare, vagare [intr. essere], girovagare [intr. avere]
밭(田) il campo
배 고품(飢) la fame 1 너무 배고프다. Ho molta fame. 2 배 고품의 문제는 세계적으로 아직 해결되지 않았다. Il problema della fame nel mondo non è stato ancora risolto.
배(倍) doppio / 세- triplo / 네- quadruplo / 다섯- quintuplo
배(腹)〈解〉l'addome, il ventre, la pancia /- 고프다 avere fame /-고파 죽겠

다 avere fame da lupo, morire di fame / - 아프다 avere mal di ventre, dolore a qlcu. la pancia, soffrire di mal di stomaco

배(舟)〈海〉 la nave, il battello / -가 좌우로 흔들리다 rollare / -를 젓다 vogare

배(植) il pero, (實) la pera

배가(倍加) il raddoppio, il raddoppiamento; la duplicazione / -하다 raddoppiare; duplicare / -로 doppiamente; raddopiamente / -의 doppio(a); raddoppiato(a)

배격(排擊) / -하다 espellere, scacciare

배경(背景) (繪) lo sfondo, (劇) lo sfondo della scena, il fondale, lo scenario / -을 그리다〈繪〉 campire

배고프다(飢) avere fame, essere affamato(a)

배고픈(飢) affamato(a), famelico(a) [<-> sazio(a)]

배고픔(飢) la fame

배관공(配管工) l'idraulico

배교(背教)〈宗〉 l'apostasia

배구(排球)〈스포츠〉 il pallavolo, la palla a volo

배급(配給) (戰時 中의) il razionamento (del riso), la distribuzione limitata / -하다 razionare ¶-量 la razione / -所 il centro del razionamento

배기(排氣) (換氣) la ventilazione ¶(車輛의)-가스 il gas di scarico / -裝置 il ventilatore / -관 il tubo di scappamento

배꼽〈解〉 l'ombelico

배꼽염(-炎)〈醫〉 lo onfalite

배낭(背囊) lo zaino, il sacco (da montagna*viaggio)

배다 (色이) sbavare [intr. avere]

배달(配達) la consegna / -하다 consegnare*distribuire (qlco. al suo destinatario), effettuare*eseguire la consegna, fare una consegna ¶郵便-人 il portalettere, il postino / 無料- il franco di consegna / -料 le spese di consegna / -傳票 il buono di consegna / -中 all'atto della consegna

배당(配當) la ripartizione, il dividendo / -하다 pagare un dividendo

배당금(配當金) il dividendo

배덕주의(背德主義)〈哲〉 l'immoralismo

배드민턴 (badminton)〈스포츠〉 il badminton, il gioco del volano

배란다 (veranda) la veranda

배럴 barile

배려(配慮) la premura, la considerazione / -하여 in considerazione di / -하다 prendere in considerazione qlco., dimostrare molte premure per qlcu.*qlco.

배반하다(背反) tradire

배부르게 / - 하다 saziare / - 먹다 mangiare a sazietà

배부르다 saziarsi, essere sazi

배부름 la sazietà

배부하다(配付-) distribuire

배분(配分) l'accantonamento, lo stanziamento, la divisione proporzionale / -하다 dividere proporzionalmente (a proporzione)

배분가능(配分可能) / -한 stanziabile

배불리 a sazietà / -먹다 mangiare troppo*sazietà, mangiare fino a provocare indigestione

배상(賠償) l'indennità, l'indennizzo, il risarcimento, il compenso **1** 그는 보험 회사에 배상을 요구했다. Ha chiesto un indennizzo alla società assicuratrice. / -하다 risarcire (le spese), compensare, indennizzare **1** 사고 가해자는 들이 받힌 자동차 소유자에게 손해를 배상해야 했다. Il responsabile dell'incidente ha dovuto risarcire i danni al proprietario dell'auto investita. ¶-金 l'indennità, l'indennizzo / 戰爭- l'indennità di guerre

배상금(賠償金) l'indennità

배선(配船) l'assegnazione delle navi

배선(配線)〈電〉 il cablaggio

배선공(配線工) l'elettricista

배설(排泄)〈生〉 l'escrezione, l'eliminazione, la defecazione, l'evacuazione / -하다 eliminare, defecare, evacuare (le feci) **1** 인체의 기관은 배설물을 통해 인체에 불필요한 물질들을 배설한다. Attraverso le feci, l'organismo elimina le sostanze che non gli servono. ¶-物 gli escrementi, le feci, (動物의) lo sterco / -藥 (설사약) il purgante, la purga

배수(倍數)〈數〉 i numeri moltiplicativi, il multiplo **1** 9는 3의 배수이다. Il numero nove è multiplo di tre. [用語] 2倍

doppio, 3倍 triplo, 4倍 quadruplo o quattro volte, 5倍 quintuplo o cinque volte, 6倍 sestuplo o sei volte, 7倍 settuplo o sette volte, 8倍 ottuplo o otto volte, 9倍 nonuplo o nove volte, 10倍 decuplo o dieci volte, 11倍 undecuplo o undici volte, 12倍 dodecuplo o dodici volte, 100倍 centuplo o cento volte

배수(排水) lo scolo, il drenaggio / -가 잘 되다 essere drenato bene / -하다 drenare, fare scorrere l'acqua pompandola; praticare il drenaggio ¶-路 il canale di scolo / -裝置 il drenaggio

배수관(排水管) la conduttura dell'acqua; il tubo di scarico

배수구(排水溝) la fogna

배신(背信) il tradimento / -하다 tradire (un'amico*la patria)

배신자(背信者) il traditore

배심(陪審) la giuria ¶-員 la giudice popolare / -制度 il sistema della giuria

배심원(陪審員)⟨法⟩ la giuria

배심원(陪審員)⟨伊⟩ giudici popolari

배아(胚芽)⟨植⟩ il germe, l'embrione ¶-米 il riso brillato con embrione

배아프다 aver mal di pancia

배앓이⟨醫⟩ la colica

배액법(排液法)⟨醫⟩ il drenaggio

배양(培養) la coltivazione, la coltura / -하다 coltivare

배어나오다 (體液*液體가) trasudare [intr. avere]

배역(配役) la distribuzione*l'assegnazione delle parti (agli attori)

배열(配列) la disposizione, l'ordinamento / -하다 disporre (in ordine alfabetico), ordinare (i libri su uno scaffale), assettare, mettere in ordine

배영(背泳)⟨泳⟩ il dorso, il nuoto sul dorso

배영선수(背泳選手)⟨泳⟩ il*la dorsista

배우(配偶) il matrimonio ¶-者 il marito, la moglie, il*la consorte, (夫妻) i coniugi

배우(俳優) l'interprete, l'attore (f. -trice), l'artista (m.f.) teatrale / -가 되다 diventare [intr. essere] attore

배우다(學習) imparare, apprendere **1** Impariamo la lingua italiana! 이탈리아어를 배우자!

배우자(配偶子)⟨生⟩ il gamete

배율(倍率) l'ingradimento (di un microscopio)

배은망덕(背恩忘德) la ingratitudine / -한 ingrato(a)

배전(配電) la distribuzione dell'elettricità ¶-盤 il quadro di distribuzione / -所 la stazione di distribuzione elettrica

배전망(配電網)⟨電⟩ la rete

배전반(配電盤)⟨電⟩ il quadro di distribuzione

배전선(配電線)⟨電⟩ il ripartitore

배제(排除) l'esclusione, l'eliminazione / -하다 eliminare, escludere, respingere, rigettare

배중률(排中律)⟨哲⟩ il principio del terzo escluso

배지 il distintivo

배척(排斥) l'esclusione; (商品의) il boicottaggio / -하다 escludere; boicottare

배추⟨植⟩ la cicoria cinese

배출물(排出物) le feci, gli escrementi

배치(配置) la disposizione, la collocazione, il collocamento / -하다 disporre, mettere qlco. in un ordine*posto, collocare, assegnare **1** 방 한 가운데 테이블을 배치하다 collocare una tavola in mezzo alla stanza

배타(排他) / -的 esclusivo(a) / -的으로 esclusivamente ¶-性 l'esclusività

배터리⟨電⟩ la batteria

배트(bat)⟨스포츠⟩ il bastone

배편으로 via mare

배포(配布) la distribuzione / -하다 distribuire [pr. -isco]

배필(配匹) il buon matrimonio / -을 구하다 scegliere*cercare una persona adatta come marito o moglie

배합(配合) la combinazione*l'armonia (di colori), l'assortimento / -하다 combinare una cosa con l'altra, armonizzare [intr. avere] con qlco., unire

배합금기(配合禁忌)⟨藥⟩ l'incompatibilità

배회(徘徊) / (이리저리, 아무 하는 일없이) -하다 perdere oziosamente il tempo (tornando da scuola), bighellonare, indugiare strada facendo, vagare [intr. avere], errare [intr. avere] ¶-者 il

배후(背後) il didietro, la parte posteriore ¶-地域 la retroterra
백(百) cento / 이- duecento / 구- novecento
백곰(白熊)〈動〉 l'orso bianco
백과사전(百科事典) l'enciclopedia
백과전서가(百科全書家)〈哲〉 gli enciclopedisti
백금(白金)〈鑛*化〉 il platino
백내장(白內障)〈醫〉 la cateratta
백대하(白帶下)〈醫〉 la leucorrea
백로(白鷺)〈鳥〉 l'airone bianco
백만(百萬) un milione / 이-(2,000,000) 유로 due milioni EURO
백묵(白墨) il gesso
백미(白米) il riso brillato
백발(白髮) i capelli bianchi / -의 canuto(a) / -로 염색 tinta dei capelli bianchi / -이 되다 incanutire [intr. essere, pr. -isco], imbianchire [intr. essere, pr. -isco]
백분율(百分率)〈數〉 la percentuale
백서(白書) il libro bianco
백설탕(白砂糖) lo zucchero raffinato
백성 il popolo
백악관(白堊館) Casa Bianca
백억(百億) dieci miliardi
백연(白鉛)〈繪〉 la biacca
백열(白熱) l'incandescenza / -하다 diventare incandescente
백열등(白熱燈) la lampada al neon
백운모(白雲母)〈鑛〉 la muscovite
백운암(白雲巖)〈鑛〉 la dolomia, la dolomite
백인(白人) il bianco (pl. -chi) ¶-種 la razza bianca
백일몽(白日夢) la fantasticheria
백일해(百日咳)〈醫〉 la pertosse
백작(伯爵) il conte ¶-夫人 la contessa
백조〈鳥〉 il cigno
백지(白紙) la carta bianca, il foglio bianco / -로 in bianco / -化하다 cancellare (un contratto o una promessa) ¶-委任狀 la procura in bianco
백철광(白鐵鑛)〈鑛〉 la marcassite
백치 il cretino
백포도주 il vino bianco
백표(白票) il voto bianco, la pallottola bianca / -를 던지다 dare un voto bianco

백합(百合)〈植〉 il giglio (pl. -gli)
백혈병(白血病)〈醫〉 la leucemia
백화(白樺) la betulla bianca
백화점(百貨店) il grande magazzino
백화체(白化体)〈生〉 l'albino
밴〈車〉 il furgone
밴드(band) (一回用) il cerotto, la fascia / 상처 난 손가락에 -를 붙이다 fasciare un dito ferito
밴드〈音〉 la banda
밴텀급〈拳〉 il gallo
밸런스(balance) la bilancia
밸브〈電〉 la valvola
뱀〈動〉 il serpente
뱀장어〈動〉 l'anguilla
뱃노래〈音〉 la barcarola
뱃머리 la prua / -를 바람이 불어오는 쪽으로 돌리다〈海〉 orzare
뱃사공〈海〉 il barcaiolo
뱉다 (침을) sputare
버둥거리다 (물, 진창에서) guazzare 1 사나운 호우 때문에 관광객들은 물속에서 버둥거려야 했다. Il violento nubifragio ha costretto i turisti a guazzare nell'acqua.
버드나무〈植〉 il salice / 축 늘어진 - il salice piangente
버라이어티(多樣性) la varietà
버려진 abbandonato(a) / - 아이*아들 il bambino*il figlio abbandonato
버릇 l'abitudine
버릇없는 maleducato(a), non gentile; sgarbato(a), scortese, ineducato(a)
버리다 abbandonare, disperdere, gettare, buttare, rinunziare [intr. avere] a qlco. / 필요할 때 친구를 - abbandonare un amico nel bisogno / 자신의 아이를 - abbandonare un proprio bambino 1 사용 후 용기를 자연에 버리지 말라! Non disperdere in contenitore nell'ambiente dopo l'uso!
버림받은 abbandonato(a)
버섯〈植〉 il fungo
버스(bus) l'autobus ¶觀光- il torpedone / 二層- l'autobus a due piani / 空港- l'autobus di linea tra l'aeroporto, la città e gli alberghi / -표 il biglietto / -정류장 la fermata d'autobus
버찌〈植〉 la ciliegia ¶-나무 il ciliegio
버클〈衣〉 la fibbia

버터(butter) il burro
버터플라이(蝶泳)〈泳〉 la farfalla
버터플라이선수(-選手)〈泳〉 il*la farfallista
버튼(button) il pulsante, il bottone **1** 오른쪽 첫 번째 버튼을 눌러라! Premi il primo bottone a destra!
버티다 resistere
번 (回數) volta, numero
번갈아 a turno
번개〈氣〉 il lampo, il fulmine / 천둥과 -를 동반한 집중호우 il temporale, l'acquazzone con tuoni e fulmini / -이-치다 fulminare [intr. avere], cadere [intr. essere] un fulmine
번갯불(電光)〈氣〉 il baleno
번거로운 fastidioso(a)
번데기(幼蟲) la crisalide
번뜩임 il lampo, il baleno, il bagliore, la scintilla / 천재의 - il lampo di genio / 번뜩이다 balenare, scintillare **1** 좋은 생각이 번뜩였다. Mi baleno una buona idea.
번민(煩悶) l'agonia, l'angoscia e il tormento / -하다 essere angosciato(a)*tormentato(a) (da qlco.), tormentarsi, struggersi
번성(繁盛) la prosperità / -하는 prosperoso(a) / -하다 prosperare, essere in prosperità
번식(繁殖)〈生〉 la riproduzione, la propagazione / -하다 propagarsi, riprodursi
번안(飜案) l'adattamento / -하다 adattare
번역(飜譯) la traduzione, la versione / -하다 tradurre*rendere (un romanzo italiano in coreano) **1** 내게 이탈리아어로 번역해 줄 수 있니? Mi puoi tradurre in italiano? ¶-者 il traduttore (f. -trice) / -文 la traduzione, la versione
번영(繁榮) la prosperità, il benessere / -하다 prosperare [intr. avere], essere prospero(a)*in prosperità, fiorire [intr. essere, pr. -isco] / -의 prospero(a), prosperoso(a) / -하는 prosperoso(a), prospero(a), fiorente; (旺盛한) vigoroso(a), energico(a); (盛大한) magnifico(a), splendido(a)
번잡(煩雜) la complicazione / -한 complicato(a)

번지(番地) il numero dell'abitazione
번지다 (色이) spandersi fuori
번쩍(火花) lo sfavillio, la scintilla / -이다 sfavillare [intr. avere], scintillare [intr. avere], luccicare [intr. avere], brillare [intr. avere], risplendere / -이는 brillante, scintillante, luccicante, sfavillante, splendido(a), vistoso(a) / 별처럼 -이다 brillare come una stella
번창(繁昌) la prosperità, il benessere, la floridezza / -하다 prosperare, essere prospero(a)*fiorente
번호(番號) il numero / 나의 전화- il mio numero di telefono / 전화- 順으로 per ordine numerico ¶-판 (자동차의) la targa
번화(繁華) il commercio fiorente ¶-街 il quartiere pieno di vita, il quartiere del traffico intenso
벌 (罰) la punizione, la pena, il castigo / -하다 castigare, dare una punizione, punire [pr. -isco] / -받다 ricevere una punizione ¶-金 la multa, la pena pecuniaria / -則 il regolamento penale, le norme punitive
벌〈蟲〉 l'ape ¶말- la vespa / 女王- l'ape regina / 일- l'ape operaia / -꿀 il miele / -집 il nido di api
벌금(罰金)〈法〉 la multa
벌다 (돈을) guadagnare
벌레(蟲) l'insetto; il verme ¶-먹음 la tarlatura
벌리다 aprire la bocca; divaricare; allargare le braccia
벌목(伐木) la taglialegna
벌써 già, ormai
벌주다 punire
벌집 il favo
벌채(伐採) l'abbattimento / -하다 abbattere (alberi), diboscare ¶山林- il diboscamento
범 아메리카주의(汎-主義) il panamericanismo
범(帆)〈海〉 la vela
범고래〈動〉 l'orca
범논리주의(汎論理主義)〈哲〉 il panlogismo
범람(氾濫) l'inondazione; la sovrabbondanza, l'allagamento / -하다 straripare [intr. avere, essere] / -시키다 allagare

범례구조(範例構造)〈言〉 la struttura paradigmatica
범선(帆船)〈海〉 il battello, il brigantino, il panfilo, il veliero (con motore ausiliario)
범심론(汎心論)〈哲〉 il pampsichismo
범어(梵語) il karma
범위(範圍) (限界) la limite, (行動의) la sfera, il campo d'azione, (射程) la portata
범인(犯人) il delinquente, il*la criminale, il colpevole, il reo
범인주의(凡人主義)〈政〉il qualunquismo
범죄(犯罪)〈法〉il delitto, il crimine / -의 delittuoso(a), criminale ¶-人 il delinquente; il*la criminale, il*la colpevole, il reo, la rea
범죄인(犯罪人)〈法〉il*la criminale, il*la delinquente
범죄행위(犯罪行爲)〈法〉il crimine
범주(帆柱) l'albero (di maestro)
범주(範疇)〈哲〉la categoria, il predicamento
범하다(犯-) commettere
범행(犯行) il delitto, il crimine
범행인(犯行人)〈法〉il reo
법(法) (法律) la legge, (法典) il codice, (法規) il regolamento, la regola, la norma / -의 legale ¶-科 la facoltà di legge / -規 il regolamento, leggi e regolamenti / -令 le leggi e i decreti, il decreto, la legge / -律 la legge, il diritto (civile*penale) / -案 il disegno*il progetto di legge / -認 l'ente, l'ente morale, la persona giuridica / -典 il codice / -廷 il tribunale, la corte di giustizia / -制 (法律制定) le leggi e le istituzioni; la legislazione / -則 la legge, la regola, la teoria
법랑(琺瑯) lo smalto / -을 칠하다 smaltare / -을 칠한 smalto(a)
법률(法律) la legge, il diritto (civile*penale) / -上 legalmente, giuridicamente / -上의 legale, giuridico(a) ¶-學 la giurisprudenza / -家 il giureconsulto, il giurista [用語] 감정(鑑定) la perizia, 감정인(鑑定人) il perito, 검찰관(檢察官) il pubblico ministero, 계약(契約) il contratto, 고소(告訴) la querela, 고소인(告訴人) il*la querelante, 공소(控訴) l'appello, 공소심재판소(控訴審裁判所) Corte d'Appello, 관(款) la sezione, 관례(慣例) la prassi, 관습(慣習) l'uso, 관습법(慣習法) la consuetudine, 관행(慣行) la prassi, 국제관행(國際慣行) la prassi internazionale, 규범(規範) la norma, 규정(規定) la norma, 규칙(規則) il regolamento, 기간(期間) il termine, 대석변론(對席辯論) il contradditorio, 대통령령(大統領令) il decreto presidenziale, 령(令) il decreto, 명령(命令) il decreto, 목(目) il paragrafo, 무역관행(貿易慣行) la prassi commerciale, 무효(無效) la nullità, l'invalidità, 민법전(民法典) la codice civile, 민사소송법전(民事訴訟法典) la codice di procedura civile, 배심원(陪審員) la giuria, 법률(法律) la legge, 법률행위(法律行爲) il negozio giuridico, 법무관재판소(法務官裁判所) Pretura, 법전(法典) la codice, 변론(辯論) il dibattimento, 부분적 폐지(部分的 廢止) la deroga, 비상긴급명령(非常緊急命令) l'ordinanza di necessità e urgenza, 비준(批准) la ratifica, 비타당성(非妥當性) l'invalidità, 상고(上告) il ricorso, 상소(上訴) l'impugnazione, il gravame, 세칙조항(細則條項) l'alinea, il capoverso, 소송(訴訟) il contenzioso, 심리(審理) l'udienza, 심문(審問) l'interrogatorio, 약관(約款) la clausola, 약정(約定) (國內法의) la convenzione, 예심(豫審) l'istruttoria, 외교관행(外交慣行) la prassi diplomatica, 원고(原告) (民事의) l'attore, 위임입법(委任立法) la legge delegata, 유효(有效) la validità, 이의신청(異議申請) la contestazione, 잠정조치령(暫定措置令) il decreto legge, 장(章) il titolo, 재가(裁可) la sanzione, 재정(裁定) la decisione, 재판관(裁判官) il giudice, 재판상의 결정(裁判上의 決定) il decreto giudiziario, 재판상의 명령(裁判上의 命令) l'ordinanza giudiziaria, 절(節) il capitolo, il capo, 제재(制裁) la sanzione, 조(條) l'articolo, 조서(調書) il verbale, 조세소송(租稅訴訟) il contenzioso tributario, 조약(條約) il trattato, (國際法의) la convenzione, il patto, 조정재판소(調停裁判所) la conciliazione, 준항고(準抗告) il gravame,

중재(仲裁) l'arbitrato, 중죄형사재판소(重罪刑事裁判所) Corte d'Assise, 증거(證據) la prova, 증인(證人) il*la teste, 지방재판소(地方裁判所) Tribunale, 철회(撤回) la revoca, 추인(追認) la ratifica, 취소(取消) l'annullabilità, 타당성(妥當性) la validità, 특약(特約) (國內法의) il patto, 파기(破棄) la rescissione, 판결(判決) la sentenza, 판사(判事) il giudice, 편(篇) il libro, 평결(評決) il verdetto, 폐지(廢止) l'abrogazione, 피고(被告) (民事의) il convenuto, 피고(被告) l'imputato, 피의자(被疑者) l'imputato, 합의(合意) l'accordo, la pattuizione, 항(項) il comma, 해제(解除) la risoluzione, 행정소송(行政訴訟) il contenzioso amministrativo, 헌법(憲法) la costituzione, 헌법재판소(憲法裁判所) Corte Costituzionale, 헌법적 법률(憲法的 法律) la legge costituzionale, 협정(協定) l'accordo, il trattato, (國內法의) la convenzione, (國際法의) il concordato, il patto, 형법전(刑法典) la codice penale, 호(号) l'alinea, il capoverso, 화의(和議) (國內法의) il concordato, 화해(和解) la transazione, 확정판결(確定判決) la regiudicata; 〈민법(民法) Diritto civile〉 가족(家族) la famiglia, 강제징수(强制徵收) l'espropriazione, 갱신(更新) la novazione, 경매(競賣) l'asta, l'incanto, 고리(高利) l'usura, 공공재산(公共財産) il demanio, 공동방목권(共同放牧權) il compascuo, 공동상속인(共同相續人) il*la coerede, 공동소유(共同所有) il condominio, 공동소유권(共同所有權) la comproprietà, 공동채무자(共同債務者) il condebitore, 공유(共有) la comunione, 과실(果實) il frutto, 교환(交換) la permuta, 구두유언(口頭遺言) il testamento nuncupativo, 국유공공재산(國有公共財産) il demanio pubblico, 군인연금(軍人年金) la pensione di guerra, 금치산자(禁治產者) l'interdetto, 기탁(寄託) il deposito, 남계친족(男系親族) l'agnazione, 노인연금(老人年金) la pensione di vecchiaia, 담보인(擔保人) il garante, 대리(代理) la rappresentanza, 대리상(代理商) l'agenzia, 대여금(貸與金) la prestazione, 대체가능재산(代替可能財産) il bene fungibile, 대체불가능재산(代替不可能財産) il bene infungibile, 만기(滿期) la scadenza, 만료(滿了) la scadenza, 매매(賣買) la compravendita, 매매계약(賣買契約) il contratto di compravendita, 모(母) la madre, 물물교환(物物交換) il baratto, 미성년자(未成年者) il*la minorenne, 미확정성(未確定性) la pendenza, 법정과실(法定果實) il frutto civile, 별거(別居) la separazione, 보좌(補佐) la curatela, 보좌인(輔佐人) il curatore, 보증(保證) la fideiussione, 부(父) il padre, 비속(卑屬) il discendente, 사용권(使用權) l'uso, 사용료(使用料) il canone, 상속(相續) la successione, 상속인(相續人) lo*la erede, 상속재산(相續財産) l'eredità, 설정(設定) l'accensione, 성년(成年) il*la maggiorenne, 소유권(所有權) il dominio, la proprietà, 소유권자(所有權者) il proprietario, 소작(小作) la colonia, 소작료(小作料) il canone enfiteutico, 소작인(小作人) il colono, 소작인해고(小作人解雇) l'escomio, 수임자(受任者) il mandatario, 시효(時效) la prescrizione, 시효취득(時效取得) l'usucapione, 신탁(信託) il fedecommesso, 압류(押留) il pignoramento, 양도(讓渡) l'alienazione, 양도할 수 없는 재산 il bene inalienabile, 양도할 수 있는 재산 il bene alienabile, 양자결연(養子結緣) l'adozione, 연금(年金) la pensione, 영구소작권(永久小作權) la enfiteusi, 예약구입(豫約購入) l'abbonamento, 용익권(用益權) l'usufrutto, 위임자(委任者) il mandante, 위임장(委任狀) la procura, 유산(遺産) l'asse ereditario, il lascito, il legato, 유언(遺言) il testamento, 의무부담자(義務負擔者) l'onerato, 이복형제(異腹兄弟) (어머니가 다른) il fratello consanguineo, (아버지가 다른) il fratello uterino, 이전불능재산(移轉不能財産) la manomorta, 이행(履行) l'adempimento, 이혼(離婚) il divorzio, 인족(姻族) l'affinità, 임대주(賃貸主) il mutuante, 임대차(賃貸借) l'affitto, la locazione, 임차인(賃借人) il locatore, (土地의) il fittavolo, 임차주(賃借主) il mutuatario, 자(子) il figlio, 자매(姉妹) la sorella, 자필유언(自筆遺言) il testamento olografo, 재산(財產) il bene, 재산관리인(財產管理人) il curatore, 저당권(抵當權) l'ipoteca, 절반소작(折半小作) la mezzadria, 점유(占有) il possesso, 조모(祖母) l'ava, 조부(祖父) l'avo, 조상(祖上) gli avi, 존속(尊屬) il vitalizio, 종신(終身) il vitalizio, 준금치산자(準禁治産者) l'inabilitato, 중개인(仲介人) il mediatore, 증여(贈與) la donazione, 지대사용료(地代使用料) il canone d'affitto, 지불연기(支拂延期) la mora, 지역권(地役權) la servitù, 직접관련성(直接關聯性) la pertinenza, 질권(質權) il pegno, 차압(差押) il pignoramento, 참가(參加) l'adesione, 채권자(債權者) il creditore, 채무관계(債務關係) l'obligazione, 채무자(債務者) il debitore, 추탈(追奪) l'evizione, 태아(胎兒) il nascituro, 특약(特約) la stipulazione, 파산(破産) il fallimento, 피후견인(被後見人) il pupillo, 하청(下請) il subappalto, 한정상속인(限定相續人) il beneficiario, 합의공탁(合意供託) il sequestro convenzionale, 합자회사(合資會社) l'accomandita, 형제(兄弟) il fratello, 혼인(婚姻) il matrimonio, 회복(回復) la rivendicazione, 후견(後見) la curatela, la tutela, 후견인(後見人) il curatore, il tutore; 〈형법(刑法) **Diritto penale**〉 가중의(加重-) aggravante, 가축절도죄(家畜竊盜罪) l'abigeato, 감옥(監獄) il prigione, 감형(減刑) l'indulto, 강제노동(強制勞動) la galera, 결석(缺席)(裁判의) la contumacia, 경감의(輕減-) attenuante, 고리대금업죄(高利貸金業罪) l'usura, 고의(故意) il dolo, 공갈죄(恐喝罪) l'estorsione, 공모(共謀) la premeditazione, 공범인(共犯人) il correo, 과실(過失) la colpa, 교수대(絞首臺) il patibolo, 구류(拘留) la carcerazione, l'arresto, 구류해제(拘留解除) la scarcerazione, 구치(拘置) la detenzione, 근친상간죄(近親相姦罪) l'incesto, 기소(起訴) l'accusa, 내란음모죄(內亂陰謀罪) la cospirazione, 누범(累犯) la recidiva, 대사면(大赦免) l'amnistia, 도망(逃亡) la latitanza, 매춘알선죄(賣春斡旋罪) il lenocinio, 명예훼손죄(名譽毁損罪) l'ingiuria, 모욕죄(侮辱罪) la diffamazione, 모친살인(母親殺人) il matricidio, 몰수(沒收) la confisca, 무죄방면(無罪放免) il proscioglimento, 무죄선고를 받은(無罪-) assolto(a), 무죄의(無罪-) innocente, 문서위조(文書僞造) il falso, 밀수출입죄(密輸出入罪) il contrabbando, 반역죄(反逆罪) il tradimento, 벌금(罰金) la multa, 범죄(犯罪)(벌금, 징역형에 상당하는) il delitto, 범죄인(犯罪人) il*la criminale, il*la delinquente, 범죄행위(犯罪行爲) il crimine, 범행인(犯行人) il reo, 변호(辯護) la difesa, 비방(誹謗) la diffamazione, 사기죄(詐欺罪) la truffa, 살인죄(殺人罪) l'omicidio, 상습범(常習犯) il*la delinquente abituale, 석방자(釋放者) il prosciolto, 수형자(受刑者) il condannato, 영아살인죄(嬰兒殺人罪) l'infanticidio, 위반(違反) la trasgressione, 위반행위(違反行爲) la contravvenzione, 위증강요죄(僞證強要罪) la subornazione, 유죄(有罪) la condanna, 유죄의(有罪-) colpevole, 잠복(潛伏) la latitanza, 장물수수죄(贓物收受罪) la ricettazione, 재물강요죄(財物強要罪)(公務員의) la concussione, 절도죄(竊盜罪) il furto, 종신형(終身刑) l'ergastolo, 죄(罪) il reato, 중상(中傷) la diffamazione, 중혼죄(重婚罪) la bigamia, 집단적 항명(集團的 抗命) l'ammutinamento, 징역형(懲役刑) la reclusione, 처살인(妻殺人) l'uxoricidio, 침해행위(侵害行爲) l'aggressione, 탈주죄(脫走罪) l'evasione, 특사(特赦) la grazia, 파산죄(破産罪) la bancarotta, 폭동(暴動) la sedizione, 피고(被告) l'imputato, 형벌(刑罰) la pena, 횡령죄(橫領罪) la malversazione

법률(法律)〈伊〉 la legge
법률사무소(法律事務所)〈商〉 il contenzioso
법률행위(法律行爲)〈法〉 il negozio giuridico
법리학(法理學) la giurisprudenza, la scienza del diritto
법무관재판소(法務官裁判所)〈伊〉 Preture
법무부(法務部) il Ministero della Giustizia ¶-長官 il Ministro della Giustizia [用語] (이탈리아) 법무부(法務部) Grazia e Giustizia, 사법기구(司法機構) organizzazione giudiziaria, 민사국(民事局) affari civili, 형사국(刑事局) affari

법안(法案) il disegno*il progetto di legge
법원(法院) il palazzo di giustizia
법의(法衣) l'abito da prete*bonzo
법의학(法醫學) la medicina legale
법인(法人)〈經〉 la corporazione, l'ente; l'ente morale, la persona giuridica
법전(法典)〈法〉 la codice
법정(法定) la legalità / -의 legale ¶-傳染病 la malattia legale / -積立金*準備金 la riserva legale / -代理人 il rappresentante legale
법정(法廷) il tribunale, la corte di giustizia / -에 出頭하다 presentarsi in tribunale
법정과실(法定果實)〈法〉 il frutto civile
법제(法制) (法律制定) le leggi e le istituzioni; la legislazione
법제국(法制局)〈伊〉 l'ufficio legislativo
법철학(法哲學)〈哲〉 la filosofia del diritto
법칙(法則) la legge, la norma, la regola, la teoria
법칙(法則)〈哲〉 la legge
법학(法學) la giurisprudenza, la legge ¶-士 il dottore*il laureato in legge / -部 la facoltà di legge*giurisprudenza / -者 il giurista
벗겨지다 spellarsi; scoprirsi
벗기다(脫) (衣類를) spogliare, svestire; (가죽을) spellare; (나무, 과일껍질을) scorticare / 발가 - denudare
벗다(脫) (衣類을) spogliarsi, svestirsi, togliersi 1 외투를 벗어라! Togliti il cappotto!; (구두를) levarsi*togliersi (le scarpe) / 발가 - denudarsi
벗어나다 sviarsi
벙어리 il muto (f. -a)
벚나무 il ciliegio ¶-열매 la ciliegia [pl. -gie o -ge]
베개 il cuscino, il guanciale
베네치아〈地〉 Venezia / -의, 人 veneziano(a) / -방언 il veneziano
베니스〈地〉 Venezia / -의, 人 veneziano(a) / -방언 il veneziano
베다 tagliare, (나무 가지를) potare; segare 1 겨울 동안에 농부들은 포도나무 가지를 벤다. Durante l'inverno i contadini potano le viti.
베드(bed) il letto ¶더블- il letto matrimoniale / -타운 la periferia abitata da pendolari
베로날〈藥〉 il veronal
베를린(Berlin)〈地〉 Berlino / -의, -人 berlinese
베수비오〈火山〉 Vesuvio
베어냄〈醫〉 il raschiamento
베어링(bearing)〈具〉 il cuscinetto ¶볼- il cuscinetto a sfere
베이스(base)〈스포츠〉 la base
베이스〈音〉 il basso
베이컨(bacon) la pancetta (affumicata)
베일(veil) il velo
베타트론〈物〉 il betatrone
베테랑 il veterano; (專門家) l'esperto, l'uomo pratico
베트남〈地〉 il Vietnam / -人, 의 vietnamita ¶-語 il vietnamita
베풀다 (은혜, 자선 따위를) spargere
벤젠(benzene)〈化〉 la benzina
벤치(bench) la panchina (del giardino), il banco, il sedile
벤토나이트〈鑛〉 la bentonite
벨기에〈地〉 il Belgio / -人, 의 belgo(a)
벨로드롬경기〈輪〉 la gara su pista
벨벳(velvet) il velluto
벨을 울리다 bussare 1 누군가 문에서 벨을 울렸다. Qualcuno ha bussato alla porta.
벨이 울리다 suonare 1 전화벨이 울렸다. Il telefono ha suonato.
벨트(belt) la cintura, (줄) il cinturino (di orologio da polso), la cinghia / -매다 allacciare / -풀다 slacciare ¶안전- la cintura di sicurezza
벼룩〈虫〉 la pulce / -을 잡다 spulciare ¶-市場 il mercato delle robe disusate
벼 il riso
벼락 il fulmine
벽(壁) la parete 1 나는 벽에 그림을 걸었다. Ho appeso un quadro alla parete.
벽감(壁龕)〈宗〉 (관이나 유해를 안치하는 장소) il loculo
벽난로(壁煖爐) il caminetto, il camino
벽돌 il mattone
벽돌공 il muratore
벽보(壁報) il cartellone, l'affisso / -를 부착하다 collocare*attaccare un affisso
벽보(壁報)〈繪〉 il cartellone
벽옥(碧玉)〈鑛〉 il diaspro

벽지 la tappezzeria

벽화(壁畵) l'affresco (m.pl. -chi) / -를 그리다 dipingere a fresco

변(変) (불의의 사고) l'accidente, l'incidente

변(變) / -하게 하다 alterare, guastare **1** 습기는 색을 변하게 한다. L'umidità altera i colori.

변경(邊境) i luoghi remoti; (國境) la frontiera, il confine

변경(變更) il cambiamento, la modificazione, la modifica / -하다 cambiare, modificare / -할 수 있는 cambiabile, modificabile

변기(便器) l'orinale, il vaso da notte

변덕(變德) la bizzarria / -스러움 la bizzarria / -스런 capriccioso(a), bizzarro(a), stravagante

변동(變動) il cambiamento, la fluttuazione, l'oscillazione, la variazione, il movimento oscillatorio **1** 프로그램에 약간의 변동이 있다. Abbiamo alcune variazioni nel programma. / 맥박의 - l'irregolarità / 金融市場의 - la fluttuazione del mercato monetario / -하다 cambiare; mutare, variare; fluttuare ¶-價格 i prezzi fluttuanti

변두리 la periferia

변론(辯論) la discussione, l'argomento; il dibattimento, (法庭의) l'arringa / -하다 discutere, dibattere (una questione); arringare ¶-大會 la gara oratoria

변론(辯論)〈法〉 il dibattimento

변리사(辨理士) l'agente di brevetti

변명(辨明) la giustificazione, la spiegazione, il pretesto / -하다 spiegare, giustificarsi

변비(便祕)〈醫〉 la costipazione, la stipsi, la stitichezza / -가 생기다 costiparsi, essere costipato (stitico) / -로 고생하다 soffrire di stitichezza

변사(辯士) il parlatore (f. -trice)

변사(變事) l'accidente, l'incidente, l'avvenimento (tragico), (非常事態) l'emergenza

변사(變死) la morte violenta*accidentale

변상(辨償) la compensazione, l'indennità, il compenso, il risarcimento / ~의 -으로 per compensazione di (danni) / -하다 compensare, indennizzare, risarcire

변색(變色) il scolorimento / -하다 scolorirsi [pr. -isco]

변성 알코올(變性-)〈藥〉 l'alcole denaturato

변성암(變成巖)〈鑛〉 la roccia metamorfica

변소(便所) la toeletta, il gabinetto ¶公衆- la latrina pubblica, il bagno pubblico

변속(變速) ¶-페달 la frizione

변수(變數)〈數〉 la variabile

변신(變身) la metamorfosi

변압기(變壓器)〈電〉 il trasformatore

변온성(變溫性)〈生〉 l'eterotermo

변이(變異) la distorsione, lo storcimento / -되다 distorcersi, storcersi

변이성(變異性)〈生〉 la variabilità

변인(變人) lo*la stravagante, l'eccentrico (f. -a)

변장(變裝) il travestimento, il camuffamento **1** 그의 변장은 완벽했다. 그래서 아무도 그를 알아보지 못했다. Il suo travestimento era perfetto: nessuno l'aveva riconosciuto. / -하다 travestirsi (da uomo o da donna), camuffarsi, mascherarsi **1** 깡패가 경찰로 변장했다. Il malvivente si era travestito da poliziotto. / -한 travestito(a), mascherato(a)

변전소(變電所)〈電〉 la sottostazione

변절(變節) il tradimento / -하다 tradire [pr. -isco] ¶-者 il traditore (f. -trice)

변제(辨濟) il pagamento (del debito), il rimborso (delle spese di viaggio) / -하다 pagare, restituire, rimborsare **1** 내게 미리 지급한 것을 너에게 변제하겠다. Ti rimborserò ciò che mi hai anticipato.

변조(變調) la modulazione

변조(變調)〈音〉 il cambiamento di tono, il bemolle; (不規則) irregolarità; (身體의) l'indisposizione, (脈搏의) l'alterazione (di polso)

변조(變調)〈電〉 la modulazione

변종(變種)〈生〉 la varietà (d'una specie)

변주(變奏)〈音〉 la variazione

변증법(辨證法)〈哲〉 la dialettica / -的 dialettico(a)

변질(變質)〈生〉 la degenerazione, 〈化〉 l'alterazione; (惡化) il deterioramento / -되다 alterarsi, degenerare, deteriorarsi ¶-者 il degenerato

변천(變遷) il mutamento, la variazione, la transizione, il cambiamento; (人生의 浮沈) la vicissitudine (della vita) / -하다 cambiare, variare

변칙(變則) la irregolarità, l'anomalia / -의 irregolare, anomalo(a)

변태(變態) l'anormalità / -의 anormale ¶-性慾 la sessualità anormale

변하기 쉬운(變-)〈氣〉incostante

변하다(變-) cambiarsi

변함없는 costante

변혁(變革) l'innovazione, la riforma, (革新) il rin-novamento / -하다 riformare, rinnovare

변형(變形) la trasformazione / -시키다 trasformare 1 명령형으로 변형시켜라! Trasformate con l'imperativo! / -되다 trasformarsi (in qlco.)

변호(辯護)〈法〉la difesa, la giustificazione, il patrocinio / -하다 difendere, giustificare ¶-人, -士 l'avvocato / -料 l'onoraio

변화(變化) il cambiamento, il mutamento, la variazione, (變質*變形) l'alterazione, la trasformazione / 기온의 - le variazioni di temperatura / -하다 cambiare [intr. essere], mutare [intr. essere], passare [intr. essere] (da una situazione all'altra) / -하기 쉬운 alterabile / -된, 한 alterato(a) / - 술 il vino alterato / -가 많은 vario(a) / -가 없는 monotono(a) ¶動詞- 〈文法〉la coniugazione dei verbi / 格- 〈文法〉la declinazione secondo i casi

변화기호(變化記號)〈音〉l'accidente

변환(變換) la variazione / 주파수의 - le variazioni di frequenza

변환(變換)〈電〉la conversione

변환기(變換機)〈電〉il convertitore

별(別) /-난 사람 l'altra persona ¶-世界 il mondo diverso dal nostro / -種 il genere (la categoria) differente / -紙 il foglio aggiunto, il documento unito / -册 il numero aggiunto (separato) (d'una rivista, ecc.)

별(星) la stella

별개(別個) /-로 separatamente, a parte

별거(別居)〈法〉la separazione / -하다 vivere separatamente, separarsi

별관(別館)〈建〉il padiglione

별난 bizzarro(a), originale

별명(別名) il soprannome, il nomignolo 1 그의 이름이 까를로 롯씨이지만, 모든 사람들은 그를 "바르벳따"라는 별명으로 부른다. Il suo nome è Carlo Rossi, ma tutti lo chiamano col soprannome di "Barbetta".

별세계(別世界) il mondo diverso dal nostro

별안간 a un tratto, improvvisamente

별장(別莊)〈建〉la villa, la casa per le vacanze

별점(星占) l'oroscopo

별종(別種) il genere*la categoria differente

별지(別紙) il foglio aggiunto, il documento unito

별책(別册) il numero aggiunto*separato (d'una rivista, ecc.) ¶-附錄 il supplemento (di una rivista)

볏 (닭의) la cresta

병(甁) (一般用) la bottiglia, (醫學用) il barattolo, (포도주 병으로서 허리에 옥수수 껍질이 말아져 있는 목이 좁고 긴 병) il fiasco ¶-따개 il cavatappi

병(病) la malattia, il male / -들다 ammalarsi / -에 걸린 affetto(a), malato(a) / 류마티스 -에 걸린 여자 la donna affetta da reumatismi 1 가련한 여인은 심각한 폐병에 걸려 있었다. La poverina era affetta da una grave forma di polmonite. / -에 걸리다 essere malato(a), mettersi a letto / -들다 ammalare [intr. essere]

병균(病菌) il germe, il virus

병들다 ammalarsi

병력(兵力) le forze (militari)

병렬(竝列) la fila, la linea, la coda / -하다 mettersi*stare in fila*linea

병렬접속(竝列接續)〈電〉il collegamento parallelo

병리학(病理學) la patologia ¶社會- la patologia sociale

병리학(病理學)〈醫〉la patologia

병리학자(病理學者)〈醫〉il patologo

병립(竝立) (兩立) la compatibilità; (共存) la coesistenza / -하다 essere compatibile; coesistere

병마개 il tappo

병목(並木) l'alberata, la fila d'alberi ¶-道

路 il viale (alberato)
병사(兵士)〈軍〉il soldato, il milite
병신 il handicappato; lo stupido
병아리〈動〉il pulcino
병역(兵役) il servizio militare
병영(兵營) la caserma
병원(病院) l'ospedale, la clinica **1** 그는 개인 병원에 입원하게 되었다. Si è fatto ricoverare in una clinica privata. / -에 dal dottore, in clinica ¶綜合- l'ospedale / 應急- l'ambulatorio
병자의 도유(病者塗油)〈宗〉l'unizione dei malati
병적 다변증(病的 多辯症)〈醫〉la logorrea
병적 흥분상태(病的 興奮狀態)〈醫〉l'isterismo
병진운동(竝進運動)〈天〉la translazione
병풍(屏風) il paravento
병합(倂合) / -하다〈商〉assolvere
병합(倂合) l'annessione, (會社의) la fusione (di due società)
보각(補角)〈數〉l'angolo complementare*supplementare, i supplementari
보강(補强) il rinforzamento, (援軍) il rinforzo, il rafforzamento, l'armatura / -하다 rinforzare, rafforzare, armare
보강물(補强物) l'armatura
보건(保健) la conservazione della sanità*della salute pubblica, l'igiene ¶-所 il centro della sanità pubblica, la unità sanitaria
보건사(保健士)〈醫〉l'igienista
보건위생부(保健衛生部)〈伊〉Sanità
보고(寶庫) la tesoreria
보고(報告) il rapporto, la relazione, (決算의) il resoconto, il rendiconto / -하다 annunziare, informare, fare rapporto*relazione, pubblicare*presentare un resoconto, riferire
보고서(報告書) il rapporto (iscritto), la relazione, il resoconto
보관(保管) la custodia, il deposito, la conservazione **1** 그는 이웃에게 집을 봐달라고 했다. Ha affidato la custodia della casa alla vicina. / -하다 custodire [pr. -isco], conservare (documenti) **1** 그녀는 보석함에 자신의 보석들을 보관한다. Custodisce i suoi gioielli in una cofanetto. ¶(바이올린, 사진기) -函 la custodia (del violino, della macchina

fotografica)
보관(保管)〈銀〉la custodia
보급(補給) il supplemento, i rifornimenti, l'approvvigionamento, la somministrazione / 食糧의 - il supplemento di viveri / -하다 rifornire [pr. -isco] qlco. di qlcu., rifornirsi di, approvvigionare, somministrare ¶-品 il rifornimento, la somministrazione
보급(普及) la diffusione / -하다 diffondere / -되다 diffondersi
보기(例) l'esempio, il modello **1** 보기를 따라 대화를 써라! Scrivi i dialoghi secondo il modello!
보내다(發送, 經過) inviare, mandare, spedire, inciare; (시간을) passare [tr. avere, intr. essere], trascorrere [intr. essere] **1** 누구에게 꽃을 보내니? A chi mandi i fiori? **2** 마리오는 많은 시간을 집에서 보낸다. Mario passa molte ore a casa. **3** 너 휴가 잘 보냈니? Hai trascorso una bella vacanza?
보너스(手當) la retribuzione straordinaria (che si da ad ogni semestre agli impiegati), la gratifica, il premio, il sovrappiù. / 크리스마스- Tredicesima
보다(見) guardare, vedere **1** 너희들 뭘 보니? Che cosa guardate? **2** 관광객들은 유명한 그림을 주의 깊게 보고 있었다. I turisti guardavano attentamente il famoso quadro. **3** 누가 보이나 봐라! Guarda chi si vede! **4** 그녀는 쇼핑을 할 동안 아이를 봐달라고 내게 부탁을 했다. Mi ha pregato di guardare il bambino mentre lei è a fare la spesa. **5** 나는 별똥별(유성)을 보았다. Ho visto una stella cadente. **6** 단테 알리기에리는 13세기 후반에 빛을 보았다. Dante Alighieri vide la luce nella seconda metà del XIII secolo. **7** 나는 내일 시합을 보러 갈 것이다. Domani andrò a vedere la partita. **8** 이제 작동하는지 좀 보자. Vediamo un po' se adesso funziona.
보다나은 migliore, più buono
보답(報答) la ricompensa; (答禮) il contraccambio / -하다 ricompensare qlcu. (per il suo lavoro); dare qlcu. per ricompenso
보도(步道) il marciapiede
보도(報道) l'informazione, (매스컴의) il

보도 notiziario, (新聞의) la cronaca, i fatti di cronaca, la notizia / -하다 informare, dare notizie, pubblicare fatti di cronaca, trasmettere il notiziario ¶-記事 la cronaca 1 그들의 결혼 소식은 지역 신문 보도기사에 났다. La notizia del loro matrimonio è riportata nella cronaca locale.

보도(補導) l'orientamento ¶職業*進學 - l'orientamento professionale*studentesco

보도관(報道官)〈伊〉addetto stampa

보라(北比東 季節風으)〈氣〉la bora

보라색 viola / -의 violaceo(a)

보람 la soddisfazione

보러 오다 venire a trovare qlcu.

보루 (담배의) la stecca 1 디스 한 보루 주세요! Vorrei una stecca di This!

보류(保留) la riserva / -하다 riservare, accantonare, (延期) differire [pr. -isco]

보름(半月) il mezzo mese

보름달 (음력 8월의) la luna piena della notte del 15 agosto

보리〈植〉l'orzo

보면대(譜面臺)〈音〉Il leggio

보모(保母) la balia asciutta; la maestrina dell'asilo infantile / -에 맡겨진 아이 un bambino affidato ad una balia

보물(寶物) il tesoro ¶-찾기 la caccia al tesoro, la cerca di tesoro / -창고 la tesoreria

보병(步兵) il fante, il soldato di fanteria

보복(報復) la vendetta, il contraccambio, la rappresaglia, (競技의 雪辱) la rivincita / -으로 per vendetta / -하다 fare vendetta di (un'offesa), vendicare (l'offesa), vendicarsi di (un'offesa), fare rappresaglie (contro qlcu.), prendere la rivincita / -的 vendicativo(a) ¶-行爲 l'atto di rappresaglia

보빈〈電〉la bobina

보상(補償) il compenso, la compensazione, la ricompensa, il risarcimento, il contraccambio / -하다 risarcire [pr. -isco] dei danni*della perdita, indennizzare / -받다 essere ricompensato(a) ¶-金 l'indennità

보석(寶石) la gemma, (裝飾의) il gioiello, la pietra preziosa ¶-商 il gioielliere (f. -a) / -店 la gioielleria / 模造- la gemma artificiale [用語] 강옥(鋼玉) il corindone, 남옥(藍玉) l'acquamarina, 녹옥수(綠玉髓) il crisoprasio, 다이아몬드 il diamante, 루비 il rubino, 벽옥(碧玉) il diaspro, 비취(翡翠) la giada, 사파이어(靑玉) lo zaffiro, 수정(水晶) il cristallo di rocca, 에메랄드 lo smeraldo, 자수정(紫水晶) l'ametista, 진주(珍珠) la perla, 청금석(靑金石) il lapislazzuli, 청옥(靑玉) lo zaffiro, 카메오 il cammeo, 터키옥(-玉) la turchese, 토파즈(黃玉) il topazio, 호박(琥珀) l'ambra, 홍옥(紅玉) il balascio, 홍옥수(紅玉髓) la corniola, 황옥(黃玉) il topazio, 흑옥(黑玉) il giaietto

보석(保釋) la libertà provvisoria (dietro cauzione) / -하다 liberare*mettere in libertà (un imputato) dietro garanzia ¶-金 la malleveria, la garanzia

보세(保稅) ¶-倉庫 il magazzino*il deposito doganale / -倉庫料 il magazzinaggio / -貨物 le merci depositate

보수 (수리) la riparazione

보수(保守) il conservatorismo / -的 conservatore (f. -trice) ¶-主義者 il conservatore (f. -trice) / -主義 il conservatorismo / ~的 conservatore (f. -trice) / -黨 il partito conservatore

보수(報酬) il guadagno, il compenso, la paga, la ricompensa, il corrispettivo; (賞與) la retribuzione straordinaria / 확실한 - un guadagno sicuro / -를 주다 dare una ricompensa / ~의 -로 in*per ricompensa di qlco. 1 그는 고되게 일했지만 보수는 보잘 것 없었다. Ha faticato molto ma il guadagno è stato misero.

보습(補習) la lezione supplementare / -하다 dare le lezioni supplementari (dopo le ore regolari)

보양(保養) la cura*il ricuperamento della salute, (休養) la ricreazione, lo svago, il passatempo, il divertimento

보어(補語)〈文〉il complemento ¶目的- il complemento oggetto / 直接 (間接) - il complemento diretto (indiretto)

보여주다(見) dimostrare, mostrare, fare vedere, esporre

보온(保溫) la conservazione del calore ¶料理-器 lo scaldavivande / -병 il

thermos
보유(保有) il possesso / -하다 possedere, tenere, mantenere
보유증권(保有證券) il portafoglio
보육(保育) l'educazione infantile / -하다 proteggere ed educare (bambini presso l'asilo d'infanzia) ¶-園 l'asilo infantile, il giardino d'infanzia, la scuola materna
보이다 apparire; rappresentare; sembrare
보인다(見) guardare **1** 앞마당 위로 내 방 창문이 보인다. La finestra della mia camera guarda sul cortile.
보일러(boiler) la caldaia (a vapore) **1** 보일러가 고장이 나서 우리는 하루 종일 추위에 떨었다. Per un guasto alla caldaia, siamo rimasti al freddo per tutto il giorno.
보일러실 il locale caldaia
보잘 것 없는 inutile
보장(保障) la garanzia, l'assicurazione; la sicurezza / -하다 garantire [pr. -isco], assicurare ¶國際聯合安全-理事會 il Consiglio di Sicurezza dell'ONU (Organizzazione delle Nazioni Unite) / 社會- la sicurezza sociale
보장금(報獎金) il premio, la ricompensa
보전(保全) l'integrità, la salvaguardia / -하다 salvaguardare (i propri diritti) ¶國土- l'integrità del territorio nazionale
보조(步調) il passo / -를 맞추다 mantenere gli stessi passi con qlcu.
보조(補助) l'aiuto, il soccorso, l'assistenza / -의 ausiliare, assistenziale, sussidiario(a) / -하다 aiutare, soccorrere, assistere ¶-貨幣 la moneta divisionale, gli spiccioli / -金 (國家의) il premio, il sussidio, la sovvenzione / -날개 (航空機의) l'alettone
보조날개(補助翼)〈空〉 l'alettone
보조전동기(補助電動機)〈電〉 il servomotore
보존(保存) la conservazione, la riserva, la preservazione / -하다 conservare, riservare, preservare **1** 그는 버섯을 기름에 보존하기로 했다. Ho deciso di conservare i funghi sotto'olio. / -되다 conservarsi **1** 익힌 음식들은 더 잘 보존된다. I cibi cotti si conservano meglio.
보좌(輔佐) l'aggiunto, l'aiuto, (助言) il consiglio / -하다 aiutare, consigliare, dare consiglio ¶-官 l'aggiunto
보좌(補佐)〈法〉 la curatela
보좌인(輔佐人)〈法〉 il curatore
보좌주교(補佐主教)〈宗〉 il vescovo ausiliare
보증(保證) l'assicurazione, la garanzia, la malleveria **1** 예상대로 모든 것이 되갈 것이라고 내게 보증했다. Mi ha dato la sua assicurazione che tutto andrà nel modo previsto. / -하다 assicurare, assicurarsi, garantire [pr. -isco] **1** 나는 아무런 일도 내게 일어나지 않을 것이라고 보증한다. Ti assicuro che non mi accadrà nulla. ¶-金 la cauzione, la garanzia, il deposito cauzionale (per affittare una casa), la caparra / -人 il*la garante, il mallevadore (f. -drice) / -이 되다 diventare garante (di qlco.) per qlcu.
보증(保證)〈法〉 la fideiussione
보증금(保證金) la cauzione, la garanzia, il deposito cauzionale (per affittare una casa), la caparra / -을 내다*주다 dare una caparra / ~의 -으로 일정액을 지불하다 pagare una somma come caparra di qlco.
보증인(保證人) il*la garante, il mallevadore (f. -drice) / -이 되다 diventare garante (di qlco.) per qlcu.
보증서(保證書) la garanzia
보지(保持) il mantenimento, la conservazione / -하다 mantenere, tenere, conservare
보지(報知) l'annunzio, la notizia, l'informazione, (非常의) l'allarme / -하다 dare annunzio, annunziare, informare (qlcu. di qlco.)
보청기(補聽器) il cornetto acustico
보초(步哨) la sentinella / -서다 essere di sentinella, fare la sentinella ¶-犬 il cane da guardia
보충(補充) il supplemento, il complemento / -의 supplementare, complementare / -하다 completare (un posto vuoto del personale), supplire / 재능부족을 노력으로 -하다 supplire con la diligenza alla mancanza d'ingegno
보크사이트〈鑛〉 la bauxite, la baussite
보통(普通) / -의 ordinario(a), normale, usuale, comune

보통선거(普通選擧)〈伊〉il suffragio universale

보트(boat)〈海〉la barca / 노 젓는 - la barca a remi ¶모터- la barca a motore, lo scafo / 求命- la scialuppa, l'imbarcazione di salvataggio

보편(普遍)〈哲〉l'universale / -的 universale, generale ¶-性 l'università, la generalità / -化 la generalizzazione

보폭(步幅) il passo 1 힘내서 보폭을 늘리자 (빨리 걷자)! Coraggio, allunghiamo il passo!

보폭(步幅)〈陸〉la falcata

보행(步行) il cammino, la camminata, il passo / -하다 camminare ¶-者 il pedone / -者優先道路 (=橫斷步道) il passaggio pedonale*zebrato / -者優先 la precedenza ai pedoni sui passaggi zebrati

보험(保險) l'assicurazione / -에 들다 (가입하다) assicurarsi (sulla vita) ¶-金 la somma assicurata / -證書 (證券) la polizza d'assicurazione / -會社 la compagnia*la società d'assicurazioni / -料 il premio d'assicurazione / -業者 l'assicuratore / -價額 il valore assicurato / -契約 il contratto d'assicurazione / -契約者 (被保險者) l'assicurato / 被-物件 l'oggetto assicurato / 團體 (强制, 任意) - l'assicurazione collettiva (obbligatoria, volontaria) / 海上- l'assicurazione marittima / 火災 (疾病, 産災, 失業, 盜難, 養老) - l'assicurazione contro gl'incendi (le malattie, gli infortuni sul lavoro, la disoccupazione, i furti, la vecchiaia / 生命- l'assicurazione sulla vita / 戰時- l'assicurazione contro i rischi di guerra / 相互- l'assicurazione mutua / 社會- le assicurazioni sociali

보형제(補形劑)〈藥〉l'eccipiente

보호(保護) la protezione, la difesa; la salvaguardia / - 下에 sotto la protezione *il patronato / -하다 proteggere, difendere, custodire, aiutare; ripararsi 1 내가 없는 동안 아이를 봐 달라고 이웃에게 부탁 했다. Ho chiesto alla vicina di custodire il bambino durante la mia assenza. ¶-者 il protettore (f. -trice), il difensore (f. -sora) / -政策 (貿易의) il protezionismo

보호무역주의(保護貿易主義)〈經〉il protezionismo

보호장치(保護裝置)〈電〉il salvamotore

보호정책(保護政策)〈經〉il protezionismo

복(福) il dono del cielo, la benedizione

복구(復舊) la restaurazione / -하다 restaurare, ricostruire [pr. -isco] / -되다 essere restaurato(a) *ricostruito(a)

복권(福券) la lotteria, il lotto, il biglietto della lotteria

복권(復權)〈法〉la riabilitazione / -시키다 riabilitare / -되다 riabilitarsi

복권판매감독국(福券販賣監督局)〈伊〉lotto e lotterie

복귀(復歸) il ritorno, il ricupero, 〈法〉la reversione, la restituzione (dei beni) / 社會- il ricupero alla società / -하다 ricuperare; ritornare; fare tornare (beni) al proprietario, restituire [pr. -isco]

복극(復極)〈電〉il bipolo

복덕방 l'agenzia immobiliare

복도(複道) il corridoio 1 우리 집엔 긴 복도가 있다. Nella nostra casa c'è un lungo corridoio.

복리(複利)〈商〉l'anatocismo

복막염(腹膜炎)〈醫〉la peritonite

복본위제(複本位制)〈經〉il bimetallismo

복부(腹部)〈解〉l'addome, la pancia / -의 addominale

복사(複寫) la fotocopia, il duplicato, la ricopia, il ricalco 1 나는 증명서를 복사했다. Ho fatto una fotocopia del certificato. / -하다 fare una fotocopia, copiare ¶-機 la fotocopiatrice

복상체(複相体)〈生〉/ -의 diploide

복소수(複素數)〈數〉il numero complesso

복수(復讎) la vendetta, la rappresaglia; (競技의 報復戰) la rivincita / -로 per vendetta / -하다 fare vendetta, vendicare (l'offesa), vendicarsi di (offesa); fare la rivincita

복수(複數) plurale

복수증(腹水症)〈醫〉la ascite

복숭아(植〉la pesca ¶- 뼈 (人體의) la caviglia 1 그는 넘어져 복숭아 뼈가 탈골되었다. E' caduto e si è slogato una caviglia. / -나무 il pesco

복습(復習) la ripetizione / -하다 ripassare

(la lezione), fare la ripetizione
복식(複式)〈테니스〉il doppio
복싱(拳鬪) il pugliato
복원(復原) il restauro / -하다 restaurare
복원(復元)〈繪〉il restauro / -하다 restaurare
복원가(復元家)〈繪〉il restauratore
복원자(復原者) il restauratore
복위(復位) la restituzione
복잡(複雜) la confusione, la complicazione **1** 자네 책상, 정말 복잡하구만! Che confusione, sulla tua scrivania! / -한 complicato(a), intricato(a)
복장(服裝) l'abito, il vestiario, l'abbigliamento
복제(複製) la riproduzione / -하다 riprodurre
복제(複製)〈繪〉la copia
복종(服從) l'obbedienza, la sottomissione, l'assoggettamento, l'ubbidienza / -시키다 sottomettere, assoggettare / -하다 sottomettersi a qlcu., ubbidire [intr. avere, pr. -isco] a qlcu.*qlco.
복지(福祉) il benessere
복직(復職) la restituzione
복합대명사(複合代名詞)〈文〉il pronome combinato
복합어(複合語)〈言〉il composto
볶다 rosolare
본(本)(接頭辭*接尾辭) questo(a), il presente; il libro ¶-店 la sede centrale / -會議 l'assemblea*la seduta plenaria
본가(本家) la casa*la famiglia discendente in linea diretta
본거(本據) la base, il centro
본격(本格) / -的 reale, autentico(a); tipico(a); normale
본관(本館) l'edificio principale
본국(本國) la patria, il paese nativo, la madrepatria
본능(本能) l'istinto / -的 istintivo(a) / -的으로 istintivamente, per istinto
본당신부(本堂神父) il parroco
본래(本來) (根源的) originalmente, originariamente, fondamentalmente; (本質的) essenzialmente / -한 vero e proprio, originale, essenziale, originario(a)
본령(本領)〈史〉il feudo; il carattere particolare, la caratteristica facoltà individuale / -을 발휘하다 mostrare sufficientemente la propria facoltà caratteristica
본론(本論) l'argomento principale
본명(本名) il vero nome
본문(本文) il testo
본부(本部) la sede*l'ufficio centrale*principale; 〈軍〉il comando
본분(本分) il dovere, l'obbligo (morale) / -을 履行하다 adempire [pr. -isco], adempiere (un dovere*a un dovere)
본사(本社) la sede*l'ufficio*la ditta centrale*principale
본산(本山)〈宗〉il tempio principale d'una delle sette del buddismo
본성(本性) il vero carattere, la qualità naturale, l'indole (f.), la natura / -이 보이다 smascherarsi, rivelare la vera natura / -을 잃다 perdere la ragione
본심(本心) il proprio animo, (理性) la ragione, (良心) la coscienza; (意義) il senso / -을 잃다 perdere la ragione
본업(本業) l'occupazione*la professione regolare*principale, (專門家) il*la specialista / -의 professionale; specialistico(a)
본위(本位) ¶〈經〉-貨幣 la moneta perfetta / 金-(制) la parità aurea / 銀-il monometallismo argento
본의(本意) il proprio intendo, la propria intenzione / - 아닌 involontario(a) / -아님 la contrarietà alla propria volontà / - 아니게 involontariamente
본인(本人) il sottoscritto, l'identità / -의 proprio(a)
본인부담(本人負擔) il proprio carico, le proprie spese
본적(本籍) l'indirizzo permanente, il domicilio legale ¶-地 il domicilio
본전(本錢) capitale
본점(本店) la sede centrale; il negozio*la ditta centrale*principale
본존(本尊)〈宗〉la statua principale di Budda (d'un tempio)
본질(本質) l'essenza, la sostanza / -的 essenziale, sostanziale / -的으로 essenzialmente, in sostanza
본질(本質)〈哲〉l'essenza
본체(本體) la reale forma; l'essenza, la sostanza

본체(本體)〈哲〉il noumeno
본토(本土) la terraferma
본회의(本會議) l'assemblea*la seduta plenaria
본회의질의(本會議質疑)〈伊〉l'interpellanza
볼(ball)〈스포츠〉il pallone / 축구*농구*배구- il pallone da calcio*pallacanestro*pallavolo
볼〈解〉la gota, la guancia (pl. -ce)
볼로미터〈物〉il bolometro
볼록렌즈 la lente convessa
볼베어링 il cuscinetto a sfere
볼일 la commissione / -을 보다 fare delle commissioni
볼트〈電*物〉il volt
볼트암페어〈電*物〉il voltampere
볼펜〈具〉la penna a sfera, il biro
불품없는 indecente
봄(春) la primavera / -의 primaverile
봉(峰)〈地〉la cima, la vetta, il vertice
봉건적(封建的) feudale
봉건제도(封建制度) il feudalismo
봉고차 il furgone
봉급(俸給) lo stipendio, il salario ¶ 직원들은 인상된 봉급을 받았다. Gli impiegati hanno ricevuto un aumento di stipendio. ¶-生活者 lo stipendiato
봉기(蜂起) la ribellazione / -하다 insorgere, rivoltarsi*ribellarsi contro qlcu.
봉납물(捧納物) l'offerta; la vittima
봉사(奉仕) il servizio / -하다 servire qlcu., essere a servizio di qlcu. ¶-人 il servitore, il servo
봉쇄(封鎖) il blocco ¶ 경찰은 주요 도로 위에 봉쇄물(바리케이트)을 설치했다. La polizia ha messo dei posti di blocco sulle strade principali. / -하다 bloccare, sbarrare ¶ 경찰은 은행으로 접근하는 도로를 봉쇄했다. La polizia ha bloccato le strade di accesso alla banca.
봉숭아〈植〉la balsamina
봉오리 il bocciolo / 장미의 - (젊은 미녀) il bocciolo di rosa
봉우리 (산의) cima, vetta
봉인(封印) il sigillo / -하다 sigillare
봉지 il sacchetto
봉투 la busta
봉합(縫合)〈醫〉la sutura
봉헌(奉獻) la consacrazione, (-物) l'offerta / -하다 consacrare*dedicare*offrire (a Dio le primizie del campo) / 전몰자에게 위령탑을 -하다 consacrare un monumento alla memoria ai caduti
봉헌(奉獻)〈宗〉la dedicazione
봉헌대(奉獻臺)〈宗〉la protesi
봉헌식(奉獻式)〈宗〉la dedicazione
봐주다 chiudere un occhio su qlco.
부(府) il ministero ¶외무- Ministero degli Affari Esteri
부(父) il padre, il papà / -의 paterno(a)
부(部) la parte, la divisione, la sezione ¶-員 il membro (d'una divisione)
부(富) la ricchezza, il bene / -를 얻다 fare fortuna / -를 축적하다 accumulare ricchezze
부가(附加) (追加) l'aggiunta, (加算) l'addizione, il supplemento / -하다 aggiungere (una cosa ad un'altra), sommare, / -되는 aggiuntivo(a) / -의 supplementare, addizionale ¶-税 (l'imposta) addizionale, la soprattassa
부가가치세(附加價値税) I.V.A. (Imposta sul Valore Aggiunto)
부결(否決) il rigetto; la votazione contraria; la disapprovazione / -하다 rigettare, respingere, (拒否) rifiutare, (不贊成) disapprovare
부과(賦課) l'imputazione, l'imposizione / -하다 imporre (una tassa)
부관(副官) l'aiutante di campo
부귀(富貴) ricchezza e nobiltà
부극성(負極性)〈電〉la polarità negativa
부근(附近) la vicinanza, le vicinanze, i dintorni, i pressi / -에 in vicinanza, vicino / -의 vicino(a)
부기(簿記) la computisteria, la contabilità
부기(附記)〈商〉l'appunto
부기(簿記)〈商〉la contabilità, la tenuta dei libri ¶單(複)式- la contabilità in pratica semplice (doppia)
부끄러움 la timidezza; la vergogna / -운 timido(a) / -럽게 timidamente
부끄러워하는 timido(a); vergognoso(a)
부끄러워하다 (얼굴이 빨개지다) diventare rosso, arrossire [intr. essere, pr. -isco]
부단(不斷) (繼續) la continuazione; (平生) la vita quotidiana / -한 quotidiano(a), ordinario(a), solito(a), usuale,

abituale; continuo (a), incessante / -하게 quotidianamente; continuamente, incessantemente; ordinariamente, solitamente, al solito
부담(負擔) il peso, l'aggravamento / -주다 aggravare
부담(負擔)〈商〉il carico
부당(不當) l'ingiustizia / -한 irragionevole, illecito (a) / -하게 irragionevolmente ¶-利得 il guadagno illecito
부대(部隊) le truppe, il reparto
부도덕(不道德) l'immoralità / -한 immorale, sporco (a)
부도체(不導體) il coibente, (絕緣體) l'isolante
부동(浮動) la fluttuazione, l'oscillazione; l'ondeggiamento, il galleggiamento / -하다 fluttare, oscillare ¶-人口 la popolazione fluttuante
부동(不同) la disugualianza, la dissimiglianza; la differenza / -의 disuguale, dissimigliante; differente, diverso (a)
부동(不動) la stabilità, la fermezza, l'immobilità / -의 immobile, stabile, fermo (a)
부동산(不動産) i beni immobili, gli immobili ¶ -事務室 l'agenzia immobiliare / -業者 l'agente immobiliare
부동산저당대출(不動産抵當貸出)〈銀〉il mutuo
부동의(不同意) la disapprovazione, il dissenso
부두(埠頭) il molo, la banchina
부두(埠頭)〈海〉la darsena, l'imbarcadero, il pontile
부드러운 morbido, tenero, frollo (a), frollino (a), / - 비스켓 biscotti frollini
부득이한 inevitabile
부등변삼각형(不等邊三角形)〈數〉il triangolo scaleno
부등식(不等式)〈數〉la disuguaglianza
부딪치다 urtare
부러(움) l'invidia, la gelosia / -워하는 invidioso (a), geloso (a) / -하다 invidiare, essere invidioso*geloso (della fama altrui) / -워할 만한 invidiabile
부러뜨리다 rompere
부러지다(折) rompersi (un proprio braccio destro), spezzarsi, essere rotto (a) *spezzato (a)
부러움 l'invidia
부로우치 la spilla, lo spillone
부록(附錄) il supplemento (di una rivista), l'appendice
부류(部類) il gruppo, la classe, la categoria
부르다(呼) chiamare 1 그를 곧 부르겠다. Lo chiamo subito.
부르짖다 urlare; esclamare
부리〈鳥〉il becco
부모(父母) padre e madre, babbo e mamma, (兩親) i genitori / -의 dei genitori
부문(部門) il reparto, la sezione, la divisione, il dipartimento, (學問 上의) il ramo, la branca
부본(副本) il duplicato -> 복사
부부(夫婦) sposi, marito e moglie, i coniugi / -의 coniugale
부분(部分) la parte, la porzione, il particolare, il pezzo 1 그 삽화엔 9개 부분이 빠져있다. Nella vignetta mancano 9 particolari. / -的 parziale / -的으로 parzialmente ¶-品 i parti, i componenti
부분(部分)〈建〉il membro
부분적 폐지(部分的 廢止)〈法〉la deroga
부비강염(副鼻腔炎)〈醫〉la sinusite
부사(副詞)〈文〉l'avverbio
부상(負傷)〈醫〉la ferita / -을 입다 ferirsi / -당한 ferito (a)
부상병(負傷兵) i soldati feriti e malati
부서(副署) la controfirma / -하다〈商〉controfirmare
부서지다(破壞) rompersi, spezzarsi, essere rotto (a) *spezzato (a)
부서진 rotto (a)
부속품(附屬品) i pezzi di ricambio, gli accessori
부수다(粉碎) spezzare
부수상(副首相)〈伊〉il Vicepresidente del Consiglio
부스럼〈醫〉il foruncolo, il fignolo
부스러기 la briciola
부식(腐蝕)〈醫〉la cauterizzazione
부식(腐蝕)〈繪〉(동판조각의) la morsura
부식(腐食)〈化〉il corrosivo, la corrosione / -하다 corrodere ¶-흔적(痕迹) la butteratura
부식동판술(腐蝕銅版術)〈繪〉l'acquaforte

부식제(腐蝕劑)〈醫〉il cauterio
부식제(腐蝕劑)〈醫〉il mordente
부식판화(腐蝕版畵)〈繪〉l'acquaforte
부신(副腎)〈解〉il surrene
부싯돌(火打石) la focaia, la pietra focaia
부양(扶養) il sostegno, l'appoggio / -하다 mantenere, sostenere, appoggiare / 자신의 가족을 -하다 sostenere*mantenere la propria famiglia
부양(浮揚)〈海〉l'emersione
부엉이〈鳥〉l'allocco, il gufo
부엌(廚房) la cucina ¶ 나의 아파트 부엌은 넓어서 편안히 식사할 수 있다. Nel mio appartamento la cucina è ampia e ci si può mangiare comodamente.
부엌용품(-用品) le stoviglie
부유생물(浮游生物)〈生〉il plancton
부인(婦人) la moglie; la signora
부인(否認) la negazione, il rinnegamento; la disapprovasione, la smentita / -하다 negare, rinnegare; disapprovare, smentire
부인과의(婦人科醫)〈醫〉il ginecologo
부인병학(婦人病學)〈醫〉la ginecologia
부자(富者) il ricco / -가 되다 arricchirsi [pr. -isco] di qlco., dıventare rıcco / -의 ricco(a), arricchito(a)
부자유(不自由) il disagio
부장(部長) il direttore
부적(符籍) il talismano, l'amuleto
부적격(不適格) l'inabilità / -한 inabile / -하다 inabilitare
부전공(副專攻) la materia complementare
부전마비(不全麻痺)〈醫〉la paraplegia
부점(附點)〈音〉il punto
부정(父情) l'affetto paterno
부정(否定) la smentita / -하다 smentire
부정(不正) l'ingiustizia, l'iniquità / -한 sporco(a), ingiusto(a); infedele ¶ -行爲 la malvagità
부정(不定) la negativa, la negazione, il rinnegamento, (不贊成) la disapprovazione / -하다 negare, rinnegare, (否認) non riconoscere, disapprovare, (反駁) contraddire [pr. -isco], -的 negativo(a) / -할 수 없는 innegabile ¶ -冠詞〈文法〉l'articolo indeterminato
부정근(不定根)〈植〉l'avventizia
부정조직(不定組織)〈植〉avventizio

부정직한 disonesto(a)
부제(副題) il sottotitolo
부조(浮彫) il rilievo / -로 조각하다 scolpire [pr. -isco] a basso rilievo ¶高(中*低) - alto (medio*basso) rilievo
부조리(不條理) l'irragionevolezza, l'assurdità / -한 irragionevole, assur-do(a); imperdonabile
부족(部族) la tribù
부족(不足) l'insufficienza; la mancanza / -하다 mancare / -한 insufficiente; scarso(a); privo(a) ¶ 출발하려면 한달 부족하다 (남았다). Manca un mese alla partenza.
부족액(不足額) l'ammanco
부종(浮腫)〈醫〉il gonfio, il gonfiere; l'anasacra, l'edema (m.)
부주의(不注意) la noncuranza, l'imprudenza, la disattenzione / -한 disattento(a), sbadato(a), noncurante, imprudente, trascurato(a) / -하다 essere imprudente, essere noncurante (del pericolo), essere disattento(a), essere negligente
부지런(勤勉) / -함 la diligenza, l'operosità, la laboriosità, l'assiduità / -한 impegnato(a), assiduo(a), diligente, laborioso(a) ¶ 나는 부지런하다 (일을 많이 한다). Sono molto impegnato (=Lavoro molto). / -히 assiduamente, con diligenza, diligentemente
부진(不振) lo stagnamento
부착(付着) l'attacco, l'aderenza / -하다 attaccare [intr. avere]*aderire [intr. avere, pr. -isco] (a qlco.)
부채 il ventaglio ¶ -꼴(型) a ventaglio
부채(負債) il debito, la passività, il passivo / -를 지다 addossarsi un debito di qlcu., caricarsi di debiti
부처(夫妻) i coniugi
부처〈宗〉Buddha
부추기다(煽動) istigare (qlcu. alla ribellione), aizzare / 暴動을 일으키도록 群衆을 - aizzare il popolo alla rivolta
부츠〈靴〉gli stivali, le scarpe alte
부치다(發送) (便紙를) inviare, spedire ¶ 너 편지 부치니? Spedisci una lettera?
부탁(付託) la richiesta, un favore / -하다 chiedere un favore ¶ 나는 그에게 부탁하나 했다. Ho chiesto un favore a lui.

부터 da
부패(腐敗) la putrefazione, il marcio, la corruzione (della politica) / -한 putrefatto(a), marcio(a), corrotto(a), depravato(a) / -시키다 corrompere, fare putrefare, (금속을) corrodere / -하다 corrempersi, putrefarsi, marcire ¶-物 la putredine, il putridume
부표(浮漂) il galleggiante, la boa, il gravitello ¶求命- il salvagente
부푼 (腫氣가) gonfiato(a)
부풀다 (腫氣가) gonfiare, gonfiarsi
부풀리다 gonfiare
부피 il volume
부하(部下) il dipendente, il subordinato
부하(負荷) 〈物〉 il carico
부합(符合) la coincidenza, la conformità / -하다 coincidere con, essere conforme a, corrispondere a, identificarsi con
부합(符合) 〈商〉 la rispondenza
부호(富豪) il miliardario, il magnate
부호(符號) il simbolo, la marca, il segno, (暗號) la cifra
부호(符號) 〈數〉 il segno
부화(孵化) l'incubazione / -하다 incubare ¶人工- l'incubazione artificiale / -器 l'incubatrice
부활(復活) (그리스도의) Risurrezione, (再生) il rinascimento, la rinascita, (復興) il risorgimento, la restaurazione / -하다 rinascere, risorgere; essere restaurato(a) ¶-節, 祭 la Pasqua
북(北) il nord, la settentrione / -쪽에 verso il nord, a nord / -의 settentrionale, nordico(a)
북〈音〉 il tamburo, (작은) il tamburino
북구(北歐) l'Europa settentrionale*del Nord / -의, 人 nordeuropeo(a)
북극(北極) 〈地〉 Polo Nord, il polo artico / -의 artico(a), polare ¶-圈 il circolo polare artico, la zona artica / -星 Stella Polare
북극광(北極光) 〈氣〉 l'aurora boreale
북대서양(北大西洋) Nord-Atlantico ¶-條約機構 Organizzazione del Tratto Nord-Atlantico
북동(北東) il nord-est / -쪽에 a nord-est
북동풍(北東風) 〈氣〉 la grecale
북미(北美) l'America del Nord, gli Stati Uniti d'America / -의 nordamericano(a), del Nord America ¶-人 il nordamericano
북반구(北半球) l'emisfero settentrionale*boreale
북방(北方) il nord, la parte settentrionale / -에 a nord / -의 settentrionale, nordico(a), del nord
북부(北部) la parte*provincia settentrionale, il Nord / -의 settentrionale / -지방에서 nelle regioni settentrionali
북빙양(北氷洋) l'Oceano Glaciale Artico
북서(北西) il nord-ovest / -쪽에 a nord-ovest
북서풍(北西風) 〈氣〉 il maestrale, il mistral
북아메리카(北美) America del Nord, America settentrionale / -의 nordamericano(a)
북위(北緯) la latitudine nord*boreale 1 한반도는 북위 38도 선에서 갈라져 있다. La penisola coreana viene divisa in due al 38 (trentottesimo) parallelo di latitudine nord.
북조선(北朝鮮) la Corea del Nord, (人民民主主義共和國) la Repubblica Democratico Popolare di Corea / -의, 인 coreano(a) ¶-語 il coreano
북쪽 il nord / -의 a nord
북풍(北風) 〈氣〉 la tramontana
북한(北韓) la Corea del Nord
북해(北海) Mar del Nord
분(分) il minuto
분(憤) la cipria
분개(分介) 〈商〉 l'assortimento
분광(分光) la dispersione della luce
분광계(分光計) 〈物〉 lo spettrometro
분광기(分光器) 〈物〉 lo spettroscopio
분광사진기(分光寫眞機) 〈天〉 lo spettrografo
분광학(分光學) 〈物〉 la spettroscopia
분극(分極) 〈電〉 la polarizzazione
분기(分岐) la biforcazione
분기점(分岐點) la biforcazione
분노(憤怒) la furia, la collera, l'ira, lo sdegno, la rabbia / -하다 infuriarsi, ardere [intr. essere] d'ira, andare [intr. essere] *montare [intr. avere, essere] in collera, arrabbiarsi, sdegnarsi con qlcu.
분담액(分擔額) la quota / 資本金의 - la quota di partecipazione

분량(分量) la quantità, la dose

분로(分路)〈物*電〉 lo shunt

분류(分類) la classificazione / -하다 classificare; dividere

분리(分離) la separazione / -하다 seperare, staccare (il divano dal muro) / -시키다 separare; distaccare; allontanare

분리(分離)〈化〉 la dissociazione

분리주의(分離主義)〈政〉 il separatismo

분리파(分離派)〈繪〉 la secessione

분만(分娩)〈醫〉 il parto / -달 il mese del parto / -하다 partorire [pr. -isco] / 아들*딸*쌍생아(를)을 -하다 partorire un maschio*una femmina*due gemelli ¶-室 la sala (da) parto / 無痛- il parto indolore / 正常- il parto facile*eutocico*normale

분만촉진제(分娩促進劑)〈藥〉 l'ossitocico

분말(粉末) la polvere, la cipria / -로 되다 darsi la cipria ¶液體- la cipria liquida

분말제(粉末劑)〈藥〉 il polvere

분말화(粉末化)〈藥〉 la polverizzazione

분명(分明) la certezza, la chiarezza, l'evidenza / -한 certo(a), chiaro(a), evidente, indiscutibile, ovvio(a) / -히 certamente, chiaramente, evidentemente, ovviamente

분모(分母)〈數〉 il denominatore, la frazione denominatore

분무기(噴霧器) lo spruzzatore, 〈農〉(消毒用) l'irroratrice (portabile)

분발(憤發) la spronata / -하다 essere stimolato(a)*spronato(a) a (studiare*lavorare)

분배(分配) la distribuzione, il riparto / -하다 distribuire, ripartire

분별(分別) la discrezione, la ragione, la prudenza / -하다 distinguere, discriminare, ragionare / -있는 ragionevole, prudente, saggio / -없는 privo di discrezione; irragionevole, imprudente

분비조직(分泌組織)〈植〉 secretore

분산(分散) la dispersione, lo sparpagliamento / -시키다 disperdere / -되다 disperdersi, sparpagliarsi ¶ 잎이 바람에 분산된다. Le foglie si sparpagliano al vento.

분산(分散)〈數〉 la varianza

분산(分散)〈化〉 la dispersione

분산화음(分散和音)〈音〉 l'arpeggio

분석(分析) la analisi [<-> la sintesi] / -하다 analizzare / -的 analitico(a) ¶-學 la analitica / -學者 l'analista

분석(分析)〈哲〉 la analisi

분석(分析)〈化〉 l'analisi

분석론(分析論)〈哲〉 l'analitica

분석비판(分析批判)〈哲〉 il giudizio analitico

분석적 언어(分析的 言語)〈言〉 la lingua analitica

분석화학(分析化學)〈化〉 la chimica analitica

분쇄(粉碎) la spezzatura, la macinata, la polverizzazione / -하다 spezzare, macinare, pestare; polverizzare, ridurre in polvere

분쇄(粉碎)〈藥〉 la porfirizzazione, la triturazione

분수(噴水)〈建〉 la fontana

분수(分數)〈數〉 il numero frazionario, la frazione [用語] 1/2 un mezzo, 1/3 un terzo, 1/4 un quarto, 2/3 due terzi, 3/5 tre quinti, 2와 5/6 due e cinque sesti, 5/10 cinque decidi, 45/49 quarantacinque quarantanovesimi

분수령(分水嶺)〈地〉 la linea di displuvio, lo spartiacque

분실(紛失) lo smarrimento / -하다 perdere*smarrire*lasciare*dimenticare qlco. (in un luogo) / -되다 essere perso(a)*perduto(a) / -한, 된 smarrito(a), perduto(a) ¶-物 l'oggetto smarrito, la roba lasciata / -物 保管所 l'ufficio oggetti smarriti

분실물(紛失物) l'oggetto smarrito, la roba lasciata ¶- 保管所 l'ufficio oggetti smarriti

분야(分野) il mondo, gli ambienti

분열(分裂)〈生〉 la scissione

분열조직(分裂組織)〈植〉 meristematico

분위기(雰圍氣) l'atmosfera, il clima / 애국적 -에서 nel clima patriottico

분유(粉乳) il latte in polvere

분자(分子)〈數〉 il numeratore, la frazione numeratore

분자(分子)〈電*化〉 la molecola

분자량(分子量)〈物〉 la grammolecola

분장(扮裝) la truccatura / -하다 fare la truccatura, travestirsi (da qlcu.) ¶-師 la truccatrice / -실 il camerino

분장사(扮裝師)〈映〉 il truccatore, la truccatrice
분쟁(紛爭) la disputa, il dibattito, la lite, il conflitto, la lotta / -을 해결하다 definire una lite
분절(分節) l'articolazione / -的 articolato(a) ¶-語 il linguaggio articolato
분절(分節)〈生〉 la segmentazione
분절해안(分節海岸)〈地〉 la costa articolata
분지(盆地)〈地〉 la conca, il vacino
분출(噴出) lo sgorgamento, lo sgorgo / -하다 (액체가) sgorgare [intr. essere], zampillare [intr. essere, avere], scaturire [intr. essere, pr. -isco], sprizzare [intr. essere] 1 물이 바위에서 용출한다. L'acqua scaturisce dalla roccia.
분출암(噴出巖)〈鑛〉 la roccia eruttiva
분포(分布)〈數〉 la distribuzione
분필(粉筆) il gesso
분할(分割) il divisione / -可能한 divisibile / -可能性 la divisibilità
분해(分解)〈數〉 la scomposizione
분해(分解)〈化〉 la decomposizione / -하다 disfare
분화(分化)〈生〉 il differenziamento
분홍색 rosa
불(火) il fuoco, l'incendio / 약한 - il fuoco lento / 약한 -로 익히다 cuocere qlco. a fuoco lento / -을 붙이다 accendere il fuoco / -에 나무를 집어넣다 aggiungere legna al fuoco / - 붙이다 accendere / -에 탔다 essere bruciata dall'incendio
불 (달러) il dollaro
불가(不可) (不贊成) il male, la disapprovazione / -한 disapprovato(a)
불가능(不可能) l'impossibilità / -한 impossibile
불가능성(不可能性)〈數〉 l'impossibilità
불가리아어(-語)〈言〉 il bulgaro
불가분(不可分) l'inseparabilità, l'indivisibilità / -의 inseparabile, indivisibile
불가사리〈魚〉 la stella marina, la stella di mare
불가사의(不可思議) il mistero / -한 misterioso(a)
불가지론(不可知論)〈宗*哲〉 l'agnosticismo
불가침조약(不可侵條約) il trattato di non-aggressione

불가피(不可避) l'inevitabile, l'ineluttabilità, l'indispensabilità / -한 inevitabile, (運命이) ineluttabile, indispensabile, imman-cabile / -하게 inevitabilmente; al bisogno / -하게 되다 essere costretto a (fare qlco.)
불가항력(不可抗力) la forza maggiore* irresistibile / -의 irresistibile, inevitabile
불가해(不可解) l'incomprensibilità, l'inconcepibilità, il mistero, l'enigma / -한 incompresibile, inconcepibile; misterioso(a), enigmatico(a)
불간섭(不干涉) non intervento
불건강(不健康) la cattiva salute, l'insalubrità / -한 malsano(a), insalubre
불건전(不健全) / -한 malsano(a), insalubre; moralmente nocivo
불결(不潔) la sudiceria, la sporcizia, l'impurità / -한 sudicio(a), sporco(a), non pulito(a)
불경(不敬) la mancanza di rispetto, l'irriverenza / -한 profano(a), non rispettoso(a), irriverente
불경기(不景氣) la depressione (del commercio), il ristagno negli affari, la stagione morta / -의 inattivo(a), languente, stagnante
불공평(不公平) la parzialità / -한 ingiusto(a), parziale / -하다 rendere parziale
불교(佛敎) il buddismo / -의 buddistico(a) ¶-徒(信者) il buddista, la buddista
불구(不具) la deformità / -의 deforme, (足의) storpio(a) ¶-者 lo storpio, lo zoppo
불구하고 nonostante (la pioggia), malgrado
불규칙(不規則) l'irregolarità / -的·한 irregolare / - 동사들 verbi irregolari / -的으로 irregolarmente
불균등(不均等) la disparità / -的 dispari
불균형(不均衡) la disuguaglianza, la sproporzione, lo sbilancio, la sproporzione, lo squilibrio / -的 disuguale, sproporzionato(a), sbilanciato(a), squilibrato(a)
불기소(不起訴) il proscioglimento / -되다 essere prosciolto*liberato dall'accusa
불길(不吉) il malaugurio, il cattivo

augurio / -한 sinistro(a), malauguroso(a); malaugurato(a)
불꽃 la fiamma; la scintilla
불꽃놀이 i fuochi d'artificio
불능(不能) l'inabilità
불다 soffiare; (바람이) tirare
불도마뱀〈動〉la salamandra
불독〈動〉l'alano
불란서〈地〉la Francia / -人, 의 francese ¶-語 il francese
불량배(不良輩) il furfante, il malfattore, il bandito, il mascalzone
불량한(不良-) difettoso(a); delinquente
불러 / -모음(召集) la convocazione / -모으다 convocare, chiamare a riunire [pr. -isco]
불로소득(不勞所得) la rendita d'un bene immobile
불륜(不倫) l'immoralità, ¶-關係 (avere) la relazione extraconiugale (con qlcu.)
불리(不利) lo svantaggio / -한 svantaggioso(a), sfavorevole
불리다 chiamarsi 1 당신은 어떻게 불러집니까? (이름이 뭡니까?) Come si chiama?
불만(不滿) il malcontento, lo scontento, la lagnanza / -을 토로하다 fare le lagnanze (a qlcu.), lagnarsi (di qlco.)
불매동맹(不買同盟)〈經〉il boicottaggio
불면(不眠) l'insonnia / -의 밤을 보내다 trascorrere una notte insonne / -의 insonne ¶-症 l'insonnia
불면증(不眠症)〈醫〉l'ablefaria, l'insonnia
불명료(不明瞭) la vaghezza / -한 vago(a) / -하게 vagamente
불명예(不名譽) il disonore / -로운, 스런 disonorante
불모의(不毛-) sterile
불모지(不毛地) la terra arida
불문율(不文律) la legge non scritta, il diritto consuetudinario
불발탄(不發彈) la bomba inesplosa
불법(不法) l'illegalità, l'illegittimità; (不正) l'ingiustizia / -의 illegale, illecito(a), illegittimo(a); ingiusto(a) ¶-密航者 il clandestino
불변(不變) la costanza, l'immutabilità, l'invariabilità / -의 costante, immutabile, immutato(a), invariabile, invariato(a)

불복(不服)(不平) il malcontento, (不承認) la disapprovazione
불복종(不服從) la disubbidienza / -하다 disubbidire [intr. avere, pr. -isco] / 부모님의 의지에 -하다 disubbidire alla volontà dei genitori
불붙이다(點火) accendere, appiccare il fuoco (a qlco.)
불사의(不死-) immortale
불성실(不誠實) / -한 sporco(a)
불소(弗素)〈化〉il fluoro
불손(不遜) l'arroganza, la superbia / -한 arrogante, superbo(a) / -한 態度 l'atteggiamento altero*arrogante / -하게 arrogatemente, alteramente, superbamente
불순정어법(不純正語法)〈言〉il barbarismo
불승인(不承認) la disapprovazione
불시에(不時) inaspettatamente
불시착(不時着) l'atterraggio forzato*di fortuna ¶-場 il campo di fortuna
불신(不信) la diffidenza / -하다 diffidare di qlcu. / -하는 diffidente
불쌍한 misero(a), povero(a), miserabile
불안(不安) l'ansia, il disagio, l'ansia, la preoccupazione, l'ansietà, l'inquietudine, l'irrequietudine / -하다 essere inquieto(a)*pauroso(a)*timoroso(a) (di cadere giu), inquietarsi / -한 inquieto(a), impensierito(a), irrequieto(a), ansioso(a); incerto(a); preoccupante
불안(不安)〈醫〉l'ansia
불안정(不安定) l'instabilità, l'incostanza, la volubilità / -한 instabile, non stabile, incostante, volubile, precario(a), malfermo(a);〈氣〉incerto, variabile
불안정성(不安定性)〈經〉l'instabilità
불알(睾丸)〈解〉i testicoli
불알친구 l'amico*il compagno fin dall'infanzia
불어(佛語)〈言〉il francese
불어적 어법(-的 語法)〈言〉il francesismo
불완전(不完全) l'imperfezione / -한 imperfetto(a), incompleto(a), scompleto(a) / -하게 imperfettamente, in modo imperfetto
불완전고용(不完全雇傭)〈經〉la sottoccupazione
불우(不遇) la sfortuna, la disgrazia, la

불운한 sventura, (逆境) l'avversità / -한 sfortunato(a), disgraziato(a)

불운한(不運-) sfortunato(a), sventurato(a)

불의(不意) /-로, 에 d'improvviso, all'improvviso, improvvisamente, inaspettatamente / -의 improvviso(a), imprevisto(a), inaspettato(a), inatteso(a)

불의(不義) l'immortalità / -한, 의 immorale, adultero(a)

불이행(不履行)〈商〉la mora

불일치(不一致) il disaccordo, (意見의) la divergenza

불임(不姙)〈生〉la sterilità / -의 sterile

불참한(不參-) assente

불충분(不充分) l'insufficienza, la mancanza / -하다 essere insufficiente, mancare [intr. avere, essere] 1 내게는 돈이 불충분하다. Mi manca il denaro. / -한 insufficiente, incompleto(a), scompleto(a)

불치(不治) l'irrimediabilità / -의 irrimediabile

불친절한 scortese, sgarbato(a)

불쾌(不快) il dispiacere, la spiacevolezza, / -한 dispiacente, spiacente, spiacevole, sgradevole; mala-to(a), indisposto(a) ¶-感 il disgusto

불투명(不透明) l'opacità / -한 opaco(a)

불편(不便) il disagio, l'incomodo, l'inconvenienza 1 지하철 운행 중단은 엄청난 불편을 야기시켰다. L'interruzione di metropolitana ha provocato notevoli disagi. / -한 scomodo(a), incomodo(a), inconveniente

불평(不平) il malcontento, lo scontento, la lagnanza / -하다 brontolare, essere malcontento di (qlco.), esprimere il malcontento, lagnarsi, lamentarsi, gemere

불평(不評) l'impopolarità, la cattiva reputazione, l'opinione sfavorevole

불평등(不平等) la disugualianza / -한 disuguale

불포화(不飽和)〈化〉insaturo(a)

불필요(不必要) la superfluità, l'inutilità / -한 non necessario(a), superfluo(a), inutile

불합격(不合格) (試驗의) la bocciatura; (選拔에서) la scartata / -한 bocciato(a); scartato(a) / -하다 essere bocciato(a)*respinto(a) all'esame; essere scartato(a) ¶-品 la roba*l'oggetto di scarto

불합리(不合理) l'irrazionalità, l'assurdità / -한 irrazionale, assurdo(a), irragionevole / -하게 disordinatamente, in disordine / -한 assurdo(a)

불행(不幸) la disgrazia, la sfortuna, la sventura / -하다 essere in disgrazia / -한 infelice / -하게도 sfortunatamente, disgraziatamente

불협화음(不協和音) i suoni discordanti, la discordanza di suoni, l'accordo dissonante / -의 discordante, dissonante, discorde [<-> concordante]

불화(不和) la discordia, il disaccordo; la lotta, il combattimento

불확실(不確實) l'incertezza, la vaghezza 1 나는 불확실성 속에 처해 있다. 왜냐하면 어떤 결정을 내려야 할지 모르기 때문이다. Mi trovo nell'incertezza: non so che decisione prendere. / -한 incerto(a), insicuro(a), dubbioso(a), vago(a) / -하게 incertamente, indeterminatamente, vagamente ¶-性 l'incertezza

불환지폐(不換紙幣) il biglietto (di banca)*la banconota inconvertibile

불활발(不活發) l'inattività, l'inerzia, l'inoperosità / -한 inattivo(a), inerte, inoperoso(a)

불황(不況)〈經〉la depressione, la crisi

불효용(不效用)〈經〉la disutilità

붉히다 arrossire

붐(boom) il boom, il rapido sviluppo economico; l'improvvisa popolarità ¶鐵鋼- il boom dell'industria siderurgica / 海外觀光旅行- il boom dei viaggi turistici all'estero

붐비는(雲集) affollato(a), gremito(a)

붐비다(雲集) affollarsi, essere pieno di folla, gremirsi

붓(畫筆)〈繪〉il pennello

붓〈具〉il pennello / -을 쥐다 prendere il pennello ¶-통 la scatola da pennelli

붓꽃〈植〉il fiordaliso

붓다 (종기가) gonfiare; (液體를) versare 1 후라이팬에 달걀을 부어라! Versa le uova nella padella!

붕괴(崩壞) il crollo, la rovina, la

붕대 la benda
붕사(硼砂)〈化〉 il borace
붕산(硼酸)〈化〉 l'acido borico
붕산수(硼酸水)〈藥〉 l'acque borica
붕산염(硼酸鹽)〈化〉 il borato
붕소(硼素)〈化〉 il boro
붕소화합물(硼素化合物)〈化〉 il borico
붙다 attaccarsi, aderire
붙이다 (눈을) chiudere (gli occhi)
붙이다(接着) (接着劑로) agglutinare
붙임성 있는 socievole
붙잡다 agguantare, acchiappare / 사람을 팔로 - agguantare qlcu. per il braccio **1** 자, 내가 널 잡겠다! Ora t'agguanto io!
붙잡히다 fermarsi, arrestarsi
뷰렛트〈化〉 la buretta
브라스밴드〈音〉 la fanfara
브라운관 lo schermo
브라질〈地〉 il Brasile / -人, 의 brasiliano(a) ¶-語 Il portoghese
브래지어 il reggipetto, il reggiseno
브랜디 l'acquavite
브레이크 il freno / -를 밟다 frenare ¶ 페달 il freno / 핸드- il freno a mano / 非常- il freno di sicurezza
브로치 il fermaglio (per ornamento), la spilla (di cammeo), lo spillo
브루셀라병(-病)〈醫〉 la brucellosi
브리오소〈音〉 brioso (기운찬, 활발한, 쾌활한, 선명한, 명랑한)
브릴란테〈音〉 brillante (화려한)
브이티알(VTR) la registrazione televisiva su nastro
블라우스〈衣〉 la camicetta
블라인드 la persiana
블로킹〈拳〉 il bloccaggio
비(碑) la lapide, (記念碑) il monumento
비(比)〈數〉 la proporzione, il rapporto
비(雨)〈氣〉 la pioggia **1** 비 맞으며 집에 돌아오느라 흠뻑 젖었다. Sono tornato a casa sotto la pioggia e mi sono bagnata tutta. / - 내리는〈氣〉 piovoso / - 올 듯한〈氣〉 piovoso / -오다, 내리다 piovere **1** 어제는 하루 종일 비가 내렸다. Ieri è piovuto tutto il giorno. **2** 몇 달 전부터 비가 오지 않아서 들판이 타들어 간다. Non piove da mesi, la campagna è gialla. ¶-방울 le gocce di pioggia / -물 l'acqua piovana / -구름 le nuvole di pioggia / -옷 l'impermeabile
비강(鼻腔)〈解〉 la cavità nasale
비거주공간(非居住空間)〈地〉 la anecumene
비겁(卑怯) la vigliaccheria, la viltà / -한 vigliacco(a), vile, codardo(a) ¶-者 il vigliacco, il codardo
비결(祕訣) il segreto, la chiave
비경구의(非經口-)〈藥〉 parenterale
비고(備考) la nota; il riferimento, N.B. (= nota bene)
비공식(非公式) /-的 informale, ufficioso(a) /-的으로 ufficiosamente, non ufficialmente
비과학(非科學) /-的 non scientifico(a)
비관(悲觀) (-論) il pessimismo; (落膽) il disappunto /-하다 essere pessimistico(a); mostrare il proprio disappunto /-的 pessimistico(a) ¶-論者 il pessimista
비교(比較) la comparazione, il paragone, il confronto / -하다 paragonare*comparare (uno con l'altro*all'altro), mettere a paragone con, fare il confronto di due persone, confrontare / ~와 -하여 a*in paragone di*a qlcu., in confronto con qlcu. /-的 comparativo(a) / -的으로 comparativamente /-할 수 없을 만한 incomparabile, imparagonabile ¶-文學 la letteratura comparata /-級〈文〉 il grado di comparazione
비교언어학(比較言語學)〈言〉 la linguistica comparativa
비교측정기(比較測定器)〈物〉 il comparatore
비구름 il nembo
비굴(卑屈) l'atto servile, la servilità /-한 servile, spregevole
비극(悲劇) la tragedia /-的 tragico(a)
비근(卑近) /-한 familiare, semplice; (一般的) comune, (通俗的) volgare
비금속(非金屬)〈化〉 il metalloide
비기다 (경기에서) pareggiare
비난(非難) il biasimo, l'accusa; il rim-

비너스 la Venere
비뇨기(泌尿器)〈醫〉 l'apparato urinario
비뇨기과(泌尿器科)〈醫〉 l'urologia
비뇨기과전문의(泌尿器科專門醫)〈醫〉 l'urologo
비뇨기과학(泌尿器科學)〈醫〉 l'urologia
비누 il sapone ¶-물 la saponata / -통, 갑 la saponiera / 化粧- la saponetta / 가루- il sapone in polvere / -방울 le bolle di sapone / -工場 la saponeria
비늘〈魚〉 le squame
비닐 il vinile
비닐봉지 il sacchetto di plastica
비다(空) vuotarsi, diventare vuoto
비단 la seta
비동기기(非同期機)〈電〉 l'asincrono
비동기발전기(非同期發電機)〈電〉 l'alternatore asincrono
비동기전동기(非同期電動機)〈電〉 il motore asincrono
비둘기〈鳥〉 il piccione, la picciona, il colombo, la colomba ¶-時計 l'orologio a cucu
비듬 la forfora
비등(沸騰)〈藥〉 l'ebollizione
비등(沸騰)〈化〉 l'ebollizione / -하다 ebollire [intr. avere] ¶-點 il punto*la temperatura di ebollizione
비디오(video) il video, il videoregistratore ¶- 테이프 la videocassetta, il nastro per registratore video / - 테이프녹화 (VTR) la registrazione televisiva su nastro / -카메라 la cinepresa
비뚤어지다 essere [intr. essere] storto (a)*torto(a)*distorto(a); deformarsi
비뚤어진 storto(a), torto(a), distorto(a); deformato(a), obliquo(a) / -視線 lo sguardo obliquo / - 시선으로 ~를 보다 guardare qlcu. con un'occhiata obliqua
비례(比例) la proporzionale / -하다 essere in proporzione (ad un'altra cosa) / -시키다 proporzionare (qlco.) a un'altra cosa ¶正(反)- la proporzione diretta (inversa) / -代表制 il sistema della rappresentazione proporzionale
비례(比例)〈數〉 la proporzionalità

비로드(velvet) il velluto
비록 ~이지만 benché, sebbene, quantunque (+ v. cong.); anche se (+ v. indic. o cong.) 1 비록 의사가 외출을 삼가라고 했지만 나는 외출한다. Esco di casa benché*sebbene*anche se il medico me l'abbia proibito.
비료(肥料) il concime, il fertilizzante / -를 줌(施肥) la concimazione, la fertilizzazione / -주다 concimare ¶化學- il concime chimico*artificiale / 天然- il concime naturale / 窒素(燐酸)- il concime azotato (fosforato)
비린내 il odore di pesce crudo / -나는 di un odore di pesce crudo
비만(肥滿)〈醫〉 la pinguedine
비만증(肥滿症)〈醫〉 l'obesità
비망록(備忘錄) il taccuino di appunti (note), la promemoria, (外交上의) il memorandum
비망록(備忘錄)〈伊〉 memorandum
비매품(非賣品) l'oggetto*l'articolo invendibile
비명(悲鳴) il grido acuto*di dolore* terrore, lo strillo / -을 지르다 gridare acutamente
비명(碑銘)〈彫〉 la lapicida
비문(碑文) l'iscrizione (sepolcrale)
비밀(祕密) il segreto / -을 누설하다 svelare*palesare un segreto / -로 하다 nascondere, tenere segreto, celare, occultare / -스런 segreto(a), nascosto(a), furtivo(a) / -리에 segretamente, in segreto ¶-警察 la polizia segreta / -情報員 l'agente segreto / (銀行)-計座 il conto segreto bancario
비밀계좌(祕密計座) il conto segreto bancario
비밀투표(祕密投票)〈伊〉 il voto segreto
비바체〈音〉 vivace (활기찬, 쾌활한, 신속한, 명랑한)
비방(誹謗) la maldicenza / -하다 dire male (di qlcu.), (비난) biasimare, (중상) calunniare
비방(誹謗)〈法〉 la diffamazione
비번(非番) / -의 libero(a) dal servizio
비범(非凡) / -한 straordinario(a), insolito(a); meraviglioso(a), prodigioso(a), eccellente
비브라폰〈音〉 il vibrafono

비비다(摩擦) fregarsi (le mani)

비산염(砒酸鹽)〈化〉 l'arseniato

비상(飛上) il salto, il balzo / -하다 saltare [intr. avere], balzare [intr. avere]; (공중으로) volare [intr. avere, essere] alto

비상(非常) la straordinarietà, (非常時) l'emergenza, (緊急) l'urgenza / -의 경우 in caso d'urgenza, (危機) la crisi / -의 straordinario(a); urgente; critico(a), pericoloso(a) / -하게 straordinariamente; urgentemente; assai, molto ¶-事態 lo stato d'emergenza / -口 l'uscita di sicurezza / -경보 il segnale d'allarme

비상근(非常勤) la straordinarietà / -의 straordinario(a), provvisorio(a) ¶- 講師 il professore incaricato

비상긴급명령(非常緊急命令)〈法〉 l'ordinanza di necessità e urgenza

비상식(非常識) la mancanza di buon senso*senso comune / -的 insensato(a), assurdo(a)

비상주차대(非常駐車帶)〈路〉 la corsia di emergenza

비상한 straordinario(a)

비서(祕書) la segretaria, il segretario, (公職者의 個人 祕書) il segretario particolare (del ministro) ¶-科*室 la segreteria

비석(碑石) la lapide, (記念碑) il monumento

비세포(非細胞)〈生〉 /-의 acellulare

비소(砒素)〈化〉 l'arsenico

비속(卑俗) la volgarità, la trivialità / -한 volgare, triviale / -하게 volgarmente

비속(卑屬)〈法〉 il discendente

비스듬히 obliquamente, diagonalmente

비스킷(biscuit) il biscotto

비슷(同樣) / -하다 essere analogo(a)*simile a qlco., (似) simile, analogo(a), identico(a); stesso(a), medesimo(a) ¶ 당신의 나라의 요리에 이것과 비슷한 요리법이 있나요? C'è una ricetta simile a questa nella cucina del suo paese? / -하게 similmente, identicamente, allo stesso modo

비슷한(同樣) simile, similare, analogo(a) / - 형태 le figure similari / - 말 (類似語) il sinonimo

비신사(非紳士) / -的 maleducato(a)

비싼(高價) costoso(a), caro(a)

비아(非我)〈哲〉 non-io

비애(悲哀) la tristezza; l'afflizione / 幻滅的 - l'amarezza della disingganno

비약(飛躍) il salto, il balzo / -하다 saltare, fare un salto, balzare, fare un balzo

비어있는(空) vuoto(a)

비엔나〈地〉 Vienna

비열(卑劣) la viltà, la vigliaccheria / -한 vile, vigliacco(a), codardo(a), meschino(a)

비열(比熱)〈理〉 il calore specifico

비염(鼻炎)〈醫〉 la corizza, la rinite

비염(脾炎)〈醫〉 la splenite

비옥(肥沃) la fertilità / -하게 하다 fertilizzare / -하다 diventare fertile*fecondo, ingras-sare / - 한 fertile, fecondo(a); gras-so(a), grosso(a) / -化 la fertilizzazione

비올라〈音〉 la viola

비옷(雨備) lo impermeabile

비용(費用) la spesa, il costo / -이 들다 costare / -이 드는 costoso(a), di molta spesa / -이 안 나가는 poco costoso(a), di poco prezzo, economico(a) / -을 節約하다 economizzare*ridurre le spese / 自身의 -으로 a proprie spese

비용량(比容量)〈物〉 la capacitività

비용지불(費用支拂) la spesa / -하다 spesare

비우다(空) vuotare [<-> riempire], svuotare

비웃다(嘲笑) schernire, (우롱, 희롱) deridere cf. (微笑) sorridere [intr. avere], (웃다) ridere

비위생(非衛生) l'insalubrità / -的 antigienico(a), insalubre

비유(比喩) l'allegoria / -的 allegorico(a) / -的으로 allegoricamente / -으로 말하다 dire allegoricamente

비율(比率) il saggio, il tasso, la ragione

비율(比率)〈商〉 il percentuale

비음(鼻音)〈言〉 la nasale, il suono nasale, la voce nasale

비이커〈化〉 la beuta

비인간적(非人間的) disumano(a)

비자(旅券査證) il visto (consolare) ¶-申請書 la domanda di visto

비잔틴식 / -의〈建〉 bizantino(a)

비장(祕藏) / -의 custodito(a) *conservato(a) come tesoro; prediletto(a), preferito(a), favorito(a) / -하다 custodire [pr. -isco] *conservare preziosamente

비장(悲壯) il patetico, la tragedia / -한 patetico(a), tragico(a), commovente

비장(脾臟)〈解〉la milza

비전투원(非戰鬪員) il non combattente, (一般人) il borghese

비정질암(非晶質岩)〈鑛〉la roccia amorfa

비정통(非正統)〈哲〉l'eterodossia

비종(脾腫)〈醫〉la splenomegalia

비종교주의(非宗敎主義)〈政〉il laicismo

비준(批准) la ratifica, la ratificazione, la sanzione / 조약의 - la ratifica di un trattato / -을 얻다 ottenere la sanzione / -하다 ratificare, sanzionare

비준(批准)〈法〉la ratifica

비중(比重) il peso specifico

비중계(比重計)〈藥·化〉il densimetro

비참(悲慘) la miseria, le condizioni miserande, la disgrazia / -한 misero(a), miserando(a), miserabile; disgraziato(a); tragico(a), doloroso(a)

비천한(卑賤-) umile

비쳐 / -보이다 trasparire [intr. essere; pr. -isco o -aio] / -보이는 trasparente

비추다(光) brillare, splendere, risplendere, folgorare, lampeggiare, sfavillare, scintillare

비출혈(鼻出血)〈醫〉la epistassi

비취(翡翠)〈鑛〉la giada

비치파라솔 l'ombrellone

비키니 bikini

비타당성(非妥當性)〈法〉l'invalidità

비타민〈藥〉la vitamina

비탁계(比濁計)〈物〉il nefelometro

비탄(悲嘆) la tristezza, l'afflizione, la lamentazione, i lamenti, le lagnanze / -하다 lamentarsi*lagnarsi di / -的 lamentevole, lamentoso(a) / -하게 하다 rattristare

비탈 la salita

비통(悲痛) la tragedia / -한 straziante, straziato(a); tragico(a), afflitto(a)

비틀거리는 vacillante / - 걸음으로 con passi vacillanti

비틀거리며 barcolloni, con passi vacillanti

비틀기 운동(-運動)〈操〉la torsione

비틀다 torcere, ritorcere, storcere

비틀린 torto(a), storto(a)

비틀림〈物〉la torsione

비틀어지다 essere torto(a)

비판(批判) la critica, il giudizio / -하다 criticare, giudicare / -的 critico(a)

비판주의(批判主義)〈哲〉il criticismo

비평(批評) la critica;〈解說〉il commento / -하다 criticare; commentare / 냉정한 - la critica sarcastica*sardonica / 냉정하게 -하다 criticare sarcasticamente / -的 critico(a) ¶-家 il *la critico(a); il commentatore

비품(備品) la mobilia, gli arnesi necessari, gli attrezzi

비프스테이크(beefsteak)〈食〉la bisteca ¶- 미디움 la bistecca al sangue

비하(卑下) / -하다 umiliarsi, fare atto d'umiltà, essere umile

비합리주의(非合理主義)〈哲〉l'irrazionalismo

비합법(非合法) l'illegittimità, (違法) l'illegalità / -的 illegittimo(a), illegale, illecito(a)

비행(飛行) il volo, l'aviazione, la navigazione aerea / -하다 volare, fare il volo (spaziale) ¶-術·學 l'aeronautica / -服 l'abito da aviazione / -家≑士 l'aviatore, l'aeronautica, il*la pilota / -機 l'aeroplano, l'aereo, l'apparecchio / -場 l'aeroporto, l'aerodromo / 編隊- il volo in formazione / 夜間- il volo notturno / 遊覽- il volo di piacere

비행(非行) la delinquenza, la cattiva condotta ¶-青年 il*la giovane delinquente

비행기(飛行機) l'aereo, l'aeroplano, il volo ¶-票 il biglietto

비행사(飛行士) il pilota, l'aviatore

비행선(飛行船) il dirigibile

비형식(非形式) / -的 informale

빈(空) vuoto(a), vano(a), inutile / -자리 posto libero

빈곤(貧困) la povertà, l'indigenza, la miseria, la strettezza, l'impoverimento, la carestia / -한 povero(a), indigente, misero(a), bisognoso(a) / -하다 impoverirsi [io mi impoverisco, tu ti impoverisci], diventare povero, vivere in miseria*povertà*strettezze ¶-人, 者 il povero (f. -a), l'indigente (m.f.)

빈궁(貧窮) la povertà, l'indigenza, la misura, l'impoverimento, la carestia / -한 povero(a), indigente, misero(a), bisognoso(a) / -하다 impoverirsi [io mi impoverisco, tu ti impoverisci], diventare povero, vivere in miseria

빈둥대다 bighellonare, oziare [intr. avere], passare oziosamente il tempo, trascurare / -人 il bighellone (f. -a)

빈번하게 spesso

빈번한 frequente

빈민(貧民) la gente povera

빈사(瀕死) / - (상태)의 moribondo(a) / - (상태)의 사람 il moribondo

빈상(貧相) la misera apparenza / -의 di misera apparenza*figura

빈약(貧弱) la meschinità, la grettezza / -한 povero(a), meschino(a), gretto(a)

빈집 la casa disabitata

빈틈 la fessura

빈혈(貧血) l'anemia / -性의 anemico(a) ¶腦- l'anemia cerebrale

빈혈증(貧血症)〈醫〉 l'anemia

빌다 pregare; augurare; scusarsi

빌딩(building) l'edificio, il fabbricato ¶高層- il grattacielo

빌려주다(貸與) prestare, rendere **1** 그는 내게 그의 차를 빌려주었다. Lui mi ha prestato la sua macchina. **2** 너 프랑코에게 돈을 빌려줬니? Hai reso i soldi a Franco?

빌리다 noleggiare; prendere in prestito

빌어먹을! Maledetto!

빗 (머리카락용) il pettine / -질 하다 pettinarsi → 머리

빗나가다 sviarsi

빗다 pettinare

빗물방울 le gocce di pioggia, lo sgocciolamento piovano

빗자루 la granata, la scopa

빙(氷)〈氣〉 il gelo

빙구상의(氷丘狀-)〈鑛〉 mammellonare

빙벽(氷壁)〈地〉 il seracco

빙벽하강(氷壁下降) la discesa su ghiaccio

빙설(氷雪) il ghiacciaio

빙수(氷水) l'acqua ghiacciata

빙하(氷河)〈地〉 il ghiacciaio

빚 il debito

빚장이 il creditore

빚지다(借入) debitarsi con qlcu.

빛 la luce

빛나게 brillantemente, vistosamente

빛나는 lucente, lucido(a); splendido(a), brillante, vistoso(a) / -게 splendidamente

빛나다(光) luccicare, splendere, brillare, risplendere; illuminarsi

빠(bar) il bar **1** 난 8시 30분에 빠에 간다. Vado al bar alle 8.30.

빠뜨리다(看過) omettere, fare una svista, saltare (due pagine); affogare; mettere in difficoltà

빠뜨림(看過) la svista

빠레트〈繪〉 la tavolozza

빠르게〈音〉 affrettando

빠른 veloce

빠리〈地〉 Parigi / -人, 의 parigino(a) / -인처럼 옷을 입다 vestire [intr. avere] come un parigino → 파리

빠지다 (잠에) essere immerso in (sonno)

빠지다 ~와 異性에 - infatuarsi di qlcu. invaghirsi di qlcu. / 困難에 - cadere [intr. essere] in difficoltà / 陷穽에 - cadere in trappola / 危險에 - essere*trovarsi in pericolo

빠지다 (살이) dimagrire

빨간색(赤色) rosso(a)

빨개지다(紅潮) diventare rosso, arrossire [intr. essere, pr. -isco] / 얼굴이 - diventare rosso in viso / 수줍어서*사랑 때문에 얼굴이 - arrossire di vergogna*amore

빨다 succhiare, succhiarsi / 손가락을 - succhiarsi il dito

빨다(洗濯) lavare

빨대 la cannuccia

빨래 il lavaggio

빨리(急) presto **1** 난 빨리 떠나야 한다. Devo partire presto.

빨아들이다(吸入-) aspirare, (액체를) assorbire [pr. -o, -isco] **1** 지면이 물기를 빨아들인다. La terra assorbe la pioggia.

빵 il pane / -을 굽다 infornare*cuocere il pane / -을 자르다 affettare il pane / 버터바른 - il pane imburrato*al burro / 건포도 넣은 - la focaccia (pl. -ce) / 공모양의 작은 - il panino / 단-(佛; 브리오쉬) la brioscia (pl. -sce) / - 굽는 사람

빨다 il fornaio ¶-집 la panetteria / 食- il pane a cassetta / 스틱-(과자) il bastone di pane

빻다 macinare, pestare; polverizzare, ridurre in polvere, molare

빼기〈數〉 meno; la sottrazione ¶ 5 빼기 2 는 3이다. Cinque meno due fa tre.

빼내다(分離) togliere ¶ 씨를 빼내라! Togli i semi!

빼놓다(除去) eliminare

빼다 sottrarre; (얼룩, 이빨을) togliere

빼다(못 따위를) schiodare

빼앗다 portar via, togliere

빽빽(密) / -한 denso(a), fitto(a) / -하게 densamente, il modo viscoso, fittamente

뺨〈解〉 la gota, la guancia (pl. -ce)

뻐꾸기 il cuculo

뻔뻔스러움 l'imprudenza, l'audacia

뻔뻔한 spudorato(a)

뻗기 lo stendimento

뻗다 stendersi, stendere

벤치〈具〉 le pinze

뼈(骨) l'osso (人骨) le ossa, (魚類의) la lisca / -를 제거하다 disossare / -를 제거한 disossato(a)

뽀뽀 il bacio / -하다 baciarsi ¶ 아빠와 딸이 뽀뽀한다. Il papa e sua figlia si baciano.

뽐내다 mettere (orgogliosamente) in mostra (le proprie bellezze), fare mostra di qlco. (con orgoglio)

뽑다 estrarre; sradicare; selezionare

뾰족(銳) / -한 aguzzo(a), acuto(a), appuntito(a) [<-> smussato] / -한 코 il naso aguzzo / -하게 하다 appuntare (un lapis) / 입을 -하게 하다 avere*fare il broncio

뿌리(根) (植物) la radice; (根元) l'origine, il fondamento / -채 뽑다 sradicare / -깊은 tenace, profondo(a), radicato(a) / -깊은 反感 l'antipatia radicata

뿌리다 (모래, 씨 따위를) spargere; spruzzare

뿐만 아니라 ~ 도 sia ~ che ~ ¶ 북부뿐만 아니라 남부에 갈 경우에도 가벼운 옷차림으로 가십시요. Sia al nord che al sud si consiglia un abbigliamento leggero.

뿐만 아니라 sia… sia…, non solo ~ ma (anche) ~; nonchè, inoltre

뿔〈動〉 le corna, il corno ¶-피리 il corno

뿜다 (담배연기를) tirare boccate di fumo (dalla pipa)

삐걱거리다 cigolare, stridere / 문이 -cigolare*stridere la porta

삐다 slogarsi

삐라 (전단지) il volantino, il foglietto da pubblicità commerciale

삐악삐악(鳴) (鳥) il pigolio, il pigolamento; (병아리) pio pio / - 울다 pigolare; fare pio pio

사(四)(基數) quattro, (序數) quarto(a)
사(師) il maestro
사(死) la morte
사(砂)〈鑛〉 la sabbia
사(死)〈宗〉 la morte
사각(死角) l'angolo morto
사각의(四角-) quadrato(a)
사각형(四角形)〈數〉 il quadrangolo, il quadrato
사감(舍監) il capo del convitto (maschile *femminile)
사거(死去) la morte, la scomparsa
사거리(交叉路) l'incrocio, il crocevia, il crocicchio
사건(事件) l'incidente, (非常事態) l'emergenza; il caso, l'evento, l'avvenimento / 복잡한*긴급한 - il caso complesso*urgente / -이 일어나다 accadere un incidente
사격(射擊) il tiro, la sparata / -하다 sparare, aprire il tiro ¶-場 il tito a segno
사계(四季) quattro stagioni / - 동안 durante tutte le stagioni, per tutto l'anno
사고(思考) il pensiero, l'idea, (熟考) la riflessione, la considerazione / -하다 pensare [intr. avere] (a qlco) ¶-力 il pensiero, la facoltà del pensare
사고(事故) l'incidente (stradale*aereo), l'accidente; (故障) la cattiva funzione (della macchina) ¶-死 la morte accidentale
사과〈植〉 la mela ¶-나무 il melo / -果樹園 il meleto / -酒 il sidro
사과 la scusa
사관(士官) l'ufficiale ¶-學校 la scuola militare
사교(社交) / -的 socievole ¶-性 la socialità, la sociovolezza
사교(司敎) il vescovo / 大- l'arcivescovo
사교(邪敎) l'eresia ¶-徒 l'eretico
사교(社交) la società / -的 socievole ¶-댄스 il ballo in sala pubblica; la festa di ballo / -家 l'uomo socievole / -界 il bel mondo
사구(砂丘) la duna
사극관(四極管)〈電*物〉 il tetrodo
사금(砂金) la pagliuzza (d'oro)
사기(死期) gli ultimi momenti
사기(士氣) il morale delle truppe, lo spirito militare **1** 사기가 충천하다. Il morale delle truppe è molto alto.
사기(詐欺) l'imbroglio, la frode, la truffa, l'inganno, la fraudolenza / -죄로 벌 받다 essere condannato per truffa / -치다 truffare, commettere una truffa, ingannare **1** 마리아는 그에게 10,000 유로를 사기 쳤다. Maria gli ha truffato diecimila euro. / -당하다 essere ingannato(a) ¶-꾼 il truffatore (f. -trice), l'ingannatore (f. -trice), l'aggiratore (f. -trice)
사기(邪氣) la malizia, la malignità
사기 la ceramica
사기죄(詐欺罪)〈法〉 la truffa
사나운(暴) feroce, violento(a) / - 비 (暴雨) un violento nubifragio
사냥(狩獵) la caccia / -하다 cacciare ¶-개(犬) il cane da caccia / -시즌 la stazione di caccia / -꾼 il cacciatore
사념(邪念) il cattivo pensiero / -갖다 (없애다) avere (scacciare) un cattivo pensiero
사다(買) comprare **1** 난 신문 사러 간다. Esco per comprare il giornale.
사다리 la scaletta, la scala (portabile di legno), la scala di pioli ¶消防用自動- la scala automatica
사다리꼴〈數〉 il trapezio / -의 trapezoide
사단(師團)〈軍〉 la divisione ¶-長 il generale di divisione
사단법인(社團法人) l'ente privato, l'azienda associata commerciale
사대사(四大事)〈宗〉 i novissimi

사도(邪道) la via erronea*ingiusta / -로 들어서다 deviare [intr. avere] dalla diritta via

사도(使徒)〈宗〉 il discepolo, l'apostolo ¶-行伝 gli Atti degli Apostoli

사돈댁 la casa dei genitori di nuora

사라반다〈音〉la sarabanda

사라지다 sparire

사람(人) la persona, l'uomo; (사람들) la gente, la folla, le persone, gli uomini, il popolo, essere umano **1** 그는 훌륭한 (정직한*귀여운) 사람이다. E' una brava (una onesta*una cara) persona. **2** 사람 살려! Aiuto! / 차가운 - la persona freddolosa / -의 umano ¶- 손 (勞動力) le braccia, la manodopera **1** 사람 손이 필요하다 avere bisogno di braccia.

사랑(愛) l'amore / -하다 amare, volere bene a qlcu., affezionarsi a qlcu. **1** 그는 시골(전원)을 사랑한다. Ama la campagna. / -에 빠지다 innamorarsi di (una persona) **1** 그들은 사랑에 빠졌다. Si sono innamorati. **2** 그는 첫 눈에 그녀에게 반해 사랑에 빠졌다. Si è innamorato di lei a prima vista. / -스런 amabile, grazioso(a), caro(a), carino(a) / -에 빠진 innamorato(a)

사랑고백(告白) la dichiarazione d'amore / -하다 fare la dichiarazione (d'amore)

사랑니〈解〉il dente del giudizio

사려(思慮) / -깊은 prudente, saggio(a)

사력(死力) gli sforzi*i tentativi disperati

사령(司令) il comando ¶-官 il comandante / -部 il quartiere generale

사령(辭令) l'ordine di nomina / -을 받다 ricevere un foglio di nomina ¶外交- il linguaggio protocollare

사령관(司令官)〈海〉il comandante

사례(謝禮) il compenso, la ricompensa, la retribuzione, (변호사*의사*가정교사 따위의) l'onorario / -를 하다 dare*offrire il compenso*l'onorario, rimunerare

사례(事例) l'esempio

사로잡다(魅了) cattivare, affascinare **1** 그녀의 매력이 그를 사로잡았다. La sua grazia l'ha affascinato.

사로잡히다(捕) essere arrestato(a)*catturato(a) / 惡習에 - essere schiavo del vizio / 아름다움에 - essere catturato(a)

(della bellezza)

사료(飼料) (가축 따위의) il pascolo

사료(史料) i materiali storici, i materiali relativi alla storia, le fonti storiche

사륜(四輪) quattro ruote / -구동차 il veicolo a quattro ruote

사립(私立) / -의 privato(a) ¶-學校 la scuola privata

사막(砂漠) il deserto / -의 desertico(a)

사망(死亡) la morte, la scomparsa, la mortalità / -한 morto(a), defunto(a) / -하다 morire **1** 어제 마리아가 사망했다. Maria è morta ieri. ¶-率 il tasso di mortalità

사면(斜面) il pendio, il declivio

사면(赦免) l'amnistia / -되다 essere amnistiato(a)

사명(使命) la missione, il dovere / -을 부과하다 adempire [pr. -isco]*adempiere la propria missione

사무(事務) l'affare*il lavoro (d'ufficio) / -보다 lavorare in un ufficio / -的 pratico(a) / -的으로 praticamente ¶-官 (大*公使館) il segretario (f. -a); il funzionario (f. -a) amministrativo / -所 l'ufficio / -職員 l'impiegato (f. -a), (店員) il commesso (f. -a) / -服 l'abito*la veste da lavoro / -실 l'ufficio

사무국원(事務局員)〈伊〉il segretario

사무소(事務所)〈伊〉l'ufficio

사문석(蛇紋石)〈鑛〉il serpentino

사물(事物) la cosa, l'oggetto

사발〈器〉la ciotola, la scodella

사방(四方) punti cardinali / -에 in ogni parte, in ogni luogo, per tutte le parti, dappertutto / -으로 dappertutto, ovunque / -八方에 in*per ogni direzione / 3킬로미터 -에 nel raggio di tre chilometri

사방정형의(斜方晶形-)〈鑛〉rombico

사범(師範) ¶跆拳道- il maestro di Taekwondo / 劍道- il maestro di scherma giapponese

사법(司法) la giustizia, l'amministrazione della giustizia / -의 giudiziario(a) ¶-權 la giurisdizione / -部 Ministero di Giustizia / -警察 la polizia giudiziaria

사법권(司法權) il potere giudiziario, la giurisdizione

사법기구(司法機構)〈伊〉organizzazione

사법부(司法府)〈伊〉 Magistratura [用語] 형사부(刑事部) sezioni penali, 민사부(民事部) sezioni civili, 검찰청(檢察廳) procura generale, 검찰총장(檢察總長) procuratore generale, 공소재판소(控訴裁判所) Corti d'Appello, 지방재판소(地方裁判所) Tribunali, 법무관재판소(法務官裁判所) Preture, 주석재판장(主席裁判長) Presidente, 배심원(陪審員) giudici popolari, 군사최고재판소(軍事最高裁判所) Tribunale Supremo Militare, 지방군사재판소(地方軍事裁判所) Tribunali Militari Territoriali

사변(事變) l'incidente; (非常事態) l'emergenza

사변(斜邊)〈數〉l'ipotenusa, il cateto

사변형(四邊形)〈數〉il quadrilatero

사별(死別) la separazione per morte / 남편과 -하다 perdere il proprio marito, diventare vedova

사복(私服) l'abito civile / -을 입고 in abito civile, in borghese

사본(寫本)〈言〉il codice, il manoscritto / 12세기의 - il manoscritto del XII (dodicesimo) secolo

사본계보(寫本系譜)〈言〉il stemma dei codici

사본장식가(寫本裝飾家)〈繪〉il*la miniaturista, il miniatore

사분(四分) la divisione in quattro / -하다 dividere in quattro / -의 三 tre quarti

사브르〈스포츠〉(펜싱용 칼) la sciabola

사사(私事) gli affari privati*personali

사사오입(四捨五入) l'arrotondamento / -하다 arrotondare il numero alla seconda o alla terza cifra decimale

사살(射殺) la fucilazione / -하다 fucilare qlcu.

사상(思想) l'ideologia, il pensiero, l'idea / -的인 問題 il problema ideologico / 舊 - l'idea vecchia, l'ideologia vecchia ¶-家 il pensatore / 自由主義- l'idea liberale / 基督教- l'idea del cristianesimo

사상균병(絲狀菌病)〈醫〉la micosi

사상자(死傷者) i morti e i feriti

사색(思索) la meditazione, la riflessione, il pensiero / -하다 pensare [intr. avere] a qlco., meditare, riflettere

사생(寫生) (스케치) lo schizzo / -하다 schizzare

사생활(私生活) la vita privata

사생아(私生兒) il bastardo (f. -a), il figlio illegittimo

사서(司書) il bibliotecario (f. -a)

사서함(私書函) la casella postale

사선(斜線) la linea obliqua, il diagonale

사설(社說) l'editoriale, l'articolo di fondo, l'articolo editoriale / -를 쓰다, 論하다 scrivere*commentare (l'argomento su un problema) nella colonna editoriale ¶-欄 la colonna editoriale

사설(私設) l'impresa*l'azienda privata

사설(邪說) l'opinione eretica

사수(射手) l'arciare (f. -a), il tiratore d'arco, (發砲者) lo sparatore

사순절〈宗〉Quaresima

사슬 la catena

사슴(鹿)〈動〉il cervo

사시(斜視)〈醫〉lo strabismo / -의 strabico(a) / -인 사람 lo strabico

사실(史實) il fatto storico

사실(事實) il fatto; la verità; la realtà / -의 vero(a), reale / -上 realmente / -的 reale / -은 infatti 1 시실은 나 앗씨시에 갔어어. Infatti sono andato ad Assissi. / -無根의 infondato(a)

사실(寫實) la rappresentazione*la descrizione obiettiva della realtà / -的 realistico(a) ¶-主義 il realismo

사실무근(事實無根) l'infondatezza / -의 infondato(a)

사심(私心) l'egoismo, gli interessi personali

사십(四十) (基數) quaranta, (序數) quarantesimo(a)

사악(邪惡) l'iniquità, la malignità, la malvagità, la scelleratezza / -한 iniquo(a), maligno(a), scellerato(a), malvagio(a), malizioso(a)

사안(私案) il progetto*il piano privato

사암(砂巖) l'arenaria

사암(砂巖)〈鑛〉l'arenaria

사어(死語)〈言〉la lingua morta

사업(事業) il lavoro, l'impresa, gli affari, il commercio / ~와 -관계를 갖다 avere rapporti di affari con qlcu. ¶公共- i lavori pubblici / -家 l'uomo d'affari, l'imprenditore (f. -trice) / -資金 i fondi finanziari per i lavori d'esercizio / -年度 l'anno d'esercizio

사업(事業)〈商〉 l'affare

사역(使役) l'impiego, il lavoro, il servizio / -하다 impiegare; imporre a qlcu. il lavoro forzato

사영(射影)〈數〉 la proiezione

사영기하학(射影幾何學)〈數〉 la geometria proiettiva

사욕(私慾) il proprio desiderio, il proprio interesse / -을 추구하다 cercare sempre *solo i propri interessi

사용(私用) l'uso privato*personale

사용(使用) l'uso, l'impiego / -中 (室*席의) occupato(a), riservato(a) / -하다 usare, impiegare, servirsi di qlco., adoperare ¶-人 l'impiegato, il servo / -料 (車*船의) il nolo, il noleggio / -者 lo*la utente, il consumatore, il padrone, il datore di lavoro / -法 l'uso, il modo di usare

사용권(使用權)〈法〉 l'uso

사용료(使用料)〈法〉 il canone

사용자조합(使用者組合)〈經〉 il sindacato

사우나 la sauna, il bagno di vapore

사우디아라비아〈地〉 l'Arabia Saudita

사원(社員) (회사의) l'impiegato d'una società*ditta

사원(寺院) il tempio buddista

사월(四月) aprile / - 25일 il 25 aprile

사위〈族〉 il genero

사유(私有) la proprietà privata, il possesso privato*personale / -의 posseduto (a) privatamente / -地 il terreno privato, i possessi ¶-財産 i beni personali, la proprietà privata

사유(思惟)〈哲〉 il pensiero

사유화(私有化)〈經〉 la privatizzazione / -하다 privatizzare

사육(飼育) l'allevata, l'allevamento; l'addestramento / -하다 (동물을) allevare; addestrare, ammaestrare ¶-者 l'allevatore

사육제(謝肉祭) il carnevale

사은(謝恩) l'espressione del ringraziamento ¶-會 la riunione di colazione offerta da laureati*licenziati in onore dei loro professori

사의(謝意) il ringraziamento, la gratitudine, la riconoscenza / -를 표하다 ringraziare, esprimere*dimostrare la propria gratitudine

사의(辭意) l'intenzione*la volontà di dimissioni / -를 표명하다 esprimere le dimissioni

사이 l'intervallo; (관계) la relazione

사이다(飮料) la gassosa, lo sprite

사이렌 la sirena / -을 울리다 fischiare [intr. avere] sirene d'allarme*d'una fabbrica ¶-警報 il segnale acustico

사이에 tra, fra

사이즈 (衣服, 신발의) la taglia, la misura, il numero **1** 사이즈 몇을 입으세요? Che taglia ha? **2** 사이즈 몇을 신으세요? Che numero ha?

사이클〈電*物〉 il ciclo

사이클로트론(原子破壞機)〈物〉 il ciclotrone

사이클링〈스포츠〉 il ciclismo / -하는 사람 il*la ciclista (m.pl. -i)

사이폰(吸水管) il sifone

사인(書名) la firma / -하다 firmare

사인(數) il seno

사임(辭任) le dimissioni / -하다 dimettersi

사자(使者) il messaggero; l'inviato

사자(死者) il morto, il defunto

사자(獅子)〈動〉 il leone (f. -essa)

사장(死藏) / -시키다 serbare qlco. senza utilizzazione, lasciare dormire il capitale; fare rimanere qlco. inoperoso, lasciare infruttiferi i propri beni

사장(社長) il titolare, il presidente (f. -essa)*il direttore (f. -trice) d'una società*ditta

사재(私財) i beni personali, la proprietà privata

사적(史蹟) le rovine storiche, i resti storici / -을 訪問하다 visitare rovine storiche

사적인(私的) personale, privato(a)

사적미술국(史蹟美術局)〈伊*敎〉 antichità e belle arti

사전(事前) / -에 in anticipo, anticipamente

사전(辭典)〈言〉 il dizionario, il vocabolario, il lessico / 韓伊- il dizionario coreano-italiano

사전어휘(辭典語彙)〈言〉 il lessico

사전편집(辭典編輯)〈言〉 la lessicografia

사절(使節)〈人〉 l'inviato, il delegato; (團) la delegazione, la missione / 訪韓이탈리아-團 la missione italiana di amicizia alla Corea

사절(謝絶) il rifiuto / -하다 rifiutare, non essere ammesso ¶面會- le visite sospese

사정(私情) il sentimento privato*personale / -하다 (애원하다) implorare

사정(射程) la portata, (砲) la gittata / -內 a portata*gittata di tiro / -外 fuori portata

사정(査定) la valutazione, la stima / -하다 valutare ¶-額 la stima

사정(事情) le circostanze, la situazione, lo stato delle cose / -에 따라 secondo le circostanze

사제(司祭)〈宗〉 il sacerdote, il prete

사조(思潮) la corrente delle idee

사죄(謝罪) il perdono, la scusa / -하다 perdonare, scusarsi (dello sbaglio), scusare, chiedere il perdono*le scuse a qlcu. per qlco. ¶-廣告 la pubblicazione delle scuse (in un giornale)

사주(砂洲) il banco di sabbia

사주(沙柱)〈海〉 il bassofondo

사중주(四重奏)〈音〉 il quartetto

사증(査證) il visto (consolare) / -하다 vistare (un passaporto) ¶入國(出國)- il visto d'entrata (uscita)

사지(死地) l'abisso (di morte)

사지결손증(四肢缺損症)〈醫〉 l'amelia

사직(辭職) le dimissioni / -하다 dimettersi

사진(寫眞) la fotografia, la foto / -촬영하다 fotografare, fare una fotografia a qlcu.*qlco. / -찍다 fotografare / -찍히다 essere fotografato*preso ¶-家·사 il fotografo / 電送- la telefotografia / -機 la macchina fotografica / -관 il fotografo

사진측량술(寫眞測量術)〈地〉 la fotogrammetria

사찰(査察) l'ispezione / -하다 ispezionare, fare un'ispezione

사채(社債) l'ob bligazione d'una ditta / -를 발행하다 emettere obbligazioni

사철(砂鐵) le sabbie ferruginose

사체(死體) il cadavere, la salma

사체해부(死體解剖)〈醫〉 l'autopsia

사촌(四寸)〈族〉 il cugino (f. -a)

사춘기(思春期) l'adolescenza, la pubertà / -의 adolescente, pubere

사출(射出) la proiezione / -하다 proiettare

사취(詐取) la frode / -하다 frodare qlcu. d'una somma, frodare una somma a qlcu.

사치(奢侈) la fastosità, il lusso / -스런 fastoso(a), lussuoso(a) / -스럽게 fastosamente, lussuosamente / -스럽게 살다 darsi alla vita lussuosa, vivere [intr. essere] oziosamente nel lusso ¶-品 l'oggetto*l'articolo di lusso

사칭(詐稱) l'abuso d'un nome falso*d'una professione falsa / -하다 abusare [intr. avere] d'un nome falso

사카린〈藥〉 la saccarina

사탕 la caramella

사탕무우〈植〉 la bietola, la barbabietola

사태(事態) la situazione, lo stato delle cose / -를 수습하다 salvare una situazione

사퇴(辭退) il rifiuto / -하다 rifiutare (umilmente), rinunziare

사투(死鬪) la lotta mortale

사투리 il dialetto

사파이어(靑玉)〈鑛〉 lo zaffiro

사팔뜨기 lo strabico

사포 la cartavetrata

사표(辭表) le dimissioni / -를 提出하다 presentare*dare le dimissioni / -를 受理(拒否)하다 accettare (respingere) le dimissioni

사프란〈植〉 lo zafferano

사학(私學) la scuola privata

사학(史學) la storia

사항(事項) l'oggetto, l'articolo ¶調査-l'oggetto*il soggetto di ricerca*indagine

사행심(射倖心) lo spirito di speculazione

사형(死刑) la condanna a morte, la pena di morte / -에 처하다 condannare qlcu. a morte / -을 宣告하다 sentenziare la pena di morte ¶-囚 il condannato a morte

사회(司會) la direzione d'una riunione / -보다 dirigere una riunione ¶-者 il moderatore di una discussione, il presentatore

사회(社會) la società (umana) / -的, 의 sociale ¶-學 la sociologia / -病理學 la patologia sociale / -保障 la sicurezza sociale / -科 la lezione*il corso degli studi sociali / -化 la socializzazione / -民主主義 la socialdemocrazia / -政策 la politica sociale / -主義 il socialismo / -主義者 il*la socialista / -黨 il Partito Socialista / 民主-黨 il Partito Democratico Socialista / -事業 l'opera di assistenza sociale / 現代- la società moderna

사회보험(社會保險) le assicurazioni sociali

사회복귀(社會復歸) il ricupero alla società

사회계약설(社會契約說) <哲> il contrattualismo

사회민주당(社會民主黨) <政> il partito socialdemocratico

사회병리학(社會病理學) la patologia sociale

사회언어학(社會言語學) <言> la sociolinguistica

사회주의(社會主義) il socialismo / -的 socialista, socialistico(a)

사회주의화(社會主義化) la socializzazione

사회학(社會學) la sociologia / -的, 의 sociologico(a)

사회화(社會化) la socializzazione / -하다 socializzare

사후승낙(事後承諾) il consenso*l'approvazione d'una cosa già fatta / -을 要求하다 chiedere l'approvazione retroattiva

삭감(削減) la detrazione / -하다 detrarre

삭이다 (緩和) (분을) calmare*addolcire [pr. -isco] (l'ira)

삭제(削除) la cancellazione, la cancellatura / -하다 cancellare, depennare / -시킬 수 있는 cancellabile

산(山) (山岳) il monte, la montagna, (丘陵) il colle, la collina; (鑛山) la miniera ¶ 우리 산에 가자! Andiamo in montagna! / -사나이 (알피니스트) il montanaro; il*la alpinista

산(酸) <化> l'acido / -의 acido(a)

산골마을 il villaggio montano

산과의(産科醫) <醫> l'ostetrico

산과학(産科學) <醫> l'ostetricia

산기슭(山-) i piedi del monte*della montagna / -에 ai piedi d'una montagna

산길(山道) il sentiero montano, il colle / -을 지나다 passare un colle, attraversare un passo

산더미 il mucchio

산들바람(微風) la brezza, il venticello (fresco)

산란(産卵) la deposizione delle uova, (魚類의) la fregola / -하다 deporre*fare le uova

산란(散亂) la dispersione, lo sparpagliamento / -되다 disperdersi, sparpagliarsi ¶ 잎이 바람에 산란된다. Le foglie si sparpagliano al vento. / -한 disperto(a)

산림(山林) la foresta, il bosco ¶ -局 la direzione generale delle foreste

산마리노 공화국 <地> Repubblica di San Marino

산만 (散漫) (注意의) la distrazione; (支離滅裂) la sconnessione; lo sparpagliamento / -한 sconnesso(a), distratto(a), disordinato(a), confuso(a), sparpagliato(a) / -하게 in disordine, confusamente, sparpagliatamente / -하게 하다 sparpagliare / -해 지다 sparpagliarsi, disperdersi

산맥(山脈) <地> la catena montuosa, la sierra, la catena di montagne

산모(産母) la puerpera

산문(散文) la prosa / -的 prosaico(a) ¶ -詩 i versi prosastici

산물(産物) il prodotto, la produzione ¶ 主要- il prodotto principale / 副- il prodotto secondario

산보(散步) la passeggiata, il passeggio, il giro / -하다 fare una passeggiata, passeggiare [intr. avere], fare quattro passi, andare a passeggio

산부인과(産婦人科) <醫> la clinica ostetrica, la maternità / -의사 il ginecologo

산불(山火災) l'incendio d'un bosco

산사태 la frana, il franamento (di terreno) / -나다 franare [intr. essere]

산성(酸性) l'acidità / -의 acido(a) ¶ -反應 la relazione acida

산성도(酸性度) <化> l'acidita'

산성증(酸性症) <醫> la acidosi

산성화(酸性化) <化> l'acidificazione

산소(酸素)<化> l'ossigeno ¶-吸入 l'inalazione d'ossigeno
산수(算數) l'aritmetica, (計算) il calcolo
산술(算術)<數> l'aritmetica / -에 강하다 (약하다) essere forte (debole) in aritmetica
산스크리트 il sanscrito ¶-學者 il*la sanscritista
산아제한(産兒制限) il controllo delle nascite / -하다 controllare*limitare le nascite
산악(山岳) il monte, la montagna ¶-地帶 la zona montagnosa / -國家 il paese montagnoso
산악명칭학(山岳名稱學)<言> l'oronimo
산약(散藥)<藥> la cartina
산양(山羊) la capra ¶-乳 il latte di capra
산업(産業) l'industria / -의 industriale ¶-合理化 la razionalizzazione dell'industria / -界 il campo*il mondo industriale
산업공예(産業工藝) Mestieri Industriali ¶-科 Dipartimento di Mestieri Industriali
산업의 재편성(産業의 再編成)<經> il ridimensionamento
산입집중(産業集中)<經> la concentrazione
산욕(産褥) (분만 직후의 시기) il puerperio ¶-熱 la febbre puerperale
산장(山莊) la viletta in montagna; (등산객용) la capanna per alpinisti, il rifugio alpino
산재(散在) / -하다 essere*trovarsi qua e là, essere sparso(a) / -한 sparso(a)
산재보험(産災保險) l'assicurazione contro gli infortuni sul lavoro
산적(山積) l'aggroppamento / -하다 aggropparsi
산정(算定) il conto, il conteggio / -하다 contare, conteggiare
산정(山頂) la cima*il vertice*la vetta*la sommità di un monte*d'una montagna
산지(産地) il luogo di produzione, la provenienza
산지(山地)<地> il monte, il massiccio, il paese montano
산책 la passeggiata / -하다 fare una passeggiata, passeggiare
산촌(山村) il villaggio montano
산출(算出) il calcolo, il computo / -하다 calcolare, computare
산출(産出) la produzione / -하다 produrre
산타클로스(Santa Claus) Babbo Natale, Befana, San Nicola (m.), Santa Klaus
산토끼<動> la lepre cf. (집토끼) il coniglio
산파(産婆) la levatrice, l'ostetrica
산풍(山風)<氣> la brezza di monte
산호(珊瑚) il corallo ¶-礁(초) la scogliera corallina, il banco di coralli
산화(酸化)<化> l'ossidazione / -되다 ossidarsi
산화마그네시아(酸化-)<藥> la magnesia
산화물(酸化物)<化> l'ossido
산화제(酸化劑)<化> l'ossidante
산회(散會) la fine*la chiusura (d'una riunione) / -하다 finire [intr. essere, tr.; pr. -isco], chiudere

살 (고기) la carne; (나이) l'età **1** 몇살이니? Quanti anni hai?
살구<植> l'albicocca ¶-나무 l'albicocco
살균(殺菌) la disinfezione, la sterilizzazione, (低溫-) la pastorizzazione / -하다 disinfettare, sterilizzare, pastorizzare ¶-牛乳 il latte pastor-izzato / 消毒器 lo sterilizzatore, la macchina sterilizzatrice / -劑 il disinfettante
살균소독(殺菌消毒)<藥> la sterilizzazione
살기(殺氣) l'atmosfera assettata di sangue; la sovreccitazione
살다(生) vivere, abitare **1** 그는 미국에 산다. Vive negli Stati Uniti.
살롱 il salone
살리실산염(-酸塩)<藥> il salicilato
살무사<動> la vipera
살벌한(殺伐-) violento(a); (殘忍한) crudele, brutale; (流血의) sanguinoso(a)
살수(撒水) l'annaffiamento, l'annaffiata / -하다 annaffiare, dare un'annaffiata ¶-器 l'annaffiatoio, (庭園用) l'annaffiatore da giardino / -人 l'annaffiatore / -車 il carro annaffiatore, l'annaffiatrice, l'autobotte (f.), l'autocisterna per spazzare e lavare le strade
살아나다 rinascere; sopravvivere
살아있는(生) vivo(a) / - 언어 la lingua viva
살인(殺人) l'omicidio, (暗殺) l'assasinio

/ -的 omicida (m.pl. -i) / -하다 uccidere, ammazzare; assassinare ¶-者 lo*la omicida, l'assassino / -意圖 l'intenzione omicida / -未遂 l'omicidio mancato

살인죄(殺人罪)〈法〉l'omicidio

살찐 grasso(a)

살충제(殺蟲劑) l'insetticida (m.), (粉末) la polvere insetticida

살쾡이〈動〉la lince

살피다(探知) spiare / 動靜을 - spiare le mosse

살해(殺害) l'omicidio, (暗殺) l'assassino / -하다 uccidere, ammazzare; assassinare 1 그는 이미 세 명을 살해했다. Ne ha già uccise tre. / -되다, 당하다 essere ucciso(a) ¶-犯 l'assassino / -意圖 l'intenzione omicida

삶(生) la vita

삶다(끓는 물에) bollire

삶은 allesso(a), lesso(a) / - 밤들 le castagne cotte allesse

삼각(三角) il triangolo / -의 triangolare ¶-法 la trigonometrica / -關係 la relazione illecita d'amore tra tre persone / -形 il triangolo / 正-形 il triangolo equilatero / -州 la delta

삼각(三脚)〈寫〉il trepiede / 2인-(게임) la corsa a tre piedi

삼각강(三角江)〈地〉l'estuario

삼각근(三角筋)〈解〉il deltoide

삼각법(三角法)〈數〉la trigonometria

삼각접속(三角接續)〈電〉il collegamento triangolare

삼각주(三角洲)〈地〉la delta

삼각편대(三角編隊)〈軍〉la triangolazione

삼각형(三角形)〈數〉il triangolo

삼극(三極)〈電〉/ -의 tripolare

삼극관(三極管)〈電·物〉il triodo

삼나무〈植〉il cipresso

삼단논법(三段論法)〈哲〉il sillogismo / -의 sillogistico(a)

삼단도약(三段跳躍) il salto triplo

삼단뛰기〈陸〉il salto triplo

삼등(三等) la terza classe, il terzo grado*ordine

삼등분(三等分) / -하다 tripartire [pr. -isco]

삼류(三流) / -의 di terzo ordine

삼륜차(三輪車) il motocarro con tre ruote

삼림(森林) il bosco, la foresta

삼방정형의(三方晶形-)〈鑛〉trigonale

삼분(三分) la tripartizione / -하다 dividere in tre parti, tripartire [pr. -isco] / -의 일 un terzo

삼사정형의(三斜晶形-)〈鑛〉triclino

삼삼오오(三三五五) a due o tre persone, a vari gruppi

삼상(三相)〈電〉/ -의 trifase

삼색(三色) / -의 tricolore ¶-旗 la bandiera tricolore, il tricolore / 이탈리아 -旗 il tricolore d'Italia (la bandiera bianca, rossa e verde)

삼승(三乘)〈數〉il cubo / -하다 cubare ¶-根 la radice cubica

삼십(三十) (基數) trenta; (序數) trentesimo(a)

삼월(三月) il marzo

삼위일체(三位一體)〈宗〉la Trinita' ¶-說 il dogma trinitario

삼위일체교의(三位一體教義)〈宗〉il dogma della Trinita'

삼중(三重) / -의 triplo(a)

삼중모음(三重母音)〈言〉il trittongo

삼중자(三重子)〈物〉il tritone

삼중주(三重奏)〈音〉il terzetto, il trio

삼지창(三指槍) il forcone

삼차(三次) terzo(a) ¶第-內閣 il terzo Gabinetto

삼차곡선(三次曲線)〈數〉la cubica

삼차방정식(三次方程式)〈數〉l'equazione di terzo grado /

삼촌(三寸)〈族〉lo zio

삼층(三層) il secondo piano / - 건물에 있는 집 la casa a due piani

삼키다 inghiottire [pr. -tto 혹은 -isco], deglutire [pr. -isco], ingoiare

삼투(滲透) l'infiltrazione / -하다 infiltrarsi, insinuarsi

삼회(三回) tre volte

삽〈具〉la pala, la vanga, il badile

삽입(挿入) l'inserimento / -하다 inserire [pr. -isco] / 에피소드를 이야기에 -하다 inserire un episodio in un racconto / -되다 essere inserito(a)

삽화(挿話) l'episodio

삽화(挿畵) la vignetta

삽화(挿畵)〈繪〉l'illustrazione

상(喪) il lutto / -服을 입다 (벗다) mettere*portare (smettere) il lutto per qlcu., vestirsi di nero*a lutto, indossare abito da lutto / - 中이다 essere in lutto ¶-服 l'abito*il vestito da*a lutto

상(賞) il premio / 受-하다 avere in premio / -을 수여하다 conferire [pr. -isco] un premio / 1 (2, 3)等- il premio (secondo, terzo) premio ¶노벨- Premio Nobel / -金 il premio

상(上) il primo, il migliore ¶-券 il primo volume*tomo

상(像) la statua, l'immagine ¶實- l'immagine reale / 虛- l'immagine virtuale / 彫刻- la statua / 肖- il ritratto / 映- l'immagine / 偶- l'idolo

상(相) la fisonomia; l'aspetto

상감(象嵌) l'intarsiatura / -하다 (아로새기다) intarsiare

상경(上京) / -하다 andare nella capitale

상고(上告)〈法〉il ricorso, l'appello / -하다 appellare [intr. essere]*appellarsi*ricordare [intr. essere] (ad un tribunale di grado superiore)

상공(上空) / -에 nel cielo, in alto / 도시의 -을 날다 sorvolare [intr. avere] la città

상공(商工) commercio e industria ¶-會議所 Camera di Commercio e Industria

상공부(商工部)〈伊〉Industria e Commercio e Artigianato

상공회의소(商工會議所) Camera di Commercio e Industria

상관(上官) il superiore ufficiale

상관(相關) la correlazione / -的 correlativo(a)

상금(賞金) il premio (in denaro) / -을 주다 dare un premio (in denaro)

상급(上級) il grado*la classe superiore / -의 superiore ¶-生 lo studente (f. essa) di una classe superiore

상기(上記) / -의 predetto(a), suddetto(a), sopraindicato(a), suindicato(a), qui di sopra, summenzionato(a) 1 상기의 정보가 사실임을 증명한다. Si certifica che la informazione qui di sopra è vera e corretta. / -와 같이 come sopraddetto, come sopraindicato / -場所 il predetto*sopraindicato luogo

상기(想起)〈哲〉la anamnesi

상냥한 gentile

상단(上段) il posto*il gradino superiore; (寢臺車의) la cuccetta superiore

상달(上達) il progresso, lo sviluppo, l'avanzamento; (熟練) l'abilità / -하다 progredire [intr. avere, pr. -isco] (in un'arte), fare progressi

상담(商談) i negoziati (per stipulare un contratto commerciale)

상담(相談) la consultazione / -하다 consultare qlcu., consultarsi con qlcu., domandare un consiglio*un parere altrui 1 전문가와 상담해라! Consulta con uno specialista! ¶-者 il*la consulente / -役 il consigliere, il consulente

상당(相當) / -하다 corrispondere [intr. avere] a qlco. / -한 adeguato(a); notevole; considerabile, considerevole / -히 considerevolmente

상대(相對) il compagno, la compagna; la relatività / -性 la relatività / -性 原理 la teoria della relatività / -的 relativo(a) / -的으로 relativamente ¶對話- persona con cui si parla, compagno di chiacchiere / 競爭- il concorente, il concorrente, il competitore, la competitrice, l'avversario, l'avversaria

상대성이론(相對性理論)〈物〉la relatività, la teoria della relatività

상대습도(相對濕度)〈氣〉l'umidità relativa

상대전류전압계(相對電流電壓計)〈物〉il varmetro

상대정맥(上大靜脈)〈解〉la vena cava superiore

상대주의(相對主義)〈哲〉il relativismo

상등(上等) / -의 buono(a)*migliore*superiore di qualità ¶-品 l'articolo di qualità

상량(爽凉) / -함 l'affabilità, l'amabilità / -한 affabile, amabile, cortese, cordiale / -하게 affabilmente, amabilmente, cordialmente

상례(常例) (慣例) l'uso, il costume, la consuetudine / -에 따라 secondo la consuetudine

상록(常綠) / -의 sempreverde

상록수(常綠樹) il sempreverde

상론(詳論) la discussione in dettagli*dettagliata / -하다 discutere (un argomento) dettagliatamente*minuziosamente

상류(上流) l'alta classe sociale; (河川의) l'alta parte di un corso d'acqua

상륙(上陸) lo sbarco / -하다 sbarcare [intr. essere], approdare ¶-作戰 l'operazione dello sbarco

상무(商務) gli affari commerciali ¶-官 l'addetto commerciale (presso l'ambasciata)

상무(常務) il lavoro giornaliero, gli affari pratici ¶-委員 il membro del comitato permanente

상무관(商務官)〈伊〉addetto commerciale

상반(相反)〈數〉il reciproco

상반신(上半身)〈解〉le arti superiori, il busto, la parte superiore

상방(上方) la parte superiore

상법(商法) la legge*il diritto commerciale ¶-典 il codice del commercio

상변(上邊) la superficie

상보분포(相補分布)〈言〉la distribuzione esclusiva o complementare

상복(喪服) l'abito*il vestito da*a lutto / -을 입다 mettere*portare il lutto per qlcu., vestirsi di nero*a lutto, indossare abito da lutto

상부(上部) la parte superiore

상부구조(上部構造) la sovrastruttura

상비(常備) / -의 permanente ¶-軍 l'esercito permanente / 家庭-藥 i farmaci per uso domestico

상사(商事) gli affari commerciali

상사(上司) il superiore, la superiora

상사(商社) la ditta, la società (commerciale)

상사(上士)〈軍〉il sergente

상상(想像) la supposizione, l'immaginazione, l'idea / -하다 supporre, immaginare / -的인 immaginativo(a) ¶-力 l'immaginativa

상선(商船)〈商〉il mercantile, la nave mercantile

상설(常設) / -의 permanente ¶-映畵館 il cinema, la sala*il teatrino cinematografico

상세(詳細) il dettaglio / -한 dettagliato(a), particolareggiato(a), minuto(a), minuzioso(a) / -하게, 히 dettagliatamente, in dettaglio, minuziosamente / -히 기술하다 dettagliare (un conto) ¶-書

〈商〉il conto dettagliato

상소(上訴)〈法〉l'impugnazione, il gravame

상속(相續)〈法〉la successione, l'eredità, l'ereditarietà / -의 ereditario(a) / -하다 ereditare (i beni), succedere [intr. essere] a qlcu. 1 아내는 남편의 유산을 상속했다. La moglie succedette al marito nell'eredità.

상속권(相續權)〈法〉i diritti d'eredità

상속분(相續分)〈法〉la quota ereditaria

상속인(相續人)〈法〉lo*la erede

상속재산(相續財産)〈法〉l'eredità

상수(上水) l'acqua potabile [<-] l'acqua inquinata*di fogna) ¶-管 il condotto*la conduttura d'acqua (portabile)

상수(常數)〈數〉il costante

상순(上旬) la prima decade del mese, i primi (giorni) del mese

상술(上述) / -의 predetto(a), suddetto(a), sopraddetto(a)

상스러운 volgare

상스러움 l'indecenza

상습범(常習犯)〈法〉il*la delinquente abituale

상승(上昇) l'ascesa, l'ascensione, l'elevazione, il rialzo, il rincaro, la salita / 食料品 價格의 - il rialzo dei generi alimentari / -하다 salire, ascendere; (飛行機가) prendere la quota / -하는 ascendente, che sale

상승작용(相乘作用)〈藥〉il sinergismo

상승적 이중모음(上昇的 二重母音)〈言〉il dittongo ascendente

상시(常時) sempre

상식(常識) il senso comune, il buonsenso / -的 sensato(a); giudizioso(a) /-없는 insensato(a), senza buonsenso

상식(常食) il pasto regolare (quotidiano)

상아(象牙)〈動〉l'avorio, le zanne ¶-塔 la torre d'avorio / -細工 i lavori d'avorio

상아(象牙)〈彫〉l'avorio

상어(動) lo squalo, il pescecane

상업(商業) il commercio, il negozio / -하다 negoziare [tr., intr. avere] in qlco., commerciare [intr. avere] in qlco., commerciare [tr.] qlco., esercitare il commercio*il mestiere / -의 commerciale ¶-文 la corrispondenza commerciale / -地域 il quartiere commerciale / -銀行 la banca commerciale / -通信文 la corrispondenza / -都市 città di commercio [用語] 매점매석(買占賣惜) l'accaparramento, 사업(事業) l'affare, 업무(業務) l'affare, 영리주의(營利主義) l'affarismo, 조달(調達) l'approvvigionamento, 분개(分介) l'assortimento, 경매(競賣) l'asta, 이서(裏書)하다 attergare, 손해(損害) l'avaria, 영업권(營業權) l'avviamento, 파산(破產) la bancarotta, 교환(交換) il baratto, 중재인(仲裁人) il bisognatario, 상점(商店) la bottega, 하락(下落) il calo, 수표(手票) il cambiale, 수표의 cambiario(a), 견본(見本) il campione, 견본대장(見本臺帳) il campionario, 부담(負擔) il carico, 적하(積荷) il carico, 카탈로그 il catalogo, 통화(通貨) il circolante, 유통(流通)의 circolante, 고객(顧客) il cliente, 고객관계(顧客關係) la clientela, 포장(包裝) il collettame, l'imballaggio, 소포(小包) il collo, 투자(投資)하다 collocare, 여점원(女店員) la commessa, 주문(主文) la commessa, 위임(委任)하다 commissionare, 주문(主文)하다 commissionare, 판매대리인(販賣代理人) il commissionario, 중매인(仲買人) il commissionario, 총대리점(總代理店) il concessionario, 특허권소유자(特許權所有者) il concessionario, 제조(製造) la confezione, 소송(訴訟) il contenzioso, 법률사무소(法律事務所) il contenzioso, 계약(契約)하다 contrarre, 연서(連署)하다 controfirmare, 부서(副署)하다 controfirmare, 정박료(碇泊料) le controstallie, 운송업자(運送業者) il corriere, 광고(廣告) il depliant, 홍보팜플릿 il depliant, 소매점(小賣店) il dettagliante, 소매(小賣) il dettaglio, 명세(明細) il dettaglio, 지불유예(支拂猶豫) la dilazione, 자금(資金) la disponibilità, 파산(破產) il dissesto, 관계서류(關係書類) il dossier, 약속어음(約束-) l'effetto, il pagherò, 수출금지(輸出禁止) l'embargo, 품절(品切) l'esaurito, 독점권(獨占權) l'esclusiva, 소매상(小賣商) l'esercente, 지불능력(支拂能力) l'esigibilità, 증거(證據) l'evidenza, 수요(需要) il fabbisogno, 지급편의(支給便宜) la facilitazione, 고객명부(顧客名簿) il fascettario, 창고증권(倉庫證券) la fede di deposito, 창하증권(倉荷證券) la fede di deposito, 일시불(一時拂) il forfait, 계약집(契約集) il formulario, 이서(裏書) la girata, 유통(流通) il giro, 자본회전(資本回轉) il giro, 도매업자(都賣業者) il*la grossista, 입고(入庫) l'immagazzinaggio, 독점(獨占) l'incetta, 매점매석(買占賣惜) l'incetta, 주소록(住所錄) l'indirizzario, 회수불능(回收不能)의 inesigibile, 도매(都賣) l'ingrosso, 입금(入金)하다 introitare, 잔여물품(殘餘物品) l'invenduto, 허가서(許可書) la licenza, 면허증(免許證) la licenza, 청산(淸算) la liquidazione, 결제(決濟) la liquidazione, 가격표(價格表) il listino, 업무분담(業務分擔)하다 lottizzare, 품목(品目) il lotto, 창고(倉庫) il magazzino, 상표(商標) la marca, 마크(品質證明의) il marchio, 중개인(仲介人) il mediatore, 상인(商人) il*la mercante, 무역업자(貿易業者) il*la mercante, il*la mercantile, 교섭(交涉)하다 mercanteggiare, 상선(商船) il mercantile, 상품(商品) la mercanza, la merce, 시장(市場) il mercato, 화물(貨物) la merce, 소매(小賣)로 al minuto, 소정의 양식(所定의 樣式) il modulo, 통화(通貨)를 정하다 monetizzare, 연체(延滯) la mora, 불이행(不履行) la mora, 매매(賣買)하다 negoziare, 상점(商店) il negozio, 화물수송(貨物輸送) il nolo, 주문서(注文書) l'ordinativo, 기입사항(記入事項) la partita, 비율(比率) il percentuale, 퍼센트(比率) il percentuale, 선하증권(船荷證券) la polizza, 항구(港口) il porto, 견적(見積) il preventivo, 프로모션 promotion, 판매촉진(販賣促進) la promozione, 지불거절증서(支拂拒絶證書) il protesto, 재고(在庫) la provvista, la scorta, lo stoccaggio, 광고(廣告) la pubblicità, 현금화(現金化)하다 realizzare, riscuotere, 구체화(具體化)하다 realizzare, 이익(利益) la resa, 부합(符合) la rispondenza, 전매(轉賣) la rivendita, 무역(貿易) lo scambio, 교환(交換) lo scambio, 서명(署名)하다

siglare, 판매(販賣) lo smercio, lo spaccio, 판매(販賣)하다 vendere, 점포(店鋪) lo spaccio, 발송(發送) la spedizione, 선적기한(船積期限) le stallie, 스톡(在庫) lo stoccaggio, 공제(控除) la trattenuta, 이용자(利用者) l'utente, 공란(空欄) la vacazione, 공백(空白) la vacazione, 쇼우도우 la vetrina, 첨부(添附) l'allegato, 첨부(添附)하다 allegare, 동봉(同封) l'allegato, 동봉(同封)하다 allegare, compiegare, 연기(延期) l'allungamento, 유예(猶豫) l'allungamento, 지원(支援)하다 appoggiare, 부기(附記) l'appunto, 해제(解除)하다 assolvere, 흡수(吸收)하다 assolvere, 병합(倂合)하다 assolvere, 증권(證券) la carta, il foglio, 자매회사(姉妹會社) la consorella, 계열회사(系列會社) la consorella, 지폐(紙幣) il foglio, 송부(送付)하다 inoltrare, 제시(提示)하다 inoltrare, 이행(履行)하다 onorare

상여(賞與) il premio, la gratifica

상연(上演) la rappresentazione (teatrale) / -하다 rappresentare (sulla scena), mettere in scena (un dramma) / -中 (il dramma vien) messo in scena

상영(上映) la proiezione, la presentazione, la rappre-sentazione / -하다 proiettare, presentare*rappre-sentare un film

상온(常溫) la temperatura normale

상용(商用) gli affari commerciali / -의 commerciale / -으로 per affari commerciali, per lavoro

상용(常用) l'uso abituale / -의 usuale, d'uso abituale / -되다 servirsi abitual-mente di qlco. ¶-語 la lingua viva / -對數〈數〉 i logaritmi decimali

상원(上院) Camera Alta, Senato ¶-議員 il senatore

상원(上院)〈伊〉 il Senato della Repubblica

상원의원(上院議員)〈伊〉 il senatore

상위(上位) il posto*il grado*il rango superiore / -의 superiore

상위(相違) la differenza, (意見의) la divergenza (d'opinioni) / -하다 essere differente da qlco., differenziarsi da

상응(相應) l'adeguamento / -하다 cor-rispondere [intr. avere] a qlco., essere equivalente a, essere adeguato*adatto a qlco.; essere conforme a / -한 appropriato(a), adatto(a), adegua-to(a); conforme / -하게 appropriata-mente, adeguatamente

상이군인(傷痍軍人) il multilato*l'invalido di guerra

상인(商人)〈商〉 il*la commerciante, il*la mercante, il*la negoziante ¶都賣(小賣)-il*la negoziante all'ingresso (al dettaglio)

상임(常任) / -의 permanente ¶-委員會 la giunta*il comitato permanente

상임위원회(常任委員會)〈伊〉 le commis-sioni permanenti

상자(箱子) la scatola (di cartone*legno*metallo), la cassa ¶寶石- l'astuccio (per gioielli)

상자성체(常磁性體)〈電〉 i materiali paramagnetici

상장(上場) il corso ¶-價 la quotazione

상장(賞狀) il diploma di benemerenza, il certificato di merito*premio

상점(商店)〈商〉 la bottega, il negozio, la ditta ¶-街 il centro commerciale, il quartiere*la via dei nogozi / 靑果物- un negozio di frutta e verdura

상조(相助) il reciproco aiuto, il mutuo soccorso ¶-會 la mutua

상주(喪主) il capofamiglia*l'erede che tiene un funerale del defunto

상중(喪中) il periodo di lutto / -에 있다 essere in lutto

상징(象徵) il simbolo / -하다 simboleg-giare / -的 simbolico(a) ¶-主義 il simbolismo / -表示(法) la simbolo-gia / -表示 案內 la guida alla simbologia / -學 la simbologia

상처(傷處) la ferita / -없는 sano(a) / -입은 ferito(a) **1** 집안에 상처 없는 접시라고는 하나도 없다. Non c'è un piatto sano in tutta la casa. / - 입히다 ferire, produrre una ferita / (명예에) - 입히다 offendere, ingiurare / -입다 ferirsi a (una gamba), essere ferito(a)

상체(上體) la parte superiore del corpo

상추〈食〉 la lattuga

상층(上層) la sfera superiore, l'alta classe sociale ¶-部 i membri dirigenti (d'una azienda)

상층계급(上層階級) / -의 altolocato(a)
상치〈植〉 la lattuga
상쾌(爽快) / -한 fresco(a), rinfrescante / -한 氣分 la sensazione fresca e piacevole
상태(常態) lo stato*la condizione (d'un malato)
상태(狀態) lo stato, la condizione, la situazione, (地位) la posizione / 生育의 - lo stato di cresciutà / 收穫의 - lo stato di raccolta / 生育-가 좋다 (나쁘다) essere in buona (cattiva) cresciutà / 現在의 -에서 nell'attuale situazione
상표(商標) il marchio, l'etichetta, la marca (di fabbrica) ¶登錄- la marca registrata
상품(賞品) il premio / -을 주다 conferire [pr. -isco]*dare un premio
상품(上品) la nobiltà, l'eleganza, la raffinatezza / -의 nobile, elegante, raffinato(a)
상품(商品)〈商〉 le merci, l'articolo*l'oggetto (da*in vendita), (綜合的) la mercanzia ¶-券 il buono per acquisto (emesso dai grandi magazzini) / -見本 il campione, (포도주 따위의 견본) il saggio (dei vini) /外國- le merci estere
상품화학(商品化學)〈化〉 la chimica merceologica
상하(上下) il sopra e il sotto, l'alto e il basso / -로 sopra e sotto, su e giù / -로 움직이다 andare [intr. essere] su e giù / -구별 없이 senza considerare il rango*la classe
상하게 하다(損-) offendere (qlcu.), nuocere, danneggiare / 감정을 - offendere i sentimenti
상하로 움직이다〈海〉 beccheggiare
상한 marcio(a); scaduto(a)
상한가격(上限價格)〈經〉il calmiere
상해(傷害) la lesione, (事故나 災害로 인한) l'infortunio ¶-保險 l'assicurazione contro gli infortuni
상현(上弦) / -의 달(月) la luna crescente
상형문자(象形文字)〈言〉 la scrittura geroglifica*figurativa
상호(商號) la ragione sociale, il nome della ditta*società / ~의 -로 sotto la ragione sociale di ~

상호(相互) la reciprocità / -의, 的 reciproco(a), mutuo(a), vincendevole / -的으로 reciprocamente, mutuamente, vicendevolmente / -간의 reciproco(a) ¶-援助 il mutuo aiuto*soccorso / -理解 la reciproca comprensione, l'affiatamento / -關係 la reciprocità
상호보험(相互保險) l'assicurazione mutua
상호불가침조약(相互不可侵條約) il patto di non aggressione
상호연락(相互連絡)〈電〉 l'interconnessione
상호이해(相互理解) l'affiatamento 1 그들 간에 참된 상호이해는 전혀 없다. Non c'è mai un vero affiatamento tra loro.
상호참조(相互參照) il richiamo
상환(償還) l'ammortamento; il rimborso / -하다 ammortare (il debito*il prestito), rimborsare
상환공채(償還公債)〈伊〉 prestito redimibile
상황(狀況) la circostanza, lo stato, la condizione, la situazione
상회(商會) la ditta, la società (commerciale), la compagna
새(鳥)〈動〉 l'uccello / -에게 사료를 주다 allevare uccelli ¶-장 la gabbia, (大形) l'uccelliera / -장수 l'uccellaio
새끼 il cucciolo
새끼 양(羊)〈動〉 l'agnello / -의 탈을 쓴 늑대 il lupo in veste d'agnello
새끼손가락〈解〉 il mignolo
새끼줄 il funaio, la fune
새기다 incidere, scolpire
새내기(新參, 新入生) la matricola, il nuovo venuto; (새로운 얼굴) il viso nuovo
새로운(新) nuovo(a)
새벽(黎明) l'alba, l'albore, l'aurora / -에 all'alba, ai primi albori
새시〈建〉(창문의) il telaio della finestra
새싹(新芽) il nuovo germoglio, il rampollo
새우(魚) il gamberetto
새장(具) la gabbia
새털구름(卷雲)〈氣〉il cirro, le nuvole di vento
새해(新年) Anno Nuovo 1 새해 복 많이 받으세요. Felice Anno Nuovo!

색(背囊) il sacco, (學生用) la borsa da scolaro, (旅行用) la sacca da viaggio
색(色)〈繪〉il colore / -칠하다 colorare
색깔(色) il colore ¶ 이탈리아 국기는 무슨 색으로 되어 있나요? Di che colere è la bandiera italiana?
색농(色濃)〈繪〉la ristata
색다름(異色) la stravaganza
색맹(色盲)〈醫〉il daltonismo, l'acromatopsia / -의 daltonico(a)
색소(色素) il pigmento
색소폰〈音〉il sassofono
색연필(色鉛筆) la matita colorata
색욕(色慾) la lussuria, la brama di godimenti carnali
색을 변화시키다(色-)〈繪〉sfumare
색을 약하게 하다(色 -)〈繪〉velare
색이 바래다 stingere [intr. essere], sbiadire [intr. essere, pr. -isco], scolorire [intr. essere, pr. -isco]
색인(索引) l'indice (m.)
색정(色情) la passione sessuale ¶-狂 lo*la erotomane
색조(色調)〈繪〉il tono
색조변화(色調變化)〈繪〉il cangiante
색조주의(色調主義)〈繪〉il tonalismo
색채(色彩) il colore
색채(色彩)〈繪〉il cromatismo
색채음영(色彩陰影)〈繪〉la cromia
색채화가(色彩畫家)〈繪〉il*la colorista
샌드위치 il sandwich, il panino imbottito, il tramezzino ¶-맨(man) l'uomo sandwich
샌들〈靴〉i sandali; (목재샌들) i zoccoli / 남성(여성)용 - i sandali da uomo (da donna)
샌프란시스코〈都市〉San Francisco
샐러드 (salad) l'insalata ¶混合- l'insalata mista
샐러리(月給) lo stipendio, il salario ¶-맨 (man) lo stipendiato, il salariato, l'impiegato
샘 la fonte, la sorgente
샘플(見本) la campione
샛강(江) il fiumicello
샛길(小路) il vicolo, la traversa
생(生) la vita
생가(生家) il tetto natio, la casa nativa
생각(思) il pensiero, l'idea, (熟考) la riflessione, la considerazione / -하다 pensare, considerare; credersi (una bella donna) / -나다 venire in mente, ricordarsi / -이 떠오르다 venire in mente a qlcu. un'idea (di far qlco.), progettare, ideare / 아무 -없이 distrattamente, spensieratamente, sbadatamente, alla cieca / -지 않은 imprevisto (a), inatteso(a), improvviso(a), inaspettato(a), contrario(a) all'aspettativa / -지 않게 imprevedibilmente, inaspettatamente, d'improvviso, in modo improvviso

생강(生薑)〈植〉lo zenzero
생경(生硬) la crudezza / -한 crudo(a), non maturo(a)
생계(生計) la vita, il sostentamento (della famiglia), il mezzo di mantenimento / 빈곤한 - uno scarso sostentamento
생계비의 앙등(生計費의 仰騰)〈經〉la carovita
생기(生氣) il vigore, l'energia; la vitalità / -있는 vigoroso(a), energico(a); vitale / -없는 privo di vigore*vitalità
생기다(生) (果實이) fruttificare (intr. avere), produrre frutti; formarsi; succedere
생년월일(生年月日) la data di nascita
생도(生徒) il discepolo, la discepola, l'allievo, lo scolaro, l'alunno / 자신의 - 를 指導하다 guidare i propri allievi
생득설(生得說)〈哲〉l'innatismo
생래(生來) /-的 per*di natura / -의 innato(a), congenito(a)
생략(省略) l'abbreviazione, l'omissione / -하다 abbreviare, omettere, / -/기호를 첨가하다 apostrofare ¶-符號 l'apostrofo
생리(生理) la fisiologia / -的 fisiologico (a) ¶-學 la fisiologia / -學者 il fisiologo
생리(生理) la mestruazione ¶-痛 il dolor mensile (femminile) / -帶 l'assorbente igienico
생리적 용액(生理的 溶液)〈藥〉la soluzione fisiologica
생리학(生理學)〈醫〉la fisiologia
생리학자(生理學醫)〈醫〉il fisiologo
생리화학(生理化學)〈化〉la chimica fisiologica
생맥주(生麥酒) la birra alla spina

생명(生命) la vita / -의 vitale ¶-保險 l'assicurazione sulla vita / -力 la vitalità, la forza vitale / -線 la linea della vita

생물(生物) gli esseri viventi ¶-學 la biologia / -學者 il biologo

생물물리학(生物物理學)〈生〉la biofisica

생물발생(生物發生)〈生〉la biogenesi

생물암(生物岩)〈鑛〉la roccia organogena

생물지리학(生物地理學)〈地*生〉la biogeografia

생물학(生物學) la biologia [用語] 생물지리학(生物地理學) la biogeografia, 생화학(生化學) la biochimica, 생물물리학(生物物理學) la biofisica, 수중생물학(水中生物學) l'idrobiologia, 방사선생물학(放射線生物學) la radiobiologia, 유전학(遺傳學) la genetica, 세포학(細胞學) la citologia, 발생학(發生學) l'embriologia, 태생학(胎生學) l'embriologia, 생리학(生理學) la fisiologia, 생태학(生態學) l'ecologia, 기생체학(寄生體學) la parassitologia, 기생충학(寄生蟲學) la parassitologia, 강(綱) la classe, 과(科) la famiglia, 속(屬) il genere, 목(目) l'ordine, 품종(品種) la razza, 계(界) il regno, 영역(領域) il regno, 체계(體系) il sistema, 계통(系統) il sistema, 종(種) la specie, 구균(球菌) il micrococco, 박테리아균 il bacillio, 효소(酵素) l'enzima, 기관(器官) l'apparato, l'organo, 기능(機能) la funzione, 조직(組織) il tessuto, 호기성미생물(好氣性微生物) l'aerobio, 혐기성미생물(嫌氣性微生物) l'anaerobio, 항온성(恒溫性) l'omotermo, 정온성(定溫性) l'omotermo, 변온성(變溫性) l'eterotermo, 협온성(狹溫性) lo stenotermo, 온도조절(溫度調節) il termoregolatore, 유행성의(流行性-) epidemico(a), 유행병의(流行病-) epidemico(a), 생명의(生命-) vitale, 식물성의(植物性-) vegetativo(a), 식충류(食蟲類) lo zoofito, 이형성(二形性) il dimorfismo, 다형성(多形性) il polimorfismo, 유전(遺傳) l'ereditarietà, 혈족(血族) la consanguineità, 격세유전(隔世遺傳) l'atavismo, 세대(世代) la generazione, 잡종성(雜種性) l'ibridismo, 교배종(交配種) l'incrocio, 선택(選擇) la selezione, 열성(劣性) la recessività, 변이성(變異性) la variabilità, 돌연변이(突然變異) la mutazione, 체세포(體細胞) la soma / -의 somatico(a), 단일유전자의(單一遺傳子-) aploide, 단상의(單相-) aploide, 이배체의(二倍体-) diploide, 복상체의(複相体-) diploide, 백화체(白化体) l'albino, 세포(細胞) la cellula, 세포질(細胞質) il citoplasma, 염색체(染色體) la cromosoma, 염색질(染色質) la cromatina, 핵(核) il nucleo, 세포핵(細胞核) il nucleo, 소핵(小核) il nucleolo, 영양물질보유세포질(榮養物質保有細胞質) il citoplasma nutritivo, 원형질(原形質) il protoplasma, 식세포(食細胞) il fagocito, 비세포의(非細胞-) acellulare, 단세포(單細胞-) unicellu-lare, 다세포(多細胞-) pluricellulare, 세포분열(細胞分裂) (前期) la profase, (後期) l'anafase, (中期) la metafase, (末期) la telofase, 생식(生殖) la ripro-duzione, 번식(繁殖) la riproduzione, 교미(交尾) l'accoppiamento, 교배(交配) l'accoppiamento, 수정(受精) la fecondazione, 무성생식(無性生殖) l'agamia, 단위생식(單位生殖) la partenogenesi, 처녀생식(處女生殖) la partenogenesi, 포사(胞子) la spora, 포자생식(胞子生殖) la sporogonia, 포자형성(胞子形成) la sporulazione, 분절(分節) la segmentazione, 분열(分裂) la scissione, 핵분열(核分裂) la cariocinesi, 양성교대생식(兩性交代生殖) il metagenesi, 수태(受胎) il concepimento, 감수분열(減數分裂) la meiosi, 성(性) il sesso, 유성의(有性-) sessuale, 섹수얼 sessuato(a,), 무성의(無性-) asessuale, 양성화(兩性花) l'ermafrodito, 암컷 la femmina / -의 femminile, 수컷 il maschio / -의 maschile, 불임(不姙) la sterilità / -의 sterile, 배우자(配偶子) il gamete, 난포자(卵胞子) l'oobiasto, 난황질(卵黃質) il vitello, 쌍생아(雙生兒) i gemelli, 일란성쌍생아(一卵性雙生兒) i gemelli monovulari*uniovulari, 태반(胎盤) la placenta, 진화(進化) l'evoluzione, 분화(分化) il differenziamento, 퇴화(退化) l'involuzione, 증가(增加) l'accrescimento, 증대(增大) l'accrescimento, 재생(再生) la reviviscenza, 퇴행(退行) la regressione, 절멸(絶滅) l'estinzione, 생물발생(生物發生) la biogenesi, 고체발

생(固體發生) l'ontogenesi, 계통발생(系統發生) la filogenesi, 동화작용(同化作用) l'anabolismo, 물질대사(物質代謝) il metabolismo, 이화작용(異化作用) il catabolismo, 영양섭취(榮養攝取) la nutrizione, 독립영양(獨立榮養) l'autotrofo, 교환(交換) il ricambio, 독소(毒素) la tossina, 항독소(抗毒素) l'antitossina, 생활권(生活圈) la biosfera, 우연발생(偶然發生) la abiogenesi, 적응(適應) l'adattamento, 환경(環境) l'ambiente, 생육지(生育地) il habitat, 군집(群集) l'associazione, 부유생물(浮游生物) il plancton, 저생생물(底生生物) il benthos, 체제(體制) l'organizzazione, 기생(寄生) il parassitismo, 공생(共生) la simbiosi

생물학자(生物學者)〈醫〉 il biologo
생방송(生放送) la ripresa diretta
생사(生死) la vita e la morte / -不明이다 essere disperso; non si sa lui è vivente o no
생산(生産)〈經〉 la produzione / -하다 produrre / -的 produttivo(a) ¶-物 il prodotto/ -品 il prodotto / -高 il rendimento (della produzione) / -費 il costo di produzione / -過剩 la sovrapproduzione / -力*性 la produttività / -者 il produttore / -地 il paese*luogo della produzione
생산물(生産物)〈經〉 il prodotto
생산수단(生産手段)〈經〉 il mezzo di produzione
생산요소(生産要素)〈經〉 il fattore di produzione
생석회(生石灰) la calce viva
생선(生鮮) il pesce ¶-가게 la pescheria / -市場 la pescheria / -회 il carpaccio di pesce, il pesce crudo / -가시 la liscia / -뼈 le spine
생선가시(生鮮-) la liscia / 목에 -가 걸리다 avere una liscia alla gola, rimanere [intr. essere] a qlcu. una liscia in gola
생성(生成)〈哲〉 il divenire
생성변형문법(生成變形文法)〈言〉 la grammatica generativa transformazionale
생수(生水) l'acqua minerale / 自然- 한 잔 un bicchiere di acqua minerale naturale
생시(生時) la realtà **1** 꿈인가 생시인가?

Sogno o realtà? / -의 reale
생식(生殖) la generazione, la procreazione, la prolificità, la riproduzione / -하다 generare, procreare ¶-器 l'organo genitale
생식(生殖)〈生〉 la riproduzione
생애(生涯) la vita, la durata della vita
생약(生藥)〈藥〉 il galenico, la droga
생약학(生藥學)〈藥〉 la farmacognosia
생육지(生育地)〈生〉 il habitat
생으로(生-) non cotto(a)
생일(生日) il compleanno **1** 생일 축하해! Buon compleanno! Auguri!
생전(生前) durante la vita
생존(生存) l'esistenza / -하다 esistere ¶-競爭 la lotta per l'esistenza / -者 il sopravvissuto, il*la sopravvivente, il*la superstite
생체(生體) il corpo vivente ¶-解剖 la vivisezione
생체실험(生體實驗)〈醫〉 la vivisezione
생체해부(生體解剖)〈醫〉 la vivisezione
생태(生態) il modo di vita ¶-學 l'ecologia
생태학(生態學)〈地*生〉 l'ecologia
생필품(生必品) il mezzo di sussistenza
생화학(生化學)〈生*化*醫〉 la biochimica
생화학자(生化學者)〈醫〉 il biochimico
생환(生還) il ritorno vivente (in patria) / -하다 ritornare*tornare vivente ¶-(生存)者 il*la superstite
생활(生活) la vita / -하다 vivere [intr. essere] / 빈곤하게 -하다 menare una vita povera ¶-費 le spese di vita, il sostentamento (della famiglia) / -必需品 l'indispensabile per vivere / -難 la difficoltà della vita / -水準 il tenore*lo standard di vita
생활권(生活圈)〈生〉 la biosfera
생후(生後) dopo la nascita / - 6개월 된 아기 il bambino (f. -a) sei mesi
샤워 la doccia [pl. -ce] / -하다 fare la doccia, farsi la doccia
샴페인 la sciampagna, il champagne, (이탈리아의 발포성 포도주) lo spumante
샴푸 lo sciampo, il shampoo
상들리에 il lampadario (elegantissimo)
서(西) l'occidente, l'ovest, il ponente / -(쪽)의 occidentale / -(쪽)으로 verso l'occidente / -(쪽)에 ad ovest
서가(書家) il calligrafo

서가(書架) lo scaffale
서경(敍景) la descrizione d'un paesaggio
서경(西經) la longitudine ovest
서고(書庫) la biblioteca
서곡(序曲) il preludio
서곡(序曲)〈音〉l'introduzione, la ouverture
서구(西歐) l'Europa Occidentale, (西洋) l'Occidente ¶-文化 la cultura occidentale
서기(書記) il segretario; lo scrivano ¶大使館1等-官 il primo segretario d'ambasciata / -長 il segretario generale / -局 la segreteria
서기관(書記官)〈伊〉segretario
서까래〈建〉le travi del tetto
서남(西南) il sud-ovest
서너(若干) parecchio(a) 1 아직 서너 페이지 남았다. Ho ancora parecchie pagine.
서다 star in piedi; (멈추다) fermarsi
서두르다(急) affrettarsi, sbrigarsi 1 우리 서두르자! Affrettiamoci! / 서둘러 외출하다 affret-tarsi ad uscire
서랍〈具〉il cassetto 1 서랍 속에 서류들이 있다. Nel cassetto ci sono dei documenti.
서력(西曆) l'era cristiana
서론(序論) l'introduzione
서류(書類) il documento, la scrittura ¶-가방 la valigetta / -함 la cartelliera / -철 la cartelletta
서리(霜) la brina / -가 내리다 brinare [intr. essere] / - 내린 brinato(a) / -가 내린 머리카락 i capelli brinati
서리(霜)〈氣〉la brina
서막(序幕) il prologo; il primo atto
서머타임 (summer time) l'oraio legale (estiva) 1 이탈리아에서 서머타임이 시행될 경우 한국과 이태리의 시차는 7시간이다. Quando in Italia è in vigore l'ora legale, la differenza fra Corea e Italia è di+7 ore(più sette ore).
서면(書面) la lettera
서명(署名) la firma / -하다 firmare,〈商〉siglare ¶-者 il firmatario / -運動 la campagna per ottenere i firmatari (della petizione)
서무(庶務) gli affari generali ¶-課 la sezione degli affari generali

서문(序文) la prefazione, il proemio, l'introduzione
서민(庶民) il popolo, la gente
서민은행(庶民銀行) la banca popolare
서방(西方) l'ovest (m.) / -의 occidentale / ~의 -에 ad ovest di
서버〈스포츠〉il battitore
서법(書法) la calligrafia
서법(敍法) la narrazione
서부(西部) l'ovest (m.), l'occidente (m.);〈劇〉il western / -의 occidentale / -地方에서 nelle regioni occidentali
서북(西北) il nord-ovest
서브〈스포츠〉il servizio / -하다 servire una palla, fare il lancio iniziale della palla / -하는 선수 il battitore [〈-〉il ribattitore]
서비스(奉仕) (호텔, 레스토랑) il servizio
서비스〈테니스〉il servizio
서사(敍事) la narrazione, la descrizione ¶-詩 il poema, la poesia epica
서생(書生) lo studente; il giovane che studia da sè o frequenta una scuola serale prestando servizio in casa altrui
서서(立) in piedi
서서히(徐徐-) gradualmente, a poco a poco; lentamente
서설(序說) l'introduzione (f.)
서수(序數) il numero ordinale*cardinale [用語] 第1 primo, 第2 secondo, 第3 terzo, 第4 quarto, 第5 quinto, 第6 sesto, 第7 settimo, 第8 ottavo, 第9 nono, 第10 decimo, 第11 undicesimo, 第12 dodicesimo, 第13 tredicesimo, 第14 quattordicesimo, 第15 quindicesimo, 第16 sedicesimo, 第17 diciasettesimo, 第18 diciottesimo, 第19 diciannovesimo, 第20 ventesimo, 第21 ventunesimo, 第33 trentatresimo, 第50 cinquantesimo, 第100 centesimo, 第999 novecentono-vantanovesimo, 第1000 millesimo, 第1001 milleunesimo, 第2000 duemillesimo, 第3500 tremilacinquecentesimo, 第10.000 diecimillesimo, 第100.000 centomillesimo, 第1.000.000 milionesimo, 第1.000.000.000 miliardesimo
서술(敍述) la descrizione, la rappresentazione, la narrazione / -하다 descrivere, narrare
서스펜스 la suspensa / -로 가득한 소설*

영화 il racconto*il film pieno di suspense

서식(書式) il modulo, la formula ¶ 서식을 작성할 필요가 있다. Bisogna compilare un modulo. /-에 따라 secondo la formula

서약(誓約) il giuramento /-하다 giurare, fare un giuramento, promettere (in matrimonio) ¶-書 il giuramento scritto

서양(西洋) l'Occidente /-의, 人 occidentale ¶-風 la maniera occidentale*europea /-料理 la cucina occidentale*europea /-史 la storia europea*d'Europa

서양음악(西洋音樂) la musica occidentale ¶-家 lo*la artista della musica occidentale

서양장기(-〈具〉 i sacchi /- 놀이하다 giocare a sacchi

서양풍(西洋風) la maniera occidentale*europea /-의 occidentale, all'europea /-으로 alla maniera occidentale, all'occidentale*europea

서양화(西洋畫) la pittura*il dipinto alla (maniera) occidentale*di stile occidentale ¶-家 il pittore (f. -trice) di stile occidentale, il pittore ad olio

서언(序言) la prefazione, il prologo

서원(誓願) il voto /-하다 fare (un) voto di + inf.

서임(敍任) la nomina /-하다 nominare

서자(庶子) il figlio illegittimo

서장(署長) il capo della polizia locale*della stazione di polizia

서재(書齋) lo studio

서적(書籍) il libro ¶-商(人) il libraio

서점(書店) la libreria /-에 dal libraio, in libreria ¶-主人 il libraio

서정(抒情) l'espressione dei propri sentimenti /-的 lirico(a) ¶-詩 la poesia lirica

서주(序奏)〈音〉 l'attacco

서쪽(西) l'occidente, l'ovest, il ponente /-의 occidentale /-으로 verso l'occidente /-에 ad ovest

서창(敍唱)〈音〉 il recitativo

서체(書體) la calligrafia

서커스(曲藝) la compagnia di saltimbanchi; (曲馬) il circo equestre ¶-場 la pista del circo

서투른 (문체 따위가) duro(a)

서평(書評) la recensione /-을 쓰다 recensire [pr. -isco], fare la recensione di (un'opera letteraria) ¶-家 il recensore (f. -a)

서풍(西風) il ponente, lo zeffiro

서한(書翰) la lettera; l'epistola / 키케로의 - le epistole di Cicerone

서행(徐行) la velocità rallentata /-하다 rallentare [intr. essere]

서훈(敍勳) il conferimento d'un'onorificenza

석(席) il posto, la sedia

석(石)〈鑛〉 la pietra

석간(夕刊) l'edizione serale (d'un giornale)

석고(石膏)〈鑛*彫〉 il gesso

석고깁스(石膏-)〈醫〉 l'ingessatura

석공(石工) lo scalpellino

석기(石器) lo strumento*l'utensile di pietra ¶-時代 l'età della pietra

석등(石燈) la lanterna di pietra (collocata nel giardino)

석류(石榴)〈植〉 la melagrana, (木) il melograno

석류석(石榴石)〈鑛〉 il granato

석면(石綿)〈鑛〉 l'amianto, l'asbesco

석반석(石盤石)〈鑛〉 l'ardesia

석방(釋放) la libertà, il rilascio /-하다 rimettere qlcu. in libertà, rilasciare qlcu. (dietro cauzione)

석방자(釋放者)〈法〉 il prosciolto

석사(碩士) il dottore di laurea, la dottoressa di laurea

석상(席上) alla riunione, durante la riunione, nel corso della seduta

석석(錫石)〈鑛〉 la cassiterite

석수(石水) l'acqua minerale

석쇠〈具〉 la griglia, la graticola

석식(夕食) la cena /-하다 cenare [intr. avere]

석양(夕陽) il sole al tramonto

석영(石英)〈鑛〉 il quarzo

석유(石油) il petrolio /-의 petrolifero ¶-化學團地 il complesso petrolchimico /-産業 l'industria petrolifera /-스토브 la stufa a petrolio

석재(石材) la pietra da taglio (per la costruzione)

석재(石材)〈彫〉 la pietra

석조(石造) / -의 di pietra, costrutto(a) di pietra

석차(席次) l'ordine dei posti

석탄(石炭) il carbon fossile, il carbone di legno ¶-鑛夫 il carbonaio / -酸 l'acido fenico, il fenolo

석탄(石炭)〈鑛〉il carbon fossile

석판(石版)〈美術*繪畫〉la litografia / -인쇄하다 litografare

석판사(石版師)〈繪〉il litografo

석판술(石版術)〈繪〉la litografia

석판화(石板畫)〈繪〉l'oleografia

석패(惜敗) / -하다 essere vinto con poca differenza al finale

석회(石灰)〈化〉la calce ¶生- la calce viva / 消- la calce spenta / -巖 l'alberese

석회석(石灰石)〈鑛〉il calcare, la pietra calcarea

석회수(石灰水) l'acqua di calce

석회암(石灰巖)〈鑛〉il calcare, l'alberese

석회질편암(石灰質片岩)〈鑛〉il calcescisto

섞다 mescolare, mischiare

선(善) il bene, la bontà; la giustizia **1** 선을 행함에 있어 주저하지 말라! Non esitate a fare il bene*quel che è giusto.

선(線) la linea, la riga / -을 긋다 tracciare una linea / -을 따라 lungo la linea

선(禪) la meditazione buddistica (per la soluzione di un dato problema)

선(選) la scelta, la selezione

선(腺)〈解〉la ghiandola ¶䐉液- le ghiandole salivari / 內(外)分泌- le ghiandole endocline (esocrine) / 甲狀- la ghiandola tiroidea

선각자(先覺者) il precursore, (開拓者) il pioniere

선객(船客) il passeggero (f. -a) / 1등- il passeggero di prima classe

선거(選擧) l'elezione / -하다 eleggere ¶總- le elezioni generali / -演說 il discorso elettorale / -違反 la violazione della legge elettorale / 不正- il broglio elettorale / -權 il diritto elettorale / -公報 il bollettino ufficiale d'elezione / -區 il distretto elettorale / -人 l'elettore (f. -trice) / -人名簿 la lista degli elettori / -運動 la campagna elettorale

선거(選擧)〈伊〉le elezioni

선거구(選擧區)〈伊〉il collegio

선거운동(選擧運動) la campagna elettorale / -하다 fare una campagna elettorale ¶-員 l'impiegato provvisorio dell'ufficio d'un candidato

선거인(選擧人)〈伊〉gli elettori

선거집회(選擧集會)〈伊〉i comizi elettorali

선견(先見) la lungimiranza / -이 있는 lungimirante

선견지명(先見之明) la lungimiranza, la chiaroveganza; l'opinione lungimirante / -의 lungimirante, chiaroveggente / -이 있는 정치가 il politico lungimirante / -이 없는 imprevidente

선결문제(先決問題) la pregiudiziale

선고(宣告) la sentenza ¶-하다 sentenziare

선골(仙骨)〈解〉il sarco

선공(先攻) il primo attacco

선교사(宣教師)〈宗〉il missionario

선구자(先驅者) il precursore, il precorritore (f. -trice)

선글라스(sun glasses) gli occhiali da sole

선금(先金) il denaro in anticipo, l'anticipo, il pagamento anticipato / -을 내다 anticipare un pagamento, dare un anticipo (sullo stipendio), pagare anticipatamente (lo stipendio) / -으로 anticipamente, in anticipo

선납(先納) il pagamento anticipato / -하다 pagare anticipatamente

선내(船內) a bordo

선녀 la fata

선단(船團) la flotta (mercantile)

선단거대증(先端巨大症)〈醫〉l'acromegalia

선대(先代) il defunto padre; l'ultimo capofamiglia

선대(船隊)〈海〉la flotta

선도(先導) la guida / -하다 guidare ¶-者 la guida

선동(煽動) l'istigazione, l'agitazione, l'aizzamento / -하다 provocare, istigare (qlcu. alla ribellione), aizzare / 暴動을 일으키도록 群衆을 -하다 aizzare il popolo alla rivolta / -된 agitato(a) / -的 istigatore (f. -trice), agitatore (f. -trice) ¶-者 l'istigatore, l'agitatore (f. -

선두(船頭) il battelliere, il barcaiolo / trice) / 組合의 -者 l'agitatore sindacale

선두(先頭) la testa, il capo (di marcia) / -에 a capo, alla testa / -에 서다 essere a capo, essere*mettersi alla testa di qlco. / -를 유지하다 condurre

선량(善良) la bontà / -한 buono(a), onesto(a), ubbidiente, docile

선례(先例) il precedente / -에 따라 secondo precedenti

선로(線路)〈鐵〉i binari, le rotaie / -를 따라 걷다 camminare [intr. avere] lungo il binario

선망(羨望) l'invidia / -하다 invidiare, essere invidioso(a) di qlcu.

선명(鮮明) la chiarezza, l'evidenza / -한 chiaro(a), evidente, distinto(a)

선모충병(旋毛虫病)〈醫〉la trichinosi

선묘(線描)〈繪〉il tratteggio

선물(膳物) il regalo, il dono, il presidente / 神의 - il dono di Dio / 自然의 - i doni di natura / -하다 regalare, fare un regalo, donare qlco., offrire qlco. in dono / -로 in regalo **1** 그(그녀, 그들)에게 그것을 선물로 준다. Glielo do in regalo.

선물(先物)〈銀〉il termine

선미(船尾)〈海〉la poppa

선박(船舶) la nave, il bastimento, l'imbarcazione **[用語]** 거룻배 la chiatta, 견인선(牽引船) il rimorchiatore, 곤돌라 la gondola, 구명정(救命艇) la scialuppa, 구축함(驅逐艦) il cacciatorpediniere, 구축함(驅逐艦) la torpediniera, 기함(旗艦) l'ammiraglia, 대서양횡단정기선(大西洋橫斷定期船) il transatlantico, 대잠초계정(對潛哨戒艇) il cacciasommergibili, 디젤선(-船) la motonave, 모터보트 il motoscafo, 배(舟) il battello, 범선(帆船) il battello, il brigantino, 범선(帆船) il panfilo, 보트 la barca, 상선(商船) il mercantile, 선박(船舶) il bastimento, la nave, 소해정(掃海艇) il dragamine, 소형구축함(小型驅逐艦) la fregata, il caicco, il cutter, 소형선(小型船) la feluca, 소형선박(小型船舶) (선내에 엔진 부착) l'entrobordo, (선외에 엔진 부착) il fuoribordo, 소형어선(小型漁船) la paranza, 소형기선(小型蒸氣船) il vaporetto, 쇄빙선(碎水船) il rompighiaccio, 순양선(巡洋船) la lancia, 순양함(巡洋艦) il cruiser, l'incrociatore, 스쿠너 선(-船) la goletta, 심해관측선(深海觀測船) il batiscafo, 어선(漁船) il peschereccio, 연안경비정(沿岸警備艇) il guardacoste, 요트 il panfilo, lo yacht, 우편선(郵便船) il postale, 운반선(運搬船) la chiatta, 원자력잠수함(原子力潛水艦) il sottomarino, 유조선(油槽船) la cisterna, la petroliera, 작은 배(小舟) il dinghy, il sandolino, 잠수함(潛水艦) il sommergibile, 전함(戰艦) la corazzata, 증기선(蒸氣船) il piroscafo, 카누 la canoa, il canotto, 코르벳함(-艦) la corvetta, 쾌속범선(快速帆船) la caravella, 터빈 선(-船) la turbonave, 포경선(捕鯨船) la baleniera, 항공모함(航空母艦) la portaerei, 환목선(丸木船) la piroga; 〈**선박**(船舶)의 부분(部分) **Parti della nave**〉 갑판(甲板) la coperta, la tolda, 계선주(係船柱) la bitta, 굴뚝 il fumaiolo, 나무 il'alberatura, 나선(螺旋) l'elica, 노 il remo, 닻 l'ancora, 닻줄 la gomena, 돛(帆) la vela, 방향타(方向舵) il timone, 범(帆) la vela, 선미(船尾) la poppa, 선수(船首) la prora, la prua, 선저(船底) la carena, 선창(船倉) la stiva, 선체(船體) lo scafo, 승강구(昇降口) il boccaporto, 식료저장실(食料貯藏室) la cambusa, 어뢰발사장치(魚雷發射裝置) il lanciasiluri, 외판(外板) il fasciame, 용골(龍骨) la chiglia, 우현(右舷) il tribordo, la dritta, 잠망경(潛望鏡) il periscopio, 조타실(操舵室) la plancia, il ponte, 좌현(左舷) il babordo, 창구(艙口) il boccaporto, 축(軸) l'albero, 충각(衝角) lo sperone, 키(舵) il timone, 포탑(砲塔) la torre, 해치 il boccaporto, 현장(舷牆) la murata, 현창(舷窓) l'oblò, 후갑판(後甲板) il cassero

선박승무원(船舶乘務員)〈海〉il marittimo

선반 lo scaffale

선반(旋盤)〈機〉il tornio / -을 회전시키다 tornire [pr. -isco] ¶-工 il tornitore

선발(先發) la partenza (prima di altri d'un gruppo del viaggio) / -하다 partire [intr. essere] prima

선발(選拔) la scelta, la selezione, (選別) la cernita / -하다 scegliere, selezionare
선배(先輩) l'anziano, il superiore ¶ 그는 대학교 선배다. Lui e' il mio anziano universitario.
선별(選別) la cernita
선병(腺病)〈醫〉la scrofola
선병질(腺病質) la scrofolosi / -의 scrofoloso(a)
선분(線分)〈數〉il segmento
선불(先拂) l'anticipo, il pagamento anticipato / -하다 pagare in anticipo
선사(先史) la preistoria / -의 preistorico(a) ¶ -時代 i tempi preistorici*primitivi
선생(先生) l'insegnante, il maestro, (初等學校) il maestro (f. -a), (中,高,大學校) il professore (f. -essa)
선서(宣誓) il giuramento / -하다 giurare, dare il giuramento
선수(選手) (競技者) l'atleta (m.f.), il*la concorrente, (陸上, 競輪) il corridore, (球技) il giocatore, (레슬링, 柔道) il lottatore ¶-權 il campionato / -權保有者 il campione (f. -essa) / 世界-權大會 Campionato del Mondo
선수(先手) (바둑 따위에서) la prima mossa; l'iniziativa / -를 잡다 rubare la mossa; prendere l'iniziativa
선수(船首)〈海〉la prora, la prua [<-> 船尾 la poppa]
선수권대회(選手權大會) il campionato
선실(船室)〈海〉la cabina
선심(線審)〈蹴〉le guardalinee
선심(線審)〈테니스〉il giudice di linea
선악(善惡) il bene e il male; la giustizia e l'ingiustizia
선약(先約) l'impegno precedente / -이 있다 avere un impegno precedente
선언(宣言) la dichiarazione, la proclamazione / -하다 dichiarare, proclamare, annunziare ¶人權- la dichiarazione dei diritti dell'uomo / -書 la dichiarazione
선원(船員)〈海〉il marinaio, (搭乘員) l'equipaggio, la ciurma
선율 la melodia
선의(善意) la bontà, la buona volontà*voglia, le buone intenzioni, la buona fede / -로 in buona fede, con buone intenzioni / -의 bene intenzionato, di buona fede

선인(仙人) (隱者) l'eremita (m.pl. -i)
선인(先人) il predecessore
선인(善人) l'uomo buono
선인장(仙人掌)〈植〉il cactus, il cacto
선임(選任) la nomina al voto / -하다 eleggere, nominare qlcu. al voto
선임자(先任者) il predecessore, (古參) il decano, l'anzianità / -의 anziano(a)
선입견(先入見) il preconcetto, il pregiudizio
선장(船長)〈海〉il capitano, il comandante
선장실(船長室)〈海〉la capitaneria
선저(船底)〈海〉la carena
선적(船積) l'imbarco, il carico / -하다 imbarcare*caricare (la merce su un autocarro*un aereo), stivare
선적기한(船積期限)〈商〉le stallie
선전(宣傳) la propaganda (di un'idea*culto), la propagazione, (廣告) la pubblicità / -하다 fare propaganda*pubblicità per qlco., propagare, propagandare
선전포고(宣戰布告) la dichiarazione di guerra / -하다 dichiarare la guerra
선정(選定) la scelta, la selezione / -하다 scegliere, selezionare
선조(先祖) gli antenati, (始祖) il progenitore
선주(船主)〈海〉l'armatore
선진(先陣) l'avanguardia / -하다 essere all'avanguardia
선진국(先進國) il paese sviluppato [<-> 後進國 il paese sottosviluppato]
선집(選集) l'antologia, il florilegio ¶現代作家- l'antologia delle opere di scrittori contemporanei
선착(先着) il primo arrivo / -하다〈陸〉anticipare ¶-者 il primo arrivato
선착장(船着場) il pontile, l'imbarcatoio, l'imbarcadero, la banchina
선창(船倉)〈海〉la darsena, l'imbarcadero, il pontile, la stiva
선처(善處) / -하다 cercare i propri migliori mezzi di (+v.inf*fare il proprio possibile per qlco.)
선천적(先天的) innato(a), congenito(a) / -으로 di*per natura
선철(銑鐵) la ghisa
선체(船體)〈海〉lo scafo

선출(選出) l'elezione / -하다 eleggere; scegliere, nominare ¶ 최씨가 회의의 의장으로 선출되었다. Il signor Choi è nominato presidente di un'assemblea. / -된 eletto(a)
선취권(先取權) il diritto d'anteriorità, (優先權) il diritto di preferenza
선취음(先取音)⟨音⟩ l'anticipazione
선택(選擇) la scelta, la selezione, la preferenza / -하다 scegliere, selezionare ¶-科目 la materia facoltativa
선택(選擇)⟨生⟩ la selezione
선택도(選擇度)⟨經⟩ la selettività
선택 l'abbronzatura / -하다 abbronzare ¶ 어머, 선택한 것 좀 봐! Come sei abbronzato!
선풍기(扇風機) il ventilatore elettrico
선하증권(船荷證券)⟨商⟩ la polizza
선행(善行) la buona condotta*azione
선행음(先行音)⟨音⟩ l'anticipazione
선험적(先驗的)⟨哲⟩ a priori, trascendentale
선형성(線形性)⟨數⟩ la linearità
선호(選好) la preferenza / -하다 preferire ¶ 난 커피를 선호한다. Preferisco un caffè.
선회(旋回)⟨海⟩ la virata
선후책(先後策) la contromisura / -을 講究하다 escogitare una contromisura*un rimedio
설(說) (意見) l'opinione, il parere, (見解) il punto di vista; (學說) la teoria, la dottrina
설(雪)⟨氣⟩ la neve
설겆이 / -하다 pulire i piatti, lavare i piatti ¶- 통 il lavello
설계(設計) il disegno, il progetto, il piano / 아파트 - la pianta di un appartamento / -하다 disegnare, progettare
설계도(設計圖) la pianta, il disegno, il progetto
설계자(設計者) il*la progettista; il disegnatore
설교(說教)⟨宗⟩ il pulpito, la predica / -하다 predicare (il Vangelo) ¶-者 il predicatore
설교단(說教壇)⟨宗⟩ il pulpito
설국(雪國) il paese nevoso
설득(說得) la persuasione / -하다 persuadere, convincere

설량계(雪量計)⟨氣⟩ il nivometro
설령 anche se
설립(設立) la fondazione, la costituzione, l'istituzione / -하다 fondare, istituire [pr. -isco], costituire [pr. -isco], stabilire [pr. -isco] ¶-者 il fondatore
설명(說明) la spiegazione, (解說) il commento / -하다 spiegare il significato), commentare, descrivere / -할 수 없는 inspiegabile ¶-書 la spiegazione (scritta)
설비(設備) l'installazione, l'impianto / -하다 installare / -를 改善하다 migliorare gl'impianti
설사(泄瀉)⟨醫⟩ la diarrea / -하다 avere la diarrea ¶-藥 la medicina contro la diarrea, il purgante, la purga
설압자(舌壓子)⟨醫⟩ l'abbassalingua
설욕(雪辱) la vendetta / -하다 fare vendetta, vendicare, vendicarsi di qlco.
설욕전(雪辱戰) la rivincita / -을 하다 fare la rivincita
설정(設定) l'istituzione, la costituzione; la fondazione / -하다 costituire [pr. -isco], istituire [pr. -isco], fondare
설익은 acerbo(a)
설정(設定)⟨法⟩ l'accensione
설치(設置) l'installazione, la collocazione; l'istituzione, la costituzione; la fondazione / -하다 installare (il telefono), collocare, stabilire; costituire [pr. -isco], istituire [pr. -isco]; fondare / 支店을 -하다 stabilire una filiale
설탕(糖) lo zucchero ¶角- lo zucchero in zoletta / 가루- lo zucchero in polvere / 白- lo zucchero raffinato / 흑- lo zucchero di canna
설화(說話) le narrazioni leggendarie, le favole, la novella, il racconto (fantastico), la storiella
설화석고(雪化石膏)⟨鑛⟩ l'alabastro
섬(島) l'isola ¶- 나라 il paese insulare
섬광(閃光) la favilla, il bagliore, il lampo
섬광(閃光)⟨氣⟩ la saetta
섬록암(閃綠岩)⟨鑛⟩ la diorite
섬세(纖細) la delicatezza / -한 delicato(a)
섬아연광(閃亞鉛鑛)⟨鑛⟩ la blenda
섬유(纖維) la fibra ¶合成 (化學, 人造) -

le fibre sintetiche (chimiche, artificiali) /-素 la cellulosa
섬유소(纖維素)〈化〉 la cellulosa
섬유식물(纖維植物)〈植〉 tessile
섬장석(閃長石)〈鑛〉 la sienite
섭리(攝理) la divina provvidenza
섭생(攝生) la cura della salute /-하다 curare la propria salute; badare [intr. avere] all'igiene
섭씨(攝氏) Celsius /-溫度計 il termometro centigrado /-4度의 물 l'acqua di quattro gradi centigradi
섭외(涉外) le relazioni (commerciali) con l'estero*con gli avventori
섭정(攝政) la reggenza, (人) il*la reggente
섭취(攝取) l'assimilazione; (吸收) l'assorbimento /-하다 assimilare; assorbire [pr. -isco]
성(城) il castello
성(姓) il cognome 1 자네 성이 뭔가? Quale è il tuo cognome?
성(性) il sesso; 〈文〉 il genere; (本質) la natura /-的 sessuale ¶男- il maschile / 女- femminile /-教育 l'educazione sessuale
성(星)〈天〉 la stella
성가(聖歌) il canto / 그레고리안 - il canto gregoriano
성가대석(聖歌隊席)〈音〉 il coro
성가대석(聖歌隊席)〈宗〉 la cantoria
성가대원(聖歌隊員)〈宗〉 il cantore
성가시게 /-하다 infastidire /-하는 fastidioso(a)
성가신 molesto(a)
성가집(聖歌集)〈音〉 il corale
성게〈動〉 il riccio (di mare)
성격(性格) il carattere, la personalità, l'indole (f.), il temperamento
성격배우(性格俳優)〈映〉 il*la caratterista
성경(聖經) la Bibbia /-의 biblico(a) ¶-神學 la teologia biblica
성공(成功) il (buon) successo, la (buona) riuscita /-하다 avere*ottenere un successo, avere buon esito, riuscire [intr. essere] a + inf. /-한 riuscito(a) ¶大- il grande*clamoroso successo
성과(成果) il risultato, il frutto, la conseguenza /-를 얻다 ottenere*avere un buon risultato*esito

성교(性交) il coito; il rapporto sessuale /-하다 congiungersi carnalmente ¶-不能 l'impotenza
성교육(性教育) l'educazione sessuale
성금(誠金) la donazione, l'offerta, la contribuzione
성급(性急) l'impazienza, la precipitazione, l'impetuosità /-한 impaziente, precipitoso(a), impetuoso(a), irritato(a), frettoloso(a) /-하게 frettolosamente
성난 infuriato(a)
성냥〈具〉 il fiammifero
성년(成年) l'adulto, il maggiorenne /-이 되다 diventare adulto, giungere [intr. essere] all'età maggiorenne
성년(成年)〈法〉 il*la maggiorenne
성능(性能) la capacità; (機械의) il rendimento; (能率) l'efficienza /-이 좋은 di buon rendimento /高-모터 il motore ad alto rendimento
성단(星團)〈天〉 l'ammasso stellare
성당(聖堂) la basilica, il santuario; la chiesa cattolica; il duomo; (大-) il cattedrale [用語] 정원분수(庭園噴水) il cantaro, 싱제웅제단 (聖體用祭壇) il ciborio, 중앙정원(中央庭園) l'atrio, 봉헌대(奉獻臺) la protesi, 성물실(聖物室) il diaconico, 성가대석(聖歌隊席) la cantoria, 설교단(說教壇) il pulpito, 세례반(洗禮盤) il fontr battesimale, 성수반(聖水盤) la pila dell'acqua santa, 헌금함(獻金函) il ceppo, la cassetta per elemosine, 고해소(告解所) il confessionale
성당주임 사제(聖堂主任司祭)〈宗〉 il parroco
성대(盛大) la grandiosità, la manificenza, la pompa /-한 grandioso(a), magnifico(a), pomposo(a), splendido(a); (旺盛한) vigoroso(a), energico(a); (繁榮하는) prosperoso(a), prospero(a), fiorente /-하게 grandiosamente, pomposamente
성대(聲帶) le corde vocali ¶-模寫 l'imitazione di timbro della voce altrui
성도(聖徒) i Discepoli (di Cristo), (使徒) l'apostolo
성량(聲量) il volume della voce /-豊富하게 a piena voce /풍부한 -을 지니다

avere una voce del volume sufficiente

성령(聖靈) Spirito santo ¶-降臨節 la Pentecoste

성립(成立) (完成) il compimento; (實現) la realizzazione; (組織) l'organizzazzione, la formazione; (歸結) la conclusione / -되다 essere compiuto(a); essere realizzato(a); organizzato(a)* formato(a); essere composto(a) di qlco.; consistere [intr. essere] in qlco.

성명(聲明) la dichiarazione, la nota / -하다 dichiarare ¶-書 la dichiarazione, la proclama

성명(姓名) nome e cognome

성명축일(聖名祝日)〈宗〉 l'onomastico

성모(聖母)〈宗〉 la Vergine, Maria Santissima, la Santità di Maria Vergine, la Madonna ¶-像 la statua della Vergine; (繪) l'immagine della vergine, (小像) la madonnina

성모화가(聖母畫家)〈繪〉 il madonnaro

성문(城門) il portone del castello

성문(成文) lo scritto / -의 scritto(a) / -化하다 codificare

성문법(成文法) la legge scritta

성물실(聖物室)〈宗〉 il diaconico

성미(性味) / - 급한 iracondo(a), irascile, collerico(a) / -급함 l'iracondia, l'irascibilità

성벽(城壁) la muraglia

성병(性病)〈醫〉 la malattia venerea

성분(成分) l'elemento, il componente, l'ingrediente / -: 밀가루, 설탕, 버터, 계란 Ingredienti: farina, zucchero, burro, uova.

성분(性分) la natura, l'indole (f.), il carattere, il temperamento

성불능(性不能)〈醫〉 l'impotenza

성사(聖事)〈宗〉 il sacramento [用語] 견신(堅信) la cresima, 고해(告解) la penitenza, 병자의 도유(病者塗油) l'unione dei malati, 성직위계(聖職位階) l'ordine, 성체(聖體) l'eucarestia, 세례(洗禮) il battesimo, 종유(終油) l'estrema unizione, 혼인(婚姻) il matrimonio

성상(聖像)〈繪〉 l'immagine

성상화(聖像畫)〈繪〉 l'icona

성서(聖書) la Bibbia / -의 biblico(a) ¶新 (舊)約- Nuovo (Antico) Testamento / -註解 la nota esegetica / -神學 la teologia biblica

성쇠(盛衰) la prosperità e la decadenza

성수반(聖水盤)〈宗〉 la pila dell'acqua santa

성숙(成熟) la maturità, la precocità / 性的 - la precocità sessuale / -하다 maturare [intr. essere] / -한 maturo(a), precoce / -하게 precemente

성스러운(聖-) sacro(a), santo(a)

성실(誠實) la sincerità, la serietà / -한 sincero(a), onesto(a), serio(a), zelante, diligente / -하게 sinceramente, con zelo, diligentemente

성심성의(聖心誠意) la sincerità / -의 sincero(a)

성악(聲樂)〈音〉 la musica vocale, il canto lirico / -的 vocale

성악가(聲樂家)〈音〉 il*la cantante

성안(成案) il progetto stabilito, il piano determinato / -하다 avere un progetto*un programma già stabilito

성욕(性慾) il desiderio sessuale, la lussuria ¶變態- la sessualità anormale

성우(聲優)〈映〉 il doppiatore

성운(星雲)〈天〉 la nebulosa, la galassia

성원(聲援) l'incoraggiamento, l'incitamento; l'appoggio / -하다 incoraggiare, rivolgere parole d'incoraggiamento a qlcu., (支援) appoggiare, dare appoggio a qlcu., sostenere

성육(成育) la crescita / -하다 crescere

성의(誠意) la sincerità / -있는 sincero(a) / -없는 insincero(a)

성인(聖人) (聖者) il santo, (賢人) il savio ¶ -傳 l'agiografia / -崇拜 l'agiolatria

성인(成人) l'adulto (f. -a) / -이 되다 raggiungere l'età adulta / -의 날 Festa Nazionale dei nuovi adulti

성장(盛裝) l'abito*il vestito da cerimonia

성장(成長) la crescenza, la crescita; lo sviluppo (fisico*mentale), (草木의) la cresciuta / -하다 crescere [intr. essere], svilupparsi / -한 cresciuto(a), sviluppato(a) ¶-時代 l'infanzia

성적(成績) il risultato, l'effetto; (學校의) il punto, la nota / -이 좋다 (나쁘다) avere*ottenere un buon (cattivo)

성적(性的) sessuale
성조기(星條旗) la bandiera degli Stati Uniti d'America, la bandiera stellata
성좌(星座)〈天〉 la costellazione
성지(聖地) Terra Santa
성직(聖職)〈宗〉 il sacro ministero ¶-者 il clero, l'ecclesiastico, l'abate, il chierico
성직위계(聖職位階)〈宗〉 l'ordine
성직위계제(聖職位階制) le gerarchie ecclesiastiche [用語] 고위성직자(高位聖職者) il monsignore, 교황(敎皇) il Papa, 교황공사(敎皇公使) l'internunzio, 교황대사(敎皇大使) il nunzio, 교황사절(敎皇使節) il delegato apostolico, 교황선거인(敎皇選擧人) il conclavista, 교황청서기(敎皇廳書記) il protonotaro apostolico, 교황청서기장(敎皇廳書記長) il protonotaro, 대목(代牧) il vicario apostolico, 대주교(大主敎) l'arcivescovo, 대행주교(代行主敎) il vescovo apostolico, 녹서자(讀書者) il lettore, 몬시뇰(高位聖職者) il monsignore, 보좌주교(補佐主敎) il vescovo ausiliare, 사제(司祭) il sacerdote, 선교사(宣敎師) il missionario, 성가대원(聖歌隊員) il cantore, 성당주임사제(聖堂主任司祭) il parroco, 성직자(聖職者) il chierico, 수도대주교(首都大主敎) il metropolita, 수도원장(修道院長) l'abate, il priore, 수석사제(首席司祭) l'arciprete, 수좌대주교(首座大主敎) il primate, 시종(侍從) l'accolito, 신학생(神學生) il seminarista, 신학자(神學者) il teologo, 전도사(傳道師) il*la catechista, 주교(主敎) il vescovo, 주교총대리(主敎總代理) il vicario generale, 주임사제(主任司祭) il curato, 주임신부(主任神父) il curato, 총대주교(總大主敎) il patriarca, 추기경(樞機卿) il cardinale
성직자(聖職者)〈宗〉 il chierico
성질(性質) il temperamento, la natura, il carattere, l'indole, (f.), la predisposizione; la caratteristica
성질(性質)〈哲〉 la qualità
성질(性質)〈化〉 le proprietà

성찬(聖餐)〈宗〉 Sacra Cena ¶-式 la Comunione, la Sacra Eucaristia
성채(城砦)〈建〉 la cittadella
성체(聖體)〈宗〉 l'eucarestia, l'ostia
성체강복식(聖體降福式)〈宗〉 la benedizione
성체안치소(聖體安置所)〈宗〉 il cubicolo
성체용제단(聖體用祭壇)〈宗〉 il ciborio
성충(成蟲) l'insetto perfetto
성취(成就) il compimento, il completamento, (實現) la realizzazione, l'adempimento / -하다 compiere, compire [pr. -isco], realizzare, adempiere (un dovere)
성층권(成層圈) la stratosfera ¶-飛行 il volo a quota stratosferica
성탄절 Natale **1** 축 성탄절! Buon Natale!
성향(性向) la predisposizione (a qlco.), l'inclinazione*la propensione (per qlco.); il carattere
성향(性向)〈經〉 la propensione
성현(聖賢) il savio (pl. -vi)
성형접속(星型接續)〈電〉 il collegamento stella
성홍열(猩紅熱)〈醫〉 la scarlattina
성화(聖火) il fuoco sacro, la torcia olimpica
성황(盛況) la prosperità; il buon successo
성회(盛會) la riunione ben riuscita **1** 성회를 이루었다. La riunione ha avuto un grande successo.
세(歲) l'anno, l'età / 5- cinque anni
세(稅) l'imposta, la tassa; (關稅) il dazio (doganale) / -를 부과하다 imporre una tassa*un'imposta; essere il soggetto alla tassa, daziare (un articolo) / -를 납부하다 pagare una tassa*un'imposta ¶所得-申告 la dichiarazione*la denunzia dei reddeti / 直接- l'imposta diretta / 間接- l'imposta indiretta / 固定資産- l'imposta sui beni immobili / 消費- la tassa*l'imposta di consumo / 所得- l'imposta sul reddito / 輸入(輸出)- il dazio di importazione (di esportazione)
세간(世間) il mondo, la società (umana) / -의 mondano(a) / -의 이야기 la chiacchiera, la pettegolezza
세계(世界) il mondo / -의, 的 mondiale, internazionale / -的 名聲 la fama

mondiale / -에서 nel mondo / 全-에서 in tutto il mondo ¶--周 il giro del mondo / -(開發)銀行 Banca Internazionale per la Ricostruzione e lo Sviluppo (略號 B.I.R.S = I.B.R.D) / -會議 la conferenza internazionale / -觀 il punto di vista del mondo / -記錄 il primato mondiale / -選手權 il campionato mondiale / 第2次-大戰 la seconda guerra mondiale

세계선수권대회(世界選手權大會) il campionato mondiale

세계선수권우승자(世界選手權優勝者)〈競輪〉la maglia iridata

세계시(世界時)〈天〉il tempo universale

세계지도(世界地圖)〈地〉il mappamondo

세공(細工) la lavorazione, il lavoro / -하다 lavorare [intr. avere] (a maglia), fare oggetti d'ornamento, ageminare

세관(稅關) la dogana / -의 doganale ¶-物品 la roba di tasse / -員 il doganiere (f. -a), l'ufficiale delle dogane / -申告 la dichiarazione doganale

세균(細菌) il bacillio, il batterio, il microbo ¶-學 la batteriologia [用法] 탄저균(炭疽菌) i bacilli del carbonchio, 파상풍균(破傷風균) i bacilli del tetano, 발진티부스균 i bacilli del tifo, 콜레라균 i bacilli del dolera, 결핵균 i bacilli della tuberculosi, 페스트균 i bacilli della peste, 뇌수막염균 i bacilli della meningite cerebrospinale

세금(稅金) l'imposta, la tassa, il dazio; (關稅表) la tariffa doganale / -을 내다 pagare / -이 納付되다 essere pagata l'imposta

세기(世紀) il secolo / 21- ventunesimo secolo (XXI)

세놓음 affittasi (appartamento)

세뇌(洗腦) il lavaggio del cervello

세다(계산하다) contare, numerare

세대(世帶) la famiglia ¶-主 il capo famiglia / -數 il numero di famiglie

세대(世代) la generazione

세대(世代)〈生〉la generazione

세레네데〈音〉la serenata

세레나타〈音〉la serenata

세력(勢力) (力) la potenza, (權力) il potere, l'autorità; (影響力) l'influenza / -있는 potente, influente / -있다 essere influente / -을 행사하다 esercitare il potere*l'influenza su altri ¶-다툼 la lotta di potere / -範圍 la sfera d'influenza

세련(洗練) la finezza, la raffinatezza / -된 raffinato(a), elegante / -되다 raffinare

세례(洗禮)〈宗〉il battesimo / -의 battesimale / -주다 battezzare / -받다 battezzarsi ¶-準備者 il battezzando / -式 il rito battesimale

세례당(洗禮堂)〈建〉il battistero

세례반(洗禮盤)〈宗〉il fonte battesimale

세례식(洗禮式)〈宗〉il rito battesimale

세로 la lunghezza

세로로 in colonna

세론(世論) l'opinione pubblica

세리에 le serie

세리오소〈音〉serioso (진지하게)

세면(洗面) / -하다 lavarsi il viso ¶-臺, 器 il lavandino, il lavamano, la catinella

세무공무원(稅務公務員) l'agente delle tasse

세무서(稅務署) l'ufficio daziario, il dazio ¶-職員 l'impiegato dell'ufficio daziario

세미나 il seminario (di sociologia)

세미콜론(semicolon)〈句〉punto e virgola

세밀(細密) / -한 dettagliato(a), minuto(a), minuzioso(a), scrupoloso(a) / -하게 in dettaglio, dettagliatamente, minutamente, minuziosamente, scrupolosamente / -한 調査 le indagini minuziose

세발자전거(三輪車) il triciclo (per bambini)

세배(三倍) tre volte, triplo / -의 triplo(a), triplice / -하다 triplicare

세법(稅法) la legge relativa alle imposte

세부(細部) il dettaglio / -的 dettagliato(a) / -적으로 in dettaglio ¶-項目 il dettaglio

세부항목(細部項目) il dettaglio / -으로 들어가다 dettagliare, entrare [intr. essere] nei dettagli

세분(細分) la suddivisione (di terreno fabbricabile)

세비(歲費) (議員의) l'indennità parlamentare

세상(世上) il mondo / -을 알다 conoscere il mondo*il proprio modo di vivere (nel mondo) / -을 모르다 essere ignorante degli affari del mondo ¶-事 il mondo, gli affari del mondo, il modo di vivere / -經驗 l'esperienza del mondo*della vita sociale

세속(世俗) /-的, 의 mondano(a), terrestre / -적인 삶 la vita terrestre

세속주의(世俗主義)〈政〉 il laicismo

세속화(世俗化) la volgarizzazione, la popolarità / -되다 essere volgarizzato*popolarizzato

세수(稅收) il gettito delle imposte

세수하다(洗手-) lavarsi la faccia

세습(世襲) l'eredità / -의 ereditario(a) / -하다 ereditare ¶-財産 il patrimonio

세심(細心) la scrupolosità, la minuziosità; la prudenza / -한 minuzioso(a), meticoloso(a), scrupoloso(a), accurato(a) / -하게 scrupolosamente, con cura e diligenza

세쌍둥이 il bambino trigemino / -의 trigemino(a)

세우다 drizzare; fermare

세월(歲月) il tempo, gli anni ¶ 세월은 유수같다. Gli anni passano.

세율(稅率) l'aliquota delle imposte

세인(世人) il pubblico, la gente

세일(sale) i saldi, lo sconto ¶ 언제 세일이 있나요? Quando c'è lo sconto?

세입(歲入) le entrate annuali*dell'anno

세입(歲入)〈伊〉 entrate

세입세출의 일반회계(歲入歲出一般會計)〈伊〉 conto generale delle spese e delle entrate

세입자(歲入者) l'inquilino, l'inquilina

세정(洗淨)〈藥〉 l'irrigazione

세정제(洗淨劑)〈藥〉 la lozione

세제(洗劑) il detersivo, il detergente ¶洗濯機用 - il detersivo per lavatrice / 食器用 - il detersivo per piatti

세제(稅制) il sistema daziario

세제곱(三乘)〈數〉 il cubo / -하다 cubare ¶-根 la radice cubica

세족식(洗足式)〈宗〉 la lavanda dei piedi

세주다 (임대) dare in affitto, affittare

세척(洗滌) il lavaggio, la lavatura, la lavata / -하다 lavare

세출(歲出) le spese annuali*dell'anno fiscale

세출(歲出)〈伊〉 spese

세칙조항(細則條項)〈法〉 l'alinea, il capoverso

세코〈音〉 secco (건조한)

세탁(洗濯) la lavatura (dei panni), il bucato / -하다 lavare, fare il bucato ¶-女 la lavandaia / (電氣)-機 la lavatrice (elettrica) / -物 la biancheria da lavare / 셀프-所 la lavanderia pubblica*automatica / -所 la lavanderia

세트(set) il servizio ¶茶器- il servizio da tè

세트〈테니스〉 il set, la partita

세트포인트〈테니스〉 il set-ball

세포(細胞)〈生*植〉 la cellula / -의 cellulare

세포막(細胞膜)〈生〉 la membrana cellulare

세포발육억제제(細胞發育抑制劑)〈藥〉 il citostatico

세포분열(細胞分裂)〈生〉 la divisione cellulare / -前期 la profase / -後期 l'anafase / -中期 la metafase / -末期 la telofase

세포질(細胞質)〈生*植〉 il citoplasma

세포학(細胞學)〈生〉 la citologia

세포학(細胞學)〈醫〉 la batteriologia

세포학자(細胞學者)〈醫〉 il batteriologo

세포핵(細胞核)〈生〉 il nucleo

세폭의 제단화(-祭壇畫)〈繪〉 il trittico

세피아〈繪〉 la seppia

센세이션 la sensazione / -을 일으키다 fare sensazione*viva impressione, suscitare una gran sorpresa

센치멘탈 sentimentale

센터 il centro ¶커머셜 - il centro commerciale / 放送- il radiocentro, il centro radiotelevisivo

센터서클〈蹴〉 il cerchio centrale

센티미터 centimetro

셀러리〈植〉 il sedano

셀룰로오스〈化〉 la cellulosa

셀룰로이드 la celluloide

셀프서어비스 il self-servizio

셀프세탁소(-洗濯所) la lavanderia pubblica*automatica

셔츠 la camicia

셔터〈寫〉 l'otturatore (a scatto rapido), (자동-) l'autoscatto

셔터 (가옥의) la persina, (점포의) la serranda, la saracinesca

셔틀 (shuttle) lo shuttle

소(牛) il bue (m.pl. buoi), il toro, il bovino, (어린 소) il vitello, (숫 송아지) il manzo, (암소) la vacca, (젖소) la mucca ¶- 우리(외양간) la stalla (per buoi*tori) / - 사육사 il bovaro

소가곡(小歌曲)〈音〉 la canzonetta

소감(所感) l'impressione; il (proprio) parere

소강(小康) il momento di calma / - 상태에 있다 trovarsi in calma momentanea

소개(紹介) la presentazione **1** 이제 너희들의 소개를 써 보아라! Ora scrivete la vostra presentazione! / -하다 presentare **1** 당신께 제 아내를 소개합니다. Le presento mia moglie. ¶-狀 la lettera di presentazione

소거(消去) l'eliminazione / -하다 eliminare

소견(所見) il parere, l'opinione

소계(小計) il totale d'una parte

소고기(牛肉) la carne di bue*vacca, (숫송아지 고기) il manzo, (어린 소고기) il vitello

소관(所管) la competenza; la giurisdizione **1** 그것은 나의 소관이 아니다. Ciò non è di mia competenza*giurisdizione; questo è al di fuori della mia competenza / -의 competente

소규모(小規模) la scala ridotta / -의 su scala ridotta

소극적(消極的) negativo(a), passivo(a) / - 態度 l'atteggiamento passivo / -으로 negativamente, passivamente

소금(鹽) il sale / -치다 salare / - 간을 한 물에 in acqua salata

소기(所記)〈言〉 il significato

소나기 il temporale ciclonico, il nubifragio, lo scroscio autun-nale, l'acquazzone (con tuoni e fulmi-ni), il piovasco,

소나기(豪雨)〈氣〉 il rovescio, il nubifragio

소나무〈植〉 il pino

소나타〈音〉 la sonata

소녀(少女) (6세~12세) la fanciulla, la ragazza, (12세~18세) la giovanetta

소녀상(少女像)〈彫〉 il kore

소년(少年) (6세~12세) il fanciullo, il ragazzo, (12세~18세) il giovanotto ¶-時代 la fanciullezza

소뇌(小腦)〈解〉 il cervelletto

소다 la soda, l'acqua gassosa ¶-水 la gassosa / 苛性- la soda caustica

소대(小隊)〈軍〉 il reparto, il plotone ¶-長 il capoplotone

소도구(小道具)〈劇〉 i materiali scenici, l'attrezzeria

소도시(小都市) la città piccola

소독(消毒) la disinfezione / -하다 disinfettare

소독약(消毒藥)〈藥〉 il disinfettante

소동(騷動) il tumulto, l'agitazione

소듐〈化〉 il sodio

소득(所得)〈經〉 il reddito, il guadagno ¶ 國民- il reddito nazionale / -稅 l'imposta sul reddito / 課外- il guadagno straordinario

소득세(所得稅) l'imposta sul reddito / -를 신고하다 dichiarare il proprio reddito

소득세신고(所得稅申告) la dichiarazione *la denunzia dei redditi

소란(騷亂) il clamore, il tumulto, l'agitazione / -스러운 chiassoso(a) / -스럽게 chiassosa-mente / -를 일으키다 fare tumulto

소량(小量) la piccola quantità; (액체의) il goccio, la gocciola / -으로, -의 in piccola quantità, al minimo ¶-販賣 la vendita al minimo (a uno a uno)

소량(少量) la poca quantità / -의 un poco, un po' di (vino)

소로(小路) il viottolo, il sentiero

소름 la pelle d'oca

소름이 끼치다 avere la pelle d'oca

소름끼치게 하다 suscitare orrore

소름끼치는 orribile

소리(聲) il suono, (깨지는 소리) il fracasso; (꽥꽥지르는 소리) lo strepito; (떠들며 노는 소리) il chiasso; (떠들석한 소리) il baccano / (사람이) -치다 gridare [intr. avere], uralre, strepitare [intr. avere] / 금속성의 -를 내다 stridere [intr. avere] / 큰 -로 ad alta voce / 銃- il colpo / 피리 - il fischio / 큰북 - il rullo / 金屬- il dindon / 大砲- il rimbombo / 벌레 - il strido / (옷, 나뭇잎이) 스치는 - il fruscio

소매(小賣)〈商〉 il dettaglio, la vendita al dettaglio*minuto / -로 (vendere) al dettaglio*minuto ¶-業 il commercio al dettaglio*minuto / -商 il dettagliante, il venditore*il negoziante al dettaglio*minuto / -店 la bottega della vendita al dettaglio*minuto / -價格 il prezzo al dettaglio*minuto

소매(衣) la manica (f.pl. -che) ¶반- le mezze maniche / 긴- le maniche lunghe

소매상(小賣商)〈商〉 l'esercente

소매상인(小賣商人)〈商〉 il*la negoziante al dettaglio

소매점(小賣店)〈商〉 il dettagliante

소매치기 il borsaiolo, il borseggiatore [f. -trice] / -하다 borseggiare, rubare abilmente

소맥(小麥) il grano, il frumento ¶-粉 la farina (di grano)

소멸(消滅) l'estinzione / -되다 estinguersi / -하다 distruggere

소모(消耗) il logorio, il consumo; (體力의) la consunzione / -하다 consumare / -되다 consumarsi, logorarsi ¶-費 le spese di consumo

소모증(消耗症)〈醫〉 la tabe

소묘(素描)〈繪〉 il bozzetto, l'abbozzatura, l'abbozzo, lo schizzo / -하나 schizzare, tratteggiare

소문(所聞) la voce, il pettegolezzo

소박(素朴) / -함 la semplicità, l'ingenuità, la rustichezza; la mancanza di raffinatezza / -한 semplice, ingenuo(a), rustico(a), privo(a) di raffinatezza*buon gusto; modesto(a), sobrio(a), umile / -한 生活 la vita modesta / -하게 modestamente, umilmente

소반도(小半島)〈地〉 la lingua

소방(消防) il servizio antincendio ¶-官 il vigile del fuoco, il pompiere / -펌프 la pompa da incendio / -署 la caserma dei pompieri / -隊 il corpo*la squadra dei pompieri / -車 l'autopompa / -사다리 la scala automatica

소방국(消防局)〈伊〉 servizi antincendi

소변(小便) l'orina, la pipì, l'urina/-보다 orinare, urinare; 〈俗〉 pisciare [intr. avere], fare la pipì

소비(消費)〈經〉 il consumo / -하다 spendere, consumare / 時間을 -하다 spendere il tempo / 돈을 -하다 spendere denaro; sciupare denaro ¶-者 il consumatore / 肉類-量 chili di carne consumati / -組合 la cooperativa di consumo / -材 i beni di consumo / -稅 l'imposta di consumo / -主義 il consumismo

소비성향(消費性向)〈經〉 la propensione al consumo

소비억제정책(消費抑制政策)〈經〉 l'austerità

소생(蘇生) la risurrezione / -하다 risuscitare [intr. essere], riaversi / -시키다 risuscitare

소석회(消石灰)〈鑛〉 la calce spenta

소설(小說) (短篇) la novella, (長篇) il romanzo / -的 romanzesco(a) ¶-家 il novelliere (f. -a), il romanziere (f. -a) / 歷史(心理)- il romanzo storico (psicologico) / 추리- il giallo

소속(所屬) la dipendenza, l'appartenenza / -되다 appartenere [intr. essere, avere] a (qlcu.), dipendere [intr. essere] da / -되어있는 dipendente da, appartenente a

소송(訴訟)〈法〉 il contenzioso, la causa, la lite, il processo / -제기하다, 걸다 procedere [intr. avere] contro qlcu., intentare causa contro qlcu.; accusare qlcu. (di un delitto), ricorrere [intr. essere, avere] al tribunale; appellarsi a / -을 解決하다 definire una lite ¶民事(刑事)- la causa civile (penale) / -事件 il caso giuridico

소송(訴訟)〈商〉 il contenzioso

소수(少數) la minoranza / -의 poco(a) ¶-派 il gruppo di minore numero di rappresentanti / -民族 l'allogeno

소수(小數)〈數〉 i numeri decimali ¶-點 il punto decimale [用語] 0,1 zero virgola uno, 0,01 zero virgola zero uno, 1,5 uno virgola cinque, 0,33 zero virgola trentatre

소수(素數)〈數〉 i numeri primi

소수점(小數點) la virgola

소스 la salsa

소스테누토〈音〉 sostenuto (음의 길이를 충분히 유지한)

소시지 la salsiccia, il salame, (대형의) il salsicciotto

소식(消息) la notizia, le informazioni **1** 그 소식을 듣고 나는 출발했다. A quella notizia io partii subito. / ~로부터 -을 전해 듣다 avere*ricevere notizie da qlcu. / -을 전하다 dare*fornire notizie*informazioni (di*su qlcu., qlco.) ¶-通 la persona ben informata (su qlco.)

소심(小心) la timidezza; la cautela / -한 di mente ristretta, timido(a), timoroso(a); cauto(a) / -한 사람 il codardo / -하게 timidamente

소아과(小兒科) la pediatra

소아과의사(小兒科醫師) 〈醫〉 il*la pediatra

소아과학(小兒科學) 〈醫〉 la pediatria

소아마비(小兒痲痺) 〈醫〉 la paralisi infantile, la poliomielite

소아용체중계(小兒用體重計) la bilancia pesa-bambini

소악절(小樂節) 〈音〉 la semifrase

소안구증(小眼球症) 〈醫〉 la microftalmia

소액(少額) la piccola somma / -의 di piccola somma

소액지폐(少額紙幣) 〈銀行〉 il taglio spezzato

소야곡(小夜曲) 〈音〉 la serenata

소양(素養) (知識) la conoscenza, il sapere, (教養) la cultura, l'educazione / -있는 colto(a), educato(a)

소염제(消炎劑) 〈藥〉 l'antiflogistico

소외(疎外) l'allontanamento / -시키다 allontanare

소요학파(逍遙學派) 〈哲〉 i peripatetici

소용돌이(氣) il turbine, il vortice, il mulinello

소용없는(所用-) inutile

소원(疏遠) il lungo silenzio (nel senso della mancanza di notizie o visite) / -하다 allontanarsi da qlcu., nè scrivere nè visitare qlcu. per lungo tempo

소원(訴願) il desiderio; 〈法〉 la petizione, l'appello / -하다 rivogere una petizione, appellarsi alla generosità di qlcu.

소위(少尉) il sottotenente; 〈海〉 il guardiamarina; 〈空〉 il sottotenente

소유(所有) il possesso / -하다 possedere, tenere, essere posseduto(a), prendere / ~의 -가 되다 appartenere [intr. essere, avere] a (qlcu.) ¶-物 la proprietà, la cosa posseduta, il possesso / -代名詞 il pronome possessivo / -格 il genitivo / -形容詞 l'aggettivo possessi-vo / -權 (il diritto di) proprietà / -主 il possessore (f. -sseditrice), il proprietario / -者 il proprietario

소유권(所有權) 〈法〉 il dominio, la proprietà / -者 il proprietario

소유권자(所有權者) 〈法〉 il proprietario

소음(騷音) il rumore

소음계(騷音計) 〈物〉 il fonometro

소인(消印) (우편물의) il timbro postale

소작(小作) (農地의 賃貸借) l'affittanza, l'affitto di terreno (da coltivazione) / -하다 prendere un terreno (da coltivazione) in affitto, coltivare un terreno preso in affitto ¶-人 l'affittuario / -權 il diritto d'affittuario / -料 l'affitto

소작(小作) 〈法〉 la colonia

소작기(燒灼器) 〈醫〉 il termocauterio

소작료(小作料) 〈法〉 il canone enfiteutico

소작인(小作人) 〈法〉 il colono

소작인해고(小作人解雇) 〈法〉 l'escomio

소장(少壯) -의 giovane ed attivo

소장(所藏) -의 in possesso di qlcu., appartenente a qlcu.

소장(少將) 〈陸〉 il generale di divisione; 〈海〉 l'ammiraglio di divisione; 〈空〉 il generale di divisione aerea cf. (大將) il generale; (准將, 旅團長) il generale di brigata; (中將, 軍團長) il generale di corpo d'armata, il tenente generale; (總司令官) il generale in capo

소장(小腸) 〈解〉 l'intestino tenue

소재(所在) il luogo / -不明의 disperso(a), sparito(a) ¶-地 la sede

소재(素材) il materiale

소재지(所在地) la sede

소전제(小前提) 〈哲〉 la premessa minore

소절(小節) 〈音〉 la battuta, la misura

소정의 양식(所定의 樣式) 〈商〉 il modulo

소제(掃除) la pulitura, le pulizie, la spazzatura, la spolverata, la pulita / -하다 pulire [pr. -isco], spolverare, spazzare

소죄(小罪) 〈宗〉 il peccato veniale

소지(所持) il possesso / -하다 possedere, tenere in possesso

소질(素質) il talento, la disposizione (per la musica), l'inclinazione (per qlco.) / -이 있다. avere la disposizione (per qlco.)

소집(召集) la convocazione; (呼出) la chiamata / -하다 convocare; chiamare a riunire [pr. -isco] ¶-令 l'ordine di convocazione

소책자(小册子) il libretto, l'opuscolo, il fascicolo

소총(小銃) lo schioppo, il moschetto, il fucile ¶-彈藥 la palla di fucile*schioppo

소총탄(小銃彈)<軍> il pallottolo

소크라테스<哲> Socrate / - 이전의 철학자 i presocratici / - 철학 il socratismo

소탕(掃蕩) la draga/-하다 dragare

소파<家具> il divano, il sofà, il canapè 1 소파 위에 고양이 한 마리가 있다. Sul divano c'è un gatto.

소포(小包) il pacco / -를 싸다 impaccare, involtare, mettere qlco. in un involto ¶-郵便 il pacco postale

소포(小包)<商> il collo

소품(小品) il lavoro*l'opera piccola

소풍 l'escursione, la gita

소프라노<樂> il soprano

소프트볼 la palla da softball

소피스트 철학(-哲學)<哲> la sofistica

소해정(掃海艇)<海> il dragamine

소핵(小核)<生> il nucleolo

소행(素行) la condotta, il comportamento

소행렬식(小行列式)<數> il minore

소형 빗<髟> la pettinella

소형(小型*形) la misura piccola, il formato piccolo, il tipo minore / -의 piccolo(a) ¶-寫眞 la fotografia di formato piccolo / -自動車 l'utilitaria

소형구축함(小型驅逐艦)<海> la fregata

소형범선(小型帆船)<海> il caicco, il cutter

소형선(小型船)<海> la feluca

소형선박(小型船舶)<海> (선내에 엔진 부착) l'entrobordo, (선외에 엔진 부착) il fuoribordo

소형어선(小型漁船)<海> la paranza

소형증기선(小型蒸氣船)<海> il vaporet-to

소형초계정감시원(小型哨戒艇監視員)<海> la vedetta

소형촬영기(小型撮影機)<映> la cinepresa

소형클렌<映> la giraffa

소형화(小型化) la miniaturizzazione

소혹성(小惑星)<天> i pianetini, l'asteroide

소홀(疎忽) la trascuratezza, la negligenza/-히 하다 trascurare / 忠告를 -히 하다 trascurare un consiglio / 自身의 健康을 -히 하다 trascurare la propria salute

소화(消火) l'estinzione d'un incendio / -하다 spegnere [tr.] (un incendio); (火災가) -되다 spegnersi, estinguersi ¶-器 l'estintore / -栓(栓) l'idrante (sotto terra*sopra terra*a colonna)

소화(消化)<藥> la digestione / -하다 digerire [pr. -isco] / -되다 essere digerito(a) / -(性)의 digestibile / -(促進)의 digestivo(a) ¶-不良 l'indigestione (f.) / -器 l'apparato digerente

소화기(消化器) l'apparato digerente [用語] 간장(肝臟) il fegato, 담낭(膽囊) la vescica biliare, 비장(脾臟) la milza, 식도(食道) l'esofago, 위(胃) lo stomaco, 장(腸) l'intestino, 췌장(膵臟) il pancreas

소화불량(消化不良) l'indigestione

소화불량(消化不良)<醫> la dispepsia

소 화 제 (消化劑)<藥> il digestivo, l'eupeptico

소환(召還) il richiamo (dell'ambasciatore*dell'ambasciatrice) / -하다 richiamare

소환(召喚) la chiamata, la chiamata alla polizia, la chiamata in giudizio / -하다 chiamare qlcu. in giudizio*alla polizia ¶-狀 la chiamata (scritta), la citazione / 强制- la citazione perentoria

소환제(小丸劑)<藥> la perla

속(屬)<生> il genere

속(內) l'interno

속국(屬國) Stato*paese vassallo

속기(速記) la stenografia / -하다 stenografare ¶-者 lo stenografo

속눈썹<解> le ciglia

속달(速達) la consegna rapida / -로 per espresso ¶-郵便 l'espresso

속담(俗談) il proverbio

속도(速度)<物> la velocità, la rapidità; <音> il tempo / -가 빠른 veloce, rapido(a), celere / -를 올리다 aumentare la velocità*l'efficienza / -를 늦추다 frenare / 매시 150km -로 alla velocità di 150km. all'ora ¶-制限 il limite di

속독(速讀) la lettura affrettata

속력(速力) la rapidità, la velocità, / -이 빠른 veloce, rapido(a), celere / -를 내다*올리다 accelerare, aumentare la velocità*l'efficienza; 〈海〉 abbreviare / -를 늦추다 frenare / 매시 150km -으로 alla velocità di 150km. all'ora / 전 -으로 a tutta velocità ¶-制限 il limite di velocità / 平均- la velocità media / 最大- la velocità massima / 最低- il limite minimo di velocità

속령(屬領) il territorio dipendente, la colonia

속명(俗名) il nome laico

속물(俗物) la persona volgare

속박(束縛) il giogo; la restrizione / -하다 restringere, costringere

속보(速步) il passo affrettato*veloce, (馬의) il trotto / -로 a*con passi veloci; al trotto

속삭이다 bisbigliare [intr. avere, tr.], (귀에) soffiare qlco. nell'orec-chio a qlcu., parlare all'orecchio di qlcu., mormorare [intr. avere, tr.], sussurare [intr. avere, tr.]

속삭임 il mormorio, il sussurrio, il bisbiglio

속생근(束生根)〈植〉 la fascicolata

속설(俗說) la leggenda, la tradizione

속성(速成) il rapido compimento*adempimento / 이탈리아어 -과정 il celere corso d'italiano

속성(屬性)〈哲〉 l'attributo

속세(俗世) la società umana, il mondo volgare*materialistico

속셔츠〈衣〉 la camiciola ¶男性用 - la camiciola da uomo / 女性用 - la camiciola da donna

속어(俗語)〈言〉 la lingua volgare

속옷〈衣〉 la biancheria (intima*personale)

속이다 mentire, fingere (d'essere ricco), simulare (amicizia per qlcu.)

속인(俗人) la persona mondana; il laico

속임수 la finta, l'inganno, il trucco **1** 그는 날 보지 않으려고 속임수를 섰다. Ha fatto finta di non vedermi.

속죄(贖罪)〈宗〉 la redenzione, l'espiazione, la penitenza / -의 penitenziale / -하다 confessarsi, espiare una colpa (commessa)*i propri errori giovanili

속출(續出) la successione / -하다 succedersi, susseguire [intr. essere] / -하는 successivo(a) / 事件의 - una successione di avvenimenti

속편(續編) la continuazione (del romanzo), il seguito (d'un romanzo)

속하다 appartenere

속행(續行) la continuazione, il proseguimento / -하다 continuare, proseguire (gli studi), seguitare (un lavoro)

속히(速) rapidamente

손(損) lo scapito, la perdita, (損害) il danno

손(手)〈解〉 la mano (pl. le mani) / 왼- la mano sinistra / 오른- la mano destra / -등 il dorso della mano / -바닥 il palmo della mano / -을 잡다 (악수하다) stringere la mano (a qlcu.) / 빈 -으로 a mani vuote

손가락〈解〉 il dito **[用語]** 인지 l'indice, 중지 il medio, 약지 l'anulare, 새끼손가락 il mignolo

손금(手相) le linee*i segni della mano ¶-占術 la chiromanzia / -占術師 il*la chiromante

손녀(孫女)〈族〉 la nipote

손님(客) il cliente, l'ospite, l'avventore

손대다 toccare **1** 손대지 마시오! Non toccare!

손대지 않은 intatto(a), integro(a), senza difetto, privo di macchia

손목〈解〉 il polso

손목시계(-時計) l'orologio da polso

손바닥(掌) il palmo (della mano)

손상(損傷) il deterioramento, il danno / -시키다 deteriorare*danneggiare qlco., rovinare

손수건(手巾) il fazzoletto

손수레 (수퍼마켓용) il carrello **1** 손수레들이 물건들로 가득하니 아니면 비어있니? I carrelli sono vuoti o pieni?

손쉬운(易) facile / - 일 il lavoro facile

손실(損失) la perdita, lo scapito, il danno

손익(損益) perdita e profitto / -을 계산하다 calcolare*registrare le perdite e i profitti ¶-計算書 il conto perdite e profitti

손자(孫子)〈族〉 il nipote

손잡이 (가방, 망치, 문 따위의) il manico, (전철, 버스 따위의) la maniglia, (칼 따위의) l'impugnatura, (병, 그릇의) l'ansa

손전등 la torcia elettrica

손질하다 rammendare; ritoccare

손짓 il gesto

손톱 l'unghia / -을 자르다 tagliarsi le unghie

손해(損害) il danno, la perdita, lo scapito / - 보다*입다 essere danneggiato(a), subire i danni / - 입히다 nuocere [intr. avere] a qlcu. o a qlco.; danneggiare, dare perdita*scapito, colpire ¶ 도산은 채권자 모두에게 손해를 입혔다. Il fallimento ha colpito tutti i creditori. / -를 배상하다 risarcire [pr. -isco] i danni / -나는 dannoso(a); nocivo(a); pernicioso(a) ¶ 賠償 il risarcimento dei danni, l'indennizzo, l'indennità

손해(損害)〈商〉 l'avaria

솔〈具〉 la spazzola

솔개〈鳥〉 l'aquilone / -를 날게 하다 fare volare un aquilone

솔레노이드〈電〉 il solenoide

솔선(率先) -하다 prendere l'iniziativa, precedere qlcu. nel fare qlco. ¶-者 l'iniziatore, il promotore

솔직(率直) la sincerità, la fedeltà, l'onestà, la franchezza / -한 sincero(a), schietto(a), onesto(a), aperto(a), franco(a) / -하게 sinceramente, onestamente, franca-mente, apertamente, a cuore aperto

솔페지오〈音〉 il solfeggio

솜 la bambagia, l'ovatta

솜씨 la bravura, la destrezza

솜털(毛) la peluria

솟아오르다(上昇) sorgere **1** 해가 솟아오른다. Sorge il sole.

송곳〈具〉 il succhiello

송금(送金)〈經〉 la rimessa, il bonifico bancario, il bonificio / -하다 fare una rimessa, fare un bonifico ¶-人 il mittente (di una rimessa)

송료(送料) la tassa postale, l'affrancatura

송배전선로(送配電線路)〈電〉 l'elettrodotto, la linea elettrica

송별(送別) l'addio

송별회(送別會) la colazione d'addio (in onore di qlcu.)

송부(送付) l'invio / -하다 inviare, 〈商〉 inoltrare

송수신기(送受信機)〈電〉 l'apparecchio ricetrasmittente

송신(送信) la trasmissione

송신공중선(送信空中線) l'antenna trasmittente

송신기(送信機) il trasmettitore

송아지(牛) il vitello ¶-고기(肉) il vitello

송어〈魚〉 la trota

송장(送狀) la fattura

송전(送電) la trasmissione d'elettricità / -하다 trasmettere l'elettricità ¶-線 il cavo*il filo*la linea elettrica / -寫眞 la telefotografia, il telefoto

송환(送還) (본국으로의) il rimpatrio / -하다 rimandare; rimpatriare [tr.]

솥 la pentola, il bollitore (di ferro) ¶壓力- la pentola a pressione

쇄골(鎖骨)〈解〉 la clavicola

쇄골하동맥(鎖骨下動脈)〈解〉 l'arteria succlavia

쇄골하정맥(鎖骨下靜脈)〈解〉 la vena succlavia

쇄국(鎖國) l'isolazionismo

쇄도(殺到) l'irruzione / -하다 fare irruzione (in un luogo)

쇄빙선(碎氷船)〈海〉 il rompighiaccio

쇄설암(碎屑岩)〈鑛〉 la roccia clastica

쇄신(刷新) la rinnovazione, l'innovazione, l'innovamento / -하다 rinnovare

쇠〈鑛〉 il ferro

쇠고기 la carne bovina

쇠고랑(手匣) le manette / -을 채우다 mettere le manette

쇠약(衰弱) (신체의) l'indebolimento, l'affievolmento, l'abbassamento / -해지다 indebolirsi, affievolirsi, perdere vigore, declinare [intr. avere], decadere [intr. essere], diventare macilento*estenuato / -한 macilento(a), estenuato(a)

쇠퇴(衰退) la decadenza, il declino / -하다 decadere [intr. essere], declinare [intr. avere]

쇼윈도우⟨陳列窓⟩⟨商⟩ la vetrina

쇼크 la scossa, il grave turbamento, il shock / -를 받다 subire [pr. -isco] una scossa

쇼핑 le spese / -하다 fare le spese **1** 년 시장에서 쇼핑하니? Fai le spese al mercato? ¶-백(bag) la borsa per la spesa / -센터 il centro commerciale

수⟨數⟩ il numero / 十-日 più di dieci giorni / -倍 parecchie volte maggiore [用語] ⟨기수(基數) Numeri cardinali⟩ 1 uno (una, un, un'), 2 due, 3 tre, 4 quattro, 5 cinque, 6 sei, 7 sette, 8 otto, 9 nove, 10 dieci, 11 undici, 12 dodici, 13 tredici, 14 quattordici, 15 quindici, 16 sedici, 17 diciassette, 18 diciotto, 19 diciannove, 20 venti, 21 ventuno (venti uno), 22 ventidue, 23 ventitre, 24 ventiquattro, 25 venticinque, 26 ventisei, 27 ventisette, 28 ventotto, 29 ventinove, 30 trenta, 40 quaranta, 50 cinquanta, 60 sessanta, 70 settanta, 80 ottanta, 90 novanta, 100 cento, 101 centuno (cento uno), 200 duecento, 210 duecentodieci, 300 trecento, 350 trecentocinquanta, 499 quattrocentonovantanove, 1000 mille, 1001 milleuno, 2000 duemila, 3500 tremilacinquecento, 7777 settemilasettecentosettantasette, 9000 novemila, 10.000 diecimila, 90.000 novantamila, 100.000 centomila, 250.000 duecentocinquantamila, 1.000.000 un milione, 2.000.000 due milioni, 10.000.000 dieci milioni, 100.000.000 cento milioni, 1.000.000.000 un miliardo, 10.000.000.000 dieci miliardi; ⟨서수(序數) Numeri ordinali⟩ 第1 primo, 第2 secondo, 第3 terzo, 第4 quarto, 第5 quinto, 第6 sesto, 第7 settimo, 第8 ottavo, 第9 nono, 第10 decimo, 第11 undicesimo, 第12 dodicesimo, 第13 tredicesimo, 第14 quattordicesimo, 第15 quindicesimo, 第16 sedicesimo, 第17 diciassettesimo, 第18 diciottesimo, 第19 diciannovesimo, 第20 ventesimo, 第21 ventunesimo, 第33 trentatresimo, 第50 cinquantesimo, 第100 centesimo, 第999 novecentonovantanovesimo, 第1000 millesimo, 第1001 milleunesimo, 第2000 duemillesimo, 第3500 tremilacinquecentesimo, 第10.000 diecimillesimo, 第100.000 centomillesimo, 第**1**.000.000 milionesimo, 第 **1**.000.000.000 miliardesi-mo; ⟨로마수자(-數字) Numeri romani⟩ I 1, II 2, III 3, IV 4, V 5, VI 6, VII 7, VIII 8, IX 9, X 10, XI 11, XII 12, XIII 13, XIV 14, XV 15, XVI 16, XVII 17, XVIII 18, XIX 19, XX 20, XXX 30, XL 40, L 50, LX 60, LXX 70, LXXX 80, XC 90, C 100, CD 400, D 500, DC 600, M 1000, MCMLXXXII 1982; ⟨배수(倍數) Numeri moltiplicativi⟩ 2倍 doppio, 3倍 triplo, 4倍 quadruplo o quattro volte, 5倍 quintuplo o cinque volte, 6倍 estuplo o sei volte, 7倍 settuplo o sette volte, 8倍 ottuplo o otto volte, 9倍 nonuplo o nove volte, 10倍 decuplo o dieci volte, 11倍 undecuplo o undici volte, 12倍 dodecuplo o dodici volte, 100倍 centuplo o cento volte; ⟨소수(小數) Decimali⟩ 0,1 zero virgola uno, 0,01 zero virgola zero uno, 1,5 uno virgola cinque, 0,33 zero virgola trentatre; ⟨분수(分數) Frazioni⟩ 1/2 un mezzo, 1/3 un terzo, 1/4 un quarto, 2/3 due terzi, 3/5 tre quinti, 2와 5/6 due e cinque sesti, 5/10 cinque decimi, 45/49 quarantacinque quarantanovesimi; ⟨지수(指數) Esponenti⟩ 3제곱 tre al quadrato o tre alla seconda (potenza), 3의 세제곱 tre al cubo o tre alla terza (potenza), 3의 네제곱 tre alla quarta, X의 n제곱 x all'ennesima, 2 radice quadrata di quattro, 3 radice cubica di ventisette, n ennesima radice di x; ⟨수학(數學)의 기호(記號) Simboli matematici⟩+più, positivo, - meno, negativo, x per, : diviso, radice, = fa, è uguale a, è uguale, , virgola, - fratto (분수의 횡선); ⟨연산(演算) Operazioni matematiche⟩ 2+3=5 due più tre fa cinque, 10+5=15 dieci più cinque è uguale a quindici, 9-6=3 nove meno sei fa tre, 4×3=12 quattro per tre fa dodici, 7×7=49 sette per sette è uguale a quarantanove, 12 : 6=2 dodici diviso sei fa due, 45 : 9=5 quarantacinque diviso nove è uguale a cinque, 1/10×11=1 1/10 un decimo per undici fa uno e un decimo, (a+b-c)(x+y) trinomio a più b meno c per binomio x più y, (a+b)(a+c)=a+ab+ac+bc binomio a più b per binomio a più c è uguale ad a al quadrato più ab più ac più bc

수(水)〈化〉 l'acqua

수 (방법) il modo

수갑(手匣) le manette / -을 채우다 mettere le manette

수강료(受講料) il tuition fee

수건(手巾) l'asciugamano

수고 la fatica

수공(手工) il lavoro a mano ¶-業 il mestiere (manuale) / -品 il manufatto

수공예품(手工藝品) gli articoli d'artigianato

수구(水球) il pallanuoto

수기(手記) la nota; le memorie; il memorandum

수난(水難) i danni d'acqua, il disastro in mare

수난(受難) la sofferenza / 예수 그리스도의 - la Passione di Gesù Cristo

수납(受納) l'accettazione, il ricevimento / -하다 accettare, ricevere

수녀(修女) la suora ¶-院 il convento, il monastero

수놓다 ricamare

수뇌(首腦) il capo (di Stato*governo), il leader, il dirigente (ad alto livello) ¶-部 la direzione (dell'amministrazione) / 國際-會議 l'incontro*la conferenza al vertice

수뇨관(輸尿管)〈解〉 l'uretere

수다 떨다 chiacchierare [intr. avere] (di), cicalare [intr. avere]

수다(雜談) la chiacchiera / -떨다 chiacchierare / -스러운 chiacchierata, la ciarla / -스러운 사람 il chiacchierino (f. -a), il chiacchierone (f. -a), il ciarlone (f. -a)

수다쟁이 il chiacchierone (f. -a)

수단(手段) la maniera, il mezzo, il metodo, il modo, (對策) le misure, i provedimenti, (方法) i mezzi, (對策) la politica / -으로 attraverso / -과 目的 i mezzi e il fine

수당(手當) la retribuzione, l'indennità, l'assegno ¶家族- gli assegni familiari / 特別- la retribuzione speciale

수도(水道) l'acquedotto, il canale; l'acqua, l'acqua potabile ¶-局 la direzione municipale dell'acqua, i servizi dell'acqua / -꼭지 il rubinetto / -計量器 il contatore dell'acqua

수도(首都) la capitale, la città principale, la metropoli / -의 della capitale, metropolitano(a) ¶-圈 l'area*la zona della capitale

수도대주교(首都大主敎)〈宗〉 il metropolita

수도사 il monaco

수도원(修道院) il monastero, il convento, l'abbazia / - 生活 la vita monastica ¶-修士 il monaco / -修女 la monaca, la suora

수도원장(修道院長)〈宗〉 l'abate, il priore

수동(受動) la passività / -的 passivo(a)

수동오르간〈音〉 l'organetto

수동태(受動態)〈文〉 il passivo, la voce passiva

수락(受諾) l'accettazione / -하다 accettare (un invito)

수량(水量) il volume*la quantità d'acqua / -을 측정하다 misurare il volume d'acqua ¶-計 l'idrometro, il contatore dell'acqua

수량(數量) la quantità

수레 il carretto

수력(水力) la forza*l'energia idrica ¶-電氣 l'idroelettricità / -發電所 il centrale idroelettrica

수력발전설비(水力發電設備)〈電〉 l'impianto idroelettrico

수력발전소(水力發電所)〈電〉 la centrale idroelettrica

수력학(水力學)〈物〉 l'idraulica

수련(睡蓮)〈植〉 la ninfea

수렵(狩獵) la caccia / -하다 cacciare ¶-禁止 la caccia proibita / -禁止區域 la zona della caccia proibita / -場 il luogo di caccia / -人 il cacciatore / -期 l'apertura*la stagione della caccia / -免狀 la licenza di caccia

수렵복(狩獵服) la cacciatora

수령(受領) l'accettazione, il ricevimento / -하다 accettare, ricevere ¶-印 il timbro della ricevuta

수령증(受領證) la quietanza

수로(水路) il canale d'irrigazione, la via d'acqua, il corso d'acqua navigabile / -로 per via d'acqua, per via fluviale, per mare

수로(水路)〈電〉 la condotta

수료(修了) il conseguimento / -하다 conseguire [pr. -isco] (un corso di studi)

수류(水流) la corrente d'acqua

수류탄(手榴彈) la bomba a mano, la granata

수리(受理) l'accettazione; il ricevimento (d'una lettera) / -하다 accettare, ricevere

수리(修理) l'aggiustamento, la riparazione, l'accomodatura; il restauro / -하다 aggiustare, riparare, accomodare, rammendare / 時計를 -하다 aggiustare un orologio

수리(水利) l'utilizzazione dell'acqua

수리 독(修理-)〈船〉 il bancino di carenaggio

수리물리학(數理物理學)〈物〉 la fisica matematica

수리보관공장(修理保管工場)〈船〉 lo scalo

수리학(水理學)〈地〉 l'idrologia

수립(樹立) lo stabilimento (della pace), la fondazione, la formazione (del nuovo governo) / -하다 stabilire [pr. -isco], fondare, formare

수많은(多量) numeroso(a)

수면(睡眠) il sonno / -不足 il sonno insufficiente / -하다 dormire [intr. avere] ¶-劑 il sonnifero, la pasticca di sonnifero, il barbiturico

수면(水面) la superficie d'acqua / - 위로 부상하다〈海〉 emergere

수면제(睡眠劑)〈藥〉 il barbiturico

수명(壽命) la durata della vita umana / -이 길다 avere*godere una lunga vita ¶ 수명이 연장(단축)되었다. La vita è allungata (abbreviata).

수목(樹木) l'albero

수문(水門) la chiusa (del canale), la caterrata / 파나마운하의 - le chiuse del canale di Panama

수문학(水文學)〈地〉 l'idrologia

수박〈植〉 il cocomero, l'anguria

수반(首班) il capo, il leader / -이 되다 diventare il capo (del governo)

수법(手法) il metodo, la maniera; la tecnica

수법(手法)〈繪〉 la maniera

수분(水分) l'umidità / -이 많은 acquoso(a), umido(a)

수분발산(水分發散) la traspirazione / -하다 traspirare

수비(守備) la difesa, la guardia / -를 견고히 하다 rafforzare la difesa

수비수〈蹴〉 i difensori

수빙(樹氷)〈氣〉 la galaverna

수사(捜査) l'investigazione, la perguisizione / -하다 inves-tigare ¶-劇 il giallo

수사(修辭) la retorica / -上의 retorico(a) ¶-學 la retorica

수산(水産) l'industria pescereccia ¶-物 i prodotti marini / -學校 la scuola della pesca

수산화물(水酸化物)〈化〉 l'idrossido

수상(授賞) il conferimento*l'assegnamento d'un premio / -하다 conferire [pr. -isco]*assegnare*distribuire [pr. -isco] un premio ¶-式 la premiazione

수상(受賞) il ricevimento d'un premio / -하다 ricevere*vincere un premio ¶-者 il premiato, il vincitore

수상(水上) la superficie d'acqua ¶-飛行機 l'idroplano / -警察 la polizia fluviale*marittima / -스포츠 lo sport d'acqua / -스키 l'acquaplano, gli sci d'acqua, lo sci-nautico

수상(手相) le linee*i segni della mano ¶-占術 la chiromanzia / -占術師 il*la chiromante

수상(首相) Primo Ministro

수상(首相)〈伊〉 il Presidente del Consiglio

수상경비원(水上警備員)〈海〉 la guardiamarina

수상용브라운관(受像用-) il cinescopio

수상하게 여기다 sospettare

수색(水色) il colore azzurro chiaro / -의 azzurro chiaro

수색(捜索) la perquisizione / -하다 perquisire [pr. -isco]; ricercare accuratamente ¶家宅- la perquisizione domiciliare / -令狀 il mandato di

수생(水生) /-의 acquatico(a) ¶-動物 gli animali acquatici /-植物 le piante acquatiche

수생식물(水生植物)〈植〉 l'idrofita, le piante acquatiche

수석(首席)(人) il capo, il decano, il primo; (席) il primo posto /-하다 essere il primo (della classe) ¶外交團- il decano del corpo diplomatico

수석사제(首席司祭)〈宗〉 l'arciprete

수선(修善) la riparazione, l'accomodatura /-하다 riparare, rattoppare (un abito), accomodare, (기계를 수리하다) aggiustare ¶-費 le spese di riparazione

수선화(水仙花)〈植〉 il narciso

수성(水星)〈天〉 Mercurio

수성암(水成岩)〈鑛〉 la roccia sedimentaria

수세(守勢) la difensiva [〈-〉 l'offensiva] /-의 difensivo(a) /-를 취하다 prendere la difensiva /-에 있다 stare sulla difensiva

수세식 변소 wc, water

수소(水素)〈化〉 l'idrogeno ¶-爆彈 la bomba all'idrogeno

수소산(水素酸)〈化〉 l'idracido

수소폭탄(水素爆彈) la bomba all'idrogeno

수속(手續) la procedura; la trafila; (訴訟) la procedimento, (形式) la formalità /-을 하다 seguire la procedura, adempiere [intr. avere] alle formalità

수송(輸送) il trasporto /-하다 trasportare 1 밀라노 지하철노선은 매일 90 만 명의 승객을 수송하고 있다. Le linee metropolitane di Milano trasportano ogni giorno 900 mila passeggeri. /-力 la capacità di trasporto /-船 la nave da trasporto /陸上 (海上*航空) - il trasporto terrestre (marittimo*aereo)

수송용전동기(輸送用電動機)〈電〉 i motori trasporti

수수께끼 l'indovinello, l'enigna /-내다 proporre un indovinello*enigma, parlare per indovinelli /-를 풀다 sciogliere un enigma*indovinello

수수료(手數料) il provvigione, la commissione

수순(手順) la predisposizione*i preparativi*il modo (per eseguire qlco.)

수술(手術) l'operazione (chirurgica), l'intervento (operatorio) /-하다 fare*eseguire [pr. -isco] un'operazione (chirurgica), operare [tr.] (un paziente) ¶-대 il letto operatorio /-醫 il chirurgo operante /-室 la sala operatoria [用語] 가슴성형수(胸部成形術) la toracoplastica, 개복술(開腹術) la laparotomia, 거세(去勢) la castrazione, 관장(灌腸) lo enteroclisma, 기관지절개술(氣管支切開術) la tracheotomia, 동면마취(冬眠痲醉) l'ibernazione, 마취법(痲醉法) l'anestesia, 무감각증(無感覺症) l'anestesia, 무통각(無痛覺) l'analgesia, 방광절개(膀胱切開) la cistostomia, 배액법(排液法) il drenaggio, 베어냄 il raschiamento, 봉합(縫合) la sutura, 부식(腐蝕) la cauterizzazione, 사체해부(死體解剖) l'autopsia, 생체실험(生體實驗) la vivisezione, 생체해부(生體解剖) la vivisezione, 석고(石膏-) l'ingessatura, 수액(輸液) la trasfusione, 신상설세술(腎臟切除術) la nefrectomia, 완친주사(-注射) la vaccinazione, 이식조직(移植組織) il trapianto, 자궁절제술(子宮切除術) l'isterectomia, 적출(摘出) la enucleazione, l'estrazione, 적출술(摘出術) la resezione, 절개술(切開術) l'incisione, 절단술(切斷術) l'amputazione, 절제(切除) l'ablazione, 절제술(切除術) la resezione, 접종(接種) l'inoculazione, la vaccinazione, 접합술(接合術) la anastomosi, 정맥주사(靜脈注射) la fleboclisi, 제거(除去) l'ablazione, 제왕절개(帝王切開) il taglio cesareo, 조직검사(組織檢査) la biopsia, 조직이식(組織移植) l'innesto, 지혈(止血) la emostasi, 천개술(穿開術) la paracentesi, 천공(穿孔) la trapanazione, 추출(抽出) l'estrazione, 출혈(出血) il salasso, 충수절제(虫垂切除) l'appendicectomia, 편도선절제술(扁桃腺摘除術) la tonsillectomia, 포피절개(包皮切開) la circoncisione, 피하주입(皮下注入) la ipodermoclisi, 해부(解剖) la dissezione, 헤르니아 절개술(切開術) la

erniotomia, 회전술(回轉術) il rivolgimento, 후두개구술(喉頭開口術) la laringotomia

수술〈植〉 lo stame

수술기구(手術器具) gli strumenti [用語] 검안경(檢眼鏡) l'oftalmoscopio, 견인기(牽引器) il divaricatore, 골절도(骨節刀) l'osteotomo, 미음청진기(微音聽診器) il fonendoscopio, 방광경검사법(膀胱鏡檢査法) il cistoscopio, 부식제(腐蝕劑) il cauterio, 설압자(舌壓子) l'abbassalingua, 소작기(燒灼器) il termocautere, 수술용 메스(手術用 -) il bisturi, 심장기록기(心臟記錄器) il cardiografo, 유엽도(柳葉刀) il bisturi, 이경(耳鏡) l'otoscopio, 주사기(注射器) la siringa, 집게 il forcipe, 청진기(聽診器) lo stetoscopio, 체온계(體溫計) il termometro, 침(針) l'ago, 타진망치(打診-) il martello, 탐침(探針) la sonda, 투관침(套管針) il trequarti, 현미경(顯微鏡) il microscopio, 혈압계(血壓計) lo sfigmomanometro, 확장기(擴張器) il dilatatore, 후두경(喉頭鏡) il laringoscopio, 흡입기(吸入器) l'inalatore

수술용 메스(手術用 -)〈醫〉il bisturi

수습(收拾) l'aggiustamento; la risoluzione, l'appianamento / -하다 aggiustare, risolvere, appianare / 시국을 -하다 salvare la situazione

수습(修習) l'apprendimento ¶-生 lo*la apprendista / -期間 l'apprendistato

수식(修飾) l'abbellimento; 〈文〉la qualificazione / -하다 abbellire [pr. -isco] ; 〈文〉qualificare

수신(修身) la morale individuale

수신(受信) la ricezione (telegrafica*radiofonica*televisiva) / -하다 ricevere (una corrispondenza*una trasmissione) / -機 l'apparecchio ricevente, il radioricevitore / -局 l'ufficio*la stazione ricevente

수신공중선(受信空中線) l'antenna ricevente

수신국(受信局) la stazione ricevente

수심(水深)〈海〉il fondale / -을 측정하다 scandagliare

수압(水壓) la pressione idraulica ¶-計 il piezometro

수액(輸液)〈醫〉la trasfusione

수양(修養) la cultura (spirituale) / -하다 coltivare (la mente) / -이 된 colto(a) / -이 않된 incolto(a)

수양버들〈植〉il salice piangente

수업(修業) la lezione, lo studio 1 걸어서 수업에 가니? Vai a lezione a piedi? / -받다 prendere*avere lezione (del canto) / -하다 dare*fare lezioni, studiare, fare proseguire gli studi / -에 出席하다 assistere [intr. avere] alle lezioni, frequentare le lezioni (del prof. Choi) ¶-料 la tassa scolastica / -證書 il certificato del conseguimento d'un corso di studi

수업(修業)〈宗〉l'ascetismo; (徒弟의) l'apprendistato / -받다 ricevere l'insegnamento religioso; addestrarsi nel mestiere

수업료(授業料) le tasse scolastiche

수에즈 Suez

수에즈운하(-運河) il Canale di Suez

수여(授與) il conferimento (di una medaglia) / -하다 conferire [pr. -isco] (a qlcu. un diploma), insignire [pr. -isco] qlcu. del cavaliere

수염(鬚髥) (콧수염) i baffi, (턱수염) la barba, (八字콧수염) i mustacchi, (구렛나루) i favoriti, le basette

수영(水泳) il nuoto, la nuotata / -하다 nuotare [intr. avere] / -으로 건너다 traversare a nuoto ¶-服 il costume (da bagno*nuoto), le mutandine da bagno; (비키니) il reggipetto da bagno / -場 la piscina / 室內 (室外) -場 la piscina coperta (aperta) [用語] 다리 짓기 la sforbiciata, 돌핀 il delfino, 방향전환(方向轉換) la virata, 배영(背泳) il dorso, 배영선수(背泳選手) il*la dorsista, 버터플라이(蝶泳) la farfalla, 버터플라이선수(-選手) il*la farfallista, 숨을 내뱉다 espirare, 숨을 들이마시다 inspirare, 자유형(自由形) lo stile libero, 장거리경영(長距離競泳) il fondo, 장거리선수(長距離選手) il*la fondista, 접영(蝶泳) la farfalla, 접영선수(蝶泳選手) il*la farfallista, 크롤 il crawl, 턴(方向轉換) la virata, 팔 짓기 la bracciata, 평영(平泳) la rana, 평영선수(平泳選手) il*la ranista, 호흡(呼吸) la respirazione

수영복(水泳服) il costume (da bagno*

수영장(水泳場) la piscina ¶室內 (室外) - la piscina coperta (aperta)

수예(手藝) il lavoro d'ago, il lavoro a mano, l'arte manuale ¶-品 gli articoli di fantasia, il manufatto

수완(手腕) l'abilità, il talento / -있는 abile, di talento

수요(需要) 〈經〉 la richiesta, la domanda / -를 만족시키다 soddisfare una domanda, soddisfare [intr. avere] ad una richiesta ¶-供給 la domanda e l'offerta / -者 il consumatore (f. -trice)

수요(需要) 〈商〉 il fabbisogno

수요일(水曜日) il mercoledì

수용(受容) l'accettazione / -하다 accettare, ricevere, contenere, essere capace di 1 너의 의견은 난 수용한다. Accetto la tua opinione.

수용(收容) il ricovero / -하다 ricoverare (un vecchio all'ospizio*un malato in ospedale); alloggiare ¶-力 la capacità / -所 l'asilo (notturno) il ricovero, (포로의) il campo di concentramento

수용(收用) l'espropriazione (per pubblica utilità un vasto terreno) / -하다 espropriare

수우프(육즙) il brodo → 스프

수운(水運) il trasporto fluviale*per via d'acqua

수원(水源)〈地〉 la sorgente, la sorgente d'un fiume, la fonte

수월 la facilità, l'agevolezza / -하게 하다 agevolare, facilitare [<-> ostacolare] / -한 facile, semplice

수위(水位) il livello dell'acqua ¶-標 l'indicatore del livello dell'acqua / -(流速)計 l'idrometro

수위(首位) il primo posto

수위(守衛) la guardia, il portiere, (學校) il bidello, (建物) il*la custode

수유(授乳) l'allattamento / -하다 allattare (bambino), mungere (le mucche*le capre) ¶-動物 l'animale mammifero

수은(水銀)〈鑛〉 il mercurio

수은(水銀)〈化〉 il mercurio ¶-燈 la lampada a vapori di mercurio / -中毒 il mercurialismo

수의사(獸醫師)〈醫〉 il veterinario 1 우리 개가 아파서 수의사를 불렀다. Il nostro cane è ammalato, perciò abbiamo chiamato un veterinario. ¶-學校 la scuola veterinaria

수의학(獸醫學)〈醫〉 la veterinaria

수익(收益)〈商〉 il reddito, il ricavo, il provento, il profitto, il guadagno, (부동산의) la rendita

수일(數日) pochi giorni / -내로 fra*tra pochi giorni

수임자(受任者)〈法〉 il mandatario

수입(收入) il reddito, l'entrata, il guadagno ¶-印紙 la marca da bollo / 實- il reddito netto [<-> il reddito lordo

수입(輸入)〈經〉 l'importazione [<-> l'esportazione] 1 이탈리아에 수입이 증가되고 있다. E' in aumento in Italia l'importazione. / -하다 importare 1 이 제품들은 수입되었다. Questi prodotti sono importati ¶-品 l'articolo*l'oggetto*il prodotto importato / -業者 l'importatore / -商社 la ditta*la società importatrice / -超過 l'eccedenza di importazioni / -關稅 la dogana d'importazione / -制限 le restrizioni delle importazioni

수입(收入)〈商〉 il provento, l'entrata, l'introito

수입세(輸入稅) il dazio di importazione

수입인지(收入印紙) la marca da bollo

수장(水葬) il seppellimento nel mare / -하다 seppellire [pr. -isco] nel mare

수장품정리(收藏品整理)〈繪〉 (미술관의) la museotecnica

수재(秀才) l'uomo d'ingegno; il genio

수정(水晶)〈鑛〉 il cristallo di rocca, il cristallo ¶-体〈解〉 il cristallino

수정(修整) la correzione 1 과제물 수정은 선생님의 일 가운데 중요한 부분이다. La correzione dei compiti è una parte importante del lavoro di un insegnante. / -하다 correggere 1 난 연습문제를 수정한다. Correggo gli esercizi. 2 선생님이 빨간 펜으로 주제들을 수정하신다. L'insegnante corregge i temi con la matita rossa.

수정(修正) la revisione, la correzione, l'emendazione, la modifica, la modificazione; 〈寫*繪〉 il ritocco / -하다 rivedere, correggere, emendare

수정 *modificare (un progetto*disegno di legge); ritoccare ¶-法案 il progetto*il disegno modificato (di legge relativa a qlco.)

수정(修正)〈伊〉 l'emendamento

수정(受精)〈生〉 la fecondazione / -하다 fecondare (tr.) / -되다 essere fecondata ¶人工- la fecondazione artificiale

수정(水晶) il cristallo

수정가(修正家)〈繪〉 il ritoccatore

수정체(水晶體)〈解〉 il cristallino

수제(手製) 〈-의〉 fatto*lavorato a mano ¶-品 il manufatto

수조(水鳥) il palmipede

수조(水槽) il serbatoio d'acqua, (선박의) la cassa d'acqua ¶-車 l'autocisterna per l'acqua

수족관(水族館) l'acquario

수종(水腫)〈醫〉 la idrope

수좌대주교(首座大主敎)〈宗〉 il primate

수주(受注) l'ordinazione ricevuta, l'ordine ricevuto / -하다 ricevere un'ordinazione (dal cliente)

수준(水準) il livello, il tenore, lo standard / -이 되다 essere in grado di ¶ 生活- il tenore*lo standard di vita / 經濟- il livello economico / -測量 la livellazione

수준기(水準器)〈物〉 la livella

수줍어서 timidamente

수줍어하는 timido(a), vergognoso(a), timoroso(a) / - 男子 un timido (= una persona timida)

수줍어하다 essere timido(a)

수줍음 la timidezza / -없이 senza timidezza

수중(水中) / -에 sottacqua, nell'acqua / -의 subacqueo(a), sotto'acqueo ¶-寫眞 la fotografia subacquea

수중발레(水中-) il nuoto sincronizzato / -하다 sincronizzare

수중생물학(水中生物學)〈生〉 l'idrobiologia

수증기(水蒸氣) il vapore, il vaporeacqueo

수지(樹脂) la resina ¶合成- la resina sintetica

수지(收支) le entrate e le uscite, le entrate e le spese / -가 균형되다 essere bilanciate le entrate e le uscite

수지상의(樹枝狀-)〈鑛〉 arborizzato, dendritico

수직(垂直)〈數〉 la perpendicolarità / -의 perpendicolare, verticale / -으로 verticalmente ¶-線 la linea verticale, la retta perpendicolare, la perpendicolare

수직동기(垂直同期) il sincronismo verticale

수집(收集) la collezione, la raccolta (di cose rare) **1** 그는 옛날 동전을 많이 수집했다. Possiede una ricca raccolta di monete antiche. / -하다 collezionare, raccogliere (cose in collezione) **1** 그는 우표를 수집하는 취미를 갖고 있다. Ha l'hobby di raccogliere francobolli. ¶-家 il*la collezionista

수차(水車) il mulino d'acqua, la ruota del mulino

수채통〈繪〉 l'acquaio

수채화(水彩畵)〈繪〉 l'acquerello, la pittura ad acquerello / -를 그리다 acquerellare

수채화가(水彩畵家)〈繪〉 l'acquarellista

수채화도구(水彩畵道具)〈繪〉 i colori ad acquerello

수첩(手帖) l'agenda, (메모장) il taccuino ¶포켓- l'agenda tascabile

수초(水草) l'alga

수축(收縮) la contrazione / -되다 contrarsi, restringersi

수축제(收縮劑)〈藥〉 l'astringente

수출(輸出)〈經〉 l'esportazione [<->] l'importazione] / -하다 esportare **1** 어느 나라들이 이 제품들을 수출하니? Quali paesi esportano questi prodotti? ¶-品 l'esportazione, le merci d'esportazione / -商 l'esportatore (f. -trice), la ditta esportatrice / -超過 l'eccesso di esportazioni / -稅 la dogana d'esportazione / -入稅 la dogana

수출금지(輸出禁止)〈經〉 l'embargo

수출세(輸出稅) il dazio di esportazione

수출입(輸出入) l'importazione e l'esportazione

수취(受取) la ricevuta / -하다 ricevere, prendere ¶-人 il ricevitore

수취인(受取人) il destinatario, il ricevitore **1** 수취인 이름을 정확하게 써라. Scrivi con esattezza il nome del destinatario.

수취장부(受取帳簿) il bollettario
수치(羞恥) il disonore
수치심(羞恥心) la vergogna / -을 느끼다 vergognarsi
수컷(雄)〈生〉 il maschio / -의 maschile
수탉(雄鷄)〈動〉 il gallo
수태(受胎)〈生〉 il concepimento*la concezione / 聖 母 - l'Immacolata Concezione / -된 concepito(a) / -하다 concepire [pr. -isco] (un figliuolo) ¶人工- (受精) la fecondazione artificiale
수평(水平) il livello dell'acqua / -하게 orizzontalmente / -의 orizzontale ¶-線 l'orizzonte
수평동기(水平同期) il sincronismo orizzontale
수포(水泡) la bolla
수표(手票)〈商〉 l'assegno, l'assegno bancario, il cambiale, il cheque (佛) / -의 cambiario(a) / -로 支拂하다 pagare per*con assegno bancario / -에 裏書(이서)하다 girare un assegno / -를 發行하다 emettere*trarre*spiccare una cambiale / -를 할인하다 scontare una cambiale ¶-帳 il libretto d'assegni / 銀行-l'assegno bancario / 支拂- la cambiale passiva*da pagare / 不渡- la cambiale in sofferenza, la cambiale a vuoto / 白紙- la cambiale in bianco
수풀〈植〉 il cespuglio / -이 우거지다 mettere fronde, coprirsi di fronde / -이 우거진 frondoso(a), cespuglioso(a)
수필(隨筆) i saggi, le impressioni ¶-家 il*la saggista
수하(手下) il subordinato, il*la dipendente
수하물(手荷物) (旅行者의) il bagaglio / -맡기는 곳 il deposito*l'ufficio bagagli ¶-보관소 il deposito bagagli
수학(數學) la matematica / -의, 者 matematico(a) cf. 函數 la funzione, 微分 la derivazione, 積分 l'integrazione, 分解 la scomposizione, 代入 la sostituzione, 平面 il piano, 直線 la retta, 集合 l'aggregato, 曲線 la curva, 行列式 il determinante, 對角線 il diagonale, 圖式 il diagramma, 直徑 il diametro, 方程式 l'equazione, 誤差 l'errore, 式 l'espressione, 公式 la formula, 未知數 l'incognita [用語] 계량기하학(計量幾何學) la geometria metrica, 기하학(幾何學) la geometria 대수기하학(代數幾何學) la geometria algebrica, 대수학(代數學) l'algebra, 미분기하학(微分幾何學) la geometria differenziale, 사영기하학(射影幾何學) la geometria proiettiva, 산술(算術) l'aritmetica, 삼각법(三角法) la trigonometria, 위상기하학(位相幾何學) la topologia, 해석기하학(解析幾何學) la geometria analitica, 해석학(解析學) l'analisi, 화법기하학(畵法幾何學) la geometria descrittiva; 〈연산(演算) Operazioni〉 가산(加算) l'addizione, 감법(減法) la sottrazione, 교차(交叉) l'intersezione, 교환(交換) la commutazione, 내접(內接) l'inscrizione, 대입(代入) la sostituzione, 대합(對合) l'involuzione, 미분(微分) la derivazione, 반사(反射) la riflessione, 발산(發散) la divergenza, 분해(分解) la scomposizione, 사영(射影) la proiezione, 쌍대성(雙對性) la dualità, 역(逆) l'inversione, 적(跡) la traccia, 적분(積分) l'integrazione, 전치(轉置) la trasposizione, 절단(切斷) la sezione, 제법(除法) la divisione, 팽창(膨脹) la dilatazione, 평행이동(平行移動) la traslazione, 포화(飽和) la saturazione, 회전(回轉) la rotazione; 〈특수곡선(特殊曲線), 함수(函數), 곡면(曲面)과 입체도형(立體圖形) Curve, funzioni, superficie e solidi speciali〉 각(角) l'angolo, 각주(角柱) il prisma, 각추(角錐) la piramide, 공간(空間) lo spazio, 구면(球面) la sfera, 대수(對數) il logaritmo, 대항각(對項角) l'angolo al vertice, 동위각(同位角) l'angolo corrispondente, 둔각(鈍角) l'angolo ottuso, 둔각삼각형(鈍角三角形) il triangolo ottusangolo, 반구(半球) la calotta sferica, l'emisfera, 반직선(半直線) la semiretta, 반평면(半平面) il semipiano, 보각(補角) l'angolo complementare*supplementare, 부등변삼각형(不等邊三角形) il triangolo scaleno, 사각형(四角形) il quadrangolo, 사변형(四邊形) il quadrilatero, 삼각형(三角形) il triangolo, 삼차곡선(三次曲線) la cubica, 선분(線分) il segmento, 쌍곡면

(雙曲面) l'iperboloide, 쌍곡선(雙曲線) l'iperbole, 예각(銳角) l'angolo acuto, 예각삼각형(銳角三角形) il triangolo acutangolo, 원(圓) il cerchio, 원기둥(圓柱) il cilindro, 원주(圓周) la circonferenza, 원추곡선(圓錐曲線) la conica, 이등변삼각형(二等邊三角形) il triangolo isoscele, 이차곡선(二次曲線) le quadriche, 입방체(立方體) il cubo, 장방형(長方形) il rettangolo, 점(点) il punto, 정삼각형(正三角形) il triangolo equilatero, 정수(定數) la costante, 제곱 il quadrato, 직각(直角) l'angolo retto, 직각삼각형(直角三角形) il triangolo rettangolo, 직방체(直方體) la rettangoloide, 직선(直線) la retta, 추(錐) il cono, 평면(平面) il piano, 평방(平方) il quadrato, 평행사변형(平行四邊形) il parallelogrammo, 평행체(平行体) il parallelepipedo, 현(弦) il segmento sferico, 현수면(懸垂面) la catenoide, 현수선(懸垂線) la catenaria, 호(弧) l'arco; 〈수학적(數學的) 성질(性質)과 개념(槪念) Proprietà, nozioni e concetti matematici〉 가산성(可算性) la numerabilità*이하동문, 값(値) il valore, 계수(係數) il coefficiente, 곡률(曲率) la cur-vatura, 곡선(曲線) la curva, 공식(公式) la formula, 괄호(括弧) la parentesi, 구간(區間) l'intervallo, 구적법(求積法) la quadratura, 극(極) il polo, 극대(極大) massimo(a), 극소(極小) minimo(a), 극치적(極値的) estremo(a), 극한(極限) il limite, 근(根) la radice, 근사(近似) l'approssimazione, 기저(基底) la base, 기호(記號) il simbolo, 내접원의 반경(內接圓 半徑) l'apotema, 다각형(多角形) il poligono, 다면체(多面體) il poliedro, 다양체(多樣体) la varietà, 다항식(多項式) il polinomio, 단면(斷面) la sezione, 단위(單位) l'unità, 단항식(單項式) il monomio, 대각선(對角線) il diagonale, 대수적 수(代數的 數) il nemero algebrico, 대칭(對稱) la simmetria, 도식(圖式) il diagramma, 도식(圖式) il grafico, 동차성(同次性) l'omogeneità, 동치(同値) l'equivalenza, 등식(等式) l'uguaglianaza, 면(面) la faccia, 면적(面積) l'area, 모듈 il modulo, 모선(母線) la generatrice, 무리수(無理數) il numero irrazionale, 무한(無限) l'infinito, 무한소(無限小) l'infinitesimo, 미분(微分) il differenziale, 미지수(未知數) l'incognita, 반경(半徑) il raggio, 반대칭(反對稱) l'antisimmetria, 발산(發散) la divergenza, 방정식(方程式) l'equazione, 배수(倍數) il multiplo, 백분율(百分率) la percentuale, 변수(變數) la variabile, 복소수(複素數) il numero complesso, 부등식(不等式) la disuguaglianza, 부호(符號) il segno, 분모(分母) il denominatore, 분산(分散) la varianza, 분수(分數) il numero frazionario, la frazione, 분자(分子) il numeratore, 분포(分布) la distribuzione, 불가능성(不可能性) l'impossibilità, 비(比) la proporzione, il rapporto, 비례(比例) la proporzionalità, 상반(相反) il reciproco, 서수(序數) l'ordinale, 선(線) la linea, 선형성(線形性) la linearità, 소수(小數) decimale, 소수(素數) il numero primo, 소행렬식(小行列式) il minore, 수(數) il numero, 수직(垂直) la perpendicolarità, 승법인자(乘法因子) il moltiplicatore, 시계반대방향(時計反對方向) l'antiorario, 식(式) l'espressione, 실수(實數) il numero reale, 약수(約數) il sottomultiplo, 연산(演算) l'operazione, 오차(誤差) l'errore, 용량(容量) la capacità, 원점(原點) l'origine, 유리수(有理數) il numero razionale, 유클리트의 euclideo(a), 이심률(異心率) l'eccentricità, 이항식(二項式) il binomio, 인자(因子) il divisore, il fattore, 입체(立體) il solido, 자연수(自然數) il numero naturale, 작용(作用) l'operazione, 적분(積分) l'integrale, 절대치(絶對値) il valore assoluto, 점근선(漸近線) l'asintoto, 정리(定理) il teorema, 정수(整數) il numero intero, 정수(正數) il numero positivo, 정의(定義) la definizione, 정점(頂点) il vertice, 좌표(座標) la coordinata, 주기(週期) il periodo, 준선(準線) la direttrice, 중선(中線) la mediana, 중심(中心) il centro, 증명(證明) la dimostrazione, 증분(增分) l'incremento, 지수(指數) l'esponente, l'indice, 직경(直徑) il

수학(修學) lo studio /-하다 continuare gli studi, proseguire gli studi ¶-旅行 il viaggetto scolastico

수학기호(數學記號) i simboli matematici [用語] + più, positivo, - meno, negativo, × per, : diviso, radice, = fa, è uguale a, ',' virgola, - fratto (분수의 횡선)

수해(水害) i danni d'inondazione, il disastro d'acqua ¶-地域 il luogo d'inondazione, la zona del disastro d'acqua

수행(遂行) il compimento /-하다 compiere, compire

수행(隨行) il seguito; l'accompagnamento /-하다 seguire qlcu., essere al seguito di qlcu., accompagnare qlcu. come uno del seguito ¶-者 il seguito

수험(受驗) /-하다 sostenere (gli esami d'ammissione) ¶-科目 le materie dell'esame /-料 la tassa d'esame /-生 l'esaminando (f. -a), il candidato (f. -a) /-資格 la qualifica del candidato (all'esame)

수혈(輸血) la trasfusione di sangue /-하다 trasfondere il sangue

수형자(受刑者)〈法〉il condannato

수호(守護) la protezione /-하다 preteggere

수화기(受話器) il ricevitore telefonico, il microtelefono, la cornetta/-를 들다 staccare il ricevitore telefonico

수확(收穫) (集合的) il raccolto (del riso), la raccolta (delle mele) **1** 금년에 농부들은 풍년을 기원한다. Quest'anno i contadini sperano in un buon raccolto. /-하다 raccogliere, cogliere **1** 농부들은 밀을 수확하기 시작했다. I contadini hanno iniziato a raccogliere il grano. **2** 그는 꽃을 수확하기 위해 허리를 구부렸다. Si chinò a cogliere il fiore. ¶-期間 il tempo*la stagione di raccolta

수확고 il raccolto

숙고(熟考) la riconsiderazione, la riflessione, la riflessione /-하다 riconsiderare, considerare (prudentemente*attentamente), riflettere (sui fatti)

숙녀(淑女) la signora; la signorina **1** 신사, 숙녀 여러분! Signori, signore!

숙달(熟達) la padronanza (dell'italiano), la conoscenza profonda; l'abilità /-되다 avere la padronanza (di qlco.), mostrare una maestria (d'arte)

숙련(熟練) la maestria, l'abilità, la valentia, la maestria, la perizia, la pratica /-된 abile, esperto(a), valente /-되다 essere abile*esperto(a) in qlco.

숙련공(熟練工) l'operario esperto*abile (nel lavoro), l'artigiano /-의 artigianale / 典型的인 -의 生產品 un tipico prodotto artigianale

숙면(熟眠) il sonno tranquillo*profondo /-하다 prendere sonno tranquillo, dormire tranquillamente*profondamente*come un tasso, cadere*essere immerso in un sonno profondo

숙명(宿命) la fatalità, il destino /-的 fatale ¶-論 il fatalismo

숙모(叔母)〈族〉la zia

숙박(宿泊) l'alloggio **1** 우리는 하루 밤 묵을 숙박시설을 찾는다. Cerchiamo un alloggio per la notte. /-시키다 alberare, alloggiare, (손님을) ospitare / 자신의 집에 친구를 -시키다 alberare un amico in casa propria /-하

다 alloggiare [intr. avere], prendere alloggio (in un albergo) **1** 난 호텔에 숙박했다. Ho alloggiato all'albergo. **2** 휴가 동안 나는 산에 있는 "알라 뽀스따"라는 호텔에 늘 숙박한다. Durante le vacanze in montagna alloggio sempre all'albergo "Alla posta". ¶-費 le spese d'albergo*d'alloggio

숙부(叔父)〈族〉lo zio

숙사(宿舍) l'alloggiamento / 兵士에게 -를 提供하다 dare alloggiamento ai soldati

숙소(宿所) l'alloggio; l'albergo

숙어(熟語) la locuzione, la frase idiomatica

숙원(宿願) il desiderio*la speranza da anni

숙이다 (머리를) abbassare*chinare il capo*la testa

숙정(肅正) la disciplina*l'ordine rigoroso (dell'amministrazione) / -하다 rendere rigorosa la disciplina

숙제(宿題) (學校의) il compito (a casa), i compiti / -하다 fare il compito*i compiti, fare gli esercizi

숙주〈植〉 il germoglio di soia

숙지(熟知) / -하다 conoscere bene*a fondo (qlco.*qlcu.)

숙직(宿直) la guardia*la vigilanza notturna, il servizio notturno / -하다 fare la vigilanza di notte

숙청(肅淸) l'eliminazione, l'epurazione / -하다 eliminare, epurare **1** 독재자는 반대파의 수장들 모두를 숙청했다. Il dittatore ha eliminato tutti i capi dell'opposizione. ¶-運動 la campagna d'epurazione

순(順) l'ordine, il turno / 나이 -으로 in ordine dell'età / ABC -으로 in ordine alfabetico

순(純) puro(a) / -한 puro(a), genuino (a); (純眞한) innocente, immacolato (a) ¶-金 l'oro puro

순간(瞬間) il momento, l'attimo, l'istante / -의 momentaneo(a), istantaneo(a) / -的 istantaneo(a), momentaneo(a) / -的으로 istantaneamente, in un attimo / -에 in un momento*attimo, al momento / ～하려는 -에 al momento di (partire), sul punto di (partire)

순간음(瞬間音)〈言〉la momentanea

순결(純潔) la purezza, la castità / -한 puro(a), casto(a), candido(a), immacolato(a)

순교(殉敎) il martirio / -하다 soffrire il martirio, essere martirizzato(a), morire [intr. essere] martire; sacrificarsi (per la fede) ¶-者 il*la martire

순금(純金) l'oro puro*fino

순례(巡禮) il pellegrinaggio (ai luoghi santi) / -하다 pellegrinare [intr. avere], andare in pellegrinaggio / -하다 pellegrinaggio (ai luoghi di guerra) ¶-者 il pellegrino

순록(馴鹿)〈動〉 la renna

순면(純綿) il cotone puro

순모(純毛) la lana pura

순번(順番) il turno, l'ordine **1** 내 순번이 되면 그걸 할 것이다. Lo farò quando sarà il mio turno. **2** 루이사는 간호사인데, 금주에 야근 순번이다. Luisa è infermiera e in questa settimana fa il turno di notte. / -이 되다 essere [intr. essere] il tocco di qlcu. / -에 따라 per turno / -으로 a turno

순서(順序) il turno, l'ordine, la sequenza **1** 내 순서가 되면 그걸 할 것이다. Lo farò quando sarà il mio turno. **2** 오늘은 약국이 문을 닫을 순서이다. Oggi è il turno di chiusura della farmacia. / -대로 in buon ordine, a uno a uno, uno dopo l'altro / -없이 나열된 이름 i nomi elencati senza ordine / 나이 -대로 in ordine dell'età / ABC -대로 in ordine alfabetico

순성 알코올(純性-)〈藥〉l'alcole puro

순수(純粹) la purezza, la sincerità / -하게 하다 purificare / -한 puro(a), sincero(a), genuino(a), schietto(a) / -하게 sinceramente ¶-文學 le belle lettere, la letteratura pura

순시(巡視) (視察) l'ispezione, la pattuglia / -하다 ispezionare, andare [intr. essere] in pattuglia, pattugliare

순식간에 in un momento, in un attimo, all'istante

순양선(巡洋船)〈海〉la lancia

순양함(巡洋艦)〈海〉 il cruiser, l'incrociatore

순연(順延) il differimento, l'aggiornamento / -되다 differire [tr., pr. -isco], aggiornare, rimandare **1** 우천 시에는 다

음주 일요일로 순연될 것입니다. In caso della pioggia verrà rimandato alla prossima domenica.
순열(順列)〈數〉 la permutazione
순위(順位) la classifica, la graduatoria; l'ordine, il grado, il rango
순음(脣音)〈言〉 la labiale
순응(順應) l'adattamento / -하게 하다 adattare / -하다 adattarsi*adeguarsi (alle circostanze) ¶-性 l'adattabilità
순익(純益) il guadagno*il profitto netto
순정주의(純正主義)〈繪*言〉 il purismo
순정화학(純正化學)〈化〉 la chimica pura
순조(順調) / -로운 favorevole / -롭게 a gonfie vele, favorevolmente, senza difficoltà; (正常的으로) normalmente
순종(順從) la sottomissione, l'ubbidienza / -하다 sottomettersi, ubbidire / -的 docile, obbidiente / -的으로 ubbidientemente
순종견(純種犬)〈動〉 il cane di razza
순직(殉職) la vittima*il martire del dovere / -하다 morire [intr. essere] vittima del dovere
순진(純眞) l'innocenza, il candore, la candidezza / -힌 ingenuo(a), innocente, candido(a), genuino(a), infantile
순차(順次) / -적으로 in ordine, a turno
순찰(巡察) la ronda, la pattuglia / -하다 fare la ronda, andare di ronda*in pattuglia, andare in giro (per vigilare), pattugliare, guardare intorno*attorno ¶-者 il pattugliatore; (夜警) la guardia notturna
순치음(脣齒音)〈言〉 la labiodentale
순풍(順風) il vento favorevole
순한 mansueto(a); delicato(a)
순항(巡航)〈海〉 la crociera / -하다 incrociare
순항선(巡航船) la lancia, la motolancia
순행(巡行)〈海〉 / -하다 doppiare
순환(循環) la circolazione / -하다 circolare [intr. avere] ¶-系統 il sistema circolatorio (del sangue) / -線 la linea circolare traviaria / -小數 la frazione decimale periodico
순환계(循環系) il sistema circolatorio [用語] 간동맥(肝動脈) l'arteria epatica, 경동맥(頸動脈) l'arteria carotide, 경정맥(頸靜脈) la vena giugulare, 대동맥(大動脈) l'arteria aorta, 문맥(門脈) la vena porta, 상대정맥(上大靜脈) la vena cava superiore, 쇄골하동맥(鎖骨下動脈) l'arteria succlavia, 쇄골하정맥(鎖骨下靜脈) la vena succlavia, 신동맥(腎動脈) l'arteria renale, 신정맥(腎靜脈) la vena renale, 장간막동맥(腸間膜動脈) l'arteria mesenterica, 장간막정맥(腸間膜靜脈) la vena mesenterica, 장골동맥(腸骨動脈) l'arteria iliaca, 장골정맥(腸骨靜脈) la vena iliaca, 폐동맥(肺動脈) l'arteria polmonare, 폐정맥(肺靜脈) le vene polmonari, 하대정맥(下大靜脈) la vena cava inferiore
순회(巡廻) il giro, l'aggirata, la pattuglia (stradale), (飛行機의) il volteggio / -하다 girare [intr. avere, essere], volteggiare, andare [intr. essere] in pattuglia, pattugliare ¶-文庫 la biblioteca circolante / -공연 il tournée
숟가락 il cucchiaio / -를 던지다 (斷念) rinunziare [intr. avere] a + inf.
술(酒) il liquore / - 마시다 bere / -에 취하다 ubriacarsi, essere ubriaco(a) / -취한 ubriaco(a), alticcio(a) **1** 그는 술에 취해 정신 나가 소리를 한다. E' ubriaco e dice cose senza senso. ¶-주정뱅이 l'ubriacone
술래잡기 il chiapparello / -하다 giocare a chiapparello
술어(述語)〈文〉 il predicato
술어(術語)〈言〉 la terminologia, il termine tecnico
술주정뱅이 l'ubriacone
술집(酒店) il bar; l'osteria, la taverna
술책(術策) l'artificio, l'astuzia, la tattica, lo stratagemma, la furberia, la scaltrezza / -을 부리다 ricorrere a un artificio, usare tattica
술취한 사람 l'ubriaco
술회(述懷) il ricordo, la memoria, la reminiscenza / -하다 dire*raccontare le proprie reminiscenze
숨(呼吸) il respiro, l'alito / -찬 soffocante / -가쁜 affannoso(a) / -가 쁜 호흡 il respiro affannoso / -을 내뱉다〈泳〉 espirare / -을 들이마시다〈泳〉 inspirare
숨 가쁘게 affannosamente / - 호흡하면서 respirando affannosamente

숨 가쁜 affannoso(a) / - 호흡 il respiro affannoso
숨기다 (覆)(祕密을) nascondere, tenere segreto
숨다 nascondersi
숨막히는 soffocante
숨막히다 soffocare
숨박꼭질 il nascondino
숨쉬다 respirare
숨차다 avere il fiatone
숫돌(鑛) la cote
숫소(雄牛)〈動〉il bue (pl. buoi), il toro
숫양(羊)〈動〉il montone
숫자(數字) la cifra, il numerale
숭고(崇高) la sublimità / -한 sublime
숭배(崇拜) l'adorazione, la venerazione, il culto / -하다 adorare, venerare, avere un culto per qlcu., rispettare ¶ 희랍인들은 수많은 신들을 숭배하였다. I Greci adoravano numerosi dei.
숯 la carbonella
숲이 많은 folto(a)
숲(林) il bosco, la foresta ¶ 빌라 뒤에 거대한 밤나무 숲이 있다. Dietro la villa c'è un grande bosco di castagni.
쉬게 하다(休息) riposare, fare riposare
쉬다 (목소리가) affiochire
쉬다(休息) riposare [io mi riposo, tu ti riposi] ¶ 너 좀 쉬어라! Riposati un po'!
쉬쉬 (感歎詞) st!, sst!, sssh!, zitti!, silenzio!
쉬운(易) facile
쉰소리 la voce rauca, la raucedine
쉼표〈文〉la virgola
쉽게(容易) agevolmente, facilmente, senza difficolta'*fatica
슈크림〈食〉il pasticcino alla crema, il bigne
슈트〈衣〉l'abito*il vestito completo, il completo a giacca
슈퍼마켓 il supermercato
스님(僧侶)〈宗〉 la prete buddista, il bonzo
스루패스〈蹴〉il passaggio
스릴 il brivido, il brivido di paura
스마트 (복장이) elegante, ben tagliato, attilato / -한 옷 il vestito con eleganza
스모그〈氣〉il smog
스모르잔도〈音〉smorzando (여리게, 약하게, 온화하게 하면서)

스미다 (습기 따위가) filtrare
스스로 da solo
스승 il maestro
스웨덴〈地〉Svezia / -의, 人 svedese / -語 lo svedese
스웨터〈衣〉il maglione, il sweater
스위스〈地〉la Svizzera / -의, 人 svizzero(a) / -製 치즈 il formaggio svizzero
스위치〈電〉il pulsante, il contattore, l'interruttore
스위퍼〈蹴〉(수비형) i terzini, (공격형) i mediani
스윙〈拳〉la sventola, lo swing
스치다 sfiorarsi
스카프〈衣〉la sciarpa; il fazzoletto da testa, il foulard
스칸디나비아〈地〉Scandinavia / -의, 人 scandinavo(a) / -語 le lingue scandinave
스캔들 lo scandalo
스커트〈衣〉la gonna, la sottana, la gonnella
스케르쵸〈音〉lo scherzo
스케이트 il pattinaggio, i pattini da ghiaccio / -를 타다 pattinare ¶ -靴 i pattini, gli stivali con pattini / -選手 il pattinatore (f. -trice) / 롤러- il pattinaggio a rotelle / 롤러-화 i pattini a rotelle / 휘겨- il pattinaggio artistico*a figure / -場 la pista*il campo di pattinaggio
스케이팅〈스포츠〉il pattinaggio
스케줄 il programma, il piano, il progetto; (旅程) l'itinerario
스케치〈繪〉la bozza, lo schizzo / -하다 abbozzare, digrossare, sbozzare, fare uno schizzo ¶ -앨범 l'album per schizzi
스케치북〈具〉l'album da disegno
스코어(得點) il punteggio, i segnapunti, i punti ¶ - 보드 il segnapunti
스코틀랜드〈地〉la Scozia / -의, 人 scozzese / -語 lo scozzese
스콜라철학 -哲學〉〈哲〉la scolastica
스쿠너 선(-船) la goletta
스쿠터 (scooter) il motorino
스크랩 il ritaglio / -하다 ritagliare / 신문에서 記事를 -하다 ritagliare un articolo dal giornale
스크랩 북 l'album di ritagli
스크럼〈스포츠〉la mischia / -을 짜다

formare una mischia

스크루 l'elica

스크린〈映〉 lo schermo

스키〈스포츠〉 lo sci, (裝備) gli sci / -를 타다 sciare ¶-選手 lo sciatore (f. -trice) / 水上- sci nautico / -화 gli scarponi da sci [用語] 기문(旗門) la porta, 도약대(跳躍臺) il trampolino, 점프 lo salto, 회전(回轉) la cristiania

스타〈映〉 la stella, l'attore*l'attrice molto popolare, la star, la diva, il divo

스타디움〈蹴〉 lo stadio

스타일 lo stile; la figura

스타킹〈衣〉 le calze da donna, le calze di nailon, il collant

스타터〈스포츠〉 lo starter, il mossiere

스타트 la partenza / -하다 partire ¶-라인 la linea di partenza

스탠드 (경기장의) la tribuna / 관중으로 가득한 - la tribuna piena del pubblico; (電氣-) la lampada da tavolo, (빠 따위의) il banco del bar

스탠드 (desk lamp) la lampada

스탬프 il timbro / -를 찍다 timbrare, mettere un timbro ¶-잉크 l'inchiostro da timbro

스테레오 lo stereo

스테롤〈化〉 lo sterolo

스테이지 il palcoscenico

스테이크〈食〉 la bistecca

스테인레스 l'acciaio inossidabile

스테플러〈具〉 la cucitrice / -用 鐵針 i puntini

스텝 lo staff, il gruppo di collaboratori / 대통령 - lo staff del Presidente

스토브 la stufa ¶電氣- la stufa elettrica / 가스- la stufa a gas / 石油(石炭*나무) - la stufa a petrolio (carbone*legna)

스토아주의(-主義)〈哲〉 lo stoicismo

스톡(在庫)〈商〉 lo stoccaggio, la quantità di merci immagazzinate, lo stock

스톡홀름〈地〉 Stoccolma

스톱 lo stop, l'arresto

스튜〈食〉 lo stufato / -요리하다 stufare

스튜디오〈映〉 lo studio

스튜디오〈美〉 lo studio

스튜어드 (steward) lo steward

스튜어디스 (stewardess, hostess) la hostess, l'assistente in volo

스트레이트 la dirittura, il diretto / -로 마

시다 bere un liquore*Whisky puro

스트레이트〈拳〉 il diretto

스트레칭〈體操〉 l'estensione

스트렙토마이신〈藥〉 la streptomicina

스트린젠도〈音〉 stringendo (템포를 즉시 빠르게, 점점 빨리)

스틱 il bastone, (hockey stick) la mazza da hockey, (북 따위의) la bacchetta da tamburello

스팀 il termosifone, il vapore ¶-난방 il riscaldamento a vapore

스파이 la spia / - 노릇을 하다 spiare

스파이크 (스포츠용 신발) le scarpe chiodate

스패너〈具〉 la chiave inglese

스퍼트하다〈陸〉 scattare

스펀지 (sponge) la spugna

스페어타이어 la ruota di scorta

스페이스(空間) lo spazio

스페인〈地〉 la Spagna / -의, 人 spagnolo(a) / -語 lo spagnolo

스페인어적 어법 (-的 語法)〈言〉 l'ispanismo

스펙트럼 lo spettro ¶太陽- lo spettro solare

스포츠 lo sporto, il gioco / 의 sportivo(a) ¶團體(個人)- lo sport a squadre (individuale) / -精神 lo spirito sportivo / -新聞 il giornale sportivo [用語] 〈종목(種目)〉 경마(競馬) l'ippica, 골프 il golf, 권투(拳鬪) il pugliato, 농구(籠球) il pallacanestro, 등산(登山) l'alpinismo, 럭비 il rugby, 발리볼 il pallovale, 레슬링 la lotta, 롤러스케이팅 il pattinaggio a rotelle, 모터보트경기(-競技) la motonautica, 배구(排球) il pallavolo, 복싱 il pugliato, 수구(水球) il pallanuoto, 수영 (水泳) il nuoto, 스케이팅 il pattinaggio, 스키 gli sci, 스피드스케이팅 il pattinaggio di velocità, 승마(乘馬) l'ippica, 아이스스케이팅 il pattinaggio su ghiaccio, 아이스하키 il hockey su ghiaccio, 야구(野球) il baseball, 역도 (力道) il sollevamento pesi, 오토바이경기(-競技) il motociclismo, 육상경기(陸上競技) l'atletica, 자동차경주(自動車競走) l'automobilismo, 자전거경기(自轉車競技) il ciclismo, 조정경기(漕艇競技) il canottaggio, 체조(體操) la ginnastica, 축구(蹴球) il calcio, 크리켓 il cricket,

테니스 il tennis, 펜싱 la scherma, 피겨 스케이팅 il pattinaggio artistico, 필드하키 il hockey su prato, 하키 il hockey, 항공경기(航空競技) l'aviazione; 〈관련어〉 감독(監督) l'allenatore, il direttore, 감시원(監視員) il girone, 결승전(決勝戰) la finale, 경쟁상대(競爭相對) il concorrente, 경주상대(競走相對) il competitore, 계약(契約) l'ingaggio, 구간(區間) la tappa, 국내선수권대회(國內選手權大會) il campionato nazionale, 국제선구권대회(國際選手權大會) il campionato internazionale, 기록(記錄) il record, 기술감독(技術監督) il direttore tecnico, 대회(大會) il meeting, 득점(得點) il punteggio, 리더 il leader, 마사지사(-士) il massaggiatore, 매니저 il manager, 반칙(反則) il fallo, 선수(選手) l'atleta, 선수권대회(選手權大會) il campionato, 세계선수권대회(世界選手權大會) il campionato mondiale, 세리에 le serie, 순위(順位) la classifica, la graduatoria, 스타터 lo starter, il mossiere, 시합(試合) la gara, l'incontro, 실격(失格) la squalifica, 심판(審判) l'arbitro, 심판(審判) la giuria, 아마추어 il dilettante, 예선(豫選) l'eliminatoria, 예선시합(豫選試合) la batteria, 올림픽 l'olimpiade, 올림픽우승자(-優勝者) l'olimpionico, 우승기념뱃지 lo scudetto, 유로선수권대회(-選手權大會) il campionato europeo, 이탈리아대표선수(-代表選手) l'azzurro, 이탈리아대표선수후보(-代表選手候補) l'azzurrabile, 인정(認定) l'omologazione, 준결승(準決勝) quarti di finale, 챔피언 il campione, 최고기록(最高記錄) il primato, 카테고리 la categoria, 트레이너 il trainer, l'allenatore, 페널티 la penalità, 프로선수(-選手) il*la professionista, 훈련(訓練) l'allenamento; 〈육상경기(陸上競技) Atletica leggera〉 경보(競步) la marcia, 경주(競走) la corsa, la gara, 경주선수(競走選手) (100m) il*la centista, (200m) il*la duecentista, (400m) il*la quattrocentista, (800m) l'ottocentista, (長距離) il*la fondista, (中距離) il*la mezzofondista, 높이뛰기 il salto di alto, 단거리경주(短距離競走) la gara di velocità, 단거리선수(短距離選手) il*la velocista, 도로경주(道路競走) la corsa su strada, 도약(跳躍) il balzo, 도약경기(跳躍競技) il salto, 도약지점(跳躍地點) lo stacco, 도약판(跳躍板) la pedana di battuta, 도움닫기 il salto in lungo, 뛰기 la rincorsa, 릴레이경주(-競走) la stafetta, 마라톤경주(-競走) la maratona, 보폭(步幅) la falcata, 삼단뛰기 il salto triplo, 선두를 유지하다(先頭-) condurre, 선착하다(先着-) anticipare, 스파트하다 scattare, 스프린터 lo*la scattista, 십종경기(十種競技) il decathlon, 오종경기(五種競技) il pentathlon, 원반던지기 il lancio del disco, 장거리경주(長距離競走) la gara di fondo, 장대높이뛰기 l'astista, 장대높이뛰기선수 l'astista, 장애물경주(障礙物競走) la corsa a ostacoli, 중거리경주(中距離競走) la gara di mezzofondo, 창던지기 il lancio del giavellotto, 크로스컨트리경주(-競走) la corsa campestre, 투구(投球) lo stile, 투포환(投砲丸) il lancio del peso, 평지경주(平地競走) la corsa piana, 한바퀴 차이를 벌이다 doppiare, 해머던지기 il lancio del martello; 〈축구(蹴球) Calcio〉 골 il goal, la rete, 골문 la porta, 골에어리어 l'aerea di porta, 골키퍼 il portiere, 공격(攻擊) l'azione di attacco, 공격수(攻擊手) gli attaccanti, 그라운드 il campo, 날개 le ali, 논스톱킥하다 agganciare, 대포알슛 la fucilata, 돌파하다(突破-) bucare, 드리블 il dribbling, il palleggio, 득점(得點) segnare, 롱패스 l'allungo, 미드필더 i mezzali, 방어(防禦) la parata, 삼각편대(三角編隊) la triangolazione, 선심(線審) le guarda-linee, 센터서클 il cerchio centrale, 수비수 i difensori, 스루패스 il passaggio, 스위퍼 (수비형) i terzini, (공격형) i mediani, 스타디움 lo stadio, 슬라이딩 il tuffo, 에어리어 l'area, 역습(逆襲) il contropiede, 연장시간(延長時間) i tempi supplementari, 예측(豫測) l'anticipo, 오른쪽 공격수 l'ala destra, 오른쪽 공격형 미드필더 la mezzala destra, 오른쪽 수비수 il terzino destro, 오른쪽 수비형 미드필더 il mediano destro, 옵사이드 il fuorigioco, l'offside, 왼쪽 공격수

l'ala sinistra, 왼쪽 공격형 미드필드 la mezzala sinistra, 왼쪽 수비수 il terzino sinistro, 왼쪽 수비형 미드필드 il mediano sinistro, 윙 le ali, 인터셉트하다 intercettare, 자책골(自責-) l'autorete, 전원수비(全員守備) il catenaccio, 주심(主審) l'arbitro, 주장(主將) il capitano, 중앙공격수 il centrattacco, 중앙수비수 il centromediano, 축구장(蹴球場) lo stadio, 코너 l'angolo, il corner, 코너킥 il calcio d'angolo, 크로스 il cross, la centrata, la traversione, 킥커 il cannoniere, 팀 la squadra, 펀칭 la respinta, 페널티에어리어 l'area di rigore, 페널티킥 지점 il punto del calcio di rigore, 페널티킥 il calcio di rigore, 페인팅 la finta, 포메이션 la formazione, 프리킥 il calcio di punizione, 헤딩 il colpo di testa; 〈자전거경기(自轉車競技) Ciclismo〉 개인추발경기(個人追拔競技) la gara individuale, 단거리선수(短距離選手) il*la velocista, 단체추발경기(團體追拔競技) la gara a squadre, 도로경기(道路競技) la gara su strada, 도착표시(到着標示) il traguardo, 벨로드롬경기 la gara su pista, 세계선수권우승사(世界選手權優勝者) la maglia iridata, 스프린트 lo scatto, lo sprint, 우승사(優勝者) la maglia, 원형경기(圓形競技) la gara in circuito, 이탈리아선수권우승사(-選手權優勝者) la maglia tricolore, 장거리경기(長距離競技) la gara a tappe, 장거리선수(長距離選手) il*la passista, 직선경기(直線競技) la gara in linea, 추발(追拔) l'inseguimento, 크로스컨추리 il ciclocross, la gara ciclocampestre, 페달을 밟음 la pedalata; 〈체조(體操) Ginnastica〉 굴곡운동(屈曲運動) la flessione, 기계체조(器械體操) la ginnastica con attrezzi, 도마(跳馬) il cavallo volteggio, 도수체조(徒手體操) la ginnastica a corpo libero, 도약(跳躍) il volteggio, 링 gli anelli, 물구나무서기 il verticale, 비틀기 운동(-運動) la torsione, 스트레칭 l'estensione, 안마(鞍馬) il cavallo con maniglie, 진동운동(振動運動) l'oscillazione, 철봉(鐵棒) la sbarra, 평균대(平均臺) l'asse di equilibrio, 평행봉(平行棒) le parallele, 현수운동(懸垂運動) la sospensione; 〈수영(水泳) Nuoto〉 다리 젓기 la sforbiciata, 돌핀 il delfino, 방향전환(方向轉換) la virata, 배영(背泳) il dorso, 배영선수(背泳選手) il*la dorsista, 버터플라이(蝶泳) la farfalla, 버터플라이선수(-選手) la farfallista, 숨을 내뱉다 espirare, 숨을 들이마시다 inspirare, 자유형(自由形) lo stile libero, 장거리경영(長距離競泳) il fondo, 장거리선수(長距離選手) il*la fondista, 접영(蝶泳) la farfalla, 접영선수(蝶泳選手) il*la farfallista, 크롤 il crawl, 턴(方向轉換) la virata, 팔 젓기 la bracciata, 평영(平泳) la rana, 평영선수(平泳選手) il*la ranista, 호흡(呼吸) la respirazione; 〈권투(拳鬪) Pugilato〉 기권(棄權) l'abbandono, 넉 아웃 il knock-out, 라운드 la ripresa, il round, 라이트급 il leggero, 라이트웰터급 il welter leggero, 링 il ring, 미들급 il medio, 밴텀급 il gallo, 블로킹 il bloccaggio, 스윙 la sventola, il swing, 스트레이트 il diretto, 업퍼컷 il montante, l'uppercut, 웰터급 il welter, 잽 il jab, 플라이급 la mosca, 훅 il gancio; 〈스키 Sci〉 기문(旗門) la porta, 도약대(跳躍臺) il trampolino, 점프 lo salto, 회전(回轉) la cristiania; 〈테니스 Tennis〉 게임 il game, il gioco, 끝줄 la linea di fondo, 네트 la rete, 단식(單式) il singolare, 드라이브 il drive, il diritto, 드롭샷 la smorzata, 라인 la linea, 로브 il pallonetto, 매치 포인트 il match-ball, 복식(複式) il doppio, 서비스 il servizio, 선심(線審) il giudice di linea, 셋트 포인트 il set-ball, 셋트 il set, la partita, 심판(審判) il giudice, 어드밴티지 il vantaggio, 옆줄 la linea laterale, 컷 tagliare, 혼합복식(混合複式) il doppio misto

스폰서(後援者) l'appoggiatore, il sostenitore, il benefattore, il patrono, il protettore, la ditta finanziatrice di un programma pubblicitario

스폰지 la spugna

스푸마토〈繪〉 lo sfumato

스푼 il cucchiaio (pl. -ai) ¶銀(木)製- il cucchiaio d'argente (di legno), 찻- il cucchiaino (da caffè) / 스프용 - il cucchiaio da minestra

스프(soup) la zuppa (di verdura*di

스프레이 pesce), la minestra (di verdura), (육즙) il brodo / -를 먹다 mangiare la minestra ¶-접시 la scodella, il piatto fondo

스프레이 lo schizzetto

스프린터〈陸〉lo*la scattista

스프린트〈競輪〉lo scatto, lo sprint

스프링 la molla ¶-매트리스 il materasso a molle

스프링(春) la primavera

스피넷〈音〉la spinetta

스피드(速力) la velocità / -를 내다 accelerare, aumentare la velocità

스피드스케이팅 il pattinaggio di velocità

스피치 il discorso / -하다 fare un discorso a tavola

스피커(speaker) l'altoparlante (m.); il megafono, il portavoce, la casa acustica

스핀〈物〉lo spin

스핑크스 la sfinge

슬라브어(-語)〈言〉le lingue slave

슬라이드 la diapositiva ¶-映寫機 il proiettore (per diapositive) / -필름 la negativa

슬라이딩〈蹴〉il tuffo

슬러시 la spremuta / 오렌지 - una spremuta d'arancia

슬럼프 il marasma, l'inattività; 〈經〉la depressione / -에 빠지다 trovarsi in uno stato di marasma

슬로건 lo slogan, il motto, (선전용) il motto pubblicitario

슬로바키아어(-語)〈言〉lo slovacco

슬리퍼〈靴〉le pianelle, (거실용) le ciabatte, le pantofole

슬프게 하다 rattristare

슬픈(襲擊) triste, tragico(a), pietoso(a)

슬픔 la tristezza

습격(襲擊) l'aggressione, l'attacco, l'assalto 1 보석상이 습격의 희생양이 되었다. Il gioielliere è stato vittima di un'aggressione. / -하다 aggredire, attaccare, assalire [pr. -lgo o -isco] 1 산적들은 갑자기 그를 습격했다. I banditi lo aggredirono di sorpresa.

습관(習慣) l'abitudine (f.), la consuetudine 1 그는 손톱을 물어뜯는 습관이 있다. Ha l'abitudine di mangiarsi le unghie. / -的 abituale, abitudinario(a), consuetudinario(a), consueto(a) 1 할아버지는 습관적인 낮잠을 즐기고 있는 중이다. Il nonno sta facendo il suo abituale sonnelli-no. / -되다 abituarsi a qlco., essere abituato, accostumarsi, prendere un'abitudine, avvezzarsi (ai rumori) / -들이다 accostumare*abituare qlcu. a qlco., avvezzare -적으로 abitualmente 1 우리는 습관적으로 한 시쯤 점심을 먹는다. Pranziamo abitualmente verso l'una.

습관화하다(習慣化-) abituare

습기(濕氣) la umidità, l'umido / -차다 inumidirsi, diventare [intr. essere]* essere umido(a) / -차게 하다 inumidire / -있는 umido(a)

습도(濕度)〈氣*物〉l'umidità

습도계(濕度計)〈氣*物〉l'igrometro, l'igroscopio

습도측정(濕度測定)〈氣〉l'igrometria

습득(習得) l'apprendimento / -하다 apprendere qlco. a fondo, perfezionarsi in qlco.

습득(拾得) il ritrovamento / -하다 ritrovare ¶-物 l'oggetto ritrovato / -者 il ritrovatore (f. -trice)

습득언어(習得言語)〈言〉la lingua acquisita

습성(習性) l'abito

습자(習字) la calligrafia / -하다 imparare la calligrafia, fare l'esercizio di scrittura ¶-공책 il quaderno di scrittura*calligrafia

습지(濕地) la palude, l'acquitrino

습진(濕疹)〈醫〉lo eczema (vescicolare fra le dita del piede)

습포(濕布)〈藥〉la compressa

습포제(濕布劑)〈藥〉il cataplasma

습한(濕-)〈氣〉umido

승(僧)〈宗〉il bonzo

승강(昇降) l'ascesa e la discesa ¶-機 l'ascensore, il lift

승강(乘降) la salita e la discesa ¶-階段 la passerella 1 승객들은 승강 계단을 통해 배에서 내렸다. I passeggeri scesero dalla nave attraverso una passerella. / -口 (船의) il boccaporto

승강구(昇降口)〈空〉il portello passeggeri

승강구(昇降口)〈海〉il boccaporto

승객(乘客) il passeggero, il viaggiatore

승격(昇格) l'avanzamento (di grado), la

승급(昇給) promozione / -시키다 avanzare qlcu. di grado, promuovere / -하다 essere promosso **1** 그는 직원에서 과장으로 승격(승진)되었다. E' stato promosso da impiegato a caporeparto
승급(昇給) l'aumento di stipendio
승급(昇級) la promozione (a un grado superiore / -하다 essere promosso
승낙(承諾) il consenso, l'assenso; l'accettazione / -하다 consentire [intr. avere] a*con, dare il consenso, assentire [intr. avere] a (una proposta), accettare
승려(僧侶)〈宗〉il bonzo
승리(勝利) il trionfo, la vittoria **1** 모든 팬들은 그들의 팀 승리를 축하했다. Tutti i tifosi hanno festeggiato il trionfo della loro squadra. / -하다 vincere, trionfare, ottenere la vittoria **1** 결국 진실과 정의가 승리했다. Alla fine la verita e la giustizia hanno trionfato. / -의 trionfale **1** 우승 팀이 조국으로 돌아올 때 승리의 환영을 받았다. La squadra campione ha ricevuto trionfali accoglienze al suo ritorno in patria. ¶-者 il vincitore
승마(乘馬) l'ippica; la cavalcata, l'equitazione / -하다 salire [intr. essere]*montare [intr. essere] a cavallo, montare un cavallo; fare equitazione ¶-服 l'abito da cavallerizzo, (騎手의) la giubba da fantino / -靴 gli stivali da cavallerizzo*equitazione / -隊 il gruppo di persone a cavallo
승무원(乘務員) il personale viaggiante d'un treno; l'equipaggio d'un aereo*d'una nave
승법인자(乘法因子)〈數〉il moltiplicatore
승부(勝負) la vittoria o la sconfitta
승산(勝算) la prospettiva della vittoria
승선(乘船)〈海〉l'arrembaggio, l'imbarco / -하다 imbarcarsi (su una nave)
승소(勝訴)〈法〉/ -하다 vincere una lite
승수(乘數) il moltiplicatore ¶被- il moltiplicando
승용차(乘用車) la macchina, l'automobile
승인(承認) l'approvazione, il riconoscimento / -을 얻다 ottenere l'approvazione / -하다 approvare, riconoscere

승정(僧正) il vescovo (buddista) / 大-l'arcivescovo (buddista)
승진(昇進) la promozione, l'avanzamento, l'assunzione **1** 승진은 봉급의 인상을 가져온다. La promozione comporta un aumento di stipendio. / -하다 essere promosso a, avanzare [intr. avere] di grado / -시키다 promuovere
승차(乘車) il salire (sul treno, in tram, in auto) / -하다 salire [intr. essere]*montare [intr. essere] (sul treno) ¶-口 l'entrata dei viaggiatori nel marciapiede / -券 il biglietto ferroviario / -料金 la tariffa ferroviaria
승천(昇天) l'ascensione (al cielo) / -하다 ascendere al cielo
승패(勝敗) la vittoria o la sconfitta / -를 가리다 gareggiare con qlcu. per la vittoria
승화(昇華)〈化*藥〉la sublimazione / -되다 sublimarsi
시(詩)〈總稱〉la poesia, (韻文) il verso, il poema / -的 poetico(a) / -를 쓰다 comporre una poesia, scrivere in versi ¶-人 il poeta, la poetessa
시(時) l'ora **1** 몇 시에 출근하세요? A che ora va in ufficio?
시(市) la città, il comune; (市*區) il municipio / -의 di città; municipale / 서울- la città di Seoul
시·읍·면(市*邑*面)〈伊〉Comune
시·읍·면의회(市*邑*面議會)〈伊〉consiglio comunale
시·읍·면의회의원(市*邑*面議會議員)〈伊〉consiglieri comunali
시·읍·면장(市*邑*面長)〈伊〉sindaco
시·읍·면참사(市*邑*面參事)〈伊〉assessori
시가(市價) il prezzo di mercato, il prezzo*il valore corrente
시가(市街) le vie della città, le vie urbane ¶-戰 il combattimento di via
시가(cigar) il sigaro
시각(視角) l'angolo visuale
시각(時刻) l'ora, il tempo
시각(視覺) la vista, il punto di vista
시각(時角)〈天〉l'angolo orario
시간(時間) l'ora, il tempo **1** 지금 난 독서할 시간이 더 많다. Ora ho più tempo per leggere. / ∼에 -이 걸리다, 소요되

시간엄수 다 volerci tempo / -을 보내다 passare il tempo*le ore / -에 맞추다 essere in tempo / -에 늦게 도착하다 arrivare in ritardo / -을 지키다, 엄수하다 essere puntuale / -을 벌다 guadagnare tempo ¶ -嚴守 la puntualità / -制限 il limite orario / -表 l'orario / -給 la paga a ora

시간엄수(時間嚴守) la puntualità / -하다 essere puntuale

시간제한(時間制限) il limite orario

시간표(時間表) l'orario

시계(時計) l'orologio / -를 맞추다 mettere un orologio sull'ora giusta || 손목- l'orologio da polso / 벽- l'orologio da muro / 탁상- l'orologio da tavola / 자명종- la sveglia, l'orologio a sveglia / 회중- l'orologio a pendolo(a) / 디지털- l'orologio digitale / 모래- la clessidra, l'orologio a sabbia / 뻐꾸기- l'orologio a cucù / 해- l'orologio solare, la meridiana / -탑 il torre d'orologio / -제작법, 수리법 l'orologeria / -제작인, 수리인, 판매인 l'orologiaio(a) [<-orologi(o) + aio] / -(수리)店 l'orologeria / -줄 il bracciale / -바늘 (時針) la lancetta delle ore, (分針) la lancetta dei minuti, (秒針) la lancetta dei secondi

시계(視界) la vista, il campo visivo / -에 들어오다 entrare nel campo visivo, essere in vista

시계반대방향(時計反對方向)〈數〉l'antiorario

시골(田園) la campagna / -의 agreste / -풍의 rustico(a); privo(a) di raffinatezza*buon gusto / -풍 la rusticchezza; la mancanza di raffinatezza / -사람 il campagnolo

시구(詩句) il verso

시국(時局) la presente*attuale situazione (politica)

시그널 il segnale

시금석(試金石) la pietra di paragone

시금치〈植〉lo spinacio (pl. -ci)

시급(時給) la paga a ora

시기(時機) (好機) l'opportunità, (機會) l'occasione / -에 적합한 opportuno(a), conveniente / (介入의) -를 기다리다 aspettare l'occasione (di intervenire)

시기(時期) il momento, il tempo, il periodo; la stagione

시기(猜忌) l'invidia, la gelosia / -하다 invidiare, essere invidioso(a) di qlcu. / -할 만한 invidiabile

시끄러운(騷亂) rumoroso(a), rumoreggiante, chiassoso(a), fragoroso(a); (소란스런) tumultuoso(a); clamoroso(a)

시끄럽게(騷亂) rumorosamente, a (con) passi rumorosi / - 걷다 camminare a passi rumorosi / - 계단을 내려가다 scendere frettolosamente le scale

시나리오〈映〉lo scenario

시나리오작가(-作家)〈映〉lo sceneggiatore (f. -trice)

시내(市內) (l'interno d'una) città, il centro / -에 in centro ¶ -居住者 il cittadino / -버스 l'autobus urbano

시냇물 il ruscello, il fiumicello

시네마 il cinema

시녀(侍女) (王妃의) la damigella d'onore; la cameriera

시대(時代) il tempo (antico), il periodo (di guerra), l'età (dello Syogun), l'era (atomica, di Yusin), l'epoca (di Maometto) / -에 뒤진 antiquato(a), fuori moda ¶ -錯誤 l'anacronismo

시대착오(時代錯誤) l'anacronismo / -的인 anacronistico(a) **1** 그의 말은 시대착오적이다. I suoi sono discorsi anacronistici.

시도(試圖) il tentativo, la prova / -하다 provare, tentare **1** 나는 집을 구해 볼 겁니다. Provero di trovare una casa.

시동을 걸다 mettere in moto

시동생〈血緣〉il cognato

시든 (꽃이) avvizzito(a)

시들다 appassire [intr. essere, pr. -isco], avvizzire [pr. -isco]

시럽〈藥〉lo sciroppo / 기침해소- lo sciroppo per la tosse

시력(視力) la vista / -을 잃다 perdere la vista ¶ -檢査表 l'ottotipo

시련(試鍊) la prova / 혹독한 -을 견디다 sopportare le prove severe

시론(時論) l'argomento dell'attualità

시료(施療) le cure mediche gratuite / -하다 curare gratis*gratuitamente una malattia

시류(時流) la corrente*la tendenza (del tempo presente) / -를 거역하다 andare contro corrente / -를 seguire la corrente

시리아〈地〉 Siria / -의, 人 siriano(a)
시리즈 le serie
시립(市立) l'istituzione metropolitana / -의 metropolitano(a), municipale, civico(a) ¶-高校 il liceo metropolitano*municipale
시말(始末) la conclusione; (結果) il risultato
시멘트 il cemento
시무(始務) l'inizio del lavoro ¶-式 la cerimonia dell'inizio del lavoro
시뮬레이션 la simulazione
시뮬레이터〈物〉 il simulatore
시민(市民) il cittadino*l'abitante della capitale*di una città ¶-權 la cittadinanza, il diritto di cittadinanza
시발(始發) la partenza del primo treno*autobus
시베리아〈地〉 Siberia / -의, 人 siberiano(a)
시보(時報) il segnale orario
시부모 i suoceri
시비(是非) il bene e il male, il giusto ed l'ingiusto
시비(施肥) la concimazione, la fertilizzazione / -하다 (비료주다) concimare, fertilizzare
시사(時事) l'attualità ¶-問題 il problema*la questione d'attualità, l'attualità d'oggi / -評論 la pubblicistica
시사(示唆) la suggestione, il suggerimento / -하다 suggestionare, suggerire [pr. -isco] / -的, 하는 suggestivo(a) / -的 (暗示的)인 질문 la domanda suggestiva / -的으로 suggestivamente
시사(試寫)〈映〉 l'anteprima / -하다 dare un film in anteprima / -會에 참석하다 assistere a un'anteprima ¶-會 l'anteprima
시상식(施賞式) la premiazione
시선(視線) lo sguardo, l'occhiata, gli occhi / 교활한 (악의를 품은) - lo sguardo malizioso, l'occhiata maliziosa / -을 끎 l'attrazione / -이 마주치다 incontrarsi gli sguardi
시설(施設) l'istituzione; l'impianto / -하다 istituire [pr. -isco]; impiantare ¶公共- i servizi pubblici
시세(時勢) la quotazione, la corrente*la tendenza del tempo*dell'epoca / -를 좇

다 seguire la corrente
시소(놀이기구) l'altalena (a bilico) / -타다, 놀이하다 altalenare [intr. avere], giocare [intr. avere] all'altalena
시속(時速) la velocità oraria / -100킬로미터 cento chilometri ad ora
시스템(sistem) il sistema
시스트럼〈音〉 il sistro
시시각각(時時刻刻) / -으로 da un momento all'altro
시식(試食) l'assaggio / -하다 assaggiare
시신경(視神經)〈解〉 il nervo ottico
시실리〈地〉 Sicilia / -의, 人 siciliano(a) / - 方言 il siciliano
시아노제〈醫〉 la cianosi
시아버지〈族〉 il suocero
시안(試案) il progetto da esame
시야(視野) il campo visivo, la vista
시약(試藥)〈化〉 il reagente, il reattivo
시어머니〈族〉 la suocera
시연(試演) la prova (d'un dramma) / -하다 provare
시영화(市營化)〈經〉 la municipalizzazione
시외(市外) i sobborghi, i dintorni, la periferia / 서울- i sobborghi di Seoul / -에 거주하다 abitare in periferia
시운전(試運轉) la prova (del funzionamento) d'una macchina
시원케 하다 rinfrescare*raffreddare (con ghiaccio)
시원한 fresco(a)
시원해지다 rinfrescarsi (con una doccia fredda)
시월(十月) ottobre (m.) / -에 in ottobre
시위(示威) la dimostrazione, la manifestazione / -하다 fare una dimostrazione / -의 dimostrante ¶-參加者 il*la dimostrante
시유화(市有化)〈經〉 la municipalizzazione
시음(試飮) l'assaggio / -하다 assaggiare / -用 포도주 il vino da assaggiare
시의원(市議員) il membro del Consiglio deliberativo metropolitano (di Seoul)
시의회(市議會) il Consiglio deliberativo metropolitano (di Seoul), il Consiglio municipale ¶-議院 il membro del consiglio municipale
시이소 l'altalena
시인(詩人) il poeta (m. pl. -i, f. -essa)

시인(是認) l'approvazione, il consenso / -하다 ammettere, approvare, consentire [intr. avere] (alla richiesta di qlcu.*con qlco.), consentire (tr.)
시일(時日) il tempo; la data / -이 요구되다 (걸리다) volerci tempo
시작(始作) l'inizio / 봄의 - l'inizio della primavera / 영화 -까지 all'inizio del film / -하다 cominciare, iniziare, mettersi a qlco. / -되다 cominciare **1** 마침내 휴가가 시작된다. Finalmente cominciano le vacanze.
시작(試作) la produzione*la fabbricazione*la coltivazione in prova / -하다 fare*produrre qlco. in prova
시장(市長) il sindaco ¶副- il vicesindaco
시장(市場)〈經〉il mercato / -에 내놓다 immettere*lanciare qlco. sul mercato / -에서 팔리다 vendersi al mercato
시적(詩的) / -인 poetico(a) / -인 感興 la vena poetica
시절(時節)(季節) la stagione; (時機) l'occasione
시점(時點) il momento / 지금의 -에서 in questo momento
시정(詩情) il sentimento poetico, la sensibilità poetica
시정(施政) l'amministrazione, il programma politico / -方針 la politica amministrativa, il programma amministrativo
시정(視程)〈物〉la visibilità
시제(時制)〈文〉il tempo
시조(始祖) il progenitore
시종(侍從) il ciambellano
시종(始終) sempre; dal principio alla fine; inizio e fine / --一貫 dall'inizio alla fine, con la costanza, costantemente
시종(侍從)〈宗〉l'accolito
시종일관(始終一貫) dall'inizio alla fine, con la costanza, costantemente
시즌(季節) la stagione
시집(詩集) l'antologia
시집가다(結婚) andare sposa a qlcu., maritarsi a*con qlcu.
시차(時差)〈天〉l'equazione del tempo; la differenza di fuso orario, la differenza oraria*in tempo **1** 한국은 이태리와 몇 시간의 시차가 있나요? 7시간입니다. Di quant'è la differenza di fuso orario fra Corea e Italia? E' di +7 ore(più sette ore).
시차(視差)〈物*天〉la parallasse / 지구 중심에서 본 - la parallasse geocentrica / 해를 중심으로 한 - la parallasse eliocentrica
시찰(視察) l'ispezione, il controllo, la visita (allo scopo d'ispezione) / -하다 ispezionare, visitare, dare un'occhiata *una scorsa a qlcu.*qlco.
시창(視唱)〈音〉il solfeggio
시창청음(視唱聽音)〈音〉solfeggio e dettato musicale
시책(施策) le misure, i provvedimenti
시청(市廳) il municipio, il palazzo del comune; la sede (centrale) dell'amministrazione metropolitana (di Seoul) ¶-舍 il palazzo del comune
시청(視聽) il vedere e l'udire; l'attenzione / -覺의 audiovisivo(a) / -覺教育 l'istruzione*l'educazione audiovisiva
시청사(市廳舍)〈建〉(중세도시의) l'arengario
시체(屍體) il cadavere
시체해부(屍體解剖)〈解〉l'autopsia
시칠리아〈地〉Sicilia
시퀀스〈映〉la sequenza
시클라멘〈植〉il ciclamino
시키는 대로 supinamente
시판(市販) la vendita in un mercato / -되다 essere venduto in un mercato
시편(詩篇)〈聖〉il libro dei salmi
시편창(詩篇唱)〈音〉la salmodia
시평(時評) la critica d'attualità
시학(視學) l'ispettore scolastico
시학(詩學) la poetica
시한(時限) il limite di tempo ¶-爆彈 la bomba a orologeria*scoppio ritardato
시합(試合) la gara, la partita, l'incontro, la competizione sportiva / 학교대항- la partita*l'incontro*la gara tra (due scuole) / -하다 fare una partita, gareggiare [intr. avere] con qlcu., disputarsi un incontro / -에 나가다 partecipare ad un incontro / -을 이기다 vincere la partita / -을 지다 perdere la partita ¶蹴球- la partita di calcio / 國際- l'incontro internazionale
시행(施行) l'esecuzione / -되다 essere in vigore **1** 이탈리아에서 서머타임이 시행될 경우 한국과 이탈리아의 시차는 7시간

시험 | 237 | 식물학

이다. Quando in Italia è in vigore l'ora legale la differenza fra Corea e Italia e di +7 ore. / -하다 mettere qlco. ad esecuzione, eseguire

시험(試驗) l'esame, la prova, il tentativo / -보다, 치다 esaminare, fare l'esame, provare; dare*sostenere*subire [pr. -isco] un esame /-에 合格하다 riuscire [intr. essere] all'esame, superare l'esame /-에 떨어지다, 落榜하다 essere bocciato(a) all'esame / -하다 provare, tentare, sperimentare / ～의 능력을 -하다 provare l'abilità di qlcu.|| -科目 le materie dell'esame / -委員會 la commissione esaminatrice / -官 l'esaminatore / -問題 la questione in esame / 筆記- l'esame scritto / 口頭- l'esame orale / 國家- l'esame di Stato / 入學(入社)- l'esame di ammissione (impiego)

시험(試驗)〈化〉il saggio
시험관(試驗管)〈化〉la provetta
시황(市況) il movimento del mercato
시효(時效)〈法〉la prescrizione / -가 다되다 cadere in prescrizione
시효취득(時效取得)〈法〉l'usucapione
식(式)〈數〉l'espressione
식견(識見) il discernimento, la discrezione
식권(食券) il tagliando*il biglietto per il pasto*la mensa
식기(食器) il servizio da tavola, il vasellame, la posata ¶-類 le stoviglie / -세척기 il*la lavastoviglie
식다 raffreddarsi, languire / 사랑이 - languire d'amore
식단 il menu
식당(食堂) la sala da pranzo, (역의 간이식당) il buffè; il ristorante, la trattoria; (구내식당) la mensa ¶-車 il vagone*la vettura ristorante
식도(食道)〈解〉l'esofago ¶-炎 l'esofagite (f.)
식도락(食道樂) la gastronomia / -의 gastronomico(a) ¶-家 il gastronomo
식량(食糧) il cibo, il vitto, le provviste, i viveri ¶-事情 la situazione alimentare
식량관리기관(食糧管理機關)〈經〉l'annona
식량관리제도(食糧管理制度)〈經〉l'annona

식량국(食糧局)〈伊*農〉Alimentazione
식료(食料) i prodotti*i generi alimentari; le derrate alimentari ¶-品店 il negozio di generi alimentari / -品 i generi alimentari
식료저장실(食料貯藏室)〈航海〉la cambusa
식료품(食料品) i prodotti*i generi alimentari **1** 식료품만 판매되나요? Si vendono solo prodotti alimentari? ¶-店 il negozio di alimentari
식목(植木) la pianta (da giardino) / -하다 piantare
식물(植物) il vegetale, l'ortaggio, la pianta / -의 vegetale ¶-園 il giardino botanico / -學 la botanica / -學者 il botanico
식물성(植物性)〈生〉/ -의 vegetativo(a)
식물지리학(植物地理學)〈地〉la fitogeografia
식물학(植物學) la botanica [用語] 세포(細胞) la cellula, 핵(核) il nucleo, 세포질(細胞質) il citoplasma, 원형질(原形質) il protoplasma, 염색체(染色體) il cromoplasto, 엽록체(葉綠體) la clorofilla; 〈**組織 Tessuto**〉 분비조직(分泌組織) secretore, 분열조직(分裂組織) meristematico, 유조직(柔組織) parenchimatico, 부정조직(不定組織) avventizio; 〈**植物 Pianta**〉 고목(高木) l'albero, 저목(低木) l'arbusto, il frutice, 관목(灌木) il frutice, 초(草) l'erba, 유기영양식물(有機榮養植物) eterotrofa, 종속영양식물(從屬榮養植物) eterotrofa, 타양식물(他養植物) eterotrofa, 무기영양식물(無機榮養植物) autotrofa, 독립영양식물(獨立榮養植物) autotrofa, 자양식물(自養植物) autotrofa, 일년생식물(一年生植物) annua, 이년생식물(二年生植物) bienne, 다년생식물(多年生植物) perenne, 수생식물(水生植物) idrofita, 열대우림식물(熱帶雨林植物) idromegaterma, 음생식물(蔭生植物) ombrofita, 양생식물(陽生植物) pirrofita, 열대식물(熱帶植物) megaterma, 한대식물(寒帶植物) microterma, 온대식물(溫帶植物) mesoterma, 무엽식물(無葉植物) l'afilla, 광엽수(廣葉樹) la latifoglia, 침엽수(針葉樹) l'aghifoglia, 식육식물(食肉植物) carnivora, 식충식물

(食蟲植物) insettivora, 기생식물(寄生植物) parassita, 반기생식물(半寄生植物) emiparassita, 방향식물(芳香植物) aromatica, 향료식물(香料植物) aromatica, 약용식물(藥用植物) medicinale, 섬유식물(纖維植物) tessile, 관상식물(觀賞植物) ornamentale; <**뿌리(根) Radice**> 직근(直根) il fittone, 속생근(束生根) la fascicolata, 부정근(不定根) l'avventizia

식민(植民) la colonizzazione, la colonia / -의 coloniale / -하다 colonizzare ¶-地 la colonia

식민지(植民地) la colonia

식별(識別) la discriminazione, la distinzione, il discernimento / -하다 discriminare, distinguere, discernere / -할 수 있는 distinguibile, discernibile

식비(食費) le spese del vitto

식빵 il pancarré

식사(式辭) il discorso cerimoniale

식사(食事) il pasto, il vitto / 아침- la colazione / 점심- il pranzo / 저녁- la cena / - 시간 l'ora di pasto / -하다 mangiare, prendere, (아침) fare colazione, (점심) pranzare, (저녁) cenare

식사요법(食事療法) la dieta

식세포(食細胞)<生> il fagocito

식염(食鹽) il sale da tavola ¶-水 la (soluzione) salina / -注射 l'iniezione salina

식욕(食慾) l'appetito / -이 많다 avere molto appetito, mangiare di buon appetito / -이 없다 non avere appetito, perdere l'appetito / -을 촉진하다 stimolare l'appetito / -을 돋우는 appetitoso(a)

식욕부진(食慾不振)<醫> la anoressia, la disappetenza

식용(食用) / -의 commestibile ¶-소금 il sale da cucina / -유 l'olio di semi

식육식물(食肉植物)<植> la pianta carnivora

식자(識者) l'intelletto, lo*la intellettuale

식자(植字) la composizione (tipografica) ¶-工 il tipografo, il compositore

식장(式場) il salone*il luogo per cerimonie

식전(食前) / -에 prima dei pasti, prima di mangiare

식초 l'aceto

식충류(食蟲類)<生> lo zoofito

식충식물(食蟲植物)<植> la pianta insettivora

식탁(食卓) la tavola (da pranzo), il tavolo / -에 앉다 sedersi a tavola / -을 차리다 apparecchiare (la tavola); fare i preparativi

식탁보 la tovaglia

식탐(食貪) la golosità / -있는 goloso(a), ghiotto(a) ¶-家 il ghiottone

식품영양학(食品營養學)<醫> la bromatologia

식품영양학자(食品營養學者)<醫> il bromatologo

식품화학(食品化學)<化> la chimica bromatologica

식후(食後) / -에 dopo il pasto, dopo ogni pasto, dopo mangiato

신 피타고라스주의(新-主義)<哲> il neo-pitagorismo

신(辛) (맛이) agro(a), acido(a), acerbo(a), aspro(a) / - 맛 l'agro ¶ 이 포도주는 신맛을 지닌다. Questo vino tende all'agro.

신(身) il corpo

신(神) Dio; dei

신(信) la credenza

신간(新刊) la nuova edizione*pubblicazione / -의 recentemente edito*pubblicato

신경(神經) il nervo / -의 nervoso(a) ¶-過敏 il nervo-sismo / -戰 la guerra dei nervi / -質 il nervosismo, il temperamento nervoso, la nervosità / -衰弱 la nevrastenia / -疾患 la nevrosi / -痛 la neuralgia

신경계통(神經系統) il sistema nervoso [用語] 경골신경(脛骨神經) il nervo tibiale, 뇌(腦) il cervello, 뇌신경(腦神經) i nervi del torace, 대퇴신경(大腿神經) il nervo femorale, 연수(延髓) il midollo allungato, 좌골신경(坐骨神經) il nervo sciatico, 척골신경(尺骨神經) il nervo ulnare, 척수(脊髓) il midollo spinale

신경과민증(神經過敏症)<醫> il nervo-sismo

신경병학(神經病學)<醫> la neutrologia

신경쇠약(神經衰弱)<醫> la neurastenia

신경안정제(神經安靜劑)〈藥〉 il tranquillante

신경염(神經炎)〈醫〉 la nevrite

신경외과의(神經外科醫)〈醫〉 il neurochirurgo

신경외과학(腦神經外科學)〈醫〉 la neurochirurgia

신경증(神經症)〈醫〉 la nevrosi

신경질(神經質) il temperamento nervoso, la nervosità / - 나는 fastidioso(a) / -나게 하다 fastidire / -的인 nervoso(a)

신경질(神經質)〈醫〉 il nervosismo

신고(申告) la dichiarazione **1** 서울시 마포구 도화동 363-233번지에서 출생, 서기 1960년 5월 29일 부신고. Nato(a) in 363-233, Dohwa-dong, Mapo-gu, Seoul. Registrato(a) in data il 29 maggio 1960 su dichiarazione del padre. / -하다 dichiarare (il reddito annuo); denunciare ¶ -書 la dichiarazione

신고딕양식(新-樣式)〈繪〉 il neogotico

신고전주의(新古典主義)〈繪〉 il neoclassicismo / -의 neoclassico(a)

신교(新教) il protestantesimo / -의 protestante ¶ -徒 il*la protestante

신기(新奇) la novità / -한 nuovo(a), magico, meraviglioso(a)

신기루(蜃氣樓)〈氣〉 il miraggio, la fata morgana

신기원(新紀元) la nuova era*epoca / -을 열다 aprire una nuova era, fare epoca

신년(新年) Capo d'Anno, l'anno nuovo, il capodanno / -膳物 la strenna del capodanno / -인사 Buon capodanno!, Buon principio e buon proseguimento!, Buon Anno!, Felice Anno Nuovo!

신념(信念) (宗教的) la crednezza; la fede, (確信) la convinzione

신다(着用) (구두, 양말 따위를) calzare*infilare le scarpe

신덕(神德) la virtù teologale [用語] 망덕(望德) la speranza, 신앙(信仰) la fede, 애덕(愛德) la carità

신덕(信德)〈宗〉 la fede

신도(神道) il sintoismo / -의, 人 il*la scintoista

신동맥(腎動脈)〈解〉 l'arteria renale

신디케이트〈經〉 il sindacato, il cartello

신라틴어(新-語)〈言〉 le lingue neolatine

신랄(辛辣) l'acerbità / -한 acerbo(a), mordace, pungente / -한 批評 la critica mordace / -하게 pungentemente, mordacemente

신랑(新郞) lo sposo (novello)

신령(神靈) lo spirito

신록(新綠) il verde delle foglie nuove

신뢰(信賴) la fiducia, la confidenza, la fede, l'affidamento **1** 그 소년은 신뢰를 주지 못한다. Quel ragazzo non dà affidamento. / -를 잃다 (저버리다) perdere la speranza / -하다 avere fiducia in qlcu., confidare [intr. avere] in qlcu., fidarsi di qlcu., contare su qlcu., far credito a qlcu. / -가 부족한 indegno(a) di fiducia, poco sicuro(a); incerto(a)

신맛(辛) l'agro **1** 이 포도주는 신맛을 지닌다. Questo vino tende all'agro.

신문(新聞) il giornale, il quotidiano ¶ -配達 la distribuzione di giornali / -配達人 il distributore di giornali / -發行部數 la tiratura d'un giornale / -發行人 l'editore d'un giornale / -編輯局 la redazione (del giornale) / -記者 il*la giornalista / -販賣臺 l'edicola, il chiosco

신문광고(新聞廣告) l'annunzio / - 내다 mettere un annunsul giornale

신문사(新聞社) (la sede di) il giornale

신민(臣民) il suddito

신발(靴) la calzatura, le scarpe [用語] 구두(短靴) le scarpe, 구두끈 la stringa, 뒷굽 la tomaia, 밑창 la suola, 테니스화 le scarpe da tennis, 발레화 le ballerine, 모카시노 구두 i mocassini, 실내화 le pantofole, 슬리퍼 le pianelle, 샌들 i sandali, 부츠 gli stivali, 나막신 gli zoccoli, 구두기술공 il calzolaio, 제화공장(製靴工場) la calzoleria, 제화기술(製靴技術) la calzoleria

신병(新兵) la recluta, il soldato appena arruolato

신봉(信奉) il seguito / -하다 seguire ¶ -者 il seguace, la seguace **1** 유럽에도 마호메트 종교의 신봉자들이 있다. Anche in Europa ci sono dei seguaci della religione maomettana.

신부(新婦) la sposa (novella)

신부(神父)〈宗〉 il padre; il prete

신분(身分) la lasse sociale, lo stato

신비(神祕) il mistero / -의·한 misterioso(a) / -롭게 misteriosamente
신비(神祕)〈宗〉il mistero
신비주의(神祕主義)〈哲〉il misticismo, lo gnosticismo
신비판주의(新批判主義)〈哲〉il neocriticismo
신사(紳士) il signore, il gentiluomo (nel senso inglese) / -的 signorile
신사실주의(新寫實主義)〈哲*繪〉il neorealismo
신생(新生) la vita nuova
신생아(新生兒) il neonato, la neonata
신 선(新 鮮) la freschezza / -한 fresco(a) / -한 생선 il pesce fresco / -한 우유 il latte fresco
신설(新設) la fondazione*l'istituzione nuova / -의 appena fondato*costrutto / -하다 fondare, istituire [pr. -isco], costruire [pr. -isco]
신성(神聖) la santità / -한 sacro(a), divino(a), santo(a), sublime, celeste / -하게 하다 santificare / -을 冒瀆하다 profanare ¶-로마帝國〈史〉Sacro Romano Impero
신세지다 debitarsi con qlcu.
신속(迅速) la prontezza; la rapidità (incredibile*meravigliosa); la gran velocità / -한 rapido(a), veloce; pronto(a); svelto(a) / -하 게 rapidamente, svelta-mente
신순정주의(薪純正主義)〈言〉il neopurismo
신스콜라철학(新-哲學)〈哲〉la neoscolastica
신식(新式) il nuovo metodo*sistema; il nuovo stile / -의 di un nuovo sistema
신실증주의(新實證主義)〈哲〉il neopositivismo, l'empirismo logico
신심(信心) la devozione, (信仰) il culto, la fede / -을 갖다 avere devozione a (un santo*la vergine), avere fede a, essere devoto(a) a / -이 깊은 devoto (a), pio(a)
신안(新案) la nuova idea
신앙(信仰) la fede, la credenza / -을 갖 다 avere credenza*fede in Dio ¶-告白 la confessione
신앙(信仰)〈宗〉la fede
신앙을 버림〈宗〉l'abiura
신앙주의(信仰主義)〈哲〉il fideismo
신약성서(新約聖書)〈宗〉Nuovo testamento
신어(新語)〈言〉il neologismo, la voce nuova
신어보다(着用) (신발 따위를) provare 1 저 구두를 신어볼 수 있나요? Posso provare quelle scarpe?
신어형성(新語形成)〈言〉la neoformazione
신용(信用)〈商〉il credito; la fiducia / -하 다 avere fiducia in qlcu., (貸付) fare credito a qlcu. / -을 잃다 perdere la fiducia di qlcu., perdere il credito altrui ¶-카드 la carta di credito / -組合 la cooperativa di credito / -調査 le indagini*le informazioni sulla situazione finanziaria di qlcu. / -狀 la lettera di credito
신용보증(信用保證) lo star del credere
신용장(信用狀) la lettera di credito, il credenziale
신원(身元) l'identità / -을 確認하다 accertare l'identità di qlcu. ¶-保證 la garanzia (dell'identità) di qlcu. / -保證 人 il*la garante (dell'identità) di qlcu. / -證明書 la carta d'identità; la tessera di riconoscimento / -照會 le referenze
신음(呻吟) il gemito, il grido di dolore / -하다 gemere; mandare fuori voce dolorosa; lamentarsi
신의(信義) la fede, la buona fede / -를 지키다 mantenere (una promessa fatta), tenere fede a (una promessa)
신인(新人) (藝能界의) il*la debuttante, l'uomo nuovo e promettente, lo*la esordiente, la nuova stella, (映畫*野球 의) la recluta
신인상주의(新印象主義)〈繪〉il neoimpressionismo
신인상파점묘주의(新印象派點描主義)〈繪〉(19세기말) il divisionismo
신임(信任) la fiducia / -하다 incaricare* delegare (con fiducia) ¶-投票 il voto di fiducia, (大使*使節의) -狀 i credenziali

신임(新任) la nomina nuova／-의 nuovo(a), appena nominato

신임동의(信任動議)〈伊〉 la mozione di fiducia

신임장(信任狀)〈伊〉 lettere credenziali

신입(新入)／-의 recentemente entrato(a)*ammesso(a)／-生 lo studente*lo scolaro nuovo; (大學 1年生) la matricola／-生 歡迎會 la festa delle matricole

신자(信者) il*la credente, il*la fedele, (信奉者) il*la seguace

신자본주의(新資本主義)〈經〉 il neocapitalismo

신장(腎臟) il rene ¶人工- il rene artificiale／-炎 la nefrite

신장(身長) la statura／-이 큰 alto(a), di alta statura／-이 작은 basso(a), di bassa statura／-이 큰 사람 una persona alta*di alta statura／- 順으로 secondo l'ordine di statura ¶測程器 il misuratore della statura

신장과 비뇨기(腎臟과 泌尿器) i reni e l'apparato urinario [用語] 방광(膀胱) la vescica, 부신(副腎) il surrene, 수뇨관(輸尿管) l'uretere, 신동맥(腎動脈) l'arteria renale, 신장(腎臟) la rene

신장변성병(腎臟變性病)〈醫〉 la nefrosi

신장염(腎臟炎)〈醫〉 la nefrite

신장절제술(腎臟切除術)〈醫〉 la nefrectomia

신전(神殿)〈建〉 il tempio

신정(新正) il capo d'anno, il primo giorno di gennaio

신정맥(腎靜脈)〈解〉 la vena renale

신조(新調)／-하다 fare confezionare (un abito)／-의 recentemente*di fresco fatto*confezionato

신조(信條) la dottrina

신조(信條)〈宗〉 il credo; (信念) il principio, la convinzione

신조어(新造語) la voce nuova, il neologismo

신중(愼重) la scrupolosità, la prudenza, la discrezione, la cautela, l'accuratezza／-한 discreto(a), scrupoloso(a), prudenziale, prudente, cauto(a), accurato(a)／-하다 essere prudente (nel parlare o nell'agire)／-하게 scrupolosamente, prudenzialmente, prudentemente

신진(新進)／-의 nuovo e promettente／-作家 lo scrittore (f. -trice) nuovo e promettente

신참(新參) il nuovo venuto, (새로운 얼굴) il viso nuovo

신천지(新天地) il nuovo mondo

신청(申請) la domanda, la richiesta, (請願) la petizione／-하다 presentare*fare la domanda*la richiesta*la petizione (a qlcu.) ¶-書 la richiesta*la domanda (in carta bollata)

신체(神體) il simbolo di una divinità sintoista

신체(身體) il corpo (umano)／-의 corporale ¶-檢査 l'esame fisico, la visita medica／-장애자 lo handicappato, l'invalido

신축(伸縮) l'elasticità; estensione e contrazione／-되다 essere elastico(a) ¶-性 l'elasticità, la retrattilità

신축(新築) la costruzione nuova (d'edificio*casa)／-의 appena costruito／-하다 costruire [pr. -isco]*edificare recentemente

시탁(信託) l'affidamento／-하다 affidare qlco. a qlcu. ¶-會社 la società fiduciaria

신탁(神託) l'oracolo, la rivelazione

신탁(信託)〈法〉 il fedecommesso

신토마스주의(新-主義)〈哲〉 il neotomismo

신통력(神通力) la taumaturgia／-의 taumaturgico(a)

신플라톤주의(新-主義)〈哲〉 il neoplatonismo

신하(臣下) il suddito

신학(神學) la teologia／-의 teologico(a) ¶-者 il teologo

신학생(神學生)〈宗〉 il seminarista

신학자(神學者)〈宗〉 il teologo

신헤겔주의(新-主義)〈哲〉 il neohegelismo

신호(信號) la segnaletica, il segnale; il cenno／-하다 dare il segnale ¶遭難(조난)- il segnale di aiuto (pericolo)／出發- il segnale di partenza／-燈 il semaforo／-旗 la bandiera da segnale

신호(信號)〈電〉 il segnale

신혼(新婚) la luna di miele, il matrimonio recentemente celebrato／-

의 recentemente sposato(a) ¶-夫婦 gli sposi novelli / -旅行 il viaggio di nozze / -時期 (허니문) la luna di miele

신화(神話) il mito, la mitologia / -의 mitologico(a) ¶-學 la mitologia

신흥(新興) / -住宅地區 il nuovo quartiere residenziale periferico / -宗教 la nuova setta religiosa

싣다 (물건을) caricare

실(絲) il filo / -을 감다 (실패 따위에) agguindolare

실(實) il frutto

실각(失脚) la perdita d'un posto (importante dell'amministrazione) / -하다 perdere un posto*una carica

실감(實感) il sentimento vivo, la sensazione reale / -있는 conforme alla realtà, realistico(a)

실격(失格) la squalifica / -하다 venire* essere squalificato ¶-者 la persona squalificata

실경(實景) la vista*la veduta*il panorama reale

실금(失禁)〈醫〉l'incontinenza

실내(室內) l'interno (d'una stanza) / -의 interno(a), interiore / -에 nell'interno ¶-音樂 la musica da camera / -裝飾 l'arredamento / -裝飾家 l'arredatore (f. -trice), il decoratore

실내수영장(室內水泳場) la piscina coperta

실내악(室內樂)〈音〉da camera; 2중주(二重奏) duo, 3중주(三重奏) trio, 4중주(四重奏) quartetto, 5중주(五重奏) quintetto, 6중주(六重奏) sestetto, 7중주(七重奏) settimino, 8중주(八重奏) ottetto, 9중주(九重奏) nonetto

실내악적(室內樂的)〈音〉cameristica, da camera

실내장식가(室內裝飾家)〈繪〉il decoratore

실내화〈靴〉le pantofole

실력(實力) l'abilità (reale), la capacità / -있는 abile, capace, essere in gamba ¶-者 (財界의) il magnate (del mondo commerciale*industriale)

실례(實例) l'esempio (reale) / -를 들다 dare un esempio

실례(失禮) la scusa, l'impertinenza, la sgarbatezza, la scortesia; la rozzezza **1** 실례합니다만, 박 선생님 아니신가요? Scusi, non sarebbe Lei il signor Park? / -합니다! Perdonate!, Scusate!, Permesso! / -하는 impertinente, scortese; rozzo(a)

실로폰〈音〉lo xilofono, lo silofono ¶-奏者 lo*la silofonista

실루엣 la silhouette, il profilo, la sagoma

실리(實利) l'utilità / -的 utilitario(a) ¶-主義 l'utilitarismo

실리다(載) essere inserito*pubblicato in (una rivista)

실리카겔(防濕劑)〈鑛〉il gelo di silice

실리콘 il silicone

실린더〈化〉il cilindro

실링〈貨〉scellino

실망(失望) la delusione, deludere, la disperazione, lo scoraggiamento / -시키다 deludere, disperare, scoraggiare, fare disperare / -하다 rimanere delusi, disperare [intr. avere] di qlco., disperarsi (per), scoraggiarsi, perdere la speranza*il coraggio / -된 disperato(a), scoraggiato(a) / -스럽게 disperatamente

실명(失明) la cecità, la perdita della vista / -하다 perdere la vista

실무(實務) gli affari (pratici) ¶-者 l'uomo d'affari pratici

실물(實物) l'oggetto reale

실밥풀기〈縫〉la scucitura

실비(實費) le spese effettive, (原價) il prezzo di costo

실상(實像) l'immagine reale

실상(實相) la situazione reale, (樣相) l'aspetto reale

실생활(實生活) la vita reale

실속 있는 duro(a)

실수(失手) l'errore, lo sbaglio, il fallo, la negligenza / -하다 sbagliare [intr. essere], fallire [intr. avere, pr. -isco], commettere un errore

실수(實數)〈數〉il numero reale

실수령액(實受領額) il guadagno netto, lo stipendio netto*effettivo

실수입(實收入) il guadagno*il reddito netto

실습(實習) l'addestramento pratico, il tirocinio / -하다 fare pratica, addestrarsi (a*in qlco), fare il tirocinio ¶-生 il*la tirocinante, il*la praticante;

(徒弟) lo*la apprendista / 敎育- il tirocinio didattico / 敎育-敎師 il maestro tirocinante

실시(實施) l'esecuzione; (法律의) l'entrata in vigore, (實行) l'attuazione / -하다 eseguire [pr. -isco], fare entrare in vigore; attuare, mettere in atto, effettuare

실신(失神) lo svenimento, il deliquio / -하다 perdere i sensi, svenire [intr. essere], cadere [intr. essere] in deliquio, tramortire

실신(失神)〈醫〉 la sincope

실어증(失語症)〈醫〉 la afasia

실언(失言) l'errore involontario (nel parlare) / -하다 fare un errore involontario della parola

실업(實業) gli affari, il commercio, (工業) l'industria / -의 commerciale, industriale ¶-家 l'uomo d'affari / -界 il mondo*il campo commerciale

실업(失業)〈經〉 la disoccupazione / -하다 perdere il lavoro*l'occupazione, non riuscire a trovare il lavoro ¶-保險 l'assicurazione contro la disoccupazione / -手當 il sussidio di disoccupazione / -者 il disoccupato (f. -a)

실연(實演) (上演) la rappresentazione, la messa in scena / 料理의 - la dimostrazione della cucina / -하다 rappresentare, mettere in scena (un dramma), andare in scena

실연(失戀) la delusione d'amore, l'amore deluso / -하다 essere*rimanere deluso d'amore

실온 la temperatura d'ambiente

실외(室外) / -의 aperto(a)

실외수영장(室外水泳場) la piscina aperta

실용(實用) l'uso pratico, la praticità, l'utilità / -的 pratico(a), utilizzabile, utilitario(a) ¶-品 l'oggetto di uso pratico

실용주의(實用主義)〈哲〉 il pragmatismo

실용화(實用化) l'utilizzazione / -하다 mettere qlco. in pratica

실의(失意) la disperazione, lo scoraggiamento

실인(實印) il sigillo legale (d'un privato)

실재(實在) la realtà, l'entità, l'esistenza (reale) / -하다 esistere [intr. essere] (realmente) / -로 realmente

실재론(實在論)〈哲〉 il realismo

실적(實績) il risultato effettivo*autentico / -내다 avere i risultati effettivi

실적(實積) la vera dimensione; (容量) la capacità

실전(實戰) la (vera) battaglia cf. 가상전투 la finta battaglia

실정(實情) la vera*attuale situazione, le circostanze reali, la realtà

실제(實際) la pratica; (現實) la realtà; (事實) il fatto, la verità / -로 praticamente; realmente / -的 pratico(a) / 理論과 - la teoria e la pratica / -의 reale

실존(實存)〈哲〉 l'esistenza

실존주의(實存主義)〈哲〉 l'esistenzialismo ¶-者 lo*la esistenzialista

실종(失踪) lo scomparso, la sparizione (misteriosa), 〈法〉 l'assenza / -되다 sparire [intr. essere, pr. -isco], scomparire [intr. essere]; sottrarsi alla vista altrui

실증(實證) la prova (certa*autentica) / -하다 provare (autenticamente) / -的 autentico(a), positivo(a) / -主義 il positivismo

실증주의(實證主義)〈哲〉 il positivismo

실지(實地) la pratica / -의 pratico(a) / -로 in pratica, praticamente ¶-檢證 l'investigazione*la verificazione della polizia sul luogo

실직(失職) la disoccupazione / -한 disoccupato(a) ¶-手當 il sussidio (l'indennità) di disoccupazione / 强制- la disoccupazione involontaria

실질(實質) la sostanza / -的 sostanziale / -上 sostanzialmente ¶-賃金 la paga netta

실책(失策) l'errore, lo sbaglio, il fallo / -하다 sbagliare [tr.], fare uno sbaglio, fare un fallo, fare una topica, cadere in errore*fallo

실천(實踐) la pratica / -하다 praticare, mettere in pratica / -的 pratico(a)

실천철학(實踐哲學)〈哲〉 la filosofia pratica

실체(實體) la sostanza, l'entità / -的 sostanziale

실체(實體)〈哲〉la sostanza
실크(silk) la seta ¶- 스타킹 le calze di seta / -織物 il tessuto di seta
실크스크린인쇄(-印刷)〈繪〉la serigrafia
실탄(實彈) la palla da fucile*da cannone, la cartuccia a palla, il proiettile d'arma da fuoco ¶-射擊 il tiro con l'arma da fuoco
실태(實態) la realtà; la situazione reale
실토(實吐) la confessione / -하다 confessare
실패(失敗) il fallimento, l'insuccesso, il cattivo successo, la cattiva riuscita / -하다 fare una cattiva riuscita, riuscire [intr. essere, pr. riesco] male, fallire [intr. essere, pr. -isco] in (un'impresa)
실패〈具〉la bobina
실행(實行) l'attuazione, l'effettuazione, la pratica; (遂行) l'esecuzione / 嚴格한 - l'esecuzione severa / -하다 attuare, effettuare, praticare, eseguire [pr. -uo o -isco] / -에 옮기다 mettere qlco. in pratica*atto ¶-委員會 il comitato esecutivo
실행(實行) l'esecuzione / -하다 eseguire [pr. -isco]
실험(實驗) l'esperimento, la prova / -하다 sperimentare / -的 sperimentale ¶-室 il laboratorio (scientifico) / -管 la provetta / 核- lo sperimento*la prova nucleare
실험(實驗)〈哲〉l'esperimento
실험적 방법(實驗的 方法)〈哲〉il metodo sperimentale
실현(實現) la realizzazione / -하다 realizzare / -되다 essere realizzato(a) / -할 만한 realizzabile
실화(失火) l'incendio (causato dalla negligenza)
실황(實況) la condizione*la situazione reale, la scena*l'avvenimento attuale / -放送하다 radiotrasmettere*teletrasmettere (gli incontri internazionali di calcio dal campo sportivo nazionale)
실효(失效) l'invalidamento / -되다 diventare [intr. essere]*essere invalido(a)
싫어하다 non piacere
싫은 odioso(a)
싫증 la noia, la malavoglia / -나다 annoiarsi, stufarsi, stare di malavoglia / -나는 fastidioso(a) / -난 annoiato(a), stufo(a) / -나게 di malavoglia / -나게 하다 fastidire
심(甚) / -한 molto(a), pesante, rigido(a), troppo(a), eccessivo(a) **1** 심한 혼잡이 있었다. C'era troppa confusione. / -히 molto, assai, troppo, eccessivamente
심(心) il cuore, la mente
심각한(深刻-) profondo(a); severo(a); serio(a), grave, critico(a) / - 不景氣 la grande*grave depressione / - 社會問題 il serio problema sociale
심경(心境) lo stato d'animo
심근염(心筋炎)〈醫〉la miocardite
심다(植樹) (식물 따위를) piantare
심도(深度) la profondità
심려(心慮) la preoccupazione; l'ansietà / -하다 preoccuparsi per qlco.
심령(心靈) lo spirito, l'anima / -의 spirituale, psichico(a)
심리(審理) il giudizio, l'esame della causa / -하다 esaminare la causa
심리(心理) la mentalità / -的 psicologico(a) ¶-表象〈哲〉la rappresentazione / -學 la psicologia / -學者 lo psicologo / -小說 il romanzo psicologico
심리(審理)〈法〉l'udienza
심리학(心理學) la psicologia
심문(審問)〈法〉l'interrogatorio
심미(審美) / -性 l'estetica / -적 estetico(a) / -主義 l'estetismo
심벌(symbol) il simbolo
심벌즈(cymbals)〈音〉i piatti, il cembalo
심복(心腹) / -하다 ubbidire [intr. avere, pr. -isco] spontaneamente*di cuore a qlcu.
심부름 la commissione / -하다 fare una commissione
심사(審査) l'esame / -하다 esaminare ¶-員 il membro della giuria (di concorso) / -위원회 la commissione
심상(尋常) / -한 comune, ordinario(a)
심상(心想) l'immagine
심상(心象)〈哲〉la rappresentazione
심술 la cattiveria, la malvagità / -궂은 malvagio(a)
심야(深夜) la notte profonda; la mezzanotte; l'alta notte

심연(深淵) la profondità; l'abisso
심오(深奧) la profondità
심의(審議) l'esame, la discussione, la deliberazione / -하다 esaminare, discutere, consultare, deliberare / -中 in corso dell'esame, essere alla discussione / -會〈政〉la commissione per l'esame (del bilancio), il consiglio
심의(審議)〈伊〉la discussione
심장(心臟) il cuore / -이 강한 impudente, insolente ¶-痲痺 l'infarto, la paralisi cardiaca, la cardioplegia / -病 la malattia di cuore, la cardiopatia / -病患者 il malato di cuore, il cardiaco ¶-學 la cardiologia
심장기록기(心臟記錄器)〈醫〉il cardiografo
심장발작(心臟發作) l'attacco cardiaco
심장마비(心臟痲痺)〈醫〉la paralisi cardiaca
심장병전문의(心臟病專門醫)〈醫〉il cardiologo
심장병학(心臟病學)〈醫〉la cardiologia
심적(心的) mentale
심정(心情) i sentimenti, il cuore / -을 나누다 condividere i sentimenti altrui
심중(心中) il suicidio tentato insieme da due amanti
심취(心醉) l'entusiasmo, il fanatismo; l'infatuazione / -하다 essere entusiasta* fanatico(a) di qlcu. o qlco.
심층구조(深層構造)〈言〉la struttura profonda
심판(審判) (競技의) l'arbitro, il giudice / -하다 giudicare; arbitrare / 最後의 -〈宗〉Giudizio Universale ¶-官 il mediatore, il conciliatore, l'arbitro
심판(審判) l'arbitro, la giuria
심판(審判)〈宗〉il giudizio
심판(審判)〈테니스〉il giudice
심포니(交響樂團) la sinfonia
심한 eccessivo(a)
심해(深海) l'altomare
심해관측선(深海觀測船)〈海〉il batis-cafo
심해저(深海底)〈地〉il pavimento abissale
심호흡(深呼吸) la respirazione a pieni polmoni / -을 하다 respirare a pieni polmoni
십(十) (基數) dieci, (序數) decimo (a) / -分의 일 un decimo / -中八九 in ragione del 90 per cento circa
십계(十誡)〈宗〉il decalogo ¶-命 dieci comandamenti
십구(十九) (基數) diciannove, (序數) diciannovesimo(a)
십년(十年) dieci anni **1** 십년이 하루 같다. Dieci anni trascorro come un giorno.
십만(十萬) centomila
십사(十四) (基數) quattordici, (序數) quattordicesimo(a)
십삼(十三) (基數) tredici, (序數) tredicesimo(a)
십억(十億) un miliardo
십오(十五) (基數) quindici, (序數) quindicesimo(a)
십오야(十五夜) la notte del 15 agosto (del calendario lunare) / -의 달(보름달) la luna piena della notte del 15 agosto
십육(十六) (基數) sedici, (序數) sedicesimo(a)
십이(十二) (基數) dodici, (序數) dodicesimo(a)
십이월(十二月) dicembre (m.)
십이음기법(十二音技法)〈音〉la decafonia / -의 dodecafonica
십이지장(十二指腸)〈解〉il duodeno / -의 duodenale ¶-炎 la duodenite / -潰瘍(궤양) l'ulcera duodenale
십인(十人) dieci persone / -十色 tante teste tante idee; tante persone tante opinioni
십일(十一) (基數) undici, (序數) undicesimo(a)
십일월(十日月) novembre (m.)
십자(十字) la croce ¶-軍〈史〉la crociata / -架 la croce / -路 la crocevia
십자가(十字架) la croce / -에 못 박히다 crocifiggere / -에 못 박힘 la crocifissione / -형태로 a forma di croce
십자선(十字線)〈物〉il reticolo
십중팔구(十中八九) in ragione del 90 per cento circa
십종경기(十種競技)〈陸〉il decathlon
십진법(十進法) il sistema decimale
십칠(十七) (基數) diciassette, (序數) diciassettesimo(a)
십팔(十八) (基數) diciotto, (序數) diciottesimo(a)

십팔번 il cavallo di battaglia
싱가포르〈地〉Singapore / -人, 의 singalese
싱글(single) solo(a), unico(a), semplice; (남자 싱글) il singolare maschile, (여자 싱글) il singolare femminile
싱거운 insipido(a)
싱싱한 fresco(a)
싶다 (~하고 싶다) volere
싸게 (값이) a buon mercato*prezzo, economicamente
싸늘한(冷) (대답 따위가) asciutto(a)
싸다 (사물을) avvolgere, coprire
싸우다(鬪) lottare, combattere; litigare / 죽음과 - lottare con la morte / 敵과 - lottare con un avversario / 졸음과 - lottare contro il sonno / 다투며 - azzuffarsi (reciprocamente) per qlco.
싸움(鬪) la lotta, il combattimento; il litigo
싹(芽) il germoglio, il germe / -이 나다 germogliare / -트다 sbocciare
싼 (값이) a buon mercato*prezzo, economico(a)
쌀(米) il riso, il chicco di riso ¶-가게 il negozio di riso
쌀밥 il riso al vapore
쌀쌀한 freddo(a)
쌍 (커플) la coppia
쌍곡면(雙曲面)〈數〉l'iperboloide
쌍곡선(雙曲線)〈數〉l'iperbole
쌍극자(雙極子)〈電*物〉il dipolo
쌍대성(雙對性)〈數〉la dualità
쌍둥이(雙生兒) i gemelli / -의 gemellare ¶(세*네)-出産 il parto gemellare (trigemino*quadrigemino)
쌍무협정(雙務協定)〈經〉l'accordo bilaterale
쌍방(雙方) le due parti, tutti e due / -의 ambedue (gli amici)
쌍생아(雙生兒)〈生〉i gemelli / -의 gemellare ¶- (세쌍둥이*네쌍둥이) 出産 il parto gemellare (trigemino*quadrigemino)
쌍안경(雙眼鏡)〈物〉il binocolo [用語] 초점조절(焦點調節) la vite della messa a fuoco, 접안렌즈(接眼-) l'oculare, 프리즘 il prisma, 대물렌즈(對物-) l'obiettivo
쌍안경(雙眼鏡)〈天〉il cannocchiale

쌍정의(雙晶-)〈鑛〉geminato
쌓다(積) ammucchiare, ammassare; (상품을) caricare / 경험을 - avere molta esperienza (in un lavoro)
쌓이다(積) ammucchiarsi, accumularsi **1** 눈이 쌓인다. La neve s'accumula.
쌕 (배낭) il sacco
써어버(server)〈스포츠〉il battitore
썩다(腐敗) marcire; corrompersi
썰다(切) (양파 따위를) tagliare
썰매 la slitta
쏘다 (銃, 砲를) sparare, (화살, 창을) tirare, lanciare, colpire; (벌이) pungere / 과녁을 - colpire il bersaglio
쏘시지 il würstel, la salsiccia
쏘오스 la salsa
쏟다(注) versare
쑤시다 (날카로운 것으로) stuzzicare
쑤심〈醫〉la prurigine
쓰다(書) scrivere / 편지 한 통을 - scrivere una lettera
쓰다(消費) spendere
쓰다 (안경, 모자를) mettere
쓰다 (사용) usare
쓰다듬다 accarezzare
쓰러뜨리다 abbattere, far cadere
쓰레기 i rifiuti, la spazzatura
쓰레기통 la pattumiera
쓴 (맛이) amaro(a)
쓴맛(苦味) l'amaro, il sapore amaro; l'amarezza
쓴웃음(苦笑) il sorriso amaro, il riso forzato / -을 짓다 fare un sorriso amaro, ridere forzatamente
쓸개〈解〉la cistifellea
쓸다(清掃) scopare, spazzare
쓸데없는 inutile
쓸쓸한 malinconico(a)
쓸어버리다(掃蕩) dragare
씨(氏) il signor(e) / 金- il signor Kim / 朴-夫婦 i signori Park
씨(種子)〈植〉i semi / -를 뿌리다 seminare / -뿌리기 la semina
씨니피앙〈言〉il significante
씨니피에〈言〉il significato
씨리얼(cereal) il cereale **1** 밀, 옥수수, 쌀, 귀리, 호밀, 대맥은 씨리얼(곡물)이다. Il grano, il granoturco, il riso, l'avena, la segale, l'orzo sono cereali.
씹기(咀嚼) la masticazione

씹다(詛嚼) masticare
씻기다(洗) (몸, 자동차 따위를) lavare **1** 나의 개를 씻긴다. Lavo il mio cane.
씻다(洗) (몸 따위를) lavarsi / 손*얼굴을 - lavarsi le mani*la faccia **1** 나는 손과 얼굴을 씻는다. Mi lavo la mano e la faccia. **2** 나는 아침에 목욕한다. Mi lavo la mattina.
씽크대 l'aquaio

ㅇ

아(我) l'ego; l'egoismo, il soverchio amor proprio / -가 강한 egoistico(a); caparbio(a), ostinato(a) ¶-流 la maniera*il metodo a proprio modo
아가미〈魚〉le branchie
아가씨 la signorina
아까 poco fa
아까운 spiacevole; prezioso(a)
아끼다 risparmiare; dare importanza
아낌없이 generosamente
아구창(鵝口瘡)〈醫〉il mughetto
아기(幼兒) il bimbo, la bimba
아나운서 l'annunciatore, l'annunciatrice,
아나톡신〈藥〉l'anatossina
아내(婦) la moglie / -를 맞다 ammogliarsi
아네모네〈植〉l'anemone
아는 사람(知人) il*la conoscente
아니 no, non
아니꼽게 con affettazione
아니다 non essere
아닐린〈化〉l'anilina
아다지오〈音〉adagio (천천히, 느리게, 차분하게, 주의깊게, 鎭重하게, 緩慢하게)
아동(兒童) il bambino (f. -a), lo scolaretto (f. -a), il fanciullo (f. -a), il ragazzetto (f. -a) ¶-福祉法 la legge relativa al benessere e la protezione dei bambini / 國際 -의 해 Anno Internazionale del Bambino
아둔한 stupido(a)
아들(子) il figlio / 편애하는 - il figlio prediletto
아라베스크 모양으로 장식하다〈繪〉arabescare
아라베스크장식(-裝飾)〈繪〉l'arabesco
아라비아〈地〉l'Arabia / -語 l'arabo / -人, 의 arabo(a) ¶사우디- l'Arabia Saudita
아라비아 숫자 il numero arabo
아랍어(-語)〈言〉l'arabo
아랍인 arabo(a)
아래(下) il sotto, il basso / -에(서) sotto, disotto, giù **1** 반대 의미를 나타내는 문장을 아래에서 찾아라! Cercate sotto la frase che esprime il contrario!/ -層 il piano sotto, il piano inferiore
아량(雅量) la generosità / -을 가지고 generosamente/ -있는 tollerante; generoso(a)
아련한 oscuro(a), offuscato(a)
아류(我流) la maniera*il metodo a proprio modo
아르페지오(分散和音)〈音〉l'arpeggio
아르헨티나〈地〉l'Argentina / -語 l'argentino / -人, 의 argentino(a)
아른거리다 intravvedere
아름다운(美的) bello(a), grazioso(a)
아름다움(美) la bellezza
아리스토텔레스 철학(-哲學)〈哲〉l'aristotelismo
아리아〈音〉l'aria
아리에타〈音〉l'arietta
아리오소〈音〉l'arioso
아마(亞麻)〈植〉il lino ¶-油 l'olio di lino / -布 il tessuto di lino, il pannolino / -栽培 la coltivazione del lino
아마도 forse, probabilmente **1** 아마도 마르코가 나랑 갈 수 있을 거다. Forse Marco può venire con me.
아마빌레〈音〉amabile (사랑스러운)
아마존江 il fiume delle Amazzoni
아마존석(-石)〈鑛〉l'amazzonite
아마추어 il dilettante, la dilettante, l'amatore, l'amatrice ¶ -音樂家 il dilettante di musica / -無線士 il radioamatore, la radioamatrice
아마포(亞麻布) il pannolino
아말감〈化*藥〉l'amalgama (m.) / -을 만들다 amalgamare
아메바〈動〉l'ameba
아메바성 질환(-疾患)〈醫〉la amebiasi
아멘〈宗〉Amen
아몬드 la mandorla

아무 qualcuno(a); qualche; nessuno(a)
아무 것 qualcosa; qualsiasi cosa; niente
아무 데 ovunque; da nessuna parte
아무 생각 없이 distrattamente, a bocca aperta
아무튼 in ogni caso, in ogni modo, comunque
아물다 (상처 따위가) rimarginarsi
아미노산〈化〉 l'amminoacido
아버지(父) il padre
아베로에스주의(-主義)〈哲〉 l'averroismo
아부(阿附) l'adulazione, la lusinga / -하다 adulare, lusingare / -하는 adulatorio(a) / -하는 사람 l'adulatore, l'incensatore, il piaggiatore
아빠(父) il papà, il babbo, il padre
아사(餓死) la morte di fame / -하다 morire di fame
아세톤〈化〉 l'acetone
아세톤뇨증(-尿症)〈醫〉 l'acetonuria
아세톤혈증(-血症)〈醫〉 l'acetonemia
아세틸렌〈化〉 l'acetilene
아스파라거스 l'asparago, lo sparagio
아스팔트 l'asfalto / -를 깔다 asfaltare ¶-道路 la strada asfaltata
아스피린〈醫〉 l'aspirina **1** 아스피린 한 갑 주세요. Una scatola di aspirina, per favore.
아슬아슬한 pericoloso(a)
아시아 l'Asia / -人, 의 asiatico(a)
아양 la civetteria, l'adulazione, la lusinga / -을 떨다(부리다) civettare
아역(兒役) il ruolo*la parte del fanciullo; l'attore fanciullo
아연(啞然) / -질색케 하다 stupire [pr. -isco]
아연(亞鉛)〈化*鑛〉 lo zinco / - 도금하다 zincare / - 도금된 zincato(a) ¶-板 la lamiera di zinco
아열대(亞熱帶) la zona subtropicale
아우성 il grido, l'urlo
아이 il bambino
아이디어 l'idea / 굿(good) - buona*bella idea
아이보리〈植〉 la segala
아이스스케이팅 il pattinaggio su ghiaccio
아이스크림(ice cream) il gelato / 딸기맛 - il gelato alla fragola
아이스하키(ice hockey)〈스포츠〉 il hockey su ghiaccio
아이큐(知能指數) IQ (=il quoziente d'intelligenza)
아일랜드〈地〉 l'Irlanda / -人, 의 irlandese / -語 l'irlandese
아장아장 걷다 (아기가) trotterellare [intr. avere] (dietro sua mamma)
아저씨 il signore
아전인수(我田引水) Tirar l'acqua al proprio mulino.
아주 molto, assai, tanto, eccessivamente
아주머니 la signora
아줌마 la signora
아지타토〈音〉 agitato (興奮된)
아직 ancora **1** 난 아직 그 도시를 모른다. Non conosco ancora la città. **2** 난 아직 이탈리아어를 할 수 없다. Non posso ancora parlare italiano.
아첨(阿諂) il vezzeggiamento, l'adulazione, la lusinga / -하다 vezzeggiare, adulare, lusingare / -하는 vezzeggiativo(a), adulatorio(a) / -하는 사람 l'adulatore, l'incensatore, il piaggiatore
아첼레란도〈音〉 accelerando (가속시키면서)
아취〈建〉 l'arco
아취형 묘소(-墓所)〈宗〉 l'arcosolio
아침(朝) la mattina / 오늘- stamattina / -부터 저녁까지 dalla mattina alla sera/ -식사하다 fare colazione, fare il pasto del mattino ¶-食事 la colazione, il pasto del mattino, la prima colazione
아카데미(academy) l'accademia / -믹 accademico(a)
아카데미학파(-學派)〈哲〉 gli accademici
아카시아〈植〉 l'acacia
아카프리치오〈音〉 a capriccio (망상, 환상, 변덕)
아코디언〈音〉 la fisarmonica / -을 연주하다 suonare la fisarmonica
아크〈電〉 l'arco
아크로폴리스〈建〉 gli acropoli
아킬레스腱〈解〉 il tendine d'Achille
아타락시아(마음의 平靜)〈哲〉 l'atarassia
아트리에〈建〉 (고대로마 주택의 안뜰) l'atrio
아트리에〈繪〉 (화가*조각가의) l'atelier
아티클 l'articolo
아파시오나토〈音〉 appassionato (열정적으로)

아파트 l'appartamento **1** 난 월세 아파트를 찾고 있다. Cerco un appartamento in affitto. ¶獨身者- l'appartamento per impiegati non ammogliati*scapoli

아페투오소〈音〉 affettuoso (다정다감한, 상냥한, 애정어린)

아편(阿片)〈藥〉 l'oppio

아프다 essere malato(a) / 머리가 - avere mal di testa

아픈 doloroso(a)

아픔(困苦) il tormento, il dolore, la sofferenza, la difficoltà

아프레탄도〈音〉 affrettando (급히 서두르면서)

아프리카 l'Africa ¶南- l'Africa del Sud

아피아체레〈音〉 a piacere (즐겁게)

악(惡) il male, il vizio, la cattiveria / -한 astuto(a), furbo(a), malizioso(a) / 선과- il bene e il male

악곡(樂曲)〈音〉 la composizione

악극(樂劇) il melodramma; l'opera (lirica), il dramma in musica

악기(樂器) lo strumento musicale [用語] 건반악기(鍵盤樂器) a tastiera, 관악기(管樂器) a fiato, 그라비쳄발로 il gravicembalo, 금관악기(金管樂器) a fiato ottoni, 기타 la chitarra, 대형기타 il chitarrone, 레베크 la ribeca, 류트 il liuto, 리이드 오르간 l'armonium, 마라카스 la maracas, 만돌라 la mandola, 만돌리노 il mandolino, 목관악기(木管樂器) a fiato leghi, 뮈제트 la musetta, 바이올린 il violino, 발현악기(撥絃樂器) a pizzico, 비브라폰 il vibrafono, 비올라 la viola, 색소폰 il sassofono, 수동 오르간 l'organetto, 스피넷 la spinetta, 시스트럼 il sistro, 실로폰 il silofono, 심벌즈 i piatti, 아코디언 la fisarmonica, 오르간 l'organo, 오보에 l'oboe, 오카리나 l'ocarina, 오피클레이드 l'oficleide, 체트라 la cetra, 첼레스타 la celesta, 첼로 il violoncello, 쳄발로 il cembalo, 칠현금(七絃琴) la lira, 캐스터넷츠 le nacchere, 코르넷 la cornetta, 콘트라베이스 il contrabbasso, 콘트라파곳 il controfagotto, 콜라시오네 il colascione, 큰 북 il tamburo, 큰북 la grancassa, 클라리넷 il clarinetto, 클라비쳄발로 il clavicembalo, 타악기(打樂器) a percussione, 탬버린 il tamburello, 튜바 il flicorno, 튜브 la bassotuba, 트라이앵글 il triangolo, 트럼펫 la tromba, 트롬본 il trombone, 팀파니 il timpano, 파곳 il fagotto, 풍적(風笛) la cennamella, la cornamusa, 풍적(風笛) la zampogna, 프살테리움 il salterio, 플룻 il flauto, 피리 il piffero, la piva, 피아노 il pianoforte, 피콜로 l'ottavino, 하모니카 l'armonica, 하프 l'arpa, 현악기(絃樂器) ad arco, 호른 il corno

악기주자(樂器奏者)〈音〉 il sonatore, la*lo strumentista

악단(樂團)〈音〉 l'orchestra, la banda

악단(樂段)〈音〉 il periodo

악담(惡談) l'imprecazione, la maledizione / -하다 imprecare

악당(惡黨) il birbante, il birbone

악대(樂隊) la banda (musicale) ¶軍- la banda militare / -長 il capobanda

악덕(惡德)〈哲〉 il vizio, l'immoralità

악마(惡魔) il diavolo, il demonio, lo spirito maligno

악몽(惡夢) l'incubo

악보(樂譜)〈音〉 la partitura, lo spartito; la musica, il pezzo di musica ¶-臺 il leggio

악사(樂士) il musicante, il bandista, il sonatore

악성(惡性)〈病〉 la malignità / -의 maligno(a) ¶-종양(腫瘍) il tumore maligno

악센트 (accent) l'accento

악셀 (자동차의) l'acceleratore

악수(握手) la stretta di mano / -하다 stringere la mano a qlcu., dare una stretta cordiale di mano

악습(惡習) la brutta abitudine, il vizio

악어〈動〉 il coccodrillo, l'alligatore

악용(惡用) l'abuso / -하다 abusare, usare male

악우(惡友) il cattivo amico (compagno)

악운(惡運) la cattiva fortuna, la mala sorte / -에 강하다 prosperare malgrado (nonostante) la propria mala vita

악의(惡意) la malizia, la malignità, la malevolenza, la cattiva intenzione / -를 갖다 avere una malignità (sul conto di qlcu.) / -가 있는 maligno(a), malizioso(a), malevolo / -가 없는 senza malignità*malizia, innocente / -的 maligno(a), malizioso(a), malevolo(a)

악인(惡人) l'uomo cattivo, il malvagio, il malvivente, il malfattore, il furfante

악장(樂章)〈音〉il tempo, il movimento / 4- 交響曲 la sinfonia in quattro movimenti

악전고투(惡戰苦鬪) il combattimento disperato (accanito) / -하다 combattere disperatamente (accanitamente)

악절(樂節)〈音〉la frase

악질(惡質) la cattiva qualità, la natura maligna / -的, 의 vizioso(a), cattivo (a), maligno(a)

악천후(惡天候) il maltempo, il cattivo tempo, il brutto tempo

악취(惡臭) il cattivo odore, la puzza, il puzzo, l'afrore / -나는 puzzolente, maleodor-ante, di cattivo odore, fetico(a), fetente / -를 풍기다 puzzare

악취미(惡趣味) il cattivo gusto, il mal gusto / - 로 di cattivo gusto

악평(惡評) la cattiva reputazione, la cattiva fama

악필(惡筆) la brutta calligrafia, la brutta scrittura

악한(惡-) cattivo(a), malvagio(a), scellerato(a) ¶ 者 l'uomo cattivo, l'uomo scellerato, il mascalzone, il cattivo

악한(惡漢) il malfattore, malvagio(a), la malfattrice, il gangster, il bandito **1** 두 명의 악한들에 의해 그는 유괴되었다. E' stato rapinato da due malfattori. ¶-者 birbante, il briccone, il mascalzone, il cattivo

악행(惡行) il male, la cattiva azione, il delitto, la malvagità / -을 저지르다 commettere una cattiva azione (un delitto)

악화(惡化) il peggioramento, la degenerazione, l'esasperazione / -되다, 하다 peggiorare [intr. avere], degenerare, essere esasperato(a), (품질이) scadere, aggravarsi, essere*diventare grave, peggiorarsi **1** 감기가 기관지염으로 악화되었다. Il raffreddore è degenerato in bronchite. **2** 그 제품의 품질이 약간 악화되었다. Quel prodotto è un po' scaduto. / -시키다 aggravare

악화(惡化)〈醫〉l'aggravamento

안(案) il progetto, il disegno, il piano, lo schema / -을 내다 proporre*presentare un progetto*un disegno*un programma / -을 작성하다 progettare, programmare, fare un progetto*un piano ¶ 法- lo schema di legge / 提- la proposta / 考- l'idea

안(內) l'interno / 삼일 -에 entro tre giorni

안개(霧)〈氣〉la nebbia, la foschia, la bruma **1** 자동차로 떠날 수 없을 정도로 안개가 끼어있다. C'è una nebbia che non possiamo partire in macchina. / 짙은- la nebbia fitta

안개 낀 nebbioso(a)

안경(眼鏡) gli occhiali ¶-店 l'ottico / 近視用- gli occhiali da miope / 遠視用- gli occhiali da presbite

안과(眼科) l'oculistica

안과의(眼科醫)〈醫〉l'oculista

안과학(眼科學)〈醫〉l'oculistica

안구(眼球) l'occhio [用語] 각막(角膜) la cornea, 강막(強膜) la sclera, 망막(網膜) la retina, 수정체(水晶體) il cristallino, 시신경(視神經) il nervo ottico, 홍채(虹彩) l'iride

안구왜소(眼球矮小)〈醫〉la microftalmia

안내(案內) la guida; l'informazione, l'avviso / -하다 guidare, accompagnare, condurre; informare, avvisare ¶-者, 員 la guida / -所 l'ufficio informazioni / -書 la guida (di Roma) / -帳 la lettera*il biglietto di invito / 觀光-(員) la guida turistica

안녕(安寧) ciao!, arrivederci!, salve!

안녕하세요 Buongiorno!, Buonasera!

안녕히 addio

안녕히 가세요 arrivederci, arrivederLa

안다(아기를) tenere in braccio

안단테〈音〉andante (걸음의 속도로)

안단티노〈音〉andantino (걸음의 속도보다 조금 느리게)

안대(眼帶) la benda / -하다 bendare gli occhi

안되다 non dovere / 소란을 피면 안된다! Non dovete far rumore!

안뜰(中庭)〈建〉il cortile, il cavedio

안락(安樂) (生活이) l'agio, l'agiatezza; la comodità / -한 agiato(a); comodo(a) / -하게 agiatamente ¶-의자 la poltrona

안마(鞍馬)〈操〉il cavallo con maniglie

안마 il massaggio

안면(安眠) il sonno tranquillo / -하다(취하다) prendere sonno tranquillo, dormire tranquillamente

안면(顔面)〈解〉 la faccia, il viso / -의 facciale

안목(眼目) il punto principale

안무 la coreografia

안벽(岸壁) la banchina

안부(安否) lo stato di salute, la notizia di qlcu. / -를 묻다 informarsi sulla salute di qlcu. / -를 전하다 mandare i saluti

안색(顔色) il colorito del viso

안수(按手)〈宗〉 l'imposizione delle mani

안심(安心) la tranquillità, l'animo tranquillo, la calma; la sicurezza / -시키다 rendere tranquillo, calmare / -하다 essere*stare tranquillo*calmo, provare sollievo

안약(眼藥)〈藥〉 il collirio / -을 눈에 넣다 dare collirio agli occhi

안일(安逸) l'agio, l'agiatezza; la vita oziosa / -하게 살다 vivere agiatamente (oziosamente)

안장(鞍裝) (馬의) la sella / -을 얹다 sellare (un cavallo)

안전(安全) la sicurezza / -한 sicuro(a), salvo(a), senza pericoli / -하게 sicuramente, sano e salvo, senza pericoli / -하게 하다 rendere sicuro, mettere *porre al sicuro, assicurare ¶-밸브 la vavola di sicurezza / -感 (il senso di) sicurezza / -핀 lo spillo di sicurezza / -地帶 il salvagente / -유엔-보장이사회 il Consiglio di Sicurezza dell'ONU (= L'Organizzazione delle nazioni Unite) / -벨트 la cintura di sicurezza

안정(安靜) la quiete, la tranquillità, la calma **1** 안정과 휴식이 필요하다. Ci vogliono calma e riposo. / -을 취하다 riposare quietamente / -된 calmo(a)

안정(安定) la stabilità, l'equilibrio / -하다 essere stabilizzato(a) / -을 잃다 perdere l'equilibrio / -된 stabile ¶-勢力 il potere stabile (durabile)

안정된(安定-)〈氣〉 costante, stabile

안정화전원회로(安定化電源回路) lo stabilizzatore di tensione

안주(安住) la vita tranquilla / -할 곳을 찾다 cercare un luogo per vivere tranquillamente

안주(술의) gli stuzzichini per accompagnare il liquore

안착(安着) (사람의) l'arrivo sano e salvo; (물건의) l'arrivo in buona condizione / -하다 arrivare sano e salvo; arrivare in buona condizione

안타(安打) il colpo felice, il buon colpo (nel gioco sportivo americano) / -치다 dare un colpo felice

안테나 l'antenna

앉다(座) sedersi (sul pavimento*in terra), accomodarsi **1** 앉아도 되겠습니까? Posso sedermi?

앉은 seduto(a)

않다 non essere; non avere **1** 배고프지 않다. Non ho fame.

알 (계란) l'uovo, le uova (pl.)

알게 되다(面識) conoscersi **1** Noi ci siamo conosciuti in aereo. 우린 비행기에서 서로 알게 됐다.

알게 하다(識, 知) fare sapere; annunziare, informare, comunicare

알다(識, 知) conoscere, sapere; capire **1** 모든 사람들이 그를 알고 있다. Tutti lo conoscono. **2** 너 내 전화번호 아니? Sai il mio numero di telefono? / 서로 - conoscersi reciprocamente

알데히드〈化〉 l'aldeide

알라르간도〈音〉 allargando (템포를 점차 느리고 강하게 하면서)

알라스카 l'Alasca / -語 l'alascano / -人, 의 alascano(a)

알러지〈醫〉 l'allergia

알레그레토〈音〉 allegretto (조금 빠르게)

알레그로〈音〉 allegro (빠르게, 快活하게)

알레르기〈醫〉 l'allergia / -의 allergico(a) ¶- 體質 la diatesi allergica

알려진(知) conosciuto(a), noto(a), famoso(a)

알루미늄〈化, 金屬〉 l'alluminio

알리다(公告) informare; comunicare; segnalare; avvertire, annunziare **1** 확성기를 통해 알게된 사람들은 아무런 문제 없이 역으로부터 피할 수 있었다. La gente, avvertita dagli altoparlanti, ha potuto sfollare senza problemi dalla stazione. / 소식을 - annunziare*trasmettere una notizia

알리바이〈法〉 l'alibi / -를 증명하다

알림(公告, 廣告) l'annuncio **1** 빨레르모市 어느 주간지의 알림(광고)이다. Sono annunci di un settimanale di Palermo.
알만딘 〈鑛〉 l'almandino
알맞은 adatto(a), giusto(a)
알바니아 〈地〉 l'Albania / -語 l'albanese / -人, -의 albanese / -語 l'albanese
알부민 〈生, 化〉 l'albumina
알선(斡旋) 〈經〉 l'intermediazione
알아맞히다 azzeccare, indovinare
알아보다 esaminare, riconoscere
알아차리다 (知覺) avvertire, penetrare (un segreto) **1** 확성기를 통해 알아차린 사람들은 아무런 문제없이 역으로부터 피할 수 있었다. La gente, avvertita dagli altoparlanti, ha potuto sfollare senza problemi dalla stazione.
알약 〈醫〉 la compressa, la pillola, la pastiglia, la pasticca
알지 못하는 sconosciuto(a)
알칼로시스 〈醫〉 la alcalosi
알칼로이드 〈藥〉*化〉 l'alcaloide
알칼리 〈化〉 l'alcali / -性의 alcalino(a) ¶ -性 l'alcalinità / -液 la lisciva, il ranno / - 액으로 세척하다 lisciviare / -溶劑 la lisciva, il ranno
알칼리암(-巖) 〈鑛〉 la roccia alcalina
알코올 〈化〉 l'alcool, l'alcol / -性의 alcolico(a) ¶ 에틸- l'alcool etilico / 메틸- l'alcool metilico / -中毒 l'alcolismo
알코올약제(-藥劑) 〈藥〉 l'alcolato
알토 〈音〉 il contralto, l'alto
알파벳 l'alfabeto / -의 alfabetico(a) / -順으로 in ordine alfabetico, secondo l'ordine alfabetico, alfabeticamente
알파벳문자(-文字) 〈言〉 la scrittura alfabetica
알파입자(-粒子) 〈物〉 la particella alfa
알프스산맥(山脈) le Alpi
알피니스트 la alpinista(f), l'alpinista(m)
앓다 essere ammalato(a)
암(癌) 〈醫〉 il cancro
암기(暗記) la memoria / -하다 imparare a memoria; tenere a mente / -하여 a memoria, a mente / -力 la memoria **1** 그는 암기력이 좋다. Lui ha una buona memoria.
암내 (겨드랑이 냄새) l'odore dell'ascella
암모늄 〈化〉 l'ammonio
암모니아 〈化〉 l'ammoniaca ¶ -水 il liquido ammoniaco
암묵(暗默) / -的 tacito(a) / -的으로 tacitamente
암벽(岩壁) la parete rocciosa, la banchina (del porto), lo scalo / -등반 l'alpinismo su roccia
암산(暗算) il calcolo mentale / -하다 calcolare mentalmente
암살(暗殺) l'assassinio, l'uccisione nel buio / -하다 assassinare ¶ -者 l'assassino
암석(巖石) la roccia (pl. rocce), il masso [用語] 각력암(角礫岩) la breccia, 갈탄(褐炭) la lignite, 결정화강암(結晶花崗巖) la pegmatite, 경석(輕石) la pomice, 공작석(孔雀石) la malachite, 관입암(貫入巖) la roccia intrusiva, 금광석(金鑛石) il brillante, 금괴(金塊) la pepita, 내인암(內因岩) la roccia endogena, 녹주석(綠柱石) il berillo, 다색대리석(多色大理石) il bardiglio, 단백석(蛋白石) l'opale, 대리석(大理石) il marmo, 라테라이트 la laterite, 마그마암(-岩) la roccia magmatica, 마조리카도토(-陶土) la maiolica, 부연탄(無煙炭) la antracite, 반려암(斑糲岩) il gabbro, 반암(斑岩) il porfido, 방산충암(放散蟲岩) la radiolarite, 백운암(白雲巖) la dolomia, la dolomite, 백철광(白鐵鑛) la marcassite, 변성암(變成巖) la roccia metamorfica, 보크사이트 la bauxite, la baussite, 분출암(噴出巖) la roccia eruttiva, 비정질암(非晶質岩) la roccia amorfa, 사(砂) la sabbia, 사문석(蛇紋石) il serpentino, 사암(砂巖) l'arenaria, 생물암(生物岩) la roccia organogena, 석(石) la pietra, 석류석(石榴石) il granato, 석반석(石盤石) l'ardesia, 석탄(石炭) il carbon fossile, 석회석(石灰石) il calcare, 석회질편암(石灰質片岩) il calcescisto, 설화석고(雪化石膏) l'alabastro, 섬록암(閃綠岩) la diorite, 섬장석(閃長石) la sienite, 쇄설암(碎屑岩) la roccia clastica, 수성암(水成岩) la roccia sedimentaria, 숫돌 la cote, 아마존석(-石) l'amazzonite, 알만딘 l'almandino, 알칼리암(-巖) la roccia alcalina, 양기석(陽起石) l'anfibolite, 역암(礫岩) il conglomerato, 엽편상암(葉片狀岩) la roc-

암석학 cia laminata, 오커 l'ocra, 옥수(玉髓) il calcedonio, 외인암(外因岩) la roccia esogena, 용암(鎔巖) la lava, la roccia magmatica, 운모대리석(雲母大理石) il cipollino, 운모편암(雲母片巖) il micascisto, 월석(月石) la pietra di lana, 월장석(月長石) la lunaria, 응회석(凝灰石) il peperino, 응회암(凝灰巖) il tufo, 이탄(泥炭) la torba, 인회토(燐灰土) la fosforite, 자갈 il ciottolo, il sasso, la ghiaia, 전기석(電氣石) la tormalina, 점토(粘土) l'argilla, 조면암(粗面岩) la trachite, 조약돌 il ciottolo, 지르콘 lo zircone, 천개석(天蓋石) la lazurite, 천매암(千枚岩) la fillade, 충적암(沖積岩) la roccia detritica, 탄산석회(炭酸石灰) il tufo, 페그마타이트 la pegmatite, 편마암(片麻巖) il gneiss, 편암(片巖) lo scisto, 현무암(玄武巖) il basalto, 혈석(血石) l'eliotropio, 화강암(花崗巖) il granito, 화산자갈(火山-) il lapillo, 화성암(火成巖) la roccia ignea, 황토(黃土) l'ocra, 휘록암(輝綠巖) il diabase, 흑요석(黑曜石) l'ossidiana

암석학(巖石學)〈鑛〉 la petrologia
암소(雌牛)〈動〉 la vacca, la mucca
암송(暗誦) la recitazione a memoria / -하다 recitare a memoria
암술〈植〉 il pistillo
암스테르담〈地〉 Amsterdam
암시(暗示) il suggerimento, la suggestione, l'allusione, l'accenno, il cenno / 사람에 대해 -하다 fare allusione a qlcu. / -하다 suggerire [pr. -isco], alludere, suggestionare, accennare / -的 suggestivo(a), allusivo / -的인 대화를 하다 fare un discorso allusivo / -的으로 suggestivamente / -할 수 있는 suggestionabile / -된 suggestionato(a)
암시(暗示)〈醫〉 la suggestione
암시장(暗市場)〈經〉 il mercato nero, la borsanera ¶-價格 il prezzo al mercato nero / -商人 il*la borsanerista
암실(暗室) la camera oscura
암암리에 tacitamente
암약(暗躍) l'intrigo tra le quinte / -하다 intrigare dietro le quinte
암염(巖鹽)〈鑛〉 il salgemma ¶-採掘場 la miniera di salgemma
암운이 드리운(暗雲-)〈氣〉 rannuvolato

암초(暗礁) lo scoglio
암초(暗礁)〈海〉 la secca / -에서 벗어나다 disincagliare
암초(巖礁)〈地〉 la scogliera
암캐〈動〉 la cagna
암컷〈生〉 la femmina / -의 femminile
암탉〈動〉 la gallina
암투(暗鬪) l'ostilità tacita, la lotta sorda
암페어〈物*電〉 l'ampere
암페어수(-數)〈電〉 l'amperaggio
암페어시(-時)〈電〉 l'amperora
암페어회수(-回數)〈電〉 l'amperspira
암호(暗號)〔電信用〕 la cifra / -로 쓰다 scrivere in cifra / -를 해독하다 decifrare (un telegramma cifrato) ¶-解讀書 il cifrario / -電報 il dispaccio cifrato
암호법(暗號法)〈言〉 la crittografia
암흑(暗黑) l'oscurità, la tenebra, il buio / - 속에서 al buio, nell'oscurità, nelle tenebre / -의 oscuro(a), tenebroso(a)
암흑가(暗黑街) la malavita / -의 두목 il capo della malavita
압도(壓倒) la superiorità / -하다 (정신적으로) schiacciare, superare, sconfiggere / -的 opprimente, schiacciante / -的 優勢 con superiorità stravicente
압력(壓力) la pressione, la compressione 1 ~에 대해 압력을 가하다 fare pressione (su qlcu.) / 政治的 - la pressione politica
압력(壓力)〈氣〉 la pressione
압력계(壓力計)〈物〉 il manometro
압력솥(壓力-) la pentola a pressione
압류(押留)〈法〉 il pignoramento
압박(壓迫) l'oppressione, la pressione / -하다 opprimere, pressare, schiacciare ¶-感 la sensazione oppressiva
압사(壓死) la morte schiacciata / -하다 morire schiacciato
압수(押收) il sequestro, la confisca / -하다 sequestrare, confiscare
압연(壓延) la laminatura / -하다 laminare ¶-機 il laminatoio
압인(壓印) il timbro ufficiale a secco
압인(押印)〈繪〉 l'impressione / -하다 imprimere
압제(壓制) l'oppressione, la tirannia / -的 oppressivo(a), tirannico(a), dispotico(a) / -的으로 in modo oppressivo,

압착기(壓搾機) la pressa
압축(壓縮) la compressione / -하다 comprimere; condensare ¶-空氣 l'aria compressa / -기 il compressore
압출(壓出)
압핀 la puntina
앙금 il sedimento
앙상블<音> l'ensemble, l'insieme, il complesso vocale o strumentale, l'affiatamento
앙심 il rancore
앙케이트 l'inchiesta, il questionario
앙코르<音> il bis, l'ancora ¶청중은 앙코르를 청한다. 앙코르, 앙코르! Il pubblico chiede il bis. Bis, bis!
앙콜 → 앙코르
앞(前) la parte anteriore; precedente / -에(서) davanti a ~, di fronte a ~ / 텔레비전 -에(서) davanti alla TV / -으로 avanti ¶들어오세요! Avanti!
앞당기다 anticipare
앞으로(今後) d'ora in poi, in futuro
앞장 la pagina precedente
앞머리 il ciuffo; la frangia
앞서 precedentemente, prima
앞잡이 lo sbirro
앞장서다 promuovere, dare impulso
앞지르다 superare, sorpassare
앞치마 il grembiule
애(愛)<哲> la carità
애교(愛嬌) l'amabilità / -있는, 스런 amabile
애국(愛國) il patriottismo, l'amore della patria, l'amor patrio / -的, 의 patriottico(a) ¶-心 il patriottismo / -者 il patriota, la patriota / -歌 l'inno nazionale coreano
애덕(愛德)<宗> la carità
애도(哀悼) la condoglianza / -를 표하다 fare le condoglianze
애독(愛讀) / -하다 leggere con piacere (con interesse) ¶-者 l'abbonato, il lettore*la lettrice regolare / -書 il libro prediletto
애드미턴스<物> l'ammettenza
애매(曖昧) / -한 ambiguo(a), vago(a), equivoco(a), incerto(a), indistinto(a); offusca-to(a) / -하게 vagamente, incertamente
애매모호(曖昧模糊) / -한 vago(a), equivoco(a), incerto(a), indistinto(a); offuscato(a) / -하게 vagamente, incertamente
애무(愛撫) la carezza / -하다 accarezzare, fare le carezze
애벌레<蟲> il bruco
애석(哀惜) la condoglianza, l'afflizione / ~의 죽음에 대해 애석해 하다 esprimere le condoglianze per la morte di qlcu., affliggersi*deplorare la morte di qlcu. / -한 spiacente
애수(哀愁) la malinconia, la tristezza
애용(愛用) l'uso con preferenza / -의 di uso abituale / -하다 servirsi con preferenza di qlco.
애원(哀願) la supplica, l'implorazione / -하다 supplicare, implorare
애인(愛人) l'amante (m.f.), l'innamorato (a), il ragazzo, la ragazza
애자(礙子:절연체) l'isolatore
애정(愛情) l'affetto, l'amore, l'affezione / -있는 affettuoso(a), affezionato(a), amorevole / -없이 senza cuore, senza affezione
애착(愛着) l'affezione, l'attaccamento per qlco*a qlco / -을 느끼다 affezionarsi
애칭(愛稱) il nomignolo, il soprannome, il vezzeggiativo ¶-辭 il suffisso vezzeggiativo
애타주의(愛他主義) l'altruismo ¶-者 l'altruista
애호(愛好) il gusto, la passione, l'affetto / -하다 essere appassionato(a) (dello sport), appassionarsi (alla musica) ¶-者 l'appassionato, il dilettante, la dilettante (di pittura), l'amatore, l'amatrice, l'amante / 音樂-家 il dilettante di musica
애호(愛護) la protezione (con affetto) / -하다 proteggere con affetto, trattare con cura (con cortesia), favorire ¶動物-協會 Associazione per la protezione degli animali
액(液) il liquido ¶-汁(즙) il sugo, il succo / 樹- la linfa / -化 liquefazione
액면(額面) il valore nominale / -의 nominale
액면가격(額面價格) pari

액면상(額面上)의 nominale
액면초과금(額面超過金) il sovrapprezzo
액세서리 gli accesori, l'accesorio
액셀러레이터 (accelerator) l'acceleratore
액운(厄運) la sfortuna, la cattiva fortuna, la mala sorte
액자 la cornice
액자(額子)〈繪〉 la cornice / -에 (그림을) 넣다 mettere (un quadro) in cornice, incorniciare
액자제작사(額子制作師)〈繪〉 l'incorniciatore
액자화(額子畵)〈繪〉 il quadro
액체(液體)〈化〉 il liquido / -의 liquido(a) ¶-燃料 il combustibile liquido
액화(液化)〈化〉 la liquefazione / -하다 liquefare / -되다 liquefarsi / -된 liquefatto(a)
앨범 l'album ¶寫眞- l'album per foto / 디스크- l'album per dischi
앰블런스 (ambulance) l'ambulanza
앰프(건축 따위의) la casa acustica, l'amplificatore
앵무새〈鳥〉 il pappagallo
야간(夜間) la notte, le ore notturne / -에 di notte, durante la notte / -의 notturno(a) ¶-飛行 il volo notturno / -攻擊 l'aggressione notturna / -警戒 la guardia*la vigilanza notturna / -警備員 la guardia notturna, il guardiano (del turno) di notte / -勤務 il servizio notturno, il turno di notte / -列車 il treno di notte / -旅行 il viaggio notturno / -作業*業務 il lavoro*il servizio notturno / -學校 la scuola serale
야경(夜景) la scena*la vista notturna, il panorama*lo spettacolo notturno
야경(夜警) la vigilanza*la sorveglianza notturna / -(人) il*la vigilante notturno, il guardiano notturno
야경꾼 la guardia notturna, il metronotte
야광시계(夜光時計) l'orologio a quadrante luminoso
야광의 fosforescente
야광충(夜光虫) la nottiluca
야구(野球) la palla base, il baseball / -하다 giocare [intr. avere] a baseball*pallabase ¶-選手 il giocatore di baseball / -팀 la squadra di baseball / -場 il campo da baseball
야근(夜勤) il servizio di notte, il lavoro notturno, il turno di notte / -하다 lavorare di notte
야금야금 a poco a poco
야기(惹起) la causa / -시키다 provocare, causare, arrecare ¶ 사나운 호우가 범람을 야기 시켰다. Il violento nubifragio ha provocato allagamenti. / 큰 피해를 -시키다 arrecare*causare gravi danni, subire gravi danni da qlco. / -되다 essere provocato da qlco.
야뇨증(夜尿症) la enuresi
야당(野黨) il partito d'opposizione, la minoranza parlamentare
야드 il yard, l'iarda
야만(野蠻) la barbarie, l'inciviltà / -의, 的 barbaro(a), incivile, selvaggio(a) ¶-人 il barbaro, il selvaggio (f. -a)
야망(野望) il grande desiderio, l'ambizione, l'aspirazione (nel senso di brama sfrenata di onori*potere, ecc.) / -의 ambizioso(a) / -있는 ambizioso(a) / -을 갖다 avere ambizione, ambire [pr. -isco], ambire [intr. avere] a qlco. ¶ 야망을 가져라! Voi siate ambiziosi! / -을 품다 essere pieno d'ambizione smoderata
야맹증(夜盲症)〈醫〉 l'emeralopia
야반도주(夜半逃走) la fuga segreta di notte; il trasloco alla chetichella / -하다 fuggire di nascosto la notte, traslocarsi*andarsene alla chetichella
야비(野卑) / -한 grossolano(a), meschino(a), gretto(a) / -하게 grossolanamente
야상곡(夜想曲)〈音〉il notturno
야생(野生) / -의 selvatico(a) ¶-犬 il cane selvatico / -化 il fiore di campo
야수(野獸) l'animale selvatico, la bestia feroce / -의 bestiale, brutale
야수파(野獸派)〈繪〉 il fauvismo
야심(野心) l'aspirazione, l'ambizione, il desiderio sfrenato / -있는 ambizioso(a) ¶-家 l'ambizioso, la persona ambiziosa
야영(野營) il campeggio, l'accampamento, 〈軍〉 l'addiaccio / -하다 accamparsi, campeggia-re [intr. avere]; dormire [intr. avere] all'aperto*all'addiaccio / -地 il campeggio

야옹거리다 (고양이가) miagolare

야외(野外) il campo / -의*에 all'aria aperta, all'aperto ¶劇場 l'arena, il teatro all'aperto / -公演 la rappresentazione teatrale all'aperto

야외촬영(野外撮影)〈映〉gli esterni

야위다 (몸이) diventare macilento*estenuato, dimagrire

야윈 (몸이) estenuato(a), magro(a), scarno(a)

야유하다 prendere in giro, (상대팀에게) fischiare

야유회 il picnic, la scampagnata

야인(野人) il campagnolo, l'uomo rusticano; la persona senza titoli onorifici

야자〈植〉(나무) la palma da cocco, (열매) il noce*il frutto di cocco, (기름) l'olio di cocco ¶대추- la palma da datteri / 코코아- la palma da cocco

야자수〈植〉la palma

야전(野戰) la battaglia campale ¶-病院 l'ospedale da campo

야채(野菜) la verdura, l'ortaggio / 과일 - 상점에서 in un negozio di frutta e verdura ¶-밭 l'ortaglia, l'orto / -샐러드 l'insalata

야포(野砲)〈軍〉l'artiglieria*il cannone da campagna

야학(夜學) la scuola serale / -을 다니다 frequentare [tr.] una scuola serale

야한 sgargiante

야행(夜行) il viaggio notturno

야회(夜會) il ricevimento serale, la festa da*di ballo ¶-服 l'abito da sera

약(略) 1 circa, pressappoco, quasi, più o meno 1 그는 약 5살 정도였었다. Aveva circa cinque anni.

약(弱) / -함 la debolezza / -한 debole; (voce*suono) fievole, delicato(a), (충격에) fragile / 情에 -하다 essere facile a commuoversi, essere sensibile / (힘, 체력이) -해지다 affievolirsi / -하게 debolmente, fragilmente

약(藥) il farmaco, la medicina, il rimedio, il medicamento, (特效의) il rimedio specifico, la medicina*il medicamento efficace, (强壯의) il tonico, (丸藥의) la pillola, (가루약) la medicina in polvere, (물약) la pozione, (錠劑) la pastiglia / -을 먹다 prendere una medicina / -局 la farmacia / -師 il*la farmacista

약(略) l'abbreviazione, (省略) l'omissione, (要約) il riassunto / -하다 abbreviare; omettere

약간(若干) qualche, alquanto, un poco / -의 qualche, alcuni (+ n.pl), di + (art.deter.), un po' di~ / -의 疑心 qualche dubbio / -의 사과, 우유, 물 delle mele, del latte, dell'acqua

약관(約款) la stipulazione (del contratto)

약관(約款)〈法〉la clausola

약국(藥局) la farmacia

약도(略圖) lo schizzo

약량(藥量)〈藥〉la dose

약량학(藥量學)〈藥〉la posologia

약력(略歷) il cenno biografico

약리학(藥理學)〈醫〉la farmacologia

약물(藥物)〈藥〉il farmaco

약물학(藥物學)〈藥*醫〉la farmacologia

약물학자(藥物學者)〈醫〉il farmacologo

약분(約分)〈數〉la riduzione*la semplificazione d'una frazione / -하다 semplificare*ridurre una frazione

약사(藥師) il*la farmacista

약소(弱小) / -한 piccolo e debole

약속(約束) la promessa, l'impegno, (면회의) l'appuntamento 1 난 두 시에 약속이 있다. Ho l'appuntamento alle 2 / -하다 promettere, dare*fare una promessa, impegnarsi (a fare qlco.) 1 그녀는 두 시에 오기로 약속했다. Lei ha promesso di venire alle due. / -을 지키다 mantenere la promessa / -을 어기다 mancare [intr. avere] alla parola data

약속어음(約束-)〈商〉l'effetto, il pagherò

약속주의(約束主義)〈哲〉il convenzionalismo

약수(約數)〈數〉il sottomultiplo, il divisore ¶最大公- il massimo comune divisore

약식(略式) / -의 informale, non ufficiale*cerimoniale / -으로 senza cerimonie, senza le formalità

약어(略語) l'abbreviazione, (短縮語) l'accorciamento

약올리다 provocare, irritare

약용(藥用) l'uso medicinale

약용식물(藥用植物)〈植〉medicinale

약은 (하는 짓이) furbo(a)
약음부호(略音符號) l'apostrofo (')
약자(弱者) il*la debole
약자(略字) l'abbreviazione; la lettera abbreviata, il carattere abbreviato
약점(弱點) il tallone di Achille, il difetto
약정(約定) l'accordo, il contratto / -에 따라서 secondo l'accordo*il contratto
약정(約定)〈法〉(國內法의) la convenzione
약제의(藥劑-) medicinale
약지(藥指) l'anulare
약진(躍進) il rapido progresso*sviluppo / -하다 fare rapido progresso*sviluppo
약초(藥草) l'erba medicinale
약초서(藥草書)〈藥〉l'erbario
약초표본집(藥草標本集)〈藥〉l'erbario
약탈(掠奪) il saccheggio, la rapina / -하다 saccheggiare, rapinare, rapire [pr. -isco] ¶-者 il saccheggiatore, il rapinatore, lo svaligiatore, la svaligiatrice / -品 il bottino, la rapina
약품(藥品) la medicina, il medicinale, il farmaco, il medicamento (interno*esterno) ¶化學- i prodotti chimici
약하게 하다(弱-) indebolire [pr. -isco] (i nervi*la resistenza), debilitare (un malato*le forze fisiche); diminuire [pr. -isco] (la velocità)
약학(藥學) la farmacia, la farmacologia / -의 farmaceutico(a) **[用語]** 금기(禁忌) le controindicazioni, 독물학(毒物學) la tossicologia, 무료진료소(無料診療所) il dispensario, 배합금기(配合禁忌) l'incompatibilità, 상승작용(相乘作用) il sinergismo, 생약(生藥) la droga, 생약학(生藥學) la farmacognosia, 약량(藥量) la dose, 약량학(藥量學) la posologia, 약물(藥物) il farmaco, 약학(藥物學) la farmacologia, 약제의(藥劑-) medicinale, 약초서(藥草書) l'erbario, 약초표본집(藥草標本集) l'erbario, 처방(處方) l'ordinazione, la ricetta, 처방전(處方箋) la prescrizione, 치료적(治療的) medicinale, 특이체질(特異體質) l'idiosincrasia, 화학요법(化學療法) la chemioterapia;〈**약물의 형태**(**藥物의 形態**) **Forme farmaceutiche**〉가그린 il gargarismo, 가당용액(加糖溶液) la soluzione glucosata, 경구의(經口-) orale, 고약(膏藥) il cerotto, l'empiastro, 관장제(灌腸劑) il clistere, 국소제(局所劑) il topico, 근육주사(筋肉注射) l'iniezione intramuscolare, 당의정(糖衣錠) il confetto, 당의환제(糖衣丸劑) il granulo, 드롭스 la pastiglia, 물약(-藥) l'elettuario, la pozione, 분말제(粉末劑) in polvere, 비경구의(非經口-) parenterale, 산약(散藥) la cartina, 생리적 용액(生理的 溶液) la soluzione fisiologica, 세정(洗淨) l'irrigazione, 세정제(洗淨劑) la lozione, 소환제(小丸劑) la perla, 습포(濕布) la compressa, 습포제(濕布劑) il cataplasma, 시럽 lo sciroppo, 안약(眼藥) il collirio, 알코올 약제(-藥劑) l'alcolato, 액기스 l'estratto, 양치물(養齒水) il colluttorio, 에어로솔 l'aerosol, 연고(軟膏) la pomata, l'unguento, 염색약(染色藥) la tintura, 온습포(溫濕布) l'impacco, 외용약(外用藥) il topico, 용액(溶液) la soluzione, 유제(乳劑) l'emulsione, 점액제(粘液劑) la mucillaggine, 정맥주사(靜脈注射) l'iniezione endovenosa, 정제(錠劑) (圓形) il discoide, 정제(錠劑) la pastiglia, la tavoletta, 좌약(坐藥) il suppositore, la supposta, la candeletta, 주사약(注射藥) l'iniezione, 진통제 il balsamo, 찰제(擦劑) il linimento, 침제(浸劑) l'infuso, 캡슐 il bolo, la capsula, 크림 la crema, 탕약(湯藥) il decotto, 탕제(湯劑) il decotto, 특효약(特效藥) l'elisir, 피하주사(皮下注射) l'iniezione ipodermica, 향유(香油) l'essenza, 혼합물(混合物) la mistura, 환약(丸藥) il bolo, la pillola, 훈증(燻蒸) la fumigazione, 훈증법(燻蒸法) il suffumigio, 흡입제(吸入劑) l'inalazione;〈**약물**(**藥物**) **Farmaci**〉가향수(加香水) l'acqua aromatizzata, 간비호제(肝疪護劑) l'epatoprotettore, 강심제(强心劑) il cardiotonico, 강압제(降壓劑) l'ipotensivo, 강장제(强壯劑) il tonico, il ricostituente, 거담제(祛痰劑) l'espettorante, 건위제(健胃劑) lo stomachico, 고식적 의약(姑息的 醫藥) il palliativo, 과망간산염(過度-酸塩) il permanganato, 교정제(矯正劑) il correttivo, 구충제(驅蟲劑) l'antielmintico, 구풍제(驅風劑) il carminativo, 글루타민

산(-酸) l'acido glutammico, 독약(毒藥) il veleno, 마취제(痲醉劑) l'anestetico, il narcotico, 모르핀 la morfina, 바셀린 la vaselina, 박하(薄荷) il mentolo, 발포제(發泡劑) il vescicante, 발한제(發汗劑) il diaforetico, 방부제(防腐劑) l'antisettico, 베로날 il veronal, 변성 알코올(變性-) l'alcole denaturato, 보형제(補形劑) l'eccipiente, 분만촉진제(分娩促進劑) l'ossitocico, 붕산수(硼酸水) l'acque borica, 비타민 la vitamina, 사카린 la saccarina, 산화마그네시아(酸化-) la magnesia, 살리실산염(-酸塩) il salicilato, 생약(生藥) il galenico, 세포발육억제제(細胞發育抑制劑) il citostatico, 소독약(消毒藥) il disinfettante, 소염제(消炎劑) l'antiflogistico, 소화제(消化劑) il digestivo, 소화제(消化劑) l'eupeptico, 수면제(睡眠劑) il barbiturico, 수축제(收縮劑) l'astringente, 순성 알코올(純性-) l'alcole puro, 스트렙토마이신 la streptomicina, 신경안정제(神經安靜劑) il tranquillante, 아나톡신 l'anatossina, 아편(阿片) l'oppia, 알칼로이드 l'alcaloide, 양모지(羊毛脂) la lanolina, 염화제이수은(鹽化第二水銀) il sublimato corrosivo, 염화제일수은(鹽化第一水銀) il calomelano, 예방액(豫防液) il profilattico, 왁친 il vaccino, 완하제(緩下劑) il lassativo, 용제(溶劑) il risolvente, 유도제(誘導劑) il revulsivo, 유로트로핀 l'urotropina, 유산발효(乳酸醱酵) il fermento lattico, 이뇨제(利尿劑) il diuretico, 이담제(利膽劑) il colagogo, il coleretico, 이히티올 l'ittiolo, 인슐린 l'insulina, 임신중절약(姙娠中絶藥) l'abortivo, 장기요법제(臟器療法劑) l'opoterapico, 정화제(淨化劑) il depurativo, 제산약(制酸藥) l'antiacido, 좀약 la canfora, 증류수(蒸溜水) l'acqua distillata, 지혈제(止血劑) l'emostatico, 진정제(鎭靜劑) il sedativo, 진정제(鎭靜劑) l'antispastico, 진통제(鎭痛劑) il lenitivo, 진통제(鎭痛劑) l'analgesico, 진해제(鎭咳劑) il bechico, 처방약(處方藥-) magistrale, 최면제(催眠劑) l'ipnotico, il sonnifero, 최유제(催乳劑) il galattogeno, 최음제(催淫劑) l'afrodisiaco, 최토제(催吐劑) l'emetico, 카페인 la caffeina, 코데인 la codeina, 코르티손 il cortisone, 코카인 la cocaina, 크레오소트 il creosoto, 키니네 la chinina, 탄닌 il tannino, 테오브로민 la teobromina, 테오필린 la teofillina, 페니실린 la penicillina, 펩신 la pepsina, 피라미돈 il piramidone, 피부병약(皮膚病藥) il dermatologico, 피부홍조제(皮膚紅潮劑) il rubefacente, 하제(下劑) il catartico, 하제(下劑) il purgante, 항생물질(抗生物質) l'antibiotico, 항히스타민제(抗-劑) l'antistaminico, 해독제(解毒劑) l'antidoto, 해열제(解熱劑) l'antipiretico, 향정신약(向精神藥) lo psicotropo, 헤로인 l'eroina, 혈청(血淸) il siero, 호르몬 l'ormone, 흥분제(興奮劑) l'analettico; 〈**조작(操作) Operazioni**〉 각화(角化) la cheratinizzazione, 건조(乾燥) l'essicazione, 경사(傾瀉) la decantazione, 분말화(粉末化) la polverizzazione, 분쇄(粉碎) la porfirizzazione, la triturazione, 비등(沸騰) l'ebollizione, 살균소독(殺菌消毒) la sterilizzazione, 소화(消化) la digestione, 승화(昇華) la sublimazione, 여과(濾過) la filtrazione, 증류(蒸溜) la distillazione, 청등화(靑燈化) la chiarificazione, 추출(抽出) l'estrazione, 침적(沈積) la macerazione, 침출액(浸出液) la percolazione, 탕약(湯藥) la decozione, 투수(透水) la percolazione; 〈**기기(機器) Apparecchi**〉 고압증기소독기(高壓蒸氣消毒器) l'autoclave, 깔때기 l'imbuto, 비중계(比重計) il densimetro, 여과기(濾過器) il filtro, 유발(乳鉢) il mortaio, 점적병(點滴瓶) il contagocce, 주걱(藥劑用) la spatola, 증류기(蒸溜器) l'alambicco, 투수기(透水器) il percolatore, 환약제조기(丸藥製造器) il pilloliere

약학(弱-) debole, (voce*suono) fievole; (충격에) fragile, gracile; (술이) leggero (a)

약함(弱-) la debolezza

약해지다(弱-) indebolirsi (per la malattia), perdere vigore, languire [intr. essere, pr -isco], declinare [intr. avere], decadere [intr. essere], debilitarsi, essere debilitato

약호(略號) (電信의) il codicetelegrafico, (暗號) la cifra

약혼(約婚) il fidanzamento, la promessa

di matrimonio / -을 파기하다 rompere il fidanzamento / -하다 fidanzarsi (con un*una giovane) ¶-者 il fidanzato, la fidanzata

약화(弱化) l'affievolmento / -되다 affievolirsi, indebolirsi [pr. -isco]

얄미운 odioso(a), detestabile

얇게 썰다(薄切) affettare **1** 흐르는 물에서 양파들을 얇게 썰어라! Affetta le cipolle sotto l'acqua corrente!

얇은(薄) sottile

얌전하다 calmo(a), quieto(a)

얌체 la persona spudorata ed egoista

양(量) la quantità

양(孃) la signorina / 김- signorina Kim

양(羊)〈動〉il montone, la pecora, (새끼) l'agnello ¶-毛 la lana / -肉 (la carne di) pecora

양각조각하다(陽刻彫刻-)〈彫〉sbalzare

양계(養鷄) l'allevamento di polli, la pollicoltura ¶-場 il pollaio

양과자(洋菓子) i dolci europei

양귀비(楊貴妃) il papavero

양극(兩極)〈理〉due poli ¶陰陽- i poli positivo e negativo

양극(陽極)〈電*物*理〉il polo positivo, l'anodo

양극선관(陽極線管) il tubocatodico

양극성(陽極性)〈電〉la polarità positiva

양기(陽氣) la gaiezza, l'allegrezza

양기석(陽起石)〈鑛〉l'anfibolite

양날망치〈彫〉la martellina

양녀(養女) la figlia adottiva / -를 들이다 adottare

양념 il condimento / - 하다 condire **1** 소금과 후추로 양념하고 약한 불에 익혀라! Condisci con sale e pepe e fai cuocere a fuoco lento!

양로보험(養老保險) l'assicurazione contro la vecchiaia

양다리 걸치다 tenere il piede in due staffe

양도(讓渡)〈法〉l'alienazione, la concessione, il trasferimento (del diritto), l'alienamento, la cessione / -하다 concedere, cedere, trasferire [pr. -isco], alienare, consegnare / (注文品이) -되다 essere consegnato ¶-人 l'alienante / -證書 l'atto di concessione*trasferimento / -物 la concessione

양도체(良導體)〈電〉il buon conduttore

양도할 수 없는 재산〈法〉il bene inalienabile

양도할 수 있는 재산〈法〉il bene alienabile

양동이 il secchio di metallo, la secchia

양력(陽曆) il calendario solare

양로보험(養老保險) l'assicurazione sulla vecchiaia, la pensione integrativa

양로원(養老院) l'ospizio per vecchi, il gerontocomio

양립(兩立) la compatibilità, (共存) la coesistenza / -하다 essere compatibile con qlcu., qlco. / -할 수 없는 incompatibile

양말 le calze, i calzini

양면(兩面) ambedue le parti, due parti, due lati

양모(羊毛) la lana / -의 (industria) laniera, di lana

양모(養母) la madre adottiva

양모지(羊毛脂)〈藥〉la lanolina

양방(兩方) ambedue (pron.), tutti e due / -의 ambedue

양배추〈植〉il cavolo

양보(讓步) la concessione / -하다 concedere, cedere (il passo)

양복(洋服) il completo da uomo; l'abito maschile, il vestito occidentale ¶-店 la sartoria cf. 재봉사 il sarto (f. -a)

양봉(養蜂) l'apicultura ¶- 家 l'apicultore (f. -trice) / -箱子 l'alveare

양부(養父) il padre adottivo

양분(養分) il nutrimento / -을 주다 (식물 따위에) alimentare

양산 il parasole

양상(樣相) l'aspetto (reale), l'apparenza; la fase / 戰爭의 - le fasi di guerra

양생식물(陽生植物)〈植〉pirrofita

양서(洋書) il libro occidentale*europeo

양서류(兩棲類) gli anfibi [用語] 개구리 la rana, 두꺼비 il rospo, 도마뱀 la salamandra

양성(陽性) / -의 positivo(a) ¶-反應 la reazione positiva (di tubercolina)

양성(養成) l'ammaestramento (di giovani), l'educazione, l'istruzione / -하다 ammaestrare, educare, istruire [pr. -isco], addestrare

양성교대생식(兩性交代生殖)〈生〉il meta-

양성화(兩性花)〈生〉 l'ermafrodito
양손(-手) due mani, ambedue le mani
양송이 il champignon
양수(讓受) (相續*繼承) l'eredità, la successione ¶-人 l'erede, il successore, la succeditrice
양순음(兩脣音)〈言〉 la bilabiale
양식(良識) il buon senso / -을 지니다, -이 있다 avere buon senso
양식(糧食) i generi alimentari, i viveri, il vitto; (軍의 비축양식) le vettovaglie
양식(洋式) il modo*il tipo*lo stile europeo*occidentale
양식(樣式) il modo, 〈繪〉 la maniera: (書式) la formula, il modulo; la forma, il tipo; lo stile
양식(養殖) l'allevamento, la coltivazione (delle perle) / -하다 coltivare, allevare / 굴의 - la ostricoltura / -眞珠 la perla coltivata
양식(洋食) la cucina europea, il piatto*la vivanda occidentale*all'europea(o) ¶-집 la trattoria occidentale
양심(良心) la coscienza / -的 coscienzioso(a), scrupoloso(a) / 깨끗한*더러운 -을 지니다 avere la coscienza tranquilla*sporca
양아버지(養父) il padre adottivo
양어(養魚) la pescicoltura ¶-場 la pesciera
양엉겅퀴〈植〉 il carciofo
양여(讓與) la concessione **1** 정부는 수해 지역 전 가족들에게 보조금을 전달(양여)했다. Il governo ha deciso la concessione di un sussidio a tutte le famiglie della zona distrutta dall'alluvione. / -하다 concedere **1** 은행은 그에게 대출을 해주었다. La banca gli ha concesso un prestito.
양원(兩院) le due Camere / -의 bicamerale ¶-制 il bicameralismo, il sistema bicamerale
양위(讓位) l'abdicazione / -하다 abdicare [intr. avere] al trono (in favore di qlcu.)
양육(養育) l'allevamento, l'educazione / 아이 - l'allevamento del bambino / -하다 (자식, 동물 따위를) allevare, educare, crescere / 자식을 -하다 (기르다)

allevare il figlio / 닭을 -하다 (養鷄하다) allevare polli
양은(鑞) l'alpacca / - 식기들 le posate di alpacca
양이온(陽-)〈電*物〉 il catione
양자(養子) l'adottato, il figlio adottivo / -를 들이다 (入養) adottare (un orfano di guerra) ¶-結緣 l'adozione (di un figlio)
양자(兩者) le due parti, ambedue le parti
양자(陽子)〈物*理〉 il protone
양자결연(養子結緣)〈法〉 l'adozione
양자택일(兩者擇一) l'alternativa
양잠업(養蠶業) la sericoltura, la sericultura, la bachicoltura
양장(洋裝) il vestito*l'abito occidentale*europeo / -을 입다 vestirsi all'occidentale ¶-店 la sartoria (occidentale) / -學校 la scuola di taglio all'occidentale
양재사 la sarta
양잿물〈化〉 la lisciva, il ranno / -로 세척하다 lisciviare
양전자(陽電子)〈物〉 il positone
양조(釀造) la produzione del Maccoli per mezzo della fermentazione del riso / -하다 produrre il Maccoli
양쪽 entrambi, ambedue
양주(洋酒) la bevanda alcolica europea
양지바른 soleggiato(a), esposto(a) al sole
양질(良質) la buona qualità / (商品이) -이다 essere di buona qualità / -의 di buona qualità
양초 la candela ¶-대 il candeliere
양측(兩側) due lati, ambo i lati
양치(養齒) / -하다 lavarsi i denti **1** 그는 양치한다. Si lava i denti.
양치기 il pastore
양치물(養齒水)〈藥〉 il collutorio
양친(兩親) i genitori / -에 의지해*얹혀 살아가다 vivere alle spalle dei genitori
양탄자 il tappeto
양털 la lana
양파〈植〉 la cipolla
양품점(洋品店) la camiceria per uomo* per donna
양피지(羊皮紙) la pergamena
양해를 구하다 chiedere il consenso
양해를 얻다 ottenere il consenso
양호(良好) / -한 buono(a), migliore; favorevole

양화점(洋靴店) il negozio di scarpe*calzature
얕은 poco profondo; superficiale
얕보다 sottovalutare
어(漁) il pesce ¶-市場 la pescheria
어(語) la parola, il vocabolo, la voce, il linguaggio, la lingua, l'idioma ¶專門- il termine / 母國- l'idioma materno / 古- la voce antiquata / 俗- il linguaggio familiare / -句 la parola e la frase / -根 la radice (d'una parola) / -尾 la terminazione, la desinenza / -尾變化 la declinazione
어근(語根)〈言〉l'etimo, la radice (d'una parola)
어금니 il molare
어기다(破-) (약속 따위를) non mantenere, mancare [intr. essere] a*di / 약속을 - non mantenere la promessa*alla parola data*di parola
어깨〈解〉le spalle 1 그는 전 가족을 (어깨에 짊어지고 있다) 부양하고 있다. Ha l'intera famiglia sulle spalle.
어느 정도의 pressappoco, circa
어두모음생략(語頭母音省略)〈言〉l'aferesi
어두운(暗) scuro(a), oscuro(a), tenebroso(a), buio(a) / - 방 la stanza scura
어두워지다 oscurarsi, diventare oscuro
어두음첨가(語頭音添加)〈言〉la protesi, la prostesi
어둠 il buio, l'oscurità
어드밴티지〈테니스〉il vantaggio
어디(에) dove 1 이탈리아는 어디에 있나요? Dove è l'Italia?
어디까지 fin dove 1 넌 어디까지 갔었니? Fin dove sei arrivato?
어디든지 ovunque, dappertutto
어디엔가 da qualche parte
어떠한 qualsiasi 1 다음 주 아무 때나(어떤 날이라도) 와라! Vieni in un giorno qualsiasi della settimana! 2 그녀를 위해서는 어떠한 일이라도 하고 싶다. Per lei farei qualsiasi cosa. / - 사람이라도 chiunque 1 어떠한 사람이라도 자네 입장이라면 그렇게 행동했을 것이다. Chiunque al tuo posto avrebbe agito così.
어떤 quale 1 최 교수는 어떤 책으로 가르치나요? Con quale libro insegna il professor Choi? 2 어떤 책을 사야할지 난 모르겠다. Non so quale libro comprare. / - 것 qualcosa, quale 1 어떤 것이가 자네 책인가? Quale è il tuo libro? 2 네가 책 몇 권을 원한다면, 어떤 책을 더 좋아하는지 내게 말해 줘. Se vuoi dei libri, dimmi quali preferisci. / - 사람 un tale, una persona, un certo signore 1 네게 말하고 싶어 하는 어떤 사람이 전화했더라. Ha telefonato un tale che voleva parlarti. / -식으로 in che modo
어떻게 come 1 너 어떻게 지내니? Come stai? 2 어떻게 해야 할지 난 정말 모르겠다. Non so proprio come fare.
어려운(困難) difficile, duro(a), aspro(a) 1 그 문제는 어렵다. Quel problema è difficile. 2 È difficile che sia in casa a quest'ora. 이 시간에 집에 있기란 어렵다.
어려움(困難) la difficoltà 1 우리는 예상치 못한 어려움을 만났다. Abbiamo incontrato delle difficoltà impreviste. 2 그는 수영을 할 줄 몰라 큰 어려움에 처해 있었다. Non sapendo nuotare si trovava in gran difficoltà.
어뢰(魚雷)〈軍〉la torpedine, la mina, il siluro ¶-艇 la torpediniera
어뢰발사장치(魚雷發射裝置)〈海〉il lanciasiluri
어른(大人) l'adulto (f. -a), la persona adulta / -의 adulto(a) / -이 되다 diventare adulto(a) / -같다 parere*sembrare [intr. essere] adulto / -같이 행동하다 comportarsi da adulto
어름(氷) il gelo, il ghiaccio
어리광 il vezzeggiamento / -부리다 vezzeggiare / -부리는 vezzeggiativo(a)
어리석게(愚) scioccamente, stoltamente
어리석은(愚) stupido(a), ridicolo(a), balordo(a), sciocco(a), stolto(a), scemo(a), imbecille / -사람(者) il balordo, lo sciocco, l'imbecille (m.), lo stolto, lo scemo
어리석음(愚) lo stupidaggine, l'allocaggine, il ridicolo, la balordaggine, la sciocchezza
어린(幼) giovane; infantile, puerile
어린애 il bimbo
어린양〈動〉(食用) l'abbacchio ¶-고기 〈

料理> l'abbacchio
어린이(兒童) il bambino, la bambina
어림계산(目算) il calcolo approssimativo
어말모음생략(語末母音省略)〈言〉 l'apocope
어말음첨가(語末音添加)〈言〉 la paragoge
어머니 la madre
어미(語尾)〈言〉 la desinenza
어미나사〈具〉 il dado **1** 볼트를 고정시키기 위해서 나사를 조일 필요가 있다. Per bloccare il bullone occorre stringere il dado.
어미변화〈言〉 la declinazione
어민(漁民) il pescatore
어버이(父母) madre e padre ¶- 날 la festa delle madri e dei padri
어법(語法)〈言〉 la fraseologia, il modo di dire, la locuzione
어부(漁夫) il pescatore (f. -trice) **1** 우리는 어부 가족이 운영하는 식당에서 저녁을 먹었다. Abbiamo cenato in una trattoria gestita da una famiglia di pescatori.
어선(漁船) la barca da pesca, la nave peschereccia, il peschereccio
어수선한 disordinato(a); confuso(a) **1** 대단히 어수선한 소년이다. E' un ragazzo molto disordinato. **2** 자네 말은 꽤나 어수선하네. Il tuo riassunto è alquanto disor-dinato.
어시장(魚市場) la pescheria
어업(漁業) la pesca ¶遠洋- la pesca d'altura*altomare / 近海- la pesca di costeria / -權 il diritto di pesca
어울리다(合成) andare bene **1** 이 저고리는 나에게 아주 잘 어울린다. Questa giacca mi va benissimo.
어원(語原)〈言〉 l'etimologia, l'origine d'un vocabolo*d'una lingua
어육(魚肉) (la carne di) pesce
어음〈商〉 lo cambiale
어장(漁場) la zona di pesca
어전(御殿) il palazzo
어제 ieri / - 저녁 ieri sera / -밤 stanotte, ieri notte
어조(語調) il tono
어족(語族)〈言〉 i gruppi linguistici e le lingue
어중모음생략(語中母音省略)〈言〉 la sincope

어중음첨가(語中音添加)〈言〉 l'epentesi
어지러운 vertiginoso(a); rapidissimo(a)
어지럽다 avere un capogiro
어째서 perché
어쨌든 comunque, ad ogni modo, in ogni caso **1** 어쨌든 내게 전화해라. Telefonami in ogni caso.
어쩌다가 saltuariamente; casualmente
어쩌면 forse
어촌(漁村) il villaggio di pescatori
어퍼컷〈拳〉 il montante, l'uppercut
어폐(語弊) la parola impropria*inadatta, l'espressione inesatta **1** 그의 표현은 어폐가 있어 오해를 사기 쉽다. La sua espressione è impropria e facile da fraintendere.
어학(語學) lo studio d'una o più lingue
어항 l'acquario
어항(漁港) il porto peschereccio
어형변이(語形變異)〈言〉 il metaplasmo
어획(漁獲) la pesca ¶-高 la pescata / -量 la pesca
어휘(語彙) la parola **1** "albergo"는 이탈리아어의 어휘이다. "Albergo" è una parola della lingua italiana.
어휘(語彙)〈言〉 ıl glossario, il vocabolario
어휘론(語彙論)〈言〉 la lessicologia
어휘론학자(語彙論學者)〈言〉 il lessicologo
어휘적(語彙的)〈言〉 lessicologico(a)
억(億) (基數) centomilioni; (序數) centomilionesimo / 十- un miliardo
억누르다(押) (노여움, 감정을) frenare, reprimere, contenere, trattenere
억류(抑留) la detenzione, l'internamento / -하다 detenere, internare
억만장자(億萬長者) il miliardario
억수 il nubifragio **1** 그 도시에 억수같은 비가 쏟아져 내렸다. Sulla città si è abbattuto un autentico nubifragio.
억압(抑壓) l'oppressione, (鎭壓) la repressione / -하다 opprimere, reprimere / -的 oppressivo(a) / -的으로 arbitrariamente, con l'oppressione, violentemente
억양(抑揚) l'intonazione, la modulazione
억제(抑制) il freno, il raffrenamento / -하다 contenere, trattenere, frenare* tenere a freno (le passioni), raffrenare

억지논리 (論理) il cavillo, il ragionamento sofistico, lo sragionamento / -를 펴다 cavillare (su qlco.), sofisticare (su), sragionare

억지로 시키다 costringere ¶ 사나운 호우는 관광객들은 물속에서 버둥거리도록 했다. Il violento nubifragio ha costretto i turisti a guazzare nell'acqua.

언급 (言及) la menzione, il riferimento / -하다 accennare, menzionare, fare menzione di (qlcu., qlco.), riferirsi [io mi riferisco, tu ti riferisci] a qlco.

언니 〈族〉 la sorella (maggiore)

언더라인 la sottolineatura / -하다 sottolineare, fare una sottolineatura (in rosso)

언더셔츠 la camiciola (da uomo, per donna)

언덕 (丘陵) la collina

언론 (言論) la parola, il discorso, l'opinione / -의 自由 la libertà di parola ¶-界 il mondo della stampa

언리학 (言理學) 〈言〉 la glossematica

언명 (言明) la dichiarazione / -하다 dichiarare; affermare

언성 (言聲) / - 높여 싸우다 altercare

언어 (言語) 〈言〉 la lingua, l'idioma, il linguaggio, la parola, il vocabolo ¶ 이탈리아어는 라틴어에서 유래한다. La lingua italiana deriva direttamente dal latino. ¶-學 la filologia, la linguistica / -學者 il filologo, il*la linguista

언어능력 (言語能力) 〈言〉 la competenza linguistica

언어유형론 (言語類型論) 〈言〉 la tipologia linguistica

언어지도 (言語地圖) 〈言〉 l'atlante linguistico

언어지리학 (言語地理學) 〈言〉 la geografia linguistica

언어학 (言語學) la linguistica, la glottologia / -의 glottologico(a), linguistico(a) / -的 filologico(a) [用語] 공시적(共時的) sincronico(a), 공시태(共時態) la sincronia, 관계문법(關係文法) la grammatica relazionale, 교착언어(膠着言語) la lingua agglutinante, 구조언어학(構造言語學) la linguistica strutturale, 굴절언어(屈折言語) la lingua flessiva, 기능문법(機能文法) la grammatica funzionale, 능기(能記) il significante, 단음절 언어(單音節 言語) la lingua monosillabica, 등어선(等語線) l'isoglossa, 메타언어(-言語) il metalinguaggio, 문자소론(文字素論) la grafematica, 범례구조(範例構造) la struttura paradigmatica, 분석적 언어(分析的 言語) la lingua analitica, 비교언어학(比較言語學) la linguistica comparativa, 사회언어학(社會言語學) la sociolinguistica, 상보분포(相補分布) la distribuzione esclusiva o complementare, 생성변형문법(生成變形文法) la grammatica generativa transformazionale, 소기(所記) il significato, 심층구조(深層構造) la struttura profonda, 씨니피앙 il significante, 씨니피에 il significato, 어휘론(語彙論) la lessicologia, 어휘론학자(語彙論學者) il lessicologo, 어휘의(語彙의) lessicologico(a), 언리학(言理學) la glossematica, 언어능력(言語能力) la competenza linguistica, 언어유형론(言語類型論) la tipologia linguistica, 언어지도(言語地圖) l'atlante linguistico, 언어지리학(言語地理學) la geografia linguistica, 언어학(言語學) la glottologia, 언어학의(言語學-) glottologico(a), linguistico(a), 언어학자(言語學者) il glottologo, il linguista, 역사언어학(歷史言語學) la linguistica storica, 응용언어학(應用言語學) la linguistica applicata, 의미(意味) il significato, 의미론(意味論) la semantica, 의미론적(意味論的) semantico(a), 의미분야(意味分野) il campo semantico, 의미소(意味素) il sememe, 의미의(意味-) semantico(a), 의미학(意味學) la semasiologia, 의미학의(意味學-) semasiologico(a), 지리언어학(地理言語學) la linguistica geografica, 총합적 언어(總合的 言語) la lingua sintetica, 통사(統辭) la sintagma, 통사론(統辭論) la sintassi, 통시적(通時的) diacronico(a), 통시태(通時態) la diacronia, 통합구조(統合構造) la struttura sintagmatica, 표층구조(表層構造) la struttura superficiale; 〈언어(言語)와 말(語)〉

Lingua e parole〉 고어(古語) l'arcaismo, 고유명사학(固有名詞學) l'onomastica, 고유(固有) l'idioma, 곡용(曲用) la declinazione, 과잉정정(過剩訂正) l'ipercorrettismo, 관용어(慣用語) l'idioma, 관용어법의(慣用語法 -) idiomatico(a), 구상명사(具象名辭) il concreto, 구체의(具體的) concreto(a), 국제어(國際語) l'interlingua, la lingua internazionale, 국제혼성어(國際混成語) la lingua franca, 굴절(屈折) la flessione, 단어(單語) la parola, 독일어적 어법(-的 語法) il germanismo, 동사에서 파생된 deverbale, 동음이의어(同音異議語) l'omonimo, 동음이철어(同音異綴語) l'omofono, 동의성(同義性) la sinonimia, 동의어(同義語) il sinonimo, 동철이의어(同綴異義語) l'omografo, 라틴어적 어법(-的 語法) il latinismo, 말(語) la parola, il vocabolo, 명사에서 파생된 denominale, 모국어(母國語) la lingua materna o madre, 문학어(文學語) la lingua letteraria, 방언(方言) il dialetto, 방언의(方言-) dialettale, 방언적 어법(方言的 語法) il dialettalismo, 복합어(複合語) il composto, 물순성어법(不純正語法) il barbarismo, 불어적 어법(-的 語法) il francesismo, 사어(死語) la lingua morta, 산악명칭학(山岳名稱學) l'oronimo, 살아있는 언어(-言語) la lingua viva, 속어(俗語) la lingua volgare, 순정주의(純正主義) il purismo, 스페인어적 어법(-的 語法) l'ispanismo, 습득언어(習得言語) la lingua acquisita, 신순정주의(新純正主義) il neopurismo, 신어(新語) il neologismo, 신어형성(新語形成) la neoformazione, 어미(語尾) la desinenza, 언어(言語) la lingua, 언어활동(言語活動) il linguaggio, 영어적 어법(-的 語法) l'inglesismo, l'anglicismo, l'anglismo, 외국어(外國語) la lingua straniera, 외래어법(外來語法) il forestierismo, 은어(隱語) la lingua argot, 이중어(二重語) il doppione, 이형태(異形態) l'allomorfo, 인명(人名) l'antroponimo, 인명학(人名學) l'antroponimia, 일치(一致) la concordanza, 접두사(接頭辭) il prefisso, 접미사(接尾辭) il suffisso, 지명(地名) il toponimo, 지명연구(地名研究) la toponimia, 지명학(地名學) la toponomastica, 차용어(借用語) l'imprestito, 추상명사(抽象名詞) l'astratto, 추상적(抽象的) astratto(a), 특유어법(特有語法) l'idiotismo, 파생(派生) la derivazione, 파생된(派生-) derivato(a), 하천명학(河川名學) l'idronimo, 학자어(學者語) la lingua dotta, 합성(合成) la composizione, 합성어(合成語) il composto, 형태론(形態論) la morfologia, 형태론적(形態論的) morfologico(a), 형태소(形態素) il morfema, 희랍어적 어법(-的 語法) il grecismo; **〈음성학(音聲學)과 문자(文字) Fonetica e scrittura〉** 개모음(開母音) la vocale aperta o larga, 경구개음(硬口蓋音) la velare, 구(句) la locuzione, 구개수음(口蓋垂音) l'uvulare, 구개음(口蓋音) la palatale, 기음(氣音) l'aspirazione, 단모음(單母音) il monottongo, 단모음화(單母音化) la monottongazione, 단자음(單子音) la consonante semplice, 대립(對立) l'opposizione, 두음법(頭音法) l'allitterazione, 마찰음(摩擦音) la fricativa, 모음(母音) il vocale, 모음결합(母音結合) la sinalefe, 모음비결합(母音非結合) la dialefe, 모음의(母音-) vocalico(a), 모음접속(母音接續) l'iato, 모음조직(母音組織) il vocalismo, 모음화(母音化) la vocalizzazione, 무성자음(無聲子音) la consonante sorda, 문(文) la frase, 문자(文字) la scrittura, 문자소(文字素) il grafema, 문장(文章) la frase, 반모음(半母音) la semivocale, 반자음(半子音) la semiconsonante, 발성(發聲) la fonazione, 발음(發音) la pronunzia, 비음(鼻音) la nasale, 삼중모음(三重母音) il trittongo, 상승적 이중모음(上昇的 二重母音) il dittongo ascendente, 상형문자(象形文字) la scrittura geroglifica, 순간음(瞬間音) la momentanea, 순음(脣音) la labiale, 순치음(脣齒音) la labiodentale, 알파벳문자(-文字) la scrittura alfabetica, 암호법(暗號法) la crittografia, 양순음(兩脣音) la bilabiale, 어두모음생략(語頭母音省略) l'aferesi, 어두음첨가(語頭音添加) la protesi, la prostesi, 어말모음생략(語末母音省略) l'apocope, 어말음첨가(語末音添加) la paragoge, 어중모음생략(語中母音省略)

la sincope, 어중음첨가(語中音添加) l'epentesi, 어형변이(語形變異) il metaplasmo, 유성자음(有聲子音) la consonante sonora, 유음(流音) la liquida, 음성기관(音聲器官) l'apparato vocale, 음성자모(音聲字母) l'alfabeto fonetico, 음성학(音聲學) la fonetica, 음소(音素) il fonema, 음소론(音素論) la fonematica, 음운론(音韻論) la fonologia, 음위전환(音位轉換) la metatesi, 음절첨가(音節添加) l'epitesi, 이음(異音) l'allofono, 이자일音자(二字一音字) il digramma, 이중모음(二重母音) il dittongo, 이중모음화(二重母音化) la dittongazione, 자모(字母) l'alfabeto, 자음(子音) la consonante, 전모음(前母音) la vocale della serie anteriore, 전사(轉寫) la trascrizione, 정서법(正書法) l'ortografia, 정음법(正音法) l'ortoepia, l'ortofonia, 조음(調音) l'articolazione, 중자음(重子音) la consonante doppia o geminata, 중화(中和) la neutralizzazione, 진동음(震動音) la vibrante, 철자(綴字) la grafia, 측음(側音) la laterale, 치간음(齒間音) l'interdentale, 치경음(齒莖音) l'alveolare, 치음(齒音) la dentale, 치찰음(齒擦音) la sibilante, 통사(統辭) il sintagma, 파열음(破裂音) l'esplosiva, 파찰음(破擦音) l'affricata, 폐모음(閉母音) la vocale chiusa o stretta, 폐쇄음(閉鎖音) l'occlusiva, 표의문자(表意文字) la scrittura fonetica, 표의문자(表意文字) la scrittura ideografica, 하강적 이중모음(下降的 二重母音) il dittongo discendente, 후모음(後母音) la vocale della serie posteriore, 후음(喉音) la gutturale; ⟨사전편집(辭典編輯) Lessicografia⟩ 견출어(見出語) il lemma, 민간어원(民間語源) l'etimologia popolare, la paretimologia, 사전(辭典) il dizionario, il vocabolario, 사전어휘(辭典語彙) il lessico, 사전편집의(辭典編輯-) lessicografico(a), 사전편집자(辭典編輯者) il*la vocabolarista, il lessicografo, 술어(術語) la terminologia, 어근(語根) l'etimo, 어법(法法) la fraseologia, 어원(語原) l'etimologia, 어휘(語彙) il glossario, 용어(用語) la terminologia, 용어집(用語集) la nomenclatura; ⟨언어학(言語學), 문헌학(文獻學) Filologia⟩ 고문서학(古文書學) la paleografia, 고문서학의(古文書學-) paleografico(a), 고문서학자(古文書學者) il paleografo, 고전문헌학(古典文獻學) la filologia classica, 고전어학(古典語學) la filologia classica, 공문서의(公文書-) diplomatico(a), 공문서학(公文書學) la diplomatica, 네오라틴어의 neolatino(a), 독법(讀法) la lezione, 로망스문헌학(-文獻學) la romanistica, 로망스문헌학자(-文獻學者) il*la romanista, 로망스어의 romanzo(a), 로망스어학(-語學) la romanistica, 로망스어학자(-語學者) il*la romanista, 문헌학자(文獻學者) il filologo, 문헌학적(文獻學的) filologico(a), 사본(寫本) il codice, il manoscritto, 사본계보(寫本系譜) lo stemma dei codici, 언어학자(言語學者) il filologo, 언어학적(言語學的) filologico(a), 원본(原本) l'originale, l'archetipo, 원전비평(原典批評) la critica testuale, 원전판(原典版) l'edizione diplomatica, 원형(原型) l'archetipo, 이형(異形) la variante, 자필(自筆) l'autografo, 재생양피지(再生羊皮紙) il palinsesto, 판(版) l'edizione; ⟨어족(語族) Gruppi linguistici e lingue⟩ 게르만어(-語) le lingue germaniche, 그리스어(-語) il greco, 남아프리카어(-語) l'afrikaans, 네덜란드어(-語) l'olandese, 덴마크어(-語) il danese, 독일어(獨逸語) il tedesco, 동양어(東洋語) le lingue orientali, 러시아어(-語) il russo, 루마니아어(-語) il romeno, 리투아니아어(-語) il lituano, 발칸어(-語) le lingue balcaniche, 발틱어(-語) le lingue baltiche, 불가리아어(-語) il bulgaro, 불어(佛語) il francese, 스칸디나비아어(-語) le lingue scandinave, 스코틀란드어(-語) lo scozzese, 스페인어(-語) lo spagnolo, 슬라브어(-語) le lingue slave, 슬로바키아어(-語) lo slovacco, 신라틴어(新-語) le lingue neolatine, 아랍어(-語) l'arabo, 아일랜드어(-語) l'irlandese, 알바니아어(-語) l'albanese, 영어(英語) l'inglese, 우크라이나어(-語) l'ucraino, 이란어(-語) le lingue iraniche, 이탈리아어(-語) l'italiano, 인도어(-語) le lingue indiane, 인도유럽어

족(-語族) il gruppo indoeuropeo, 일본어(日本語) il giapponese, 중국어(中國語) il cinese, 체코어(-語) il ceco, 켈트어(-語) le lingue celtiche, 크로아티아어(-語) il serbo-croato, 포르투갈어(-語) il portoghese, 폴란드어(-語) il polacco, 한국어(韓國語) il coreano, 히브리어(-語) l'ebraico

언어학자(言語學者)〈言〉 il filologo, il glottologo, il linguista

언어활동(言語活動)〈言〉il linguaggio

언제 quando 1 파울로, 너 언제 밀라노로 떠나니? Quanto parti per Milano, Paolo? / -까지 fino a quando / -부터 da quando

언제나 sempre

언질(言質) la parola (in pegno) / -을 주다 dare la propria parola

언청이 il labbro leporino

언행(言行) detto e fatto, parola ed azione / -일치시키다 fare ciò che si è detto, far seguire alle parole i fatti

얻다(得) ottenere; prendere; guadagnare; cogliere 1 기회를 얻는 것은 중요하다. E' importante cogliere l'occasione.

얼 lo spirito, l'anima

얼굴(顏) la faccia, il viso, il volto 1 넌 얼굴이 아름답다. Hai una faccia bella. 2 빼바롯띠는 선한 얼굴을 갖고 있다. Luciano Pavarotti ha il viso simpatico. / -을 찡그리다, 찌푸리다 fare smorfie, fare una smorfia

얼다(凍) gelare, intirizzirsi, essere intirizzito(a)*assiderato(a) (dal freddo)

얼레 la bobina, il rocchetto

얼룩(汚點) la pillacchera, la macchia, la chiazza / -투성이의 pillaccheroso(a) / -진 macchiato(a), chiazzato(a) / -을 빼다 smacchiare, togliere una macchia / -지다 macchiarsi, insudiciarsi, sporcarsi / -지게 하다 macchiare, insudiciare, sporcare (il vestito)

얼룩말〈動〉la zebra

얼리다(冷凍) gelare, agghiacciare [〈-〉 arroventare], congelare (le carni), intirizzire / 사람의 열기를 - (식히다) agghiacciare l'entusiasmo di qlcu.

얼마 quanto 1 그 저고리 얼마입니까? Quanto costa la giacca?

얼마나 많은 quanto 1 얼마나 많은 학생들이 이탈리아어를 배웁니까? Quanti studenti imparano l'italiano?

얼음(冷) il ghiaccio 1 도로 상에 얼음이 있었다 (얼어있었다). C'è il ghiaccio per la strada*sulla strada

얽히다 aggraticciarsi 1 포도나무가 느릅나무에 얽혀있다. Le viti si aggraticciano agli olmi.

엄(嚴) / -한 severo(a), duro(a) 1 그는 엄한 성격을 지니고 있다. Ha un carattere duro.

엄격(嚴格) la severità, l'austerità, il rigore / -한 severo(a), austero(a), rigoroso(a), rigido(a), duro(a) / -한 판단 il giudice rigido / -한 훈련 la disciplina rigida / -하게 severamente, rigorosamente, rigidamente / 법률을 -하게 적용하다 applicare una legge rigidamente

엄격주의(嚴格主義)〈哲〉il rigorismo

엄금(嚴禁) la proibizione, il divieto (severo) / -하다 proibire [pr. -isco], vietare ¶駐車- il divieto di sosta / 追越-il divieto di sorpasso / 吸煙- vietato fumare

엄동(嚴冬)〈氣〉l'inverno rigido, il freddo rigido, il freddo cane, un freddo cane

엄마(母) la mamma

엄밀(嚴密) la rigorosità; la precisione, l'esattezza / -한 preciso(a), esatto(a); rigoroso(a), minuzioso(a) / -한 조사 l'esame minuzioso / -하게 esattamente, minuziosamente / -하게 말해서 nel senso piu esatto (della parola)

엄벌(嚴罰) la pena*la punizione severa*dura / -에 처하다 infliggere una pena severa; punire [pr. -isco]*castigare severamente

엄선(嚴選) la selezione (severa), la scelta accurata / -된 selezionato(a), accuratamente scelto(a) / -하다 scegliere accuratamente, selezionare severamente ¶-品 gli articoli selezionati

엄수(嚴守) la massima osservanza / -하다 osservare massimamente / 祕密을 -하다 mantenere severamente il segreto / 時間을 -하다 osservare puntualmente l'ora data

엄숙(嚴肅) la solennità / -한 solenne / -하게 solennemente

엄연(嚴然) /-히 solennemente, gravemente, austeramente, dignitosamente

엄정(嚴正) la puntualità /-한 severo(a), rigoroso(a), stretto(a),; giusto(a) /-한 중립 la stretta neutralità /-하게 severamente; giustamente

엄중(嚴重) la severità, la rigorosità /-한 severo(a), rigoroso(a) /-하게 severamente, rigorosamente

엄지발가락〈解〉 l'alluce

엄지손가락〈解〉 il pollice cf. 인지 l'indice, 중지 il medio, 약지 l'anulare, 새끼손가락 il mignolo

엄청나게 molto, assai; eccessivamente

엄청난 esorbitante; stravagante

엄한 severo(a)

업(業) l'occupazione, la professione, il mestiere ¶-界 il mondo industriale /-者 chi esercita il commercio*l'industria d'ogni categoria; il commerciante, il negoziante, l'industriale /-務 i servizi, gli affari, i lavori

업계(業界) il mondo industriale

업다(負) portare (un bambino) sul proprio dorso

업무(業務)〈商〉 l'affare, i servizi, gli affari, i lavori

업무관리(業務管理) l'amministrazione aziendale

업무분담(業務分擔) /-하다〈商〉 lottizzare

업자(業者) chi esercita il commercio*l'industria d'ogni categoria; il commerciante, il negoziante, l'industriale

업적(業績) i risultati di studi*affari*lavori

없는 privo(a), sprovvisto(a)

없다 non esserci, non esistere

없애다(除去) eliminare **1** 그의 말로써 모든 의심을 없앴다. Con le sue parole ha eliminato ogni sospetto.

없어지다 scomparire

없이 senza **1** 난 돈 없이 남아있었다. Sono rimasto senza soldi. **2** 난 하루 종일 쉼 없이 공부했다. Ho studiato senza sosta tutto il giorno.

엉덩이〈體〉 la natica, il sedere, il deretano

엉큼한 scaltro(a)

엉키게 하다 aggroppare

엉키다 intricarsi

엉터리로 a caso

엎드리다 mettersi proni

엎지르다 rovesciare

에고(ego)〈哲〉 l'ego ¶-이스트 (egoist) l'egoista /-이즘 (egoism) l'egoismo

에고이스트〈哲〉 l'egoista

에고이즘〈哲〉 l'egoismo

에나멜〈化〉 lo smalto

에너지〈物〉 l'energia /-의 energico(a) ¶ 原子- l'energia atomica

에로티즘 l'erotismo /-的 erotico(a)

에르그〈物〉 l'erg

에르스텟〈物〉 l'oersted

에메랄드〈鑛〉 lo smeraldo

에센스(本質) l'essenza

에스컬레이터 la scala mobile

에스코트(護衛) la guardia, la scorta /-하다 fare la guardia a qlcu., scortare

에스키모 /-人 l'eschimese /-語 l'eschimese

에스텔〈化〉 l'estere

에스페란토 /-語 l'esperanto

에어로솔〈藥〉 l'aerosol

에어리어〈蹴〉 l'area

에어컨 l'aria condizionata

에워싸다 cingere (una città di mura)

에이스 (카드의) l'asso

에이전트(仲介人) il rappresentante commerciale

에이커(acre) l'acro (面積單位 = 4046,84 평방미터)

에칭〈繪〉 l'acquaforte, l'incisione all'acquaforte

에칭판화(-版畫)〈繪〉 l'acquaforte

에콰도르〈地〉 l'Ecuador /-人, 의 ecuadoriano(a)

에텔〈化〉 l'etere

에티오피아〈地〉 l'Etiopia /-의 etiopico(a), etiope /-人 l'etiope /-語 l'amarico: l'inglese, il francese

에티켓 l'etichetta

에틸렌〈化〉 l'etilene

에피소드 l'episodio

에피쿠로스주의(-主義)〈哲〉 l'epicureismo

에피타이저(食前酒로서 Campari, Martini, Cinzano, Cynar, Gancia 등) l'aperitivo [<-> il digestivo] **1** 에피타이저 줄까? Ti posso offrire un aperitivo? cf. l'aperitivo alcolico, l'aperitivo analcolico

엑기스〈藥〉l'estratto

엑스레이線〈醫〉i raggi X ¶-寫眞 la radiografia

엔지니어 l'ingegnere **1** 엔지니어는 건축, 도로건설, 기계설치, 선박제조, 공장건설 등을 설계하고 감독하는 데 필요한 공부를 한 사람이다. L'ingegnere è chi ha fatto gli studi necessari per progettare e dirigere costruzioni edilizie, stradali, meccaniche, navali, industriali ecc.

엔진 il motore

엔트로피〈物〉l'entropia

엘레아학파 (-學派)〈哲〉l'eleatismo

엘리베이터 l'ascensore, il lift ¶-걸, 보이 la*lo ascensorista

여가(餘暇) il tempo libero

여각(餘角) i complimentari

여객(旅客) (船*飛行機의) il passeggero (f. -a); (列車의) il viaggiatore (f. -trice); (觀光客) il*la turista ¶-機 l'aeroplano*l'aereo da trasporto passeggeri, il volo

여객선(旅客船) la nave passeggeri **1** 항구에는 많은 여객선들이 있었다. Nel porto c'erano numerose navi passeggeri.

여공(女工) l'operaia

여과(濾過)〈藥*化〉la filtrazione / -하다 filtrare, colare

여과기(濾過器)〈藥*化〉il filtro

여관(旅館) l'albergo, l'hotel; (旅人宿) la locanda

여권(旅券) il passaporto **1** 이탈리아에 가기 위해서는 여권이 필요하다. Per andare in Italia è necessario il passaporto. / -을 갱신하다 rinnovare il passaporto ¶有效- il passaporto valido / 期間 滿了- il passaporto scaduto / -査證 il visto (consolare)

여급(女給) la cameriera, la ragazza addetta al servizio d'un bar

여기 저기 da un luogo all'altro, qua e là / - 떠돌아다니다 errare [intr. avere], vagare [intr. essere]

여기 qui, qua **1** 여기엔 아무도 없다. Qui non c'è nessuno. **2** 이 뒤에 빠가 있다. Qui dietro c'è un bar. ¶-까지 fin qui / -저기 dappertutto **1** 너 어디 갔었니? 널 여기저기 찾았잖아. Dov'eri andata? Ti ho cercata dappertutto.

여기다(看做) considerare qlcu. (come un fratello), reputare qlcu. (un bravo ragazzo), giudicare

여남은 decina

여단(旅團) la brigata ¶-長 il generale*il comandante d'una brigata

여담(餘談) la digressione, la divagazione / -하다 fare una digressione, divagare [intr. avere] dall'argomento

여당(與黨) il partito al governo*governativo

여대(女大) università femminile / 이화-Università Femminile Ewha

여동생(姊妹)〈族〉la sorella (minore) **1** 너에게 나의 누이 루이사를 소개할게. Ti presento mia sorella Luisa.

여드름(痤瘡)〈醫〉l'acne; il brufolo

여러 diversi, vari

여러 번 tante*molte volte, più volte; spesso, frequentemente

여력(餘力) la riserva d'energia*di forza, la forza riservata / -있다 tenere*avere la riserva di forza*energia; avere in riserva qlco.

여론(輿論) l'opinione pubblica ¶-調査 il sondaggio*l'inchiesta dell'opinione pubblica; il questionario **1** 주간지는 젊은이들의 실업에 대한 여론조사를 발표한다. Il settimanale pubblica un'inchiesta sulla disoccupazione giovanile.

여류(女流) la donna, il sesso gentile / -의 femminile ¶-作家 la scrittrice / -詩人 la poetessa / -藝術家 l'artista (f.pl. -te)

여름(夏) l'estate / -에 in estate, d'estate / -의 estivo(a) ¶-休暇 le vacanze d'estate

여린(薄) tenue / - 色 il tenue colore / - 빛 la tenue luce / - 커피 il caffè lungo*leggero

여명(黎明) l'alba, l'albore, l'aurora [〈-〉il tramonto] / -에 all'alba, ai primi albori

여물(乾草) il fieno, il foraggio

여물통 la mangiatoia

여배우(女俳優) l'attrice ¶演劇- l'attrice teatrale / 映畫- l'attrice cinematografica

여백(餘白) il margine bianco, il bianco, il margine di spazio / -을 남기다 lasciare (uno spazio) in bianco / -을 채우다 riempire uno spazio lasciato in bianco / -에 기입하라 mettere nero su

여보세요 (電話) pronto, (呼稱) Scusi, signore!, Senta! **1** 여보세요! 마리오 있나요? Pronto! C'è Mario?

여분(餘分) l'eccesso; il soverchio, il superfluo

여비(旅費) le spese di viaggio ¶-手當 l'indennità di viaggio

여사(女史) la signora, la signorina

여생(餘生) il resto della vita

여섯(六) sei

여성(女性)<文> il femminile, la donna, il sesso debole*gentile **1** 과일 명에는 여성이 우세하다. Tra i nomi dei frutti prevale il femminile. / -的 femminile; effeminato(a) / -的인 男性 l'uomo effeminato / -的 femminile / - (여자) 테니스 토너먼트 un torneo femminile di tennis / -的 effeminato(a)

여성(女聲) la voce femminile ¶-合唱 il coro femminile

여수(旅愁) la nostalgia nel viaggio

여승(女僧)<宗> la monaca (buddista) ¶-寺 il convento di monache

여식(女息) la figlia, la figliola

여신(女神) Dea

여열(餘熱) il calore restante, la viva impressione

여왕(女王) la regina ¶-벌 l'ape regina

여우(女優) l'attrice (f.), la diva cf. 男優 l'attore

여우<動> la volpe

여유(餘裕) la placidità, la calma, la tranquillità, (餘分) il superfluo, (時間的) il tempo disponibile / -를 갖다 avere il superfluo, avere il tempo disponibile*libero / - 있는 rilassante **1** 그들은 보다 건강하고 여유 있는 삶을 원한다. Vogliono una vita più sana e rilassante.

여인숙(旅人宿) la locanda

여자(女子) la femmina, la ragazza, la donna / -의 femminile ¶- 四寸 la cugina / - 親舊 l'amica / -大學 l'università femminile / -高等學校 la scuola media superiore femminile (di Hankuk)

여자(勵磁)<電> l'eccitazione

여장(旅裝) i preparativi di viaggio / -을 정돈하다 fare i preparativi di viaggio / -을 풀다 sistemarsi **1** 롯데호텔에 여장을 풀었다. Mi sono sistemato all'albergo Lotte.

여전히 ancora

여점원(女店員)<商> la commessa, (카운터) la cassiera

여정(旅程) l'itinerario (prestabilito), il percorso **1** 너희들 나라 여정을 기술하라! Descrivete un itinerario attraverso il vostro paese! **2** 우리는 베니스로 가는 더 좋은 여정을 정하기 위해 도로지도를 참고했다. Abbiamo consultato una carta stradale per decidere l'itinerario migliore per andare a Venezia.

여제(女帝) l'imperatrice

여죄(餘罪) l'altro delitto

여지(餘地) lo spazio (libero), il luogo, il posto **1** 그의 방엔 그렇게 큰 가구를 들여놓을 여지가 없다. Nella sua camera non c'è spazio per un mobile così grande.

여진(餘震) le scosse di replica del terremoto

여학생(女學生) la studentessa, l'allieva, la scolara

여행(旅行) il viaggio, la gita, il giro / -하다 viaggiare, fare una gita, fare un giro*un viaggio / -을 떠나다 partire per un viaggio / 기차*배*비행기*자동차의 - il viaggio in treno*per mare*in aereo*in automobile ¶-가방 la valigia, la borsa da viaggio / -社 l'agenzia di viaggi / -日程 l'itinerario **1** 너희들 나라 여행일정을 기술하라! Descrivete un itinerario attraverso il vostro paese! / -案內(書) la guida (di viaggio*di Roma) / -者 il viaggiatore (f. -trice), il passeggero (f. -a) → 觀光

여행자(旅行者) il viaggiatore, il*la turista

여행자수표 il traveller's cheque

여흥(餘興) il trattenimento

역(役) (극중의) il ruolo

역(驛) la stazione ferroviaria **1** 나는 역에 간다. Vado alla stazione. ¶-務員 il ferroviere / -長 il capostazione, i capistazione

역(逆) / -의 opposto(a), contrario(a), inverso(a) / -으로 al contrario, all'opposto, contrariamente

역(逆)<數> l'inversione

역겨운 nauseante, disgustoso(a)
역경(逆境) il guaio, l'avversità, la sorte*il destino avverso 1 그는 혹독한 역경에 처해있다. Si trova in un brutto guaio.
역광(逆光) la controluce 1 역광에서 촬영하다 fotografare (qlco.) controluce
역기(力技) il bilanciere
역대(歷代) le generazioni successive / -대통령들 i presidenti successivi
역도(力道) il sollevamento pesi
역량(力量) la forza (fisica); (手腕) l'abilità, il talento
역류(逆流) la controcorrente, (血液, 潮流) il riflusso / -하다 rifluire [pr. -isco]
역류(逆流)〈醫〉il rigurgito
역무원(驛務員) il ferroviere
역병(疫病) la malattia infettiva, l'epidemia
역비례(逆比例) la proporzione inversa
역사(歷史) la storia, (年代記) la cronaca / -上의 storico(a) / -的인 storico(a) / -以前의 preistori-co(a) / -家 lo storico / -小說 il romanzo storico
역사언어학(歷史言語學)〈言〉la linguistica storica
역사주의(歷史主義)〈哲〉lo storicismo
역사철학(歷史哲學)〈哲〉la filosofia della storia
역선전(逆宣傳) la contropropaganda
역설(逆說) il paradosso / -하다 insistere [intr. avere] su*in qlco. / -的 paradossale
역수(逆數)〈數〉la reciproca
역수입(逆輸入) la nuova importazione / -하다 importare di nuovo
역수출(逆輸出) la riesportazione / -하다 riesportare
역습(逆襲) il contrattacco, la controffensiva;〈軍〉il contrasalto / -하다 contrattaccare, contrare
역습(逆襲)〈蹴〉il contropiede
역시 anche, pure
역암(礫岩)〈鑛〉il conglomerato
역어(譯語) la parola tradotta
역용(逆用) l'uso contrario / -하다 fare uso contrario, usare*adoperare inversamente
역작(力作) la grande opera d'arte; (傑作) il capolavoro

역장(驛長) il capostazione, la capostazione ¶副- il sottocapo-stazione
역적(逆賊) il traditore, il ribelle
역전(逆轉) l'inversione, il rovesciamento / -하다 rovesciare, capovolgere; mutare al contrario
역주(譯註) la nota del traduttore
역학(力學) la dinamica ¶靜- la statica
역학(力學)〈物〉la meccanica
역할(役割) la parte, il ruolo, l'incarico
역행(逆行) la regressione, il regresso / -하다 regredire [pr. -isco], tornare in dietro / 時代에 -하다 andare contro il tempo / -의 regressivo(a), retrogrado(a)
역효과(逆效果) l'effetto inverso, il risultato contrario / -의 controproducente
엮다(織造) (실, 대나무 따위를) tessere [tr. avere]
연 l'aquilone
연(緣) il legame, il vincolo, la relazione, il rapporto / -을 끊다 sciogliere i legami ¶血- i vincoli del sangue, la consanguineità
연감(年鑑) l'annuario, l'almanacco
연결(連結) la legatura, l'unione, la connessione, il collegamento, (車輛의) l'agganciamento (dei vagoni ferroviari), la giuntura, il congiungimento / -하다 collegare, congiungere / -되다 congiungersi 1 이 도로는 고속도로로 연결된다. Questa strada si congiunge con l'autostrada. / -시키다 legare, agganciare, unire [pr. -isco], connettere, collegare / 트럭에 견인차를 -시키다 agganciare un rimorchio a un camion / 두 대의 열차를 -시키다 agganciare due carri ferroviari / -하는, -의 congiuntivo(a)
연결도로(連結道路)〈路〉la siepe, il pannello antiabbagliante
연결선(連結線) la coincidenza
연고(軟膏) l'unguento, la pomata
연고(緣故) la relazione, il rapporto; il legame (d'amicizia o di parentela) / -가 있다 essere in relazione (d'affari* d'amicizia) con qlcu.
연고(軟膏)〈藥〉la pomata, l'unguento
연골(軟骨)〈解〉la cartilagine

연공(年功) (勤續) l'anzianità di servizio, il servizio a lungo; (經驗) la molta*lunga esperienza

연공(年貢) il tributo annuo*annuale

연구(研究) la ricerca, lo studio / -하다 ricercare, fare la ricerca, studiare, esaminare ¶-所 l'istituto / -員 il ricercatore, la ricercatrice / -院 l'istituto / 이탈리아文化-院 Istituto di Cultura Italiana / -經歷書 il curriculum degli studi compiuti

연극(演劇) il teatro, l'atto, la scena, il dramma, la rappresentazione teatrale, la prosa **1** 루이사는 연극에 열정적이어서 여배우를 하고 싶어한다. Luisa è appassionata di teatro e vorrebbe fare l'attrice. ¶-票 il biglietto del teatro

연금(年金) la pensione; la rendita vitalizia **1** 그는 연금으로 생활하고 있다. Lui è in pensione. **2** 까를로의 아버지는 연금생활에 들어가셨기에 지금은 정원사 일에 전념하신다. Il padre di Carlo è andato in pensione ed ora si dedica al giardinaggio. ¶- 生活者 pensionato(a) **1** 연금생활자들의 행렬은 최소한의 연금 인상을 요구했다. Un corteo di pensionati ha reclamato un aumento delle pensioni minime. / -終身(養老) - la pensione*la rendita vitalizia (per la vecchiaia) / 貴族- l'annualità reversibile

연금(年金)〈法〉 la pensione

연금술(鍊金術)〈化〉 l'alchimia

연기(煙氣) il fumo **1** 굴뚝에서 연기가 좀 나오고 있었다. Dal camino usciva un po' di fumo. **2** 그렇게 해서 우리들의 계획은 연기 속으로 날아가 버렸다 (물거품이 되어버렸다). E così i nostri progetti sono andati in fumo! **3** 죄송합니다만, 담배연기가 거슬리시나요? Scusi, le da fastidio il fumo? / -를 내다 affumicare, sprigionare fumo **1** 그는 벽난로에 불을 지피려 애썼지만, 거실에 연기를 낼 뿐이었다. Ha provato ad accendere il fuoco nel caminetto ma non ha fatto altro che affumicare la sala. **2** 이 난로는 연기가 난다. Questa stufa sprigiona fumo.

연기(延期) il prolungamento, l'aggiornamento, il differimento, la proroga, il rimando, il rinvio / -하다 prolungare, aggiornare, differire [pr. -isco], prorogare (una scadenza), rinviare (qlco. ad altro giorno), rimandare (qlco. ad altro tempo), estendere, allungare, posporre, (支拂을) ritardare, differire / 10일 간 會期를 -하다 prolungare d'altri 10 giorni la sessione parlamentare / 출발을 -하다 posporre la partenza / -되다 prolungarsi, essere prolungato(a), essere prorogato(a), essere aggiornato, essere rimandato (ad altro giorno)

연기(演技) la recitazione, la rappresentazione; l'interpretazione d'un personaggio *d'un brano di musica vocale o strumentale / -하다 recitare

연기(延期)〈商〉 l'allungamento

연꽃(蓮)〈植〉 il loto, il nelumbio

연내(年內) entro l'anno (corrente)

연단(演壇) la tribuna

연대(連帶) / -의 solidale, solidario(a) / -로 solidalmente ¶-保證人 il*la garante solidario / -責任 la responsabilità solidaria*solidale, la solidarietà / -감 solidarietà

연대(年代) l'era, l'epoca, il periodo / -學의 cronologico(a) / -順으로 cronologicamente ¶-記 la cronaca, gli annali / -順 l'ordine cronologico

연대(聯隊)〈軍〉 il reggimento ¶-長 il colonnello (che comanda il reggimento), il comandante del reggimento

연락(連絡) l'allacciamento, il collegamento, (鐵道의) la coincidenza, (通信*傳達의) la comunicazione, (接觸) il contatto / -하다 comunicare, essere in contatto con qlcu.; essere in coincidenza / -을 유지하다 mantenere il collegamento (tra A e B) / ~와 -하기로 하다 stabilire [pr. -isco] un collegamento con qlcu.; mettersi in comunicazione con qlcu. / 전화로 -하다 comunicare per telefono ¶-船 il traghetto

연령(年齡) l'età, gli anni

연례회(年例會) la riunione*l'adunanza*l'assemblea regolare / -를 개최하다 tenere una riunione regolare

연료(燃料) il combustibile, il carburante ¶核- il combustibile nucleare / 液體(固體, 氣體) - i combustibili liquidi (solidi,

연리(年利) l'interesse annuo / - 5%로 all'interesse annuo del cinque % (per cento)

연립(聯立) la coalizione ¶-內閣 il gabinetto di coalizione

연립주택(聯立住宅) le case a schiera

연마(研磨) affilare ¶-石 la pietra da*per affilare

연마(鍊磨) l'esercitazione, l'allenamento; la disciplina

연막(煙幕) la cortina di fumo, la cortina fumogena; la cortina di nebbia

연말(年末) la fine dell'anno, 〈商〉 la fine anno ¶-賞與 la gratifica*la retribuzione della fine dell'anno

연맥(燕麥) l'avena

연맹(聯盟) la lega, l'alleanza, l'unione, la federazione ¶國際- Società delle Nazioni

연모(戀慕) /-하다 invaghirsi di qlcu., innamorarsi di

연못 il laghetto, lo stagno

연무(煙霧)〈氣〉 la foschia

연미복(燕尾服) la marsina, il frac

연민(憐憫) la pietà, la compassione, la simpatia /-을 갖다 compassionare, avere compassione (per qlcu.); simpatizzare (con qlcu.), provare simpatia (per qlcu.) / - 있는 compassionevole; simpatico(a), umano(a), (人道的) umanitario(a); compassionevole / - 없는 immano(a), privo(a) di umanità, spietato(a), freddo(a), duro(a); antipatico(a) ¶-味 l'umanità, la gentilezza umana

연발(連發) lo sparo ininterrotto /-하다 sparare ininterrottamente / 질문을 -하다 mitragliare qlcu. di domande ¶-銃 la rivoltella

연방(聯邦) la federazione, l'unione, (國家) lo stato federale, la confederazione / -의 federale / -에 加盟한 federato(a) ¶-政府 il governo federale / 소비에트- Unione Sovietica, Russia Sovietica

연배(年輩) /-의 男子 l'uomo d'età avanzata / 同-의 della stessa età

연변(沿邊) la sponda **1** 캠프는 호수 연변에 우뚝 솟아있다. Il campeggio sorge direttamente sulla sponda del lago.

연병장(練兵場) la piazza d'armi, (機動演習場) il campo di manovre (f.pl.) militari

연보(年譜) la cronologia, gli annali

연보(年報) il bollettino annuale

연봉(年俸) lo stipendio annuale, l'annualità

연산(年産) la produzione annuale

연산(演算) le operazioni matematiche [用語] 2+3=5 due più tre fa cinque, 10+5=15 dieci più cinque è uguale a quindici, 9−6=3 nove meno sei fa tre, 4×3=12 quattro per tre fa dodici, 7×7=49 sette per sette è uguale a quarantanove, 12:6=2 dodici diviso sei fa due, 45:9=5 quarantacinque diviso nove è uguale a cinque, 1/10×11=1 1/10 un decimo per undici fa uno e un decimo, (a+b−c)(x+y) trinomio a più b meno c per binomio x più y, (a+b)(a+c)=a+ab+ac+bc binomio a più b per binomio a più c è uguale ad a al quadrato più ab più ac più bc

연상(年上) /-의 maggiore, anziano(a)

연상(聯想) l'associazione*la connessione di idee /-하다 collegare (nella mente) qlco. con l'altre, far ricordare qlco. a qlcu.

연서(連署) le firme di più persone /-하다 firmare insieme, 〈商〉 controfirmare

연설(演說) il discorso, la conferenza, l'allocuzione /-하다 fare un discorso*una conferenza, fare un'allocuzione ¶-者, -家 il conferenziere, la conferenziera, l'oratore, l'oratrice

연성기호〈音〉 la corona

연소(年少) l'età puerile, la tenera età, l'infanzia /-하다 perile, infantile, minore, minorenne ¶-者 il*la minore

연소(燃燒)〈化〉 la combustione /-하다 bruciare [intr. essere] / -性의 combustibile

연속(連續) la continuazione, la continuità, (繼續) la successione, (連鎖) la serie **1** 당국들은 이미 호수까지 도로연결(연속)을 결정 했다 Le autorità hanno già deciso la continuazione della strada sino al lago. /-하다 continuare [tr. avere] **1** 우리는 짧은 휴식 뒤에 여행을 연속(계속)할 것이다. Continueremo il viaggio dopo una breve sosta. **2** 3일 전부터 계속 해서 비가 내린다. Continua a piovere da tre giorni. / -的 continuo(a) / -性의 continuativo(a), successivo(a) / -되다 continuare [intr. essere] / -된 continuato(a) / 복요일은 점심시간 없이 - (계속) 영업함 giovedì orario continuato / -해서 continuamente **1** 그는 연속해서 담배를 피운다. Fuma continuamente.

연속점(連續點=말없음표) puntini (...)

연쇄(連鎖) la catena; la serie ¶-反應 la reazione a catena

연수(年收) il reddito annuo

연수(延髓)〈解〉il midollo allungato

연습(練習) l'esercizio, l'esercitazione, l'allenamento; (實習) la pratica; (軍) la manovra **1** 내일을 대비해 나는 수학 연습(문제)을 해야 한다. Per domani devo fare alcuni esercizi di matematica. / -하다 esercitare, fare l'esercizio; allenarsi ¶-不足 l'insufficienza dell'esercitazione*della pratica / -問題 l'esercizio, gli eser-cizi / -船 la nave scuola

연습곡(鍊習曲)〈音〉lo studio

연승(連勝) le vittorie successive, la serie di vittorie / -하다 vincere (i nemici) in numerose battaglie

연안(沿岸) la costa, la costiera / -의 costiero(a) / -을 항해하다 costeggiare ¶-貿易 il traffico cabotiero / -地帶 il litorale

연안경비정(沿岸警備艇)〈海〉il guardacoste

연안항해(沿岸航海)〈海〉il cabotaggio

연애(戀愛) l'amore / -하다 innamorarsi di qlcu. ¶-結婚 il matrimonio d'amore

연 약(軟弱) / -한 debole, fragile, fiacco(a), molle, privo d'energia

연어〈魚〉il salmone ¶훈제 - il salmone affumicato / - 통조림 il salmone in scatola

연역(演繹)〈哲〉 la deduzione / -하다 dedurre

연예(演藝) lo spettacolo di varietà ¶-放送 il radio*la teletrasmissione di varietà

연와(煉瓦) il cotto, il mattone

연옥(煉獄) il purgatorio → 천국, 지옥

연음(連音)〈音〉il mordente

연인(戀人) l'innamorato, l'innamorata; l'amico, l'amica

연일(連日) tutti i giorni, ogni giorno

연장(年長) / -의 anziano(a), maggiore ¶-者 l'anziano, il maggiore

연장(延長) l'allungamento, il prolungamento, (期限의) proroga / -하다 allungare (un viaggio), prolungare (la validità), prorogare (la scadenza) / 체류를 -하다 prolungare il soggiorno ¶-戰 i tempi supplementari

연장〈具〉l'utensile

연장시간(延長時間)〈蹴〉i tempi supplementari

연재(連載) / -하다 pubblicare a puntate ¶-小說 il romanzo a puntate

연적(戀敵) il*la rivale (d'amore)

연좌(連坐) l'implicazione; (共犯) la complicità / -되다 essere*trovarsi implicato (in un delitto*uno scandalo)

연주(演奏) l'esecuzione, il suono **1** 그의 노래는 유쾌한 기타 연주에 맞춰 이루어졌다. Il suo canto era accompagnato dal gradevole suono della chitarra. / -하다 eseguire, suonare **1** 난 기타를 연주할 줄 안다. So suonare la chitarra. **2** 피아니스트는 모차르트의 곡 일부를 연주했다. Il pianista ha suonato un pezzo di Mozart.

연주자(演奏者) l'esecutore (f. -trice)

연주회(演奏会) il concerto

연중(年中) tutto l'anno, durante l'anno ¶-行事 (宗敎上의) il calendario civile; (學校의) il calendario scolastico

연착(延着) l'arrivo ritardato / -하다 arrivare tardi*in ritardo

연체(延滯) (支拂의) il ritardo / -되다 essere arretrato(a) ¶-金 l'arretrato

연체(延滯)〈商〉la mora

연출(演出) la regia (teatrale*radiotelevisiva*cinematografica) / -하다 dirigere (come regista) l'allestimento d'una rappresentazione teatrale; mettere in scena (un dramma) ¶-家 il*la regista

연출(演出)〈映〉la regia

연패(連敗) le sconfitte successive / -하다 subire [pr. -isco] una serie di sconfitte

연표(年表) la tabella cronologica

연필(鉛筆) la matita ¶-깍이 il temperamatite, il temperino / 色- la matita colorata

연하(年下) / -의 minore, più giovane

연하(年賀) gli auguri di Capodanno*Anno Nuovo ¶-帳 la cartolina postale d'auguri*per Capodanno con la lotteria

연한(軟) (색 따위가) tenue, leggero (a), (육류 따위가) tenero(a), frollo (a), frollino(a) / - 비프스테이크 bistecche frolle

연한(年限) il periodo*il termine*la durata (d'anni)

연합(聯合) la federazione, (結合) l'unione, l'associazione; (同盟) l'alleanza / -의 federato(a), unito(a), associato(a), alleato(a) / -하다 unirsi, associarsi; allearsi ¶-軍 le forze alleate / -國 i paesi alleati / 經濟團體-會 Federazione di Organizzazioni Economiche / 國際- Organizzazioni delle Nazioni Unite (=O.N.U.)

연합(連合)〈經〉il blocco

연해(沿海) / -의 costiero(a)

연행(連行) / -하다 trascinare

연혁(沿革) la storia

연호(年號) la denominazione d'un periodo*un'era

연화(軟化) / -하다 ammollirsi [pr. -isco]

연회(宴會) il banchetto, il convito, il pranzo (con convitati) / -를 열다 offrire un banchetto*un lauto convito (in onore di qlcu.)

열(熱) la febbre, il calore / -이 있다 avere febbre, avere la febbre (alta) / -을 재다 misurare la febbre / -이 내리다 abbassare la febbre / (熱意) 을 갖고 대화하다 parlare con calore*passione ¶太陽- il calore del sole

열(列) la fila, la riga, la linea; (縱列) la colonna / -을 짓다 fare la fila, mettersi in linea / -을 지어 in fila / 자동차의 - la colonna di auto

열강(列強) le grandi potenze

열거(列擧) l'enumerazione / -하다 enumerare

열광(熱狂) l'entusiasmo, la frenesia, il fanatismo, l'estasi, l'esaltazione / -的 entusiastico(a), entusiasmante, entusiasta, frenetico(a), fanatico(a) / -的으로 con entusiasmo, entusiasticamente, freneticamente / -시키다 entusiasmare / -하다 entusiasmarsi, agitarsi, esaltarsi per qlco. ¶-者 il fanatico

열국(列國) tutti i paesi, le potenze

열기(熱氣) il calore

열다(開) aprire **1** 난 은행에 구좌를 열었다. Ho aperto un conto in banca. **2** 그는 창문을 연다. Lui apre la finestra. **3** 주목해서 들어라 (귀를 잘 열어라)! Apri bene le orecchie! **4** 그들은 저녁 내내 입을 열지 않았다. Hanno aperto bocca per tutta la sera. / 학교를 - fondare*istituire [pr. -isco] una scuola / 봉투를 - aprire la busta (di lettera), aprire una lettera / 회의를 - (개최하다) aprire, tenere*avere luogo una riunione / 가게를 - aprire bottega

열대(熱帶)〈氣〉la zona torrida, la zona tropicale, le regioni tropicali / -의 tropicale

열대기후(熱帶氣候)〈氣〉il clima tropicale

열대무풍대(熱帶無風帶)〈氣〉la calma tropicale

열대식물(熱帶植物)〈植〉megaterma

열대우림식물(熱帶雨林植物)〈植〉idromegaterma

열도(列島) l'arcipelago, la catena di isole ¶쿠릴- le isole di Curili

열독(熱讀) la lettura attenta / -하다 leggere attentamente

열등(劣等) l'inferiorità / -하다 essere inferiore a qlco.*qlcu. (per merito) / -한 inferiore / -하지 않은 non inferiore ¶-感 il complesso d'inferiorità cf. 優越感 il complesso di superiorità

열람(閱覽) la lettura / -하다 leggere*esaminare attentamente ¶-室 la sala da*di lettura

열량(熱量) la caloria ¶-計 il calorimetro / -測定 la calorimetria

열량계(熱量計)〈物〉il calorimetro

열렬(熱烈) / -한 ardente, fervente, veemente; appassionato(a), drastico(a), intenso(a), vivo(a) / -히 ardentemente, appassionatamente, ferventemente, intensamente, vivamente

열리게 하다(開) (金庫를) scassinare (una cassa forte)

열리다(開) aprirsi, essere aperto(a) / 막이 - essere alzato*tirato il sipario, incominciare uno spettacolo **2** 하늘이 열

렸다 (맑아졌다). Il cielo si è aperto. (= è diventato sereno)

열린(開) aperto(a), largo(a), vasto(a)

열망(熱望) la brama; il vivo*l'inteso desiderio; la febbre / -하다 bramare; desiderare vivamente*intensamente; aspirare [intr. avere] a qlco. / -하는 desideroso(a)

열매 il frutto

열반(涅槃) il nirvana

열분해(熱分解)〈化〉la piroscissione

열성(熱誠) l'entusiasmo; l'ardore; lo zelo

열성(劣性)〈生〉la recessività

열세(劣勢) l'inferiorità (numerica) / -한 inferiore (di numero)

열쇠 la chiave

열쇠구멍 il buco della serratura

열심(熱心) lo zelo, il fervore, l'entusiasmo, la diligenza, l'operosità, la laboriosità, l'assiduità / -인 zelante, fervido(a), ardente, entusiastico(a), diligente, serio(a), assiduo(a) 1 그는 도서관에 열심히 다니는 사람이다. E' un assiduo frequentatore della biblioteca. / -히 zelantemente, con zelo, con fervore, entusiasticamente, diligentemente, assiduamente

열애(熱愛) il caldo affetto, l'adorazione 1 나는 내 애인을 열애한다. Provo un caldo affetto per la mia ragazza.

열역학(熱力學)〈物〉la termodinamica

열의(熱意) lo zelo, l'ardore, la veemenza / -있는 zelante, ardente / -있게 (열심히) ardentemente

열전(熱戰) il combattimento*scontro accanito

열전자관(熱電子管) la valvola termoionica

열정(熱情) il fervore, l'ardore, la passione / -的 passionale ¶-家 la persona di temperamento passionale

열주(列柱)〈建〉il colonnato

열중(熱中) l'appassionamento / -하다 entusiasmarsi per qlco., appassionarsi (a qlco.), essere appassionato(a) per qlco., (研究에) immergersi in qlco.; darsi completamente a qlco.

열차(列車) il treno / -에 오르다 salire [intr. essere] in treno / -에서 내리다 scendere [intr. essere] dal treno / -를 타다 prendere il treno / -를 놓치다 perdere il treno / -로 여행하다 viaggiare [intr. avere] in treno ¶緩行(普通)- il treno locale / 특별쾌속- il rapido / 特急- il treno rapido, l'espresso, il direttissimo / 急行- il diretto

열탕(熱湯) l'acqua bollente

열파(熱波)〈氣〉l'ondata di caldo

열풍(熱風)〈氣〉il ghibli

열학(熱學)〈物〉la termologia

열화학(熱化學)〈化〉la termochimica

염가(廉價) il prezzo modico / -의, 인 poco costoso(a), a buon mercato*prezzo ¶-版 l'edizione economica / -판매 i saldi, i ribassi

염도(鹽度)〈地〉la salsedine, la salinità

염두(念頭) la mente, la memoria / -에 두다 avere*tenere presente*a mente qlcu., qlco.

염려(念慮) l'ansia 1 그녀는 남편의 도착을 염려하며 기다린다. Attende con ansia l'arrivo del marito. 2 그는 항상 염려하며 지낸다. È sempre in ansia. / -하는 ansioso(a) 1 염려스런 눈으로 나를 바라보았다. Mi rivolse un'occhiata ansiosa. / -하다 preoccuparsi

염료(染料)〈繪〉il colore, la tintura, il colorante

염불(念佛) la preghiera a Budda, l'orazione buddistica / -하다 rivolgere* recitare le orazioni a Budda

염산염(鹽酸塩)〈化〉il cloridrato

염색(染色) la tintura, la tinta / -하다 tingere, colorare, colorire [pr. -isco] / -되다 colorarsi, essere colorato, tingersi, essere tinto ¶-藥 la tintura (per i capelli) / -物 l'oggetto tinto / -집 la tintoria

염색(染色)〈繪〉la colorazione

염색약(染色藥)〈藥〉la tintura

염색질(染色質)〈生〉il cromatina

염색체(染色體)〈生〉il cromosoma;〈植〉il cromoplasto

염세(厭世) il pessimismo / -的 pessimistico(a)

염세주의(厭世主義)〈哲〉il pessimismo ¶-者 il*la pessimista

염소(鹽素)〈化〉il cloro

염소(動) la capra 1 우유는 염소로부터도 뽑아낼 수 있다. Anche dalla capra si

ricava il latte.
염소산염(鹽素酸鹽)〈化〉il clorato
염원(念願) il desidero, il voto
염전(鹽田) la salina
염증(炎症)〈醫〉l'infiammazione / -이 생기다 cagionare infiammazione, infiammarsi (la gola) / -나다 disgustare, sbalordire a, essere disgustato(a), essere stupefatto(a) / -이 생긴 infiammato(a)
염착제(染着劑)〈繪〉il fissativo
염화(鹽化)〈化〉la salificazione
염화물(鹽化物)〈化〉il cloruro
염화수소(鹽化水素)〈化〉il cloridrico
염화제이수은(鹽化第二水銀)〈藥〉il sublimato corrosivo
염화제일수은(鹽化第一水銀)〈藥〉il calomelano
엽기심(獵奇心) la curiosità per cose bizzarre e grottesche
엽기적(獵奇的) curioso(a) per cose bizzarre e grottesche / - 마음(心) la curiosità per cose bizzarre e grottesche
엽록체(葉綠體)〈植〉la clorofilla
엽상의(葉狀-)〈鑛〉lamellare
엽서(葉書) la cartolina ❶ 내게 엽시 보내는 것 기억해라! Ricordati di mandarmi una cartolina. ¶그림- la cartolina illustrata / 郵便- la cartolina postale / 크리스마스- la cartolina di auguri di Natale
엽총(獵銃) il fucile da caccia
엽편상암(葉片狀岩)〈鑛〉la roccia laminata
엿 il torrone
엿기름 il malto
엿듣다 origliare [intr. avere], ascoltare di nascosto
영(靈) l'anima, lo spirito / -的인 spirituale
영(零) lo zero / -時 l'ora zero, mezzanotte / -度 il grado zero / 1대 - per*di uno a zero
영가(詠歌)〈音〉l'aria
영감(靈感) l'ispirazione, l'afflato / 詩的 - l'afflato lirico / -을 받다 ispirarsi
영공(領空) la zona aerea territoriale
영광(榮光) la gloria, l'onore ❶ 레오나르도 다 빈치는 이탈리아의 영광이다. Leonardo da Vinci è una gloria dell'Italia. / -이다 onorarsi ❶ 당신을 알게 되어 영광입니다. Mi onoro di averLa conosciuto. / -스런 glorioso(a)
영구(永久) l'eternità, la perpetuità / -的 eterno(a), perenne, immortale / -히 per sempre, eternamente
영구소작권(永久小作權)〈法〉la enfiteusi
영구차(靈柩車) il carro funebre
영국(英國)〈地〉l'Inghilterra, la Gran Bretagna, il Regno Unito di Gran Bretagna e Irlanda del Nord / -語 l'inglese / -人, (의) inglese
영내(領內) -에 nel territorio, nell'interno della frontiera*dei confini
영락(零落) (沒落) la rovina, la decadenza / -하다 rovinare, andare [intr. essere]*cadere [intr. essere] in rovina
영리(營利) la ricerca di profitto*lucro / -的 che ricerca solo lucro ¶-主義 l'affarismo
영리주의(營利主義)〈商〉l'affarismo
영리한 intelligente
영리함 l'intelligenza
영명(令名) la fama, la celebrità, la rinomanza, la buona reputazione
영문(英文) l'inglese, la scrittura in inglese ¶-韓譯 la traduzione dall'inglese in coreano
영사(領事) il console ¶-館 il consolato / 總- il console generale / 副- il vice-console
영사(映寫) la proiezione / -하다 proiettare (una pellicola su uno schermo) ¶ (슬라이드) -機 il proiettore (per diapositive)
영사관(領事館) il consolato
영사기(映寫機)〈映〉il cinematografo, il proiettore ¶슬라이드 - il proiettore per diapositive
영상(映像) (사진의) l'immagine, (영화, TV의) lo schermo
영상수신(映像受信) la ricezione video
영상주파수(映像周波數)〈電〉la videofrequenza
영세(零細) / -한 piccolo(a), minuto(a) / -한 企業 le imprese minori
영속(永續) la lunga durata, la permanenza, la perpetutità / -하다 durare a lungo, continuare senza interruzione, perdurare / -的 permanente, perpetuo

(a), costante, eterno(a), durevole

영수(領收) la ricevuta / -하다 ricevere

영수증(領收證) lo scontrino, la bolla, la boletta, la ricevuta

영식(令息) suo*vostro figlio

영아살인죄(嬰兒殺人罪)〈法〉 l'infanticidio

영악(獰惡) l'astuzia, la furberia **1** 모든 사람들은 그의 영악함을 알고 있다. Tutti conoscono la sua astuzia. / -한 astuto(a) **1** 그 남자는 여우 보다 더 영악하다. Quell'uomo è più astuto di una volpe. / -하게 astutamente

영양(榮養) l'alimentazione, la nutrizione / -이 있는 alimentare, nutritivo(a), nutriente ¶-不良 la malnutrizione, la denutrizione / -價 il valore nutritivo / -失調 la distrofia

영양물질보유세포질(榮養物質保有細胞質)〈生〉 il citoplasma nutritivo

영양섭취(榮養攝取)〈生〉 la nutrizione

영양식(營養食) l'alimento, il nutrimento

영어(英語) l'inglese, la lingua inglese

영어적 어법(-的 語法)〈言〉 l'inglesismo, l'anglicismo, l'anglismo

영업(營業) gli affari, il commercio / -하다 commerciare, negoziare, esercitare il commercio / -時間 l'orario **1** 양국의 영업시간입니다. È l'orario di una farmacia. ¶-稅 l'imposta sul commercio / -許可 la concessione

영업권(營業權)〈商〉 l'avviamento

영역(領域) il territorio /〈生〉 il regno

영역(英譯) la traduzione in inglese / -하다 tradurre (un testo dall'italiano) in inglese

영웅(英雄) l'eroe, l'eroina / -的 eroico(a)

영원(永遠) l'eternità, la perpetuità / -한 eterno(a), perpetuo(a) / -히 per sempre

영유(領有) la possessione, il possesso / -하다 possedere, tenere in possesso (un territorio)

영장(令狀) il mandato ¶逮捕(체포)- il mandato d'arresto

영전(榮轉) il trasferimento per promozione / -하다 essere trasferito per promozione (alla sede centrale)

영점(零點) lo zero, il punto zero

영주(領主)〈史〉 il signore del feudo

영지(領地) il dominio, il territorio;〈史〉 il feudo

영토(領土) il territorio / -의 territoriale ¶-保全 l'integrità territoriale*del territorio nazionale / -紛爭 il conflitto territoriale

영하(零下) sotto zero **1** 온도계가 영하 3도를 가리킨다. Il termometro segna 3 gradi sotto zero. / -의 sotto zero

영한(英韓) inglese-coreano ¶-辭典 il dizionario inglese-coreano

영합(迎合) l'adulazione, la lusinga / -하다 adulare, lusingare

영해(領海) le acque territoriali

영향(影響) l'influenza, l'influsso / -을 주다 influenzare / -을 미치다 influenzare, influire [intr. avere, pr. -isco] su qlcu.*qlco., avere influenza su qlcu. / -을 받다 essere influenzato

영향력(影響力) l'influenza

영험(靈驗) il favore della divinità (in risposta ad una preghiera del fedele)

영혼(靈魂)〈哲〉 l'anima, lo spirito **1** 종교에 의하면, 인간의 육신은 운명적으로 죽게 되지만 반면에 영혼은 영원하다. Secondo la religione, il corpo dell'umano è mortale, mentre l'anima è immortale.

영혼분생설(靈魂分生說)〈哲〉 il traducianismo

영혼불멸(靈魂不滅)〈哲〉 l'immortalità

영혼창조설(靈魂創造說)〈哲〉 il creazionismo

영화(映畫) la cinematografia, il cinematografo; (作品) il film **1** 나는 모험 영화를 좋아한다. Mi piacciono molto i film di avventura. ¶黑白- film in bianco e nero / 컬러- film a colori / 靑少年- film per ragazzi / 코믹- film comici / 探情- film gialli / SF- film di fantascienza / 愛情- film d'amore / 戰爭- film bellici / 悲劇- drammatici / 西部- film western / 犯罪- film polizieschi / -俳優 l'attore (f. -trice) / -館 il cinema / -記錄 il film documentario [**用語**] 영화촬영(映畫撮影)하다 cinematografare, 영화촬영술(映畫撮影術) la cinematografia, 영화영사술(映畫映寫術) la cinematografia, 영화관(映畫館) il cinema, il cinematografo, 영

화의 cinematografico(a), 영사기(映寫機) il cinematografo, 영화배우(映畵排優) l'attore cinematografico, 입체영화(立體映畵) il cinerama, 활동사진(活動寫眞) il cinetoscopio, 무성영화(無聲映畵) il muto, 발성판(發聲版) il parlato, 발성영화(發聲映畵) il sonoro, 뉴스영화(-映畵) l'attualità, il cinegiornale, 희극영화(喜劇映畵) la comica, 단편영화(短篇映畵) il cortometraggio, 동화(動畵) i disegni animati, 기록영화(記錄映畵) il documentario, 다큐멘터리영화(-映畵) il dicumentario, 영화(映畵) (作品) il film, 촬영(撮影)하다 filmare, riprendere, 필름을 돌리다 girare, 동시녹음(同時錄音)하다 sincronizzare, 음향효과(音響效果)를 삽입하다 sonorizzare, 조감독(助監督) l'aiuto regista, 성격배우(性格俳優) il*la caratterista, 영화인(映畵人) il*la cinecista, 대역배우(代役俳優) la controfigura, 여우(女優) la diva, 인기(人氣) il divismo, 남우(男優) il divo, 기록영화작가(記錄映畵作家) il*la documentarista, 성우(聲優) il doppiatore, 오퍼레이터 l'operatore, 프로듀서 il produttore, 영화감독(映畵監督) il*la regista, 시나리오작가(-作家) lo sceneggiatore (f. -trice), 각본가(脚本家) il*la soggettista, 스타 la stella, 분장사(扮裝師) il truccatore, 릴 la bobina, 촬영용 이동차(撮影用 移動車) il carrello, 촬영신호표(撮影信號板) il ciac, 소형촬영기(小型撮影機) la cinepresa, 영화필름수집장소 la cineteca, 무비올라 la moviola, 소형클렌 la giraffa, 35밀리 필름 il passo normale, 16밀리 필름 il passo ridotto, 필름 la pellicola, 영사기(映寫機) il proiettore, 스크린 lo schermo, 스튜디오 lo studio, 이동촬영(移動撮影) la carrellata, 이중녹음(二重錄音) il doppiaggio, 야외촬영(野外撮影) gli esterni, 편집(編集) il montaggio, 전경촬영(全景撮影) la panoramica, 감독(監督) la regia, 연출(演出) la regia, 촬영(撮影) la ripresa, 원안초고(原案草稿) la scaletta, 각색(脚色) la sceneg-giatura, 시퀀스 la sequenza, 동시녹음(同時錄音) la sincronizzazione, 주제(主題) il soggetto, 원안(原案) il soggetto, 녹음(錄音) la sonorizzazione

영화(榮華) la prosperità, lo splendore, la gloria

영화(映畵)〈映〉(作品) il film / -의〈映〉 cinematografico(a)

영화감독(映畵監督)〈映〉 il*la regista

영화관(映畵館)〈映〉 il cinema, il cinematografo

영화배우(映畵排優)〈映〉 l'attore cinematografico

영화영사술(映畵映寫術)〈映〉 la cinematografia

영화인(映畵人)〈映〉 il*la cinecista

영화촬영(映畵撮影)하다 cinematografare

영화촬영술(映畵撮影術)〈映〉 la cinematografia

영화필름수집장소〈映〉 la cineteca

옅게 되다(薄) diventare tenue*leggero, essere alleggerito (il colore)

옅게 하다(薄) rendere tenue, annacquare (un whisky)

옅은(薄) tenue / - 色 il tenue colore / - 빛 la tenue luce / - 커피 il caffè lungo*leggero

옆 il lato, il fianco / -의 laterale, del fianco / 에 a fianco*lato / ∼의 -에 a fianco*lato di qlco., qlcu.

옆구리 il fianco

옆모습 il profilo, la sagoma

옆줄〈테니스〉 la linea laterale

예(藝) l'arte, l'abilità artistica

예(例) l'esempio, il caso / -를 들어*들면 per esempio, ad esempio / -를 들다 dare*citare un esempio

예각(銳角)〈數〉 l'angolo acuto, l'acuto

예각삼각형(銳角三角形)〈數〉 il triangolo acutangolo

예감(豫感) il presentimento / -하다 presentire [tr., intr. avere], avere il presentimento

예견(豫見) la previsione / -하다 prevedere **1** 어느 누구도 미래를 예견할 수 없다. Nessuno può prevedere il futuro. / -한, 된 previsto(a) / -치 않은 imprevisto(a), inaspettato(a), contrario(a) all'aspettativa / -치 않게 imprevedibilmente, inaspettatamente, in modo imprevisto / - 못할 imprevedibile / -치 않았던 imprevéduto(a)

예고(豫告) il preavviso, il preannunzio

예금 / -하다 avvertire, preannunziare, preavvisare, annunziare / -없이 senza preavviso*preannunzio

예금(預金)〈銀〉 la raccolta, il deposito (bancario) / -하다 depositare denaro in banca ¶ -通帳 il libretto del depositante / 定期- il deposito bancario vincolato

예금자(預金者)〈銀〉 il*la correntista

예기(豫期) la previsione / -하다 sperare, prevedere / -치 않았던 impreveduto(a) / -치 않은 imprevisto(a), inatteso(a), improvviso(a), inaspettato(a), contrario(a) all'aspettativa / -치 않게 imprevedibilmente, inaspettatamente, d'improvviso, in modo imprevisto

예능(藝能) spettacoli e trattenimenti pubblici ¶ -人 attori e artisti

예루살렘〈地〉 Gerusalemme

예리(銳利) / - 한 affilato(a), perspicace, penetrante, tagliente; acuto(a) / -한 칼 il coltello affilato / -한 말 (毒舌) la lingua affilata / -한 비평 la critica perspicace

예매(豫賣) la prenotazione / -하다 prenotare

예민(銳敏) / -하게 하다 (神經을) innervosire / -해 지다 diventare nervoso / -한 sensibile, delicato(a), nervoso(a), acuto(a), aguzzo(a), sottile; (연필심 따위가) appuntato, (神經이) innervosito(a)

예방(豫防) la prevenzione, la precauzione / -의 preventivo(a) / -하다 prevenire ¶ -注射 l'iniezione preventiva (per le malattie infettive) / -接種 la vaccinazione, l'inoculazione preventiva / -藥 la medicina profilattica, il profilattico / -法*對策 la profilassi; le misure preventive

예방약(豫防藥)〈藥〉 il profilattico

예방접종(豫防接種) la vaccinazione, l'inoculazione preventiva / -하다 vaccinare

예배(禮拜)〈宗〉 il culto; (典禮儀式) le funzioni / -하다*보다 dire le preghiere (della sera*del mattino) / -에 참례하다 assistere [intr. avere] alle funzioni ¶ -堂 la cappella

예배당(禮拜堂)〈建〉 (유태교의) la sinagoga

예보(豫報) (일기 따위의) la previsione; il preannunzio / 날씨 - le previsioni del tempo **1** 오늘, 내일 그리고 일요일 기상예보입니다. Ecco le previsioni della meteorologia per oggi, domani e domenica. / -하다 prevedere; preannunziare

예복(禮服) l'abito da cerimonia / -을 입고 in abito da cerimonia

예쁜 carino(a)

예비(豫備) la riserva, (準備) la preparazione / -의 preparatorio(a), preliminare ¶ -費*金 i fondi di riserva / -品 i materiali*i pezzi di riserva / -會議 la conferenza preliminare / -學校 la scuola preparatoria / -交涉*工作 (i negoziati) preliminari / -知識 le nozioni preliminari

예비군(豫備軍)〈軍〉 le truppe di complemento

예비역장교(豫備役將校)〈軍〉 l'ufficiale di complemento

예산(豫算) il bilancio (preventivo) / -을 수립하다 stanziare il bilancio (preventivo) ¶ -案 il disegno legge del bilancio (preventivo)

예산경제기획부(豫算經濟企劃部)〈伊〉 Bilancio e programmazione Economia [用語] (이탈리아) 세입(歲入) entrate, 세출(歲出) spese, 예산안(豫算案) stato di previsione, 세입세출의 일반회계(歲入歲出一般會計) conto generale delle spese e delle entrate, 잠정예산(暫定豫算) esercizio provvisorio, 긴급예산(緊急豫算) esercizio provvisorio

예산안(豫算案)〈伊〉 stato di previsione

예상(豫想) l'aspettativa; la previsione, (推測) la pre-supposizione, (비용*수익의) il rateo / -하다 prevedere, presumere, supporre, presupporre, anticipare, aspettare / -대로 come previsto*presupposto / -外의 imprevisto(a), imprevedibile, inaspettato(a), contrario(a) all'aspettativa / -外로 in modo imprevisto, imprevedibilmente, più del previsto / -한, 된 previsto(a)

예선(豫選) l'eliminatoria

예선(豫選) la prova*la gara eliminatoria, l'eliminatoria / -하다 selezionare i migliori fra i concorenti ¶ -戰 la gara eliminatoria

예선시합(豫選試合) la batteria

예속(隷屬) la soggezione / -되다 essere soggetto*assoggettato a qlcu., sottomettersi a qlcu.; dipendere [intr. essere] da qlcu., essere dipendente da ¶-國 il paese assoggettato (ad un altro)

예수〈宗〉 Gesù, Gesù Cristo ¶-教 il cristianesimo / -教徒 il cristiano

예술(藝術) l'arte 1 그는 예술에 그의 삶을 바쳤다. Ha dedicato la sua vita all'arte. / -的 artistico(a) / -品 l'opera artistica, l'oggetto artistico / -家, 人 l'artista

예습(豫習) la preparazione (della lezione) / -하다 preparare una propria lezione

예심(豫審)〈法〉 l'istruttoria

예약(豫約) (座席의) la prenotazione, (新聞*雜誌의) l'abbonamento / -하다 prenotare, riservare (due posti), abbonarsi (al giornale) ¶(新聞雜誌의) -者 l'abbonato (f. -a)

예약구입(豫約購入)〈法〉 l'abbonamento

예언(豫言) la profezia, la predizione / -하다 profetare, profetizzare, predire (il futuro) ¶-者 il profeta (f. -tessa)

예외(例外) l'eccezione, il caso straordinario / -의, 的 eccezionale / -로 하다 fare eccezione, costituire [pr. -isco] un'eccezione, essere fuori della norma / -로 하고 ad eccezione di qlcu. o qlco., tranne*salvo*eccetto qlcu., qlco.

예의(禮儀) la credenza, l'etichetta, le buone maniere / -를 모르는 senza creanza, di cattive maniere, mal educato(a), sgarbato(a), scortese, scostumato(a), ineducato(a) / -바른 di buona creanza, di buone maniere, ben educato(a)

예의범절(禮儀凡節) il comportamento 1 그의 예의범절은 정당성을 지니지 못한다. Il tuo comportamento non ha giustificazioni.

예인(藝人) l'artista

예정(豫定) il progetto*il programma prestabilito / -의 prestabilito(a) / -하다 prestabilire [pr. -isco] ¶-表 il programma

예제(例題) l'esempio (pl. -i), gli esercizi (s. -zio)

예지(叡智) la previsione, il previsto / -하다 prevedere, conoscere in anticipo

예측(豫測) la previsione / -한, 된 previsto(a) / -못할 imprevedibile

예측(豫測)〈蹴〉 l'anticipo

예컨대 per esempio, ad esempio

예행연습(豫行演習) la prova

옛(古) vecchio(a), antico(a)

옛날(昔) il tempo antico, i tempi remoti, l'età antica, l'antichità / - 옛적에 C'era una volta / -부터 dai tempi antichi / 아주 -부터 da tempo assai remoto, da tempo immemorabile / -의 antico(a), (오랜) vecchio / -에 in antico, anticamente, nei tempi antichi / - 이야기 la storia antica, il racconto leggen-radio, la favola; la fiaba (popolare) / -風의 all'antica; (保守的) conservatore (-trice) / - 친구 il vecchio amico*compagno

오(五)〈數〉 cinque, (序數) quinto(a) 1 第-部隊 la quinta colonna

오감(五感) cinque sensi

오극관(五極管)〈物·電〉 il pentodo

오늘(今日) oggi / -까지 fino ad oggi, finora / - 아침 stamattina / - 저녁 stasera / - 밤 questa notte, stanotte / -날 oggigiorno

오다(來) venire 1 너도 올 수 있니? Puoi venire anche tu?

오동나무 la paulonia

오두막 la capanna, la casupola

오라토리오〈音〉 l'oratorio

오락(娛樂) il divertimento, la ricreazione, il passatempo, lo svago (pl, -ghi), lo spasso ¶-室 sala giochi

오랑우탕〈動〉 l'orangutan

오랑캐꽃〈植〉 la violetta, la viola

오래(長) a lungo 1 채식주의자들이 보다 오래 사는 것은 분명하다. E' certo che i vegetariani vivono più a lungo. / -사는 longevo(a) / -살다 vivere [intr. avere] più a lungo, godere [intr. avere] d'una longevita / -삶(長生) la longevita

오랜(古) vecchio(a), 1 마리오는 그의 오

오랜만에 랜 은사님을 만난다. Mario incontra un suo vecchio professore. / - 友情 la vecchia amicizia

오랜만에 dopo lungo*gran*tanto tempo, dopo lunga assenza / 헤어 진지 -의 對面 l'incontro dopo tanti anni di separazione

오랫동안(長期間) lungamente, per lungo *molto tempo, per un lungo periodo di tempo

오렌지 〈木〉 l'arancio (pl. -ci), 〈實〉 l'arancia (pl. -ce) ¶-쥬스 il succo*la spremuta d'arancia (음료수 회사에서 생산된 쥬스 l'aranciata)

오로라 l'aurora

오르간 〈音〉 l'organo (da chiesa), l'armonio / -을 演奏하다 suonare l'organo

오르다 (上昇) / 山에 - salire [intr. essere] su un monte, salire [tr. essere] un monte / 나무에 - montare [intr. essere] su un albero, arrampicarsi su un albero / 막이 - alzarsi il sipario **1** 기술자는 TV 안테나를 조정하기 위해 지붕 위로 올라갔다. L'operaio è salito sul tetto per aggiustare l'antenna televisiva. **2** 비행기는 3000 미터까지 올라갔다. L'aereo è salito fino a tremila metri. **3** 기온이 오르는 경향이 있다. La temperatura tende a salire. **4** 막이 올랐다. Il sipario si è alzato.

오르막길 l'ascesa, la strada in salita, la salita [<-> la strada in discesa]

오른손 la mano destra

오른쪽 공격수 〈蹴〉 l'ala destra

오른쪽 공격형 미드필드 〈蹴〉 la mezzala destra

오른쪽 수비수 〈蹴〉 il terzino destro

오른쪽 수비형 미드필드 〈蹴〉 il mediano destro

오른쪽 (右) destra, destro **1** 강력한 오른손으로 그를 캔버스에 들어 눞혔다. L'ha steso al tappeto con un potente destro. / -의 destro(a) **1** 난 오른쪽 팔에 상처를 입었다. Ho una ferita al braccio destro.

오리 〈動〉 l'anatra

오리지널 l'originale **1** 이 그림은 카피에 불과하다. 오리지널은 도난당했다. Questo quadro è solo una copia: l'originale è andato perduto. / -한 originale **1** 그 고서적의 - 본(原本)이 발견되었다. E' stato ritrovato il manoscritto originale di quell'antico libro.

오막살이 (小屋) la baracca

오만 (傲慢) l'arroganza, l'insolenza, la superbia, l'orgoglio, la presuntuosità / -한 arrogante, insolente, superbo(a), orgoglioso(a), presuntuoso(a) / -한 態度 l'atteggiamento altero*arrogante / -하게 arrogantemente, presuntuosamente, alteramente, superbamente, con arroganza

오명 (汚名) il disonore, l'infamia, l'onta, l'ignominia / -을 씻다 redimere dal disonore

오목렌즈 la lente concava

오물 (汚物) la sporcizia, il pattume, la spazzatura, le immondizie, il lordume

오벨리스크 〈建·彫〉 l'obelisco

오보에 〈音〉 l'oboe

오븐 il forno, il fornello / 전기-에 ~을 익히다 cucinare qlco. nel fornello elettrico ¶가스- il fornello a gas / 電氣- il fornello elettrico

오빠 〈族〉 il fratello (maggiore)

오버코트 〈衣〉 il cappotto

오산 (誤算) il calcolo sbagliato, l'errore di calcolo*computo*conto / -하다 calcolare male*sbagliatamente

오선지 (五線紙) 〈音〉 il pentagramma

오선지의 선 (五線紙의 線) 〈音〉 il rigo

오세아니아 〈地〉 l'Oceania

오소리 〈動〉 il tasso

오솔길 il viottolo, la viottola, il sentiero **1** 우리는 돌아오는 길에 초원의 한 오솔길을 택했다. Al ritorno abbiamo preso un viottolo nei campi.

오수 (午睡) la siesta / -하다 fare la siesta, dormire leggermente*brevemente dopo il pasto di mezzogiorno, fare un pisolino, fare una pennichella

오수 (汚水) le acque luride

오스트레일리아 〈地〉 l'Australia / -人, 의 australiano(a)

오스트리아 〈地〉 l'Austria / -人, 의 austriaco(a)

오슬로 〈地〉 Oslo

오식 (誤植) l'errore di stampa

오실로그래프 〈電〉 l'oscillografo

오실로스코프〈電〉l'oscilloscopio
오십(五十) cinquanta
오아시스 l'oasi
오얏 열매〈植〉la prugna ¶西洋-(木) il susino,(實) la susina
오역(誤譯) la traduzione erronea*sbagliata / -하다 tradurre erroneamente
오염(汚染) l'inquinamento, la contaminazione / -시키다 inquinare, contaminare ¶大氣- l'inquinamento dell'aria / 放射能- la contaminazione radioattiva / 環境- l'inquinamento ambientale
오옴〈電〉(전기 저항의 단위) l'ohm ¶-計 l'ohmetro
오월(五月) il maggio, il mese di maggio
오이〈植〉il cetriolo
오자(誤字) l'errore ortografico
오전(午前) la mattinata, la mattina, il mattino 1 나는 어제 오전에 학교에 가다가 그를 만났다. L'ho incontrato ieri mattina andando a scuola. 2 그는 항상 오전부터 저녁까지 일한다. Lavora sempre dalla mattina alla sera. / -에 la mattina, al mattino / -한때 la mattinata / 어제 - ieri mattina / 내일 - domani mattina, domattina
오점(汚點) la macchia 1 그는 오점 없는 남자다. Lui è un uomo senza macchia. / -이 생기다 macchiarsi, insudiciarsi, sporcarsi
오존〈化〉l'ozono
오종경기(五種競技)〈陸〉il pentathlon
오줌(小便) l'orina, l'urina, il piscio / -누다 pisciare, orinare, urinare [intr. avere]
오중주(五重奏)〈音〉il quintetto
오지(奧地) il luogo lontano e solitario, la regione remota
오직 solamente, solo, soltanto
오징어〈魚〉la seppia; il calamaro, il totano
오차(誤差)〈數〉l'errore
오찬(午餐) la lauta colazione
오카리나〈音〉l'ocarina
오커〈繪〉(그림물감의 원료) l'ocra
오케스트라〈音〉l'orchestra
오케이 Va bene !, D'accordo !, Okay !
오크 통 il barile 1 그 배는 기름 오크 통 몇 개도 운송하고 있었다. La nave trasportava anche alcuni barili d'olio.

오토바이 la moto, la motocicletta 1 우리들은 오토바이 여행하러 갔다. Siamo andati a fare un giro in moto.
오토바이경기(-競技) il motociclismo
오퍼레이터〈映〉l'operatore
오페라 l'opera (lirica) / -用 쌍안경 il binocolo da teatro / -的 operistica
오페레타(輕歌劇)〈音〉l'operetta / -風의 da operetta
오프너 (병마개용) l'apribottiglia, (통조림용) l'apriscatole, (코르크마개용) il cavatappi
오피클레이드〈音〉l'oficleide
오해(誤解) il malinteso, l'equivoco / -하다 fraintendere (le parole di qlcu.), non comprendere qlco. nel giusto senso, comprendere*capire [pr. -isco] erratamente / -를 피하기 위해 per evitare l'equivoco / -를 풀다 chiarire [pr. -isco] l'equivoco*il malinteso
오후(午後) il pomeriggio, dopo mezzogiorno / 이른 -에 nel primo pomeriggio / 늦은 -에 nel tardo pomeriggio / -에 nel pomeriggio 1 난 오후에 너를 만나러 갈 것이다. Verrò a trovarti nel pomeriggio. / -의 pomeridiano(a) / -의 會議 la seduta pomeridiana
오히려 anzi; bensì
옥(玉) la giada
옥내(屋內) l'interno della casa / -에 all'interno, in casa, dentro casa
옥상(屋上) la terrazza, (展望臺) il belvedere ¶-庭園 il giardino pensile
옥수(玉髓)〈鑛〉il calcedonio
옥수수 il gran(o) turco, il mais
옥외(屋外) l'esterno (della casa), l'aria aperta / -에서, 의 all'aperto, all'aria aperta, all'esterno, di fuori
옥좌(玉座) il trono
옥타브〈音〉l'ottava
옥탑 (지붕 밑의 집) l'attico / -에 살다 abitare a tetto ¶-방 la stanza a tetto
옥화물(沃化物)〈化〉l'ioduro
온 종일 tutto il giorno
온건(穩健) la moderazione / -한 moderato(a), sobrio(a) ¶-派 il partito moderato
온기(溫氣) il calore
온난(溫暖) la mitezza (del clima) / -한 mite, temperato(a) ¶-前線〈氣〉il fronte

온난(溫暖)〈氣〉 mite caldo
온당(穩當) la moderazione / -한 appropriato(a)
온대(溫帶)〈地〉 la zona temperata
온대기후(溫帶氣候)〈氣〉 il clima temperato
온대식물(溫帶植物)〈植〉 mesoterma
온도(溫度) il grado, la temperatura / -를 재다 (측정하다) misurare la temperatura ¶-計 il termometro **1** 날씨가 너무 덥구나. 온도계가 30도를 가리키고 있다. Che caldo: il termometro segna 30 gradi.
온도(溫度)〈氣·物〉 la temperatura
온도계(溫度計)〈氣·物〉 il termometro
온도조절(溫度調節)〈生〉 il termoregolatore
온순(溫順) la docilità / -한 mite, dolce; (順從的) docile, obbediente, mansueto(a) / -하게 docilmente / -하게 行動하다 comportarsi docilmente
온스 (약 30 그램) l'oncia (pl. -ce]
온습포(溫濕布)〈藥〉 l'impacco
온실(溫室) il giardino d'inverno, la serra / -에서 자란 꽃이다 essere un fior di serra / -에서 자란 사람이다 essere allevato(a) in una serra
온정(溫情) la tenerezza, la cordialità, la benevolenza, la benignità **1** 나는 그 아이에 대한 온정을 느낀다. Provo una grande tenerezza per quel bambino. **2** 그는 온정을 가지고 나를 대했다. Mi ha trattato con grande cordialità. ¶-主義 il paternalismo
온존(溫存) / -하다 preservare*conservare preziosamente*con cura
온천(溫泉) la sorgente termale, le acque termali, i bagni termali ¶-場 le termi, lo stabilimento*la stazione termale / -水泳場 la piscina di acque termali
온화(溫和) la mitezza (del clima) / -한 mite, dolce, temperato(a), mansueto(a), moderato(a) / 짧고 -한 겨울 inverno breve e mite / -하게 mitentemente
온후(溫厚) la mitezza; la gentilezza / -한 mite, bonario(a); gentile, cortese / -한 성격 il carattere mite
올가미 il cappio; la trappola, il laccio / -(계략, 함정)에 빠지다 cadere al laccio
올라가다(上昇) salire, (가격이) aumentare **1** 어느 부인이 버스에 올랐다. Una signora è salita sull'autobus.
올레핀〈化〉 l'olefina
올리다 (신체의 부분을) alzare, sollevare / 머리를 - (들다) alzare il capo / 시선을 - (쳐다 보다) alzare gli occhi / 손을 - (들다) alzare la mano / 어깨를 - (으쓱하다) alzare le spalle
올리다(高-) elevare
올리브 l'olivo, (實) l'oliva / -油 l'olio d'oliva / -色 di colore oliva
올림표〈音〉 il diesis
올림픽 le Olimpiadi / -의 olimpico(a) ¶-競技 i giochi olimpici, gli olimpiadi
올림픽우승자(-優勝者) l'olimpionico
올바른(正) corretto(a), giusto(a) **1** 올바른 답을 골라라! Scegliete la risposta corretta!
올빼미〈動〉 la civetta, il gufo
올백(백)(美容) i capelli pettinati indietro
올챙이〈動〉 il girino
옮기다(移動) portare, muovere; trasferirsi, traslocare [intr. essere], trasferire; spostare; (병을) infettare **1** 누가 안락의자를 옮겼지? Chi ha mosso la poltrona?
옳다(正當性) **1** 네 말이 옳다. Hai ragione.
옳은(正) giusto(a), corretto(a)
옵사이드〈蹴〉 il fuorigioco, l'offside
옵서버 l'osservatore (f. -trice)
옷(衣) il vestito, l'abito, l'indumento / -입다 vestirsi, mettersi, indossare / - 을 입히다 vestire / - 벗다 spogliarsi, togliersi, svestirsi **1** 난 급히 옷 입는다. Mi vesto in fretta. / 가벼운 - l'abito*il vestito leggero ¶-가게 il negozio di abbiglia-mento / -장 l'armadio
옷감 la stoffa, il tessuto
옷걸이 gli attaccapanni
옷장 l'armadio, il guardaroba
옹호자(擁護者) il sostenitore
옹호하다(擁護-) sostenere, difendere
옻 la lacca
옻칠 la lacca, la laccatura / -하다 laccare / -한 laccato(a) ¶-士 il laccatore, la laccatrice
와사비〈植〉 il rafano giapponese

와이셔츠 la camicia
와이퍼 il tergicristallo
와인 il vino 1 생선을 먹을 땐 백포도주, 육류를 먹을 땐 적포도주가 좋다. Col pesce è più indicato il vino bianco, con la carne il vino rosso.
와트 [獨]〈電〉 il watt
와트〈物〉 il watt / -時 il wattora
와트시 (-時)〈電〉 il wattora
왁스〈蜜蠟〉 (마루를 윤내는데 사용-) la cera da pavimenti
왁친 la vaccina / -을 주사하다 vaccinare ¶-注射 la vaccinazione
왁친〈藥〉 il vaccino
왁친주사 (-注射)〈醫〉 la vaccinazione
완결(完結) concludere (un accordo)
완고(頑固) l'ostinatezza, l'ostinazione, la testardaggine, la caparbiera / -한 ostinato(a), testardo(a), cocciuto(a), caparbio(a), duro(a) 1 그는 완고한 성격을 갖고 있다. Ha un carattere duro. / -한 사람 il testardo, il cocciuto / -하게 ostinatamente, testardamente, caparbiamente
완두콩〈植〉 i piselli verdi
완력(腕力) la forza delle braccia, i forti muscoli delle braccia; la violenza
완료(完了) la fine, il termine / -하다 terminare, compiere, compire, completare
완만(緩慢) / -한 lento(a) / -한 傾斜面 il dolce pendio
완벽(完璧) la perfezione
완성(完成) il compimento / -하다 completare, compire, compiere 1 각각의 문장을 완성하라! Completate ogni frase! 2 미안하지만 내 일을 완성시켜야 한다. Scusami, ma devo completare il mio lavoro. / -되다 essere compiuto(a)
완수(完遂) il compimento / -하다 compiere, compire
완숙(完熟) (계란의) l'uovo sodo
완장(腕章) il bracciale
완전(完全) / -한 perfetto(a), completo(a) / -히 com-pletamente, addirittura, affato 1 반쯤 연 상점도 있고 완전히 문닫은 상점도 있다. I negozi sono semi-aperti e altri addirittura chiusi. 2 난 전혀 논의하고 싶지 않다. Non ho affatto voglia di discutere.

완전고용(完全雇用) il pieno impiego
완전히(完全-) tutto, interamente, completamente / - 잊다, 망각하다 dimenticare*scordarsi completamente (di ciò)
완쾌(完快) la guarigione completa / -되다 guarire [intr. essere, pr. -isco], rimettersi completamente in salute
완하제(緩下劑)〈藥〉 il lassativo
완화(緩和) l'alleviamento, il rilassamento, l'allentamento / -시키다 alleviare, allentare (la disciplina*la cintura), rilassare / 고통을 -시키다 alleviare una pena / 카모밀라로 신경을 -하다 rilassare i nervi con una camomilla / -되다 rilassarsi, allentarsi, essere rilassato(a) / -된 rilassato(a), allentato(a), sciolto(a)
완화(緩和)〈醫〉 la rilassatezza
왈츠〈音樂〉 il valzer, il walzer / -를 추다 ballare il valzer / -박자로 a tempo di valzer
왕(王) il re; (女王) la regina; (君主) il monarca 1 1946년까지 이탈리아는 왕에 의해 통치되었다. Fino al 1946 l'Italia era comandata da un re. 2 사자는 동물의 왕이다. Il leone è il re degli animali. ¶-家 la famiglia reale / -宮 il palazzo reale / -妃 la principessa / -子 il principe / -族 i principi di sanguereale / -權 la sovranità reale / -陵 il mausoleo imperiale
왕국(王國) il regno
왕관(王冠) la corona
왕년(往年) -에 un tempo, una volta, nei tempi andati
왕따시키다 (따돌리다) allon-tanare qlcu. dal gruppo, odiare
왕래(往來) l'andirivieni / 많은 (적은) - continuo (scarso) andirivieni, (사람이나 차량의) il traffico, la circolazione / -하다 andare e venire; circolare [intr. essere, avere]
왕릉(王陵) il mausoleo imperiale
왕복(往復) andata e ritorno / -차표 il biglietto d'andata e ritorno
왕비(王妃) la regina
왕비마마(王妃-) Principessa (imperiale*reale), Sua Altezza imperiale, Vostra Altezza
왕생(往生) la morte, la scomparsa / -하

다 morire [intr. essere], esalare*spirare l'ultimo respiro

왕성(旺盛) /-한 vigoroso(a), energico(a); (盛大한) magnifico(a), splendido(a); (繁榮하는) prosperoso(a), prospero(a), fiorente;

왕실(王室) la casa*la famiglia reale

왕자(王子) il principe (reale)

왕조(王朝) la dinastia / 사보이아 - la dinastia dei Savoia

왕족(王族) la famiglia reale

왕좌(王座) il trono / -를 爭取하다 contendere l'egemonia a qlcu.

왕진(往診)〈醫〉 la visita medica a domicilio, la visita del dottore a un malato*un paziente a casa di qlcu. / -하다 fare la visita ad un malato, visitare un paziente a casa sua

왕후(王侯) Re e Principi

왜 perché 1 넌 왜 이탈리아어를 공부하니? Perché studi l'italiano?

왜곡(歪曲) la distorsione / (事實을) -시키다 distorcere*falsare un fatto

왜냐하면 perché

외(外) l'esterno, la parte esterna

외가(外家) /-의 materno(a) ¶親戚 il parente materno, la parentela materna

외각(外角) gli esterni

외견(外見) l'esteriore, l'esteriorità, l'apparenza, la figura / -의 esterno(à), esteriore

외계(外界) il mondo esteriore

외계인(外界人) l'extraterrestre

외과(外科) la chirurgia, -의 chirurgico(a) ¶醫師 il chirurgo, la chirurga [用語]〈전문과(專門科) Branche specialistiche〉 골상학(骨相學) la frenologia, 골학(骨學) l'osteologia, 구강과학(口腔科學) la stomatologia, 구강병학(口腔病學) la stomatologia, 내분비학(內分泌學) l'endocrinologia, 노인학(老人學) la gerontologia, 뇌신경외과학(腦神經外科學) la neutrochirurgia, 물리요법(物理療法) la fisioterapia, 미생물학(微生物學) la microbiologia, 방사선의학(放射線醫學) la radiologia, 병리학(病理學) la patologia, 부인병학(婦人病學) la ginecologia, 비뇨기과학(泌尿器科學) l'urologia, 산과학(產科學) l'ostetricia, 생리학(生理學) la fisiologia, 생물학(生物學) la biologia, 생화학(生化學) la biochimica, 세포학(細胞學) la batteriologia, 소아과학(小兒科學) la pediatria, 식품영양학(食品營養學) la bromatologia, 신경병학(神經病學) la neutrologia, 신경외과학(腦神經外科學) la neutrochirurgia, 심리학(心理學) la psicologia, 심장병학(心臟病學) la cardiologia, 안과학(眼科學) l'oculistica, 약리학(藥理學) la farmacologia, 약물학(藥物學) la farmacologia, 외과학(外科學) la chirurgia, 외상학(外傷學) la traumatologia, 위생(衛生) l'igiene, 유전학(遺傳學) la genetica, 이비인후과학(耳鼻咽喉科學) l'otorinolaringoiatria, 재해외과학(災害外科學) la traumatologia, 정신병학(精神病學) la psichiatria, 정형외과학(整形外科學) l'ortopedia, 조직학(組織學) l'istologia, 증후학(症候學) la semeiotica, 치과학(齒科學) l'odontoiatria, 태생학(胎生學) l'embriologia, 폐결핵학(肺結核學) la tisiologia, 피부과학(皮膚科學) la dermatologia, 해부학(解剖學) l'anatomia, 후두학(喉頭學) la laringoiatria, 〈전문의(專門醫) Medici specialisti〉 골학자(骨學者) l'osteologo, 구강병전문의(口腔病專門醫) lo stomatologo, 내분비병전문의(內分泌病專門醫) l'endocrinologo, 마취의(麻醉醫) l'anestesista, 미생물학자(微生物學者) il microbiologo, 방사선전문의(放射線專門醫) il radiologo, 병리학자(病理學者) il patologo, 보건사(保健士) l'igienista, 부인과의(婦人科醫) il ginecologo, 비뇨기과의(泌尿器科醫) l'urologo, 산과의(產科醫) l'ostetrico, 생리학자(生理學醫) il fisiologo, 생물학자(生物學者) il biologo, 생화학자(生化學者) il biochimico, 세포학자(細胞學者) il batteriologo, 소아과의(小兒科醫) la pediatra, 식품영양학자(食品營養學者) il bromatologo, 신경외과의(神經外科醫) il neurochirurgo, 심장병전문의(心臟病專門醫) il cardiologo, 안과의(眼科醫) l'oculista, 약물학자(藥物學者) il farmacologo, 외과의(外科醫) il chirurgo, 외상전문외과의(外傷專門外科醫) il traumatologo, 이비인후과의(耳鼻咽喉科醫) l'otorinolaringoiatra, 정신과의(精神科醫) la psichiatra, 정신병의(精

神病醫) l'alienista, 정형외과의(整形外科醫) l'ortopedico, 조직학자(組織學者) l'istologo, 치과의(齒科醫) il dentista, 치과의(齒科醫) l'odontoiatra, 폐결핵전문의(肺結核專門醫) il tisiologo, 피부과의(皮膚科醫) il dermatologo, 해부학의(解剖學醫) l'anatomico, 후두과학자(喉頭科學者) la laringoiatra; 〈질환(疾患) Malattie〉 각막염(角膜炎) la cheratite, 간경화증(肝硬化症) la cirrosi epatica, 감기(感氣) il raffreddore, 감염(肝炎) l'epatite, 감염(感染) l'infezione, 갑상선염(甲狀腺炎) la tiroidite, 개선(疥癬) la scabbia, 결막염(結膜炎) la congiuntivite, 결석증(結石症) la calcolosi, 결핵(結核) la tubercolosi, 경변증(硬変症) la cirrosi, 경색(梗塞) l'infarto, 고혈압증(高血壓症) l'ipertensione, 고환염(睾丸炎) l'orchite, 골막염(骨膜炎) la periostite, 골막염(骨膜炎) la sinovite, 골수염(骨髓炎) la mielite, 골수염(骨髓炎) la osteomielite, 골염(骨炎) la osteite, 이염(耳炎) l'otite, 관절염(關節炎) l'artrite, 관절증(關節症) l'artrosi, 광견병(狂犬病) la rabbia, 구내염(口內炎) la stomatite, 구루병(佝僂病) il rachitismo, 궤양(潰瘍) l'ulcera, 규폐증(硅肺症) la silicosi, 기관지염(氣管支炎) la bronchite, 기관지염(氣管支炎) la tracheite, 기관지폐렴(氣管支肺炎) la broncopolmonite, 기절(氣絶) la sincope, 기종(氣腫) l'enfisema, 나팔관염(喇叭管炎) la salpingite, 난시(亂視) l'astigmatismo, 납중독(-中毒) il saturnismo, 낭창(狼瘡) il lupus, 내심막염(內心膜炎) l'endocardite, 노안(老眼) la presbiopia, 녹내장(綠內障) il glaucoma, 농루(膿漏) la piorrea, 농창(膿瘡) l'ascesso, 농포(膿疱) la pustula, 뇌막염(腦膜炎) la meningite, 뇌염(腦炎) l'encefalite, 늑막염(肋膜炎) la pleurite, 다발성관절염(多發性關節炎) la poliartrite, 담낭염(膽囊炎) la colecistite, 담석증(膽石症) la colelitia, 당뇨병(糖尿病) il diabete, 대동맥염(大動脈炎) l'aortite, 동맥경화증(動脈硬化症) l'arteriosclerosi, 디프테리아 la difterite, 말라리아 la malaria, 망막염(網膜炎) la retinite, 매독(梅毒) la sifilide, 맹장염(盲腸炎) l'appendicite, 맹장염(盲腸炎) la tiflite, 무도병(舞蹈病) la corea, 발작(發作) l'ictus, 발진티푸스 il tifo, 방광염(膀胱炎) la cistite, 방사선피부염(放射線皮膚炎) la radiodermite, 배꼽염(-炎) l'onfalite, 배앓이 la colica, 백내장(白內障) la cateratta, 백일해(百日咳) la pertosse, 복막염(腹膜炎) la peritonite, 부비강염(副鼻腔炎) la sinusite, 부전마비(不全麻痺) la paraplegia, 브루셀라병(-病) la brucellosi, 비염(鼻炎) la corizza, 비염(鼻炎) la rinite, 비염(脾炎) la splenite, 빈혈증(貧血症) l'anemia, 사상균(絲狀菌病) la micosi, 색맹(色盲) il daltonismo, 선단거대증(先端巨大症) l'acromegalia, 선모충병(旋毛虫病) la trichinosi, 선병(腺病) la scrofola, 성홍열(猩紅熱) la scarlattina, 소모증(消耗症) la tabe, 신경염(神經炎) la nevrite, 신경증(神經症) la nevrosi, 신장변성병(腎臟變性病) la nefrosi, 신장염(腎臟炎) la nefrite, 실신(失神) la sincope, 심근염(心筋炎) la miocardite, 아구창(鵝口瘡) il mughetto, 아메바성 질환(-疾患) l'amebiasi, 암(癌) il cancro, 여드름(痤瘡) l'acne, 염증(炎症) l'infiammazione, 외음염(外陰炎) la vulvite, 요도염(尿道炎) l'uretrite, 위염(胃炎) la gastrite, 위장염(胃腸炎) la gastroenterite, 유행성감기(流行性感氣) l'influenza, 유행성이하선염(流行性耳下腺炎) la parotite epidemica, 이관염(耳管炎) la salpingite, 이앓이(齒齦炎) la gengivite, 이하선염(耳下腺炎) gli orecchioni, la parotite, 인공유산(人工流産) l'aborto, 인후염(咽喉炎) la faringite, 임질(淋疾) la gonorrea, 임파선염(-炎) il bubbone, 장염(腸炎) l'enterite, 전립선염(前立腺炎) la prostatite, 전염(傳染) l'infezione, 점액분비(粘液分泌) la blenorragia, 정맥동염(靜脈洞炎) la sinusite, 정맥류(靜脈瘤) la varice, 정맥염(靜脈炎) la flebite, 졸도(卒倒) la sincope, 좌골신경통(坐骨神經痛) la sciatica, 중이염(中耳炎) l'otite media, 척추염(脊椎炎) la spondilite, 천식(喘息) l'asma, 천연두(天然痘) il vaiolo, 추골염(椎骨炎) la spondilite, 출혈성 체질(出血性 體質) l'emofilia, 충수염(虫垂炎) l'appendicite, 충치(蟲齒) la carie, 췌장염(膵臟炎) la pancreatite, 치수염(齒髓炎) la pulpite,

치은염(齒齦炎) la gengivite, 치질(痔疾) l'emorroidi, 탄분증(炭粉症) l'antracosi, 탈장(脫腸) l'ernia, 탈저(脫疽) la cancrena, 통풍(痛風) la gotta, 트라코마 il tracoma, 파라티푸스 il paratifo, 패혈증(敗血症) la sepsi, la setticemia, 페스트 la peste, 편도선염(扁桃腺炎) la tonsillite, 폐렴(肺炎) la polmonite, la pneumonia, la pneumonite, 포진(疱疹) l'herpes, 표저(瘭疽) il patereccio, 피부균열(皮膚龜裂) la ragade, 피부염(皮膚炎) la dermatite, 혈우병(血友病) l'emofilia, 혈전성정맥염(血栓性靜脈炎) la tromboflebite, 홍역(紅疫) il morbillo, la roseola, 홍진(紅疹) la roseola, 흑사병(黑死病) la peste nera; 〈**기형(奇形) Malformazioni**〉 거대두개(巨大頭蓋) la macrocefalia, 구개열(口蓋裂) la palatoschisi, 기형종(奇形腫) il teratoma, 단두증(短頭症) la brachicefalia, 단안증(單眼症) la ciclopia, 무두증(無頭症) l'acefalia, 불면증(不眠症) l'ablefaria, 사지결손증(四肢缺損症) l'amelia, 소안구증(小眼球症) la microftalmia, 안구왜소(眼球矮小) la microftalmia, 해표상기형(海豹狀奇形) la focomelia; 〈**증후(症候) Sintomi**〉 가려움 la prurigine, 가려움증(-症) il prurito, 각혈(咯血) l'emottisi, 간헐성경련(間歇性 痙攣) il clono, 감정마비(感情痲痺) l'apatia, 강경증(強硬症) la catalessi, 건망증(健忘症) l'amnesia, 경련(痙攣) il crampo, 경직(硬直) la rigidita', 고통(苦痛) il dolore, 공기연하증(空氣嚥下症) l'aerofagia, 공동운동장애(共同運動障礙) la dismetria, 과대망상증(誇大妄想症) la megalomania, 광기(狂氣) la demenza, 구토(嘔吐) il rigurgito, il vomito, 구토물(嘔吐物) il vomito, 국부마비(局部痲痺) la paresi, 귀머거리(難聽) la sordità, 근육긴장이상(筋肉緊張異常) la distonia, 기왕증(既往症) l'anamnesi, 긴장(緊張) la tensione, 난청(難聽) la sordità, 내장탈출(內臟脫出) lo sventramento, 노력(努力) il conato, 노인성 치매(老人性 癡呆) la demenza senile, 능동(能動) il conato, 다혈증(多血症) la pletora, 단백뇨(蛋白尿) l'albuminuria, 당뇨(糖尿) la glicosuria, 두통(頭痛) la cefalea, 둔감(愚鈍) il torpore, 딸꾹질 il singulto, il singhiozzo, 땀 il sudore, 류마티스 il reumatismo, 마비(痲痺) il torpore, 마비(癱痺) la paralisi, 마찰(摩擦) lo sfregamento, 말더듬 la balbuzie, 목이 쉼 la raucedine, 무감각(無感覺) il torpore, 무감동(無感動) l'apatia, 무뇨증(無尿症) l'anuria, 무력증(無力症) l'astenia, 무성증(無聲症) l'afonia, 무열(無熱) l'apiressia, 무의지증(無意志症) l'abulia, 무호흡(無呼吸) l'apnea, 무후각증(無嗅覺症) l'anosmia, 밀실공포증(密室恐怖症) la claustrofobia, 박약(薄弱) l'astenia, 발광(發狂) la demenza, 발목신경통(- 神經痛) la tarsalgia, 발작(發作) l'accesso, 발작(發作) l'attacco, la crisi, 발작성 체질(發作性 體質) la spasmofilia, 백대하(白帶下) la leucorrea, 변비(便祕) la costipazione, la stipsi, 병적 다변증(病的 多辯症) la logorrea, 병적 흥분상태(病的 興奮狀態) l'isterismo, 복수증(腹水症) l'ascite, 불면증(不眠症) l'insonnia, 불안(不安) l'ansia, 비만(肥滿) la pinguedine, 비만증(肥滿症) l'obesità, 비종(脾腫) la splenomegalia, 비출혈(鼻出血) l'epistassi, 산성증(酸性症) l'acidosi, 설사(泄瀉) la diarrhea, 성불능(性不能) l'impotenza, 소아마비(小兒痲痺) la paralisi infantile, 소화불량(消化不良) la dispepsia, 시아노제 la cianosi, 식욕부진(食慾不振) l'anoressia, la disappetenza, 신경과민증(神經過敏症) il nervosismo, 신경쇠약(神經衰弱) la neurastenia, 신경질(神經質) il nervosismo, 실금(失禁) l'incontinenza, 실어증(失語症) l'afasia, 심장마비(心臟痲痺) la paralisi cardiaca, 쑤심 la prurigine, 아세톤뇨증(-尿症) l'acetonuria, 아세톤 혈증(-血症) l'acetonemia, 악화(惡化) l'aggravamento, 알러지 l'allergia, 알레르기 l'allergia, 알칼로시스 l'alcalosi, 암시(暗示) la suggestione, 역류(逆流) il rigurgito, 완화(緩和) la rilassatezza, 요독증(尿毒症) l'uremia, 요량과다(尿量過多) la diuresi, 우둔(愚鈍) il torpore, 우울증(憂鬱症) la malinconia, 유뇨증(遺尿症) l'enuresi, 의지결여(意志缺如) l'abulia, 임종(臨終) l'agonia, 자반(紫斑) la porpora, 장력(張力) la tensione, 재발(再發) la recidiva, la recrudescenza, la ricaduta, 저능(低能) l'imbecillità, 전신감각(全身感覺) la cenestesi, 전조(前兆) il prodromo, 점막염증(粘膜炎症) il catarro, 정신쇠약증(精神衰弱症) la psicoastenia, 정신신경증(精神神經症) la psiconeurosi, 정신착란(精神錯亂) la demenza, 정점(頂点) l'acme, 정체(停滯) la ritenzione, 좌골신경통(坐骨神經痛) l'ischialgia, 중독증(中毒症) la tossicosi, 지루(脂漏) la seborrea, 지방축적(脂肪蓄積) la adiposità, 진통(陣痛) il dolore del parto, 질식(窒息) l'apnea, l'asfissia, 징후(徵候) il prodromo, 척추통(脊椎痛) la rachialgia, 천식(喘息) l'asma, 최면상태(催眠狀態) la trance, 충혈(充血) l'iperemia, 취음(吹音) il soffio, 치매(癡呆) la demenza, 치우(癡愚) l'imbecillità, 코피(鼻出血) l'epistassi, 파행(跛行) la claudicazione, lo zoppicamento, 팽만(膨滿) la turgidita', 피로(疲勞) la stanchezza, 항문출혈(肛門出血) la proctorragia, 현기증(眩氣症) l'aerofobia, il capogiro, la vertigine, 혈뇨(血尿) l'ematuria, 협심증(狹心症) la stenocardia, 호흡곤란(呼吸困難) l'affanno, la dispnea, 혼수상태(昏睡狀態) il coma, la trance, 화농(化膿) la suppurazione, 환각(幻覺) l'allucinazione, 황달(黃疸) l'ittero, 후각결여(嗅覺缺如) l'anosmia, 흑내장(黑内障) l'amaurosi, 흥분(興奮) l'agitazione, 히스테리 l'isterismo; 〈수술(手術) Interventi〉 가슴성형술(胸部成形術) la toracoplastica, 개복술(開腹術) la laparotomia, 거세(去勢) la castrazione, 관장(灌腸) l'enteroclisma, 기관지절개술(氣管支切開術) la tracheotomia, 동면마취(冬眠麻醉) l'ibernazione, 마취법(痲醉法) l'anestesia, 무감각증(無感覺症) l'anestesia, 무통각(無痛覺) l'analgesia, 방광절개(膀胱切開) la cistostomia, 배액법(排液法) il drenaggio, 베어냄 il raschiamento, 봉합(縫合) la sutura, 부식(腐蝕) la cauterizzazione, 사체해부(死體解剖) l'autopsia, 생체실험(生體實驗) la vivisezione, 생체해부(生體解剖) la vivisezione, 석고깁스(石膏-) l'ingessatura, 수액(輸液) la trasfusione, 신장절제술(腎臟切除術) la nefrectomia, 왁친주사(-注射) la vaccinazione, 이식조직(移植組織) il trapianto, 자궁절제술(子宮切除術) l'isterectomia, 적출(摘出) l'enucleazione, l'estrazione, 적출술(摘出術) la resezione, 절개술(切開術) l'incisione, 절단술(切斷術) l'amputazione, 절제(切除) l'ablazione, 절제술(切除術) la resezione, 접종(接種) l'inoculazione, la vaccinazione, 접합술(接合術) l'anastomosi, 정맥주사(靜脈注射) la fleboclisi, 제거(除去) l'ablazione, 제왕절개(帝王切開) il taglio cesareo, 조직검사(組織檢查) la biopsia, 조직이식(組織移植) l'innesto, 지혈(止血) l'emostasi, 천개술(穿開術) la paracentesi, 천공(穿孔) la trapanazione, 추출(抽出) l'estrazione, 출혈(出血) il salasso, 충수절제(蟲垂切除) l'appendicectomia, 통각결여(痛覺缺如) l'analgesia, 편도선적제술(扁桃腺摘除術) la tonsillectomia, 포피절개(包皮切開) la circoncisione, 피하주입(皮下注入) l'ipodermoclisi, 해부(解剖) la dissezione, 헤르니아 절개술(切開術) la erniotomia, 회전술(回轉術) il rivolgimento, 후두개구술(喉頭開口術) la laringotomia; 〈기구(器具) Strumenti〉 검안경(檢眼鏡) l'oftalmoscopio, 견인기(牽引器) il divaricatore, 골절도(骨節刀) l'osteotomo, 미음청진기(微音聽診器) il fonendoscopio, 방광경검사법(膀胱鏡檢查法) il cistoscopio, 부식제(腐蝕劑) il cauterio, 설압자(舌壓子) l'abbassalingua, 소작기(燒灼器) il termocauterio, 수술용 메스(手術用 -) il bisturi, 심장기록기(心臟記錄器) il cardiografo, 유엽도(柳葉刀) il bisturi, 이경(耳鏡) l'otoscopio, 주사기(注射器) la siringa, 집게 il forcipe, 청진기(聽診器) lo stetoscopio, 체온계(體溫計) il termometro, 침(針) l'ago, 타진망치(打診-) il martello, 탐침(探針) la sonda, 투관침(套管針) il trequarti, 현미경(顯微鏡) il microscopio, 혈압계(血壓計) lo sfigmomanometro, 확장기(擴張器) il dilatatore, 후두경(喉頭鏡) il laringoscopio, 흡입기(吸入器) l'inalatore

외과(外科)〈醫〉 la chirurgia
외과의(外科醫)〈醫〉 il chirurgo
외과학(外科學)〈醫〉 la chirurgia

외곽(外廓) / -에 in periferia
외관(外觀) l'apparenza, l'aspetto, l'esteriore, l'esteriorità
외교(外交) la diplomazia / -的, 上 diplomatico(a) / -的으로, 上으로 diplomaticamente ¶-政策 la politica estera / 商業上- il contatto con l'estero nelle relazioni commerciali / -官 il diplomatico / -團 il corpo diplomatico / -關係 le relazioni diplomatiche / -文書 la nota diplomatica / -覺書 il memorandum / -辭令 il linguaggio protocollare
외교관행(外交慣行)〈法〉la prassi diplomatica
외국(外國) il paese estero*straniero, (통합적으로) l'estero / -의 estero(a), straniero(a) ¶-語 la lingua straniera*estera / -人 lo straniero, la straniera **1** 수많은 외국인들은 우리의 예술 도시들을 방문한다. Numerosi stranieri visitano le nostre città d'arte. ¶-滯留者 lo straniero residente / -商品 le merci estere
외국어(外國語)〈言〉la lingua straniera
외국통화(外國通貨)〈銀〉la divisa, la valuta
외래(外來) / -의 forestiero(a), straniero(a) ¶-語 il vocabolo*la voce d'origine estera / -患者 il*la paziente esterno(a)
외래어법(外來語法)〈言〉il forestierismo
외로움 la solitudine
외면(外面) l'apparenza, l'aspetto, l'esteriore, la superficialità, la superficie / -的 superficiale, estrinseco(a) / -的 觀察 l'osservazione superficiale / -的 理由 i motivi estrinseci
외무(外務) gli affari esteri
외무부(外務部) Ministero degli (Affari) Esteri ¶-長官 Ministro degli (Affari) Esteri / -次官 Vice Ministro degli Esteri [用語] (이탈리아) 비망록(備忘錄) memorandum, 통첩(通牒) nota, 조약(條約) trattato, 대사관(大使館) ambasciata, 공사관(公使館) legazione, 총영사관(總領事館) consolato generale, 영사관(領事館) consolato, 신임장(信任狀) lettere credenziali, 대사(大使) ambasciatore, 전권대사(全權大使) ministro plenipotenziario, 전권공사(全權公使) ministro plenipotenziario, 대리대사(代理大使) incaricato d'affari, 대리공사(代理公使) incaricato d'affari, 일등참사관(一等參事官) primo consigliere, 참사관(參事官) consigliere, 일등서기관(一等書記官) primo segretario, 서기관(書記官) segretario, 담당관(擔當官) addetto, 상무관(商務官) addetto commerciale, 문관(文官) addetto culturale, 무관(武官) addetto militare, 보도관(報道官) addetto stampa, 총영사(總領事) console generale, 영사(領事) console
외박(外泊) il pernottamento / -하다 pernottare (in albergo), dormire fuori di casa propria
외부(外部) la parte esterna / -의 esterno(a), esteriore
외분비(外分泌) la secrezione esterna ¶-腺 le ghiandole esocrine
외상(商) il credito
외상(外相) Ministro degli (Affari) Esteri
외상전문외과의(外傷專門外科醫)〈醫〉il traumatologo
외상학(外傷學)〈醫〉la traumatologia
외설(猥褻) / -的인 osceno(a), indecente; pornografico(a)
외숙부(外叔父)〈族〉lo zio materno
외식(外食) la colazione fatta fuori (di casa) / -하다 fare colazione fuori di casa propria
외야(外野) la parte del campo fuori del diamante ¶-手 l'esterno
외양간 la stalla (per buoi*tori), (馬) la scuderia
외용(外用) l'uso esterno ¶-藥 la medicina per uso esterno
외용약(外用藥)〈藥〉il topico
외유(外遊) il viaggio all'estero / -하다 fare un viaggio all'estero
외음염(外陰炎)〈醫〉la vulvite
외이(外耳)〈解〉il padiglione, l'orecchio esterno
외인(外人) lo straniero
외인암(外因岩)〈鑛〉la roccia esogena
외자(外資) il capitale estero ¶-導入 l'introduzione del capitale estero
외적(外的) esterno(a), esteriore
외지(外地) i paesi d'oltremare ¶-勤務 il servizio all'estero
외채(外債) il prestito (pubblico) estero*all'estero

외출(外出) l'uscita / -하다 uscire ¶-許可 il permesso d'uscita / -禁止〈軍〉 la consegna

외측(外側) la parte esterna, il lato esterno

외측보조날개(外側補助翼)〈空〉 l'aletta di compensazione

외치다 urlare, strillare, gridare [intr. avere], strepitare [intr. avere]

외투(外套) il cappotto, il soprabito

외판(外板)〈海〉 il fasciame

외피(外皮) (일반적) la corteccia, (과실의) la buccia, (수목의) la scorza

외형(外形) la forma esteriore / -的 formale

외화(外貨) (상품) le merci estere; (화폐) la moneta*valuta estera ¶-獲得 l'acquisto di moneta estera / -保有高 le riserve di divisa estera

왼손 la mano sinistra

왼손잡이 il mancino

왼쪽 공격수〈蹴〉 l'ala sinistra

왼쪽 공격형 미드필드〈蹴〉 la mezzala sinistra

왼쪽 수비수〈蹴〉 il terzino sinistro

왼쪽 수비형 미드필드〈蹴〉 il mediano sinistro

왼쪽(左) il sinistro / -의 sinistro(a) **1** 그는 왼쪽 팔을 다쳤다. Si è fatto male al braccio sinistro.

요가 la yoga

요강(尿器) l'orinale, il vaso da notte

요괴(妖怪) la larva

요구(要求) la richiesta, l'esigenza, la domanda, la necessità / -하다 richiedere, domandare, esigere

요금(料金) il prezzo; (關稅*鐵道*郵便 따위의 料金*表) la tariffa

요금징수소(料金徵收所)〈路〉 il casello

요담(要談) la conversazione d'affari importanti / -하다 avere una conversazione d'affari importanti

요도(尿道) l'uretra

요도염(尿道炎)〈醫〉 l'uretrite

요독증(尿毒症)〈醫〉 l'uremia

요동(搖動) l'agitazione

요드〈化〉 lo iodio

요란(擾亂) il chiasso, la chiassata / -한, 스런 chiassoso(a), rumoroso(a); clamoroso / -스럽게 chiassosamente **1** 그 자동차는 빠르긴 하나 좀 요란스럽다. Quella macchina è veloce ma un po' rumorosa. / -을 떨다 fare il chiasso

요람(搖籃) la culla

요량과다(尿量過多)〈醫〉 la diuresi

요령(要領) (要點) il punto principale*importante*essenziale; (概略) il riassunto, il sommario / -을 터득하다 afferrare il punto importante

요리(料理) il piatto, la cucina, la vivanda / -하다 cucinare, cuocere / 튀니지의 전형적인 - un piatto tipico tunisino **1** 나는 한국 요리를 무척 좋아한다. Mi piace molto la cucina coreana. **2** 점심시간에 요리할 틈이 너무 없다. All'ora di pranzo non c'è mai molto tempo per cucinare. ¶-法 la ricetta, la cucinatura / -師 il cuoco (f. -a) **1** 그 레스토랑엔 유명한 요리사가 일하고 있다. In quel ristorante lavora un famoso cuoco. / -場 la cucina / -집 il ristorante, la trattoria

요망(要望) la richiesta, il desiderio / -하다 chiedere, desiderare

요법(療法)〈醫〉 il trattamento, la cura, (治療) la terapia ¶電氣- l'elettroterapia

요새(要塞) la fortezza, il luogo fortificato, la fortificazione

요새(要塞)〈建〉 la cittadella

요소(尿素)〈化〉 l'urea

요소(要所) il punto importante; la posizione strategica

요소(要素) l'elemento, il fattore

요술(妖術) la magia, la prestidigitazione ¶-쟁이 il prestigiatore

요약(要約) il riassunto, l'estratto, il sommario / -하다 riassumere, fare un riassunto*un estratto, estrarre, ricapitolare

요양(療養) la cura (medica), il trattamento / -하다 curarsi (per ricuperare la salute) ¶-所 la casa di salute, (結核의) il sanatorio

요업(窯業) l'industria ceramica ¶-家 il*la ceramista

요염(妖艷) la civetteria, l'adulazione, la lusinga / -한 civettuolo(a); attraente, seducente **1** 요염한 시선 lo sguardo civettuolo

요오드〈化〉 lo iodio

요원(要員) il personale indispensabile
요인(要因) il fattore, l'elemento
요인(要人) la persona importante, il personaggio (importante), (l'eminente) personalità
요일(曜日) i giorni della settimana **1** 오늘 무슨 요일인가요? 금요일입니다. Che giorno è oggi? E' venerdì.
요절(夭折) la morte immatura*prematura / -하다 morire [intr. essere] giovane
요점(要點) il punto principale, il sommario, l'idea **1** 너희들은 그의 연설 요점을 이해했니? Avete capito l'idea del suo discorso?
요정(妖精) la fata, (물의) la ninfa
요지(要地) il luogo importante, la posizione strategica
요지(要旨) il punto principale*essenziale; riassunto, i cenni riassuntivi
요철(凹凸) la scabrosita
요청(要請) la richiesta, la richiesta / -하다 richiedere, domandare **1** 난 실비아에게 부탁 하나를 한다. Chiedo un favore a Silvia. **2** 더블 침대 방 하나에 그들은 10만 리라를 요구한다. Per una camera matrimoniale chiedono centomila lire.
요컨대(要) insomma **1** 우리는 적은 돈을 써가면서도 맛있게 먹었고 동료도 최고였다. 요컨대 멋진 저녁 한때였다. Abbiamo mangiato bene spendendo poco, la compagnia era ottima: insomma, una bella serata.
요통(腰痛)⟨醫⟩ mal di schiena
요트 la vela, lo yacht
요트⟨海⟩ il panfilo, lo yacht
욕 la parolaccia
욕구(欲求) il desiderio, la brama, la voglia / -를 충족시키다 soddisfare*saziare un desiderio
욕망(欲望) il desiderio, la voglia, l'avidità / 만족할 수 없는 - il desiderio insaziabile
욕실(浴室) il bagno, la stanza da bagno
욕심(慾心) l'avidità / -나는 desideroso(a), bramoso(a) / -많은 avaro(a), taccagno(a)
욕조(浴槽) la vasca (da bagno)
용(龍) il drago, il dragone
용감(勇敢) il coraggio, l'audacia, l'ardimento / -한 audace, ardito(a), gagliardo(a), eroico(a), coraggioso(a), bravo(a), valoroso(a), prode / -하게 audacemente, arditamente, con coraggio, coraggiosamente, prodemente
용건(用件) la faccenda, l'affare
용골(龍骨)⟨海⟩ la chiglia
용광로(鎔鑛爐) l'altoforno (di fusione)
용구(用具) gli utensili, gli arnesi; (外科의) gli strumenti chirurgici; (체조의) gli attrezzi*gli strumenti per la ginnastica
용기(用器) il contenitore
용기(勇氣) il coraggio, il valore / -내다 farsi forte / -있는 coraggioso(a); intrepido(a), audace / -를 주다 incoraggiare
용기(容器) il recipiente (di vetri)
용도(用途) l'uso / -가 넓다 servire a molti usi
용량(用量) (藥의) la dose
용량(容量) la capacità, il volume
용량(容量)⟨物⟩ la capacità
용량(容量)⟨數⟩ la capacità
용례(用例) l'esempio
용매(溶媒)⟨化⟩ il solvente
용맹(勇猛) il fiero, l'audace / -한 intrepido(a), audace / -하게 intrepidamente, audacemente, senza badare al pericolo, senza paura*esitanza
용모(容貌) la figura, l'aspetto
용무(用務) la faccenda
용법(用法) il modo di usare, (약 따위의) le indicazioni per l'uso
용변(用便) / -을 보러가다 andare al gabinetto*alla toletta*al bagno
용병(傭兵) il soldato di ventura ¶-隊 la truppa mercenaria
용사(勇士) l'eroe (f. eroina), il soldato valoroso, il guerriero
용서(容恕) il perdono, la scusa / -하다 perdonare / -하기 어려운 imperdonabile
용솟음치다 zampillare, scaturire [pr. -isco], sgorgare
용수(用水) l'acqua di serbatoio ¶-池 lo stagno per l'irrigazione
용수철 la molla
용암(鎔巖)⟨鑛⟩ la lava, la roccia magmatica
용액(溶液)⟨藥·化⟩ la soluzione
용어(用語) il termine, la parola, la

용어(用語)〈言〉 la terminologia
용어집(用語集)〈言〉 la nomenclatura
용역(用役)〈經〉 il servizio
용의(用意) (準備) la preparazione, i preparativi, la prontezza / -하다 preparare, prepararsi (ad un viaggio), fare i preparativi (del viaggio), essere pronto (a partire) / -주도한 prudente, cauto(a), scrupoloso(a)
용의(容疑) il sospetto ¶-者 la persona sospetta
용의주도(用意周到) la prontezza, la previdenza, la scrupolosità / -한 prudente, cauto(a), scrupoloso(a)
용이(容易) la facilità / -한 facile, senza ostacolo / -하게 facilmente, senza ostacoli / -하게 하다 agevolare, facilitare
용익권(用益權)〈法〉 l'usufrutto
용인(容認) la concessione / -하다 ammettere, riconoscere
용재(用材) i materiali (da costruzione)
용적(容積) il volume, la capacità
용적(容積)〈海〉 la stazza
용접(鎔接) la saldatura / -하다 saldare (a stagno*all'ossigeno) ¶電氣- la saldatura elettrica
용제(溶劑)〈藥〉 il risolvente
용제(溶劑)〈化〉 il solvente
용제(溶劑)〈繪〉 il solvente
용지(用地) il terreno per un certo uso ¶建築- il terreno fabbricabile*fabbricativo, edificabile
용출(湧出) / -하다 (액체가) sgorgare [intr. essere], zampillare [intr. essere, avere], scaturire [intr. essere, pr. -isco], sprizzare [intr. essere] ¶ 물이 바위에서 용출한다. L'acqua scaturisce dalla roccia.
용퇴(勇退) il ritiro (volontario), le dimissioni (spontanee) / -하다 ritirarsi (dal campo economico), dimettersi (da una carica del governo)
용해(溶解) la dissoluzione, (열에 의한) la fusione, (液化) la liquefazione / -하다 sciogliere, dissolvere [tr.], fondere [tr.], liquefare [tr.] / -되다 dissolversi, sciogliersi, (熱에) fondersi, liquefarsi

용해도(溶解度)〈化〉 la solubilità
우(雨)〈氣〉 la pioggia
우거지다(鬱蒼) mettere fronde, coprirsi di fronde
우거진(鬱蒼) frondoso(a), cespuglioso(a) / - 땅 il terreno cespuglioso
우국(憂國) il patriottismo ¶-烈士 il*la patriota
우기(雨期) la stagione di piogge
우기다 insistere
우기성(偶寄性)〈物〉 la parità
우대(優待) il trattamento di favore*riguardo, (歡待) l'ospitalità, (歡迎) l'accoglienza / -하다 trattare qlcu. con cortesia, usare a qlcu. il trattamento di riguardo ¶-券 il biglietto di favore
우둔(愚鈍) la stupidità, la sciocchezza, l'alloccagine / -한 stupido(a), sciocco(a), tonto(a)
우둔(愚鈍)〈醫〉 il torpore
우등(優等) / -의 eccellente, superiore, migliore ¶-生 lo scolaro*lo studente (f. -essa) promosso a pieni voti / -賞 il premio del massimo dei voti
우라늄〈鑛·化〉 l'uranio
우량(雨量) la quantità di pioggia ¶-計 il pluviometro
우량(優良) la superiorità, l'eccellenza / -한 superiore, eccellente, (食品의) sopraffino(a)
우러러보다 guardare in su*in alto
우려(憂慮) l'inquietudine, la preoccupazione, l'ansia, l'ansietà / -하다 inquietarsi, preoccuparsi (della*per la salute di qlcu.), temere [intr. avere] per qlco., essere in ansia
우롱(愚弄) la derisione / -하다 deridere, beffarsi di qlcu., canzonare qlcu.
우뢰 il tuono, il recinto, la caduta del fulmine / -치다 fulminare [intr. avere], cadere [intr. essere] un fulmine
우리 (주격인칭대명사 1인칭단수) noi / -의 nostro, nostri, nostra, nostre / -에게 a noi, ci / -를 ci / -의 것(물건) il nostro, la nostra, i nostri, le nostre / -나라 il mio*il nostro paese / -黨 il nostro partito
우리(小屋) (家畜의) la stalla, la gabbia (per animali feroci)
우물 il pozzo

우미(優美) l'eleganza, la raffinatezza, la grazia, la leggiadria / -한 elegante, raffinato(a), bello(a), vezzoso(a), leggiadro(a), grazioso(a) / -한 행동 un leggiadro portamento

우박(雨雹) la grandine / -이 내리다 grandinare, cadere la grandina

우박(雨雹)〈氣〉la grandine

우발적수지(偶發的收支) la sopravvenienza

우비(雨備) l'impermeabile

우산(雨傘) l'ombrella, l'ombrello

우상(偶像) l'idolo

우생학(優生學) l'eugenetica / -의 eugenetico(a) ¶-者 l'eugenista

우선(優先) la priorità, la prevalenza, (特惠) la preferenza; prima di tutto; intanto / -하다 avere la priorità (su tutte le altre cose) / -的 preferenziale, prioritario(a) ¶-株 le azioni privilegiate / -權 la priorità, il diritto di preferenza*priorità, la precedenza

우선투표(優先投票)〈伊〉il voto di preferenza

우세(優勢) la predominanza, la preponderanza, la prevalenza / -한 predominante, preponderante, prevalente

우송(郵送) la spedizione / -하다 spedire

우수(優秀) l'eccellenza (d'ingegno); (成績의) il massimo punto (dei risultati d'esame) / -하다 eccellere (nella pittura), superare (tutti per ingegno), migliore, sovrastare a (tutti) / -한 eccellente, eminente, distinto(a) / 성적이 -한 ottimi risultati, risultati migliori

우스꽝스런 ridicolo(a)

우스운 buffo(a)

우스운 이야기 la barzelletta

우승(優勝) (勝利) la vittoria / -하다 conquistare*ottenere la vittoria, vincere (una gara*un incontro*un campione) ¶-컵(杯) la coppa (Devis), il trofeo sportivo / -旗 la bandiera di campionato / -者 il vincitore (f. -trice) (del concorso)

우승기념뱃지 lo scudetto

우승자(優勝者)〈輪〉la maglia

우승컵 la coppa, il trofeo (in forma di coppa) / -을 수여하다 conferire [pr. -isco]*dare una coppa

우아(優雅) l'eleganza, la raffinatezza, la grazia, la leggiadria / -한 elegante, raffinato(a), bello(a), vezzoso(a), leggiadro(a), grazioso(a) / -한 행동 un leggiadro portamento

우애(友愛) la fraternità; il cameratismo, l'amicizia / -的 fraterno(a); cameratesco(a); amichevole

우연(偶然) il caso / -히 per caso, per accidente, fortuitamente / -한 fortuito(a), accidentale / -의 일치 la coincidenza

우연론(偶然論)〈哲〉il contingentismo, l'occasionalismo

우연발생(偶然發生)〈生〉l'abiogenesi

우열(優劣) la superiorità e l'inferiorità / -경쟁하다 competere per la superiorità*il primato

우울(憂鬱) la malinconia, la tristezza / -한 malinconico(a), triste

우울증(憂鬱症)〈醫〉la malinconia, la depressione

우월(優越) la superiorità, la predominanza, la prevalenza / -하다 essere superiore (agli altri), superare [tr.], essere predominante, predominare [intr. avere] (su tutti) / -한 prevalente ¶-感 il complesso di superiorità [<-> il complesso d'inferiorità]

우월주의(優越主義)〈繪〉il suprematismo

우위(優位) la prevalenza / -의 prevalente

우유(牛乳) il latte ¶-가게 la latteria / -販賣商人 il lattaio / -製品 il latticinio / 가루(粉乳) il latte in polvere

우유부단한(優柔不斷) indeciso(a)

우의(雨衣) l'impermeabile

우익(右翼) l'ala destra ¶-政黨 la destra, il partito conservatore*di destra

우익세력의 결집(右翼勢力結集)〈政〉grande destra

우정(友情) l'amicizia, l'intimità / ~와 -을 쌓다, 만들다 fare*stringere amicizia con qlcu. / -어린 amichevole / -어리게 amichevolmente / - 때문에 per l'amicizia di qlcu.

우주(字宙)〈天〉l'universo, il cosmo, lo spazio (cosmico) **1** 우주에는 별, 혹성, 은하수들이 있다. Nello spazio ci sono le stelle, i pianeti, le galassie. / -의 universale, cosmico(a), spaziale ¶-服 la

우주론(宇宙論)〈天·哲〉 la cosmologia
우주선(宇宙線)〈天〉 i raggi cosmici
우주여행학(宇宙旅行學)〈天〉 l'astronautica
우주진화론(宇宙進化論)〈天〉 la cosmogonia
우천(雨天) il tempo piovoso / -시에 다음 주로 연기 il rinvio in caso di pioggia alla prossima domenica
우체국(郵遞局) la posta, l'ufficio postale ¶너 우체국에 가니? Vai alla posta?
우체부(郵遞夫) il postino
우체통 la cassetta delle lettere, la buca delle lettere
우크라이나어(-語)〈言〉 l'ucraino
우파(右派) la destra, il partito conservatore
우편(郵便) la posta / -으로 per posta ¶-함 la cassetta postale, la buca per le lettere / -物 la cartolina postale / -엽서 la cartolina postale / -配達 la distribuzione postale*delle lettere / -배달부 il*la portalettere, il postino / -料金 la tariffa postale, l'affrancatura / -私書函 la ifrancobolli casella postale / -貯蓄 il deposito a risparmio in ufficio postale / 速達- l'espresso, la lettera espressa / 航空- la posta aerea / -發送 la spedizione*l'invio per posta / -番號 il codice postale, la casella postale
우편발송(郵便發送) la spedizione*l'invio per posta / -하다 spedire [pr. -isco] per posta ¶-料 la tariffa postale; le spese postali
우편번호(郵便番號) CAP(Codice Avviamento Postale), il codice postale ¶그 도시의 우편번호가 뭔가요? Qual è il codice postale della città?
우편선(郵便船)〈海〉 il postale
우편요금(郵便料金) l'affrancatura ¶-不足 l'affrancatura insufficiente
우편전신부(郵便電信部)〈伊〉 Poste e telecomunicazioni
우편환(郵便換) il postagiro
우표(郵票) il francobollo / - 붙이기 l'affrancatura ¶-收集 la filatelia / -收集家 il filatelico / 記念- il francobollo commemorativo
우현(右舷)〈海〉 il tribordo
우호(友好) l'amicizia / -的 amichevole ¶-關係 i rapporti*le relazioni d'amicizia / -國 il paese amico
우화(寓話) la favola, la fiaba, il racconto per i piccoli
우회(迂回) la via indiretta / -하다 aggirare, prendere una strada più lunga (per andare …), fare un lungo giro / 장애물을 -하다 aggirare un ostacolo / (航路를) -시키다 dirottare / -的 表現 la perifrasi / -的으로 표현하다 esprimere con perifrasi, usare perifrasi, perifrasare
우회전(右回轉) / -하다 svoltare a destra
욱신거리는 lancinante / 상처가 욱신거리다 avere un dolore lancinante ad una ferita
운(運) il destino, la sorte, la fortuna / -이 있는 fortunato(a) / -이 나쁜 sfortunato(a) / -좋게 fortunatamente, per fortuna; opportunatamente / -이 나쁘게 sfortunatamente
운동(運動) il moto, il movimento, gli esercizi del corpo; la ginnastica; lo sport / -의 sportivo(a) / -하다 fare esercizi (sportivi), praticare lo sport ¶-선수 l'atleta, lo sportman / -會 la gara sportiva / -場 il campo atletico*sportivo, il campo di ricreazione per alunni / -복 la tuta da ginnastica / -화 le scarpe da ginnastica
운동량(運動量)〈物〉 il momento
운동장(運動場) lo stadio / 잠실올림픽-(스타디움) Stadio Olimpico di Giamsil
운동학(運動學)〈物〉 la cinematica
운량(雲量)〈氣〉 la nuvolosità
운명(運命) la sorte, il destino, la fortuna; la fatalità ¶-論 il fatalismo
운모(雲母)〈鑛〉 la mica
운모대리석(雲母大理石)〈鑛〉 il cipollino
운모편암(雲母片巖)〈鑛〉 il micascisto
운반(運搬) il trasporto / -하다 trasportare, portare, recare ¶-人 il portatore
운반선(運搬船)〈海〉 la chiatta
운석(隕石)〈天〉 il*la meteorite, l'aerolito
운세(運勢) il destino, la sorte, la

운송(運送) il trasporto / -하다 trasportare ¶ -料 le spese di trasporto, il porto / -에이전시 l'agenzia di trasporti / -會社 la compagnia*la società dei trasporti / -業者 lo spedizioniere
운송업자(運送業者)〈商〉il corriere
운수(運輸) il trasporto, il traffico
운수항공부(運輸航空部)〈伊〉Trasporti e Aviazione **[用語]** 국유철도공사(國有鐵道公社) Azienda Autonoma delle Ferrovie dello Stato, 육운국(陸運局) Ispettorato generale della motorizzazione civile e dei trasporti in concessione, 민간항공국(民間航空局)Ispettorato generale dell'Aviazione civile
운영(運營) l'amministrazione, la direzione / -하 다 amministrare (un'azienda), dirigere
운용(運用) l'uso, l'impiego, l'utilizzazione; l'applicazione (d'una legge) / -하다 usare, impiegare; applicare ¶ -資本 il capitale d'esercizio
운용(運用)〈銀〉l'impiego, l'interesse
운임(運賃) le spese di spedizione*trasporto, il porto
운전(運轉) (자동차 따위의) la guida; (기계 따위의) la manovra / -하다 guidare, condurre; manovrare, fare funzionare ¶ -免許證 la patente di guida (d'automobile) / -士 (직업적)*l'autista, (택시) il*la tassista; (기차) il macchinista, (전차) il manovratore, il guidatore del tram / -許可書 il brevetto
운전수(運轉手) il*la conducente
운집(雲集) / -하다 affollarsi, accalcarsi, brulicare [intr. avere] **1** 그 도로에 사람들, 차량들, 청년들이 운집하고 있다. Le strade brulicano di gente, di macchine e di ragazzi.
운하(運河) il canale (navigabile); il canaletto / 수에즈 - il Canale di Suez / -를 열다 canalizzare, scavare un canale
운해(雲海)〈氣〉la nuvolaglia
운행(運行) (公轉) la rivoluzione; (回轉) la rotazione; il movimento; (循環) la circolazione / -하다 rotare [intr. avere], circolare [intr. avere, essere] / -

stella / -를 보다 indovinare, predire il futuro di qlcu.
운형(雲形)〈氣〉lo strato di nebbia
울다(泣) piangere [intr. avere], versare lacrime; (新生兒) vagire [intr. avere, pr. -isco]; (犬) abbaiare; (鳥) cinguettare, gorgheggiare, cantare [intr. avere]; (고양이가) miagolare; (馬) nitrire [intr. avere, pr. -isco], (牛) mugghiare, muggire, (羊) belare [intr. avere], (암탉) chiocciare [intr. avere], il coccodè; (올빼미) gufare [intr. avere]; (까마귀, 개구리) gracchiare [intr. avere], gracidare; (비둘기) tubare [intr. avere]; (매미) stridere [intr. avere] / 엉엉- piangere [intr. avere] dirottamente*amaramente*a calde lacrime
울리다(共鳴) echeggiare, risonare (per l'eco), (대포소리) rimbombare [intr. avere, essere]; suonare
울리다(泣) lasciare*fare piangere
울림 l'eco, la risonanza
울새〈鳥〉il pettirosso
울음 il pianto
울음소리 la voce singhiozzante*piagnucolosa, i singhiozzi; (新生兒) il vagito; (犬) l'abbaio; (鳥) il cinguettio, il gorgheggio, il canto; (고양이) il miagolio; (馬) il nitrito; (牛) il muggito, il mugghio; (羊) il belato
울창(鬱蒼) / -한 fitto(a), folto(a) / -한 숲 il bosco fitto*folto / -하게 fittamente, foltamente / 나무로 -하게 뒤덮인 숲 il bosco fitto d'alberi
울타리 il recinto, lo steccato
울퉁불퉁(凹凸) la concavità e la convessità / -한 concavo(a) e convesso(a), scabro(a), scabroso(a)
움막 la capanna, la casupola
움직이는(動) mobile
움직이다(動) muoversi, muovere
움직임(動) il movimento
움츠리다 rimpiccolirsi
움켜쥐다 afferrare / 행운 (기회)을 - afferrare la fortuna (l'occasione)
움푹 패이다 diventare cavo
웃기는(笑) che fa sorridere, risibile
웃기다(笑) far ridere
웃다(笑) ridere [intr. avere], (微笑) sorridere [intr. avere], (嘲笑) schernire

웃음(笑) il riso, (미소) il sorriso; la risata
웅대(雄大) la grandiosità, la magnificenza, la maestosità / -한 grandioso(a), magnifico(a), maestoso(a), l'imponenza
웅덩이 la pozza
웅변(雄辯) l'eloquenza / -的 eloquente / -的으로 eloquentemente ¶-家 l'oratore (f. -trice) eloquente
웅비(雄飛) / -하다 esplicare un'attività / 海外로 -하다 recarsi all'estero (per esplicare la propria buona attività)
웅크리다 (추위서) accoccolarsi, rannicchiarsi (per il freddo)
워밍업〈스포츠〉 gli esercizi di flessione, il riscaldamento
워싱턴〈地〉 Washington
워크숍(workshop) il workshop, l'incontro (di musica) / 오페라 - l'opera workshop
원(原) il campo, il prato, (平原) la pianura
원(圓) il cerchio **[用語]** 원주(圓周) la circonferenza, 반경(半徑) il raggio, 직경(直徑) il diametro, 현(弦) la corda, 호(弧) l'arco
원(願) la voglia / -하다 desiderare, volere, avere voglia (di fare), (渴望) bramare / (당신이) -하는 대로 come qlcu. vuole*desidera / 금연을 -한다. Desidero smettere di fumare. **1** 다른 것도 원하시나요? Desidera altro?
원(圓)〈數〉 il cerchio
원가(原價) il prezzo di costo, il costo / -로 a prezzo di costo / - 이하로 판매하다 vendere qlco. a prezzo di costo*sotto costo ¶-計算 la contabilità industriale
원거리(遠距離) la molta distanza
원격제어(遠隔制御)〈電〉 il telecomando
원격조작(遠隔操作)〈電〉 il telecontrollo
원격조정장치(遠隔調整裝置) il telecomando
원격조종(遠隔操縱) il comando a distanza, il telecomando / -하다 telecomandare; teleguidare
원경(遠景) la prospettiva, il panorama, la veduta lontana
원고(原稿) il manoscritto ¶-料 l'onorario per un manoscritto / -紙 la cartella
원고(原告)〈法〉 l'accusatore, l'attore (f. -trice), (告訴人) il*la querelante
원군(援軍) i rinforzi
원근법(遠近法) la prospettiva
원근화법(遠近畫法)〈繪〉 la prospettiva
원금(元金) il capitale
원기(元氣) il vigore, l'energia, il brio, la vivacità, la gaiezza, l'allegrezza / -를 주다 allietare **1** 아기의 탄생은 그의 집을 원기 가득하게 했다. La sua casa è stata allietata dalla nascita di un bambino. / -왕성한 vogoroso(a), energico(a); brioso(a), vivace, gaio(a), allegro(a)
원기둥(圓柱)〈數〉 il cilindro
원대(遠大) / -한 lungimirante, perspicace / -た 計劃 il progetto*il piano lungimirante
원동력(原動力) la forza motrice, il motore
원래(元來) originariamente, da*in principio, dapprima
원로(元老) l'uomo di stato più influente per l'età anziana e la dignità ¶-院 il senato
원로원(元老院)〈伊〉 il Senato della Repubblica
원로원의원(元老院議員)〈伊〉 il senatore
원료(原料) le materie prime; l'ingrediente **1** 원료: 밀가루, 설탕, 버터, 계란. Ingredienti: farina, zucchero, burro, uova.
원룸(one-room) il monolocale, il monovano
원리(原理) il principio / 아르키메데스의 - il principio di Archimede
원리(原理)〈哲〉 il principio
원망(願望) il voto, il desiderio, la brama
원면(原綿) il cotone greggio
원목(原木) il legno
원무곡(圓舞曲)〈音〉 il rondò, il valzer
원문(原文) il testo, lo scritto originale
원반 il disco
원반던지기〈陸〉 il lancio del disco
원본(原本)〈言〉 l'originale, l'archetipo
원부(原簿) il libro mastro
원사(元師)〈軍〉 il maresciallo, (陸) generalissimo, (海) il grande ammiraglio
원산지(原產地) il paese*il luogo d'origine*di provenienza ¶-證明書 il certificato d'origine
원색(原色) i colori primitivi

원서(原書) l'originale
원서(願書) la richiesta, la domanda (scritta)
원소(元素)〈化〉 l'elemento, l'elemento chimico
원수(元首) il sovrano, il capo dello Stato
원수(怨讎) il nemico
원숙(圓熟) la maturità / -하다 maturare / -한 maturo(a)
원숭이〈動〉 la scimmia / - 智慧 il sapere superficiale
원시(遠視) la presbiopia, il presbitismo / -의 presbite
원시(原始) la primitività / -的 primitivo(a)
원시주의(原始主義)〈繪〉 il primitivismo
원심기(遠心機)〈化〉 la centrifuga
원안(原案) il disegno*il progetto originale
원안(原案)〈映〉 il soggetto
원안초고(原案草稿)〈映〉 la scaletta
원앙(鴛鴦)〈鳥〉 l'anatra*l'anitra mandarina
원양(遠洋) l'oceano, l'alto mare, l'altura ¶-漁業 la pesca d'oceano*d'alto mare / -航海 la navigazione alturiera
원예(園藝) il giardinaggio, l'orticultura
원인(遠因) la causa remota
원인(原因) la causa, il motivo, la cagione, l'origine / -不明의 d'origine*di causa non conosciuta
원일점(遠日點)〈天〉 l'afelio
원자(原子) l'atomo / -의 atomico(a) ¶-爆彈 la bomba atomica / -番號 il numero atomico / -核 il nucleo atomico / -爐 la pila atomica, il reattore nucleare / -力潛水艦 il sommergibile atomico / -力의 平和的 利用 l'utilizzazione pacifica dell'energia atomica / -力 委員會 la commissione dell'energia atomica
원자(原子)〈電·化〉 l'atomo
원자가(原子價)〈化〉 la valenza
원자량(原子量)〈物〉 il grammoatomo
원자력발전소(原子力發電所)〈電〉 la centrale nucleare
원자력 잠수 함(原子力潛水艦)〈海〉 il sottomarino
원자로(原子爐)〈物〉 il reattore
원자론(原子論)〈哲〉 l'atomismo
원자파괴기(原子破壞機)〈物〉 il ciclotrone
원자핵(原子核)〈電〉 il nucleo

원작(原作) l'opera originale, l'originale ¶-者 l'autore (f. -trice)
원장(院長) il direttore
원장(元帳) il mastro, il partitario
원재료(原材料)〈經〉 la materia prima
원전(原典) le fonti, i documenti originali
원전비평(原典批評)〈言〉 la critica testuale
원전판(原典版)〈言〉 l'edizione diplomatica
원점(原點)〈數〉 l'origine
원정(遠征) la spedizione / -하다 inviare una spedizione (di ricerche scientifiche al Polo Sud) ¶-隊 la spedizione
원조(元祖) il fondatore, il creatore
원조(援助) l'aiuto, il soccorso; l'appoggio, il sostegno; (金錢的) il sussidio, l'assistenza / -하다 aiutare, assistere, coadiuvare, soccorrere, sostenere, sussidiare, beneficare, tutelare ¶-者 il sostenitore (f. -trice)
원죄(原罪)〈宗〉 il peccato originale
원주(圓柱)〈建*圖〉 la colonna
원주(圓周)〈數·幾〉 la circonferenza
원주(圓周)〈數〉 la circonferenza
원주민(原住民) gli indigeni
원천(源泉) la fonte, la sorgente, l'origine ¶-所得稅 l'imposta sul reddito trattenuto alla fonte / -徵收票 il certificato della trattenuta alla fonte
원추(圓錐) il cono
원추곡선(圓錐曲線)〈數〉 la conica
원추형(圓錐形) il cono / -의 conico(a)
원칙(原則) il principio, la regola*la norma fondamentale / -에 따라 come il principio
원통 il cilindro
원통형(圓筒形) il cilindro / -의 cilindrico(a)
원판(原板) (사진 따위의) il negativo
원폭(原爆) la bomba atomica ¶-症 le malattie atomiche
원피스〈衣〉 l'abito intero*a un pezzo, l'abito da donna
원하다(願) volere, desiderare, avere voglia (di fare)
원한(怨恨) il rancore
원형(原型) l'archetipo, il prototipo; il tipo*il modello originale
원형(圓形) la forma circolare, il tondo, il

원형(圓形) -의 tondo(a), rotondo(a), circolare ¶-劇場 l'anfiteatro
원형(原形) la forma originale
원형(原型)〈言〉l'archetipo
원형경기(圓形競技)〈輪〉la gara in circuito
원형경기장(圓形競技場) il circo [用語] 전승문(戰勝門) la porta trionfale, 계단식좌석(階段式座席) le gradinate, 귀빈석(貴賓席) il podio, 특별관람석(特別觀覽席)(皇帝用) il pulvinare, 경기장(競技場) la pista, la lizza, 출입구(出入口) il vomitorio
원형극장(圓形劇場)〈建〉l'anfiteatro
원형제작자(原型製作者)〈彫〉il modellatore
원형질(原形質)〈生・植〉il protoplasma
원형투기장(圓形鬪技場)〈建〉l'arena, l'anfiteatro
원호(援護) l'aiuto, il soccorso; il sostegno, l'appoggio, la protezione / -하다 aiutare, proteggere, appoggiare, favorire, beneficare
월(月) il mese
월간(月刊) la pubblicazione mensile / -의 mensile / - 오페라誌 l'Opera mensile ¶-誌 il mensile / -雜誌 la rivista mensile / -會報 il bollettino mensile
월경(月經) i mestrui, la mestruazione / -폐지(폐경) la menopausa
월경(越境) la violazione del confine*della frontiera / -하다 violare*varcare il confine*la frontiera
월계관(月桂冠) la corona d'alloro*lauro
월계수(月桂樹) l'alloro, il lauro
월광(月光) la luce della luna
월권(越權) l'eccesso di potere, l'abuso del proprio potere
월급(月給) lo stipendio*la mesata*il salario mensile / -받은 stipendiato(a) ¶-日 il giorno di pagamento salariale
월드컵 la Coppa del mondo di calcio
월말(月末) la fine del mese
월부(月賦) il pagamento a rate mensili / -로 購買하다 comprare a rate mensili ¶-販賣 la vendita a rate mensili
월생산(月生産) la produzione*la fabbricazione mensile
월석(月石)〈鑛〉la pietra di lana
월세(月貰) l'affitto, il pigione ¶난 월세를 지불한다. Pago l'affitto.
월식(月食)〈氣・天〉l'eclisse di luna
월액(月額) la somma mensile
월야(月夜) la notte di luna
월요일(月曜日) il lunedì
월장석(月長石)〈鑛〉la lunaria
월초(月初) il principio del mese / -에 al principio del mese
웨딩드레스 l'abito da sposa
웨버〈物〉il weber
웨이터(waiter) il cameriere
웨이트리스(waitress) la cameriera
웬일이야? Come mai?, perché?
웰컴 Benvenuto (in Corea*a casa nostra!)
웰터급〈拳〉il welter
웰터급〈스포츠〉il welter, il peso medio leggero
위(胃)〈解〉lo stomaco
위격(位格)〈宗〉l'ipostasi
위경련(胃痙攣)〈醫〉il crampo allo stomaco
위급(危急) l'emergenza, la crisi, la situazione critica / -한 critico(a)
위기(危機) la crisi, il momento critico, il pericolo; la difficoltà / -에 빠지다*처하다 essere in crisi / -를 극복하다 superare una crisi / -일발의 순간에 al momento critico
위대(偉大) / -한 grande, eccelente, superiore, eroico(a), grandioso(a)
위도(緯度)〈天〉l'altezza, la latitudine
위로(慰勞) la consolazione / -하다 consolare
위반(違反) la violazione, la contravvenzione / -하다 violare, disubbidire [pr. -isco], trasgredire [pr. -isco] / 법률을 -하다 trasgredire la legge
위반(違反)〈法〉la trasgressione
위반행위(違反行爲)〈法〉la contravvenzione
위법(違法) l'illegalità / -의 illegale
위병(衛兵) la guardia, la sentinella
위상(位相)〈物・電〉la fase
위상기하학(位相幾何學)〈數〉la topologia
위상차(位相差)〈物・電〉lo sfasamento
위생(衛生) l'igiene, la sanità / -的, 의 igienico(a), sanitario(a) ¶-學 l'igiene
위생(衛生)〈醫〉l'igiene
위선(僞善) l'ipocrisia / -的, 의 ipocrito

(a) ¶-者 l'ipocrita, la gattamorta
위선(緯線)〈地〉il parallelo
위성(衛星)〈天〉il satellite / 인공-을 발사하다 lanciare un satellite artificiale ¶-都市 la città satellite / -中繼 le teletrasmissioni via satellite / 氣象- il satellite per osservazioni meteorologiche / 通信- il satellite per telecomunicazioni
위신(威信) l'autorità, la dignità
위안(慰安) la consolazione, il conforto / -하다 consolare, confortare; (용기를 주다) incoraggiare
위압(威壓) l'intimidazione / -하다 intimidire [pr. -isco] (con minacce), assoggetare
위엄(威嚴) l'autorità, la dignità / -있는 dignitoso(a) / -없는 di poca dignità
위에(上-) addosso; su, sopra
위염(胃炎)〈醫〉la gastrite
위원(委員) il commissario ¶技術- commisario tecnico / 國家代表팀 技術- il commisario tecnico della nazionale italiana / -會 la commissione
위원회질의(委員會質疑)〈伊〉l'interrogazione
위의(上-) superiore
위임(委任) l'affidamento / -하다 affidare, 〈商〉 commissionare 1 난 그에게 저축금 모두를 위임시켰다. Gli ho affidato tutti i miei risparmi.
위임입법(委任立法)〈法〉la legge delegata
위임자(委任者)〈法〉il mandante
위임장(委任狀)〈法〉la procura
위작(僞作) l'opera falsa*falsificata, la falsificazione (d'un oggetto antico)
위장(僞裝) la simulazione / -된 simulato(a)
위장염(胃腸炎)〈醫〉la gastroenterite
위조(僞造) la falsificazione (di un biglietto di banca), la contraffazione / -의 falso(a), falsificato(a), contraffatto(a) / -하다 falsificare, contraffare (monete) ¶-者 il falsificatore, il contraffatore (f. -trice) / -物 la falsificazione / -紙幣 il biglietto contraffatto di banca / -品 il falso
위쪽에 lassù; sopra
위증(僞證) la falsa testimonianza, 〈法〉 spergiuro / -하다 fare una falsa testimonianza, spergiurare
위증강요죄(僞證強要罪)〈法〉la subornazione
위치(位置) la località, la posizione / -하다 essere situato(a)
위치천문학(位置天文學)〈天〉l'astrometria
위크엔드 il fine-settimana
위탁(委託) la concessione
위태로운 rischioso(a)
위통(胃痛)〈醫〉mal di stomaco
위필(僞筆) la calligrafia falsificata
위하여 per
위험(危險) il pericolo, il rischio, l'azzardo, l'alea / -한 pericoloso(a), rischioso(a), azzardoso(a), arrischiato(a), dannoso(a), pernicioso(a), critico(a), grave / -한 狀態에 처하다 essere in una condizione*situazione critica / -을 무릅쓰고 a rischio di / -을 무릅쓰다 correre il rischio*il pericolo di, rischiare ¶-信號 il segnale di pericolo
위협(威脅) la minaccia, l'intimidazione / -하다 minacciare, intimidire / -的 minaccioso(a) / -的으로 minacciosamente
윈드서핑〈스포츠〉il surfing / -하다 praticare il surfing
윗층 il piano superiore
윙(翼) le ali
윙크 l'ammicco, la strizzata d'occhio / -하다 ammiccare [intr. avere] (a qlcu.), strizzare l'occhio, fare cenni con gli occhi (a qlcu.)
유(類) il genere, la specie; (動*植物) la famiglia
유(有)〈哲〉l'ente
유가증권(有價證券) i titoli (di credito), i valori mobiliari, le azioni
유감(遺憾) il dispiacere / -인 dispiacevole, dispiacente, spiacente / -스런 spiacente / -을 갖고 con gran dispiacere, spiacevolmente 1 당신을 도와드릴 수 없어 유감입니다. Sono spiacente di non poterLa aiutare.
유괴(誘拐) il rapimento (di una fanciulla) / -하다 rapire [pr. -isco] ¶-犯 il rapitore (f. -trice)
유교(儒敎) il confucianesimo

유권자(有權者) l'elettore (f. -trice), (投票者) il*la votante ¶-名簿 l'elenco degli elettori

유급(有給) /-의 pagato(a), salariato(a) ¶-休暇 le ferie salariate

유기(有機) /-的 organico(a)

유기금속화합물(有機金屬化合物)〈化〉 il metallorganico

유기물(有機物) l'organismo

유기영양(有機榮養) l'eterotrofo

유기영양(有機榮養)〈生〉l'eterotrofo

유기영양식물(有機榮養植物)〈植〉eterotrofa

유기체(有機體) l'organismo

유기화학(有機化學)〈化〉 la chimica organica

유네스코 l'UNESCO, Organizzazione delle Nazioni Unite per l'Educazione, la Scienza e la Cultura

유년기(幼年期) l'infanzia /-에 nei giorni della propria infanzia

유뇨증(遺尿症)〈醫〉la enuresi

유능(有能) /-한 abile, capace, valente

유니폼 l'uniforme

유당(乳糖)〈化〉il lattosio

유대 Giudea /-의, 人 giudeo(a), ebreo(a)

유대(紐帶) il vincolo, il legame; la connessione

유도(誘導) la guida, la conduzione /-하다 guidare, condurre, indurre, diriger ¶-彈 il missile (autoguidato*teleguidato) /-体〈化〉il derivato

유도(誘導)〈物〉l'induzione

유도(柔道)〈스포츠〉il judo

유도(誘導)〈電〉l'indotto, l'induzione

유도로(誘導路)〈空〉 la bretella di rullaggio

유도자(誘導子)〈電〉l'induttore

유도저항(誘導抵抗)〈物·電〉la reattanza

유도제(誘導劑)〈藥〉il revulsivo

유도탄 il missile

유독(有毒) /-한 nocivo(a), velenoso(a), tossico(a)

유동(流動) la fluidità /-하다 fluire [intr. essere, pr. isco], scorrere [intr. essere] ¶-體 il fluido, il liquido /-食 l'alimentazione liquida /-資本 il capitale circolante /-資産 i fondi liquidi

유동성(流動性) la liquidità /-의 liquido (a)

유동성자금(流動性資金)〈銀〉la liquidità

유동자산(流動資産) la liquidità

유람(遊覽) l'escursione, il giro turistico, la gita turistica, il viaggio di piacere /-하다 fare un giro turistico in Seoul ¶-船 la crociera di diporto /-客 il*la turista / (시내관광용) -버스 il torpedone /-飛行 il volo di piacere

유랑(流浪) /-하다 vagabondare [intr. avere], vagare [intr. essere], girovagare [intr. avere] ¶-者 il vagabondo

유래(由來) (起源) l'origine; (出處) la fronte; (原因) la causa; (來歷) la storia personale /-하다 originare [intr. essere] da, derivare [intr. essere] da; (原因) causare

유량(流量)〈物〉il flusso

유량(流量)〈地〉la portata

유러비전 l'eurovisione

유럽(歐洲) l'Europa /-의, 人 europeo(a) ¶-經濟共同體 (= C.E.E.)

유력(有力) /-한 potente, influente ¶-者 la persona influente

유령(幽靈) lo spettro, lo spirito, il fantasma /-의 집 la casa abitata dai fantasmi ¶-會社 la società fantasma /-人口 la popolazione fantasma

유로선수권대회(-選手權大會) il campionato europeo

유로코뮤니즘〈政〉l'euro-comunismo

유로트로핀〈藥〉l'urotropina

유료(有料) /-의 a pedaggio, a pagamento ¶-道路 l'autostrada a pedaggio

유리(有利) il vantaggio /-한 profittevole, lucroso(a), vantaggioso(a), favorevole /-한 狀況 la circostanza favorevole /-한 條件 le condizioni favorevoli

유리(遊離) l'isolamento, la separazione /-되다 essere isolato(a), separarsi da /-된 isolato(a), separato(a) /-시키다 isolare, separare (una sostanza da un'altra)

유리(glass) il vetro ¶-加工 i lavori del vetro /- 器具 gli oggetti di vetro, il vetrame /- 工場 la vetreria /-窓 la finestra a vetro /-板- la lastra di vetro /窓- il vetro da finestra

유리수(有理數)〈數〉il numero razionale

유린(蹂躪) la devastazione, il calpestamento, la violazione / -하다 devastare, calpestare, conculcare, violare / 人權을 -하다 calpestare*conculcare i diritti dell'uomo

유망(有望) la buona speranza / -한 promettente / -한 사람 la promessa (del teatro)

유머 l'umorismo / -있는 umoristico(a)

유명(有名) la fama, la celebrità / -한 famoso(a), noto(a), rinomato(a), celebre, illustre / -한 이탈리아 테너 un tenore italiano famoso / -해지다 divenire [intr. essere]*diventare [intr. essere] famoso*noto*celebre / -無實한 nominale

유명론(唯名論)〈哲〉 il nominalismo

유모(乳母) la balia

유모차(乳母車) il passeggino, il carrozzino (per bambini)

유목(遊牧) (生活) il nomadismo / -하다 vivere [tr.] la vita nomade ¶-民 il*la nomade

유무(有無) esistenza o non esistenza; sì o no

유물(遺物) i resti

유물론(唯物論) il materialismo ¶-者 il*la materialista

유물론(唯物論)〈哲〉 il materialismo

유물사관(唯物史觀) il materialismo storico

유발(誘發) / (感情을) -하다 attirare

유발(乳鉢)〈藥·化〉 il mortaio

유방(乳房)〈體〉 il seno, la mammella ¶-癌 il cancro mammillare

유배(流配) l'esilio (all'isola) / -시키다 esiliare, condannare qlcu. all'esilio ¶-者 l'esule, l'esiliato

유별난(有別-) particolare

유보(留保) l'accantonamento, la riserva / -하다 riservare (il diritto*una condizione), riservarsi la facoltà di (fare qlco.) / 문제를 -하다 accantonare un problema

유복(有福) l'agiatezza, la prosperità [<-> miseria] / -하게 살다 vivere nell'agiatezza / -한 agiato(a), benestante [<-> disagiato] / -한 상태에 있다 essere di condizione agiata

유복(裕福) la ricchezza, l'agiatezza, (-한 사람) il*la benestante / -한 ricco(a), agiato(a), benestante

유부남(有婦男) l'ammogliato [<-> celibe]

유부녀(有夫女) la donna sposata

유사(類似) la somiglianza, l'affinità, l'analogia ¶ 너희들의 사고방식은 많은 유사성을 보인다. Le vostre idee presentano molte affinità. / -하다 essere analogo(a)*simile*affine a qlco., essere somigliante con qlco. / -한 simile, affine, analogo(a), somigliante / -한 例 l'esempio analogo, il caso simile / -한 성격들 caratteri affini ¶ 이 탈리아어와 불어는 유사하다. La lingua italiana è affine alla francese.

유사어(類似語) il sinonimo

유사이래(有史以來) sin dall'inizio della storia

유사이전(有史以前) / -의 preistorico(a)

유산(乳酸) l'acido lattico ¶-菌 il bacillo dell'acido lattico

유산(遺産) l'eredità, il patrimonio (paterno*materno) / -의 ereditario(a), patrimoniale

유산(遺産)〈法〉 l'asse ereditario, il lascito, il legato

유산(流産)〈醫〉 l'aborto (spontaneo), il parto abortivo / -하다 abortire [intr. avere, pr. -isco] ¶人工- l'aborto provocato

유산계급(有産階級) l'alta borghesia, la classe abbiente

유산발효(乳酸醱酵)〈藥〉 il fermento lattico

유선형(流線型) / -의 aerodinamico(a)

유성(有性)〈生〉 / -의 sessuale, sessuato(a)

유성(流星)〈天〉 la meteora, la stella cadente

유성(遊星)〈天〉 il pianeta

유성자음(有聲子音)〈言〉 la consonante sonora

유세(遊說) (選擧의) la campagna elettorale; (宣傳의) la campagna propagandistica / -하다 fare viaggi della campagna elettorale

유세(有稅) / -의 tassabile, imponibile ¶-品 l'oggetto tassabile

유소년(幼少年) l'infanzia / -의 infantile

유수(有數) / -의 distinto(a), preminente, eminente

유순(柔順) la docilità / -한 mite, dolce; (順從的) docile, obbediente, mansueto(a) / -하게 docilmente, mansuetamente, ubbidientemente / -하게 行動하다 comportarsi bene

유스호스텔 (youth hostel) l'albergo per la gioventù, l'ostello della gioventù

유신론(有神論)⟨宗·哲⟩ il teismo

유실(流失) / -되다 essere portato via dall'alluvione

유실수(有實樹) l'albero da frutta

유심론(唯心論) lo spiritualismo ¶-者 lo*la spiritualista

유심론(唯心論)⟨哲⟩ lo spiritualismo

유아(幼兒) il neonato, la neonata, il bimbo, il piccolo (f. -a), il piccino (f. -a), il*la poppante, il*la lattante, il*la bambino(a) a balia, l'infante (m.f.) / -의 infantile, puerile ¶-園 l'asilo

유약(柔弱) / -한 debole, effeminato(a)

유어(類語) il sinonimo

유언(流言) le voci infondate / -을 유포시키다 spargere*diffondere una voce*voci infondate*notizie tendenziose

유언(遺言)⟨法⟩ il testamento

유언장(遺言狀) il testamento olografo

유엔(U.N.) L'Organizzazione delle Nazioni Unite / -總會 Assemblea Generale dell'O.N.U.

유역(流域) il bacino del fiume, la zona lungo il corso d'un fiume

유역(流域)⟨地⟩ il bacino idrografico

유연(柔軟) la flessibilità, l'elasticità / -한 molle, flessibile, elastico(a), morbido(a), soffice, tenero(a) / -하게 mollemente, sofficemente

유엽도(柳葉刀)⟨醫⟩ il bisturi

유예(猶豫) la dilazione (del pagamento) / -하다 dilazionare; prolungare, prorogare (il termine) ¶-期間 il termine dilazionabile

유예(猶豫)⟨商⟩ l'allungamento

유용(有用) / -한 utile, conveniente; (使用할 수 있는) usabile; (有利한) profittevole, profittabile

유용(流用) la distrazione; (橫領) l'appropriazione / -하다 distrarre (una somma dal bilancio); appropriarsi (i beni altrui)

유원지(遊園地) luna park, il parco dei divertimenti

유월(六月) giugno

유유(悠悠) / -한 lento(a), pacioso(a) / -한 사람 il pacione (f. -a)

유음(流音)⟨言⟩ la liquida

유의(有意) / -하다 notare 1 동사들 간의 차이를 유의하라! Notate una differenza tra i verbi!

유의(留意) l'attenzione / -하다 fare attenzione a qlco., concentrare l'attenzione (su qlco.)

유익(有益) (有用) l'utilità; (有利) il vantaggio / -한 utile; vantaggioso(a), profittevole, (教訓的) istruttivo(a); benefico(a) / -하다 essere utile*vantaggioso*(a), giovare [intr. avere, essere] a qlco.*qlco.

유인(誘因) il motivo, la causa, l'incentivo / -하다 causare, essere il motivo, dare a qlcu. l'incentivo

유인원(類人猿) la scimmia antropoide

유일(唯一) / -한 unico(a) / -한 目的 l'unico scopo

유일무이(唯一無二) / -한 unico(a)

유임(留任) / -하다 rimanere [intr. essere]*restare [intr. essere] al posto assegnato, continuare la carica investita

유입(流入) (商品, 資本; 水의) l'afflusso, l'affluenza / -되다 affluire [pr. -isco] 1 상품들이 시장에 유입되고 있었다. Le merci affluivano sul mercato. 2 강물은 바다로 유입된다. I fiumi affluiscono al mare.

유입(流入) l'affluenza / 시장으로 상품 - l'affluenza delle merci sul mercato

유입부(流入部)⟨路⟩ la corsia di accesso*di scorrimento

유적(遺跡) le rovine, i ruderi

유전(遺傳) / -的 ereditario(a) / -적 성격 i caratteri ereditari

유전(油田) il giacimento petrolifero

유전(遺傳)⟨生⟩ l'ereditarietà

유전체(誘電體)⟨物⟩ il dielettrico

유전체(誘電體)⟨電⟩ il dielettrico

유전학(遺傳學)⟨生⟩ la genetica

유전학(遺傳學)⟨醫⟩ la genetica

유제(乳劑)⟨藥⟩ l'emulsione

유제(乳劑)⟨化⟩ l'emulsione

유제품(乳製品) il latticinio ¶-店 la latteria

유조(油槽) il serbatoio dell'olio ¶-船 la petroliera

유조선(油槽船)〈海〉 la cisterna, la petroliera

유조직(柔組織)〈植〉 parenchimatico

유죄(有罪)〈法〉 la condanna, la colpevolezza / -의 colpevole

유지(維持) il mantenimento / -하다 mantenere, tenere / 平和(秩序)를 -하다 tenere*mantenere la pace (l'ordine)

유지(油脂) l'olio e il grasso; la crema di latte; l'unto

유지(油紙) la carta oleata

유지(有志) la persona interessata

유착(癒着) l'adesione / -하다 aderire [intr. avere, pr. -isco] a qlco.

유창(流暢) la fluidità', la scorrevolezza / -한 fluente, fluido(a), scorrevole / -하게 fluentemente, eloquentemente, scorrevolmente, correntemente / -하게 말하다 parlare fluentemente

유채(油菜) la colza, il ravizzone ¶-씨 il seme di colza / -기름 l'olio di colza

유체(流體)〈化〉 il fluido

유체역학(流體力學)〈物〉 la fluidodinamica, l'idrodinamica

유체정력학(流體靜力學)〈物〉 la fluidostatica, l'idrostatica

유추(類推)〈論〉 l'analogia / -하다 argomentare per analogia

유추(類推)〈哲〉 l'analogia

유출(流出) il flusso (del sangue*d'acqua), l'efflusso / -되다 fluire [intr. essere, pr. -isco]

유출부(流出部)〈路〉 la corsia di uscita

유출설(流出說)〈哲〉 l'emanatismo

유충(幼蟲)〈生〉 la larva*il baco*il bruco (di zanzara)

유치(幼稚) l'infantilità / -한 infantile, puerile ¶-園 l'asilo infantile, la scuola materna

유치(誘致) l'invito, l'attrazione / 외국인 관광객을 -하다 invitare*attrarre la visita dei turisti (s. -ista) stranieri

유치(留置) la detenzione / -하다 detenere qlcu. temporaneamente nella guardina ¶-場 la guardina, la gattabuia

유치원(幼稚園) la scuola materna, l'asilo

유쾌(愉快) l'allegria, il piacere, la gradevolezza, l'amenità / -하다 stare in allegria, fare allegria / -하게 살아가다 vivere in allegria / -한 allegro(a), piacevole, gradevole, ameno(a) / -한 독서 la lettura amena / -하게 allegramente, piacevolmente, gradevolmente, festosamente

유클리트의(數) euclideo(a)

유태인 l'ebreo

유토피아 l'utopia

유토피아〈哲〉 l'utopia

유통(流通) il corso, il giro, la circolazione; (通風) la ventilazione / -하다 circolare [intr. avere, essere], (換氣) ventilare / -의〈商〉 circolante ¶貨幣- la moneta in corso / -期間 la data di scadenza / -機構 il circuito di distribuzione

유통(流通)〈經〉 la circolazione

유통(流通)〈商〉 il giro / -의〈商〉 circolante

유파(流波) la scuola (di Raffaello)

유파(流派)〈繪〉 (미술의) la scuola

유폐(幽閉) la reclusione / -시키다 rinchiudere (in un luogo)

유포(流布) la divulgazione, il giro, la rivelazione, lo svelamento / -하다 circolare [intr. avere, essere], correre [intr. essere], diffondersi; diffondere, propagare, spargere, divulgare; mettere in piena luce, (祕密을) svelare; (正體를) smascherare / -되다 essere divulgato*svelato*rivelato

유포(流布) la divulgazione, la diffusione / -하다 divulgare, diffondere

유학(留學) (海外-) gli studi all'estero / -하다 studiare all'estero / -生 lo studente (f. -essa) all'estero, lo studente che studia all'estero

유학(遊學) gli studi fuori del paese nativo / -하다 fare gli studi in una città lontana dal paese nativo

유한(有限) / -의, 한 limitato(a) ¶-責任會社 la società a responsabilità' limitata (= S.r.l)

유한계급(有閑階級) la classe dei ricchi bighelloni

유해(有害) / -한 nocivo(a), velenoso(a), pernicioso(a)

유행(流行) la moda, la voga / -의 di moda / -을 추구하다 seguire la

유행가 305 **육상경기**

moda / -하다 essere*andare di moda; diffondersi, divulgarsi / -에 뒤진 fuori moda ¶-歌 la canzonetta popolare / -性感氣 l'influenza / -컬러 il colore alla moda / 최신- l'ultima moda

유행가(流行歌) la canzone di musica leggera, la canzonetta popolare

유행병(流行病)〈生〉 l'epidemia, -의 epidemico(a)

유행성(流行性)〈生〉 / -의 epidemico(a)

유행성감기(流行性感氣)〈醫〉 l'influenza

유행성이하선염(流行性耳下腺炎)〈醫〉 la parotite epidemica

유혈(流血) l'efflusso del sangue / -의 sanguinoso (a)

유형(類型) il tipo **1** 두 가지 유형의 채식주의자들이 있다. Ci sono due tipi di vegetariani.

유혹(誘惑) l'adescamento, l'attrattiva, la seduzione, la tentazione / -하다 attirare*attrarre*adescare*allettare*tentare qlcu. con lusinghe (d'amore), sedurre (una ragazza), lusingare, civettare (un uomo) / -하는 attrattivo(a) / -된 attratto(a) ¶-者 l'adescatore, il seduttore (f. -trice)

유화(柔和) la mitezza, la tenerezza / -한 mite, tenero(a)

유화(油畵) la pittura ad olio, il dipinto a olio / -를 그리다 dipingere ad olio

유화도구(油畵道具)〈繪〉 i colori ad olio

유화도구세트(油畵道具-)〈繪〉 la mestica

유황(硫黃)〈鑛〉 lo zolfo

유황(硫黃)〈化〉 lo zolfo, / -의 sulfureo(a)

유회(流會) la sospensione*l'aggiornamento d'una riunione / -되다 essere sospesa*aggiornare la riunione

유효(有效) la validità, l'efficacia / -한 valido(a), efficace / -하다 essere valido(a) **1** 이 표는 3개월간 유효하다. Questo biglietto e valido per tre mesi. ¶-期間 la durata di validità (del biglietto)

유효(有效)〈法〉 la validità

유휴(遊休) / -의 inattivo(a), inoperoso(a) ¶-資金 il capitale inoperoso*ozioso / -機械 il macchinario inoperoso

유흥(遊興) il divertimento; il piacere, la baldoria / -을 즐기다 divertirsi; fare baldoria ¶-費 le spese per i divertimenti

유희(遊戱) il gioco, lo sport, la ricreazione / -하다 giocare [intr. avere] (a qlco.); (즐기다) divertirsi

육(肉) la carne

육(六) sei ¶第- sesto(a)

육각(六角) l'esagono / -形의 esagonale

육감(肉感) la sensualita, la carnalità / -的 sensuale, carnale ¶-主義 il sensualismo / -主義者 il sensualista, la sensualista

육감(六感) il sesto senso

육교(陸橋) il cavalcavia; il viadotto

육군(陸軍) l'esercito, le truppe terrestri, la forza armata terrestre / -의 militare [用語] (이탈리아) 육군참모본부(陸軍參謀本部) Stato Maggiore, 육군참모본부장관(陸軍參謀本部長官) Capo di Stato Maggiore, 지방육군사령부(地方陸軍司令部) comandi militari territoriali di regione, 지방군관구(地方軍管區) Distretti militari

육군참모본부(陸軍參謀本部)〈伊〉 Stato Maggiore

육군참모본부장관(陸軍參謀本部長官)〈伊〉 Capo di Stato Maggiore

육로(陸路) / -로 per terra, per via terra

육류(肉類) la carne

육면체(六面體)〈圖〉 l'esaedro, il cubo

육방정형의(六方晶形-)〈鑛〉 esagonale

육법전서(六法全書) la raccolta dei sei codici

육상(陸上) la terra / -의 terrestre ¶-競技 l'atletica leggera e pesante / -選手 il corridore (f. -trice) / 短距離-選手 il*la velocista

육상경기(陸上競技) l'atletica leggera [用語] 경보(競步) la marcia, 경주(競走) la corsa, la gara, 경주선수(競走選手) (100m) il*la centista, (200m) il*la duecentista, (400m) il*la quattrocentista, (800m) l'ottocentista, (長距離) il*la fondista, (中距離) il*la mezzofondista, 높이뛰기 il salto in alto, 단거리경주(短距離競走) la gara di velocita', 단거리선수(短距離選手) il*la velocista, 도로경주(道路競走) la corsa su strada, 도약(跳躍) il balzo, 도약경기(跳躍競技) il salto, 도약지점(跳躍地點) lo stacco, 도약판(跳躍板) la pedana di battuta, 도움닫기 il salto in lungo, 뛰기 la rincorsa, 릴레이경주(-競走) la staffetta, 마라톤경주(-競走) la maratona, 보폭(步幅) la falcata, 삼단뛰기 il salto triplo, 선두를 유지하다(先着-) condurre, 선착하다(先着-) anticipare, 스파트하다 scattare, 스프린터 lo*la scattista, 십종경기(十種競技) il decathlon, 오종경기(五種競技) il pentathlon, 원반던지기 il lancio del disco, 장거리경주(長距離競走) la gara di fondo, 장대높이뛰기 il salto con l'asta, 장대높이뛰기선수 l'astista, 장애물경주(障礙物競走) la corsa a ostacoli, 중거리경주(中距離競走) la gara di mezzofondo, 창던지기 il lancio del giavellotto, 크로스컨트리경주(-競走) la corsa campestre, 투구(投球) lo stacco, 투포환(投砲丸) il lancio del peso, 평지경주(平地競走) la corsa piana, 한바퀴차이를 벌이다 doppiare, 해머던지기 il lancio del martello

육상수송(陸上輸送) il trasporto terrestre
육성(育成) l'educazione
육성(肉聲) la voce (naturale)
육식(肉食) il vitto carneo ¶-動物 l'animale carnivoro
육십(六十) (基數) sessanta, (序數) sessantesimo(a)
육안으로(肉眼-) a occhio nudo
육욕(肉慾) il desiderio carnale, la lussuria
육운(陸運) il trasporto terrestre
육운국(陸運局)〈伊〉Ispettorato generale della motorizzazione civile e dei trasporti in concessione
육중주곡(六重奏曲)〈音〉il sestetto
육즙(肉汁) il sugo di carne
육지(陸地) la terra, (大陸) il continente, (本土) la terraferma
육체(肉體) il corpo (umano) / -의 corporale, fisico(a) ¶-美 la bellezza fisica
육친(肉親) il*la parente stretto(a), la carne propria
육풍(陸風)〈氣〉la brezza di terra
육필(肉筆) l'autografo / -의 autografo(a) ¶-原稿 il manoscritto autografo
육해공(陸海空) la terra, il mare ed il cielo / -軍 le forze armate terrestri, navali ed aeree
육화(肉化)〈宗〉l'incarnazione
육회(肉膾) il carpaccio
윤강(輪講) / -하다 dare a turno una lettura (dantesca) d'un testo
윤곽(輪郭) il contorno, il sommario, (側面) il profilo, (얼굴의) i lineamenti
윤곽을 그리다(輪廓-)〈繪〉tratteggiare
윤기(潤氣) il lustro, il lucido / -나는 lustro(a), lucido(a), lucente / -없는 senza lustro, (顏色이) pallido(a) / -를 내다 lustrare*lucidare qlco., dare il lustro*il lucido a qlco. / -를 제거하다 togliere il lustro
윤내다 lucidare
윤년(閏年) l'anno bisestile
윤달(閏月) il mese bisestile
윤리(倫理) l'etica, la morale / -的 etico(a) ¶-學 l'etica
윤리학(倫理學) l'etica
윤전기(輪轉機) (la macchina) rotativa tipografica (per giornali)
윤택(潤澤) l'abbondanza, la copiosita' / -한 abbondante, copioso(a)
윤활유(潤滑油) il lubrificante
율(率) il tasso, l'aliquota / ～의 -로 al tasso di*in proporzione a ¶出生(死亡)- il tasso di natalità (di mortalità / 割引- il tasso si sconto
율동(律動) il ritmo / -的 ritmico(a)
융기(隆起) (土地의) l'elevazione / -되다 elevarsi
융단(絨緞) la tappeto
융성(隆盛) la prosperità, il benessere, la floridezza / -하다 prosperare, essere prospero(a)*fiorente / -한 prospero(a), fiorente
융자(融資)〈經〉il finanziamento
융자(融資)〈銀〉il finanziamento, / -하다 finanziare
융통(融通) (融資) il finanziamento, (銀行의) l'anticipazione bancaria; (貸金) il prestito; (流通) la circolazione (cambiaria) / -하다 finanziare (un'azienda); anticipare una somma o uno stipendio; dare in prestito / -할 수 있는 adattabile, disponibile / -할 수 없는 indisponibile
융통성(融通性) l'adattabilità, l'elasticità / -있는 elastico(a)
융합(融合) la fusione; l'unione,

l'armonia, l'amalgama / -하다 fondere, fondersi; unire [pr. -isco], armonizzare [intr. avere], amalgamarsi / -시키다 amalgamare ¶核- la fusione nucleare

융합(融合)〈化〉 l'amalgamazione / -시키다 amalgamare

융해(融解)〈化〉 la fusione, / -하다 fondere, fondersi ¶-点 il punto di fusione

융화(融和) la concordia, l'unione armonica (di sentimenti), l'accordo; (和解) la conciliazione / -하다 concordare [intr. avere] (con qlcu. per opinioni), trovarsi d'accordo, essere d'accordo; conciliarsi

으깨다 schiacciare / 호두*감자를 - schiacciare una noce*una patata

으깨지다 farsi schiacciare, essere schiacciato(a)

으깬 schiacciato(a)

으깸 la schiacciata

으로 a, per, con, di, in / 우편 - per posta / 집 - 가다 andare a casa / 대리석 - 만들다 fatto di marmo / 병 - per malattia / 으르렁거리다 ringhiare

은(銀)〈化〉 l'argento / -의 d'argento, argenteo(a) ¶-薄紙 la carta argentea / -色 il colore argenteo

으러렁거리다 ringhiare

은(銀)〈鑛〉 l'argento

은닉처(隱匿處) il nascondiglio

은막(銀幕)〈映畵〉 lo schermo

은밀(隱密) / -하게, 히 in segreto, segretamente, confidenzialmente

은박지(銀箔紙) la carta stagnola

은방울꽃(植) il mughetto

은배(銀杯) la coppa d'argento

은어(隱語) l'enigma

은어(隱語)〈言〉 la lingua argot

은유(隱喩)〈文〉 la metafora / -的 metaforico(a) / -的으로 metaforicamente

은인(恩人) il benefattore (f. -trice)

은자(隱者) l'eremita (m.pl. -i)

은전(恩典) la grazia, il favore speciale

은총(恩寵) (神의) la grazie, il favore / 신의 -으로 per grazia di Dio

은총(恩寵)〈宗〉 la grazia

은퇴(隱退) / -하다 ritirarsi

은하(銀河)〈天〉 Galassia o Via Lattea

은하수(銀河水)〈天〉 la galassia

은행(銀行) la banca, il banco / -의 bancario(a) ¶-業 il commercio bancario / -券 (紙幣) la banconota / -員 l'impiegato di banca, il bancario / -家 il banchiere [用語] 발권은행(發券銀行) l'Istituto di Emissione, 중앙은행(中央銀行) Banca di Corea, 서민은행(庶民銀行) la banca popolare, 저축은행(貯蓄銀行) Cassa di Risparmio, 저당은행(抵當銀行) Monte di Pegni, 은행가(銀行家) il banchiere, 예금자(預金者) il*la correntista, 화폐(貨幣) la moneta, 통화(通貨) la moneta, 은행권(銀行券) la banconota, 지폐(紙幣) il biglietto, 소액지폐(少額紙幣) il taglio spezzato, 수표(手標) l'assegno, 외국통화(外國通貨) la divisa, la valuta, 유동성자금(流動性資金) la liquidità, 교환성(交換性) la convertibilità, 평가(平價) la parità, 신용(信用) il credito, 융자(融資) il finanziamento, 차관(借款) il prestito, 선물(先物) il termine, 예금(預金) la raccolta, 운용(運用) l'impiego, l'interesse, 이자(利子) l'interesse, 이율(利率) il tasso, 저축예금(貯蓄預金) il deposito, 당좌예금(當座預金) il conto corrente, 평균잔고(平均殘高) la giacenza, 통장(通帳) il libretto, 금고(金庫) la cassetta di sicurezza, 보관(保管) la custodia, 기명식(記名式) nominativo, 무기명식(無記名式) al portatore, 대출한도(貸出限度) il fido, 신용장(信用狀) la lettera di credito, il credenziale, 부동산저당대출(不動産抵當貸出) il mutuo, 재할인(再割引) il risconto, 할인(割引) lo sconto, 송금(送金) il bonifico, 한도(限度) il massimale

은행(銀杏)〈植〉 il frutto di ginco

은행가(銀行家)〈銀〉 il banchiere

은행권(銀行券)〈銀〉 la banconota

은행원(銀行員) il bancario

은혜(恩惠) la grazia, il favore, il beneficio / -입은 benedetto(a), beato(a) / -를 베풀다 beneficare, fare un favore a qlcu. / -를 갚다 ricambiare un favore*un beneficio

은혜(恩惠)〈宗〉 la grazia

은혼식(銀婚式) le nozze d'argento

은화(銀貨) la moneta d'argento

음(音)〈音〉 la nota, il suono, il tono ¶높-la nota alta / 低- la nota bassa / 變化-la nota cambiata [用語] 높은 (음) acuto, 명확한 (음) chiaro, 음(音) il tono, 음의 강함 l'intensita', 음의 높음 l'altezza, 음정(音程) l'intervallo, 전음(全音) il tono, 투명한 (음) limpido

음가(音價)〈音〉 il valore
음계(音階)〈音〉 la scala
음계(音階)〈音〉 la scala musicale, la gamma ¶長- la scala maggiore / 短- la scala minore
음극(陰極)〈理〉 il polo negativo
음극(陰極)〈物〉 il catodo
음극(陰極)〈電〉 il catodo
음독자살(飲毒自殺) / -하다 avvelenarsi
음란(淫亂) / -한 osceno(a), indecente; pornografico(a) ¶-女性 la puttana, la sgualdrina, la ragazza facile, la prostituta
음량(音量) il volume della voce, il volume sonoro
음량조절기(音量調節器) il regolatore del volume
음력(陰曆) il calendario lunare
음료(飮料) la bevanda
음료수(飮料水) l'acqua potabile; la bibita / 알코올 함유- la bevanda alcolica ¶清涼- la bibita
음률(音律)〈音〉 il ritmo
음모(陰謀) la trama, la congiura, l'intrigo, il complotto / -의 intrigante / -를 계획하다, 꾸미다 intrigare [intr. avere], ordire [pr. -isco] una congiura, congiurare contro qlcu. / -에 가담하다 fare partecipare ad una congiura ¶-者 l'intrigante
음미(吟味) l'esame, l'investigazione, l'indagine / -하다 esaminare (minutamente), investigare (accuratamente), indagare (minuziosamente), verificare
음반(音盤) il disco
음부(音符)〈音〉 la nota (musicale)
음부(音符)〈音〉 le note
음부기호(音符記號)〈音〉 la chiave
음색(音色) il timbro, il tono
음색(音色)〈音〉 il timbro
음생식물(蔭生植物)〈植〉 ombrofita
음성(音聲) la voce ¶-學 la fonetica
음성기관(音聲器官)〈言〉 l'apparato vocale
음성수신(音聲受信) la ricezione audio
음성자모(音聲字母)〈言〉 l'alfabeto fonetico
음성학(音聲學)〈言〉 la fonetica
음소(音素)〈言〉 il fonema
음소론(音素論)〈言〉 la fonematica
음식(飮食) il cibo, la vivanda, l'alimento, da mangiare, il piatto, la cucina / 튀니지의 전형적인 - un piatto tipico tunisino
음식점(飮食店) il ristorante
음악(音樂) la musica / -的 musicale ¶-家 il*la musicista / -界 il mondo musicale / -會 il concerto / -隊 la banda (militare*municipale) / -敎育 l'educazione musicale / -學 la musicologia / -分析 l'analisi musicale / -學校 il conservatorio, il liceo*la scuola musicale [用語] 12음기법(十二音技法) la decafonia, 가수(歌手) il*la cantante, 대본작가(臺本作家) il*la librettista, 독주음악가(獨奏音樂家) il*la concertista, 독주자(獨奏者) il*la solista, 독창음악가(獨唱音樂家) il*la concertista, 독창자(獨唱者) il*la solista, 멜로디 la melodia, 무용가(舞踊家) il ballerino, 반음계적 수법(半音階的 手法) il cromatismo, 성악가(聲樂家) il*la cantante, 악곡(樂曲) la composizione, 악기주자(樂器奏者) il sonatore, il*la strumentista, 음계(音階) la scala, 음악가(音樂家) il*la musicista, il musico, 음악학자(音樂學者) il musico, il musicologo, 작곡(作曲) la composizione, 작곡가(作曲家) il compositore, 전음계(全音階) la diatonia, 조(調) i modi, il tono, 조성(調性) la tonalità, 조율가(調律家) l'accordatore, 지휘자(指揮者) il direttore d'orchestra, il maestro concertatore, 합창단원(合唱團員) il*la corista, 화성(和聲) l'armonia; 〈**음**(音) **Suoni**〉 높은 (음) acuto, 명확한 (음) chiaro, 음(音) il tono, 음의 강함 l'intensita', 음의 높음 l'altezza, 음정(音程) l'intervallo, 전음(全音) il tono, 투명한 (음) limpido; 〈**기보법**(記譜法) **Scrittura, notazione**〉 강박(強拍) la battuta, 강박의 이동(強拍, 移動) il contrattempo, 단전타음(短前打音) l'acciaccatura, 박(拍) la misura, il tempo, 박자(拍子) il tempo,

음악

반복구(反復句) la ripresa, il ritornello, 반복기호(反復記號) il ritornello, 변화기호(變化記號) l'accidente, 부점(附點) il punto, 분산화음(分散和音) l'arpeggio, 소절(小節) la battuta, la misura, 솔페지오 il solfeggio, 시창(始唱) il solfeggio, 아르페지오(分散和音) l'arpeggio, 악장(樂章) il tempo, 연성기호 la corona, 연음(連音) il mordente, 오선지(五線紙) il pentagramma, 오선지의 선(五線紙의 線) il rigo, 음가(音價) il valore, 음부(音符) le note, 음부기호(音部記號) la chiave, 이음줄 la legatura, 장식음(裝飾音) il gruppetto, 전음(顫音) il trillo, 전타음(前打音) l'appoggiatura, 종선(縱線) le sbarre, 종지법(終止法) la cadenza, 트레몰로 il tremolo, 협주곡의 카덴차(協奏曲) la cadenza, 휴부(休符) la pausa, 휴지(休止) la pausa, 휴지부(休止符) la pausa; 〈속도*강약기호(速度*强弱記號) Movimenti〉 그라베 grave (莊重한), 그라치오소 grazioso (우아한), 돌렌테 dolente (고통스런, 애석한, 유감된, 슬퍼하는, 애도하는), 돌체 dolce (달콤한, 부드러운, 온화한, 포근한, 온순한), 디미누엔도 diminuendo (점점 약하게 하면서), 라르고 largo (넓은, 광대한, 아다지오보다 느리며 장엄한), 랄렌탄도 rallentando (느리게 하면서), 리타르다도 ritardando (지연시키면서), 마에스토소 maestoso (장엄한, 당당한, 위엄있는), 메노 모쏘 meno mosso (덜 생기있는, 덜 빠른), 메조-포르테 mezzo-forte (조금 강하게), 메조-피아노 mezzo-piano (조금 약하게), 브리오소 brioso (기운찬, 활발한, 쾌활한, 선명한, 명랑한), 브릴란테 brillante (화려한), 비바체 vivace (활기찬, 쾌활한, 신속한, 명랑한), 세리오소 serioso (진지하게), 세코 secco (건조한), 소스테누토 sostenuto (음의 길이를 충분히 유지한), 스모르잔도 smorzando (여리게, 약하게, 온화하게 하면서), 스트린젠도 stringendo (템포를 즉시 빠르게, 점점 빨리), 아 카프리치오 a capriccio (망상, 환상, 변덕), 아 피아체레 a piacere (즐겁게), 아다지오 adagio (천천히, 느리게, 차분하게, 주의깊게, 鎭重하게, 緩慢하게), 아마빌레 amabile (사랑스러운), 아지타토 agitato (興奮된), 아첼레란도 accelerando (가속시키면서), 아파시오나토 appassionato (열정적으로), 아페투오소 affettuoso (다정다감한, 상냥한, 애정어린), 아프레탄도 affrettando (급히 서두르면서), 안단테 andante (걸음의 속도로), 안단티노 andantino (걸음의 속도보다 조금 느리게), 알라르간도 allargando (템포를 점차 느리고 강하게 하면서), 알레그레토 allegretto (조금 빠르게), 알레그로 allegro (빠르게, 快活하게), 지오코소 giocoso (익살맞은, 우스운, 즐거운, 유쾌한), 카프리치오소 capriccioso (변덕스런, 환상적인, 기상천외한), 칸타빌레 cantabile (노래하듯이), 칼란도 calando (내려가면서), 콘 모토 con moto (생생하게), 콘 에스프레시오네 con espressione (표정 풍부하게), 콘 푸오코 con fuoco (격하게), 크레쉔도 crescendo (점점 강하게 하면서), 포르테 forte (강한), 포르티시모 fortissimo (매우 강한), 푸리오소 furioso (격하게), 프레스토 presto (빠르게), 프레스티시모 prestissimo (매우 빠르게), 피아노 piano (약하게), 피아니시모 pianissimo (매우 약하게), 피아체볼레 piacevole (즐겁게), 피우 모쏘 piu' mosso (더 생기있는, 더 빠른); 〈장르 Generi〉 3중주(三重奏) il terzetto, il trio, 4중주(四重奏) il quartetto, 5중주(五重奏) il quintetto, 6중주곡(六重奏曲) il sestetto, 7중주곡(七重奏曲) il settimino, 8중주(八重奏) l'ottetto, 가극(歌劇) l'opera, 가보타 la gavotta, 간주곡(間奏曲) l'intermezzo, 갈리아르다 la gagliarda, 경가극(輕歌劇) l'operetta, 광상곡(狂想曲) il capriccio, 광시곡(狂詩曲) la rapsodia, 교창가(交唱歌) l'antifona, 교향곡(交響曲) la sinfonia, 교향시(交響詩) il poema sinfonico, 교향악적(交響樂的) sinfonica, 그레고리안 성가의(- 聖歌) gregoriana, 기악적(器樂的) strumentale, 다성음악의(多聲音樂-) polifonica, 단일음의(單一音-) monodica, 도입부(導入部) l'introduzione, 두엣 il duetto, 둔주곡(遁走曲) la fuga, 디베르티멘토 il divertimento, 레치타티보 il recitativo, 로망스 la romanza, 론도 il rondo', 마주르카 la mazurca, 막간극(幕間劇) l'intermezzo, 멜로드라마 il melodramma, 모테토 il mottetto, 목가

음악

(牧歌) la pastorale, 목가극(牧歌劇) la pastorale, 무도곡(舞蹈曲) il ballabile, 무용곡(舞踊曲) il ballabile, 미뉴엣 il minuetto, 미사곡 la messa, 발라드 la ballata, 발레스크 la burlesca, 뱃노래 la barcarola, 변주(變奏) la variazione, 사라반다 la sarabanda, 서곡(序曲) l'introduzione, la ouverture, 서창(敍唱) il recitativo, 성가대석(聖歌隊席) il coro, 성가집(聖歌集) il corale, 성악적(聲樂的) vocale, 세레나타 la serenata, 소가곡(小歌曲) la canzonetta, 소나타 la sonata, 소야곡(小夜曲) la serenata, 스케르쵸 lo scherzo, 시편창(詩篇唱) la salmodia, 실내악적(室內樂的) cameristica, da camera, 십이음기법의(十二音技法-) dodecafonica, 아리아 l'aria, 아리에타 l'arietta, 아리오소 l'arioso, 야상곡(夜想曲) il notturno, 연습곡(鍊習曲) lo studio, 영가(詠歌) l'aria, 오라토리오 l'oratorio, 오페라 l'opera, 오페라적(-的) operistica, 오페레타 l'operetta, 왈츠 il valzer, 원무곡(圓舞曲) il rondò, il valzer, 음악극(音樂劇) il melodramma, 음악극(音樂劇) l'opera, 음의(音-) tonale, 익살음악 la burlesca, 인테르메조 l'intermezzo, 자장가 la berceuse, 전례의(典禮-) liturgica, 전원곡(田園曲) la pastorale, 전주곡(前奏曲) il preludio, 조의(調-) tonale, 지가 la giga, 진혼가(鎭魂歌) il requiem, 진혼곡(鎭魂曲) il requiem, 차코나 la ciaccona, 찬가(讚歌) l'inno, 찬미가(讚美歌) l'inno, 카덴차 la cadenza, 카바티나 la cavatina (짧은 서정곡), 카발레타 la cabaletta (아리아에 붙은 경쾌한 짧은 독창곡), 칸쵸네 la canzone, 칸쵸네타 la canzonetta, 칸타타 la cantata, 코랄레 il corale, 코렌테 la corrente, 콘체르토 il concertato, 콘체르토 il concerto, 타란텔라 la tarantella, 토카타 la toccata, 폴카 la polca, 푸가 la fuga, 푸가토 il fugato, 피날레 la finale, 합주(合奏) il coro, 합주단(合奏團) il coro, 합창(合唱) il coro, 합창단(合唱團) il coro, 합창의(合唱-) corale, 해학곡(諧謔曲) il marcia, 협주곡(協奏曲) il concerto, 환상곡(幻想曲) la fantasia, 환타시아 la fantasia, 희유곡(嬉遊曲) il divertimento; 〈작곡(作曲)

음악

Composizione〉 단음악(單音樂) la monodia, 대위법(對位法) il contrappunto, 멜로디 la melodia, 모방(模倣) l'imitazione, 반주(伴奏) l'accompagnamento, 베이스 il basso, 서주(序奏) l'attacco, 선취음(先取音) l'anticipazione, 선행음(先行音) l'anticipazione, 소악절(小樂節) la semifrase, 악단(樂段) il periodo, 악절(樂節) la frase, 음정(音程) l'intervallo, 저음(低音) il basso, 전조(轉調) la modulazione, 종지형(終止形) la candenza, 카덴차 la cadenza, 파사지오 il passaggio, 푸가 la fuga, 화성(和聲) l'armonia, 화음(和音) l'accordo; 〈악기(樂器) Strumenti〉 건반악기(鍵盤樂器) a tastiera, 관악기(管樂器) a fiato, 그라비쳄발로 il gravicembalo, 금관악기(金管樂器) a fiato rottoni, 기타 la chitarra, 대형기타 il chitarrone, 레베크 la ribeca, 류트 il liuto, 리드 오르간 l'armonium, 마라카스 la maracas, 만돌라 la mandola, 만돌리노 il mandolino, 목관악기(木管樂器) a fiato leghi, 뮈제트 la musetta, 바이올린 il violino, 발현악기(撥絃樂器) a pizzico, 비브라폰 il vibrafono, 비올라 la viola, 색소폰 il sassofono, 수동 오르간 l'organetto, 스피넷 la spinetta, 시스트럼 il sistro, 실로폰 il silofono, 심벌즈 i piatti, 아코디언 la fisarmonica, 오르간 l'organo, 오보에 l'oboe, 오카리나 l'ocarina, 오피클레이드 l'oficleide, 체트라 la cetra, 첼레스타 la celesta, 첼로 il violoncello, 쳄발로 il cembalo, 칠현금(七絃琴) la lira, 캐스터넷츠 le nacchere, 코르넷 la cornetta, 콘트라베이스 il contrabbasso, 콘트라파곳 il controfagotto, 콜라시오네 il colascione, 큰북 il tamburo, 큰북 la grancassa, 클라리넷 il clarinetto, 클라비쳄발로 il clavicembalo, 타악기(打樂器) a percussione, 탬버린 il tamburello, 튜바 il flicorno, 튜브 la bassotuba, 트라이앵글 il triangolo, 트럼펫 la tromba, 트롬본 il trombone, 팀파니 il timpano, 파곳 il fagotto, 풍적(風笛) la cennamella, la cornamusa, 풍적(風笛) la zampogna, 프살테리움 il salterio, 플룻 il flauto, 피리 il piffero, la piva, 피아노 il pianoforte, 피콜로 l'ottavino, 하모니카 l'armonica,

하프 l'arpa, 현악기(絃樂器) ad arco, 호른 il corno; 〈**합창*합주(合唱*合奏) Complessi**〉 2중주(二重奏) duo, 3중주(三重奏) trio, 4중주(四重奏) quartetto, 5중주(五重奏) quintetto, 6중주(六重奏) sestetto, 7중주(七重奏) settimino, 8중주(八重奏) ottetto, 9중주(九重奏) nonetto, 무용단(舞踊團) il corpo di ballo, 발레곡 il balletto, 실내악(室內樂) da camera, 악단(樂團) la banda, 오케스트라 l'orchestra, 합창(合唱) il coro, 합창대(合唱隊) il coro; 〈**관련어(關聯語) Voci attinenti**〉 군악대(軍樂隊) la fanfara, 대본(臺本) il libretto, 메트로놈 il metronomo, 보면대(譜面臺) il leggio, 브라스밴드 la fanfara, 악보(樂譜) la partitura, lo spartito, 음악원(音樂院) conservatorio, 음역(音域) il corista, il diapason, 지휘봉 la bacchetta, 팡파레 la fanfara.

음악가(音樂家)〈音〉il*la musicista, il musico

음악극(音樂劇)〈音〉il melodramma

음악극(音樂劇)〈音〉l'opera

음악원(音樂院)〈音〉il conservatorio

음악학자(音樂學者)〈音〉il musico, il musicologo

음역(音域)〈音〉il corista, il diapason

음역(音域)〈音〉il diapason

음영(陰影)〈繪〉l'ombratura

음영을 넣다(陰影-)〈繪〉ombrare, ombreggiare

음영의 농담(陰影濃淡)〈繪〉l'ombreggiatura

음용수(飮用水) l'acqua potabile

음운(音韻) il fonema (pl. -mi), il suono vocale ¶-論 la fonologia

음운론(音韻論)〈言〉la fonologia

음위전환(音位轉換)〈言〉la metatesi

음의 강함〈音〉l'intensita'

음의 높음〈音〉l'altezza

음의(音-)〈音〉tonale

음이온(陰-)〈物〉l'anione

음이온(陰-)〈電〉l'anione

음절(音節) la sillaba

음절첨가(音節添加)〈言〉l'epitesi

음정(音程)〈音〉l'intervallo

음정(音程)〈音〉l'intervallo

음정(音程)〈音〉l'intervallo (musicale) / -이 맞는 intonato(a) [〈-〉stonato(a)] ¶半- l'intervallo di un semitono / 長(短)- l'intervallo maggiore (minore) / 3度- l'intervallo di terza

음조(音調) il tono, la tonalita; la melodia

음조(音調)〈物〉il tono

음질조절기(音質調節器) il regolatore del tono

음치(音癡) lo stonato

음탕(淫蕩) l'indecenza / -한 indecente / -하게 indecentemente

음파(音波) l'onde sonore

음표(音標)〈音〉le note musicali

음표문자(音標文字) il segno*il simbolo*il carattere fonetico

음향(音響)〈音〉il suono; l'acustica

음향학(音響學)〈物〉l'acustica

음향효과(音響效果) l'acustica / -를 삽입하다 sonorizzare

음흉(陰凶) l'astuzia, la furberia, la scaltrezza / -한 astuto(a), malizioso(a), furbo(a), scaltro(a) / -하게 astutamente

읍소(泣笑) il sorriso lacrimoso*in lacrime / -하다 sorridere [intr. avere] lacrimosamente*con singhiozzi

응결(凝結) il congelamento, (血液, 牛乳) coagulazione / -하다 congelarsi, coagularsi

응결(凝結)〈氣〉la condensazione

응결(凝結)〈化〉la coagulazione

응결기(凝結器)〈物〉il condensatore del valore

응고(凝固) il consolidamento / -하다 consolidarsi, aggrumare, raggrumare

응고(凝固)〈化〉la solidificazione

응급(應急) l'immediatezza / -의 immediato(a), pronto(a) ¶-病院 l'ambulatorio / -診療所, 室 il pronto soccorso, l'ambulatorio / -修理 i primi soccorsi

응급실(應急室) il pronto

응달 l'ombra

응답(應答) la risposta, la replica; 〈宗〉il favore di divinità (in risposta ad una preghiera del fedele) / -하다 rispondere

응대(應對) il ricevimento (nel senso d'accogliere visitatore) / -하다 ricevere*accogliere qlcu. nel salotto

응모(應募) l'iscrizione, la partecipazione; la sottoscrizione / - 順으로 per*in ordine di domanda*richiesta / -하다

응분(應分) /-의 appropriato(a), adatto(a)

응석 il vezzeggiamento /-부리다 vezzeggiare /-부리는 vezzeggiativo(a)

응시(凝視) /-하다 affissare, guardare*fissare fissamente, mirare a qlcu. / 사람을 -하다 affissare gli occhi su qlcu.

응시자(應試者) il candidato all'esame

응용(應用) l'applicazione /-하다 applicare (il risultato d'una ricerca scientifica a qlco.) /-할 수 있는 applicabile, adattabile ¶-力 la capacita' applicabile /-科學 la scienza applicata

응용언어학(應用言語學)⟨言⟩ la linguistica applicata

응용화학(應用化學)⟨化⟩ la chimica applicata

응원(應援) il tifo /-하다 tifare ¶-團 il gruppo d'appassionati (d'una squadra sportiva); il gruppo di sostenitori*i tifosi

응전(應戰) /-하다 combattere contro (un'offensiva nemica)

응접(應接) l'accogliere, il ricevimento (ho avuto una buona accoglienza!) /-하다 ricevere*accogliere qlcu. nel salotto ¶-室 il salotto (da ricevere)

응집(凝集)⟨化⟩ la coesione

응집력(凝集力) /-이 없는 incoerente

응축(凝縮) la condensazione /-하다 condensarsi

응하다(應-) accettare

응회석(凝灰石)⟨鑛⟩ il peperino

응회암(凝灰巖)⟨鑛⟩ il tufo

의 di

의견(意見) l'opinione, il parere; (見解) il punto di vista; (學說) la teoria, la dottrina

의결(議決) la deliberazione, la decisione /-하다 deliberare

의기소침(意氣銷沈) l'abbattimento /-하다 abbassare le ali

의기충천(意氣衝天) /-하다 alzare le ali

의논(議論) la discussione, la disputa, il dibattimento, l'argomento, l'argomentazione /-하다 consultare, argomentare, discutere /-의 餘地가 있는 indiscutibile

의도(意圖) l'intenzione

의도(意圖) l'intenzione, l'intento, il proposito / ~할 -로 coll'intenzione*coll'intendo di+inf., col proposito di+inf. / ~할 -를 지니다 avere l'intenzione di+inf.

의례(儀禮) /-的 cerimoniale, di cortesia /-的 訪問 la visita di cortesia

의뢰(依賴) la richiesta, la domanda

의료물리학(醫療物理學)⟨物⟩ la fisica medica

의료보험(醫療保險) la mutua, l'assicurazione sanitaria

의류(衣類) l'abbigliamento, il vestiario ¶-店 il negozio di abbigliamento /-製品 i prodotti d'abbigliamento **1** 의류제품만 판매되나요? Si vendono solo prodotti d'abbigliamenti?

의리(義理) la fedeltà, il dovere *l'obbligo*l'obbligazione morale, le convenzioni sociali /-를 다하다*실행하다 adempiere*adempire [pr. -isco]un obbligo; adempiere*adempire ad un'obbligazione /-가 굳은 fedele ai propri obblighi

의무(義務) il dovere, l'obbligo, il compito /-를 지니다 essere obbligato a /-를 과하다 fare*compire [pr. -isco]*adempire [pr. -isco] il proprio dovere*obbligo / -的 doveroso(a), obbligato(a), obbligatorio(a) **1** 멈춤은 의무적이지 않다. Non e obbligatorio fermarsi. ¶-教育 l'educazione*l'istruzione obbligatoria (elementare)

의무부담자(義務負擔者)⟨法⟩ l'onerato

의문(疑問) il dubbio, l'incertezza /-의 dubbioso(a), interrogafivo(a), incerto(a); sospettoso(a) /-을 갖다 dubitare (dei fatti*di qlcu.), sospettare ¶-符號 il punto interrogativo

의미(意味) il significato, il senso **1** 세 가지의 표지판 의미를 아시나요? Conosce il significato dei tre segnali? /-하다 vuol dire significare **1** 이 말은 무엇을 의미하나요? Che cosa vuol dire questa parola? / 그런 -에서 in tal senso /-없

의미(意味)〈言〉 il significato / -의 semantico(a)

의미론(意味論)〈言〉 la semantica / -的 semantico(a)

의미분야(意味分野)〈言〉 il campo semantico

의미소(意味素)〈言〉 il semantema

의미학(意味學)〈言〉 la semasiologia / -의 semasiologico(a)

의병(義兵) il soldato volontario

의복(衣服) l'abito, l'abbigliamento

의분(義憤) la giusta indignazione

의사(醫師) il dottore (f. -essa), il medico

의사(議事) la discussione e la deliberazione d'argomenti ¶-堂(國會) il palazzo del Parlamento / -錄 il processo verbale (d'una seduta)

의사일정(議事日程)〈伊〉 l'ordine del giorno

의상(衣裳) il costume ¶- 디자이너 il costumista, la costumista / -室 la sartoria

의석(議席) il seggio (dei deputati*dei consiglieri)

의석(議席)〈伊〉 il seggio

의성(擬聲)〈文〉 il suono imitativo / -의 onmatopeico(a) ¶-語 l'onomatopea, la voce onomatopeica

의수(義手)〈醫〉 il braccio (le braccia) artificiale

의식(意識) la coscienza

의식(儀式) la cerimonia, (종교적) il rito / -的 cerimoniale, rituale / -을 거행하다 avere luogo la cerimonia

의식(儀式)〈宗〉 la funzione

의심(疑心) il sospetto, il dubbio ¶ 의심의 여지가 없다. Non ci sono più motivi di dubbio. / -많은, 스런 sospettoso(a), dubbioso(a); diffidente / -할 만한 dubbioso(a), dubitabile; sospettabile, indiziario(a) / -하다 sospettare, dubitare [intr. avere] (di, che + v. cong.), indiziare / -을 없애다 dissipare un dubbio*un sospetto, provare l'innocenza / -없이 senza dubbio, indubbiamente, certamente

의안(議案) il disegno*il progetto*la proposta da discutere

의약품(醫藥品) la medicina

의역(意譯) la traduzione libera, la parafrasi

의외(意外) / -의 sorprendente, inatteso(a), inaspettato(a)

의욕(意慾) la volizione

의원(議院) il Parlamento

의원(議員) il parlamentare, il membro d'un consiglio ¶國會- il membro del Parlamento / 兩院- il membro delle due Camere / 參議院- il consigliere corrispondente a senatore / 市議會- il membro del consiglio amministrativo municipale

의의(意義) il senso / -있는 significante

의인법(擬人法)〈文〉 la personificazione

의자(椅子) la sedia, (화장대용) lo sgabello, (벤치) il banco, (차량) il sedile

의장(艤裝) (海) l'equipaggiamento, gli attrezzi / -하다 equipaggiare (una nave), attrezzare

의장(議匠) il nuovo disegno ¶-登錄 la registrazione d'un nuovo disegno

의장(議長) il presidente (della Camera dei deputati*dei consiglieri)

의장(議場) l'aula (della Camera)

의장(意匠)〈繪〉 il disegno

의제(議題) l'argomento*il soggetto da discutere*da discussione

의족(義足) la gamba artificiale

의존(依存) la dipendenza

의지(依支) / -하다 appoggiare; appoggiarsi / 정당에 -하다 appoggiare un partito / -하는 dipendente

의지(意志) la volontà, la voglia; l'intenzione

의지(意志)〈哲〉 la volontà

의지결여(意志缺如)〈醫〉 l'abulia

의치(義齒)〈醫〉 il dente artificiale

의하면 secondo, a seconda di / ~의 보고에 - secondo le relazioni*i rapporti

의학(醫學) la medicina [用語] 내과(內科) la medicina, 외과(外科) la chirurgia; 〈전문과(專門科) Branche specialis-tiche〉 골상학(骨相學) la frenologia, 골학(骨學) l'osteologia, 구강과학(口腔科學) la stomatologia, 구강병학(口腔病學) la stomatologia, 내분비학(內分泌學) l'endocrinologia, 노인학(老

人學) la gerontologia, 뇌신경외과학(腦神經外科學) la neurochirurgia, 물리요법(物理療法) la fisioterapia, 미생물학(微生物學) la microbiologia, 방사선의학(放射線醫學) la radiologia, 병리학(病理學) la patologia, 부인병학(婦人病學) la ginecologia, 비뇨기과학(泌尿器科學) l'urologia, 산과학(產科學) l'ostetricia, 생리학(生理學) la fisiologia, 생물학(生物學) la biologia, 생화학(生化學) la biochimica, 세포학(細胞學) la batteriologia, 소아과학(小兒科學) la pediatria, 식품영양학(食品營養學) la bromatologia, 신경병학(神經病學) la neurologia, 신경외과학(腦神經外科學) la neurochirurgia, 심리학(心理學) la psicologia, 심장병학(心臟病學) la cardiologia, 안과학(眼科學) l'oculistica, 약리학(藥理學) la farmacologia, 약물학(藥物學) la farmacologia, 외과학(外科學) la chirurgia, 외상학(外傷學) la traumatologia, 위생(衛生) l'igiene, 유전학(遺傳學) la genetica, 이비인후과학(耳鼻咽喉科學) l'otorinolaringoiatria, 재해외과학(災害外科學) la traumatologia, 정신병학(精神病學) la psichiatria, 정형외과학(整形外科學) l'ortopedia, 조직학(組織學) l'istologia, 증후학(症候學) la semeiotica, 치과학(齒科學) l'odontoiatria, 태생학(胎生學) l'embriologia, 폐결핵학(肺結核學) la tisiologia, 피부과학(皮膚科學) la dermatologia, 해부학(解剖學) l'anatomia, 후두학(喉頭學) la laringoiatria, 〈전문의(專門醫) Medici specialisti〉 골학자(骨學者) l'osteologo, 구강병전문의(口腔病專門醫) lo stomatologo, 내분비병전문의(內分泌病專門醫) l'endocrinologo, 마취의(痲醉醫) l'anestesista, 미생물학자(微生物學者) il microbiologo, 방사선전문의(放射線專門醫) il radiologo, 병리학자(病理學者) il patologo, 보건사(保健士) l'igienista, 부인과의(婦人科醫) il ginecologo, 비뇨기과의(泌尿器科醫) l'urologo, 산과의(產科醫) l'ostetrico, 생리학자(生理學醫) il fisiologo, 생물학자(生物學者) il biologo, 생화학자(生化學者) il biochimico, 세포학자(細胞學者) il batteriologo, 소아과의(小兒科醫) la pediatra, 식품영양학자(食品營養學者) il bromatologo, 신경외과의(神經外科醫) il neurochirurgo, 심장병전문의(心臟病專門醫) il cardi-ologo, 안과의(眼科醫) l'oculista, 약물학자(藥物學者) il farmacologo, 외과의(外科醫) il chirurgo, 외상전문외과의(外傷專門外科醫) il traumatologo, 이비인후과의(耳鼻咽喉科醫) l'otorinolaringoiatra, 정신과의(精神科醫) la psichiatra, 정신병의(精神病醫) l'alienista, 정형외과의(整形外科醫) l'ortopedico, 조직학자(組織學者) l'istologo, 치과의(齒科醫) il dentista, 치과의(齒科醫) l'odontoiatra, 폐결핵전문의(肺結核專門醫) il tisiologo, 피부과의(皮膚科醫) il dermatologo, 해부학의(解剖學醫) l'anatomico, 후두과학자(喉頭學者) la laringoiatra, 〈질환(疾患) Malattie〉 각막염(角膜炎) la cheratite, 간경화증(肝硬化症) la cirrosi epatica, 감기(感氣) il raffreddore, 감염(肝炎) la epatite, 감염(感染) l'infezione, 갑상염(甲狀腺炎) la tiroidite, 개선(疥癬) la scabbia, 결막염(結膜炎) la congiuntivite, 결석증(結石症) la calcolosi, 결핵(結核) la tubercolosi, 경변증(硬變症) la cirrosi, 경색(梗塞) l'infarto, 고혈압증(高血壓症) l'ipertensione, 고환염(睾丸炎) l'orchite, 골막염(骨膜炎) la periostite, 골막염(骨膜炎) la sinovite, 골수염(骨髓炎) la mielite, 골수염(骨髓炎) la osteomielite, 골염(骨炎) l'osteite, l'otite, 관절염(關節炎) l'artrite, 관절증(關節症) l'artrosi, 광견병(狂犬病) la rabbia, 구내염(口內炎) la stomatite, 구루병(佝僂病) il rachitismo, 궤양(潰瘍) l'ulcera, 규폐증(硅肺症) silicosi, 기관지염(氣管支炎) la bronchite, 기관지염(氣管支炎) la tracheite, 기관지폐렴(氣管支肺炎) la broncopolmonite, 기절(氣絕) la sincope, 기종(氣腫) l'enfisema, 나팔관염(喇叭管炎) la salpingite, 난시(亂視) l'astigmatismo, 납중독(-中毒) il saturnismo, 낭창(狼瘡) il lupus, 내심막염(內心膜炎) l'endocardite, 노안(老眼) la presbiopia, 녹내장(綠內障) il glaucoma, 농루(膿漏) la piorrea, 농창(膿瘡) l'ascesso, 농포(膿疱) la pustula, 뇌막염(腦膜炎) la meningite, 뇌염(腦炎) l'encefalite, 늑막염(肋膜炎) la pleurite, 다발성관절염(多

發性關節炎) la poliartrite, 담낭염(膽囊炎) la colecistite, 담석증(膽石症) la colelitia, 당뇨병(糖尿病) il diabete, 대동맥염(大動脈炎) l'aortite, 동맥경화증(動脈硬化症) l'arteriosclerosi, 디프테리아 la difterite, 말라리아 la malaria, 망막염(網膜炎) la retinite, 매독(梅毒) la sifilide, 맹장염(盲腸炎) l'appendicite, 맹장염(盲腸炎) la tiflite, 무도병(舞蹈病) la corea, 발작(發作) l'ictus, 발진티푸스 il tifo, 방광염(膀胱炎) la cistite, 방사선피부염(放射線皮膚炎) la radiodermite, 배꼽염(-炎) lo onfalite, 배앓이 la colica, 백내장(白內障) la cateratta, 백일해(百日咳) la pertosse, 복막염(腹膜炎) la peritonite, 부비강염(副鼻腔炎) la sinusite, 부전마비(不全痲痺) la paraplegia, 브루셀라병(-病) la brucellosi, 비염(鼻炎) la corizza, 비염(鼻炎) la rinite, 비염(脾炎) la splenite, 빈혈증(貧血症) l'anemia, 사상균병(絲狀菌病) la micosi, 색맹(色盲) il daltonismo, 선단거대증(先端巨大症) l'acromegalia, 선모충병(旋毛虫病) la trichinosi, 선병(腺病) la scrofola, 성홍열(猩紅熱) la scarlattina, 소모증(消耗症) la tabe, 신경염(神經炎) la nevrite, 신경증(神經症) la nevrosi, 신장변성병(腎臟變性病) la nefrosi, 신장염(腎臟炎) la nefrite, 실신(失神) la sincope, 심근염(心筋炎) la miocardite, 아구창(鵝口瘡) il mughetto, 아메바성 질환(-疾患) la amebiasi, 암(癌) il cancro, 여드름(瘡瘡) l'acne, 염증(炎症) l'infiammazione, 외음염(外陰炎) la vulvite, 요도염(尿道炎) l'uretrite, 위염(胃炎) la gastrite, 위장염(胃腸炎) la gastroenterite, 유행성감기(流行性感氣) l'influenza, 유행성이하선염(流行性耳下腺炎) la parotite epidemica, 이관염(耳管炎) la salpingite, 이앓이(齒齦炎) la gengivite, 이하선염(耳下腺炎) gli orecchioni, la parotite, 인공유산(人工流産) l'aborto, 인후염(咽喉炎) la faringite, 임질(淋疾) la gonorrea, 임파선염(-炎) il bubbone, 장염(腸炎) l'enterite, 전립선염(前立腺炎) la prostatite, 전염(傳染) l'infezione, 점액분비(粘液分泌) la blenorragia, 정맥동염(靜脈洞炎) la sinusite, 정맥류(靜脈瘤) la varice, 정맥염(靜脈炎) la flebite, 졸도(卒倒) la sincope, 좌골신경통(坐骨神經痛) la sciatica, 중이염(中耳炎) l'otite media, 척추염(脊椎炎) la spondilite, 천식(喘息) l'asma, 천연두(天然痘) il vaiolo, 추골염(椎骨炎) la spondilite, 출혈성 체질(出血性 體質) l'emofilia, 충수염(虫垂炎) l'appendicite, 충치(蟲齒) la carie, 췌장염(膵臟炎) la pancreatite, 치수염(齒髓炎) la pulpite, 치은염(齒齦炎) la gengivite, 치질(痔疾) l'emorroidi, 탄분증(炭粉症) la antracosi, 탈장(脫腸) l'ernia, 탈저(脫疽) la cancrena, 통풍(痛風) la gotta, 트라코마 il tracoma, 파라티푸스 il paratifo, 패혈증(敗血症) la sepsi, la setticemia, 페스트 la peste, 편도선염(扁桃腺炎) la tonsilite, 폐렴(肺炎) la polmonite, la pneumonia, la pneumonite, 포진(疱疹) l'herpes, 표저(瘭疽) il patereccio, 피부균열(皮膚龜裂) la ragade, 피부염(皮膚炎) la dermatite, 혈우병(血友病) l'emofilia, 혈전성정맥염(血栓性靜脈炎) la tromboflebite, 홍역(紅疫) il morbillo, la roseola, 홍진(紅疹) la roseola, 흑사병(黑死病) la peste nera; ⟨기형(奇形) Malformazioni⟩ 거대두개(巨大頭蓋) la macrocefalia, 구개열(口蓋裂) la palatoschisi, 기형종(奇形腫) il teratoma, 단두증(短頭症) la brachicefalia, 단안증(單眼症) la ciclopia, 무두증(無頭症) l'acefalia, 불면증(不眠症) l'ablefaria, 사지결손증(四肢缺損症) l'amelia, 소안구증(小眼球症) la microftalmia, 안구왜소(眼球矮小) la microftalmia, 해표상기형(海豹狀奇形) la focomelia; ⟨증후(症候) Sintomi⟩ 가려움 la prurigine, 가려움증(-症) il prurito, 각혈(咯血) l'emottisi, 간헐성 경련(間歇性 痙攣) il clono, 감정마비(感情麻痺) l'apatia, 강경증(強硬症) la catalessi, 건망증(健忘症) l'amnesia, 경련(痙攣) il crampo, 경직(硬直) la rigidità, 고통(苦痛) il dolore, 공기 연하증(空氣 嚥下症) l'aerofagia, 공동운동장애(共同運動障礙) la dismetria, 과대망상증(誇大妄想症) la megalomania, 광기(狂氣) la demenza, 구토(嘔吐) il rigurgito, il vomito, 구토물(嘔吐物) il vomito, 국부마비(局部痲痺) la paresi, 귀머거리(難聽) la sordità, 근육긴장이상(筋肉緊張異

常) la distonia, 기왕증(既往症) l'anamnesi, 긴장(緊張) la tensione, 난청(難聽) la sordità, 내장탈출(內臟脫出) lo sventramento, 노력(努力) il conato, 노인성 치매(老人性 癡呆) la demenza senile, 능동(能動) il conato, 다혈증(多血症) la pletora, 단백뇨(蛋白尿) l'albuminuria, 당뇨(糖尿) la glicosuria, 두통(頭痛) la cefalea, 둔함(愚鈍) il torpore, 딸꾹질 il singulto, il singhiozzo, 땀 il sudore, 류마티스 il reumatismo, 마비(痲痺) il torpore, 마비(痲痺) la paralisi, 마찰(摩擦) lo sfregamento, 말더듬 la balbuzie, 목이 쉼 la raucedine, 무감각(無感覺) il torpore, 무감동(無感動) l'apatia, 무뇨증(無尿症) l'anuria, 무력증(無聲症) l'astenia, 무성증(無聲症) l'afonia, 무열(無熱) l'apiressia, 무의지증(無意志症) l'abulia, 무호흡(無呼吸) l'apnea, 무후각증(無嗅覺症) l'anosmia, 밀실공포증(密室恐怖症) la claustrofobia, 박약(薄弱) l'astenia, 발광(發狂) la demenza, 발목신경통(-神經痛) la tarsalgia, 발작(發作) l'accesso, 발작(發作) l'attacco, la crisi, 발작성 체질(發作性 體質) la spasmofilia, 백대하(白帶下) la leucorrea, 변비(便祕) la costipazione, la stipsi, 병적 다변증(病的 多辯症) la logorrea, 병적 흥분상태(病的 興奮狀態) l'isterismo, 복수증(腹水症) l'ascite, 불면증(不眠症) l'insonnia, 불안(不安) l'ansia, 비만(肥滿) la pinguedine, 비만증(肥滿症) l'obesità, 비종(脾腫) la splenomegalia, 비출혈(鼻出血) l'epistassi, 산성증(酸性症) la acidosi, 설사(泄瀉) la diarrea, 성불능(性不能) l'impotenza, 소아마비(小兒痲痺) la paralisi infantile, 소화불량(消化不良) la dispepsia, 시아노제 la cianosi, 식욕부진(食慾不振) l'anoressia, la disappetenza, 신경과민증(神經過敏症) il nervosismo, 신경쇠약(神經衰弱) la neurastenia, 신경질(神經質) il nervosismo, 실금(失禁) l'incontinenza, 실어증(失語症) l'afasia, 심장마비(心臟痲痺) la paralisi cardiaca, 쏘심 la prurigine, 아세톤뇨증(-尿症) l'acetonuria, 아세톤혈증(-血症) l'acetonemia, 악화(惡化) l'aggravamento, 알러지 l'allergia, 알레르기 l'allergia, 알칼로시스 l'alcalosi, 암시(暗示) la suggestione, 역류(逆流) il rigurgito, 완화(緩和) la rilassatezza, 요독증(尿毒症) l'uremia, 요량과다(尿量過多) la diuresi, 우둔(愚鈍) il torpore, 우울증(憂鬱症) la malinconia, 유뇨증(遺尿症) l'enuresi, 의지결여(意志缺如) l'abulia, 임종(臨終) l'agonia, 자반(紫斑) la porpora, 장력(張力) la tensione, 재발(再發) la recidiva, la recrudescenza, la ricaduta, 저능(低能) l'imbecillità, 전신감각(全身感覺) la cenestesi, 전조(前兆) il prodromo, 점막염증(粘膜炎症) il catarro, 정신쇠약증(精神衰弱症) la psicoastenia, 정신신경증(精神神經症) la psiconeurosi, 정신착란(精神錯亂) la demenza, 정점(頂点) l'acme, 정체(停滯) la ritenzione, 좌골신경통(坐骨神經痛) l'ischialgia, 중독증(中毒症) la tossicosi, 지루(脂漏) la seborrea, 지방축적(脂肪蓄積) l'adiposità, 진통(陣痛) il dolore del parto, 질식(窒息) l'apnea, l'asfissia, 징후(徵候) il prodromo, 척추통(脊椎痛) la rachialgia, 천식(喘息) l'asma, 최면상태(催眠狀態) la trance, 충혈(充血) l'iperemia, 취음(吹音) il soffio, 치매(癡呆) la demenza, 치우(癡愚) l'imbecillità, 코 피(鼻出血) l'epistassi, 파행(跛行) la claudicazione, lo zoppicamento, 팽만(膨滿) la turgidita', 피로(疲勞) la stanchezza, 항문출혈(肛門出血) la proctorragia, 현기증(眩氣症) l'aerofobia, il capogiro, la vertigine, 혈뇨(血尿) l'ematuria, 협심증(狹心症) la stenocardia, 호흡곤란(呼吸困難) l'affanno, la dispnea, 혼수상태(昏睡狀態) il coma, la trance, 화농(化膿) la suppurazione, 환각(幻覺) l'allucinazione, 황달(黃疸) l'ittero, 후각결여(嗅覺缺如) l'anosmia, 흑내장(黑內障) l'amaurosi, 흥분(興奮) l'agitazione, 히스테리 l'isterismo; 〈**수술(手術) Interventi**〉 가슴성형술(胸部成形術) la toracoplatica, 개복술(開腹術) la laparotomia, 거세(去勢) la castrazione, 관장(灌腸) l'enteroclisma, 기관지절개술(氣管支切開術) la tracheotomia, 동면마취(冬眠痲醉) l'ibernazione, 마취법(痲醉法) l'anestesia, 무감각증(無感覺症) l'anestesia, 무통각(無痛覺) l'analgesia,

방광절개(膀胱切開) la cistostomia, 배액법(排液法) il drenaggio, 베어냄 il raschiamento, 봉합(縫合) la sutura, 부식(腐蝕) la cauterizzazione, 사체해부(死體解剖) l'autopsia, 생체실험(生體實驗) la vivisezione, 생체해부(生體解剖) la vivisezione, 석고깁스(石膏-) l'ingessatura, 수액(輸液) la trasfusione, 신장절제술(腎臟切除術) la nefrectomia, 왁친주사(-注射) la vaccinazione, 이식조직(移植組織) il trapianto, 자궁절제술(子宮切除術) l'isterectomia, 적출(摘出術) la resezione, 절개술(切開術) l'incisione, 절단술(切斷術) l'amputazione, 절제(切除) l'ablazione, 절제술(切除術) la resezione, 접종(接種) l'inoculazione, 접합술(接合術) l'anastomosi, 정맥주사(靜脈注射) la fleboclisi, 제거(除去) l'ablazione, 제왕절개(帝王切開) il taglio cesareo, 조직검사(組織檢査) la biopsia, 조직이식(組織移植) l'innesto, 지혈(止血) l'emostasi, 천개술(穿開術) la paracentesi, 천공(穿孔) la trapanazione, 추출(抽出) l'estrazione, 출혈(出血) il salasso, 충수절제(虫垂切除) l'appendicectomia, 통각결여(痛覺缺如) l'analgesia, 편도선적제술(扁桃腺摘除術) la tonsillectomia, 포피절개(包皮切開) la circoncisione, 피하주입(皮下注入) l'ipodermoclisi, 해부(解剖) la dissezione, 헤르니아 절개술(切開術) l'erniotomia, 회전술(回轉術) il rivolgimento, 후두개구술(喉頭開口術) la laringotomia; <기구(器具) Strumenti> 검안경(檢眼鏡) l'oftalmoscopio, 견인기(牽引器) il divaricatore, 골절도(骨節刀) l'osteotomo, 미음청진기(微音聽診器) il fonendoscopio, 방광경검사법(膀胱鏡檢査法) il cistoscopio, 부식제(腐蝕劑) il cauterio, 설압자(舌壓子) l'abbassalingua, 소작기(燒灼器) il termocauterio, 수술용 메스(手術用 -) il bisturi, 심장기록기(心臟記錄器) il cardiografo, 유엽도(柳葉刀) il bisturi, 이경(耳鏡) l'otoscopio, 주사기(注射器) la siringa, 집게 il forcipe, 청진기(聽診器) lo stetoscopio, 체온계(體溫計) il termometro, 침(針) l'ago, 타진망치(打診-) il martello, 탐침(探針) la sonda, 투관침(套管針) il trequarti, 현미경(顯微鏡) il microscopio, 혈압계(血壓計) lo sfigmomanometro, 확장기(擴張器) il dilatore, 후두경(喉頭鏡) il laringoscopio, 흡입기(吸入器) l'inalatore

의향(意向) l'intenzione, la disposizione, l'intento, il proposito ¶-書 il prospetto*il programma dello scopo

의협(義俠) le virtù del cavaliere medioevale / -的 cavalleresco(a) / -心 lo spirito cavalleresco

의형제(義兄弟) / - 맺음 l'affratellamento

의혹(疑惑) il dubbio, il sospetto / -을 지니다 avere il dubbio, avere (qualche) sospetto, dubitare, sospettare

의회(議會) il Parlamento, l'assemblea ¶-政治 il parlamentarismo

이 근처에 qui*qua vicino, in questa vicinanza

이 달(今月) questo mese, il mese corrente

이(齒)〈醫〉 il dente

이〈蟲〉 il pidocchio

이 (지시형용사) questo(a)

이각(離角)〈天〉 l'elongazione

이간(離間) la separazione; l'allontanamento / -하다 separare uno dall'altro; allontanare uno dall'altro

이것 questa cosa, ciò, questo(a)

이것저것 del più e del meno **1** 우리는 스포츠, 정치에 대해, 다시 말해서 이것저것에 대해 이야기를 했다. Abbiamo parlato di sport, di politica, insomma del più e del meno.

이겨내다 superare (una difficolta'), soffrire (la fame)

이경(耳鏡)〈醫〉 l'otoscopio

이과(理科) le scienze, (物理學) le scienze fisiche

이관(耳管)〈解〉 il canale tubarico

이관염(耳管炎)〈醫〉 la salpingite

이교도(異教徒) il pagano

이구동성(異口同聲) / -으로 a una voce, unanimamente

이국(異國) / -的 esotico(a) ¶-情緒 l'esotismo

이권(利權) il diritto, la concessione ¶鑛山採掘- la concessione mineraria

이권(利權)〈政〉 la greppia

이그나이트론〈物〉 l'ignitrone
이극(二極)〈電〉/ -의 bipolare
이극관(二極管)〈物〉 il diodo
이극관(二極管)〈電〉 il diodo
이극광(異極鑛)〈鑛〉 la calamina
이극안테나(二極-) il dipolo
이끌다 condurre
이기(利己) i propri interessi, l'egoismo; il capriccio / -的 egoistico(a), egoista; capriccioso(a) / -的으로 egoisticamente, capricciosamente, a suo piacere, secondo la propria volontà ¶-心*主義 l'egoismo / -主義者 l'egoista
이기다(勝) vincere **1** 내가 이겼다. Ho vinto.
이기주의(利己主義) l'egoismo ¶-者 l'egoista
이기주의(利己主義)〈哲〉 l'egoismo
이끼〈植〉 il musco, il muschio / - 낀 muscoso(a), coperto di musco
이년생식물(二年生植物)〈植〉 bienne
이념(理念)〈哲〉 l'idea; l'ideologia / -의 세계 il mondo delle idee
이념(理念)〈哲〉 l'idea
이뇨제(利尿劑)〈藥〉 il diuretico
이다 essere
이단(異端)〈宗〉 l'eresia
이단(異端)〈哲〉 l'eresia
이단설교(異端說敎)〈宗〉 l'eterodossia
이단조(二短調)〈音〉 il re minore
이담제(利膽劑)〈藥〉 il colagogo, il coleretico
이당류(二糖類)〈化〉 il disaccaride
이대정당제(二大政黨制)〈政〉 il bipartitismo
이데올로기〈哲〉 l'ideologia
이동(移動) / -하다 spostarsi, trasferirsi, traslocare [intr. essere] / -시키다 trasferire [pr. -isco], traslocare (un domicilio*una sede), spostare
이동촬영(移動撮影)〈映〉 la carrellata
이득(利得) il vantaggio, il profitto, il tornaconto, il guadagno / -과 손해 vantaggio e svantaggio / -을 취하다 guadagnare, trarre profitto da qlco. ¶不當- il guadagno illecito
이득(利得)〈經〉 il guadagno
이든 sia A sia B A이든 B이든
이등(二等) la seconda classe, il secondo, la seconda

이등변삼각형(二等邊三角形) il triangolo isoscele
이등변삼각형(二等邊三角形)〈數〉 il triangolo isoscele
이등분(二等分) / -하다 dividere in due parti uguali
이따금 ogni tanto
이란어(-語)〈言〉 le lingue iraniche
이력(履歷) la carriera ¶-書 il curriculum vitae
이론(異論) la controversia
이론(理論) la teoria / -과 實踐 la teoria e la pratica / -的 teorico(a) / -上 teoricamente, in teoria
이론철학(理論哲學)〈哲〉 la filosofia teoretica
이론화학(理論化學)〈化〉 la chimica teorica
이류(二流) il secondo ordine / - 예술가 l'artista di second'ordine
이륙(離陸) il decollo / -하다 decollare [intr. avere]
이륜마차(二輪馬車)(佛語) il cabriolet
이르다 giungere, arrivare
이른 di buonora, presto; all'inizio di
이를 닦다 lavarsi i denti
이름(名) il nome
이리〈動〉 il lupo
이마〈人體〉 la fronte / 넓은 - la fronte larga*ampia
이면(裏面) la parte posteriore, il lato opposto; (貨幣의) il rovescio, (종이의) il retro ¶-工作 (국회 따위의) l'alchimia parlamentare
이모(族) la zia
이모작(二毛作)〈農〉 due raccolti all'anno
이미(旣) già, ormai **1** 이미 너무 늦었다. È già troppo tardi. **2** 난 이미 그 도시를 알고 있다. Conosco già là città.
이미지(image) l'immagine
이민(移民) (國內로) l'immigrazione, (國外로) l'emigrazione
이반(離反) (反逆) la ribellione / -하다 ribellarsi contro qlcu.
이발(理髮) il taglio della barba e dei capelli / -師 il barbiere -> (美容師) la parrucchiera, il parrucchiere / -所 il barbiere, dal barbiere
이방성의(異方性-)〈鑛〉 anisotropo
이방인(異邦人) lo straniero

이배체(二倍体)〈生〉/ -의 diploide

이번 달(今月) questo mese, il mese corrente

이번에 questa volta

이별(離別) la separazione (fra*dei coniugi), 〈法〉 la separazione legale; (離婚) il divorzio; addio / -하다 separarsi; fare divorzio, divorzare

이복형제(異腹兄弟)〈法〉(어머니가 다른) il fratello consanguineo, (아버지가 다른) il fratello uterino

이부(二部) due parti / 第- la seconda parte ¶-合唱 il duetto, il duo

이분(二分) / -하다 dividere in due, (細分) ripartire*suddividere in due

이불 la coperta; la trapunta

이비인후과(耳鼻咽喉科) l'otorinolaringoiatria ¶-醫師 l'otorinolaringoiatra / -病院 la clinica*l'ufficio dell'otorinolaringoiatra (m.f., m.pl. -tri)

이비인후과의(耳鼻咽喉科醫)〈醫〉l'otorinolaringoiatra

이비인후과학(耳鼻咽喉科學)〈醫〉l'otorinolaringoiatria

이사(理事) il commissario, l'amministratore, il direttore ¶技術- commissario tecnico / 國家代表팀 技術- il commissario tecnico della nazionale italiana / -會 la commissione, il consiglio d'amministrazione*di direzione / -長 il presidente del consiglio d'amministrazione / 專務- l'amministratore e gerente / 유엔安全保障-會 Consiglio di Sicurezza delle N.U. (= Nazioni unite)*dell'ONU (= organizzazione delle N.U.)

이사(移徙) il cambiamento di domicilio*abitazione, il trasloco / -하다 cambiare casa, trasferirsi, fare trasloco, traslocare [intr. avere], traslocarsi, spostarsi **1** 우리는 교외로 이사했다. Ci siamo traslocati in periferia. **2** 더욱더 많은 사람들이 소도시로 이사 간다. Sempre piu persone si trasferiscono nei piccoli centri.

이삭 la spiga

이산(離散) la separazione (familiare) / -하다 separarsi

이산화규소(二酸化珪素)〈鑛〉la silice

이삼(二三) / -의 due o tre; alcuni, alcune, parecchi, parecchie / - 일 due o tre*alcuni giorni

이상(理想) l'idealità, l'ideale (m.) / -的, 의 ideale / -的 概念 l'idea / -主義的 idealistico(a) / -化하다 idealizzare ¶-鄕 l'utopia / -性 l'idealità / -化 l'idealizzazione / -主義 l'idealismo / -主義者 *l'idealista [m. -i]

이상(異常) / -한 strano(a), insolito(a), straordinario(a), eccezionale, stravagante, bizzaro(a) [=capricioso(a), eccentrico(a)], anomalo(a) ¶-乾燥 la siccità

이상(異狀) il cambiamento (di situazione), il mutamento (di salute) / -없이 senza alcun cambiamento

이상(二相)〈電〉/ -의 bifase

이서(裏書)〈商〉 la girata / -하다 girare, attergare ¶-人 il girante

이성(理性) l'intelletto, la ragione; la coscienza, i sensi, il senno / -的 ragionevole, razionale / -을 잃다 perdere la coscienza*i sensi*il senno*la ragione

이성(理性)〈哲〉la regione

이성체(理性体)〈化〉l'isomero

이세(二世) il secondo; la seconda generazione

이쑤시개 gli stuzzicadenti

이슬(露) la rugiada / -이 내리다 cadere [intr. essere] la rugiada

이슬(露)〈氣〉la rugiada

이슬람교 l'islam

이슬비(-雨)〈氣〉 la pioggerella, l'acqueruggiola

이식(移植) il trapianto / -하다 trapiantare ¶心腸- il trapianto del cuore

이식조직(移植組織)〈醫〉il trapianto

이신론(理神論)〈哲〉il panteismo

이심률(異心率)〈數〉l'eccentricità

이심률(離心率)〈天〉l'eccentricità

이십(20) venti / 第- (序數) ventesimo / -代의 di una ventina d'anni; sui venti anni

이십세기주의(二十世紀主義)〈繪〉il novecentismo

이쑤시개 gli stuzzicadenti

이앓이(齒齦炎)〈醫〉la gengivite

이야기(話) la conversazione; il racconto, la storia, la narrazione / -하다 parlare,

이어폰(ear phone) le cuffie
이오니아식의〈建〉ionico(a)
이온〈物〉l'ione
이온〈電〉l'ione
이온〈化〉l'ione
이와 반대로 invece
이와같이 così
이외에(以外) eccetto, inoltre; fuorchè **1** 그는 나 이외에 아무도 신뢰하지 않는다. Non si confida con nessuno fuorchè con me.
이욕(利慾) l'avidità di ricchezze
이용(利用) l'utilizzazione, l'utenza; (使用) l'uso / 核에너지의 - l'utilizzazione dell'energia nucleare / 高速道路-者 gli utenti della autostrada / -하 다 utilizzare, usufruire; usare, servirsi di qlco., adoperare, approfittare [intr. avere]
이용자(利用者)〈商〉l'utente
이웃(隣) il vicino (f. -a) di casa, la casa vicina; (기독교의) il prossimo **1** 네 이웃을 네 몸과 같이 사랑하라! Ama il prossimo tuo come te stesso. / -의 vicino(a) ¶- 집 la casa vicina / - 나라 il paese vicino*confinante
이원(二元) la dualità ¶-論 il dualismo
이원론(二元論) il dualismo / -的 dualistico(a)
이원론(二元論)〈哲〉il dualismo
이월(二月) febbraio
이유(理由) la ragione, la causa, il perché, (動機) il motivo / -있는 ragionevole / - 없는, 없이 senza ragione *motivo, senza sapere il perché / ～의 -로 a causa di qlco., a motivo di, causato da qlco., per ragioni di / 건강상의 -로 사직하다 dimettersi per ragioni di salute
이윤(利潤) il margine, l'utile, il profitto, il guadagno, il lucro / -을 얻다 ricavare un buon utile
이윤(利潤)〈經〉il profitto
이율(利率)〈銀〉il tasso
이율배반(二律背反)〈哲〉l'antinomia
이음(異音)〈言〉l'allofono
이음줄〈音〉la legatura

이의(異議) il reclamo, la contestazione, l'obiezione / -를 제기하다 presentare il reclamo, contestare
이의신청(異議申請)〈法〉la contestazione
이익(利益) il beneficio, il vantaggio, (利子) l'interesse, (收益) il profitto, il guadagno, il lucro, l'utile ¶-配當金 il dividendo / 純- il guadagno*il profitto netto
이익(利益)〈商〉la resa
이인삼각(二人三脚) la corsa a tre gambe in coppia
이자(利子)〈經〉l'interesse
이자(利子)〈銀〉l'interesse / 3%의 -로 con l'interesse del 3% (tre per cento) / 차입금에 대해 5%의 -를 支佛하다 pagare l'interesse del 5% (cinque per cento) su un prestito ¶高利- l'interesse usurario / -率 il tasso*il saggio d'interesse / 法定-率 il tasso legale d'interesse / -支給 il pagamento d'interesse / 無- senza interesse
이자율(利子率) il tasso d'interesse / -의 引下 il ribasso*la riduzione del tasso d'interesse / -을 引下하다 ridurre il tasso di interesse
이자일음자(二字一音字)〈言〉il digramma
이장(里長) il sindaco del villaggio*comune
이장조(二長調)〈音〉il re maggiore
이전(以前) / -의 precedente, anteriore / -에 prima; già; nei giorni precedenti / - 페이지 la pagina precedente
이전(移轉) lo trasferimento, il trasloco, il cambiamento di casa / -하다 traslocare [intr. essere], cambiare casa / 소유권을 -시키다 alienare una proprietà
이전불능재산(移轉不能財産)〈法〉la manomorta
이점(利點) il vantaggio [<-> lo svantaggio]
이정표(里程表) il cartello stradale
이주(移住) (國內로) l'immigrazione, (國外로) l'emigrazione
이중(二重) il doppio / -의 doppio(a) ¶-國籍 la doppia cittadinanza / -窓 la doppia finestra / -奏 il duetto / -人格 doppia personalità, l'uomo doppio
이중녹음(二重錄音)〈映〉il doppiaggio
이중모음(二重母音)〈言〉il dittongo

이중모음화(二重母音化)〈言〉 la dittongazione
이중어(二重語)〈言〉il doppione
이중창(二重唱) il canto a due voci
이지(理智) l'intelligenza, (知性) l'intelletto / -的 intelletuale
이질(痢疾)〈醫〉la dissenteria
이질정동(異質晶洞)〈鑛〉la geode
이집트((國名)) l'Egitto / -人, 의 egiziano (a) / -語 l'egiziano
이차(二次) / -의 secondo(a), / -的 secondario(a) / -모임(會) la festa secondaria di pochi amici dopo il banchetto
이차곡선(二次曲線)〈數〉le quadriche
이차권선(二次捲線)〈電〉l'avvolgimento secondario
이차전지(二次電池)〈物〉l'accumulatore
이층(二層) il primo piano / -에 al primo piano / -집 la casa a*di due piani / -버스 l'autobus a due piani
이타주의(利他主義)〈哲〉l'altruismo
이타주의자(利他主義者) l'altruista
이탄(泥炭)〈鑛〉la torba
이탈리아 l'Italia, lo stato italiano / - 人 italiano(a) / -語 l'italiano, la lingua italiana(a) **[用語]** 공화국(共和國) la repubblica, 국가원수(國家元首) il Capo dello Stato, 독립(獨立) l'indipendenza, 사법권(司法權) il potere giudiziario, 입법권(立法權) il potere legislativo, 주권(主權) la sovranità, 주석(主席) il Capo dello Stato, 집행권(執行權) il potere esecu-tivo, 행정권(行政權) il potere esecu-tivo, 헌법(憲法) la costituzione; 〈국회(國會) **Parlamento**〉 가결(可決) l'approvazione, 공개투표(公開投票) il voto palese, 국회경찰(國會警察) i questori, 국회부의장(國會副議長) il vice-presidente, 국회의원(國會議員) il parlamentare, 국회의장(國會議長) il presidente, 기권(棄權) l'astensione, 다수(多數) la maggioranza, 단기투표제(單記投票制) lo scrutinio uninominale, 동의(動議) la mozione, 면책특권(免責特權) l'immunità parlamentare, 반대투표(反對投票) il voto contrario, 법률(法律) la legge, 법안(法案) il disegno di legge, 보통선거(普通選擧) il suffragio universale, 본회의질의(本會議質議) l'interpellanza, 비밀투표(祕密投票) il voto segreto, 사무국원(事務局員) il segretario, 상원(上院) il Senato della Repubblica, 상원의원(上院議員) il senatore, 상임위원회(常任委員會) le commissioni permanenti, 선거(選擧) le elezioni, 선거구(選擧區) il collegio, 선거인(選擧人) gli elettori, 선거집회(選擧集會) i comizi elettorali, 소수(少數) la minoranza, 수정(修正) l'emendamento, 승인(承認) l'approvazione, 신임동의(信任動議) la mozione di fiducia, 심의(審議) la discussione, 우선투표(優先投票) il voto di preferenza, 원로원(元老院) il Senato della Repubblica, 원로원의원(元老院議員) il senatore, 위원회질의(委員會質疑) l'interrogazione, 의사일정(議事日程) l'ordine del giorno, 의석(議席) il seggio, 입법부(立法府) la legislatura, 잠정조치령(暫定措置令) il decreto-legge, 정견연설회(政見演說會) i comizi elettorali, 정족수(定足數) il numero legale, il quorum, 투표소(投票所) la sezione, 표결(票決) la votazione, 하원(下院) la Camera dei Deputati, 하원의원(下院議員) il deputato, 헌법적법률(憲法的法律) la legge costituzionale, 회기(會期) la sessione, 회의(會議) la seduta, 후보자명부투표제(候補者名簿投票制) lo scrutinio di lista; 〈**정부**(政府) **Governo**〉 과(課) la sezione, il servizio, 국(局) il servizio, 내각(內閣) il Consiglio dei Ministri, 무임소장관(無任所長官) il ministro senza Portafoglio, 법제국(法制局) l'ufficio legislativo, 부(部) il Ministero, 부(部) la divisione, 부수상(副首相) il Vicepresidente del Consiglio, 사무소(事務所) l'ufficio, 수상(首相) il Presidente del Consiglio, 정무차관(政務次官) il Sottosegretario di Stato, 지소(支所) l'ufficio, 총국(總局) la direzione generale, 홍보국(弘報局) l'ufficio stampa; 〈**행정**(行政) **Pubblica amministrazione**〉 외무부(外務部) **Affari Esteri**; 비망록(備忘錄) memorandum, 통첩(通牒) nota, 조약(條約) trattato, 대사관(大使館) ambasciata, 공사관(公使館) legazione, 총영사관(總領事館) consolato generale, 영사관(領事館) consolato, 신임장(信任狀) lettere credenziali, 대사(大使)

이탈리아

ambasciatore, 전권대사(全權大使) ministro plenipotenziario, 전권공사(全權公使) ministro plenipotenziario, 대리대사(代理大使) incaricato d'affari, 대리공사(代理公使) incaricato d'affari, 일등참사관(一等參事官) primo consigliere, 참사관(參事官) consigliere, 일등서기관(一等書記官) primo segretario, 서기관(書記官) segretario, 담당관(擔當官) addetto, 상무관(商務官) addetto commerciale, 문관(文官) addetto culturale, 무관(武官) addetto militare, 보도관(報道官) addetto stampa, 총영사(總領事) console generale, 영사(領事) console; 내무부(內務部) Interno; 종무국(宗務局) affari di culto, 지방행정국(地方行政局) amministrazione civile, 공안국(公安局) pubblica sicurezza, 소방국(消防局) servizi antincendi, 국립고문서관(國立古文書館) archivi di Stato, 군(郡) provincia, 군수(郡守) prefetto, 군청(郡廳) prefettura; 법무부(法務部) Grazia e Giustizia; 사법기구(司法機構) organizzazione giudiziaria, 민사국(民事局) affari civili, 형사국(刑事局) affari penali, 교정국(矯政局) istituti di prevenzione e di pena; 예산경제기획부(豫算經濟企劃部) Bilancio e programmazione Economia; 세입(歲入) entrate, 세출(歲出) spese, 예산안(豫算案) stato di previsione, 세입세출의 일반회계(歲入歲出一般會計) conto generale delle spese e delle entrate, 잠정예산(暫定豫算) esercizio provvisorio, 긴급예산(緊急豫算) esercizio provvisorio; 재무부(財務部) Finanze; 고정자산국(固定資產局) catasto, 국유재산국(國有財產局) demanio, 직접세국(直接稅局) imposte dirette, 관세와 간접세국(關稅, 間接稅局) dogane e imposte indirette, 지방재정국(地方財政局) finanza locale, 복권판매감독국(福券販賣監督局) lotto e lotterie, 전매공사(專賣公社) monopoli di Stato, 재무감독국(財務監督局) Intendenza di Finanza, 재무감독관(財務監督官) Intendente di Finanza; 국고부(國庫部) Tesoro; 국채(國債) Buoni del Tesoro, 공채(公債) debito pubblico, 상환공채(償還公債) prestito redimibile, 국가회계국(國家會計局) Ragioneria Generale dello Stato, 국고부의 군지국(國庫部, 郡支局) Uffici Provinciali del Tesoro; 국방부(國防部) Difesa; 최고국방회의(最高國防會議) Stato Maggiore della Difesa, 최고국방회의의장(最高國防會議議長) Capo di Stato Maggiore della Difesa, 합참본부(合參本部) Consiglio Superiore delle Forze Armate; 육군(陸軍) Esercito; 육군참모본부(陸軍參謀本部) Stato Maggiore, 육군참모본부장관(陸軍參謀本部長官) Capo di Stato Maggiore, 지방육군사령부(地方陸軍司令部) comandi militari territoriali di regione, 지방군관구(地方軍管區) Distretti militari; 해군(海軍) Marina; 해군참모본부(海軍參謀本部) Stato Maggiore, 해군참모본부장관(海軍參謀本部長官) Capo di Stato Maggiore, 함대사령관(艦隊司令官) comando della Squadra navale, 지방해군사령부(地方海軍司令部) Dipartimenti militari marittimi, Comandi militari marittimi autonomi; 공군(空軍) Aeronautica; 공군참모본부(空軍參謀本部) Stato Maggiore, 공군참모본부장관(空軍參謀本部長官) Capo di Stato Maggiore, 공군사령부(空軍司令部) Comandi territoriali di regione aerea, Comando generale della difesa aerea territoriale; 문교부(文敎部) Pubblica Istruzione; 초등교육국(初等敎育局) istruzione elementare, 중등교육국(中等敎育局) secondaria di primo grado, 문화국(文化局) classica, 과학기술국(科學技術局) ricerca scientifica, 교원국(敎員局) magistrale, 기술교육국(技術敎育局) tecnica, 직업훈련국(職業訓鍊局) professionale, 대학국(大學局) universitaria, 사적미술국(史蹟美術局) antichità e belle arti, 학술도서관국(學術圖書館局) accademie e biblioteche, 일반국민교육국(一般國民敎育局) educazione popolare, 문화교류국(文化交流局) scambi culturali; 공공사업부(公共事業部) Lavori Pubblici; 도로철도건설국(道路鐵道建設局) Viabilita', 치수전력시설국(治水電力施設局) Acque e impianti elettrici, 항만건설국(港灣建設局) Opere marittime, 도시계획국(都市計劃局) Urbanistica, 공공건축국(公共建築局) Edilizia statale e sovvenzionata,

국영도로공단(國營道路公團) Azienda Nazionale Autonoma Strade; 농림부(農林部) Agricoltura e Foreste; 농업생산국(農業生產局) Produzione agricola, 개척국(開拓局) Bonifica, 토지개량국(土地改良局) Miglioramenti fondiari, 농산물가격보호국(農產物價格保護局) Tutela economica dei prodotti agricoli, 임야국(林野局) Economia montana e foreste, 식량국(食糧局) Alimentazione, 농지개량공사(農地改良公社) Enti di Riforma fondiaria; 운수항공부(運輸航空部) Trasporti e Aviazione; 국유철도공사(國有鐵道公社) Azienda Autonoma delle Ferrovie dello Stato, 육운국(陸運局) Ispettorato generale della motorizzazione civile e dei trasporti in concessione, 민간항공국(民間航空局) Ispettorato generale dell'Aviazione civile; 우편전신부(郵便電信部) Poste e telecomunicazioni; 상공부(商工部) Industria e Commercio e Artigianato; 노동사회보장부(勞動社會保障部) Lavoro e previdenza Sociale; 무역부(貿易部) Commercio con L'estero; 해운부(海運部) Marina Mercantile; 국가투자부(國家投資部) Partecipazioni Statali; 보건위생부(保健衛生部) Sanità; 문화관광부(文化觀光部) Turismo e Spettacolo; 문화환경청(文化環境廳) Beni Culturali e Ambientali; 헌법재판소(憲法裁判所) Corte costituzionale; 헌법재판소장관(憲法裁判所長官) Presidente, 헌법재판소판사(憲法裁判所判事) giudici; 경제노동국민회의(經濟勞動國民會議) Consiglio nazionale dell'economia e del lavoro; 경제노동국민회의의장(經濟勞動國民會議議長) Presidente, 경제노동국민회의의원(經濟勞動國民會議議員) consiglieri; 정부보조기관(政府補助機關) Organi ausiliari del governo e della pubblica amministrazione; 국무원(國務院) Consiglio di Stato, 회계검사원(會計檢查院) corte dei Conti, 국사변호원(國事辯護院) Avvocatura dello Stato; 사법부(司法府) Magistratura; 형사부(刑事部) sezioni penali, 민사부(民事部) sezioni civili, 검찰청(檢察廳) procura generale, 검찰총장(檢察總長) procuratore generale, 공소재판소(控訴裁判所) Corti d'Appello, 지방재판소(地方裁判所) Tribunali, 법무관재판소(法務官裁判所) Preture, 주석재판장(主席裁判長) Presidente, 배심원(陪審員) giudici popolari, 군사최고재판소(軍事最高裁判所) Tribunale Supremo Militare, 지방군사재판소(地方軍事裁判所) tribunali militari Territoriali; 자치주(自治州) Regioni autonome; 주의회(州議會) assemblea regionale, consiglio regionale, 주정부(州政府) giunta regionale, 주정부평의회(州政府評議會) giunta regionale, 주정부수석(州政府首席) presidente della Regione, 주정부참사(州政府參事) assessori, 주의회의원(州議會議員) deputati regionali, consiglieri regionali; 지방공공단체(地方公共團體) Enti locali; 군(郡) provincia, 군의회(郡議會) consiglio provinciale, 군정부(郡政府) giunta provinciale, 군정부수석(郡政府首席) presidente della giunta, 군정부참사(郡政府參事) assessori, 군의회의원(郡議會議員) consiglieri provinciali, 면(邑*面) Comune, 市(邑*面)議會 consiglio comunale, 市(邑*面)長 sındaco, 市(邑*面)參事 assessori, 市(邑*面)議會議員 consiglieri comunali

이탈리아공산당(-共產黨)〈政〉il partito democratico della sinistra (PDS)

이탈리아공화당(-共和黨)〈政〉il partito italiano (PI)

이탈리아대표선수(-代表選手) l'azzurro

이탈리아대표선수후보(-代表選手候補) l'azzurrabile

이탈리아사회당(-社會黨)〈政〉il partito socialista italiano (PSI)

이탈리아사회운동민족우파(-社會運動民族右派)〈政〉Alleanza Nazionale (AN)

이탈리아선수권우승자(-選手權優勝者)〈輪〉la maglia tricolore

이탈리아어(-語)〈言〉l'italiano

이탈리아자유당(-自由黨)〈政〉il partito liberale italiano (PLI)

이탈리아하원(-下院)〈政〉il montecitorio

이하선염(耳下腺炎)〈醫〉gli orecchioni, la parotite

이학(理學) le scienze naturali; la fisica ¶-士*碩士 il dottore (f. -essa) in scienze / -博士 il dottorato in scienze (=

이한(伊韓) / -의 italiano-coreano ¶-辭典 il dizionario italiano-coreano

이항식(二項式)〈數〉il binomio

이해(理解) la comprensione, l'intesa / -하다 capire [pr. -isco], comprendere, intendere ¶ 난 모든 것을 이해한다. Capisco tutto. / -할 수 있는 comprensibile / -할 수 없는 incomprensibile, inintelligibile, illeggibile / -하는, 많은 comprensivo(a) ¶-力 la comprensiva

이해(利害) vantaggio e svantaggio / -關係 gli interessi / 공동의 -관계에 있다 essere negli interessi comuni

이행(履行) l'esecuzione, (義務 따위의) l'adempimento / -하다 eseguire [pr. -isco], adempiere [tr.], adempiere [intr. avere, pr. -isco] a qlco.,〈商〉onorare

이행(履行)〈法〉l'adempimento

이형(異形)〈言〉la variante

이형성(二形性)〈生〉il dimorfismo

이형태(異形態)〈言〉l'allomorfo

이호(二號) numero due

이혼(離婚) il divorzio / -하다 divorzare [intr. avere] (da marito*moglie), fare divorzio da qlcu. ¶-男 il divorziato / -女 la divorziata / -狀 la lettera di divorzio

이혼(離婚)〈法〉il divorzio

이화작용(異化作用)〈生〉il catabolismo

이회(二回) due volte

이히티올(藥) l'ittiolo

익다 (음식이) cuocere [intr. essere, p.p cotto]

익명(匿名) lo pseudonimo / -의 anonimo(a) / -의 편지 la lettera anonima / -으로 anonimamente

익사(溺死) l'affogamento, l'annegamento / -시키다 affogare, annegare / -하다 annegare [intr. essere], annegarsi, affogare / -한 annegato(a) ¶-者 l'annegato

익살 la buffonata

익살음악(音)〈音〉la burlesca

익숙한 esperto(a)

익은 (과일이) maturo(a); (음식이) cotto(a) / 덜 - verde, non maturo(a)

익조(益鳥) l'uccello utile

익충(益蟲) l'insetto utile

익히다 (음식 따위를) cuocere, bollire [tr.] / -한 cotto(a), bollito(a) / -한 쁘로쉬우또 il prosciutto cotto ¶ 달걀이 익으면 그 요리는 다 된 거다. Quando le uova sono cotte il piatto e pronto.

익힘 (음식 따위를) la cottura ¶ 피망이 익을 때까지 계속해서 익혀라! Continua la cottura fino a che i peperoni sono cotti!

인 것 같다 parere [intr. essere], sembrare [intr. essere]

인(燐)〈化〉il fosforo

인가(認可) l'autorizzazione, la concessione, il permesso / -를 받다 ottenere l'autoriz-zazione / -하다 autorizzare, fare delle concessioni

인가(人家) la casa, l'abitazione / -가 적은 마을 il villaggio poco abitato

인간(人間) l'uomo, l'essere umano / -의 umano(a) / -美 있는 umano(a) ¶-觀 l'idea di uomo / -性 l'umanita

인간미(人間味) la bontà, l'umanità

인간애(人間愛)〈哲〉la filantropia

인간학(人間學) l'antropologia

인건비(人件費) le spese del personale

인격(人格) la personalità, il carattere (personale) / -이 고상한 di nobile carattere ¶-者 l'uomo virtuoso / 二重-la doppia personalità

인공(人工) -의, 的 artificiale ¶-衛星 il satellite artificiale / -受精 la fecondazione artificiale / -呼吸 la respirazione artificiale / -孵化 l'incubazione artificiale / -腎臟 il rene artificiale

인공뇌연구(人工腦研究)〈物〉la cibernetica

인공유산(人工流産)〈醫〉l'aborto

인과관계(因果關係) la relazione di causa ed effetto

인광(燐光)〈物〉la fosforescenza

인구(人口) la popolazione ¶-調査 il censimento della popolazione / -問題 il problema della popolazione

인권(人權) i diritti dell'uomo ¶-宣言 la dichiarazione dei diritti dell'uomo

인기(人氣) la popolarità (fra la gente) / -있는 popolare / -있다 essere popolare, avere la buona fama / -없다 essere accolto(a) con freddezza / -를 누리다 godere di una vasta popolarità / -있는 사람 la persona popolare ¶-投票 la votazione per scegliere / -俳優

l'attore*l'attrice popolare*di popolarità

인기(人氣)〈映〉 il divismo

인내(忍耐) la pazienza, la perseveranza, la tolleranza **1** 너는 인내를 가져야 한다. Devi avere pazienza. / -하다 avere pazienza*tolleranza, sopportare, tollerare, perseverare [intr. avere] (nel dolore), essere paziente / -하는 paziente, perseverante / -할 수 있는 sopportabile, tollerabile / -할 수 없는 insopportabile, intollerabile

인덕턴스〈物〉 l'induttanza

인덕턴스〈電〉 l'induttanza

인도(人道)(步道) il marciapiede

인도(人道) l'umanita' / -的 umano(a), umanitario(a) ¶-主義 l'umanitarismo

인도(引渡)〈商, 法〉 la consegna / 15일 후 - la consegna a quindici giorni / -하다 consegnare; concedere; estradare (un criminale allo Stato richiedente)

인도〈地〉 India / -의·人 indiano(a)

인도어(-語)〈言〉 le lingue indiane

인도유럽어족(-語族)〈言〉 il gruppo indoeuropeo

인두(咽頭)〈解〉 la faringe

인디언 l'amerindiano ¶- 原住民 l'amerindio

인력(人力) la forza umana, al capacità umana

인력(引力)〈天〉 l'attrazione

인류(人類) l'umanità, il genere umano ¶-學 l'antropologia

인류지리학(人類地理學)〈地〉 l'antropogeografia

인륜(人倫)(人間性) l'umanità, (道德) la moralità / -을 거스르다 essere contrario alla moralità

인명(人名) il nome di persone ¶-簿 l'elenco dei nomi

인명(人命) la vita umana / -을 救助하다 salvare la vita a qlcu. ¶-救助 il salvataggio

인명(人名)〈言〉 l'antroponimo

인명학(人名學)〈言〉 l'antroponimia

인문(人文) la civilizzazione; (文化) la cultura ¶-科學 le scienze culturali / -主義 l'umanesimo / -地理 la geografia culturale

인문주의(人文主義)〈哲〉 l'umanesimo

인문지리학(人文地理學)〈地〉 l'antropogeografia

인물(人物) la persona, (有名*重要한) il personaggio, la personalità ¶登場- il personaggio

인물상(人物像)〈繪〉 l'immagine

인민(人民) il popolo ¶-委員 il commissario del popolo / -戰線 il fronte popolare / -投票 il referendum, il plebiscito

인보이스(見積書)〈商〉 la proforma

인분(人分) (음식 따위의) la persona / 4- per quattro persone

인사(人事)¹ (사교상의) il saluto / -하다 salutare qlcu., fare un cenno di saluto **1** 난 교수님께 인사한다. Saluto il professore. / (모자를 들며) 허리 굽혀 -하다 salutare qlcu. con un inchino (togliendosi il cappello) ¶-帳 (결혼*사망의) la partecipazione (di nozze*di morte)

인사(人事)² (사람의 일) le cose umane, gli affari del personale

인사불성(人事不省)〈醫〉 l'incoscienza / -의 incosciente / -되다 svenire, perdere i sensi, rimanere incosciente (per lo svenimento)

인산(燐酸) l'acido fosforico ¶過-肥料(비료) il perfosfato

인산염(燐酸鹽)〈化〉 il fosfato

인삼(人蔘) il ginseng

인상(引上) il sollevamento; (賃金의) l'aumento / -시키다 sollevare; aumentare

인상(印象) l'impressione, l'idea / 좋은*나쁜 -을 주다 fare buona*cattiva impressione a qlcu. / -的인 impressionante ¶-主義 / -派 / 첫-

인상(人相) la fisionomia, l'espressione del viso; il volto, la faccia; (顏色) la cera / 나쁜 -을 지니다 avere un brutto*cattivo aspetto ¶-學者 il*la fisionomista

인상주의(印象主義)〈繪〉 l'impressionismo

인상파화가(印象派畫家)〈繪〉 l'impressionista

인색(吝嗇) l'avarizia / -한 avaro(a), taccagno(a), tirchio(a), pirchio(a)

인생(人生) la vita, l'esistenza ¶-觀 il punto di vista*visione della vita

인선(人選) la scelta*la selezione d'una persona (tra le altre) / -하다 fare una

인쇄(印刷) la stampa, lo stampare / -하다 stampare ¶-物 lo stampato, (팜플릿) il fascicolo, l'opuscolo / -기 lo stampante

인수(引受) l'accettazione (della cambiale) / -하다 accettare (un incarico*un invito*una cambiale); garantire [pr. -isco], assicurare ¶-拒否 il rifiuto d'accettazione / -人 l'accettante / 條件附- l'accettazione condizionata

인수증(引受證) la quietanza

인슐린〈藥〉l'insulina

인스펙션(檢査, 調査) l'ispezione, la visita / -하다 ispezionare, esaminare visitare ¶船舶- la visita delle navi mercantili

인습(因習) la convenzione

인식(認識) la cognizione, (知識) la conoscenza, il sapere, (理解) la comprensione, 〈文〉 la notizia / -하다 avere cognizione, riconoscere; capire, comprendere ¶-不足 la mancanza di cognizione*comprensione / -論 〈哲〉 l'epistemologia

인식(認識)〈哲〉la conoscenza

인식론(認識論)〈哲〉l'epistemologia, la filosofia della scienza, la gnoseologia

인심(人心) i sentimenti del popolo -> 民心

인어(人魚) la Sirena, il Tritone

인용(引用) la citazione / -하다 citare

인원(人員) il numero di persone / -을 배치하다 destinare*assegnare il personale (a ciascun posto adatto)

인위(人爲) / -的 artificiale / -的으로 artificialmente

인의(仁義) l'umanità e la giustizia

인자(仁慈) la benevolenza, la misericordia / -한 benevolo(a), misericordioso(a)

인자(因子)〈數〉il divisore, il fattore

인장(印章) il sigillo **1** 대학의 인장이 첨부되지 않은 것은 효력이 없음. Non valido se non è impresso con il sigillo dell'università. ¶公式- sigillo ufficiale (dell'università)

인재(人材) l'uomo di abilità, la persona di talento

인접(隣接) la vicinanza, l'adiacenza / -의 vicino(a), adiacente, attiguo(a) ¶-科學 la scienza affine / -都市 le città circostanti

인정(認定) (認可) l'autorizzazione, (承認) il riconoscimento / -하다 autorizzare, riconoscere, ammettere, approvare

인정(人情) i sentimenti umani, la natura umana, (人間性) l'umanità; (同情) la compassione

인정(認定) l'omologazione

인정미(人情味) l'umidità

인조(人造) / -의 artificiale ¶-가죽(皮) il cuoio artificiale / -人間 l'automa (m., pl. -i), il robot / -眞珠 la perla artificiale / -실크 la seta artificiale, il rayon / 人造- le fibre artificiali

인족(姻族)〈法〉l'affinità

인종(人種) la razza (umana) / -上의 razziale; (民族의) etnico(a) ¶白(黃*黑)- la razza bianca (gialla*nera) / -差別 la discriminazione razziale

인증(認證) la certificazione, l'attestazione / -하다 certificare, attestare ¶-式 la cerimonia d'attestazione

인지(印紙) il bollo ¶收入- la marca da bollo / -稅 la tassa di bollo

인지(認知) il riconoscimento / -하다 riconoscere

인질(人質) l'ostaggio

인체(人體) il corpo umano ¶-構造 la struttura del corpo umano

인체모형(人體模型)〈繪〉il manichino

인출(引出) (預金의) il ritiro / -하다 ritirare, riscuotere; prelevare; incassare

인칭(人稱)〈文〉la persona / 제1(2,3)- la prima (seconda, terza) persona / -의 personale ¶-代名詞 il pronome personale

인큐베이터〈醫〉l'incubatrice

인터뷰(interview) l'intervista / -하다 avere un'intervista con qlcu., intervistare qlcu.

인터셉트하다〈蹴〉intercettare

인터폰 il campanello elettrico / -을 누르다 premere il bottone (del

인테르메조〈音〉l'intermezzo

인파〈生〉la linfa ¶-腺 la ghiandola linfatica

인품(人品) (風采) l'apparenza, la

인플레이션 presenza; (品位) il decoro, la dignità / -있는 d'apparenza nobiole, decoroso(a)

인플레이션〈經〉l'inflazione

인하(引下) la riduzione, il ribasso / (價格) -시키다 ribassare, ridurre ¶價格- la riduzione*il ribasso del prezzo

인형(人形) la bambola, il fantoccio ¶-劇場 il teatrino delle marionette*dei burattini

인화하다(印畫-) sviluppare, stampare

인환권(引換券) lo scontrino

인회토(燐灰土)〈鑛〉la fosforite

인후(咽喉) la gola

인후염(咽喉炎)〈醫〉la faringite

일(事) il lavoro, il mestiere, l'affare, il compito, le faccende / 중요한 -을 다루다 trattare un affare importante / 私的인 -들 gli affari privati / -하다 lavorare, essere occupato(a) (negli affari) / -로 per affari ¶-터 la bottega, il (piccolo) lavoratorio

일(日) il giorno (=di); (日時, 年月日, 날짜) la data; (太陽) il sole; (日光) la luce*i raggi del sole

일가견(一家見) / - 있다 intendersi 1 난 음악에 일가견이 있다. Mi intendo della musica.

일간(日刊) la pubblicazione*l'edizione quotidiana, a giorni / -의 quotidiano(a) ¶-紙*新聞 il (giornale) quotidiano

일견(一見) una occhiata*vista, uno sguardo rapido / -에 al prima vista, a*in una occhiata

일곱(七) sette

일과(日課) l'impegno, il lavoro giornaliero; 〈學〉le lezioni giornaliere; 〈宗〉la lezione 1 루이사는 그녀의 일과들을 달력에 쓴다. Luisa scrive i suoi impegni sul calendario.

일관성(一貫性) la linearità / -있는 coerente, logico(a) / -있게 coerentemente / -있게 ~를 설득하다 convincere*persuadere coerentemente qlco. (a credere*fare qlco.)

일광(日光) la luce del sole, i raggi solari ¶-消毒 la disinfezione solare (dei vestiti) / -浴 il bagno di sole

일광욕(日光浴) il bagno di sole / -하다 prendere il sole ¶-室 il solario

일급(日給) la paga giornaliera / -으로 근무하다 lavorare [intr. avere] a giornata

일기(日記) il diario / -에 뭔가를 적다 annotare qlco. nel diario, tenere un diario

일기(日氣) il tempo ¶-豫報 la previsione del tempo

일기(一氣) il tempo 1 일기가 좋다 (나쁘다). Fa bel (cattivo) tempo. ¶-豫報 la previsione meteorologica

일기예보(日氣豫報)〈氣〉le previsioni del tempo

일년(一年) un anno / - 後 fra un anno

일년생식물(一年生植物)〈植〉annua

일당(日當) la paga giornariera / -으로 지급하다 pagare a giornata

일등서기관(一等書記官)〈伊〉primo segretario

일등참사관(一等參事官)〈伊〉primo consigliere

일란성쌍생아(一卵性雙生兒)〈生〉i gemelli monovulari*uniovulari

일람표(一覽表) il borderò, l'elenco, la lista

일러스트레이션 l'illustrazione

일러스트레이터〈繪〉l'illustratore

일련번호(一連番號) numero di serie

일몰(日沒) la calata*la caduta del sole, il tramonto (del sole) / -하다 tramontare

일몰(日沒)〈氣〉il tramonto

일반(一般) / -性 la generalità / -的 generale, comune / -的으로 generalmente, comunemente, in genere, universalmente

일반국민교육국(一般國民敎育局)〈伊*敎〉educazione popolare, 문화교류국(文化交流局) scambi culturali

일반화(一般化) la generalizzazione

일반화학(一般化學)〈化〉la chimica generale

일방통행(一方通行) il senso unico

일본(日本) il Giappone / -語 il giapponese / -人, 의 giapponese / -風, 式 alla giapponese ¶-海 Mare del Giappone / -系 (l'americano di) origine giapponese

일본어(日本語)〈言〉il giapponese

일부(一部) (작품, 사설 따위의) il brano 1 사설의 일부를 읽어라! Leggete un brano dell'articolo!

일부러 volutamente
일부분(一部分) parte
일사병(日射病) l'insolazione / -에 걸리다 essere colpito dall'insolazione
일상(日常) / -의·的 quotidiano(a), giornaliero(a) ¶-語 il linguaggio vivente
일소(一掃) lo sterminamento, l'annientamento, lo sradicamento / -하다 dragare / -시키다 sterminare, annientare, sradicare
일시(一時) / -的 temporaneo(a), fugace, provvisorio(a) / -적 아름다움 la bellezza fugace
일시(日時) la data
일시불(一時拂)〈商〉il forfait
일시중지(一時中止) l'accantonamento / -하다 accantonare (un progetto)
일식(日食) l'eclisse solare
일식(日食)〈氣〉l'eclisse di sole
일야(日夜) giorno e notte, notte e di
일어나다(起) (사건 따위가). accadere [intr. essere], avvenire [intr. essere], capitare [intr. essere], succedere [intr. essere]
일어나다(起床) alzarsi, levarsi 1 빨리 일어나라! Alzati presto!
일어나다(立) alzarsi, levarsi, essere [intr. essere] in piedi
일요일(日曜日) la domenica / -의 domenicale
일용(日用) / -의 di uso quotidiano*uso corrente ¶-品 gli oggetti per uso quotidiano*corrente
일용임금(日用賃金) la paga giornaliera
일용직(日用職) ¶-雇用 il lavoro*l'impiego giornaliero / -勞動者 il giornaliero (f. -a), il lavoratore (f. -trice) a giornata, (農業의) il bracciante
일원론(一元論)〈哲〉il monismo
일월(一月) il gennaio
일으키다 (먼지 따위를) sollevare (una nube di polvere)
일으키다(發生) (事件, 問題를) causare, sollevare (un problema)
일으키다(立) fare levare*alzare qlcu.
일일장부(日日帳簿) il giornale
일자리(職業) il lavoro, l'impiego, l'occupazione, il posto (di lavoro) / -를 구하다 cercare un lavoro*un'occupazione / -를 얻다 ottenere un impiego / -를 잃다 perdere un impiego

일장기(日章旗) la bandiera del Sol(e) Levante
일정(日程) l'ordine del giorno, il programma giornaliero (del lavoro), il programma del giorno, (議事) l'ordine del giorno; (旅行) l'itinerario (del viaggio) / -을 연기하다 prorogare il tempo dell'itinerario
일정한(一定-) stabile, fissi(a)
일제(日製) la produzione*la fabbricazione giapponese ¶-品 il prodotto giapponese
일조(日照) il tempo asciutto, (異常乾燥) la siccità ¶-權 il diritto della luce solare
일주(一周) il giro
일주일(一週日) una settimana / - 後 fra una settimana
일직(日直) il servizio diurno; la guardia diurna
일직선(一直線) / -으로 in linea retta
일차권선(一次捲線)〈電〉l'avvolgimento primario
일출(日出) la levata*il sorgere del sole
일출(日出)〈氣〉l'alba
일층(一層) il pianterreno
일치(一致) l'accordo, il patto, l'affiatamento, la corrispon-denza / -하다 corrispondere [intr. avere] a qlco., accordarsi / -하지 않는 discorde
일치(一致)〈言〉la concordanza
일탈(逸脫) il deviamento / -하다 deviare [intr. avere], sviarsi / -시키다 deviare [tr.]
일터(勤務地) il luogo del proprio lavoro / -에 가다 (출근) andare al lavoro / -로부터 돌아오다 (퇴근) ritornare al lavoro
일하다(勤勞, 勞動) lavorare [intr. avere] in*presso un ufficio*una ditta 1 넌 어디서 일하니? Dove lavori?
일화(逸話) l'episodio
읽다(讀) leggere 1 나도 신문을 읽고 있다. Anch'io leggo il giornale.
읽을 수 없는 illeggibile
잃다(失) perdere*smarrire (la strada) 1 대도시에서 길을 잃기는 쉽다. È facile perdersi in una grande città'.
잃어버리다(紛失) (물건 따위를) perdere 1 그는 여권을 잃어버렸다. Lui ha perso il passaporto.

임관(任官) la nomina (a ufficiale) / -하다 essere nominato (ufficiale militare)

임금(賃金) la paga, il salario, lo stipendio ¶-勞動者 il giornaliero

임금(賃金)〈經〉il salario

임기(任期) il termine di carica*servizio, il periodo di carica*servizio, la durata di carica*servizio / -가 만료된 spirato il periodo di carica ¶-滿了 lo spiramento di carica*servizio

임기응변(臨機應變) l'opportunismo, il funambolismo / -의 opportuno(a), conforme alle circostanze / -的 opportunistico(a) / -으로 conformemente alle circostanze ¶-者 l'opportunista / -處置*對策 le misure*i provvedimenti opportuni, il ripiego adatto

임대(賃貸) l'affittanza, l'affitto, la locazione, il noleggio / -하다 affitare; dare in affitto, noleggiare / -함 affittasi (appartamento) ¶-人 l'affittuario / -借 l'affitto / -借 契約 il contratto d'affitto / -料 l'affitto, la pigione

임대주(賃貸主)〈法〉il mutuante

임대차(賃貸借)〈法〉l'affitto, la locazione

임면(任免) nomina e destituzione

임명(任命) la nomina, la designazione / -하다 nominare, designare 1 신임 이 대통령은 각료들을 임명했다. Il nuovo presidente Lee ha nominato i ministri.

임무(任務) l'ufficio incaricato, la carica, l'incarico, la funzione; il dovere, il compito, la missione / -를 맡다 assumere*prendere un incarico (di qlco) / -를 수행하다 adempire al proprio ufficio

임산부(姙産婦) la donna gravida, la partoriente / -의 partoriente c.f. 産母 la puerpera

임석(臨席) l'assistenza (alla cerimonia), la presenza, l'intervento / -의, 하는 che assiste / -하다 assistere [intr. avere]*essere presente*intervenire [intr. essere] (alle nozze) -> 參席

임시(臨時) / -의 (特別) straordinario(a), (一時的) temporaneo(a) / -的인 provvisorio(a) / -로 straorninariamente; temporaneamente; provvisoriamente ¶-職員 l'impiegato provvisorio / -國會 la sessione straordinaria parlamentare / -政府 il governo provvisorio / -雇用 l'impiego temporaneo / -費用 le spese straordinarie / -休業 la vacanza straordinaria / -列車 il treno straordinario

임신(姙娠) la gravidanza, il concepimento / - 5개월 il quinto mese di gravidanza / -하다 concepire [pr. -isco] (un figlio), essere*rimanere incinta (di cinque mesi) ¶-中絶 l'aborto procurato

임신중절(姙娠中絶) l'aborto procurato / -하다 interrompere [tr.], interrompersi; abortire [intr. avere]

임신중절약(姙娠中絶藥)〈藥〉l'abortivo

임야국(林野局)〈伊*農〉Economia montana e foreste

임업(林業) la selvicoltura

임용(任用) la nomina, la designazione / -하다 nominare, designare 1 최 박사는 신임교수에 임용되었다. Il dottor Choi è stato nominato il nuovo professore.

임의(任意) / -의 facoltativo(a) ; (自發的) volontario(a), spontaneo(a) ; (自由의) libero(a) / -로 volontariamente, spontaneamente; liberamente

임종(臨終) l'ultimo respiro / 에 이르러 all'ultima ora*agli ultimi (momenti) della morte

임종(臨終)〈醫〉l'agonia

임지(任地) il luogo*il posto designato ad impiegati*funzionari / -로 떠나다 partire [pr. -isco] per il posto*il luogo designato

임질(淋疾)〈醫〉la blenorragia

임질(淋疾)〈醫〉la gonorrea

임차(賃借) l'affitto, la locazione / -하다 prendere in affitto (un appartamento)

임차인(賃借人)〈法〉il locatore, (土地의) il fittavolo

임차주(賃借主)〈法〉il mutuatario

임파선염(-炎)〈醫〉il bubbone

임피던스〈物〉l'impedenza

임피던스〈電〉l'impetenza

입 (口)〈解〉la bocca / -이 가벼운 loquace, ciarliero(a) / -이 무거운 taciturno(a), silenzioso(a) / -이 걸은 maldicente ¶-술 le labbra / - 냄새 l'alito cattivo [用語] 구개(口蓋) il palato, 구개수(口蓋垂) il velo pendulo, 입술 le labbra, 잇몸 le gengive, 치경 le

gengive, 편도선(扁桃腺) le tonsille
입각(入閣) la partecipazione al (nuovo) gabinetto o al nuovo governo / -하다 partecipare al (nuovo) gabinetto, entrare [intr. essere] come ministro di Stato nel nuovo gabinetto
입경(入京) l'entrata nella capitale, l'arrivo alla capitale / -하다 entrare nella capitale, giungere alla capitale
입고(入庫)<商> l'immagazzinaggio / -하다 immagazzinare (le merci)
입구(入口) l'entrata, (건물의) l'ingresso, la porta **1** 우리 아파트 입구는 다소 좁다. L'ingresso del nostro appartamento è piuttosto piccolo. / -에 alla porta
입국(入國) l'ingresso, l'entrata nel paese (straniero) **1** 그리스에 입국하려면 출국에 유효한 신분증이 필요하다. Per l'ingresso in Grecia è sufficiente la carta d'identità valida per l'espatrio. / -하다 entrare in un paese (straniero) ¶-査證 il visto d'entrata
입김 l'alito
입금(入金) l'incasso / -하다 incassare (una somma), <商> introitare
입다 (옷을) indossare, vestire
입다 (손해를) subire, ricevere / 손해*손실을 - subire danni*perdite
입당(入黨) l'iscrizione ad un partito / -하다 iscriversi ad un partito, entrare [intr. essere] in un partito
입대(入隊) / -하다 entrare nel servizio militare, fare il soldato, andare soldato
입마개 la museruola
입맛을 돋구다 stimoalre l'appetito
입맞추다 baciare
입맞춤 il bacio
입면도(立面圖)<建> l'alzato
입문(入門)¹ l'ammissione ad una scuola privata / -하다 diventare [intr. essere] allievo del maestro (di ballo, di scherma, ecc.) ¶-書 il manuale, la guida (alla pittura), l'abbecedario
입문(入門)² la guida, l'introduzione, l'avviamento / 이탈리아어 -(書) l'avviamento allo studio d'italiano / -시키다 guidare, condurre, indirizzare (qlcu. allo studio)
입문서(入門書) la guida, l'introduzione, l'avviamento / 이탈리아어 - l'avviamento allo studio d'italiano

입방(立方) il cubo / -의 cubico(a), cubo(a) / 1입방미터 un metro cubo ¶ -根 la radice cubica / -体 il cubo
입방정형의(立方晶形-)<鑛> monometrico
입방체(立方體)<數> il cubo
입법(立法) la legislazione / -上의 legislativo(a) ¶-機關 l'organo legislativo / -權 il potere legislativo, la legislatura
입법권(立法權) il potere legislativo
입법부(立法府)<伊> la legislatura
입사(入社) / -하다 entrare [intr. essere] (come impiegato) in una società
입사시험(入社試驗) l'esame d'impiego
입상(入賞) / -하다 ottenere*vincere un premio
입석(立席) il posto in piedi
입선(入選) / -하다 essere accettato(a)*scelto(a) (dalla giuria di concorso*mostra) ¶-者 il vincitore*la vincitrice (del concorso)
입성(入城) l'ingresso nel castello conquistato / -하다 fare l'ingresso nel castello conquistato
입수(入手) l'ottenimento, (獲得) l'acquisizione / -하다 ottenere, acquisire [pr. -isco]
입술(脣) le labbra, il labbro
입시(入試) gli esami d'ammissione universitaria ¶-不合格生 il candidato (f. -a) respinto agli esami d'ammissione universitaria
입안(立案) la progettazione / -하다 progettare, fare un progetto*piano ¶-者 il*la progettista
입어보다 provare **1** 저 치마를 입어 볼 수 있나요? Posso provare quella gonna?
입원(入院) la ospedalizzazione / -하다 essere ospedalizzato(a), ricoverarsi in ospedale
입자(粒子)<物> i corpuscoli e le particelle
입장(入場) l'entrata, l'ingresso / -하다 entrare [intr. essere] in ¶-券 il biglietto d'ingresso*entrata / -禁止 Vietato l'ingresso / 無料- l'entrata libera, l'ingresso gratuito / -料 il prezzo*la tassa d'ingresso / -(觀)客 lo spettatore

입장(立場) la situazione, la posizione / -을 분명하게 하다 rendere chiaro il proprio punto di vista, rendere chiara la propria posizione / 어려운 - la situazione difficile

입적(入寂)

입적(入籍) la registrazione nell'anagrafe comunale / -하다 registrare*essere registrato (come figlio del capofamiglia) nell'anagrafe municipale

입증(立證) la prova, (證言) la testimonianza / -하다 provare, testimoniare, dimostrare

입증(立證) la verifica, la verificazione / -하다 verificare

입찰(入札) l'offerta all'asta*all'incanto, l'appalto / -하다 fare un'offerta all'asta ¶-者 l'offerente / -工事 il lavoro in appalto

입천장(解) il palato

입체(立體)⟨數⟩ il solido

입체(立體)⟨數⟩ il solido / -의 solido(a) ¶-幾何 la geometria solida

입체도형(立體圖形)⟨數⟩ il solido

입체영화(立體映畵)⟨映⟩ il cinerama

입체파(立體派)⟨繪⟩ il cubismo

입체파화가(立體派畵家)⟨繪⟩ il*la cubista

입체화학(立體化學)⟨化⟩ la stereochimica

입추(立秋) l'inizio*il primo giorno dell'autunno (secondo il calendario solare)

입춘(立春) l'inizio*il primo giorno della primavera

입하(入荷) l'arrivo di merci / -하다, 되다 giungere*arrivare merci

입학(入學) l'ammissione scolastica, l'iscrizione ad una scuola / -하다 essere ammesso ad una scuola, iscriversi ad una scuola ¶-日 la data di ammissione / -金 la quota*la tassa di iscrizione (scolastica) / -試驗 gli esami d'ammissione (scolastica)

입항(入港) l'entrata nel porto / -하다 entrare [intr. essere] in un porto ¶-手續 le formalità dell'entrata nel porto

입헌(立憲) / -的 costituzionale ¶-政治 il governo*il regime costituzionale

입회(入會) l'ammissione, l'iscrizione / -하다 essere ammesso ad (un'associazione), iscriversi in (un circolo); diventare membro*socio d'(un'associazione) ¶-費 la quota di iscrizione*ammissione

입회(立會) l'assistenza, la presenza, l'intervento / -하다 assistere [intr. avere], essere presente, intervenire [intr. essere] a (una riunione) ¶-演說 il discorso pronunciato in un dibattito dei candidati

입후보(立候補) la candidatura / -하다 presentare la candidatura, presentarsi candidato ¶-者 il candidato

입히다(着用) vestire, fare indossare un vestito a qlcu.

잇다 legare; continuare

잇몸(齒莖)⟨解⟩ le gengive

있음직한 probabile

있음직함 la probabilità

있음직하게 probabilmente, non e sicuro ma possibile

잇꼬⟨鳥⟩

잉어⟨魚⟩ la carpa

잉여(剩餘) il residuo, il saldo ¶-金 il residuo attivo, il saldo a credito

잉여가치(剩餘價値)⟨經⟩ il plusvalore

잉여금(剩餘金)⟨經⟩ il surplus

잉여금(剩餘金)⟨商⟩ l'avanzo, l'eccedenza

잉크 l'inchiostro

잊다(忘-) mettere in oblio, dimenticare, dimenticarsi di qlco.*qlcu., scordare, scordarsi di ¶ 그들은 전화번호를 잊었다. Hanno dimenticato il numero di telefono.

잊지못할 indimenticabile, memorabile

잎⟨植⟩ la foglia / 나뭇- il fogliame / 나뭇- 사이로 숨다 nascondersi tra il fogliame

자〈具〉 la riga **1** 선을 긋기 위해 난 자가 필요하다. Per tracciare la linea mi serva una riga.
자(字) la lettera, il carattere ¶漢- i caratteri cinesi
자(者) la persona, l'individuo
자(子)〈法〉 il figlio
자가용(自家用) l'uso privato*familiare / -의 per uso privato*familiare ¶-車 la macchina privata
자각(自覺) la consapevolezza / -하다 essere consapevole di qlco, rendersi conto ¶-症狀 il sintomo suggettivo
자갈〈鑛〉 il ciottolo, il sasso, la ghiaia
자개 la lamina di madreperla
자격(資格) l'abilitazione, la qualificazione, la qualifica, la qualità / ~의 자격으로 in qualità di, a nome di qlcu. / 代表 -으로 in qualità di rappresentante / -이 있는 qualificato(a) / -이 없는 inabile / -을 상실한 squalificato(a) / -을 잃다 perdere la qualifica (d'atleta) ¶-審査 l'esame di qualificazione
자결(自決) l'autodecisione (dei popoli); (自殺) il suicidio / -하다 determinare da sè; suicidiarsi
자계(磁界) il campo magnetico
자구(字句) la lettera e la frase
자국(自國) il paese nativo, la patria / -의 nativo(a)
자국 (흔적) la traccia, l'impronta
자궁(子宮)〈解〉 l'utero, la matrice
자궁절제술(子宮切除術)〈醫〉 l'isterectomia
자극(磁極) il polo magnetico
자극(刺戟) lo stimolo, la stimolazione, l'eccitazione, l'agitazione, il turbamento, l'incoraggiamento, l'incitamento **1** 발생한 사건은 그를 엄청난 자극(흥분)의 상태로 몰아넣었다. Quanto è successo lo ha messo in uno stato di grande eccitazione. / -시키다 stimolare, agitare, eccitare / -的, 性의, 하는 eccitante, stimolante, provocant ¶-劑 lo stimolante

자금(資金) i fondi, il capitale / -을 대다 sovvenzionare ¶祕- i fondi segreti
자금(資金)〈商〉 la disponibilità
자금조달(資金調達)〈經〉 il finanziamento
자급(自給) il mantenersi da sè, l'indipendenza (economica) / -하다 mantenersi (da sè)¶-自足 l'auto-sufficienza / -自足經濟 l'autarchia
자급영양(自給榮養)〈生〉 l'autotrofo
자기(磁氣) il magnetismo / -의 magnetico(a)
자기(瓷器) la porcellana, (陶器) la ceramica **1** 자기 예술은 이탈리아에 많이 확산되어 있다. L'arte della ceramica è molto diffusa in Italia.
자기(自己) sè stesso / -의 di sè stesso, proprio(a); (私的의) personale, privato(a) / -流의 con i propri mezzi*una propria maniera ¶-負擔 il proprio carico, le proprie spese / -批判 l'autocritica
자기금융(自己金融)〈經〉 l'autofinanziamento
자기기압계(自記氣壓計)〈氣〉 il barografo
자기나침반(磁氣羅針盤)〈氣〉 la bussola magnetica
자기단극(磁氣單極)〈物〉 il monopolo
자기유도(磁氣誘導)〈電〉l'autoinduzione
자기저항(磁氣抵抗)〈電*物〉 la riluttanza
자기풍속계(自記風速計)〈氣〉 l'anemografo
자기학(磁氣學)〈電〉 il magnetismo
자녀(子女) i figli
자다(眠) (잠을) dormire **1** 너는 어디서 자니? Dove dormi?
자당(蔗糖)〈化〉 il saccarosio
자동(自動) l'automatico / -的·의 automatico(a) / -的으로 automaticamente ¶-性, 裝置 l'automatismo, l'automazione / -化 l'automatizza-

자동사(自動詞)〈文〉 il verbo intransitivo
자동차(自動車) l'automobile (f.), la macchina, l'auto (f.) **1** 새 차를 갖고 있는 빠올로를 봐라! Guarda Paolo con l'auto nuova! / -를 타다 prendere un'automobile / -를 運轉하다 guidare un'auto ¶ - 事故 l'incidente automobilistico / -製造, 運轉, 競技 l'automobilismo / -레이스 la corsa automobilistica / -(職業的) -運轉士 l'autista / -運轉者 l'automobilista / -번호판 la targa / -학원 la scuola guida
자동차경주(自動車競走) l'automobilismo
자동판매기(自動販賣機) il distributore automatico
자동화(自動化) l'automazione / -하다 automatizzare (una officina)
자두〈植〉(果實) la susina, la prugna; (木) il prugno
자라다(成長) crescere, allignare, (치아가) spuntare **1** 종려는 더운 지방에서 자란다. La palma alligna nei paesi caldi. / 아기의 이가 - spuntare i denti al bambino
자랑하다 vantare, vantarsi
자려(自勵)〈電〉l'autoeccitazione
자력(磁力) il magnetismo, la forza magnetica
자력(自力) la propria forza, i propri sforzi; l'indipendenza / -으로 da sè*solo, senza l'aiuto altrui, con tutta forza; indipendentemente
자력계(磁力計)〈物〉il magnetometro
자료(資料) i materiali, i dati, la notizia / -를 수집하다 raccogliere i materiali*i dati / 역사적 -가 가득한 책 un libro pieno di notizie storiche
자료집(資料集) (圖書館의 著者別, 項目別) la miscellanea
자루 (칼 따위의) l'impugnatura (della spada)
자루(布袋) il sacco **1** 야채 상인이 감자가 가득 담긴 자루 몇 개를 (차에서) 내렸다. Il fruttivendolo ha scaricato alcuni sacchi pieni di patate. **2** 그는 많은 돈을 땄다. Ha vinto un sacco di soldi.
자르다(切斷) tagliare; troncare; segare **1** 케이크 자를 칼 하나 주라! Dammi un coltello per tagliare la torta! **2** 농부는 풀을 잘랐다. Il contadino ha tagliato l'erba. **3** 그는 가족과 모든 인연을 끊었다. Ha tagliato tutti i ponti con la famiglia. **4** 어서, 짧게 끝내라! (빨리 결론 내려라) Su, taglia corto! / 가위로 - tagliare con le forbici / ~를 자르다(解雇) dimettere*licenziare qlcu.
자리(座席) il posto **1** 실례지만, 이 자리 빈 건가요? Scusi, questo posto è libero? / -에 앉다 sedersi, sedere [intr. essere] su una sedia / -를 양보하다 cedere il posto / -를 잡다 prenotare; occupare il posto; stabilirsi
자립(自立) l'indipendenza / -하다 diventare*essere indipendente (da qlcu.) / -的 indipindente
자막(字幕)〈映〉il sottotitolo, il titolo di testa
자만(自滿) / -하다 vantarsi; stimarsi, ritenersi / -한 altero(a) / ~에 대해 자만하다 essere altero di qlcu / -하게 alteramente
자만(自慢) l'orgoglio, la vanità, il vanto, la superbia, la presuntuosità, la vanteria / 하다 essere orgoglioso(a)*vanitoso(a)*presuntuoso(a) di, vantarsi di qlco. / -하게 orgogliosamente / -한 orgoglioso(a)

자매(姉妹) la sorella [<-> il fratello] **1** 나의 자매 루치아를 너에게 소개할게. Ti presento mia sorella Lucia. **2** 빠올라는 루이사의 자매이다. Paola è sorella di Luisa. ¶-都市 la città sorella, le città sorelle*gemelle
자매(姉妹)〈法〉la sorella
자매회사(姉妹會社)〈商〉la consorella
자멸(自滅) l'autodistruzione; il suicidio / -하다 rovinarsi
자명(自明) -의, 한 evidente, chiaro(a) come il sole / -한 眞理 la verità evidente
자명종시계(自鳴鐘時計) l'orologio sveglia, la sveglia
자모(字母)〈言〉l'alfabeto, la lettera alfabetica
자문하다(自問-) consultare; chiedersi
자물쇠(錠) la serratura; il lucchetto / -를 (열쇠로) 열다 aprire a chiave la serratura / -를 잠그다 serrare, chiudere

자반(紫斑)〈醫〉 la porpora
자발(自發) la spontaneità / -的 volontario(a), spontaneo(a) / -的으로 volontariamente, spontaneamente
자백(自白) la confessione / -하다 confessare ¶ 살인범은 곧 자백했다. L'assassino ha confessato subito.
자본(資本) il capitale, il fondo / -投資 l'investimento del capitale / -을 투여하다 investire i propri denari (in un'impresa) ¶-家 il*la capitalista / -力 i fondi / -金 il capitale / -主義 il capitalismo / -家對勞動者鬪爭 la lotta fra capitale e lavoro
자본금(資本金)〈經〉 il capitale
자본이득(資本利得) la plusvalenza
자본주의(資本主義)〈經〉 il capitalismo
자본회전(資本回轉)〈經〉 il giro
자부(自負) l'orologio, il vanto / -하다 essere pieno d'orgoglio, vantarsi (di saper fare tutto) ¶-心 l'orgoglio, la stima di sè
자부심(自負心) l'orgoglio
자비(自費) / -로 a proprio conto, a proprie spese
자비(慈悲) la misericordia, la pietà / -로운 clemente, pietoso(a), misericordioso(a)
자산(資産) i beni, il patrimonio, le ricchezze, la proprietà ¶-家 il ricco, lo*la abbiente
자산(資産)〈經〉l'attività, l'attivo
자살(自殺) il suicidio / -하다 suicidarsi ¶-者 il*la suicida
자색(紫色) porpora, violetto, viola, violaceo(a) / - 셔츠 una camicia viola 1 그는 자색 옷 입기를 좋아한다. Ama vestirsi di viola.
자생식물(自生植物) le piante agresti
자서전(自敍傳) l'autobiografia
자석(磁石)〈物*電〉 la calamita, il magnete / -의 magnetico(a)
자선(慈善) la beneficenza, la carità / -의 caritatevole, benefico(a) / -을 베풀다 fare beneficenza ¶-家 il benefattore (f. -trice) / -事業 l'opera di carità*beneficenza, l'opera pia / -團體 l'istituto di carità, enti di beneficenza / -行爲 la beneficenza / -音樂會; il concerto di beneficenza

자선가(慈善家) la persona caritatevole
자성(磁性) il magnetismo
자성체론(磁性體論)〈物〉 il magnetismo
자세(姿勢) la positura, l'attitudine (f.), la posa, la posizione; l'atteggiamento / 좋은 -로 di buona positura / -를 교정하다 correggere una cattiva positura
자세한 dettagliato(a), particolareggiato(a)
자세히 dettagliatamente
자속(磁束)〈物*電〉 il maxwell, il flusso magnetico
자손(子孫) il*la discendente, i posteri
자수(刺繡) il ricamo / -하다 ricamare / -用 틀 il telaio da ricamo
자수(自首) la dichiarazione spontanea del proprio delitto (alla polizia) / -하다 costituirsi alla polizia
자수정(紫水晶)〈鑛〉 l'ametista
자숙(自肅) l'autocontrollo / -하다 controllarsi
자습(自習) lo studio da sè / -하다 studiare da solo, imparare senza aiuto di nessuno
자식(子息) il figlio (pl. figli), il figliolo / -의 filiale
자신(自信) la fiducia in sè (stesso) / -감 la fiducia in sè
자신(自身) se stesso / 나 - io stesso / 그녀 - lei stessa / -의 di sè / -을 알다 conoscere se stesso, conoscere la propria posizione sociale / -의 것(물건) il proprio
자아(自我) l'ego, io stesso / -가 强한 egoistico(a)
자아(自我)〈哲〉 Io
자애(慈愛) l'affetto, l'affettuosità, la benevolenza; la carità / -로운 affettuoso(a), benevolente
자양(滋養) la nutrizione, l'alimentazione
자양분(滋養分) la sostanza nutritiva*nutriente
자양식물(自養植物) autotrofa
자업자득(自業自得) la conseguenza del proprio atto sbagliato; il castigo meritato / -이다 (뿌린 대로 거둔다) Ognuno raccoglie ciò che ha seminato.
자연(自然) la natura / -의 naturale / -스러운 spontaneo(a), naturale / -히 naturalmente, in modo naturale ¶-科學 le scienze natùrali / -法 il diritto*la

자연도태 legge naturale / -科學者 il*la naturalista / -主義 il naturalismo

자연도태(自然淘汰) la selezione naturale; la sopravvivenza degli individui più dotati

자연법주의(自然法主義)〈哲〉il giusnaturalismo

자연수(自然數)〈數〉il numero naturale

자연주의(自然主義)〈哲〉il naturalismo

자연철학(自然哲學)〈哲〉la filosofia della natura

자오선(子午線)〈地〉il meridiano, la linea meridiana

자외선(紫外線) i raggi (s. -ggio) ultravioletti

자원(資源) le risorse (naturali) / -을 開發하다 sviluppare le risorse ¶천연- le risorse naturali

자원봉사자(自願奉仕者) il volontariato

자위(自衛) l'autodifesa ¶-權 il diritto dell'autodifesa / (陸上*海上*航空) -隊 le forze armate (terrestri*marittime* aeree) della Difesa

자유(自由) la libertà / 信仰의 - la libertà di religione / -自在로 a propria volontà, come piace a qlcu. / -로운 libero(a) / -롭게 liberamente, con libertà, senza vincoli; a proprio piacere / -롭게 하다 (解放) affrancare [<-> asservire] / 노예 상태에서 그의 백성을 -롭게 한 (해방시킨) 위대한 사람 un grande personaggio che affrancò il suo popolo dalla schiavitù 1 사려분별은 잠념으로부터 정신을 자유롭게 한다 La saggezza affranca l'animo dalle passioni. ¶-貿易 il libero scambio / -販賣 la vendita libera / -經濟 la libera economia / -港 il porto franco / -競爭 la libera concorenza / -市場 il mercato libero / -主義 il liberalismo / -主義者 il liberale / -入場 l'entrata*l'ingresso libero / (수영의) -型 (nuoto a) stile libero

자유(自由)〈哲〉la libertà

자유무역주의(自由貿易主義)〈經〉il liberismo

자유의지(自由意志)〈宗*哲〉il libero arbitrio

자유형(自由形)〈泳〉lo stile libero

자율(自律) l'autonomia / -의 autonomo

(a) ¶-神經系 il sistema nervoso autonomo

자율도덕(自律道德)〈哲〉la morale autonoma

자음(子音)〈言〉la consonante [<-> il vocale (母音)]

자의식(自意識)〈哲〉l'autocoscienza

자이로스코프〈物〉il giroscopio

자인(自認) / -하다 confessare / 자신의 실수*잘못*부정(허물)*범죄(죄악)*절도를 -하다 confessare i propri errori *una colpa*un torto*un crimine*un furto

자작(子爵) il visconte / -婦人 la viscontessa

자작(自作) la propria opera, il proprio lavoro ¶-農 l'agricoltore indipendente

자장(磁場)〈電〉il campo magnetico

자장가〈音〉la berceuse, la ninnananna

자재(資材) i materiali / 建設- i materiali da costruzione

자전(自轉)〈天〉la rotazione / 地球의 - rotazione della Terra / -하다 rotare [intr. avere], muoversi girando attorno al proprio asse

자전거(自轉車) la bicicletta / - 타다 pedalare, montare [intr. essere] in bicicletta / -타고 가다 andare [intr. essere] in bicicletta ¶-運轉者*競走選手 il*la ciclista / -競走 la gara*la corsa ciclistica su pista*su strada / -競走場 il velodromo

자전거경기(自轉車競技) il ciclismo [用語] 개인추발경기(個人追拔競技) la gara individuale, 단거리선수(短距離選手) il*la velocista, 단체추발경기(團體追拔競技) la gara a squadre, 도로경기(道路競技) la gara su strada, 도착표시(到着標示) il traguardo, 벨로드롬경기 la gara su pista, 세계선수권우승자(世界選手權優勝者) la maglia iridata, 스프린트 lo scatto, lo sprint, 우승자(優勝者) la maglia, 원형경기(圓形競技) la gara in circuito, 이탈리아선수권우승자 -選手權優勝者) la maglia tricolore, 장거리경기(長距離競技) la gara a tappe, 장거리선수(長距離選手) il*la passista, 직선경기(直線競技) la gara in linea, 추발(追拔) l'inseguimento, 크로스컨츄리 il ciclocross, la gara ciclocampestre, 페달

을 밟음 la pedalata

자정(子正) la mezzanotte ¶ 자정 15분이다. E' mezzanotte e un quarto. /-에 a mezzanotte cf. (正午) il mezzogiorno

자제(子弟) i giovani, i ragazzi

자제(自制) l'auto controllo, il ritegno /-하다 controllarsi, contenersi (dal ridere), ritenersi, astenersi (dal fumo)

자족(自足) l'autosufficienza (economica) /-하다 essere autosufficiente

자존(自尊) il rispetto*la stima di sè ¶-心 l'alterezza, l'orgoglio, lo spirito di amor proprio

자존심(自尊心) l'orgoglio

자주(住) spesso, frequentemente, spesse volte; qualche volta, talvolta, di tanto in tanto, di quando in quando

자주(自主) l'indipendenza, l'autonomia /-的 indipendente, autonomo (a) /-的으로 indipendentemente, con la propria libera volontà ¶-權 l'autonomia /-性 l'indipendenza

자주색(紫朱色) il bordò

자중(自重) la prudenza, la cautela /-하다 essere prudente, cautelarsi /-하며 행동하다 agire [intr. avere, pr. -isco] con cautela*prudentemente

자질(資質) il talento, la disposizione naturale

자책골(自責-)<蹴> l'autorete, l'autogoal

자철광(磁鐵鑛)<鑛> la magnetite, la pirrotite

자체(自體) sè, sè stesso; il proprio corpo /-적으로 in sè stesso

자취 la traccia

자취(自炊) la cucina da sè /-하다 cucinare*cuocere (le vivande) da sè

자치(自治) l'autonomia /-의 autonomo (a)

자치주(自治州)<伊> Regioni autonome [用語] 주의회(州議會) assemblea regionale, consiglio regionale, 주정부(州政府) giunta regionale, 주정부평의회(州政府評議會) giunta regionale, 주정부수석(州政府首席) presidente della Regione, 주정부참사(州政府參事) assessori, 주의회의원(州議會議員) deputati regionali, consiglieri regionali

자치주의(自治主義)<政> l'autonomismo

자침(磁針) l'ago magnetico

자칭(自稱)<文> (일인칭) la prima persona /-하다 qualificarsi come (professore d'università) /-의 sedicente ¶-辯護士 il sedicente avvocato

자켓<衣> la giacca -> 재킷

자크<衣> la cerniera

자타(自他) gli altri ed io

자태(姿態) la figura

자택(自宅) la propria casa

자퇴(自退) /-하다 rinunziare volontariamente alla scuola

자판(字板) (PC, 건반, 타자기, 계산기) la tastiera, il tasto

자포자기(自暴自棄) la disperazione /-로 alla disperata

자필(自筆) l'autografo /-로 di propria mano /-의 autografo(a), autografico(a)

자필유언(自筆遺言)<法> il testamento olografo

자형의(自形-)<鑛> idiomorfo

자화(磁化)<電> la magnetizzazione

자활(自活) l'indipendenza economica*finanziaria /-하다 mantenersi, guadagnarsi la vita

자회사(子會社) la società*la ditta dipendente (da un'altra), (支店) la filiale

작가(作家) lo scrittore (f. -trice), l'autore (f. -trice)

작곡(作曲)<音> la composizione (musicale) /-하다 musicare, comporre (un pezzo di musica) ¶ 베르디는 "라 트라비아타"를 작곡했다. G. Verdi compose "La Traviata". ¶-家 il compositore (f. -trice) /-作品 il componimento [用語] 단음악(單音樂) la monodia, 대위법(對位法) il contrappunto, 멜로디 la melodia, 모방(模倣) l'imitazione, 반주(伴奏) l'accompagnamento, 베이스 il basso, 서주(序奏) l'attacco, 선취음(先取音) l'anticipazione, 선행음(先行音) l'anticipazione, 소악절(小樂節) la semifrase, 악단(樂段) il periodo, 악절(樂節) la frase, 음정(音程) l'intervallo, 저음(低音) il basso, 전조(轉調) la modulazione, 종지형(終止形) la cadenza, 카덴차 la cadenza, 파사지오 il passaggio, 푸가 la fuga, 화성(和聲) l'armonia, 화음(和音) l'accordo

작곡가(作曲家)<音> il compositore

작금(昨今) in questi ultimi giorni, di recente, ultimamente

작년(昨年) l'anno scorso, l'anno passato / -여름 l'estate scorsa

작달막한 tracagnotto(a) / -사람 il tracagnotto

작동하다(作動-) essere in funzione

작문(作文) (학교의) il componimento, la composizione, il tema / -하다 fare un com-ponimento

작물(作物) il prodotto agricolo

작살 (포경용의) il rampone, la fiocina; l'arpione, la lancia / -을 쏘다 colpire [pr. -isco] con una fiocina, lanciare un rampone

작성(作成) (文書의) la stesura; (편집) la redazione / -하다 stendere, comporre; redigere, compilare ¶ 서식을 작성할 필요가 있다. Bisogna compilare un modulo.

작시(作詩) comporre una poesia, scrivere in versi

작업(作業) il lavoro, l'opera ¶ -服 il vestito da lavoro / -中 il lavoro in corso / -場 il luogo di lavoro, il laboratorio, l'officina / -時間 l'orario del lavoro / -關係者外出入禁止 Vietato l'ingresso ai non addetti al lavoro

작업기피(作業忌避)〈海〉 l'ammutinamento

작용(作用) l'azione; (機能) la funzione; l'effetto / -하다 agire [intr. avere, pr. -isco] su qlcu., operare, funzionare [intr. avere]

작용(作用)〈數〉 l'operazione

작위(爵位) il titolo della gerarchia nobilitare

작은 배(小舟)〈海〉 il dinghy, il sandolino

작은(小) piccolo(a); basso(a); poco(a)

작은곰자리〈天〉 l'Orsa Minore

작은북 il tamburino

작의(作意) l'atto*l'azione intenzionale / -的 intenzionale / -的으로 intenzionalmente

작자(作者) l'autore (f. -trice), lo scrittore (f. -trice)

작전(作戰) l'operazione militare, (戰略) la manovra, la strategia, la tattica / -上 strategicamente, tatticamente

작품(作品) l'opera, il lavoro ¶文學- l'opera letteraria / 藝術- l'opera d'arte

작품집(作品集) (多數의 著者의) la miscellanea

작풍(作風)〈繪〉 la maniera

잔(杯) il bicchiere; la tazza 1 식탁이 차려졌으나, 잔이 부족하다. La tavola è apparecchiata, mancano soltanto i bicchieri. / 샴페인용 - la coppa da champagne* (vino) spumante / 꼬냑용 - il bicchiere da cognac

잔가지 i ramoscelli

잔고(殘高)〈經〉 la bilancia, il residuo, il saldo, la rimanenza

잔금(殘金) il resto, (差額) il saldo

잔돈(錢) la moneta spicciola, (일반적으로) gli spiccioli / 지폐를 -으로 바꾸다 cambiare (un biglietto) in spiccioli

잔디 il prato

잔류(殘溜) / -하다 rimanere [intr. essere], restare [intr. essere] ¶-者 il*la rimanente / -部隊 le truppe rimanenti (per la difesa)

잔무(殘務) gli affari rimasti / -를 整理하다 assestare gli affari rimasti

잔소리 la sgridata

잔액(殘額) ¶-照會 l'estratto conto

잔업(殘業) il lavoro fuori orario / -하다 lavorare fuori orario

잔여(殘餘) il residuo, il resto / -의 residuo(a), rimanente

잔여물품(殘餘物品)〈商〉 l'invenduto

잔인(殘忍) la crudeltà, l'atrocità, la brutalità, l'inumanità / -한 crudele, atroce, spietato(a), brutale, inumano(a), violento(a) / -하게 crudelmente, rigidamente, violentemente

잔잔(古謠) / -함 la bonaccia, la calma / -한(바다가) calmo(a)

잔존(殘存) / -하다 rimanere [intr. essere], vivente, sopravvivere [intr. essere]

잔치 la festa

잔해(殘骸) i resti, le macerie

잔혹(殘酷) la crudeltà, l'atrocità, la brutalità, l'inumanità / -한 crudele, atroce, spietato(a), brutale, inumano(a), violento(a) / -하게 crudelmente, rigidamente, violentemente

잘 bene 1 난 이탈리아에서 잘 지냈어. Sono stato bene in Italia. 2 잘 자!

Buona notte! **3** 잘 먹었습니다. Ho mangiato bene.

잘게 / -다짐 la trincitura / - 썬 affettato(a) / - 썰다 tritare **1** 엄마는 마늘을 반달 모양으로 잘게 썰었다. La mamma ha tritato l'aglio con la mezzaluna.

잘린 tagliato(a)

잘못(誤謬) l'errore, lo sbaglio; (失手) la colpa / -을 저지르다 sbagliare

잘생긴 bello(a)

잠(眠) il sonno / -오는 sonnolento(a), sonnacchioso(a); (催眠性의) soporifero(a), sonnifero(a); (睡眠不足) il sonno insufficiente

잠그다 chiudere

잠기게 하다(沈水) (물 따위에) allagare **1** 강이 범람하면서 전답을 물에 잠기게 했다. Il fiume straripò allagando i campi.

잠기다 (沈水) immergersi (nell'acqua), tuffarsi, sprofondarsi

잠긴 chiuso(a); immerso(a)

잠깐(間) un momento, un attimo / - 동안 per un momento **1** 잠깐 기다려! Aspetta un attimo!

잠꼬대 il sonniloquio, (人) il sonniloquo / -하다 parlare durante il sonno

잠꾸러기 il dormiglione

잠들게 하다(寢, 眠) fare dormire, addormentare

잠들다(寢入) addormentarsi **1** 난 일찍 잠이 들었다. Mi sono addormentato presto.

잠망경(潛望鏡)〈海〉 il periscopio

잠바〈衣〉 il giubbotto

잠복(潛伏) l'agguato; 〈醫〉 la latenza / -의 latente / -하다 essere latente; nascondersi / 철저히 -하다 stare (essere) in agguato / -하며 기다리다 tendere un agguato ¶-期 l'incubazione

잠복(潛伏)〈法〉 la latitanza

잠부족(寢不足) il sonno insufficiente → 수면부족

잠수(潛水) la sommersione, l'immersione / -하다 immergersi ¶-夫 il sommozzatore, il palombaro / -服 lo scafandro / -艦 il sot-tomarino, il sommergibile / 原子力-艦 il sommergibile (a propulsione) nucleare

잠수부(潛水夫)〈海〉 il palombaro, il sommozzatore, l'uomo rana

잠수함(潛水艦)〈海〉 il sommergibile

잠수함승무원(潛水艦乘務員)〈海〉 il sommergibilista

잠시(暫時) un attimo, un momento; (暫定性) la temporaneità / -의 temporaneo(a), provvisorio(a) / - 後 fra poco, subito dopo, più tardi

잠식(蠶食) l'invasione / -하다 invadere

잠옷 il pigiama (da uomo*da donna), la camicia da notte

잠입(潛入) / -하다 penetrare [intr. essere]*introdursi segretamente (in un luogo)

잠자다(睡眠) dormire [intr. avere], addormentarsi

잠자러가다(就寢) andare a letto

잠자리(睡眠) / -에 들다(就寢) andare a letto

잠자리〈蟲〉 la libellula

잠자코(潛潛) tacitamente

잠잠(潛潛) / -한 calmo(a), tacito(a) / -하게 tacitamente

잠잠해지다(平穩) calmarsi **1** 바다가 잠잠해졌다. Il mare si è calmato.

잠재(潛在) la latenza / -하다 essere latente / -的 latente ¶-意識 il subcosciente

잠재우다 addormentare

잠정예산(暫定豫算)〈伊〉 esercizio provvisorio

잠정적(暫定的) provvisorio(a), temporaneo(a)

잠정조치령(暫定措置令)〈法〉 il decreto legge

잠항(潛航) la navigazione sottomarina / -하다 navigare [intr. avere] in immersione*sott'acqua

잠행(潛行) il viaggio in incognito; 〈海〉 l'immersione / -하다 viaggiare [intr. avere] in incognito; entrare [intr. essere] nascostamente (in un luogo)

잡곡(雜穀) i cereali ¶-商店 il negozio dei cereali

잡념(雜念) i pensieri mondani / -을 제거하다 togliere*scacciare pensieri mondani dalla mente

잡다(雜多) la varietà, la diversità / -한 vario(a), diverso(a); miscellaneo(a)

잡다(就) (공 따위를) afferrare;

잡담(雜談) la chiacchierata, la conversazione senza proposito / -하다 chiacchierare [intr. avere], conversare [intr. avere] amichevolmente

잡목(雜木) i vari alberi da legna o da carbone ¶-林 il bosco d'alberi (da legna)

잡부(雜夫*雜婦) l'uomo*la donna tuttofare

잡비(雜費) le varie spese

잡아 늘이다(引伏) tendere

잡아당기다(引伏) tirare

잡아떼다(除去) scollare / 벽에 붙은 포스터를 - scollare un cartellone incollato al muro

잡아채다 aggranfiare

잡역(雜役) il lavoro non specializzato ¶-夫*婦 l'uomo*la donna tuttofare

잡음(雜音) il rumore

잡일(雜事) i vari affari quotidiani (di non importanza) / -에 바쁘다 essere occupato(a) di vari affari quotidiani

잡종(雜種) (動*植物의) il bastardo, l'ibrido / -의 (pianta) ibrida, (animale) ibrido; bastardo(a) ¶-犬 il cane bastardo

잡종성(雜種性)〈生〉l'ibridismo

잡지(雜誌) la rivista (mensile*settimanale) / -를 購讀하다 abbonarsi a una rivista ¶週刊 - la rivista settimanale / 月刊 - la rivista mensile

잡초(雜草) l'erbaccia / -를 뽑다 strappare erbacce

잡혼(雜婚) il matrimonio misto

잡화(雜貨) gli articoli minuti, le mercerie ¶-店 la drogheria, la merceria

잣(植) il pinolo

장(腸) gli intestini **[用語]** 대장(大腸) l'intestino crasso, 맹장(盲腸) l'intestino cieco, 십이지장(十二指腸) il duodeno, 직장(直腸) l'intestino retto, 충수돌기(虫垂突起) l'appendice, 하행결장(下行結腸) il colon discendente, 회장(回腸) l'ileo, 횡행결장(橫行結腸) il colon trasverso

장(章) il capitolo

장(長) il capo ¶家- il capofamiglia

장(場)〈物〉il campo

장(章)〈法〉il titolo

장(연극의) la scena / 2막 3장 Secondo Atto Terza Scena

장(페이지) la pagina

장가들다(結婚) ammogliarsi (con una ragazza)

장간막동맥(腸間膜動脈)〈解〉l'arteria mesenterica

장간막정맥(腸間膜靜脈)〈解〉la vena mesenterica

장갑〈衣〉i guanti / -을 끼다 mettersi*infilare i guanti

장거리(長距離) la lunga distanza ¶-競走 la gara di fondo / -선수 il*la fondista

장거리경기(長距離競技)〈輪〉la gara a tappe

장거리경영(長距離競泳)〈泳〉il fondo

장거리경주(長距離競走)〈陸〉la gara di fondo

장거리선수(長距離選手)〈輪〉il*la passista

장거리선수(長距離選手)〈泳〉il*la fondista

장골동맥(腸骨動脈)〈解〉l'arteria iliaca

장골정맥(腸骨靜脈)〈解〉la vena iliaca

장관(長官) il ministro; il capo, il direttore, il presidente

장관(壯觀) la vista*la veduta splendida, il magnifico panorama

장교(將校) l'ufficiale ¶陸軍- l'ufficiale dell'esercito / 海軍- l'ufficiale della marina militare / 空軍- l'ufficiale dell'aeronautica militare

장군(將軍) il generale

장기(將棋) gli scacchi coreani, lo scaccomatto / -를 두다 giocare a scacchi ¶-板 la scacchiera

장기(長期) il termine lungo; la lunga scadenza / -로 a termine lungo ¶-戰 la guerra a lunga durata

장기(長期)〈商〉/ -의 consolidato(a)

장기요법제(臟器療法劑)〈藥〉l'opoterapico

장난 il gioco, lo scherzo **1** 운전은 장난이 아니다. Guidare non è un gioco.

장난감 il giocattolo ¶-가게 il negozio di giocattoli

장난꾸러기 il birichino (f. -a)

장난스러운 birichino (a)

장남(長男) il primogenito (f. -a)

장내(場內) l'interno dello stadio*del

teatro
장녀(長女)〈族〉 la primogenita
장뇌(樟腦)〈藥〉 la canfora
장님 il cieco
장담하다(壯談-) assicurare, garantire
장대(壯大) la grandiosità, la magnificenza / -한 grandioso(a), magnificente
장대〈陸〉 il palo, l'asta
장대높이뛰기〈陸〉 il salto con l'asta
장대높이뛰기선수〈陸〉 l'astista
장독〈具〉 la giara
장래(將來) il futuro, l'avvenire / -의 futuro(a) / -가 촉망되는 promettente / -에 in avvenire, in futuro
장려(獎勵) l'incoraggiamento / -하다 incoraggiare ¶-金 il premio d'incoraggiamento, il sussidio
장려(壯麗) la magnificenza, lo splendore / -한 magnifico(a), splendido(a), fastoso(a) / -하게 magnificamente
장력(張力) la tensione
장력(張力)〈物*醫〉 la tensione
장렬(壯烈) -한 glorioso(a), eroico(a)
장례(葬禮) (-式) il funerale / -의 funebre / -式을 하다 fare un funerale / -式에 참석하다 assistere a un funerale ¶-式 la cerimonia funeraria, il funerale
장로(長老) il decano
장롱 il cassettone; l'armadio
장르〈文〉 la categoria
장르〈音〉 i generi [用語] 3중주(三重奏) il terzetto, il trio, 4중주(四重奏) il quartetto, 5중주(五重奏) il quintetto, 6중주곡(六重奏曲) il sestetto, 7중주곡(七重奏曲) il settimino, 8중주(八重奏) l'ottetto, 가극(歌劇) l'opera, 가보타 la gavotta, 간주곡(間奏曲) l'intermezzo, 갈리아르다 la gagliarda, 경가극(輕歌劇) l'operetta, 광상곡(狂想曲) il capriccio, 광시곡(狂詩曲) la rapsodia, 교창가(交唱歌) l'antifona, 교향곡(交響曲) la sinfonia, 교향시(交響詩) il poema sinfonico, 교향악(交響樂的) sinfonica, 그레고리안 성가의(-聖歌) gregoriana, 기악적(器樂的) strumentale, 다성음악의(多聲音樂-) polifonica, 단일음의(單一音-) monodica, 도입부(導入部) l'introduzione, 두엣 il duetto, 둔주곡(遁走曲) la fuga, 디베르티멘토 il divertimento, 레치타티보 il recitativo, 로망스 la romanza, 론도 il rondò, 마주르카 la mazurca, 막간극(幕間劇) l'intermezzo, 멜로드라마 il melodramma, 모테토 il mottetto, 목가(牧歌) la pastorale, 목가극(牧歌劇) la pastorale, 무도곡(舞蹈曲) il ballabile, 무용곡(舞踊曲) il ballabile, 미뉴엣 il minuetto, 미사곡 la messa, 발라드 la ballata, 발레스크 la burlesca, 뱃노래 la barcarola, 변주(變奏) la variazione, 사라반다 la sarabanda, 서곡(序曲) l'introduzione, la ouverture, 서창(敍唱) il recitativo, 성가대석(聖歌隊席) il coro, 성가집(聖歌集) il corale, 성악적(聲樂的) vocale, 세레나타 la serenata, 소가곡(小歌曲) la canzonetta, 소나타 la sonata, 소야곡(小夜曲) la serenata, 스케르쵸 lo scherzo, 시편창(詩篇唱) la salmodia, 실내악적(室內樂的) cameristica, da camera, 십이음기법의(十二音技法-) dodecafonica, 아리아 l'aria, 아리에타 l'arietta, 아리오소 l'arioso, 야상곡(夜想曲) il notturno, 연습곡(鍊習曲) lo studio, 영가(詠歌) l'aria, 오라토리오 l'oratorio, 오페라 l'opera, 오페라적(-的) operistica, 오페레타 l'operetta, 왈츠 il valzer, 원무곡(圓舞曲) il rondò, il valzer, 음악극(音樂劇) il melodramma, 음악적(音樂的) l'opera, 음의(音-) tonale, 익살음악 la burlesca, 인테르메조 l'intermezzo, 자장가 la berceuse, 전례의(典禮) liturgica, 전원곡(田園曲) la pastorale, 전주곡(前奏曲) il preludio, 조의(調-) tonale, 지가 la giga, 진혼가(鎭魂歌) il requiem, 진혼곡(鎭魂曲) il requiem, 차코나 la ciaccona, 찬가(讚歌) l'inno, 찬미가(讚美歌) l'inno, 카덴차 la cadenza, 카바티나 la cavatina (짧은 서정곡), 카발레타 la cabaletta (아리아에 붙은 경쾌한 짧은 독창곡), 칸쵸네 la canzone, 칸쵸네타 la canzonetta, 칸타타 la cantata, 코랄레 il corale, 코렌테 la corrente, 콘체르타토 il concertato, 콘체르토 il concerto, 타란텔라 la tarantella, 토카타 la toccata, 폴카 la polca, 푸가 la fuga, 푸가토 il fugato, 피날레 la finale, 합주(合奏) il coro, 합주단(合奏團) il coro, 합창(合唱) il coro, 합창단(合唱團) il coro, 합창의(合唱-) corale, 해학곡(諧謔曲) lo scherzo, 행진곡(行進曲) la marcia, 협

주곡(協奏曲) il concerto, 환상곡(幻想曲) la fantasia, 환타시아 la fantasia, 희유곡(嬉遊曲) il divertimento

장마 la pioggia nella stagione piovosa, la lunga pioggia ¶-期(철) la stagione delle piogge*piovana*piovosa

장면(場面) la scena

장모(丈母) la suocera

장물수수죄(臟物收受罪)〈法〉 la ricettazione

장미〈植〉 la rosa

장발(長髮) / -의 canuto(a)

장방형(長方形) il quadro, il quadrato, la forma quadra, 〈數〉 il rettangolo / -의 quadrato(a), quadro(a), rettangolare

장벽(障壁) la barriera

장보다 fare la spesa

장본인(張本人) l'autore del delitto, il capo di malfattori

장부(丈夫) / -의 (健康한) sano(a); robusto(a), resistente, solido(a)

장부(帳簿) il libro, il libro dei conti, (元帳) il libro mastro; il registro / -에 기입하다 scrivere in un libro (dei conti)

장비(裝備) l'attrezzatura, l'attrezzamento, (선박의) l'equipaggiamento / -를 갖추다 attrez-zare, equipaggiare

장사(商業) il commercio, gli affari / -하다 negoziare [intr. avere] in qlco., commerciare [intr. avere] in qlco., commerciare [tr.] qlco., esercitare il commercio*il mestiere, fare affari

장생(長生) la longevità / -의 longevo(a) / -하다 vivere [intr. avere] più a lungo, godere [intr. avere] d'una longevità

장서(藏書) il possesso di libri ¶-家 il bibliofilo, il possessore (f. -trice) d'una biblioteca (privata) / -狂 il*la bibliomante

장석(長石)〈鑛〉 il feldspato

장선기(張線器)〈電〉 la tesatura

장소(場所) il luogo; lo spazio; il locale **1** 영화관에는 물론 다른 장소에도 나는 가지 않는다. Non vado al cinema nè in altri locali.

장수(長壽) la longevità **1** 어느 한 연구는 채식주의자들의 장수를 확증해 준다. Uno studio conferma la longevità dei vegetariani.

장수(상인) il venditore

장식(裝飾)〈繪〉 la decorazione, l'ornato

장식(裝飾) l'ornamento, la decorazione / -하다 ornare*adornare (di gemme) / -된 ornato(a) ¶-欌 il portaoggetto

장식(粧飾) l'ornamento, la decorazione / -하다 ornare, decorare, abbellire / -的 orna-mentale ¶-品 l'ornamento, gli oggetti d'ornamento

장식가(裝飾家)〈繪〉 l'ornatista

장식법(裝飾法)〈繪〉 l'ornato

장식사(裝飾師)〈繪〉 l'alluminatore

장식음(裝飾音)〈音〉 il gruppetto

장신(長身) lo spilungone, la persona molto alta

장신구(裝身具) gli accessori per abiti, gli oggetti d'ornamento personale

장애(障礙) l'impedimento, l'ostacolo

장애물(障礙物) (장애물 경기의) il graticcio (di legno)

장애물(障礙物) l'ostacolo, l'impedimento, l'impaccio / 出世의 - l'ostacolo alla buona riuscita nella vita sociale

장애물경주(障礙物競走)〈陸〉 la corsa a ostacoli

장엄(莊嚴) la solennità, la maestà, la maestosità / -한 magnifico(a), solenne, impotente, maestoso(a) / -하게 solennemente, maestosamente

장염(腸炎)〈醫〉 la enterite

장외(場外) all'esterno, fuori (dello stadio)

장원경제(莊園經濟)〈經〉 l'economia curtense

장음(長音) il suono lungo ¶-符 il segno di allungamento su vocale / -階 la scala maggiore

장인(丈人) il suocero

장자(長子) il primogenito

장작(長斫) la legna

장점(長點) il pregio, il valore

장정(壯丁) l'adulto; (징집적령자) il coscritto nell'anteguerra

장정(莊丁) la legatura / -하다 legare

장정(裝幀) la rilegatura / -하다 rilegare un libro (in tela)

장중(莊重) la solennità / -한 solenne, imponente / -한 어조로 in tono solenne

장치(裝置) il congegno, l'apparato, gli apparecchi; l'installazione / -하다

installare (una macchina) ¶舞臺-l'apparato scenico

장파(長波) le onde lunghe

장편(長篇) la lunga opera (narrativa) ¶-小說 il romanzo / -映畫 il film a lungo metraggio

장학(獎學) l'incoraggiamento di studio ¶-金 la borsa di studio / -生 il*la borsista

장해(障害)¹ l'imperfezione ¶聽覺- l'imperfezione dell'udito / 先天的 (後天的) - l'imperfezione congenita (acquisita)

장해(障害)² l'ostacolo, l'impedimento / -가 되다 essere*diventare un ostacolo*impedimento / -를 극복하다 rimuovere un ostacolo, superare un impedimento ¶-物 l'ostacolo / -物競走 la corsa a ostacoli

장화(長靴) gli stivali

장황(張皇) la prolissità, la verbosità / -한 prolisso(a), verboso(a)

잦은 frequente

재 (타고남은) la cenere ¶-色 cenere / -떨이 il portacenere, il posacenere

재(財)〈經〉il bene

재가(裁可)〈法〉la sanzione

재갈 il bavaglio / -을 물리다 mettere il bavaglio a qlcu.

재개(再開) la riapertura; la ripresa / -하다 riaprire

재건(再建) la ricostruzione, la restaurazione, il ristabilimento / -하다 ricostruire [pr. -isco], restaurare, ristabilire [pr. -isco]

재건축(再建築) la ricostruzione / -하다 ricostruire [pr. -isco]

재검토(再檢討) il riesame / -하다 riesaminare, esaminare di nuovo, rivedere

재경(在京) / -하다 risiedere [intr. avere]*abitare [intr. essere] nella capitale ¶-人 l'abitante nella capitale

재계(財界) il mondo*il campo finanziario / -의 不況 la depressione economica ¶-人 il finanziere

재고(在庫) (物品) le merci in magazzino

재고(再考) il riconsiderare, (熟考) la riflessione **1** 그것에 대한 재고의 여지는 없다. Non c'è nulla da riconsiderarne. / -하다 riconsiderare, considerare nuovamente, riflettere [intr. avere] su vari fatti, pensare a questo o quello

재고(在庫)〈商〉la provvista, la scorta, lo stoccaggio, la giacenza, la rimanenza

재고품(在庫品) (판매 후 남은 물품) gli articoli invenduti, le rimanenze, la scorta

재교(再校) la revisione / -하다 fare la revisione

재교육(再敎育) la rieducazione / -하다 rieducare

재군비(再軍備) il riarmo

재귀형태(再歸形態)〈文〉la forma riflessiva

재기(再起) il ristabilimento / -하다 ristabilirsi, riaquistare la salute ¶-不能 il ristabilimento impossibile

재기 넘치는 pieno di risorse

재난(災難) la catastrofe, la disgrazia, la calamità, il guaio; (災害) il disastro, l'incidente / -을 입다*만나다 subire [pr. -isco] una disgrazia; capitare [intr. essere] a qlcu. un guaio

재능(才能) l'abilità, l'ingegno, il talento, l'idoneità / -있는 ingegnoso(a), capace, dotato(a) di ingegno / -있는 사람 l'uomo di talento*ingegno / -을 발휘하다 dare prova d'essere ingegno / -을 갖고 있다 avere talento di qlco., avere la disposizione per qlco. ¶-敎育 l'educazione dell'ingegno

재다(測) (치수를) misurare

재단(裁斷) il taglio / -하다 tagliare (un vestito) ¶-기 la taglierina

재단(財團) la fondazione (Rockefeller) ¶-法人 la fondazione a persona giuridica

재떨이 il portacenere, il posacenere

재량(裁量) la discrezione, il giudizio, la decisione / ～의 -으로 a propria discrezione, a discrezione di qlcu., a giudizio di qlco. / 자신의 -으로 결정하다 decidere a propria discrezione

재력(財力) il potere*la potenza finanziario(a)

재료(材料) il materiale, la materia necessaria per qlco. / -를 모으다 raccogliere i materiali

재료(材料)〈化〉la materia

재목(材木) il legno, (用材) il legname; (有能한 사람) l'abilità, l'uomo di talento ¶-商 il commerciante di legname (da costruzione)

재무감독관(財務監督官)〈伊〉 Intendente di Finanza

재무감독국(財務監督局)〈伊〉 Intendenza di Finanza

재무부(財務部) Ministero delle Finanze [用語] (이탈리아) 고정자산국(固定資産局) catasto, 국유재산국(國有財産局) demanio, 직접세국(直接稅局) imposte dirette, 관세와 간접세국(關稅, 間接稅局) dogane e imposte indirette, 지방재정국(地方財政局) finanza locale, 복권판매감독국(福券販賣監督局) lotto e lotterie, 전매공사(專賣公社) monopoli di Stato, 재무감독국(財務監督局) Intendenza di Finanza, 재무감독관(財務監督官) Intendente di Finanza

재물강요죄(財物强要罪)〈法〉 (公務員의) la concussione

재미(興味) il divertimento, l'interessamento / -있는 divertente, interessante / -있게 piacevolmente, con interessamento

재발(再發)〈醫〉 la recidiva, la recrudescenza, la ricaduta / (병이) -하다 essere recidivo(a), ricadere [intr. essere] nella stessa malattia, recidivare [intr. avere]

재방송(再放送) la ritrasmissione / -하다 ritrasmettere (un programma)

재배(栽培) la coltivazione / -하다 coltivare ¶-者 il coltivatore (f. -trice)

재벌(財閥) la plutocrazia

재범(再犯)〈法〉 la recidiva / -하다 recidivare

재봉(裁縫) il cucito, la cucitura / -하다 cucire [pr. -cio, -ci] ¶-틀 la macchina da cucire, la cucitrice / -作業 il lavoro di cucito / -學校 la scuola di cucito / -師 il cucitore, (f. -trice), il sarto (f. -a) / -法 la cucitura

재빠른(機敏) svelto(a) / -하게 sveltamente

재산(財産) la proprietà, i beni, le ricchezze, gli averi, il patrimonio / -을 까먹다 intaccare il patrimonio ¶-家 il ricco, l'abbiente, il*la benestante / -權 il diritto di proprietà / -稅 l'imposta sulla ricchezza

재산(財産)〈法〉 il bene

재산관리인(財産管理人)〈法〉 il curatore

재산목록(財産目錄) l'inventario

재상(宰相) il primo ministro

재색(色) cenere

재생(再生)〈生〉 la reviviscenza

재생(再生)〈哲〉 il rinascimento

재생(再生) la rinascita / -하다 rinascere [intr. essere], rivivere [intr. essere], riacquistare vita; reincarnarsi

재생(再生) il ricupero / -하다 ricuperare ¶-裝置 gli impianti di ricupero

재생양피지(再生羊皮紙)〈言〉 il palinsesto

재선(再選) la rielezione / -하다 rieleggere / -되다 essere rieletto(a), essere nuovamente eletto(a)

재수(財數) la fortuna

재심(再審)〈法〉 la revisione, il riesame / -하다 sottoporre ad una revisione, revisionare, riesaminare

재앙(災殃) il disastro, la calamità

재야(在野) / -의 senza alcuna carica ufficiale

재연(再演) la ripresa (teatrale), la replica

재외(在外) / -의 estero(a)

재원(才媛) la donna di talento; l'eccellente artista*scrittrice

재원(財源) le risorse finanziarie, (資金) i fondi

재위(在位) il periodo di regno d'un imperatore / -하다 stare sul trono, regnare (per molti anni)

재음미(再吟味) il riesame, la revisione / -하다 rivedere, riesaminare

재인식(再認識) il nuovo riconoscimento, la nuova ricognizione / -하다 riconoscere di nuovo

재정(裁定) la decisione, il giudizio; l'arbitrato / -하다 giudicare; arbitrare [tr., intr. avere] / -의 arbitrale

재정(財政) le finanze / -의 finanziario(a) / -狀態 la situazione finanziaria / -적 곤란에 빠지다 trovarsi in strettezze finanziarie

재정(裁定)〈法〉 la decisione

재제(再製) la riproduzione / -하다 riprodurre ¶-品 la riproduzione, l'oggetto riprodotto

재조직(再組織) la riorganizzazione / -되다 essere riorganizzato(a)

재주있는(才-) dotato(a) di talento

재즈〈音〉il jazz ¶-밴드 la banda jazz / -歌手 il*la cantante jazz

재직(在職) / - 中 durante il periodo di servizio (presso una ditta), durante il periodo di carica / -하다 essere in servizio, essere in carica

재채기 lo starnuto / -하다 starnutire, fare uno starnuto

재청(再請) il bis, l'ancora ¶ 청중은 재청한다. 앙코르, 앙코르! Il pubblico chiede il bis. Bis, bis!

재촉 / -하다 affrettare, sollecitare

재출발(再出發) la ripartenza / -하다 partire [intr. essere] di nuovo, ripartire [intr. essere]

재치(才致) la spiritosità / -가 넘치는, 있는 spiritoso(a), arguto(a); faceto(a)

재크나이프〈具〉il coltello a serramanico

재킷〈衣類〉la giacca / 가죽- la giacca di cuoio

재택(在宅) / -하다 essere [intr. essere] *stare [intr. essere] in casa

재투자(再投資)〈經〉il reinvestimento

재판(裁判) il giudizio, la giustizia, il processo / -하다 giudicare (una lite) / -을 이기다*지다 vincere*perdere la lite*la causa civile ¶-官 il giudice / -所 il tribunale / -長 il capo giudice / 民事 (刑事)- il processo civile (penale) / 國際私法-所 Corte Internazionale di Giustizia

재판(再版) la seconda edizione, la riedizione, (增刷) la ristampa / -하다 pubblicare la seconda edizione, ristampare (una rivista esaurita)

재판관(裁判官)〈法〉il giudice

재판상의 결정(裁判上의 決定)〈法〉il decreto giudiziario

재판상의 명령(裁判上의 命令)〈法〉l'ordinanza giudiziaria

재편성(再編成) la riorganizzazione / -하다 riorganizzare

재평가(再評價) la rivalutazione / -하다 rivalutare

재학(在學) la frequenza scolastica / -하다 frequentare (il primo anno di scuola media), iscriversi ad una scuola, stare a scuola

재할인(再割引)〈銀〉il risconto

재해(災害) la calamità, il disastro, il danno / 전쟁의 - i disastri della guerra / -를 입다 subire [pr. -isco] una disgrazia ¶-保險 l'assicurazione contro i danni

재해외과학(災害外科學)〈醫〉la traumatologia

재향군인(在鄕軍人) l'ex-combattente

재현(再現) la riapparizione / -하다 riapparire [intr. essere; pr. -io 혹은 -isco]

재혼(再婚) il nuovo matrimonio, le seconde nozze / -하다 risposarsi con qlcu., unirsi di nuovo in matrimonio con qlcu.

재화(財貨) il denaro e le merci; (財) la proprietà

재활용(再活用) il riciclaggio / -하다 riciclare

재회(再會) il rincontrare / -하다 rivedersi, rincontrare, incontrare di nuovo

잼〈食〉la marmellata

잽〈拳〉il jab

쟁기〈具〉l'aratro

쟁론(爭論) il dibattito, la discussione, la disputa / -하다 dibattere, discutere, disputare

쟁반(錚盤) il vassoio

쟁의(爭議) il conflitto, la lotta; (意見의 相違) il dissidio, la controversia ¶勞動- la lotta tra capitalista*datore di lavoro e lavoratori

쟁탈(爭奪) la lotta, la competizione

쟈스민〈植〉il gelsomino

저(著) -書) l'opera, il lavoro / 움베르토 에코 -의 scritto da Umberto Eco

저개발(低開發)〈經〉/ -의 sottosviluppato(a)

저개발국(低開發國) il paese sottosviluppato

저것 quello(a)

저격(狙擊) / -하다 sparare (un colpo di rivoltella) a qlcu., bersagliare ¶-범 lo sparatore / -희생자 lo sparato

저고리(上衣) la giacca

저공비행(低空飛行) / -하다 volare a bassa quota

저금(貯金) il risparmio (di denaro) / -하다 risparmiare, depositare a risparmio ¶-通帳 il libretto di (deposito a) risparmio

저금통(貯金-) il salvadanaio
저급(低級) /-한 basso(a), volgare; (物品의) di qualità inferiore /-한 雜誌 la rivista volgare
저기 là
저기압(低氣壓)〈氣〉il ciclone, la bassa pressione
저널리스트 il*la giornalista
저널리즘 il giornalismo
저녁(夕) la sera, (식사) la cena /-먹다 cenare ¶-내내 tutta la sera /-식사 la cena
저능(低能)〈醫〉l'imbecillità, la stupidità /-한 imbecille, scemo(a), stupido(a) /-한 사람 l'idiota ¶-兒 il bambino debole di mente
저당(抵當) l'ipoteca, la cauzione / 부동산을 -으로 잡다 ipotecare un immobile, mettere un'ipoteca su un immobile
저당권(抵當權)〈法〉l'ipoteca
저당은행(抵當銀行)〈銀〉Monte di Pegni
저력(底力) il vigore fisico, l'energia /-의 energico(a), poderoso(a)
저렴(低廉) /-한 basso(a), economico(a), a buon mercato
저리(低利) l'interesse basso /-로 대출받다 prendere denaro in prestito ad un tasso basso d'interesse
저리다 (근육이) indolenzire, indolenzirsi, essere indolenzito(a)
저명한(著名-) noto(a), famoso(a)
저목(低木)〈植〉l'arbusto, il frutice
저생생물(底生生物)〈生〉il benthos
저서(著書) il libro (scritto da qlcu.)
저속(低俗) la volgarità /-한 volgare
저수지(貯水池) il bacino idrico, il lago artifi-ciale (per serbare l'acqua), il serbatoio
저술(著述) il lavoro letterario /-하다 scrivere (un'opera letteraria), descrivere ¶-家 l'autore (f. -trice), lo scrittore (f. -trice)
저울 la bilancia /-로 ∼의 무게를 달다 bilanciare*pesare qlco. con una bilancia [用語] 지침(指針) l'indice, 소아용체중계(小兒用體重計) la bilancia pesa-bambini
저위해안(低位海岸)〈地〉la costa bassa
저율(低率) il tasso basso /-로 a tasso basso

저음(低音) il suono*il tono basso;〈音〉il basso
저의(底意) l'intenzione reale; l'intenzione tendenziosa /-가 있는 tendenzioso(a)
저임금지역(低賃金地域)〈政〉le gabbie salariali
저자(著者) l'autore (f. -trice), lo scrittore (f. -trice) ¶-의 署名 l'auto-grafo d'autore (f. -trice)
저작(詛嚼) (씹기) la masticazione /-하다 masticare
저작(著作) il lavoro, l'opera /-하다 scrivere un'opera (letteraria) ¶-權 il diritto d'autore /-者 l'autore (f. -trice), lo scrittore (f. -trice)
저장(貯藏) la conservazione (alimentare) /-하다 conservare ¶-食品 la conserva (di frutta) /-庫 il ripostiglio /-창고 il magazzino
저조(低調) il tono basso*sommesso; (不況) la depressione, l'inattività, la stasi /-한, 의 basso(a); depresso(a); (低級한) volgare
저주(咀呪) l'imprecazione, la maledi-zione /-하다 maledire [intr. avere] (contro qlcu.), maledire (tr.), impre-care [intr. avere] contro qlcu. o qlco., lanciare maledizioni contro qlcu. /-받은 maledetto(a), imprecato(a)
저주파증폭기(低周波增幅器) l'amplifi-catore a bassa frequenza
저지(沮止) l'ostacolo, l'impedimento, l'impaccio /-하다 impedire [pr. -isco], ostacolare, (對話를) interrompere; fermare
저지(低地)〈地〉il bassopiano
저지르다 (일을) commettere
저질(低質) la cattiva qualità / (商品이) -이다 essere di cattiva qualità /-의 scadente
저촉(抵觸) la trasgressione, la violaz-ione /-되다 trasgredire [intr. avere, tr.; pr. -isco] (alla legge; la legge), violare (la legge)
저축(貯蓄)〈經〉il risparmio, la messa da parte /-하다 risparmiare / 단 한 푼의 - 할 돈도 없다 non avere neanche un soldo da risparmiare ¶-銀行 la cassa di risparmio /-金 il risparmio
저축성향(貯蓄性向)〈經〉la propensione

저축예금 al risparmio
저축예금(貯蓄預金) il deposito
저축은행(貯蓄銀行) Cassa di Risparmio
저택(邸宅)〈建〉 la villa, il palazzo, la residenza ufficiale, la grande casa / 8층 - un palazzo di otto piani
저하(低下) l'abbassamento / 전압의 - l'abbassamento di tensione / 기온의 - l'abbassamento di temperatura / 價値의 - il deprezzamento / -시키다 abbassare / -하다 scadere 1 그 제품의 품질이 약간 저하되었다. Quel prodotto è un po' scaduto. / -되다 abbassarsi; deprezzarsi
저항(抵抗) la resistenza / -하다 resistere, opporsi ¶-力 la forza di resistenza / 無- la non resistenza / 無-主義 il principio della non resistenza
저항(抵抗)〈電*物〉 la resistenza
저항계(抵抗計)〈電*物〉 l'ohmmetro
저항기(抵抗器)〈電〉 il resistore
저해(沮害) l'impedimento, l'ostacolo / -하다 impedire [pr. -isco], ostacolare
저혈압(低血壓) la bassa pressione sanguigna
적(敵) il nemico, l'avversario
적(賊) il nemico, l'avversario
적(跡)〈數〉 la traccia
적개심(敵愾心) l'inimicizia, l'ostilità / -을 일으키다 suscitare*eccitare l'ostilità (contro qlcu.)
적게(小量) poco 1 공부는 많이 하지만, 배우는 것은 적다. Studia molto, ma impara poco.
적격(適格) la competenza / -한 competente, qualificato(a) / -의 adatto(a), idoneo(a), opportuno(a) ¶-者 la persona competente*qualificata (per questo lavoro)
적경(赤經)〈天〉 l'ascensione retta
적국(敵國) il paese nemico
적극(積極) / -的 positivo(a), (能動的) attivo(a) / -的으로 positivamente
적기(敵機) l'aereo nemico
적나나(赤裸裸) / -한 nudo(a); (率直한) schietto(a), franco(a) / -하게 schiettamente, francamente; nudo e crudo
적다(요점을) scrivere
적당(適當)¹ / -한 decente, adatto(a), adeguato(a), appropriato(a), conveniente, convenevole, opportuno(a), giusto(a), ragionevole / - 한 시기에 a tempo opportuno / -한 價格 il prezzo conveniente*ragionevole / -하게 opportunamente, appropriatamente, convenientemente, in modo adatto / -하게, 히 appropriatamente, convenevolmente
적당(適當)² la moderazione / -한 moderato(a), temperato(a); regolato (a) / -하게 moderatamente, con moderazione / -하게 먹다 (마시다) mangiare (bere) moderatamente*temperatamente
적대(敵對) l'inimicizia, l'ostilità / -하다 inimicarsi (con qlcu.)
적도(適度) la moderazione
적도(赤道)〈地〉 l'equatore / -의 equatoriale
적도(赤道)〈天〉 (天의) l'equatore celeste
적도기후(赤道氣候)〈氣〉 il clima equatoriale
적도무풍대(赤道無風帶)〈氣〉 la calma equatoriale
적란운(積亂雲)〈氣〉 il cumulonembo, il cumulo di nubi, il cumulo-nembo
적령(適齡) l'età adatta (ad uno scopo) ¶結婚-期 (女性의) l'età da marito, (徵兵의) l'età di leva
적립(積立) / -하다 accumulare, riservare, risparmiare, mettere da parte / -되다 accumularsi ¶-金 i fondi di riserva, l'accantonamento
적발(摘發) la denunzia, la rivelazione, lo svelamento / -하 다 denunziare; rivelare, svelare
적법(適法) la legalità, la legittimità / -한, 의 legale, legittimo(a)
적부(適否) l'essere adatto o no / -를 判斷하다 giudicare se una persona*una cosa è adatta (a uno scopo)
적분(積分)〈數〉 l'integrale, l'integrazione
적분학(積分學) l'integrazione
적설(積雪) la nevicata
적성(適性) l'attitudine, l'idoneità / -의 attitudinale ¶-檢査 l'esame attitudinale
적시(敵視) l'ostilità / -하다 guardare [intr. avere] a qlcu. come a un nemico
적시다(浸) bagnare, inzuppare, immerg-

ere, inumidire / 우유에 빵을 - inzuppare il pane nel latte

적십자(赤十字) la croce rossa ¶-病院 l'ospedale della Croce Rossa / -社 la Croce Rossa / 國際-社 la Croce Rossa Internazionale

적어도 almeno, se non altro, perlomeno 1 적어도 백 명은 거기에 있었다. Ci sono state almeno cento persone.

적외선(赤外線) i raggi infrarossi

적요(摘要) il sunto, il riassunto, la colonna di nota, la descrizione

적용(適用) l'applicazione / -法의 - l'applicazione d'una legge / -하다 applicare / -할 수 있는 applicabile

적운(積雲)〈氣〉 il cumulo

적위(赤緯)〈天〉 la declinazione

적은(小量) poco(a) 1 가족과 함께 할 시간이 적다. Ho poco tempo per la famiglia.

적응(適應) l'adattamento, la conformità, la conformazione / -하게 하다 adattare / -하다 adattarsi*conformarsi (alla situazione) / -력 있는 adattabile ¶-性 l'adattabilità

적응(適應)〈生〉 l'adattamento

적의(敵意) l'ostilità, l'inimicizia / -있는 ostile

적임(適任) l'idoneità / -의 idoneo(a), adatto(a), competente / -이다 essere idoneo(a) (all'insegnamento) ¶-者 la persona adatta (al posto), la persona idonea (a svolgere una data ricerca)

적자(赤字) il deficit, i numeri rossi, il disavanzo / -를 내다 essere in deficit, essere dificitario, disavanzare / -를 메우다 colmare il disavanzo

적자(嫡子) il figliastro (f. -a)

적자(赤字)〈商〉 il rosso

적자생존(適者生存) la selezione naturale; la sopravvivenza degli individui più dotati

적재(積載) il caricamento, il carico / -하다 caricare (le merci sulla nave), imbarcare ¶-量 la capacità di caricamento, (船舶의) il tonnellaggio

적재(適材) la persona adatta ¶-適所 l'uomo adatto*conveniente al posto

적재량(積載量)〈海·物〉 la portata / -을 측정하다 stazzare

적절(適切) / -하다 essere adatto(a)*appropriato(a)*conveniente, fare al caso, decente / -한 opportuno(a), appropriato(a), conveniente, adatto(a) / -한 말 la parola conveniente / -하게 appropriatamente, adattamente, decentemente

적정(適正) / -한 giusto(a), ragionevole / -하게 giustamente, ragionevolmente

적정(滴定)〈化〉 la titolazione

적지 않게 non poco; considerevolmente

적철광(赤鐵鑛)〈鑛〉 la ematite, l'oligisto

적출(摘出) l'estrazione / -하다 estrarre

적출(摘出)〈醫〉 la enucleazione, l'estrazione

적출술(摘出術)〈醫〉 la resezione

적층(積層)〈電〉 il lamierino

적토(赤土) l'argilla rossa

적하(積荷) il carico, la merce imbarcata / -하다 caricare / -물을 내리다 scaricare (l'autocarro*la merce dalla nave)

적하(積荷)〈商〉 il carico

적합(適合) la conformità, l'adattamento / -하게 하나 rendere qlco. conforme a qlco., adattare qlco. a qlco. / -하다 conformarsi*essere conforme a qlco., adattarsi a qlco. / -한 adatto(a)*conveniente a (qlcu. o qlco.), valido(a) / 軍에 -한 valido alle armi

적혈구(赤血球) i globuli rossi

적화(赤化) la bolscevizzazione / -하다 bolscevizzare

적확(的確) la precisione, l'esattezza / -한 preciso(a), esatto(a) / -하게 precisamente, esattamente

전 세계(全世界) tutto il mondo, l'universo mondo

전(前) ex, già, fa / -教授 l'ex professore (f. -essa) / 5年 -에 cinque anni fa

전(全) tutto(a), intero(a) / -世界 tutto mondo, l'intero mondo / -이탈리아 tutta l'Italia / -3권 una serie*un'opera completa di tre volumi

전가(轉嫁) l'imputazione / -하다 imputare a, riversare su, attribuire [pr. -isco] a qlcu. / 責任을 -하다 imputare*riversare la propria responsabilità a*su qlcu.

전갈〈動〉 lo scorpione

전개(展開) lo svolgimento / -되다 svolgersi

전건(前件)〈哲〉l'antecedente

전경(全景) il panorama, la vista

전경촬영(全景撮影)〈映〉la panoramica

전계(電界)〈電〉il protone

전공(專攻) il perfezionamento, la specializzazione / -하다 perfezionarsi*specializzarsi in qlco., frequentare un corso di perfezionamento in qlco. ¶ 나는 언어학을 전공했다. Mi sono specializzato in linguistica. ¶-科目 l'argomento*il tema del corso di perfezionamento

전공(戰功) il valore militare

전과(戰果) i risultati bellici, (勝利) la vittoria / -를 올리다, 거두다 conquistare la vittoria nella guerra

전과(前科) la condanna precedente, (再犯) la recidiva ¶-者 il precedentemente condannato, il recidivo (f. -a)

전광(電光)〈氣〉il baleno, il lampo, il lampeggiamento, il folgore

전광석화(電光石火)〈氣〉il lampo

전교(全校) tutta la scuola

전구(電球) la lampadina

전국(戰局) la fase della guerra

전국(全局) la situazione generale, l'aspetto generale, tutte le fasi

전국(全國) tutto il paese / -에서 in tutto il paese / -적으로 nazionalmente ¶-體典 Gare Sportive Nazionali / -放送 la trasmissione radiotelevisiva su scala nazionale, la radiotrasmissione in tutto il paese

전권(全權) la plenipotenza ¶-使節 il plenipotenziario / 特命-大使 l'ambasciatore (f. -trice) straordinario e inviato plenipotenziario / -公使 il ministro plenipotenziario

전권공사(全權公使)〈伊〉ministro plenipotenziario

전권대사(全權大使)〈伊〉ministro plenipotenziario

전극(電極)〈物〉l'elettrodo

전근(轉勤) il trasferimento (d'un impiegato), il trasloco / -시키다 trasferire [pr. -isco] qlcu. / -하다 trasferirsi, traslocarsi

전기(前記) / -의 predetto(a), suddetto(a), sopramenzionato(a)

전기(戰記) gli annali della guerra, le cronache militari

전기(前期) il primo periodo, (前半期) il primo semestre (dell'anno fiscale) / -의 a vecchio

전기(電氣) l'elettricità / -의 elettrico(a) ¶-技術者 l'elettricista / -分解 le elettrolisi / -面刀機 il rasoio elettrico / -器具 l'elettrodomestico / -機關車 la locomotiva elettrica / -오븐 il fornello elettrico, la cucina elettrica / -冷藏庫 il frigorifero elettrico / -洗濯機 la lavatrice elettrica / -裝置 l'apparato elettrico / -清掃機 l'aspirapolvere / -스탠드 la lampada elettrica da tavolo / -煖爐 la stufa [用語] 〈**전기학**(電氣學) l'elettrologia〉 강자성체(強磁性體) i materiali ferromagnetici, 고조파(高調波) l'armonica, 교류(交流) la corrente alternata, 극성(極性) la polarità, 극판(極板) l'armature, 기전력(起電力) la forza elettromotrice, 대전(帶電) l'elettrizzazione, 도전율(導電律) la conducibilità, 도체(導體) il conduttore, 맥동(脈動) la pulsazione, 반자성체(反磁性體) i materiali diamagnetici, 방전(放電) la scarica, 부극성(負極性) la polarità negativa, 분극(分極) la polarizzazione, 분자(分子) la molecola, 사이클 il ciclo, 상자성체(常磁性體) i materiali paramagnetici, 솔레노이드 il solenoide, 양극성(陽極性) la polarità positiva, 양이온(陽-) il cationne, 용량(容量) la capacità, 원자(原子) l'atomo, 원자핵(原子核) il nucleo, 위상(位相) la fase, 유도(誘導) l'induzione, 유도저항(誘導抵抗) la reattanza, 유전체(誘電體) il dielettrico, 음이온(陰-) l'anione, 이온 l'ione, 인덕턴스 l'induttanza, 임피던스 l'impetenza, 자계(磁界) il campo magnetico, 자기유도(磁氣誘導) l'autoinduzione, 자기저항(磁氣抵抗) la riluttanza, 자기학(磁氣學) il magnetismo, 자석(磁石) la calamita, il magnete, 자속(磁束) il flusso magnetico, 자화(磁化) la magnetizzazione, 저항(抵抗) la resistenza, 저항기(抵抗器) il resistore, 전계(電界) il protone, 전기분해(電氣分解) l'elettrolisi, 전기역학(電氣力學)

전기 l'elettrodinamica, 전도(傳導) la conduzione, 전류(電流) la corrente, 전리(電離) l'ionizzazione, 전압(電壓) la tensione, 전위(電位) il potenziale, 전자(電子) l'elettrone, 전자기학(電磁氣學) l'elettromagnetismo, 전자석(電磁石) l'elettrocalamita, l'elettromagnete, 전지(電池) la pila, 전해(電解) l'elettrolisi, 전해질(電解質) l'elettrolito, 절연내력(絕緣耐力) la rigidità, 절연체(絕緣體) l'isolante, 정전기학(靜電氣學) l'elettrostatica, 주기(周期) il periodo, 주파수(周波數) la frequenza, 중성자(中性子) il neutrone, 직류(直流) la corrente continua, 진동(振動) l'oscillazione, 진폭(振幅) l'ampiezza, 충전(充電) la carica, 코일 la spira, 콘덴서 il condensatore, 투자율(透磁率) la permeabilità, 파(波) l'onda, 포화(飽和) la saturazione, 회로(回路) il circuito; 〈**계측기(計測器) Strumenti di misura**〉 검류계(檢流計) il galvanometro, 검전기(檢電器) l'elettroscopio, 계수기(計數器) il contatore, 동기전압계(同期電壓計) lo zerovoltmetro, 마이크로암페어 il microampere, 무효전력계(無效電力計) il varmetro, 밀리암페어계(-計) il milliamperometro, 바 il var, 볼트 il volt, 볼트암페어 il voltampere, 암페어 l'ampere, 암페어시(-時) l'amperora, 오실로그래프 l'oscillografo, 오실로스코프 l'oscilloscopio, 오옴 (전기 저항의 단위) l'ohm, 오옴계(-計) l'ohmmetro, 와트[獨] il watt, 와트시(-時) il wattora, 저항계(抵抗計) l'ohmmetro, 전기진동계(電氣振動計) l'oscillografo, 전력계(電力計) il wattmetro, 전류계(電流計) l'amperometro, 전압계(電壓計) il voltmetro, 전위계(電位計) l'elettrometro, 전위차계(電位差計) il potenziometro, 전자볼트(電子-) il voltelettrone, 전해전량계(電解電量計) il voltametro, 주파수계(周波數計) il frequenzimetro, 쿨롱[佛] (전기의 양의 단위) il coulomb, 킬로볼트 il chilovolt, 킬로와트 il chilowatt, 킬로와트시(-時) il chilowattora, 헤르츠[獨] (진동수의 단위) il hertz; 〈**전기공학(電氣工學) l'elettrotecnica**〉 가감저항기(加減抵抗器) il reostato, 개폐기(開閉器) l'interruttore, 계장(計裝) la strumentazione, 고압(高壓) l'alta tensione, 고정자(固定子) lo statore, 과전류(過電流) la sovracorrente, 과전압(過電壓) la sovratensione, 권선(捲線) l'avvolgimento, 극(極) i poli, 극판(極板) la piastra, 단극(單極) unipolare, 단락(短絡) il corto circuito, 단상(單相) monofase, 단자(端子) il morsetto, 동기(同期) il sincronismo, 동기기(同期機) il sincrono, 반작용(反作用) la reazione, 발전장치(發電裝置) l'elettrogeno, 배선(配線) il cablaggio, 변환(變換) la conversione, 병렬접속(並列接續) il collegamento parallelo, 보빈 la bobina, 보조전동기(補助電動機) il servomotore, 보호장치(保護裝置) il salvamotore, 복극(復極) il bipolo, 분로(分路) lo shunt, 비동기기(非同期機) l'asincrono

전기(傳記) la biografia

전기(轉機) la svolta (decisiva)

전기공학(電氣工學) l'elettrotecnica [**用語**] 가감저항기(加減抵抗器) il reostato, 개폐기(開閉器) l'interruttore, 계장(計裝) la strumentazione, 고압(高壓) l'alta tensione, 고정자(固定子) lo statore, 과전류(過電流) la sovracorrente, 과전압(過電壓) la sovratensione, 권선(捲線) l'avvolgimento, 극(極) i poli, 극판(極板) la piastra, 단극(單極) unipolare, 단락(短絡) il corto circuito, 단상(單相) monofase, 단자(端子) il morsetto, 동기(同期) il sincronismo, 동기기(同期機) il sincrono, 반작용(反作用) la reazione, 발전장치(發電裝置) l'elettrogeno, 배선(配線) il cablaggio, 변환(變換) la conversione, 병렬접속(並列接續) il collegamento parallelo, 보빈 la bobina, 보조전동기(補助電動機) il servomotore, 보호장치(保護裝置) il salvamotore, 복극(復極) il bipolo, 분로(分路) lo shunt, 비동기기(非同期機) l'asincrono

전기기계(電氣機械) le macchine elettriche [**用語**] 건전지(乾電池) la pila, 교류발전기(交流發電機) l'alternatore, 동기발전기(同期發電機) l'alternatore sincrono, 동기전동기(同期電動機) il motore sincrono, 발전기(發電機) il dinamo, 변압기(變壓器) il trasformatore, 변환기(變換機) il convertitore, 비

동기발전기(非同期發電機) l'alternatore asincrono, 비동기전동기(非同期電動機) il motore asincrono, 전동기(電動機) il motore, 전지(電池) la batteria, 전해액(電解液) l'elettrolita, 정류기(整流器) il raddrizzatore, 정지정류기(靜止整流器) il raddrizzatore statico, 축전지(蓄電池) l'accumulatore, 터빈발전기(-發電機) il turboalternatore, 회전정류기(回轉整流器) il raddrizzatore rotante

전기기술자(電氣技術者)〈電〉l'elettrotecnico

전기도금(電氣鍍金)〈電〉la galvanostegia

전기로(電氣爐)〈電〉i forni elettrici

전기배선기술자(電氣配線技術者)〈電〉l'elettricista

전기분(電氣盆)〈物〉l'elettroforo

전기분해(電氣分解)〈電〉l'elettrolisi

전기생리학(電氣生理學)〈電〉l'elettrofisiologia

전기석(電氣石)〈鑛〉la tormalina

전기역학(電氣力學)〈電*物〉l'elettrodinamica

전기요법(電氣療法)〈電〉l'elettroterapia

전기용량(電氣容量)〈物〉il picofarad

전기자(電機子)〈電〉l'armatura

전기전도력(電氣傳導力)〈物〉la conduttanza

전기진동계(電氣振動計)〈電〉l'oscillografo

전기치금(電氣治金)〈電〉l'elettrometallurgia

전기통신(電氣通信) le telecomunicazioni

전기학(電氣學) l'elettrologia [用語] 강자성체(強磁性體) i materiali ferromagnetici, 고조파(高調波) l'armonica, 교류(交流) la corrente alternata, 극성(極性) la polarità, 극판(極板) l'armature, 기전력(起電力) la forza elettromotrice, 대전(帶電) l'elettrizzazione, 도전율(導電律) la conducibilità, 도체(導體) il conduttore, 맥동(脈動) la pulsazione, 반자성체(反磁性體) i materiali diamagnetici, 방전(妨電) la scarica, 부극성(負極性) la polarità negativa, 분극(分極) la polarizzazione, 분자(分子) la molecola, 사이클 il ciclo, 상자성체(常磁性體) i materiali paramagnetici, 솔레노이드 il solenoide, 양극성(陽極性) la polarità positiva, 양이온(陽-) il catione, 용량(容量) la capacità, 원자(原子) l'atomo, 원자핵(原子核) il nucleo, 위상(位相) la fase, 유도(誘導) l'induzione, 유도저항(誘導抵抗) la reattanza, 유전체(誘電體) il dielettrico, 음이온(陰-) l'anione, 이온 l'ione, 인덕턴스 l'induttanza, 임피던스 l'impetanza, 자계(磁界) il campo magnetico, 자기유도(磁氣誘導) l'autoinduzione, 자기저항(磁氣抵抗) la riluttanza, 자기학(磁氣學) il magnetismo, 자석(磁石) la calamita, il magnete, 자속(磁束) il flusso magnetico, 자화(磁化) la magnetizzazione, 저항(抵抗) la resistenza, 저항기(抵抗器) il resistore, 전계(電界) il protone, 전기분해(電氣分解) l'elettrolisi, 전기역학(電氣力學) l'elettrodinamica, 전도(傳導) la conduzione, 전류(電流) la corrente, 전리(電離) l'ionizzazione, 전압(電壓) la tensione, 전위(電位) il potenziale, 전자(電子)l'elettrone, 전자기학(電磁氣學) l'elettromagnetismo, 전자석(電磁石) l'elettrocalamita, l'elettromagnete, 전지(電池) la pila, 전해(電解) l'elettrolisi, 전해질(電解質) l'elettrolito, 절연내력(絶緣耐力) la rigidità, 절연체(絶緣體) l'isolante, 정전기학(靜電氣學) l'elettrostatica, 주기(周期) il periodo, 주파수(周波數) la frequenza, 중성자(中性子) il neutrone, 직류(直流) la corrente continua, 진동(振動) l'oscillazione, 진폭(振幅) l'ampiezza, 충전(充電) la carica, 코일 la spira, 콘덴서 il condensatore, 투자율(透磁率) la permeabilità, 파(波) l'onda, 포화(飽和) la saturazione, 회로(回路) il circuito

전기학(電氣學)〈物〉l'elettrologia

전기화학(電氣化學)〈化*電〉l'elettrochimica

전나무〈植〉l'abete

전날(前日) il giorno prima, il giorno precedente

전납(全納) il pagamento completo*totale*integrale / -하 다 pagare completamente

전년(前年) l'anno precedente; (昨年) l'anno scorso, l'anno passato

전념(專念) la dedizione (allo studio) / -하다 dedicarsi a qlco., darsi a qlco., occuparsi di qlco., concentrarsi

전능(全能) l'onnipotenza / -의, 한 onnipotente / -한 神 Dio onnipotente, l'onnipotente

전달(傳達) la trasmissione, la comunicazione / -하다 trasmettere, comunicare ¶-手段 il mezzo di communicazione

전당(殿堂) il palazzo; (종교) il duomo, la chiesa, il tempio

전대(前代) la generazione dell'anteguerra, il periodo precedente / -未聞의 senza precedenti

전도(傳導) (열, 전기) la conduzione / -하다 condurre (l'elettricita), trasmettere (il calore) ¶- 体 il conduttore (elettrico*termico)

전도(前途) il futuro, l'avvenire; il destino; la prospettiva / -有望한 (il giovane) promettente

전도(傳道) la missione, la propagazione, la propaganda (di un'idea*culto) / -하다 predicare*propagare la fede cristiana (tra un popolo) ¶-師 il missionario

전도(傳導)〈電〉la conduzione

전도(顚倒) lo sconvolgimento / -되다 sconvolgersi, rovesciarsi

전도도(傳導度)〈物〉la conduttività

전도사(傳道師)〈宗〉il*la catechista

전도성(傳導性)〈物〉la conducibilità

전동기(電動機)〈電〉il motore elettrico, l'elettromotore

전동력(電動力) la forza elettromotrice

전동펌프(電動-)〈電〉l'elettropompa

전두(前頭)〈解〉il seno frontale

전두근(前頭筋)〈解〉il frontale

전등(電燈) il lume, la luce, la lampada

전락(轉落) la caduta / -하다 cadere [intr. essere]; ruzzolare [intr. essere]

전란(戰亂) il disordine per la guerra

전람(展覽)〈繪*彫〉la mostra

전람회(展覽會)〈繪*彫〉l'esposizione, la mostra ¶-場 il salone

전래(傳來) / -되다 introdursi, essere introdotto

전략(戰略) la strategia, la manovra, la tattica / -上 strategicamente, tatticamente / -上의 strategico(a) ¶-地點 il punto strategico

전량계(電量計)〈物〉il voltametro

전력(電力) la forza*l'energia elettrica ¶-計 il wattometro [用語] 교류발전기(交流發電機) l'alternatore, 도선(導線) la piattina, 동력실(動力室) la cabina, 발전기(發電機) il dinamo, 발전소(發電所) la centrale, 배전망(配電網) la rete, 배전반(配電盤) il quadro di distribuzione, 배전선(配電線) il ripartitore, 밸브 la valvola, 변압기(變壓器) il trasformatore, 변전소(變電所) la sottostazione, 상호연락(相互連絡) l'interconnessione, 송배전선로(送配電線路) l'elettrodotto, la linea elettrica, 수력발전설비(水力發電設備) l'impianto idroelettrico, 수력발전소(水力發電所) la centrale idroelettrica, 수로(水路) la condotta, 스위치 il pulsante, 연락(連絡) l'allacciamento, 원자력발전소(原子力發電所) la centrale nucleare, 장선기(張線器) la tesatura, 저수지(貯水池) il bacino, 전주(電柱) il palo, 전화(電化) l'elettrificazione, 접속(接續) l'attacco, 정류기(整流器) il raddrizzatore, 제방(堤防) la diga, 중성점(中性點) il neutro, 지지물(支持物) il sostegno, 출력(出力) l'erogazione, 터빈 la turbina, 퓨즈 il fusibile, 플러그 la spina, la presa, 화력발전소(火力發電所) la centrale termoelettrica

전력(戰力) le forze militari

전력(全力) tutte le forze, tutte le energie, tutti gli sforzi / -을 다해 con tutte le proprie forze, con tutti gli sforzi / -을 다하다 fare tutti gli sforzi, fare tutto il possibile, fare ogni sforzo

전력계(電力計)〈物*電〉il wattmetro

전령(傳令) il messaggio (a voce, per iscritto) d'ordine ¶-人 il messaggiero, il corriere

전례(前例) il precedente, l'esempio precedente / -없이 senza precedenti

전례(典禮) la liturgia [用語] 관수식세례(灌水式洗禮) l'aspersione, 기도(祈禱) la preghiera, l'orazione, 무릎 꿇고 하는 예배(禮拜) la genuflessione, 묵상기도(默想祈禱) la preghiera mentale, 봉헌(奉獻) la dedicazione, 봉헌식(奉獻式) la dedicazione, 성체강복식(聖體降福式) la benedizione, 세족식(洗足式) la lavanda dei piedi, 안수(按手) l'imposizione delle mani, 의식(儀式) la funzione, 축복(祝福) la benedizione, 통

전례의 성기도(通聲祈禱) la preghiera vocale
전례의(典禮-)〈音〉liturgica
전례의식(典禮儀式) le funzioni
전류(電流)〈電〉la corrente (elettrica)
전류계(電流計)〈電*物〉l'amperometro
전류전압계(電流電壓計)〈物〉il voltamperometro
전리(電離)〈電〉l'ionizzazione
전리(電離)〈化〉l'ionizzazione
전리품(戰利品) il trofeo, il bottino
전립선염(前立腺炎)〈醫〉la prostatite
전망(展望) il panorama, la veduta (panoramica), il prospetto; la prospettiva / - 좋은 panoramico(a) / - 좋은 경치 la veduta panoramica / -이 좋다 avere una bella vista ¶-臺 il belvedere / -車 il vagone panoramico
전망하다(展望-) prevedere
전매(專賣) il monopolio / -하다 monopolizzare ¶-品 l'articolo monopolizzato / -公社 l'azienda autonoma del monopolio / -特許 il brevetto di monopolio
전매(轉賣)〈商〉la rivendita
전매공사(專賣公社)〈伊〉monopoli di Stato
전면(前面) la parte anteriore, davanti, (建物의) la facciata, la fronte / ~의 -에 davanti (alla casa), di fronte (alla casa)
전면(全面) tutta la parte, tutta la superficie / -的 generale, intero completo / -적으로 generalmente, interamente; completamente
전멸(全滅) l'annientamento, lo sterminamento, la distruzione completa / -하다 essere annientato(a), essere completamente distrutto(a) / -시키다 annientare, abbattere, distruggere, sterminare, sradicare
전모음(前母音)〈言〉la vocale della serie anteriore
전무(專務) l'amministratore gerente, il dirigente amministrativo
전문(電文) il dispaccio (telegrafico), il telegramma
전문(全文) il testo completo (d'un trattato)
전문(前文) la prefazione, l'introduzione, 〈法〉il preambolo (d'una legge)
전문(專門) la specialità / -的, 의 speciale, specialistico(a) ¶-家 lo*la specialista, l'esperto, il professionista / 核物理-家 uno specialista di fisica nucleare / -課程 il corso di specializzazione / -分野 il ramo specialistico / -學校 l'istituto, la scuola di specializzazione / -化 la specializzazione
전문가(專門家) lo*la specialista, il*la professionista
전문과(專門科) le branche specialistiche [用語] 골상학(骨相學) la frenologia, 골학(骨學) l'osteologia, 구강과학(口腔科學) la stomatologia, 구강병학(口腔病學) la stomatologia, 내분비학(內分泌學) l'endocrinologia, 노인학(老人學) la gerontologia, 뇌신경외과학(腦神經外科學) la neutrochirurgia, 물리요법(物理療法) la fisioterapia, 미생물학(微生物學) la microbiologia, 방사선의학(放射線醫學) la radiologia, 병리학(病理學) la patologia, 부인병학(婦人病學) la ginecologia, 비뇨기과학(泌尿器科學) l'urologia, 산과학(産科學) l'ostetricia, 생리학(生理學) la fisiologia, 생물학(生物學) la biologia, 생화학(生化學) la biochimica, 세포학(細胞學) la batteriologia, 소아과학(小兒科學) la pediatria, 식품영양학(食品營養學) la bromatologia, 신경학(神經病學) la neutrologia, 신경외과학(腦神經外科學) la neutrochirurgia, 심리학(心理學) la psicologia, 심장병학(心臟病學) la cardiologia, 안과학(眼科學) l'oculistica, 약리학(藥理學) la farmacologia, 약물학(藥物學) la farmacologia, 외과학(外科學) la chirurgia, 외상학(外傷學) la traumatologia, 위생(衛生) l'igiene, 유전학(遺傳學) la genetica, 이비인후과학(耳鼻咽喉科學) l'otorinolaringoiatria, 재해외과학(災害外科學) la traumatologia, 정신병학(精神病學) la psichiatria, 정형외과학(整形外科學) l'ortopedia, 조직학(組織學) l'istologia, 증후학(症候學) la semeiotica, 치과학(齒科學) l'odontoiatria, 태생학(胎生學) l'embriologia, 폐결핵학(肺結核學) la tisiologia, 피부과학(皮膚科學) la dermatologia, 해부학(解剖學) l'anatomia, 후두학(喉頭學) la laringoiatria
전문대학(專門大學) college 1 위 사람은

한양여자전문대학 실내디자인과를 졸업하였음을 증명함. Si certifica che la suddetta persona si è diplomata nel dipartimento di Interior Design, Hanyang Women's College. ¶한양여자-Hanyang Women's College

전문의(專門醫) i medici specialisti [用語] 골학자(骨學者) l'osteologo, 구강병전문의(口腔病專門醫) lo stomatologo, 내분비병전문의(內分泌病專門醫) l'endocrinologo, 마취의(麻醉醫) l'anestesista, 미생물학자(微生物學者) il microbiologo, 방사선전문의(放射線專門醫) il radiologo, 병리학자(病理學者) il patologo, 보건사(保健士) l'igienista, 부인과의(婦人科醫) il ginecologo, 비뇨기과의(泌尿器科醫) l'urologo, 산과의(産科醫) l'ostetrico, 생리학자(生理學者) il fisiologo, 생물학자(生物學者) il biologo, 생화학자(生化學者) il biochimico, 세포학자(細胞學者) il batteriologo, 소아과의(小兒科醫) la pediatra, 식품영양학자(食品營養學者) il bromatologo, 신경외과의(神經外科醫) il neurochirurgo, 심장병전문의(心臟病專門醫) il cardiologo, 안과의(眼科醫) l'oculista, 약물학자(藥物學者) il farmacologo, 외과의(外科醫) il chirurgo, 외상전문외과의(外傷專門外科醫) il traumatologo, 이비인후과의(耳鼻咽喉科醫) l'otorinolaringoiatra, 정신과의(精神科醫) la psichiatra, 정신병의(精神病醫) l'alienista, 정형외과의(整形外科醫) l'ortopedico, 조직학자(組織學者) l'istologo, 치과의(齒科醫) il dentista, 치과의(齒科醫) l'odontoiatra, 폐결핵전문의(肺結核專門醫) il tisiologo, 피부과의(皮膚科醫) il dermatologo, 해부학의(解剖學醫) l'anatomico, 후두과학자(喉頭科學者) la laringoiatra

전문화(專門化) la specializzazione / -된 specializzato(a) / -하다 specializzare / -되다 specializzarsi

전반(全般) il tutto, l'intero / -의, 적 tutto(a); intero(a), generale, comune a tutti ¶社會- tutte le classi della società

전반(前半) la prima metà (del secolo)

전반기(前半期) il primo semestre (dell'anno fiscale)

전방(前方) il davanti, la parte anteriore / -에 davanti (a noi)

전법(戰法) la tattica; la strastegia

전별(餞別) il dono*il denaro offerto in occasione della partenza (per il viaggio)

전병(煎餠) la pasta asciuta a forma piccola rotonda di farina riso cotta sulle braci con il sapore di salsa di soia

전병사(戰病死) la morte per una malattia contratta al fronte

전보(電報) il telegramma

전복(顚覆) il capovolgimento, il rovesciamento / -시키다 capovolgere, rovesciare*abbattere (il governo) / -되다 capovolgersi, essere capovolto(a), rovesciarsi / -된 capovolto(a)

전부(前部) la parte anteriore

전부(全部) la totalità; tutto, ogni cosa / - 합해서 in tutto, totalmente

전분(澱粉)〈化〉 l'amido, la fecola di patate

전비(戰備) i preparativi di guerra

전사(戰士) il guerriero

전사(戰死) la morte in guerra / -하다 morire in guerra, cadere sul campo di battaglia ¶-者 il caduto (in guerra)

전사(轉寫)〈言〉 la trascrizione

전상(戰傷) la ferita in guerra ¶-者 l'invalido di guerra

전생(前生) la vita anteriore nel buddismo rispetto a quella di realtà cf. 梵語 il karma

전선(前線) il fronte ¶溫暖(寒冷)- il fronte caldo (freddo)

전선(戰線) la linea di battaglia, il fronte / 統一-을 구축하다 fare un fronte unico

전선(電線)〈電〉il filo, il cavo

전설(傳說) la leggenda; la tradizione / -的 leggendario(a); tradizionale

전성(全盛) il massimo splendore; la prosperità ¶-時代 il periodo aureo, l'epoca d'oro

전소(全燒) / -되다 incendiarsi*essere incendiato completamente*interamente

전속(專屬) la dipendenza (da un gruppo artistico) / -되다 essere dipendente da, essere appartenente ad (una compagna teatrale)

전속력(全速力) la velocità massima / -으로 a velocità massima

전송(電送) la trasmissione telegrafica ¶-寫眞 la telefotografia / -寫眞機 l'apparecchio telefotografico

전술(戰術) la tattica, la strategia / -上 tatticamente, dal punto di vista tattico ¶-家 il tattico, lo stratego (pl. -ghi)

전술(前述) suddetto(a), predetto(a), soprammenzionato(a), sopra indicato / -에서와 같이 come sopra

전승(全勝) la vittoria completa / -하다 conseguire una vittoria completa

전승(戰勝) la vittoria, il trionfo ¶-者 il vincitore (f. -trice), il trionfatore (f. -trice) / -國 il paese vincitore, la nazione vincitrice

전승(傳承) il tramandamento / -하다 tramandare / -되다 diffondersi, propagarsi, essere diffuso*propagato

전승문(戰勝門) la porta trionfale

전시(戰時) il tempo di guerra ¶-狀態 la situazione durante la guerra

전시(展示) l'esposizione / -하다 esporre, mostrare (al pubblico), mettere in mostra ¶-會 l'esposizione, la mostra / -관 il padiglione, il settore

전시(展示)〈繪*彫〉 la mostra

전시기술(展示技術)〈繪〉 la museotecnica

전신(全身) tutto il corpo ¶-寫眞*繪畫 il ritratto fotografico*ad olio a figura intera

전신(電信)〈電〉 la telegrafa, il telegrafo, il telegramma / -의 telegrafico(a)

전신감각(全身感覺)〈醫〉 la cenestesi

전신상의(全身像-)〈彫〉 a figura intera

전심(專心) / -으로 con tutta l'anima

전압(電壓)〈電〉 il voltaggio, la tensione ¶-計 il voltametro

전압강하(電壓降下)〈電〉 la caduta di tensione

전압계(電壓計)〈電*物〉 il voltmetro

전압조정기(電壓調整器)〈電〉 lo stabilizzatore di tensione

전액(全額) la somma*l'importo totale

전야(前夜) la vigilia, la sera*la notte precedente ¶聖誕節-祭 la vigilia del Natale

전언(傳言) il messaggio verbale, l'ambasciata / -하다 fare un'ambasciata

전언(前言) la data parola / 자신의 -을 철회하다 ritirare*ritrattare*smentire [pr. -isco] la propria data parola

전업(轉業) il cambiamento di mestiere*professione*occupazione / -하다 cambiare la professione, cambiare un mestiere con l'altro

전에 prima di

전연(全然) completamente, interamente; (否定) niente affatto, nè poco nè assai / - 알지 못하다 non saper niente affatto

전열(前列) la prima fila

전열기(電熱器) il fornello elettrico, il riscaldamento elettrico

전염(傳染) (接觸) il contagio; (間接) l'infezione / -되다 essere contagioso*epidemico; contagiarsi*prendere una malattia infettiva / -시키다 contagiare, infettare / -의, 性의 contagioso(a), epidemico(a), infettivo(a) ¶-病 il contagio, l'epidemia, la malattia contagiosa*epidemica*infettiva *contagiosa / -性 la contagiosità / -病患者 il contagioso, la contagiosa → 감염

전염(傳染)〈醫〉 l'infezione

전용(專用) l'uso esclusivo / -의 per uso esclusivo*privato

전우(戰友)〈軍〉 il camerata, il compagno d'armi; (同僚) il*la collega

전원(田園) la campagna, i campi / -의 campestre, agreste ¶-生活 la vita agreste / -都市 la città giardino

전원(電源) la sorgente dell'energia elettrica

전원(全員) tutti i membri*soci, tutti i presenti, tutto il personale (della ditta)

전원곡(田園曲)〈音〉 la pastorale

전원수비(全員守備)〈蹴〉 il catenaccio

전위(電位)〈電〉 il potenziale ¶-差 la differenza di potenziale

전위(前衛) l'avanguardia, 〈스포츠〉 l'attaccante

전위계(電位計)〈電*物〉 l'elettrometro

전위부(前胃部)〈醫〉 l'epigastrio, la bocca dello stomaco

전위차(電位差)〈電〉 il voltaggio

전위차계(電位差計)〈電〉 il potenziometro

전유(專有) il possesso esclusivo / -하다 possedere [pr. -seggo o -siedo] esclusivamente

전율(戰慄) il brivido, il fremito, il tremito, il palpito; (恐怖) la paura, il terrore / -하다 fremere, tremare [intr. avere], essere scosso da un fremito di paura / -할 만한 terribile, orribile

전음(全音)〈音〉il tono

전음(顫音)〈音〉il trillo

전음계(全音階)〈音〉la diatonia

전의(戰意) lo spirito combattivo

전임자(前任者) il predecessore (f. -a)

전임자(傳任者) la persona*il membro di ruolo

전입(轉入) il trasferimento (d'un abitante) / -하다 trasferirsi [pr. -isco] in un'altra città*provincia, diventare abitante d'un altra città

전자(前者) quello cf. 後者 questo

전자(電子)〈電*物〉l'elettrone / -의 elettronico(a)

전자(電子)〈化〉l'elettrone

전자계산기(電子計算機)〈電〉il calcolatore elettronico

전자공학(電子工學) l'elettronica [用語] 가청주파수(可聽周波數) l'audiofrequenza, 감쇠(減衰) l'attenuazione, 검파기(檢波器) il rivelatore, 공진(共振) la risonanza, 도파관(導波管) la guida d'onda, 동조(同調) la sintonia, 마이크로파(-波) la microonda, 무선전화(無線電話) la radiofonia, 무선주파수(無線周波數) la radiofrequenza, 반도체(半導體) il semiconduttore, 발진기(發振器) l'oscillatore, 방출(放出) l'emissione, 변조(變調) la modulazione, 사극관(四極管) il tetrodo, 삼극관(三極管) il triodo, 선택도(選擇度) la selettività, 소형화(小型化) la miniaturizzazione, 신호(信號) il segnale, 쌍극자(雙極子) il dipolo, 양극(陽極) l'anodo, 영상주파수(映像周波數) la videofrequenza, 오극관(五極管) il pentodo, 음극(陰極) il catodo, 응답(應答) la risposta, 이극관(二極管) il diodo, 이득(利得) il guadagno, 전자관(電子管) il tubo elettronico, 전자구성부분(電子構成部分) i componenti elettronici, 전자총(電子銃) il cannone elettronico, 전자파(電磁波) le onde elettromagnetiche, 전치증폭기(前置增幅器) il preamplificatore, 주파수대(周波數帶) la banda di frequenza, la gamma di frequenza, 증폭(增幅) l'amplificazione, 증폭기(增幅器) l'amplificatore, 진공관(眞空管) la valvola, 진동자(振動子) il vibratore, 텔레비젼 la televisione, 통신(通信) le comunicazioni, 트랜지스터 il transistore, 파장조정(波長調整) la sintonizzazione, 필터 il filtro, 헤르츠파(-波) le onde hertziane, 혼신(混信) l'interferenza, 삼각접속(三角接續) il collegamento triangolo, 삼극(三極) tripolare, 삼상(三相) trifase, 성형접속(星型接續) il collegamento stella, 아크 l'arco, 암페어수(-數) l'amperaggio, 암페어회수(-回數) l'amperspira, 여자(勵磁) l'eccitazione, 원격제어(遠隔制御) il telecomando, 원격조작(遠隔操作) il telecontrollo, 위상차(位相差) lo sfasamento, 유도(誘導) l'indotto, 유도자(誘導子) l'induttore, 이극(二極) bipolare, 이상(二相) bifase, 이차권선(二次捲線) l'avvolgimento secondario, 일차권선(一次捲線) l'avvolgimento primario, 자려(自勵) l'autoeccitazione, 적층(積層) il lamierino, 전기도금(電氣鍍金) la galvanostegia, 전기생리학(電氣生理學) l'elettrofisiologia, 전기요법(電氣療法) l'elettroterapia, 전기자(電機子) l'armatura, 전기치금(電氣冶金) l'elettrometallurgia, 전기화학(電氣化學) l'elettrochimica, 전선(電線) il filo, 전신(電信) la telegrafa, 전압(電壓) il voltaggio, 전압강하(電壓降下) la caduta di tensione, 전압조정기(電壓調整器) lo stabilizzatore di tensione, 전위차(電位差) il voltaggio, 전자공학(電子工學) l'elettronica, 전자싱크로트론(電子-) l'elettrosincrotrone, 전형법(電型法) la galvanoplastica, 전화(電話) la telefonia, 절연(絶緣) l'isolamento, 절연체(絶緣體) l'isolatore, 접속(接續) il collegamento, 접점(接點) il contatto, 접지(接地) la messa a terra, la presa di terra, 정류자(整流子) il commutatore, 직렬접속(直列接續) il collegamento serie, 케이블 il cavo, 크라운효과(-效果) l'effeto corona, 퓨즈 il fusibile, 피뢰기(避雷器) lo scaricatore, 피뢰침(避雷針) il parafulmine, lo scaricafulmine, 회로도(回路圖) lo schema, 회전자(回轉子) il rotore, 삼각접속(三角接續) il collegamento triangolo, 삼극(三極) tripolare, 삼상(三相) trifase, 성형접속(星型接續) il collegamento stella, 아크 l'arco, 암페어수(-數) l'amperaggio, 암페어회수(-回數) l'amperspira, 여자(勵磁) l'eccitazione, 원격제어(遠隔制御) il telecomando, 원격조작(遠隔操作) il telecontrollo, 위상차(位相差) lo sfasamento, 유도(誘導) l'indotto, 유도자(誘導子) l'induttore, 이극(二極) bipolare, 이상(二相) bifase, 이차권선(二次捲線) l'avvolgimento secondario, 일차권선(一次捲線) l'avvolgimento primario, 자려(自勵) l'autoeccitazione, 적층(積層) il lamierino, 전기도금(電氣鍍金) la galvanostegia, 전기생리학(電氣生理學) l'elettrofisiologia, 전기요법(電氣療法) l'elettroterapia, 전기자(電機子) l'armatura, 전기치금(電氣治金) l'elettrometallurgia, 전기화학(電氣化學) l'elettrochimica, 전선(電線) il filo, 전신(電信) la telegrafa, 전압(電壓) il voltaggio, 전압강하(電壓降下) la caduta di tensione, 전압조정기(電壓調整器) lo stabilizzatore di tensione, 전위차(電位差) il voltaggio, 전자공학(電子工學) l'elettronica, 전자싱크로트론(電子-) l'elettrosincrotrone, 전형법(電型法) la galvanoplastica, 전화(電話) la telefonia, 절연(絕緣) l'isolamento, 절연체(絕緣體) l'isolatore, 접속(接續) il collegamento, 접점(接點) il contatto, 접지(接地) la messa a terra, la presa di terra, 정류자(整流子) il commutatore, 직렬접속(直列接續) il collegamento serie, 케이블 il cavo, 크라운효과(-效果) l'effeto corona, 퓨즈 il fusibile, 피뢰기(避雷器) lo scaricatore, 피뢰침(避雷針) il parafulmine, lo scaricafulmine, 회로도(回路圖) lo schema, 회전자(回轉子) il rotore; ⟨전기기계(電氣機械) Macchine elettriche⟩ 건전지(乾電池) la pila, 교류발전기(交流發電機) l'alternatore, 동기발전기(同期發電機) l'alternatore sincrono, 동기전동기(同期電動機) il motore sincrono, 발전기(發電機) il dinamo, 변압기(變壓器) il trasformatore, 변환기(變換機) il convertitore, 비동기발전기(非同期發電機) l'alternatore asincrono, 비동기전동기(非同期電動機) il motore asincrono, 전동기(電動機) il motore, 전지(電池) la batteria, 전해액(電解液) l'elettrolita, 정류기(整流器) il raddrizzatore, 정지정류기(靜止整流器) il raddrizzatore statico, 축전지(蓄電池) l'accumulatore, 터빈발전기(-發電機) il turboalternatore, 회전정류기(回轉整流器) il raddrizzatore rotante; ⟨전력(電力) Energia elettrica⟩ 교류발전기(交流發電機) l'alternatore, 도선(導線) la piattina, 동력실(動力室) la cabina, 발전기(發電機) il dinamo, 발전소(發電所) la centrale, 배전망(配電網) la rete, 배전반(配電盤) il quadro di distribuzione, 배전선(配電線) il ripartitore, 밸브 la valvola, 변압기(變壓器) il trasforma-tore, 변전소(變電所) la sottostazione, 상호연락(相互連絡) l'interconnessione, 송배전선로(送配電線路) l'elettrodotto, la linea elettrica, 수력발전설비(水力發電設備) l'impianto idroelettrico, 수력발전소(水力發電所) la centrale idroelettri-ca, 수로(水路) la condotta, 스위치 il pulsante, 연락(連絡) l'allacciamento, 원자력발전소(原子力發電所) la centrale nucleare, 장선기(張線器) la tesatura, 저수지(貯水池) il bacino, 전주(電柱) il palo, 전화(電化) l'elettrificazione, 접속(接續) l'attacco, 정류기(整流器) il raddrizzatore, 제방(堤防) la diga, 중성점(中性點) il neutro, 지지물(支持物) il sostegno, 출력(出力) l'erogazione, 터빈 la turbina, 퓨즈 il fusibile, 플러그 la spina, la presa, 화력발전소(火力發電所) la centrale termoelettrica; ⟨응용(應用) Applicazioni⟩ 가정용전기기구(家庭用電氣器具) gli elettrodomestici, 공업용전동기(工業用電動機) i motori industria, 구술녹음기(口述錄音器) il dittafono, 난방(暖房) il riscaldamento, 라디오수신기(-受信機) i radioricevitori, 수송용전동기(輸送用電動機) i motori trasporti, 전기로(電氣爐) i forni elettrici, 전동기(電動機) i motori, 전동펌프(電動-) l'elettropompa, 조명(照明) l'illuminazione, 축음기(蓄音機) il grammofono, 테이프레코더 il registratore magnetico, 텔레비전수상기(-受像機) il televisore; ⟨전자공학(電子工

學) **Elettronica**〉 가청주파수(可聽周波數) l'audiofrequenza, 감쇠(減衰) l'attenuazione, 검파기(檢波器) il rivelatore, 공진(共振) la risonanza, 도파관(導波管) la guida d'onda, 동조(同調) la sintonia, 마이크로파(-波) la microonda, 무선전화(無線電話) la radiofonia, 무선주파수(無線周波數) la radiofrequenza, 반도체(半導體) il semiconduttore, 발진기(發振器) l'oscillatore, 방출(放出) l'emissione, 변조(變調) la modulazione, 사극관(四極管) il tetrodo, 삼극관(三極管) il triodo, 선택도(選擇度) la selettività, 소형화(小型化) la miniaturizzazione, 신호(信號) il segnale, 쌍극자(雙極子) il dipolo, 양극(陽極) l'anodo, 영상주파수(映像周波數) la videofrequenza, 오극관(五極管) il pentodo, 음극(陰極) il catodo, 응답(應答) la risposta, 이극관(二極管) il diodo, 이득(利得) il guadagno, 전자관(電子管) il tubo elettronico, 전자구성부분(電子構成部分) i componenti elettronici, 전자총(電子銃) il cannone elettronico, 전자파(電磁波) le onde elettromagnetiche, 선치증폭기(前置增幅器) il preamplificatore, 주파수대(周波數帶) la banda di frequenza, la gamma di frequenza, 증폭(增幅) l'amplificazione, 증폭기(增幅器) l'amplificatore, 진공관(眞空管) la valvola, 진동자(振動子) il vibratore, 텔레비젼 la televisione, 통신(通信) le comunicazioni, 트랜지스터 il transistore, 파장조정(波長調整) la sintonizzazione, 필터 il filtro, 헤르츠파(-波) le onde hertziane, 혼신(混信) l'interferenza

전자관(電子管)〈電〉il tubo elettronico
전자구성부분(電子構成部分)〈電〉i componenti elettronici
전자기학(電磁氣學)〈電*物〉l'elettromagnetismo
전자볼트(電子-)〈電*物〉il voltelettrone
전자석(電磁石)〈電*物〉l'elettrocalamita, l'elettromagnete
전자싱크로트론(電子-)〈電〉l'elettrosincrotrone
전자오르간(樂器) l'organo elettrico
전자총(電子銃)〈電〉il cannone elettronico

전자파(電磁波)〈電〉le onde elettromagnetiche, le onde hertziane
전장(戰場) il campo di battaglia, il fronte
전장(全長) la lunghezza totale
전쟁(戰爭) la guerra, (戰鬪) la battaglia, il combattimento / -하다 fare (la) guerra, guerreggiare [intr. avere] con*contro qlcu. ¶-前 l'anteguerra / -後 il dopoguerra / -犯 il criminale di guerra / -裁判 la corte criminale di guerra / -터(地) il fronte, il campo di battaglia / -부상자 l'invalido di guerra
전쟁도발자(戰爭挑發者)〈政〉il guerrafondaio
전쟁재해(戰爭災害) i disastri della guerra / -를 입다 subire [pr. -isco] i disastri della guerra
전적(全的) / -으로 addirittura, pienamente **1** 나는 전적으로 동감이다. Sono pienamente d'accordo.
전적(戰績) l'esito*il risultato bellico;〈스포츠〉l'esito (d'una partita)
전전(戰前) l'anteguerra (m.)
전제(專制) (獨裁) l'autocrazia, il despotismo / -의 autocratico(a), despotico(a), tirannico(a) ¶-君主 l'autocrate, il despota, il tiranno / -政治 l'autocrazia, il despotismo, la tirannia
전제(前提) la premessa ¶大(小)- la premessa maggiore (minore)
전조(前兆) il presagio, l'augurio, l'auspicio; (徵候) il sintomo / 吉(凶)한 - il buon (cattivo) augurio
전조(前兆)〈醫〉il prodromo
전조(前條) l'articolo precedente
전조(轉調)〈音〉la modulazione
전주(錢主) il capitalista; il prestatore di denaro, (投資者) il finanziatore
전주(電柱)〈電〉il palo telegrafico, il palo telefonico, il palo dell'elettricità
전주곡(前奏曲)〈音〉il preludio
전지(全知) l'onniscienza / -의, 的 onnisciente / -全能의 神 Dio onnisciente e onnipotente
전지(電池)〈電*物〉la batteria, la pila
전진(前進) l'avanzata; (進步) il progresso / -하다 procedere, avanzare [intr. essere, avere], avanzarsi, andare avanti; pro-gredire [intr. avere, 사물이 주어일 경우 essere; pr. -isco]

전집(全集) la collezione*la raccolta di tutte le opere di qlcu.
전차(戰車) il carro armato ¶對-砲 il cannone anticarro
전차(電車) il tram, la tranvia
전채요리(前菜料理) gli antipasti
전처(前妻) l'ex-moglie, la moglie divorziata; la defunta moglie
전철(電鐵) la metropolitana, la metro
전철기(轉轍機) lo scambio (autonomo), il deviatoio
전체(全體) il tutto, l'interno, la totalità, il complesso / -적으로 totalmente, interamente, complessivamente; in tutto, per interno, in complesso / -의 tutto(a), intero(a), completo(a), totale; totalitario(a) ¶-主義 il totalitarismo / -主義國家 lo Stato totalitario
전축(電蓄) l'impianto stereo
전출(轉出) il trasferimento, il trasloco ¶ 그는 지점으로 전출되었다. Fu trasferito in una ditta filiale. / -하다 trasferirsi [pr. -isco], traslocare
전치(全治) la guarigione completa / -3週間이 요구되다 volerci tre settimane per la guarigione completa
전치(轉置)⟨數⟩ la trasposizione
전치사(前置詞)⟨文⟩ la preposizione / -句 la locuzione prepositiva ¶-冠詞⟨文⟩ la preposizione articolata
전치증폭기(前置增幅器)⟨電⟩ il preamplificatore
전타음(前打音)⟨音⟩ l'appoggiatura
전통(傳統) la tradizione / -的 tradizionale
전통주의(傳統主義)⟨哲⟩ il tradizionalismo
전투(戰鬪) la battaglia, il combattimento / -에 가담하다 prendere parte ad una battaglia, combattere / -를 시작하다 ingaggiare combattimento ¶模擬- la finta battaglia / -員 il combattente / -機 l'aeroplano*l'aereo da combattimento / -力 la forza combattiva
전파(傳播) la diffusione, la propagazione, la trasmissione / -되다 diffondersi, propagarsi / -시키다 spargere (notizie false), propagare / -하다 diffondere
전파(電波)⟨電⟩ le onde radio, l'onda elettrica ¶-探知機 il radiolocalizzatore, il radar
전파고도계(電波高度計)⟨電⟩ il radioaltimetro
전파공학(電波工學)⟨物⟩ la radiotecnica
전파망원경(電波望遠鏡)⟨天⟩ il radiotelescopio
전파방향탐지(電波方向探知)⟨電⟩ il radiogoniometro
전파천문학(電波天文學)⟨天⟩ la radioastronomia
전파표식(電波標式)⟨電⟩ il radiofaro
전패(全敗) / -하다 subire [pr. -isco] una completa sconfitta, essere sconfitto completamente
전편(前篇) il primo volume*la prima parte (del romanzo)
전폐(全廢) l'abolizione*l'abrogazione completa (un decreto*una legge) / -하다 abolire [pr. -isco]*abrogare completamente
전표(傳票) la nota (della spesa) ¶支拂(入金)- la nota di pagamento (incasso)
전하(殿下) Sua Altezza
전하(電荷)⟨物⟩ la carica
전하다(傳-) riferire; comunicare (una notizia), trasmettere (il notiziario), portre i saluti; consegnare
전학(轉學) il cambiamento di scuola
전학련(全學連) Federazione Coreana delle Associazioni Autonome Studentesche
전함(戰艦)⟨海⟩ la corazzata, la nave da battaglia
전해(電解)⟨電⟩ le elettrolisi / -하다 elettrolizzare
전해액(電解液)⟨化*電⟩ l'elettrolita
전해전량계(電解電量計)⟨電⟩ il voltametro
전해지다(傳-) essere tramandato*trasmesso (da una persona dall'altra)
전해질(電解質)⟨化*電⟩ l'elettrolito
전향(轉向) il deviamento, la conversione / 民主主義로 - la conversione alla democrazia / -하다 deviare [intr. avere], convertirsi / -시키다 deviare [tr.]
전혀 niente affatto; completamente
전형(典型) il modello, l'esemplare, l'esempio, il tipo / -的인 esemplare, tipico(a) / -적으로 tipicamente ¶ 이탈

리아의 기후는 전형적으로 지중해성이다. Il clima d'Italia è tipicamente mediterraneo.

전형법(電型法)〈電〉 la galvanoplastica
전호(電弧)〈物〉 l'arco
전화(戰禍) i disastri della guerra
전화(戰火) il fuoco (di guerra)
전화(電話) il telefono / -하다 telefonare a qlcu., parlare per telefono con qlcu., telefonare a qlcu. ¶-番號 il numero telefonico / -番號簿 l'elenco telefonico / 공중-il telefono pubblico / -교환국 il centralino / -박스 la cabina telefonica / -통화 la telefonata
전화(電話)〈電〉 la telefonia
전화(電化)〈電〉 l'elettrificazione / -하다 elettrificare
전환(轉換) il cambiamento, (方向의) la deviazione, la conversasione / 場面의 - il cambiamento di scena / -하다 cambiare [intr. essere], mutare [intr. essere], svoltare [intr. avere], convertirsi (a nuova vita) / -시키다 cambiare (direzione), mutare; voltare, rivolgere ¶-期 il momento critico, la svolta (decisiva)
전환기(轉換期) la svolta / 歷史的 - la svolta della storia 1 나는 인생의 전환기에 놓여있다. Sono giunto a una svolta importante della mia vita.
전황(戰況) la situazione del combattimento
전회(前回) la volta precedente, l'ultima volta*parte (del romanzo)
전횡(專橫) l'arbitrio; il dispotismo / -의 arbitrario(a); dispotico(a)
전후(前後) il davanti e il dietro / -로 davanti e indietro; prima e dopo
전후(戰後) il dopoguerra / -의 經濟的 危機 la crisi economica del dopoguerra
절 (인사) l'inchino
절 (寺) il tempio buddista
절 (節) (季節) la stagione; (時) il tempo, l'occasione; (文의) il paragrafo; (節操) la fedeltà
절 (節)〈法〉 il capitolo, il capo
절감(節減) la riduzione, l'economia / -하다 ridurre [pr. -co], (儉約) economizzare / 經費를 -하다 ridurre le spese
절개(切開) l'operazione (chirurgica) / -하다 operare, eseguire [pr. -isco] l'operazione, aprire (tagliando)
절개술(切開術)〈醫〉 l'incisione
절경(絶景) il paesaggio magnifico, il panorama meraviglioso
절교(絶交) la cessazione*la rottura di rapporti amichevoli, la rottura d'amicizia / -하다 cessare*rompere i rapporti d'amicizia con qlcu.
절규(絶叫) il grido (a squarciagola), l'esclamazione (ad alta voce) / -하다 gridare [intr. avere]; esclamare [intr. avere] ("guardate")
절다 (다리를) zoppicare
절단 (切斷) il taglio, 〈醫〉 l'amputazione / -하다 tagliare, troncare, 〈醫〉 amputare ¶-面*斷面 la sezione
절단(切斷)〈數〉 la sezione
절단술(切斷術)〈醫〉 l'amputazione
절대(絶對) / -性 l'assolutezza [<-> la relatività] / -的 assoluto(a) / -的으로, 로 assolutamente ¶-溫度 la temperatura assoluta / -量 la quantità assoluta / -多數 la maggioranza assoluta
절대(絶大) / -의 massimo(a), grandissimo(a); enorme, smisurato(a)
절대습도(絶對濕度)〈氣〉 l'umidità assoluta
절대적원리(絶對的原理)〈宗〉 il dogma
절대절명(絶對絶命) sull'orlo dell'abisso, in preda alla disperazione
절대치(絶對値)〈數〉 il valore assoluto
절도(竊盜) il furto / -하다 rubare di nascosto / -를 저지르다 commettere un furto
절도(節度) la moderatezza, la temperanza, la sobrietà / -있는 moderato(a), temperato(a), sobrio(a) / -가 없는 smoderato(a)
절도범(竊盜犯) il ladro
절도죄(竊盜罪)〈法〉 il furto / -를 犯하다 commettere un furto / -로 체포하다 arrestare per furto
절뚝거리다 zoppicare [intr. avere]
절름발이 lo zoppo
절리(節理)〈地〉 la diaclasi
절망(切望) il vivo desiderio, il desiderio ardente, la brama / -하다 desiderare ardentemente*vivamente, bramare
절망(絶望) la disperazione / -하다 disper-

절멸 are [intr. avere] (di qlco.), disperarsi (per il fallimento), cadere [intr. essere] in preda alla disperazione / -的 disperato(a) / -的으로 disperatamente, alla disperata

절멸(絶滅) l'annientamento; (根絶) lo sradicamento / -하다 annientare, sradicare (il male)

절멸(絶滅)〈生〉 l'estinzione

절명(絶命) la fine della vita, la morte / -하다 morire [intr. essere], rendere l'ultimo respiro

절박(切迫) l'urgenza, l'imminenza / -한 urgente, imminente, pressante, (熱烈한) ardente, veemente / -하게 urgentemente, pressantemente / -하다 essere urgente*imminente

절반(折半) la metà / -으로 자르다 tagliare (i peperoni) a metà / -으로 나누다 dividere in metà

절반소작(折半小作)〈法〉 la mezzadria

절벽(絶壁) il precipizio, il burrone

절세(絶世) / -의 imparagonabile, impareggiabile, senza pari / -의 美人 una bella donna senza pari, un fiore di bellezza

절수(節水) / -하다 economizzare l'acqua

절식(絶食) il digiuno / -하다 digiunare [intr. avere] (per motivi di salute), fare digiuno

절식(節食) la sobrietà nel mangiare; (斷食) il digiuno / -하다 essere sobrio nel mangiare

절실(切實) (切迫) l'urgenza, l'imminenza / -한 urgente, pressante; (熱烈한) ardente, veemente / -하게, 히 urgentemente, pressantemente

절약(節約) l'economia, il risparmio, la parsimonia / -하다 risparmiare, economizzare, mettere da parte ¶-者 il risparmioso

절연(絶縁) la cessazione delle relazioni / -하다 cessare*rompere le relazioni con qlcu.; isolare

절연(絶縁)〈電〉 l'isolamento

절연내력(絶縁耐力)〈電〉 la rigidità

절연체(絶縁體)〈物〉 il coibente

절연체(絶縁體)〈電〉 l'isolante, l'isolatore

절이다 (야채를) salare (verdura)

절전(節電) l'economia sull'elettricità, l'economia del consumo elettrico / -하다 economizzare l'elettricità, fare economia del consumo elettrico

절정(絶頂) il clima, il vertice, la sommità, l'apice, il culmine

절제(節制) la temperanza, la sobrietà, la moderatezza / 飮酒의 - la moderazione nel bere / -하다 moderarsi in qlco., essere sobrio in qlco.

절제(切除)〈醫〉 l'ablazione

절제(節制)〈宗〉 la temperanza

절제술(切除術)〈醫〉 la resezione

절조(節操) la castità, la fedeltà (coniugale) / -있는 fedele / -를 지키다 proteggere*mantenere la castità

절찬(絶讚) la grande ammirazione, la grande lode

절충(折衝) i negoziati, (妥協) il compromesso / -하다 avere negoziati con qlcu., essere in negoziati ¶-案 il progetto di compromesso

절충주의(折衷主義)〈哲〉 l'eclettismo

절취(窃取) il furto / -하다 rubare di nascosto

절취(截取) il ritaglio / -하다 ritagliare, staccare ¶-線 la linea punteggiata

절판(絶版) l'edizione esaurita e non ristampata

절필(絶筆) l'ultima opera di (scrittore*poeta*pittore*compositore subitoprima della sua morte)

절하(切下) la svalutazione / -하다 svalutare, ridurre / 평가 -하다 svalutare la moneta ¶平價- la svalutazione della moneta

절호(絶好) / -의 ottimo(a), opportunissimo(a), favorevolissimo(a) / -의 機會 l'ottima occasione buona opportunità

젊게(靑) giovanilmente

젊은(靑) giovane, giovanile / -時節에 all'età giovanile, ai verdi anni, al tempo giovanile / - 때부터 da giovane

젊은이(靑年) il*la giovane, il giovanotto

젊음(靑) la gioventù, la giovinezza

점(店) la bottega, il negozio ¶露- la bancarella

점(占) la divinazione, (별점) l'oroscopo / -보다 indovinare, predire il futuro di qlcu. ¶-쟁이 l'indovino (f. -a)

점(点)〈數〉 il punto

점 il neo
점거(占據) l'occupazione (di una fabbrica)
점검(點檢) l'ispezione, l'esame / -하다 ispezionare, esaminare, controllare
점근선(漸近線)〈數〉l'asintoto
점도계(粘度計)〈物〉il viscosimetro
점령(占領) l'occupazione (militare) / -하다 occupare, impadronirsi di ¶-軍 l'esercito di occupazione, le truppe occupatrici / -地 il territorio*il locale militarmente occupato
점막(粘膜) la mucosa / -의 mucoso(a)
점막염증(粘膜炎症)〈醫〉il catarro
점묘(點描)〈繪〉il pointillisme
점묘주의(點描主義)〈繪〉il puntinismo
점묘파(點描派)〈繪〉(19세기) il macchiaiolo
점묘화(點描畫)〈繪〉la macchia
점묘화가(點描畫家)〈繪〉il*la divisionista
점선(點線) la linea punteggiata / -을 표시하다 tirare*segnare una linea punteggiata
점성(粘性)〈物〉la viscosità, la collosità / -이 있는 viscoso(a) / -이 강한 perseverante; persistente
점성술(占星術) l'astrologia
점수(點數) il punto, il punteggio ¶-表(成績表) la pagella / -판 i segnapunti
점술인(占術人) l'indovino (f. -a)
점심(午餐) il pranzo / -- 먹다 pranzare
점액(粘液) il muco / -의 mucoso(a)
점액분비(粘液分泌)〈醫〉la blenorragia
점액제(粘液劑)〈藥〉il mucillaggine
점원(店員) l'impiegato (f. -a)*il commesso (f. -a) (di negozio)
점유(占有)〈法〉il possesso / -하다 possedere, prendere in possesso, occupare ¶-地 i possedimenti
점자(點字) la braille, i punti braille
점쟁이(占術人) l'indovino (f. -a)
점적병(點滴瓶)〈藥〉il contagocce
점점 gradualmente, poco a poco
점주(店主) il padrone di negozio, il proprietario
점진(漸進) l'avanzata*il progresso graduale / -하다 avanzare*progredire gradualmente; fare un passo avanti
점차(漸次) gradualmente, a mano a mano

점착(粘着) l'adesione / -하다 aderire [intr. avere, pr. -isco] a qlco.; attaccarsi a qlco. / -性있는 adesivo(a), viscoso(a) ¶-力 la forza adesiva
점착성(粘着性) la viscosità, la collosità / -있는 viscoso(a), unto(a) / -강한 perseverante; persistente / -이 없는 incoerente
점토(粘土)〈鑛〉l'argilla
점토(粘土)〈彫〉la creta
점토(粘土)〈化〉la creta / -의 di terracotta
점퍼〈衣〉(가죽의) la giacca di cuoio, (등산용의) la giacca a vento
점포(店鋪)〈商〉lo spaccio
점포정리(店鋪整理) / -하다 chiudere bottega (per il fallimento)
점프(跳躍) il salto / -하다 fare un salto, balzare [intr. essere]
점호(點呼) l'appello (nominale), la chiama / -를 하다 fare l'appello, chiamare per nome (i presenti)
점화(點火) l'accensione / -하다 accendere*appiccare (il fuoco*una sigaretta*la luce) a qlco.
접골(接骨) la riduzione di una frattura (ossea), la saldatura / 하다 saldare
접근(接近) l'avvicinamento, l'accesso / -하다 avvicinare, avvicinarsi accedere [intr. essere], appressarsi addosso, accostarsi a qlcu., qlco.) / 진실에 -하다 avvicinare a verità / -한, 된 avvicinato(a) / -하기 쉬운 (어려운) 사람 l'uomo di facile (difficile) accesso ¶-禁止 il vietato l'accesso (agli estranei)
접는 의자 lo sgabello
접다 (점포 따위를) chiudere bottega (per il fallimento)
접다(折) piegare / 종이를 네 번 - piegare un foglio in quattro parti
접다(閉) chiudere (l'ombrello)
접대(接待) il ricevimento, il trattenimento, il servizio di rinfreschi / -하다 tenere un ricevimento con rinfreschi, trattenere qlcu. a pranzo
접두사(接頭辭)〈文〉il prefisso
접두어(接頭語)〈文〉il prefisso
접목(接木) l'innesto / -시키다, 하다 innestare
접미사(接尾辭)〈文〉il suffisso
접미어(接尾語)〈文〉il suffisso

접붙임 l'innesto / -시키다 innestare
접선(接線)〈數〉 il tangente
접속(接續) la connessione; il collegamento, (交通機關의) la coincidenza / -하다 connettere; collegare, (一致하다) coincidere [intr. avere] con ¶-詞〈文〉la congiunzione / -法 il (modo) congiuntivo
접속(接續)〈電〉 il collegamento, l'attacco
접수(接收) l'accettazione, la requisizione / -하다 requi-sire [pr. -isco] / 建物을 -하다 requisire un edificio
접시 (일반용) il piatto, (찻잔용) il piattino, (평평한 -) il piatto piano, (깊은 -) il piatto fondo, la scodella
접시꽃〈植〉l'altea
접안렌즈(接眼-)〈物〉l'oculare
접안하다(接岸-)〈航海〉abbordare
접영(蝶泳)〈泳〉la farfalla
접영선수(蝶泳選手)〈泳〉il*la farfallista
접전(接戰) la lotta*il combattimento a corpo a corpo / -하다 lottare, combattere
접점(接點)〈數〉il punto di tangenza
접점(接點)〈電〉il contatto
접종(接種) l'innesto / -시키다 innestare
접종(接種)〈醫〉l'inoculazione, la vaccinazione / -하다 inoculare (il vaiolo) ¶豫防- l'inoculazione preventiva
접지(接地)〈電〉la messa a terra, la presa di terra
접착(接着) l'agglutinamento, la saldatura / -하다 incollare¶(液體)-劑 la colla (liquida) ; l'adesivo
접촉(接觸) il contatto / -하다 contattare, essere in contatto con qlcu.; toccare / ～와의 -으로 a contatto con qlco. ¶電氣- il contatto elettrico
접하다(接-) avvicinarsi a; (國境을) confinare [intr. avere] con
접합(接合) l'unione, il congiungimento, la giuntura; la saldatura / -하다 unire [pr. -isco], congiungere; saldare / -하는, -의 congiuntivo(a) ¶-劑 il mastice
접합술(接合術)〈醫〉la anastomosi
접히다 essere pieghevole*flessibile; piegarsi
젓가락(箸) i bastoncini (di legno*avorio)
정(情) (感情) il sentimento; (感受性) la sensibilità; (情緒) l'emozione; (熱情) la passione (愛情) l'amore, l'affetto, l'affezione; (同情) la compassione, la simpatia; (慈悲) la pietà, la misericordia; (慈愛) la carità / -이 있는, 담긴 affezionato(a), affettuoso(a), amorevole / -이 깊은 pietoso(a), caritatevole
정(定) / -하다 (日時를) fissare, stabilire / 약속 날짜를 -하다 stabilire la data per un appuntamento / -해지다(定-) essere fissato*deciso*stabilito / -해진 fissato(a), deciso(a), stabilito(a)
정〈彫〉la subbia
정가(定價) il prezzo fisso / -에 판매하다 vendere a prezzo fisso ¶-表 il listino dei prezzi
정가(正價) il prezzo netto
정각(定刻) l'ora fissata*stabilita / -에 all'ora fissata, regolarmente
정감(情感) l'affettività / -이 가득한 말 le parole piene di affettività / -있는 affettivo(a) / -있는 기질 il temperamento affettivo
정강(政綱) il programma politico
정강이〈體〉lo stinco
정견(定見) l'opinione costante, la ferma convinzione
정견(政見) l'opinione politica, il punto di vista politico, (政黨의) il programma politico / -을 발표하다 rivelare*rendere nota l'opinione politica ¶-發表會*演說會 la conferenza d'un candidato per la campagna elettorale
정견연설회(政見演說會)〈伊〉i comizi elettorali
정계(政界) il mondo*il campo politico
정공법(正攻法) l'attacco frontale
정관(定款) lo statuto (della società)
정관사(定冠詞)〈文〉l'articolo determinativo cf. 不定冠詞 l'articolo indeterminativo
정교(情交) i rapporti intimi, la relazione sessuale / -를 유지하다 mantenere una relazione (amorosa) con un uomo*con una donna
정교(精巧) l'elaborazione, la delicatezza / -한 elaborato(a), delicato(a) / -하게 elaboratamente, delicatamente
정구(庭球) il tennis / -를 치다 giocare a tennis
정국(政局) la situazione politica / -의 危

機 la crisi politica, la crisi di gabinetto*governo

정권(政權) il potere (politico) / -에 오르다 salire*essere al potere

정규(正規) la regolarità, la legalità / -의 regolare, (合法的) legale ¶-課程 il corso regolare / -軍 l'esercito regolare

정규(定規) il regolo

정규(定規)〈物〉il regolo

정근(精勤) l'assiduità, la diligenza / -하다 essere assiduo nel lavoro*nello studio, lavorare*studiare con diligenza

정글 la giungla

정기(定期) il periodo fisso*stabilito / -의 regolare, periodico(a) ¶-券 la tessera (di libero ingresso) / -試驗 l'esame periodico*regolare / -刊行物 il periodico / -購讀 l'abbonamento / -預金 il deposito ad un dato tempo / -航路 la rotta*la linea regolare / -버스 la corriera **1** 그들은 매일 정기버스를 탄다. Prendono tutti i giorni la corriera. / -船 la nave di linea / 鐵道-券 l'abbonamento fer-roviario, la tessera ferroviaria

정기권(定期券) l'abbonamento (fer roviario), la tessera (di libero ingresso) / -을 제시하다 esibire [pr. -isco] l'abbonamento ferroviario ¶鐵道- l'abbonamento ferroviario, la tessera ferroviaria

정기적인(定期的-) periodico(a)

정기휴일(定期休日) il giorno di chiusura regolare (del negozio)

정년퇴직하다(停年退職) andare in pensione

정념(情念)〈哲〉la passione

정당(政黨) il partito (politico) ¶-政治 la politica di partito [用語] 국민왕당(國民王黨) il partito (nazionale) monarchico (PNM), 급진당(急進黨) il partito radicale, 기독교민주당(基督敎民主黨) la democrazia cristiana (DC), 노동민주당(勞動民主黨) la democrazia del lavoro, 독립좌파(獨立左派) la sinistra indipendente (SI), 사회민주당(社會民主黨) il partito socialdemocratico, 이탈리아공산당(-共產黨) il partito comunista italiano (PCI), 이탈리아공화당(-共和黨) il partito repubblicano italiano (PRI), 이탈리아사회당(-社會黨) il partito socialista italiano (PSI), 이탈리아사회민주당(-社會民主黨) il partito socialista democratico italiano (PSDI), 이탈리아사회운동민족우파(-社會運動民族右派) il Movimento sociale italiano-destra nazionale (MSI-DN), 이탈리아자유당(-自由黨) il partito liberale italiano (PLI), 통일사회당(統一社會黨) il partito socialista unitario (PSU), 통합사회당(統合社會黨) il partito socialista unificato, 프롤레타리아통일당(-統一黨) il partito di unità proletaria (PDUP), 행동당(行動黨) il partito d'azione

정당(正當) la giustezza, la giustizia; (合法) la legalità, la legittimità / -한 giusto(a), legale / -하게 giustamente; legalmente, legittimamente ¶-性 la ragione / -防衛 la legittima difesa

정당화(正當化) la giustificazione / -하다 giusti-ficare

정당합류(政黨合流)〈政〉l'aggregazione

정도(程度) il grado; il livello ¶生活- il livello*il tenore di vita

정독(精讀) l'attenta lettura / -하다 leggere attentamente

정돈(整頓) l'ordine (m.), l'assettamento, la sistemazione / -하다 mettere in ordine*in fila, riordinare, allineare, porre con ordine / -되다 mettersi in fila*in ordine, allinearsi / -된 ordinato (a), assettato(a), messo(a) in ordine

정동(晶洞)〈鑛〉la drusa

정들다 affezionarsi

정략(政略) la politica / -的 politico(a) ¶-結婚 il matrimonio di convenienza

정량(定量) la quantità fissa ¶-分析 l'analisi quantitativa

정력(精力) la forza vitale, la vitalità; il vigore, l'energia / -있는 energico(a); pieno di vitalità ¶-家 l'uomo energico

정력학(靜力學)〈物〉la statica

정련(精練) il raffinamento, la raffi-nazione / -하다 raffinare ¶-所 la raffineria

정렬(整列) l'allineamento / 군대의 - l'allineamento di truppe / -하다 mettersi in fila, allinearsi

정령(政令) il decreto governativo

정령(精靈) lo spirito

정례(定例) /-的, 의 regolare ¶-國務會議 la seduta*la riunione regolare del consiglio dei ministri

정류(整流)〈電〉 la rettificazione /-하다 rettificare ¶-器 la rettificatrice, la macchina rettificatrice

정류기(整流器)〈電*物〉 il raddrizzatore

정류자(整流子)〈電*物〉 il commutatore

정류장(停留場) la fermata / 버스 -에서 alla fermata dell'autobus

정률(定律) la legge stabile; 〈音〉 il ritmo fisso

정리(整理) la sistemazione /-하다 sistemare, assestare, mettere in ordine /-된 ordinato(a)

정리(定理)〈數〉 il teorema

정리정돈(整理整頓) /-하다 mettere in ordine 1 나는 방을 정리 정돈한다. Io metto in ordine la camera.

정립(定立)〈哲〉 la tesi

정말 vero; davvero

정말로(眞正) veramente 1 나는 정말로 피곤하다. Sono veramente stanco.

정맥(靜脈)〈解〉 la vena (blu) ¶-注射 l'iniezione endovenosa

정맥동염(靜脈洞炎)〈醫〉 la sinusite

정맥류(靜脈瘤)〈醫〉 la varice

정맥염(靜脈炎)〈醫〉 la flebite

정맥주사(靜脈注射)〈藥〉 l'iniezione endovenosa, la flebocisi

정면(正面) la facciata, la parte anteriore, la fronte, (建物의) il frontespizio /-의 frontale /-에 davanti a qlco., di fronte a ¶-攻擊 l'attacco frontale

정면(正面)〈建〉 la facciata

정면도(正面圖)〈建〉 il prospetto

정무(政務) gli affari politici (del governo*del partito)

정무차관(政務次官)〈伊〉 il Sottosegretario di Stato

정문(正門) il portone*l'ingresso principale (di palazzo o edificio pubblico)

정물(靜物) l'oggetto inanimato ¶-畫 la natura morta

정물화(靜物畫)〈繪〉 la natura morta

정미(精米) il riso mondato*brillato /-하다 brillare (il riso)

정밀(精密) la precisione /-한 di precisione, preciso(a) /-하게 con precisione ¶-機械 lo strumento di precisione

정박(碇泊) l'ancoraggio /-하다 ancorarsi, ormeggiarsi; 〈海〉 attraccare, ormeggiare ¶-地 l'ormeggio

정박료(碇泊料)〈商〉 le controstallie

정박지(碇泊地)〈海〉 la rada

정반대(正反對) l'opposizione diretta /-인 direttamente opposto*contrario a qlco. /-로 in diretta opposizione

정방정의(正方晶形-)〈鑛〉 tetragonale

정방형(正方形)〈數〉 il quadrato /-의 quadrato /-의 quadrato(a)

정벌(征伐) la conquista, la sottomissione, (征服) il soggiogamento /-하다 conquistare, vincere; soggiogare, sottomettere

정변(政變) il mutamento di governo*di una situazione politica

정보(情報) l'informazione, la notizia /-를 얻다 informarsi ¶-部 la divisione d'informazioni, l'ufficio stampa /-擔當官 l'addetto stampa

정복(征服) il soggiogamento, (征伐) la conquista /-하다 conquistare, vincere; soggiogare, sottomettere ¶-者 il conquistatore, il vincitore

정본(正本) il libro autentico, il testo originale

정부(政府) il governo /-의 governativo(a) ¶-委員 il delegato governativo [用語] (이탈리아) 과(課) la sezione, il servizio, 국(局) il servizio, 내각(內閣) il Consiglio dei Ministri, 무임소장관(無任所長官) il ministro senza Portafoglio, 법제국(法制局) l'ufficio legislativo, 부(府) il Ministero, 부(部) la divisione, 부수상(副首相) il Vicepresidente del Consiglio, 사무소(事務所) l'ufficio, 수상(首相) il Presidente del Consiglio, 정무차관(政務次官) il Sottosegretario di Stato, 지소(支所) l'ufficio, 총국(總局) la direzione generale, 홍보국(弘報局) l'ufficio stampa

정부(情婦) lo*la amante, la mantenuta

정부보조기관(政府補助機關)〈伊〉 Organi ausiliari del governo e della pubblica amministrazione [用語] 국무원(國務院) Consiglio di Stato, 회계검사원(會計檢査院) corte dei Conti, 국사변호원(國事辯護院) Avvocatura dello Stato

정비(整備) la manutenzione, il regolamento, l'aggiustamen-to, la predisposizione /‐하다 ordinare, regolare, aggiustare, rimettere in funzione qlco. ¶-員*工 il regolatore, (車의) il meccanico (pl. -ci) /‐工場 l'officina

정비공장(整備工場)〈空〉l'officine

정비례(正比例) la proporzione diretta /‐하다 essere in proporzione diretta a qlco. cf. 反比例 la proporzione inversa

정사(情死) il suicidio d'amore (dei due amanti) /‐하다 suicidarsi (per non potere sposarsi)

정사(情事) l'avventura amorosa; la relazione amorosa

정사각형(正四角形)〈數〉il quadrato

정산(精算) il conto esatto*aggiustato, i conti pareggiati /‐하다 rendere esatti i conti, aggiustare*pareggiare i conti

정삼각형(正三角形)〈數〉il triangolo equilatero

정상(頂上) il capo, la testa; la cima, il vertice, la vetta, la sommità /‐까지 fino in cima ¶-會談 la conferenza di vertice (politico*economico)

정상(頂上)〈地〉la cima, la vetta

정상(正常) la normalità /‐의, 的 normale /‐化하다 normalizzare

정서(情緒) l'emozione, il sentimento /‐가 풍부한 pieno(a) di emozioni ¶異國-l'esotismo

정서법(正書法)〈言〉l'ortografia

정석(定石) la regola, la formula

정선(精選) la selezione, la scelta accurata /‐된 selezionato(a), accuratamente scelto(a) /‐하다 selezionare, scegliere accuratamente ¶-品 gli articoli selezionati

정설(定說) la teoria stabile

정성껏 con tutto il cuore

정세(情勢) la situazione, (情況) la condizione, le circostanze

정세도(精細度) (音, 映畫再生의) la definizione

정수(淨水) la depurazione delle acque ¶-場 l'impianto di depurazione delle acque /‐기 il depuratore

정수(精髓) la quintessenza, (精華) il fiore

정수(定數)〈物〉la costante

정수(整數)〈數〉il numero intero

정수(正數)〈數〉il numero positivo

정숙(靜肅) il silenzio, la quiete, la tranquillità 1 조용히 해 주세요! Silenzio, per favore! /‐한 silenzioso(a), quieto(a); tranquillo(a) /‐하게 silenziosamente

정숙(貞淑) la fedeltà, la devozione /‐한 fedele, devoto(a)

정시(正視) /‐하다 guardare qlcu. in viso

정시(定時) l'ora fissata, le ore regolari*stabilite /‐에 all'ora fissata*stabilita

정식(正式) la formalità /‐의 formale, regolare /‐的으로 formalmente

정신(精神) lo spirito, l'animo, la mente /‐的, 의 spirituale, psichico(a), morale, mentale /‐을 잃다 svenire, perdere conoscenza ¶-分析(學) la psicanalisi /‐薄弱〈醫〉l'amenza, la debolezza men-tale /‐薄弱兒 il fanciullo frenastenico /‐病 la psicopatia, la malattia mentale /‐病院 il manicomio /‐病者 lo psicopatico /‐分裂症 la schizofrenia /‐分裂症患者 lo schizofrenico /‐集中 il raccoglimento /‐年齡 l'età mentale /‐錯亂 il delirio /‐作用 la funzione mentale

정신(精神)〈哲〉lo spirito

정신과의(精神科醫)〈醫〉la psichiatra

정신병원(精神病院) il manicomio

정신병의(精神病醫)〈醫〉l'alienista

정신병자(精神病者) lo psicopatico

정신병학(精神病學)〈醫〉la psichiatria

정신분열증(精神分裂症) la schizofrenia

정신쇠약증(精神衰弱症)〈醫〉la psicoastenia

정신신경증(精神神經症)〈醫〉la psiconeurosi

정신주의(精神主義)〈哲〉l'animismo

정신착란(精神錯亂)〈醫〉la demenza, la pazzia

정실(情實) il favoritismo, le considerazioni personali*private /‐을 排除하다 eliminare il favoritismo

정액(定額) la somma fissa, il prezzo fisso

정액(精液) lo sperma

정어리(魚)〈魚〉la sardina

정언적 명령(定言的 命令)〈哲〉l'imperativo categorico

정역학(靜力學) la statica → 力學 la dinamica

정연(整然) /-한 ordinato(a), (論理가) articolato(a) /-한 논리 il ragionamento articolato /-히, 하게 in ordine; sistematicamente

정열(情熱) la passione; l'ardore; l'entusiasmo /-的 passionale, appassionato(a)

정예(精銳) /-의 scelto(a) ¶-部隊 le truppe scelte, il fiore dell'esercito

정오(正午) il mezzogiorno 1 정오쯤이다. E' mezzogiorno circa. /-에 a mezzogiorno

정오(正誤) la correzione ¶-表 l'errata corrige, la lista degli errori

정온성(定溫性)〈生〉l'omotermo

정욕(情欲) il desiderio*la passione sessuale, l'amore*l'appetito carnale /-的 carnale

정원(定員) (官廳*會社의) il personale fisse, (座席의) il numero dei posti da sedere

정원(庭園) il giardino, il parco ¶-師 il giardiniero, la giardiniera

정원분수(庭園噴水)〈宗〉il cantaro

정월(正月) il nuovo anno, il capodanno, il capo d'anno /- 초하루 il primo giorno dell'anno

정육면체(正六面體) il cubo

정육점(精肉店) la macelleria ¶-主人 il macellaio (pl. -ai)

정음법(正音法)〈言〉l'ortoepia, l'ortofonia

정의(定義) la definizione / 명확한 - la definizione chiara / 정확한 -를 내리다 dare una definizione esatta /-하다 definire [pr. -isco], dare una definizione / 어휘를 -하다 definire un vocabolo

정의(正義) la giustizia /-의 di giustizia, giusto(a)

정의(正義)〈宗〉la giustizia

정의(定義)〈數〉la definizione

정자(精子)〈生〉lo spermatozoo

정자법(正字法) l'ortografia

정장(正裝) la grande uniforme, l'uniforme di gala, l'abito*il vestito da cerimonia /-하다 indossare l'uniforme di gala

정장석(正長石)〈鑛〉l'ortoclasio

정쟁(政爭) la lotta politica

정적(靜的) statico(a) [<-> dinamico(a)]

정전(停電) l'interruzione della corrente elettrica /-되다 essere*venire interrotta la corrente elettrica

정전(停戰) la tregua, l'armistizio /-하다 fare tregua, sospendere (temporaneamente*parzialmente) le ostilità

정전기(靜電氣) la scossa, l'elettricità statica

정전기학(靜電氣學)〈電〉l'elettrostatica

정절(貞節) la fedeltà coniugale /-한 fedele (al marito), casta (sposa)

정점(頂点) la cima, lo apice, la sommità, il vertice; i consecutivi

정점(頂点)〈數〉il vertice

정점(頂点)〈醫〉la acme

정정(訂正) la correzione, il corretto, la rettificazione /-하다 correggere, rettificare

정정(政情) la situazione politica

정제(精製) la compressa, il raffinamento* la raffinazione (dello zucchero) /-하다 raffinare ¶-品 il prodotto raffinato

정제(精製)〈化〉la depurazione, la purificazione

정제(錠劑)〈藥〉(圓形) il discoide

정제(錠劑)〈藥〉la pastiglia*la pasticca (per le tossi), la tavoletta, (丸藥) la pillola

정조(情操) i sentimenti estetici ¶-敎育 l'educazione dei sentimenti estetici

정조(貞操) la castità, la fedeltà coniugale /-있는 fedele, casto(a) /-를 지키다 mantenere la castità

정족수(定足數)〈伊〉il numero legale, il quorum

정주(定住) /-하다 domiciliarsi, stabilirsi [pr. -isco] (in un luogo)

정지(靜止) l'immobilità /-된 immobile, senza movimenti, statico(a)

정지(停止) la fermata, l'arresto; la sospensione; l'alt /-하다 fermarsi, arrestar-si; sospendere, (지급 따위를) bloccare /-시키다 fermare ¶支拂- sospen-sione dei pagamenti /-信號 il semaforo segnale d'arresto

정지정류기(靜止整流器)〈電〉il raddrizzatore statico

정직(正直) l'onestà, la sincerità /-한 onesto(a), sincero(a); schietto(a) /-하게 onestamente, sinceramente

정진(精進) l'assiduità; la devozione

정차(停車) la fermata (in stazione), l'arresto (d'un treno*un'auto) / -하다 fermarsi, arrestarsi

정착하다(定着-) stabilirsi

정찰(正札) il cartellino del prezzo / -제의 상품 l'articolo con un cartellino del prezzo

정찰(偵察) la ricognizione, l'esplorazione / -하다 fare*effettuare una ricognizione, procedere all'osservazione, esplorare ¶-飛行 il volo di ricognizione / -機 il ricognitore

정책(政策) la politica ¶對外(對內)- la politica esterna (interna)

정체(政體) il regime / -上의 istituzionale ¶民主(共和, 君主) - il regime democratico (repubblicano, monarchico)

정체(正體) il vero carattere / (자신의) -를 들어내다 rivelare il proprio (vero) carattere

정체(停滯) la stasi, lo stagnamento / -하다 stagnare [intr. avere] ¶-期 il periodo di stasi

정체(停滯)〈醫〉 la ritenzione

정체불명(正體不明) lo sconoscimento / -의 sconosciuto(a)

정치(政治) la politica 1 우리는 정치에 관해 이야기했다. Abbiamo parlato di politica. / -의, 上, 的 politico(a) / -를 행하다 prendere*tenere le redini del governo*dello Stato ¶-學 la politica, le scienze politiche / -犯 il delitto politico / -家 il politico, l'uomo di stato, l'uomo politico [用語] 가톨릭좌파(-左派) la sinistra cattolica, 가톨릭행동단(-行動團) l'azione cattolica, 교의지상주의(教義至上主義) il dottrinarismo, 국회개회기간(國會開會期間) la legislatura, 국회결석(國會缺席) l'assenteismo, 국회마피아조사위원회(國會-調査委員會) L'antimafia, 국회의사방해전술(國會議事妨害戰術) l'ostruzionismo parlamentare, 국회의원특권(國會議員特權) l'immunità parlamentare, 국회질의(國會質議) l'interpellanza, 권위주의(權威主義) il bonapartismo, 기권(棄權) l'astensione, 기독교좌파(基督教左派) la sinistra cristiana, 기회주의(機會主義) l'attendismo, l'opportunismo, 남부문제연구자(南部問題研究者) il*la meridionalista, 단순다수제(單純多數制) il maggioritario, 단식(斷食) il digiuno, 당중견간부(黨中堅幹部) il quadro di partito, 당파합류(黨派合流) l'aggregazione, 대서양조약기구외교노선(大西洋條約機構外交路線) l'atlantismo, 물리적소외(物理的疎外) l'emarginazione, 민주집중제(民主集中制) il centralismo democratico, 범인주의(凡人主義) il qualunquismo, 분리주의(分離主義) il separatismo, 비종교주의(非宗教主義) il laicismo, 세속주의(世俗主義) il laicismo, 우익세력의 결집(右翼勢力結集) grande destra, 유로코뮤니즘 l'euro-comunismo, 이권(利權) la greppia, 이대정당제(二大政黨制) il bipartitismo, 이탈리아하원(-下院) il montecitorio, 자치(自治) l'autonomismo, 저임금지역(低賃金地域) le gabbie salariali, 전쟁도발자(戰爭挑發者) il guerrafondaio, 정당합류(政黨合流) l'aggregazione, 정치무관심(政治無關心) l'apoliticità, 정치세력분할(政治勢力分割) la lottizzazione, 정치적변신(政治的變身) il trasformismo, 정치적승인(政治的承認) l'autonomismo, 제3정당(第三政黨) il terzo partito, 제4정당(第四政黨) il quarto partito, 주도자(主導者) la gerarca, 중도우파(中道右派) il centro-destra, 중도좌파(中道左派) il centro-sinistra, 중도주의(中道主義) il centrismo, 직접행동(直接行動) l'azione diretta, 타정당에 문호개방(-門戶開放) l'apertura, 파문(破門) la scomunica, 편의주의(便宜主義) l'opportunismo, 편향주의(偏向主義) il deviazionismo, 표의 양극화(票의 兩極化) la polarizzazione, 활동가(活動家) (주로 공산당의) l'attivista; 〈**정당**(**政黨**) **Partiti**〉 국민왕당(國民王黨) il partito nazionale monarchico (PNM), 급진당(急進黨) il partito radicale, 기독교민주당(基督教民主黨) la democrazia cristiana (DC), 노동민주당(勞動民主黨) la democrazia del lavoro, 독립좌파(獨立左派) la sinistra indipendente (SI), 사회민주당(社會民主黨) il partito socialdemocratico, 이탈리아공산당(-共産黨) il partito comunista italiano (PCI), 이탈리아공화당(-共和黨) il partito repubblicano italiano

(PRI), 이탈리아사회당(-社會黨) il partito socialista italiano (PSI), 이탈리아사회민주당(-社會民主黨) il partito socialista democratico italiano (PSDI), 이탈리아사회운동민족우파(-社會運動民族右派) il Movimento sociale italiano-destra nazionale (MSI-DN), 이탈리아자유당(-自由黨) il partito liberale italiano (PLI), 통일사회당(統一社會黨) il partito socialista unitario (PSU), 통합사회당(統合社會黨) il partito socialista unificato, 프롤레타리아통일당(-統一黨) il partito di unità proletaria (PDUP), 행동당(行動黨) il partito d'azione

정치무관심(政治無關心)〈政〉l'apoliticità
정치세력분할(政治勢力分割)〈政〉la lottizzazione
정치적변신(政治的變身)〈政〉il trasformismo
정치적승인(政治的承認)〈政〉l'autonomismo
정치학(政治學) la politica
정칙(定則) la regola fissata, le formule fisse
정탐(偵探) la spia / -하다 spiare
정통(精通) / -하다 essere esperto(a)*versato (in qlco.), intendersi, padroneggiare (una lingua straniera) **1** 그는 국제문제에 정통하다. Lui è esperto nei problemi internazionali. **2** 넌 어떤 분야에 정통하니? Di che cosa ti intendi? / -한 esperto(a)
정통(正統) l'ortodossia; la legittimità / -의 ortodosso(a); legittimo(a)
정통(正統)〈哲*宗〉l'ortodossia
정평(定評) la reputazione (stabile), la fama / -있는 rinomato(a), famoso(a)
정학(停學) la sospensione (temporanea) dalle lezioni (scolastiche) / 일주일 간 -되다 venire sospeso dalle lezioni per una settimana
정해(正解) l'interpretazione corretta, la soluzione corretta, la risposta corretta ¶-者 il vincitore (f. -trice) d'una questione*un indovinello
정형(整形) l'ortopedia / -外科의 ortopedico(a)
정형외과의(整形外科醫)〈醫〉l'ortopedico
정형외과학(整形外科學)〈醫〉l'ortopedia
정화(正貨) la moneta metallica, (現金) il numerario / -로 in moneta metallica
정화(淨化) la purificazione, la depurazione / -하다 purificare, depurare
정화(精華) la quintessenza, il fiore
정화제(淨化劑)〈藥〉il depurativo
정확(正確) l'esattezza, la precisione, (時間嚴守) la puntualità / -히 하다 definire / -한 esatto(a), preciso(a), (時間的으로) puntuale, (옳바른) giusto(a), (맞는) corretto(a) / -히, 하게 esattamente, precisamente, puntualmente, giustamente **1** 정확히 모르겠으나, 아마 8시 일거야. Non so esattamente, forse alle 8. **2** 나는 정확히 5시에 도착했다. Sono giunto puntualmente alle cinque.
정확도(正確度) (音, 映畫再生의) la definizione
정황(情況) lo stato delle cose, la situazione, la circostanza, l'ambiente, la condizione / -에 따라 secondo le circostanze ¶-證據 l'evidenza ambientale
정회원(正會員) il socio*il membro effettivo
젖(乳) il latte / -을 짜다 mungere (le mucche*le capre)
젖가슴(乳房)〈體〉il seno
젖꼭지(乳頭) il capezzolo ¶고무- la tettarella (di un poppatoio)
젖다(水, 雨) bagnarsi, inzupparsi
젖병 il poppatoio, il biberon
젖소〈動〉la mucca (da latte), la bovina lattifera
젖은(水, 雨) bagnato(a), inumidito(a), inzuppato(a)
젖을 먹이다(授乳) allattare
젖을 짜다 mungere
제(弟) il fratello minore, il fratellino
제(製) la produzione, la fabbricazione ¶이탈리아- la produzione italiana
제3정당(第三政黨)〈政〉il terzo partito
제3차 산업(第三次産業)〈經〉l'industria terziaria / -의 terziario(a)
제4정당(第四政黨)〈政〉il quarto partito
제강(製鋼) l'acciaiatura ¶-所 l'acciaieria
제거(除去) l'esclusione, l'eliminazione / -하다 eludere, eliminare, sgomberare, togliere, rimuovere, togliere via, levare / 오류들을 -하다 eliminare gli errori **1** 씨를 제거하라! Togli i semi!

(除去)〈醫〉l'ablazione

제곱〈數〉il quadrato (di un numero) / -하다 elevare (un numero) al quadrato

제공(提供) l'offerta / -하다 offrire, (注文品을) fornire, consegnare, presentare ¶ 빠올로가 저녁을 제공했다. Paolo ha offerto la cena.

제공권(制空權) il dominio dell'aria

제과점(製菓店) la pasticceria, (人) il pasticciere

제국(帝國) l'impero / -의 imperiale ¶ -主義 l'imperialismo

제군(諸君) voi

제기(提起) la presentazione, la proposta / 問題를 -하다 proporre un problema, sollevare una questione / 訴訟을 -하다 intentare una causa contro qlcu.

제너레이션 la generazione

제노바〈地〉Genova / -의, 人 genovese

제단(祭壇)〈宗〉l'altare / 大- l'altare maggiore

제단대좌장식(祭壇臺座裝飾)〈繪〉la predella

제단배후의 장식(祭壇背後裝飾)〈繪〉l'ancona

제단상부배후의 장식(祭壇上部背後裝飾)〈繪〉la pala

제단전면장식(祭壇前面裝飾)〈繪〉il paliotto

제당(製糖) la produzione di zucchero ¶ -會社 la società zuccheriera / -業 l'industria zuccheriera / -工場 lo zuccherificio

제대(除隊)〈軍〉il congedo, il congedamento / -하다 essere congedato ¶ -兵 il congedato

제도(製圖) il disegno (tecnico); (設計圖) il progetto / -하다 disegnare; progettare ¶ -家 il disegnatore; il*la progettista

제도(制度) il sistema, l'istituzione (f.), (政體) il regime / -上의 istituzionale ¶ 現行敎育의 살아있는 敎育制度 i viventi sistemi educativi

제도(諸島) le isole

제독(提督)〈海〉l'ammiraglio, il commodoro

제동을 걸다(制動-) frenare

제동장치(制動裝置) il freno

제라늄〈植〉il geranio

제련(製鍊) / -된 battuto(a) / -된 철과 동으로 된 제품 gli articoli in ferro battuto e rame

제례(祭禮) la festa (sintoista)

제막(除幕) lo scoprimento*l'inaugurazione d'una statua*d'un monumento / -하다 scoprire*inaugurare una statua ¶ -式 la cerimonia dell'inaugurazione d'una statua, l'inaugurazione

제명(除名) l'espulsione, la cancellazione (d'un nome) / -하다 espellere*cancellare qlcu. (dall'elenco dei soci*membri)

제목(題目) il titolo

제물(祭物) il sacrificio

제발 per favore

제방(堤防) la diga, la riva, l'argine (m.), la chiusa; lo sbarramento / -을 만들다 costruire [pr. -isco] una chiusa / -이 무너지다 rompersi un argine

제법(除法)〈數〉la divisione

제복(制服) l'uniforme (m.), la divisa / -을 착용하다 indossare l'uniforme

제본(製本) la legatura*la rilegatura (di libri) / -하다 rilegare un libro ¶ -집 la legatoria

제분(製粉) la macinata, la macinatura / -하다 macinare (il grano), ridurre in farina / -機 il macinatoio

제비〈鳥〉la rondine

제비뽑기 il sorteggio

제빙(製氷) la fabbricazione*la produzione di ghiaccio

제사(製絲) la filatura ¶ -業 la filatura

제산약(制酸藥)〈藥〉l'antiacido

제설(除雪) / -하다 spazzare la neve ¶ -車 lo spazzaneve / -機關車 la locomotiva con vomere, lo spartineve

제소(提訴) l'appello / -하다 intentare un processo, intentare causa contro qlcu.

제수(除數)〈數〉il divisore ¶ 被- il dividendo

제스처 il gesto, l'atto / -로 표현하다 esprimere a gesti / -로 대화하다 gesticolare / -하다 gestire, fare gesti

제시(提示) / -하다 rappresentare, 〈商〉inoltrare

제안(提案) la proposta / -하다 proporre ¶ 1 우리는 너희들에게 대화를 제안한다. Vi proponiamo la conversazione. ¶ -者

il*la proponente

제압(制壓) la sottomissione, l'assoggettamento; la dominazione / -하다 assoggettare, sottomettere; dominare

제야(除夜) la vigilia del nuovo anno

제약(製藥) la manifattura farmaceutica ¶-業 l'industria farmaceutica

제약(制約) la restrizione / -을 받다 subire [pr. -isco] le restrizioni

제약화학(製藥化學)〈化〉 la chimica farmaceutica

제어(制御)〈機〉 il controllo, il freno / -하다 controllare, frenare ¶-室 la sala (dei) comandi

제염(製鹽) la salinatura ¶-所 la salina

제왕(帝王) l'imperatore; il sovrano

제왕절개(帝王切開)〈醫〉 il parto cesareo, il taglio cesareo

제외(除外) l'eccettuazione, (排除) l'esclusione / -하다 eliminare, escludere, eccettuare (qlcu., qlco. dalla lista) / ~를 -하고 salvo (la domenica), eccetto (il pesce); salvo*eccetto che (+v.cong.), fuorchè **1** 너를 제외하고 모든 사람들에게 상을 주었다. Ho dato un premio a tutti, eccetto che a te. **2** 어린이를 제외하고 전원이 입장할 수 있었다. Tutti potevano entrare fuorchè i bambini. **3** 키가 더 큰 것을 제외하고는 그와 닮았다. Gli assomiglia, eccetto che è più alto.

제위(帝位) il tronco*la corona (d'imperatore) / -에 오르다 ascendere*salire al trono

제의(提議) la proposta / -하다 proporre

제의(題意) la proposta / -하다 proporre **1** 우린 너희들에게 대화를 제의한다. Vi proponiamo la conversazione.

제이성질(第二性質)〈哲〉 le qualità secondarie

제일성질(第一性質)〈哲〉 le qualità primarie

제일인자(第一人者) l'asso **1** 그는 라틴어의 제일인자이다. E' un asso in latino.

제일의(第一-) primo(a)

제자(弟子) l'allievo (f. -a), l'alunno (f. -a), (門下生) il discepolo (f. -a), lo scolaro

제작(製作) la fabbricazione, (映畫의) la produzione / -하다 fabbricare; produrre [pr. -uco]; fare ¶-品 il prodotto, (手製의) il manufatto / -者 il*la fabbricante, il produttore / -所 la fabbrica; l'officina, (撮影所) gli studi cinematografici

제재(制裁) il controllo, il castigo, la punizione, (國際的) la sanzione / -하다 controllare / -를 가하다 castigare, punire [pr. -isco]; applicare le sanzioni contro un paese

제재(製材) la segatura dei trochi di legname ¶-所 la segheria

제재(制裁)〈法〉 la sanzione

제적(除籍) / -하다 cancellare qlcu. dalla famiglia registrata nell'anagrafe*nello stato civile

제전(祭典) i riti religiosi; la festa

제정(帝政) il governo*il regime imperiale ¶-러시아 Russia zarista

제정(制定)〈法〉 la statuizione (d'una legge) / -하다 statuire [pr. -isco] (una legge), stabilire

제조(製造) la fabbricazione, la produzione, la manifattura / -하다 fabbricare, produrre [pr. -uco] ¶-業者 il*la fabbricante, il produttore / -品 il prodotto / -會社 la società*la ditta produttrice

제조(製造)〈商〉 la confezione

제조공장(製造工場)〈船〉 l'officina

제조법(製造法) il metodo*il modo di produzione

제지(制止) l'arresto / -하다 arrestare, trattenere, fermare

제지(製紙) la fabbricazione della carta ¶-業 l'industria cartaria

제철(製鐵) la siderurgia ¶-業 l'industria siderurgica / -所 la ferriera, lo stabilimento siderurgico

제철이 아닌 fuori stagione

제철소(製鐵所) la ferriera

제출(提出) la presentazione / -하다 presentare (una proposta), sottoporre, proporre; dare / 法案을 議會에 -하다 sottoporre un disegno*ul progetto di legge al Parlamento

제트기(-機) il jet, l'aviogetto, l'aereo a reazione, (놀이공원의) l'otto volante, le montagne russe

제패(制霸) la conquista, (統治) la

제품 (製品) il prodotto / 할인된 -의 목록 la lista dei prodotti scontati / 韓國- il prodotto*l'articolo di fabbricazione coreano ¶手- il manufatto

제하다 (除-)〈數〉dividere

제한 (制限) il limite, la limitazione, la restrizione / 核武器의 - la limitazione degli armamenti nucleari / -하다 definire, limitare, restringere / 사람의 권력을 -하다 definire i poteri di qlcu. / -없이 senza limitazioni, illimitatamente ¶輸入- le restrizioni delle importazioni / -時間 il limite orario

제해권 (制海權) il dominio*l'egemonia dei mari

제화공장 (製靴工場)〈靴〉la calzoleria

제화기술 (製靴技術)〈靴〉la calzoleria

제휴 (提携) la cooperazione, la collaborazione, la coalizione / -하다 cooperare [intr. avere] con qlcu., collaborare [intr. avere] con qlcu. a qlco., coalizzarsi

젤라틴 la gelatina (di frutta)

젤리 la gelatina (di frutta)

조 (兆) trilione cf. 십억 bilione, 백만 milione

조 (條)〈法〉l'articolo / 第 1 - articolo primo

조 (調)〈音〉i modi, il tono

조 (潮)〈地〉la marea

조각 (爪角) la fetta, il pezzo / 케이크 한 - una fetta di torta / 소고기 한 - una fetta di vitello / -내다 spezzare, frantumare, sbriciolare, sminuzzare / -나다 andare in pezzi, frantumarsi, spezzarsi, sbriciolarsi, sminuzzarsi

조각 (組閣) la formazione d'un (nuovo) gabinetto / -하다 formare*organizzare un gabinetto

조각 (彫刻) la scultura / -의 sculturale / -的 scultorio / -하다 〈繪〉incidere; intagliare, scolpire [pr. -isco] (il marmo, una statua), cesellare ¶-家 lo scultore (f. -trice) / -像 la statua / -作品 la scultura [用語]〈**조각**(彫刻)**의 종류**(種類) **Tipi di scultura**〉군상(群像) il gruppo, 기념상(記念像) il monumento, 기마상(騎馬像) l'equestre, 모바일 il mobile, 반흉상(半胸像) il mezzo busto, 석고(石膏) il gesso, 소녀상(少女像) il kore, 오벨리스크 l'obelisco, 전신상의(全身像-) a figura intera, 조각상(彫刻像) la statua, 청년상(青年像) il kouros, 청동조각(青銅彫刻) il bronzo, 타나그라 인형(-人形) la tanagra, 흉상(胸像) il busto;〈**조각활동용어**(彫刻活動用語) **Attività**〉구멍을 파다 incavare, 금세공하다(金細工-) cesellare, 모형을 제작하다(模型-) modellare, 스케치하다 abbozzare, digrossare, sbozzare, 양각조각하다(陽刻彫刻-) sbalzare, 조각하다(彫刻) intagliare, scolpire, 주조하다(鑄造-) fondere, 초상을 새기다(肖像-) effigiare, 플라스틱으로 형을 만들다(型-) plasticare, 형을 만들다(型-) modellare;〈**조각용구**(彫刻用具)**와 재료**(材料) **Strumenti e materiali**〉가는 몽둥이 la stecca, 곤봉 la mazza, 굵은 쇠줄 la raspa, 금속(金屬) il metallo, 끌(평평한) lo scalpello, (둥근) lo scalpello, 나무 주걱 la pettinella, 대리석(大理石) il marmo, 드릴 il trapano, 목재(木材) il legno, 상아(象牙) l'avorio, 석고(石膏) il gesso, 석재(石材) la pietra, 소형 빗 la pettinella, 양탄망치 la martellina, 점토(粘土) la creta, 정 la subbia, 청동(青銅) il bronzo, 콤파스 il compasso, 테라코타 la terracotta;〈**조각관계자**(彫刻關係者) **Persone**〉대리석공(大理石工) il marmista, 대리석가공자 il marmoraio, 대리석조각가(大理石彫刻家) il marmista, il marmorario, 비명(碑銘) la lapicida, 원형제작자(原型製作者) il modellatore, 조각가(彫刻家) lo scultore, l'intagliatore, 조각사(彫刻師) la lapicida, 청동조각제작자(青銅彫刻製作者) il*la bronzista;〈**관련어**(關聯語) **Voci attinenti**〉갤러리 la galleria, 공방(工房) la bottega, 모델(女子) la modella, 미술관(美術館) il museo, 미술품전시실(美術品展示室) la galleria, 박물관(博物館) il museo, 스튜디오 lo studio, 전람(展覽) la mostra, 전람회(展覽會) l'esposizione, 전시(展示) la mostra, 조각가의(彫刻家-) scultorio, 조각기술(彫刻技術) (寶石, 金屬의) l'anaglittica, 조각의(彫刻-) sculturale,

조각작품전시실(彫刻作品展示室) la glittoteca, 조각적(彫刻的) scultorio, 조소미술(彫塑美術) la plastica, 조형미술(造形美術) la plastica, 주조(鑄造) la fusione, 진열(陳列) l'esposizione, 출품(出品) l'esposizione

조각가(彫刻家)〈彫〉 lo scultore, l'intagliatore / -의 scultorio(a)

조각기술(彫刻技術)〈彫〉(寶石, 金屬의) l'anaglittica

조각배(爪角-) la barca

조각법(彫刻法)〈繪〉 il bulino

조각사(彫刻師)〈彫〉 la lapicida

조각상(彫刻像)〈彫〉 la statua

조각작품전시실(彫刻作品展示室)〈彫〉 la glittoteca

조각조각으로(爪角-) a brandelli / -찢다 fare a brandelli, lacerare

조각칼(彫刻-)〈繪〉 il bulino

조각판(彫刻版)〈繪〉 il bulino

조간(朝刊) l'edizione del mattino (d'un giornale)

조감독(助監督)〈映〉 l'aiuto regista

조개〈魚〉 la vongola; la conchiglia

조개류 le conchiglie

조건(條件) la condizione, il patto / ～의 -이라면 a condizione di + inf., a condizione che + cong.pr. / 유리한 -으로 a condizione favorevole ¶-反射〈生〉 il riflesso condizionato / -法〈文〉 il modo condizionale / -付 condizionato

조교수(助敎授) il professore (f. -ressa) aggiunto

조국(祖國) la patria / -을 위해 per la patria

조금 poco, un poco, un po'

조금씩 a poco a poco, a gocce, a goccia a goccia; un po' qua, un po' là 1 바위는 조금씩 조금씩 뚫린다. A goccia a goccia s'incava la pietra.

조기(早起) la levata di buon mattino / -하다 alzarsi presto, levarsi di buon mattino

조끼〈衣〉 il gilè

조난(遭難) il naufragio, l'accidente (m.), l'incidente (m.), il disastro; la disgrazia / -信號를 發信하다 lanciare l'S.O.S. (=salvate le nostre anime) / -하다 incontrare un accidente, incontrarsi con un disastro ¶-者 le vittime dell'incidente / -信號 l'S.O.S. (=salvate le nostre anime)

조달(調達)〈商〉 l'approvvigionamento, la fornitura / -하다 approvvigionare* fornire [pr. -isco] (qlcu. di qlco.)

조도(照度)〈物〉 il fot

조도계(照度計)〈物〉 il luxmetro

조동사(助動詞)〈文〉 il verbo ausiliare

조랑말〈動〉 il cavalluccio, il pony

조력(助力) l'aiuto, (行政上의) l'assistenza, la sovvenzione; (協力) la cooperazione, la collaborazione; (援助) il soccorso / -하다 aiutare, prestare assistenza (ai bisognosi), sovvenire qlcu. (di denaro); cooperare [intr. avere] (ai paesi sottosviluppati), collaborare (a una rivista); soccorrere (i poveri)

조련(操鍊) la scozzonatura / -하다 scozzonare ¶-師 lo scozzonatore, il domatore (f. -trice)

조례(條例) il regolamento autonomo della provincia e del comune

조로(早老) la senilità precoce

조롱하다(嘲弄) prendere in giro

조류(潮流) la corrente di marea / 혁명적 - la corrente*la tendenza rivoluzionaria

조류(潮流)〈地〉 la corrente

조르다 stringere 1 살해범은 목 주위를 조르고 있었다. L'assassino stringeva intorno al collo.

조리(條理) il ragione / -있는 ragionevole

조리(調理) la cucina / -하다 cucinare, cuocere ¶-法 la ricetta / -師 il cuoco (f. -a)

조리개〈寫〉 il diaframma

조리용구(調理用具) la batteria per cucina

조림(造林) l'imboschimento / -하다 imboschire [pr. -isco]

조립(組立) la costruzione, il montaggio / -하다 comporre, montare (una macchina), collegare*unire diversi elementi

조만간(早晩間) prima o poi, presto o tardi

조망(眺望) la vista, la veduta, (全景) il panorama / -을 즐기다 godersi una splendida vista

조면암(粗面岩)〈鑛〉 la trachite

조명(照明) l'illuminazione ¶-彈〈軍〉 la

조명(照明) 〈演〉 le luci

조모(祖母) 〈法〉 l'ava

조모(祖母) 〈族〉 la nonna

조문(條文) l'articolo (della legge)

조물주(造物主) il Creatore

조미(調味) il condimento / -하다 condire [pr. -isco] / -料 il condimento

조미료 il condimento

조밀(稠密) / -한 denso(a) ¶-도 la densità

조부(祖父) 〈法〉 l'avo

조부(祖父) 〈族〉 il nonno

조부모(祖父母) 〈族〉 i nonni

조사(調査) l'investigazione; l'indagine, l'esame, le ricerche, l'inchiesta, l'ispezione, la visita, l'inquisizione / -하다 indagare, investigare; ispezionare, esaminare, visitare ¶船舶- la visita delle navi mercantili / -委員會 la commissione inquirente

조사(弔辭) le condoglianze, il discorso di condoglianze

조사(照射) 〈氣〉 l'irradiazione, l'irraggiamento

조사(助詞*助辭) 〈文〉 la posposizione (soggettiva)

조산(早産) il parto precoce*prematuro

조산부(助産婦) l'ostetrica, (産婆) la levatrice

조산원(助産員) l'ostetrica, (産婆) la levatrice

조상(祖上) 〈法〉 gli avi, l'antenato

조색(調色) 〈化〉 il viraggio

조생(早生) la precocità / -的, 의 precoce ¶-植物 la pianta precoce

조서(調書) l'interrogatorio

조서(調書) 〈法〉 il verbale

조석(潮汐) 〈地〉 la marea

조선(朝鮮) la Corea / -의*人*語 coreano ¶北- Repubblica popolare democratica di Corea / 南- (大韓民國) Repubblica (democratica) di Corea

조선(造船) la costruzione navale ¶-所 il cantiere (navale), (海軍) l'arsenale

조선소(造船所) l'arsenale, il cantiere navale [用語] 기중기(起重機) la gru, 수리 독(修理-) il bancino di carenaggio, 제조공장(製造工場) l'officina, 수리보관공장(修理保管工場) lo scalo

조선소(造船所) 〈海〉 l'arsenale

조선소노동자(造船所勞動者) 〈海〉 l'arsenalotto

조성(助成) il sussidio / -하다 sussidiare ¶-金 il sussidio

조성(組成) la formazione, la composizione / -하다 formare, comporre

조성(調性) 〈音〉 la tonalità

조세(租税) la tassa, l'imposta; il contributo / -를 부과하다 imporre la tassa / -를 면제하다 esentare (qlcu.) dalle tasse

조세소송(租税訴訟) 〈法〉 il contenzioso tributario

조소(嘲笑) il sogghigno, il risolino di disprezzo, il disprezzo, il disprezzo, il dispregio / -하다 sogghignare [intr. avere], fare un sogghigno, disprezzare, dispregiare / -하는 disprezzante, dispregiativo(a)

조소미술(彫塑美術) 〈彫〉 la plastica

조수(潮水) la marea ¶-干滿 flusso e riflusso della marea -> 만조, 간조

조수(助手) lo*la assistente

조숙(早熟) la precocità [<-> la tardività] / 性的 - la precocità sessuale / -한 precoce, prematuro(a) ¶그 아이는 나이에 비해 조숙하다 Quel bambino è precoce per la sua età. / -하게 precemente

조식(粗食) la frugalità / -하며 살다 vivere frugalmente ¶-家 l'uomo frugale

조심(操心) l'attenzione; la cautela; la precauzione; la prudenza / -하다 fare attenzione, cautelarsi (contro eventuali rischi), essere prudente

조아먹다 (새가) beccare

조악(粗惡) la qualità cattiva / -한 di qualità cattiva*inferiore; il malfatto / -한 製品 l'oggetto malfatto

조야(粗野) / -한 rozzo(a), grossolano (a), rustico(a)

조약(條約) 〈法〉 il trattato; (國際法의) il patto, la convenzione / -을 締結하다 concludere*stipulare un trattato / 文化-(協定)을 批准하다 sanzionare*ratificare un patto culturale ¶韓美平和- Trattato di Pace Coreano-Americano / -改正 la revisione d'un trattato

조약돌 〈鑛〉 il ciottolo

조언(助言) il consiglio, il suggerimento, l'avviso /-하다 consigliare, suggerire [pr. -isco], avvisare, dare consiglio /-에 따라 secondo il vostro avviso*consiglio ¶-者 il consigliere, il*la consulente

조업(操業) il lavoro, l'operazione /-中 in (pieno) lavoro ¶-短縮 la riduzione dell'orario*delle ore del lavoro

조용(靜) /-함 il silenzio; la tranquillità, la calma, lo zitto /-한 calmo(a), silenzioso(a), tranquillo(a), zitto(a), quieto(a), placido(a) **1** 그만들하고 조용히 해! Basta, zitti! /-히 in silenzio, silenziosamente; in tranquilità, tranquillamente; quietamente, placidamente /-해지다 acquietarsi, quietarsi; (海*風) calmarsi /-히 하다 stare zitto

조우(遭遇) l'incontro /-하다 incontrare qlcu., incontrarsi con qlcu.

조율(調律) l'accordatura /-하다 accordare (uno strumento) /-된 intonato(a) /-되지 않은 stonato(a) ¶-師 l'accordatore

조율가(調律家)〈音〉l'accordatore

조음(調音)〈言〉l'articolazione

조의(弔意) la condoglianza

조의(調-)〈音〉tonale

조이다 (나사, 목을) stringere

조인(調印) la firma; la sigillatura /-하다 firmare; sigillare ¶-者 il firmatario; il sigillatore; il sottoscrittore

조작(操作) l'operazione, la manovra /-하다 manovrare, manipolare

조작(操作)〈海〉le manovre

조잡(粗雜) /-한 rozzo(a), grossolano (a), rustico(a) /-하게 grossolanamente

조장(助長) /-하다 promuovere, favorire [pr. -isco], aiutare, incoraggiare /-經濟成長을 -하다 promuovere lo sviluppo economico

조장(組長) il capo-operaio, il capo-gruppo, il capo-squadra

조장석(曹長石)〈鑛〉la albite

조전(弔電) il telegramma di condoglianze /-을 보내다 inviare*mandare un telegramma di condoglianze

조절(調節) l'aggiustamento, il regolamento, la moderazione /-하다 regolare; modulare; controllare; aggiustare, regolare /-난방을 -하다 regolare il riscaldamento ¶-器 il regolatore, il moderatore

조정(調整) l'aggiustamento, il coordinamento, la coordinazione, la moderazione; l'arbitraggio **1** 약간의 조정이 필요하다. Ci vuole un po' di moderazione. /-하다 aggiustare, coordinare ¶-裝置〈機〉il moderatore

조정(調停) l'intercessione, la mediazione, la conciliazione /-하다 intercedere, fare da mediatore*intermediario, fare da mediazione, conciliare ¶-者 l'intercessore (f. -trice)

조정(朝廷)〈史〉la corte imperiale

조정경기(漕艇競技) il canottaggio

조정인(調停人)〈商〉il mediatore

조정재판소(調停裁判所)〈法〉la conciliazione

조제(調劑) la preparazione dei farmaci*dei medicinali /-하다 preparare un farmaco*un rimedio ¶-師 il*la farmacista

조종(操縱) il pilotaggio, la guida (di un'automobile) /-하다 guidare, pilotare ¶-士 il*la pilota /-室 la cabina

조종실(操縱室)〈空〉la cabina di pilotaggio

조준(照準) la mira

조직(組織) l'organizzazione, la formazione, la costituzione /-하다 organizzare, formare /-되다 essere formato(a)*organizzato(a) /-的 sistematico(a) ¶社會- la struttura sociale

조직(組織)〈生*植〉il tessuto, la tessitura

조직검사(組織檢査)〈醫〉la biopsia

조직이식(組織移植)〈醫〉l'innesto

조직학(組織學)〈醫〉l'istologia

조직학자(組織學者)〈醫〉l'istologo

조짐 il sintomo

조차 nemmeno

조차(潮差)〈地〉la sessa

조치(措置) le misure, i provvedimenti /-를 취하다 prendere le misure opportune

조카〈族〉il*la nipote

조타수(操舵手)〈海〉il timoniere

조타실(操舵室)〈海〉la plancia, il ponte

조폐국(造幣局) il Palazzo della Zecca

조폭(粗暴) la violenza, la brutalità /-의

조합(照合)(寫本*原典의) la collazione, il riscontro, la verifica / -하다 riscontrare (due documenti), collazionare (qlco. con il testo originale)

조합(組合) l'associazione, l'unione, il sindacato, l'organizzazione, la cooperativa / -하다 associarsi, unirsi ¶-員 il membro*il socio dell'associazione / 勞動- il sindacato dei lavoratori

조합(調合) la preparazione medicinale; (混合) la mescolanza / -하다 preparare (una medicina); mescolare

조합문자(組合文字)〈繪〉il monogramma

조항(條項) articolo e clausola

조해(潮解)〈化〉la deliquescenza

조형미술(造形美術) le arti plastiche ¶-大學(學部) la facoltà di Arti Plastiche

조형미술(造形美術)〈彫〉la plastica

조화(造花) i fiori artificiali, il fiore finto

조화(調和) l'armonia; l'accordo / -하다 armonizzare [intr. avere] con qlco., essere in armonia, accordarsi, intonarsi (a*con qlco.); essere d'accordo con qlcu., qlco. / 완벽하게 -되는 두 성격 due caratteri che si accordano perfettamente 1 파란색은 빨간색과 조화된다. Il blu si accorda col rosso. / -로운 armonico(a), armonioso(a), armonizzato(a); accordato(a)

조화(造化) la creazione / -의 神 il Creatore

조회(照會) le informazioni / -하다 chiedere informazioni di qlcu.*qlco. ¶身元- le referenze

족발 lo zampone

족적(足跡) la traccia / ∼의 -을 쫓아가다 seguire le tracce di qlcu.

족집게 le pinzette

존경(尊敬) il rispetto, la riverenza, la stima, l'adorazione / -하다 rispettare, stimare, onorare, adorare, avere il rispetto verso qlcu., venerare / -할 만한 rispettabile, stimabile, onorevole, venerabile, degno di rispetto / -하는 rispettoso(a), riverente

존귀(尊貴) / -한 rispettabile, stimabile / -하게 하다 rispettare, stimare; venerare (Dio)

존데〈氣〉la sonda

존립(存立) l'esistenza / -하다 esistere [intr. essere]

존속(存續) la durata, la continuazione; l'esistenza / -하다 continuare, durare [intr. essere]; esistere [intr. essere]

존속(尊屬)〈法〉l'ascendente

존엄(尊嚴) la dignità, la maestosità

존재(存在) l'esistenza / -하다 esistere [intr. essere] ¶-理由 la ragione d'esistenza

존재(存在)〈哲〉l'essere

존재론(存在論)〈哲〉l'ontologia

존중(尊重) il rispetto, (法規의) l'osservanza / -하다 rispettare; osservare

존칭(尊稱) il titolo onorifico / -의 allocutivo(a) ¶-代名詞〈文〉il pronome allocutivo

졸기 (꾸벅꾸벅) il sonnellino, la dormiveglia

졸다 (꾸벅꾸벅) fare un sonnellino, assopirsi [pr. mi -isco], sonnecchiare [intr. avere], appisolarsi

졸도(卒倒) lo svenimento, il deliquio; (腦溢血) l'apoplessia / -하다 svenire [intr. essere], cadere [intr. essere] in deliquio, tramortire

졸도(卒倒)〈醫〉la sincope

졸렬(拙劣)〈繪〉la bambocciata

졸리는(眠) sonnolento(a), sonnacchioso(a), (催眠性의) soporifero(a), sonnifero(a) / - 눈 gli occhi sonnacchiosi

졸업(卒業) la laurea; il diploma / -하다 laurearsi; diplomarsi ¶-者 il diplomato (f. -a) / -日 la data di diploma / -帳 il diploma / -證明書 il certificato di diploma

졸업(卒業) il diploma, la licenza, (大學) la laurea / -하다 diplomarsi, licenziarsi da, (大學) laurearsi in ¶-論文 la tesi di laurea / -生 il laureato (f. -a), il licenziato (f. -a) / -式 la cerimonia per il conferimento dei diplomi di laurea / -證書 il diploma di laurea

졸업장(卒業狀) il diploma

졸업증명서(卒業證明書) il certificato di diploma cf. 성명 Cognome e nome, 출생일 Data di nascita, 성 Sesso, 입학일 Data di ammissione, 전공 Specializzazione, 부전공 Seconda

졸음 specializzazione, 졸업일 Data di diploma, (수여)학위 Titolo di studio conferito: Bachelor di Arti

졸음 il sonnellino, la dormiveglia

졸졸거림 il mormorio / 물의 - il mormorio d'acqua

좀(조금) po', poco ¶ 내가 좀 머물 수 있겠니? Posso restare un po'?

좀〈蟲〉 il tarma

좀도둑 il ladruncolo, il rubacchiatore

좀벌레〈蟲〉(毛布의) la tarma, (紙*布의) la lepisma, (穀類의) la tignola (del grano) / - 먹은 tarmato, roso(a) dalle tignole

좀약〈藥〉 la canfora

좁은(狹小) stretto(a)

좁히다(狹) stringersi

종(鍾) la campana

종(終) la fine

종(種)〈生*化〉 la specie / -의 기원 l'origine della specie

종(從) il servo

종각(鐘閣) il campanile

종결(終結) la fine, la conclusione / -하다 finire [intr. essere, avere; pr. -isco]; giungere [intr. essere] a una conclusione

종골(踵骨)〈解〉 il calcagno

종교(宗敎) la religione / -上의 religioso(a) ¶ -改革 Riforma (iniziata da Lutero) / -問題 la questione religiosa / -婚 il matrimonio religioso [用語] 금욕주의(禁慾主義) l'ascetismo, 사뢰오기도(-祈禱) l'ateismo, 배교(背敎) l'apostasia, 불가지론(不可知論) l'agnosticismo, 신덕(信德) la fede, 신비(神祕) il mistero, 신앙(信仰) la fede, 신앙을 버림 l'abiura, 유신론(有神論) il teismo, 육화(肉化) l'incarnazione, 은총(恩寵) la grazia, 은혜(恩惠) la grazia, 이단(異端) l'eresia, 이단설교(異端說敎) l'eterodossia, 정통(正統) l'ortodossi; 〈죄(罪) **il peccato**〉 계시(啓示) la rivelazione, 공리(公理) il dogma, 교리(敎理) il dogma, 교의(敎義) il dogma, 교조(敎條) il dogma, 구령예정설(救靈豫定說) la predestinazione, 기적(奇蹟) il miracolo, 대죄(大罪) il peccato mortale, 삼위일체(三位一體) la Trinità, 삼위일체교의(三位一體敎義) il dogma della Trinità, 소죄(小罪) il peccato veniale, 원죄(原罪) il peccato originale, 위격(位格) l'ipostasi, 자유의지(自由意志) il libero arbitrio, 절대적원리(絶對的原理) il dogma, 출현(出現) (神의) la teofania; 〈**성사(聖事) il sacramento**〉견신(堅信) la cresima, 고해(告解) la penitenza, 병자의 도유(病者塗油) l'unzione dei malati, 성직위계(聖職位階) l'ordine, 성체(聖體) l'eucarestia, 세례(洗禮) il battesimo, 종유(終油) l'estrema unzione, 혼인(婚姻) il matrimonio; 〈**신덕(神德) la virtù teologale**〉망덕(望德) la speranza, 신앙(信仰) la fede, 애덕(愛德) la carità; 〈**추기경이 요구하는 덕(德) la virtù cardinali**〉강건(剛健) la fortezza, 절제(節制) la temperanza, 정의(正義) la giustizia, 현명(賢明) la prudenza; 〈**사대사(四大事) i novissimi**〉사(死) la morte, 심판(審判) il giudizio, 죽음(死) la morte, 지옥(地獄) l'inferno, 천국(天國) il paradiso; 〈**천사(天使) l'angelo**〉권력의 천사(權天使) i principati, 능력의 천사(能天使) le potestà, 대천사(大天使) gli arcangeli, 좌천사(座天使) i troni, 주천사(主天使) le dominazioni, 지혜의 천사(智天使) i cherubini, 천사(天使) gli angeli, 최고의 천사 i serafini, 힘의 천사(力天使) le virtù; 〈**성직위계제(聖職位階制) le gerarchie ecclesiastiche**〉 고위성직자(高位聖職者) il monsignore, 교황(敎皇) il Papa, 교황공사(敎皇公使) l'internunzio, 교황대사(敎皇大使) il nunzio, 교황사절(敎皇使節) il delegato apostolico, 교황선거인(敎皇選擧人) il conclavista, 교황청서기(敎皇廳書記) il protonotaro apostolico, 교황청서기장(敎皇廳書記長) il protonotaro, 대목(代牧) il vicario apostolico, 대주교(大主敎) l'arcivescovo, 대행주교(代行主敎) il vescovo apostolico, 독서자(讀書者) il lettore, 몬시뇰(高位聖職者) il monsignore, 보좌주교(補佐主敎) il vescovo ausiliare, 사제(司祭) il sacerdote, 선교사(宣敎師) il missionario, 성가대원(聖歌隊員) il cantore, 성당주임사제(聖堂主任司祭) il parroco, 성직자(聖職者) il chierico, 수도대주교(首都大主敎) il metropolita, 수도원장(修道院

長) l'abate, il priore, 수석사제(首席司祭) l'arciprete, 수좌대주교(首座大主教) il primate, 시종(侍從) l'accolito, 신학생(神學生) il seminarista, 신학자(神學者) il teologo, 전도사(傳道師) il*la catechista, 주교(主教) il vescovo, 주교총대리(主教總代理) il vicario generale, 주임사제(主任司祭) il curato, 주임신부(主任神父) il curato, 총대주교(總大主教) il patriarca, 추기경(樞機卿) il cardinale; 〈전례(典禮) **Liturgia**〉 관수식세례(灌水式洗禮) l'aspersione, 기도(祈禱) la preghiera, l'orazione, 무릎 꿇고 하는 예배(禮拜) la genuflessione, 묵상기도(黙想祈禱) la preghiera mentale, 봉헌(奉獻) la dedicazione, 봉헌식(奉獻式) la dedicazione, 성체강복식(聖體降福式) la benedizione, 세족식(洗足式) la lavanda dei piedi, 안수(按手) l'imposizione delle mani, 의식(儀式) la funzione, 축복(祝福) la benedizione, 통성기도(通聲祈禱) la preghiera vocale

종교개혁(宗教改革)〈哲〉la riforma
종교음악(宗教音樂) la musica sacra
종국(終局) la fine; la conclusione / -의 finale; conclusivo(a)
종군(從軍) / -하다 seguire le truppe, andare come civile al fronte ¶-記者 il*la corrispondente al fronte / -日記 il diario della trincea*del fronte
종기(腫氣)〈醫〉il gonfio
종단(縱斷) / -하다 attraversare perpendicolarmente*longitudinalmente ¶(地層의) -面 la sezione verticale
종달새〈鳥〉l'allodola (m.)
종대(縱隊)〈軍〉la colonna; la fila
종래(從來) finora; (從前) per l'addietro
종려나무 la palma
종렬(縱列) la colonna -> 열(列)
종료(終了) la fine, il termine, la conclusione / 수업 -까지 alla fine della lezione / -되다 finire [intr. essere, pr.-isco], terminare [intr. essere] / -하다 finire [tr. avere]
종루(鐘樓) il campanile
종류(種類) il genere, il tipo, le specie, la sorta; la classe / -別 la classificazione / 다른 -의 동*식물 gli animali*le piante di diverse specie
종마(種馬) lo stallone

종목(種目)〈스포츠〉la categoria sportiva ¶營業- i generi d'affari (commerciali) [用語] 경마(競馬) l'ippica, 골프 il golf, 권투(拳鬪) il pugliato, 농구(籠球) il pallacanestro, 등산(登山) l'alpinismo, 럭비 il rugby, il pallovale, 레슬링 la lotta, 롤러스케이팅 il pattinaggio a rotelle, 모터보트경기(-競技) la motonautica, 배구(排球) il pallavolo, 복싱 il pugliato, 수구(水球) il pallanuoto, 수영(水泳) il nuoto, 스케이팅 il pattinaggio, 스키 gli sci, 스피드스케이팅 il pattinaggio di velocità, 승마(乘馬) l'ippica, 아이스스케이팅 il pattinaggio su ghiaccio, 아이스하키 il hockey su ghiaccio, 야구(野球) il baseball, 역도(力道) il sollevamento pesi, 오토바이경기(-競技) il motociclismo, 육상경기(陸上競技) l'atletica, 자동차경주(自動車競走) l'automobilismo, 자전거경기(自轉車競技) il ciclismo, 조정경기(漕艇競技) il canottaggio, 체조(體操) la ginnastica, 축구(蹴球) il calcio, 크리켓 il cricket, 테니스 il tennis, 펜싱 la scherma, 피겨스케이팅 il pattinaggio artistico, 필드하키 il hockey su prato, 하키 il hockey, 항공경기(航空競技) l'aviazione
종무국(宗務局)〈伊〉affari di culto
종복(從僕) il servitore
종사(從事) / -하다 occuparsi di qlco., fare la professione di, impegnarsi in qlco., lavorare (all'ufficio) **1** 어떤 일에 종사하니? Di che cosa ti occupi?
종선(縱線)〈音〉le sbarre
종소리(鐘音) il dindon, i rintocchi, la scampanata / -울리다 rintoccare [intr. avere, essere], scampanare [intr. avere], scampanellare [intr. avere]
종속(從屬) la dipendenza, la subordinazione / -되다 dipendere [intr. essere]*essere dipendente da qlcu., essere subordinato a qlcu. / -의 dipendente (da qlcu.), subordinato(a) ¶-節〈文〉la proposizione subordinata*dipendente
종속영양(從屬榮養)〈生〉l'eterotrofo
종속영양식물(從屬榮養植物)〈植〉eterotrofa
종신(終身) tutta la vita / -의 vitalizio(a) ¶-刑 l'ergastolo / -會員 il socio*il

종신 membro vitalizio / -年金 la pensione vitalizia

종신(終身)〈法〉il vitalizio

종신형(終身刑)〈法〉l'ergastolo

종아리〈解〉il polpaccio

종양(腫瘍)〈醫〉il tumore

종업원(從業員) l'impiegato (f. -a), lo stipendiato (f. -a), il lavoratore (f. -trice), l'operaio (f. -a)

종유(種油) l'olio di semi

종유(終油)〈宗〉l'estrema unizione

종이(紙) il foglio; la carta ¶-컵 il bicchiere di carta

종일(終日) tutto il giorno, tutta la giornata

종자(種子) (일반) il seme, (곡물) il chicco

종전(從前) finora / -에 per l'addietro

종전(終戰) la fine della guerra

종점(終點) il termine, il punto estremo; (전철*버스의) il capolinea, (열차의) la stazione terminale

종족(種族) la razza, la tribù, (動*植物의) la famiglia

종종 ogni tanto, saltuariamente

종지법(終止法)〈音〉la cadenza

종지부(終止符) il punto fermo

종지형(終止形)〈音〉la candenza

종파(宗派)〈宗〉la confessione, la setta / -的 settario(a)

종합(綜合) la sintesi [〈-〉la analisi] / -하다 sintetizzare, riunire [pr. -isco] in sintesi / -的 sintetico(a) ¶-大學校 l'università

종횡(縱橫) / -으로 verticalmente e orizzontalmente, in luogo e in largo, in ogni direzione

좋다(好) piacere a qlcu., volere bene, andar bene **1** 내게는 이탈리아 패션이 좋다. Mi piace la moda italiana. **2** 나는 네가 좋다. Ti voglio bene. **3** 일은 잘 돼? 응, 좋아. Come va? Sì, va bene.

좋아지다(好) affezionarsi **1** 새로 오신 선생님이 점점 좋아진다. A poco a poco si affeziona al nuovo maestro.

좋아하는(好) prediletto(a), favorito(a)

좋아하다(好) piacere [intr. essere] a qlcu., volere bene, preferire [pr. -isco], prediligere; amare **1** 나는 이탈리아 패션을 좋아한다. Mi piace la moda italiana. **2** 나는 엘리아를 좋아하지만 사랑하지는 않는다. Ellia mi piace ma non l'amo. **3** 나는 네가 좋아(그렇다). Ti voglio bene.

좋은 buono(a); bello(a)

좌(左) la sinistra / -側에 alla sinistra, al lato sinistro / -의 sinistro(a) / -回轉하다 svoltare a sinistra

좌경(左傾) il sinistrismo; la tendenza verso il radicalismo

좌골신경(坐骨神經)〈解〉il nervo sciatico

좌골신경통(坐骨神經痛)〈醫〉l'ischialgia, la sciatica

좌담(座談) la conversazione, la conversazione a tavola / -하다 conversare [intr. avere] (di vari argomenti), conversare amichevolmente fra due e più persone ¶-會 la conversazione fra due persone (alla televisione), la tavola rotonda

좌석(座席) il posto, la sedia / -을 豫約하다 riservare*prenotare posto **1** 실례지만 이 자리 비었나요? Scusi, questo posto è libero?

좌약(坐藥) la supposta

좌약(坐藥)〈藥〉il suppositore, la supposta, la candeletta

좌우(左右) destra e sinistra / -에 a destra ed a sinistra, a due lati

좌우명(座右銘) il massimo, il motto

좌익(左翼) l'ala sinistra, (정치) sinistra ¶-陣營 la posizione ideologica di sinistra

좌장(座長) il presidente (f. -essa)*il capo (che dirige una conferenza)

좌절(挫折) il fallimento, l'insuccesso / -하다 fallire [intr. avere, pr. -isco] in qlco.

좌천(左遷) la retrocessione / -시키다 retrocedere [tr.] qlcu. ad un grado*una classe*un posto inferiore

좌천사(座天使)〈宗〉i troni

좌초(坐礁) l'incaglio / -되다 (una nave) incagliarsi (contro uno scoglio) **1** 대화가 도중에 좌초되었다(끊겼다). Il discorso si è incagliato. / -하다 〈海〉arenare, incagliare

좌파(左派) la sinistra, l'ala progressista*radicale

좌표(座標)〈數〉la coordinata

좌표(座標)〈天〉la coordinata

좌표축(座標軸)〈天〉la coordinata
좌현(左舷)〈海〉il babordo
죄(罪) il delitto, il crimine; (형벌) la pena; (정신적) il peccato, la colpa; (반칙) la violazione / -의 delittuoso(a), criminoso(a), peccaminoso(a) / -를 지다 essere imputato(a) / -를 범하다 fare (commettere, perpetrare) un delitto / -을 自白하다 confessare un delitto / -가 없는 innocente / -있는 colpevole ¶死刑- il delitto capitale / 公共器物 破損- il delitto contro la cosa pubblica
죄(罪)〈法〉il reato
죄(罪)〈宗〉il peccato [用語] 계시(啓示) la rivelazione, 공리(公理) il dogma, 교리(教理) il dogma, 교의(教義) il dogma, 교조(教條) il dogma, 구령예정설(救靈豫定說) la predestinazione, 기적(奇蹟) il miracolo, 대죄(大罪) il peccato mortale, 삼위일체(三位一體) la Trinità, 삼위일체교의(三位一體教義) il dogma della Trinità, 소죄(小罪) il peccato veniale, 원죄(原罪) il peccato originale, 위격(位格) l'ipostasi, 자유의지(自由意志) il libero arbitrio, 절대적원리(絶對的原理) il dogma, 출현(出現) (神의) la teofania;
죄과(罪科) il delitto, il crimine
죄상(罪狀) il delitto, il crimine / -을 自白하다 confessare un delitto
죄수(罪囚) il prigioniero
죄악(罪惡) il delitto, il crimine, 〈宗〉il peccato / -을 범하다 commettere un delitto
죄업(罪業) il peccato / -이 있는 peccaminoso(a)
죄인(罪人) il*la colpevole, il reo; (重罪의) il*la criminale, 〈宗〉il peccatore (f. -trice)
주(周) il cerchio, il circolo; il circuito; il giro / 세계일- il giro (turistico) nel mondo
주(主) il padrone; Dio, Gesù Cristo, Signore
주(註) la nota, l'annotazione / -를 달다 annotare, commentare
주(州) la regione ¶ 이탈리아에는 20개의 州가 있다. Ci sono 20 regioni in Italia.
주(週) la settimana / -의 settimanale
주가조작(株價操作) l'aggiotaggio

주각(周角) il giro
주간(主幹) (管理職) il sorintendente, (新聞社의) il redattore capo
주간(週刊) la pubblicazione settimanale / -의 settimanale ¶-誌 la rivista settimanale
주간(週間) la settimana / -의 settimanale
주간지(週刊誌) il settimanale, la rivista settimanale 1 주간지를 예약 구독했다. E' abbonato a un settimanale.
주거(住居) il domicilio, l'abitazione, la casa, la dimora, la casa / -의 domiciliare / -를 定하다 domiciliarsi (a Roma)
주걱〈藥〉(藥劑用) la spatola ¶나무- la spatola di legno / 藥劑師用- la spatola da farmacista
주걱〈繪〉la spatola
주격(主格)〈文〉il caso nominativo
주관(主觀) la soggettività / -的 soggettivo(a) ¶-論*主義 il soggettivismo
주관(主觀)〈哲〉il soggetto
주관주의(主觀主義)〈哲〉il soggettivismo
주교(主教)〈宗〉il vescovo
주교총대리(主教總代理)〈宗〉il vicario generale
주군(主君)〈史〉il signore (del castello)
주권(主權) la sovranità ¶-者 il sovrano / -在民 La sovranità risiede nel popolo.
주근깨 la lentiggine
주기(週期) il ciclo, il periodo / -的 ciclico(a), periodico(a) ¶-律〈理〉la legge periodica / 太陽-〈天〉il ciclo solare
주기(周期)〈電*物〉il periodo
주기(週期)〈數〉il periodo
주다(贈, 授) dare, conferire [pr. -isco], (提供) offrire, (선물을) regalare, (寄附, 寄贈) donare, (贈呈) fare omaggio di qlco, a qlcu.
주도면밀(周到綿密) / -한 prudente, cauto(a)
주도자(主導者)〈政〉la gerarca
주둔(駐屯) la guarnigione / -하다 risiedere [intr. avere] come guarnigione ¶-軍 la guarnigione; le truppe residenti d'occupazione
주둥이 il becco; il bocchino
주랑(柱廊)〈建〉il portico

주력(主力) la forza principale ¶-艦 il principale nave da guerra, la corazzata principale / -艦隊 la principale flotta da guerra

주로(主) principalmente; per lo più; generalmente

주름 la ruga; le pieghe / -을 만들다 formare pieghe ¶-치마 la gonna a pieghe*pieghettata

주말(週末) il fine-settimana, la fine della settimana 1 주말 잘 보내! Buon fine-settimana! ¶-旅行 il viaggio di fine settimana

주머니 la tasca; il sacco

주먹 il pugno / -질하다 sferrare un pugno

주목(注目) l'attenzione; l'osservazione / -하다 guardare qlcu.*qlco. con attenzione, notare, fissare lo sguardo su qlco., fissare gli occhi su, osservare qlco. con attenzione, far caso a qlco. 1 동사들 간의 차이를 주목하라! Notate una differenza tra i verbi! / -할 만한 notevole, degno di notare

주문(注文) l'ordine / -하다 ordinare, fare un'ordinazione 1 너희들은 뭘 주문했니? Che cosa avete ordinato? / -을 취소하다 cancellare*annullare l'ordine / ∼의 주문에 따라 secondo la richiesta* l'ordinazione di qlcu.

주문(呪文) la parola magica, la formula imprecativa*magica / -을 외우다 lanciare l'impre-cazione

주문(注文)〈商〉 la commessa, l'ordinazione / -하다 commissionare

주문서(注文書)〈商〉 l'ordinativo, la commissione

주민(住民) l'abitante, il residente ¶-投票 la votazione degli abitanti (d'un quartiere) / -稅 l'imposta comunale degli abitanti

주민등록(住民登錄) ¶-證 la carta d'identità / -番號 Numero (N.) di carta d'identità /-등본 il certificato di residenza

주방장 il chef

주범(主犯) il capo delinquente, il criminale principale

주변(周邊) la circonferenza; (-地域) i dintorni, i sobborghi (di Seoul), la vicinanza

주보(週報) il bollettino settimanale

주부(主婦) la casalinga (m. -go), la padrona di casa, la massaia

주빈(主賓) l'ospite d'onore

주사(主事) il*la soprintendente, il capo reparto

주사(注射) l'iniezione / -하다 iniettare

주사기(注射器)〈醫〉 la siringa

주사약(注射藥)〈藥〉 l'iniezione

주사위 il dado 1 주사위는 이미 던져졌다. Il dado è tratto. / - 형태로 a dadi 1 양파를 주사위 모양으로 썰어라! Taglia a dadi le cipolle!

주산(珠算) il calcolo con l'abaco giapponese

주석(主席) il Capo dello Stato ¶中華人民共和國- Capo della Repubblica Popolare Cinese

주석(註釋) il commento, l'annotazione, la nota / -을 달다 annotare

주석(柱石)〈鑛〉 lo stagno

주석(朱錫)〈化〉 lo stagno

주석재판장(主席裁判長)〈伊〉 Presidente

주소(住所) l'indirizzo, il domicilio 1 내 주소 알고 있니? Sai il mio indirizzo? ¶-錄 l'indirizzario

주소록(住所錄)〈商〉 l'indirizzario

주시(注視) lo sguardo fisso / -하다 guardare fisso; osservare con attenzione

주식(主食) l'alimento*il cibo principale 1 쌀은 한국인의 주식이다. Il riso è l'alimento principale dei coreani.

주식(株式) l'azione ¶-上場 la quotazione / -市況 le quotazioni di Borsa / -中階人 l'agente di cambio / -會社 la società per azioni

주심(主審)〈蹴〉 l'arbitro

주안(主眼) l'oggetto principale ¶-點 il punto principale

주야(晝夜) -로 giorno e notte

주어(主語)〈文〉 il soggetto

주역(主役) il*la protagonista; il ruolo*la parte principale

주연(主演)(人) il*la protagonista / -하다 fare una parte*un ruolo principale ¶-俳優 l'attore principale, l'attrice principale

주요(主要) -한 principale, importante, essenziale 1 주요 광장에 시장이 있나요? Il mercato è nella piazza principale? ¶-都市 la metropoli

주위(周圍) / -에 attorno, intorno a (una cosa*un luogo)

주유(注油) lubrificare ¶-所 la stazione di servizio, il distributore di benzina

주의(主義) il principio

주의(注意) l'attenzione, la cautela, la cura 1 주의해! Attenzione!, Attenti! / -하다, -를 기울이다 fare l'attenzione (a qlcu.), stare attento / -하여 con attenzione*cautela / -할 만한 da notare, notabile / -깊은 attento(a), premuroso (a), pieno(a) di cautela, cauto(a) / -를 집중하다 concentrare l'attenzione su qlco. ¶-事項 Nota Bene (=N.B.)

주의력(注意力) l'assiduità

주의주의(主意主義)〈哲〉il volontarismo

주의회(州議會) assemblea regionale, consiglio regionale

주의회의원(州議會議員)〈伊〉deputati regionali, consiglieri regionali

주인(主人) il padrone (f. -a); il proprietario

주인공(主人公) il*la protagonista, l'attore (f. -trice) principale, il primo attore

주임(主任) il capo ¶擔當- il capo reparto / -教師 il capo maestro*insegnante

주임사제(主任司祭)〈宗〉il curato

주임신부(主任神父)〈宗〉il curato

주입(注入) l'iniezione; l'infiltrazione / -하다 iniettare; infiltrarsi, imbottirsi / 수학문제를 - imbottirsi la testa di problemi matematici

주장(主將) il capo; 〈스포츠〉il*la caposquadra, 〈蹴〉il capitano

주장(主張) l'asserzione / -하다 persistere*insistere*ostinarsi in qlco.*a fare qlco., asserire [pr. -isco] (il proprio diritto)

주재(駐在) la residenza / -의 residente / -하다 risiedere [intr. avere] ¶-所 il posto dove risiede un agente di polizia

주저(躊躇) l'esitazione, la titubanza / -하다 esitare [intr. avere] (a fare), titubare [intr. avere], essere rimasto inchiodato da paura, perdere coraggio *animo, perdersi di coraggio / -하는 esitante, titubante; ambiguo(a); indeciso(a), irresoluto(a) / -없이 senza esitazione

주전론(主戰論) il belicismo ¶-者 il*la bellicista

주전자(酒煎子) (一般用) il bollitore, (차를 담는) la teiera; la brocca

주점(酒店) il bar, la bottega, l'osteria, la taverna

주정(酒精) l'alcole (m.), lo spirito

주정부(州政府)〈伊〉giunta regionale

주정부수석(州政府首席)〈伊〉presidente della Regione

주정부참사(州政府參事)〈伊〉assessori

주정부평의회(州政府評議會)〈伊〉giunta regionale

주제 / -넘음 la presuntuosità; l'insolenza / -넘는 presuntuoso(a); insolente

주제(主題) l'argomento, l'argomentazione, il tema, il soggetto, 〈音〉il motivo ¶-歌 la canzone basata su motivo musicale (d'un film)

주제(主題)〈映〉il soggetto

주제가(主題歌) la canzone basata su motivo musicale (d'un film)

주조(鑄造)〈彫〉la fusione; (화폐의) la monetazione / -하다 fondere; monetare / 銅像을 -하다 fondere una statua in bronzo / 金貨를 -하다 monetare l'oro

주지(周知) / -의 ben conosciuto / -의 사실 il fatto ben conosciuto da tutti

주지(住持) il bonzo capo di un tempio buddista

주지주의(主知主義)〈哲〉l'intellettualismo

주차(駐車) il parcheggio, la sosta (di autoveicoli) / -하다 parcheggiare, sostare ¶-禁止 divieto di parcheggio, sosta vietata / 無料- il parcheggio libero / -場 il parcheggio, il posteggio / -미터기 il parchimetro

주차장 입구(駐車場 入口) l'ingresso carraio

주차장(駐車場) il parcheggio, il posteggio 1 밤엔 나의 아버지는 주차장에 차를 주차하신다. Durante la notte, mio padre lascia la macchina in un parcheggio. / -에 in parcheggio

주천사(主天使)〈宗〉le dominazioni

주체(主體)〈哲〉il soggetto ¶-性 la soggettività

주체성(主體性) la soggettività / -의 soggettivo(a)

주최(主催) l'organizzazione, sotto l'inizia-

주축 382 준하다

tiva / -하다 tenere (una riunione)*dare (un concerto) / ～의 -로 sotto l'iniziativa di qlcu. ¶-者 l'organizzatore, il promotore

주축(主軸)〈建〉il cardine

주치의(主治醫) il medico curante

주 택(住宅) la casa, la dimora, l'abitazione, il domicilio, (邸宅) la residenza, il palazzo ¶-金融銀行 la cassa*la banca di credito per la costruzione d'edifici privati / -難 la scarsità di alloggi / -地 la zona*il quartiere residenziale / -가 la zona residenziale

주파(周波) (l'alta*la bassa) frequenza ¶-數 la frequenza / -計 il frequenziometro

주파수(周波數)〈電*物〉la frequenza

주파수계(周波數計)〈電*物〉il frequenziometro

주파수대(周波數帶)〈電〉la banda di frequenza, la gamma di frequenza

주파수범위(周波數範圍) la gamma d'onda

주파수변조(周波數變調) la modulazione di frequenza

주필(主筆) l'editorialista

주 해(註解) la parafrasi / -하 다 parafrasare

주행(走行) il corso, il percorso ¶-路 il percorso (regolare*abituale) / -거리 l'indennità di viaggio

주행차선(走行車線)〈路〉la corsia di marcia normale

주황색 l'arancione

죽(竹) il bambù ¶-細工 il piccolo lavoro di bambù

죽(重湯)〈食〉il sugo del riso cotto in troppa acqua (per malati)

죽다(死) morire 1 카를로는 전쟁에서 죽었다. Carlo è morto in guerra. / 열차사고로 - essere ucciso(a) da un treno, morire schiacciato da un treno / 병들어 - morire di malattia / 죽을 覺悟로 (fare qlco.) a rischio della propria vita / 죽을 때까지 sino alla morte, fino agli ultimi momenti

죽은 깨〈醫〉la lentiggine / -가 있는 lentigginoso(a) / -가 난 얼굴 il viso pieno di lentiggini, il viso lentiggioso

죽은(死) morto(a) / - 者 il morte

죽음(死) la morte / -이 임박하다 agonizzare, stare per morire, essere moribondo(a), essere all'ultimo / -을 免하다 sfuggire [intr. essere] alla morte

죽음(死)〈宗〉la morte

죽이다(殺害) uccidere, ammazzare / 찔러 - ammazzare a pugnalate

준거(準據) la conformità / -하다 conformarsi (al giudizio altrui), essere conforme (all'esempio), essere basato su (qlco.) / -하여 in conformità (alla legge vigente)

준결승(準決勝) quarti di finale, il semifinale ¶-戰 la gara semifinale cf. 決勝戰 la gara finale

준금치산자(準禁治産者)〈法〉l'inabilitato

준비(準備) la preparazione, la predisposizione, i preparativi, il provvedimento / -하다 preparare, prepararsi a qlco., fare i preparativi di qlco., provvedere [intr. avere], accingersi a qlco. / 국가시험을 -하다 fare i preparativi degli esami di Stato / 전쟁을 -하다 prevenire la guerra / 만일의 사태를 대비해 -하다 provvedere alla sicurezza per l'emergenza / 식사를 -하다 preparare il pasto / 여행을 -하다 fare i preparativi per il viaggio, prepararsi al viaggio 1 너 논문 준비하니? Prepari la tesi? 2 그는 외출할 준비를 한다. Lui si prepara ad uscire. 3 학교에 가려고 준비하는 청년들 i ragazzi che si accingono ad andare a scuola / -된 pronto(a) 1 너희들 벌써 준비 됐니? Siete già pronti? ¶-委員 il membro del comitato preparatorio ¶-金 i fondi di riserva

준선(準線)〈數〉la direttrice

준설(浚渫) la draga, 〈海〉il dragaggio / -하다 dragare ¶-作業 il dragaggio / -艇 il dragamine

준용(準用) / -하다 applicare gli esempi precedenti, utilizzare (qlco. in luogo di qlco.)

준위(准尉)〈軍〉il maresciallo

준장(准將)〈軍〉il generale di brigata; (少將, 師增長) il generale di divisione, il maggior generale; (中將, 軍團長) il generale di corpo d'armata, il tenente generale; (大將) il generale; (總司令官) il generale in capo

준하다(準-) applicare gli esempi prece-

준항고 denti, utilizzare (qlco. in luogo di qlco.) / ~에 준한 conforme a (un esempio), in proporzione (al merito)

준항고(準抗告)〈法〉il gravame

줄 (길게 늘어 선) la fila ¶ 12번 카운터에 줄이 길게 늘어서 있다. C'è una fila lunga alla cassa 12

줄 il filo

줄〈具〉la lima, (손톱용) la limetta / -로 갈다 limare

줄거리 la trama

줄기〈植〉il tronco, lo stelo; il gambo

줄다(縮小·輕減) diminuire, ridursi

줄무늬 la riga, la striscia / -의 rigato (a) / - 스웨터 il maglione a striscie / -원단 il tessuto rigato

줄이다(輕減) (費用 따위를) ridurre

줄이다(縮小) accorciare, abbreviare, rendere breve / 옷을 - accorciare il vestito

줄자〈具〉il metro

줄타기 il funambolismo

중간(中間) la metà / -의 medio(a) / ~의 -에 nel mezzo di / -以上의 superiore alla media / -以下의 mediocre, inferiore alla media / -불로 (렌지 따위의) a fuoco medio ¶ -報告 il rapporto provvisorio

중간색(中間色)〈繪〉la mezzatinta, il colore neutro

중간자(中間子)〈物·理〉il mesone

중개(仲介) la mediazione; (商業的) l'agenzia / ~의 -로 per mezzo di qlcu., grazie ai buoni uffici di qlcu., secondo il favore di qlcu. / -하다 fare da mediatore·intermediario (fra il venditore e il compratore) ¶ -人, 者 il mediatore (f. -trice), l'agente (d'affari·di commercio), l'intermediario (f. -a) / -料 la mediazione, la senseria

중개(仲介)〈經〉l'intermediazione

중개인(仲介人)〈法·商〉il mediatore

중거리(中距離) la media lunghezza ¶ -競走 il mezzofondo / -競走選手 il·la mezzofondista / -彈道미사일 il missile balistico di media portata

중거리경주(中距離競走)〈陸〉la gara di mezzofondo

중계(中繼) la mediazione ¶ -貿易 il commercio delle merci in transito

중계방송(中繼放送) (라디오·TV) la radiotelerasmissione / -하다 radiotele-trasmettere (una partita finale del calcio dallo Stadio)

중계장비(中繼裝備) i ripetitori

중고(中古) / -의 di seconda mano, già usato(a) / -로 (comprare qlco.) di seconda mano

중공업(重工業) l'industria pesante

중국(中國)〈地〉la Cina / -語 il cinese / -人, 의 cinese

중년(中年) la mezza età / -의 男子 l'uomo di mezza età·d'età media

중노동(重勞動) i lavori forzati

중농주의(重農主義)〈經〉la fisiocrazia

중단(中斷) l'interruzione / 시효의 - l'interruzione della prescrizione / -하다 interrompere, cessare / 갑자기 - cessare [intr. essere, avere] d'improvviso / -되다 interrompersi, essere interrotto(a), cessare [intr. avere], esssere sospeso(a) / - 없이 senza interruzione, incessantemente, continuamente

중대(重大) l'importanza / -한 importante, grave, serio(a) / -한 자동차 사고 un grave incidente automobilistico / -하지 않은 di poca importanza ¶ -性 l'importanza, la gravità (d'un incidente)

중대(中隊)〈軍〉la compagnia (di fanteria) ¶ -長 il comandante d'una compagnia

중도(中途) il mezzo·la metà della strada / -의 moderato(a), medio(a), intermedio(a) / -에 a metà strada, strada facendo, per strada / -에 下車하다 scendere [intr. essere] in una stazione intermedia (del viaggio) ¶ -政黨 il partito di centro

중도우파(中道右派)〈政〉il centro-destra

중도좌파(中道左派)〈政〉il centro-sinistra

중도주의(中道主義)〈政〉il centrismo

중독(中毒) l'intossicazione; l'avvelenamento / -되다 intossicarsi (con il fumo), (中毒死) avvelenarsi / -의 tossico(a) / -性의 intossicato(a), velenoso(a) ¶ 버섯- l'avvelenamento da funghi / 알콜- l'alcoolismo / 니코틴- il nicotinismo

중독증(中毒症)〈醫〉 la tossicosi
중동(中東) il Medio Oriente
중등(中等) la metà / -의 medio(a) ¶-敎育 l'istruzione media / -學校 la scuola media*secondaria
중등교육국(中等敎育局)〈伊*敎〉 secondaria di primo grado
중량(重量)〈物〉 il peso
중량(重量)〈海〉 il tonnellaggio
중력(重力)〈理〉 la gravità, (引力) la gravitazione (universale)
중력양자(重力量子)〈物〉 il gravitone
중류(中流) la classe media; (하천의) 中(上*下)流 la parte centrale (alta*bassa) d'un corso d'acqua
중립(中立) la neutralità / -의 neutrale / -을 지키다 mantenere*osservare la neutralità, restare neutrale ¶-國 il neutrale, lo stato neutrale
중매(仲買) ¶-業 la senseria / -人 sensale, l'agente di commercio, il mediatore / -手數料 la senseria
중매(仲媒) la mediazione / -하다 fare da mediatore (fra il venditore e il compratore) ¶-者 il mediatore, la mediatrice
중매인(仲買人)〈商〉 il commissionario
중미(中美) America Centrale / -의 centroamericano(a)
중복(重複) la ripetizione / 子音의 - il raddopiamento delle consonanti / -되다 essere ripetuto
중부(中部) la parte centrale ¶-地方 la regione centrale
중산계급(中産階級) il ceto medio, la classe media, la media borghesia
중상(中傷) la calunnia, la maldicenza / -的 calunnioso(a) / -하다 calunniare, diffamare ¶-謀略 la diffamazione
중상(重傷) la ferita grave / -을 입다 essere gravemente ferito
중상(中傷)〈法〉 la diffamazione
중상주의(重商主義)〈經〉 il mercantilismo
중선(中線)〈數〉 la mediana
중성(中性)〈化〉 / -의 neutrale, neutro(a)
중성자(中性子)〈物·電〉 il neutrone
중성점(中性點)〈電〉 il neutro
중세(中世) il Medioevo / -의 medioevale
중소(中小) / -의 piccolo e medio ¶-企業 le imprese piccole e medie

중수소(重水素)〈化〉 il deuterio
중시(重視) / -하다 fare (molto) caso di qlco., dare importanza a qlco.
중심(中心) il centro / -의 centrale / -을 잃다 perdere l'equilibrio ¶-點 il punto centrale (del problema)
중심(重心) il centro di gravità
중심(中心)〈數〉 il centro
중압(重壓) la forte pressione / -을 加하다 fare pressione su qlcu. (per costringerlo a fare qlco.)
중앙(中央) il centro / -의 centrale ¶-아시아 Asia Centrale / -集權(主義*制度) il centralismo
중앙공격수(-)〈蹴〉 il centrattacco
중앙난방(中央煖房) il riscaldamento centrale
중앙분리대(中央分離帶)〈路〉 la cordonata
중앙수비수(-)〈蹴〉 il centromediano
중앙은행(中央銀行) Banca di Corea
중앙정원(中央庭園)〈宗〉 l'atrio
중앙집권(中央集權) il centralismo
중앙집권화(中央集權化) la centralizzazione / -하다 centralizzare
중양자(重陽子)〈物〉 il deutone
중얼거리다 borbottare
중에(中-) durante / 제2차 세계대전 - durante la seconda guerra mondiale
중역(重役) il direttore, l'amministratore / -會 il consiglio d'amministrazione
중요(重要) l'importanza / -한 importante, rilevante, (主要한) principale / -시하다 far caso ¶-産業 la grande industria, l'industria importante / -性 l'importanza
중요인물(重要人物) il personaggio
중요성(重要性) l'importanza / -을 두다 dare importanza a qlco.
중용(中庸) la moderazione, la moderatezza / -을 지키다 osservare la moderazione
중위(中位) la media, il grado*il punto media / -의 medio(a); moderato(a)
중위(中尉)〈軍〉 (陸軍) il tenente, (海軍) il sottotenente di vascello, (空軍) il tenente d'aviazione
중유(重油) l'olio pesante
중음(中音)〈音〉 l'alto, il contralto
중이(中耳)〈解〉 il meato acustico,

l'orecchio medio ¶-炎 la otite media
중이염(中耳炎)〈醫〉la otite media
중임(重任) /-되다 rinominare
중입자(重粒子)〈物〉il barione
중자음(重子音)〈言〉la consonante doppia o geminata
중장(中將)〈軍〉〈陸軍〉il tenente generale, il generale di divisione ; 〈海軍〉il viceammiraglio; 〈空軍〉il tenente generale di aviazione cf. 大將 il generale; 准將, 旅團長 il generale di brigata; 少將, 師壇長 il generale di divisione, il maggior generale; 總司令官 il generale in capo
중장비(重裝備) il carro pesante
중재(仲裁) la mediazione, la conciliazione, la riconciliazione, l'intercessione, la rappacificazione, l'arbitraggio /-하다 intercedere [intr. avere], intervenire [intr. essere], arbitrare, fare da mediatore, risolvere (una controversia) in qualità d'arbitro /-시키다 riconciliare, rappacificare ¶-者, 人 il moderatore (f. -trice), il conciliatore (f. -trice), l'intercessore (f. -trice)
중재(仲裁)〈法〉l'arbitrato
중재인(仲裁人)〈商〉il bisognatario
중전마마(中殿-)〈史〉Principessa (imperiale*reale), Sua Altezza imperiale, Vostra Altezza
중절(中絶) l'interruzione, la sospensione /-하다 interrompere [tr.], interrompersi; abortire [intr. avere] ¶姙娠- l'aborto procurato
중절모자(-帽子)〈衣〉il cappello floscio, il cappello di feltro
중점(重點) l'importanza /-的으로 secondo l'importanza*la priorità /~에 -을 두다 dare importanza a qlco., mettere in rilievo qlco.
중정(中庭) il cortile
중정석(重晶石)〈鑛〉la baritina
중죄형사재판소(重罪刑事裁判所)〈法〉Corte d'Assise
중지(中指) il medio, il dito medio
중지(中止) l'interruzione, la sospensione, la cessazione /-하다 interrompere, sospendere, smettere [<-> continuare], cessare / 갑자기 - cessare [intr. essere, avere] d'improvviso 1 중대한 家庭的 원인이 그로 하여금 학업을 중단하도록 했다. Gravi motivi familiari lo hanno costretto ad interrompere gli studi. ¶支拂- la cessazione dei pagamenti
중추(中樞) il centro /-의 centrale ¶-神經 il nervo centrale
중탄산염(重炭酸鹽)〈化〉il bicarbonato
중탕(重湯)〈食〉il sugo del riso cotto in troppa acqua (per malati). -> 죽
중태(重態) lo stato critico, la grave situazione /-의 (la malattia) seria*grave
중파(中波) le onde medie
중풍(中風)〈醫〉la paralisi /-에 걸리다 diventare paralitico; intorpidirsi /-의 paralitico(a) /-患者 il paralitico
중학교(中學校) la scuola media (inferiore) cf. 高等學校 la scuola media superiore, il liceo
중한(重要) importante
중합체(重合體)〈化〉il polimero
중혼(重婚) la bigamia /-하다 commettere la bigamia /-의 bigamo(a) ¶-者 il bigamo, l'uomo bigamo
중혼죄(重婚罪)〈法〉la bigamia
중화(中華) ¶-民國 Repubblica cinese /-人民共和國 Repubblica Popolare di Cina /-料理 la cucina cinese
중화(中和)〈言〉la neutralizzazione
중화(中和)〈化〉la neutralizzazione /-하다 neutralizzare
쥐(鼠)〈動〉il topo, il ratto ¶생- il topolino /-藥 il veleno per i topi /-色 grigio(a) /-덫 la trappola per*da topi
쥐가 나다 avere i crampi
쥐다 (손을) stringere (la mano a qlcu.), (칼, 흉기 따위를) impugnare; tenere
쥐약(-藥) il veleno per i topi
쥬스 il succo
즉(卽) cioè, insomma
즉결(卽決) la decisione immediata /-하다 decidere immediatamente*con prontezza ¶-裁判 il giustizio sommario
즉사(卽死) la morte istantanea /-하다 morire in un istante
즉석(卽席) /-의 preparato(a) sul luogo, fatto(a) al momento della richiesta /-으로 sul momento, istantaneamente /-演說을 하다 improvvisare un discorso ¶-料理 la cucina rapida*improvvisata

즉시(卽時) subito, all'istante, senz'altro, immediata-mente, senza alcun indugio, pronta-mente / -하다 fare senz'altro*in fretta*senza indulgio ¶-支拂 il pagamento a contanti*a pronta cassa / -撤軍 il ritiro immediato (delle truppe)

즉위(卽位) l'incoronazione / -하다 ascendere [intr. essere]*salire [intr. essere] al trono

즉흥(卽興) l'improvvisazione / -의·的 improvvisato ¶-詩人 l'improvvisatore

즐거운(樂) lieto(a) allegro(a), piacevole, dilettevole; divertente, gradevole [<-> spiacevole], contento (a); agiato(a) / - 生活 la vita agiata **1** 우리는 즐거운 저녁 한 때를 보냈다. Abbiamo trascorso una piacevole serata.

즐거움(樂) il piacere, il godimento, la delizia; il divertimento, lo svago; la contentezza; (生活의) l'agiatezza, l'agio

즐거워하다(樂) divertirsi con qlco.

즐겁게 하다(樂) dilettare, divertire

즐겁게(樂) piacevolmente, gradevolmente, dilettevolmente; divertentemente

즐겁다(樂) (만족스러워) essere contento(a) di, contentarsi (di fare qlco.), essere soddisfatto(a) (del buon risultato); dilettarsi (con qlco. o a+inf.), divertirsi (con qlco. o a+inf.); godere

즐기다(樂) (놀이 따위를) divertirsi, (경치를) godere (un bel panorama), godersi **1** 그녀는 디스코텍에서 즐겁게 놀았다. Lei si è divertita in discoteca.

즙(汁) (과일 따위의 액즙) il sugo, il succo; l'estratto / -이 많은 succoso(a), sugoso(a)

증가(增加) l'aumento, l'accrescimento / -하다 aumentare, accrescere, crescere (in quantità)

증가(增加)〈生〉 l'accrescimento

증간(增刊) il numero straordinario (d'una rivista)

증감(增減) l'aumento e la diminuzione; l'addizione e la sottrazione / -하다 aumentare [intr. essere] e diminuire [intr. essere, pr. -isco]; addizionare e sottrarre; variare **1** 가격은 품질에 따라 증감한다. I prezzi variano secondo la qualità.

증강(增强) (强化) il rinforzo, il rafforzamento / -하다 rinforzare, rafforzare

증거(證據) la prova, il testimonianza, la verifica / -를 제출하다 presentare delle prove ¶-書類 l'evidenza / -物 la prova / -不充分 l'insufficienza di prove

증거(證據)〈法〉 la prova, 〈商〉 l'evidenza

증권(證券) Borsa, il titolo, l'obbligazione, il valore; la polizza ¶-市場 il mercato dei titoli / 船荷- la polizza di carico / 記名- il titolo*l'obbligazione nominativa / 無記名- l'obbligazione al portatore / -去來 la borsa / -中媒人 l'agente di cambio / -取扱業者 il commissionario

증권(證券)〈商〉 la carta, il foglio

증기(蒸氣) il vapore ¶-機關 la macchina a vapore / -機關車 la locomotiva a vapore / -船 la nave a vapore

증기가마(蒸氣-)〈化〉 il bagnomaria

증기선(蒸氣船)〈海〉 il piroscafo

증기압계(蒸氣壓計)〈物〉 il vaporimetro

증대(增大) l'accrescimento, l'aumento; l'ingrandimento, (부담 따위의) l'aggravio / -되다 accrescere [intr. essere], aumentare [intr. essere]; ingrandire [intr. essere, pr. -isco], ingrandirsi / 노고의 - l'aggravio di fatica

증대(增大)〈大〉 l'accrescimento

증류(蒸溜)〈化*藥〉 la distillazione / -하다 distillare ¶-器 il distillatore

증류기(蒸溜器)〈化*藥〉 l'alambicco

증류수(蒸溜水)〈藥〉 l'acqua distillata

증명(證明) la certificazione, la prova, la testimonianza / -하다 certificare, autenticare, provare, dare prova, testimoniare, attestare **1** 上記의 정보가 사실임을 증명한다. Si certifica che quanto sopra è vero (corretto). **2** 위 사람은 1993년 2월 11일 본교 3년의 전 과정을 수료하였음을 증명함. Si certifica che la suddetta persona ha completato l'intero corso triennale di questa scuola l'11/02/1993. **3** 위 사람은 학위취득을 위한 모든 필요 과목을 이수하였음을 증명함. Si certifica che la suddetta persona ha completato tutti i requisiti per il titolo di studio. **4** 위 사람은 한국 대학교 응용화학부를 졸업하였음을 증명함. Si certifica che la suddetta persona si è diplomata presso la Scuola di Chimica Applicata, Università Hankuk. **5** 위 사람은 한국여자고등학교에서 필요한 모든 과정을 이수하였고 2002년 2월 12일 졸업하였음을 증명함. Si certifica che la suddetta persona ha completato tutti i corsi richiesti presso la Scuola Media Superiore Femminile Hankuk e si è diplomata il 12/02/2002. **6** 이 등본(초본)은 호적의 원본과 틀림없음을 증명(인증)합니다. Si certifica che la presente è una copia conforme all'originale del Registro di Stato di Famiglia. **7** - 제 090 N. del certificato 090

증명(證明)〈數〉 la dimostrazione
증명(證明)〈哲〉 la dimostrazione, l'argomento, l'argomentazione
증명불능(證明不能)〈哲〉/ -의 anapodittico(a)
증명서(證明書) il certificato / 중학교졸업-를 교부하다 rilasciare a qlcu. il certificato della licenza media ¶登錄- il certificato di iscrizione / 卒業- il certificato di diploma / 身分- il certificato di cittadinanza
증발(蒸發)〈化*氣〉 l'evaporazione, la vaporizzazione; la scomparsa / -하다 evaporare [intr. essere], vapolizzare ¶-熱 il calore di evaporazione / -접시 la bacinella
증보(增補) il supplemento, l'appendice / -하다 aggiungere un supplemento ¶-版 l'edizione con aggiunte e correzioni / 改訂-版 l'edizione riveduta e ampliata
증분(增分)〈數〉 l'incremento
증산(增産) l'aumento di produzione*fabbricazione
증상(症狀) il sintomo
증서(證書)(證明書) l'atto, il certificato, l'attestato, la cedola; (特許證) il brevetto; (卒業狀) il diploma
증설(增設) l'aumento (degli impianti) / -하다 aumentare*allargare*costruire [pr. -isco] nuovamente / 학교를 -하다 costruire una scuola nuova / 전화를 -하 다 installare un telefono supplementare
증세(增稅) l'aumento d'imposte / -하다 aumentare le imposte
증손(曾孫)〈族〉 il*la bisnipote
증수(增收) l'aumento del reddeto*delle entrate
증식(增殖) (자산 따위의) l'accumulazione di denaro / -하다 fare denaro, accumulare ricchezze
증액(增額) l'aumento (di stipendio) / -하 다 aumentare (la paga)
증언(證言)〈法〉 la testimonianza, il testimoniale, la dichiarazione del testimone*testimonio / -하다 testimoniare, attestare, deporre ¶-대 il banco dei testimoni
증여(贈與) l'offerta (di un oggetto) in omaggio / -하다 offrire*donare*regalare (qlco. in omaggio)
증여(贈與)〈法〉 la donazione
증오(憎惡) l'odio, l'antipatia **1** 그 소설의 주인공은 자신을 배신했었던 친구를 향해 치명적인 증오심을 품는다. Il protagonista del romanzo cova un odio mortale verso l'amico che l'aveva tradito. / -하다 odiare, odiarsi, detestare **1** 나는 심각한 不正行爲 때문에 그 사람을 증오한다. Odio quell'uomo per una grave ingiustizia. / -하는, 적인 odioso(a), antipatico(a) / -할만한 odioso(a), odiabile, abominevole, detestabile
증원(增援) il rinforzo / -하다 rinforzare / -을 요구하다 chiedere rinforzi ¶-軍 i rinforzi
증원(增員) l'aumento del personale / -하 다 aumentare il personale (da 30 a 40)
증인(證人) il*la testimone
증인(證人)〈法〉 il*la teste
증자(增資) l'aumento del capitale / -하다 aumentare il capitale
증정(贈呈) l'offerta (di un oggetto) in omaggio / -하다 offrire*donare*regalare (qlco. in omaggio), dedicare
증조모(曾祖母)〈族〉 la bisnonna
증조부(曾祖父)〈族〉 il bisnonno
증진(增進) l'aumento; la promozione, il progresso / -하다 aumentare; promuovere, fare progredire [intr. avere, essere; pr. -isco] / 능률을 -하다

증축(增築) l'ingrandimento d'un edificio*una casa, l'allargamento (d'edificio), la ricostruzione (per aggiungere una sala) / -하다 ingrandire [pr. -isco] un edificio*una casa, allargare l'edificio, costruire [pr. -isco] nuovamente (una stanza)

증폭(增幅)〈電〉l'amplificazione

증폭기(增幅器)〈電*物〉l'amplificatore

증후(症候) i sintomi [用語] 가려움 il prurigine, 가려움증(-症) il prurito, 각혈(咯血) la emottisi, 간헐성 경련(間歇性 痙攣) il clono, 감정마비(感情痲痺) l'apatia, 강경증(強硬症) la catalessi, 건망증(健忘症) l'amnesia, 경련(痙攣) il crampo, 경직(硬直) la rigidità, 고통(苦痛) il dolore, 공기연하증(空氣嚥下症) la aerofagia, 공동운동장애(共同運動障礙) la dismetria, 과대망상증(誇大妄想症) la megalomania, 광기(狂氣) la demenza, 구토(嘔吐) il rigurgito, il vomito, 구토물(嘔吐物) il vomito, 국부마비(局部痲痺) la paresi, 귀머거리(難聽) la sordità, 근육긴장이상(筋肉緊張異常) la distonia, 기왕증(既往症) la anamnesi, 긴장(緊張) la tensione, 난청(難聽) la sordità, 내장탈출(內臟脫出) lo sventramento, 노력(努力) il conato, 노인성 치매(老人性 癡呆) la demenza senile, 능동(能動) il conato, 다혈증(多血症) la pletora, 단백뇨(蛋白尿) l'albuminuria, 당뇨(糖尿) la glicosuria, 두통(頭痛) la cefalea, 둔함(愚鈍) il torpore, 딸꾹질 il singulto, il singhiozzo, 땀 il sudore, 류마티스 il reumatismo, 마비(痲痺) il torpore, 마비(癱痹) la paralisi, 마찰(摩擦) lo sfregamento, 말더듬 la balbuzie, 목이 쉼 la raucedine, 무감각(無感覺) il torpore, 무감동(無感動) l'apatia, 무뇨증(無尿症) l'anuria, 무력증(無力症) l'astenia, 무성증(無聲症) la afonia, 무열(無熱) l'apiressia, 무의지증(無意志症) l'abulia, 무호흡(無呼吸) l'apnea, 무후각증(無嗅覺症) l'anosmia, 밀실공포증(密室恐怖症) la claustrofobia, 박약(薄弱) l'astenia, 발광(發狂) la demenza, 발목 신경통(-神經痛) la tarsalgia, 발작(發作) l'accesso, 발작(發作) l'attacco, la crisi, 발작성 체질(發作性 體質) la spasmofilia, 백대하(白帶下) la leucorrea, 변비(便祕) la costipazione, la stipsi, 병적 다변증(病的 多辯症) la logorrea, 병적 흥분상태(病的 興奮狀態) l'isterismo, 복수증(腹水症) la ascite, 불면증(不眠症) l'insonnia, 불안(不安) l'ansia, 비만(肥滿) la pinguedine, 비만증(肥滿症) l'obesità, 비종(脾腫) la splenomegalia, 비출혈(鼻出血) la epistassi, 산성증(酸性症) la acidosi, 설사(泄瀉) la diarrhea, 성불능(性不能) l'impotenza, 소아마비(小兒痲痺) la paralisi infantile, 소화불량(消化不良) la dispepsia, 시아노제 la cianosi, 식욕부진(食慾不振) la anoressia, la disappetenza, 신경과민증(神經過敏症) il nervosismo, 신경쇠약(神經衰弱) la neurastenia, 신경질(神經質) il nervosismo, 실금(失禁) l'incontinenza, 실어증(失語症) la afasia, 심장마비(心臟痲痺) la paralisi cardiaca, 쑤심 la prurigine, 아세톤뇨증(-尿症) l'acetonuria, 아세톤혈증(-血症) l'acetonemia, 악화(惡化) l'aggravamento, 알러지 l'allergia, 알레르기 l'allergia, 알칼로시스 la alcalosi, 암시(暗示) la suggestione, 역류(逆流) il rigurgito, 완화(緩和) la rilassatezza, 요독증(尿毒症) l'uremia, 요량과다(尿量過多) la diuresi, 우둔(愚鈍) il torpore, 우울증(憂鬱症) la malinconia, 유뇨증(遺尿症) la enuresi, 의지결여(意志缺如) l'abulia, 임종(臨終) l'agonia, 자반(紫斑) la porpora, 장력(張力) la tensione, 재발(再發) la recidiva, la recrudescenza, la ricaduta, 저능(低能) l'imbecillità, 전신감각(全身感覺) la cenestesi, 전조(前兆) il prodromo, 점막염증(粘膜炎症) il catarro, 정신쇠약증(精神衰弱症) la psicoastenia, 정신신경증(精神神經症) la psiconeurosi, 정신착란(精神錯亂) la demenza, 정점(頂点) la acme, 정체(停滯) la ritenzione, 좌골신경통(坐骨神經痛) l'ischialgia, 중독증(中毒症) la tossicosi, 지루(脂漏) la seborrea, 지방축적(脂肪蓄積) la adiposità, 진통(陣痛) il dolore del parto, 질식(窒息) l'apnea, l'asfissia, 징후(徵候) il prodro-mo, 척추통(脊椎痛) la rachialgia, 천식(喘息)

l'asma, 최면상태(催眠狀態) la trance, 충혈(充血) l'iperemia, 취음(吹音) il soffio, 치매(癡呆) la demenza, 치우(癡愚) l'imbecillità, 코피(鼻出血) la epistassi, 파행(跛行) la claudicazione, lo zoppicamento, 팽만(膨滿) la turgidità, 피로(疲勞) la stanchezza, 항문출혈(肛門出血) la proctorragia, 현기증(眩氣症) la aerofobia, il capogiro, la vertigine, 혈뇨(血尿) l'ematuria, 협심증(狹心症) la stenocardia, 호흡곤란(呼吸困難) l'affanno, la dispnea, 혼수상태(昏睡狀態) il coma, la trance, 화농(化膿) la suppurazione, 환각(幻覺) l'allucinazione, 황달(黃疸) l'ittero, 후각결여(嗅覺缺如) l'anosmia, 흑내장(黑內障) la amaurosi, 흥분(興奮) l'agitazione, 히스테리 l'isterismo

증후군(症候群) la sindrome
증후학(症候學)〈醫〉la semeiotica
지(知) (知慧) la saggezza, (知識) la conoscenza, il sapere, (知能) l'intelligenza, l'intelletto
지(地) la terra, il suolo, il terreno
지가〈音〉la giga
지각(知覺) la percezione / -하다 avvertire, sentire, percepire, [<-> inavvertire] 1 경계병은 소리를 지각했다 (들었다). La sentinella avvertì un rumore. ¶-신경 i nervi sensitivi
지각(遲刻) l'arrivo in ritardo, il ritardo / -하다 ritardare [intr. avere], essere*arrivare in ritardo; (延期) differire [pr. -isco], posporre
지각(地殻) la crosta terrestre
지각(知覺)〈哲〉la percezione
지갑(紙匣) il portafoglio 1 그는 지갑에 신분증과 면허증을 갖고 있다. Tiene nel portafoglio la carta d'identita e la patente.
지겨운 noioso(a), fastidioso(a) 1 수업은 몹시 지겹다. La lezione è molto noiosa. 2 나는 오후 내내 지겨운 치통에 시달렸다. Ho avuto per tutto il pomeriggio un fastidioso mal di denti.
지골(指骨)〈解〉le falangi
지구(地區) il settore, il distretto (scolastico), il quartiere
지구(持久) la sopportazione; la resistenza ¶-力 la resistenza / -戰 la lotta di lunga sopportazione
지구(地球)〈天〉la Terra, il globo terracqueo 1 지구는 태양으로부터 세 번째에 위치하는 혹성이다. La Terra è il terzo pianeta in ordine di distanza dal Sole. ¶-表面 la superficie della Terra / -自轉 i movimenti della Terra 〔用語〕지축(地軸) l'asse, 극(極) il polo, 적도(赤道) l'equatore, 자오선(子午線) il meridiano, 위선(緯線) il parallelo, 회귀선(回歸線) il tropico, 극권(極圈) il circolo polare, 반구(半球) l'emisfero, 열대(熱帶) la zona torrida, 온대(溫帶) la zona temperata, 한대(寒帶) la zona polare, 대기(大氣) l'atmosfera, 해(海) il mare, 해류(海流) la marea
지구의(地球儀) il mappamondo
지구화학(地球化學)〈化·鑛〉la geochimica
지국(支局) la succursale, l'ufficio*la sede locale (del giornale)
지그재그 il zigzag / -로 진행하다 〈海〉bordare
지극(至極) -히 molto, tanto, assai; estremamente; infinitamente
지금(至今) adesso, ora, attualmente; al presente 1 지금 난 잠자러 간다. Adesso vado a dormire. / -까지 finora, fin ora / -부터 fin d'ora / -도 tuttora / -으로서는 per adesso / -의 attuale
지급(支給)(支拂) il pagamento / -하다 pagare; (食糧 따위를) fornire [pr. -isco], provvedere; dare ¶-額 la somma da pagare, la somma assegnata
지급(至急) l'urgenza / -으로 d'urgenza, urgentemente, pressantemente / -의 urgente, pressante ¶-電信 il telegramma urgente
지급편의(支給便宜)〈商〉la facilitazione
지기(知己) la conoscenza; (친한 친구) l'intimo amico
지나가다(通過) passare [tr., intr], trascorrere [intr. avere, essere], attraversare, traghettare, oltrepassare (una stazione destinata) 1 21번 버스는 축구장을 지나가나요? Passa per lo stadio il 21?
지나다(通過) passare
지나치게(過度) troppo, eccessivamente, soverchiamente 1 나는 지나치게 많이 먹

였다. Ho mangiato troppo. **2** 나는 지나치게 적게 잤다. Ho dormito troppo poco. / - 많은 troppo(a) **1** 넌 아직도 지나치게 많은 실수를 저지르는구나. Fai ancora troppi errori. **2** 지나치게 비싸다. Costa troppi soldi. **3** 지나치게 덥다. Fa troppo caldo.

지난(過) (시간, 기간 따위가) passato(a), scorso(a) / - 달(月) il mese scorso, il mese passato / - 週 la settimana scorsa, la settimana passata / - 해(年) l'anno scorso, l'anno passato

지내다 trovarsi **1** 넌 서울에서 어떻게 지내? Come ti trovi a Seoul?

지네〈蟲〉 il millepiedi

지느러미〈魚〉 la pinna ¶배- la pinna addominale / 꼬리- la pinna codale / 등- la pinna dorsale / 가슴- la pinna pettorale

지능(知能) l'intelligenza, l'intelletto, (知識) la conoscenza, il sapere, (知慧) la saggezza, la facoltà mentale ¶-檢査 la prova*il test mentale / -指數 IQ (=il quoziente d'intelligenza)

지니고 다니다 portare con sè

지다(沈) (해가) calare [intr. essere]*tramontare [intr. essere] il sole; (꽃이) appassire; (어깨에) portare in spalla

지당(至當) / -한 giusto(a), ragionevole

지대(地代)〈經〉 la rendita, l'affitto di un terreno

지대(地帶) la zona, la regione

지대사용료(地代使用料)〈法〉 il canone d'affitto

지도(地圖) la carta geografica, la mappa, la pianta / 밀라노 - la pianta di Milano ¶自然科學- la carta fisica / 地形學- la carta topografica / 航海- la carta nautica / 氣候- la carta climatica / 歷史- la carta storica

지도(指導) la guida, la direzione / -하다 guidare, condurre, istruire [pr. -isco], dirigere ¶-者 il comandante, il capo, la guida, il dirigente, il leader, il conduttore, l'istruttore

지도(指圖) le istruzioni, la direzione, l'ordine (m.) / -하다 dare istruzioni / ~의 - 하에 secondo*sotto istruzioni di qlcu.

지도(地圖)〈地〉 la carta geografica, la mappa

지도(地圖)〈天〉 l'atlante

지도투영법(地圖投影法)〈地〉 la proiezione cartografica

지도학(地圖學)〈地〉 la cartografia

지독한 terribile

지동설(地動說)〈天〉 il sistema eliocentrico, il sistema copernicano

지렁이 il lombrico (pl. -chi)

지령(指令)〈軍〉 la consegna; le istruzioni, l'ordine / -하다 ordinare, dare istruzioni *un ordine ¶-書 le istruzioni scritte

지론(持論) la propria opinione serbata da anni / -을 유지하다 mantenere la propria opinione

지뢰(地雷)〈軍〉 la mina ¶水中- la mina galleggiante (subacquea)

지루(倦怠) / -한 la noia, il tedio, la stanchezza / -하다 annoiarsi di, venire annoiato di qlcu., infastidirsi per, venire importunato, sentire noia, soffrire noia / -하게 하다 annoiare, infastidire [pr. -isco], importunare / -한 noioso(a) **1** 공연은 몹시 지루하다. Lo spettacolo e molto noioso.

지루(脂漏)〈醫〉 la seborrea

지류(支流)〈地〉 l'affluente

지르콘〈鑛〉 lo zircone

지름〈數〉 il diametro **1** 지름은 반지름의 두 배 길이이다. Il diametro misura due volte il raggio.

지름길 la scorciatoia / -을 택하다 prendere una scorciatoia, andare per la scorciatoia

지리(支離) / -한 incoerente, assurdo (a) / -한 대답 la risposta incoerente

지리(地理) la geografia / -上의 geografico(a) ¶-學者 il geografo **[用語]** 간조(干潮) il riflusso, 거주공간(居住空間) l'ecumene, 거주지(居住地) il habitat, 경선(經線) il meridiano, 경위선(經緯線) il reticolato geografico, 계곡(溪谷) la valle, 고원(高原) l'altopiano, il tavolato, l'acrocoro, 고위해안(高位海岸) la costa alta, 고지리학(古地理學) la paleogeografia, 곡류(曲流) il meandro, 구(丘) il colle, 구릉(丘陵) la collina, 군도(群島) l'arcipelago, 굴곡해안(屈曲海岸) la costa frastagliata, 극(極) il polo,

극권(極圈) il circolo polare, 급류(急流) il torrente, 급류(急流) la rapida, 기복해안(起伏海岸) la costa incisa, 기후학(氣候學) la climatologia, 남극의(南極-) australe, 대권항로(大圈航路) l'ortodromica, 대륙(大陸) il continente, 대륙붕(大陸棚) la piattaforma continentale, 대륙사면(大陸斜面) la scarpata continentale, 대자오선(對子午線) l'antimeridiano, 델타(三角洲) la delta, 도(島) l'isola, 돌출(突出) la punta, 동굴(洞窟) la grotta, 동물지리학(動物地理學) la zoogeografia, 등고선(等高線) la curva ipsometrica, l'isoipsa, 등심선(等深線) l'isobata, 등압선(等壓線) l'isobara, 등온선(等溫線) l'isoterma, 만(灣) il golfo, 만조(滿潮) il flusso, 반구(半球) l'emisfero, 반도(半島) la penisola, 봉(峰) la cima, la vetta, 북극의(北極-) boreale, 분수령(分水嶺) la linea di displuvio, lo spartiacque, 분절해안(分節海岸) la costa articolata, 분지(盆地) la conca, 비거주공간(非居住空間) la anecumene, 빙벽(氷壁) il seracco, 빙하(氷河) il ghiacciaio, 사진측량술(寫眞測量術) la fotogrammetria, 산맥(山脈) la catena montuosa, la sierra, 산지(山地) il monte, il massiccio, 삼각강(三角江) l'estuario, 삼각주(三角洲) la delta, 생물지리학(生物地理學) la biogeografia, 생태학(生態學) l'ecologia, 세계지도(世界地圖) il mappamondo, 소반도(小半島) la lingua, 수도(水道) il canale, 수리학(水理學) l'idrologia, 수문학(水文學) l'idrologia, 수원(水源) la sorgente, 식물지리학(植物地理學) la fitogeografia, 심해저(深海底) il pavimento abissale, 암초(巖礁) la scogliera, 염도(鹽度) la salsedine, la salinità, 위선(緯線) il parallelo, 유량(流量) la portata, 유역(流域) il bacino idrografico, 인류지리학(人類地理學) l'antropogeografia, 인문지리학(人文地理學) l'antropogeografia, 자오선(子午線) il meridiano, 저위해안(低位海岸) la costa bassa, 저지(低地) il bassopiano, 적도(赤道) l'equatore, 정상(頂上) la cima, la vetta, 조(潮) la marea, 조류(潮流) la corrente, 조석(潮汐) la marea, 조차(潮差) la sessa, 지도(地圖) la carta geografica, la mappa, 지도투영법(地圖投影法) la proiezione cartografica, 지도학(地圖學) la cartografia, 지류(支流) l'affluente, 지리학(地理學) la geografia, 지리학의(地理學-) geografico(a), 지리학자(地理學者) il geofrafo, 지층(地層) la falda, 지협(地峽) l'istmo, 지형도(地形圖) la carta topografica, 지형모형(地形模型) il plastico, 지형학(地形學) la geomorfologia, 천(泉) la sorgente, 축척(縮尺) la scala, 충적평야(沖積平野) la pianura alluvionale, 측지학(測地學) la geodesia, 탁상지(卓狀地) il tavolato, 파도(波高) l'altezza, 파도(波濤) l'onda, 파장(波長) la lunghezza, 평면지형도(平面地形圖) il planisfero, 평야(平野) la pianura, 평원(平原) la pianura, 폭포(瀑布) la cascata, la cateratta, 풍파(風波) il maroso, 피오르드 il fiordo, 하구(河口) la foce, 하류(河流) il regime, 하상(河床) il letto, l'alveo, 하안(河岸) la sponda, la riva, 하저(河底) il fondo, 하천(河川) il fiume, 하천학(河川學) la potamologia, 합류점(合流點) la confluenza, 해(海) il mare, 해구(海溝) la fossa oceanica, 해류(海流) la corrente, 해안(海岸) la costa, 해안습지(海岸濕地) la maremma, 해양(海洋) l'oceano, 해양학(海洋學) l'oceanografia, la talassografia, 해협(海峽) lo stretto, 협곡(峽谷) la forra, 호수(湖水) il lago, 환초(環礁) l'atollo, 회귀선(回歸線) il tropico

지리멸렬(支離滅裂) / -한 incoerente, assurdo(a) / -한 대화 il discorso incoerente / -하게 incoerentemente

지리언어학(地理言語學) 〈言〉 la linguistica geografica

지리학(地理學) la geografia / -의 geografico(a)

지리학자(地理學者) 〈地〉 il geofrafo

지망(志望) il desiderio, l'aspirazione / -하다 desiderare, aspirare [intr. avere] a qlco. ¶-者 l'aspirante, il*la richiedente, il candidato (f. -a)

지멘스 〈物〉 il siemens

지면(地面) la terra, il suolo, il terreno

지면(紙面) lo spazio / -의 不足으로 per mancanza di spazio

지명(地名) il nome di luogo ¶-辭典 il

지명

dizionario toponomastico
지명(地名)〈言〉 il toponimo
지명(指名) la nomina / -하다 nominare qlcu. (il primo ministro), designare **1** 신임 노 대통령은 각료를 임명했다. Il nuovo presidente Noh ha nominato i ministri. **2** 그는 사장(회장, 대통령)으로 임명되었다. E' stato nominato presidente. / -順으로 in ordine delle persone chiamate
지명연구(地名硏究)〈言〉 la toponimia
지명학(地名學)〈言〉 la toponomastica
지문(指紋) l'impronta digitale / -을 채취하다 prendere le impronte digitali / -을 남기다 lasciare le impronte digitali
지반(地盤) (基礎) la base, (建築物의 基盤) le fondamenta (f. pl.) / -을 공고히 하다 rendere solide le fondamenta (d'un palazzo)
지방(地方) (道, 州) la regione, (郡) la provincia **1** 각 지방은 자동차 번호 판에 기호로 표시하게 되어있다. Ogni provincia è contrassegnata da una targa automobilistica. cf. il comune 市,邑,面,洞에 해당되는 기초자치단체로서 해당 지역의 '작은 政府'라고 볼 수 있는데, 대도시인 밀라노나 2~3천명의 소도시도 모두 Comune를 구성하고 있습니다. es. Comune di Milano, Comune di Poggio Renatico / -의 regionale, provinciale ¶-版 l'edizione provinciale*locale (d'un giornale) / -行政 l'amministrazione regionale*provinciale / -警察 la polizia locale / -色 il colore locale / -사람 il*la provinciale
지방(脂肪)〈化〉 il grasso / -質의 grasso(a), sebaceo(a)
지방공공단체(地方公共團體)〈伊〉 Enti locali **[用語]** 군(郡) provincia, 군의회(郡議會) consiglio provinciale, 군정부(郡政府) giunta provinciale, 군정부수석(郡政府首席) presidente della giunta, 군정부참사(郡政府參事) assessori, 군의회의원(郡議會議員) consiglieri provinciali, 市(邑*面) Comune, 市(邑*面)議會 consiglio comunale, 市(邑*面)長 sindaco, 市(邑*面)參事 assessori, 市(邑*面)議會議員 consiglieri comunali
지방군관구(地方軍管區)〈伊*陸〉 Distretti militari

지불능력

지방군사재판소(地方軍事裁判所)〈伊〉 Tribunali militari territoriali
지방육군사령부(地方陸軍司令部)〈伊〉 Comandi militari territoriali di regione
지방재정국(地方財政局)〈伊〉 Finanza locale
지방재판소(地方裁判所)〈法〉 Tribunale
지방재판소(地方裁判所)〈伊〉 Tribunali
지방축적(脂肪蓄積)〈醫〉 la adiposità
지방판(地方版) (新聞의) il notiziario regionale
지방해군사령부(地方海軍司令部)〈伊〉 Dipartimenti militari marittimi, Comandi militari marittimi autonomi
지방행정국(地方行政局)〈伊〉 Amministrazione civile
지배(支配) (行政*經營上의) l'amministrazione / -하다 amministrare, governare, dominare, sottomettere **1** 시장과 꼬무네 의회가 꼬무네를 지배한다. Il sindaco e la giunta comunale amministrano il comune. ¶-者 il dominatore / -人 (企業上의) l'amministratore; (호텔의) il gerente
지배인(支配人) il*la gerente (d'un albergo)
지병(持病) la malattia cronica / -의 cronico(a)
지부(支部) la succursale, la sede secondaria
지불(支拂) il pagamento **1** 지불은 현찰로 집행되어져야 한다. Il pagamento deve essere effettuato in contanti. / -하다 pagare **1** 웨이터에게 지불하세요! Si paga al cameriere! **2** 우린 월 70만 리라를 월세로 지불한다. Paghiamo 700,000 lire al mese d'affitto. / 現金으로 -하다 pagare in contanti / -을 延期하다 differire [pr. -isco]*rimandare il pagamento ¶-金 il capitale già pagato / -中止 la cessazione dei pagamenti / -期日 la data*il termine del pagamento, la scadenza di pagamento / -人 il pagatore (f. -tora) / -條件 le condizioni del pagamento
지불(支拂)〈商〉 il versamento
지불가능(支拂可能)〈商〉 / -한 pagabile
지불거절증서(支拂拒絶證書)〈商〉 il protesto
지불능력(支拂能力)〈商〉 l'esigibilità / -있

지불보증담보(支拂保證擔保)〈商〉/ -의 pro-solvendo

지불보증무담보(支拂保證無擔保)〈商〉/ -의 pro-soluto

지불연기(支拂延期)〈法〉 la mora

지불유예(支拂猶豫)〈商〉 la dilazione

지붕(屋) il tetto ¶ 인부들이 나의 집 지붕을 고치고 있는 중이다. Gli operai stanno rifacendo il tetto della mia casa. / -기와 la tegola

지사(知事) il prefetto / 京畿道- il governatore della regione di Kyunggido

지사(支社) la filiale, la succursale

지상(地上) la terra / -의 di terra, terrestre / -의 樂園 il paradiso terrestre / -에 sulla terra ¶ -權 il diritto di superficie

지상회오리(地上-)〈氣〉 la tromba d'aria

지선(支線) la linea secondaria (ferroviaria)

지성(知性) l'intelletto, l'intelligenza / -的 intellettuale / -人 l'intellettuale

지성(知性)〈哲〉 l'intelletto

지세(地勢) la configurazione (di un terreno) ¶ -圖 la topografia

지소(支所)〈伊〉 l'ufficio

지속(持續) la durata, la continuazione, la continuità 1 그들은 영화가 지속되는 동안 내내 잡담 이외에는 아무 것도 하지 않았다. Non hanno fatto che chiacchierare per tutta la durata del film. 2 인간의 평균수명 la durata media della vita umana / -하다 durare [intr. essere, avere], continuare [intr. avere] 1 이 여행은 10일 전부터 지속되고 있다. Questo viaggio dura da dieci giorni. / -的 persistente ¶ -性 la durabilità

지수(指數)〈數〉 l'indice, l'esponente ¶ 物價- l'indice di prezzi / 生計費- l'indice del costo della vita [用語] 3제곱 tre al quadrato o tre alla seconda (potenza), 3의 세제곱 tre al cubo o tre alla terza (potenza), 3의 네제곱 tre alla quarta, X의 n제곱 x all'ennesima, 2 radice quadrata di quattro, 3 radice cubica di ventisette, n ennesima radice di x

지시(指示) l'istruzione, l'indicazione 1 지시에 따라 대답해 보라! Rispondete secondo le indicazioni! / -하다 indicare, mostrare (qlco. con l'indice), segnare; ordinare 1 그 표지판은 정차금지를 지시하고 있다. Quel cartello indica il divieto di sosta. 2 적색 신호등은 정지를 지시하고 있다. Il semaforo rosso indica lo stop.

지시대명사(指示代名詞)〈文〉 il pronome dimostrativo

지시약(指示藥)〈化〉 l'indicatore

지식(知識) la conoscenza, il sapere, (知慧) la saggezza, (知能) l'intelligenza, l'intelletto ¶ -階級 la classe intellettuale / -欲 la sete di sapere / -人 il*la intellettuale

지식론(知識論)〈哲〉 l'epistemologia, la filosofia della scienza

지역(地域) la località, la regione, la zona, l'area, il quartiere 1 우리 지역 상점에서 쇼핑하자! Facciamo la spesa nei negozi del nostro quartiere! / -의 locale / -的 regionale, locale

지역권(地役權)〈法〉 la servitù

지연(遲延) la tardezza / -하다 tardare ¶ -作戰 la manovra dilatoria

지오코소〈音〉 giocoso (익살맞은, 우스운, 즐거운, 유쾌한)

지옥(地獄)〈宗〉 l'inferno / -의 infernale

지우개(具) la gomma (da matita); (칠판용) il cancellino

지우다(消) cancellare (una frase con la gomma, la lavagna)

지워버릴 수 있는(消) cancellabile

지워지다(消) cancellarsi 1 이 기억은 결코 지워지지 않을 것이다. Questo ricordo non si cancellerà mai.

지원(志願) il desiderio, l'aspirazione / -하다 desiderare, aspirarsi [intr. avere] a qlco., richiedere / -者 l'aspirante, il*la richiedente ¶ -兵 il volontario

지원(支援) l'appoggio, l'aiuto, il favore / -하다 dare appoggio a qlcu., sostenere, aiutare, favorire; offrirsi volontario, 〈商〉 appoggiare

지위(地位) la posizione*la condizione sociale, il posto / -를 얻다 ottenere una posizione sociale

지인(知人) il*la conoscente, la conoscenza; l'amico

지장(支障) l'inconveniente, l'ostacolo, l'impedimento / -있는 ostacolato(a)

지저귀다(鳴) (鳥가) pigolare [intr. avere]
지저귐(鳴) (鳥의) pigolio
지저분한(汚) sporco(a)
지적(知的) intellettuale
지적(指摘) l'indicazione / -하다 indicare, additare
지점(地點) il luogo, il posto
지점(支店) la filiale, la succursale, la sede secondaria, l'agenzia ¶銀行 - l'agenzia di banca / -長 il capo-succursale
지정(指定) la designazione, l'appuntamento / -하다 designare / 회담의 일정을 -하다 designare il giorno e l'ora del colloquio / -된 designato(a) ¶-席 il posto riservato*prenotato
지주(地主) il proprietario terriero
지주(支柱) il sostegno, l'appoggio
지중해(地中海) il Mare Mediterraneo
지중해기후(地中海氣候)〈氣〉 il clima mediterraneo
지지(支持) l'appoggio, il sostegno / -하다 appoggiare, sostenere ¶-者 l'appoggio, il sostenitore
지지가격(支持價格)〈經〉 il prezzo politico
지지물(支持物) il sostegno
지지자(支持者) il fautore (f. -trice), il sostenitore (f. -trice)
지진(地震) il terremoto; (振動) le scosse di terremoto / -의 災害 i disastri del terremoto ¶-計 il sismografo / -學者 il sismologo
지질(地質) la natura di suolo / -의 geologico(a) ¶-學 la geologia
지질(脂質)〈化〉 la lipide
지참(持參) / -하다 portare, recare ¶-金 la dote
지체(遲滯) il ritardo / -하다 ritardare [intr. avere], essere in ritardo / -없이 senza ritardo
지축(地軸)〈地〉 l'asse
지출(支出) l'uscita, la spesa, lo sborso, il pagamento / -하다 spendere, sborsare, pagare 1 난 많이 지출했다. Ho speso molto.
지층(地層) lo strato
지층(地層)〈地〉 la falda
지친 esausto(a)

지침(指針) l'indicazione, l'indice, il sommario, la guida / 협상의 - il sommario di un tratto / -을 시달하다 dare l'indicazione
지켜보다(觀) notare, osservare
지키다 (약속 따위를) mantenere la promessa; (명예를) custodire; (규정을) rispettare
지탱하다(支撐-) reggere
지팡이 il bastone
지퍼 la cerniera lampo, la chiusura lampo
지평선(地平線)〈天〉 l'orizzonte / - 위에 sull'orizzonte, all'orizzonte
지폐(紙幣) la banconota, il biglietto di banca, la valuta / 일만원짜리 - il biglietto da diecimila won
지폐(紙幣)〈商〉 il foglio
지표(地表) le superficie della terra
지프 il jeep
지하(地下) il sottoterra / -의 sotterraneo (a) / -에 sotto (la) terra, sotterra / -에 살다 vivere [intr. essere, avere] alla macchia ¶-道 il sottopassaggio, il passaggio sotterraneo / -室 il sotterraneo / -鐵 la metropolitana, la ferrovia sotterranea / -運動 l'attività clandestina
지하도(地下道)〈宗〉 il cunicolo
지하묘소(地下墓所) la catacomba [用語] 지하도(地下道) il cunicolo, 벽감(壁龕) (관이나 유해를 안치하는 장소) il loculo, 지하성당(地下聖堂) la cripta, 아취형 묘소(-墓所) l'arcosolio, 성체안치소(聖體安置所) il cubicolo.
지하성당(地下聖堂)〈宗〉 la cripta
지하실(地下室) lo scantinato
지하저장소(地下貯藏所) (술 따위의) la cantina
지하창고(地下倉庫) la cantina
지하철(地下鐵) la metropolitana, la metro 1 새로운 지하철 노선이 건설되고 있는 중이다. Si sta costruendo una nuova linea della metropolitana. ¶-路線 la linea metropolitana
지학(地學) la geografia fisica
지향(指向) l'intenzione
지향(志向)〈哲〉 l'intenzione
지향성(志向性)〈哲〉 l'intenzionalità
지혈(止血)〈醫〉 la emostasi, lo stagnamento / -의 emostatico(a) / -시키다

지혈제(止血劑)〈藥〉 l'emostatico arrestare il sangue ¶-藥 l'emostatico
지협(地峽)〈地〉 l'istmo
지형(地形) la configurazione del terreno
지형(紙型)〈印〉 il flano
지형도(地形圖)〈地〉 la carta topografica
지형모형(地形模型)〈地〉 il plastico
지형학(地形學)〈地〉 la geomorfologia
지혜(知慧) la saggezza, (知識) la conoscenza, il sapere, (知能) l'intelligenza, l'intelletto / -로운 saggio(a), savio(a); intelligente / -로운 사람 il savio, il*la sapiente / ～에게 -를 구하다 chiedere un consiglio*un'idea a qlcu.
지혜의 천사(智天使)〈宗〉 i cherubini
지휘(指揮)〈音〉 la direzione; il comando / -하다 dirigere, comandare¶ -者 il direttore d'orchestra / -官 il comandante / -棒 il bastone del comando; la bacchetta del direttore d'orchestra
지휘봉〈音〉 la bacchetta
지휘자(指揮者)〈音〉 il direttore d'orchestra, il maestro concertatore
직각(直角) il retto, l'angolo retto / -의 rettangolo, rettangolare ¶-三角形 il triangolo rettangolo
직각(直覺) l'intuito / -的, 의 (直觀의) intuitivo(a)
직각(直角)〈數〉 l'angolo retto
직각삼각형(直角三角形)〈數〉 il triangolo rettangolo
직감(直感) l'intuito / -하다 intuire [pr. -isco]
직경(直徑)〈數〉 il diametro
직계제(職階制) la gerarchia
직공(職工) l'operaio
직관(直觀)〈哲〉 l'intuizione / -의 intuitivo(a)
직관주의(直觀主義)〈哲〉 l'intuizionismo
직권(職權) l'autorità, i poteri (d'un funzionario) **1** 학장은 집회를 위한 강의실을 대여할 수 있는 직권을 지니고 있다. Il preside ha l'autorità di concedere l'aula per un'assemblea. / -을 남용하다 abusare [intr. avere] della propria autorità
직근(直根)〈植〉 il fittone
직기(織機) il telaio (per tessere)
직렬접속(直列接續)〈電〉 il collegamento serie

직류(直流)〈電〉 la corrente continua
직면(直面) (곤란한 일 따위에) l'affrontamento / -하다 affrontare, affrontarsi, fronteggiare, fare fronte a (un pericolo) **1** 그는 용기를 갖고 죽음에 직면했다. Ha affrontato la morte con coraggio. **2** 두 명의 권투 선수들은 링의 복판에서 서로 대적 (직면)하고 있다. I due pugili si affrontano al centro del ring.
직무(職務) l'ufficio, la carica, la funzione, la mansione, il compito; il servizio / 大使의 -를 수행하다 svolgere l'ufficio*la carica d'ambasciatore / -를 태만히 하다 trascurare il proprio lavoro / -上의 della mansione ¶-怠慢 la negligenza nell'adempimento del proprio compito
직물(織物) il tessuto, il tessile, la stoffa ¶-工場 l'industria tessile
직방체(直方體)〈數〉 la rettangoloide
직사(直射) (光線) i raggi diretti (del sole), la luce diretta / -하다 emettere i raggi diretti, essere esposto direttamente ai raggi solari
직사각형(直四角形) il rettangolo
직선(直線) la retta, la linea retta / 일-으로 in linea retta
직선(直線)〈數〉 la retta
직선경기(直線競技)〈輪〉 la gara in linea
직설법(直說法)〈文〉 (il modo) indicativo ¶-現在〈文〉 il presente indicativo
직업(職業) l'occupazione, la professione, il mestiere / -的 professionale ¶-病 la malattia professionale / -學校 l'istituto professionale
직업훈련국(職業訓鍊局)〈伊*敎〉 professionale
직역(直譯) la traduzione letterale / -하다 tradurre letteralmente*parola per parola
직영(直營) la gestione in economia
직원(職員) l'impiegato, l'impiegata; (集合的) il personale
직인(職印) il timbro ufficiale / 대학교의 - (잉크가 아닌 壓印)이 첨부됨 Apposto il timbro ufficiale (a secco) dell'Università
직인(職人) l'artigiano, il lavoratore, l'operaio
직장(職場) il posto di lavoro
직장(直腸)〈解〉 il retto, l'intestino retto
직접(直接) / -의 diretto(a), immedi-

직접관련성 (直接關聯性)〈法〉la pertinenza

직접세국 (直接稅局)〈伊〉imposte dirette

직접행동 (直接行動)〈政〉l'azione diretta

직진 (直進) / -하다 andare diritto

직책 (職責) la responsabilità d'una carica

직통 (直通) la comunicazione diretta; il servizio diretto (ferroviario) / -하다 comunicare direttamente; avere il servizio diretto ferroviario ¶-列車 il treno diretto

직판 (直販) la vendita sul luogo (d'esposizione) / -하다 vendere sul luogo

직할 (直轄) la competenza diretta / -의 sotto la competenza diretta, sotto l'autorità competente

직후 (直後) subito*immediatamente dopo / 戰爭- subito dopo la guerra

진 (송진) la resina

진가 (眞價) il vero valore, il valore reale, il merito / -를 인정하다 apprezzare il vero valore

진검 (眞劍) la spada con lama

진격 (進擊) l'avanzata / -하다 avanzare [intr. essere] (per attaccare i nemici)

진공 (眞空)〈理〉il vuoto / -이 되다 rendere vuoto ¶-管 la valvola, il tubo a vuoto / 텔레비전 -管 la valvola televisiva

진공계 (眞空計)〈物〉il vacuometro

진공관 (眞空管)〈物〉il tubo a vuoto

진공관 (眞空管)〈電〉la valvola

진공관검파기 (眞空管檢波器) il rivelatore a valvola

진공관증폭기 (眞空管增幅器) l'amplificatore a valvola

진공청소기 (眞空清掃器) l'aspirapolvere

진공포장 (眞空包裝) la confezione sottovuoto

진군 (進軍) l'avanzata / -하다 avanzare [intr. avere] / 로마 - Marcia su Roma

진급 (進級) la promozione, l'avanzamento / -하다 essere promosso(a)

진기한 (珍奇) raro(a)

진눈깨비〈氣〉il nevischio / -가 내리다 cadere*venire giù il nevischio

진단 (診斷) la diagnosi / 폐렴을 -하다 diagnosticare una polmonite ¶-書 il certificato medico (sulla diagnosi) / 早期- la diagnosi precoce

진도 (震度) i gradi della scala sismica (Mercalli)

진도 (進度) il progresso dello studio, l'avanzamento del lavoro

진동 (震動) la scossa / -하다 essere scosso(a) (da scuotere) 1 지진으로 집이 진동했다. La casa venne scossa dal terremoto.

진동 (振動) la vibrazione, l'oscillazione, la scossa (di terremoto) / -하다 vibrare [intr. avere], oscillare [intr. avere]

진동 (振動)〈物〉la pulsazione

진동 (振動)〈電〉l'oscillazione

진동수 (振動數)〈物〉la frequenza

진동운동 (振動運動)〈操〉l'oscillazione

진동음 (震動音)〈言〉la vibrante

진동자 (振動子)〈電〉il vibratore

진드기〈蟲〉l'afidi, la zecca

진딧물〈蟲〉lo scarafaggio

진로 (進路) la direzione; (船舶, 飛行機의) la rotta; la via / -를 잡다 fare rotta per / -를 잘못 잡다 sbagliare (direzione*rotta*via); sviarsi (in vita) / -를 정하다 determinare la direzione / -를 바꾸다 cambiare una via (da seguire), 〈海〉dirottare / -를 변경하다〈海〉accostare

진료 (診療) l'esame e cura medici / -하다 tenere un paziente in osservazione ¶(公*私)立-所 la clinica (pubblica*privata)

진리 (眞理) la verità, il vero / -를 求하다 cercare la verità

진리 (眞理)〈哲〉la verità

진무르다〈醫〉provocare l'erosione

진무름〈醫〉l'erosione

진보 (進步) il progresso, l'avanzamento / -된 progredito(a) / -하다 progredire [intr. avere, essere; pr. -isco], fare progressi in qlco. / -的 progressivo(a) ¶-党 il partito progressivo

진사 (辰砂)〈鑛〉il cinabro

진상 (眞相) la verità, lo stato reale / -을 밝히다 rendere nota*chiarire [pr. -isco] la verità dei fatti

진수 (進水) il varo / -하다 varare (una nave appena costruita) / -式 la cerimonia del varo

진수 (眞髓) l'essenza, la quintessenza

진수(進水)〈海〉il varo / -시키다 varare

진술(陳述) la dichiarazione / -하다 dichiarare, esporre (il proprio parere*il fatto)

진실(眞實) il vero, la verità; (現實) la realtà / -의, 한 vero(a), reale / -로 veramente, in verità; realmente

진실성(眞實性) la sincerità

진심(眞心) la sincerità / -의 sincero(a) / -으로 sinceramente, di cuore

진압(鎭壓) la repressione, la soppressione / -하다 reprimere, sottomettere, sopprimere

진언(進言) il consiglio, l'avviso, il suggerimento / -하다 consigliare, dare un avviso, suggerire [pr. -isco]

진열(陳列) l'esposizione, la mostra, l'esibizione / -하다 esporre, mostrare ¶-窓(쇼윈도우) la vetrina

진열(陳列)〈繪*彫〉l'esposizione

진열대(陳列臺) (店鋪의) lo scaffale, (露店의) la bancarella 1 그 진열대 위에는 뭐가 있나요? Che cosa c'è sugli scaffali?

진열장(陳列場) lo scaffale / 3단 - lo scaffale a tre ripiani / -위에 올려놓다 porre*disporre qlco. sullo scaffale

진영(陣營) l'accampamento, la posizione

진원지(震源地) il centro sismico

진위(眞僞) verità e falsità, il vero e il falso / -를 가리다 distinguere il vero dal falso; autenticare (una firma), accertare (una notizia)

진자(振子)〈物〉il pendolo

진작(振作) / (活氣를) -하다, 시키다 animare, ravvivare; (陽氣, 즐거움을) rallegrare

진전(進展) il progresso, lo sviluppo / -하다 progredire [intr. avere, essere; pr. -isco], svilupparsi / -되다 andare avanti, avanzare, procedere / -시키다 fare progressi (nello studio)

진절머리 나다 disgustare, sbalordire a, essere disgustato(a), essere stupefatto(a)

진정(眞正) / -으로 veramente

진정(鎭靜) la calma, la tranquillità, la quiete / -하다 calmare (il dolore), calmarsi, quietare / -시키다 calmare, tranquillare, quietare, acquietare / (風, 海, 怒, 苦痛이) -되다 tranquillarsi, calmarsi, quietarsi 1 위의 통증이 진정되었다. Il dolore di stomaco si è calmato. ¶-劑 il calmante

진정(陳情) la petizione, l'istanza / -하다 presentare*rivolgere una petizione (a qlcu.*alle autorità) ¶-書 la petizione, l'istanza

진정(鎭定) la repressione, il soggiogamento / -하다 reprimere (la rivolta), soggiogare

진정(眞情) la sincerità, i veri sentimenti / -을 토로하다 manifestare i propri (veri) sentimenti verso di qlcu.

진정제(鎭靜劑)〈藥〉il sedativo, l'antispastico, il calmante, il tranquillante

진주(進駐) la guarnigione (delle truppe) d'occupazione / -하다 accamparsi, occupare una posizione (per combattere), risiedere (in un paese o in una città occupata) / -軍 le truppe*le forze di guarnigione

진주(珍珠)〈鑛〉la perla

진중(鎭重) la prudenza, la cautela / -하다 essere prudente, cautelarsi / -하며 행동하다 agire [intr. avere, pr. -isco] con cautela*prudentemente / -한 prudente, discreto(a)

진지(眞摯) / -함 la serietà / -한 serio (a) / -하게 seriamente

진지(陣地) la posizione (di battaglia) / -를 점령하다 occupare una posizione / -를 철수하다 evacuare la posizione

진짜의 autentico(a)

진찰(診察) la visita, l'esame medico, la consultazione medica / -하다 esaminare (un paziente) / -을 받다 consultare un medico, consultarsi con un medico ¶-室 il gabinetto medico

진출(進出) l'avanzamento, 〈軍〉l'avanzata; il progresso / -하다 avanzare [intr. essere], avanzarsi; progredire [intr. avere, essere; pr. -isco]; acquistare un nuovo mercato all'estero

진취(進取) / -的 intraprendente

진통(陣痛)〈醫〉il dolore del parto

진통제(鎭痛劑)〈藥〉il sedativo, il lenitivo, l'analgesi-co, il balsamo

진퇴(進退) l'avanzamento e la retrocessione; l'atteggiamento da decidere

진폭(振幅)〈電*物〉 l'ampiezza
진폭변조(振幅變調) la modulazione di ampiezza
진학(進學) entrare in una scuola superiore; proseguire [pr. -isco] gli studi ¶-適性檢查 l'esame attitudinale per il proseguimento (scolastico)
진한 forte; denso(a)
진해제(鎭咳劑)〈藥〉 il bechico
진행(進行) l'avanzamento; la progressione / -하다 avanzare [intr. avere], andare [intr. essere] avanti, procedere [intr. essere], progredire [intr. essere, pr. -isco] / -中 (열차 따위의) in moto, (工事) in corso / -狀況 lo stato di avanzamento (dei lavori) / 순조롭게 -되다 procedere favorevolmente
진형(陣形) la formazione di battaglia
진혼가(鎭魂歌)〈音〉 il requiem
진혼곡(鎭魂曲)〈音〉 il requiem
진홍색 scarlatto(a)
진화(鎭火) l'estinzione (d'un incendio) / -되다 estingersi, spegnersi (l'incendio)
진화(進化)〈生〉 l'evoluzione ¶-論 l'evoluzionismo, la teoria dell'evoluzione
진화주의(進化主義)〈哲〉 l'evoluzionismo
진흙 il fango
진흥(振興) l'incoraggiamento, lo sviluppo, la promozione / -하다 incoraggiare, sviluppare, fare progredire, promuovere / -시키다 promuovere
질 (여성의) la vagina
질권(質權)〈法〉 il pegno
질긴 duro(a)
질량(質量)〈物〉 il grammo massa, la massa ¶原子- la massa atomica*nucleare
질료(質料)〈哲〉 la materia
질료형상론(質料形相論)〈哲〉 l'ilemorfismo
질리다 stufarsi
질문(質問) la domanda, la questione, l'interrogazione, (議會의) l'interpellanza / -하다 domandare*chiedere (a qlcu.) qualche informazioni su qlco., qlcu., rivolgere una domanda (a qlcu.), interrogare, interpellare, fare una domanda **1** 질문해도 되나요? Posso fare una domanda? / -者 l'interrogante,

l'interpellante
질병(疾病) la malattia
질산(窒酸)〈化〉 l'acido nitrico
질서(秩序) l'ordine / -있는 ordinato(a), disciplinato(a), metodico(a) / -없는 disordinato(a), indisciplinato(a), non metodico(a)
질소(窒素)〈化〉 l'azoto ¶-肥料 il fertilizzante azotato
질식(窒息) il soffocamento, la soffocazione, l'asfissia / -하다 soffocare [intr. essere], asfissiare [intr. essere] / -死하다 morire [intr. essere] per soffocamento
질식(窒息)〈醫〉 l'apnea, l'asfissia
질주(疾走) / -하다 correre [intr. essere] a tutta*grande velocità
질책(叱責) il rimprovero, il biasimo, l'ammonimento / 엄격한 - il rimprovero aspro / -하다 ammonire [pr. -isco], rimproverare, sgridare, biasimare
질투(嫉妬) l'invidia, la gelosia / -하다 invidiare, essere invidioso(a)*geloso(a) di qlcu., provare la gelosia per qlcu. / -하는 geloso(a), invidioso(a)
질환(疾患) le malattie [用語] 각막염(角膜炎) la cheratite, 간경화증(肝硬化症) la cirrosi epatica, 감기(感氣) il raffreddore, 감염(肝炎) la epatite, 감염(感染) l'infezione, 갑상선염(甲狀腺炎) la tiroidite, 개선(疥癬) la scabbia, 결막염(結膜炎) la congiuntivite, 결석증(結石症) la calcolosi, 결핵(結核) la tubercolosi, 경변증(硬変症) la cirrosi, 경색(梗塞) l'infarto, 고혈압증(高血壓症) l'ipertensione, 고환염(睾丸炎) la orchite, 골막염(骨膜炎) la periostite, 골막염(骨膜炎) la sinovite, 골수염(骨髓炎) la mielite, 골수염(骨髓炎) la osteomielite, 골염(骨炎) la osteite, 관절염(關節炎) la artrite, 관절증(關節症) la artrosi, 광견병(狂犬病) la rabbia, 구내염(口內炎) la stomatite, 구루병(佝僂病) il rachitismo, 궤양(潰瘍) la ulcera, 규폐증(硅肺症) la silicosi, 기관지염(氣管支炎) la bronchite, 기관염(氣管支炎) la tracheite, 기관지폐렴(氣管支肺炎) la broncopolmonite, 기절(氣絶) la sincope, 기종(氣腫) la enfisema, 나팔관염(喇叭管炎) la salpin-

gite, 난시(亂視) l'astigmatismo, 납중독(-中毒) il saturnismo, 낭창(狼瘡) il lupus, 내심막염(內心膜炎) la endocardite, 노안(老眼) la presbiopia, 녹내장(綠內障) il glaucoma, 농루(膿漏) la piorrea, 농창(膿瘡) l'ascesso, 농포(膿疱) la pustula, 뇌막염(腦膜炎) la meningite, 뇌염(腦炎) la encefalite, 늑막염(肋膜炎) la pleurite, 다발성관절염(多發性關節炎) la poliartrite, 담낭염(膽囊炎) la colecistite, 담석증(膽石症) la colelitia, 당뇨병(糖尿病) la diabete, 대동맥염(大動脈炎) la aortite, 동맥경화증(動脈硬化症) la arteriosclerosi, 디프테리아 la difterite, 말라리아 la malaria, 망막염(網膜炎) la retinite, 매독(梅毒) la sifilide, 맹장염(盲腸炎) la appendicite, 맹장염(盲腸炎) la tiflite, 무도병(舞蹈病) la corea, 발작(發作) l'ictus, 발진티푸스 il tifo, 방광염(膀胱炎) la cistite, 방사선피부염(放射線皮膚炎) la radiodermite, 배꼽염(-炎) lo onfalite, 배앓이 la colica, 백내장(白內障) la cateratta, 백일해(百日咳) la pertosse, 복막염(腹膜炎) la peritonite, 부비강염(副鼻腔炎) la sinusite, 부전마비(不全麻痺) la paraplegia, 브루셀라병(-病) la brucellosi, 비염(鼻炎) la corizza, 비염(鼻炎) la rinite, 비염(脾炎) la splenite, 빈혈증(貧血症) l'anemia, 사상균병(絲狀菌病) la micosi, 색맹(色盲) il daltonismo, 선단거대증(先端巨大症) l'acromegalia, 선모충병(旋毛虫病) la trichinosi, 선병(腺病) la scrofola, 성홍열(猩紅熱) la scarlattina, 소모증(消耗症) la tabe, 신경염(神經炎) la nevrite, 신경증(神經症) la nevrosi, 신장변성병(腎臟變性病) la nefrosi, 신장염(腎臟炎) la nefrite, 실신(失神) la sincope, 심근염(心筋炎) la miocardite, 아구창(鵝口瘡) il mughetto, 아메바성질환(-疾患) la amebiasi, 암(癌) il cancro, 여드름(痤瘡) la acne, 염증(炎症) l'infiammazione, 외음염(外陰炎) la vulvite, 요도염(尿道炎) la uretrite, 위염(胃炎) la gastrite, 위장염(胃腸炎) la gastroenterite, 유행성감기(流行性感氣) l'influenza, 유행성이하선염(流行性耳下腺炎) la parotite epidemica, 이관염(耳管炎) la salpingite, 이앓이(齒齦炎) la gengivite, 이하선염(耳下腺炎) gli orecchioni, la parotite, 인공유산(人工流產) l'aborto, 인후염(咽喉炎) la faringite, 임질(淋疾) la gonorrea, 임파선염(-炎) il bubbone, 장염(腸炎) la enterite, 전립선염(前立腺炎) la prostatite, 전염(傳染) l'infezione, 점액분비(粘液分泌) la blenorragia, 정맥동염(靜脈洞炎) la sinusite, 정맥류(靜脈瘤) la varice, 정맥염(靜脈炎) la flebite, 졸도(卒倒) la sincope, 좌골신경통(坐骨神經痛) la sciatica, 중이염(中耳炎) la otite media, 척추염(脊椎炎) la spondilite, 천식(喘息) l'asma, 천연두(天然痘) il vaiolo, 추골염(椎骨炎) la spondilite, 출혈성체질(出血性體質) l'emofilia, 충수염(虫垂炎) la appendicite, 충치(蟲齒) la carie, 췌장염(膵臟炎) la pancreatite, 치수염(齒髓炎) la pulpite, 치은염(齒齦炎) la gengivite, 치질(痔疾) le emorroidi, 탄분증(炭粉症) la antracosi, 탈장(脫腸) l'ernia, 탈저(脫疽) la cancrena, 통풍(痛風) la gotta, 트라코마 il tracoma, 파라티푸스 il paratifo, 패혈증(敗血症) la sepsi, 페스트 la peste, 편도선염(扁桃腺炎) la tonsilite, 폐렴(肺炎) la polmonite, la pneumonia, la pneumonite, 포진(疱疹) il herpes, 표저(瘭疽) il patereccio, 피부균열(皮膚龜裂) la ragade, 피부염(皮膚炎) la dermatite, 혈우병(血友病) l'emofilia, 혈전성정맥염(血栓性靜脈炎) la tromboflebite, 홍역(紅疫) il morbillo, la roseola, 홍진(紅疹) la roseola, 흑사병(黑死病) la peste nera

짊어지다(背負) (물건을) mettere* portare qlco. sul dorso, addossarsi; assumersi (una responsabilita')
짐 il carico; il peso
짐꾼 il facchino
짐승 la bestia
집(宅) la casa / -에 in casa, a casa / -에 머물다 restare*trovarsi in casa ¶-주인 il proprietario (f. -a)
집게〈醫〉il forcipe, le pinze, le tenaglie
집결(集結) l'afflusso, il concentramento / -하다 concentrarsi in, affluire [pr. -isco] **1** 군중이 출구로 집결하고 있었다. La folla affluiva all'uscita.
집계(集計) il totale / -하다 sommare

집념(執念) (선량한 의미) il raccoglimento, l'assiduità; (악의적 의미) l'ossesione [intr. essere, avere]*assommare [intr. essere] a

집념(執念) (선량한 의미) il raccoglimento, l'assiduità; (악의적 의미) l'ossesione

집단(集團) la folla, il gruppo, la massa ¶-安全保障 la sicurezza collettiva

집단적 항명(集團的 抗命)〈法〉 l'ammutinamento

집달이(執達吏) l'ufficiale giudiziario

집무(執務) il lavoro, gli affari, il servizio / -하다 essere al lavoro

집배(集配) levata e recapito ¶-人 (우편배달부) il portalettere

집산(集散) il raccoglimento e la distribuzione ¶-地 il centro di distribuzione

집산주의(集産主義) il collettivismo

집시 lo zingaro

집요(執拗) l'ostinatezza / -한 ostinato(a), persistente / -하다 ostinarsi / -하게 insistentemente

집적(集積) l'accumulazione, l'ammassamento / -하다 accumulare, ammassare

집주인 il proprietario (di casa)

집중(集中) la concentrazione / -하다 concentrare (l'attenzione su qlco.)

집중호우(集中豪雨) il temporale, l'acquazzone con tuoni e fulmini

집착(執着) l'attaccamento, l'ostinatezza, l'affezione / -하다 attaccarsi a qlco., affezionarsi a qlcu. o qlco., ostinarsi / -하는 ostinato(a)

집필(執筆) / -하다 scrivere (un'opera letteraria) ¶-者 lo scrittore, l'autore

집 합(集 合)〈軍〉 l'adunata / -하 다 radunarsi, adunarsi ¶-所 il luogo di riunione*adunata

집합(集合)〈數〉 l'aggregato, l'insieme

집행(執行) l'esecuzione / -猶豫로 풀려나다 beneficiare della condizionale / -하다 eseguire [pr. -isco], mettere qlco. in atto*pratica, amministrare ¶-委員 il membro del comitato esecutivo / -猶豫〈法〉 il condizionale (della pana)

집행권(執行權) il potere esecutivo

집회(集會) la riunione, la radunanza, il raduno, l'assemblea / -하다 riunirsi, radunarsi ¶-場所 il luogo di riunione

짓다(作) fare

짓밟다 violare

징계(懲戒) la pena disciplinare / -하다 punire, irrogare una pena disciplinare

징 il gong; il chiodo

징발(徵發) la requisizione; (押收) il sequestro / -하다 requisire; sequestrare

징벌(懲罰) il castigo, la punizione / -하다 castigare, dare una punizione, punire [pr. -isco]

징병(徵兵) la leva, la coscrizione ¶-制度 (il sistema di) coscrizione

징세(徵稅) l'esazione delle imposte*tasse / -하다 esigere le imposte

징수(徵收) la riscossione, l'esazione / -하다 esigere (le tasse), riscuotere (l'affitto) ¶稅金- la riscossione di imposte e tasse

징역(懲役) i lavori forzati (dei carcerati), la reclusione, (投獄) la carcerazione, l'imprigionamento / -가다 entrare in cercare

징조(徵兆) il presagio

징역형(懲役刑)〈法〉 la reclusione

징집(徵集) la requisizione / -하다 requisire

징후(徵候) il sintomo, l'indizio, il segno

징후(徵候)〈醫〉 il prodromo

짖다 (개가) abbaiare ¶ 짖는 개는 물지 않는다. Cane che abbaia non morde.

짖음 (개가) l'abbaiata, l'abbaio, (울부짖음) urlare

짙은 fitto(a), denso(a)

짚 la paglia / 벼- la paglia di riso

짜다 (천, 세탁물 따위를) attorcere

짜다 (壓搾) spremere, stringere, pressare / 우유를 - mungere la mucca / 知慧를 - lambiccarsi il cervello

짜다(織造) (織物, 바구니를) tessere (la tela), formare

짝(級友) il vicino di banco, la vicina di banco; un paio, il compagno

짝수〈數〉 i numeri pari [<-> i numeri dispari], pari ¶ 2, 10은 짝수이다. Due, dieci sono numeri pari.

짠 (맛이) salato(a) / -맛 il sapore salato

짧게(簡單) brevemente / -하다 accorciare, abbreviare

짧은(短) corto(a), (時間的) breve / - 대화 una breve conversazione / - 머리 i capelli corti

째즈〈音〉il jazz ¶-밴드 la banda jazz / -歌手 il*la cantante jazz
짹짹(鳴) (鳥가) il pigolio, il pigolamento / - 울다 pigolare
쨈〈食〉la marmellata, la conserva di frutta
쩨쩨한(吝嗇) avaro(a), taccagno(a)
쩨쩨함(吝嗇) l'avarizia
쪼개다(分割) spaccare, rompere, schiacciare, ammazzare / 시간을 - ammazzare il tempo
쪼개지다(分割) spaccarsi [intr. essere] (in due)
쪼다(鳥가) beccare
쪽(페이지) la pagina **1** 나는 항상 신문에서 스포츠 면을 읽는다. Leggo sempre la pagina sportiva sul giornale. **2** 너는 왜 노트 두 장을 찢었니? Perché hai strappato due pagine del quaderno?
쪽(방향) la direzione
쪽지 il bigliettino, il pezzetto di carta
쫓다(追) inseguire; seguire (le tracce di qlcu.); correre dietro / 流行을 - seguire la moda
쭈뼛 서다(머리카락이) rizzarsi **1** 두려움으로 내 머리카락이 쭈뼛 선다. Per l'orrore mi si rizzano i capelli.

쯤 verso / 정오- verso mezzogiorno
찌꺼기 il sedimento, il deposito, il fondo, la feccia (pl. -ce) / 막걸리 - la feccia di Maccolli
찌다 (수증기에) cuocere a vapore; (살이) ingrassare
찌르다 pungere, (단검으로) pugnalare; pizzicare
찌르릉찌르릉 소리 내다 tintinnare [intr. avere]
찌푸리다 aggrinzare / 코를 - aggrinzare il naso
찍다 (인쇄물을) stampare; (사진을) fotografare
찜질 l'applicazione d'impacchi
찡그리다 aggrottare, fare smorfie **1** 그 노인은 이마를 찡그리면서 그를 의심의 눈초리로 쳐다보았다. Il vecchio lo guardo sospettoso aggrottando la fonte. / -린 aggrotta-to(a) / 얼굴을 - aggrottato in volto
찡그린 얼굴(面) la smorfia
찢다(破) (종이, 의류를) strappare, stracciare, squarciare, lacerare
찢어지다(破) strapparsi, lacerarsi
찧다 tritare, macinare, pestare; polverizzare, ridurre in polvere, molare

ㅊ

차(茶) il tè / 레몬- 한잔 un tè al limone / -를 마시다 bere*prendere te'
차(次) / 1-試驗 il primo esame / 2-方程式 l'equazione di secondo grado / (飲酒) 2- un altro party di amici per ribere il soju in un altro bar dopo la cena
차(車) il veicolo; l'automobile ¶-兩 il vagone, la vettura / 自動- l'automobile, l'auto, la macchina / -바퀴 la ruota
차가운 freddo(a)
차가워지다(冷) raffredarsi, diventare freddo
차게 하다(冷) rinfrescare; raffreddare / 얼음으로 - raffreddare (qlco.) con il ghiaccio
차고(車庫) la rimessa; (자동차의) l'autorimessa, il garage, il box
차관(次官) il vice-ministro, (이탈리아) il sottosegretario di Stato ¶外務- il vice-ministro degli esteri*degli affari esteri / 政務- il vice-ministro parlamentare degli esteri
차관(借款)⟨銀⟩ il prestito / -을 신청하다 proporre*chiedere un prestito
차기(次期) il prossimo periodo / -의 prossimo(a), a nuovo
차남(次男) il secondogenito
차녀(次女) la secondogenita
차다(발로) dare calci
차다(冷, 寒) (기후가) fare freddo, (몸이) avere freddo
차다(携帶) (칼을) cingere (la spada), (시계를) portare l'orologio
차다(가득) riempirsi
차단(遮斷) l'interruzione, il blocco / 電流의 - l'interruzione della corrente elettrica / -하다 interrompere, bloccare, sbarrare **1** 경찰은 은행으로 접근하는 도로를 차단했다. La polizia ha bloccato le strade che portano alla banca. **2** 어제의 화재는 몇 시간 동안 지하철을 차단시켰다. Un incendio ha bloccato ieri per alcune ore la metropolitana. / -되다 interrompersi ¶-機 (鐵道의) il passaggio a livello
차도(車道)⟨路⟩ la carreggiata cf. 人道 il marciapiede
차라리 piuttosto
차량(車輛) il carro, al carrozza, la vettura, il vagone; (一般的) il veicolo ¶運行- l'auto circolante
차례 il turno, l'ordine / -를 기다리다 aspettare il proprio turno
차별(差別) la distinzione, la differenza, la discriminazione / -하다 distinguere (da una persona*cosa dall'altra), differen-ziare, discriminare, (判別) discernere / -的 differenziale, discriminante ¶-待遇 il trattamento differenziale*discriminante / 人種- la discriminazione razziale
차분하게 con calma, tranquillamente
차석(次席) il secondo posto
차선(車線) la corsia, la carreggiata / 3-(道路) la strada a tre corsie
차압(差押) il sequestro, ⟨法⟩ il pignoramento / -하다 sequestrare
차액(差額) la differenza (del conto); (貿易의) il bilancio (di commercio) / -을 지불하다 pagare la differenza
차양(帽子의) la visiera, (상점 쇼윈도를 덮는) la tenda (del negozio)
차용(借用) il prestito, il finanziamento / -하다 prendere a prestito ¶-證書 l'atto di prestito
차용어(借用語)⟨言⟩ l'imprestito
차원(次元)⟨數⟩ la dimensione
차이(差異) la differenza, la diversità, lo scarto **1** 상점과 슈퍼마켓 간에 어떤 차이 있나요? Che differenza c'è tra un negozio e un supermercato? / 2점 -로 승리하다 vincere (la partita di calcio per due punti (a zero) / 최대와 최소의 큰 - un grande scarto tra le massime e

차입금(借入金) il debito, l'indebitamento
차장(次長) il sottocapo, il vicedirettore
차점(次點) il secondo posto (elettorale) ¶(選擧의) -者 il secondo eletto
차지다(冷) raffreddarsi, diventare più freddo
차지하다 occupare
차차 poco a poco
차창(車窓) il finestrino
차축(車軸) l'asse della ruota
차코나<音> la ciaccona
차표 il biglietto
착각(錯覺) l'illusione / -하다 confondere (una persona*una cosa con l'altra); equivocare [intr. avere] (sul significato), illudere, sbagliare, scambiare qlcu. o qlco. per un altro; non poter riconoscere / -을 일으키다 cadere [intr. essere] nelle illusioni
착란(錯亂) la confusione (mentale)
착륙(着陸) l'atterraggio / -하다 atterrare [intr. avere] ¶不時- l'atterraggio forzato*di fortuna / -場 il campo d'atterraggio
착륙장치(着陸裝置)<空> il carrello d'atterraggio
착복(着服) (公金의) il peculato, l'appropriazione / -하다 appropriarsi (dei beni altrui)
착상(着想) l'idea, l'ispirazione / 번득이는 - l'idea luminosa
착색(着色) la colorazione / -하다 colorare, colorire [pr. -isco]
착색(着色)<繪> la colorazione / -하다 colorare, tinteggiare
착석(着席) / -하다 sedere [intr. essere] (su una sedia), sedersi / 식탁에 -하다 sedere a tavola
착수(着手) l'inizio, il principio / -하다 cominciare, iniziare, incominciare, mettersi a fare qlco.
착시(錯視) l'illusione ottica
착실(着實) l'assiduità / -한 ordinato(a) / -하게 con calma e prudenza; onestamente; fermamente
착안(着眼) la mira / -하다 prendere di mira qualcuno, mirare [intr. avere] a qlco. ¶-点 il punto di mira, (見地)il punto di vista
착오(錯誤) l'abbaglio
착용(着用) / -하다 vestire [tr.], vestire [intr. avere] (alla moda), indossare (un abito), vestirsi, avere indosso un vestito / 예복을 -하다 vestire [intr. avere] di gala, vestire [tr. l'abito da cerimonia / 제복을 -하다 indossare l'uniforme
착취(搾取) lo sfruttamento / -하다 sfruttare
착한 buono(a)
착함 la bontà
찬 바람(寒風)<氣> la breva
찬가(讚歌)<音> l'inno
찬동(贊同) l'approvazione; il consenso, l'adesione / -하다 approvare; consentire [intr. avere] con qlco. su qlco., aderire [intr. avere, pr. -isco] a qlco.
찬란(燦爛) / -한 magnifico(a), splendido(a), brillante / -한 그림들 i dipinti magnifici
찬미(讚美) l'adorazione, l'ammirazione; la lode / -하나 adorare, ammirare, lodare ¶-歌 il salmo
찬미가(讚美歌)<音> l'inno
찬반(贊反) l'approvazione e la disapprovazione, pro e contro (la proposta), sì o no / -을 묻다 mettere qlco. ai voti
찬사(讚辭) il complimento, la lode, l'elogio / -하다 elogiare
찬성(贊成) l'approvazione / -하다 approvare ¶-者 l'approvatore (f. -trice)
찬스 l'occassione, l'opportunità
찬양하다 esaltare, lodare
찬장(饌欌) la credenza, il buffet, l'armadio per stoviglie
찬조(贊助) l'aiuto, il sostegno, l'appoggio / -하다 sostenere, aiutare, appoggiare ¶-會員 il socio sostenitore
찬탄(讚嘆) l'adorazione, l'ammirazione / -하다 adorare / -的 ammirativo(a), ammirevole
찬탈(簒奪) l'usurpazione / -하다 usurpare (il trono)
찰과상(擦過傷) la scorticatura / -을 입히다 scorticare
찰나(刹那) il momento, l'attimo,

l'istante / -의 momentaneo(a), istantaneo(a)
찰제(擦劑)〈藥〉 il linimento
찰필(擦筆)〈繪〉 lo sfumino
참가(參加) la partecipazione*l'intervento*l'assistenza (a una cerimonia) / -하다 essere presente*assistere [intr. avere]*intervenire [intr. essere]*partecipare [intr. avere]*prendere parte*associarsi*aderire [intr. avere, pr. -isco] (ad una riunione*una cerimonia*una gara*una cerimonia d'inaugurazione sportiva) / 국제마라톤대회에 -하다 partecipare alla maratona internazionale / -시키다 far partecipare qlcu. al proprio gruppo ¶-者 il presente; il*la partecipante; l'aderente / -國 il paese*la nazione partecipante
참가(參加)〈法〉l'adesione
참견하다 interferire
참고(參考) il riferimento, la consultazione, le informazioni (relative al proprio studio) / -하다 riferirsi [pr. -isco] a qlco.., consultare qlco. ¶-人 il*la testimone / -書 il prontuario, il libro di consultazione
참관(參觀) la visita / -하다 visitare, andare a vedere qlco.
참극(慘劇) la tragedia; l'incidente tragico, la catastrofe
참기름 l'olio di sesamo
참깨〈植〉il sesamo 1 열려라, 참깨! Apriti, Sesamo!
참나무〈植〉la guercia
참다(忍耐) subire, comportare, sopportare, tollerare, essere paziente / 고통을 - comportare il dolore / -는 paziente, perseverante / -을 수 있는 sopportabile, tollerabile / -을 수 없는 insopportabile, intollerabile
참담한 miserabile
참된 vero(a); sincero(a)
참모(參謀) lo stato maggiore ¶-總長 il capo dello Stato Maggiore Generale / -長 il capo-ufficiale dello Stato Maggiore / -本部 lo stato maggiore generale
참배(參拜) la visita devota ad un tempio (sintoista*buddista) / -하다 visitare devotamente un tempio ¶-人 il devoto

visitatore (f. -trice)
참사(慘事) l'accidente disastroso, l'incidente tragico
참사(慘死) la morte tragica / -하다 morire [intr. essere] tragicamente
참사관(參事官) il consigliere
참살(慘殺) l'uccisione crudele / -하다 uccidere qlcu. atrocemente; massacrare
참상(慘狀) la scena disastrosa; la miseria
참새〈鳥〉il passero, il passerotto
참석(參席) la presenza, l'assistenza, (參加) la partecipazione, l'intervento / -하다 essere presente*assistere [intr. avere]*intervenire [intr. essere]*partecipare [intr. avere] (ad una riunione*una cerimonia) ¶-者 il presente; il*la partecipante
참선(參禪) la meditazione buddistica (per la soluzione di un dato problema)
참신(斬新) / -한 fresco(a), nuovo(a)
참여(參與) la partecipazione (agli affari pubblici) / -하다 partecipare [intr. avere] (agli affari pubblici) 1 그는 식에 참여했다. Partecipò alle cerimonie.
참외〈植〉il melone
참을 수 없는 (il dolore) intollerabile, (la fatica) insopportabile / - 갈증이 나다 avere una sete insopportabile
참을성(忍耐) la pazienza / -있는 paziente / -있 게 pazientemente / -없 는 impaziente, irritato(a)
참의원(參議院) la camera dei consiglieri ¶-議員 il membro della Camera dei Consiglieri / -議長 il presidente della Camera dei Consiglieri
참전(參戰) la partecipazione*l'intervento alla guerra / -하다 partecipare alla guerra
참정권(參政權) il suffragio
참조(參照) il riferimento / -하다 fare riferimento a
참지 못하는 impaziente, irritante
참지 못하다 impazientire (per*a qlco.), perdere la pazienza, spazientire
참치〈魚〉il tonno
참패(慘敗) la sconfitta completa / -하다 subire [pr. -isco] una sconfitta irreparabile
참호(塹壕)〈軍〉la trincea / -를 파다 scavare una trincea

참혹(慘酷) /-한 brutale; tragico(a) /-한 殺人 l'uccisione crudele /-하게 殺人하다 uccidere qlcu. atro-cemente; massacrare

참화(慘禍) il disastro

참회(懺悔) la confessione /-하다 confessarsi

찻숟갈 il cucchiaino

찻 스푼 il cucchiaino

찻잔(杯) la tazza (di tè)

찻주전자 la teiera

찻집(店) la casa da tè

창(槍) la lancia, (投槍) il giavellotto

창(窓)〈建〉 la finestra

창간(創刊) la prima pubblicazione ¶-호 il primo numero d'una rivista

창고(倉庫)〈商〉 il magazzino, il deposito ¶-業 l'immagazzinamento /保稅- il magazzino doganale /-料 il magazzinaggio /-整理 la liquidazione di merce, la svendita (dei saldi) di fine stagione

창고증권(倉庫證券)〈商〉 la fideiussione

창공(蒼空) il cielo azzurro

창구(窓口) lo sportello

상구(艙口)〈海〉 il boccaporto

창녀(娼女) la donna di strada, la prostituta

창던지기〈陸〉 il lancio del giavellotto

창립(創立) la fondazione, l'istituzione /-하다 fondare, istituire [pr. -isco]

창문(窓門) la finestra ¶ 내 방 창문은 정원으로 나 있다. La finestra della mia camera dà sul cortile.

창백(蒼白) /-해지다 allibire, impallidire [pr. -isco], diventare pallido ¶ 그 말에 모두 놀라 창백해질 것이다. A quelle parole tutti allibiranno. /-한 allibito(a), pallido(a), livido(a)

창설(創設) la fondazione /-하다 stabilire [pr. -isco], fondare, costituire [pr. -isco]

창시(創始) la fondazione ¶-者 il fondatore

창업(創業) l'inizio*la fondazione (d'una impresa*un'azienda) /-하다 aprire una bottega; tenere un negozio

창연(蒼鉛)〈化〉 il bismuto

창의(創意) l'iniziativa, l'originalità, l'idea originale /-的, 의 originale, creativo(a) ¶-力 l'ingegno creativo

창자〈解〉 l'intestino

창작(創作) la creazione, la produzione (letteraria) /-하다 creare, produrre; scrivere un romanzo ¶-家 l'autore, il romanziere, il novelliere

창조(創造) la creazione /-의 神 il Creatore /-하다 creare ¶-力 l'ingegno creativo, la facoltà creativa

창조주(創造主) Dio, Creatore

창피 la vergogna

창하증권(倉荷證券)〈商〉 la fede di deposito, la nota di pegno

찾다(찾) cercare; trovare **1** 난 일을 찾는다. Cerco un lavoro.

채광(採鑛) l'estrazione mineraria

채광(採光) la luce /-이 좋은 ben luminoso, pieno di luce /-이 좋은 (나쁜) 방 la stanza*la camera piena di (senza) luce

채굴(採掘) l'abbattimento, lo scavo d'un giacimento minerale*minerario /-하다 estrarre (il carbone), minare

채권(債權) il credito, il diritto di credito, l'obbligazione, i fondi ¶-者 il creditore (f. -trice)

채권(債券) l'obbligazione, il buono, il titolo, la polizza ¶記名 (無記名) - l'obbligazione nominativa (al portatore)

채권자(債權者)〈法〉 il creditore

채널 il canale (televisivo)

채널선택기 il selettore dei canali

채무(債務) il debito ¶-者 il debitore (f. -trice)

채무관계(債務關係)〈法〉 l'obbligazione

채무자(債務者)〈法〉 il debitore

채산(採算) il profitto (commerciale)

채색(彩色) la colorazione /-하다 colorare, colorire [pr. -isco]

채색(彩色)〈繪〉 la colorazione /-하다 colorare, dipingere, pitturare

채색법(彩色法)〈繪〉 il colorito

채소 la verdura

채소가게 il fruttivendolo

채소밭 l'orto

채식(菜食) l'alimentazione vegetale; il pasto vegetariano, la dieta vegetariana /-하다 nutrirsi d'alimenti vegetali ¶-主義者 il vegetariano /-主義 il vegetarianismo

채식주의(菜食主義) il vegetarianismo / -의 vegetariano(a) ¶-者 il vegetariano

채용(採用) (物件의) l'adozione; (社員의) l'impiego; l'assunzione / 試驗的 -l'assunzione in prova / 期限附 - l'assunzione a termine / -하다 adottare (un nuovo metodo, un libro di testo); impiegare (una persona); assumere (una persona); adoperare (gli altri mezzi)

채우다(滿) empire (di qlco.), colmare (qlco. di acqua), riempire

채점(採點) il punto / -하다 segnare i punti (buoni o cattivi) ¶-表 (學校의) la pagella, (스포츠의) i segnapunti

채집(採集) la collezione / -하다 collezionare, raccogliere ¶-家 il*la collezionista

채찍 la frusta, la sferza / -질 하다 frustare, colpire [pr. -isco] con la frusta, sferzare, frustare

채택(採擇) l'adozione (d'un provvedimento), la scelta / -하다 adottare (un libro di testo), scegliere

채플⟨宗⟩ la funzione religiosa

책(書) il libro

책(柵) la barriera

책갈피 il segnalibro

책꽂이 lo scaffale (per libri)

책동(策動) la trama, l'intrigo / -하다 tramare, intrigare ¶-者 (陰謀者) l'intrigante

책략(策略) lo stratagemma, la tattica, l'astuzia, l'insidia, la furberia, la scaltrezza

책망(責望) / -하다 azzuffarsi (reciprocamente) per qlco.

책무(責務) l'obbligo, il dovere / -를 다하다 fare il proprio obbligo

책사(策士) il tatticone (f. -a), l'uomo di molte risorse

책상 la scrivania; (학교) il banco

책임(責任) la responsabilità / -지다 assumere la propria responsabilità di qlco., essere responsabile di qlco. / -을 회피하다 sottrarsi alla responsabilità ¶-感 il senso della responsabilità / -者 il*la responsabile

책장 la libreria

챔피언 il campione (f. -essa)

처(妻) la moglie

처가(妻家) la casa*la famiglia dei genitori di moglie

처남(妻男) il cognato

처녀(處女) la vergine, la fanciulla / -의 verginale, vergine / -性 la verginità / -性을 빼앗다 deflorare, privare di verginità ¶-航海 il viaggio inaugurale, la prima navigazione / -林 la foresta vergine / -作 la prima opera, il primo lavoro

처녀생식(處女生殖)⟨生⟩ la partenogenesi

처녀성 la verginità

처럼(樣) come / 눈- 흰 bianca come la neve / 전- come prima

처리(處理) la disposizione / -하다 disporre, svolgere; trattare

처마 (집의) la gronda

처방(處方)⟨醫⟩ l'indicazione, la ricetta / -을 받다 ricevere una ricetta

처방약의(處方藥-)⟨藥⟩ magistrale

처방전(處方箋)⟨藥⟩ la prescrizione, la ricetta

처벌(處罰) la punizione, il castigo, la pena / -하다 punire [pr. -isco], castigare qlcu.

처분(處分) la disposizione; la punizione / -하다 disporre; punire [pr. -isco]

처살인(妻殺人)⟨法⟩ l'uxoricidio

처세(處世) la maniera di vivere, la regola di vita ¶-術 il segreto di successo in vita

처세술(處世術) il funambolismo

처신(處身) il comportamento **1** 나는 그의 처신을 좋아하지 않는다. Il suo comportamento non mi piace. / -하다 comportarsi

처음(初) il principio, l'inizio, l'origine / -으로 per la prima volta / -에 all'inizio

처자(妻子) moglie e figli / -를 부양하다 mantenere la propria famiglia

처제(妻弟) la cognata

처치(處置) la disposizione; (질병의) il trattamento (d'una malattia), la cura / -하다 disporre [intr. avere] di qlco.; dare l'apposito trattamento (ad un malato)

처형(處刑) la condanna / -하다 condannare

척 / -하다 affettare (di sapere qlco.) / -하는 affettato(a) / -하는 태도 la

척 하다 maniera affettata / -하는 것 l'affettazione, l'ostentazione, la ricercatezza [<-> semplicità]

척 하다 fingere di + inf., fingersi + agg. / 모르는 - fingere di non sapere / 무식한 - 하지 마라! Non fingerti ignorante 1 무식한 척 하지 마라! Non fingerti ignorante!

척골(尺骨)〈解〉l'ulna

척골신경(尺骨神經)〈解〉il nervo ulnare

척도(尺度) la misura

척수(脊髓)〈解〉il midollo spinale, la colonna vertebrale

척추(脊椎)〈解〉la spina dorsale, la vertebra

척추염(脊椎炎)〈醫〉la spondilite

척추통(脊椎痛)〈醫〉la rachialgia

척후(斥候)〈軍〉l'esplorazione / -를 행하다 andare in esplorazione, esplorare ¶-兵 l'esploratore

천 la stoffa, il tessuto

천(千)(基數) mille (m.), mila (pl.), (序數) 제-番 millesimo(a) / -分의 1 un millesimo / 1-年의 millenario(a) / -倍 mille volte

천(天) il cielo, il firmamento / -의 cielo(a), celeste

천(泉)〈地〉la sorgente

천개석(天蓋石)〈鑛〉la lazurite

천개술(穿開術)〈醫〉la paracentesi

천거(薦擧) / -하다 nominare

천공(穿孔)〈醫〉la trapanazione

천구(天球)〈天〉la sfera celeste

천구의(天球儀)〈天〉la sfera armillare

천국(天國)〈宗〉il paradiso

천극(天極)〈天〉i poli celesti

천동설(天動說)〈天〉il sistema geocentrico

천둥(雷鳴) il tuono

천리안(千里眼) la chiaroveggenza / -의, 人 chiaroveggente

천마(天馬) il cavallo alato, (그리스 神) Pegaso

천마(天魔) il Re dei demoni, il Lucifero

천막(天幕) la tenda (da campo)

천만(千萬) dieci milioni

천만에 prego, niente affatto

천매암(千枚岩)〈鑛〉la fillade

천명(天命) il fato, il destino, la sorte / -을 알다 rassegnarsi al fato

천문(天文) l'astronomia ¶-臺 l'osservatorio astronomico / -學的 數字 le cifre astronomiche / -學 l'astronomia / -學者 l'astronomo

천문단위(天文單位)〈天〉l'unità astronomica

천문역(天文曆)〈天〉l'effemeride

천문학(天文學) l'astronomia [用語] 우주(宇宙) l'universo, il cosmo, 천구(天球) la sfera celeste, 천극(天極) i poli celesti, 적도(赤道) (天의) l'equatore celeste, 천(天) il cielo, 광(光) la luce, 황도광(黃道光) la luce zodiacale, 우주선(宇宙線) i raggi cosmici, 천체(天體) l'astro, 성(星) la stella, 성좌(星座) la costellazione, 성단(星團) l'ammasso stellare, 은하(銀河) Galassia o Via Lattea, 성운(星雲) la nebulosa, 혹성(惑星) l'astro errante, il pianeta, 수성(水星) Mercurio, 금성(金星) Venere, 지구(地球) Terra, 화성(火星) Marte, 소혹성(小惑星) i pianetini, l'asteroide, 목성(木星) Giove, 토성(土星) Saturno, 천왕성(天王星) Urano, 해왕성(海王星) Nettuno, 명왕성(冥王星) Plutone, 위성(衛星) il satellite, 혜성(彗星) la cometa, 유성(流星) la meteora, la stella cadente, 극광(極光) l'aurora polare, 북극광(北極光) l'aurora boreale, 남극광(南極光) l'aurora australe, 폭발유성(爆發流星) il bolide, 운석(隕石) il meteorite, l'aerolito, 지평선(地平線) l'orizzonte, 천정(天頂) il zenit, 천저(天底) il nadir, 좌표(座標) la coordinata, 경위선(經緯線) le linee coordinate geografiche, 방위(方位) l'azimut, 방위각(方位角) l'azimut, 위도(緯度) l'altezza, 적경(赤經) l'ascensione retta, 적위(赤緯) la declinazione, 시각(時角) l'angolo orario, 극거리(極距離) la distanza polare, 이각(離角) l'elongazione, 시차(視差) la parallasse, 천문단위(天文單位) l'unità astronomica, 광년(光年) l'anno-luce, 굴절(屈折) la rifrazione, 흡수(吸收) l'assorbimento, 태양계(太陽系) il sistema solare, 지동설(地動說) il sistema eliocentrico, 천동설(天動說) il sistema geocentrico, 이심률(離心率) l'eccentricità, 주기(週期) il periodo, 궤도경사(軌道傾斜) l'inclinazione della orbita, 태양순환기(太陽循

環期) il ciclo solare, 황도(黃道) l'eclittica, 인력(引力) l'attrazione, 중력(重力) la gravitazione, 질량(質量) la massa, 원일점(遠日點) l'afelio, 근일점(近日點) il perielio, 자전(自轉) la rotazione, 공전(公轉) la rivoluzione, 병진운동(竝進運動) la translazione, 광행차(光行差) l'aberrazione, 위도(緯度) la latitudine, 경도(經度) la longitudine, 방위(方位) l'orientamento, 방위기점(方位基點) il punto cardinale, 측후소(測候所) l'osservatorio, 망원경(望遠鏡) il telescopio, 전파망원경(電波望遠鏡) il radiotelescopio, 쌍안경(雙眼鏡) il cannocchiale, 반사경(反射鏡) il riflettore, 태양경(太陽經) l'elioscopio, 분광사진기(分光寫眞機) lo spettrografo, 분광기(分光器) lo spettroscopio, 천체사진기(天體寫眞機) l'astrografo, 광도계(光度計) il fotometro, 모래시계(砂時計) la clessidra, 나침반(羅針盤) la bussola, 천구의(天球儀) la sfera armillare, 지도(地圖) l'atlante, 천문력(天文曆) l'effemeride, 항성시(恒星時) il tempo siderale, 세계시(世界時) il tempo universale, 천체역학(天體力學) l'astrodinamica, 천체물리학(天體物理學) l'astrofisica, 위치천문학(位置天文學) l'astrometria, 우주여행학(宇宙旅行學) l'astronautica, 우주진화론(宇宙進化論) la cosmogonia, 우주론(宇宙論) la cosmologia, 천체역학(天體力學) la meccanica celeste, 전파천문학(電波天文學) la radioastronomia, 상대성이론(相對性理論) la teoria della relatività

천박(淺薄) la superficialità, la frivolezza / -한 superficiale, frivolo(a) / -한 知識 la conoscenza superficiale / -한 男子 l'uomo frivolo

천벌(天罰) il castigo di Dio

천부(天賦) / -의 innato(a), dotato(a) / -의 才能 l'ingegno innato, la genialità

천사(天使) gli spiriti angelici, l'angelo, l'angela / -같은 angelico(a) [用語] 권력의 천사(權天使) i principati, 능력의 천사(能天使) le potestà, 대천사(大天使) gli arcangeli, 좌천사(座天使) i troni, 주천사(主天使) le dominazioni, 지혜의 천사(智天使) i cherubini, 천사(天使) gli angeli, 최고의 천사 i serafini, 힘의 천사(力天使) le virtù

천사(天使)〈宗〉gli angeli
천상(天上) il cielo / -의 celeste ¶-界 il paradiso
천성(天性) l'indole, la natura, la qualità naturale*innata / -의 naturale, dotato (a), innato(a), peculiare, caratteristico(a)
천식(喘息)〈醫〉l'asma ¶氣管支- l'asma bronchiale / -患者 l'asmatico
천연(天然) la natura / -의 naturale / -色 il colore naturale / -色 필름 il film*la pellicola a colori / -色 寫眞 la fotografia a colori ¶-資源 le risorse naturali / -記念物 i rari animali*vegetali*minerali protetti dalla legge
천연가스(天然-)〈化〉il metano
천연두(天然痘)〈醫〉il vaiolo
천연향료(天然香料) gli aromi naturali
천왕성(天王星)〈天〉Urano
천자(天子) l'imperatore, il sovrano
천장(天障) il soffitto
천재(天才) il genio / -的 geniale
천재(天災) la calamità, il disastro (naturale) / -지변 catastrofe
천저(天底)〈天〉il nadir
천정(天井) il soffitto 1 천정을 페인트칠 하려면 우리는 사다리가 있어야 한다. Per dipingere il soffitto abbiamo dovuto prendere la scala.
천정(天頂)〈天〉il zenit
천주교(天主敎) il cattolicesimo ¶-徒 il cattolico / -교회 la chiesa cattolica
천지(天地) il cielo e la terra ¶新- il nuovo mondo
천직(天職) la missione, la vocazione (all'insegnamento)
천진난만한 ingenuo(a)
천창(天窓)〈建〉l'abbaino, il lucernario
천천히(徐) piano, pianamente, lentamente, pian piano, adagio
천체(天體)〈天〉l'astro, il corpo celeste ¶-觀測 l'osservazione astronomica / -望遠鏡 il telescopio
천체물리학(天體物理學)〈天〉l'astrofisica
천체사진기(天體寫眞機)〈天〉l'astrografo
천체역학(天體力學)〈天〉l'astrodinamica, la meccanica celeste
천칭(天秤)〈物〉la bilancia
천하(天下) il mondo / -를 얻다

천한 volgare

천황(天皇) l'imperatore ¶-陛下 Sua Maestà, l'Imperatore / -制 la monarchia ereditaria imperiale del Giappone

철(綴) / -하다 legare / 파일에 문서들을 -하다 mettere*tenere documenti nella filza

철(鐵)〈鑛〉il ferro / -의 ferreo(a)

철강(鐵鋼) il ferro e l'acciaio

철거(撤去) lo sgombero, la rimozione, l'evacuamento / -하다 distruggere*sgomberare [intr. avere]*rimuovere (edifici per allargare la strada), evacuare ¶-命令 l'ordine di sgombero*evacuamento

철골(鐵骨) l'armatura in ferro

철공 il fabbro

철공소(鐵工所) la ferriera

철관(鐵管) il tubo di ferro

철광(鐵鑛) il minerale di ferro

철교(鐵橋) il ponte di ferro

철근콘크리트(鐵筋-) il cemento armato

철도(鐵道) la ferrovia, la rotaia / -의 ferroviario(a) / -便으로 per ferrovia ¶國有- le ferrovie dello Stato / 民營- la ferrovia privata / -時刻揭示板 il tabellone per l'orario ferroviario / -事故 il disastro*l'incidente ferroviario / -案內所 l'ufficio d'informazioni ferroviarie / -車輛 il vagone

철두철미(徹頭徹尾) dal principio alla fine, fino in fondo, ad oltranza

철면피(鐵面皮) / -같이 intrepidamente, senza badare al pericolo, senza paura*esitazione

철문(鐵門) il cancello **1** 큰 철문은 빌라 정원 입구를 차단하고 있었다. Un gran cancello impediva l'ingresso al parco della villa.

철물상 la ferramenta

철봉(鐵棒)〈操〉 la sbarra (fissa o orizzontale)

철사 il filo metallico

철수(撤收) il ritiro (delle truppe di occupazione), l'evacuamento (dal fronte) / -하다 (le truppe) ritirarsi, evacuare [tr., intr. avere]

철야(徹夜) la veglia / -하다 vegliare [intr. avere], stare sveglio (fino all'alba) / 환자를 -로 간호하다 vegliare [tr.] un malato **1** 시험 준비로 나는 밤을 샜다 (철야를 했다). Per prepararmi agli esami ho vegliato fino all'alba.¶-작업 il lavoro notturno

철자(綴字)〈言〉la grafia, l'ortografia

철재(鐵材) i materiali di ferro (necessari per la costruzione) / -의 di ferro

철저(徹底) / -하다 essere [intr. essere] esauriente / -한 esauriente, drastico(a) / -하게 a fondo, esaurientemente / -하게 調査하다 esaminare a fondo qlco.

철조망(鐵條網) il reticolato / -을 치다 tendere il reticolato, circondare qlco. con il reticolato

철책(鐵柵) il cancello

철판(鐵板) la piastra*la lamina di ferro

철폐(撤廢) l'abolizione, l'abrogazione; la rimozione, lo sgombro / -하다 abolire [pr. -isco], abrogare; rimuovere

철필(鐵筆) lo stilo

철학(哲學) la filosofia / -의, 的 filosofico(a) / -的으로 filosoficamente ¶-者 il filosofo [用語] 가설(假說) l'ipotesi, 기언적 명령(假言的 命令) l'imperativo ipotetico, 가치(價値) il valore, 가치론(價値論) l'assiologia, 감각(感覺) la sensazione, 감각론(感覺論) il sensismo, 감성(感性) la sensibilità, 감정주의(感情主義) il sentimentalismo, 개념(槪念) il concetto, 개념론(槪念論) il concettualismo, 개별화(個別化) l'individuazione, 개선설(改善說) il migliorismo, 개성원리(個性原理) l'eccità, 개연론(蓋然論) il probabilismo, 개인주의(個人主義) l'individualismo, 객관(客觀) l'oggetto, 객관성(客觀性) l'oggettività, 객관주의(客觀主義) l'oggettivismo, 객체(客體) l'oggetto, 검증(檢證) la verificazione, 격률(格率) la massima, 격언(格言) l'aforisma, 결론(結論) la conclusione, 결정론(決定論) il determinismo, 결합체(結合體) il sinolo, 경구(警句) l'aforisma, 경험(經驗) l'esperienza, 경험론(經驗論) l'empirismo, 경험비판론(經驗批判論) l'empiriocriticismo, 계몽주의(啓蒙主義) l'illuminismo, 공리(公理) lo assioma, 공

리주의(功利主義) l'utilitarismo, 공상(空想) la fantasia, 과학주의(科學主義) lo scientismo, 관념론(觀念論) l'idealismo, 관심(關心) l'interesse, 관찰(觀察) l'osservazione, 교리(敎理) la dottrina, 교부철학(敎父哲學) la patristica, 교육학(敎育學) la pedagogia, 궤변(詭辯) il sofisma, 귀납(歸納) l'induzione, 규범(規範) la norma, 금욕주의(禁慾主義) l'ascetismo, 기계론(機械論) il meccanicismo, 기체(基體) il sostrato, 기호논리학(記號論理學) la logistica, la logica simbolica, 낙천주의(樂天主義) l'ottimismo, 내재(內在) immanente, 내재성(內在性) l'immanenza, 냉소주의(冷笑主義) il cinismo, 네오리얼리즘(新寫實主義) il neorealismo, 논리학(論理學) la logica, 논쟁술(論爭術) l'eristica, 논증(論證) la apodissi, 능동주의(能動主義) l'attualismo, 다원론(多元論) il pluralismo, 대전제(大前提) la premessa maggiore, 덕(德) la virtù, 데카르트 철학학파(-哲學學派) il cartesianesimo, 도덕(道德) la morale, 독단론(獨斷論) il dogmatismo, 동어반복(同語反覆) la tautologia, 동일률(同一律) il principio di identità, 르네상스 il rinascimento, 마니교(-敎) il manicheis-mo, 마르크스주의(-主義) il marxismo, 명령(命令) l'imperativo, 명증(明證) l'evidenza, 모순율(矛盾律) il principio di non contraddizione, 목적론(目的論) il finalismo, la teleologia, 무감동(無感動) l'apatia, 무신론(無神論) l'ateismo, 무정부상태(無政府狀態) l'anarchia, 무질서(無秩序) l'anarchia, 문예부흥(文藝復興) il rinascimento, 문제주의(問題主義) il problematicismo, 물활론(物活論) l'ilozoismo, 미학(美學) l'estetica, 반리(反理) il paralogismo, 반립(反立) l'antitesi, 반성(反省) la riflessione, 반종교개혁(反宗敎改革) la controriforma, 방법론(方法論) la metodologia, 방임주의(放任主義) il lassismo, 배덕주의(背德主義) l'immoralismo, 배중률(排中律) il principio del terzo escluso, 백과전서가(百科全書家) gli enciclopedisti, 범논리주의(汎論理主義) il panlogismo, 범심론(汎心論) il pampsichismo, 범주(範疇) la categoria, il predicamento, 법철학(法哲學) la filosofia del diritto, 법칙(法則) la legge, 변증법(辨證法) la dialettica, 보편(普遍) l'universale, 본질(本質) l'essenza, 본체(本體) il noumeno, 부활(復活) il rinascimento, 분석(分析) la analisi, 분석론(分析論) l'analitica, 분석비판(分析批判) il giudizio analitico, 불가지론(不可知論) l'agnosticismo, 비아(非我) non-io, 비정통(非正統) l'eterodossia, 비판(批判) la critica, 비판주의(批判主義) il criticismo, 비합리주의(非合理主義) l'irrazionalismo, 사유(思惟) il pensiero, 사회계약설(社會契約說) il contrattualismo, 사회학(社會學) la sociologia, 삼단논법(三段論法) il sillogismo, 상기(想起) la anamnesi, 상대주의(相對主義) il relativismo, 상상(想像) l'immaginazione, 생득설(生得說) il innatismo, 생성(生成) il divenire, 선험적(先驗的) a priori, trascendentale, 성질(性質) la qualità, 소요학파(逍遙學派) i peripatetici, 소전제(小前提) la premessa minore, 소크라테스 이전의 철학자(-哲學者) i presocratici, 소크라테스 철학(-哲學) il socratismo, 소피스트 철학(-哲學) la sofistica, 속성(屬性) l'attributo, 스콜라철학(-哲學) la scolastica, 스토아주의(-主義) lo stoicismo, 습관(習慣) l'abitudine, 습성(習性) l'abito, 신피타고라스주의(新-主義) il neopitagorismo, 신(信) la credenza, 신비주의(神秘主義) il misticismo, 신비주의(神祕主義) lo gnosticismo, 신비판주의(新批判主義) il neocriticismo, 신사실주의(新寫實主義) il neorealismo, 신스콜라철학(新-哲學) la neoscolastica, 신실증주의(新實證主義) il neopositivismo, l'empirismo logico, 신앙(信仰) la fede, 신앙주의(信仰主義) il fideismo, 신조(信條) la dottrina, 신토마스주의(新-主義) il neotomismo, 신플라톤주의(新-主義) il neoplatonismo, 신학(神學) la teologia, 신혜겔주의(新-主義) il neohegelismo, 실어증(失語症) l'afasia, 실용주의(實用主義) il pragmatismo, 실재론(實在論) il realismo, 실존(實存) l'esistenza, 실존주의(實存主義) l'esistenzialismo, 실증주의(實證主義) il positivismo, 실천철학(實踐哲學) la filosofia pratica, 실체(實體) la sostanza, 실험(實驗) l'esperimento, 실험적 방법(實驗的 方法) il metodo sperimentale, 심리학(心理學) la psicologia, 아리스토텔레스 철학(-哲學) l'aristotelismo, 아베로에스주의(-主義) l'averroismo, 아카데미학파(-學派) gli accademici, 아타락시아(마음의 平靜) l'atarassia, 악덕(惡德) il vizio, 애(愛) la carità, 약속주의(約束主義) il convenzionalismo, 엄격주의(嚴格主義) il rigorismo, 에피쿠로스주의(-主義) l'epicureismo, 엘레아학파(-學派) l'eleatismo, 역사주의(歷史主義) lo storicismo, 역사철학(歷史哲學) la filosofia della storia, 연구(研究) la ricerca, 연역(演繹) la deduzione, 염세주의(厭世主義) il pessimismo, 영혼(靈魂) l'anima, 영혼분생설(靈魂分生說) il traducianismo, 영혼불멸(靈魂不滅) l'immortalità, 영혼창조설(靈魂創造說) il creazionismo, 우연론(偶然論) il contingentismo, 우연론(偶然論) l'occasionalismo, 우주론(宇宙論) la cosmologia, 원리(原理) il principio, 원자론(原子論) l'atomismo, 유(有) l'ente, 유명론(名論) il nominalismo, 유물론(唯物論) il materialismo, 유신론(有神論) il teismo, 유심론(唯心論) lo spiritualismo, 유추(類推) l'analogia, 유출설(流出說) l'emanantismo, 유토피아(-) l'utopia, 윤리학(倫理學) l'etica, 의도(意圖) l'intenzione, 의무(義務) il dovere, 의욕(意慾) la volizione, 의지(意志) la volontà, 이기주의(利己主義) l'egoismo, 이념(理念) l'idea, 이단(異端) l'eresia, 이데올로기 l'ideologia, 이론철학(理論哲學) la filosofia teoretica, 이성(理性) la regione, 이신론(理神論) il panteismo, 이원론(二元論) il dualismo, 이율배반(二律背反) l'antinomia, 이타주의(利他主義) l'altruismo, 인간애(人間愛) la filantropia, 인간학(人間學) l'antropologia, 인문주의(人文主義) l'umanesimo, 인식(認識) la conoscenza, 인식론(認識論) l'epistemologia, la filosofia della scienza, la gnoseologia, 일반화(一般化) la generalizzazione, 일원론(一元論) il monismo, 자아(自我) Io, 자연법주의(自然法主義) il giusnaturalismo, 자연주의(自然主義) il naturalismo, 자연철학(自然哲學) la filosofia della natura, 자유(自由) la libertà, 자유의지(自由意志) il libero arbitrio, 자율도덕(自律道德) la morale autonoma, 자의식(自意識) l'autocoscienza, 재생(再生) il rinascimento, 전건(前件) l'antecedente, 전통주의(傳統主義) il tradizionalismo, 절충주의(折衷主義) l'eclettismo, 정념(情念) la passione, 정립(定立) la tesi, 정신(精神) lo spirito, 정신주의(精神主義) l'animismo, 정언적 명령(定言的 命令) l'imperativo categorico, 정치학(政治學) la politica, 정통(正統) l'ortodossia, 제이성질(第二性質) le qualità secondarie, 제일성질(第一性質) le qualità primarie, 존재(存在) l'essere, 존재론(存在論) l'ontologia, 종교개혁(宗敎改革) la riforma, 주관(主觀) il soggetto, 주관주의(主觀主義) il soggettivismo, 주의주의(主意主義) il volontarismo, 주지주의(主知主義) l'intellettualismo, 주체(主體) il soggetto, 증명(證明) la dimostrazione, l'argomento, l'argomentazione, 증명불능(證明不能)의 anapodittico(a), 지각(知覺) la percezione, 지성(知性) l'intelletto, 지식론(知識論) l'epistemologia, la filosofia della scienza, 지향(志向) l'intenzione, 지향성(志向性) l'intenzionalità, 직관(直觀) l'intuizione, 직관주의(直觀主義) l'intuizionismo, 진리(眞理) la verità, 진화주의(進化主義) l'evoluzionismo, 질료(質料) la materia, 질료형상론(質料形相論) l'ilemorfismo, 철학사(哲學史) la storia della filosofia, 체계(體系) il sistema, 초월(超越) trascendente, 초월성(超越性) la trascendenza, 초인(超人) il superuomo, 총합(總合) l'ipotesi, 총합비판(總合批判) il giudizio sintetico, 추론(推論) il ragionamento, l'inferenza, 추상(抽象) l'astrazione, 충족이유율(充足理由律) il principio di ragion sufficiente, 칸트 철학(-哲學) il kantismo, 쾌락주의(快樂主義) l'edonismo, 타율도덕(他律道德) la morale eteronoma, 탐구(探求) l'indagine, 토마스주의(-主義) il tomismo, 토픽 la topica, 판단(判斷) il giudizio, 판단중지(判斷中止) la epochè, 펠라기우스주의(-主義) il pelagianesimo, 표상(表象) la rappresentazione, 프

철학사 412 **청소**

래그머티즘(實用主義) il pragmatismo, 플라톤 철학(-哲學) il platonismo, 피타고라스학파(-學派) il pitagorismo, 합리론(合理論) il razionalismo, 행복주의(幸福主義) l'eudemonismo, 허위추리(虛僞推理) il paralogismo, 헤겔 철학(-哲學) il hegelismo, 현상(現象) il fenomeno, 현상주의(現象主義) il fenomenismo, 현상학(現象學) la fenomenologia, 현존(現存) l'esistenza, 형상(形相) la forma, 형이상학(形而上學) la metafisica, 확실성(確實性) la certezza, 활동주의(活動主義) l'attivismo, 활력(活力) l'entelechia, 회의(懷疑) il dubbio, 회의론(懷疑論) lo scetticismo, 후건(後件) il conseguente, 후험적(後驗的) a posteriori, 휴머니즘(人文主義) l'umanesimo

철학사(哲學史)〈哲〉 la storia della filosofia

철회(撤回) il ritiro, la ritrattazione, la smentita / -하다 ritirare (un disegno di legge); (약속을) -하다 disdire (una promessa), smentire

철회(撤回)〈法〉 la revoca

첨가(添加) l'aggiunta, l'addizione / -하다 aggiungere (qlco. all'altra), mettere (un'aggiunta); allegare / 명부에 이름을 -하다 aggiungere un nome a un elenco / -된 allegato(a), aggiunto(a)

첨단(尖端) l'estremità, la punta / 流行의 -을 가다 lanciare la moda, essere all'avanguardia della moda

첨부(添附)〈商〉 l'allegato / -의 allegato(a); (同封의) accluso(a) / -하다 allegare; accludere ¶-서류 il documento allegato

첨삭(添削) la correzione, la rettificazione / -하다 correggere, rettificare

첩(妾) la concubina

첩보원(諜報員) l'agente segreto

첫날밤(初夜) la prima notte (dei sposi)

첫눈에 a prima vista / - 사랑에 빠지다 innamorarsi di qlcu. a prima vista

첫인상 la prima impressione

청(請) la richiesta / -하다 domandare, chiedere; supplicare, pregare

청각(聽覺) l'udito 1 청각은 오감 중에 하나이다. L'udito è uno dei cinque sensi.

청각장애(聽覺障碍) la sordità / -의 sordo(a) / -人 il sordo

청강(聽講) l'assistenza ad una lezione / -하다 assistere [intr. avere]*essere presente ad una lezione ¶-生 l'uditore (f. -trice)

청결(淸潔) la pulizia, la nettezza / -한 pulito(a), netto(a) / -하게 pulitamente / -케 하다 rendere pulito

청과물(靑果物) la verdura, l'ortaggio

청교도(淸敎徒) il puritano

청구(請求) la richiesta / -하다 chiedere, richiedere, reclamare, domandare ¶-書 la fattura, la nota (dell'albergo), la bolletta

청금석(靑金石)〈鑛〉il lapislazzuli

청년(靑年) il*la giovane, il giovanotto / -의 giovane, giovanile ¶-團 l'associazione dei giovani / -時節 la gioventù

청년상(靑年像)〈彫〉il kouros

청동(靑銅) il bronzo / -의 bronzeo(a)

청동(靑銅)〈彫〉il bronzo

청동조각(靑銅彫刻)〈彫〉il bronzo

청동조각제작자(靑銅彫刻製作者)〈彫〉il* la bronzista

청등화(靑燈化)〈藥〉la chiarificazione

청랑한(晴朗-)〈氣〉sereno

청량(淸涼) la frescura, il fresco, il rinfresco / -한 fresco(a)

청량음료(淸涼飮料) la bevanda rinfrescante, la bibita

청력(聽力) la facoltà uditiva

청명(淸明) il sereno, il bel tempo / -한 sereno(a), senza nuvole, limpido(a), rischiarato(a)

청바지 il blue-jeans

청부(請負) l'appalto ¶-工事 il lavoro in appalto

청빈(淸貧) la vita povera ma onesta*retta

청사(廳舍) il palazzo

청사진(靑寫眞) la cianografia

청산(淸算)〈商〉la liquidazione / -하다 liquidare ¶-人 il liquidatore

청산(靑酸)〈化〉l'acido prussico

청소(淸掃) la pulizia, la pulitura, le pulizie, la spazzatura, la spolverata, la pulita / -하다 pulire [pr. -isco], spolverare, spazzare, nettare 1 나는 바닥을 청소했다. Ho pulito il pavimento. ¶-車 l'autocarro per la raccolta delle immondizie cittadine / -부 (도로의) lo spazzino / (진공)전기-기 l'aspirapolvere

청소년(靑少年) gli adolescenti
청수(淸水) la fresca sorgente, l'acqua viva
청어(靑魚) l'aringa
청옥(靑玉)〈鑛〉lo zaffiro
청운(靑雲) la nuvola blu / -의 뜻 il carrierismo
청원(請願) la petizione, l'istanza, la domanda / -하다 presentare*rivolgere una petizione*istanza*supplica, fare una petizione (alle autorità) ¶-書 la petizione, l'istanza, la supplica / -者 il*la supplicante, il presentatore d'una istanza
청음(淸音) il timbro limpido di voce
청중(聽衆) il pubblico; l'auditore
청진(聽診) l'ascoltazione / -하다 ascoltare (il cuore)
청진기(聽診器)〈醫〉lo stetoscopio
청천(晴天) il tempo bello*sereno*splendido, il bel tempo
청천벽력(靑天霹靂)〈氣〉il fulmine a ciel sereno
청춘(靑春) la giovinezza, la gioventù, il fiore*la primavera della vita / -의 giovane, giovanile ¶-期 l'adolescenza
청취(聽取) l'ascolto, l'ascoltazione, il radioascolto / -하다 ascoltare ¶-者 l'ascoltatore, (傍聽者) l'auditore, (라디오 청취자) il radioascoltatore
체〈貝〉il setaccio
체격(體格) la corporatura, il fisico / -이 좋은 di buona corporatura / 건장한 - la corporatura robusta ¶-檢査 l'esame fisico
체결(締結) la conclusione / -하다 (條約*契約을) stabilire, concludere (un trattato*un contratto)
체계(體系) il sistema / -的 sistematico(a) / -化하다 sistemare
체계화(體系化) la sistemazione
체계(體系)〈哲〉il sistema
체납(滯納) il pagamento ritardato (specialmente dell'imposta) / -하다 mancare [intr. essere] del pagamento (nel termine stabilito)
체념(諦念) la rassegnazione, la rinuncia; la sottomissione / -하다 rassegnarsi (al fato), rinunziare a / 쉽게 -하는 법을 알다 sapere rassegnarsi facilmente

체득(體得) la conoscenza basata sulle esperienze, la conoscenza empirica / -하다 conoscere bene per le esperienze
체력(體力) la forza fisica ¶-改善 il miglioramento della forza fisica
체류(滯留) il soggiorno
체류허가증(滯留許可證) il permesso di soggiorno
체면(體面) (威信) la dignità, (名譽) l'onore
체세포(體細胞)〈生〉la soma / -의 somatico(a)
체스 gli scacchi / -하다 giocare agli scacchi
체온(體溫) la temperatura (del corpo), il grado / -을 측정하다 misurare la temperatura di qlcu.
체온계(體溫計)〈醫〉il termometro
체위(體位) la costituzione*la conformazione fisica / -의 向上 il miglioramento della costruzione fisica, il progresso fisico
체육(體育) l'educazione fisica, la ginnastica ¶-館 la palestra
체인〈貝〉la catena
체인스토어 la catena di negozi
체인지 il cambio
체재(滯在) il soggiorno, la permanenza / -하다 soggiornare [intr. avere], fare una permanenza, albergare
체적(體積) il volume, (容積) la capacità
체적(體積)〈數〉il volume
체제(體制) l'organizzazione, il sistema, la struttura ¶戰時- il sistema nel tempo di guerra
체조(體操) la ginnastica, gli esercizi ginnastici / -를 하다 fare la ginnastica*gli esercizi ginnastici ¶機械- la ginnastica con attrezzi / 鐵棒- gli esercizi alla sbarra / 리듬- la ginnastica ritmica [用語] 굴곡운동(屈曲運動) la flessione, 기계체조(器械體操) la ginnastica con attrezzi, 도마(跳馬) il cavallo volteggio, 도수체조(徒手體操) la ginnastica a corpo libero, 도약(跳躍) il volteggio, 링 gli anelli, 물구나무서기 il verticale, 비틀기 운동(-運動) la torsione, 스트레칭 l'estensione, 안마(鞍馬) il cavallo con maniglie, 진동운동(振動運動) l'oscillazione, 철봉(鐵棒) la

sbarra, 평균대(平均臺) l'asse di equilibrio, 평행봉(平行棒) le parallele, 현수운동(懸垂運動) la sospensione

체중(體重) il peso (del corpo)

체질(體質) la costituzione (fisica), la complessione, la diatesi; il temperamento / 알레르기 - la diatesi allergica / 무척 건강한 -을 지니다 avere una costituzione molto sana / 虛弱- la complessione debole

체취(體臭) l'odore corporale

체코어(-語)〈言〉il ceco

체크무늬 a righe / - 목도리 una sciarpa a righe

체트라〈音〉la cetra

체포(逮捕) la cattura, l'arresto / -하다 catturare, arrestare ¶-令狀 il mandato di cattura

체하다 fingere, fare finta; (먹은 것이) fare indigestione

체험(體驗) l'esperienza (personale) / -하다 fare esperienza di qlco., sperimentare

체현(體現) l'incarnazione, il concretare / -하다 incarnare, concretare

체형(體刑) la pena corporale

첼레스타〈音〉la celesta

첼로(伊) il violoncello ¶-奏者 il violoncellista

쳄발로〈音〉il cembalo

처 박다 affondare / 진흙탕에 발을 - affondare i piedi nel fango

쳐다보다 (얼굴을) guardare qlcu. in viso

초(秒)〈物〉il secondo

초 la candela

초(草)〈植〉l'erba

초가을(初秋) il principio dell'autunno

초겨울(初冬) il principio dell'inverno

초계(哨戒) la pattuglia / -하다 andare [intr. essere] in pattuglia, pattugliare

초고(草稿) lo schizzo, la bozza, l'abbozzo, il manoscritto / -를 작성하다 fare*preparare un manoscritto

초과(超過) l'eccedenza, l'eccesso / -하다 eccedere, essere eccessivo, superare, sorpassare / 제한속도를 -하다 superare il limite di velocità ¶-勤務 il lavoro straordinario / 輸出- l'eccedenza delle esportazioni

초급(初級) la prima classe*il primo corso (di italiano), il primo elementare / -의 di*della prima classe

초기(初期) il primo periodo, la prima epoca*fase, l'inizio, il principio / -에 all'inizio / -의 del primo periodo

초기그리스도교시대의〈建〉 paleocristiano(a)

초단파(超短波) le onde cortissime, le onde ultracorte

초대(招待) l'invito / -를 받아들이다 ricevere un invito; accettare un invito / -하다 invitare 1 우린 마리오를 초대하고 싶다. Vogliamo invitare Mario. ¶-帳 la lettera*il biglietto di invito / -券 il biglietto gratuito

초등(初等) / -의 primario(a), elementare ¶-學校 la scuola elementare / -學生 lo scolaro (f. -a) d'una scuola elementare

초 등 교 육 국(初 等 教 育 局)〈伊 * 教〉 istruzione elementare

초등학교(初等學校) la scuola elementare*primaria

초등학생(初等學生) lo scolaro (f. -a) d'una scuola elementare

초록색 il verde

초만원 pieno zeppo, colmo(a)

초면(初面) il primo incontro*colloquio*abboccamento

초목(草木) la pianta, le erbe e le piante

초범(初犯) il primo delitto ¶-者 il delinquente non recidivo

초보(初步) l'avviamento, i rudimenti, i primi passi / 이탈리아어 - l'avviamento allo studio dell'italiano / -의 elementare, rudimentale

초보자(初步者) il*la principiante

초본(抄本) l'estratto ¶戶籍- l'estratto d'una parte necessaria ad un richiedente dall'anagrafe

초봄(初春) il principio della primavera

초빙(招聘) l'invito / -하다 invitare (un professore) ad offrire (una cattedra) / -에 응하다 accettare un invito (per l'offerta d'un posto)

초산(醋酸) l'acido acetico

초산염(醋酸鹽)〈化〉l'acetato

초상(初喪) il periodo di lutto

초상(肖像) il ritratto / -을 그리다 ritrarre / -을 새기다 effigiare

초상화(肖像畫)〈繪〉il ritratto

초상화가(肖像畫家)〈繪〉 il*la ritrattista
초순(初旬) la prima decade del mese / 5월 -에 bei primi giorni*nella prima decade del maggio
초심(初心) / -의 inesperto(a), non pratico(a) ¶ -者 il novizio, il*la principiante
초안(草案) la minuta, l'abbozzo, la bozza, (設計) lo schizzo (architettonico), (法律上의) il disegno, il progetto
초여름(-夏) l'inizio*il principio dell'estate
초연(超然) / -하게 con l'aria indifferente, al di sopra della realtà
초원(草原) il prato, il pascolo, la (vasta) prateria
초월(超越)〈哲〉 il trascendente / -하다 trascendere; oltrepassare
초월성(超越性)〈哲〉 la trascendenza
초월수(超越數)〈數〉 il numero trascendente
초음속(超音速) la velocità ultrasonica ¶ -비행기 l'aereo supersonico*ultrasonico
초음파(超音波) le onde ultrasoniche, l'ultrasuono
초인(超人)〈哲〉 il superuomo / -的 superumano(a)
초인종(招人鐘) il citofono, la sonaglia, il campanello / -을 울리다 suonare il campanello
초전도체(超傳導体)〈物〉 il superconduttore
초점(焦點)〈寫〉 il fuoco; il punto centrale / (카메라의) -을 맞추다 mettere a fuoco (una macchina fotografica) / -이 맞다 essere a fuoco / -이 안 맞다 essere sfocato*fuori fuoco ¶ -距離 la distanza focale
초점(焦點)〈數〉 il fuoco
초점조절(焦點調節) la vite della messa a fuoco
초조(焦燥) / -하다 essere inquieto(a)*pauroso(a)*timoroso(a) (di cadere giù), inquietarsi / -한 agitato(a), inquieto(a)
초지일관(初志一貫) / -되게 conseguentemente
초청(招請) l'invito / -하다 invitare
초췌(憔悴) / -한 languido(a) **1** 루이사는 피곤 때문에 초췌하다. Luisa è languida a causa della stanchezza.
초콜릿 la cioccolata, il cioccolatino / 크림 - il cioccolatino alla crema
초판(初版) la prima edizione **1** 초판은 매절되었다. La prima edizione è esaurita.
초하루 il primo giorno (del mese)
초핵자(超核子)〈物〉 l'iperone
초현실주의 미술가(超現實主義美術家)〈繪〉 il*la surrealista
초현실주의(超現實主義)〈繪〉 il surrealismo
초현실주의자(超現實主義者)〈繪〉 il*la surrealista
초혼(初婚) il primo matrimonio
촉각(觸角) il tatto; (곤충의) l'antenna, (동물의) il tentacolo
촉각(觸覺) il tatto
촉광(燭光) l'intensità luminosa, (單位) la candela
촉광(燭光)〈物〉 la candela
촉망(囑望) la speranza, l'attesa fiduciosa / -하다 riporre in qlcu. le proprie speranze
촉매(觸媒)〈化〉 la catalisi
촉매작용(觸媒作用)〈化〉 la catalisi
촉수(觸手)〈蟲〉 le antenne
촉진(促進) l'avanzamento; la promozione; il sollecitamento / -하다 fare avanzare; promuovere / 貿易을 -하다 promuovere il commercio estero
촉촉(潤) / -함 l'umidità / -하다 essere umido(a) / -한 umido(a) / 눈물로 -한 눈 gli occhi umidi di lacrime
촉탁(囑託) il membro fuori ruolo, l'incaricato
촌(村) il villaggio / - 사람 l'abitante del villaggio, il paesano
촌락(村落) il villaggio, il paese, il casale
촌스러운 rustico(a); privo(a) di raffinatezza*buon gusto
촌스러움 la rustichezza; la mancanza di raffinatezza
촛대 il candelabro, il candeliere
촛불 il lume di candela
총(銃) il fucile, la pistola / 오른쪽 어깨에 -을 메다 portare un fucile sulla spalla destra / -을 쏘다 sparare / -을 산다 sparare ¶ -口 la bocca del fucile / 騎- il moschetto / 騎兵- la carabina / 狩獵- il fucile da caccia / 水中- il fucile subacqueo

총(總) tutto, totale; generale / -數 la totalità, il numero totale / -收入 il reddito totale

총각 il celibe

총감(總監) il commissario generale di pubblica sicurezza*polizia

총검(銃劍) la baionetta

총격(銃擊) il colpo di fucile

총계(總計) il totale, la somma (totale), il montante / -하다 sommare

총공격(總攻擊) l'attacco*l'assalto generale

총괄(總括) la totalità, (普遍化) la generalizzazione; (概括) la ricapitolazione, il riassunto / -하다 generalizzare; ricapitolare, riassumere / -的 totale; riassunto(a), sommario(a)

총구(銃口) la bocca del fucile

총국(總局)〈伊〉la direzione generale

총대리인(總代理人) il rappresentante esclusivo

총대리점(總代理店)〈商〉il concessionario, il rappresentante esclusivo

총대주교(總大主敎)〈宗〉il patriarca

총독(總督) il governatore (civile*militare)

총동원(總動員) la mobilitazione generale

총론(總論) l'introduzione generale

총리(總理) Primo Ministro, (이탈리아의) Presidente del Consiglio (dei Ministri) / 前 - l'ex Primo Ministro

총명(聰明) / -한 intelligente

총무(總務) gli affari generali ¶-課 la sezione degli affari generali

총사령관(總司令官)〈軍〉il generale in capo; (大將) il generale; (准將, 旅團長) il generale di brigata; (少將, 師團長) il generale di divisione, il maggior generale; (中將, 軍團長) il generale di corpo d'armata, il tenente generale

총사령부(總司令部) il quartiere generale

총사퇴(總辭退) le dimissioni generali del governo*del gabinetto / -하다 (il governo) dimettersi, presentare le dimissioni generali

총살(銃殺) la fucilazione / -하다 fucilare / -되다 essere fucilato(a)

총선(總選) le elezioni generali

총성(銃聲) il colpo d'un fucile

총수입(總收入) il reddito totale

총신(銃身) la canna

총알 la pallottola, il proiettile

총을 쏘다 sparare

총애(寵愛) il favore straordinario / -하다 mostrare un gran favore (specialmente a qlcu.) / -하는 女性 la favorita

총액(總額) l'importo, la somma totale, il totale, (청구서의) la fattura totale

총영사(總領事) il console generale

총영사관(總領事館) il consolato generale

총원(總員) tutto il personale **1** 총원 100 명. Sono cento in tutto.

총의(總意) il parere generale, la volontà comune

총인원(總人員) il numero totale, la totalità delle persone

총장(總長) (大學) il rettore; il presidente / 한국대학교 -의 사인 Firmato (qlcu.) Rettore dell'Università Hankuk

총장서리(總長署理) il prorettore

총재(總裁) il presidente ¶名譽- il presidente onorario

총칙(總則) le regole generali

총칭(總稱) il nome generico*generale / -하다 nominare*chiamare genericamente

총통(總統) il presidente

총파업(總罷業) lo sciopero generale

총합(總合) la sintesi [〈-〉l'analisi] / -하다 sintetizzare, riunire [pr. -isco] in sintesi / -的 sintetico(a)

총합(總合)〈哲〉l'ipotesi

총합비판(總合批判)〈哲〉il giudizio sintetico

총합적 언어(總合的 言語)〈言〉la lingua sintetica

총합주의(總合主義)〈繪〉il sintetismo

총화(總和) la somma (totale), il totale

총회(總會) l'assemblea plenaria, la riunione plenaria ¶유엔- Assemblea Generale dell'O.N.U. (=Organizzazione delle Nazioni Unite)

총회장(總會長) (敎團, 修道會의) il generale

촬영(撮影) (寫眞의) la fotografia, (映畵의) la ripresa / -하다 fotografare, fare una fotografia (a qlcu.); (映畵) girare una pellicola*un film / 野外-하다 girare gli esterni in qualche luogo ¶-機 la macchina fotografica; (映畵의) la macchina da ripresa, la cinecamera / -

스튜디오 (studi di) cinecittà

촬영(撮影)〈映〉 la ripresa / -하다 filmare, riprendere

촬영신호판(撮影信號板)〈映〉 il ciac

촬영용 이동차(撮影用 移動車)〈映〉 il carrello

최고(最高) il grado supremo / -의 massimo(a); ottimo(a); il superiore, il più alto, supremo(a), sommo(a) ¶-幹部 (政黨 따위의) i membri del (comitato) esecutivo, (公社*會社 따위의) i membri del Consiglio d'amministrazione / -裁判所 la Corte Suprema / -指揮官 (=司令官) il comandante supremo, il comandante in capo / -目標 l'idea di tutta la sua vita. 그것은 그의 인생의 최고목표였다 Fu l'idea di tutta la sua vita.

최고국방회의(最高國防會議)〈伊〉 Stato Maggiore della Difesa

최고국방회의의장(最高國防會議議長)〈伊〉 Capo di Stato Maggiore della Difesa

최고기록(最高記錄) il primato

최고의 천사〈宗〉 i serafini

최고조(最高潮) il punto culminante

최근(最近) / -에 recentemente, di recente, in questi ultimi giorni, ultimamente / -의 recente, ultimo(a), recentissimo(a)

최대(最大)〈數〉 massimo(a) / -의 massimo(a), il più grande / -限度의 massimo grado / -限으로 al massimo grado, massimamente

최대공약수(最大公約數)〈數〉 il massimo comune divisore

최루(催淚) ¶-가스 il gas lacrimogeno / -彈 le bombe lacrimogene

최면(催眠)〈醫〉 la ipnosi / -시키다 ipnotizzare ¶-劑 gli ipnotici / -術 l'ipnotismo / -術士 l'ipnotizzatore (f. -trice)

최면상태(催眠狀態)〈醫〉 la trance

최면제(催眠劑)〈藥〉 l'ipnotico, il sonnifero

최상(最上, 最優良) l'ottimo, il sommo, il migliore / -의 ottimo(a), il migliore, il superiore, il più alto, altissimo(a), supremo(a) ¶-級 la classe superiore /〈文〉 絕對(相對)-級 il grado superiore assoluto (relativo)

최선(最善) il meglio / -의 il migliore / 자기의 -을 다하다 fare del proprio meglio / -의 시스템을 채용하다 adottare il sistema migliore

최소(最小) il minimo / -의 minimo(a), il più piccolo*ridotto / -한 almeno / -限으로 al minimo, minimamente ¶-限度 il minimo grado / -公倍數 il minimo comune multiplo

최소(最小)〈數〉 minimo(a)

최소가청곡선(最小可聽曲線)〈物〉 l'udibilità

최소공배수(最小公倍數)〈數〉 il minimo comune multiplo

최신(最新) / -의 nuovissimo(a), ultimissimo(a), recentissimo(a) ¶-情報 la primizia / -유행 l'ultima moda

최악(最惡) il peggiore, il peggio, la cosa peggiore, il pessimo / -의 il*la peggiore, il*la più cattivo

최유제(催乳劑)〈藥〉 il galattogeno

최음제(催淫劑)〈藥〉 l'afrodisiaco

최저(最低) l'infimo / -의 infimo(a), il più basso, l'inferiore, minimo(a) ¶-生活 il tenore più basso di vita

최종(最終) l'ultimo, la fine / -의 ultimo(a), finale / -적으로 all'ultimo ¶-列車 l'ultimo treno

최초(最初) il principio, l'inizio, (初步) l'avviamento / -의 primo(a); primativo (a) / -에 prima, in primo luogo / -부터 dal principio, dall'inizio

최토제(催吐劑)〈藥〉 l'emetico

최하(最下) il grado infimo / -의 infimo(a), l'inferiore, il più basso ¶-層 la classe infima (dei cittadini), lo strato infimo (dei cittadini)

최혜국(最惠國) la nazione più favorita ¶-待遇 il trattamento della nazione più favorita

최후(最後) l'ultimo, la fine, (結末) la conclusione / -의 ultimo(a), definitivo (a), finale / 그의 - 걸작 두 작품 i suoi due ultimi capolavori / -에 all'ultimo, in fine, alla fine / -까지 fino all'ultimo ¶-通牒 l'ultimatum

추(醜) / -한 brutto(a), deforme

추(錐)〈數〉 il cono

추가(追加) l'addizione, (~物) l'aggiunta, l'appendice, il supplemento / 책에 1章 -l'aggiunta di un capitolo a un libro / -하

추가요금 다 aggiungere, mettere un'aggiunta; addizionare, supplire / -의 supplementare ¶-豫算 il bilancio (statale) supplementare / -料金 il supplemento
추가요금(追加料金) il supplemento
추격(追擊)〈軍〉l'inseguimento / -하다 inseguire, incalzare ¶-者 l'inseguitore
추골(槌骨)〈解〉il martello
추골염(椎骨炎)〈醫〉la spondilite
추구(追求) l'inseguimento, il perseguimento, la ricerca / -하다 inseguire (il profitto), proseguire nello scopo, ricercare (la verità), perseguire lo scopo
추궁(追窮) / -하다 perseguire / 責任을 -하다 perseguire una responsabilità di qlcu.
추기경(樞機卿)〈宗〉il cardinale / -이 요구하는 덕(德) le virtù cardinali
추도(追悼) la commemorazione, (弔意) le condoglianze / -하다 commemorare (qlcu.) ¶-演說 il discorso commemorativo, l'orazione funebre / -會 la cerimonia commemorativa, la commemorazione religiosa
추도연설(追悼演說) l'orazione funebre
추돌(追突) / -하다 scontrarsi con la parte posteriore di (un'auto)
추락(墜落) la caduta, la precipitazione, la cascata / -하다 cadere [intr. essere], precipitare [intr. essere]
추론(推論) il ragionamento, l'argomento, l'argomentazione, la deduzione / -하다 ragionare [intr. avere], argomentare, dedurre (una conclusione)
추론(推論)〈哲〉il ragionamento, l'inferenza
추리(推理)〈哲〉l'inferenza, il ragionamento / -하다 ragionare ¶-小說 il romanzo poliziesco, il libro giallo, il giallo / -劇 il giallo
추문(醜聞) lo scandalo / -을 일으키다 sollevare*provocare uno scandalo
추발(抽拔) / -輪 l'inseguimento
추방(追放) l'esilio, l'eliminazione, l'espulsione, il bando, (公職에서의) l'epurazione / -하다 esiliare, espellere, scacciare, mandare via, bandire [pr. -isco], cacciare via; (公職에서) epurare (la pubblica amministrazione)

추분(秋分) l'equinozio autunnale
추상(抽象) l'astrazione / -하다 astrarre / -的 astratto(a) / -的으로 astrattamente, in astratto ¶-名詞 il nome astratto
추상(抽象)〈哲〉l'astrazione
추상명사(抽象名詞)〈言〉l'astratto
추상적(抽象的)〈言〉astratto(a)
추상주의(抽象主義)〈繪〉l'astrattismo
추상주의예술가(抽象主義藝術家)〈繪〉l'astrattista
추수하다(秋收) mietere
추신(追伸) il poscritto, [略字] P.S.
추악(醜惡) la bruttezza, la bruttura / -한 brutto(a)
추억(追憶) il ricordo, la memoria / -하다 ricordare [tr.], ricordarsi di qlcu. o qlco., rammentarsi di
추월(追越) il sorpasso / -하다 superare qlcu., qlco. (in velocità), sorpassare ¶-금지 divieto di sorpasso
추월차선(追越車線)〈路〉la corsia di sorpasso
추위(冷寒) il freddo **1** 난 추위를 느낀다. Sento freddo. **2** 물이 얼 정도로 춥다. C'è un freddo che si gela.
추이(推移) la transizione
추인(追認)〈法〉la ratifica
추잉검 la gomma da masticare
추잡(醜雜) / -한 grossolano(a) / -하게 grossolanamente
추장(酋長) il cacicco, il capo tribù
추적(追跡) l'inseguimento, la caccia / -하다 inseguire, dare la caccia a qlco., seguire, incalzare
추정(推定) la presunzione / -하다 presumere, valutare / 피해를 -하다 valutare i danni / -的 presunto(a), presuntivo(a)
추종(追從) l'adulazione, la lusinga / -하다 adulare, lusingare, seguire (un modello)
추진(推進) la propulsione / -하다 propulsare ¶-機 il propulsore, l'elica
추징(追徵) ¶-金 il supplemento
추징금(追徵金) l'imposta*la tassa addizionale, il supplemento / -을 課하다 imporre una tassa addizionale su
추천(推薦) la raccomandazione / -하다 raccomandare (qlcu. che venga scelto),

추출 proporre ¶-書 la lettera di raccomandazione per qlcu. / -者 il raccomandante / -人 (추천 받은 사람) la persona raccomandata) / -狀 la lettera di raccomandazione

추출(抽出) l'estrazione / -하다 estrarre ¶-物 l'estratto

추출(抽出)〈醫•藥〉l'estrazione

추측(推測) la congettura, la supposizione / -하다 immaginare, congetturare, supporre

추켜세우다 adulare, lusingare

추탈(追奪)〈法〉l'evizione

추태(醜態) il comportamento*l'atteggiamento vergognoso, la brutta azione / -를 부리다 comportarsi da vergognare*riprovevolmente

추파(秋波) lo sguardo civettuolo

추한(醜) brutto(a)

축(軸) l'asse (f.)

축(軸)〈數〉l'asse

축(軸)〈海〉l'albero

축구(蹴球) il calcio / -하다 giocare al calcio ¶-選手 il calcista, il calciatore / -場 lo stadio / -靴 le scarpe da calcio / -공 il pallone / -장 lo stadio, il campo di calcio [用語] 골 il goal, la rete, 골문 la porta, 골에어리어 l'aerea di porta, 골키퍼 il portiere, 공격(攻擊) l'azione di attacco, 공격수(攻擊手) gli attaccanti, 그라운드 il campo, 날개 le ali, 논스톱 킥하다 agganciare, 대포알슛 la fucilata, 돌파하다(突破-) bucare, 드리블 il dribbling, il palleggio, 득점(得點) segnare, 롱패스 l'allungo, 미드필더 i mezzali, 방어(防禦) la parata, 삼각편대(三角編隊) la triangolazione, 선심(線審) i guardalinee, 센터서클 il cerchio centrale, 수비수 i difensori, 스루패스 il passaggio, 스위퍼 (수비형) i terzini, (공격형) i mediani, 스타디움 lo stadio, 슬라이딩 il tuffo, 시합(試合) l'incontro*la partita di calcio, 에어리어 l'area, 역습(逆襲) il contropiede, 연장시간(延長時間) i tempi supplementari, 예측(豫測) l'anticipo, 오른쪽 공격수 l'ala destra, 오른쪽 공격형 미드필드 la mezzala destra, 오른쪽 수비수 il terzino destro, 오른쪽 수비형 미드필드 il mediano destro, 옵사이드 il fuorigioco, l'offside, 왼쪽 공격수 l'ala sinistra, 왼쪽 공격형 미드필드 la mezzala sinistra, 왼쪽 수비수 il terzino sinistro, 왼쪽 수비형 미드필드 il mediano sinistro, 윙 le ali, 인터셉트하다 intercettare, 자책골 (自責-) l'autorete, 전원수비(全員守備) il catenaccio, 주심(主審) l'arbitro, 주장 (主將) il capitano, 중앙공격수 il centrattacco, 중앙수비수 il centromediano, 축구장(蹴球場) lo stadio, 코너 l'angolo, il corner, 축구팀 la squadra di calcio, 축구팬 i tifosi del calcio, 축구하다 giocare al calcio, 코너킥 il calcio d'angolo, 크로스 il cross, la centrata, la traversa, 킥커 il cannoniere, 팀 la squadra, 펀칭 la respinta, 페널티에어리어 l'area di rigore, 페널티킥 지점 il punto del calcio di rigore, 페널티킥 il calcio di rigore, 페인팅 la finta, 포메이션 la formazione, 프리킥 il calcio di punizione, 헤딩 il colpo di testa

축구장(蹴球場)〈蹴〉lo stadio

축구팀 la squadra di calcio

축구팬 i tifosi del calcio

축도(縮圖) il disegno*il quadro ridotto ¶-器 il pantografo

축배(祝杯) il brindisi, cincin / -를 늘다 fare un brindisi, fare cincin

축복(祝福) (神의) la benedizione / -하다 benedire / - 받은 benedetto(a)

축복(祝福)〈宗〉la benedizione

축사(祝辭) le felicitazioni, le congratulazioni, l'orazione sintoistica / -하다 fare*porgere le congratulazioni*felicitazioni

축산(畜産) l'allevamento (del bestiame)

축생(畜生) la bestia, l'animale

축소(縮小) la riduzione / -하다 accorciare [intr. essere] / -되다 diventare più piccolo

축소(縮小) la riduzione, la diminuzione; (縮小) l'impiccolimento / -하다 ridurre, diminuire [pr. -isco]; impiccolire [pr. -isco] ¶軍備- il disarmo, la riduzione degli armamenti

축소복사(縮小複寫) la copia ridotta / -하다 copiare*riprodurre su piccola scala*in formato ridotto

축쇄판(縮刷版) l'edizione di formato ridotto, l'edizione ridotta

축음기(蓄音機) il giradischi, il grammofono, il fonografo / -를 틀다 fare girare [intr. avere] un disco (fonografico)
축음기(蓄音機) 〈電〉 il grammofono
축일(祝日) la festa, il giorno festivo
축재(蓄財) l'accumulazione*l'accumulo di ricchezze / 資本의 - l'accumulazione di capitale / -하다 accumulare le ricchezze *i beni
축적(蓄積) l'accumulazione, l'ammucchiamento, il mucchio, il cumulo / -하다 accumulare, ammucchiare, accumulare, (貯金) risparmiare
축전(祝電) il telegramma di felicitazioni*congratulazioni / -을 보내다 spedire [pr. -isco] un telegramma di congratulazioni
축전(祝典) la celebrazione
축전기(蓄電器) 〈物〉 il condensatore elettrico
축전지(蓄電池) 〈電*物〉 l'accumulatore, la batteria di accumulatori
축제(祝祭) il festival
축차(逐次) 〈數〉 lo spigolo
축척(縮尺) la scala ridotta / - 천분의 일 la carta alla scala dell'uno a mille
축척(縮尺) 〈地*數〉 la scala
축축한 umido(a)
축출(逐出) l'eliminazione
축 하(祝 賀) Congratulazioni!, Felicitazioni!, Auguri!; la celebrazione ¶-會 la riunione per celebrare (la pubblicazione di qlco.) / 新年- Buon Capodanno!, Buon Anno Felice!, Felice Anno Nuovo!
춘(春) la primavera
춘분(春分) l'equinozio di primavera
출가(出家) il bonzo, il sacerdote di Budda / -하다 diventare bonzo
출간하다(出刊) pubblicare
출구(出口) l'uscita, l'uscio ¶비상- l'uscita di emergenza
출국(出國) l'espatrio **1** 그리스에 입국하려면 출국에 유효한 신분증이 필요하다. Per l'ingresso in Grecia è sufficiente la carta d'identità valida per l'espatrio.
출근(出勤) la presenza (al proprio ufficio) / -하다 andare ad ufficio*ditta* lavoro, frequentare l'ufficio, andare al lavoro, andare in ufficio ¶-簿 il registro di presenza
출금(出金) la spesa, lo sborso, il prelievo ¶-傳票 la nota delle spese
출납(出納) la cassa ¶-係 (은행 따위의) il cassiere (f. -a) / -帳 il libro di cassa
출납소(出納所) la tesoreria
출동(出動) l'inizio d'azione; la mobilitazione (dell'esercito) / -하다 entrare in azione; mobilitare (le truppe)
출두(出頭) 〈法〉 la comparazione, la presenza / (法庭에) -하다 comparire [intr. essere; pr. -isco o -io]*presentarsi (in giudizio*tribunale)
출력(出力) 〈電〉 l'erogazione
출몰(出沒) apparizione e sparizione / -하다 apparire [intr. essere; pr. -isco o -io] e sparire [intr. essere; pr. -isco]
출발(出發) la partenza **1** 기차 출발까지 한 시간 남았다. Manca un'ora alla partenza del treno. / -하다 partire [intr. essere] **1** 난 밀라노로 출발한다. Parto per Milano. / -点 il punto di partenza
출범(出帆) la partenza della nave / -하다 salpare [intr. essere], fare vela, partire [intr. essere]
출병(出兵) la spedizione di truppe / -하다 spedire [pr. -isco]*inviare*mandare le truppe
출산(出産) il parto / -달 il mese del parto / -하다 partorire [intr. avere, pr. -isco] (un bambino) / 아들*딸*쌍생아(를)을 -하다 partorire un maschio*una femmina*due gemelli / -으로 인해 사망하다 morire di parto ¶-豫定日 la data presunta del parto
출생(出生) la nascita, la natalità **1** 서울시 마포구 도화동 363-233번지에서 출생, 서기 1960년 5월 29일 부신고 Nato(a) in 363-233, Dohwa-dong, Mapo-gu, Seoul. Registrato(a) in data il 29 maggio 1960 su dichiarazione del padre. / -하다 nascere [intr. essere] ¶-日 la data di nascita / -地 il luogo di nascita, il paese nativo / -率 il tasso di natalità
출생률(出生率) il tasso di natalità
출생지(出生地) il luogo di nascita, il paese nativo
출석(出席) la presenza / -하다 essere presente, presentarsi, assistere [intr.

출세(出世) il successo nella carriera*nella vita sociale / -하다 aver successo, fare*farsi strada nella vita ¶-第一主義 l'arrivismo

출소(出所) la liberazione del detenuto*carcerato (dalla prigione*dal carcere) / -하다 essere liberato(a)*rilasciato(a) dal carcere

출신(出身) l'origine (d'una famiglia), di dove (essere), l'origine 1 당신은 어디 출신인가요? 한국인이며 서울 출신입니다. Di dove è Lei? Sono coreano, di Seoul. ¶-地 il luogo di origine*nascita

출어(出漁) / -하다 partire [intr. essere] per la pesca, andare a pesca (d'alto mare)

출연(出演) la recitazione davanti al pubblico / -하다 sostenere*fare la parte*il ruolo (d'Amleto), esibirsi [pr. mi esibisco] in uno spettacolo ¶-者 l'attore (f. -trice), l'artista, (演奏者) l'esecutore (f. -trice)

출옥(出獄) il rilascio*la liberazione dal carcere*dalla prigione, la liberazione del detenuto*carcerato (dalla prigione*dal carcere) / -하다 essere rilasciato(a)*liberato(a) dal carcere, uscire dalla prigione

출원(出願) la domanda*la richiesta (alle autorità competenti) / -하다 presentare una domanda*una richiesta (su carta bollata)

출입(出入) entrata ed uscita ¶-금지 divieto di accesso

출입구(出入口) entrata e uscita, il vomitorio

출입항금지(出入港禁止)〈海〉l'embargo

출자(出資) l'investimento (di capitale) / -하다 investire (denaro) in (un'impresa) ¶-者 l'investitore (f. -trice)

출장(出張) il viaggio di lavoro, il viaggio per affari (commerciali*ufficiali) / -가다 fare un viaggio per affari della ditta ¶-所 la sede*l'ufficio succursale*filiale (d'una società*azienda)

출전(出典) l'origine, la fonte, i documenti originali / -을 표시하다 indicare la fonte d'informazioni

출정(出征) la partenza per il fronte / -하다 andare al fronte ¶-兵士 il soldato per il fronte

출처(出處) le fonti

출판(出版) l'edizione, la pubblicazione / -의 自由 la libertà di stampa / -하다 pubblicare 1 학생들이 신문을 출판했다. Gli studenti hanno pubblicato un giornale. ¶-物 la pubblicazione, lo stampato / -者 l'editore / -社 la casa*la società editrice, l'editore

출품(出品) l'esposizione / -하다 esporre (alla vista pubblica*al pubblico), mostrare ¶-作 gli oggetti (d'arte)*gli articoli*le merci esposti

출품(出品)〈繪*彫〉l'esposizione

출하(出荷) l'invio*la spedizione di merci / -하다 mandare*spedire [pr. -isco] le merci

출항(出港) la partenza (d'una nave) dal porto

출항(出航) la partenza d'una nave, la partenza sul piroscafo / -하다 partire (a bordo d'una motonave), 〈海〉salpare

출현(出現) l'apparizione / -하다 apparire*comparire [intr essere; pr -isco o -io], presentarsi, mostrarsi

출현(出現)〈宗〉(神의) la teofania

출혈(出血)〈醫〉il salasso, l'emorragia, fuoruscita di sangue; 〈經〉il deficit, la cifra rossa / -하다 sanguinare [intr. avere], uscire [intr. essere] il sangue / -을 멎게 하다 arrestare il sangue ¶腦- l'emorragia cerebrale / 動脈- l'emorragia arteriosa

출혈성 체질(出血性 體質)〈醫〉l'emofilia

춤(舞) il ballo; la danza /-추다 ballare, danzare 1 우린 저녁 내내 춤을 추었다. Abbiamo ballato tutta la sera.

춥다(寒) (날씨가) fa freddo 1 물이 얼 정도로 춥다. Fa un freddo che si gela.

충각(衝角)〈海〉lo sperone

충격(衝擊) la forte emozione improvvisa, lo shock, il colpo / -을 주다 colpire, dare una violenta emozione a qlcu. 1 그의 사망 소식은 나에게 크나큰 충격을 안겨 주었다. La notizia della sua morte mi ha colpito profondamente. (=mi ha scioccato) / -을 받다 subire [pr. -isco] uno shock ¶電氣- la scossa elettrica

충고(忠告) il consiglio, l'avviso, 〈스포츠〉(경고) l'avvertimento / -하다 dare un consiglio, consigliare, avvertire

충당(充當) lo stanziamento, l'assegnazione / -하다 stanziare (una somma per qlco.), assegnare (qlco. a un certo uso)

충돌(衝突) la collisione, lo scontro, l'urto, la lotta, il combattimento / -하다 urtarsi, scontrarsi, lottare, combattere **1** 버스가 기차와 충돌했다. Un autobus si scontrò con il treno. ¶利害- la collisione di interessi

충돌(衝突)〈海〉 la collisione

충동(衝動) l'impulso / -적으로 행동하다 agire [intr. avere, pr. -isco] per*di impulso / -的 impulsivo(a) / -的으로 impulsivamente

충만(充滿) il pieno (d'acqua*di benzina), il riempimento / -하다 essere pieno*colmo (di qlco.), riempirsi

충분(充分) / -하다 essere sufficiente, bastare **1** 내게는 돈이 충분하다. Mi basta il denaro. / -한 sufficiente **1** 난 시간이 충분하다. Mi è sufficiente il tempo. / -히 sufficientemente, abbastanza

충성(忠誠) la lealtà, la fedeltà / -을 맹세하다 giurare lealtà / -스런 leale, fedele

충수돌기(虫垂突起)〈解〉 l'appendice

충수염(虫垂炎)〈醫〉 l'appendicite

충수절제(虫垂切除)〈醫〉 l'appendicectomia

충실(忠實) la fedeltà / -한 fedele; devoto(a), leale / -히, 하게 fedelmente; devotamente

충실(充實) la pienezza, il completamento / -하다 completare, arricchire [pr. -isco] (la propria biblioteca di antichissimi volumi) / 精神的으로 -한 生活 la vita spiritualmente arricchita

충의(忠義) la lealtà, la fedeltà verso il sovrano*il signore del feudo / -의 leale, fedele

충적암(沖積岩)〈鑛〉 la roccia detritica

충적평야(沖積平野)〈地〉 la pianura alluvionale

충전(充塡) il riempimento / -하다 riempire*colmare*turare (una buca); otturare, piombare

충전(充電) la carica elettrica / -하다 caricare (un accumulatore)

충전(充電)〈電*物〉 la carica

충족이유율(充足理由律)〈哲〉 il principio di ragion sufficiente

충치(蟲齒)〈醫〉 la carie, il cariato, il dente cariato

충혈(充血)(a) / -되다 congestionato(a) / -되다 congestionarsi

충혈(充血)〈醫〉 l'iperemia

췌장(膵臟)〈解〉 il pancreas

췌장염(膵臟炎)〈醫〉 la pancreatite

취급(取扱) il trattamento; (物) il maneggio / -하다 trattare; maneggiare ¶-注意 "fragile", "con attenzione"

취득(取得) l'acquisto / -하다 acquistare, acquisire

취미(趣味) il passatempo, il hobby, il gusto / 음악에 -가 있다 avere gusto per la musica **1** 각자는 자신의 취미를 갖고 있다. Ciascuno ha il proprio gusto.

취사선택(取捨選擇) la scelta, la selezione / -하다 scegliere, selezionare

취소(取消)〈法〉 la rottura di un contratto, l'annullabilità, l'annulla-mento (di un contratto), la revoca (di un ordine), la cancellazione (di un'ipoteca) / -하다 rompere il contratto, annullare, revocare, cancellare (un contratto) / 注文을 -하다 annullare un'ordinazione*una commissione / 發言을 -하다 disdire*ritrattare il detto*la parola detta

취소(臭素)〈化〉 il bromo

취업(就業) l'inizio del lavoro / -하다 incominciare*eseguire [pr. -o, -isco] il lavoro

취음(吹音)〈醫〉 il soffio

취임(就任) l'assunzione di una (nuova) carica / -하다 assumere una carica

취재(取材) la raccolta di dati*cronaca (per scrivere articolo*resoconto) / -하다 raccogliere dati*cronaca

취조(取調) l'investigazione, l'indagine / -하다 investigare, indagare; sottoporre qlcu. a interrogatorio

취지(趣旨) il tenore (della lettera), l'intenzione, il proposito

취직(就職) / -하다 trovare*ottenere un'occupazione*un lavoro, impiegarsi

취하(取下)〈法〉 / -하다 desistere (una querela); prendere

취하다(醉-) (술에) ubriacarsi / 成功에 - inebriarsi al proprio buon successo
취학(就學) la frequenza scolastica / -하다 frequentare una scuola (elementare) ¶-年齡 l'età scolare
취향(趣向) l'idea, l'invenzione
측(側) il lato, la parte, il fianco / -面 il lato, il fianco / ~의 -面에 a lato di qlco., a fianco di; vicino a
측근(側近) l'insieme degli intimi collaboratori, lo staff (del primo ministro)
측도(測度)〈數〉 la misura
측두근(側頭筋)〈解〉 il temporale
측량(測量) la misurazione, (深度) il sondaggio / -하다 misurare, sondare ¶-士*器 il misuratore
측면(側面) il lato, il fianco, la parte laterale / -의 laterale / -에 a lato*fianco, lateralmente ¶-攻擊 l'attacco di fianco / -圖 il profilo, la vista laterale
측면(側面)〈建〉l'ala
측색계(測色計)〈物〉 il colorimetro
측심(測深)〈海〉 lo scandaglio
측용법(測容法)〈化〉 la volumetria
측음(側音)〈言〉 la laterale
측정(測定) la misurazione; (水深, 地質 따위를) il sondaggio / -하다 misurare, sondare ¶-器 il misuratore
측정기(測程器)〈物〉 lo xilometro
측지학(測地學)〈地〉 la geodesia
측후소(測候所)〈天〉 l'osservatorio, la stazione meteorologica
층(層) il piano; (地層) lo strato, il giacimento, (계급) la classe / 4-에 al terzo piano / -을 형성하다 stratificarsi / 국민의 各- i vari strati della popolazione ¶石油- il giaci-mento petrolifero / 炭- il giacimento di carbone
층계(層階) (일반적으로 지면에서 현관문에 이르는 계단을 일컬음) i gradini; la scalinata
층상의(層狀-)〈鑛〉 lamellare
층운(層雲)〈氣〉 lo strato (di nebbia)
층적운(層積雲)〈氣〉 lo stratocumulo
치간음(齒間音)〈言〉 l'interdentale
치경〈解〉 le gengive
치경음(齒莖音)〈言〉 l'alveolare
치과(齒科) (學) l'odontoiatria / -에 dal dentista ¶-醫師 il (la) dentista, lo*la odontoiatra

치과의(齒科醫)〈醫〉 il dentista, l'odontoiatra
치과학(齒科學)〈醫〉 l'odontoiatria
치기(打) il picchio
치다(打) colpire; battere; percuotere; picchiare **1** 그는 나를 주먹으로 쳤다. Mi ha colpito con un pugno. / 급소를 - colpire nel vivo / 머리를 무심코 툭 - percuotere la testa / 시계가 2시 종을 - battere*suonare le due / 타자기를 - battere*scrivere a macchina (una lettera) / 전보를 - telegrafare, inviare un telegramma / 망치로 못을 - battere un chiodo col martello / 적을 - attaccare; abbattere / 손뼉을 - battere le mani
치료(治療) la medicazione, il trattamento medico, la cura, la terapia / -하다 medicare (una ferita), curare (un malato*una malattia), guarire [tr. -isco], ridare la salute / -받다 essere medicato(a), avere la medicazione / -되다 guarire [intr. essere, pr. -isco], ristabilirsi / -할 수 없는 irrimediabile / -的 medicinale
치마〈衣〉 la gonna, la sottana, la gonnella, il gonnellino
치매(癡呆)〈醫〉 la demenza, il vecchio rimbambito
치명(致命) / -的 mortale ¶-傷 la ferita mortale
치밀(緻密) / -한 accurato(a); sottile
치사량(致死量) la dose mortale
치사한 meschino(a)
치석(齒石) il tartaro
치세(治世) il tempo di pace, (la durata di) regno
치수 (衣類, 신발의) la taglia, la misura; il numero **1** 치수 몇을 입으세요?, 치수 몇을 신으세요? Che taglia porta?, Che numero porta?
치수(治水) il controllo dei corsi d'acqua
치수염(齒髓炎)〈醫〉 la pulpite
치수전력시설국(治水電力施設局)〈伊〉 Acque e impianti elettrici
치아(齒牙) il dente
치안(治安) l'ordine pubblico, la pubblica sicurazione / -을 유지하다 mantenere l'ordine pubblico

치약(齒藥) il dentifricio
치외법권(治外法權) l'estraterritorialità / -의 estraterritoriale
치욕(恥辱) la vergogna, l'infamia, il disonore / -을 주다 dare infamia (a qlcu.)
치우(癡愚)〈醫〉l'imbecillità
치우다(除去) (殘骸를) sgomberare; (정리정돈) mettere in ordine
치유(治癒) la guarigione, il ristabilimento della salute / -하다 guarire [intr. essere, pr. -isco], ristabilirsi (in salute)
치은염(齒齦炎)〈醫〉la gengivite
치음(齒音)〈言〉la dentale
치즈 il formaggio
치질(痔疾)〈醫〉l'emorroide (f.) ¶內(外)- l'emorroide interna (esterna)
치찰음(齒擦音)〈言〉la sibilante
치킨 il pollo / 프라이드- il pollo fritto
치통(齒痛) mal di denti **1** 치통이 있어서 난 간밤에 한 잠도 못 잤다. Questa notte non ho dormito per niente perché avevo mal di denti.
치환(置換)〈數〉la permutazione
치환(置換)〈化〉la sostituzione / -하다 sostituire [pr. -isco] qlco. a*con un'altra
친(親) / -함 la familiarità, l'intimità, l'amicizia; (人) l'amico intimo / -한 amichevole, familiare, intimo(a) / -하다 familiarizzarsi con qlcu., essere familiare con qlcu., avere intimità con qlcu. / 讀書와 -하다 darsi alla lettura
친교(親交) l'amicizia, le buone relazioni / -를 맺다 stringere l'amicizia (con qlcu.)
친구(親舊) l'amico (f. -a, pl.m. -ci, f. -che); (同僚) il*la collega, il compagno; (戰友) il camerata / 친한 - l'amico intimo, l'amico del cuore, l'amico famigliare
친권(親權) l'autorità parentale
친근감(親近感) l'intimità, la familiarità
친모(親母) la propria madre
친목(親睦) l'amicizia, le relazioni amichevoli, l'intimità ¶-會 la riunione d'amicizia
친밀(親密) la familiarità, l'intimità, l'amicizia / -한 familiare, intimo(a), amichevole / -하게 con intimità, amichevolmente, familiarmente / -해 지다 diventare intimo*familiare con qlcu.
친부(親父) il proprio*vero padre
친분(親分) il capo, il dirigente
친서(親書) la lettera autografa; la lettera personale
친선(親善) l'amicizia / 韓伊- l'amicizia fra la Corea e l'Italia / 兩國-關係 le relazioni*i rapporti amichevoli fra i due paesi
친숙한(親熟) familiare
친애(親愛) / -하는 caro(a)
친왕(親王) il principe (imperiale*reale)
친위대(親衛隊) la guardia del corpo
친일(親日) / -의 filogiapponese ¶-派 il nippofilo, l'amico giapponese
친자(親子) il padre e il figlio, la madre e il figlio, i genitori e i figli
친절(親切) la gentilezza, la cortesia / -한 gentile, cortese, cordiale / -하게 gentilmente, cortesemente, cordialmente / ~에게 -하다 essere gentile con qlcu.
친족(親族) il*la parente, (血緣關係) la parentela ¶-會議 il consiglio dei parenti di una famiglia
친척(親戚) il*la parente, (-關係) la parentela / -의 -이다 essere parente di qlcu.
친한(親-) amichevole; intimo(a) / - 親舊 l'amico intimo
친화(親和) l'affinità, l'amicizia, l'intimità ¶-力〈化〉l'affinità
친화력(親和力)〈化〉l'affinità
칠(塗裝) la verniciatura, la lacca, la vernice / -하다 verniciare, dipingere
칠(七) (基數) sette, (序數) settimo(a) / -분의 3 tre settimi
칠레〈地〉il Cile / -의, 人 cileno(a)
칠면조〈鳥〉il tacchino
칠십(七十) (基數) settanta, (序數) settantesimo(a)
칠월(七月) luglio
칠중주곡(七重奏曲)〈音〉il settimino
칠판(漆板) la lavagna
칠현금(七絃琴)〈音〉la lira
침 la saliva, lo sputo / -을 뱉다 sputare [intr. avere], fare uno sputo **1** 땅에 침을 뱉는 것은 좋지 않다. Non è bene sputare per terra. ¶-뱉기 la

sputacchiera

침(針) (縫製의) l'ago, l'agopuntura; (낚시의) l'amo, (時計의) la lancetta, (昆蟲의) il pungiglione

침(針)〈醫〉 l'ago

침골(砧骨)〈解〉 l'incudine

침구(寢具) biancheria e coperte da letto

침낭 il sacco a pelo

침대(寢臺) il letto / - 아래에 까는 양탄자 lo scendiletto / -를 정리하다 rifare il letto / (병이 들어) -에 몸져눕다 mettersi a letto ¶더블- il letto matrimoniale / -보(布), 시트 il lenzuolo, le lenzuola / -車 il vagone letto / - 칸 la cuccetta

침략(侵略) l'aggressione, l'invasione / -하다 aggredire [pr. -isco], invadere ¶-者 l'aggressore / -戰爭 la guerra aggressiva

침몰(沈沒) l'affondamento / 배의 - l'affondamento della nave / -하다 affondare [intr. essere], immergere / (배가) -하다 affondarsi, colare [intr. essere] a picco / -시키다 affondare

침묵(沈默) il silenzio, lo zitto, la taciturnità, (默祕) il mutismo / -하다 tacere [intr. avere] / -을 지키다 mantenere il silenzio, tenere la bocca chiusa / -하게 하다 fare tacere [intr. avere], mettere qlcu. in silenzio / -하는 taciturno(a), silenzioso(a) / -의 tacito(a) / -의 同意 il tacito consenso (accordo)

침뱉다 sputare

침범(侵犯) (領土) l'invasione, (侵害) la violazione / -하다 invadere, violare (i confini)

침상(寢床) il letto

침수(浸水) l'immersione, l'inondazione, l'allagamento / -되다 essere immerso(a)*inondato(a)*allagato(a) / - 家屋들 le case inondate / -된 bagnato(a)*coperto(a) completamente d'acqua; intonato(a), invaso(a) d'acqua

침식(侵蝕) l'erosione, la corrosione / -되다 erodere / -作用 l'azione erosiva

침실(寢室) la camera da letto **1** 우리는 침실이 네 개 딸린 아파트에서 살고 있다. Viviamo in un appartamento di quattro camere da letto.

침엽수(針葉樹)〈植〉 l'aghifoglia, la conifera

침입(侵入) l'invasione, l'intrusione, (비행기의) l'incursione / -하다 invadere [tr.], fare*dare un'incursione (aerea), penetrare [tr., intr. avere], intrudersi in

침적(沈積)〈藥〉 la macerazione

침전(沈澱) il sedimentazione, 〈化〉 la precipitazione, il precipitato / -하다 depositare [intr. avere], sedimentare [intr. essere, avere], precipitare [intr. essere] ¶-物 il sedimento, il recipitato, il deposito

침제(浸劑)〈藥〉 l'infuso

침착(沈着) la calma, la serenità (dell'animo) / -한 calmo(a), quieto(a), sereno(a), tranquillo(a) / -하게 con calma (e sangue freddo)

침체(沈滯) lo stagnamento (del commercio) / -하다 stagnare [intr. essere]

침출(浸出)〈化〉 la lisciviazione

침출액(浸出液)〈藥〉 l'infusione

침투(浸透)〈化〉 l'osmosi, l'infiltrazione / -하다 infiltrarsi, penetrare [intr. essere], inzupparsi

침팬지〈動〉 lo scimpanzè

침하(沈下) l'abbassamento, lo sprofondamento / 지반의 - l'abbassamento del suolo / -하다 sprofondare [intr. essere] (il terreno)

침해(侵害) la violazione, la trasgressione; (侵略) l'aggressione; (권리, 재산을) usurpare / -하다 violare (il domicilio), trasgredire [pr. -isco]; aggredire [pr. -isco]

침해행위(侵害行爲)〈法〉 l'aggressione

칫솔 lo spazzolino da denti

칭찬(稱讚) il complimento, l'ammirazione, la lode / -하 다 fare complimenti, ammirare, lodare, decantare, elogiare, fare lodi*elogi / -할 만한 ammirevole, ammirabile, mirabile, lodabile, lodevole / -을 받다 ottenere l'ammi-razione, essere applaudito

칭하다(稱-) (自身을) chiamarsi; chiamare; nominare

칭호(稱號) il titolo (della carica*della dignità'*del grado)

ㅋ

카나리아〈鳥〉 il canarino
카네이션〈植〉 il garofano
카누〈스포츠〉 il canottaggio ¶-선수 il rematore, il canottiere
카누〈航海〉 la canoa, il canotto
카덴차〈音〉 la cadenza
카드 la carta ¶-점쟁이 il cartomante, la cartomante
카라멜 la caramella
카르텔〈經〉 il cartello
카메라 la macchina fotografica
카메오〈鑛〉 il cammeo
카바 (책의) la copertina
카바티나〈音〉 la cavatina (짧은 서정곡)
카발레타〈音〉 la cabaletta (아리아에 붙은 경쾌한 짧은 독창곡)
카세인〈化〉 la caseina
카세트 테입 la cassetta
카운터 (수퍼, 식당, 가게의) la cassa, il banco
카타콤바(地下墓所) la catacomba [用語] 지하(地下)도 il cunicolo, 벽감(壁龕) (관이나 유해를 안치하는 장소) il loculo, 지하성당(地下聖堂) la cripta, 아취형 묘소(-墓所) l'arcosolio, 성체안치소(聖體安置所) il cubicolo
카탈로그〈商〉 il catalogo
카터 (수퍼마켓의) il carrello ¶ 카트들이 물건들로 가득하니 아니면 비어있니? I carrelli sono vuoti o pieni?
카테고리 la categoria
카페인〈藥〉 la caffeina
카펫 il tappeto / -으로 바닥을 깔다 coprire il pavimento con un tappeto
카프리치오소〈音〉 capriccioso (변덕스런, 환상적인, 기상천외한)
카피(複寫) la copia, il duplicato / -하다 copiare, duplicare
칸쵸네〈音〉 la canzone
칸쵸네타〈音〉 la canzonetta
칸타빌레〈音〉 cantabile (노래하듯이)
칸타타〈音〉 la cantata

칸트 철학(-哲學)〈哲〉 il kantismo
칼(刀) il coltello, il pugnale ¶부엌- il coltello da cucina / 주머니용- il temperino, il coltello da tasca / -등 la costa (d'un coltello) / -날 la lama
칼날 la lama, (兩날) la lama a doppio taglio / -을 갈다 affilare un coltello
칼라 il colletto
칼란도〈音〉 calando (내려가면서)
칼로리〈物〉 la caloria
칼륨〈化〉 il potassio
칼슘〈化〉 il calcio
칼자루 l'impugnatura della spada
캄캄한 buio(a)
캉가루 il conguro
캐리커처〈繪〉 la caricatura
캐스터넷츠〈音〉 le nacchere
캔 (참치 캔 따위의 용도) la scatoletta ¶-맥주 la birra lattina
캔버스〈繪〉 la tela
캘린더 il calendario
캠프 il campeggio
캡슐〈藥〉 il bolo, la capsula
캡슐〈化〉 la capsula
캥거루〈動〉 il canguro
커미션〈商〉 la commissione, la provvigione / 7%의 -을 받다 ricevere il 7 (sette) per cento di commissione (su una vendita)
커튼 (일반용) la tenda, (얇은 커튼) le tendine, (寢臺의) la cortina, (演劇用) il sipario
커플 la coppia (di sposi)
커피 il caffè
컨디션 la condizione (di salute) **1** 건강 상태가 좋다. La salute è in buone condizioni.
컨테이너 il contenitore, il container ¶-車 il carro per cassamobile
컨트롤 il controllo / -하다 controllare / 리모트- il telecomando
컬렉션 la collezione

컴파스 il compasso
컵 la coppa; (잔) il bicchiere, il calice
컷〈漫畵〉la vignetta
컷〈테니스〉tagliare
케라틴〈化〉la cheratina
케이블〈電〉il cavo
케이블카 la teleferica, la funivia, la funicolare aerea
케이스 (LP판의) la copertina
케익 la torta
케톤〈化〉il chetone
켈트어 (-語)〈言〉le lingue celtiche
켜다 (點火, 點燈) accendere ¶ 누가 TV를 켰니? Chi ha acceso il televisore?
켤레 un paio; due paia / 신발 한 - un paio di scarpe / 신발 두 - due paia di scarpe
코〈解〉il naso, (일반 동물의) il muso, (코끼리의) la proboscide /-를 풀다 soffiarsi il naso /-골다 russare ¶-구멍 la narice
코끼리〈動〉l'elefante /- 조련사 il domatore (f. -trice) d'elefanti /- 코 proboscide
코너〈蹴〉l'angolo, il corner
코너킥〈蹴〉il calcio d'angolo
코데인〈藥〉la codeina
코드〈電〉il cordoncino*il cordone elettrico
코란〈宗〉Corano
코랄레〈音〉il corale
코러스〈音〉il coro / 男性(女性) - il coro a voce maschile (femminile) / 二部- coro a due voci / 混聲- il coro misto
코렌테〈音〉la corrente
코르넷〈音〉la cornetta
코르벳함 (-艦)〈航海〉la corvetta
코르셋〈衣〉il corsetto
코르크 il sughero /-性의 sugheroso(a) /-마개 il tappo di sughero /-나무 il sughero
코르티손〈藥〉il cortisone
코린트식 /-의〈建〉corinzio(a)
코멘트 il commento
코믹한 comico(a), buffo(a)
코발트〈化〉il cobalto
코브라〈動〉il cobra
코뿔소〈動〉il rinoceronte
코사인〈數〉il coseno
코스모스〈植〉il cosmos
코스타리카〈地〉Costarica / -의, 人 costaricano(a)
코스트 (費用) il costo
코인〈電〉la bobina
코일〈電〉la spirale; la bobina
코치 l'allenatore / -하다 allenare
코카인〈藥〉la cocaina
코코넛 la noce di cocco
코코아 il cacao
코트〈스포츠〉il campo ¶ 테니스 - il campo da tennis
코트〈依〉il cappotto, il soprabito
코피 (鼻出血)〈醫〉la epistassi
콘 모토〈音〉con moto (생생하게)
콘 에스프레시오네〈音〉con espressione (표정 풍부하게)
콘 푸오코〈音〉con fuoco (격하게)
콘덴서〈電〉il condensatore variabile
콘돔 il preservativo
콘서트〈音〉il concerto (d'orchestra sinfonica)
콘센트 la presa di corrente
콘체르타토〈音〉il concertato
콘체르토〈音〉il concerto
콘크리트 il calcestruzzo, il cemento armato / -로 세워진 집 la casa costruita in calcestruzzo ¶ 鐵筋- il cemento armato
콘택트렌즈 la lente a contatto
콘트라베이스〈音〉il contrabbasso
콘트라스트 il contrasto
콘트라파곳〈音〉il controfagotto
콜라시오네〈音〉il colascione
콜레라〈醫〉il colera ¶ 急性- il colera fulminante
콜레라균〈細菌〉i bacilli del colera
콜로이드〈化〉il colloide
콜론〈句讀點〉due punti
콜롬비아〈國名〉Colombia / -의, 人 colombiano(a)
콜타르 il catrame minerale*di carbon fossile
콤마〈句讀點〉la virgola
콤파스〈彫刻〉il compasso
콤팩트 (化粧品) il portacipria
콤팩트디스크 il compact disc, CD (cidi)
콧구멍 la narice
콧노래 /-를 부르다 canterellare, canticchiare
콧물 il muco nasale, il moccio / -흘리다

콧소리 moccicare / -흘리는 moccioso(a)
콧소리(鼻聲) la voce nasale
콧수건 il fazzoletto da naso
콧수염 i baffi
콩〈植〉(완두콩) il fagiolo, il pisello, (알이 굵은 콩) la soia
콩과식물(豆科植物) le leguminose
콩쿠르 il concorso
쾅 닫다 sbattere / ~ 앞에서 문을 - sbattere la porta in faccia a qlcu.
쾅 닫음(닫힘) lo sbattimento
쾌락(快樂) il piacere ¶-主義 il sensualismo
쾌락주의(快樂主義)〈哲〉l'edonismo
쾌속범선(快速帆船)〈航海〉la caravella
쾌속정 il motoscafo
쾌적(快適) / -한 grazioso(a), confortevole
쾌청한(快晴-)〈氣〉bello
쾌활(快活) il brio, la vivacità, la gaiezza, l'allegrezza / -한 vogoroso(a), energico(a), brioso(a), vivace, gaio(a), allegro(a), gioioso(a)
쾌활(快活) l'allegria / -한 allegro(a), gaio(a), vivace, gioioso(a) / -하게 allegramente, gaiamente, vivacemente
쾌히 volentieri
쿠데타 il colpo di Stato
쿠션 il cuscino
쿠폰 la cedola
쿨롱〈物*電〉(전기의 양의 단위) il coulomb
쿼터 la quota, il contingente ¶(輸出入) -制度 il sistema del contingente
퀴즈 il quiz, l'indovinello / -를 출제하다 proporre un indovinello / -를 풀다 risolvere un indovinello
큐리〈物〉il curie
크게 molto, assai
크게 뜨다 (눈을) spalancare gli occhi
크게 하다(擴張) aggrandire; ingrandire
크기 la dimensione; la misura, la taglia
크라운효과(-效果)〈電〉l'effetto corona
크레디트 il credito ¶-카드 la carta di credito
크레쉔도〈音〉crescendo (점점 강하게 하면서)
크레오소트〈藥〉il creosoto
크레용 il pastello, la matita colorata / -으로 그리다 disegnare a pastello*a matita colorata
크레졸〈化〉il cresolo
크로스〈蹴〉il cross, centrata, la traversa
크로스컨츄리〈競輪〉il ciclocross, la gara ciclocampestre
크로스컨트리경주(-競走)〈陸〉la corsa campestre
크로아티아어(-語)〈言〉il serbo-croato
크로켓 la crocchetta
크롤〈泳〉il crawl
크롬〈化〉il cromo
크롬산염(-酸?)〈化〉il cromato
크롬철광(-鐵鑛)〈鑛〉la cromite
크리스마스 il Natale / 메리 - ! Buon Natale! / - 선물 il regalo di Natale / - 트리 l'albero di Natale
크리스천〈宗〉il cristiano
크리켓 il cricket
크림〈藥〉la crema
크림〈化粧品〉la crema
큰 꿈(大望) il grande desiderio, l'ambizione / -의 ambizioso(a) / -을 갖다 avere ambizione, ambire [pr. -isco], ambire [intr. avere] a qlco. 1 큰 꿈을 가져라! Voi siate ambiziosi!
큰 북〈音〉il tamburo
큰(大) grande, (太) grosso(a); (巨大한) gigantesco(a), colossale, enorme; (音이) alto(a), sonoro(a); (幅이) largo(a); (부피가) voluminoso(a) / -소리로 ad alta voce
큰곰자리〈天〉l'Orsa Maggiore
큰북(太鼓) il tamburo / -을 치다 battere*suonare il tamburo
큰북〈音〉la grancassa
클라리넷〈音〉il clarinetto
클라비쳄발로〈音〉il clavicembalo
클라이맥스(絶頂) il culmine / -에 이르다 essere al culmine*al colmo
클래스 la classe, l'aula ¶- 메이트 il compagno di classe
클래식 / -의 classico(a) ¶-音樂 la musica classica
클랙슨 il clacson
클러치페달 la frizione
클레인〈機〉la gru
클레임〈商〉il reclamo / -걸다 presentare un reclamo, reclamare i danni contro qlcu.
클로로포름〈化〉il cloroformio

클로버〈植〉 il trifoglio
클로즈업〈映〉 il primo*il primissimo piano, 〈TV〉 il mezzo primo piano
클립 il fermaglio
키 (신장) la statura, l'altezza / -작은 piccolo(a) / -큰 alto(a)
키 (舵)〈航海〉 il timone
키니네〈藥〉 la chinina
키보드 (PC, 건반, 타자기, 계산기) la tastiera, il tasto
키스 il bacio / -하다 baciare, baciarsi **1** 그와 아내는 서로 키스한다. Lui e sua moglie si baciano.
키우다 far crescere, coltivare
키타〈音〉 la chitarra
키틴질〈化〉 la chitina

킥커〈蹴〉 il cannoniere
킬로그램〈單位〉 il chilo **1** 프로쉬우토 1 kg 주세요! Vorrei un chilo di prosciutto, per favore! / 감자 1 - un chilo di patate
킬로그램미터〈物〉 il chilogrammetro
킬로리터〈單位〉 il chilolitro
킬로미터〈單位〉 il chilometro **1** 내 집과 역 사이의 거리는 정확히 1 km이다. Tra la mia casa e la stazione c'è esattamente un chilometro.
킬로볼트〈電〉 il chilovolt
킬로사이클 il chilociclo
킬로와트〈單位〉 il chilowatt
킬로와트〈電〉 il chilowatt
킬로와트시 (-時)〈電〉 il chilowattora

E

타격(打擊) il colpo, il picchio / -하다 colpire **1** 그는 나를 주먹으로 타격을 가했다. Mi ha colpito con un pugno. **2** 로마는 사나운 호우로 인해 타격을 받았다. Roma è stata colpita da un violento nubifragio.

타고난 nato(a) / -좋은 팔자를 -사람 la prersona nata con la camicia

타국(他國) l'altro paese, il paese straniero / -의 straniero(a), forestiero(a), estero(a)

타기 쉬운 infiammabile, (可燃性의) combustibile

타나그라 인형(-人形)〈彫〉la tanagra

타다(乘車) prendere (il treno*l'aereo); (船에) imbarcarsi; cavalcare

타다(燃) scottarsi, bruciarsi, bruciare, abbranzarsi, accendersi, essere abbrustolito(a), abbrustolirsi, (情熱에) ardere

타당(妥當) l'adeguatezza, l'opportunità, la giustizia / -한 adeguato(a), adatto(a), opportuno(a), valido(a), giusto(a), ragionevole / 모든 사람에게 -한 원리 un principio valido per tutti

타당성(妥當性)〈法〉la validità

타도(打倒) l'abbattimento; il rovesciamento l'abbasso / -하다 abbattere, distruggere, rovesciare

타동사(他動詞)〈文〉il verbo transitivo

타락(墮落) la corruzione, la depravazione, il pervertimento / -하다 degradarsi, lasciarsi corrompere, corrompersi, deviare dalla retta via, sviarsi, traviare [intr. avere], diventare peggiore, essere depravato(a) / -한 corrotto(a), pervertito(a), traviato(a) / -한 여자 la donna traviata, la sviata / -한 生活 la vita depravata

타란텔라〈音〉la tarantella

타르 (石炭*木材의) il catrame, la pece liquida

타박상(打撲傷) l'ammaccatura, la contusione / -을 입다 contundersi

타보다 provare **1** 내 차 타보고 싶니? Vuoi provare la mia macchina?

타부 il tabù / -의 tabù, proibito(a)

타부로이드(版) (il formato di) tabloid

타산(打算) il calcolo / -的인 사람 il calcolatore / -的으로 per calcolo

타살(他殺) l'omicidio

타성(惰性) l'inerzia / -으로 per forza d'inerzia*d'abitudine

타수(舵手) (배의 키를 잡는 사람) il timoniere

타스 la dozzina ¶半- la mezza dozzina

타악기(打樂器)〈音〉lo strumento a percussione, la batteria

타양식물(他養植物)〈植〉eterotrofa

타오르다 avvampare, ardere (vivamente d'amore)

타 올 l'asciugamano / (목욕용) l'asciugatoio da bagno

타원형 l'ovale

타율도덕(他律道德)〈哲〉la morale eteronoma

타이어 la gomma, (공기를 넣은) il pneumatico

타이즈 (어린이용) le ghette

타이츠 la calzamaglia

타이틀 il titolo

타이프라이터(打字機) la macchina da scrivere / -로 치다 scrivere a macchina

타이피스트 il dattilografo (f. -a)

타인(他人) gli altri, la persona estranea, lo straniero / -의 altro(a), estraneo(a)

타일〈建〉la mattonella, la piastrella / -로 씌운 coperto(a) a mattonelle, piastrellato(a)

타임 il tempo, l'ora / -을 재다 misurare il tempo, cronometrare ¶-위치 il marcatempo, l'orologio di controllo

타입 il tipo

타자(打者)〈스포츠〉il battitore

타자기(打字機) la macchina da scrivere

타정당에 문호개방(-鬥戶開放)<政> l'apertura

타조<動> lo struzzo

타진(打診)<醫> la percussione / -하다 picchiare con le dita*a martello / (의향을) -하다 sondare le intenzioni altrui

타진망치(打診-)<醫> il martello

타향(他鄕) ¶-人 il forestiero

타협(妥協) il compromesso / -의 di compromesso / -的 transigente / -하다 compromettere, giungere a un compromesso, venire a una transazione ¶-点 il punto di compromesso / -案 il progetto di compromesso

탁(濁) / -함 la torbidezza, la mancanza di chiarezza; (不純) l'impurità / -하다 diventare torbido, intorbidarsi / -하게 하다 intorbidare, rendere torbido / -한 torbido(a), privo di limpidezza

탁구(卓球)<스포츠> il ping-pong, il tennis da tavola, la pallacorda da tavola / -를 하다, 치다 giocare a ping-pong

탁류(濁流) la corrente d'acqua torbida

탁상(卓上) / - 위에 su un tavolo*una tavola ¶-電話 il telefono a tavolo / -演說 il discorso a tavola / -시계 l'orologio da tavola

탁상공론(卓上空論) la teoria impraticabile

탁상지(卓狀地)<地> il tavolato

탁아소(託兒所) l'asilo nido

탁월(卓越) l'eccellenza, la superiorità, l'eminenza / -하다 essere eccellente*superiore (agli altri per intelligenza) / -한 eccellente, superiore, eminente

탁음(濁音) il suono sonoro

탁자(卓子) (식사용) la tavola, (게임용, 작업용) il tavolo

탁한 torbio(a); impuro(a)

탄광 la miniera di carbone(a)

탄닌<化*藥> il tannino

탄도학(彈道學)<物> la balistica

탄띠<狩獵> la cartucciera

탄력(彈力) l'elasticità, la flessibilità / -的 elastico(a), flessibile / -있는 elastico(a)

탄력성(彈力性)<經> l'elasticità

탄복(歎服) l'ammirazione / -하다 ammirare

탄분증(炭粉症)<醫> la antracosi

탄산(炭酸)<化> l'acido carbonico ¶-레모네이드 la gassosa / -水 la gassosa, l'acqua gassosa

탄산석회(炭酸石灰)<鑛> il tufo

탄산염(炭酸鹽)<化> il carbonato

탄생(誕生) la nascita / -하다 nascere [intr. essere] / -을 축하하다 celebrare*festeggiare la nascita (di qlcu.) ¶-日 il compleanno

탄성(歎聲) il lamento

탄소(炭素)<化> il carbonio, / -의 carbonico(a)

탄수화물(炭水化物)<化> i carboidrati, il glucide 1 설탕과 아미노산은 탄수화물이다. Gli zuccheri e l'amino sono glucidi.

탄식(歎息) il sospiro / -하다 sospirare [intr. avere], lamentarsi di*per qlco.

탄압(彈壓) l'oppressione / -하 다 opprimere / -的 oppressivo(a)

탄약(彈藥) le munizioni ¶-庫 il magazzino di munizioni / -製造工場 la polveriera

탄약통(彈藥筒)<狩> la cartuccia

탄원(歎願) la supplicazione; (請願) la petizione, l'istanza / -하다 presentare una supplica*petizione*istanza, supplicare, implorare ¶-書 la supplica, la petizione, l'istanza / -者 il*la supplicante, il presentatore d'una istanza

탄저균(炭疽菌)<菌> i bacilli del carbonchio

탄전(炭田) il bacino carbonifero

탄젠트<數> la tangente

탄핵(彈劾) l'accusa, l'imputazione, l'incriminazione / -하다 accusare, incriminare, imputare (qlcu. di un delitto)

탄화(炭化) la carbonizzazione / -하다 carbonizzare ¶-物 il carburo

탄화수소(炭化水素)<化> l'idrocarburo

탄환(彈丸) il proiettile, la pallottola

탈것 il veicolo

탈골(奪骨) la slogatura / -시키다 slogare [io slogo, tu sloghi] / -되다 slogarsi ¶내 복숭아 뼈가 탈골되었다. Mi si è slogata la caviglia. / -된 slogato(a) 1 그는 넘어져 복숭아 뼈가 탈골되었다. E' caduto e si è slogato una caviglia.

탈락(脫落) la caduta, l'omissione

탈색(脫色) / -되다 stingere [intr. essere], sbiadire [intr. essere, pr. -isco], scolorire [intr. essere, pr. -isco]

탈선(脫線) il deragliamento, il deviamento / -하다 deragliare, deviare [intr. avere] **1** 열차가 -했다. Il treno ha deviato. / -시키다 deviare [tr.] (un treno)

탈세(脫稅) l'evasione fiscale / -하다 evadere al fisco

탈수(脫水) 〈化〉 la disidratazione; (세탁기의) la centrifuga

탈옥(脫獄) la scappa di prigione, la fuga dal carcere, l'evasione dal carcere / -하다 scappare di prigione, fuggire dal carcere, evadere ¶-囚 l'evaso

탈의실 lo spogliatoio

탈자(脫字) la lacuna / -를 채워 넣다 riempire [pr. -isco] una lacuna

탈장(脫腸) 〈醫〉 l'ernia

탈저(脫疽) 〈醫〉 la cancrena

탈주(脫走) l'evasione (dal carcere) / -하다 evadere [intr. essere] / -시키다 porre*mettere in fuga

탈주죄(脫走罪) 〈法〉 l'evasione

탈출(脫出) la fuga, la scappata / -하다 liberarsi; fuggire, scappare

탈취(奪取) la cattura / -하다 catturare

탈퇴(脫退) le dimissioni*il ritiro da un circolo*un'associazione / -하다 dare le dimissioni, dimettersi*ritirarsi dall'associazione, distaccarsi da (il partito)

탐구(探求) l'indagine, lo studio, la ricerca, l'investigazione / -하다 indagare, studiare a fondo, ricercare, investigare

탐방(探訪) la ricerca giornalistica d'un fatto o un avvenimento, il reportage / -하다 fare una ricerca giornalistica (su qlco.), fare un reportage ¶-記者 il*la cronista, il reporter

탐색(探索) la ricerca, l'indagine, l'investigazione / -하다 ricercare, indagare [intr. avere] (su*intorno a qlco.), investigare [tr.]

탐욕(貪慾) l'avidità, l'avarizia / -스런 avido(a) / -스런 사람 l'avvoltoio, il condor

탐정(探偵) l'investigatore, l'agente segreto di polizia, l'agente investigativo / -하다 fare l'indagine segreta su qlcu. o qlco.; investigare segretamente; spiare ¶私立- il poliziotto privato / 軍事- la spia militare / -小說 il romanzo poliziesco, il libro giallo, il racconto poliziesco

탐지(探知) la rivelazione, la scoperta / -하다 rivelare, spiare ¶-器 il rivelatore (antisommergibile)

탐침(探針) 〈醫〉 la sonda

탐험(探險) l'esplorazione / -하다 esplorare / -을 떠나다 partire per il viaggio d'esplorazione (polare) ¶ -家 l'esploratore / -隊 la spedizione, il gruppo di esploratori

탑(塔) la torre / 피사의 斜- la Torre Pendente di Pisa

탑(塔) 〈建〉 la pagoda (in legno*muratura)

탓으로 돌리다 attribuire

탓하다 incolpare

탕(湯) l'acqua calda, il bagno caldo

탕약(湯藥) 〈藥〉 il decotto, la decozione / -을 다리다 fare un decotto*un'infusione

탕제(湯劑) 〈藥〉 il decotto

태고(太鼓) il tamburo

태고(太古) la più remota antichità, le epoche remote, il tempo antichissimo

태교(胎敎) le cure prenatali della donna incinta

태국 〈地〉 Tailandia / -의, 人, 語 tailandese

태극기(太極旗) la bandiera coreana

태도(態度) l'atteggiamento, il comportamento **1** 나는 그의 태도를 좋아하지 않는다. Il suo comportamento non mi piace. / -를 바꾸다 cambiare il proprio atteggiamento

태동(胎動) i movimenti fetali

태만(怠慢) la pigrizia, la trascurataggine, la trascuratezza, la trascuranza, la negligenza, l'ozio **1** 태만은 악덕의 원천(근원)이다. La pigrizia è fonte di vizi. / -한 pigro(a), poltrone, trascurato(a), negligente, trascurato(a), ozioso(a) / -하다 essere trascurante (nei propri doveri) / -하게 negligentemente, trascuratamente, spensierata-

태반(胎盤)〈生〉 la placenta
태생학(胎生學)〈醫*生〉 l'embriologia
태아(胎兒) l'embrione, il feto
태아(胎兒)〈法〉 il nascituro
태양(太陽) il sole / 뜨거운 - il sole cocente / -의 solare ¶-日 il giorno solare / -系 il sistema solare / -曆 il calendario solare
태양경(太陽經)〈天〉 l'elioscopio
태양계(太陽系)〈天〉 il sistema solare
태양순환기(太陽循環期)〈天〉 il ciclo solare
태양주기(太陽週期)〈天〉 il ciclo solare
태양흑점(太陽黑點)〈氣〉 le macchie solari
태어나다(出生) nascere [intr. essere] **1** 나는 서울에서 태어났다. Sono nato a Seoul.
태업(怠業) il sabotaggio / -하다 sabotare
태연(泰然) l'indifferenza, la noncuranza / -한 indifferente, noncurante
태엽(胎葉) la molla (dell'orologio) / -을 감다 caricare l'orologio / -으로 움직이는 장난감 il giocattolo a molla
태우다(焚) bruciare (le legna*l'incenso)
태자(太子)(皇太子) il principe ereditario
태평(太平) la pace, la tranquillità / -의 pacifico(a), tranquillo(a), lento(a), pacioso(a) / -한 사람 il pacione (f. -a)
태평양(太平洋) l'Oceano Pacifico ¶-橫斷航路 la rotta transpacifica
태풍(颱風) il tifone, il ciclone tropicale (nelle regioni dell'Asia Sud-Orientali) / -불다 tirare [intr. avere] il vento forte*il tifone / -의 눈 l'occhio*il centro del tifone
태풍(颱風)〈氣〉 il tifone
태풍의 눈(颱風-)〈氣〉 l'occhio del tifone
택배(宅配) la consegna a domicilio
택시 il tassì, il taxi / -로 가다 andare in tassì / -를 부르다 chiamare (prendere) un tassì ¶-미터기 il tassametro / -駐車場 il posteggio di tassì / -技士 il*la tassista
택지(宅地) il terreno edificabile il terreno per abitazione, l'area fabbricabile, il terreno (fabbri-cabile)
택하다 scegliere
탬버린〈音〉 il tamburello
탱고〈樂〉 il tango
탱크 il serbatoio, la cisterna; 〈戰車〉 il carro armato ¶石油- la cisterna di petrolio
터널 la galleria
터득 / -하다 capire, apprendere
터뜨리다 far esplodere, far scoppiare
터무니없는 assurdo(a), irragionevole
터빈 선 (-船) la turbonave
터빈 la turbina ¶蒸氣*가스 - la turbina a vapore*gas / 水力 - la turbina idraulica
터빈〈電〉 la turbina
터빈발전기 (-發電機)〈電〉 il turboalternatore
터지다 esplodere, scoppiare / 손이 - screpolarsi
터키〈地〉 la Turchia / -의 turco(a) / -人*語 turco
터키옥(-玉)〈鑛〉 il turchese
턱〈人體〉 la mascella, la mandibola, il mento / 위- la mascella superiore
턱받이 il bavaglino
턱수염〈髥〉 la barba **1** 파바로티는 그렇게 길지 않은 턱수염을 갖고 있다. Luciano Pavarotti ha una barba non molto lunga.
턴(方向轉換)〈泳〉 la virata
털 il pelo; pelame
털다 (먼지 따위를) dragare, spolverare; scuotere la polvere
털모자 il berretto
텅스텐 il tungsteno, il volframio
테 (안경의) la montatura; margine
테너〈音〉 il tenore
테니스〈스포츠〉 il tennis / - 치다 giocare a tennis **1** 난 매일 아침 테니스를 친다. Gioco a tennis ogni mattina. ¶-라켓 la racchetta da tennis / - 코트 il campo di tennis **[用語]** 게임 il game, il gioco, 끝줄 la linea di fondo, 네트 la rete, 단식(單式) il singolare, 드라이브 il drive, il diritto, 드롭샷 la smorzata, 라인 la linea, 로브 il pallonetto, 매치 포인트 il match-ball, 복식(複式) il doppio, 서비스 il servizio, 선심(線審) il giudice di linea, 세트 포인트 il set-ball, 세트 il set, la partita, 심판(審判) il giudice, 어드밴티지 il vantaggio, 옆줄 la linea

테라스 il terrazzo, la terrazza, il balcone
테라코타〈彫〉la terracotta
테러 il terrorismo
테러리스트 il*la terrorista
테마〈文〉il tema, il soggetto
테스트 la prova, l'esame, il test / -하다 provare, esaminare, fare un test
테오브로민〈藥〉la teobromina
테오필린〈藥〉la teofillina
테이블 la tavola, il tavolo / 작은 - il tavolino / - 보 la tovaglia / - 매너 le buone maniere a tavola
테이프 il nastro, (錄音의) il nastro magnetico, il nastrino / -에 錄音하다 registrare (qlco.) su nastro magnetico
테이프레코더〈電〉il registratore magnetico
텍스트〈文〉il testo
텐트 la tenda (da campo) / -를 치다 piantare le tende
텔레비전 la televisione, la TV (tivu), il televisore / -의 televisivo(a) / -放送을 하다 teletrasmettere qlco., trasmettere per televisione / -에서 ~를 보다 vedere*guardare qlco. alla televisione / -視聽者 il telespettatore / -放送 la teletrasmissione / 컬러- la televisione a colori / -카메라 la telecamera / -實況放送 la telecronaca
텔레비전뉴스 il telegiornale
텔레비전뉴스해설(-解說) la telecronaca
텔레비전뉴스해설자(-解說者) il*la telecronista
텔레비전방송(-放送) le teletrasmissioni
텔레비전수상계약(-受像契約) il teleabbonato
텔레비전수상계약자(-受像契約者) il teleabbonato
텔레비전수상기(-受像機) il televisore
텔레비전스크린 il teleschermo
텔레비전시청자(-視聽者) il telespettatore
텔레비전영화(-映畵) il telefilm
텔레비전중계방식(-中繼方式) il ponte televisivo
텔레비전채널 il canale televisivo
텔레비전촬영(-撮影) la ripresa televisiva
텔레비전카메라 la telecamera

텔레비전프로그램 il programma televisivo
템페라화법(-畵法)〈繪〉la tempera
템포〈樂〉il tempo / -가 빠른 presto
토건(土建) i lavori pubblici e le costruzioni pubbliche
토기(土器) terraglie, il vaso di terracotta
토끼〈動〉il coniglio (f. -a), (산토끼) la lepre ¶-사육장 la coniglieria
토끼풀〈植〉il trifoglio
토너먼트 il torneo (di scacchi)
토네이도(大型暴風)〈氣〉il tornado
토대(土臺) la base, il fondamento
토대(土臺)〈建〉il basamento, la fondamenta
토론(討論) la discussione, il dibattito, il dibattimento / -하다 discutere, dibattere / 放送-會 (la riunione di) dibattito trasmesso alla radio*alla televisione
토리노 Torino / -의, 人 torinese
토마스주의(-主義)〈哲〉il tomismo
토마토〈植〉il pomodoro / 껍질 벗긴 - il pomodoro pelato
토막 il pezzo
토목(土木) ¶公共-工事(事業) i lavori pubblici / -請負業者 il*la contraente dei lavori pubblici
토벌(討伐) il soggiogamento, la sottomissione / -하다 soggiogare, sottomettere
토산물 il prodotto regionale tipico
토색(土色) il colore di terra / -의 terreo(a), pallido(a)
토성(土星)〈天〉Sarturo
토스카나 Toscana / -의*人 toscano(a) / -方言 il toscano
토스카나식 / -의〈建〉tuscanico(a)
토스터 il tostapane
토스트 il pane tostato*abbrustolito
토양(土壤) la terra, il suolo
토요일(土曜日) il sabato 1 년 토요일에 뭐 할거니? Che cosa fai sabato ?
토의(討議) la discussione / -하다 discutere
토지(土地) la terra, il suolo, il terreno / -의 locale, di un determinato luogo ¶-臺帳 il catasto
토 지 개 량 국 (土 地 改 良 局)〈伊*農〉Miglioramenti fondiari
토지측량(土地測量) ¶-技士 l'agrimensore / -學 l'agrimensura

토착(土着) /-의 indigeno(a) ¶-民 l'indigeno, gli aborigeni

토카타〈音〉 la toccata

토파즈(黃玉)〈鑛〉 il topazio

토픽 il soggetto, l'argomento, il tema (della conversazione*della discussione)

토픽〈哲〉 la topica

토하다(吐) (음식물을) vomitare, (숨을) espirare, (용암을) eruttare (lava), (眞實을) dire la verità

토혈(吐血) lo sbocco di sangue, 〈醫〉 la emottisi /-하다 emettere sangue dalla bocca

톤 (중량) la tonnellata / 10 - 트럭 l'autocarro di dieci tonnellate

톨게이트〈路〉 il casello

톱(top) il capo, la testa; la cima, il vertice

톱〈具〉 la sega /-질하다 segare ¶-밥 la segatura /電氣- la segatrice, (날이 왕복하는) la segatrice alternativa, (띠 모양의) la segatrice a nastro, (원형의) la segatrice a disco

통 (포도주 제조용) la tinozza*la conca (di legno); la botte, il barile; (편지 한 통) una lettera

통(通) /-하다 comunicare [intr. avere] con qlco.; (길 따위가) condurre [intr. avere], menare 1 이 도로는 역으로 통한다. Questa strada conduce alla stazione. 2 이 복도는 식당으로 통한다. Questo corridoio comunica con la sala da pranzo. / 영어로 -하다 essere pratico d'inglese

통(通) la persona di buon gusto, il conoscitore (di musica)

통각결여(痛覺缺如)〈醫〉 l'analgesia

통감(痛感) /-하다 sentire vivamente*profondamente

통계(統計) la statistica, (學*表) la statistica /-의 statistico(a) /-上의 statistico(a) /-를 내다 fare una statistica ¶-學 la statistica

통계학(統計學)〈악〉 la statistica

통고(通告) la nota (governativa*diplomatica), la notifica, la notificazione, la comunicazione, l'avviso /-하다 notificare, comunicare, avvisare

통과(通過) il passaggio, il percorso, (車, 人, 貨物의) il transito /-하다 passare [intr. essere] per, transitare [intr. essere], oltrepassare [tr.]; attraversare ¶-商品 le merci di transito /-乘客 i passeggeri in transito

통근(通勤) /-하다 fare regolarmente un viaggio d'andata e ritorno (per recarsi al lavoro), fare il pendolare tra casa e ufficio ¶-者 il*la pendolare

통념(通念) l'idea*l'opinione comune, il senso comune ¶社會- l'idea comunemente accettata

통달(通達) l'avviso, la notifica, la notificazione, la comunicazione /-하다 avvisare, notificare, comunicare

통례(通例) la consuetudine /-의 usuale, solito(a) /-로 di solito, ordinariamente, generalmente

통로(通路) il passaggio; il corridoio 1 기차에 앉을 좌석이 없어서 나는 기차 통로에서 여행을 했다. Sul treno non c'erano posti a sedere, perciò ho fatto il viaggio nel corridoio. ¶地下橫斷 - il sottopassaggio per passeggeri*pedoni

통보(通報) l'annuncio, la notizia, le informazioni, l'avvertimento /-하다 avvertire

통사(統辭)〈言〉 la sintagma

통사론(統辭論)〈言〉 la sintassi

통상(通商) il commercio, il commercio con l'estero /-의 commerciale ¶-關係 le relazioni*i rapporti commerciali /-條約 il trattato di commercio (con l'estero)

통상(通常) ordinariamente, comunemente, abitualmente, come sempre, al solito, di solito /-의 usuale, ordinario(a), comune

통성기도(通聲祈禱)〈宗〉 la preghiera vocale

통속(通俗) la popolarità /-的 popolare, volgare, banale, convenzionale /-化하다 popolarizzare ¶-文學 la letteratura popolare

통솔하다 comandare

통시적(通時的)〈言〉 diacronico(a)

통시태(通時態)〈言〉 la diacronia

통신(通信) la corrispondenza, (交信) la comunicazione, (情報) le informazioni, (뉴스) le notizie /-하다 comunicare [intr. avere] (per lettera*telefono), corrispondere [intr. avere] con qlcu. ¶-

衛星 il satellite (artificiale) di comunicazioni / -講座 il corso per corrispondenza / -文 la corrispondenza / -社 l'agenzia d'informazioni / -機關 i mezzi di comunicazione / -員 il*la corrispondente, l'inviato / -販賣 la vendita per corrispondenza

통신(通信)⟨電⟩ le comunicazioni

통신부(通信簿) la pagella

통역(通譯) l'interpretazione / -하다 fare da interprete (per la conferenza di qlcu.) ¶-師 l'*la interprete / -官 il segretario-interprete

통용(通用) (有效) la validità / -되다 essere valido, essere usato*diffuso, essere in uso*corso ¶-語 la lingua d'uso corrente

통일(統一) l'unità, l'unificazione / -된 unificato(a), unito(a) / -않된 senza unità; disordinato(a) / -하다 unificare, unire [pr. -isco]

통일사회당(統一社會黨)⟨政⟩ il partito socialista unitario (PSU)

통장(通帳)⟨銀⟩ il libretto

통절(痛切) / -히 fortemente; profondamente; vivamente / -한 straziante; urgente

통제(統制) il controllo / -하다 regolare, controllare / 自身을 -하다 frenarsi, controllarsi ¶無- la mancanza di controllo / -經濟 l'economia controllata

통조림 il cibo in scatola

통지(通知) l'avviso, la notizia, l'informazione, l'annuncio (=l'annunzio) / -하다 dare notizia, informare qlcu. di qlco., annunciare (=annunziare), comunicare / 친구들에게 도착을 -하다 informare amici dell'arrivo / 결혼의 -를 받다 ricevere un annunzio di matrimonio

통찰력(洞察力) la perspicacia

통첩(通牒)⟨伊⟩ nota

통치(統治) l'amministrazione (con il potere esecutivo), il dominio, la dominazione, il governo; (霸權) l'egemonia / -하다 amministrare, governare, regnare; conquistare, dominare; esercitare l'egemonia su altri ¶-者 il moderatore, il*la governante / -權 la sovranità

통칭(通稱) il nome comunemente chiamato

통쾌(痛快) / -한 molto dilettevole, molto piacevole; eccitante

통틀어 tutto sommato; in totale

통풍(通風) la ventilazione / -되다 ventilare ¶-口 la feritoia / -管 il ventilatore

통풍(痛風)⟨醫⟩ la gotta ¶-患者 il gottoso

통학(通學) / -하다 andare [intr. essere] a scuola, frequentare una scuola ¶-生 l'alunno esterno, lo studente esterno di scuola media

통합(統合) l'unificazione / -하다 unificare / -的 unificato(a)

통합(統合)⟨經⟩ l'integrazione

통합구조(統合構造)⟨言⟩ la struttura sintagmatica

통합사회당(統合社會黨)⟨政⟩ il partito socialista unificato

통해서(通) attraverso; tramite, mediante

통행(通行) il passaggio, il transito / -하다 passare (per la strada), transitare ¶-禁止 divieto di transito, senso vietato, Transito vietato / -人 il*la passante, il*la pedone / -證 il permesso di transito / 일방- senso unico

통화(通貨)⟨經⟩ la moneta, il denaro corrente, la valuta corrente ¶-膨脹 l'inflazione monetaria / -收縮 la deflazione monetaria

통화(通話) la telefonata, la conversazione telefonica, la comunicazione telefonica ¶-料 la tassa di una telefonata

통화(通貨)⟨商⟩ il circolante / -를 정하다 monetizzare

통화절상(通貨切上)⟨經⟩ la rivalutazione

통화절하(通貨切下)⟨經⟩ svalutazione

퇴각(退却) la ritirata / -하다 ritirarsi, retrocedere [intr. essere]

퇴거(退去) la ritirata / -하다 ritirarsi

퇴교(退校) la rinunzia alla vita scolastica prima del conseguimento / -하다 rinunziare volontariamente alla scuola

퇴근(退勤) / -하다 uscire dal lavoro, ritornare al lavoro

퇴로(退路) la ritirata, la via per cui è possibile ritirarsi / -를 차단하다 tagliare la ritirata (al nemico)

퇴보(退步) il regresso / -하다 regredire

퇴비 [intr. essere, pr. -isco], retrocedere [intr. essere]

퇴비 concime

퇴역(退役) il ritiro dal servizio militare / -하다 ritirarsi dal servizio militare

퇴원(退院) l'uscita da ospedale / -하다 uscire [intr. essere] dall'ospedale, essere rilasciato*dimesso dall'ospedale

퇴위(退位) l'abdicazione / -시키다 abdicare [intr. avere] (al tronco)

퇴장(退場) il ritiro, l'uscita / -하다 ritirarsi da un luogo, lasciare un luogo, partire da, andarsene

퇴직(退職) il ritiro, la dimissione / -하다 ritirarsi*dimettersi da un posto*una carica ¶-手當 l'assegno di dimissioni*ritiro

퇴치(退治) (征伐) la conquista, (征服) il soggiogamento / -하다 conquistare, vincere; soggiogare, sottomettere

퇴폐(頹廢) la decadenza, la corruzione / -하다 decadere [intr. essere], corrompersi

퇴학(退學) l'espulsione dalla scuola, la rinuncia alla vita scolastica prima del conseguimento / -하나 espellere dalla scuola, rinunziare volontariamente alla scuola

퇴행(退行)〈生〉 la regressione

퇴화(退化)〈生〉 l'involuzione, la degenerazione / -하다 degenerare [intr. avere] / -된 degenerato(a)

투과성(透過性)〈物〉 la permeabilità

투과율(透過率)〈物〉 la permeanza

투관침(套管針)〈醫〉 il trequarti

투구(投球) il lancio d'una palla / -하다 lanciare una palla da baseball

투구(投球)〈陸〉 lo stacco

투기(投機) la speculazione / -를 하다 speculare [intr. avere] (su qlco.) / -的 speculativo(a) ¶-꾼 l'aggiotatore, l'aggiotatrice

투덜대다 mormorare [intr. avere, tr.], bisbigliare [intr. avere], brontolare

투망(投網) il giacchio / -을 던지다 lanciare il giacchio

투매(投賣) la svendita (di fine stagione); (貿易上) il dumping / -하다 svendere, vendere sottocosto

투명(透明) la trasparenza, (물 따위가) la limpidezza / -하다 trasparire [intr. essere; pr. -isco o -paio] / -한 trasparente, chiaro(a),〈音〉limpido(a) / 不-한 opaco(a)

투명도(透明度)〈物〉la trasparenza

투베르쿨린〈醫〉la tubercolina ¶-反應 la tubercolinoreazione

투사(透寫) il ricalco / -하다 ricalcare ¶-紙 la carta da ricalco

투사(鬪士) il*la combattente,〈스포츠〉il lottatore, *l'atleta

투사(投射) la proiezione / -하다 proiettare

투서(投書) la lettera firmata o anonima dei lettori al giornale*alla rivista / -하다 inviare una tale lettera (a un giornale) ¶-函 la cassetta per le lettere dei lettori / -欄 la colonna per le lettere dei lettori

투석(透析)〈化〉la dialisi

투석기(透析機)〈化〉il dializzatore

투수(投手)〈스포츠〉il lanciatore (di palla)

투수(透水)〈藥〉la percolazione

투수기(透水器)〈藥〉il percolatore

투시(透視) / -하다 vedere*esaminare qlco. tramite il fluoroscopo ¶-鏡 il fluoroscopo

투시도(透視圖) la prospettiva

투시도법(透視圖法)〈繪〉la prospettiva

투신(投身) / -하다 gettarsi*tuffarsi (in acqua*nel fiume per suicidarsi)

투약(投藥) somministrare (una medicina)

투어 il giro, il viaggio circolare ¶-券 il biglietto di viaggio circolare

투영(投影) l'ombra proiettata, la proiezione / -하다 proiettare / (거울, 물에 자신의 모습이) -되다 specchiarsi ¶-圖 la proiezione

투영기(投影機) il proiettore

투옥(投獄) l'imprigionamento, la carcerazione / -하다 imprigionare qlcu., mettere in prigione

투우(鬪牛) la corrida ¶-士 il torero / -場 l'arena (adibita alla corrida)

투입구(投入口) (자판기 따위의) la fessura

투자(投資) l'investimento (di capitale) / -하다 investire (denaro in una ditta) ¶-者 l'investitore

투자(投資)〈經〉 l'investimento / -하다 investire (il denaro*il capitale in un'impresa*una società), 〈商〉collocare ¶-者 il finanziatore / 株式-家 lo speculatore

투자율(透磁率)〈經〉 la permeabilità

투쟁(鬪爭) la lotta, il combattimento / -하다 lottare, combattere ¶階級- la lotta di classe / 生存- la lotta per l'esistenza *la vita

투지(鬪志) lo spirito combattivo / -로 가득하다 essere pieno di spirito combattivo

투창(投槍)〈陸〉 il giavellotto, il lancio delgiavellotto

투포환(投砲丸) il lancio del peso

투표(投票) il voto; il suffragio; la votazione; l'elezione / -하다 votare / 贊成(反對)-하다 dare voto favorevole (contrario) ¶-함 l'urna (elettorale) / -權 il diritto di voto*suffragio / -者 il*la votante, l'elettore / -用紙 la scheda per il voto / 決選- il voto decisivo

투표소(投票所)〈伊〉 la sezione

투하(投下) / -하다 scagliare (bombe), scaraventare*lanciare qlco. contro*a qlcu., buttare (qlco., qlcu. giu*in terra) / 爆彈을 -하다 gettare*lanciare giù una bomba

투항(投降) la resa / -하다 arrendersi, capitolare ¶無條件- la resa incondizionata

툰드라 la tundra

퉁명스런 brusco(a), burbero(a)

튀기다 (기름에) affrittellare, friggere

튀김 (기름에) la frittura*il fritto (di pesce)

튀김 (물, 진흙의) lo schizzo (di fango), la pillacchera

튀니지〈地〉 la Tunisia / -人 il tunisino, la tunisina

튀다 rimbalzare

튀어나온 sporgente / - 이마 la fronte sporgente / - 이빨 i denti sporgenti

튜너 il sintonizzatore

튜바〈音〉 il flicorno

튜브 il tubo (di gomma), (치약의) il tubetto (di dentifricio)

튜브〈音〉 la bassotuba

튜울립〈植〉 il tulipano

트다 spuntare / 동이 - sorgere del sole

트라이앵글〈音〉 il triangolo

트라코마〈醫〉 il tracoma

트랙 la pista

트랙터 il trattore; (農業用) la trattrice

트랜스 il trasformatore

트랜지스터〈電*物〉 il transistore, la radio a transistor

트랜지스터증폭기 (-增幅器) l'amplificatore a transistor

트러스트〈經〉 il trust

트럭 il camion, l'autocarro / 10톤 - l'autocarro di dieci tonnellate / 덤프- l'autocarro ribaltabile, -運轉士 il camionista

트럼펫〈音〉 la tromba, la trombetta, (트롬본) il trombone, (호른) la cornetta / -불다 suonare la trombetta ¶-演奏者 il trombettiere

트럼프 la carta da giuoco / -하다 giocare [intr. avere] a carte

트렁크 il baule; (自動車의) il bagagliaio (pl. -ai)

트레몰로〈音〉 il tremolo

트레이너 il trainer, l'allenatore

트롬본〈音〉 il trombone, (트럼펫) la trombetta, (호른) la cornetta / -불다 suonare il trombone ¶- 演奏者 il trombonista

트리오〈音〉 il trio, il terzetto

트림 l'eruttazione, il rutto / -하다 eruttare, ruttare

트집 il cavillo, il ragionamento sofistico, lo sragionamento / -잡다 cavillare (su qlco.), sofisticare (su), sragionare

특가(特價) il prezzo specialmente ridotto*ribassato ¶-販賣 la vendita con i saldi

특권(特權) il privilegio ¶-階級 la classe privilegiata

특급(特急) il rapido, (il treno) espresso ¶超- il superrapido / -券 il supplemento rapido / -열차 il treno erpresso

특기(特記) la menzione speciale

특기(特技) la specialità

특대생(特待生) lo studente di borsa di studio, borsista

특등(特等) la classe speciale / -의 speciale ¶-席 (劇場) la poltrona

특례(特例) l'esempio*il caso specifico / -

를 적용하다 fare un'eccezione (ad una regola)

특매(特賣) la vendita a prezzi ribassati ¶-日 il giorno di vendita a prezzi ribassati / -品 l'oggetto*l'articolo a prezzo ribassato

특명전권대사(特命全權大使) l'inviato straordinario e ambasciatore plenipotenziario

특배(特配) la distribuzione straordinaria (alimentare nel tempo di guerra)

특별(特別) / -한 speciale, particolare / -하게, 히 specialmente, particolarmente ¶-手當(官廳, 會社의) il premio / -料理 la specialità / -會員 il membro*il socio speciale

특별관람석(特別觀覽席)(皇帝用) il pulvinare

특사(特赦)〈法〉 la grazia; l'amnistia

특산(特産) la produzione tipica ¶-物 il prodotto tipico, la specialità

특산물(特産物) la specialità

특색(特色) il carattere, la caratteristica / -있는 caratteristico(a)

특선(特選) la scelta*la selezione speciale / -의, 된 specialmente scelto

특선품(特選品) la specialità

특성(特性) la specialità, la caratteristica; la particolarità, la peculiarità, la proprietà, la qualità peculiare*particolare, il carattere / 物理的*化學的 - la proprietà fisica*chimica / -化하다 caratterizzare

특수(特殊) / -한 particolare, speciale

특수성(特殊性) la particolarità, la specialità

특수화(特殊化) la specializzazione

특약(特約) la concessione

특약(特約)〈法〉(國內法의) il patto, la stipulazione

특유(特有) / -한 particolare

특유어법(特有語法)〈言〉 l'idiotismo

특이(特異) / -한 singolare; (特殊) particolare, peculiare ¶-性 la particolarità, la peculiarità / -性格 il carattere singolare

특이체질(特異體質)〈藥〉 l'idiosincrasia

특전(特典) il privilegio

특정(特定) / -의 specifico(a), specialmente determinato(a) ¶-人 la persona determinata

특제(特製) la produzione*la fabbricazione speciale

특제품(特製品) la specialità

특종(特種) la notizia esclusiva, 〈新〉 il colpo giornalistico

특질(特質) la caratteristica; la particolarità, la peculiarità / -化하다 caratterizzare

특징(特徵) la distinzione, il carattere, la caratteristica / -있는 caratteristico(a)

특파원(特派員) il delegato; il*la corrispondente, l'inviato speciale (d'un giornale)

특필(特筆) la menzione speciale / -하다 menzionare specialmente

특허(特許) (發明의) il brevetto d'invenzione / -를 획득하다 ottenere* prendere il brevetto ¶-權 il diritto del brevetto (d'invenzione) / 發明- il brevetto d'invenzione / -廳 Ufficio Brevetti

특허권소유자(特許權所有者)〈商〉 il concessionario

특혜관세(特惠關稅) la tariffa (doganale) preferenziale

특화(特化) la specializzazione / -된 specializzato(a)

특효약(特效藥) lo specifico, il rimedio efficace*specifico

특효약(特效藥)〈藥〉 l'elisir

특히(特) particolarmente, specialmente, in particolare, soprattutto, (무엇보다 먼저) prima di tutto

튼튼(健實) / -함 la robustezza / -한 robusto(a)

틀(액자) la cornice, (자수용) il telaio da ricamo; (건축) l'armatura; (새시) il telaio della finestra

틀니 la dentiera

틀리다 sbagliare; essere diverso

틀리는(誤) falso(a) **1** 읽고 선택하라! 맞나 틀리나? Leggete e scegliete! Vero o falso?

틀림 l'errore

틀림없는 esatto(a); certo(a)

틀어박히다(杜門不出) rinchiudersi (in un convento)

틈 la fessura, la crepa

티끌 il bruscolo, il granello di polvere

티눈 il callo / 발바닥에 -이 생기다 avere un callo alla pianta del piede
티슈 la carta igienica
티켓 il biglietto
티타임 l'ora del tà
티티새〈鳥〉 il tordo

팀〈스포츠〉 la squadra
팀〈蹴〉 la squadra
팀웍 l'affiatamento
팀파니〈音〉 il timpano
팁 la mancia / -을 주다 dare una mancia

프

파(派) (學派) la scuola, (黨派) il partito, (派閥) il gruppo politico, la fazione, (宗派) la setta

파(波)〈電〉l'onda

파〈音〉fa ¶-長(短)調 fa maggiore (minore)

파격(破格) l'eccezione, (詩) la licenza (poetica) / -의·的 eccezionale, speciale, straordinario(a)

파견(派遣) l'invio, la spedizione / -하다 inviare, spedire (io spedisco, tu spedisci), mandare

파계(破戒) la trasgressione dei comandamenti (buddistici)

파고(波高)〈地〉l'altezza

파고들다(浸透) infiltrarsi, insinuarsi 1 나는 뼈 속 끝까지 파고드는 추위를 느낀다. Sento il freddo fin nelle ossa

파곳〈音〉il fagotto

파괴(破壞) la distruzione, la demolizione, la rovina, l'abbattimento, la rottura / -하다 distruggere, rompere (la pace), rovinare, demolire [pr. -isco], danneggiare, devastare ¶ 폭발이 건물을 파괴했다. L'esplosione ha distrutto l'edificio. / -的 distruttivo(a)

파국(破局) la catastrofe

파급(波及) la propagazione, la diffusione / -되다 propagarsi, diffondersi

파기(破棄)〈法〉la rescissione, la rottura / -하다 rompere (il patto* l'amicizia), abolire (una legge) ¶契約-la rottura d'un contratto

파나마〈地〉il Panama / -人, 의 panamense ¶ 運河 il Canale di Panama

파노라마 il panorama / -의 panoramico(a) → 전망

파다 (땅을) scavare

파도(波濤)〈地〉l'onda / 높은 - l'onda alta / 큰*기센 - il maroso, il cavallone / -치다 ondulare, essere ondoso(a), ondeggiare [intr. avere]

파동(波動) l'ondulazione, l'ondeggiamento, il movimento ondulatorio / -하다 ondeggiare [intr. avere], ondulare [intr. avere]

파라과이〈地〉Paraguay / -人, 의 paraguaiano(a)

파라솔 l'ombrellone, (小) l'ombrellino, il parasole, (女性用) l'ombrellino

파라티푸스〈醫〉il paratifo

파라핀〈化〉la paraffina ¶-紙 la carta paraffinata

파란(波瀾) il turbamento / -을 일으키다 turbare

파란색 azzurro(a), blu 1 난 파란색 면 스커트를 찾고 있어요. Cerco una gonna blu di cotone.

파레트〈繪〉la tavolozza, gli acquarelli

파렴치한 3pudorato(a)

파르마〈地〉Parma / -의 parmigiano(a) ¶-特産 치즈 il formaggio parmigiano

파리〈地〉Parigi / -人, 의 parigino(a) / -인처럼 옷을 입다 vestire [intr. avere] come un parigino

파리〈蟲〉la mosca / -를 잡다 prendere* pigliare mosche / -를 없애다 scacciare mosche ¶-殺蟲劑(액체) il liquido moschicida / -끈끈이 la carta moschicida

파마(美容) l'ondulazione permanente (dei capelli), la permanente / -하다 farsi la permanente

파면(罷免) la destituzione / -하다 destituire [pr. -isco] (dall'impiego)

파멸(破滅) la rovina, la perdizione / -하다 rovinarsi (con il gioco), andare in rovina, essere condotto alla perdizione / -시키다 rovinare

파문(波紋) i cerchi d'acqua (sulla superficie) / -을 확대시키다 allargare i cerchi d'acqua / -을 일으키다 fare scalpore, suscitare un grande scalpore

파문(破門)〈政〉la scomunica

파문(破門)〈宗〉 la scomunica / -하다 scomunicare

파묻다 sotterrare, seppellire

파묻히다 essere sotterrato(a) *seppellito(a), seppellirsi

파벌(派閥) il gruppo politico, la fazione

파사지오〈音〉 il passaggio

파산(破産)〈法〉 il fallimento, la bancarotta, la rovina / -하다 dichiarare il fallimento, fallire, fare falli-mento*bancarotta, rovinarsi / -宣告를 받다 essere dichiarato il fallimento ¶-判決 la sentenza di fallimento

파산(破産)〈商〉 il dissesto, la bancarotta

파산죄(破産罪)〈法〉 la bancarotta

파상(波狀) l'ondulazione / -의 ondulato(a), ondulatorio(a), a onde ¶-攻擊 gli attacchi ripetuti*a ondate

파상풍(破傷風)〈醫〉 il tetano

파상풍균(破傷風균)〈菌〉 i bacilli del tetano

파생(派生) la derivazione / -하다 derivare da / -的 derivato(a) ¶-語 il derivato, la voce derivata

파생(派生)〈言〉 la derivazione / -된 derivato(a)

파손(破損) il guasto, la rottura, il rotto / -시키다 rompere, spezzare; rovinare, guastare / -되다 essere rotto(a)*guasto(a), rompersi / -된 rotto(a), spezzato(a) ¶-注意 Fragile

파수꾼 il guardiano

파스텔〈繪〉 il pastello

파스텔화(-畫)〈繪〉 il pastello, il dipinto a pastello

파스텔화가(-畫家)〈繪〉 il*la pastellista

파슬리〈植〉 il prezzemolo

파시즘 il fascismo ¶-黨員 il (la) fascista

파악(把握) (이해, 의미, 힌트를) afferrare

파업(罷業) lo sciopero / -하다 scioperare / -에 들어가다 mettersi in sciopero, ricorrere allo sciopero ¶-參加者 lo*la scioperante

파열(破裂) lo scoppio / -하다 scoppiare

파열음(破裂音)〈言〉 l'esplosiva, il suono esplosivo

파운드〈貨〉 la libbra

파이〈食〉 la crostata / 애플- lo strudel

파이프(管) (水道管) il tubo / 쇠- il tubo di acciaio / 담배 - la pipa, (小) la pipetta / -오르간 la canna di organo, l'organo a canne, l'organo da chiesa

파인애플〈植〉 l'ananas, l'ananasso

파일럿〈空〉 il pilota, l'aviatore (f. -trice)

파자마〈衣〉 il pigiama

파 장(波長)〈地〉 la lunghezza, la lunghezza d'onda

파장조정(波長調整)〈電〉 la sintonizzazione

파종(播種) la semina

파찰음(破擦音)〈言〉 l'affricata

파출부(派出婦) la donna di mezzo servizio ¶終日- la donna a tutto servizio

파출소(派出所) il posto d'agente di polizia

파충류(爬蟲類) il rettile

파키스탄〈地〉 Pakistan / -人, -의 pachistano(a)

파트너 il compagno (f. -a) di danza*ballo

파티 la festa, il party, la riunione, mondana, il ricevimento, la festa di ballo

파파야〈植〉 (木*實) la papaia

파편(破片) il pezzo (di cosa rotta), (陶器의) il coccio, (유리의) il frantume di vetro, (爆彈의) la scheggia

파행(跛行)〈醫〉 la claudicazione, lo zoppicamento

판(版) l'edizione, (印刷) la stampa ¶初- la prima edizione / 改訂- l'edizione riveduta e corretta / -權 il diritto d'autore, la proprietà letteraria

판결(判決)〈法〉 la sentenza, la definizione, il giudizio, la decisione / -하다 pronunziare una sentenza, sentenziare, giudicare

판권(板權) il diritto d'autore, la proprietà letteraria

판넬〈繪〉 il pannello

판단(判斷) il giudizio, la decisione / -하다 giudicare, decidere; distinguere, discernere ¶-力 l'accorgimento, il giudizio

판단(判斷)〈哲〉 il giudizio

판단중지(判斷中止)〈哲〉 la epochè

판독(判讀) / -하다 decifrare

판로(販路) il mercato, gli sbocchi (s. -co) commerciali / 새로운 -를 開拓하다 cercare nuovi sbocchi (all'estero) per i

propri prodotti
판매(販賣) la vendita, 〈商〉 lo smercio, lo spaccio / -하다 vendere, commerciare (in elettrodomestici) / -를 촉진하다 promuovere la vendita, aumentare la clientela; fare propaganda di qlco. / 고가(저가)로 -하다 vendere a caro prezzo (a buon mercato) / -中 essere in vendita ¶-員, 者 il venditore / -價格 il prezzo di vendita / -契約 il contratto di vendita
판매대리인(販賣代理人)〈商〉 il commissionario
판매촉진(販賣促進)〈商〉 la promozione
판명(判明) / -되다 diventare chiaro*evidente, essere riconosciuto, (身元이) essere identificato → 구매
판별(判別) la distinzione, il discernimento / -하다 distinguere, discernere
판별식(判別式)〈數〉 il discriminante
판사(判事)〈法〉 il giudice
판자 l'asse
판자 집 la capanna, la baracca
판 정(判 定) l'aggiudicazione, la definizione, (判決) il giudizio, (決定) la decisione / -의 aggiudicativo(a) / -히디 giudicare, decidere / ~임을 -하다 porre*mettere il caso che ~ ¶-人 l'arbitro
판화(版畵)〈繪〉 l'incisione, la stampa di un'incisione (su rame*legno), la xilografia
팔 젓기〈泳〉 la bracciata
팔(八) (基數) otto; (序數) ottavo(a)
팔〈解〉 il braccio, le braccia / -의 힘(腕力) la forza delle braccia, i forti muscoli delle braccia
팔꿈치〈解〉 il gomito
팔다(販賣) vendere, mettere qlco. in vendita / 고가(저가)로 - vendere a caro prezzo (a buon mercato) / 친구를 - vendere (per denaro)*tradire [pr. -isco] un compagno
팔뚝〈解〉 l'avambraccio
팔라듐〈化〉 il palladio
팔레스타인 Palestina
팔리다(販賣) vendersi
팔목〈解〉 il polso / -시계 l'orologio da polso
팔분의(八分儀)〈物〉 l'ottante
팔불출 / -이다 dire orgogliosamente l'amore*la bellezza della propria moglie o dell'amante
팔십(八十) ottanta; (序數) ottantesimo (a) / -의, 歲의 ottantenne
팔월(八月) agosto **1** 언제라고? 8월 3일. Quando? Il 3 agosto.
팔조(八調)〈音〉 do ¶八長(短)調 do maggiore (minore)
팔중주(八重奏)〈音〉 l'ottetto
팔찌 il braccialetto
팝아트〈繪〉 la pop-art
팡파레〈音〉 la fanfara
패권(霸權) l'egemonia / -을 행사하다 esercitare l'egemonia su altri
패러슈우트 il paracadute
패배(敗北) la sconfitta, la disfatta, la rotta / -하다 sconfiggere, ricevere*subire [pr. -isco] una sconfitta, essere vinto(a)
패션 la moda, la voga ¶-모델 l'indossatrice (m. -tore) ¶-쇼 la sfilata di moda
패소(敗訴)〈法〉 / -하다 perdere una lite
패스 (定期券 따위) la tessera (di libero ingresso), (鐵道定期券) l'abbonamento ferroviario, la tessera ferroviaria / (試驗을) -하다 passare [intr. essere] (ad un esame)
패스트푸드 il fast food
패스포트 il passaporto
패인(敗因) la causa*i motivi d'una sconfitta
패전(敗戰) la sconfitta in guerra, la disfatta ¶-國 il paese sconfitto*vinto
패주(敗走) la rotta; la fuga / -하다 fuggire in rotta, mettersi in fuga
패퇴(敗退) / -하다 essere vinto*sconfitto
패혈증(敗血症)〈醫〉 la sepsi, la setticemia
팬 l'ammiratore, l'appassionato, l'entusiasta (m.f.), il fanatico, (스포츠의) il tifoso / 蹴球(野球)의 - il tifoso del calcio (del baseball)
팬더〈動〉 il panda
팬츠 ie mutande
팬티〈衣〉 (女, 男性用) le mutande, le mutandine (da donne)
팸플릿 l'opuscolo, il fascicolo
팽만(膨滿)〈醫〉 la turgidità

팽이 la trottola / -처럼 빙글빙글 돌다 girare come una trottola / -를 돌리다 far girare una trottola

팽창(膨脹)〈數〉 la dilatazione; l'espansione, lo sviluppo / -하다 espandersi; dilatarsi

팽팽한 teso(a)

퍼뜨리다 spargere

퍼 올리다 (水를) attingere (acqua)

퍼레이드 la parata, la rivista militare, la sfilata

퍼붓다 (水을) gettare, (爆彈을) bombardare, (質問을) bombardare qlcu. di domande, (비가) piovere a dirotto

퍼센트(比率)〈商〉 la percentuale, per cento, percento / 5- 할인으로 con il 5% di sconto

퍼센티지(比率) la percentuale

퍼스널 컴퓨터 (PC) il personal computer

퍼스컴 (PC) il personal computer

퍼지다 spargersi, diffondersi

펀치 (구멍 뚫음) la bucatura*la foratura (dei biglietti) / -하다 (구멍 뚫다) bucare, forare

편칭〈蹴〉 la respinta

펄럭이다 (깃발이) sventolare

펄프 la pasta (di legno), la pasta di carta

펌프 la pompa ¶吸入- la pompa aspirante / 壓力- la pompa premente

펑크 la bucatura, la foratura (di un pneumatico*una gomma della bicicletta*dell'automobile) / -나다 (타이어가) forarsi, avere una gomma a terra / 타이어를 -내다 forare (una gomma)

페가수스 (그리스 神) Pegaso

페그마타이트〈鑛〉 la pegmatite

페널티 la penalità

페널티에어리어〈蹴〉 l'area di rigore

페널티킥 지점〈蹴〉 il punto del calcio di rigore

페널티킥〈蹴〉 il calcio di rigore

페놀〈化〉 il fenolo

페니〈貨〉 (영국화폐 la moneta inglese) penny

페니실린〈醫*藥〉 la penicillina

페달 il pedale / -을 밟다 (자전거 타다) pedalare / -을 밞음 la pedalata

페루〈地〉 Peru / -人, 의 peruviano(a)

페루지아〈地〉 Perugia / -의, 市民 perugino(a)

페르시아〈地〉 Persia (= Iran) / -人, 의 persiano(a) / -語 il persiano (= l'iraniano) / - 고양이 il gatto persiano / - 카페트 il tappeto persiano

페세타〈貨〉 peseta (unità monetaria spagnola)

페스트〈醫〉 la peste, la pestilenza

페스트균〈菌〉 i bacilli della peste

페이지 la pagina / 다음 - la pagina seguente / -를 넘기다 voltare le pagine

페이퍼〈具〉 la carta vetrata

페인트 la tinta, la vernice / -칠하다 tinteggiare, tingere verniciare, imbiancare **1** 페인트칠 조심해! Attenti alla vernice fresca!

페인팅〈蹴〉 la finta

페인팅〈繪〉 il mestichino

펜〈具〉 la penna; la penna stilografica ¶- 촉 il portapenne

펜던트 il pendente, il ciondolo

펜싱〈스포츠〉 la scherma ¶-칼 il fioretto

펜촉〈具〉 il portapenne

펜치〈具〉 la pinza

펜 클럽 (P.E.N Club) Associazione Internazionale di Poeti, Commediografi, Editori, Saggisti e Romanzieri

펜팔 l'amico di corrispondenza

펠라기우스주의(-主義)〈哲〉 il pelagianesimo

펠리컨〈動〉 il pellicano

펩신〈藥〉 la pepsina

펩타이드〈化〉 il peptide

펭귄〈動〉 il pinguino

펴기(張) lo stendimento

펴다(開) aprire (l'ombrello)

펴다(張) stendersi; stirare, stirarsi

편(偏) / -들다 essere parziale, fare* mostrare parzialità per qlcu.

편(便) / -함 l'agio 〈-〉 disagio / -한 comodo(a), agio(a) / (마음) -하게 ad agio, con agio **1** 마음 편히 일해라! Lavora pure a tuo agio! (mettiti a tuo agio)

편(篇)〈法〉 il libro

편(編, 篇) il tomo, il volume, la parte

편각(偏角)〈數〉 l'argomento

편견(偏見) il pregiudizio / -을 갖다 avere pregiudizi verso*contro qlcu. / 人種的 - il pregiudizio razziale

편곡(編曲) l'arrangiamento
편광(偏光)〈理〉la polarizzazione, la luce polarizzata
편광계(偏光計)〈化*物〉il polarimetro
편대(編隊) la formazione / 세대의 비행기가 -로 in formazione di tre aerei
편도선(扁桃腺)〈解〉le tonsille ¶-炎 la tonsillite
편도선염(扁桃腺炎)〈醫〉la tonsilite
편도선적제술(扁桃腺摘除術)〈醫〉la tonsillectomia
편도승차권(扁桃乘車券) il biglietto di sola andata
편람(便覽) il manuale, il vademecum, la guida
편리(便利) la comodita, la convenienza, le facilitazioni, l'agevolezza / 지불상의 - l'agevolezza di pagamento, la comodità di pagamento (p.es. pagamento a rate) / -한 comodo(a), conveniente
편마암(片麻巖)〈鑛〉il gneiss
편물(編物) la maglia ¶-針, -바늘 l'uncinetto, l'ago da maglia, il ferro da calza
편법(便法) l'espediente, il ripiego, i mezzi provvisori / 상 per ragioni di convenienza / -으로 살아가다 vivere [intr. essere] di espedienti
편성(編成) la formazione, l'organizzazione / -하다 formare, organizzare
편승(便乘) l'approfittare / -하다 approfittare / 다른 사람의 차에 -하다 approfittare della macchina altrui
편식(偏食) il regime alimentare squilibrato / -하다 avere un regime alimentare squilibrato
편안(便安) la comodità / -한 confortevole, comodo(a), rilassante ¶ 그들은 보다 건강하고 편안한 삶을 원한다. Vogliono una vita piu sana e rilassante. / -해진 rilassato(a)
편암(片巖)〈鑛〉lo scisto
편애(偏愛) la predilezione / -하는 prediletto(a) ¶- 아들 il figlio prediletto
편의(便宜) la comodità
편의주의(便宜主義)〈政〉l'opportunismo / -的 opportunistico(a) ¶-者 l'opportunista
편입(編入) l'ammissione, (新兵의) il reclutamento / -하다 ammettere, reclutare, incorporare
편재(偏在) la distribuzione*la ripartizione parziale (delle merci) / -하다 essere distribuito*ripartito parzialmente od esclusivamente (in un luogo)
편지(便紙) la lettera / -를 보내다*부치다*발송하다 inviare*mandare una lettera
편지지(片紙紙) la carta da lettera
편지통 la cassetta delle lettere (la cassetta della posta)
편집(編輯) la redazione, la compilazione, 〈映〉il montaggio / -하다 redigere*compilare (un dizionario), curare l'edizione ¶-人 il redattore, il curatore, il compilatore, la compilatrice / -局 l'ufficio-redazione / -長 il redattore capo
편차(偏差) la variazione; 〈數〉la deviazione, (의견의) la divergenza / 나침반의 - le variazioni di bussola
편파(偏頗) la parzialità / -的 parziale
편향주의(偏向主義)〈政〉il deviazionismo
편협(偏狹) l'intolleranza, la ristrettezza di mente / -한 intollerante, di mente ristretta ¶-性 l'esclusivismo
편히 comodamente
펼쳐지다 stendersi 1 평야가 바다에 까지 펼쳐져 있다. La pianura si stende sino al mare.
펼치다 (手足을) stendere, stendersi
평가(平價) la pari, la parità / - 以上으로 sopra la pari / -以下로 sotto la pari ¶-切下 la devalutazione, la svalutazione (della moneta) / 法定- la parità legale di cambio
평가(評價) la valutazione, la stima / -하다 valutare qlco. (a una somma di denaro), stimare, apprezzare 1 그의 가구는 오백만 리라로 평가되었다. Il suo mobile è stato valutato cinque milioni. / -할 수 없을 정도의 (매우 귀중한) inapprezzabile, inestimabile ¶教育- la valutazione in educazione
평가(平價)〈銀〉la parità
평각(平角) il piatto
평결(評決)〈法〉il verdetto
평균(平均)〈數〉la media / -을 내다 fare la media / 가구 당 -식구 media componenti per famiglia / -의 medio(a) ¶-壽命 la durata media della vita umana / -價 il prezzo medio / -重量 il

peso medio
평균대(平均臺)〈操〉l'asse di equilibrio
평균잔고(平均殘高)〈銀〉la giacenza
평년(平年) l'anno normale ¶-作 il raccolto normale (del riso)
평등(平等) la parità
평론가(評論家) il critico
평면(平面) il piano, la superficie, la pianta / -의 piano(a) ¶-圖 la figura pianta / -幾何 la geometria piana / 아파트의-圖 la pianta di un appartamento
평면(平面)〈數〉il piano
평면도(平面圖)〈建〉la pianta, la planimetria
평면지형도(平面地形圖)〈地〉il planisfero
평민(平民) il popolo, la gente comune, (古代로마의) la plebe / -的 democratica(o)
평방(平方)〈數〉il quadrato ¶-미터 metro quadrato
평범(平凡) la mediocrità / -한 banale, mediocre, medio(a), ordinario(a), prosaico(a)
평사원(平社員) l'impiegato (semplice*ordinario)
평상(平常) la vita quotidiana, lo stato normale*regolare*ordinato / - 時처럼 come sempre, al solito, di solito / - 時의 ordinario(a)
평생(平生) la durata della vita
평소(平素) / -의 solito(a), abituale, consueto(a) / -에 abitualmente 1 평소에 우유를 사시나요? Abitualmente compra il latte?
평시(平時) il tempo di pace / -의 del tempo di pace / -에 nel tempo di pace
평야(平野)〈地〉la pianura, la campagna
평영(平泳)〈泳〉la rana, la nuotata a rana
평영선수(平泳選手)〈泳〉il*la ranista
평온(平穩) la calma, la tranquillità, la quiete, (平和) la pace / -하게 하다 tranquillizzare, calmare, quietare / -한 calmo(a), sereno(a), tranquillo(a), quieto(a), placido(a); pacifico(a) / -하게 calmamente, serenamente, tranquillitamente, placidamente; in pace
평온(平溫) la temperatura normale
평온하게 tranquillamente, calmamente / - 잠을 자다 dormire [intr. avere] tranquillamente

평원(平原)〈地〉la prateria, la pianura, il piano, la campagna
평이(平易) la facilità, la semplicità / -한 facile, semplice / -하게 facilmente, semplicemente
평일(平日) il giorno feriale*lavorativo, il giorno di lavoro / -에 nei giorni feriali
평정(平靜) la calma, la tranquillità, la quiete, la serenità / -한 calmo(a), tranquillo(a), quieto(a), sereno(a) / -하게 calmamente, tranquillamente, serenamente
평정(評定) la nota
평정(平定) la sottomissione, il pacificamento, l'assoggettamento / -하다 sottomettere, assoggettare, pacificare
평지(平地) il terreno piano
평지경주(平地競走)〈陸〉la corsa piana
평판(評判) la reputazione, la fama / 大衆的 - l'opinione pubblica
평평(平平) / -한 piano(a), piatto(a), spianato(a) / -하게 하다 appianare, rendere piano
평행(平行) il parallelismo / -의 parallelo(a) / -하다 essere parallelo a qlco. ¶-線 la parallela / -棒 la parallele
평행봉(平行棒)〈操〉le parallele
평행사변형(平行四邊形)〈數〉il parallelogrammo
평행선(平行線)〈數〉la parallela
평행성(平行性)〈數〉il parallelismo
평행이동(平行移動)〈數〉la traslazione
평행체(平行体)〈數〉il parallelepipedo
평형(平衡) l'equilibrio, la bilancia / -을 잃다 perdere l'equilibrio
평화(平和) la pace / -的, 의 pacifico(a) / -로운 tranquillo(a), pacifico(a) / -롭게 in pace, pacificamente ¶-產業 l'industria civile*pacifica / -主義者 il (la) pacifista / -條約 il trattato di pace / -交涉 le trattative*i negoziati per la pace / -利用 l'utilizzazione pacifica
폐(廢) / -하다 abolire (io abolisco), abrogare
폐(肺)〈解〉i polmoni
폐(성가심) il fastidio
폐가(廢家) la casa disabitata
폐결핵(肺結核)〈醫〉la tisi, la tubercolosi polmonare ¶-患者 il (la) tubercoloso(a) polmonare, il (la) tisico(a)

폐결핵전문의(肺結核專門醫)〈醫〉 il tisiologo

폐결핵학(肺結核學)〈醫〉 la tisiologia

폐경기(閉經期)〈醫〉 la menopausa

폐기(廢棄) (法令의) l'abolizione, l'abrogazione / 條約의 - 通告 la denunzia (del trattato) / -하다 abolire (io abolisco), abrogare, annullare, denunziare; rinunziare a, abbandonare / -할 수 있는 annullabile, abrogabile

폐기물(廢棄物) le robe inutili*disusate, (廢品) lo scarto ¶-利用 l'utilizzazione degli oggetti in disuso (usati)

폐동맥(肺動脈)〈解〉 l'arteria polmonare

폐렴(肺炎)〈醫〉 la polmonite, la pneumonia, la pneumonite

폐모음(閉母音)〈言〉 la vocale chiusa o stretta

폐병(肺病)〈醫〉 la malattia polmonare, la malattia di petto

폐쇄(閉鎖) la chiusura, la serrata / -하다 chiudere, serrare, bloccare / -되다 essere bloccato(a)*chiuso(a) ¶-的인 chiuso(a)

폐쇄음(閉鎖音)〈言〉 l'occlusiva

폐암(肺癌)〈醫〉 il cancro del polmone

폐업(廢業) l'abbandono del mestiere, la chiusura definitiva (d'un negozio), la cessazione d'esercizio / -하다 abbandonare il proprio mestiere, (店鋪를) chiudere definitivamente il negozio, serrare (negozio*bottega), cessare un'attività di negozio

폐점(閉店) la chiusura della bottega, (l'orario di) chiusura / -하다 chiudere bottega ¶-時間 l'orario di chiusura

폐정맥(肺靜脈)〈解〉 le vene polmonari

폐지(廢紙) le carte inutili, la cartaccia (pl. -ce), la cartastraccia

폐지(廢止)〈法〉 l'abolizione, l'abrogazione, l'eliminazione / -하다 abolire (una legge), abrogare, eliminare; annullare (un ordine) / 사형을 -하다 eliminare la pena di morte

폐품(廢品) lo scarto, la roba inutile, l'oggetto disusato, la roba di scarto / -이다 essere uno scarto ¶-回收 il recupero degli scarti

폐하(陛下) Sua Maestà, Vostra Maestà, Sire

폐해(弊害) il male, il vizio, il difetto, la cattiva influenza

폐허(廢墟) le rovine

폐활량(肺活量) la capacità respiratoria polmonare

폐회(閉會) la chiusura (di riunione*sessione*assemblea*conferenza*congresso) / 定期國會를 -하다 chiudere la sessione parlamentare ordinaria / 臨時國會를 - chiudere la sessione parlamentare straordinaria(臨時國會)

포(砲) l'antiglieria

포개다 sovrapporre

포격(砲擊) il bombardamento, il cannoneggiamento, la cannonata / -하다 bombardare, cannoneggiare, sparare una cannonata

포경(捕鯨) la caccia alle balene

포경선(捕鯨船)〈海〉 la baleniera

포고(布告) (法令을) -하다 proclamare

포괄(包括) l'inclusione / -하다 includere, comprendere, contenere / -的 inclusivo(a), comprensivo(a) / -的으로 inclusivamente, comprensivamente

포기(抛棄) l'abbandono, la rinunzia (-cia) / 권리의 - la rinunzia a un diritto / -하다 abbandonare, rinunciare [intr. avere] a / 계획을 -하다 abbandonare un progetto / -한 abbandonato(a) ¶-同意書 la rinunzia

포대(包帶) la fascia

포대(砲臺)〈軍〉 la batteria

포도〈植〉 l'uva / -나무 vite / -송이 il grappolo d'uva

포도당(葡萄糖)〈化〉 il destrosio

포도주(葡萄酒) il vino / 적- il vino rosso / 백- il vino bianco

포로(捕虜) il prigioniero / -가 되다 diventare prigioniero, essere fatto prigioniero / -로 잡다 fare qlcu. prigioniero ¶-收容所 il campo di concentramento dei prigionieri / -送還 la restituzione di prigionieri

포르말린〈化〉 la formalina

포르테〈音〉 forte (강한)

포르투갈〈地〉 Portogallo / -人, -의 portoghese / -語 il portoghese

포르티시모〈音〉 fortissimo (매우 강한)

포마드(香油) la pomata

포메이션〈蹴〉 la formazione

포물선(抛物線) la parabola / -을 그리다 tracciare una parabola

포병(砲兵) l'artigliere, il soldato d'artiglieria

포부(抱負) l'aspirazione, l'ambizione / -를 지니다 avere*nutrire [pr. -isco] l'aspirazione*l'ambizione **1** 그의 포부는 신문기자가 되는 것이다. La sua ambizione è di diventare giornalista.

포수(捕手)〈스포츠〉il ricevitore, il prenditore

포스터 (壁報用) il cartello, (弘報用) il manifesto, (플랫카드) il cartellone, (選擧用) il manifesto elettorale ¶廣告- il cartello pubblicitario

포스터〈繪〉il manifesto

포악(暴惡) / -한 violento(a), atroce

포옹(抱擁) l'abbraccio / -하다 abbracciare / (서로) -하다 abbracciarsi **1** 연인들이 서로 포옹한다. Gli amanti si abbracciano.

포용(包容) la capacità; (寬容) la magnanimità, la generosità / -하다 comprendere, contenere; abbracciare; essere magnanimo(a)*generoso(a) ¶-力 la capacità

포위(包圍) l'assedio, il circondamento / -하다 assediare, mettere l'assedio (a un luogo); circondare / -된 assediato (a.)

포유(哺乳) l'allattamento / -하다 allattare ¶-動物 l'animale mammifero / -類 i mammiferi

포인트 il punto

포자(胞子)〈生*植〉la spora

포자생식(胞子生殖)〈生〉la sporogonia

포자형성(胞子形成)〈生〉la sporulazione

포장(鋪裝) (아스팔트의) l'asfaltatura / -하다 asfaltare, selciare (una strada) ¶-工事 la lastricatura / -道路 la strada asfaltata*selciata

포장(包裝) l'involucro, l'imballaggio, l'impaccatura, il collettame / -하다 involgere, involtare, imballare, impaccare, incartare / 종이로 -하다 involgere in carta ¶-紙 la carta per confezionare, la carta da imballaggio / -費 le spese d'imballaggio

포장도로(鋪裝道路) la strada lastricata*asfaltata

포장마차 (야간노점) la bancarella notturna; il chiosco ambulante; il carro coperto

포즈 la posa, la positura / -를 취하다 mettersi in posa, posare [intr. avere]

포진(疱疹)〈醫〉l'herpes

포착(捕捉) / -하다 agguagliare, afferrare, (機會를) cogliere

포츠담〈史〉Potsdam ¶-會議 la conferenza di Potsdam

포켓 la tasca / -用의 tascabile

포크 la forchetta

포탄(砲彈) la palla da*di cannone

포탑(砲塔)〈海〉la torre

포터블 portabile, portatile ¶- 축음기 il fonografo*il grammofono portabile

포토제닉(photogenic) fotogenico(a) **1** 그는 포토제닉한 (사진 잘 받는) 얼굴을 갖고 있다. Ha un viso fotogenico.

포플러 나무〈植〉il pioppo

포플린〈織〉la popeline

포피절개(包皮切開)〈醫〉la circoncisione

포함(包含) / -하다 contenere, comprendere; accludere, includere / -된 contenuto / 텍스트에 -된 정보들 le informazioni contenute nel testo

포함(砲艦)〈軍〉la cannoniera

포화(飽和)〈電*數〉la saturazione

포화(飽和)〈化〉la saturazione / -하다 saturarsi, diventare saturo / -의 saturo(a) ¶-狀態 lo stato di saturazione / -溶液 la soluzione satura / -点 il punto di saturazione

포환(砲丸) il peso ¶投- il lancio del peso / 投-選手 il lanciatore del peso

포획(捕獲) la cattura, la presa, (-物) la preda, il bottino, (漁) la pesca, (狩) la caccia / -하다 catturare

포효(咆哮) (바람 따위의) il mugghio; (맹수의) l'urlo / -하다 mugghiare [intr. avere]

폭(幅) la larghezza, il largo, l'ampiezza / - 5 미터 largo cinque metri / -넓은 largo(a), ampio(a) / -좁은 stretto(a)

폭격(爆擊) il bombardamento

폭격기(爆擊機)〈軍〉il bombardiere

폭동(暴動) la rivolta, il tumulto, la sommossa, 〈法〉la sedizione / -을 일으키다 fare un tumulto, tumultare, sollevarsi, insorgere contro (il tiranno)

폭력(暴力) la violenza, la forza / -을 행사

폭로 하다 fare* usare violenza a qlcu.

폭로(暴露) la divulgazione, la rivelazione, lo svelamento / -하다 mettere in piena luce, (祕密을) svelare*rivelare (un segreto); (正體를) smascherare / -되다 essere divulgato*svelato*rivelato

폭 발(爆發) l'esplosione / -하 다 esplodere, scoppiare, saltare in aria / -的인 esplosivo(a)

폭발유성(爆發流星)〈天〉il bolide

폭설(暴雪) il turbine di neve

폭소(爆笑) la (grossa) risata, lo scoppio di risa / -하다 scoppiare in una risata, fare una bella risata

폭식(暴食) l'intemperanza (la smoderatezza) nel mangiare / -하다 mangiare intemperantemente, essere intemperante nel mangiare

폭음(爆音) il rimbombo (del cannone*dell'artiglieria), il gran rumore, lo scoppio / -을 내다 rimbombare [intr. avere, essere], risuonare in modo cupo, (천둥치다) tuonare [intr. avere, essere]

폭음(暴飮) l'intemperanza (la smoderatezza) nel bere, la gozzoviglia, la baldoria / -하다 bere intemperantemente, essere intemperante nel bere, fare baldoria, gozzovigliare [intr. avere]

폭탄(爆彈) la bomba

폭파하다(爆破-) far saltare in aria

폭포(瀑布)〈地〉la cascata, la cateratta

폭풍(暴風) la tempesta, la burrasca, la bufera, l'uragano / -의 burrascone / -을 일으키다 tempestare / -같은 tempestoso (a), burrascoso(a) ¶-警報 l'avviso di tempesta

폭풍우(暴風雨)〈氣〉la tempesta, il temporale, la burrasca, la violenta tempesta (di mare) / -치다 essere tempestoso(a)*burrascoso(a)

폭행(暴行) la violenza, la percossa, l'azione violenta / -하다 fare violenza a qlcu, ricorrere alla violenza; violentare (una donna), deflorare ¶婦女子- la violazione, la deflorazione / -加害者 il violentatore, la violentatrice

폴란드〈地〉Polonia / -語 il polacco / -人, 의 polacco (f. -a., m.pl. -chi)

폴로〈스포츠〉(말을 타고 공을 치는 경기) il polo

폴카〈音〉la polca

표(票) il biglietto, ; la lista; il voto **1** 콘서트 표 벌써(이미) 샀니? Hai già comprato il biglietto per il concerto? ¶ 전차*버스*전철*기차*비행기*케이블카*영화*연극(오페라)*스타디움 - il biglietto del tram*dell'autobus*della metropolitana*del treno*dell'aereo*della funivia*del cinema*del teatro* dello stadio / 有料- il biglietto a pagamento / 片道- il biglietto di solo andata / 往復- il biglietto di andata e ritorno / -自動販賣機 il distributore automatico di biglietti

표결(票決) la votazione

표고(標高) la quota

표 류(漂流)〈海〉la deriva / -하 다 galleggiare [intr. avere], stare [intr. essere] a galla, lasciarsi trasportare dalla corrente

표면(表面) la superficie, la faccia; (建物) la facciata / -的인 superficiale ¶-積 la superficie

표명(表明) la dichiarazione / -하다 fare una dichiarazione, dichiarare (un'opinione), 〈法〉fare una deposizione (in favore di qlcu.), avallare

표백(漂白) l'imbiancamento / -하다 imbiancare ¶-處理 l'imbianchimento / -用 분말 la polvere da sbianca / -劑 la candeggina

표상(表象) il simbolo, l'immagine ¶-學 la simbologia

표범〈動〉il leopardo; la pantera

표본 il compione, l'esemplare

표상(表象)〈哲〉la rappresentazione

표시(表示) l'indicazione, la manifestazione, l'espressione, la rappresentazione, il segno / 우정의 -로 in segno di amicizia / -하다 manifestare, mostrare, essere manifestato, notare

표식(標識) la segnaletica, il segnale ¶障礙物 - il segnale d'ostacolo / 道路- il cartello indicatore (stradale)

표어(標語) il motto

표음문자(表音文字)〈言〉la scrittura fonetica

표의 양극화(票의 兩極化)〈政〉la polariz-

표의문자(表意文字)〈言〉 la scrittura ideografica
표저(瘭疽)〈醫〉il patereccio
표적(標的) il segno, la traccia, il bersaglio d'attacco*di biasimo / ~를 -이 되게 하다 fare diventare qlcu. il bersaglio di biasimo
표정(表情) l'espressione
표제어(表題語) (사전의) il lemma
표준(標準) il criterio, lo standard, il modello
표지(表紙) (책 따위의) la copertina
표찰(表札) il cartellino
표출(表出) la rappresentazione
표층구조(表層構造)〈言〉la struttura superficiale
표현(表現) la rappresentazione / -하다 rappresentare, esprimere / -력 있는 espressivo(a)
표현주의(表現主義)〈繪〉l'espressionismo
표현주의예술가(表現主義藝術家)〈繪〉l'espressionista
푸가〈音〉la fuga
푸가토〈音〉il fugato
푸다 attingere
푸대접 l'inospitalità
푸딩〈食〉il budino
푸른 blu / -색 blu
푸리오소〈音〉furioso (격하게)
푸짐한 abbondante
푹 빠지다 andare pazzo (matto) per ... ¶ 난 클래식 음악에 푹 빠져있다. Io vado pazzo per la musica classica.
푹신한 soffice, morbido(a)
풀(水泳場) la piscina ¶室內- la piscina coperta / 溫泉- la piscina termale
풀(接着劑) la colla (forte) / -로 붙이다 aderire*attaccare con la colla / -칠하다 incollare
풀〈植〉l'erba / -이 무성한 erboso(a) / -을 먹이다 (牛, 馬) affienare, pascolare
풀다 (고삐, 벨트, 끈 따위를) allentare, slacciare / 말고삐를 - allentare le redini / 벨트를 - allentare*slacciare la cintura / 가방 끈을 - allentare i cordoni della borsa / 카모밀라로 긴장을 - rilassare i nervi con una camomilla
풀다 (매듭을) snodare, sciogliere*distrigare*districare (un nodo*una questione); (縫製, 編物을) scucire, disfare; (실타래를) svolgere, dipanare (il filo); (問題, 分爭을) sbrogliare (una faccenda complicata), risolvere
풀다(解) (問題를) risolvere, (소포를) slegare (un pacco), snodare, (疑問을) chiarire [pr. -isco] un dubbio
풀리다(解) sciogliersi, essere sciolto(a), (問題가) essere risolto(a), rivolgersi
풀어헤치다 essere sciolto*sfilacciato
풀어헤친 sciolto(a) / - 머리 i capelli sciolti
풀장(水泳場) la piscina ¶室內- la piscina coperta / 溫泉- la piscina termale
풀칠하다 incollare
품격(品格) la dignità; la nobiltà
품목(品目)〈商〉l'articolo; il lotto, la lista d'articoli
품사(品詞)〈文〉la parte del discor-so. / 9 -: 관사, 명사, 형용사, 대명사, 동사, 부사, 전치사, 접속사, 간투사 Nove parti del discorso: l'articolo, il nome, l'aggettivo, il pronome, il verbo, l'avverbio, la preposizione, la congiunzione e l'interiezione
품성(品性) l'indole, il carattere, la qualita' morale
품위(品位) la dignità, il decoro / -있는 dignitoso(a); elegante, decoroso(a), (le parole) decente / -있게 decentemente
품절(品切)〈商〉l'esaurito, l'esaurimento delle merci / -되다 esaurirsi, essere esaurito(a); venire completamente venduto / -된 esaurito(a); venduto completamente
품종(品種) il genere, la specie / 말의 -을 개량하다 migliorare le razze di cavalli
품종(品種)〈生〉la razza
품질(品質) la qualità / -이 低下되다 essere di qualità inferiore
품평회(品評會) la mostra (dei prodotti) / 農器具의 - la mostra di macchine agrarie
품행(品行) il comportamento, la condotta, il portamento, il contegno / -이 善良한 di buona condotta, di buoni portamenti / -이 惡한 di cattiva condotta, di mali portamenti ¶ 나는 그의 품행을 좋아하지 않는다. Il suo comportamento non mi piace.

풍(風) l'aria, l'aspetto, l'apparenza / 나폴리 -요리 la cucina alla maniera napoletana

풍(風)〈氣〉 il vento

풍경(風景) il panorama, il paesaggio, 〈眺望〉 la vista, la veduta

풍경화(風景畫)〈繪〉 il paesaggio

풍경화가(風景畫家)〈繪〉 il*la paesaggista

풍년(豊年) l'anno del raccolto abbondante (del riso)

풍뎅이(蟲) il maggiolino

풍만한(豊滿-) voluminoso(a); paffuto(a)

풍문(風聞) la voce / -이 나돌다 correre*spargersi una (brutta*cattiva) voce*le voci su qlcu.

풍물(風物) i paesaggi d'una località

풍미있는(風味-) squisito(a)

풍부(豊富) l'abbondanza, la copiosità / -하다 abbondare [intr. essere] di qlco. / -한 abbondante, copioso(a) / -하게 abbondantemente, in abbondanza, copiosamente

풍선 il palloncino

풍성(豊盛) / -한 abbondante / -하게 abbondantemente

풍속(風俗) l'usanza, il costume

풍속계(風速計)〈氣〉 l'anemometro

풍습(風習) il costume, l'uso, usi e costumi, l'usanza, la consuetudine

풍요(豊饒) l'agiatezza, la prosperità [<-> la miseria] / -로운 agiato(a), benestante [<-> disagiato] / -로운 상태에 있다 essere di condizione agiata / -한 ricco(a) / -한 사회 la società del benessere

풍자(諷刺) la satira, l'ironia, il sarcasmo / -的 ironico(a), sarcastico(a) / -的으로 ironicamente, con ironia / sarcasmo / -하다 ironizzare (su qlcu., qlco.), dire dell'ironia, fare ironia

풍자화(諷刺畫)〈繪〉 il cartone

풍자화가(諷刺畫家)〈繪〉 il*la caricaturista

풍작(豊作) la buona*l'abbondante raccolta, l'abbondanza del raccolto

풍적(風笛)〈音〉 la cennamella, la cornamusa, la zampogna

풍차(風車) il mulino a vento

풍채(風采) l'apparenza, la presenza

풍토(風土) il clima, le caratteristiche climatiche locali ¶-病 l'endemia

풍파(風波)〈地〉 il maroso

풍해(風解)〈鑛〉 l'efflorescenza

풍향기(風向機)〈空〉 la manica a vento

풍화(風化)〈化〉 / -하다 disgregarsi*deteriorarsi a causa dell'azione degli agenti atmosferici ¶-作用 l'erosione

풍화작용(風化作用) l'erosione

퓨즈〈電〉 il fusibile

프라이드 l'orgoglio / -가 센*강한

프라이버시 il privacy

프라이팬 la padella

프라하〈地〉 Praga

프랑스〈地〉 Francia / -語 il francese / -人, -의 francese

프래그머티즘(實用主義)〈哲〉 il pragmatismo

프래스크화〈繪〉 l'affresco, gli affreschi / -로 그리다 dipingere ad affresco / -를 그리다 affrescare ¶ 미켈란젤로는 시스틴 성당에 프래스크화를 그렸다. Michelangelo affrescò la Capella Sistina.

프레미엄 l'aggio

프레스〈新聞〉 la stampa; 〈機械〉 la press; 〈洗濯所〉 la pressa da stiro / 세탁물을 다리다 stirare (la biancheria)

프레스코 화(-畵)〈繪〉 l'affresco, il fresco / -를 그리다 affrescare

프레스코화가(-畵家)〈繪〉 l'affreschista, il frescante

프레스토〈音〉 presto (빠르게)

프레스티시모〈音〉 prestissimo (매우 빠르게)

프로 il*la professionista, il programma

프로그래머 (라디오, TV의 기획자 혹은 편성자) il*la programmista (m.pl. -i); (컴퓨터 등의) il programmatore (f. -trice)

프로그램 il programma

프로듀서〈映〉 il produttore (f. -trice) (cinematografico*radiotelevisivo); 〈演出家〉 il*la regista

프로모션〈商〉 il promotion

프로선수(-選手) il*la professionista

프로세스 il processo

프로젝트 il progetto

프로테스탄트 il protestantesimo; (信者) il*la protestante

프로파간다 la propaganda, la pubblicità
프로판가스 il gas propano
프로페셔널 professionale
프로펠러 l'elica
프로포즈 la proposta / -하다 proporre
프로필(側面輪郭) il profilo
프롤레타리아(階級) il proletariato, (人, 의) proletario(a)
프롤레타리아(無産階級)〈經〉 il proletariato
프롤레타리아통일당(-統一黨)〈政〉 il partito di unità proletaria (PDUP)
프롤로그 il prologo
프롬프터〈劇〉 il suggeritore
프리마돈나 la prima donna
프리미엄 il premio, l'agio / -을 붙이다 fare l'agio / -이 붙은 con premio
프리즈마〈物〉 il prisma
프리즘〈理〉 il prisma
프리킥〈蹴〉 il calcio di punizione
프린터 la stampante
프린트 lo stampato, il foglio poligrafato
프살테리움〈音〉 il salterio
플라스마 il plasma
플라스크〈化〉 la beuta
플라스틱 il plastico, (la materia) plastica / -으로 형을 만들다 plasticare
플라이급〈拳〉 la mosca
플라타너스〈植〉 il platano
플라톤 철학(-哲學)〈哲〉 il platonismo
플란넬 la flanella ¶綿- la flanella di cotone
플랑크톤 il plancton
플래시 lo sprazzo, il lampo
플래카드 il cartellone, il cartello, il manifesto; il placard
플래티나(白金) il platino
플랜(計劃) il progetto, il piano
플랜트 lo stabilimento
플랫카드〈繪〉 il cartellone
플랫폼〈鐵〉 il marciapiede, la banchina
플러그〈電〉 la spina, la presa, la presa di corrente, la spina elettrica, la presa d'aria
플러스〈數〉 più, e 1 5플러스 5는 10이다. Cinque più cinque fa*è uguale a dieci.
플로렌스〈地〉 Firenze / -의, 人 fiorentino(a)
플루토늄〈化〉 il plautonio
플룻〈音〉 il flauto traverso ¶-演奏者 il (la) flautista, il suonatore di flauto

피(血) il sangue 1 피는 물보다 진하다. Il sangue non è acqua. / -가 나다 sanguinare [intr. avere], uscire [intr. essere] sangue (dal naso) 1 코피가 난다. Mi sanguina il naso. / -가 멋다 ristagnare [intr. avere] il sangue / -를 토하다 sputare sangue / -를 흘리다 versare*spargere il sangue (per la patria) / -의 sanguino(a) / -투성이의 sanguinoso(a) / -흘리는 sanguinante
피겨스케이팅 il pattinaggio artistico
피고(被告)〈法〉 l'accusato, l'imputato, il querelato (f. -a), (民事의) il convenuto ¶-人 il querelato (f. -a)
피고용인(被雇傭人) l'impiegato (f. -a), lo stipendiato (f. -a), il lavoratore (f. -trice), l'operario (f. -a)
피곤(疲困) la stanchezza, la fatica / -을 느끼다 essere stanco(a), sentirsi stanco / -케 하는 stancante 1 그 대도시는 (사람들을) 피곤케 한다. La grande città è stancante. / -한 stanco(a)
피곤하게 하다(疲困) stancare, affaticare / 눈을 - stancare*affaticare gli occhi*la vista
피난(避難) il rifugio / -하다 rifugiarsi ¶-者 il rifugiato / -處 il rifugio, il ricovero
피날레〈音〉 la finale
피넛(落花生, 땅콩) l'arachide (f.)
피다 (꽃이) fiorire
피라미돈〈藥〉 il piramidone
피라미드〈建〉 il piramide ¶- 形 la piramide
피로(疲勞) la stanchezza, la fatica, l'affaticamento / 과로로 인한 - l'affatticamento per troppo lavoro / -에서 회복하다 ristorarsi dalla stanchezza / -하다 stancarsi, essere stanco(a) / -한 stanco(a), (피로해 죽을 지경인) stanco morto; esauto(a)
피로(疲勞)〈醫〉 la stanchezza
피뢰기(避雷器)〈電〉 lo scaricatore
피뢰침(避雷針)〈電〉 il parafulmine, lo scaricafulmine
피리(笛)〈音〉 il piffero, la piva, il flauto ¶- 演奏者 il pifferaio, il sonatore di piffero / -소리 il fischio
피망〈植〉 il peperone
피부(皮膚) la pelle / -가 강하다 (약하다)

피부과의 avere la pelle resistente (delicata) ¶-病 la dermatosi, le malattie della pelle / -科醫師 il dermatologo / -利殖 il trapianto di pelle
피부과의(皮膚科醫)〈醫〉 il dermatologo
피부과학(皮膚科學)〈醫〉 la dermatologia
피부균열(皮膚龜裂)〈醫〉 la ragade
피부병약(皮膚病藥)〈藥〉 il dermatologico
피부색(皮膚色) il carnagione
피부염(皮膚炎)〈醫〉 la dermatite
피부홍조제(皮膚紅潮劑)〈藥〉 il rubefacente
피사〈地〉 Pisa / -의, 市民 pisano(a) / -의 斜塔 la torre pendente
피상(皮相) / -의 superficiale, frivolo(a)
피서(避暑) la villeggiatura estiva / -하다 villeggiare in estate, andare in villeggiatura ¶-地 la (stazione di) villeggiatura
피선거권(被選擧權) l'eleggibilità
피선거인(被選擧人) la persona eleggibile; (候補者) il candidato
피스톤〈機〉 il pistone, lo stantuffo
피스톨 la pistola, (連發의) la rivoltella / -의 一擊 la pistolettata, la rivoltellata
피시(PC) il personal computer
피아노〈音〉 il pianoforte / -를 연주하다 suonare il pianoforte ¶-演奏者 il*la pianista
피아노〈音〉 piano (약하게)
피아니스트〈音〉 il*la pianista
피아니시모〈音〉 pianissimo (매우 약하게)
피아체볼레〈音〉 piacevole (즐겁게)
피안(彼岸)〈宗〉 la settimana dell'equinozio (primaverile o autunnale)
피에로 il Pierrot, il Pedrolino
피에몬테〈州〉 Piemonte / -의, 住民 piemontese
피오르드〈地〉 il fiordo
피우 모쏘〈音〉 più mosso (더 생기있는, 더 빠른)
피의자(被疑者)〈法〉 l'imputato
피임(避妊) la contraccezione, le pratiche antifecondative / -하다 impedire [pr. -isco] *prevenire la fecondazione*il concepimento / -의 antifecondativo(a), contraccettivo(a)
피자 la pizza / -집에서 in pizzeria / -전문점 la pizzeria
피제수(被除數)〈數〉 il dividendo
피처〈스포츠〉 il lanciatore (della palla)
피켓 (登山用) la piccozza
피콜로〈音〉 l'ottavino
피크닉 il picnic, la merenda all'aperto, la scampagnata (con merenda) / -가다 fare una scampagnata, scampagnare [intr. avere], fare una gita in campagna
피킷 il picchetto / -들다 picchettare
피타고라스학파(-學派)〈哲〉 il pitagorismo
피폐(疲弊) (枯渴) l'esaurimento; (困窮) l'immiserimento, l'impoverimento / -하다 esaurire [pr. -isco]; immiserire [pr. -isco], impoverirsi [pr. -isco]
피투성이의 insanguinato(a)
피하(皮下) / -의 ipodermico(a) ¶-注射 l'iniezione ipodermica
피하다(避) evitare, sfuggire [tr., intr. essere]; tenersi lontano da qlcu.*qlco., ripararsi / 위험을 - evitare*sfuggire un pericolo
피하주사(皮下注射)〈藥〉 l'iniezione ipodermica
피하주입(皮下注入)〈醫〉 la ipodermoclisi
피한(避寒) lo svernamento / -하다 svernare in (Riviera) ¶-地 la stazione di svernamento
피할 수 없는 inevitabile, ineluttabile, fatale, infallibile
피할 수 있는 evitabile
피해(被害) i danni / -를 입다 subire [pr. -isco] danni di disgrazia, essere danneggiato(a) *colpito dalla calamità* dal disastro ¶-者 il danneggiato, la vittima (d'un disastro) / -地域 il luogo danneggiato
피혁(皮革) il cuoio
피후견인(被後見人)〈法〉 il pupillo
픽업 il pickup, il fonorivelatore
핀 lo spillo, (부인모자의) lo spillone, (장식) la spilla; la forcina / -으로 종이를 묶다 unire dei fogli con uno spillo ¶安全- lo spillo di sicurezza*da balia / 넥타이- la spilla da cravatta / 머리- la spilla da capelli
핀란드〈地〉 la Finlandia / -人, 의 finlandese ¶-語 il finlandese
핀셋〈具〉 le pinzette
핀트(焦點)〈寫〉 il fuoco / -를 맞추다

mettere a fuoco / -가 맞다 essere a fuoco / -가 안 맞는 essere fuori fuoco

필기(筆記) la scrittura / -하다 scrivere, scrivere sotto dettatura ¶-試驗 l'esame scritto / -帳 il quaderno

필담(筆談) la conversazione per iscritto / -하다 parlare per iscritto con uno

필답(筆答) la risposta scritta*per iscritto

필두(筆頭) la prima persona della lista (della colletta)

필드하키 l'hockey su prato

필름〈映〉 il rullino; (사진) il negativo; la pellicola, il film, (16밀리-) il passo ridotto, (35밀리-) il passo nor-male / -을 돌리다 girare ¶컬러- la pellicola a colori

필리핀〈地〉 le Filippine / -人, -의 filippino(a) ¶-語 il filippino

필사(必死) / -的 disperato(a) / -的으로 disperatamente, con sforzo disperato, di vita o di morte

필수(必修) / -의 obbligatorio(a) ¶-科目 la materia obbligatoria

필수(必須) / -的 necessario(a), indispensabile, immancabile / -的 條件 la condizione indispensabile, i requisiti (per l'ammissione*al concorso)

필수품(必需品) il necessario*l'occorrente per (qlco. o v. inf.), la cosa necessaria

필승(必勝) la vittoria certa*incrollabile

필연(必然) / -的 necessario(a), inevitabile / -的으로 necessariamente; inevitabilmente

필요(必要) il bisogno, la necessità, il necessario, l'occorrente / -하다 servire, servirsi, occorrere, essere neccesario (di), bisognare, avere bisogno (di), (時間*金錢이) volerci **1** 내겐 친구가 필요하다. Mi serve un amico. **2** 약간의 조언이 필요하다. Si servono dei consigli. **3** 가을엔 저고리를 입고 다닐 필요가 있다. In autunno occorre portare una giacca. **4** 그것을 완성하려면 많은 시간이 필요하다. Ci vuole molto tempo per completarlo. **5** 살아가려면 많은 돈이 필요하다 Ci vuole molto denaro per vivere. / -한 necessario(a), indispensabile / -時에 in caso di bisogno ¶-經費 le spese indispensabili / -條件 le condizioni necessarie

필자(筆者) lo scrittore, la scrittrice, l'autore, l'autrice

필적(匹敵) / -하다 essere uguale*pari a qlcu., equivalere; essere rivale*competitore*emulatore du qlcu.

필적(筆跡) la calligrafia, la scrittura, la mano

필터 il filtro / 입담배의 - il bocchino / 파이프의 - il bocchino

필터〈電〉 il filtro

필터지(-紙) la carta da filtro, il filtro

필통(具) l'astuccio

핑계 il sotterfugio, il pretesto, la scusa

핑크색 il colore rosa / -의 rosa / - 옷 il vestito*la veste rosa

핑퐁〈스포츠〉 il ping-pong, il tennis da tavola / -게임하다 giocare a ping-pong

ㅎ

하(夏) l'estate
하강(下降) la discesa, l'abbassamento, la calata; la caduta / -하다 scendere, abbassare [tr.], (飛行機가) perdere la quota, (水位, 氣溫, 熱이) abbassarsi
하강적 이중모음(下降的 二重母音)〈言〉il dittongo discendente
하게 하다 permettere, fare **1** 엄마는 나를 급히 내리게 했다. La mamma mi ha fatto scendere a precipizio. **2** 그녀는 내게 사진을 보게 해 주었다. Lei mi ha fatto vedere le foto.
하게끔 affinché **1** 네가 기억하게끔 반복하겠다. Lo ripeto affinché tu lo ricordi.
하계(夏季) l'estate / -의 estivo(a) ¶-休暇 le vacanze estive / - 코스 il corso estivo
하계계절풍(夏季季節風)〈氣〉il monsone estivo
하고싶다 desiderare, volere
하구(河口)〈地〉la foce (di un fiume)
하급(下級) l'inferiorità, la classe infima
하기(下記) / -의 seguente, indicato*menzionato sotto / -와 같이 come seguente, come indicato sotto
하기 위하여 per / 공부 - 이탈리아에 왔다. È venuto in Italia per studiare.
하나 더 un altro (bicchiere di vino), un'altra (tazza di tè), un altro piatto (della stessa cucina)
하나씩 a uno a uno, uno per volta
하녀(下女) la serva, la domestica; la donna di servizio / -의 domestico(a)
하나님 Dio, il Creatore
하는 동안 mentre
하는 한 finché
하늘(天) il cielo / -의 celeste
하늘색(色) il celeste, l'azzurro / -의 celestino(a), ceruleo(a), azzurro(a)
하다(爲) fare **1** 난 많은 스포츠를 한다. Faccio molto sport.
하대정맥(下大靜脈)〈解〉la vena cava inferiore

하도 troppo
하등(下等) l'inferiorità / -하다 essere inferiore a qlco.*qlcu., non essere migliore di
하락(下落) il ribasso (di prezzo o valore) / -하다 ribassare [intr. essere] / 물가 - 하다 ribassare i prezzi
하락(下落)〈商〉il calo
하루(一日) la giornata, il giorno **1** 난 멋진 하루를 보냈다. Ho passato una bella giornata. / -에 al giorno ¶-종일 tutto il giorno / -하루 giorno per giorno / -밤 una notte
하루살이(蟲) l'effimera
하류(河流)〈地〉il regime
하마〈動〉l'ippopotamo
하모니카〈音〉l'armonica (a bocca)
하반기(下半期) il secondo semestre, l'ultima metà dell'anno
하반신(下半身)〈解〉le arti inferiori
하복(夏服) l'abito*il vestito estivo
하부구조(下部構造)〈經〉l'infrastruttura
하사관(下士官) il sottufficiale
하상(河床)〈地〉il letto, l'alveo
하선(下船)〈海〉lo sbarco / -시키다 scaricare (l'autocarro*la merce dalla nave) / -하다 sbarcare
하수(下水) le acque di rifiuto*scolo, le acque luride ¶-溝 la cunetta, il canaletto di scolo, la fogna / -集合施設 la fognatura / -道 la chiavica / -管 lo scaricatoio, il tubo di scarico
하숙(下宿) vitto e alloggio; la pensione / -하다 essere a pensione da qlcu.*presso una famiglia ¶-人 il (la) pensionante / -料 la pensione /
하순(下旬) l'ultima decade del mese **1** 이 달 하순에 nell'ultima decade di questo mese, negli ultimi (giorni) del mese corrente
하안(河岸)〈地〉la sponda, la riva
하얀 bianco(a)

하양(色) bianco(a)
하여간 comunque
하역(荷役) lo sbarco (delle merci) / -하다 sbarcare, caricare e scaricare / -한, -된 scaricato(a) ¶-人夫 lo scaricatore*il caricatore di porto / -手數料 la scaricatura / -場 lo scaricatoio
하역안벽(荷役岸壁) il molo
하염없이 incessantemente
하와이〈地〉 Hawaii / -의 hawaiano(a)
하원(下院)〈伊〉 la Camera dei Deputati
하원의원(下院議員)〈伊〉 il deputato
하위(下位) l'inferiorità
하이 잭 il dirottamento (d'un aereo) / -하다 il dirottare ¶-犯人 il dirottatore
하이에나〈動〉 la iena, (殘忍한 사람) la iena
하이킹 l'escursione*la gita di piacere a piedi (in campagna) / -하다 fare un'escursione a piedi
하이파이 alta fedeltà ¶-錄音器 il registratore ad alta fedeltà
하이힐 il tacco alto, i tacchi alti ¶-구두 le scarpe con tacco alto
하인(下人) il servo, il domestico, la domestica, il servitore
하자마자 appena 1 우리가 도착하자마자, 마리오는 집을 나갔다. Appena siamo arrivate, Mario è uscito di casa.
하저(河底)〈地〉 il fondo
하제(下劑)〈藥〉 il catartico, il purgante
하중(荷重)〈物〉 il carico
하지(下肢)〈解〉 le gambe, gli arti inferiori
하지(夏至)〈天〉 il solstizio estivo
하차(下車) / -하다 scendere dal veicolo 1 途中 -하다 scendere in una stazione intermedia
하천(河川)〈地〉 il fiume
하천학(河川學)〈地〉 la potamologia
하청(下請) il subappalto / -을 하다 subappaltare ¶-工場 la fabbrica subappaltatrice
하층무산계급(下層無産階級)〈經〉 il sottoproletariato
하키〈스포츠〉 l'hockey (su ghiaccio)
하트 il cuore 1 -形의 a*in forma di cuore
하품 lo sbadiglio / -하다 sbadigliare 1 지루해서 -하다 sbadigliare di noia
하품(下品) la volgarità, la grossolanità / -의 volgare, grossolano(a), indecente
하프〈音〉 l'arpa / -를 연주하다 arpeggiare [intr. avere] ¶-演奏者 l'arpista
학〈鳥〉 la gru, il fenicottero
학계(學界) il mondo accademico
학과(學課) la lezione
학과목(學科目) la materia
학교(學校) la scuola 1 학교에 다니다 andare a scuola, frequentare una scuola ¶公立 (私立) - la scuola pubblica (privata)
학구적인(學究的-) studioso(a)
학급(學級) la classe
학기(學期) (1년 학기) l'anno scolastico, (6개월 학기) il semestre / 2001년 1- Primo semestre 2001
학년(學年) l'anno scolastico ¶-試驗 gli esami finali (dell'anno scolastico) / -度 l'anno scolastico*accademico
학대(虐待) il maltrattamento / -하다 maltrattare, opprimere, tiranneggiare
학력(學力) la capacità mentale (d'uno scolaro) ¶-試驗 il test di rendimento scolastico
학력(學歷) la carriera di studi
학령(學齡) l'età scolare
학명(學名) il termine scientifico
학문(學問) la scienza, lo studio / -的 scientifico(a)
학부(學部) la facoltà (universitaria) ¶人文哲- Facoltà di Lettere e Filosofia / (大學의)-長 il preside
학비(學費) le spese scolastiche
학사(學士) il dottore (di laurea), il laureato, la laureata ¶文- il dottore*la dottoressa in lettere / - 학위 la laurea
학살(虐殺) il massacro, la strage, la carneficina / -하다 massacrare, fare una strage, uccidere atrocemente
학생(學生) lo studente; l'allievo; l'alunno, lo scolaro (della scuola elementare) ¶女- l'allieva, la studentessa, l'allieva, l'alunna / 大- lo studente universitario / -寄宿舍 il dormitorio / -生活 la vita studentesca (universitaria)
학설(學說) la teoria, la dottrina
학술(學術) la scienza / -上의 scientifico(a) ¶-論文 il trattato
학술도서관국(學術圖書館局)〈伊*敎〉 accademie e biblioteche

학습(學習) l'apprendimento, lo studio / -하다 imparare, apprendere, studiare
학식(學識) la dottrina, l'erudizione, la sapienza / -이 높은 dotto(a), erudito(a), sapiente
학업(學業) lo studio
학예(學藝) scienze e arti
학용품(學用品) gli oggetti da studio
학우(學友) il compagno scolastico, i compagni
학원(學院) l'istituto*la scuola (per lo più privato); l'accademia / 자동차 - la scuola guida
학원(學院)〈繪〉〈美術·音樂〉l'accademia
학위(學位) (學士) il titolo accademico, il bachelor; (이탈리아 학사) il titolo di dottore*dottoressa, il grado universitario, il dottorato, il diploma /學士-를 授與하다 addottorare [tr.] / ～에게 문학사 -를 授與하다 addottorare qlcu. in lettere / -를 받다, 획득하다 addottorarsi (in giurisprudenza) ¶-番號 status / (수여된) -名 il titolo di studio conferito (Bachelor of Fine Arts) / -登錄番號 N Registrazione del titolo di studio / -論文 la tesi di laurea
학자(學者) il dotto, il colto, l'erudito, il sapiente, lo studioso
학자금(學資金) le spese scolastiche
학자어(學者語)〈言〉la lingua dotta
학장(學長) il rettore (dell'università); il preside di facoltà
학적부(學籍簿) la matricola*il registro degli scolari*studenti (d'una scuola)
학점(學點) (평점) il grado, (과목별 학점) il credito, (점수) il voto /總取得-totale crediti acquisiti /平均- voto medio
학제(學制) il sistema educativo
학칙(學則) i regolamenti scolastici
학파(學派) la scuola
학회(學會) la società (di studiosi*scienziati), l'accademia ¶言語- la società filologica*linguistica / 韓國伊語-Associazione di Studi Italiani in Corea
한(恨) il rancore
한 (대략) circa
한가한(閒暇-) tranquillo(a) comodo(a)
한 걸음(一足) un passo
한 모금 un sorso

한 모금(一口)(飲料) una sorsata / - 마시다 bere in un solo fiato
한 쌍 l'appaiamento / -으로 하다 appaiare
한 입(一口)(飲食物) un boccone / - 먹다 mangiare in un boccone
한 조각(一切) un pezzo (tagliato), una fetta (tagliata) / 얇게 썬 고기 - un pezzo*una fetta sottile di carne
한 줄로 서서 걷다 camminare in fila indiana
한 쪽 현으로 기울이다〈海〉carenare
한결같은 uniforme; costante
한결같음 l'uniformità
한계(限界) il limite, il termine / -없는 (無限한) interminabile, illimitato(a), infinito(a) / -의 marginale
한계생산력(限界生產力)〈經〉la produttività marginale
한국(韓國)〈地〉la Corea (del Sud) / -人, -의 coreano(a) / -語 il coreano
한글 le lettere coreane
한기(寒氣) il freddo, il brivido / -를 느끼다 rabbri-vidire / -에 몸을 떨다 rabbrividire per il freddo
한꺼번에 tutta in una volta
한낮 pieno giorno
한낮에 in pieno giorno
한달(一個月) un mese / - 후 fra un mese
한대(寒帶)〈地〉la zona polare
한대식물(寒帶植物)〈植〉microterma
한도(限度) il limite, l'eccesso,〈銀行〉il massimale
한랭전선(寒冷前線) il fronte freddo
한량(閑良) il barone ¶-夫人 la baronessa
한마디(一言) una parola
한모금 sorso
한바퀴차이를 벌이다〈陸〉doppiare
한밤중(子正) notte fonda; la mezzanotte / -에 a mezzanotte
한방울 una goccia
한번에 in una volta / - 둘씩 due per volta
한벌 in completo
한쌍 un paio; una coppia
한순간(一瞬間) -의 fugace / -의 즐거움 la gioia fugace
한숨 il sospiro, un fiato, un respiro / -짓다 sospirare [intr. avere] (per il dolore) / 안도의 -을 쉬다 sospirare di sollievo, alitare
한없는 perpetuo(a)

한없이 깊은 sfondato(a)
한웅큼 la manciata / 카라멜 - una manciata di caramelle
한이(韓伊) /-의 coreano-italiano ¶-辭典 il dizionario coreano-italiano
한입 un boccone
한자(漢字) i caratteri cinesi, le lettere cinesi
한정(限定) la limitazione, la determinazione, la restrizione, la definizione / -하다 limitare, determinare, restringere / -된 limitato(a), determinato(a) ¶-版 l'edizione limitata/ -性 la determinazione
한줌 il pizzico, la manciata
한증(汗蒸) la sauna
한탄(恨歎) la deplorazione / -하다 deplorare, lamentare, lamentarsi, gemere / -할 만한 deplorabile, deplorevole, lamentevole
한파(寒波)〈氣〉 l'ondata di freddo
한편 inoltre [avv.], nel frattempo
한풍(寒風)〈氣〉 la breva
할 때마다 ogni volta che ... 1 네가 올 때마다 비가 온다. Ogni volta che tu vieni, piove.
할 생각이다 avere in mente di ~
할 수 없는 impossibile
할 수 있는 possibile
할 수 있다 potere 1 너도 올 수 있니? Puoi venire anche tu?
할 수 있다 potere, essere in grado di ~
할(割) (比率) la proporzione, la percentuale, il tasso, il rapporto / 年 1-일 10 퍼센트 all'anno / 1-의 이자로 con l'interesse del 10 %, con il 10 % dell'interesse
할당(割當) l'assegnazione (d'un premio*di un posto del lavoro), l'assegnamento, il riparto /-하다 assegnare, ripartire [pr. -isco]
할당량(割當量) la razione
할당액(割當額) il contingente, la quota / - 5만원의 기부금 il contributo di cinquanta mila won per una quota
할로겐〈化〉 l'alogeno
할로겐화합물(-化合物)〈化〉 l'alogenuro
할머니(祖母)〈族〉 la nonna, l'ava
할미새〈鳥〉 la cutrettola, 〈俗〉 la ballerina
할복(割腹) il carachiri

할부(割賦) la rata, la rateazione /-의 rateale /-로 하다 rateare
할부금(割賦金) l'acconto, la rata
할아버지(祖父)〈族〉 il nonno, l'avo
할인(割引)〈銀行〉 lo sconto, la riduzione 1 언제 할인(세일)이 있나요? Quando c'è lo sconto? /-가격으로 a prezzo ridotto*ribassato /-하다 scontare, ridurre, fare lo sconto, bonificare /-된 scontato(a) ¶-券 il biglietto a riduzione*prezzo ridotto /-率 il tasso di sconto
할증(割增) il premio, il compenso supplementare ¶-金 il supplemento /-料金 il supplemento di prezzo
할증금(割增金) il supplemento
할퀴기 la graffiatura
할퀴다 graffiare
할퀸 상처 il graffio
핥다 (헤로) lambire [pr. -isco], leccarsi, leccare 1 개는 주인의 손을 핥고 있었다. Il cane leccava la mano del padrone.
핥다 leccare
함(函) la scatola
함께(共) insieme, con, insieme con*a (qlcu.)
함대(艦隊) la flotta
함대사령관(艦隊司令官)〈伊〉 comando della Squadra navale
함몰(陷沒) lo sprofondamento /-시키다 sprofondare /-되다 sprofondarsi
함성(喊聲) lo schiamazzo, il grido, l'urlo
함수(函數)〈數〉 la funzione
함양(涵養) la coltivazione /-하다 coltivare
함유(含有) il contenimento, il comprendimento /-하다 contenere, comprendere, includere 1 이 음료수는 도수 높은 알코올을 함유하고 있다. Questa bevanda contiene un'alto percentuale di alcool. /-된 contenuto(a)
함장(艦長) il comandante, il capitano
함정(陷穽) la buca cieca, l'insidia; la trappola /-에 빠뜨리다 trappolare, insidiare, tendere un'insidia*una trappola a qlcu., /-에 빠지다 cadere in trappola
함축(含蓄) l'implicazione /-的 implicito(a), sottinteso(a); significativo(a)
함포일제사격(艦砲一齊射擊)〈海〉 la bordata

합격(合格) il successo negli esami / -하다 vincere*superare un esame, passare l'esame

합계(合計) la somma totale, il totale, il conto totale / -로 in totale / -하다 fare la somma*il totale, calcolare in totale, sommare / -해서 sommariamente

합계액(合計額) la somma

합금(合金)〈化〉la lega

합동(合同) l'unione / -하다 unire [pr. -isco] / 相互-하다 unirsi; annettere

합류(合流) la confluenza, il congiungimento / -하다 confluire [intr. essere, pr. -isco] in; unirsi [pr. -isco], congiungere, affluire [intr. essere, pr. -isco] a **1** 강은 바다로 합류한다(흘러간다). I fiumi affluiscono in mare. / -하는 confluente

합류점(合流點)〈地〉la confluenza

합리(合理) la razionalità / -化하다 razionalizzare / -的 razionale, ragionevole / -的으로 razionalmente ¶-主義 il razionalismo / -主義者 il*la razionalista / 產業-化 la razionalizzazione industriale

합리론(合理論)〈哲〉il razionalismo
합리성(合理性) la razionalità
합리주의(合理主義) il razionalismo / -的〈建〉razionale

합명회사(合名會社) la società in nome collettivo

합법(合法) la legalità, la legittimità / -的 legale, legittimo(a), lecito(a) / -的으로 legalmente, lecitamente / -的으로 하다 legalizzare, rendere lecito

합병(合倂) l'annessione, l'unione, l'incorporazione; (會社의) la fusione (di due società) / -하다 annettere, incorporare (un piccolo comune in una città), unire, aggregare [<-> disaggregare] **1** 근처 꼬무네들이 그 도시에 합병될 것이다. I comuni vicini saranno aggregati alla città.

합병증(合倂症)〈醫〉la complicazione
합선(合線) il corto circuito / -에 의해 야기된 화재 l'incendio causato da un corto circuito

합성(合成) la composizione; 〈化〉la sintesi / -의 composto(a); sintetico(a) / -하다 comporre; sintetizzare ¶-語 la parola composta / -고무 la gomma sintetica / -織物 il tessuto sintetico / -纖維 la fibra sintetica / -樹脂 la resina sintetica / -고무 la gomma sintetica

합성(合成)〈言〉la composizione
합성어(合成語)〈言〉il composto
합성화학(合成化學)〈化〉la chimica sintetica

합숙(合宿) la vita comune (d'un gruppo di studenti o atleti per l'allenamento) / -하다 alloggiare insieme (per l'allenamento) ¶-所 il dormitorio

합의(合意) l'accordo, l'intesa, il consenso / -하다 essere*mettersi d'accordo, accordarsi, consentire pienamente con qlcu. / -를 求하다 chiedere il consenso

합의(合議) la consultazione **1** 모든 결정은 합의 후 이루어 질 것이다. Ogni decisione verrà fatta dopo la consultazione. / -하다 consultarsi

합자회사(合資會社) la società in accomandita

합작(合作) la collaborazione / -하다 collaborare con qlcu. in*a qlco.

합장(合掌) / -하다 giungere le mani

합주(合奏) il concerto strumentale, i complessi / -하다 eseguire [pr. -isco] un concerto [用語] 2중주(二重奏) duo, 3중주(三重奏) trio, 4중주(四重奏) quartetto, 5중주(五重奏) quintetto, 6중주(六重奏) sestetto, 7중주(七重奏) settimino, 8중주(八重奏) ottetto, 9중주(九重奏) nonetto, 무용단(舞踊團) il corpo di ballo, 발레곡 il balletto, 실내악(室內樂) da camera, 악단(樂團) la banda, 오케스트라 l'orchestra, 합창(合唱) il coro, 합창대(合唱隊) il coro

합주(合奏)〈音〉il coro
합주단(合奏團)〈音〉il coro
합중국(合衆國) gli Stati Uniti / -人, -의 statunitense ¶美- gli Stati Uniti d'America

합참본부(合參本部)〈伊〉Consiglio Superiore delle Forze Armate

합창(合唱) il coro / -의 corale / -하다 cantare in coro ¶-단 il coro / -團員 il *la corista / 男性(女性)- il coro a voce maschile (femminile) / 二部- il coro a due voci*a duetto / 混聲- il coro misto

[用語] 2중주(二重奏) duo, 3중주(三重奏) trio, 4중주(四重奏) quartetto, 5중주(五重奏) quintetto, 6중주(六重奏) sestetto, 7중주(七重奏) settimino, 8중주(八重奏) ottetto, 9중주(九重奏) nonetto, 무용단(舞踊團) il corpo di ballo, 발레곡 il balletto, 실내악(室內樂) da camera, 악단(樂團) la banda, 오케스트라 l'orchestra, 합창(合唱) il coro, 합창대(合唱隊) il coro

합창곡(合唱曲) il canto corale
합창단(合唱團) 〈音〉 il coro
합창단원(合唱團員) 〈音〉 il*la corista
합창대(合唱隊) 〈音〉 il coro
합체(合體) l'unione, l'annessione, l'incorporazione / -하다 unire [pr. -isco], annettere, incorporare
합치(合致) l'accordo / -하다 accordarsi
항(項) il paragrafo, (數學의) il termine, (條項) la clausola
항(港) 〈海〉 il porto
항공(航空) l'aviazione, l'aeronavigazione / -의 aeronautico(a), aereo(a) ¶民間- l'aviazione civile / -便 la posta aerea / -便으로 수송하다 spedire per posta aerea*per via aerea, trasportare qlco. per via aerea / -母艦 la portaerei / -會社 la compagnia di navigazione aerea / -管制塔 la torre di controllo / -機(飛行機) l'aeroplano, l'aereo, l'aeromobile, l'apparecchio, il velivolo / -基地 la base aerea / -路 la linea aerea, la rotta di navigazione aerea; l'aerovia / -士(飛行家) l'aviatore / -隊 l'aeronautica militare
항공경기(航空競技) l'aviazione
항공기(航空機) l'aeroplano **[用語]** 조종실(操縱室) la cabina di pilotaggio, 무선장치(無線裝置) gli apparecchi radio, 객석(客席) la cabina, 동체(胴體) la fusoliera, 공기취입구(空氣取入口) la presa d'aria, 승강구(昇降口) il portello passeggeri, 내측보조날개(內側補助翼) l'ipersostentatore, 외측보조날개(外側補助翼) l'aletta di compensazione, 보조날개(補助翼) l'alettone, 착륙장치(着陸裝置) il carrello di atterraggio, 화물실(貨物室) la stiva
항공모함(航空母艦) 〈海〉 la portaerei
항공학(航空學) l'aeronautica; l'aviazione
항구(港口) il porto

항독소(抗毒素) 〈生〉 l'antitossina
항등식(恒等式) 〈數〉 l'identità
항로(航路) la rotta (marittima o aerea), la linea di navigazione*aeronavigazione ¶定期- il servizio aereo*marittimo regolare / -標識 il segnale marino per boa, (航空) l'aerofaro, il segnale d'atterraggio / -변경 il dirottamento
항만(港灣) i porti, porto e golfo / -의 portuale
항만건설국(港灣建設局) 〈伊〉 Opere marittime
항목(項目) l'articolo, il paragrafo, (사전의) il lemma
항목(項目) la clausola
항문(肛門) 〈解〉 l'ano
항문출혈(肛門出血) 〈醫〉 la proctorragia
항변(抗辯) la contraddizione la difesa, la confutazione, la protesta / -하다 (法廷) perorare (in difesa di qlcu.); confutare; (抗議) protestare
항복(降伏) la resa, la capitolazione / 무조건 - la resa incondizionata / -하다 capitolare, arrendersi
항상(恒常) sempre 1 그녀는 항상 피곤하다. E' sempre stanca.
항생물질(抗生物質) 〈藥〉 l'antibiotico
항성(恒星) la stella fissa
항성시(恒星時) 〈天〉 il tempo siderale
항속(航續) il volo senza scalo ¶-距離 la distanza del volo senza scalo, l'autonomia di volo
항아리 il barattolo, la giara, il vaso
항온성(恒溫性) 〈生〉 l'omotermo
항원(抗原) 〈生〉 l'antigene
항의(抗議) la protesta / -하다 protestare [intr. avere] contro qlcu., reclamare
항쟁(抗爭) / -하다 combattere con
항체(抗體) 〈生·醫〉 l'anticorpo
항해(航海) la navigazione (costiera*oceanica), il viaggio per mare / -하다 navigare, viaggiare per mare, fare un viaggio per mare / -의 nautico(a) / -할 수 있는 navigabile ¶-日誌 il giornale di bordo
항해사(航海士) 〈海〉 il navigatore
항해술(航海術) la nautica **[用語]** 고요함 la bonaccia, 난파선의 잔해(難破船의 殘骸) il relitto, 노트 il nodo, 도크 il bacino, 둔치 la battigia, 등대(燈臺) il

faro, 모터보트를 탐 la motonautica, 무장(武裝) l'armamento, 부두(埠頭) la darsena, l'imbarcadero, il pontile, 사주(沙柱) il bassofondo, 선대(船隊) la flotta, 선장실(船長室) la capitaneria, 선창(船倉) la darsena, l'imbarcadero, il pontile, 수심(水深) il fondale, 순항(巡航) la crociera, 안벽(岸壁) la banchina, 암초(暗礁) la secca, 용적(容積) la stazza, 작업기피(作業忌避) l'ammutinamento, 적재량(積載量) la portata, 정박지(碇泊地) la rada, 조선소(造船所) l'arsenale, 중량(重量) il tonnellaggio, 출입항금지(出入港禁止) l'embargo, 측심(測深) lo scandaglio, 하역안벽(荷役岸壁) il molo, 항(港) il porto, 항해일지(航海日誌) il giornale di bordo, 해군본부(海軍本部) l'ammiragliato, 해리(海里) miglio marino; 〈선박(船舶) Navi e imbarcazioni〉 거룻배 la chiatta, 견인선(牽引船) il rimorchiatore, 곤돌라 la gondola, 구명정(救命艇) la scialuppa, 구축함(驅逐艦) il cacciatorpediniere, 구축함(驅逐艦) la torpediniera, 기함(旗艦) l'ammiraglia, 대서양횡단정기선(大西洋橫斷定期船) il transatlantico, 대잠초계정(對潛哨戒艇) il cacciasommergibili, 디젤선(-船) la motonave, 모터보트 il motoscafo, 배(舟) il battello, 범선(帆船) il battello, il brigantino, 범선(帆船) il panfilo, 보트 la barca, 상선(商船) il mercantile, 선박(船舶) il bastimento, la nave, 소해정(掃海艇) il dragamine, 소형구축함(小型驅逐艦) la fregata, 소형범선(小型帆船) il caicco, il cutter, 소형선(小型船) la feluca, 소형선박(小型船舶) (선내에 엔진 부착) l'entrobordo, (선외에 엔진 부착) il fuoribordo, 소형어선(小型漁船) la paranza, 소형증기선(小型蒸氣船) il vaporetto, 쇄빙선(碎氷船) il rompighiaccio, 순양선(巡洋船) la lancia, 순양함(巡洋艦) il cruiser, l'incrociatore, 스쿠너 선(-船) la goletta, 심해관측선(深海觀測船) il batiscafo, 어선(漁船) il peschereccio, 연안경비정(沿岸警備艇) il guardacoste, 요트 il panfilo, lo yacht, 우편선(郵便船) il postale, 운반선(運搬船) la chiatta, 원자력잠수함(原子力潛水艦) il sottomarino, 유조선(油槽船) la cisteria, la petroliera, 작은 배(小舟) il dinghy, il sandolino, 잠수함(潛水艦) il sommergibile, 전함(戰艦) la corazzata, 증기선(蒸氣船) il piroscafo, 카누 la canoa, il canotto, 코르벳함(-艦) la corvetta, 쾌속범선(快速帆船) la caravella, 터빈 선(-船) la turbonave, 포경선(捕鯨船) la baleniera, 항공모함(航空母艦) la portaerei, 환목선(丸木船) la piroga; 〈선박(船舶)의 부분(部分) Parti della nave〉 갑판(甲板) la coperta, la tolda, 계선주(係船柱) la bitta, 굴뚝 il fumaiolo, 나무 il alberatura, 나선(螺旋) l'elica, 노 il remo, 닻 l'ancora, 닻줄 la gomena, 돛(帆) la vela, 방향타(方向舵) il timone, 범(帆) la vela, 선미(船尾) la poppa, 선수(船首) la prora, la prua, 선저(船底) la carena, 선창(船倉) la stiva, 선체(船體) lo scafo, 승강구(昇降口) il boccaporto, 식료저장실(食料貯藏室) la cambusa, 어뢰발사장치(魚雷發射裝置) il lanciasiluri, 외판(外板) il fasciame, 용골(龍骨) la chiglia, 우현(右舷) il tribordo, la dritta, 잠망경(潛望鏡) il periscopio, 조타실(操舵室) la plancia, il ponte, 좌현(左舷) il babordo, 창구(艙口) il boccaporto, 축(軸) l'albero, 충각(衝角) lo sperone, 키(舵) il timone, 포탑(砲塔) la torre, 해치 il boccaporto, 현장(舷牆) la murata, 현창(舷窓) l'oblò, 후갑판(後甲板) il cassero; 〈항해활동(航海活動)과 조작(操作) Azioni e manovre〉 계양하다 ghindare, 견인하다(牽引) rimorchiare, 계류하다(繫留) attraccare, ormeggiare, 깃발을 내리다 ammainare, 난파(難破) il naufragio, 난파선(難破船) il naufragio, 난파하다(難破) naufragare, 닻을 감다 disormeggiare, 닻을 내리다 ancorare, 닻을 올리다 salpare, 돛을 내리다 afforcare, 돛을 달고 항해하다 veleggiare, 돛을 올리다 ghindare, 돛의 위치를 바꾸다 bordeggiare, 롤링 il beccheggio, 롤링하다 rollare, 무장하다(武裝) armare, 물을 퍼내다 aggottare, 바람을 피해 배를 조종하다 poggiare, 방향을 바꾸다 virare, 배가 좌우로 흔들리다 rollare, 배를 젓다 vogare, 뱃머리를 바람이 불어오는 쪽으로 돌리다 orzare, 부양(浮揚) l'emersione, 상륙하다(上陸)

approdare, 상하로 움직이다 **beccheggiare**, 선적하다(船積) **stivare**, 선회(旋回) **la virata**, 속력을 내다(速力) **abbrivare**, 수면 위로 부상하다 **emergere**, 수심을 측정하다 **scandagliare**, 순항하다(巡航) **incrociare**, 순행하다(巡行) **doppiare**, 승선(乘船) **l'arrembaggio**, **l'imbarco**, 암초에서 벗어나다 **disincagliare**, 연안을 항해하다 **costeggiare**, 연안항해(沿岸航海) **il cabotaggio**, 잠행(潛行) **l'immersione**, 적재량을 측정하다 **stazzare**, 접안하다(接岸) **abbordare**, 정박하다(碇泊) **attraccare, ormeggiare**, 조종하다(操縱) **pilotare**, 좌초하다(坐礁) **arenare, incagliare**, 준설(浚渫) **il dragaggio, dragare**, 지그재그로 진행하다 **bordare**, 진로를 바꾸다 **dirottare**, 진로를 변경하다(進路變更) **accostare**, 진수(進水) **il varo**, 진수시키다(進水) **varare**, 출항시키다(出航) **salpare**, 충돌(衝突) **la collisione**, 침몰하다(沈沒) **affondare**, 표류(漂流) **la deriva**, 하선(下船) **lo sbarco**, 하선하다(下船) **sbarcare**, 한 쪽 현으로 기울이다 **carenare**, 함포일제사격(艦砲一齊射擊) **la bordata**, 항해하다(航海) **navigare**; 〈**항해관련자(航海關聯者) Persone**〉 갑판장(甲板長) **il nostromo**, 견습선원(見習船員) **il mozzo**, 뱃사공 **il barcaiolo**, 사령관(司令官) **il comandante**, 선박승무원(船舶乘務員) **il marittimo**, 선원(船員) **il marinaio, l'equipaggio, la ciurma**, 선장(船長) **il capitano**, 선주(船主) **l'armatore**, 소형초계정감시원(小型哨戒艇監視員) **la vedetta**, 수상경비원(水上警備員) **il guardiamarina**, 잠수부(潛水夫) **il palombaro, il sommozzatore, l'uomo rana**, 잠수함승무원(潛水艦乘務員) **il sommergibilista**, 제독(提督) **l'ammiraglio, il commodoro**, 조선소노동자(造船所勞動者) **l'arsenalotto**, 조타수(操舵手) **il timoniere**, 항해사(航海士) **il navigatore**, 해상감시원(海上監視員) **il guardiamarina**, 해적(海賊) **il corsaro**

항해일지(航海日誌)〈海〉 **il giornale di bordo**

항해활동(航海活動)〈海〉 **le azioni**

항히스타민제(抗-劑)〈藥〉 **l'antistaminico**

해(태양) **il sole**

해(年) **l'anno**

해(害) **il male** / -를 입히다 **fare male*torto a qlcu., danneggiare, corrompere, nuocere a qlco.; danneggiare**

해(解)〈數〉 **la soluzione**

해(海)〈地〉 **il mare**, (大洋) **l'oceano**

해결(解決) **la definizione, la risoluzione** / -하다 **definire (una lite), risolvere (il problema)** / -되다 **essere risolto(a)**

해결책(解決策) **la soluzione, la scappatoia** / -을 찾다 **cercare una scappatoia**

해고(解雇) **il licenziamento** / -하다 **dimettere*deporre qlcu. (da un ufficio*una carica), licenziare**

해골(骸骨) **lo scheletro**

해구(海溝)〈地〉 **la fossa oceanica**

해군(海軍) **Marina militare** [**用語**] (이탈리아) 해군참모본부(海軍參謀本部) **Stato Maggiore**, 해군참모본부장관(海軍參謀本部長官) **Capo di Stato Maggiore**, 함대사령관(艦隊司令官) **comando della Squadra navale**, 지방해군사령부(地方海軍司令部) **Dipartimenti militari marittimi, Comandi militari marittimi autonomi**

해군본부(海軍本部)〈海〉 **l'ammiragliato**

해군참모본부(海軍參謀本部)〈伊〉 **Stato Maggiore**

해군참모본부장관(海軍參謀本部長官)〈伊〉 **Capo di Stato Maggiore**

해당(該當) /-의 **competente; proprio(a)** /-官廳 **le autorità competenti** /-하다 **corrispondere (a qlco.), essere conforme a qlco.**

해독제(解毒劑)〈藥〉 **l'antidoto**

해동(解凍)〈氣〉 **il disgelo**

해로운 nocivo(a)

해류(海流)〈地〉 **la corrente, la marea**

해리(海里)〈海〉 **miglio marino**

해마(海馬)〈動〉 **l'ippocampo, il cavalluccio marino**

해머〈具〉 **il martello**

해머던지기〈陸〉 **il lancio del martello**

해먹 (달아맨 그물침대) **l'amaca**

해면(海綿) **la spugna**

해바라기〈植〉 **il girasole**

해발(海拔) **l'altitudine, la quota**

해방(解放) **la liberazione**; (奴隸의) **l'affrancazione** / -하다 **liberare** / -시키다 **liberare, emanciare, affrancare** [<-> **asservire**] / 노예를 -시키다 **affrancare**

uno schiavo 1 사려분별은 잡념으로부터 정신을 해방시킨다. La saggezza affranca l'animo dalle passioni.
해변(海邊) la spiaggia, la costa sabbiosa, il lido
해병(海兵) il marinaio
해보다(試圖) tentare
해부(解剖)〈醫〉l'autopsia; la dissezione
해부학(解剖學) l'anatomia [用語] 해부학자(解剖學者) l'anatomista, 해부(解剖) la dissezione, 시체해부(屍體解剖) l'autopsia, 생체해부(生體解剖) la vivisezione, 두부(頭部) la testa, 안면(顏面) la faccia, 두개(頭蓋) il cranio, 흉부(胸部) il torace, 복부(腹部) l'addome, 가슴(胸) il petto, 등(背) il dorso, 배(腹) il ventre, 상반신(上半身) gli arti superiori, 어깨 la spalla, 팔 il braccio, 팔꿈치 il gomito, 팔둑 l'avambraccio, 손(手) la mano, 하반신(下半身) gli arti inferiori, 대퇴골(大腿骨) il femore, 무릎 il ginocchio, 다리(脚) la gamba, 발(足) il piede.
해부학의(解剖學醫)〈醫〉l'anatomico
해부학자(解剖學者)〈解〉l'anatomista
해빙(解氷)〈氣〉il disgelo
해삼(海蔘)〈動〉l'oloturia
해상의(海上-) marittimo(a)
해상감시원(海上監視員)〈海〉il guardiamarina
해상보험(海上保險) l'assicurazione marittima
해상회오리(海上-)〈氣〉la tromba marina
해석(解析) l'analisi; la traduzione / -하다 analizzare; tradurre
해석기하학(解析幾何學)〈數〉la geometria analitica
해석학(解析學)〈數〉l'analisi
해설(解說) (一般的) la nota, il commento, (演劇, 映畫의) la didascalia
해수욕(海水浴) il bagno di mare; i bagni; il nuoto
해악(害惡) l'influenza nociva, il male
해안(海岸)〈地〉la costa; la marina, il litorale
해안습지(海岸濕地)〈地〉la maremma
해안풍경화(海岸風景畵)〈繪〉la marina
해야한다 dovere
해양(海洋)〈地〉l'oceano
해양기후(海洋氣候)〈氣〉il clima marittimo

해양학(海洋學)〈地〉l'oceanografia, la talassografia
해열제(解熱劑)〈藥〉l'antipiretico, il febbrifugo (pl. -ghi)
해왕성(海王星)〈天〉Nettuno
해운부(海運部)〈伊〉Marina Mercantile
해이해진(精神이) rilassato(a)
해저의(海底-) sottomarino(a)
해저지진(海底地震) il maremoto
해적(海賊)〈海〉il corsaro, il pirata
해제(解除) / -하다〈商〉assolvere
해조(害鳥) l'uccello nocivo*dannoso
해질녁 il tramonto
해초(海草)〈植〉l'alga
해충(害蟲) l'insetto nocivo*dannoso
해치〈海〉il boccaporto
해치다 danneggiare; ferire
해파리〈動〉la medusa
해표상기형(海豹狀奇形)〈醫〉la focomelia
해풍(海風)〈氣〉la brezza di mare
해학(諧謔) l'umorismo
해학곡(諧謔曲)〈音〉lo scherzo
해협(海峽)〈地〉lo stretto, il canale
핵(核) il nucleo, (果實의) il nocciolo / -의 nuclease
핵(核)〈生*植〉il nucleo
핵물리학(核物理學)〈物〉la fisica nucleare
핵분열(核分裂)〈生〉la cariocinesi
핵심(核心) il nucleo, il nocciolo
핵자(核子)〈物〉il nucleone
핵화학(核化學)〈化〉la chimica nucleare
핸드메이드 fatto*lavorato a mano, manufatto(a), (製品) il manufatto
핸드백 la borsetta, la borsa (per signora)
핸드볼〈스포츠〉la palamuro
핸들 il manico, (自動車의) il volante, (自轉車의) il manubrio
핸디캡 handicap, la condizione di svantaggio
햄 il prosciuto
햇과일(-果實) la primizia
햇무리(太陽-)〈氣〉l'alone
햇볕이 잘 드는 soleggiato(a), esposto(a) al sole
햇빛 il raggio di sole
행(行) (詩句의) il verso; la riga
행(行) / -함 la condotta, il comportamento; (行動) l'azione / -하다 fare, agire [intr. avere, pr. -isco]; (業務를)

esercitare, praticare, eseguire

행군(行軍) la marcia (militare) / -中 in marcia / 强-으로 a marce forzate / -하다 marciare

행글라이더 il deltaplano

행동(行動) il comportamento, l'azione, l'atto; la mossa 1 나는 그의 행동을 좋아하지 않는다. Il suo comportamento non mi piace. /-에 옮기다 mettere in azione, mettere in atto / -하다 agire, comportarsi (da gentiluomo) 1 그들은 늘 함께 행동한다. 2 E' tempo di agire. 행동할 시간이다. 3 그들은 항상 함께 행동한다. Agiscono sempre insieme. / -的인 attivo(a) ¶-半徑 il raggio d'azione

행동당(行動黨)〈政〉il partito d'azione

행렬(行列) (宗敎的) la processione; il corteo, (列) la fila, la coda / (극장 등에서) -을 이루다 fare la coda / -을 지어 行進하다 sfilare in corteo ¶結婚- il corteo nuziale / 葬禮- il corteo funebre

행렬식(行列式)〈數〉il determinante

행방(行方) la direzione da andare*seguire / -이 묘연하다 essere disperso(a) (senza'alcuna traccia) ¶-不明者 il disperso

행복(幸福) la felicità, la buona fortuna / -한 felice, fortunato(a), beato(a) / -하게 felicemente, fortunatamente / -한 사람 il fortunato

행복주의(幸福主義)〈哲〉l'eudemonismo

행사(行使) l'uso, la pratica / -하다 usare, usare di qlco., esercitare, mettere in pratica / 자기의 권리를 -하다 usare*esercitare i propri diritti, usare i propri diritti

행사(行事) la festa, la cerimonia, la funzione ¶年中- le feste*cerimonie svolte regolarmente nell'anno

행상(行商) il venditore ambulante / -하다 fare il venditore ambulante, fare un commercio ambulante di

행선(行先) la destinazione ¶-港 il porto di destinazione

행선지(行先地) la destinazione / -에 도착하다 giungere a destinazione*alla meta

행실(行實) il comportamento 1 나는 그의 행실을 좋아하지 않는다. Il suo comportamento non mi piace.

행운(幸運) la (buona) fortuna*sorte / -의 fortunato(a) /-을 빕니다 Buona fortuna! ¶-兒 l'uomo fortunato, la persona fortunata

행위(行爲) l'atto, l'azione, la condotta, il comportamento

행인(行人) il*la passante, il pedone

행정(行政) l'amministrazione / -上의 amministrativo(a) ¶-官 l'amministratore, l'amministratrice, il funzionario d'amministrazione governativa / -當局 l'amministrazione / -權 il potere amministrativo / 敎育- l'amministrazione educativa / -學 l'amministrazione

행정(行政)〈伊〉Pubblica amministrazione

행정(行程) la distanza (di viaggio), il percorso (d'un giorno)

행정권(行政權) il potere esecutivo

행주 lo strofinaccio / -로 닦다 pulire [pr. -isco] con uno strofinaccio (la tavola)

행진(行進) la marcia / -하다 marciare ¶-曲 la marcia

행진곡(行進曲)〈音〉la marcia ¶결혼- la marcia nuziale

향(向) / -하다 volgersi, voltarsi

향(香) l'incenso

향기(香氣) il profumo, la fragranza, l'olezzo, l'odore gradevole / -로운 fragrante, profumato(a), aromatico(a)

향락(享樂) la mondanità / -的, 의 mondano(a), ter-restre / -적인 삶 la vita mondana

향락주의(享樂主義) il sensualismo

향로(香爐) l'incensiere

향료(香料) l'aroma, la spezia, il profume

향료식물(香料植物)〈植〉aromatica

향상(向上) il progresso, il miglioramento, l'elevazione / 生活水準의 - il miglioramento del tenore di vita / -되다 progredire, migliorare / -시키다 fare progressi, migliorare

향수(鄕愁) la nostalgia / -의 nostalgico(a) /-를 지니다 avere la nostalgia / -를 느끼다 sentire la mancanza di casa

향수(香水)〈化粧品〉il profumo / -뿌리다 profumare, (자기의 신체나 의류에) profumarsi

향유(香油) la pomata

향유(香油)〈音〉l'essenza

향정신약(向精神藥)〈藥〉 un psicotropo
향하다(向-) recarsi, voltarsi
향해(向) a, per, verso; contro / 로마를 -떠나다 partire per Roma / 適을 - 진군하다 marciare contro il nemico / -가다 dirigersi
허가(許可) il permesso, la licenza, la concessione, l'ammissione / -를 얻다 ottenere il permesso*la concessione / -없이 senza permesso / -하다 permettere, ammettere ¶滯留- il permesso di soggiorno
허가서(許可書)〈商〉 la licenza
허기(虛飢) la fame **1** 난 배고프다. Ho fame.
허들〈스포츠〉 l'ostacolo ¶-競技 la corsa con ostacoli
허락(許諾) il permesso / -하다 permettere, consentire
허리〈解〉 la vita / -띠 la cintura
허리케인〈氣〉 l'uragano
허무(虛無) la fugacità / -한 fugace / -한 希望 la speranza fugace
허물 la scoglia, la spoglia
허벅지〈解〉 le cosce, la coscia
허상(虛像) l'immagine virtuale
허수(虛數)〈數〉 il numero immaginario
허식(虛飾) l'ostentazione, la presunzione, la vanità / -이 강한 presunzioso(a), vanitoso(a) / -이 많은*강한 사람 l'uomo vanitoso
허약(虛弱) l'affiochimento / -한 infermo(a)
허영(虛榮) l'ostentazione, la presunzione, la vanità / -的·의 vanitoso(a) / -심이 강한 presunzioso(a), vanitoso(a) / -心이 많은 사람 l'uomo vanitoso
허영심(虛榮心) l'ostentazione, la presunzione, la vanità / -이 강한*많은 presunzioso(a), vanitoso(a) / -이 강한*많은 사람 l'uomo vanitoso
허용(許容) / -하다 comportare
허위(虛僞) la falsità / -의 falso(a), menzognero(a) / ⇒ 거짓말
허위추리(虛僞推理)〈哲〉 il paralogismo
허파(肺)〈體〉 il polmone
허풍쟁이 il ciarlatano
헌금(獻金)〈宗〉 (敎會의) l'elemosina; l'offerta in denaro (al tempio sintoista) / -하다 dare*fare l'elemosina, dare (qlco.) in elemosina
헌금함(獻金函)〈宗〉 il ceppo, la cassetta per elemosine
헌납(獻納) l'offerta; il tributo / -하다 dedicare, donare*offrire*presentare*porgere qlco. a qlcu.
헌법(憲法) la costituzione
헌법재판소(憲法裁判所)〈伊〉 Corte costituzionale [用語] 헌법재판소장관(憲法裁判所長官) Presidente, 헌법재판소판사(憲法裁判所判事) giudici
헌법재판소장관(憲法裁判所長官)〈伊〉 Presidente
헌법재판소판사(憲法裁判所判事)〈伊〉 giudici
헌법적법률(憲法的法律)〈伊〉 la legge costituzionale
헌혈 la donazione del sangue
헐뜯다 biasimare
헐뜯을 만한 biasimevole
험난(險難) / -한 duro(a)
험담(險談) la maldicenza, la calunnia / -하다 sparlare, mormorare [intr. avere, tr.], bisbigliare [intr. avere], dire male di qlcu., calunniare
헛소리 il delirio / (열이 나서) -하다 delirare [intr. avere] (di febbre), essere in delirio
헝가리〈地〉 l'Ungheria / -의, 人 ungherese ¶-語 l'ungherese
헝겊 il pezzo di stoffa
헝클다 (머리카락을) aggrovigliare
헝클어지다 imbrogliarsi, complicarsi, arruffarsi, essere intricato(a), essere complicato(a)
헝클어짐 l'imbroglio (di fili), l'arruffio, il garbuglio
헤겔 철학(-哲學)〈哲〉 l'hegelismo
헤드라이트 (자동차의) i proiettori dell'automobile, il faro, il fanale
헤딩〈蹴〉 il colpo di testa
헤로인〈藥〉 l'eroina
헤르니아 절개술(切開術)〈醫〉 l'erniotomia
헤르츠(周波數)〈物〉 l'hertz
헤르츠파(-波)〈電〉 le onde hertziane
헤모글로빈 l'emoglobina
헤아리다 considerare; contare (su)
헤어 i capelli ¶-드라이어 l'asciugacapelli / -스타일 l'acconciatura (femminile),

헤어지다(離別) lasciarsi, separarsi
헤엄치다(水泳) nuotare
헬레니즘(繪) l'ellenismo
헬륨(Helium)〈化〉 l'elio
헬리콥터 l'elicottero / -가 離陸 (着陸) 하다 decollare (atterrare) un elicottero ¶-離着地 l'eliporto
헬멧 il casco, l'elmo*l'elmetto (da motociclista*da pompiere)
헹구다 risciacquare (i panni lavati), dare una risciacquata (a un fazzoletto lavato); sciacquare; gargarizzare, fare il gargarismo / 입을 - sciacquare la bocca
혀(舌)〈體〉 la lingua / -끝 la punta della lingua / -가 잘 돌지 않다 (發音障碍) essere bleso / -를 내밀다 tirare fuori, mostrare la lingua / -를 차다 schioccare la lingua
혁명(革命) la rivoluzione
혁신(革新) l'innovazione
현(舷) il bordo
현(弦) la corda d'arco ¶-樂器 lo strumento a corda
현(弦)〈數〉 il segmento sferico, la corda
현관 앞의 공간〈建〉 il vestibolo
현관(玄關) l'entrata, l'ingresso; il vestibolo, il portico; la porta d'entrata ¶-門 (건물 따위의) il portone
현금(現金) il contante, il numerario, la cassa / -으로 매입하다 comprare in*per contanti / -을 좋아하는 사람 il calcolatore, l'egoista ¶-支拂 il pagamento in contanti / -販賣 la vendita per contanti / -出納簿 il libro di cassa
현금화(現金化) / -하다〈商〉 realizzare, riscuotere
현기증(眩氣症)〈醫〉 l'aerofobia, il capogiro, la vertigine / -나는 vertiginoso(a)
현대(現代) il tempo presente, l'età moderna / -的·의 moderno(a), odierno(a), contemporaneo(a) ¶-人 i moderni, l'uomo dell'età moderna / -音樂 la musica moderna
현명(賢明) l'intelligenza / -한 intelligente, saggio(a)
현명(賢明)〈宗〉 la prudenza
현무암(玄武巖)〈鑛〉 il basalto
현물(現物) la cosa (vera*reale), la natura ¶-給與 il pagamento in natura
현미(玄米) il riso non brillato
현미경(顯微鏡)〈醫*物〉 il microscopio
현상(現像)〈寫眞〉 lo sviluppo / 필름을 -하다 sviluppare una pellicola
현상(現狀) lo stato attuale (delle cose), la situazione odierna, le attuali circostanze
현상(現象)〈哲〉 il fenomeno
현상금(懸賞金) il premio, la taglia
현상약(現像藥)〈物〉 il rivelatore
현상주의(現象主義)〈哲〉 il fenomenismo
현상학(現象學)〈哲〉 la fenomenologia
현세(現世) questo mondo
현수면(懸垂面)〈數〉 la catenoide
현수선(懸垂線)〈數〉 la catenaria
현수운동(懸垂運動)〈操〉 la sospensione
현실(現實) la realtà, l'attualità / -的·의 reale, attuale / -的으로 in realtà, realmente / -化하다 realizzare ¶-主義者 il*la realista / -主義(寫實主義) il realismo
현악기(絃樂器)〈音〉 lo strumento ad arco
현안(懸案) la questione*il problema pendente
현역(現役) il servizio attivo
현인(賢人) il savio, il sapiente, il saggio
현장(現場) il luogo ¶犯罪- il luogo del delitto
현장(舷牆)〈海〉 la murata
현재(現在) il presente, il momento attuale, 〈文〉 il tempo presente, il presente del verbo / -의 presente, attuale, corrente; odierno(a), contemporaneo(a) **1** 그들은 현재의 생활(삶)에 대해 이야기한다. Parlano della vita attuale. / -에서, 로 per ora, attualmente, al presente, nel tempo presente*odierno ¶-分詞 il participio presente
현저(顯著) / -한 spiccato(a), notevole
현존(現存)〈哲〉 l'esistenza / -의 esistente, (法) vigente / -하다 esistere, vivere
현주소(現住所) il domicilio attuale
현지(現地) il luogo, la località ¶-報道 il rapporto*la relazione sul luogo, (신문, TV의 현지보도) la cronaca*il resoconto locale, il reportage
현창(舷窓)〈海〉 l'oblò
현측(舷側) il fianco (pl. -chi)*il bordo (d'una nave)

현행(現行) vigente; attuale, presente / -犯을 체포하다 cogliere qlcu. in flagrante ¶-法 la legge vigente / -犯罪 il delitto in flagrante

현혹(眩惑) l'abbagliamento, l'abbacinamento / -하다 abbagliare, abbacinare; affascinare

현황(現況) l'attuale*la presente situazione, gli attuali circostanze

혈관(血管) il vaso sanguigno, la vena

혈기(血氣) il vigore / -없는 sbiancato(a), pallido(a) / - 왕성한 sanguigno(a); passiona-to(a), ardente, sveglio(a)

혈뇨(血尿)<醫> l'ematuria

혈석(血石)<鑛> l'eliotropio

혈안(血眼) gli occhi arrossati*infiammati / -이 되어 (열광적으로) freneticamente, accanitamente

혈압(血壓) la pressione

혈압계(血壓計)<醫> lo sfigmomanometro

혈액(血液) il sangue

혈액형(血液型) il gruppo sanguigno

혈연(血緣) il legame del sangue, i vincoli di sangue; (血緣關係) la parentela

혈우병(血友病)<醫> l'emofilia

혐의(嫌疑) il sospetto

혈장(血漿) la plasma sanguigna

혈전성정맥염(血栓性靜脈炎)<醫> la tromboflebite

혈족(血族) la parentela, <生> la consanguineità

혈청(血淸)<藥> il siero

혈통(血統) il lignaggio, la discendenza

혐기성미생물(嫌氣性微生物)<生> l'anaerobio

혐오(嫌惡) l'avversione, la ripugnanza / -할만한 abominevole, detestabile / -하는 odioso(a)

협곡(峽谷)<地> la forra, la gola

협공(挾攻) l'attacco dai due lati / -하다 attaccare (i nemici) dai due lati

협동(協同) la cooperazione / -하다 cooperare

협력(協力) la collaborazione, la cooperazione / -하다 collaborare con qlcu. ¶-者 il collaboratore, la collaboratrice

협박(脅迫) la minaccia, l'intimidazione / -하다 intimidire [pr. -isco] (con minacce)

협상(協商) il negoziato ¶-테이블 la tavola rotonda

협소(狹小) / -하게 하다 rendere stretto / -해지다 diventare stretto / -한 stretto(a) / -하게 strettamente

협심증(狹心症)<醫> la stenocardia

협온성(狹溫性)<生> lo stenotermo

협의(協議) la conferenza / -하다 fare un patto

협잡(挾雜) / -하다 fare la gattamorta ¶-꾼 la gattamorta

협조(協助) l'affiatamento

협주곡(協奏曲)<音> il concerto

협주곡의 카덴차(協奏曲-)<音> la cadenza

협회(協會) l'associazione

형(形) la figura

형(兄)<族> il fratello, il fratello maggiore tra maschi

형광표식(螢光標識) il catarifrangente

형무소(刑務所) la prigione

형벌(刑罰) la condanna

형사(刑事) l'agente di polizia

형사국(刑事局)<伊> affari penali

형사부(刑事部)<伊> sezioni penali

형사상의(刑事上-) penale

형상(形象) la figura

형상(形相)<哲> la forma

형석(螢石)<鑛> la fluorite

형성하다(形成-) formare

형수(兄嫂) la cognata

형식(形式) la forma, la formula, la formalità / -的 formale

형용사(形容詞)<文> l'aggettivo

형을 만들다(型-)<彫> modellare

형이상학(形而上學)<哲> la metafisica

형제(兄弟)<族> i fratelli ¶-愛 l'affetto fraterno

형태(形態) la forma

형태론(形態論)<言> la morfologia / -的 morfologico(a)

형태소(形態素)<言> il morfema

형편 la condizione, la circostanza

혜성(彗星)<天> la cometa / -처럼 come una cometa / -의 꼬리 la coda*la striscia della cometa

혜택(惠澤) il beneficio

호(號) (番號) il numero; (筆名) il nome letterario*d'arte **1** 18號室 la camera n. (= numero) 18 (diciotto)

호(戶) una casa / 24- ventiquattro case

호(弧)〈幾〉 l'arco
호(弧)〈數〉 l'arco
호각(號角) il fischietto (del conduttore*dell'arbitro)
호각지세(互角之勢) a parità di (forza), ugualmente / -의 uguale / -의 相對 il buon competitore*rivale
호감(好感) la buona impressione, la simpatia / -갖다 avere*provare la simpatia per qlcu. / -주다 impressionare favorevolmente / -가는, 있는 simpati-co(a), simpatico(a), diletto(a), preferi-to(a)
호걸(豪傑) l'eroe
호기(好機) l'occasione favorevole, l'opportunità, la buon'occasione / -를 잡다 approfittare dell'occasione, cogliere l'occasione / -를 놓치다 lasciarsi sfuggire*perdere un'occasione / -를 노리다 spiare*aspettare il momento favorevole
호기성미생물(好氣性微生物)〈生〉 l'aerobio
호기심(好奇心) la curiosità / -에 불타다 ardere di curiosità / -을 자극하다 eccitare la curiosità / - 때문에 per curiosità / -으로 바라보다 guardare qlco. con curiosità / - 강한 curioso(a)
호도(弧度)〈數〉 il radiante
호두〈植〉 il noce, (열매) la noce
호두까기 lo schiaccianoci
호랑이(虎)〈動〉 la tigre
호령(號令) il comando / -하다 dare un comando, comandare
호루라기 불다 fischiare
호르몬〈藥*生〉 l'ormone
호른〈音〉 il corno, la cornetta, (트럼펫) la trombetta, (트롬본) il trombone / -불다 suonare la cornetta ¶- 演奏者 il*la cornettista
호밀〈植〉 la segala, la segale → 라이보리
호박(琥珀)〈鑛〉 l'ambra ¶-色 ambra
호박〈植〉 lo zucchino, la zucca
호반(湖畔) la sponda*la riva del lago
호별(戶別) / -로 di casa in casa, di porta in porta ¶-訪問 la visita di porta in porta
호사(豪奢) la fastosità / -한 fastoso (a) / -하게 fastosamente
호색(好色) la lussuria, la sensualità; la lascivia / -의 lussurioso(a), libidinoso (a) ¶-漢 l'uomo lascivo
호선(互選) l'elezione (tra i membri) **1** 부장들 가운데서 새로운 사장이 호선되었다. Il nuovo presidente è stato eletto tra i direttori.
호송(護送) la scorta / -하다 scortare, convogliare ¶-船團 il convoglio
호수(湖水)〈地〉 il lago ¶-가 le sponde di un lago
호스 il tubo flessibile per l'acqua, il tubetto di gomma, il tubo di gomma
호외(號外) il numero unico, l'edizione straordinaria (d'un giornale)
호우(豪雨) l'acquazzone, il diluvio, la pioggia dirotta*torrenziale, il nubifragio / 천둥과 번개를 동반한 - il temporale, l'acquazzone con tuoni e fulmini ¶여름- nubifragi estivi
호우(豪雨)〈氣〉 il rovescio, il nubifragio
호위(護衛) la guardia, la scorta / -하다 fare la guardia a qlcu., scortare
호응(呼應) / -하다 agire all'unisono*d'accordo con qlcu.
호의(好意) la gentilezza, il favore, la bontà, la benevolenza, la simpatia **1** 난 호의(도움)가 필요하다. Ho bisogno di un favore. / -를 베풀다 fare un favore / -的 favorevole, benevolo(a), simpatico(a) / -的으로 favorevolmente, benevolmente
호적(好適) / -의 adatto(a), adeguato(a); conveniente, appropriato(a)
호적(戶籍) il registro anagrafico, lo stato civile / -에 등재시키다 fare inserire qlcu. nel proprio registro anagrafico / -上의 anagrafico(a) ¶-內容 i dati anagrafici / - 抄本 (謄本) l'estratto (la copia) del registro dello stato civile / -簿 il registro anagrafico
호적등본(戶籍謄本) la copia del registro anagrafico
호전(好轉) il miglioramento / -되다 migliorare, diventare migliore, (환자의 병이) ristabilirsi in salute
호전적(好戰的) bellicoso(a)
호조(好調) le buone condizioni; lo stato favorevole di cose / -의 buono(a); favorevole
호족(豪族) il magnate, la famiglia

호주 potente
호주(戶主) il capo famiglia
호주〈地〉 l'Australia / -人, -의 australiano(a) **1** 강의실에 몇몇 호주 학생들이 있다. Nell'aula ci sono degli studenti australiani.
호주머니 la tasca
호출(呼出) la chiamata, (전화의) la chiamata telefonica, (법정의) la chiamata in causa*giudizio, (경찰의) la chiamata alla polizia / -하다 chiamare qlcu. per nome*per lettera*al telefono
호텔 l'albergo, l'hotel. c.f. la pensione (등급이 낮은 호텔)
호투(好投) il bel lancio (di palla) / -하다 lanciare*gettare bene una palla
호평(好評) la popolarità, la buona reputazione, il buon successo / -을 받다 ottenere una gran popolarità*una buona reputazione, attirarsi la lode della gente
호프(希望) la speranza
호프〈植〉 il luppolo
호화(豪華) il lusso, la pompa, la magnificenza, lo splendore; (浪費) la prodigalità / -스런, 豪운 lussuoso(a), pomposo(a), splendido(a), magnifico(a), festoso(a), brillante / -스런 물건 l'oggetto*l'articolo di lusso / -스럽게 lussosamente / -스럽게 살다 vivere [intr. essere] nel lusso ¶-版 l'edizione di lusso
호화찬란(豪華燦爛) la fastosità / -한 fastoso(a) / -하게 fastosamente
호황(好況) la prosperità, l'attività / -의 prospero(a), attivo(a)
호황(好況)〈經〉 il boom
호흡(呼吸) la respirazione, il respiro, il fiato / -하다 respirare, emettere un respiro / -이 곤란한 soffocante ¶人工- la respirazione artificiale / -器 l'apparato respiratorio
호흡(呼吸)〈泳〉 la respirazione
호흡곤란(呼吸困難)〈醫〉 l'affanno, la dispnea
호흡기(呼吸器) l'apparato respiratorio [用語] 기관(氣管) la trachea, 기관지 (氣管支) i bronchi, 비강(鼻腔) la cavità nasale, 인두(咽頭) la faringe, 폐(肺) i polmoni, 후두(喉頭) la laringe, 혹〈醫〉 il bernoccolo

혹사(酷使) / -시키다 strapazzare, fare lavorare qlcu. soverchiamente
혹성(惑星)〈天〉 l'astro errante, il pianeta
혹은 o, oppure
혹평(酷評) la critica severa; il biasimo / -하다 criticare severamente; biasimare
혹한(酷寒) il freddo rigido, un freddo cane
혼(魂) l'anima, lo spirito / -이 빠지다 incantare
혼거(混居) / -하다 coabitare [intr. avere], vivere insieme nella stessa casa
혼기(婚期) (여성의) l'età nubile*da marito
혼돈(混沌) il caos / -스런 caotico(a), confuso(a)
혼동(混同) la confusione, il disordine / -하다 confondere (una persona*una cosa con l'altra); equivocare [intr. avere] (sul significato) / -시키다 confondere (le idee a qlcu.)
혼란(混亂) il disordine, l'abbaruffio, la confusione, il turbamento / -하다 essere in confusione; sorgere una discordia, turbarsi per qlco., sconcertarsi, confondersi / -시키다 confondere (le idee a qlcu.), abbaruffare, turbare / -한 caotico(a) / -된, 스러운 disordinato(a), turbato(a), confuso(a)
혼례(婚禮) la nozze
혼선(混線) la confusione della comunicazione telefonica / -되다 essere confusa la comunicazione telefonica
혼수(昏睡)〈醫〉 il coma, il letargo / -상태에 빠지다 entrare in coma, cadere in letargo
혼수상태(昏睡狀態)〈醫〉 il coma, la trance, lo stato letargico
혼숙(混宿) / -하다 coabitare [intr. avere], vivere insieme nella stessa casa
혼신(魂神) / -의 힘으로 con tutta l'anima
혼신(混信)〈電〉 l'interferenza
혼약(婚約) il contratto (la promessa) di matrimonio
혼인(婚姻) il matrimonio, le nozze / -의 matrimoniale, nuziale ¶-登錄(申告) la registrazione di matrimonio
혼자(孤) da solo(a) **1** 난 혼자 가겠다.

Vengo da solo.
혼잡(混雜) l'affollamento (in confusione), la confusione **1** 커다란 혼잡이 있을 것이다. Ci sarà un grande affollamento. / -하다 affollarsi*gremirsi (in confusione) / -한 confuso(a)
혼합(混合) la mescolanza, la miscela, la miscellanea, l'amalgama, l'amalgamazione / -하다 mescolare (con un'altra), miscelare, amalgamarsi / -시키다 amalgamare ¶-物 il misto, la miscela, la mescolanza; il miscuglio
혼합물(混合物)〈藥〉 la mistura
혼합물(混合物)〈化〉 la miscela
혼합복식(混合複式)〈테니스〉 il doppio misto
혼합식(混合式) / -의 〈建〉 composito(a)
혼혈(混血) la razza mista ¶-兒 il mezzosangue, il meticcio, la meticcia
홀(hall) (劇場의) la sala, il salone
홀수〈數〉 i (numeri) dispari
홀짝홀짝 마시다 sorbire [pr. -isco], sorseggiare
홈(home) la casa; la famiglia; (驛) la banchina, il marciapiede
홈식크(鄕愁) la nostalgia / -의 nostalgico(a) / -(鄕愁)를 느끼다 avere la nostalgia, sentire la mancanza di casa
홍보(弘報) la propaganda, la pubblicità
홍보국(弘報局)〈伊〉 l'ufficio stampa
홍보팜플릿〈商〉 il depliant
홍수(洪水)〈氣〉 l'allagamento, l'inondazione, il diluvio, l'alluvione / -나다 essere inondato, inondare, essere invaso dall'inondazione
홍역(紅疫)〈醫〉 il morbillo, la roseola
홍엽(紅葉) le foglie rosseggiate in autunno
홍옥(紅玉)〈鑛〉 il balascio
홍옥수(紅玉髓)〈鑛〉 la corniola
홍진(紅疹)〈醫〉 la roseola
홍차(紅茶) il tè
홍채(虹彩)〈解〉 l'iride
홍합〈魚〉 la cozza
홍해(紅海)〈地〉 Mar Rosso
화(憤怒) l'ira, la rabbia; la sfortuna / -가 나다 arrabbiarsi **1** 스테피가 왜 화났니? Perché Stefi si è arrabbiata? / -가 난 arrabbiato(a) / -를 잘 내는 iracondo(a), irascibile, collerico(a) / -를 잘 냄 l'irascibilità
화(花) il fiore
화(火) il fuoco, (등불) il lume, (火炎) la fiamma / -消-하다 spegnere il fuoco
화가(畫家)〈繪〉 il pittore, la pittrice
화가(畫架)〈繪〉 il cavalletto (per la tela)
화강암(花崗巖)〈鑛〉 il granito
화관(花冠) la corona di fiori, la ghirlanda
화구(畫具)〈繪〉 i colori
화근(禍根) il cancro (della società)
화나게 하다(怒) irritare, fare arrabbiare qlcu., farlo andare in collera, provocare, offendere
화나다(怒) irritarsi (con qlcu. * per qlco.), impazientire [intr. essere, pr. -isco] (per*a), diventare impaziente, perdere la calma, essere irritato(a) / 화나게 하는 irritante, impaziente
화난 arrabbiato(a)
화내다 arrabbiarsi
화낼만한(怒) irritabile, eccitabile, collerico(a), bilioso(a)
화농(化膿)〈醫〉 la suppurazione
화단(畫壇) il mondo artistico, il campo dei pittori
화단(花壇) l'aiola, l'aiuola **1** 화단을 밟지 맙시다! E' vietato calpestare le aiole!
화덕 il fornello
화랑(畫廊) la galleria d'arte
화려(華麗) lo splendore / -한 splendido(a), splendente, pomposo(a) / -하게 splendida-mente, pomposamente
화력발전소(火力發電所)〈電〉 la centrale termoelettrica
화륜(花輪) (꽃마차) la ghirlanda, (弔意의) la corona (funebre)
화면(畫面) (영화, TV의) lo schermo **1** 화면에 광고가 나온다. Sullo schermo c'è una pubblicità.
화면의 일부를 밝은 색으로 하다〈繪〉 lumeggiare
화물(貨物)〈商〉 la merce, il carico / -을 하역하다 scaricare ¶-汽車 il treno merci / -선 la nave da carico / -차 l'autocarro, il camion
화물수송(貨物輸送)〈商〉 il nolo
화물실(貨物室)〈空〉 la stiva
화법(話法) il discorso ¶直(間)接- il discorso diretto (indiretto)
화법기하학(畫法幾何學)〈數〉 la geo-

화병(花瓶) il vaso (da fiore)
화분(花盆) il vaso da pianta*fiori
화산(火山) il vulcano
화산자갈(火山-)〈鑛〉il lapillo
화살 la freccia **1** 세월이 화살처럼 지나간다. Il tempo corre come una freccia. / 사랑의 - la freccia d'amore / -를 쏘다 frecciare*scagliare una freccia
화살표 la freccia
화상(火傷) la scottatura / -입다 scottarsi
화성(和聲)〈音〉l'armonia
화성(火星)〈天〉Marte
화성암(火成巖)〈鑛〉la roccia ignea
화성학(和聲學)〈音〉l'armonia
화약(火藥) la polvere ¶-庫, 工場 la polveriera
화염(火焰) la fiamma
화요일(火曜日) il martedì
화원(花園) il giardino di fiori
화음(和音)〈音〉l'accordo
화이트 하우스(白堊館) Casa Bianca
화장(火葬) / -하다 bruciare un cadavere, cremare ¶-터*場 il crematorio
화장(化粧) il trucco, la truccatura / 두꺼운 - il trucco pesante / -하다 darsi*farsi il trucco, truccarsi **1** 흔히 난 화장을 약간만 한다. Di solito mi trucco un po'. / -을 지우다 togliersi il trucco ¶-品 i cosmetici, il trucco
화장실(化粧室) il bagno, la toilette, la toletta, il gabinetto (di decenza) **1** 죄송하지만, 화장실이 어디 있는지 제게 가르쳐 주시겠어요? Per favore, mi indica dov'è la toilette? **2** 루이사가 화장실을 사용하고 있다. Luisa sta facendo toilette.
화장지(化粧紙) la carta igienica, il fazzoletto di carta
화장품(化粧品) il cosmetico, il trucco
화장품점 la profumeria
화재(火災) l'incendio / 큰 - il grande incendio / -로 손실을 입다 subire [tr. pr. -isco] le perdite d'un incendio / -가 나다 incendiarsi ¶-保險 l'assicurazione contro gli incendi / -痕迹 le rovine dell'incendio / -犧牲 le vittime dell'incendio
화제(話題) l'argomento*il soggetto*il tema (della conversazione), l'argomentazione / -를 바꾸다 cambiare l'argomento
화주(貨主) il proprietario di merci (da spedire), (發送人) il mittente*lo speditore di merci
화차(貨車) il vagone
화초(花草) il fiore, la pianta che fiorisce
화평(和平) la pace
화폐(貨幣) la valuta, la moneta corrente / -의 monetario(a) **1** 화폐단위는 리라이며 원과 동등하다. L'unità monetaria è la lira, equivalente a Won. ¶이탈리아-單位 l'unità monetaria italiana / 外國- la moneta*la valuta estera
화폐(貨幣)〈經〉la moneta
화폐의 불태환성(貨幣의 不兌換性)〈經〉l'inconvertibilità
화폐의 태환성(貨幣의 兌換性)〈經〉la convertibilità
화폐의 퇴장(貨幣의 退藏)〈經〉il tesoreggiamento
화필(畫筆)〈繪〉il pennello / -로 그리다 pennelleggiare
화학(化學) la chimica / -的 chimico(a) ¶纖維 le fibre chimiche / 應用- la chimica applicata / 有機- la chimica organica / 無機- la chimica inorganica / 工業- la chimica industriale / -者 il chimico / -實驗室 il laboratorio chimico / -現狀 i fenomeni chimici / -式 la formula chimica / -研究 gli studi chimici / -肥料 i concimi chimici / -戰爭 la guerra chimica / -製品 i prodotti chimici [用語] 연금술(鍊金術) l'alchimia, 생화학(生化學) la biochimica, 전기화학(電氣化學) l'elettrochimica, 광화학(光化學) la fotochimica, 지구화학(地球化學) la geochimica, 화학양론(化學量論) la stechiometria, 입체화학(立體化學) la stereochimica, 열화학(熱化學) la termochimica, 농업화학(農業化學) la chimica agraria, 분석화학(分析化學) la chimica analitica, 응용화학(應用化學) la chimica applicata, 식품화학(食品化學) la chimica bromatologica, 제약화학(製藥化學) la chimica farmaceutica, 물리화학(物理化學) la chimica fisica, 생리화학(生理化學) la chimica fisiologica, 일반화학(一般化學) la

chimica generale, 공업화학(工業化學) la chimica industriale, 무기화학(無機化學) la chimica inorganica, 유기화학(有機化學) la chimica organica, 상품화학(商品化學) la chimica merceologica, 순정화학(純正化學) la chimica pura, 합성화학(合成化學) la chimica sintetica, 구조화학(構造化學) la chimica strutturistica, 이론화학(理論化學) la chimica teorica, 핵화학(核化學) la chimica nucleare; 〈**物質과 性質 Corpi e proprietà**〉 산(酸) l'acido, 기체상물질(氣體狀物質) l'aeriforme, 무수물(無水物) l'anidride, 원자(原子) l'atomo, 콜로이드 il colloide, 화합물(化合物) il composto, 농도(濃度) la concentrazione, 물질(物質) il corpo, 분산(分散) la dispersione, 원소(元素) l'elemento, 전해질(電解質) l'elettrolito, 전해액(電解液) l'elettrolito, 전자(電子) l'elettrone, 유체(流體) il fluido, 화학식(化學式) la formula, 기체(氣體) il gas, 지시약(指示藥) l'indicatore, 이온 l'ione, 이성체(異性體) l'isomero, 동위체(同位體) l'isotopo, 액체(液體) il liquido, 고분자(高分子) la macromolecola, 재료(材料) la materia, 유기금속화합물(有機金屬化合物) il metallorganico, 광물(鑛物) il minerale, 혼합물(混合物) la miscela, 분자(分子) la molecola, 중합체(重合體) il polimero, 침전(沈澱) il precipitato, 반응물(反應物) il reagente, 시약(試藥) il reattivo, 화학기호(化學記號) il simbolo, 고체(固體) il solido, 용액(溶液) la soluzione, 용제(溶劑) il solvente, 물체(物體) la sostanza, 종(種) la specie, 원자가(原子價) la valenza, 산성도(酸性度) l'acidità, 친화력(親和力) l'affinità, 동소체(同素體) l'allotropia, 응집(凝集) la coesione, 용해도(溶解度) la solubilità, 부식(腐食) il corrosivo, 조해(潮解) la deliquescenza, 흡열(吸熱) endotermico(a), 발열(發熱) esotermico(a), 불포화(不飽和) insaturo(a), 중성(中性) neutro(a), 산화제(酸化劑) l'ossidante, 환원제(還元劑) il riducente, 포화(飽和) saturo(a); 〈**무기화학(無機化學) Chimica inorganica**〉 원소(元素) gli elementi, 금속(金屬) il metallo, 메탈로이드(非金屬) il metalloide, 비금속(非金屬) il metalloide, 알루미늄 l'alluminio, 은(銀) l'argento, 비소(砒素) l'arsenico, 붕소(硼素) il boro, 탄소(炭素) il carbonio, 크롬 il cromo, 철(鐵) il ferro, 불소(弗素) il fluoro, 인(燐) il fosforo, 수소(水素) l'idrogeno, 요드 lo iodio, 마그네슘 il magnesio, 망간 il manganese, 수은(水銀) il mercurio, 네온 il neon, 니켈 il nichel, 금(金) l'oro, 산소(酸素) l'ossigeno, 납 il piombo, 백금(白金) il platino, 동(銅) il rame, 구리(銅) il rame, 우라늄 l'uranio, 아연(亞鉛) lo zinco, 유황(硫黃) lo zolfo, 질소(窒素) l'azoto, 바륨 il bario, 창연(蒼鉛) il bismuto, 칼슘 il calcio, 염소(鹽素) il cloro, 코발트 il cobalto, 중수소(重水素) il deuterio, 나트륨 il sodio, 팔라듐 il palladio, 칼륨 il potassio, 라듐 il radio, 규소(硅素) il silicio, il silicone, 소듐 il sodio, 주석(朱錫) lo stagno, 화합물(化合物) i composti, 수(水) l'acqua, 알칼리 l'alcali, 명반(明礬) l'allume, 할로겐(硼砂) l'alogeno, 할로겐화합물(-化合物) l'alogenuro, 아말감 l'amalgama, 암모니아 l'ammoniaca, 암모늄 l'ammonio, 비산염(砒酸鹽) l'arseniato, 금화합물(金化合物) l'aurico, 중탄산염(重炭酸鹽) il bicarbonato, 붕사(硼砂) il borace, 붕산염(硼酸鹽) il borato, 붕소화합물(硼素化合物) il borico, 석회암(石灰巖) il calcare, 석회(石灰) la calce, 도자기흙 il caolino, 탄산염(炭酸鹽) il carbonato, 염소산염(鹽素酸鹽) il clorato, 염산염(鹽酸鹽) il cloridrato, 염화수소(鹽化水素) il cloridrico, 염화물(鹽化物) il cloruro, 점토(粘土) la creta, 크롬산염(-酸塩) il cromato, 다이아몬드 il diamante, 인산염(燐酸鹽) il fosfato, 흑연(黑鉛) la grafite, 수소산(水素酸) l'idracido, 수산화물(水酸化物) l'idrossido, 옥화물(沃化物) lo ioduro, 합금(合金) la lega, 광물(鑛物) il minerale, 산화물(酸化物) l'ossido, 오존 l'ozono, 과산화물(過酸化物) il perossido, 규석(硅石) la silice; 〈**유기화학(有機化學) Chimica organica**〉 초산염(醋酸鹽) l'acetato, 아세틸렌 l'acetilene, 아세톤 l'acetone, 알부민 l'albumina, 알

칼로이드 l'alcaloide, 알코올 l'alcole, l'acool, 알데히드 l'aldeide, 전분(澱粉) l'amico, 아미노산 l'amminoacido, 아닐린 l'anilina, 카세인 la caseina, 셀룰로오스 la cellulosa, 섬유소(纖維素) la cellulosa, 밀랍(蜜蠟) la cera, 케라틴 la cheratina, 케톤 il chetone, 키틴질 la chitina, 클로로포름 il cloroformio, 포도당(葡萄糖) il destrosio, 이당류(二糖類) il disaccaride, 효소(酵素) l'enzima, 에스텔 l'estere, 메탄 l'etano, 에텔 l'etere, 에틸렌 l'etilene, 페놀 il fenolo, 과당(果糖) il fruttosio, 글리세린 la glicerina, 당질(糖質) il glucide, 탄수화물(炭水化物) il glucide, 지방(脂肪) il grasso, 탄화수소(炭化水素) l'idrocarburo, 유당(乳糖) il lattosio, 지질(脂質) la lipide, 메탄 il metano, 천연가스(天然-) il metano, 나프탈렌 la naftalina, 올레핀 l'olefina, 파라핀 la paraffina, 펩타이드 il peptide, 단백질(蛋白質) la proteina, 당류(糖類) il saccaride, 스테롤 lo sterolo, 자당(蔗糖) il saccarosio, 리트머스 액 tornasole, 당(糖) lo zucchero; 〈조작(操作)과 과정(過程) Operazioni e processi〉 산성화(酸性化) l'acidificazione, 변질(變質) l'alterazione, 융합(融合) l'amalgamazione, 분석(分析) l'analisi, 흡수(吸收) l'assorbimento, 촉매작용(觸媒作用) la catalisi, 응결(凝結) la coagulazione, 화합(化合) la combinazione, 연소(燃燒) la combustione, 농축(濃縮) la concentrazione, 부식(腐食) la corrosione, 결정화(結晶化) la cristallizzazione, 분해(分解) la decomposizione, 정제(精製) la depurazione, 투석(透析) la dialisi, 희석(稀釋) la diluizione, 탈수(脫水) la disidratazione, 분산(分散) la dispersione, 분리(分離) la dissociazione, 증류(蒸溜) la distillazione, 비등(沸騰) l'ebollizione, 증발(蒸發) l'evaporazione, 여과(濾過) la filtrazione, 융해(融解) la fusione, 가수분해(加水分解) la idrolisi, 전리(電離) l'ionizzazione, 액화(液化) la liquefazione, 침출(浸出) la lisciviazione, 미량분석(微量分析) la microanalisi, 침투(浸透) l'osmosi, 산화(酸化) l'ossidazione, 열분해(熱分解) la piroscissione, 침전(沈澱) la precipi-tazione, 정제(精製) la purificazione, 반응(反應) la reazione, 환원(還元) la riduzione, 시험(試驗) il saggio, 염화(鹽化) la salificazione, 포화(飽和) la saturazione, 교환(交換) lo scambio, 합성(合成) la sintesi, 응고(凝固) la solidificazione, 승화(昇華) la sublimazione, 적정(適定) la titolazione, 조색(調色) il viraggio, 측용법(測容法) la volumetria; 〈장치(裝置) Apparecchi〉 증류기(蒸溜器) l'alambicco, 내압가마(耐壓-) l'autoclave, 증발접시(蒸發-) la bacinella, 증기가마(蒸氣-) il bagnomaria, 비이커 la beuta, 저울 la bilancia, 뷰렛트 la buretta, 캡슐 la capsula, 실린더 il cilindro, 원심기(遠心機) la centrifuga, 도가니 il crogiolo, 비중계(比重計) il densimetro, 투석기(透析機) il dializzatore, 건조기(乾燥機) l'essiccatore, 여과기(濾過器) il filtro, 깔때기 l'imbuto, 유발(乳鉢) il mortaio, 편광계(偏光計) il polarimetro, 시험관(試驗管) la provetta, 굴절계(屈折計) il rifrattometro, 주걱 la spatola, 레토루트 증류기(-蒸溜器) la storta

화학기호(化學記號)〈化〉 il simbolo

회학식(化學式)〈化〉 la formula

화학양론(化學量論)〈化〉 la stechiometria

화학요법(化學療法)〈藥〉 la chemioterapia

화합(和合) la concordia, la pace / (모든 사람들과) -하며 살다 vivere [intr. essere] in concordia (con tutti) / -하며 in concordia*armonia*pace / -되지 않는 discorde, discordia

화합(化合)〈化〉 la combinazione

화합물(化合物)〈化〉 i composti, il composto

화해(和解) la conciliazione, la riconciliazione / -하다 conciliarsi, riconciliarsi, riconciliarsi con qlcu.; fare la pace con qlcu. / -시키다 pacificare (qlcu. con l'altro)

확대(擴大) l'ingrandimento / -하다 ingrandire ¶-鏡 la lente d'ingrandimento

확률(確率)〈數〉 la probabilità / 100분의 1의 -을 지니다 avere una probabilità su cento

확립(確立) / -하다 stabilire, costruire, creare

확산(擴散)〈物〉 / -하다 diffondersi ¶-作用 la diffusione

확성기(擴聲器) l'altoparlante, il megafono
확신(確信) la convinzione, la certezza / -하다 convin-cere, essere sicuro che, scommetere che / -하는 convinto(a) / -없이 senza convinzione*opinione ferma / -없는 incerto(a) / -있는 convinto(a)
확실(確實) / -한 sicuro(a), autentico(a), certo(a) **1** 그런데 아직은 확실치 않다. Ma non è ancora sicuro. / -히, 하게 sicuramente, certamente, autenticamente, di certo, senza fallo ¶-性 l'autenticità, la certezza
확실성(確實性)〈哲〉la certezza
확언(確言) l'affermativa / -하다 affermare 〈-〉 negare, essere convinto(a)*sicuro(a) **1** 그는 그를 보았다고 확언한다. Afferma di averlo visto.
확인(確認) la conferma, la confermazione, l'identificazione, l'accertamento / -하다 confermare, accertare, identificare, verificare, riconoscere qlco. come il vero **1** 어느 한 연구가 채식주의자들의 장수를 확인해 준다. Uno studio conferma la longevità dei vegetariani. / (身元이) -되다 essere identificato(a), accertarsi di
확 장(擴 張) l'allargamento / -하 다 allargare ¶橋梁- l'allargamento del ponte
확장기(擴張器)〈醫〉il dilatatore
확정적인(確定的) definitivo(a)
확증(確證) / -하다 confermare **1** 어느 한 연구가 채식주의자들의 장수를 확증해 준다. Uno studio conferma la longevità dei vegetariani.
환각(幻覺)〈醫〉l'allucinazione / -으로 괴로워하다 soffrire di allucinazione
환경(環境)〈生〉l'ambiente
환기(換氣) la ventilazione / -하다 ventilare ¶-裝置 il ventilatore
환대(歡待) / -하다
환대(歡待) la buona*bella accoglienza; il buon trattamento; l'ospitalità / -하다 accogliere caldamente; trattare qlcu. con familiarità*cortesia, ospitare cordialmente qlcu., fare un buon trattamento, trattenere, intrattenere / -받다 essere ospitato(a), essere ricevuto(a)*accolto(a) con cordialità / -하는 ospitale
환등기(幻燈機) il proiettore
환멸(幻滅) la disillusione, il disinganno / -을 느끼다 sentire un amaro disinganno
환목선(丸木船)〈海〉la piroga
환불(還拂) il rimborso / 비용을 -받기 원하다 chiedere il rimborso delle spese / -하다 rimborsare (il prezzo del biglietto), restituire [pr. -isco] una parte della somma già ricevuta
환상(幻想) la visione, l'illusione, la fantasia / -的 fantastico(a), capriccioso(a) / -的인 그림들 i dipinti fantastici
환상곡(幻想曲)〈音〉la fantasia
환송(歡送) l'accompagnamento (alla porta); il saluto alla partenza / 친구를 -하러 공항에 가다 andare all'aeroporto a salutare un amico / -하다 accompagnare (il visitatore) alla porta; salutare qlcu. alla partenza ¶-人 la persona che saluta qlcu. (alla partenza)
환승(換乘) il trasbordo / -하다 trasbordare [intr. essere] in*su; cambiare treno*nave, ecc. ¶-驛 la stazione di trasbordo
환시세(換時勢) il cambio
환약(丸藥)〈藥〉il bolo, la pillola
환약제조기(丸藥製造器)〈藥〉il pilloliere
환영(幻影) l'illusione, la visione, l'immagine; la fantasia / -의 fantastico(a)
환영(歡迎) la buon'accoglienza, il buon trattamento / -하다 fare una buon'accoglienza, fare un buon trattamento, intrattenere*accogliere bene; ospitare / -받다 essere accolto(a) bene / -하는 gradito(a) ¶- 訪問 la visita gradita / -회 il ricevimento
환원(還元)〈化〉la riduzione
환원제(還元劑)〈化〉il riducente
환율(換率) la quotazione, il corso del cambio, il cambio **1** 죄송합니다만 오늘 달러 환율이 어떤가요? 1,660 리라입니다. Scusi, qual è il corso del dollaro, oggi? 1660 lire.
환자(患者) il malato, la malata, il*la paziente
환전(換錢) il cambio / -하다 cambiare una moneta con l'altra

환초(環礁)〈地〉 l'atollo
환타지아〈音〉 la fantasia
환풍기(還風機) il ventilatore
환형(幻影) l'immagine
활(弓) l'arco / -을 당기다 arcuare, tendere l'arco / -모양 la forma d'arco / - 처럼 휜*구부러진 arcuato (a) / -과 화살 l'arco e la freccia
활기(活氣) / -찬 vigoroso(a) / -없는 abbattuto(a); fiacco(a) / -있는 pieno (a) di vita, vitale
활동(活動) l'attività / -的 attivo(a), dinamico(a); alacre, sollecito(a) / -的 인 비서 una segretaria alacre
활동가(活動家)〈政〉(주로 공산당의) l'attivista
활동사진(活動寫眞)〈映〉 il cinetoscopio
활동주의(活動主義)〈哲〉 l'attivismo
활력(活力) l'energia, il vigore, la vitalità / -的 energico(a), vigoroso (a) / -있게 energicamente
활력(活力)〈哲〉 l'entelechia
활로(活路) la via di scampo
활발(活潑) l'alacrità / -한 vivace, attivo(a), alacre, svelto(a), sollecito(a) 〈-〉 indolente, brioso(a) / -한 비서 una segretaria alacre / -하게 sveltamente
활용(活用) l'applicazione / -하다 applicare, utilizzare
활자(活字) il tipo
활주로(滑走路)〈空〉 la pista di volo
활주로등(滑走路燈)〈空〉 le lampade di limitazione pista
활짝열리다 spalancarsi
황궁(皇宮) il palazzo imperiale
황금(黃金) l'oro (giallo) / -의 d'oro, aureo(a) ¶-時代 il periodo aureo, il secolo d'oro
황달(黃疸)〈醫〉 l'ittero, l'itterizia / -의 itterico(a) ¶-患者 l'itterico
황당한 assurdo(a)
황도(黃道)〈天〉 l'eclittica
황도광(黃道光)〈天〉 la luce zodiacale
황동광(黃銅鑛)〈鑛〉 la calcopirite
황량(荒涼) / -한 deserto(a), desolato (a), squallido(a)
황무지(荒蕪地) il terreno incolto, il terreno sterile, il deserto
황산(黃酸)〈化〉 il solfato ¶-칼슘 il solfato di calcio / -마그네슘 il solfato di magnesio / -銅 il solfato di rame / -鐵 il solfato ferroso
황새〈鳥〉 la cicogna
황소〈動〉 il toro, il bue
황실(皇室) la casa imperiale
황야(荒野) il deserto, il luogo deserto
황옥(黃玉)〈鑛〉 il topazio
황적색(黃赤色) scarlatto(a)
황제(皇帝) l'imperatore ¶-位 il trono (imperiale*reale)
황족(皇族) la famiglia imperiale
황철광(黃鐵鑛)〈鑛〉 la pirite
황태자(皇太子) il principe ereditario ¶-殿下 (Sua Altezza) il Principe Ereditario, (呼稱) Vostra Altezza
황토(黃土)〈鑛〉 l'ocra
황토색(黃土色)〈繪〉 l'ocra
황폐(荒廢) la devastazione, la rovina, l'infestamento, la desolazione / -하다 essere*rimanere devastato(a)*rovinato(a) / -시키다 devastare, infestare, desolare / -한 devastato(a), rovinato (a), infestato(a), desolato(a)
황혼(黃昏)〈氣〉 il tramonto, il crepuscolo / -의 crepuscolare
황홀(恍惚) l'estasi **1** 황홀하여 눈물을 흘리다 versare lacrime*lacrimare [intr. avere] per la gran gioia / -하다 estasiarsi, essere in estasi, restare estasiato, essere affascinato(a) / ~를 쳐다보며 -해 하다 incantarsi a guardare qlcu. o qlco.
황후(皇后) l'imperatrice madre ¶-마마 (Sua Maestà) l'Imperatrice Madre
햇불 la fiaccola, la torcia
회 (생선) i tranci di pesce crudo
회(回)〈스포츠〉 il tempo
회개(悔改) la penitenza / -의 penitenziale / -하다 confessarsi
회견(會見) la conferenza, l'intervista ¶ 기자- la conferenza stampa
회계(會計) la contabilità ¶-年度 l'anno fiscale*finanziario [用語] 가격(價格) il prezzo, la valuta, 가격(價格)을 정하다 valorizzare, 감가상각(減價償却) l'ammortamento, 감사(監査) la revisione, 감사(監査)하다 verificare, 감사인(監査人) l'uditore, 거절증서(拒絶證書) il protesto, 결산(決算)하다 quadrare, 결손(缺損) lo sbilancio, 결손금(缺損金) il

회계 476 **회로**

disavanzo, 결제(決濟) il conguaglio, il pareggio, il regolamento, 경리부(經理部) l'amministrazione, 계산(計算) il computo, 계산(計算)하다 contabilizzare, 계산서(計算書) il rendiconto, 계좌(計座) il conto, 고정(固定)의 assoluto(a), fisso(a), 고정자본(固定資本) l'immobilizzo, 공제(控除) il prelievo, la ritenuta, 금전(金錢)의 pecuniario(a), 기말잔고(期末殘高) il consuntivo, 기입(記入) l'allibramento, 기장(記帳) la partita, la scrittura, 내역(內譯) la posta, 대가(對價) il controvalore, il corrispettivo, 대차대조표(貸借對照表) il bilancio, 매상(賣上) l'incasso, 명세서(明細書) la distinta, 반환(返還) la retrocessione, 발송품(發送品) la spedizione, 배당금(配當金) il dividendo, 배분(配分) l'accantonamento, lo stanziamento, 배분가능(配分可能)한 stanziabile, 보유증권(保有證券) il portafoglio, 복리(複利) l'anatocismo, 복사(複寫) il ricalco, 부가가치세(附加價值稅) I.V.A. (Imposta sul Valore Aggiunto), 부과(賦課) l'imputazione, 부기(簿記) la computisteria, la contabilità, 부족액(不足額) l'ammanco, 부채(負債) il debito, la passività, il passivo, 비용지불(費用支拂)하다 spesare, 비율(比率) il saggio, il tasso, 상태(狀態) la posizione, 상호참조(相互參照) il richiamo, 상환(相換) il rimborso, 손실(損失) la perdita, 송장(送狀) la fattura, 수령증(受領證) la quietanza, 수수료(手數料) la provvigione, 수익(收益) il reddito, il ricavo, 수입(收入) il provento, l'entrata, l'introito, 수취장부(受取帳簿) il bollettario, 수표(手票) l'assegno, 신용(信用) il credito, 신용보증(信用保證) lo star del credere, 액면가격(額面價格) pari, 액면상(額面上)의 nominale, 액면초과금(額面超過金) il sovrapprezzo, 영수증(領收證) la bolla, la bolletta, la ricevuta, 예금(預金) il deposito, 예상(豫想) (비용*수익의) il rateo, 요금(料金) la tariffa, 우발적수지(偶發的收支) la sopravvenienza, 우편환(郵便換) il postagiro, 운임(運賃) il porto, 원가(原價) il costo, 원장(元帳) il mastro, il partitario, 유가증권(有價證券) il titolo,

유동성(流動性)의 liquido(a), 유동자산(流動資産) la liquidità, 유용(流用)하다 distrarre, 이익(利益) il profitto, l'utile, 인수증(引受證) la quietanza, 인지(印紙) il bollo, 일람표(一覽表) il borderò, 일일장부(日日帳簿) il giornale, 잉여금(剩餘金) l'avanzo, l'eccedenza, 자금(資金) il fondo, 자본이득(資本利得) la plusvalenza, 자산(資産) l'attività, l'attivo, 잔고(殘高) il residuo, il saldo, la rimanenza, 장기(長期)의 consolidato(a), 재산(財産) il patrimonio, 재산목록(財産目錄) l'inventario, 적자(赤字) il rosso, 전기(前期)의 a vecchio, 주식(株式) l'azione, 증서(證書) il buono, 지불(支拂) il versamento, 지불가능(支拂可能)한 pagabile, 지불능력(支拂能力) 있는 solvibile, 지불보증담보(支拂保證擔保)의 pro-solvendo, 지불보증무담보(支拂保證無擔保)의 pro-soluto, 지점(支店) il succursale, 지출(支出) l'uscita, la spesa, 차기(次期) a nuovo, 차입금(借入金) l'indebitamento, 채권(債券) il buono, 총계(總計) il montante, 총액(總額) l'importo, 출납소(出納所) la tesoreria, 평가(評價) la valutazione, 할부금(割賦金) l'acconto, la rata, 할인(割引) lo sconto, 할인(割引)하다 bonificare, 합계액(合計額) la somma, 현금(現金) il numerario, la cassa, i contanti, 화폐(貨幣)의 monetario(a), 회계(會計) la contabilità, 회계기간(會計期間) l'esercizio, 회계사(會計士) il ragioniere, 회계원(會計員) il*la computista, 회계학(會計學) la ragioneria, 혹자(黑字) il nero

회계검사원(會計檢査院)〈伊〉 la corte dei Conti
회계기간(會計期間) l'esercizio
회계사(會計士) il ragioniere
회계원(會計員) il*la computista
회계학(會計學) la ragioneria
회교도(回教道) il musulmano
회교사원(回教寺院)〈建〉 la moschea
회귀선(回歸線)〈地〉 il tropico
회기(會期)〈伊〉 la sessione
회담(會談) la conferenza
회답(回答) la risposta / ─하다 rispondere a qlcu., dare una risposta
회랑(回廊)〈建〉 il ballatoio
회로(回路)〈電*物〉 il circuito

회로도(回路圖)〈電〉 lo schema

회보(會報) il notiziario ¶醫師- il notiziario medico

회복(回復) il ricupero; il guarigione; il restauro / 體力의 - il ricupero delle forze / -하다 guarire, riprendersi, recuperare (la forza), restaurare, ristabilire [pr. -isco] / -되다 ristabilirsi [pr. -isco], rimettersi (in salute) / -할 수 없는 irrimediabile

회복기(回復期) la convalescenza / -의 convalescente / -의 환자 il*la convalescente

회사(會社) la ditta, la società, l'ufficio, l'agenzia ¶運送- l'agenzia di trasporti / -員 l'impiegato (f. -a); lo stipendiato, il salariato / 合名- la società in nome collettivo / 合資- la società in accomandita

회사명(會社名) la ragione sociale, il nome della ditta*società / ～의 -으로 sotto la ragione sociale di ～

회사자본(會社資本)〈經〉 l'infrastruttura

회상(回想) / -하다 ricordare **1** 그들은 학창 시절을 회상한다. Ricordano la vita di scuola.

회색(灰色) il grigio / -의 grigio(a), cenere

회수(回收) il recupero, il ricupero / 債權의 - il recupero di un credito / -하다 ricuperare

회수불능(回收不能) / -의〈商〉 inesigibile

회식실(會食室) (軍隊, 學校의) la sala di convegno

회오리〈氣〉 la tromba

회오리바람〈氣〉 il mulinello, il turbine, il vortice, la tromba d'aria

회원(會員) (團體의) il socio [pl. -ci], il membro ¶正- il socio*il membro regolare*effettivo (d'una organizzazione)

회의(會議) la conferenza, la riunione, il consiglio, la seduta

회의(會議)〈伊〉 la seduta

회의(懷疑) il dubbio

회의론(懷疑論)〈哲〉 lo scetticismo

회전(回轉) il giro, la rotazione / -하다 girare [intr. avere, essere], rotare [intr. avere]

회전(回轉)〈數〉 la rotazione

회전(回轉)〈스키〉 la cristiania

회전문(回轉門) la porta girevole

회전속도계(回轉速度計)〈物〉 il tachimetro

회전술(回轉術)〈醫〉 il rivolgimento

회전자(回轉子)〈電〉 il rotore

회전정류기(回轉整流器)〈電〉 il raddrizzatore rotante

회춘(回春) / -하다 ringiovanire [intr. essere, pr. -isco], rendere l'aspetto giovanile

회피(回避) l'aggiramento

회합(會合) la riunione, l'adunata, l'assemblea

회화(会話) la conversazione

회화(繪畫) la pittura, il dipinto / -를 그리다 dipingere, pitturare / -的인 pittoresco(a) [用語]〈회화(繪畫)의 장르와 기법(技法) Generi e tecniche di pittura〉 건조물풍경화(建造物風景畫) la veduta, 광(光) il lume, 구도(構圖) la composizione, 구앗쇼 화법(-畫法) il guazzo, 그로테스크양식(-樣式) la grottesca, 극장 광고 (劇場廣告) il cartellone, 긁어 그린 그림 il graffito, 기발(奇拔) il capriccio, 꼴라쥬 il collage, 꽃장식(-裝飾) l'encarpo, il festone, 납화(蠟畫) l'encausto, 녹청(綠靑) la patina, 농담(濃淡) l'ombratura, 다색화법(多色畫法) la policromia, 단색화(單色畫) il monocromato, 단축법(短縮法) lo scorcio, lo scorto, 대액자화(大額子畫) il telero, 루미니즘 il luminismo (밝은 광선을 강조하는 회화경향), 먹물색(色) la seppia, 명암법(明暗法) il chiaroscuro, 모노그램(組合文字) il monogramma, 모자이크 il mosaico, 묘사법(描寫法) il drappeggio, 묘음법(描陰法) l'ombreggiamento, 미니어처 la miniatura, 반음영(半陰影) la mezzombra, 벽보(壁報) il cartellone, 삽화(揷畫) l'illustrazione, 색(色) il colore, 색농(色濃) la ristata, 색조(色調) il tono, 색조변화(色調變化) il cangiante, 색조주의(色調主義) il tonalismo, 색채(色彩) il cromatismo, 색채음영(色彩陰影) la cromia, 석판화(石板畫) l'oleografia, 선묘(線描) il tratteggio, 성상(聖像) l'immagine, 성상화(聖像畫) l'icona, 세폭의 제단화(-祭壇畫) il trittico, 소묘(素描) il bozzetto, l'abbozzatura, l'abbozzo, 수채화(水彩畵) l'acquerello, 스케치 lo schizzo, 스푸마토 lo sfumato, 아라베스크장식(-裝飾) l'arabesco, 액자화(額子畵) il quadro, 염료(染料) il colore, 염색(染色) la colorazione, 원근화법(遠近畵法) la prospettiva, 음영(陰影) l'ombratura, 음영의 농담(陰影濃淡) l'ombreggiatura, 인물상(人物像) l'immagine, 장식(裝飾) la decorazione, l'ornato, 장식법(裝飾法) l'ornato, 점묘화(點描畵) la macchia, 정물화(靜物畵) la natura morta, 제단대좌장식(祭壇臺座裝飾) la predella, 제단배후의 장식(祭壇背後裝飾) l'ancona, 제단상부배후의 장식(祭壇上部背後裝飾) la pala, 제단전면장식(祭壇前面裝飾) il paliotto, 조합문자(組合文字) il monogramma, 졸렬(拙劣) la bambocciata, 중간색(中間色) la mezzatinta, 착색(着色) la colorazione, 채색(彩色) la colorazione, 채색법(彩色法) il colorito, 초상화(肖像畵) il ritratto, 캐리커처 la caricatura, 템페라화(-畵法) la tempera, 투시도법(透視圖法) la prospettiva, 파스텔화(-畵) il pastello, 판넬 il pannello, 포스터 il manifesto, 풍경화(風景畵) il paesaggio, 풍자화(諷刺畵) il cartone, 프레스코 화(-畵) l'affresco, 플랫카드 il cartellone, 해안풍경화(海岸風景畵) la marina, 회화(繪畵) il dipinto, 회화도구(繪畵道具) il colore; 〈도안(圖案)과 판화(版畵) Disegno e incisione〉 고정제(固定劑) il fissativo, 고착(固着) la fissatura, 고착제(固着劑) il mordente, 도안(圖案) il disegno, 도해(圖解) la grafica, 동판부식판화(銅版腐蝕版畵) l'acquatinta, 동판조각(銅版彫刻) la calcografia, 동판조각가(銅版彫刻家) il calcografo, 동판화법(銅版畵法) la puntasecca, 목탄(木炭) il carboncino, 목탄화(木炭畵) il carboncino, 목판술(木版術) la xilografia, 밑칠 l'imprimitura, 밑칠하다 imprimere, 부식(腐蝕) (동판조각의) la morsura, 부식동판화(腐蝕銅版畵) l'acquaforte, 부식제(腐蝕劑) il mordente, 부식판화(腐蝕版畵) l'acquaforte, 석판술(石版術) la litografia, 실크스크린인쇄(-印刷) la serigrafia, 압인(押印) l'impressione, 압인하다(押印-) imprimere, 에칭 l'acquaforte, 에칭판화(-版畵) l'acquaforte, 염착제(染着劑) il fissativo, 의장(意匠) il disegno, 조각법(彫刻法) il bulino, 조각칼(彫刻-) il bulino, 조각판(彫刻版) il bulino, 조각하다(彫刻-) incidere; 〈활동용어(活動用語) Attività〉 그리다(描) dipingere, 긁어 그리다 graffire, 단축법으로 그리다(短縮法-) scorciare, scortare, 도해하다(圖解-) illustrare, 디자인하다 disegnare, 명암법으로 그리다(明暗法-) chiaroscurare, 배경을 그리다(背景-) campire, 변화 시키다(色-) sfumare, 색을 약하게 하다(色-) velare, 소묘하다(素描-) schizzare, tratteggiare, 수채화를 그리다(水彩畵-) acquerellare, 스케치하다 abbozzare, 아라베스크 모양으로 장식하다 arabescare, 윤곽을 그리다(輪廓-) tratteggiare, 음영을 넣다(陰影-) ombrare, ombreggiare, 장식하다(裝飾-) decorare, 착색하다(着色-) colorare, tinteggiare, 채색하다(彩色-) colorare, dipingere, pitturare, 초상을 그리다(肖像-) ritrarre, 프레스코 화를 그리다 affrescare, 화면의 일부를 밝은 색으로 하다 lumeggiare, 화필로 그리다(畵筆-) pennelleggiare, 회화를 그리다(繪畵-) pitturare; 〈용구(用具)와 재료(材料) Strumenti e materiali〉 마네킹 il manichino, 백연(白鉛) la biacca, 붓(筆) il pennello, 수채화도구(水彩畵道具) i colori ad acquerello, 연필(鉛筆) la matita, 오커 (그림물감의 원료) l'ocra, 용제(溶劑) il solvente, 유화도구(油畵道具) i colori ad olio, 유화도구세트(油畵道具-) la mestica, 인체모형(人體模型) il manichino, 주걱 (회화용) la spatola, 찰필(擦筆) lo sfumino, 캔버스 la tela, 파레트 la tavolozza, 파스텔 il pastello, 파스텔화(-畵) il pastello, 페인팅 mestichino, 화가(畵家) il cavalletto, 화구(畵具) i colori, 화필(畵筆) il pennello, 황토색(黃土色) l'ocra; 〈회화관련자(繪畵關聯者) Persone〉 각판사(刻版師) l'incisore, 건조물풍경화가(建造物風景畵家) il*la vedutista, 고대유적전문화가(古代遺跡專門畵家) il*la rovinista, 고대폐허전문화가(古代廢墟專門畵家) il*la rovinista, 광고화가(廣告畵家) il*la cartellonista, 다다이스트 il*la dadaista, 도안가(圖案家) il disegnatore,

회화 479 **횡단**

동양취미예술가(東洋趣味藝術家) l'orientalista, 동판화가(銅版畫家) l'acquafortista, 디자이너 il disegnatore, 모자이크 세공사(-細工師) il*la mosaicista, 목판사(木版師) lo xilografo, 미래파예술가(未來派藝術家) il*la futurista, 사본장식가(寫本裝飾家) il*la miniaturista, 사본장식사(寫本裝飾師) il miniatore, 색채화가(色彩畫家) il*la colorista, 석판사(石版師) il litografo, 성모화가(聖母畫家) il madon-naro, 수채화가(水彩畫家) l'acquerel-lista, 실내장식가(室內裝飾家) il decora-tore, 인상파화가(印象派畫家) l'impres-sionista, 일러스트레이터 l'illustratore, 입체파화가(立體派畫家) il*la cubista, 장식가(裝飾家) l'ornatista, 장 식 사 (裝飾師) l'alluminatore, 점묘화가(點描畫家) il*la divisionista, 초상화가(肖像畫家) il*la ritrattista, 초현실주의 미술가(超現實主義美術家) il*la surrealista, 초현실주의자(超現實主義者) il*la surrealista, 추상주의예술가(抽象主義藝術家) l'astrattista, 파스텔화가(-畫家) il*la pastellista, 표현주의예술가(表現主義藝術家) l'espressionista, 풍경화가(風景畫家) il*la paesaggista, 풍자화가(諷刺畫家) il*la caricaturista, 프레스코화가(-畫家) l'affreschista, il frescante, 화가(畫家) il pittore; 〈회화운동용어(繪畫運動用語) movimenti pittorici〉 20세기주의(二十世紀主義) il novecentismo, 고딕양식(-樣式) il gotico, 고전주의(古典主義) il classicismo, 다다이즘 il dadaismo, 르네상스 il Rinascimento, 매너리즘(이탈리아 16세기 후반의 화풍) il manierismo, 무형파(無形派) l'informale, 미래주의(未來主義) il futurismo, 바로크양식(-樣式) il barocco, 분리파(分離派) la secessione, 수법(手法) la maniera, 순정주의(純正主義) il purismo, 신고딕양식(新-樣式) il neogotico, 신고전주의(新古典主義) il neoclassicismo, 신사실주의(新寫實主義) il neorealismo, 신인상주의(新印象主義) il neoimpressionismo, 신인상파점묘주의(新印象派點描主義) (19세기말) il divisionismo, 야수파(野獸派) il fauvismo, 양식(樣式) la maniera, 우월주의(優越主義) il suprematismo, 원시주의(原始主義) il primitivismo, 인상주의(印象主義) l'impressionismo, 입체파(立體派) il cubismo, 작풍(作風) la maniera, 점묘(點描) il pointillisme, 점묘주의(點描主義) il puntinismo, 점묘파(點描派) (19세기) il macchiaiolo, 초현실주의(超現實主義) il surrealismo, 총합주의(總合主義) il sintetismo, 추상주의(抽象主義) l'astrattismo, 팝아트 il pop-art, 표현주의(表現主義) l'espressionismo, 헬레니즘 l'ellenismo, 후기인상주의(後期印象主義) il postimpressionismo, 〈관련어(關聯語) Voci attinenti〉 감식가(鑑識家) il conoscitore, 감정서(鑑定書) l'expertise, 감정하다(鑑定-) autenti-care, 공방(工房) la bottega, 도상(圖像) l'iconologia, 도상학(圖像學) Iconografia, 모델(女) la modella, 모사(模寫) la copia, 미술관(美術館) il museo, 미술관(美術館) la galleria, 미술관관리자(美術館管理者) il*la gallerista, 미술관학(美術館學) la museografia, 미술품전시실(美術品展示室) la galleria, 박물관(博物館) il museo, 박물관학(博物館學) la museografia, la museologia, 복원(復元) il restauro, 복원가(復元家) il restauratore, 복원하다(復元-) restaurare, 목제(複製) la copia, 수장품정리(收藏品整理) (미술관의) la museotecnica, 수정(修正) il ritocco, 수정가(修正家) il ritoccatore, 아트리에(화가*조각가의) l'atelier, 액자(額子) la cornice, 액자에 넣다 incorniciare, 액자제작사(額子制作師) l'incorniciatore, 유(流派) (미술의) la scuola, 전람(展覽) la mostra, 전람회(展覽會) l'esposizione, 전시(展示) la mostra, 전시기술(展示技術) la museotecnica, 증명하다(證明-) autenticare, 진열(陳列) l'esposizione, 출품(出品) l'esposizione, 학원(學院) (미술*음악) l'accademia, 회화관(繪畫館) la pinacoteca

회화관(繪畫館)〈繪〉 la pinacoteca
회화도구(繪畫道具)〈繪〉 il colore
회화운동(繪畫運動)〈繪〉 i movimenti pittorici
획득(獲得) l'acquisto / -하다 acquisire, acquistare, impadronirsi di qlco.
횟수(回數) la volta
횡경막(橫隔膜)〈醫〉il diaframma
횡단(橫斷) la traversata, (비행기의) la

trasvolata / -하다 attraversare, traversare; (비행기의) trasvolare ¶-步道 il passaggio riservato ai pedoni *pedonale / -面 la sezione (traversa) / 大陸-鐵道 la ferrovia transcontinentale

횡대(橫隊) la fila, la linea

횡령(橫領) l'appropriazione, l'usurpazione, la malversazione / -하다 appropriarsi di qlco., usurpare, distrarre (una somma dal bilancio), malversare ¶-罪 l'appropriazione indebita

횡목(橫木) la traversa

횡사(橫死) la morte violenta / -하다 morire [intr. essere] di morte violenta

횡사(橫絲) la trama

횡좌표(橫座標)〈數〉l'ascissa

횡포(橫暴) la tirannità, il despotismo; (暴力) la violenza; (抑壓) l'oppressione / -한 tirannico(a), (專橫의) dittatorio(a); violente; oppressivo(a)

횡행(橫行) / -하다 infestare (la città)

효(孝) la pietà*l'amore filiale

효과(效果) l'effetto, l'efficace / -的 valido(a), efficace / 페니실린의 -的인 작용 la valida azione della penicillina / -없는 inefficace, senza effetto, vano(a), inutile

효능(效能) la efficacia, la virtù / -있는 efficace / -없는 inefficace

효력(效力) l'efficacia, (法律의) il vigore / -이 발생하다 entrare in vigore / -있는 efficace, valido(a) / -없는 inefficace, invalido ¶-發生 entrare in vigore

효모(酵母) il lievito

효소(酵素)〈生*化〉l'enzima, il fermento

효심(孝心) l'affetto filiale

효용(效用) l'utilità / -있는 utile, efficace

효용(效用)〈經〉l'utilità

효율(效率) l'efficienza

효행(孝行) la pietà*l'amore filiale / -하다 essere ubbidiente agli obblighi filiali verso i genitori

효험(效驗) l'efficacia, la virtù / 병에 -이 무척 많다 essere efficace molto contro una malattia / -있는 efficace

후(後) dopo, dopo che / 점심 식사 - dopo pranzo / 며칠 - qualche giorno dopo / -의 (將來) futuro(a) / -에 più tardi ¶-世 il futuro

후각결여(嗅覺缺如)〈醫〉l'anosmia

후갑판(後甲板)〈海〉il cassero

후건(後件)〈哲〉il conseguente

후견(後見) la tutela / -하다 tutelare ¶-人 il tutore

후계(後繼) la successione ¶-者 il successore, la succeditrice

후광(後光) l'aureola, il nimbo

후기(後期)〈史〉l'epoca posteriore, (학기) l'ultimo semestre ¶-印象派 il post-impressionismo

후기인상주의(後期印象主義)〈繪〉il postimpressionismo

후덥지근한 caldo e umido, afoso(a)

후두(喉頭)〈解〉la laringe

후두개구술(喉頭開口術)〈醫〉la laringotomia

후두경(喉頭鏡)〈醫〉il laringoscopio

후두과학자(喉頭科學者)〈醫〉la laringoiatra

후두학(喉頭學)〈醫〉la laringoiatria

후라이팬 la padella

후모음(後母音)〈言〉la vocale della serie posteriore

후반(後半) la seconda metà, l'ultima metà

후방(後方) / -의 posteriore, del dietro / -에 dietro, indietro, addietro

후배(後輩) chi è più giovane, chi è di classe inferiore scolastica, chi ha posto*grado inferiore

후보(候補)(立候補) la candidatura, (候補者) il candidato, (志望者) l'aspirante / 立-하다 presentarsi candidato

후보자명부투표제(候補者名簿投票制)〈伊〉lo scrutinio di lista

후생(厚生) il benessere*la prosperità pubblica ¶-事業 l'opera*i servizi d'assistenza sociale / -大臣(省) Ministro (Ministero) della Sanità e della Previdenza Sociale

후생경제학(厚生經濟學)〈經〉l'economia del benessere

후세(後世) la posterità / -에 전하다 tramandare qlco. alla posterità ¶-人 (子孫) i posteri

후속(後續) / -의 successivo(a), susseguente ¶-部隊〈軍〉i rinforzi

후안무취(厚顔無恥) la sfacciataggine, la

후에(後-) dopo, poi

후원(後援) l'appoggio, il sostegno, l'auspicio, il patronato, il patrocinio / 누구의 -에 힘입어 sotto gli auspici di qlcu., sotto il patrocinio d'una associazione / -하다 patrocinare, appoggiare, sostenere, aiutare ¶-金 il contributo (in denaro) / -金을 모으다 aprire una sotto-scrizione (per un'opera di beneficenza), fare una colletta / -者 il sostenitore, il benefattore, il patrono, il protettore

후원금(後援金) il contributo (in denaro) / -을 모으다 aprire una sottoscrizione (per un'opera di beneficenza), fare una colletta

후원자(後援者) il sostenitore, il benefattore, il patrono, il protettore

후위(後衛)〈스포츠〉il terzino; 〈軍〉la retroguardia

후음(喉音)〈言〉il gutturale

후임(後任) il successore, la succeditrice / 누구의 -으로 come*in qualita' di successore di qlcu.

후자(後者) questo, quest'ultimo, l'altro / 前者와 - il primo e l'ultimo, quegli e questi, uno e l'altro

후작(侯爵) il marchese ¶-夫人 la marchesa

후진(後進) la marcia indietro / -하다 fare marcia indietro

후처(後妻) la moglie di secondo matrimonio

후천적(後天的) acquisito(a) ¶-性格 il carattere acquisito

후추〈植〉il pepe

후치사(後置詞)〈文〉la posposizione

후통〈醫〉mal di gola **1** 목이 아프다. Ho mal di gola.

후퇴(後退) la ritirata, il ritiro, la retrocessione / -하다 ritirarsi; indietreggiare, fare marcia indietro, tornare indietro, retrocedere

후편(後篇) l'ultima parte (del romanzo)

후한 (人心 따위가) ospitale

후험적(後驗的)〈哲〉a posteriori

후회(後悔) il rimorso, il pentimento / -하다 pentirsi, pentirsene, rammaricarsi di + v. inf., averne il rimorso **1** 나는 그것을 산 것에 대해 후회하지 않는다. Non mi rammarico di averlo comprato.

훅〈拳〉il gancio

훈계(訓戒) l'ammonizione, l'ammonimento, l'esortazione / -하다 ammonire, esortare

훈련(訓練) l'allenamento, l'esercizio, l'addestramento, la disciplina, (動物의) l'ammaestramento / -시키다 addestrare, allenare, esercitare (la mente*le forze), (動物을) ammaestrare / -하다 allenarsi ¶職業- l'addestramento professionale

훈령(訓令) le istruzioni, la direttiva governativa*militare / -하다 dare istruzioni

훈시(訓示) le istruzioni, gli ordini educativi / -하다 dare istruzioni

훈육(訓育) l'educazione (morale) / -의 educativo(a) / -하다 ammaestrare, addestrare

훈장(勳章) l'onorificenza, la decorazione, la medaglia al valor militare*civile / -을 수여하다 conferire un'onorificenza

훈제(燻製) l'affumicatura / -의 affumicato(a) ¶- 프로쉬우또 prosciutti affumicati

훈증(燻蒸)〈藥〉la fumigazione

훈증법(燻蒸法)〈藥〉il suffumigio

훌륭한 eccellente

훌쩍거리다 piagnucolare, frignare

훑어보다 guardare da capo a piedi qlcu.

훔치다 rubare, rubacchiare

훨씬 assai, molto / - 좋은 molto meglio / - 뒤에 assai dopo

훼손(毁損) (名譽의) l'offesa, l'ingiuria / -하다 ingiuriare, offendere / 명예를 -하다 disonorare*ingiuriare*offendere qlcu. nell'onore / -된 ingiuriato(a), offeso(a) ¶名譽- l'offesa all'onore

훼이딩 l'evanescenza, il fading

휘 젓다 sbattere **1** 달걀을 휘저어라! Sbatti le uova!

휘갈겨 쓰기 la scrittura fatta in fretta, scarabocchiatura

휘게하다(屈曲) curvare

휘다(屈曲) piegarsi

휘도(輝度) la luminosità

휘도(輝度)〈物〉 il lambert, la brillanza
휘록암(輝錄岩)〈鑛〉 il diabase
휘발유(揮發油) la benzina ¶-통 la tanica
휘석(輝石)〈鑛〉 il pirosseno, la augite
휘슬(號角) il fischietto (del conduttore*dell'arbitro)
휘장(揮帳) il paravento
휘파람 il fischio / -불다 fischiare
휜 다리 le gambe arcuate
휴가(休暇) la vacanza; (長期~) le vacanze, le ferie 1 난 휴가 중이다. Sono in vacanza.
휴게소(休憩所)〈路〉 l'autogrill
휴대용의(携帶用-) portatile
휴머니즘(人文主義)〈哲〉 l'umanesimo
휴부(休符)〈音〉 la pausa
휴식(休息) il riposo / -하다 riposare, riposarsi ¶-期間 un periodo di riposo / -時間 l'ora di riposo
휴양(休養) la ricreazione
휴일(休日) i giorni festivi, il giorno di riposo*vacanza / -없이 senza riposo, incessantemente
휴전(休戰) la tregua
휴지 (화장지) la carta igienica
휴지(休止)〈音〉 la pausa
휴지부(休止符)〈音〉 la pausa
휴지통 il cestino della carta, la pattumiera
흉금(胸襟) / -을 털어놓다 confidare un segreto, confidarsi*aprirsi con qlcu
흉내내다 imitare, mimare
흉부(胸部) il petto, il seno, il busto, 〈解〉 il torace
흉상(胸像)〈彫〉 il busto
흉터(傷跡) la cicatrice
흉폭(胸幅) la ferocia, la crudeltà / -한 feroce, brutale, violento(a)
흐느러리게 하다 afflosciare 1 비가 그의 모자를 흐느러리게 했다. La pioggia gli ha afflosciato il cappello.
흐르다(流) (液體가) versarsi; (江이) scorrere [intr. essere], fluire [intr. essere, pr. -isco]; (시간이) trascorrere, scorrere, passare [intr. essere] 1 포도주가 식탁보 위로 흘렀다 Il vino si è versato sulla tovaglia.
흐르지 않는 stagnante / - 물 l'acqua stagnante
흐름(流) la corrente, il corso (d'acqua)

흐린(曇)〈氣〉 coperto, nuvoloso(a), oscuro(a), torbido(a) 1 오늘 아침은 날씨가 안 좋군! 하늘이 흐렸어. Che brutto stamattina! Il cielo è nuvoloso.
흐트러뜨리다 mettere in disordine
흐트러지다 essere in disordine
흐트러진 (物件 따위가) disordinato(a)
흑내장(黑內障)〈醫〉 l'amaurosi
흑맥주(黑麥酒) la birra scura
흑백사진(黑白寫眞) la fotografia in bianco e nero
흑사병(黑死病)〈醫*病〉 la peste nera
흑설탕 lo zucchero bruno*greggio, lo zucchero non raffinato
흑연(黑鉛)〈化*鑛〉 la grafite
흑옥(黑玉)〈鑛〉 il giaietto
흑요석(黑曜石)〈鑛〉 l'ossidiana
흑운모(黑雲母)〈鑛〉 la biotite
흑인(黑人) il negro, l'uomo di colore ¶-靈歌 la musica negra
흑자(黑字) l'attivo, 〈經〉 il nero
흑점(黑點) (태양의) la macchia solare
흑조(黑潮) la corrente calda del Pacifico
흔든(搖) agitato(a)
흔들다(搖) sventolare, (꼬리, 병을) agitare, (나무를) scuotere, (안은 아기를) cullare / 병을 - agitare una bottiglia / 꼬리를 - agitare la coda
흔들리다(搖) dondolare, essere scosso(a); (動搖되다) agitarsi; (橫의으로) rollare [intr. avere], (縱의으로) beccheggiare; (나뭇잎이) tremolare; traballare
흔들림(搖) la scossa (di terremoto); (배의 橫的) il rollio; (배의 縱的) il beccheggio; (動搖) l'agitazione, l'oscillazione; (나뭇잎의) il tremolio
흔들어 깨우다 scuotere qlcu. (dal sonno), svegliare qlcu. scuotendolo
흔들의자 il dondolo
흔적(痕迹) la traccia
흔쾌(快) / -한 piacevole, gradevole / -하게 piacevolmente, gradevolmente
흔한 banale
흔히 di solito, generalmente, in genere 1 흔히 난 집에 있다. Di solito sto in casa.
흘러 들어가다(流入) sboccare*sfociare [intr. essere] (nel mare)
흘러나오다(漏水) trapelare, sfogare, gocciolare 1 물이 벽에서 흘러나온다.

L'acqua trapela dalle pareti.
흘리다(流)(液體를) versare, colare, fare uscire (il contenuto dal recipiente), fare scorrere, spargere / 조국을 위해 피를 - versare il sangue per la patria
흙 la terra
흙먼지〈氣〉il pulviscolo
흙색(土色) il colore di terra / -의 terreo(a), pallido(a)
흙탕물 (의류, 신발에 튄) la zacchera, la pillacchera
흠 il difetto / -있는 difettoso(a)
흠뻑 젖은 essere fradicio*tutto bagnato
흡수(吸收) / -하다〈商〉assolvere
흡수(吸收)〈化〉l'assorbimento / -시키다 assorbire / -하다 assorbire
흡수지(吸水紙) la carta assorbente
흡연(吸煙) il fumare, il fumo **1** 흡연은 건강에 해롭다. Il fumo fa male alla salute. Il fumo nuoce gravemente alla salute. **2** 흡연은 심장병을 유발시킨다. Il fumo provoca malattie cardiovascolari. / -하다 fumare! 금연 Vietato (di) fumare! 청소년들은 흡연하지 말아야 한다. I minori non devono fumare. ¶-者, 家 il fumatore, la fumatrice / 室 la sala per fumatori
흡열(吸熱)〈化〉endotermico(a)
흡입(吸入) / -하다 aspirare ¶-펌프 la pompa aspirante / -口 il bocchino.
흡입기(吸入器)〈醫〉l'inalatore
흡입제(吸入劑)〈藥〉l'inalazione
흡혈귀(吸血鬼) la mignatta, la sanguisuga
흥겨운 divertente
흥망(興亡) l'ascesa e la caduta d'una nazione, le vicissitudini della vita ¶-盛衰 le alterne vicende (della vita)
흥미(興味) l'entusiasmo, l'interesse; il divertimento, l'interessa-mento / -있는 divertente, interessante / -있게 piacevolmente, con interessamento / -를 가지다 interessarsi
흥분(興奮) l'eccitamento, l'eccitazione; agitazione / -시키다 agitare, eccitare, stimolare; mettere in agitazione / -하다 essere un po' nervoso(a), eccitarsi, irritarsi / -시키는 eccitante ¶-劑 l'eccitante, lo stimolante **1** 커피는 흥분제이다. Il caffè è un eccitante.

흥분(興奮)〈醫〉l'agitazione
흥분제(興奮劑)〈藥〉l'analettico
흥신소(興信所) l'agenzia d'informazioni per ricerche (di credito)
흥얼거리다 canterellare, canticchiare
흥폐(興廢) l'ascesa e la caduta (d'uno Stato), il destino d'un paese
흥행(興行) la rappresentazione, lo spettacolo (teatrale) / -하다 rappresentare, dare spettacoli ¶-師 l'impresario
흩뜨리다(分散) disperdere
흩어지게 하다(散) spargere, disperdere
흩어지다(散) spargersi, disperdersi **1** 군중이 흩어진다. La folla si disperde.
흩어진 disperso(a)
희곡(戱曲) il dramma
희귀한(稀貴-) raro(a)
희극(喜劇) la commedia / -的 comico(a) ¶-性 la comicità / - 배우 il comico
희극영화(喜劇映畵)〈映〉la comica
희랍어적 어법(-的 語法)〈言〉il grecismo
희롱(戱弄) la derisione / -하다 deridere, amoreggiare con una donna, sedurre una donna
희망(希望) il desiderio, la speranza, la supplica / -하다 sperare [tr.,intr. avere] in, volere, desiderare / -的 desiderabile
희미(稀微) la debolezza, la fiochezza, l'oscurità / -한, vago(a), fievole; languido(a), (빛이) debole, fioco(a); (숲이) oscuro(a); (윤곽, 기억, 소리가) indistinto(a), (사람이) tonto(a)
희박(稀薄) / -한 scarso(a) sottile / -한 공기 aria sottile
희생(犧牲) il sacrificio (-zio), la vittima / -하다 sacrificare, immolare, sacrificarsi per qlcu., fare sacrificio di sè **1** 자신의 야망을 위해 한 사람을 희생시키다 sacrificare una persona per le proprie ambizioni ¶-者 la vittima (della guerra*della montagna)
희석(稀釋)〈化〉la diluizione
희열(喜悅) l'allegrezza, la gioia, la felicità, la contentezza, la letizia
희유곡(嬉遊曲)〈音〉il divertimento
흰 bianco(a)
흰개미 la termite
흰색(白色) bianco(a) / -에 가까운 bian-

히브리〈地〉/ -人,의 ebreo(a) / -語 l'ebraico castro(a)

히스테리〈醫〉 l'isterismo / -를 부리다 avere un attacco isterico / -的·의 isterico(a)

히야신스〈植〉 il giacinto

히터 il radiatore

힌트 il suggerimento, l'accenno / -를 주다 dare un suggerimento*un accenno, accennare, suggerire [pr. -isco]

힐끗 / -봄 l'occhiata, lo sguardo rapido / -보다 guardare furtivamente*di nascosto, gettare lo sguardo rapido

힘(力) la forza, l'energia, il vigore; il potere, la potenza; l'influenza / -을 잃다 sfinirsi, perdere la forza / -을 다하다 sforzarsi, fare gli sforzi / -으로 di forza / -있는 forte, energico(a), vigoroso(a); potente; influente / -센 forte, potente / -없는 debole, senza forza, fiacco(a); impotente

힘든(困) faticoso(a), difficile **1** 밀라노에서의 생활은 힘이 든다. La vita a Milano è faticosa.

힘들게 a fatica, pesantemente, penosamente

힘의 천사(力天使)〈宗〉 le virtù

힘줄〈解〉 il tendine

부 록

차 례

1. 동사변화표 ················· 487

2. 불규칙동사변화표 ············· 501

3. 격언 ···················· 553

4. 서신형식 ·················· 560

5. 공식서한 ·················· 560

6. 관용구 ··················· 570

동사 변화표

조동사 essere

人稱	直 說 法			
	現在	近過去	不完了過去	大過去
io	seno	sono stato[a]	ero	ero stato[a]
tu	sei	sei stato[a]	eri	eri stato[a]
lui	è	è stato[a]	era	era stato[a]
noi	siamo	siamo stati[e]	eravamo	eravamo stati[e]
voi	siete	siete stati[e]	eravate	eravate stati[e]
loro	sono	sono stati[e]	erano	erano stati[e]
	遠過去	先立過去	未來	未來完了
io	fui	fui stato[a]	sarò	sarò stato[a]
tu	fosti	fosti stato[a]	sarai	sarai stato[a]
lui	fu	fu stato[a]	sarà	sarà stato[a]
noi	fummo	fummo stati[e]	saremo	saremo stati[e]
voi	foste	foste stati[e]	sarete	sarete stati[e]
loro	furono	furono stati[e]	saranno	saranno stati[e]

人稱	接 續 法			
	現在	過去	不完了過去	大過去
io	sia	sia stato[a]	fossi	fossi stato[a]
tu	sia	sia stato[a]	fossi	fossi stato[a]
lui	sia	sia stato[a]	fosse	fosse stato[a]
noi	siamo	siamo stati[e]	fossimo	fossimo stati[e]
voi	siate	siate stati[e]	foste	foste stati[e]
loro	siano	siano stati[e]	fossero	fossero stati[e]

人稱	条件法		命令法	不定法
	現在	過去	現在	不定詞 　現在 essere 　過去 essere stato[a] 分詞 　現在 —— 　過去 stato 動名詞 　現在 essendo 　過去 essendo stato[a]
io	sarei	sarei stato[a]	——	
tu	saresti	saresti stato[a]	sii	
lui	sarebbe	sarebbe stato[a]	sia	
noi	saremmo	saremmo stati[e]	siamo	
voi	sareste	sareste stati[e]	siate	
loro	sarebbero	sarebbero stati[e]	siano	

조동사 avere

人稱	直　　說　　法			
	現在	近過去	不完了過去	大過去
io	ho	ho　　avuto	avevo	avevo　　avuto
tu	hai	hai　　avuto	avevi	avevi　　avuto
lui	ha	ha　　avuto	aveva	aveva　　avuto
noi	abbiamo	abbiamo　avuto	avevamo	avevamo　avuto
voi	avete	avete　avuto	avevate	avevate　avuto
loro	hanno	hanno　avuto	avevano	avevano　avuto
	遠過去	先立過去	未來	未來完了
io	ebbi	ebbi　avuto	avrò	avrò　avuto
tu	avesti	avesti　avuto	avrai	avrai　avuto
lui	ebbe	ebbe　avuto	avrà	avrà　avuto
noi	avemmo	avemmo　avuto	avremo	avremo　avuto
voi	aveste	aveste　avuto	avrete	avrete　avuto
loro	ebbero	ebbero　avuto	avranno	avranno　avuto

人稱	接　　続　　法			
	現在	過去	不完了過去	大過去
io	abbia	abbia　avuto	avessi	avessi　avuto
tu	abbia	abbia　avuto	avessi	avessi　avuto
lui	abbia	abbia　avuto	avesse	avesse　avuto
noi	abbiamo	abbiamo　avuto	avessimo	avessimo　avuto
voi	abbiate	abbiate　avuto	aveste	aveste　avuto
loro	abbiano	abbiano　avuto	avessero	avessero　avuto

人稱	条件法		命令法	不定法
	現在	過去	現在	不定詞
io	avrei	avrei　avuto	——	現在 avere
tu	avresti	avresti　avuto	abbi	過去 avere avuto
lui	avrebbe	avrebbe　avuto	abbia	分詞
				現在 avente
noi	avremmo	avremmo　avuto	abbiamo	過去 avuto
voi	avreste	avreste　avuto	abbiate	動名詞
				現在 avendo
loro	avrebbero	avrebbero　avuto	abbiano	過去 avendo avuto

규칙동사의 변화의 예

(1) 제 1활용동사 (-are)

능동태 amare의 예

人稱	直　　　說　　　法			
	現在	近過去	不完了過去	大過去
io	amo	ho　　　amato	amavo	avevo　　amato
tu	ami	hai　　　amato	amavi	avevi　　amato
lui	ama	ha　　　amato	amava	aveva　　amato
noi	amiamo	abbiamo　amato	amavamo	avevamo　amato
voi	amate	avete　　amato	amavate	avevate　amato
loro	amano	hanno　　amato	amavano	avevano　amato
	遠過去	先立過去	未來	未來完了
io	amai	ebbi　　amato	amerò	avrò　　amato
tu	amasti	avesti　amato	amerai	avrai　　amato
lui	amò	ebbe　　amato	amerà	avrà　　amato
noi	amammo	avemmo　amato	ameremo	avremo　amato
voi	amaste	aveste　amato	amerete	avrete　amato
loro	amarono	ebbero　amato	ameranno	avranno　amato

人稱	接　　　続　　　法			
	現在	過去	不完了過去	大過去
io	ami	abbia　　amato	amassi	avessi　amato
tu	ami	abbia　　amato	amassi	avessi　amato
lui	ami	abbia　　amato	amasse	avesse　amato
noi	amiamo	abbiamo　amato	amassimo	avessimo　amato
voi	amiate	abbiate　amato	amaste	aveste　amato
loro	amino	abbiano　amato	amassero	avessero　amato

人稱	条件法		命令法	不定法
	現在	過去	現在	不定詞 　現在 amare
io	amerei	avrei　amato	——	過去 avere amato 分詞
tu	ameresti	avresti　amato	ama	現在 amante
lui	amerebbe	avrebbe　amato	ami	過去 amato 動名詞
noi	ameremmo	avremmo　amato	amiamo	現在 amando
voi	amereste	avreste　amato	amate	
loro	amerebbero	avrebbero　amino	amino	過去 avendo amato

수동태 amare의 예

人称	直 說 法			
	現在	近過去	不完了過去	大過去
io	sono amato[a]	sono stato[a]	ero amato[a]	ero stato[a]
tu	sei amato[a]	sei stato[a] amato[a]	eri amato[a]	eri stato[a] amato[a]
lui	è amato[a]	è stato[a]	era amato[a]	era stato[a]
noi	siamo amati[e]	siamo stati[e]	eravamo amati[e]	eravamo stati[e]
voi	siete amati[e]	siete stati[e] amati[e]	eravate amati[e]	eravate stati[e] amati[e]
loro	sono amati[e]	sono stati[e]	erano amati[e]	erano stati[e]

人称	直 說 法			
	遠過去	先立過去	未來	未來完了
io	fui amato[a]	fui stato[a]	sarò amato[a]	sarò stato[a]
tu	fosti amato[a]	fosti stato[a] amato[a]	sarai amato[a]	sarai stato[a] amato[a]
lui	fu amato[a]	fu stato[a]	sarà amato[a]	sarà stato[a]
noi	fummo amati[e]	fummo stati[e]	saremo amati[e]	saremo stati[e]
voi	foste amati[e]	foste stati[e] amati[e]	sarete amati[e]	sarete stati[e] amati[e]
loro	furono amati[e]	furono stati[e]	saranno amati[e]	saranno stati[e]

人称	接 續 法			
	現在	過去	不完了過去	大過去
io	sia amato[a]	sia stato[a]	fossi amato[a]	fossi stato[a]
tu	sia amato[a]	sia stato[a] amato[a]	fossi amato[a]	fossi stato[a] amato[a]
lui	sia amato[a]	sia stato[a]	fosse amato[a]	fosse stato[a]
noi	siamo amati[e]	siamo stati[e]	fossimo amati[e]	fossimo stati[e]
voi	siate amati[e]	siate stati[e] amati[e]	foste amati[e]	foste stati[e] amati[e]
loro	siano amati[e]	siano stati[e]	fossero amati[e]	fossero stati[e]

人称	條件法		命令法	不定法
	現在	過去	現在	不定詞
io	sarei amato[a]	sarei stato[a]	——	現在 essere amato[a]
tu	saresti amato[a]	saresti stato[a] amato[a]	sii amato[a]	過去 essere stato[a] amato[a]
lui	sarebbe amato[a]	sarebbe stato[a]	sia amato[a]	分詞
noi	saremmo amati[e]	saremmo stati[e]	siamo amati[e]	現在 ——
voi	sareste amati[e]	sareste stati[e] amati[e]	siate amati[e]	過去 stato[a] amato[a]
loro	sarebbero amati[e]	sarebbero stati[e]	siano amati[e]	動名詞 現在 essendo amato[a] 過去 essendo stato[a] amato[a]

(2) 제 2활용동사(-ere)

능동태 temere의 예

人稱	直 說 法			
	現在	近過去	不完了過去	大過去
io	temo	ho temuto	temivo	avevo temuto
tu	temi	hai temuto	temevi	avevi temuto
lui	teme	ha temuto	temeva	aveva temuto
noi	temiamo	abbiamo temuto	temevamo	avevamo temuto
voi	temete	avete temuto	temevate	avevate temuto
loro	temono	hanno temuto	temevano	avevano temuto
	遠過去	先立過去	未來	未來完了
io	temei / temetti	ebbi temuto	temerò	avrò temuto
tu	temesti	avesti temuto	temerai	avrai temuto
lui	temè / temette	ebbe temuto	temerà	avrà temuto
noi	tememmo	avemmo temuto	temeremo	avremo temuto
voi	temeste	aveste temuto	temerete	avrete temuto
loro	temerono / tenettero	ebbero temuto	temeranno	avranno temuto
人稱	接 續 法			
	現在	過去	不完了過去	大過去
io	tema	abbia temuto	temessi	avessi temuto
tu	tema	abbia temuto	temessi	abessi temuto
lui	tema	abbia temuto	temesse	avesse temuto
noi	temiamo	abbiamo temuto	temessimo	avessimo temuto
voi	temiate	abbiate temuto	temeste	aveste temuto
loro	temano	abbiano temuto	temessero	avessero temuto
人稱	条件法		命令法	不定法
	現在	過去	現在	不定詞 　現在 temere 　過去 avere temuto 分詞 　現在 temente 　過去 temuto 動名詞 　現在 temendo 　過去 avendo temuto
io	temerei	avrei temuto	——	
tu	temeresti	avresti temuto	temi	
lui	temerebbe	avrebbe temuto	tema	
noi	temeremmo	avremmo temuto	temiamo	
voi	temereste	avreste temuto	temete	
loro	temerebbero	avrebbero temuto	temano	

(3) 제 3활용동사 (-ire)

A 형

능동태 sentire의 예

人稱	直 說 法			
	現 在	近 過 去	不完了過去	大 過 去
io	sento	ho sentito	sentivo	avevo sentito
tu	senti	hai sentito	sentivi	avevi sentito
lui	sente	ha sentito	sentiva	aveva sentito
noi	sentiamo	abbiamo sentito	sentivamo	avevamo sentito
voi	sentite	avete sentito	sentivate	avevate sentito
loro	sentono	hanno sentito	sentivano	avevano sentito
	遠 過 去	先立過去	未 來	未來完了
io	sentii	ebbi sentito	sentirò	avrò sentito
tu	sentisti	avesti sentito	sentirai	avrai sentito
lui	senti	ebbe sentito	sentirà	abrà sentito
noi	sentimmo	avemmo sentito	sentiremo	avremo sentito
voi	sentiste	aveste sentito	sentirete	avrete sentito
loro	sentirono	ebbero sentito	sentiranno	avranno sentito

人稱	接 續 法			
	現 在	過 去	不完了過去	大 過 去
io	senta	abbia sentito	sentissi	avessi sentito
tu	senta	abbia sentito	sentissi	avessi sentito
lui	senta	abbia sentito	sentisse	avesse sentito
noi	sentiamo	abbiamo sentito	sentissimo	avessimo sentito
voi	sentiate	abbiate sentito	sentiste	aveste sentito
loro	sentano	abbiano sentito	sentissero	abessero sentito

人稱	條件法		命令法	不定法
	現 在	過 去	現 在	不定詞
io	sentirei	avrei sentito	——	現在 sentire
tu	sentiresti	avresti sentito	senti	過去 acere sentito
				分詞
lui	senirebbe	avrebbe sentito	senta	現在 sentente
noi	sentiremmo	avremmo sentito	sentiamo	過去 sentito
				動名詞
voi	sentireste	avreste sentito	sentite	現在 sentendo
loro	sentirebbero	avrebbero sentito	sentano	過去 acendo sentito

(3) 제 3활용동사 (-ire)

B 형

능동태 capire의 예

人稱	直 說 法			
	現在	近過去	不完了過去	大過去
io	capisco	ho capito	capivo	avevo capito
tu	capisci	hai capito	capivi	avevi capito
lui	capisce	ha capito	capiva	aveva capito
noi	capiamo	abbiamo capito	capivamo	avevamo capito
voi	capite	avete capito	capivate	avevate capito
loro	capiscono	hanno capito	capivano	avevano capito
	遠過去	先立過去	未來	未來完了
io	capii	ebbi capito	capirò	avrò capito
tu	capisti	avesti capito	capirai	avrai capito
lui	capi	ebbe capito	capirà	avrà capito
noi	capimmo	avemmo capito	capiremo	avremo capito
voi	capiste	aveste capito	capirete	avrete capito
loro	capirono	ebbero capito	capiranno	avranno capito

人稱	接 續 法			
	現在	過去	不完了過去	大過去
io	capisca	abbia capito	capissi	abessi capito
tu	capisca	abbia capito	capissi	avessi capito
lui	capisca	abbia capito	capisse	avesse capito
noi	capiamo	abbiamo capito	capissimo	avessimo capito
voi	capiate	abbiate capito	capiste	aveste capito
loro	capiscano	abbiano capito	capissero	avessero capito

人稱	條件法		命令法	不定法
	現在	過去	現在	不定詞
io	capirei	avrei capito	——	現在 capire
tu	capiresti	avresti capito	capisci	過去 avere capito
				分詞
lui	capirebbe	abrebbe capito	capisca	現在 ——
noi	capiremmo	avremmo capito	capiamo	過去 capito
				動名詞
voi	capireste	avreste capito	capite	現在 capendo
loro	capirebbero	avrebbero capito	capiscano	過去 avendo capito

(4) 재귀동사(-arsi)의 규칙변화

lavarsi의 예

人稱	直 說 法			
	現在	近過去	不完了過去	大過去
io	mi lavo	mo sono ⎫	mi lavavo	mi ero ⎫
tu	ti lavi	ti sei ⎬ lavato[a]	ti lavavi	ti eri ⎬ lavato[a]
lui	si lava	si è ⎭	si lavava	si era ⎭
noi	ci laviamo	ci siamo ⎫	ci lavamo	ci eravamo ⎫
voi	vi lavate	vi siete ⎬ lavati[e]	vi lavavate	vi eravate ⎬ lavati[e]
loro	si lavano	si sono ⎭	si lavavano	si erano ⎭
	遠過去	先立過去	未來	未來完了
io	mi lavai	mi fui ⎫	mi laverò	mi sarò ⎫
tu	ti lavasti	ti fosti ⎬ lavato[a]	ti laverai	ti sarai ⎬ lavato[a]
lui	si lavò	si fu ⎭	si laverà	si sarà ⎭
noi	ci lavammo	ci fummo ⎫	ci laveremo	ci saremo ⎫
voi	vi lavaste	vi foste ⎬ lavati[e]	vi laverete	vi sarete ⎬ lavati[e]
loro	si lavarono	si furono ⎭	si laveranno	si saranno ⎭

人稱	接 續 法			
	現在	過去	不完了過去	大過去
io	mi lavi	mi sia ⎫	mi lavassi	mi fossi ⎫
tu	ti lavi	ti sia ⎬ lavato[a]	ti lavassi	ti fossi ⎬ lavato[a]
lui	si lavi	si sia ⎭	si lavasse	si fosse ⎭
noi	ci laviamo	ci siamo ⎫	ci lacassimo	ci fossimo ⎫
voi	vi laviate	vi siaet ⎬ lavati[e]	vi lavaste	vi fosste ⎬ lavati[e]
loro	si lavino	si siano ⎭	si lavassero	si fossero ⎭

人稱	條件法		命令法	不定法
	現在	過去	現在	不定詞
io	mi laverei	mi sarei ⎫	—	現在 lavarsi
tu	ti laveresti	ti saresti ⎬ lavato[a]	lavati	過去 essersi lavato[a]
lui	si laverebbe	ti saresti ⎭	si lavi	分詞
noi	ci laveremmo	ci saremmo ⎫	laviamoci	現在 lavantesi
voi	vi lavereste	vi sareste ⎬ lavati[e]	lavatevi	過去 lavatosi
loro	si laverebbero	si sarebbero ⎭	si lavino	動名詞
				現在 lavandosi
				過去 essendosi lavato[a]

(5) 규칙동사

(-care)형 :

dimenticare의 예

人稱	直 說 法			
	現在	近過去	不完了過去	大過去
io	dimentico	ho dimenticato	dimenticavo	avevo dimenticato
tu	dimentichi	hai dimenticato	dimenticavi	avevi dimenticato
lui	dimentica	ha dimenticato	dimenticava	aveva dimenticato
noi	dimentichaimo	abbiamo dimenticato	diamenticavamo	avevamo dimenticato
voi	dimenticate	avete dimenticato	dimenticavate	avevate dimenticato
loro	dimenticano	hanno dimenticato	dimenticavano	avevano dimenticato
	遠過去	先立過去	未來	未來完了
io	dimenticai	ebbi dimenticato	dimenticherò	avrò dimenticato
tu	dimenticasti	avesti dimenticato	dimenticharai	avrai dimenticato
lui	dimenticò	ebbe dimenticato	dimenticherà	avrà dimenticato
noi	dimenticammo	avemmo dimenticato	dimenticheremo	avremo dimenticato
voi	dimenticaste	aveste dimenticato	dimenticherete	avrete dimenticato
loro	dimenticarono	ebbero dimenticato	dimenticheranno	avranno dimenticato

人稱	接 續 法			
	現在	過去	不完了過去	大過去
io	dimentichi	abbia dimenticato	dimenticassi	avessi dimenticato
tu	dimentichi	abbia dimenticato	dimenticassi	avessi dimenticato
lui	dunebtuchi	abbia dimenticato	dimenticasse	avesse dimenticato
noi	dimentichiamo	abbiamo dimenticato	dimenticassimo	avessimo dimenticato
voi	dimentichiate	abbiate dimenticato	dimenticaste	aveste dimenticato
loro	dimentichino	abbiano dimenticato	dimenticassero	avessero dimenticato

人稱	条件法		命令法	不定法
	現在	過去	現在	不定詞
io	dimenticherei	avrei dimenticato	—	現在 dimenticare 過去 avere dimenticato 分詞
tu	dimenticheresti	avresti dimenticato	dimentica	
lui	dimenticherebbe	avrebbe dimenticato	dimentichi	現在 dimenticante 過去 cimenticato 動名詞
noi	dimencheremmo	avremmo dimenticato	dimentichiamo	
voi	dimentichereste	avreste dimenticato	dimenticate	現在 dimenticando 過去 avendo dimenticato
loro	dimenticherebbero	avrebbero dimenticato	dimentichino	

(-gare)의 예 :
pagare의 예

人稱	直 說 法			
	現在	近過去	不完了過去	大過去
io	pago	ho pagato	pagavo	avevo pagato
tu	paghi	hai pagato	pagavi	avevi pagato
lui	paga	ha pagato	pagava	avea pagato
noi	paghiamo	abbiamo pagato	pagavamo	avevamo pagato
voi	pagate	avete pagato	pagavate	avevate pagato
loro	pagano	hanno pagato	pagavano	avevano pagato
	遠過去	先立過去	未來	未來完了
io	pagai	ebbi pagato	pagherò	avrò pagato
tu	pagasti	avesti pagato	paghrai	avrai pagato
lui	pagò	ebbe pagato	pagherà	avrà pagato
noi	pagammo	avemmo pagato	pagheremo	avremo pagato
voi	pagaste	aveste pagato	pagherete	avrete pagato
loro	pagarono	ebbero pagato	pagheranno	avranno pagato

人稱	接 続 法			
	現在	過去	不完了過去	大過去
io	paghi	abbia pagato	pagassi	avessi pagato
tu	paghi	abbia pagato	pagassi	avessi pagato
lui	paghi	abbia pagato	pagasssse	avesse pagato
noi	paghiamo	abbiamo pagato	pagassimo	avessimo pagato
voi	paghiate	abbiate pagato	pagaste	aveste pagato
loro	paghino	abbiano pagato	pagassero	avessero pagato

人稱	条件法		命令法	不定法
	現在	過去	現在	不定詞
io	pagherei	avrei pagato	——	現在 pagare
tu	pagheresti	avresti pagato	paga	過去 avere pagato
				分詞
lui	pagherebbe	avrebbe pagato	paghi	現在 pagante
noi	pagheremmo	avremmo pagato	pagiamo	過去 pagato
				動名詞
voi	paghereste	avreste pagato	pagate	現在 pagando
loro	pagherebbero	avrebbero paghto	paghino	過去 avendo pagato

(-iare)의 A형 :
studiare의 예

人稱	直 說 法							
	現在	近過去		不完了過去	大過去			
io	studio	ho	studato	studiavo	avevo	studiato		
tu	studi	hai	studiato	studiavi	avevi	studiato		
lui	studia	ha	studiato	studiava	aveva	studiato		
noi	studiamo	abbiamo	studiato	studiavamo	svevamo	studiato		
voi	studiate	avete	studiato	studiavate	avevate	studiato		
loro	studiano	hanno	studiato	studiavano	avevano	studiato		
	遠過去	先立過去		未來	未來完了			
io	studiai	ebbi	studiato	studierò	avrò	studiato		
tu	studiasti	avesti	studiato	studierai	avrai	studiato		
lui	studiò	ebbe	studiato	studierà	avrà	studiato		
noi	studiammo	avemmo	studiato	studieremo	avremo	studiato		
voi	studiaste	aveste	studlato	studierete	averete	studiato		
loro	studiarono	ebbero	studiato	studieranno	avranno	studiato		
人稱	接 續 法							
	現在	過去		不完了過去	大過去			
io	studi	abbia	studiato	studiassi	avessi	studiato		
tu	studi	abbia	studiato	studiassi	avessi	studiato		
lui	studi	abbia	studiato	studiasse	avesse	studiato		
noi	studiamo	abbiamo	studiato	studiassimo	avessimo	studiato		
voi	studiate	abbiate	stuudiato	studiaste	aveste	studiato		
loro	studino	abbiano	studiato	studiassero	avessero	studiato		
人稱	条件法		命令法	不定法				
	現在	過去		現在	不定詞		
io	studierei	avrei	studiato	――	現在 studiare		
					過去 avere studiato		
tu	studieresti	avresti	studiato	studia	分詞		
lui	studierebbe	avrebbe	studiato	studi	現在 studiante		
noi	studieremmo	avremmo	studiato	studiamo	過去 studiato		
					動名詞		
voi	studiereste	avreste	studiato	studiate	現在 studiando		
loro	studierebbero	avrebbero	studiato	studino	過去 avendo studiato		

(-iare)의 B형:
avviare의 예

人称	直 說 法			
	現在	近過去	不完了過去	大過去
io	avvio	ho avviato	avviavo	avevo avviato
tu	avvii	hai avviato	avviavi	avevi avviato
lui	avvia	ha avviato	avviava	aveva avviato
noi	avviamo	abbiamo avviato	avviavamo	avevamo avviato
voi	avviate	avete avviato	avviavate	avevate avviato
loro	avviano	hanno avviato	avviavano	avevano avviato
	遠過去	先立過去	未來	未來完了
io	avviai	ebbi avviato	avvierò	avrò avviato
tu	avviasti	avesti avviato	avvierai	avrai avviato
lui	avviò	ebbe avviato	avvierà	avrà avviato
noi	avviammo	avemmo avviato	avvieremo	avremo avviato
voi	avviaste	aveste avviato	avvierete	avrete avviato
loro	avviarono	ebbero avviato	avvieranno	avranno avviato

人称	接 續 法			
	現在	過去	不完了過去	大過去
io	avvii	abbia avviato	avviassi	avessi avviato
tu	avvii	abbia avviato	avviassi	avessi avviato
lui	avvii	abbia avviato	avviasse	avesse avviato
noi	avviamo	abbiamo avviato	vviassimo	avessimo avviato
voi	avviate	abbiate avviato	avviaste	aveste avviato
loro	avviino	abbiano avviato	avviassero	avessero avviato

人称	条件法		命令法	不定法
	現在	過去	現在	不定詞
io	avvierei	avrei avviato	——	現在 avviare 過去 avere avviato
tu	avvieresti	avresti avviato	avvia	分詞
lui	avvierebbe	avrebbe avviato	avvii	現在 avviavte
noi	avvieremmo	avremmo avviato	avviamo	過去 avviato
voi	avviereste	avrese avviato	avviate	動名詞 現在 avviando
loro	avvierebbero	avrebbero avviato	avviino	過去 avendo avviato

(-ciare)의 예 :

baciare의 예

人稱	直　　　說　　　法			
	現在	近過去	不完了過去	大過去
io	bacio	ho　　baciato	baciavo	avevo　　baciato
tu	baci	hai　　baciato	baciavi	avevi　　baciato
lui	bacia	ha　　baciato	baciava	aveva　　baciato
noi	baciamo	abbiamo　baciato	baciavamo	avevamo　baciato
voi	baciate	avete　baciato	baciavate	avevate　baciato
loro	baciano	hanno　baciato	baciavano	avevano　baciato
	遠過去	先立過去	未來	未來完了
io	baciai	ebbi　baciato	bacerò	avrò　baciato
tu	baciasti	avesti　baciato	bacerai	avrai　baciato
lui	baciò	ebbe　baciato	bacerà	avrà　baciato
noi	baciammo	avemmo　baciato	baceremo	avremo　baciato
voi	baciaste	aveste　baciato	bacerete	avrete　baciato
loro	baciarono	ebbero　baciato	baceranno	avranno　baciato
人稱	接　　　続　　　法			
	現在	過去	不完了過去	大過去
io	baci	abbia　baciato	baciassi	avessi　baciato
tu	baci	abbia　baciato	baciassi	avessi　baciato
lui	baci	abbia　baciato	baciasse	avesse　baciato
noi	baciamo	abbiamo　avviato	vviassimo	avessimo　avviato
voi	baciate	abbiate　baciato	baciaste	aveste　baciato
loro	bacino	abbiano　baciato	baciassero	avessero　baciato
人稱	条件法		命令法	不定法
	現在	過去	現在	不定詞
io	bacerei	avrei　baciato	——	現在 baciare 過去 avere baciato 分詞
tu	baccerresti	avresti　baciato	bacia	
lui	bacerebbe	avrebbe　baciato	baci	現在 baciante
noi	baceremmo	avremmo　baciato	baciamo	過去 baciato
voi	bacereste	avreste　baciato	baciate	動名詞 現在 baciando
loro	bacerebbero	avrebbero　baciato	bacino	過去 avendo baciato

(-giare)의 예 :
mangiare의 예

人稱	直 說 法							
	現在	近過去		不完了過去	大過去			
io	mangio	ho	mangiato	mangiavo	avevo	mangiato		
tu	mangi	hai	mangiato	mangiavi	avevi	mangiato		
lui	mangia	ha	mangiato	mangiava	aveva	mangiato		
noi	mangiamo	abbiamo	mangiato	mangiavamo	avevamo	mangiato		
voi	mangiate	avete	mangiato	mangiavate	avevate	mangiato		
loro	mangiano	hanno	mangiato	mangiavano	avevano	mangiato		
	遠過去	先立過去		未來	未來完了			
io	mangiai	ebbi	mangiato	mangerò	avrò	mangiato		
tu	mangiasti	avesti	mangiato	mangerai	avrai	mangiato		
lui	mangiò	ebbe	mangiato	mangerà	avrà	mangiato		
noi	mangiammo	avemmo	mangiato	mangeremo	avremo	mangiato		
voi	masgiaste	aveste	masgiato	masgerete	avrete	masgiato		
loro	masgiarono	ebbero	masgiato	masgeranno	avranno	mangiato		

人稱	接 続 法							
	現在	過去		不完了過去	大過去			
io	mangi	abbia	mangiato	mangiassi	avessi	mangiato		
tu	mangi	abbia	mangiato	mangiassi	avessi	mangiato		
lui	mangi	abbia	mangiato	mangiasse	avesse	mangiato		
noi	mangiamo	abbiamo	mangiato	mangiassimo	avessimo	mangiato		
voi	mangiate	abiate	mangiato	mangiaste	aveste	mangiato		
loro	mangino	abbiano	mangiato	mangiassero	avessero	mangiato		

人稱	條件法			命令法	不定法
	現在	過去		現在	不定詞 　現在 mangiare
io	mangerei	avrei	mangiato	―	過去 avere mangiato
tu	mangeresti	avresti	mangiato	mangia	分詞
lui	mangerebbe	avrebbe	mangiato	mangi	現在 mangiante
noi	mangeremmo	avremmo	mangiato	mangiamo	過去 mangiato 動名詞
voi	mangereste	avreste	mangiato	mangiate	現在 mangiando
loro	mangerebbero	avrebbero	mangiato	mangino	過去 avendo mangiato

불규칙동사변화표

不定法	直　說　法			
	現　在	不完了過去	遠過去	未　來
1 **accendere** 現在分詞 accendente 過去分詞 *acceso* 동명사 accendendo	accendo accendi accende accendiamo accendete accendono	accendevo accendevi accendeva accendevamo accendevate accendevano	*accesi* accendesti *accese* accendemmo accendeste accesero	accenderò accenderai accenderà accenderemo accenderete accenderanno
2 **accludere** 現在分詞 accludente 過去分詞 *accluso* 동명사 accludendo	accludo accludi acclude accludiamo accludete accludono	accludevo accludevi accludeva accludevamo accludevate acclludevano	*acclusi* accludesti *accluse* accludemmo accludeste *acclusero*	accluderò accluderai accluderà accluderemo accluderete accluderanno
3 **accorgersi** 現在分詞 accorgentesi 過去分詞 *accortosi* 동명사 accorgendosi	mi accorgo ti accorgi si accorge ci accoriamo vi accorgete si accorgono	mi accorgevo ti accorgevi si accorgava ci accorgevamo vi accorgevate si accorgevano	*mi accorsi* ti accorgesti *si accorse* ci accorgemmo vi accorgeste *si accorsero*	mi accorgerò ti accorgerai si accorgerà ci accorgeremo vi accorgerete si accorgeranno
4 **addurre** 現在分詞 *adducente* 過去分詞 *addotto* 동명사 adducendo	*adduco* *adduci* *adduce* *adduciamo* *adducete* *adducono*	*adducevo* *adducevi* *adduceva* *adducevamo* *adducevate* *adducevano*	*addussi* *adducesti* *addusse* *adducemmo* *adduceste* *addussero*	*addurrò* *addurrai* *addurrà* *addurremo* *addurrete* *addurranno*
5 **affliggere** 現在分詞 affliggente 過去分詞 *afflitto* 동명사 affliggendo	affliggo affliggi afflige affliggiamo affliggete affliggono	affliggevo affliggevi affliggeva affliggevamo afflggevate affliggevano	*afflissi* affliggesti *afflisse* affliggemmo affliggsste *afflissero*	affliggerò affliggerai affliggerà affliggermo affliggerete affliggeranno

命令法	接　　続　　法		條件法
現　在	現　在	不完了過去	現　在
——	accenda	accendessi	accenderei
accendi	accenda	accendessi	accenderesti
accenda	accenda	accendesse	accenderebbe
accendiamo	accendiamo	accendessimo	accenderemmo
accendete	accendiate	accendeste	accendereste
accendano	accendano	accendessero	accenderebbero
——	accluda	accludessi	accluderei
accludi	accluda	accludessi	accluderesti
accluda	accluda	accludesse	accluderebbe
accludiamo	accludiamo	accludessimo	accluderemmo
accludete	accludiate	accludeste	accludereste
accludano	accludano	accludessero	accluderebbero
——	mi accorga	mi accorgessi	mi accorgerei
accorgiti	ti accorga	ti accorgessi	ti accorgeresti
si accorga	si accorga	si accorgesse	si accorgerebbe
accorgiamoci	ci accorgiamo	ci accorgessimo	ci accorgeremmo
accorgetevi	vi accorgiate	vi accorgeste	vi accorgereste
si accorgano	si accorgano	si accorgessero	si accorgerebbero
——	*adduca*	*adducessi*	*addurrei*
adduci	*adduca*	*adducessi*	*addurresti*
adduca	*adduca*	*adducesse*	*addurrebbe*
adduciamo	*adduciamo*	*adducessimo*	*addurremmo*
adducete	*adduciate*	*adduceste*	*addurreste*
adducano	*adducano*	*adducessero*	*addurrebbero*
——	affligga	affliggessi	affliggerei
affliggi	affligga	affliggessi	affliggeresti
affligga	affligga	affliggesse	affliggerebbe
affliggiamo	affliggiamo	affliggessimo	affliggeremmo
affliggete	affliggiate	affliggeste	affliggereste
affliggano	affliggano	affliggessero	affliggerebbero

不定法	直　　說　　法			
	現在	不完了過去	遠過去	未來
6 **alludere** 現在分詞 alludente 過去分詞 *alluso* 동명사 alludendo	alludo alludi allude alludiamo alludete alludono	alludevo alludevi alludeva alludevamo alludevate alludevano	*allusi* alludesti *alluse* allludemmo alludeste *allusero*	alluderò alluderai alluderà alluderemo alluderete alluderanno
7 **andare** 現在分詞 andante 過去分詞 andato 동명사 andando	*vado* *vai* *va* andiamo andate *vanno*	andavo andavi andava andavamo andavate andavano	*andai* andasti andò andammo andaste andarono	*andrò* *andrai* *andrà* *andremo* *andrete* *andranno*
8 **annettere** 現在分詞 annettente 過去分詞 *annesso* 동명사 annettendo	annetto annetti annette annettiamo annettete annettono	annettevo annettevi annetteva annettevamo annettevate annettevano	annettei, *annessi* annettesti annettè, *annesse* annettemmo annetteste annetterono, *annessero*	annetterò annetterai annetterà annetteremo annetterete annetteranno
9 **apparire** 現在分詞 apparente 過去分詞 *apparso*, *apparito* 동명사 apparendo	*appaio*, apparisco appari, apparisci appare, apparisce appariamo apparite *appaiono*, appariscono	apparivo apparivi appariva apparivamo apparivate apparivano	*apparvi*, *apparii* apparisti *apparve*, *apparì* apparimmo appariste *apparvero*, apparirono	apparirò apparirai apparirà appariremo apparirete appariranno
10 **ardere** 現在分詞 ardente 過去分詞 *arso* 동명사 ardendo	ardo ardi arde ardiamo ardete ardono	ardevo ardevi ardeva ardevamo ardevate ardevano	*arsi* ardesti *arse* ardemmo ardeste *arsero*	arderò arderai arderà arderemo arderete arderanno
11 **aspergere** 現在分詞 aspergente 過去分詞 *asperso* 동명사 aspergendo	aspergo aspergi asperge aspergiamo aspergete aspergono	aspergevo aspergevi aspergeva aspergevamo aspergevate aspergevano	*aspersi* aspergesti *asperse* aspergemmo aspergeste *aspersero*	aspergerò aspergerai aspergerà aspergeremo aspergerete aspergeranno

命令法	接續法		條件法
現在	現在	不完了過去	現在
——	alluda	alludessi	alluderei
alludi	alluda	alludessi	alluderesti
alluda	alluda	alludesse	alluderebbe
alludiamo	alludiamo	alludessimo	alluderemmo
alludete	alludiate	alludeste	alludereste
alludano	alludano	alludessero	alluderebbero
——	*vada*	andassi	andrei
va, va, vai	*vada*	andassi	andresti
vada	*vada*	andasse	*andrebbe*
andiamo	andiamo	andassimo	*andremmo*
andate	andiate	andaste	*andreste*
vadano	*vadano*	andassero	*andrebbero*
——	annetta	annettessi	annetterei
annetti	annetta	annettessi	annetteresti
annetta	annetta	annettesse	annetterebbe
annettiamo	annettiamo	annettessimo	annetteremmo
annettete	annettiate	annetteste	annettereste
annettano	annettano	annettessero	annetterebbero
——	*appaia*, apparisca	apparissi	apparirei
appari, apparisci	*appaia*, apparisca	apparissi	appariresti
appaia, apparisca	*appaia*, apparisca	apparisse	apparirebbe
appariamo	appariamo	apparissimo	appariremmo
apparite	appariate	␣appariste	apparireste
appaiano, appariscano	*appaiano*, appariscano	apparissero	apparirebbero
——	arda	ardessi	arderei
ardi	arda	ardessi	arderesti
arda	arda	ardesse	arderebbe
ardiamo	ardiamo	ardessimo	arderemmo
ardete	ardiate	ardeste	arderete
ardano	ardano	ardessero	arderebbero
——	asperga	aspergessi	aspergerei
aspergi	asperga	aspergessi	aspergeresti
asperga	asperga	aspergesse	aspergerebbe
aspergiamo	aspergiamo	aspergessimo	aspergeremmo
aspergete	aspergiate	aspergeste	aspergereste
aspergano	aspergano	aspergessero	aspergerebbero

不定法	直　説　法			
	現　在	不完了過去	遠　過　去	未　来
12 **assistere** 現在分詞 assistente 過去分詞 *assistito* 동명사 assistendo	assisto assisti assiste assistiamo assistete assistono	assistevo assistevi assisteva assistevamo assistevate assistevano	assistei, assistetti assistesti, assistè, assistette assistemmo assisteste assisterono, assistettero	assisterò assisterai assisterà assisteremo assisterete assisteranno
13 **assolvere** 現在分詞 assolvente 過去分詞 *assolto* 동명사 assolvendo	assolvo assolvi assolve assolviamo assolvete assolvono	assolvevo assolvevi assolveva assolvevamo assolvevate assolvevano	*assolsi* assolvesti *assolse* assolvemmo assolveste *assolsero*	assolverò assolverai assolverà assolveremo assolverete assolveranno
14 **assumere** 現在分詞 assumente 過去分詞 *assunto* 동명사 assumendo	assumo assumi assume assumiamo assumete assumono	assumevo assumevi assumeva assumevamo assumevate assumevano	*assunsi* assumesti *assunse* assumemmo assumeste *assunsero*	assumerò assumerai assumerà assumeremo assumerete assumeranno
15 **attingere** 現在分詞 attingente 過去分詞 *attinto* 동명사 attingendo	attingo attingi attinge attingiamo attingete attingono	attingevo attingevi attingeva attingevamo attingevate attingevano	*attinsi* attingesti *attinse* attingemmo attingeste *attinsero*	attingerò attingerai attingerà attingeremo attingerete attingeranno
16 ***bere*** 現在分詞 *bevente* 過去分詞 *bevuto* 동명사 *bevendo*	*bevo* *bevi* *beve* *beviamo* *bevete* *bevono*	*bevevo* *bevevi* *beveva* *bevevamo* *bevevate* *bevevano*	*bevvi* *bevesti* *bevve* *bevemmo* *beveste* *bevvero*	*berrò* *berrai* *berrà* *berremo* *berrete* *berranno*
17 **cadere** 現在分詞 cadente 過去分詞 caduto 동명사 cadendo	cado cadi cade cadiamo cadete cadono	cadevo cadevi cadeva cadevamo cadevate cadevano	*caddi* cadesti *cadde* cademmo cadeste *caddero*	*cadrò* *cadrai* *cadrà* *cadremo* *cadrete* *cadranno*

命令法	接　　　續　　　法		條件法
現　　在	現　　在	不完了過去	現　　在
——	assista	assistessi	assisterei
assisti	assista	assistessi	assisteresti
assista	assista	assistesse	assisterebbe
assistiamo	assistiamo	assistessimo	assisteremmo
assistete	assistiate	assisteste	assistereste
assistano	assistano	assistessero	assisterebbero
——	assolva	assolvessi	assolverei
assolvi	assolva	assolvessi	assolveresti
assolva	assolva	assolvesse	assolverebbe
assolviamo	assolviamo	assolvessimo	assolveremmo
assolvete	assolviate	assolveste	assolvereste
assolvano	assolvano	assolvessero	assolverebbero
——	assuma	assumessi	assumerei
assumi	assuma	assumessi	assumeresti
assuma	assuma	assumesse	assumerebbe
assumiamo	assumiamo	assumessimo	assumeremmo
assumete	assumiate	assumeste	assumereste
assumano	assumano	assumessero	assumerebbero
——	attinga	attingessi	attingerei
attingi	attinga	attingessi	attingeresti
attinga	attinga	attingesse	attingerebbe
attingiamo	attingiamo	attingessimo	attingeremmo
attingete	attingiate	attingeste	attingereste
attingano	attingano	attingessero	attingerebbero
——	*beva*	*bevessi*	*berrei*
bevi	*beva*	*bevessi*	*berresti*
beva	*beva*	*bevesse*	*berrebbe*
beviamo	*beviamo*	*bevessimo*	*berremmo*
bevete	*beviate*	*beveste*	*berreste*
bevano	*bevano*	*bevessero*	*berrebbero*
——	cada	cadessi	*cadrei*
cadi	cada	cadessi	*cadresti*
cada	cada	cadesse	*cadrebbe*
cadiamo	cadiamo	cadessimo	*cadremmo*
cadete	cadiate	cadeste	*cadreste*
cadano	cadano	cadessero	*cadrebbero*

不定法	直　　說　　法			
	現在	不完了過去	遠過去	未　來
18 cedere 現在分詞 cedente 過去分詞 ceduto, cesso 동명사 cedendo	cedo cedi cede cediamo cedete cedono	cedevo cedevi cedeva cedevamo cedevate cedevano	cedei, cedetti cedesti cedè, cedette cedemmo cedeste cederono, cedettero	cederò cederai cederà cederemo cederete cederanno
19 cernere 現在分詞 cernente 過去分詞 동명사 cernendo	cerno cerni cerne cerniamo cernete cernono	cernevo cernevi cerneva cernevamo cernevate cernevano	cernei, cernetti cernesti cernè cernette cernemmo cerneste cernerono, cernettero	cernerò cernerai cernerà cerneremo cernerete cerneranno
20 chiedere 現在分詞 chiedente 過去分詞 chiesto 동명사 chiedendo	chiedo chiedi chiede chiediamo chiedete chiedono	chiedevo chiedevi chiedeva chiedevamo chiedevate chiedevano	*chiesi* chiedesti *chiese* chiedemmo chiedeste *chiesero*	chiederò chiederai chiederà chiederemo chiederete chiederanno
21 chiudere 現在分詞 chiudente 過去分詞 chiuso 동명사 chiudendo	chiudo chiudi chiude chiudiamo chiudete chiudono	chiudevo chiudevi chiudeva chiudevamo chiudevate chiudevano	*chiusi* chiudesti *chiuse* chiudemmo chiudeste *chiusero*	chiuderò chiuderai chiuderà chiuderemo chiuderete chiuderanno
22 cingere 現在分詞 cingente 過去分詞 cinto 동명사 cingendo	cingo cingi cinge cingiamo cingete cingono	cingevo cingevi cingeva cingevamo cingevate cingevano	*cinsi* cingesti *cinse* cingemmo cingeste *cinsero*	cingerò cingerai cingerà cingeremo cingerete cingeranno
23 cogliere 現在分詞 cogliente 過去分詞 colto 동명사 cogliendo	*colgo* *cogli* coglie *cogliamo* cogliete *colgono*	coglievo coglievi coglieva coglievamo coglievate coglievano	*colsi* cogliesti *colse* cogliemmo coglieste *colsero*	coglierò coglierai coglierà coglieremo coglierete coglieranno

命令法	接續法		條件法
現在	現在	不完了過去	現在
——	ceda	cedessi	cederei
cedi	ceda	cedessi	cederesti
ceda	ceda	cedesse	cederebbe
cediamo	cediamo	cedessimo	cederemmo
cedete	cediate	cedeste	cedereste
cedano	cedano	cedessero	cederebbero
——	cerna	cernessi	cernerei
cerni	cerna	cernessi	cerneresti
cerna	cerna	cernesse	cernerebbe
cerniamo	cerniamo	cernessimo	cerneremmo
cernete	cerniate	cerneste	cernereste
cernano	cernano	cernessero	cernerebbero
——	chieda	chiedessi	chiederei
chiedi	chieda	chiedessi	chiederesti
chieda	chieda	chiedesse	chiederebbe
chiediamo	chiediamo	chiedessimo	chiederemmo
chiedete	chiediate	chiedeste	chiedereste
chiedano	chiedano	chiedessero	chiederebbero
——	chiuda	chiudessi	chiuderei
chiudi	chiuda	chiudessi	chiuderesti
chiuda	chiuda	chiudesse	chiuderebbe
chiudiamo	chiudiamo	chiudessimo	chiuderemmo
chiudete	chiudiate	chiudeste	chiudereste
chiudano	chiudano	chiudessero	chiuderebbero
——	cinga	cingessi	cingerei
cingi	cinga	cingessi	cingeresti
cinga	cinga	cingesse	cingerebbe
cingiamo	cingiamo	cingessimo	cingeremmo
cingete	cingiate	cingeste	cingereste
cingano	cingano	cingessero	cingerebbero
——	*colga*	cogliessi	coglierei
cogli	*colga*	cogliessi	coglieresti
colga	*colga*	cogliesse	coglierebbe
cogliamo	*cogliamo*	cogliessimo	coglieremmo
cogliete	*cogliate*	coglieste	cogliereste
colgano	*colgano*	cogliessero	coglierebbero

不定法	直　　說　　法			
	現在	不完了過去	遠過去	未來
24 **coincidere** 現在分詞 coincidente 過去分詞 coinciso 동명사 coincidendo	coincido coincidi coincide coincidiamo coincidete coincidono	coincidevo coincidevi coincideva coincidevamo coincidevate coincidevano	*coincisi* coincidesti *coincise* coincidemmo coincideste *coincisero*	coinciderò coinciderai coinciderà coincideremo coinciderete coincideranno
25 **compire,** **compiere** 現在分詞 compiente 過去分詞 compito (-iuto) 동명사 compiendo	compisco, compio compisci, compi compisce, compie compiamo compite compiscono, conpiono	compivo compivi compiva compivamo compivate compivano	compii, compiei compisti, compiesti compì, compiè compimmo, compiemmo compiste, compieste compirono, compierono	compirò compirai compirà compiremo compirete compiranno
26 **comprimere** 現在分詞 comprimente 過去分詞 *compresso* 동명사 comprimendo	comprimo comprimi comprime comprimiamo comprimete comprimono	comprimevo comprimevi comprimeva comprimevamo comprimevate comprimevano	*compressi* comprimesti *compresse* comprimemmo comprimeste *compressero*	comprimerò comprimerai comprimerà comprimeremo comprimerete comprimeranno
27 **concedere** 現在分詞 concedente 過去分詞 *concesso,* *conceduto* 동명사 concedendo	concedo concedi concede concediamo concedete concedono	concedevo concedevi concedeva concedevamo concedevate concedevano	*concessi* concedesti *concesse* concedemmo concedeste *concessero*	concederò concederai concederà concederemo concederete concederanno
28 **conoscere** 現在分詞 conoscente 過去分詞 *conosciuto* 동명사 conoscendo	conosco conosci conosce conosciamo conoscete conoscono	conoscevo conoscevi conosceva conoscevamo conoscevate conoscevano	*conobbi* conoscesti *conobbe* conoscemmo conosceste *conobbero*	conoscerò conoscerai conoscerà conosceremo conoscerete conosceranno
29 **consumare** 現在分詞 consumante 過去分詞 *consumato,* *consunto* 동명사 consumando	consumo consumi consuma consumiamo consumate consumano	consumavo consumavi consumava consumavamo consumavate consumavano	consumai *consunsi* consumasti consumò *consunse* consumammo consumaste consumarono *consunsero*	consumerò consumerai consumerà consumeremo consumerete consumeranno

命令法	接續法		條件法
現　在	現　在	不完了過去	現　在
―	coincida	coincidessi	coinciderei
coincidi	coincida	coincidessi	coincideresti
coincida	coincida	coincidesse	coinciderebbe
coincidiamo	coincidiamo	coincidessimo	coincideremmo
coincidete	coincidiate	coincideste	coincidereste
coincidano	coincidano	coincidessero	coinciderebbero
―	compisca / compia	compissi	compirei
compisci, compi	compisca / compia	compissi	compiresti
compisca, compia	compisca / compia	compisse	compirebbe
compiamo	compiamo	compissimo	compiremmo
compite	compiate	compiste	compireste
compiscano / compiano	compiscano / compiano	compissero	compirebbero
―	comprima	comprimessi	comprimerei
comprimi	comprima	comprimessi	comprimeresti
comprima	comprima	comprimesse	comprimerebbe
comprimiamo	comprimiamo	comprimessimo	comprimeremmo
comprimete	comprimiate	comprimeste	comprimereste
comprimano	comprimano	comprimessero	comprimerebbero
―	conceda	concedessi	concederei
concedi	conceda	concedessi	concederesti
conceda	conceda	concedesse	concederebbe
concediamo	concediamo	concedessimo	concederemmo
concedete	concediate	concedeste	concedereste
concedano	concedano	concedessero	concederebbero
―	conosca	conoscessi	conoscerei
conosci	conosca	conoscessi	conosceresti
conosca	conosca	conoscesse	conoscerebbe
conosciamo	conosciamo	conoscessimo	conosceremmo
conoscete	conosciate	conosceste	conoscereste
conoscano	conoscano	conoscessero	conoscerebbero
―	consumi	consumassi	consumerei
consuma	consumi	consumassi	consumeresti
consumi	consumi	consumasse	consumerebbe
consumiamo	consumiamo	consumassimo	consumeremmo
consumate	consumiate	consumaste	consumereste
consumino	consumino	consumassero	consumerebbero

不定法	直 說 法			
	現 在	不完了過去	遠 過 去	未 來
30 **contundere** 現在分詞 contundente 過去分詞 *contuso* 동명사 contundendo	contundo contundi contunde contundiamo contundete contundono	contundevo contundevi contundeva contundevamo contundevate contundevano	*contusi* contundesti *contuse* contundemmo contundeste *contusero*	contunderò contunderai contunderà contunderemo contunderete contunderanno
31 **convergere** 現在分詞 convergente 過去分詞 *converso* 동명사 convergendo	convergo convergi converge convergiamo convergete convergono	convergevo convergevi convergeva convergevamo convergevate convergevano	*conversi* convergesti *converse* convergemmo convergeste *conversero*	convergerò convergerai convergerà convergeremo convergerete convergeranno
32 **correre** 現在分詞 corrente 過去分詞 *corso* 동명사 correndo	corro corri corre corriamo correte corrono	correvo correvi correva correvamo correvate correvano	*corsi* corresti *corse* corremmo correste *corsero*	correrò correrai correrà correremo correrete correranno
33 **costruire** 現在分詞 costruente 過去分詞 costruito 동명사 costruendo	costruisco costruisci costruisce costruiamo costruite costruiscono	costruivo costruivi costruiva costruivamo costruivate costruivano	costruii (文) *costrussi* costruisti costruì (文) *costrusse* costruimmo costruiste costruirono (文) *costrussero*	costruirò costruirai costruirà costruiremo costruirete costruiranno
34 **crescere** 現在分詞 crescente 過去分詞 *cresciuto* 동명사 crescendo	cresco cresci cresce cresciamo crescete crescono	crescevo crescevi cresceva crescevamo crescevate crescevano	*crebbi* crescesti *crebbe* crescemmo cresceste *crebbero*	crescerò crescerai crescerà cresceremo crescerete cresceranno
35 **cucire** 現在分詞 cucente 過去分詞 cucito 동명사 cucendo	*cucio* cuci cuce cuciamo cucite *cuciono*	cucivo cucivi cuciva cucivamo cucivate cucivano	cucii cucisti cucì cucimmo cuciste cucirono	cucirò cucirai cucirà cuciremo cucirete cuciranno

命令法	接続法		條件法
現在	現在	不完了過去	現在
——	contunda	contundessi	contunderei
contundi	contunda	contundessi	contunderesti
contunda	contunda	contundesse	contunderebbe
contundiamo	contundiamo	contundessimo	contunderemmo
contundete	contundiate	contundeste	contundereste
contundano	contundano	contundessero	contunderebbero
——	converga	convergessi	convergerei
convergi	converga	convergessi	convergeresti
converga	converga	convergesse	convergerebbe
convergiamo	convergiamo	convergessimo	convergeremmo
convergete	convergiate	convergeste	convergereste
convergano	convergano	convergessero	convergerebbero
——	corra	corressi	correrei
corri	corra	corressi	correresti
corra	corra	corresse	correrebbe
corriamo	corriamo	corressimo	correremmo
correte	corriate	correste	correreste
corrano	corrano	corressero	correrebbero
——	costruisca	costruissi	costruirei
costruisci	costruisca	costruissi	costruiresti
costruisca	costruisca	costruisse	costruirebbe
costruiamo	costruiamo	costruissimo	costruiremmo
costruite	costruiate	costruiste	costruireste
costruiscano	costruiscano	costruissero	costruirebbero
——	cresca	crescessi	crescerei
cresci	cresca	crescessi	cresceresti
cresca	cresca	crescesse	crescerebbe
cresciamo	cresciamo	crescessimo	cresceremmo
crescete	cresciate	cresceste	crescereste
crescano	crescano	crescessero	crescerebbero
——	*cucia*	cucissi	cucirei
cuci	*cucia*	cucissi	cuciresti
cucia	*cucia*	cucisse	cucirebbe
cuciamo	cuciamo	cucissimo	cuciremmo
cucite	cuciate	cuciste	cucireste
cuciano	*cuciano*	cucissero	cucirebbero

不定法	直説法			
	現在	不完了過去	遠過去	未來
36 cuocere 現在分詞 cocente 過去分詞 cotto 동명사 cocendo	cuocio cuoci cuoce cociamo cocete cuociono	cocevo cocevi coceva cocevamo cocevate cocevano	cossi cocesti cosse cocemmo coceste cossero	cocerò cocerai cocerà coceremo cocerete coceranno
37 dare 現在分詞 dante 過去分詞 dato 동명사 dando	do dai dà diamo date danno	davo davi dava davamo davate davano	diedi desti diede demmo deste diedero	darò darai darà daremo darete daranno
38 decidere 現在分詞 decidente 過去分詞 deciso 동명사 decidendo	decido decidi decide decidiamo decidete decidono	decidevo decidevi decideva decidevamo decidevate decidevano	decisi decidesti decise decidemmo decideste decisero	deciderò deciderai deciderà decideremo deciderete decideranno
39 difendere 現在分詞 difendente 過去分詞 difeso 동명사 difendendo	difendo difendi difende difendiamo difendete difendono	difendevo difendevi difendeva difendevamo difendevate difendevano	difesi difendesti difese difendemmo difendeste difesero	difenderò difenderai difenderà difenderemo difenderete difenderanno
40 dipingere 現在分詞 dipingente 過去分詞 dipinto 동명사 dipingendo	dipingo dipingi dipinge dipingiamo dipingete dipingono	dipingevo dipingevi dipingeva dipingevamo dipingevate dipingevano	dipinsi dipingesti dipinse dipingemmo dipingeste dipinsero	dipingerò dipingerai dipingerà dipingeremo dipingerete dipingeranno
41 dire 現在分詞 dicente 過去分詞 detto 동명사 dicendo	dico dici dice diciamo dite dicono	dicevo dicevi diceva dicevamo dicevate dicevano	dissi dicesti disse dicemmo diceste dissero	dirò dirai dirà diremo direte diranno

命令法	接 續 法		條件法
現 在	現 在	不完了過去	現 在
——	cuocia	cocessi	cocerei
cuoci	cuocia	cocessi	coceresti
cuocia	cuocia	cocesse	cocerebbe
cociamo	cociamo	cocessimo	coceremmo
cocete	cociate	coceste	cocereste
cuociano	cuociano	cocessero	cocerebbero
——	dia	dessi	darei
dai	dia	dessi	daresti
dia	dia	desse	darebbe
diamo	diamo	dessimo	daremmo
date	diate	deste	dareste
diano	diano	dessero	darebbero
——	decida	decidessi	deciderei
decidi	decida	decidessi	decideresti
decida	decida	decidesse	deciderebbe
decidiamo	decidiamo	decidessimo	decideremmo
decidete	decidiate	decideste	decidereste
decidano	decidano	decidessero	deciderebbero
——	difenda	difendessi	difenderei
difendi	difenda	difendessi	difenderesti
difenda	difenda	difendesse	difenderebbe
difendiamo	difendiamo	difendessimo	difenderemmo
difendete	difendiate	difendeste	difendereste
difendano	difendano	difendessero	difenderebbero
——	dipinga	dipingessi	dipingerei
dipingi	dipinga	dipingessi	dipingeresti
dipinga	dipinga	dipingesse	dipingerebbe
dipingiamo	dipingiamo	dipingessimo	dipingeremmo
dipingete	dipingiate	dipingeste	dipingereste
dipingano	dipingano	dipingessero	dipingerebbero
——	dica	dicessi	direi
di, di'	dica	dicessi	diresti
dica	dica	dicesse	direbbe
diciamo	diciamo	dicessimo	diremmo
dite	diciate	diceste	direste
dicano	dicano	dicessero	direbbero

不定法	直說法			
	現在	不完了過去	遠過去	未來
42 **dirigere** 現在分詞 dirigente 過去分詞 *diretto* 동명사 dirigendo	dirigo dirigi dirige dirigiamo dirigete dirigono	dirigevo dirigevi dirigeva dirigevamo dirigevate dirigevano	*diressi* dirigesti *diresse* dirigemmo dirigeste *diressero*	dirigerò dirigerai dirigerà dirigeremo dirigerete dirigeranno
43 **discutere** 現在分詞 discutente 過去分詞 *discusso* 동명사 discutendo	discuto discuti discute discutiamo discutete discutono	discutevo discutevi discuteva discutevamo discutevate discutevano	*discussi* discutesti *discusse* discutemmo discuteste *discussero*	discuterò discuterai discuterà discuteremo discuterete discuteranno
44 **distinguere** 現在分詞 distinguente 過去分詞 *distinto* 동명사 distinguendo	distinguo distingui distingue distinguiamo distinguete distinguono	distinguevo distinguevi distingueva distinguevamo distinguevate distinguevano	*distinsi* distinguesti *distinse* distinguemmo distingueste *distinsero*	distinguerò distinguerai distinguerà distingueremo distinguerete distingueranno
45 **dividere** 現在分詞 dividente 過去分詞 *diviso* 동명사 dividendo	divido dividi divide dividiamo dividete dividono	dividevo dividevi divideva dividevamo dividevate dividevano	*divisi* dividesti *divise* dividemmo divideste *divisero*	dividerò dividerai dividerà divideremo dividerete divideranno
46 **dolere** 現在分詞 dolente 過去分詞 *doluto* 동명사 dolendo	*dolgo* *duoli* *duole* doliamo dolete *dolgono*	dolevo dolevi doleva dolevamo dolevate dolevano	*dolsi* dolesti *dolse* dolemmo doleste dolsero	*dorrò* *dorrai* *dorrà* *dorremo* *dorrete* *dorranno*
47 **dovere** 現在分詞 dovente 過去分詞 dovuto 동명사 dovendo	*devo, debbo* *devi* *deve* *dobbiamo* dovete *devono, debbono*	dovevo dovevi doveva dovevamo dovevate dovevano	dovetti, dovei dovesti dovette, dovè dovemmo doveste dovettero, doverono	*dovrò* *dovrai* *dovrà* *dovremo* *dovrete* *dovranno*

命令法	接續法		條件法
現在	現在	不完了過去	現在
——	diriga	dirigessi	dirigerei
dirigi	diriga	dirigessi	dirigeresti
diriga	diriga	dirigesse	dirigerebbe
dirigiamo	dirigiamo	dirigessimo	dirigeremmo
dirigete	dirigiate	dirigeste	dirigereste
dirigano	dirigano	dirigessero	dirigerebbero
——	discuta	discutessi	discuterei
discuti	discuta	discutessi	discuteresti
discuta	discuta	discutesse	discuterebbe
discutiamo	discutiamo	discutessimo	discuteremmo
dicutete	discutiate	discuteste	discutereste
discutano	discutano	discutessero	discuterebbero
——	distingua	distinguessi	distinguerei
distingui	distingua	distinguessi	distingueresti
distingua	distingua	distinguesse	distinguerebbe
distinguiamo	distinguiamo	distinguessimo	distingueremmo
distinguete	distinguiate	distingueste	distinguereste
distinguano	distinguano	distinguessero	distinguerebbero
——	divida	dividessi	dividerei
dividi	divida	dividessi	divideresti
divida	divida	dividesse	dividerebbe
dividiamo	dividiamo	dividessimo	divideremmo
dividete	dividiate	divideste	dividereste
dividano	dividano	dividessero	dividerebbero
——	*dolga*	dolessi	*dorrei*
duoli	*dolga*	dolessi	*dorresti*
dolga	*dolga*	dolesse	*dorrebbe*
do(g)liamo	*do(g)liamo*	dolessimo	*dorremmo*
dolete	*doliate*	doleste	*dorreste*
dolgano	*dolgano*	dolessero	*dorrebbero*
——	*deva, debba*	dovessi	*dovrei*
——	*deva, debba*	dovessi	*dovresti*
——	*deva, debba*	dovesse	*dovrebbe*
——	*dobbiamo*	dovessimo	*dovremmo*
——	*dobbiate*	doveste	*dovreste*
——	*devano, debbano*	dovessero	*dovrebbero*

不定法	直　　說　　法			
	現　在	不完了過去	遠過去	未　來
48 elidere 現在分詞 elidente 過去分詞 *eliso* 동명사 elidendo	elido elidi elide elidiamo elidete elidono	elidevo elidevi elideva elidevamo elidevate elidevano	*elisi* eidesti *elise* elidemmo elideste *elisero*	eliderò eliderai eliderà elideremo eliderete elideranno
49 emergere 現在分詞 emergente 過去分詞 *emerso* 동명사 emergendo	emergo emergi emerge emergiamo emergete emergono	emergevo emergevi emergeva emergevamo emergevate emergevano	*emersi* emergesti *emerse* emergemmo emergeste *emersero*	emergerò emergerai emergerà emergeremo emergerete emergeranno
50 empire 現在分詞 empiente 過去分詞 empito, *empiuto* 동명사 empiendo	*empio* empi *empie* empiamo empite *empiono*	empivo empivi empiva empivamo empivate empivano	empii, *empiei* empisti, *empiesti* empì, *empié* empimmo, *empiemmo* empiste, *empieste* empirono, *empierono*	empirò empirai empirà empiremo empirete empiranno
51 ergere 現在分詞 ergente 過去分詞 *erto* 동명사 ergendo	ergo ergi erge ergiamo ergete ergono	ergevo ergevi ergeva ergevamo ergevate ergevano	*ersi* ergesti *erse* ergemmo ergeste *ersero*	ergerò ergerai ergerà ergeremo ergerete ergeranno
52 esigere 現在分詞 esigente 過去分詞 *esatto* 동명사 esigendo	esigo esigi esige esigiamo esigete esigono	esigevo esigevi esigeva esigevamo esigevate esigevano	esigei, esigetti esigesti esigè, esigette esigemmo esigeste esigerono, esigettero	esigerò esigerai esigerà esigeremo esigerete esigeranno
53 espellere 現在分詞 espellente 過去分詞 *espulso* 동명사 espellendo	espello espelli espelle espelliamo espellete espellono	espellevo espellevi espelleva espellevamo espellevate espellevano	*espulsi* espellesti *espulse* espellemmo espelleste *espulsero*	espellerò espellerai espellerà espelleremo espellerete espelleranno

命令法	接　　續　　法		條件法
現　在	現　在	不完了過去	現　在
——	elida	elidessi	eliderei
elidi	elida	elidessi	elideresti
elida	elida	elidesse	eliderebbe
elidiamo	elidiamo	elidessimo	elideremmo
elidete	elidiate	elideste	elidereste
elidano	elidano	elidessero	eliderebbero
——	emerga	emergessi	emergerei
emergi	emerga	emergessi	emergeresti
emerga	emerga	emergesse	emergerebbe
emergiamo	emergiamo	emergessimo	emergeremmo
emergete	emergiate	emergeste	emergereste
emergano	emergano	emergessero	emergerebbero
——	*empia*	empissi	empirei
empi	*empia*	empissi	empiresti
empia	*empia*	empisse	empirebbe
empiamo	empiamo	empissimo	empiremmo
empite	empiate	empiste	empireste
empiano	*empiano*	empissero	empirebbero
——	erga	ergessi	ergerei
ergi	erga	ergessi	ergeresti
erga	erga	ergesse	ergerebbe
ergiamo	ergiamo	ergessimo	ergeremmo
ergete	ergiate	ergeste	ergereste
ergano	ergano	ergessero	ergerebbero
——	esiga	esigessi	esigerei
esigi	esiga	esigessi	esigeresti
esiga	esiga	esigesse	esigerebbe
esigiamo	esigiamo	esigessimo	esigeremmo
esigete	esigiate	esigeste	esigereste
esigano	esigano	esigessero	esigerebbero
——	espella	espellessi	espellerei
espelli	espella	espellessi	espelleresti
espella	espella	espellesse	espellerebbe
espelliamo	espelliamo	espellessimo	espelleremmo
espellete	espelliate	espelleste	espellereste
espellano	espellano	espellessero	espellerebbero

不定法	直說法			
	現在	不完了過去	遠過去	未來
54 esplodere 現在分詞 esplodente 過去分詞 *esploso* 동명사 esplodendo	esplodo esplodi esplode esplodiamo esplodete esplodono	esplodevo esplodevi esplodeva esplodevamo esplodevate esplodevano	*esplosi* esplodesti *esplose* esplodemmo esplodeste *esplosero*	espolderò esploderai esploderà esploderemo esploderete esploderanno
55 evadere 現在分詞 evadente 過去分詞 *evaso* 동명사 evadendo	evado evadi evade evadiamo evadete evadono	evadevo evadevi evadeva evadevamo evadevate evadevano	*evasi* evadesti *evase* evademmo evadeste *evasero*	evaderò evaderai evaderà evaderemo evaderete evaderanno
56 fare 現在分詞 *facente* 過去分詞 *fatto* 동명사 *facendo*	*faccio* *fai* *fa* *facciamo* *fate* *fanno*	*facevo* *facevi* *faceva* *facevamo* *facevate* *facevano*	*feci* *facesti* *fece* *facemmo* *faceste* *fecero*	*farò* *farai* *farà* *faremo* *farete* *faranno*
57 figgere 現在分詞 figgente 過去分詞 *fitto* 동명사 figgendo	figgo figgi figge figgiamo figgete figgono	figgevo figgevi figgeva figgevamo figgevate figgevano	*fissi* fingesti *fisse* figgemmo figgeste *fissero*	figgerò figgerai figgerà figgeremo figgerete figgeranno
58 fingere 現在分詞 fingente 過去分詞 *finto* 동명사 fingendo	fingo fingi finge fingiamo fingete fingono	fingevo fingevi fingeva fingevamo fingevate fingevano	*finsi* fingesti *finse* fingemmo fingeste *finsero*	fingerò fingerai fingerà fingeremo fingerete fingeranno
59 flettere 現在分詞 flettente 過去分詞 *flesso* 동명사 flettendo	fletto fletti flette flettiamo flettete flettono	flettevo flettevi fletteva flettevamo flettevate flettevano	flettei flcttesti fletté flettemmo fletteste fletterono	fletterò fletterai fletterà fletteremo fletterete fletteranno

命令法	接續法		條件法
現在	現在	不完了過去	現在
——	esploda	esplodessi	esploderei
esplodi	esploda	esplodessi	esploderesti
esploda	esploda	esplodesse	esploderebbe
esplodiamo	esplodiamo	esplodessimo	esploderemmo
esplodete	esplodiate	esplodeste	esplodereste
esplodano	esplodano	esplodessero	esploderebbero
——	evada	evadessi	evaderei
evadi	evada	evadessi	evaderesti
evada	evada	evadesse	evaderebbe
evadiamo	evadiamo	evadessimo	evaderemmo
evadete	evadiate	evadeste	evadereste
evadano	evadano	evadessero	evaderebbero
——	*faccia*	*facessi*	*farei*
fa', fa, fai	*faccia*	*facessi*	*faresti*
faccia	*faccia*	*facesse*	*farebbe*
facciamo	*facciamo*	*facessimo*	*faremmo*
fate	*facciate*	*faceste*	*fareste*
facciano	*facciano*	*facessero*	*farebbero*
——	*figga*	*figgessi*	figgerei
figgi	*figga*	*figgessi*	figgeresti
figga	*figga*	*figgesse*	figgerebbe
figgiamo	figgiamo	figgessimo	figgeremmo
figgete	figgiate	figgeste	figgereste
figgano	figgano	figgessero	figgerebbero
——	finga	fingessi	fingerei
fingi	finga	fingessi	fingeresti
finga	finga	fingesse	fingerebbe
fingiamo	fingiamo	fingessimo	fingeremmo
fingete	fingiate	fingeste	fingereste
fingano	fingano	fingessero	fingerebbero
——	fletta	flettessi	fletterei
fletti	fletta	flettessi	fletteresti
fletta	fletta	flettesse	fletterebbe
flettiamo	flettiamo	flettessimo	fletteremmo
flettete	flettiate	fletteste	flettereste
flettano	flettano	flettessero	fletterebbero

不定法	直說法			
	現在	不完了過去	遠過去	未來
60 **fondere** 現在分詞 fondente 過去分詞 fuso 동명사 fondendo	fondo fondi fonde fondiamo fondete fondono	fondevo fondevi fondeva fondevamo fondevate fondevano	*fusi* fondesti *fuse* fondemmo fondeste *fusero*	fonderò fonderai fonderà fonderemo fonderete fonderanno
61 **frangere** 現在分詞 frangente 過去分詞 *franto* 동명사 frangendo	frango frangi frange frangiamo frangete frangono	frangevo frangevi frangeva frangevamo frangevate frangevano	*fransi* frangesti *franse* frangemmo frangeste *fransero*	frangerò frangerai frangerà frangeremo frangerete frangeranno
62 **friggere** 現在分詞 friggente 過去分詞 *fritto* 동명사 friggendo	friggo friggi frigge friggiamo friggete friggono	friggevo friggevi friggeva friggevamo friggevate friggevano	*frissi* friggesti *frisse* friggemmo friggeste *frissero*	friggerò friggerai friggerà friggeremo friggerete friggeranno
63 **giacere** 現在分詞 giacente 過去分詞 *giaciuto* 동명사 giacendo	*giaccio* giaci giace *giacciamo* giacete *giacciono*	giacevo giacevi giaceva giacevamo giacevate giacevano	*giacqui* giacesti *giacque* giacemmo giaceste *giacquero*	giacerò giacerai giacerà giaceremo giacerete giaceranno
64 **giungere** 現在分詞 giungente 過去分詞 *giunto* 동명사 giungendo	giungo giungi giunge giungiamo giungete giungono	giungevo giungevi giungeva giungevamo giungevate giungevano	*giunsi* giungesti *giunse* giungemmo giungeste *giunsero*	giungerò giungerai giungerà giungeremo giungerete giungeranno
65 **godere** 現在分詞 godente 過去分詞 *goduto* 동명사 godendo	godo godi gode godiamo godete godono	godevo godevi godeva godevamo godevate godevano	godei godetti godesti, godette godemmo godeste goderono, godettero	*godrò* *godrai* *godrà* *godremo* *godrete* *godranno*

命令法	接 続 法		條件法
現 在	現 在	不完了過去	現 在
——	fonda	fondessi	fonderei
fondi	fonda	fondessi	fonderesti
fonda	fonda	fondesse	fonderebbe
fondiamo	fondiamo	fondessimo	fonderemmo
fondete	fondiate	fondeste	fondereste
fondano	fondano	fondessero	fonderebbero
——	franga	frangessi	frangerei
frangi	franga	frangessi	frangeresti
franga	franga	frangesse	frangerebbe
frangiamo	frangiamo	frangessimo	frangeremmo
frangete	frangiate	frangeste	frangereste
frangano	frangano	frangessero	frangerebbero
——	frigga	friggessi	friggerei
friggi	frigga	friggessi	friggeresti
frigga	frigga	friggesse	friggerebbe
friggiamo	friggiamo	friggessimo	friggeremmo
friggete	friggiate	friggeste	friggereste
friggano	friggano	friggessero	friggerebbero
——	*giaccia*	giacessi	giacerei
giaci	*giaccia*	giacessi	giaceresti
giaccia	*giaccia*	giacesse	giacerebbe
giaciamo	*giacciamo*	giacessimo	giaceremmo
giacete	*giacciate*	giaceste	giacereste
giacciano	*giacciano*	giacessero	giacerebbero
——	giunga	giungessi	giungerei
giungi	giunga	giungessi	giungeresti
giunga	giunga	giungesse	giungerebbe
giungiamo	giungiamo	giungessimo	giungeremmo
giungete	giungiate	giungeste	giungereste
giungano	giungano	giungessero	giungerebbero
——	goda	godessi	*godrei*
godi	goda	godessi	*godresti*
goda	goda	godesse	*godrebbe*
godiamo	godiamo	godessimo	*godremmo*
godete	godiate	godeste	*godreste*
godano	godano	godessero	*godrebbero*

不定法	直說法			
	現在	不完了過去	遠過去	未來
66 **incidere** 現在分詞 incidente 過去分詞 *inciso* 동명사 incidendo	incido incidi incide incidiamo incidete incidono	incidevo incidevi incideva incidevamo incidevate incidevano	*incisi* incidesti *incise* incidemmo incideste *incisero*	inciderò inciderai inciderà incideremo inciderete incideranno
67 **indulgere** 現在分詞 indulgente 過去分詞 *indulto* 동명사 indulgendo	indulgo indulgi indulge indulgiamo indulgete indulgono	indulgevo indulgevi indulgeva indulgevamo indulgevate indulgevano	*indulsi* indulgesti *indulse* indulgemmo indulgeste *indulsero*	indulgerò indulgerai indulgera indulgeremo indulgerete indulgeranno
68 **intridere** 現在分詞 intridente 過去分詞 *intriso* 동명사 intridendo	intrido intridi intride intridiamo intridete intridono	intridevo intridevi intrideva intridevamo intridevate intridevano	*intrisi* intridesti *intrise* intridemmo intrideste *intrisero*	intriderò intriderai intriderà intrideremo intriderete intrideranno
69 **intrudere** 現在分詞 intrudente 過去分詞 *intruso* 동명사 intrudendo	intrudo intrudi intrude intrudiamo intrudete intrudono	intrudevo intrudevi intrudeva intrudevamo intrudevate intrudevano	*intrusi* intrudesti *intruse* intrudemmo intrudeste *intrusero*	intruderò intruderai intruderà intruderemo intruderete intruderanno
70 **invadere** 現在分詞 invadente 過去分詞 *invaso* 동명사 invadendo	invado invadi invade invadiamo invadete invadono	invadevo invadevi invadeva invadevamo invadevate invadevano	*invasi* invadesti *invase* invademmo invadeste *invasero*	invaderò invaderai invaderà invaderemo invaderete invaderanno
71 **ledere** 現在分詞 ledente 過去分詞 *leso* 동명사 ledendo	ledo ledi lede lediamo ledete ledono	ledevo ledevi ledeva ledevamo ledevate ledevano	*lesi* ledesti *lese* ledemmo ledeste *lesero*	ledero lederai lederà lederemo lederete lederanno

命令法	接　　續　　法		條件法
現　　在	現　　在	不完了過去	現　　在
——	incida	incidessi	inciderei
incidi	incida	incidessi	incideresti
incida	incida	incidesse	inciderebbe
incidiamo	incidiamo	incidessimo	incideremmo
incidete	incidiate	incideste	incidereste
incidano	incidano	incidessero	inciderebbero
——	indulga	indulgessi	indulgerei
indulgi	indulga	indulgessi	indulgeresti
indulga	indulga	indulgesse	indulgerebbe
indulgiamo	indulgiamo	indulgessimo	indulgeremmo
indulgete	indulgiate	indulgeste	indulgereste
indulgano	indulgano	indulgessero	indulgerebbero
——	intrida	intridessi	intriderei
intridi	intrida	intridessi	intrideresti
intrida	intrida	intridesse	intriderebbe
intridiamo	intridiamo	intridessimo	intrideremmo
intridete	intridiate	intrideste	intridereste
intridano	intridano	intridessero	intriderebbero
——	intruda	intrudessi	intruderei
intrudi	intruda	intrudessi	intruderesti
intruda	intruda	intrudesse	intruderebbe
intrudiamo	intrudiamo	intrudessimo	intruderemmo
intrudete	intrudiate	intrudeste	intrudereste
intrudano	intrudano	intrudessero	intruderebbero
——	invada	invadessi	invaderei
invadi	invada	invadessi	invaderesti
invada	invada	invadesse	invaderebbe
invadiamo	invadiamo	invadessimo	invaderemmo
invadete	invadiate	invadeste	invadereste
invadano	invadano	invadessero	invaderebbero
——	leda	ledessi	lederei
ledi	leda	ledessi	lederesti
leda	leda	ledesse	lederebbe
lediamo	lediamo	ledessimo	lederemmo
ledete	lediate	ledeste	ledereste
ledano	ledano	ledessero	lederebbero

不定法	直說法			
	現在	不完了過去	遠過去	未來
72 **leggere** 現在分詞 leggente 過去分詞 *letto* 동명사 leggendo	leggo leggi legge leggiamo leggete leggono	leggevo leggevi leggeva leggevamo leggevate leggevano	*lessi* leggesti *lesse* leggemo leggeste *lessero*	leggerò leggerai leggerà leggeremo leggerete leggeranno
73 **mettere** 現在分詞 mettente 過去分詞 *messo* 동명사 mettendo	metto metti mette mettiamo mettete mettono	mettevo mettevi metteva mettevamo mettevate mettevano	*misi* mettesti *mise* mettemmo metteste *misero*	metterò metterai metterà metteremo metterete metteranno
74 **mordere** 現在分詞 mordente 過去分詞 *morso* 동명사 mordendo	mordo mordi morde mordiamo mordete mordono	mordevo mordevi mordeva mordevamo mordevate mordevano	*morsi* mordesti *morse* mordemmo mordeste *morsero*	morderò morderai morderà morderemo morderete morderanno
75 **morire** 現在分詞 morente 過去分詞 *morto* 동명사 morendo	*muoio* *muori* *muore* moriamo morite *muoiono*	morivo morivo moriva morivamo morivate morivano	morii moristi morì morimmo moriste morirono	morirò, *morrò* morirai, *morrai* morirà, *morrà* moriremo, *morremo* morirete, *morrete* moriranno, *morranno*
76 **mungere** 現在分詞 mungente 過去分詞 *munto* 동명사 mungendo	mungo mungi munge mungiamo mungete mungono	mungevo mungevi mungeva mungevamo mungevate mungevano	*munsi* mungesti *munse* mungemmo mungeste *munsero*	mungerò mungerai mungerà mungeremo mungerete mungeranno
77 **muovere** 現在分詞 *movente* 過去分詞 *mosso* 동명사 *movendo*	muovo muovi muove *moviamo* *movete* muovono	*movevo* *movevi* *moveva* *movevamo* *movevate* *movevano*	*mossi* *movesti* *mosse* *movemmo* *moveste* *mossero*	*moverò* *moverai* *moverà* *moveremo* *moverete* *moveranno*

命令法	接續法		條件法
現在	現在	不完了過去	現在
——	legga	leggessi	leggerei
leggi	legga	leggessi	leggeresti
legga	legga	leggesse	leggerebbe
leggiamo	leggiamo	leggessimo	leggeremmo
leggete	leggiate	leggeste	leggereste
leggano	leggano	leggessero	leggerebbero
——	metta	mettessi	metterei
metti	metta	mettessi	metteresti
metta	metta	mettesse	metterebbe
mettiamo	mettiamo	mettessimo	metteremmo
mettete	mettiate	metteste	mettereste
mettano	mettano	mettessero	metterebbero
——	morda	mordessi	morderei
mordi	morda	mordessi	morderesti
morda	morda	mordesse	morderebe
mordiamo	mordiamo	mordessimo	morderemmo
mordete	mordiate	mordeste	mordereste
mordano	mordano	mordessero	morderebbero
——	*muoia*	morissi	morirei, *morrei*
muori	*muoia*	morissi	moriresti, *morresti*
muoia	*muoia*	morisse	morirebbe, *morrebbe*
moriamo	moriamo	morissimo	moriremmo, *morremmo*
morite	moriate	moriste	morireste, *morreste*
muoiano	*muoiano*	morissero	morirebbero, *morrebbero*
——	munga	mungessi	mungerei
mungi	munga	mungessi	mungeresti
munga	munga	mungesse	mungerebbe
mungiamo	mungiamo	mungessimo	mungeremmo
mungete	mungiate	mungeste	mungereste
mungano	mungano	mungessero	mungerebbero
——	muova	*movessi*	*moverei*
muovi	muova	*movessi*	*moveresti*
muova	muova	*movesse*	*moverebbe*
moviamo	*moviamo*	*movessimo*	*moveremmo*
movete	*moviate*	*moveste*	*movereste*
muovano	muovano	*movessero*	*moverebbero*

不定法	直　　說　　法			
	現在	不完了過去	遠過去	未來
78 **nascere** 現在分詞 nascente 過去分詞 *nato* 동명사 nascendo	nasco nasci nasce nasciamo nascete nascono	nascevo nascevi nasceva nascevamo nascevate nascevano	*nacqui* nascesti *nacque* nascemmo nasceste *nacquero*	nascerò nascerai nascerà nasceremo nascerete nasceranno
79 **nascondere** 現在分詞 nascondente 過去分詞 *nascosto* 동명사 nascondendo	nascondo nascondi nasconde nascondiamo nascondete nascondono	nascondevo nascondevi nascondeva nascondevamo nascondevate nascondevano	*nascosi* nascondesti *nascose* nascondemmo nascondeste *nascosero*	nasconderò nasconderai nasconderà nasconderemo nasconderete nasconderanno
80 **nuocere** 現在分詞 *nocente* 過去分詞 *nociuto* 동명사 *nocendo*	noccio, nuoccio nuoci nuoce nociamo, nocciamo nocete nocciono, nuocciono	*nocevo* *nocevi* *noceva* nocevamo nocevate nocevano	*nocqui* *nocesti* *nocque* nocemmo noceste *nocquero*	*nocerò* *nocerai* *nocerà* noceremo nocerete noceranno
81 **offrire** 現在分詞 offrente 過去分詞 *offerto* 동명사 offrendo	offro offri offre offriamo offrite offrono	offrivo offrivi offriva offrivamo offrivate offrivano	offrii offristi offrì offrimmo offriste offrirono	offrirò offrirai offrirà offriremo offrirete offriranno
82 **parere** 現在分詞 *parvente* 過去分詞 *parso* 동명사 parendo	*paio* pari pare paiamo parete *paiono*	parevo parevi pareva parevamo parevate parevano	*parvi* paresti *parve* paremmo pareste *parvero*	*parrò* *parrai* *parrà* parremo parrete parranno
83 **percuotere** 現在分詞 *percotente* 過去分詞 *percosso* 동명사 *percotendo*	percuoto percuoti percuote percotiamo percotete percuotono	*percotevo* *percotevi* *percoteva* percotevamo percotevate percotevano	*percossi* *percotesti* *percosse* percotemmo percoteste *percossero*	*percoterò* *percoterai* *percoterà* *percoteremo* *percoterete* *percoteranno*

命令法	接續法		條件法
現在	現在	不完了過去	現在
——	nasca	nascessi	nascerei
nasci	nasca	nascessi	nasceresti
nasca	nasca	nascesse	nascerebbe
nasciamo	nasciamo	nascessimo	masceremmo
nascete	nasciate	nasceste	nascereste
nascano	nascano	nascessero	nascerebbero
——	nasconda	nascondessi	nasconderei
nascondi	nasconda	nascondessi	nasconderesti
nasconda	nasconda	nascondesse	nasconderebbe
nascondiamo	nascondiamo	nascondessimo	nasconderemmo
nascondete	nascondiate	nascondeste	nasdondereste
nascondano	nascondano	nascondessero	nasconderebbero
——	*noccia*	*nocessi*	*nocerei*
nuoci	*noccia*	*nocessi*	*noceresti*
noccia	*noccia*	*nocesse*	*nocerebbe*
nociamo	*nociamo*	*nocessimo*	*noceremmo*
nocete	*nociate*	*noceste*	*nocereste*
nocciano	*nocciano*	*nocessero*	*nocerebbero*
——	offra	offrissi	offrirei
offri	offra	offrissi	offriresti
offra	offra	offrisse	offrirebbe
offriamo	offriamo	offrissimo	offriremmo
offrite	offriate	offriste	offrireste
offrano	offrano	offrissero	offrirebbero
——	*paia*	paressi	*parrei*
——	*paia*	paressi	*parresti*
——	*paia*	paresse	*parrebbe*
——	*paiamo*	paressimo	*parremmo*
——	*paiate*	pareste	*parreste*
——	*paiano*	paressero	*parrebbero*
——	percuota	*percotessi*	*percoterei*
percuoti	percuota	*percotessi*	*percoteresti*
percuota	percuota	*percotesse*	*percoterebbe*
percotiamo	*percotiamo*	*percotessimo*	*percoteremmo*
percotete	*percotiate*	*percoteste*	*percotereste*
percuotano	percuotano	*percotessero*	*percoterebbero*

	直 説 法			
不定法	現在	不完了過去	遠過去	未来
84 **perdere** 現在分詞 perdente 過去分詞 *perso* perduto 동명사 perdendo	perdo perdi perde perdiamo perdete perdono	perdevo perdevi perdeva perdevamo perdevate perdevano	*persi,* perdei perdesti, *perse, perdé* perdemmo perdeste *persero,* perderono	perderò perderai perderà perderemo perderete perderanno
85 **persuadere** 現在分詞 persuadente 過去分詞 *persuaso* 동명사 persuadendo	persuado persuadi persuade persuadiamo persuadete persuadono	persuadevo persuadevi persuadeva persuadevamo persuadevate persuadevano	*persuasi* persuadesti *persuase* persuademmo persuadeste *persuasero*	persuaderò persuaderai persuaderà persuaderemo persuaderete persuaderanno
86 **piacere** 現在分詞 piacente 過去分詞 *piaciuto* 동명사 piacendo	*piaccio* piaci piace *piacciamo* piacete *piacciono*	piacevo piacevi piaceva piacevamo piacevate piacevano	*piacqui* piacesti *piacque* piacemmo piaceste *piacquero*	piacerò piacerai piacerà piaceremo piacerete piaceranno
87 **piangere** 現在分詞 piangente 過去分詞 *pianto* 동명사 piangendo	piango piangi piange piangiamo piangete piangono	piangevo piangevi piangeva piangevamo piangevate piangevano	*piansi* piangesti *pianse* piangemmo piangeste *piansero*	piangerò piangerai piangerà piangeremo piangerete piangeranno
88 **piovere** 現在分詞 piovente 過去分詞 *piovuto* 동명사 piovendo	— — piove — — piovono	— — pioveva — — piovevano	— — *piovve* — — *piovvero*	— — *pioverà* — — pioveranno
89 **porgere** 現在分詞 porgente 過去分詞 *porto* 동명사 porgendo	porgo porgi porge porgiamo porgete porgono	porgevo porgevi porgeva porgevamo porgevate porgevano	*porsi* porgesti *porse* porgemmo porgeste *porsero*	porgerò porgerai porgerà porgeremo porgerete porgeranno

命令法	接續法		條件法
現在	現在	不完了過去	現在
—	perda	perdessi	perderei
perdi	perda	perdessi	perderesi
perda	perda	perdesse	perderebbe
perdiamo	perdiamo	perdessimo	perderemmo
perdete	perdiate	perdeste	perdereste
perdano	perdano	perdessero	perderebbero
—	persuada	persuadessi	persuaderei
persuadi	persuada	persuadessi	persuaderesti
persuada	persuada	persuadesse	persuaderebbe
persuadiamo	persuadiamo	persuadessimo	persuaderemmo
persuadete	persuadiate	persuadeste	persuadereste
persuadano	persuadano	persuadessero	persuaderebbero
—	*piaccia*	piacessi	piacerei
piaci	*piaccia*	piacessi	piaceresti
piaccia	*piaccia*	piacesse	piacerebbe
piacciamo	*piacciamo*	piacessimo	piaceremmo
piacete	*piacciate*	piaceste	piacereste
piacciano	*piacciano*	piacessero	piacerebbero
—	pianga	piangessi	piangerei
piangi	pianga	piangessi	piangeresti
pianga	pianga	piangesse	piangerebbe
piangiamo	piangiamo	piangessimo	piangeremmo
piangete	piangiate	piangeste	piangereste
piangano	piangano	piangessero	piangerebbero
—	—	—	—
—	piova	piovesse	pioverebbe
—	—	—	—
—	piovano	piovessero	pioverebbero
—	porga	porgessi	porgerei
porgi	porga	porgessi	porgeresti
porga	porga	porgesse	porgerebbe
porgiamo	porgiamo	porgessimo	porgeremmo
porgete	porgiate	porgeste	porgereste
porgano	porgano	porgessero	porgerebbero

不定法	直說法			
	現在	不完了過去	遠過去	未來
90 porre 現在分詞 ponente 過去分詞 posto 동명사 ponendo	*pongo* poni pone poniamo ponete *pongono*	ponevo ponevi poneva ponevano ponevate ponevano	*posi* ponesti pose ponemmo poneste posero	porrò porrai porrà porremo porrete porranno
91 potere 現在分詞 potente 過去分詞 potuto 동명사 potendo	*posso* puoi può possiamo potete *possono*	potevo potevi poteva potevamo potevate potevano	potei, (稀) potetti potesti potè, (稀) potette potemmo poteste poterono, (稀) potéttero	potrò potrai potrà potremo potrete potranno
92 prediligere 現在分詞 predilgente 過去分詞 *prediletto* 동명사 prediligendo	prediligo prediligi predilige prediligiamo prediligete prediligono	prediligevo prediligevi perdiligeva prediligevamo prediligevate prediligevano	*predilessi* prediligesti *predilesse* prediligemmo prediligeste *predilessero*	prediligerò prediligerai prediligerà prediligeremo prediligerete prediligeranno
93 premere 現在分詞 premente 過去分詞 premuto 동명사 premendo	premo premi preme premiamo premete premono	premevo premevi premeva premevamo premevate premevano	premei, premetti premesti premè, premette prememmo premeste premerono, premettero	premerò premerai premerà premeremo premerete premeranno
94 prendere 現在分詞 prendente 過去分詞 *preso* 동명사 prendendo	prendo prendi prende prendiamo prendete prendono	prendevo prendevi prendeva prendevamo prendevate prendevano	*presi* prendesti *prese* prendemmo prendeste *presero*	prenderò prenderai prenderà prenderemo prenderete prenderanno
95 presumere 現在分詞 presumente 過去分詞 *presunto* 동명사 presumendo	presumo presumi presume presumiamo presumete presumono	presumevo presumevi presumeva presumevamo presumevate presumevano	*presunsi* presumesti *presunse* presumemmo presumeste *presunsero*	presumerò presumerai presumerà presumeremo presumerete presumeranno

命令法	接 續 法		條件法
現 在	現 在	不完了過去	現 在
——	ponga	ponessi	porrei
poni	ponga	ponessi	porresti
ponga	ponga	ponesse	porrebbe
poniamo	poniamo	ponessimo	porremmo
ponete	poniate	poneste	porreste
pongano	pongano	ponessero	porrebbero
——	possa	potessi	potrei
——	possa	potessi	potresti
——	possa	potesse	potrebbe
——	possiamo	potessimo	potremmo
——	possiate	poteste	potreste
——	possano	potessero	potrebbero
——	prediliga	prediligessi	prediligerei
predilegi	prediliga	prediligessi	prediligeresti
prediliga	prediliga	prediligesse	prediligerebbe
prediligiamo	prediligiamo	prediligessimo	prediligeremmo
prtdiligete	prediligiate	prediligeste	prediligereste
predilgano	prediligano	prediligessero	prediligerebbero
——	prema	premessi	premerei
premi	prema	premessi	premeresti
prema	prema	premesse	premerebbe
premiamo	premiamo	premessimo	premeremmo
premete	premiate	premeste	premereste
premano	premano	premessero	premerebbero
——	prenda	prendessi	prenderei
prendi	prenda	prendessi	prenderesti
prenda	prenda	prendesse	prenderebbbe
prendiamo	prendiamo	prendessimo	prenderemmo
prendete	prendiate	prendeste	prendereste
prendano	prendano	prendessero	prenderebbero
——	presuma	presumessi	presumerei
presumi	presuma	presumessi	presumeresti
presuma	presuma	presumesse	presumerebbe
presumiamo	presumiamo	presumessimo	presumeremmo
presumete	presumiate	presumeste	presumereste
presumano	presumano	presumessero	presumerebbero

不定法	直說法			
	現在	不完了過去	遠過去	未來
96 **proteggere** 現在分詞 proteggente 過去分詞 *protetto* 동명사 proteggendo	proteggo proteggi protegge proteggiamo proteggeto proteggono	proteggevo proteggevi proteggeva proteggevamo proteggevate proteggevano	*protessi* proteggesti *protesse* proteggemmo proteggeste *protessero*	proteggerò proteggerai proteggerà proteggeremo proteggerete proteggeranno
97 **pungere** 現在分詞 pungente 過去分詞 *punto* 동명사 pungendo	pungo pungi punge pungiamo pungete pungono	pungevo pungevi pungeva pungevamo pungevate pungevano	*punsi* pungesti *punse* pungemmo pungeste *punsero*	pungerò pungerai pungerà pungeremo pungerete pungeranno
98 **radere** 現在分詞 radente 過去分詞 *raso* 동명사 radendo	rado radi rade radiamo radete radono	radevo radevi radeva radevamo radevate radevano	*rasi* radesti *rase* rademmo radeste *rasero*	raderò raderai raderà raderemo raderete raderanno
99 **recidere** 現在分詞 recidente 過去分詞 *reciso* 동명사 recidendo	recido recidi recide recidiamo recidete recidono	recidevo recidevi recideva recidevamo recidevate recidevano	*recisi* recidesti *recise* recidemmo recideste *recisero*	reciderò reciderai reciderà recideremo reciderete recideranno
100 **redigere** 現在分詞 redigente 過去分詞 *redatto* 동명사 redigendo	redigo redigi redige redigiamo redigete redigono	redigevo redigevi redigeva redigevamo redigevate redigevano	*redassi* redigesti *redasse* redigemmo redigeste *redassero*	redigerò redigerai redigerà redigeremo redigerete redigeranno
101 **redimere** 現在分詞 redimente 過去分詞 *redento* 동명사 redimendo	redimo redimi redime redimiamo redimete redimono	redimevo redimevi redimeva redimevamo redimevate redimevano	*redensi* redimesti *redense* redimemmo redimeste *redensero*	redimerò redimerai redimerà redimeremo redimerete redimeranno

命令法	接 續 法		條件法
現 在	現 在	不完了過去	現 在
——	proteggа	proteggessi	proteggerei
proteggi	proteggа	proteggessi	proteggeresti
protegga	protegga	proteggesse	proteggerebbe
proteggiamo	proteggiamo	porteggessimo	proteggeremmo
proteggete	proteggiate	proteggeste	proteggereste
proteggano	proteggano	proteggessero	proteggerebbero
——	punga	pungessi	pungerei
pungi	punga	pungessi	pungeresti
punga	punga	pungesse	pungerebbe
pungiamo	pungiamo	pungessimo	pungeremmo
pungete	pungiate	pungeste	pungereste
pungano	pungano	pungessero	pungerebbero
——	rada	radessi	raderei
radi	rada	radessi	raderesti
rada	rada	radesse	raderebbe
radiamo	radiamo	radessimo	raderemmo
radete	radiate	radeste	radereste
radano	radano	radessero	raderebbero
——	recida	recidessi	reciderei
recidi	recida	recidessi	recideresti
recida	recida	recidesse	reciderebbe
recidiamo	recidiamo	recidessimo	recideremmo
recidete	recidiate	recideste	recidereste
recidano	recidano	recidessero	reciderebbero
——	rediga	redigessi	redigerei
redigi	rediga	redigessi	redigeresti
rediga	rediga	redigesse	redigerebbe
redigiamo	redigiamo	redigessimo	redigeremmo
redigete	redigiate	redigeste	redigereste
redigano	redigano	redigessero	redigerebbero
——	redima	redimessi	redimerei
redimi	redima	redimessi	redimeresti
redima	redima	redimesse	redimerebbe
redimiamo	redimiamo	redimessimo	redimeremmo
redimete	redimiate	redimeste	redimereste
redimano	redimano	redimessero	redimerebbero

不定法	直說法			
	現在	不完了過去	遠過去	未來
102 **reggere** 現在分詞 reggente 過去分詞 retto 동명사 reggendo	reggo reggi regge reggiamo reggete reggono	reggevo reggevi reggeva reggevamo reggevate reggevano	*ressi* reggesti *resse* reggemmo reggeste *ressero*	reggerò reggerai reggerà reggeremo reggerete reggeranno
103 **rendere** 現在分詞 rendente 過去分詞 reso 동명사 potendo	rendo rendi rende rendiamo rendete rendono	rendevo rendevi rendeva rendevamo rendevate rendevano	*resi* rendesti *rese* rendemmo rendeste *resero*	renderò renderai renderà renderemo renderete renderanno
104 **retrocedere** 現在分詞 retrocedente 過去分詞 *retrocesso,* retroceduto 동명사 retrocedendo	retrocedo retrocedi retrocede retrocediamo retrocedete retrocedono	retrocedevo retrocedevi retrocedeva retrocedevamo retrocedevate retrocedevano	*retrocessi,* retrocedei retrocedesti *retrocesse,* retrocedè retrocedemmo retrocedeste *retrocessero,* retrocederono	retrocederò retrocederai retrocederà retrocederemo retrocederete retrocederanno
105 **ridere** 現在分詞 ridente 過去分詞 riso 동명사 ridendo	rido ridi ride ridiamo ridete ridono	ridevo ridevi rideva ridevamo ridevate ridevano	*risi* ridesti *rise* ridemmo rideste *risero*	riderò riderai riderà rideremo riderete rideranno
106 **rifulgere** 現在分詞 rifulgente 過去分詞 *rifulso* 동명사 rifulgendo	rifulgo rifulgi rifulge rifulgiamo rifulgete rifulgono	rifulgevo rifulgevi rifulgeva rifulgevamo rifulgevate rifulgevano	*rifulsi* rifulgesti *rifulse* rifulgemmo rifulgeste *rifulsero*	rifulgerò rifulgerai rifulgerà rifulgeremo rifulgerete rifulgeranno
107 **rilucere** 現在分詞 rilucente 過去分詞 동명사 rilucendo	riluco riluci riluce riluciamo rilucete rilucono	rilucevo rilucevi riluceva rilucevamo rilucevate rilucevano	rilucei rilucesti rilucé rilucemmo riluceste rilucerono	rilucerò rilucerai rilucerà riluceremo rilucerete riluceranno

命 令 法	接 續 法		條 件 法
現 在	現 在	不完了過去	現 在
——	regga	reggessi	reggerei
reggi	regga	reggessi	reggeresti
regga	regga	reggesse	reggerebbe
reggiamo	reggiamo	reggessimo	reggeremmo
reggete	reggiate	reggeste	reggereste
reggano	reggano	reggessero	reggerebbero
——	renda	rendessi	renderei
rendi	renda	rendessi	renderesti
renda	renda	rendesse	renderebbe
rendiamo	rendiamo	rendessimo	renderemmo
rendete	rendiate	rendeste	rendereste
rendano	rendano	rendessero	renderebbero
——	retroceda	retrocedessi	retrocederei
retrocedi	retroceda	retrocedessi	retrocederesti
retroceda	retroceda	retrocedesse	retrocederebbe
retrocediamo	retrocediamo	retrocedessimo	retrocederemmo
retrocedete	retrocediate	retrocedeste	retrocedereste
retrocedano	retrocedano	retrocedessero	retrocederebbero
——	rida	ridessi	riderei
ridi	rida	ridessi	rideresti
rida	rida	ridesse	riderebbe
ridiamo	ridiamo	ridessimo	rideremmo
ridete	ridiate	rideste	ridereste
ridano	ridano	ridessero	riderebbero
——	rifulga	rifulgessi	rifulgerei
rifulgi	rifulga	rifulgessi	rifulgeresti
rifulga	rifulga	rifulgesse	rifulgerebbe
rifulgiamo	rifulgiamo	rifulgessimo	rifulgeremmo
rifulgete	rifulgiate	rifulgeste	rifulgereste
rifulgano	rifulgano	rifulgessero	rifulgerebbero
——	riluca	rilucessi	rilucerei
riluci	riluca	rilucessi	riluceresti
riluca	riluca	rilucesse	rilucerebbe
riluciamo	riluciamo	rilucessimo	riluceremmo
rilucete	riluciate	riluceste	rilucereste
rilucano	rilucano	rilucessero	rilucerebbero

不定法	直　說　法			
	現在	不完了過去	遠過去	未來
108 **rimanere** 現在分詞 rimanente 過去分詞 *rimasto* 동명사 rimanendo	*rimango* rimani rimane rimaniamo rimanete *rimangono*	rimanevo rimanevi rimaneva rimanevamo rimanevate rimanevano	*rimasi* rimanesti *rimase* rimanemmo rimaneste *rimasero*	*rimarrò* *rimarrai* *rimarrà* *rimarremo* *rimarrete* *rimarranno*
109 **rispondere** 現在分詞 rispondente 過去分詞 *risposto* 동명사 rispondendo	rispondo rispondi risponde rispondiamo rispondete rispondono	rispondevo rispondevi rispondeva rispondevamo rispondevate rispondevano	*risposi* rispondesti *rispose* rispondemmo rispondeste *risposero*	risponderò risponderai risponderà risponderemo risponderete risponderanno
110 **rodere** 現在分詞 rodente 過去分詞 *roso* 동명사 rodendo	rodo rodi rode rodiamo rodete rodono	rodevo rodevi rodeva rodevamo rodevate rodevano	*rosi* rodesti *rose* rodemmo rodeste *rosero*	roderò roderai roderà roderemo roderete roderanno
111 **rompere** 現在分詞 rompente 過去分詞 *rotto* 동명사 rompendo	rompo rompi rompe rompiamo rompete rompono	rompevo rompevi rompeva rompevamo rompevate rompevano	*ruppi* rompesti *ruppe* rompemmo rompeste *ruppero*	romperò romperai romperà romperemo romperete romperanno
112 **salire** 現在分詞 *saliente* 過去分詞 salito 동명사 salendo	*salgo* sali sale saliamo salite *salgono*	salivo salivi saliva salivamo salivate salivano	salii salisti salì salimmo saliste salirono	salirò salirai salirà saliremo salirete saliranno
113 **sapere** 現在分詞 *sapiente* 過去分詞 saputo 동명사 sapendo	*so* *sai* *sa* *sappiamo* sapete *sanno*	sapevo sapevi sapeva sapevamo sapevate sapevano	*seppi* sapesti *seppe* sapemmo sapeste *seppero*	*saprò* *saprai* *saprà* *sapremo* *saprete* *sapranno*

命 令 法	接 續 法		條 件 法
現　在	現　在	不完了過去	現　在
—	*rimanga*	rimanessi	*rimarrei*
rimani	*rimanga*	rimanessi	*rimarresti*
rimanga	*rimanga*	rimanesse	*rimarrebbe*
rimaniamo	rimaniamo	rimanessimo	*rimarremmo*
rimanete	rimaniate	rimaneste	*rimarreste*
rimangano	*rimangano*	rimanessero	*rimarrebbero*
—	risponda	rispondessi	risponderei
rispondi	risponda	rispondessi	risponderesti
risponda	risponda	rispondesse	risponderebbe
rispondiamo	rispondiamo	rispondessimo	risponderemmo
rispondete	rispondiate	rispondeste	rispondereste
rispondano	rispondano	rispondessero	risponderebbero
—	roda	rodessi	roderei
rodi	roda	rodessi	roderesti
roda	roda	rodesse	roderebbe
rodiamo	rodiamo	rodessimo	roderemmo
rodete	rodiate	rodeste	rodereste
rodano	rodano	rodessero	roderebbero
—	rompa	rompessi	romperei
rompi	rompa	rompessi	romperesti
rompa	rompa	rompesse	romperebbe
rompiamo	rompiamo	rompessimo	romperemmo
rompete	rompiate	rompeste	rompereste
rompano	rompano	rompessero	romperebbero
—	*salga*	salissi	salirei
sali	*salga*	salissi	saliresti
salga	*salga*	salisse	salirebbe
saliamo	saliamo	salissimo	saliremmo
salite	saliate	saliste	salireste
salgano	*salgano*	salissero	salirebbero
—	*sappia*	sapessi	*saprei*
sappi	*sappia*	sapessi	*sapresti*
sappia	*sappia*	sapesse	*saprebbe*
sappiamo	*sappiamo*	sapessimo	*sapremmo*
sappiate	*sappiate*	sapeste	*sapreste*
sappiano	*sappiano*	sapessero	*saprebbero*

不定法	直 說 法			
	現 在	不完了過去	遠 過 去	未 來
114 *scegliere* 現在分詞 *scegliente* 過去分詞 *scelto* 동명사 *scegliendo*	*scelgo* *scegli* sceglie *scegliamo* scegliete *scelgono*	sceglievo sceglievi sceglieva sceglievamo sceglievate sceglievano	*scelsi* scegliesti *scelse* scegliemmo sceglieste *scelsero*	sceglierò sceglierai sceglierà sceglieremo sceglierete sceglieranno
115 *scendere* 現在分詞 *scendente* 過去分詞 *sceso* 동명사 *scendendo*	scendo scendi scende scendiamo scendete scendono	scendevo scendevi scendeva scendevamo scendevate scendevano	*scesi* scendesti *scese* scendemmo scendeste *scesero*	scenderò scenderai scenderà scenderemo scenderete scenderanno
116 *scernere* 現在分詞 *scernente* 過去分詞 (稀) *scernito* 동명사 *scernendo*	scerno scerni scerne scerniamo scernete scernono	scernevo scernevi scerneva scernevamo scernevate scernevano	scernei, *scersi* scernesti scernè, *scerse* scernemmo scerneste scernerono, *scersero*	scernerò scernerai scernerà scerneremo scernerete scerneranno
117 *scindere* 現在分詞 *scindente* 過去分詞 *scisso* 동명사 *scindendo*	scindo scindi scinde scindiamo scindete scindono	scindevo scindevi scindeva scindevamo scindevate scindevano	*scissi* scindesti *scisse* scindemmo scindeste *scissero*	scinderò scinderai scinderà scinderemo scinderete scinderanno
118 *sciogliere* 現在分詞 *sciogliente* 過去分詞 *sciolto* 동명사 *sciogliendo*	*sciolgo* *sciogli* scioglie *sciogliamo* sciogliete *sciolgono*	scioglievo scioglievi scioglieva scioglievamo scioglievate scioglievano	*sciolsi* sciogliesti *sciolse* sciogliemmo scioglieste *sciolsero*	scioglierò scioglierai scioglierà scioglieremo scioglierete scioglieranno
119 *scolpire* 現在分詞 *scolpente* 過去分詞 *scolpito*, *sculto, scolto* (詩) 동명사 *scolpendo*	scolpisco scolpisci scolpisce scolpiamo scolpite scolpiscono	scolpivo scolpivi scolpiva scolpivamo scolpivate scolpivano	scolpii, (詩) *sculsi* scolpisti scolpì (詩) *sculse* scolpimmo scolpiste scolpirono, (詩) *sculsero*	scolpirò scolpirai scolpirà scolpiremo scolpirete scolpiranno

命 令 法	接 續 法		條 件 法
現　在	現　在	不完了過去	現　在
───	*scelga*	scegliessi	sceglierei
scegli	*scelga*	scegliessi	sceglieresti
scelga	*scelga*	scegliesse	sceglierebbe
scegliamo	scegliamo	scegliessimo	sceglieremmo
scegliete	scegliate	sceglieste	scegliereste
scelgano	*scelgano*	scegliessero	sceglierebbero
───	scenda	scendessi	scenderei
scendi	scenda	scendessi	scenderesti
scenda	scenda	scendesse	scenderebbe
scendiamo	scendiamo	scendessimo	scenderemmo
scendete	scendiate	scendeste	scendereste
scendano	scendano	scendessero	scenderebbero
───	scerna	scernessi	scernerei
scerni	scerna	scernessi	scerneresti
scerna	scerna	scernesse	scernerebbe
scerniamo	scerniamo	scernessimo	scerneremmo
scernete	scerniate	scerneste	scernereste
scernano	scernano	scernessero	scernerebbero
───	scinda	scindessi	scinderei
scindi	scinda	scindessi	scinderesti
scinda	scinda	scindesse	scinderebbe
scindiamo	scindiamo	scindessimo	scinderemmo
scindete	scindiate	scindeste	scindereste
scindano	scindano	scindessero	scinderebbero
───	*sciolga*	sciogliessi	scioglierei
sciogli	*sciolga*	sciogliessi	scioglieresti
sciolga	*sciolga*	sciogliesse	scioglierebbe
sciogliamo	*sciogliamo*	sciogliessimo	scioglieremmo
sciogliete	*sciogliate*	scioglieste	scegliereste
sciolgano	*sciolgano*	sciogliessero	scioglierebbero
───	scolpisca	scolpissi	scolpirei
scolpisci	scolpisca	scolpissi	scolpiresti
scolpisca	scolpisca	scolpisse	scolpirebbe
scolpiamo	scolpiamo	scolpissimo	scolpiremmo
scolpite	scolpiate	scolpiste	scolpireste
scolpiscano	scolpiscano	scolpissero	scolpirebbero

不定法	直 說 法			
	現在	不完了過去	遠過去	未來
120 scorgere 現在分詞 scorgente 過去分詞 scorto 동명사 scorgendo	scorgo scorgi scorge scorgiamo scorgete scorgono	scorgevo scorgevi scorgeva scorgevamo scorgevate scorgevano	*scorsi* scorgesti *scorse* scorgemmo scorgeste *scorsero*	scorgerò scorgerai scorgerà scorgeremo scorgerete scorgeranno
121 scrivere 現在分詞 scrivente 過去分詞 *scritto* 동명사 scrivendo	scrivo scrivi scrive scriviamo scrivete scrivono	scrivevo scrivevi scriveva scrivevamo scrivevate scrivevano	*scrissi* scrivesti *scrisse* scrivemmo scriveste *scrissero*	scriverò scriverai scriverà scriveremo scriverete scriveranno
122 scuotere 現在分詞 *scotente* 過去分詞 *scosso* 동명사 *scotendo*	scuoto scuoti scuote scotiamo scotete scuotono	*scotevo* *scotevi* *scoteva* *scotevamo* *scotevate* *scotevano*	*scossi* *scotesti* *scosse* *scotemmo* *scoteste* *scossero*	*scoterò* *scoterai* *scoterà* *scoteremo* *scoterete* *scoteranno*
123 sedere 現在分詞 sedente 過去分詞 *seduto* 동명사 *sedendo*	*siedo* *siedi* *siede* sediamo sedete *siedono*	sedevo sedevi sedeva sedevamo sedevate sedevano	sedei sedesti sedé sedemmo sedeste sederono	sederò sederai sederà sederemo sederete sederanno
124 seppellire 現在分詞 seppellente 過去分詞 *sepolto*, seppellito 동명사 seppellendo	seppellisco seppellisci seppellisce seppelliamo seppellite seppelliscono	seppellivo seppellivi seppelliva seppellivamo seppellivate seppellivano	seppellii seppellisti seppelli seppellimmo seppelliste seppellirono	seppellirò seppellirai seppellirà seppelliremo seppellirete seppelliranno
125 soddisfare 現在分詞 *soddisfacente* 過去分詞 *soddisfatto* 동명사 *soddisfacendo*	*soddisfaccio, soddisfò,* soddisfo *soddisfai,* soddisfi *soddisfà,* soddisfa *soddisfacciamo* soddisfate, *soddisfanno* soddisfano	*soddisfacevo* *soddisfacevi* *soddisfaceva* *soddisfacevamo* *soddisfacevate* *soddisfacevano*	*soddisfeci* *soddisfacesti* *soddisfece* *soddisfacemmo* *soddisfaceste* *soddisfecero*	*soddisfarò,* soddisferò *soddisfarai,* soddisferai *soddisfarà,* soddisferà *soddisfaremo,* soddisferemo *soddisfarete,* soddisferete *soddisfaranno,* soddisferanno

命 令 法	接 續 法		條 件 法
現 在	現 在	不完了過去	現 在
——	scorga	scorgessi	scorgerei
scorgi	scorga	scorgessi	scorgeresti
scorga	scorga	scorgesse	scorgerebbe
scorgiamo	scorgiamo	scorgessimo	scorgeremmo
scorgete	scorgiate	scorgeste	scorgereste
scorgano	scorgano	scorgessero	scorgerebbero
——	scriva	scrivessi	scriverei
scrivi	scriva	scrivessi	scriveresti
scriva	scriva	scrivesse	scriverebbe
scriviamo	scriviamo	scrivessimo	scriveremmo
scrivete	scriviate	scriveste	scrivereste
scrivano	scrivano	scrivessero	scriverebbero
——	scuota	*scotessi*	*scoterei*
scuoti	scuota	*scotessi*	*scoteresti*
scuota	scuota	scotesse	scoterebbe
scotiamo	*scotiamo*	*scotessimo*	*scoteremmo*
scotete	*scotiate*	*scoteste*	*scotereste*
scuotano	scuotano	*scotessero*	*scoterebbero*
——	sieda, segga	sedessi	sederei
siedi	sieda, segga	sedessi	sederesti
sieda, segga	sieda, segga	sedesse	sederebbe
sediamo	sediamo	sedessimo	sederemmo
sedete	sediate	sedeste	sedereste
siedano, seggano	*siedano, seggano*	sedessero	sederebbero
——	seppellisca	seppellissi	seppellirei
seppellisci	seppellisca	seppellissi	seppelliresti
seppellisca	seppellisca	seppellisse	seppellirebbe
seppelliamo	seppelliamo	seppellissimo	seppelliremmo
seppellite	seppelliate	seppelliste	seppellireste
seppelliscano	seppelliscano	seppellissero	seppellirebbero
——	*soddisfaccia*, soddisfi	*soddisfacessi*	*soddisfarei*, soddisferei
soddisfa, *soddisfà*	*soddisfaccia*, soddisfi	*soddisfacessi*	*soddisfaresti*, soddisferesti
soddisfi	*soddisfaccia*, soddisfi	*soddisfacesse*	*soddisfarebbe*, soddisferebbe
soddisfacciamo, soddisfate	*soddisfacciamo*, soddisfiate	*soddisfacessimo*	*soddisfaremmo*, soddisferemmo
soddisfacciano, soddisfino	*soddisfacciano*, soddisfino	*soddisfaceste* soddisfereste	*soddisfareste*,
		soddisfacessero	*soddisfarebbero*, soddisferebbero

不定法	直　　說　　法			
	現在	不完了過去	遠過去	未　來
126 **solere** 現在分詞 過去分詞 *solito* 동명사 solendo	*soglio* *suoli* *suole* *sogliamo* solete *sogliono*	solevo solevi soleva solevamo solevate solevano	solei solesti solé solemmo soleste solerono	—— —— —— —— —— ——
127 **sorgere** 現在分詞 sorgente 過去分詞 *sorto* 동명사 sorgendo	sorgo sorgi sorge sorgiamo sorgete sorgono	sorgevo sorgevi sorgeva sorgevamo sorgevate sorgevano	*sorsi* sorgesti *sorse* sorgemmo sorgeste *sorsero*	sorgerò sorgerai sorgerà sorgeremo sorgerete sorgeranno
128 **spargere** 現在分詞 spargente 過去分詞 *sparso* *sparto* 동명사 spargendo	spargo spargi sparge spargiamo spargete spargono	spargevo spargevi spargeva spargevamo spargevate spargevano	*sparsi* spargesti *sparse* spargemmo spargeste *sparsero*	spargerò spargerai spargerà spargeremo spargerete spargeranno
129 **spegnere** 現在分詞 spegnente 過去分詞 *spento* 동명사 spegnendo	*spengo* spegni spegne spegniamo spegnete *spengono*	spegnevo spegnevi spegneva spegnevamo spegnevate spegnevano	*spensi* spegnesti *spense* spegnemmo spegneste *spensero*	spegnerò spegnerai spegnerà spegneremo spegnerete spegneranno
130 **spendere** 現在分詞 spendente 過去分詞 *speso* 동명사 spendendo	spendo spendi spende spendiamo spendete spendono	spendevo spendevi spendeva spendevamo spendevate spendevano	*spesi* spendesti *spese* spendemmo spendeste *spesero*	spenderò spenderai spenderà spenderemo spenderete spenderanno
131 **spingere** 現在分詞 spingente 過去分詞 *spinto* 동명사 spingendo	spingo spingi spinge spingiamo spingete spingono	spingevo spingevi spingeva spingevamo spingevate spingevano	*spinsi* spingesti *spinse* spingemmo spingeste *spinsero*	spingerò spingerai spingerà spingeremo spingerete spingeranno

命令法	接續法		條件法
現在	現在	不完了過去	現在
——	soglia	solessi	——
——	soglia	solessi	——
——	soglia	solesse	——
——	sogliamo	solessimo	——
——	sogliate	soleste	——
——	sogliano	solessero	——
——	sorga	sorgessi	sorgerei
sorgi	sorga	sorgessi	sorgeresti
sorga	sorga	sorgesse	sorgerebbe
sorgiamo	sorgiamo	sorgessimo	sorgeremmo
sorgete	sorgiate	sorgeste	sorgereste
sorgano	sorgano	sorgessero	sorgerebbero
——	sparga	spargessi	spargerei
spargi	sparga	spargessi	spargeresti
sparga	sparga	spargesse	spargerebbe
spargiamo	spargiamo	spargessimo	spargeremmo
spargete	spargiate	spargeste	spargereste
spargano	spargano	spargessero	spargerebbero
——	*spenga*	spegnessi	spegnerei
spegni	*spenga*	spegnessi	spegneresti
spenga	*spenga*	spegnesse	spegnerebbe
spegniamo	spegniamo	spegnessimo	spegneremmo
spegnete	spegniate	spegneste	spegnereste
spengano	*spengano*	spegnessero	spegnerebbero
——	spenda	spendessi	spenderei
spendi	spenda	spendessi	spenderesti
spenda	spenda	spendesse	spenderebbe
spendiamo	spendiamo	spendessimo	spenderemmo
spendete	spendiate	spendeste	spendereste
spendano	spendano	spendessero	spenderebbero
——	spinga	spingessi	spingerei
spingi	spinga	spingessi	spingeresti
spinga	spinga	spingesse	spingerebbe
spingiamo	spingiamo	spingessimo	spingeremmo
spingete	spingiate	spingeste	spingereste
spingano	spingano	spingessero	spingerebbero

不定法	直　　說　　法			
	現在	不完了過去	遠過去	未來
132 stare 現在分詞 stante 過去分詞 stato 동명사 stando	sto *stai* sta stiamo state *stanno*	stavo stavi stava stavamo stavate stavano	*stetti* *stetti* stette stemmo steste stettero	*starò* *starai* *starà* staremo starete staranno
133 stringere 現在分詞 stringente 過去分詞 stretto 동명사 stringendo	stringo stringi stringe stringiamo stringete stringono	stringevo stringevi stringeva stringevamo stringevate stringevano	*strinsi* stringesti *strinse* stringemmo stringeste *strinsero*	stringerò stringerai stringerà stringeremo stringerete stringeranno
134 struggere 現在分詞 struggente 過去分詞 strutto 동명사 struggendo	struggo struggi strugge struggiamo struggete struggono	struggevo struggevi struggeva struggevamo struggevate struggevano	*strussi* struggesti *strusse* struggemmo struggeste *strussero*	struggerò struggerai struggerà struggeremo struggerete struggeranno
135 svellere 現在分詞 svellente 過去分詞 svelto 동명사 svellendo	svello, *svelgo* svelli svelle svelliamo svellete svellono, *svelgono*	svellevo svellevi svelleva svellevamo svellevate svellevano	*svelsi* svellesti *svelse* svellemmo svelleste *svelsero*	svellerò svellerai svellerà svelleremo svellerete svelleanno
136 tacere 現在分詞 tacente 過去分詞 taciuto 동명사 tacendo	*taccio* taci tace *tacciamo* tacete *tacciono*	tacevo tacevi taceva tacevamo tacevate tacevano	*tacqui* tacesti *tacque* tacemmo taceste *tacquero*	tacerò tacerai tacerà taceremo tacerete taceranno
137 tendere 現在分詞 tendente 過去分詞 teso 동명사 tendendo	tendo tendi tende tendiamo tendete tendono	tendevo tendevi tendeva tendevamo tendevate tendevano	*tesi* tendesti *tese* tendemmo tendeste *tesero*	tenderò tenderai tenderà tenderemo tenderete tenderanno

命令法	接 續 法		條件法
現 在	現 在	不完了過去	現 在
——	stia	stessi	starei
sta	stia	stessi	staresti
stia	stia	stesse	starebbe
stiamo	stiamo	stessimo	staremmo
state	stiate	steste	stareste
stiano	stiano	stessero	starebbero
——	stringa	stringessi	stringerei
stringi	stringa	stringessi	stringeresti
stringa	stringa	stringesse	stringerebbe
stringiamo	stringiamo	stringessimo	stringeremmo
stringete	stringiate	stringeste	stringereste
stringano	stringano	stringessero	stringerebbero
——	strugga	struggessi	struggerei
struggi	strugga	struggessi	struggeresti
strugga	strugga	struggesse	struggerebbe
struggiamo	struggiamo	struggessimo	struggeremmo
struggete	struggiate	struggeste	struggereste
struggano	struggano	struggessero	struggerebbero
——	svella, svelga	svellessi	svellerei
svelli	svella, svelga	svellessi	svelleresti
svella, svelga	svella, svelga	svellesse	svellerebbe
svelliamo	svelliamo	svellessimo	svelleremmo
svellete	svelliate	svelleste	svellereste
svellano, *svelgano*	svellano, *svelgano*	svellessero	svellerebbero
——	*taccia*	tacessi	tacerei
taci	*taccia*	tacessi	taceresti
taccia	*taccia*	tacesse	tacerebbe
tacciamo	*tacciamo*	tacessimo	taceremmo
tacete	*tacciate*	taceste	tacereste
tacciano	*tacciano*	tacessero	tacerebbero
——	tenda	tendessi	tenderei
tendi	tenda	tendessi	tenderesti
tenda	tenda	tendesse	tenderebbe
tendiamo	tendiamo	tendessimo	tenderemmo
tendete	tendiate	tendeste	tendereste
tendano	tendano	tendessero	tenderebbero

不定法	直　　　說　　　法			
	現 在	不完了過去	遠 過 去	未 來
138 **tenere** 現在分詞 tenente 過去分詞 tenuto 동명사 tenendo	tengo tieni tiene teniamo tenete tengono	tenevo tenevi teneva tenevamo tenevate tenevano	*tenni* tenesti *tenne* tenemmo teneste *tennero*	*terrò* *terrai* *terrà* *terremo* *terrete* *terranno*
139 **tergere** 現在分詞 tergente 過去分詞 *terso* 동명사 tergendo	tergo tergi terge tergiamo tergete tergono	tergevo tergevi tergeva tergevamo tergevate tergevano	*tersi* tergesti *terse* tergemmo tergeste *tersero*	tergerò tergerai tergerà tergeremo tergerete tergeranno
140 **tingere** 現在分詞 tingente 過去分詞 *tinto* 동명사 tingendo	tingo tingi tinge tingiamo tingete tingono	tingevo tingevi tingeva tingevamo tingevate tingevano	*tinsi* tingesti *tinse* tingemmo tingeste *tinsero*	tingerò tingerai tingerà tingeremo tingerete tingeranno
141 **togliere** 現在分詞 togliente 過去分詞 *tolto* 동명사 togliendo	*tolgo* *togli* toglie togliamo togliete *tolgono*	toglievo toglievi toglieva toglievamo toglievate toglievano	*tolsi* togliesti *tolse* togliemmo toglieste *tolsero*	toglierò toglierai toglierà toglieremo toglierete toglieranno
142 **torcere** 現在分詞 torcente 過去分詞 *torto* 동명사 torcendo	torco torci torce torciamo torcete torcono	torcevo torcevi torceva torcevamo torcevate torcevano	*torsi* torcesti *torse* torcemmo torceste *torsero*	torcerò torcerai torcerà torceremo torcerete torceranno
143 **trarre** 現在分詞 traente 過去分詞 *tratto* 동명사 *traendo*	*traggo* *trai* *trae* traiamo traete *traggono*	traevo traevi traeva traevamo traevate traevano	*trassi* traesti *trasse* traemmo traeste *trassero*	*trarrò* *trarrai* *trarrà* *trarremo* *trarrete* *trarranno*

命 令 法	接 續 法		條 件 法
現 在	現 在	不完了過去	現 在
———	*tenga*	tenessi	*terrei*
tieni	*tenga*	tenessi	*terresti*
tenga	*tenga*	tenesse	*terrebbe*
teniamo	teniamo	tenessimo	*terremmo*
tenete	teniate	teneste	*terreste*
tengano	*tengano*	tenessero	*terrebbero*
———	terga	tergessi	tergerei
tergi	terga	tergessi	tergeresti
terga	terga	tergesse	tergerebbe
tergiamo	tergiamo	tergessimo	tergeremmo
tergete	tergiate	tergeste	tergereste
tergano	tergano	tergessero	tergerebbero
———	tinga	tingessi	tingerei
tingi	tinga	tingessi	tingeresti
tinga	tinga	tingesse	tingerebbe
tingiamo	tingiamo	tingessimo	tingeremmo
tingete	tingiate	tingeste	tingereste
tingano	tingano	tingessero	tingerebbero
———	*tolga*	togliessi	toglierei
togli	*tolga*	togliessi	toglieresti
tolga	*tolga*	togliesse	toglierebbe
togliamo	*togliamo*	togliessimo	toglieremmo
togliete	*togliate*	toglieste	togliereste
tolgano	*tolgano*	togliessero	toglierebbero
———	torca	torcessi	torcerei
torci	torca	torcessi	torceresti
torca	torca	torcesse	torcerebbe
torciamo	torciamo	torcessimo	torceremmo
torcete	torciate	torceste	torcereste
torcano	torcano	torcessero	torcerebbero
———	*tragga*	*traessi*	*trarrei*
trai	*tragga*	*traessi*	*trarresti*
tragga	*tragga*	*traesse*	*trarrebbe*
traiamo	*traiamo*	*traessimo*	*trarremmo*
traete	*traiate*	*traeste*	*trarreste*
traggano	*traggano*	*traessero*	*trarrebbero*

不定法	直說法			
	現在	不完了過去	遠過去	未來
144 **uccidere** 現在分詞 uccidente 過去分詞 *ucciso* 동명사 uccidendo	uccido uccidi uccide uccidiamo uccidete uccidono	uccidevo uccidevi uccideva uccidevamo uccidevate uccidevano	*uccisi* uccidesti *uccise* uccidemmo uccideste *uccisero*	ucciderò ucciderai ucciderà uccideremo ucciderete uccideranno
145 **udire** 現在分詞 udente 過去分詞 udito 동명사 udendo	*odo* *odi* *ode* udiamo udite *odono*	udivo udivi udiva udivamo udivate udivano	udii udisti udì udimmo udiste udirono	*ud(i)rò* *ud(i)rai* *ud(i)rà* *ud(i)remo* *ud(i)rete* *ud(i)ranno*
146 **ungere** 現在分詞 ungente 過去分詞 *unto* 동명사 ungendo	ungo ungi unge ungiamo ungete ungono	ungevo ungevi ungeva ungevamo ungevate ungevano	*unsi* ungesti *unse* ungemmo ungeste *unsero*	ungerò ungerai ungerà ungeremo ungerete ungeranno
147 **uscire** 現在分詞 uscente 過去分詞 uscito 동명사 uscendo	*esco* *esci* *esce* usciamo uscite *escono*	uscivo uscivi usciva uscivamo uscivate uscivano	uscii uscisti uscì uscimmo usciste uscirono	uscirò uscirai uscirà usciremo uscirete usciranno
148 **valere** 現在分詞 valente 過去分詞 *valso* 동명사 valendo	*valgo* vali vale valiamo valete *valgono*	valevo valevi valeva valevamo valevate valevano	*valsi* valesti *valse* valemmo valeste *valsero*	*varrò* *varrai* *varrà* *varremo* *varrete* *varranno*
149 **vedere** 現在分詞 vedente 過去分詞 veduto, *visto* 동명사 vedendo	vedo vedi vede vediamo vedete vedono	vedevo vedevi vedeva vedevamo vedevate vedevano	*vidi* vedesti *vide* vedemmo vedeste *videro*	*vedrò* *vedrai* *vedrà* *vedremo* *vedrete* *vedranno*

命令法	接続法		條件法
現在	現在	不完了過去	現在
——	uccida	uccidessi	ucciderei
uccidi	uccida	uccidessi	uccideresti
uccida	uccida	uccidesse	ucciderebbe
uccidiamo	uccidiamo	uccidessimo	uccideremmo
uccidete	uccidiate	uccideste	uccidereste
uccidano	uccidano	uccidessero	ucciderebbero
——	oda	udissi	*ud(i)rei*
odi	oda	udissi	*ud(i)resti*
oda	oda	udisse	*ud(i)rebbe*
udiamo	udiamo	udissimo	*ud(i)remmo*
udite	udiate	udiste	*ud(i)reste*
odano	*odano*	udissero	*ud(i)rebbero*
——	unga	ungessi	ungerei
ungi	unga	ungessi	ungeresti
unga	unga	ungesse	ungerebbe
ungiamo	ungiamo	ungessimo	ungeremmo
ungete	ungiate	ungeste	ungereste
ungano	ungano	ungessero	ungerebbero
——	*esca*	uscissi	uscirei
esci	*esca*	uscissi	usciresti
esca	*esca*	uscisse	uscirebbe
usciamo	usciamo	uscissimo	usciremmo
uscite	usciate	usciste	uscireste
escano	*escano*	uscissero	uscirebbero
——	*valga*	valessi	*varrei*
vali	*valga*	valessi	*varresti*
valga	*valga*	valesse	*varrebbe*
valiamo	valiamo	valessimo	*varremmo*
valete	valiate	valeste	*varreste*
valgano	*valgano*	valessero	*varrebbero*
——	veda	vedessi	*vedrei*
vedi	veda	vedessi	*vedresti*
veda	veda	vedesse	*vedrebbe*
vediamo	vediamo	vedessimo	*vedremmo*
vedete	vediate	vedeste	*vedreste*
vedano	vedano	vedessero	*vedrebbero*

不定法	直說法			
	現在	不完了過去	遠過去	未來
150 **venìre** 現在分詞 *veniente* 過去分詞 *venuto* 동명사 venendo	*vengo* *vieni* *viene* veniamo venite *vengono*	venivo venivi veniva venivamo venivate venivano	*venni* venisti *venne* venimmo veniste *vennero*	*verrò* *verrai* *verrà* *verremo* *verrete* *verranno*
151 **vincere** 現在分詞 vincente 過去分詞 *vinto* 동명사 vincendo	vinco vinci vince vinciamo vincete vincono	vincevo vincevi vinceva vincevamo vincevate vincevano	*vinsi* vincesti *vinse* vincemmo vinceste *vinsero*	vincerò vincerai vincerà vinceremo vincerete vinceranno
152 **vivere** 現在分詞 vivente 過去分詞 *vissuto* 동명사 vivendo	vivo vivi vive viviamo vivete vivono	vivevo vivevi viveva vivevamo vivevate vivevano	*vissi* vivesti *visse* vivemmo viveste *vissero*	*vivrò* *vivrai* *vivrà* *vivremo* *vivrete* *vivranno*
153 **volere** 現在分詞 volente 過去分詞 *voluto* 동명사 volendo	*voglio* *vuoi* *vuole* vogliamo volete *vogliono*	volevo volevi voleva volevamo volevate volevano	*volli* volesti *volle* volemmo voleste *vollero*	*vorrò* *vorrai* *vorrà* *vorremo* *vorrete* *vorranno*
154 **volgere** 現在分詞 volgente 過去分詞 *volto* 동명사 volgendo	volgo volgi volge volgiamo volgete volgono	volgevo volgevi volgeva volgevamo volgevate volgevano	*volsi* volgesti *volse* volgemmo volgeste *volsero*	volgerò volgerai volgerà volgeremo volgerete volgeranno

命 令 法	接　　續　　法		條 件 法
現　　在	現　　在	不完了過去	現　　在
——	*venga*	venissi	*verrei*
vieni	*venga*	venissi	*verresti*
venga	*venga*	venisse	*verrebbe*
veniamo	veniamo	venissimo	*verremmo*
venite	veniate	veniste	*verreste*
vengano	*vengano*	venissero	*verrebbero*
——	vinca	vincessi	vincerei
vinci	vinca	vincessi	vinceresti
vinca	vinca	vincesse	vincerebbe
vinciamo	vinciamo	vincessimo	vinceremmo
vincete	vinciate	vinceste	vincereste
vincano	vincano	vincessero	vincerebbero
——	viva	vivessi	*vivrei*
vivi	viva	vivessi	*vivresti*
viva	viva	vivesse	*vivrebbe*
viviamo	viviamo	vivessimo	*vivremmo*
vivete	viviate	viveste	*vivreste*
vivano	vivano	vivessero	*vivrebbero*
——	*voglia*	volessi	*vorrei*
vogli	*voglia*	volessi	*vorresti*
voglia	*voglia*	volesse	*vorrebbe*
vogliamo	*vogliamo*	volessimo	*vorremmo*
vogliate	*vogliate*	voleste	*vorreste*
vogliano	*vogliano*	volessero	*vorrebbero*
——	volga	volgessi	volgerei
volgi	volga	volgessi	volgeresti
volga	volga	volgesse	volgerebbe
volgiamo	volgiamo	volgessimo	volgeremmo
volgete	volgiate	volgeste	volgereste
volgano	volgano	volgessero	volgerebbero

격언 (PROVERBI)

A buon intenditor poche parole;
영리한 사람과 이야기할 땐 긴 말이 필요없다.

A caval donato non si guarda in bocca;
받은 선물에 대해선 아무런 비평이나 불평을 할 수 없다.
(말 구입시, 말의 나이와 건강상태를 보기 위해 말의 입 안을 들여다보는 데에서 유래)

Accade in un'ora, quel che non avviene in mill'anni;
몇 세기 동안 일어나지 않은 일이 불과 1시간 안에 일어나다.
예고하지 못 했던 어떤 일이 일어났을 때 쓰임.

Acqua cheta rovina i ponti;
한국; 얌전한 고양이가 부뚜막 위에 먼저 올라간다.
조용히 남모르게 행하는 사람이 더 무섭다.

Acqua passata non macina piu';
한국; 엎지러진 물.
과거를 후회해 봐야 소용없다. (물레방아 바퀴를 움직이는 물에서 유래)

Aiutati che Dio t'aiuta;
누가 자신을 도와주길 기다리지 말고, 스스로 열심히 노력하다 보면
도와주는 사람도 차차 나타난다.

Al bisogno si conosce l'amico;
진정한 우정은 어려운 순간에 알아 볼 수 있다.

Al contadino non fare sapere quanto e' buono il formaggio con le pere;
어떤 것의 가치에 대해 모든 이에게 다 이야기할 필요는 없다.
오히려 해가 될 수도 있다.

Al cuore non si comanda;
사람의 감정이란 이성의 힘으로 통제되지 않는다.

A mali estremi, estremi rimedi;
특히 심각한 상황에서는, 처리방법 역시 그만큼 대담하고 확실해야 한다.

Ambasciatore non porta pena;
나쁜 소식을 가져온 사람에겐 그 나쁜 소식에 대한 책임이 없다.

Anno nuovo vita nuova;
새해에는 새롭고 더 나은 삶을 기원한다는 새해 인사.

A ogni uccello il suo nido e' bello;
한국; 제 눈에 안경.
각자 자기 취향이 있고 자기에게 알맞은 것을 좋아한다.

A pagare e morire c'e' sempre tempo;
그다지 유쾌하지 않은 일이라면, 연기할 수 있는 데까지 해 본다.

A rubar poco si va in galera, a rubar tanto si fa carriera;
배고픈데 먹을 것이 없어 훔치는 사람은 감옥에 가는데,
정작 높은 사람들은 자기 권력을 남용해서 큰 돈을 벌어들이고도 무사하다.

Attaca l'asino dove vuole il padrone;
악법도 법이다.
옳지 않은 일이라도 주인의 명령이라면 그대로 따라야 한다.

A tutto c'e' rimedio, fuorché alla morte;
죽음을 제외한 모든 것에는 해결책이 있다.

Bacco, tabacco e Venere riducono l'uomo in cenere;
술과 담배와 여자는 남자를 파괴시키는 악습관이다.

Batti il ferro quando é caldo;
기회를 놓치지 말고 호기를 잘 이용하라.

Bello in fasce brutto in piazza;
어렸을 때 이쁘면 커서는 못 생겨진다.

Bisogna fare buon viso a cattivo gioco;
불쾌한 상황에서도 자기 속마음을 내보이지 말고,
거짓으로라도 웃는 얼굴을 한다.

Campa cavallo che l'erba cresce;
현재 어려운 시기를 참고 기다려보자는 조소적인 내용.
(기다려도 나아지는 것은 없을 때 하는 말)

Can che abbaia non morde;
한국; 빈 도시락이 더 시끄럽다.
보통 더 떠들썩한 사람은 실제로는 하는 게 별로 없다.

Chi ben comincia e' a meta' dell'opera;
시작이 반.

Chi cerca trova;
구하면 얻는다.

Chi dice donna dice danno;
여성을 업신여길 때 하는 표현.
여성은 모든 해의 근원이라는 뜻.

Chi spada ferisce di spada perisce;
타인에 해를 입히면 자신에게도 그 해가 돌아온다.

Chi disprezza compra;
어떤 것을 더 좋은 가격으로 얻으려 하는 사람은 그것의 가치를 항상 낮추어 말한다.

Chi dorme non piglia pesci;
게으르고 태만한 자는 인생에서 아무 것도 해내지 못 한다.

Chi é causa del suo mal pianga se stesso;
자기의 잘못을 남의 탓해도 소용없다.

Chi fa da se' fa per tre;
남의 도움 없이 혼자 해내는 사람은 더 나은 결과를 얻게 된다.

Chi la dura la vince;
자기의 뜻을 굽히지 않으면, 결국에는 원하는 결과를 얻게 된다.

Chi lascia la via vecchia per la nuova, sa quel che lascia ma non sa quel che trova;
조심하라는 뜻.
불확실한 것을 위해 확실한 것을 버리는 행위는 항상 바람직한 것만은 아니다.

Chi non beve in compagnia o è un ladro o è una spia;
남과 어울리지 않고 동떨어져 사는 사람은 뭔가를 숨기고 있는 것이 틀림없다.

Chi non mangia ha gia' mangiato;
무언가를 거절하는 사람은, 이미 그것에 충족해 있기 때문에 거절하는 것이다.

Chi non risica, non rosica;
모험을 통해서만이 무언가를 얻을 수 있다.

Chi non semina, non raccoglie;
노력없이는 아무 것도 얻을 수 없다.

Chi rompe, paga;
해를 초래한 사람은 그 책임을 져야 한다.

Chi tace acconsente;
반대하고 싶으면 반대의사를 분명히 해야 한다.
침묵은 동의이다.

Chi tardi arriva male alloggia;
처음 온 사람들에게 더 나은 자리나 상황이 주어진다.
늦게 오는 사람들은 남아있는 것으로 만족해야 한다.

Chi troppo vuole nulla stringe;
소유할수록 더 소유욕심이 난다.
그러다가 다 잃는 수도 생긴다.

Chi trova un amico trova un tesoro;
진정한 친구 한 명은 어떠한 재물보다 더 중요하다.

Chi va con lo zoppo impara a zoppicare;
나쁜 친구들과 어울리면, 나쁜 습관을 배우게 된다.

Chi va piano va sano e va lontano;
신중하게 일을 처리해 나가면, 위험을 극복하면서 원하던 목적에 이를 수 있다.

Chi vuole vada, chi non vuole mandi;
무언가 얻고자 하는 게 있을 때는, 남에게 맡기지 말고 직접 나서야 한다.

Degli amici mi guardi Iddio, che dai nemici mi guardo io;
거짓친구보다는 분명한 적이 더 낫다.
적으로부터는 그러려니 하지만, 거짓친구가 숨기는 무언가는 알 수가 없다.

Fatta la legge trovato l'inganno;
새 법이 생기면, 그 법을 피할 방법도 생긴다.

Fortunato in amor non giochi a carte;
사랑에 운이 좋으면 게임에는 운이 안 따른다.
(게임에서 잃은 사람을 위로하는 말)

Gallina vecchia fa buon brodo;
오래 되었다고 무조건 다 쓸모 없는 것은 아니다.
그와는 반대로 오래될수록 더 진가를 발휘하는 것(사람)들도 많다.

Gioco di mano gioco di villano;
재미랍시고 손을 써서 다른 사람들에게 해를 입히는 것은 미개하고 교양 없는 짓이다.

Il lupo perde il pelo ma non il vizio;
늑대는 늙어도 털은 잃을지언정 나쁜 습관은 버리지 못 한다.

Il riso fa buon sangue;
웃으면 건강에 좋다.

Il silenzio è doro e la parola è d'argento;
침묵은 때로는 말보다 더 소중하다.

Il troppo stroppia;
지나치면 해가 된다.

Impara l'arte e mettila da parte;
가능한 한 많은 것을 배우라는 의미.
언젠가는 배워 둔 것이 이로울 수도 있다.

L'abito non fa il monaco;
의상이 그 사람을 말해 주지는 않는다.

La gatta frettolosa fece i gattini ciechi;
서두름은 항상 좋지 않은 결과를 초래한다.

L'appetito vien mangiando;
어떤 것을 하는 즐거움은 즉시 생기는 것이 아니고 하면서 차츰 생기는 수도 많다.

Le bugie hanno le gambe corte;
거짓말은 오래 가지 못 한다.

L'occasione fa l'uomo ladro;
기회만 있다면 아무리 정직한 사람도 비정직한 짓을 할 수 있다는 조소적인 뜻.

L'occhio del padrone ingrassa il cavallo;
자기의 관심사를 자기가 직접 돌봄으로 해서 더 나은 결과를 얻을 수 있다.

Lontano dagli occhi, lontano dal cuore;
눈에서 멀어지면 마음도 멀어진다.

Mal comune mezzo gaudio;
어려움을 함께 나누면 반이 된다.

Meglio l'uovo oggi, che la gallina domani;
보잘 것 없어도 확실한 것을 갖는 것이, 근사해도 불확실한 것을 바라는 것보다 더 낫다.

Meglio soli, che male accompagnati;
불쾌한 사람들이나 지루한 사람들과 함께 있는 것보다는 홀로 있는 것이 더 낫다.

Meglio tardi, che mai;
늦게라도 오는 것이 아예 안 오는 것보다 낫다.

Mogli e buoi dei paesi tuoi;
우리가 잘 알지 못하는 새로운 것들보다는, 이미 잘 알고 있는 것들을 믿는 것이 더 낫다.

Morto un papa se ne fa un altro;
어떤 기관의 주요인물이 사라지면, 즉시 그 대체 인물을 세운다.

Nessuna nuova, buona nuova;
무소식이 희소식.

Non c'è peggior sordo di chi non vuol sentire;
남의 말을 듣지 않으려 하는 귀머거리는 진짜 귀머거리보다 더 심각하다.

Non c'è rosa senza spine;
가시없는 장미는 없다.
모든 것에는 긍정적, 부정적인 면이 있다.

Non si puo' avere la botte piena e la moglie ubriaca;
인생의 전부를 가질 수는 없다.
둘 중의 하나만 골라야 한다.

Non tutte le ciambelle riescono col buco;
우리가 하는 모든 것이 다 바라던 대로 되는 것은 아니다.

Non tutto il male vien per nuocere;
모든 악이 다 해로운 것은 아니다.
처음엔 부정적으로 보이더라도 나중에는 그렇지 않을 수도 있다.

Occhio non vede cuore non duole;
우리가 무관심하거나 알지 않는 것은 우리 마음을 아프게 하지 않는다.

Ogni promessa è debito;
자기가 하는 말은 타인에 대한 약속이므로 지켜야 한다.

Ognuno tira l'acqua al suo mulino;
모두들 각자 자기 이익을 챙긴다.

Paese che vai, usanza che trovi;
세상의 모든 관례, 풍습이 다 똑같은 건 아니다.
나라마다 그 나라 고유의 것이 있다.

Patti chiari, amicizia lunga;
서로 분명하면, 나중에 서로 부딪힐 일이 없다.

Ride bene chi ride ultimo;
성공이나 승리를 완전히 거두기도 전에 성급하게 웃는 것은 어리석은 짓이다.

Sbagliando s'impara;
한국; 실수는 성공의 어머니
실수하면서 배운다.

Tale il padre tale il figlio;
한국; 그 아버지에 그 자식.
자식은 아버지로부터 장점을 배우지만, 단점을 더 많이 배운다.

Tanti gatti a cantar non fa mai giorno;
한국; 사공이 많으면 배가 산으로 간다.
명령하는 사람이 너무 많으면 아무 것도 되는 것이 없다.

Tanto va la gatta al lardo che ci lascia lo zampino;
한국; 꼬리가 길면 잡힌다.
위험한 짓을 자꾸 되풀이하다 보면 들키게 마련이다.

Tentar non nuoce;
결과가 불확실해도 시도해 보는 것이 좋다.
해보지 않고 얻어지는 것은 없다.

Tra il dire e il fare c'è di mezzo il mare;
말하는 것은 쉬우나, 막상 말한 것을 실행하는 것은 어렵다.

Tra moglie e marito non mettere il dito;
아주 가까운 사람들 사이에 끼어들지 말라.

Tutti i nodi vengono al pettine;
조만간 모든 잘못은 밝혀지게 마련이다. 그러니 즉시 만회하는 것이 좋다.

Tutto il mondo è paese;
어느 나라에 살건 사람은 다 똑같이 행동한다.

Una rondine non fa primavera;
제비 한 마리가 왔다고 봄을 알리는 것은 아니다.
좋은 일이 하나 생겼다고 해서 어려운 시절이 끝난 것을 의미하진 않는다.

Un padre campa cento figli e cento figli non campano un padre;
한 아버지는 100명의 자식을 먹여 살리나, 100명의 자식은 아버지 한 분 조차 부양하지 못 한다.

Uomo avvisato mezzo salvato;
위험이 닥치기 전에 경고를 받은 사람은, 적어도 어느 정도는 위험을 피할 수 있다.

Vivi e lascia vivere;
다른 사람들에게 관대할 필요가 있다.

서신형식 (CORRISPONDENZA)
공식서한 (LETTERE FORMALI)

특히 상업상의 서한은 분명하고 정확해야 한다.
주 내용은 다음과 같다:

상호명(Intestazione);
Societa' FIDO S.P.A.
Via del Mare, 15
00100 Roma

받는 사람(Destinatario);
Spett. Società Marelli
Via Corso, 141
20100 Milano

날짜(Data);
Roma, 15/10/1992

관건(Oggetto):
서류 요청

서신 내용(Testo della lettera);
 Con la presente Vi informiamo che a tutt'oggi non ci è pervenuta la fattura relativa al ns.ordine n.27/92,
 Al fine di regolarizzare entro i termini pattuiti la ns.posizione, Vi preghiamo di inviarci con cortese sollecitudine la fattura in oggetto.
저희의 주문(주문 번호 27/92)에 대한 인보이스가 오늘 현재까지 도착하지 않았음을 이 서신을 통하여 알려드리고자 합니다.
이미 협의된 바를 실행하기 위하여, 관련 인보이스를 가능한한 빨리 보내 주시기를 바랍니다.

끝맺는 말(Chiusura);
In attesa di un Vs.urgente e cortese riscontro, porgiamo distinti saluti.

직위(Antefirma);
Il direttore

서명(Firma);
Paolo Orlandi

상호명(Intestazione);
상호명은 보통 종이 상단에 이미 인쇄되어 있으며,
서신을 보내는 회사의 다음과 같은 정보가 기록되어 있다.
-la ragione sociale(회사명)
-l'attivita' svolta(회사가 하는 일)

-l'indirizzo (주소)
-la partita IVA (납세자 번호)
-il numero di telefono (전화번호)
-il numero di telex (텔렉스 번호)
-il numero di fax (팩스 번호)

인쇄된 명의가 없는 경우에는, 서신 상단 왼쪽에 명의를 기록한다.

받는 사람 (Destinatario);
서신 상단 오른 쪽에 기록하고 다음 사항을 함께 기록한다.
-받는 사람의 이름과 성.
 개인의 경우에는 이름 앞에 Egr.Sig./Sig.ra (Egregio Signore/Signora)라 먼저 표기한다.
-회사의 경우에는 회사명 앞에 Spett. (Spettabile)라 먼저 표기한다.
-주소; 거리와 번지수는 쉼표나 공백으로 띄워 쓴다.
-우편번호, 도시 또는 지역 (소속 지방표시)

Egr.Sig.   Spett.
Piero Lotto   Societa' Filli
Via Cascine, 28   Via Angelo Emo, 13
84507 Laurino (SA)   00100 ROMA

보내는 이와 받는 이의 주소지가 같은 도시 내에 있는 경우, 도시명 대신 'CITTÀ' 라 쓸 수 있다.

날짜 (Data);
종이의 오른 쪽, 받는 사람 밑에 쓴다.
날짜 앞에는 서신을 보내는 도시나 지역을 쓰고 쉼표 또는 띄어쓰기로 날, 월, 년을 숫자로 쓴다. 단, 월은 글로 쓸 수도 있다:
Roma, 20/3/93   Laurino, 20 marzo 1993

관건 (Oggetto);
서신의 목적을 간단히 밝히든가, 지난번의 서신을 암시한다.
Richiesta di fatture   Riscontro Vs. del 15c.m.

서신내용 (Testo della lettera);
서신의 한 가운데에 위치한다.

숫자는 아라비아 숫자 및 글자로 반복하여 써야 한다.
글자는 숫자 옆에 괄호 안에 써넣는다.
Lit. 100,000 (centomila)

끝맺는 말 (Chiusura);
감사의 말이나 기대의 말로 맺는다.
In attesa di un Vs. urgente e cortese riscontro
A Vs. disposizione per qualsiasi chiarimento

가장 많이 쓰이는 인사글은 다음과 같다;
Porgiamo distinti saluti
Distinti Saluti

Ci è gradito inviarVi i piu' cordiali saluti

'cordiali saluti'라는 표현은 받는 이와 잘 아는 사이라든가 친한 경우에만 사용한다.

직위(Antefirma);
인사말 밑에 이름, 성, 직위를 타자로 치거나 또는 도장을 찍는다.
Il Direttore Amministrativo
Francesco Di Pietro

서명(Firma);
antefirma 위에 또는 밑에 손으로 서명한다.
만일 동봉물이 있는 경우, 'All.ti' 라 쓰고 장수를 쓴다.
All.ti 3 (동봉물 3장)
상업 서신의 유형(Tipi di lettere commerciali)
-richiesta di offerta(물품정보 문의)
-offerta(공급)
-conferimento dell'ordine(주문 관련)
-avviso di spedizione(배송 안내)
-reclami(클레임)
-prenotazione di viaggio o di albergo(여행이나 호텔 예약)
-domanda di impiego(구직)

각 서신 유형마다 작성 형식이 있다.

RICHIESTA DI OFFERTA(물품 정보 문의)

 La Vs.Ditta ci è stata segnalata dal Dott.Rossi, Vs. abituale cliente.
La ns. società, da tempo inserita sul mercato nazionale e internazionale, sarebbe interessata agli articoli della Vs. ultima produzione.
 Vi saremo grati se vorrete farci pervenire al più presto un catalogo dei Vs. prodotti, con i relativi prezzi d'acquisto e condizioni contrattuali.
 Siamo certi che le Vs. proposte risulteranno interessanti, e che questo darà inizio a ottime e durature relazioni commerciali con la Vs. ditta.
 Ringraziando anticipatamente, e in attesa di un Vs. urgente e cortese riscontro, porgiamo distinti saluti.
예문번역:맨 뒷장 ①

OFFERTA
-fonte dell'indirizzo(그 회사를 알게 된 동기)
-motivo della lettera(서신 목적)
-richieste varie(여러 정보 문의)
-promessa di ordinazioni(주문 약속)
-ringraziamenti(감사의 글)

공급
-riferimento alla richiesta(물품 정보 문의에 대한 답)
-invio di cataloghi e listino prezzi(카달로그와 가격표 배송)
-disponibilita' della merce e condizioni di vendita
(물품 재고 상태와 판매 조건)

Vi ringraziamo per la Vs. del 15 c.m. per la fiducia accordata alla ns. ditta.
In allegato Vi rimettiamo il catalogo dei prodotti da Voi richiesto, unitamente ad altri cataloghi di prodotti di nostra fabbricazione, che potrebbero interessarVi.
Per quanto riguarda i prezzi, Vi informiamo che si intendono al netto delle spese di imballaggio e di spedizione.
Le condizioni di pagamento stabilite prevedono versamento sul c/c intestato alla società c/o la Banca di Roma. n. 00124/C.
A vs. disposizione per qualsiasi chiarimento, porgiamo distinti saluti.
예문번역:맨 뒷장 ②

CONFERIMENTO DELL'ORDINE (주문관련)
-riferimento all'offerta (오퍼조건 관련 사항)
-ordinazione della merce (물품 주문)
-indicazione dei prezzi e delle condizioni (가격 및 조건 정보)
-richiesta di conferma d'ordine (주문 확인 요청)

Vi informiamo di aver ricevuto la Vs. offerta del 26 c.m., della cui tempestività Vi ringraziamo.
Siamo molto interessati ai Vs. prodotti e ai Vs. prezzi e voremmo conferirVi un ordine alle condizioni contrattuali da Voi stabilite, sia per i prezzi sia per le modalita' di pagamento.
Confidiamo in una risposta favorevole alla ns. richiesta e Vi preghiamo volerci dare avviso di ricevuta.
Ci e' gradito porgerVi distinti saluti.
예문번역:맨 뒷장 ③

AVVISO DI SPEDIZIONE (배송안내)
-riferimento all'ordine (주문에 대한 언급)
-informazione dell'avvenuta spedizione (배송에 대한 정보)
-data e condizioni di consegna (배달 날짜 및 조건)
-richiesta di pagamento (지불 요청)
-speranza di soddisfare le esigenze (상대방의 만족을 바라는 인사말)
-attesa nuovi ordini (새로운 주문을 바란다는 인사말)

Facendo seguito al Vs. ordine del 28 c.m., ci pregiamo di inviarVi, tramite l'agenzia di trasporti Rossi, la merce richiesta.
Riceverete la fattura di vendita con data odierna. Vi preghiamo di effettuare il pagamento con bonifico bancario sul ns. c/c 20700 presso la Banca Commerciale, con valuta fissa 20/3 c.a.
Ci auguriamo di averVi soddisffatto nell'acquisto e di poterVi annoverare tra i ns. clienti anche in futuro.
In attesa di ricevere Vs. ulteriori richieste, porgiamo distinti saluti.
예문번역:맨 뒷장 ④

RECLAMI (클레임)
-riferimento alla merce ricevuta (받은 물품에 대한 언급)
-informazione della mancanza di merce (빠진 물품관련 사항)
-della qualità scadente (저품질에 대하여)
-delle cattive condizioni (물품의 불량상태에 대하여)
-richiesta di sostituzione (교환 요청)

-attesa di decisioni a riguardo(제기된 문제에 대한 결정을 기다림)

Vi informiamo che in data 12 u.s. abbiamo ricevuto in cattive condizioni la merce da noi richiesta il 7 u.s. tramite fax.
Un esame attento dei pezzi ha rivelato che poco meno della metà della merce presenta notevoli imperfezioni.
Siamo costretti a chiederVi pertanto la sostituzione sollecita dei pezzi suddetti.
In attesa di leggerVi in merito e sperando di superare al più presto lo spiacevole contrattempo, distintamente Vi salutiamo.
예문번역:맨 뒷장 ⑤

PRENOTAZIONE(예약)
-richiesta di prenotazione(예약 요청)
-periodo di arrivo e partenza(도착 및 출발 날짜)
-richiesta di conferma di prenotazione(예약 확인 요청)

Vi preghiamo voler riservare per i ns. direttori tre camere con bagno, dal giorno 3 al giorno 7 del prossimo mese di giugno.
In attesa di ricevere al più presto una Vs. conferma, inviamo distinti saluti.
예문번역:맨 뒷장 ⑥

DOMANDA DI IMPIEGO(구직)

-riferimento a inserzione(채용광고에 대한 언급)
-età, studi compiuti(연령, 학력)
-esperienze(경험)
-referenze(신용조회)

Con riferimento al vs. annuncio sul Corriere della Sera di giovedi' 7 c.m. per un posto di responsabile amministrativo, mi permetto sottoporre al Vs. esame la mia posizione.
Ho 28 anni, sono celibe e militesente; ho conseguito la laurea in Economia e Commercio presso la Bocconi di Milano.
Ho una discreta conoscenza della lingua inglese e francese, parlata e scritta, acquisita soprattutto negli ultimi anni per frequenti viaggi all'estero.
Segnalo i corsi di formazione professionale seguiti; corso di pianificazione e controllo, corso di marketing.
Ho una discreta conoscenza dell'informatica; sistema operativi piu' usati e vari software applicativi di videoscrittura e fogli elettronici.
Lavoro da quasi quattro anni nella società ZZ come impiegato nella contabilità generale.
Sarei interessato a migliorare la mia posizione professionale, specializzandomi nel controllo di gestione aziendale.
Per le mie riferenze potete contattare il Prof. Paolo Coletti.
In attesa di un Vs. gentile riscontro, porgiamo distinti sdaluti.
예문번역:맨 뒷장 ⑦

CURRICULUM VITAE(이력서)

보통 구직 요청시 자신의 개인 신상정보를 알리는 이력서를 함께 동봉한다.
서식은 다음과 같다;

Nome(이름)	Daniele Rossi
Indirizzo(주소)	Via del Corso, 18
	00100 Roma
Telefono(전화)	06/6688667
Luogo di nascita(출생지)	Roma
Data(생일)	2/3/69
Nazionalita' (국적)	Italiana
Satato civile(기혼 여부)	celibe
Lingue(구사 언어)	inglese e francese
Studi(학력)	Maturità scientifica
	Laurea in Economia e Commercio
Attuale impiego(현 직장)	Società XX
Posizione(지위)	Responsabile amministrativo contabile
Interessi(취미)	Lettura, musica classica, viaggi

ABBREVIAZIONI(약호)

상업서신에서 통용되는 약호는 다음과 같다.

all.to	allegato(동봉)
Amm.	Amministrazione(관리, 경영)
art.	articolo(상품)
Avv.	avvocato(변호사)
c.a.	corrente anno(금년)
c/c bancario	conto corrente bancario(은행계좌)
c/c postale	conto corrente postale(우편 저금계좌)
cg.	centigrammi(센티그램)
cl.	centilitri(센티리터)
cm.	centimetri(센티미터)
c.m.	corrente mese(금월)
Comm.	Commentatore(지도자)
c/o	presso(〜내에)
C.P.	casella postale(사서함)
dag.	decagrammi(10그램)
dal.	decalitri(10리터)
dg.	decigrammi(데시그램, 1/10그램)
dl.	decilitro(데시리터, 1/10리터)
Dott.	Dottore(박사)
$	dollari(달러)
ecc.	eccetera(⋯등등)
Egr.	Egregio(〜귀하)
ferr.	ferrovia(철도)
fig.	figura(모양, 도형)
F.lli	fratelli(형제들)
Fr.	franchi(프랑)
g.	grammi(그램)
Gent.mo	gentillissimo(〜귀하)
Geom.	geometra(토지 측량기사)

gg.	giorni(날짜 수)
hg.	ettogrammi(100그램)
hm.	ettometri(100미터)
id.	idem(위와 같음)
Ill.mo	illustrissimo(저명한)
Ing.	ingegnere(엔지니어)
kg.	kilogrammi(킬로그램)
km.	kilometri(킬로미터)
kWh	kilovattore(킬로와트)
Lis.	lire sterline(영국 파운드)
Lit.	lire italiane(이탈리아 리라)
lt.	litro(리터)
m.	metri(미터)
mc.	metri cubi(입방미터)
mg.	milligrammi(밀리그램)
mm.	millimetri(밀리미터)
mq.	metri quadrati(평방미터)
n/	nostro(우리의)
N.B.	nota bene(주의사항)
n°	numero(번호)
ns.	nostro(우리의)
pag.	pagina(페이지)
p.c.	per conoscenza(안면으로)
p.c.c.	per copia conforme(실물견본의)
p. es	per esempio(예를 들어)
pp	per procura(대리로)
Preg.	Pregiatissimo(가장 존경하올)
Prof.	Professore(교수)
P.S.	post scriptum(추신)
P.T.	Poste e Telegrafi(우편물과 전보)
p.v.	prossimo venturo(다음의, 장래의)
q.l	quintali(퀸틀, 100킬로그램)
Rag.	Ragioniere(회계사)
S.A.	Società Anonima(주식회사)
S.E. & O.	salvo errori ed omissioni(실수와 생략된 점이 없는 한)
Sig.	Signor(…씨)
Sig.na	Signorina(아가씨)
Sig.ra	Signora(부인)
Soc.	Società(회사)
S.p.A	Società per Azioni(주식회사)
Spett.	Spettabile(존경하는)
S.r.l.	Società a responsabilità limitata(유한회사)
S.V.	Signorina Vostra(아가씨 귀하)
t.	tonnellate(톤)
tel.	telefono(전화)
V/	Vostro(귀하의)
Vs.	Vostro(귀하의)
v.s.	vedi sopra(상기 참조)

비공식적인 서신

가족, 아는 사람이나 친구에게 보내는 서신으로 평상시의 어투로 쓴다.
이러한 편지를 이루는 보통의 내용은 다음과 같다.

-Data(날짜) : 서신 상단 오른 쪽에 쓴다. 편지 쓰는 장소, 날짜, 달, 연도도 쉼표로 띄어 써가며 기록한다.
-Saluto iniziale(시작 인사) :
* 가족이나 친구의 경우, 이름 앞에 Caro/a, Mio Caro/a, Carissimo/a를 붙인다.
  Cara Patrizia,
    ti ringrazio per la cartolina che mi hai inviato
* 아는 사람의 경우, 이름 앞에 Gentile signore/a를 붙인다.
  Gentile Signora,
  Le sarei grata se mi inviasse la sua ultima pubblicazione

-Saluto finale(끝맺는 인사) :
* 가족이나 친구의 경우,
  Cari saluti
  Con affetto
  Ti abbraccio
* 아는 사람의 경우,
  Cordiali saluti
  Distinti saluti

비공식적인 서신의 유형
-auguri(기원)
-congratulazioni(축하)
-inviti(초청)
-ringraziamenti(감사)
-rammarico(유감)
-condoglianze(애도)

통상적인 서식;
-auguri(기원)
* Tanti auguri
  Tanti auguri per la tua nuova e importante esperienza di lavoro
* Buon compleanno
  Caro Mario, buon compleanno! Stai diventando vecchio!
* Buon onomastico
  Caro Luigi, buon onomastico!
* Buon anno e Felice anno nuovo!
  Auguro a Lei e famiglia Buon anno e Felice Anno Nuovo
* Buon viaggio
  Dovrai fare parecchi chilometri, avviati. Buon viaggio!

-congratulazioni(축하)
* Congratulazioni vivissime
  Hai conseguito la laurea con il massimo dei voti.

Congratulazioni vivissime!
* Sincere congratulazioni
Caro collega, sincere congratulazioni per la tua promozione

-inviti(초청)
* Ho il piacere di invitarti al mio matrimonio
Ti invito alla festa di compleanno
Sei atteso per la festa di laurea

-ringraziamenti(감사)
* Le esprimo i miei più vivi ringraziamenti
Ringrazio di cuore
I più sentiti ringraziamenti

-rammarico(유감)
* Sono desolato di non poter accettare
Sono davvero spiacente

-condoglianze(애도)
* Le più sincere condoglianze
Partecipo al tuo dolore

(예문번역)
① RICHIESTA DI OFFERTA(물품 정보 문의)

귀사의 주고객인 롯씨 박사님을 통해 귀사를 알게 되었습니다.
국내외 시장에 오래 전부터 자리를 굳히고 있는 본사는, 귀사의 신상품에 관심을 갖고 있습니다.
가능한 한 조속한 시기에 귀사 상품의 카달로그 및 각각의 가격, 그리고 계약 조건을 보내 주시면 감사하겠습니다.
귀사가 흥미로운 제안을 해 주실 것을 확신하며, 또한 이것으로 인해 귀사와 최고의, 그리고 지속적인 사업관계를 시작하게 될 것을 확신해 마지않습니다.
미리 감사를 드리고, 귀사의 빠른 답신을 기다리면서 정중한 인사를 드리는 바입니다.

② OFFERTA(공급)

금월 15일자로 보내주신 귀사의 서신과, 당사에 대한 귀사의 신뢰에 감사드립니다.
귀사가 요청하신 제품 카달로그 및 귀사의 관심을 끌 만할 기타 다른 제품들 카달로그를 동봉하여 보내 드립니다.
가격은, 포장비와 배송비가 포함되어 있지 않은 네트프라이스임을 알려드리는 바입니다.
지불방식으로는, 로마은행의 본사 계좌번호 00124/C로 입금해 주시기 바랍니다.
궁금하신 점이 있으면 어떠한 것이라도 문의하여 주시길 바라며, 정중한 인사를 드립니다.

③ CONFERIMENTO DELL'ORDINE(주문관련)

금월 26자의 귀사의 오퍼 조건 내용을 받았음을 알려드립니다. 시기적절하게 보내 주신

점 감사드립니다.
 당사는 귀사의 제품 및 가격에 관심을 갖고 있으며, 당사의 요구사항에 긍정적인 답변을 기대하며, 본서신의 수신을 알려주실 것을 부탁드립니다.
 정중한 인사를 드립니다.

④ AVVISO DI SPEDIZIONE (배송안내)

 금월 28일자의 귀사의 주문에 따라, 주문 상품을 롯씨 운송회사를 통해 배송해 드립니다.
 오늘의 날짜가 적힌 판매 인보이스를 받으실 것입니다.
 상업은행 구좌번호; 20700으로 입금을 부탁드립니다.
 본사 제품 구입에 만족하시길 바라며 미래에도 귀사를 당사의 고객으로 모시게 되길 바랍니다. 만일 다른 요구사항이 있으면 알려주시기 바라며, 정중히 인사드립니다.

⑤ RECLAMI (클레임)

당사가 지난 달 7일 팩스를 통해 주문했던 상품들이 지난 달 12일 도착하였으나, 제품 상태가 불량했음을 알려드립니다.
 제품들을 신중히 살펴본 결과, 제품의 절반 조금 못 미치는 수가 현저하게 불량상태였음이 밝혀졌습니다.
 부득이 상기 제품들을 조속히 교환해 주실 것을 부탁드립니다.
이에 대한 답신을 기다리며, 최대한 조속한 시기에 이러한 불유쾌한 사고를 극복하게 되길 바라면서, 정중한 인사를 드립니다.

⑥ PRENOTAZIONE (예약)

다음 달 6월 3일서부터 7일까지 본사 경영자들을 위해서 화장실 딸린 싱글 룸 3개를 예약해 주실 것을 부탁드립니다.
 귀 호텔로부터 조속한 시기에 이에 대한 컨펌을 받게 되길 바라며, 정중히 인사드립니다.

⑦ DOMANDA DI IMPIEGO (구직)

 금월 7일자 코리에레 델라 세라 지에 실린 귀사의 행정담당관 1명 채용 광고를 보고, 저의 커리큘럼을 보내드리니, 귀사의 판단을 부탁드립니다.
 제 나이는 28세로, 미혼이며 병역을 필했습니다. 밀라노 보코니 대학에서 경제, 상업을 전공했습니다.
 저의 영어와 프랑스어의 구두, 필기능력은 양호합니다. 최근 몇 년간 외국으로 여행을 빈번하게 했기 때문입니다.
 제가 선택했던 전문 형성 코스로는, 경제계획과 통제 코스, 그리고 마케팅 코스가 있습니다.
 컴퓨터에 관련 지식 또한 양호합니다. 통상적으로 가장 일반적으로 쓰이는 작동 시스템과 영상 문자 및 전자지폐에 대한 각종 다양한 응용 소프트웨어에 대해 알고 있습니다.
현재 거의 4년 전부터 ZZ회사에서 일반회계부의 사원으로 일하고 있습니다.
 저의 신원조회를 원하신다면, 파올로 콜레티 교수님에게 연락하시면 됩니다.
 귀사의 친절한 답신을 기다리며, 정중한 인사를 드립니다.

ESPRESSIONI IDIOMATICHE (관용구)

A

gettare acqua sul fuoco;
placare una situazione (상황을 진정시키다)
" mentre litigavano Maria e Antonio ho cercato di gettare acqua sul fuoco`
("마리아와 안토니오가 싸우는 동안 나는 상황을 진정시키고자 했다.")

tirare l'acqua al proprio mulino;
fare solo i propri interessi (아전인수. 자신의 이익만 챙기다)
Marco cerca sempre di tirare l'acqua al proprio mulino
("마르코는 항상 자기 이익만 생각한다.")

avere l'acquolina in bocca;
provare desiderio intenso per un cibo (강한 식욕이 돌다)
quel dolce in vetrina mi fa venire l'acquolina in bocca
("진열되어 있는 저 케잌 때문에 입 안에 군침이 돈다.")

dormire all'addiaccio;
dormire all'aperto (야숙하다)
questa notte ho dormito all'addiaccio
("어제 저녁 나는 노숙했다.")

cercare un ago nel pagliaio;
tentare un azione difficoltosa (어려운 일을 시도하다)
rintracciare KIM a Seoul e come cercare un ago nel pagliaio
("서울에서 김씨 찾는 것은 짚단에서 바늘 찾기나 마찬가지이다.")

tarpare le ali;
inibire (저지하다. 방해하다)
Alberto non tarpare le ali a Maria, fagli fare quello che più desidera!
("알베르토, 마리아를 막지 마, 그녀가 하고 싶은 대로 하게 놔 둬!")

mietere allori;
avere successo (성공하다)
Luciano Pavarotti miete allori in tutto il mondo
("루치아노 파바로티는 전세계적으로 성공을 거두었다.")

scoprire gli altarini;
smascherare (...의 비밀을 폭로하다)
Claudia ha scoperto gli altarini di Francesco
("클라우디아는 프란체스코의 비밀을 폭로했다.")

avere alti e bassi;
avere alterna fortuna(행과 불행이 교차하다)
oggi ho avuto una giornata di alti e bassi
("오늘 나의 하루는 행과 불행이 교차했다.")

essere in alto mare;
essere lontano dall'obbiettivo(목표했던 바를 이루려면 아직 멀었다)
per imparare la lingua italiana sono ancora in alto mare
("이탈리아어를 배우려면 아직 멀었다.")

guardare dall'alto in basso;
guardare altezzosamente e con disprezzo(거만하게 경멸조로 쳐다보다)
Luca ha l'abitudine di guardare tutti dall'alto in basso
("루카는 모든 사람을 거만하게 바라보는 습관이 있다.")

scoprire l'America;
dire cose scontate, ovvie (당연한 말을 하다)
dire che in inverno fa freddo e come scoprire l'america
("겨울에 날씨가 춥다는 말은 너무나도 (누구나 다 아는)당연한 말이다.")

amici per la pelle;
amicissimi(아주 친한 친구)
Alessandro e Luigi sono amici per la pelle
("알렉산드로와 루이지는 아주 절친한 친구이다.")

cementare un amicizia;
consolidare un amicizia (우정을 돈독히 하다)
Carlo, dobbiamo cementare l'amicizia che c'è tra noi due
("카를로, 우리 사이를 돈독하게 하자.")

abboccare all'amo;
cadere in trappola (함정에 빠지다)
ho abboccato all'amo come un ingenuo
("나는 바보처럼 함정에 빠졌다.")

essere l'ancora di salvezza;
essere l'unico sostegno e aiuto per qualcuno
che si trova in difficoltà (어려움에 놓인 어떤 사람에게 유일한 도움이 되다)
ho molti problemi, tu sei la mia ancora di salvezza, grazie!
("나는 문제가 많은데, 너는 날 도와주는 유일한 힘이야, 고마와!")

dormire come un angioletto;
dormire beatamente, come un bimbo (어린애처럼 고이 잠자다)
Luca dorme come un angioletto
("루카는 어린애처럼 고이 자고 있다.")

rendere l'anima a Dio;
morire(죽다)
vorrei rendere l'anima a Dio!
("나는 죽고 싶다!")

rompere l'anima;
infastidire, scocciare (귀찮게 하다. 성가시게 굴다.)
per favore non rompermi l'anima!
("제발 나를 귀찮게 하지 마!")

darsi anima e corpo a qualcuno;
dedicarsi completamente a qualcuno (누군가에게 절대적으로 헌신하다)
Maria si è dedicata anima e corpo ai suoi genitori
("마리아는 자기 부모님께 절대적으로 헌신하였다.")

non passare per l'anticamera del cervello;
non pensarci per niente (전혀 생각지 않다)
questa cosa che mi hai detto non mi passa nemmeno per l'anticamera del cervello!
("네가 말한 것에 대해 나는 전혀 생각도 하지 않는다.")

capire l'antifona;
capire l'allussione (힌트를 포착하다)
ho capito molto bene l'antifona a cui ti riferisci!
("네가 하는 말의 힌트를 잘 알아냈어!")

salvare le apparenze;
conformare esteriormente il proprio comportamento alle esigenze sociali
(표면적으로는 사회가 요구하는 바에 자신의 행동을
맞추다)
Andrea assume spesso strani comportamenti ma riesce sempre a salvere le apparenze
("안드레아는 이상한 행동을 자주 하지만, 겉으론 잘 드러나지 않는다.")

non essere un aquila;
non essere dotato di grande acume (그다지 예민하지 못 하다)
Luca non capisce mai subito, non è un'aquila
("루카는 이해가 좀 느리다. 그다지 예민하지 못 하다.")

parlare arabo;
non farsi capire (상대방이 이해하지 못 할 말을 하다)
per favore, parla più chiaro, non parlare arabo!
("제발 명확하게 이야기해 줘.")

avere l'argento vivo addosso;
essere molto vivace e irrequieto (쉴 새 없이 활발히 하다)
quel bambino sembra che ha l'argento vivo addosso
("저 꼬마는 너무 활발해.")

cambiare aria;
lasciare un luogo, un ambiente poco
favorevole, trasferirsi (좋지 않은 환경이나 장소를 떠나 이동하다)
Stefania vuole cambiare aria, vuole andare a lavorare in un altra città
("스테파니아는 변화를 바란다. 다른 도시로 일하러 가고 싶어한다.")

mandare all'aria;
far fallire, non concludere (실패하다. 결말을 맺지 못 하다.)

Giuseppe ha mandato all'aria un affare importante
("쥬세페는 중요한 사업에 실패했다.")

qualcosa è nell'aria;
qualche novità, mutamento è in arrivo (어떤 새로운 소식이나 변화가 닥쳐오고 있다.)
qualcosa è nell'aria, fra qualche giorno ci arriveranno le novità
("며칠 후면 새로운 소식이 도래할 것이라는 예감이 든다.")

darsi le arie;
darsi importanza (스스로를 중요하다고 여긴다)
"Angela si da sempre molte arie!"
("안젤라는 항상 자기가 중요한 줄 안다!")

essere alle prime armi;
essere all'inizio, senza esperienza (경험없이 처음으로 어떤 일을 하다)
quel ragazzo e ancora alle prime armi, gli manca esperienza!
("저 청년은 아직 서투르다. 처음으로 해 보는 일이다!")

prendere armi e bagagli;
fare le valigie e andarsene (짐을 싸서 가버리다)
Lucia ha fatto armi e bagagli e ha lasciato solo Roberto
("루치아는 짐을 싸서 가버리고 로베르토만 홀로 남겼다.")

essere male in arnese;
essere malridotto (딱한 처지가 되다)
Carlo mi sembra molto male in arnese, cosa gli e successo?
("카를로는 아주 안 되어 보이는데, 그에게 무슨 일이 있었어?")

non avere ne arte ne parte;
non possedere nulla, ne cultura ne preparazione ne beni (교양도, 지식도, 재산도, 그 아무 것도 가지고 있지 않다)
Alessia vuole sposare Valerio, ma a me sembra senza ne arte ne parte!
("알레시아는 발레리오와 결혼하고 싶어 하는데, 내가 보기에 그는 쥐뿔도 없어 보인다.")

legare làsino dove vuole il padrone;
eseguire gli ordini di chi ha potere e autorità (능력과 권위를 가진 자의 명령에 따르다)
Giulio ubbidisce sempre al suo titolare è bravo a legare l'asino dove vuole il padrone!
("쥴리오는 항상 자기 주인에 복종한다.")

qui casca làsino; la situazione evidenzia l'impreparazione di qualcuno
(어떤 상황에서 어떤 이의 미숙함이 확연히 드러나다)
e qui casca l'asino! lo sapevo che avresti sbagliato tutto
("여기서 너의 미숙함이 드러난다. 네가 다 실수하리라는 걸 나는 이미 알고 있었다.")

avere l'asso nella manica;
essere in possesso di un elemento che garantisce un ottima possibilità di riuscita
(성공의 가능성을 최대한 보장하는 요소를 지니다)
Luciano tiene sempre pronto l'asso nella manica
("루치아는 항상 성공의 열쇠를 지니고 있다.")

piantare in asso;
abbandonare senza preavviso (사전경고없이 버리다)
Barbara mi ha piantato in asso, non me l'aspettavo!
("바르바라는 사전경고도 없이 날 떠나버렸다. 나는 전혀 생각도 못 하던 일이다.")

tirare avanti;
vivere stentatamente, con fatica (그날그날 어렵게 살아가다)
il signor Rossi ha sempre tirato avanti tutta la vita!
("롯시씨는 평생 그날그날 어렵게 생계를 꾸리셨다.")

avercela con qualcuno;
essere adirato con qualcuno (누구에게 화가 나 있다)
Francesca da sempre l'impressione di avercela con qualcuno!
("프란체스카는 항상 누구와 감정이 있는 것처럼 보인다.")

B

ridere sotto i baffi;
ridere di nascosto, sogghignare (몰래 웃다. 비웃다)
"perchè stai ridendo sotto i baffi ?"
("왜 몰래 웃고 있니?")

fare in un baleno;
fare velocemente (빨리 하다)
questo lavoro l'hai fatto in un baleno, bravo!
("이 일을 빨리 처리했구나, 잘 했다!")

che barba!;
che noia! (아이구, 지루해!)
"che barba! questa festa è molto noiosa! "
("아이구, 지겨워! 이 파티는 매우 지루하다!")

mettere i bastoni fra le ruote;
creare impedimenti alle azioni altrui (타인의 일을 방해하다)
"per favore non mettermi i bastoni fra le ruote!"
("제발 나의 일을 방해하지 말아 줘!")

senza batter ciglia;
senza scomporsi, senza perdere la calma (침착을 잃지 않다)
Cristina nonostante la brutta notizia non ha battuto ciglia
("크리스티나는 그 나쁜 소식에도 침착을 잃지 않았다")

mettere il becco;
impicciarsi intromettersi (남의 일에 참견하다)
Laura ha la brutta abitudine di mettere il becco nei fatti degli altri
("라우라는 다른 사람의 일에 참견하는 나쁜 버릇을 가지고 있다")

non avere il becco di un quattrino;
essere senza soldi (돈이 없다)

oggi non ho il becco di un quattrino!
("나는 오늘 땡전 한 푼 없다!")

perdere il bene dell' intelletto;
impazzire, sragionare (미치다. 이성을 잃다)
mi sembra che Francesco ha iniziato a perdere il bene dell'intelletto
("내가 보기에 프란체스코는 이성을 잃기 시작했다")

dar da bere a qualcuno;
raggirare, imbrogliare qualcuno (사기치다. 속이다)
Giorgio ha dato da bere a Laura che lui è molto ricco
("죠르지오는 자기가 부자라고 라우라를 속였다")

andare in bestia;
arrabbiarsi (화를 내다)
mi hai fatto andare in bestia!
("넌 나를 화나게 했다!")

passare la notte in bianco;
non dormire per insonnia o per cause di forza maggiore
(불면증 또는 심각한 문제로 잠을 못 자다)
ho passato la notte in bianco!
("나는 밤새 눈을 부치지 못 했다")

essere sulla bocca di tutti;
essere oggetto di critica o argomento di pettegolezzi (비판이나 소문의 대상이 되다)
hai visto? Lucia e sulla bocca di tutti!
("너 봤어? 루치아에 대해서 다들 수군대고 있어!")

pendere dalla bocca di qualcuno;
ascoltare con molto interesse (누구의 말에 지나치게 의존하다)
Paola pende troppo dalla bocca della madre!
(파올라는 자기 엄마의 말씀에 너무 집착한다)

tenere la bocca chiusa;
restar muto, tenersi per sé ciò che si sa (침묵하다. 알고 있는 바를 숨기다)
mi raccomando di questo che ti ho detto tieni la bocca chiusa!
("너에게 내가 해 준 말, 반드시 혼자만 알고 있어야 해!")

mangiare un boccone;
fare un piccolo e veloce pasto (간단하고 빠른 식사를 하다)
ho molta fretta, mangio un boccone e poi vado via!
("나 너무 급해. 간단히 요기만 하고 가야 해!")

che bolgia!;
che confusione! (웬 혼란이야!)
ragazzi che bolgia! state un po tranquilli per piacere!
("얘들아, 이게 웬 법석이냐! 제발 좀 조용히 해라!")

attaccare bottone;
discorrere a lungo e in modo noioso (길고 지루하게 말하다)
quando Maria attacca bottone diventa insopportabile!
("마리아가 한번 길게 말하기 시작하면 견딜 수 없어진다!")

essere nella stanza dei bottoni;
avere il potere, il controllo di qualcosa (어떤 능력을 가지다)
da quando Alfio e nella stanza dei bottoni si sente molto importante!
("알피오는 자기가 할 수 있는 일에 대해서는 자기가 굉장히 중요한 줄 안다)

fare un buco nell'àcqua;
fallire, non ottenere un buon esito (실패하다. 좋은 결과를 얻지 못 하다)
mi e andata male, ho fatto un buco nell acqua!
("그 일은 잘 안 되었다. 실패했다.")

non cavare un ragno dal buco;
non riuscire a concludere nulla (아무 결실도 얻지 못 하다)
con Alberto non riuscirai mai a cavare un ragno dal buco!
("알베르토와 함께라면 너는 아무 결실도 얻지 못 할 것이다.")

vivere nel proprio buco;
vivere solitario e isolato (홀로 고립되어 살다)
Carlo ama vivere nel proprio buco solamente fra le sue cose
("카를로는 홀로 고립되어 사는 것을 좋아한다")

fare un salto nel buio;
intraprendere un àzione senza saperne prevedere le conseguenze
(어떻게 될 지도 예상 못 한 채 어떤 활동을 시작하다)
mi raccomando stai attento a non fare un salto nel buio!
("무모하게 달겨들지 않도록 꼭 조심해야 한다.")

perdere la bussola;
perdere il controllo di se (셀프 콘트롤을 잃다)
 spesso Luciano perde la bussola"
("루치아노는 자제력을 잃어버릴 때가 자주 있다")

C

stare alle calcagne;
seguire per interesse, spiare, pedinare (뒤를 밟다. 염탐하다. 미행하다.)
perchè mi stai sempre alle calcagne?
("왜 자꾸 내 뒤를 밟는 거니?")

rimandare qualcosa alle calende greche;
rimandare ai tempi che non verranno mai
(무기한 연기하다)
per cortesia cerchiamo di non rimandare questo progetto alle calende greche!
("제발 이 프로젝트가 수포로 돌아가지 않도록 노력합시다.")

fare il callo;
fare l'abitudine (습관이 되다)
tanto prima o poi ci farai il callo!
("머지않아 익숙해질 거야!")

nato con la camicia;
fortunato (행운아)
credo che tu sia nato con la camicia!
("난 네가 행운아라고 믿어.")

sudare sette camicie;
compiere un azione molto faticosa (아주 어려운 일을 해내다)
fare questo trasloco mi ha fatto sudare sette camicie!
("이번 이사는 아주 힘든 일이었어!")

ascoltare le due campane;
ascoltare la versione delle due parti in contrasto
(양쪽의 상반된 이야기를 모두 들어보다)
prima di giudicare cerca di ascoltare le due campane!
("판단을 내리기 전에 양쪽 이야기를 모두 들어보아야 한다.")

menare il can per l'aria;
non riuscire o non voler concludere (끝맺음을 하지 못 하거나 혹은 할 의욕이 없다)
deciditi non menar il can per l'aria come sempre!
("자, 이제 결정해라. 언제나처럼 우유부단하게 굴지 말고.")

far cantare qualcuno;
far parlare o confessare qualcuno (누구에게 말을 시키거나 고백하게 만든다)
dobbiamo riuscire a far cantare Luca su quello che ha fatto!
("루카에게 그가 한 일에 대해 자백하도록 만들어야 한다.")

fare una capatina;
fare una breve visita (짧은 방문을 하다)
se ho tempo oggi faccio una capatina a casa tua!
("오늘 시간이 있으면 너의 집에 잠깐 들를게.")

non torcere un capello;
non fare alcun male (머리카락 한 올도 다치지 않게 한다)
non ti permettere di torcere un capello a Stefania!
("스테파니아의 머리카락 한 올이라도 다치게 하면 안 된다!")

far rizzare i capelli;
impressionare, spaventare (놀라게 하다. 경악하게 하다)
questo film mi fa rizzare i capelli!
("이 영화는 나를 놀라게 한다.")

tornare alla carica;
ripresentarsi insistendo nella richiesta (자기가 요구한 바를 다시 고집하기 시작하다)
Maurizio e tornato alla carica con Alessia
("마우리찌오는 알레시아에게 자기의 요구를 다시 고집하기 시작했다.")

batter cassa;
chiedere denaro (돈을 요구하다)
si è presentato Giuseppe per batter cassa
("쥬세페가 나타나 돈을 요구했다.")

essere a cavallo;
essere sicurodi aver raggiunto il proprio scopo o aver superato le difficoltà maggiori
(자신의 목적을 달성했거나 커다란 장애를 극복했다고 확신하다)
finalmente adesso in questo progetto siamo a cavallo!
("이제서야 마침내 우리는 이 프로젝트를 달성했다고 확신한다!")

essere al settimo cielo;
sentirsi veramente felici (정말로 행복해하다)
quando sono insieme a te mi sento al settimo cielo!
("너와 함께 있으면 나는 정말로 행복하다.")

sparire dalla circolazione;
non farsi piu vedere in giro, scomparire (두문불출하다. 사라지다)
non ti ho più visto, perchè sei sparito dalla circolazione?
("그동안 너를 보지 못 했다. 왜 두문불출했었니?")

avere il coltello dalla parte del manico;
essere padrone della situazione(어떤 상황에 대처할 능력을 가지다)
non avremo problemi perchè abbiamo il coltello dalla parte del manico!
("우리는 상황대처능력이 있으니까 문제없을 거야!")

mettere alle corde;
non lasciare via d'uscita (도망갈 틈을 남겨 두지 않는다)
non ho altre possibilità mi hai messo alle corde!
("난 어찌해볼 도리가 없다. 네가 나를 옭아매었다.")

tagliare corto;
concludere in modo sbrigativo(서둘러 결론짓다)
per favore concludi quello che vuoi dire, taglia corto!
("제발 네가 하고자 하는 말의 결말을 지어 봐. 요점을 말해 봐.")

abbassare la cresta;
sottomettersi (복종하다)
Luigi ha fatto abbassare la cresta a Claudio
("루이지는 클라우디오가 자기에게 복종하도록 만들었다.")

mettersi il cuore in pace;
rassegnarsi (포기하다)
mettiti il cuore in pace, a Barbara non le interessi!
("바르바라를 포기해라. 그녀는 너에게 관심없어!")

D

il dado è tratto;

la decisione è presa (결정이 내려졌다)
ormai il dado è tratto!
("이제 결정이 내려졌다!")

avere il dente avvelenato;
nutrire rancore (한, 앙심을 품다)
hai ancora il dente avvelenato con Mario per quello che ti ha fatto?
("마리오가 너한테 한 일에 대해 아직도 한을 품고 있니?")

avere il diavolo in corpo;
essere in uno stato di grande agitazione(대단히 불안해하다. 대단히 동요되어 있다)
in questo periodo sento di avere il diavolo in corpo!
("요즈음 나는 매우 불안한 상태이다")

legarsela al dito;
ricordarsi di un torto subito (자신이 당한 부당행위를 기억하다)
stanne pur certo che questa scorrettezza che mi hai fatto me la lego al dito!
("네가 나에게 한 부당행위를 두고두고 기억할 테니 그런 줄 알아라")

tenere duro;
resistere(저항하다)
dobbiamo tenere duro senza arrenderci!
("우리는 항복하지 말고 저항해야 한다.")

E

avere il tatto di un elefante;
essere rude e indiscreto(무례하고 경솔하다)
devi ammettere che a volte hai il tatto di un elefante!
("어떨 때는 네가 무례하고 경솔하다는 사실을 너는 인정해야 한다.")

fare di ogni erba un fascio;
generalizzare senza alcun criterio
(아무 기준 없이 일반화하다)
Enrico a volte è superficiale fa spesso di ogni erba un fascio!
("엔리코는 어떨 때는 경솔해서, 분별없이 일반화한다.")

stare all'erta;
essere vigile e sulla difensiva (조심성있게 방어태세를 취하다)
cerca di stare all'erta in questa situazione!
("이 상황에서 조심하도록 해!")

F

salvare la faccia ;
evitare una figuraccia (창피를 모면하다)
almeno con Alessandra ho salvato la faccia!
("알베르토에게 적어도 창피는 모면했다.")

avere la faccia di bronzo;
essere sfacciato ed impudente (뻔뻔하고 파렴치하다)
certo tu hai una bella faccia di bronzo a chiedermi questa cosa!
("이것을 나에게 부탁하다니, 넌 정말 철면피구나!")

capitare a fagiolo;
arrivare al momento giusto (제때에 도착하다)
bravo sei capitato a fagiolo per il pranzo!
("점심시간에 맞추어 잘 왔다.")

essere fuori fase;
sentirsi strano e in condizioni non normali
(자신의 상태가 이상하게 느껴지다. 정상이 아닌 듯이 느껴지다)
scusami ma oggi sono fuori fase, preferisco non uscire!
("미안한데, 난 오늘 좀 상태가 이상해, 외출하고 싶지 않다.")

far faville;
avere un brillante successo o eccellere per qualità personali
(대성공을 거두거나, 인격이 대단하다)
all'esame di maturità Caterina ha fatto faville
("카테리나는 고등학교 졸업시험을 아주 잘 보았다")

avere fegato;
essere coraggioso e sprezzante del pericolo (위험상황에서 용기있고 대담하게 행동하다)
ti avviso che per questa azione dovrai avere molto fegato!
("너는 이 일을 하는 데에 있어서 아주 대담하게 굴어야 한다.")

battere il ferro finchè è caldo;
insistere nel momento più opportuno e favorevole (좋은 기회를 잘 이용하다)
non aspettare, batti il ferro finchè è caldo!
("기다리지 말고, 기회가 좋을 때에 이 기회를 잘 이용해야 한다.")

battere la fiacca ;
agire con svogliatezza (의욕없이 마지 못해 하다)
impegnati di più non battere la fiacca!
("마지못해 하지 말고, 더 노력해 봐!")

far fiasco;
fallire (실패하다)
questo affare è stato un fiasco!
("이 사업은 실패였다!")

tenere le fila ;
controllare la situazione (상황을 통제하다)
confido su di te per tenere le fila durante lo spettacolo
("내가 공연 중에 상황을 잘 통제해 주리라고 믿는다.")

dare filo da torcere;
rendere la vita difficile a qualcuno (누구의 삶을 어렵게 하다)

mio figlio per crescere mi da filo da torcere!
("내 아들은 자라면서 나를 어렵게 한다.")

scavarsi la fossa ;
mettersi nella condizione di perdere
(자기 무덤을 스스로 파다. 스스로 어렵게 만들다)
mi dispiace, ma ti sei scavato la fossa con le tue mani!
("유감이지만, 네가 네 무덤을 스스로 팠다.")

mordere il freno;
essere impaziente (참을성이 없다)
per imparare la lingua italiana non devi mordere il freno!
("이탈리아어를 배우려면 인내심을 가져야 한다.")

essere al fresco;
essere in carcere (감옥에 갇혀있다)
hai saputo che Arturo è finito al fresco?
("너, 아루투로가 감옥에 있는 거 알았니?")

dare fumo negli occhi;
ingannare con una falsa apparenza (거짓 외양으로 속이다)
in quel ristorante ti danno tutto fumo negli occhi, in realtà si mangia male
("저 레스토랑은 외관만 번지르르하지, 사실은 음식 맛이 없다.")

scherzare col fuoco;
agire sconsideratamente in una situazione pericolosa
(위험한 상황에서 경솔하게 행동하다)
non scherzare col fuoco potresti avere seri problemi!
("경솔하게 행동하지 마, 심각한 문제가 생길 수도 있어!")

andare su tutte le furie;
adirarsi violentemente (격렬하게 화내다)
quando Luisa ha saputo la verità è andata su tutte le furie!
("루이사가 진실을 알았을 때, 그녀는 격렬하게 화를 내었다.")

G

essere in gamba;
essere persona valida e capace (가치와 능력을 가진 사람이다)
Massimo davvero è una persona in gamba!
("마씨모는 정말 유능한 사람이다.")

darsela a gambe;
scappare velocemente (빨리 도망가다)
abbiamo avuto paura ce l'ha siamo data a gambe
("우리는 무서워서 재빨리 도망쳤다.")

uscire dai gangheri;
perdere la pazienza e il controllo (인내와 자제력을 잃다)

durante la discussione Gianpiero e uscito dai gangheri!
("토론 중 쟌피에로는 자제력을 잃었다.")

fare la gavetta;
iniziare la carriera dal livello piu basso (밑에서부터 경력을 쌓아가다)
caro mio mi dispiace ma ti toccherà fare la gavetta!
("친애하는 친구야, 안 되었지만 넌 밑에서부터 경력을 쌓아 나가야겠다.")

avere un buon gioco;
essere in una situazione favorevole (유리한 상황에 있다)
ti serve avere un buon gioco per vincere!
("너는 이기기 위해서는 유리한 상황이 필요하다.")

essere su di giri;
essere euforico (행복에 겨워하다)
oggi ti vedo particolarmente su di giri!
("오늘 너는 특히 더 행복해 보이는구나!")

alzare il gomito;
bere eccessivamente (술을 지나치게 마시다)
se devi guidare non alzare il gomito!
("운전해야 한다면, 지나치게 마시지 마!")

piantare una grana ;
creare un problema (문제를 일으키다)
con quello che ha fatto Gianluca mi ha piantato una grana!
("쟌루카가 한 짓은 나에게 문제를 일으켰다.")

prendere un granchio;
sbagliare nel giudicare (잘못 판단하다)
posso assicurarti che hai preso un granchio, non è come pensi!
("네가 잘못 판단하였다는 걸 난 확신할 수 있어, 네가 생각한 것과는 달라!")

non fare una grinza ;
essere perfetto (완벽하다)
complimenti il tuo discorso non fa una grinza!
("축하한다. 네 연설은 완벽했다.")

L

spezzare una lancia a favore;
difendere qualcuno (누구를 방어하다)
ti ringrazio per aver spezzato una lancia a mio favore!
("나를 방어해 주어서 고맙다.")

essere sul lastrico;
essere in miseria (빈곤하다)
questo affare mi ha fatto finire sul lastrico
("이 사업으로 나는 궁핍해졌다.")

piangere sul latte versato;
recriminare, rammaricarsi (불평하다. 후회하다)
ormai è inutile piangere sul latte versato!
("이제 와서 후회한 들 아무 소용도 없다.")

fare la parte del leone;
avvantaggiarsi a discapito degli altri (남에게 손해를 주면서 자기의 이익을 챙기다)
Antonio nel dibattito ha fatto la parte del leone!
("안토니오는 논쟁 중에 남의 손해는 생각지 않고 자기에게 유리하게만 말했다.")

essere un libro aperto;
essere un carattere schietto e comprensibile (솔직하고 이해심 있다)
mi piace molto Berenice perche è un libro aperto!
("나는 베레니체가 솔직하고 이해심이 많아서 그녀를 좋아한다.")

avere la lingua lunga;
essere chiacchierone e pettegolo (수다쟁이다)
non dirlo a Francesco lui ha la lingua lunga!
("프란체스토에게 그 얘기 하지마. 그는 수다쟁이야!")

entrare in lizza;
entrare in competizione (경쟁에 들어가다)
sono entrato in lizza per vincere l'appalto!
("나는 입찰 경쟁에 들어갔다.")

avere la luna storta;
essere di malumore (기분이 좋지 않다)
per favore lasciami in pace oggi ho la luna storta!
"나는 오늘 기분이 좋지 않으니까, 제발 나를 좀 내버려 둬!")

sbarcare il lunario;
vivere in ristrettezze (궁핍하게 살다)
non so questo mese come sbarcare il lunario!
("나는 이번달에 어떻게 생계를 꾸려야 할지 모르겠다.")

M

darsi alla macchia;
nascondersi (숨다)
i malviventi subito dopo la rapina sono riusciti a darsi alla macchia
("강도질 이후 범인들은 즉시 숨어버리는 데에 성공했다.")

rimboccarsi le maniche;
darsi da fare (노력하다)
per questo lavoro bisogna rimboccarsi le maniche!
("이 일을 위해서는 노력이 필요하다.")

lavarsene le mani;

disinteressarsi (무관심해지다, 손을 떼다)
il padre se ne è lavato le mani della crescita dei figli!
("아버지는 자식들의 양육에서 손을 떼었다.")

avere le mani bucate;
sperperare denaro (돈을 함부로 쓰다)
non voglio darti più soldi hai le mani bucate!
("너는 낭비가 심해서 난 더 이상 너에게 돈을 주고 싶지 않다.")

avere le mani legate;
non aver la possibilità di intervenire (중재할 도리가 없다)
purtroppo ho le mani legate non posso farci nulla!
("안타깝게도 내가 끼어들어 중재할 수가 없다. 어떻게 해볼 도리가 없다.")

essere alla mano;
essere cordiale (친절하다)
Gennaro è una persona molto alla mano!
("젠나로는 정말 친절한 사람이다.")

godersela un mondo;
divertirsi molto (아주 즐겁게 지내다)
durante le vacanze me la sono goduta un mondo!
("휴가 동안 나는 아주 즐겁게 지냈다.")

N

vedere nero;
essere pessimista (비관적이다)
Marta vede sempre nero dappertutto!
("마르타는 항상 비관적이다.")

dare i numeri;
fare o dire stranezze (이상한 말을 하거나 이상한 짓을 하다)
ti sei accorto che negli ultimi tempi Enzo incomincia a dare i numeri?
("최근 엔조가 이상해지기 시작한 것을 너도 눈치챘지?")

cadere dalle nuvole;
sorprendersi, meravigliarsi (놀라다)
ogni volta che ti racconto qualcosa cadi sempre dalle nuvole!
("내가 너에게 무언가를 이야기할 때마다 너는 항상 놀라는구나!")

O

chiudere un occhio;
far finta di non vedere o sapere (못 본 척 또는 모르는 척 하다)
mi raccomando con Letizia cerca di chiudere un occhio!
("제발, 레티찌아에게는 모르는 척 해라!")

dare nell'occhio;
farsi notare (남의 이목을 끌다)
hai notato come Debora cerca sempre di dare nell'occhio quando cammina?
("데보라는 걸을 때 항상 남의 이목을 끌려고 하는 거 너도 보았지?")

fare orecchie da mercante;
far finta di non capire (이해하지 못 하는 척 하다)
quando fa comodo a te sei bravo a fare orecchie da mercante!
("너는 너 편리할 때마다 못 알아듣는 척 하는구나!")

P

cogliere la palla al balzo;
afferrare l'occasione (기회를 포착하다)
cerca di cogliere la palla al balzo la prossima volta!
("다음번에는 기회를 잘 포착하도록 해 봐!")

rendere pan per focaccia;
ricambiare la scortesia (무례에 복수하다)
stanne pur certo che gli renderò pan per focaccia!
("너의 무례에 복수할 테니 명심해!")

rimangiarsi la parola;
non rispettare la promessa fatta (이미 한 약속을 안 지키다)
Tiziano mi ha deluso si è rimangiato la parola!
("티찌아노는 약속을 지키지 않아 날 실망시켰다.")

avere la pelle dura;
sopportare bene fatiche e difficoltà (고난과 어려움을 잘 버티다)
con Armando non c'è problema ha la pelle dura!
("아르만노는 어려움을 잘 버텨 내니까, 그와 함께라면 문제가 없다.")

usare due pesi e due misure;
non essere imparziali (공평하지 못 하다)
sei stato scorretto usando due pesi e due misure nel giudicare!
("너는 판단에 있어 공평하지 못 했기 때문에 올바르지 못 했다.")
far piazza pulita;
liberare, sgomberare (치우다. 싹 쓸어내다)
in questo garage dobbiamo fare piazza pulita!
("우리는 이 창고를 깨끗하게 치워야 한다.")

mettersi in pompa magna;
vestirsi con ostentazione (한껏 뽐내어 옷을 차려입다)
per la cerimonia si sono messi tutti in pompa magna
("그 식을 위하여 모두들 한껏 뽐내어 차려입었다.")

dare dei punti a qualcuno;
superare qualcuno (누구를 능가하다)
Matteo si e arrabbiato per i punti che gli ho dato!

("내가 마테오를 능가했기 때문에 그는 화를 내었다.")

mettere i puntini sulle i;
puntualizzare (정확하게 하다)
Giorgio ha l'abitudine di mettere sempre i puntini sulle i!
("죠르지오는 항상 정확하게 하는 습관이 있다.")

Q

bussare a quattrini;
chiedere denaro con insistenza (고집스럽게 돈을 요구하다)
la telefonata di mio figlio è stata una bussata a quattrini!
("내 아들의 전화는 나에게 끈질기게 돈을 요구하는 전화였다.")

partire in quarta ;
agire d'impulso, con precipitazione (충동적으로 성급하게 행동하다)
è partito in quarta senza pensarci nemmeno un attimo!
("그는 잠시도 생각해 보지 않고 성급하게 행동했다.")

farsi in quattro;
darsi da fare con ogni mezzo (온 힘을 기울이다)
per te mi sono fatto in quattro!
("너를 위해서 나는 온 힘을 기울였다.")

R

salire alla ribalta ;
diventare famoso, conosciuto (유명해지다)
Eros Ramazzotti è salito alla ribalta molto giovane
("에로스 라마쪼티는 젊은 나이에 유명해졌다.")

leggere tra le righe;
interpretare il significato recondito (감춰진 뜻을 이해하다)
il concetto lo devi leggere tra le righe!
("그 개념은 그냥 이해되는 것이 아니고, 깊이 생각해 보아야 이해할 수 있다.")
rispondere per le rime;
controbattere con tono polemico (도발적인 어조로 반박하다)
nella discussione gli hai risposto per le rime!
("토론 중에 너는 도발적인 어조로 응수했다.")

cercare rogna;
cercare guai (재난을 부르다. 사서 고생하다)
stai forse cercando rogna?
("너 혹시 사서 고생하려고 하니?")

fare alla romana ;
pagare ciascuno per sé (더치 페이하다. 각자 자기 몫을 내다)
questa sera al ristorante facciamo alla romana!

("오늘 저녁 레스토랑에서 더치페이합시다!")

ingoiare il rospo;
accettare qualcosa di controvoglia (마지못해 무언가를 수락하다)
purtroppo ho dovuto ingoiare il rospo!
("불행히도 나는 마지못해 수락해야 했다.")

andare a rotta di collo;
correre in modo spericolato (무모하게 달리다)
in moto cerca di non andare a rotta di collo!
("오토바이 타고 무모하게 달리지 마!")

il rovescio della medaglia ;
lato negativo di una situazione positiva (긍정적인 상황의 부정적인 이면)
mi dispiace ma non hai valutato il rovescio della medaglia!
("유감이지만, 너는 좋은 줄만 알았지, 그 이면의 나쁜 점은 생각해 보지 않았다.")

fare la ruota;
comportarsi in modo da farsi notare (남의 주목을 끌도록 행동하다)
smettila di fare sempre la ruota!
("항상 남의 이목을 끌려는 짓 좀 그만 해!")

ungere le ruote;
corrompere (부패시키다. 매수하다)
Quell'industriale è riuscito a ungere molte ruote fra i politici
("그 기업인은 정치인들을 매수하는 데에 성공했다.")

S

mettere qualcuno nel sacco;
imbrogliare, ingannare (사기치다. 기만하다)
alcuni truffatori hanno cercato di mettermi nel sacco!
("몇몇 사기꾼들은 나에게 사기치려고 시도했다.")

vuotare il sacco;
confessare tutto (모두 고백하다)
dopo tre ore d'interrogatorio ha vuotato il sacco!
("3시간의 심문이후 그는 모두 고백했다.")

sentirsi il sale della terra;
credersi il più sapiente in assoluto (자기가 절대적으로 가장 박식하다고 믿다)
a volte Franco si sente il sale della terra è ridicolo!
("어떨 때는 프랑코는 자기가 제일 박식하다고 믿는데, 웃기는 일이다.")

avere sale in zucca;
essere responsabili, avere del buon senso (책임감있다. 현명하다)
 mi fido molto te hai sale nella zucca!
("너는 책임감이 있어서 나는 너를 매우 믿는다.")

sudare sangue;
lavorare faticosamente (힘들게 일하다)
scavare questa buca mi ha fatto sudare sangue!
("이 구덩이를 파는 것은 너무 힘들었다.")

dormire come un sasso;
dormire pesantemente (깊이 자다)
in genere io dormo come un sasso!
("보통 나는 깊이 잠을 잔다.")

vivere a sbafo;
vivere sfruttando gli altri (타인을 이용하면서 살다)
Salvatore è stato educato a vivere a sbafo!
("살바토레는 타인을 등치며 살도록 배웠다.")

fare le scarpe a qualcuno;
soppiantare qualcuno in modo sleale
(누구의 지위를 비열한 방법으로 박탈하다. 누구에게 해를 입히다)
a Sergio nella squadra di calcio dove gioca gli hanno fatto le scarpe!
("세르지오가 뛰는 축구팀에서 (다른 사람들은) 세르지오에게 해를 입혔다.")

essere a secco;
non avere denaro o carburante (돈이나 연료가 없다)
dobbiamo fermarci al prossimo distributore perchè sono a secco!
("우리는 연료가 다 떨어졌기 때문에 다음 주유소에 들러야겠다.")

essere sibillino;
essere poco chiaro, ambiguo (분명치 않다. 애매모호하다)
nella discussione sei stato molto sibillino!
("토론 중에 너는 아주 애매모호했다.")

arrampicarsi sugli specchi;
tentare di uscire da una situazione difficile senza riuscirvi
(어려운 상황에서 빠져 나가려고 시도해 보았으나 성공하지 못 하다)
è inutile che ti arrampichi sugli specchi, penso che tu non abbia altri argomenti!
"빠져 나가려 해도 소용없어, 넌 다른 구실이 없어!")

gettare la spugna ;
rinunciare a un impresa (어떤 일을 단념하다)
hai gettato la spugna troppo presto!
("너는 너무 일찍 단념했다.")

perdere le staffe;
perdere il controllo di sé (자제력을 잃다)
di fronte a quella situazione ho perso le staffe!
("그 상황에 직면해서 나는 자제력을 잃었다.")

vedere le stelle;
provare un dolore lancinante (찌르는 듯한 아픔을 느끼다)
il dottore mi ha fatto vedere le stelle

("의사는 나에게 찌르는 듯한 통증을 느끼게 하였다.")

rimanere di stucco;
restare allibiti, sbalorditi (놀라 당황하다. 망연자실하다)
davanti alla sua bellezza sono rimasto di stucco!
("그녀의 아름다움에 나는 경탄하였다.")

T/U/V/Z

bruciare le tappe;
fare una rapida carriera (단시간에 경력을 쌓다)
Mauro è arrivato ai vertici dell'azienda bruciando le tappe!
("마우로는 단시간에 경력을 쌓아 회사의 정상에까지 올랐다.")

avere la testa tra le nuvole;
essere un sognatore (몽상가이다. 이상가이다)
Marco ha sempre la testa tra le nuvole!
("마우로는 언제나 몽상을 한다.")

tirare fuori le unghie;
prepararsi alla lotta (싸움에 준비하다)
sei sempre pronta a tirare fuori le unghie!
("너는 언제나 싸울 준비가 되어 있구나.")

andare a gonfie vele;
avere una situazione ottima (최상의 상황이다. 아주 잘 되어 가다)
il nostro programma sta andando a gonfie vele!
("우리의 프로그램은 아주 잘 되어 가고 있다.")

essere al verde;
non possedere denaro (돈이 없다)
puoi prestarmi dei soldi sono al verde?
("나 땡전 한 푼 없는데 돈 좀 빌려줄 수 있겠니?")

darsi la zappa sui piedi;
procurarsi un danno da sé (스스로에게 해를 입히다. 제 무덤을 파다)
facendo in questo modo mi sono dato la zappa sui piedi!
("이런 식으로 일하면서 나는 내 무덤을 스스로 팠다.")

이탈리아문화연구원은 1997년 설립되어 지금까지 수많은 유학준비생들에게 이탈리아어와 문화를 교육시켜 이탈리아로 유학을 보내고 있으며 효과적인 언어교육을 위해 관련서적들을 저술하고 있다.

http://www.italianculture.co.kr
E-mail: bosun60@italianculture.co.kr
서울시 서초구 서초동 1670-7 인사관리회관 401
Tel. 02) 525-3136 Fax 02) 525-3405